W0231378

Droit maritime

ADDENDUM

À l'heure où le présent *Traité* sortait de presse, la loi n° 2009-1503 du 8 décembre 2009 (*JO* 9 déc.) est venue apporter une importante modification aux règles du droit des transports. Aux termes de son article 34-II, un article L. 133-8 est inséré au Code de commerce, article ainsi rédigé : « *Seule est équipollente au dol la faute inexcusable du voiturier ou du commissionnaire de transport. Est inexcusable la faute délibérée qui implique la conscience de la probabilité du dommage et son acceptation téméraire sans raison valable. Toute clause contraire est réputée non écrite* ».

Le nouveau texte, qui sera applicable à tout contrat conclu à dater du 10 décembre 2009, ne concerne ni le transport maritime de marchandises ou de passagers, transports déjà largement soumis à la règle de la faute inexcusable (*Traité*, n°s 1113 et 1252), ni les contrats d'affrètement, où la faute lourde suffira à priver le fréteur du droit à toute limitation contractuelle. En revanche, il s'appliquera pleinement aux commissionnaires de transport maritime (*Traité*, n° 666), mais non aux entreprises de manutention, transitaires ou commissionnaires en douane (*Traité*, n°s 662, 670 et 694).

La définition de la faute inexcusable que donne ce texte est en accord avec les définitions des autres textes, nationaux ou internationaux, dans le domaine des transports (loi du 18 juin 1966, Convention de 1924, Règles de Hambourg et Règles de Rotterdam). On peut toutefois regretter que, à l'instar de ces textes, la loi nouvelle ne donne aucune indication sur le caractère, abstrait ou concret, de ce type de faute. On peut aussi regretter qu'une modification de cette importance soit perdue dans une loi « *relative à l'organisation et à la régulation des transports ferroviaires* », et insérée dans le *Code de commerce*, alors qu'elle aurait mérité de figurer dans le *Code civil*.

Pierre Bonassies
Président honoraire de l'Association Française du Droit Maritime
Professeur honoraire à la Faculté de droit
et de science politique d'Aix-Marseille

Christian Scapel
Avocat au Barreau de Marseille
Maître de conférences à la Faculté de droit
et de science politique d'Aix-Marseille
Président de l'Institut Méditerranéen
des Transports Maritimes

Droit maritime

2e édition

L.G.D.J

lextenso éditions

Pierre BONASSIES a rédigé la première et la deuxième partie du présent ouvrage (institutions générales du droit maritime ; droit maritime général), ainsi que, dans la troisième partie, le chapitre de présentation et les chapitres sur le contrat d'affrètement.

Christian SCAPEL a rédigé, dans cette troisième partie, les développements consacrés aux contrats de transport et à l'assurance martime. Au-delà de cette répartition des tâches, le présent ouvrage exprime, sur tous les points, la pensée profonde des deux auteurs.

Retrouvez tous nos titres

Defrénois - Gualino - Joly

LGDJ - Montchrestien

sur notre site

@ **www.lextenso-editions.fr**

DANGER LE PHOTOCOPILLAGE TUE LE LIVRE

© 2010, Librairie Générale de Droit
et de Jurisprudence, Lextenso éditions,
33, rue du Mail, 75081 Paris Cedex 02
ISBN 978-2-275-03384-6

SOMMAIRE

TABLE DES ABRÉVIATIONS ET ACRONYMES

AFDM	Association française du droit maritime
Annales IMTM	Annales de l'Institut méditerranéen des transports maritimes
BIMCO	Baltic and International Maritime Council
BTL	Bulletin des transports et de la logistique
Bull. civ.	Bulletin des arrêts de la Cour de cassation (chambres civiles)
CJCE	Cour de justice des Communautés européennes
CMI	Comité maritime international
CNUCED	Conférence des Nations unies pour le commerce et le développement (UNCTAD)
CNUDCI	Commission des Nations unies pour le droit commercial international (UNCITRAL)
Code ISM	Code international de gestion de la sécurité
Code ISPS	Code international pour la sûreté des navires et des installations portuaires
Conv. SNPD	Convention internationale sur la responsabilité et l'indemnisation pour les dommages liés au transport par mer de substances nocives et potentiellement dangereuses
Conv. STCW	Convention sur les normes de formation des gens de mer, de délivrance et brevets et de veille
D.	Recueil Dalloz
DMF	Droit maritime français
ENIM	Établissement national des invalides de la marine
FAP	Franc d'avaries particulières
FIOS	Free in and out and stowed
FIPOL	Fonds international d'indemnisation pour les dommages dus à la pollution par les hydrocarbures (IOPC Fund)
HNS	Hazardous and noxious substances (V. Conv. SNPD)
ISM Code	International Safety Management Code

ISPS Code	International Ship and port facility security code
ITF	Fédération internationale des ouvriers du transport
JCP	Juris-classeur périodique
JMM	Journal de la marine marchande
JORF	Journal officiel de la République française
JOCE	Journal officiel des Communautés européennes
Obs.	Observations
OIT	Organisation internationale du travail
OMCI	Organisation maritime consultative intergouvernementale
OMI	Organisation maritime internationale
Rev. aff. eur.	Revue des affaires européennes
Rev. arb.	Revue de l'arbitrage
Rev. cr. dr. int. priv.	Revue critique de droit international privé
Rev. dr. transports	Revue de droit des transports
Rev. Scapel	Revue de droit commercial, maritime, aérien et des transports
RIF	Registre international français des navires
RTD Civ.	Revue trimestrielle de droit civil
RTD Com.	Revue trimestrielle de droit commercial
Sem. jur.	Semaine juridique
UE	Union européenne
UNCTAD	V. CNUCED
UNCITRAL	V. CNUDCI
ZEE	Zone économique exclusive
ZPE	Zone de protection écologique

BIBLIOGRAPHIE GÉNÉRALE

BERLINGIERI Francesco, *Le convenzioni internazionali di dinitto maritimo e il Codice della navigazione*, Giuffre, Milan, 2009.

BEURIER Jean-Pierre, CHAUMETTE Patrick, HESSE Philippe, MESNARD André-Hubert, NOENDE Martin, PROUTIERE-MAULION Gwenaëlle, RÉNZENTHEL Robert, TASSEL Yves, *Droits maritimes,* Dalloz Action, 2e éd., 2009.

BONASSIES Pierre, *Vingt ans de conventions internationales,* Annales IMTM, 1996.

BONNECASE Julien, *Traité de droit commercial maritime,* Sirey, 1923.

CHAUVEAU Paul, *Traité de droit maritime,* Librairie Technique, 1958.

COLLART-DUTILLEUL François et DELEBECQUE Philippe, *Contrats civils et commerciaux,* Précis Dalloz, 8e éd., 2007.

DELEBECQUE Philippe et JACQUET Jean-Michel, *Droit du commerce international,* Dalloz, 1997.

DU PONTAVICE Emmanuel et CORDIER Patricia, *Transports maritimes et affrètements,* Delmas, 2e éd. 1990.

Juris-Classeur, Transport, Encyclopédie.

LE BAYON Alain, *Dictionnaire de droit maritime,* Presses universitaires de Rennes, 2004.

PAULIN Christophe, *Droit des transports,* Litec, 2005.

REMOND-GOUILLOUD Martine – *Droit maritime,* Pédone, 2e éd. 1993.

Répertoire Dalloz, Droit international, Encyclopédie.

RIPERT Georges, *Droit maritime,* Rousseau, 3 vol., 4e éd., 1953, mise à jour René Rodière, 1963.

RODIÈRE René, *Traité général de droit maritime,* Dalloz, 6 vol. 1967-1980.

RODIÈRE René et DU PONTAVICE Emmanuel, *Droit maritime*, Précis Dalloz, 12e éd, 1997.

SCAPEL Paul, *Traité théorique et pratique sur les transports par mer, terre, eau, fer,* LGDJ, 1958.

TETLEY William, *Marine Cargo Claims,* Blais, 4e éd., 2008.

VIALARD Antoine, *Droit maritime,* PUF, 1997.

INTRODUCTION

1. Définition. — Le droit maritime peut être défini comme l'ensemble des règles juridiques spécifiques directement applicables aux activités que la mer détermine.

Le droit maritime doit être distingué du *droit de la mer*. Édicté par un État souverain, la France, la Grande-Bretagne, le droit maritime s'applique aux entreprises et aux personnes. Le droit de la mer, dont les règles trouvent leur source dans les procédures normatives du droit international public (conventions internationales, coutume et jurisprudence internationales), définit les compétences respectives des États et de la communauté internationale sur les espaces maritimes.

Mais le droit maritime ne peut ignorer le droit de la mer, aujourd'hui moins encore qu'hier. D'une part, nous le verrons (*infra*, n°s 10 et s.), la vie maritime est par essence internationale, et par là sensible aux règles qui régissent le domaine international. Et, de fait, certaines des règles du droit de la mer ont une incidence directe sur les droits des entreprises et des personnes concernées par le droit maritime, telle la règle qui détermine l'autorité compétente pour sanctionner un capitaine ayant commis, en haute mer, une infraction aux règles de navigation (*infra*, n° 70). D'autre part, nombre de règles du droit maritime ont aujourd'hui leur source dans des conventions internationales émanant, soit des Nations Unies elles-mêmes soit de leurs institutions spécialisées, la différence entre droit maritime et droit de la mer s'atténuant ainsi, au moins quant à leurs sources. Consacré au droit maritime, le présent ouvrage se réferera donc aussi aux règles du droit de la mer, dans la mesure où ces règles informent le « destin juridique » des entreprises maritimes comme celui des marins.

Le présent ouvrage comportera trois parties :

— première partie : les institutions générales du droit maritime ;
— deuxième partie : le droit maritime général ;
— troisième partie : les contrats maritimes.

PREMIÈRE PARTIE

LES INSTITUTIONS GÉNÉRALES DU DROIT MARITIME

2. Plan. — Ensemble de règles juridiques, le droit maritime est d'abord un système normatif. C'est pourquoi l'on s'interrogera en premier lieu sur la norme juridique maritime et ses caractères spécifiques (chapitre 1).

Parce que le droit maritime est par essence international, on s'attachera ensuite à l'étude des institutions internationales du droit maritime (chapitre 2). Puis seront examinées les institutions nationales du droit maritime (chapitre 3), et précisé le rôle, croissant, des institutions européennes en matière maritime (chapitre 4).

CHAPITRE 1

LES NORMES DE DROIT MARITIME

Avant de présenter dans leur diversité les normes qui constituent le droit maritime, il importe d'en rechercher les caractères généraux.

Section 1

Caractères généraux des normes de droit maritime

Deux traits marquent les normes de droit maritime. D'une part, leur caractère spécifique ; d'autre part, leur caractère international.

§ 1. — *Caractère spécifique des normes de droit maritime*

3. Le particularisme du droit maritime. Exemple : la limitation de responsabilité de l'armateur. — Plus que les autres ensembles de normes (droit commercial, droit du travail), les règles du droit maritime sont marquées par une spécificité, par un particularisme accentués. De ce particularisme, l'exemple le plus remarquable est sans doute celui de la *limitation de responsabilité* dont, de tout temps, a bénéficié et bénéficie aujourd'hui encore l'entrepreneur maritime, *l'armateur*.

En droit commun, tout entrepreneur, s'il peut parfois protéger sa responsabilité par des clauses contractuelles, est en revanche totalement responsable à l'égard des tiers du dommage causé par son activité, dès lors que peut être relevé quelque élément source de responsabilité — faute personnelle, faute d'un préposé, fait d'une chose sous la garde de l'entreprise. Par exemple, l'entrepreneur dont un véhicule cause un dommage par la faute du conducteur de celui-ci, est tenu de réparer intégralement ce dommage, quelle qu'en soit l'importance (1). Aussi bien, en est-il ainsi de toute personne, même non engagée dans une activité professionnelle.

À l'opposé, l'armateur dont le navire a causé un dommage à la suite de la faute du capitaine ou d'un marin, a toujours pu limiter sa responsabilité, même à l'égard des tiers. Cette limitation s'est d'abord exprimée en droit classique d'une manière brutale, par *l'abandon* du navire aux victimes, alors même que ce navire gisait au fond de l'océan. Aujourd'hui, elle subsiste sous une forme plus nuancée, celle d'une limitation en valeur, laquelle se réalise par la constitution d'un fonds proportionnel au tonnage du navire, fonds attribué aux victimes (*infra*, n°s 402 et s.).

Certes, cette faculté accordée à l'armateur n'est pas absolue, et disparaît en cas de faute personnelle de celui-ci, la gravité de la faute entraînant déchéance du droit à limitation ayant varié avec l'évolution des textes (*infra*, n° 428). Il demeure qu'elle a des conséquences concrètes considérables. C'est ainsi qu'aujourd'hui, malgré une réévaluation sensible du montant du fonds de limitation, après un abordage ayant entraîné la mort de plusieurs personnes, voire de dizaines de personnes, le propriétaire du navire abordeur en faute pourra limiter sa responsabilité à une somme qui ne dépassera pas 2 millions d'euros, pour peu que son navire ait un tonnage inférieur à 2 000 unités de jauge (cas de nombreux cargos fréquentant la Méditerranée ou la Manche). L'armateur, condamné en tant que transporteur à verser 10 millions d'euros de dommages et intérêts au propriétaire d'une cargaison de lait, pourra éventuellement limiter sa responsabilité à une somme qui, souvent, n'atteindra pas même ces 2 millions d'euros.

De ce particularisme, dont on trouvera de nombreux exemples tout au long de cet ouvrage, il importe de rechercher le fondement, avant d'en préciser la portée.

4. Fondement du particularisme du droit maritime. Les risques de la mer. — Certains aspects du particularisme du droit maritime s'expliquent par la nature des choses. C'est ainsi que le rôle important traditionnellement dévolu au capitaine, rôle qui a d'ailleurs connu un certain affaiblissement, s'explique par le fait que, au moins à l'époque où les règles du droit maritime se sont constituées, tout lien était rompu entre l'armateur et le capitaine dès le départ du navire. Pareillement, l'importance accordée au navire en tant qu'élément de crédit s'explique par le fait que, souvent, le navire est le seul élément du patrimoine de l'armateur dont les créanciers — en particulier les créanciers établis dans un port étranger — peuvent vérifier la valeur, et sur lequel ils peuvent légitimement espérer exercer leur droit de gage.

Mais, la raison fondamentale du particularisme du droit maritime est certainement la considération des risques spécifiques des activités maritimes, des *risques de la mer*.

(1) Sur les nuances à apporter aux observations ici présentées, voir *infra*, n° 454, *in fine*.

La mer n'est pas le milieu humain naturel. Sans être absolument hostile à l'homme, elle ne lui est pas particulièrement accueillante, et, même aujourd'hui, toute activité maritime est dangereuse. Sans doute, cette notion de risques de la mer ne s'impose-t-elle pas de nos jours avec la même force que jadis. L'armateur qui lance un pétrolier de 300 000 tonnes de port en lourd dans une expédition maritime court des risques moindres que ne l'étaient ceux des armateurs du XVIIIe ou même du XIXe siècle. Il reste que, même pour les bâtiments les plus importants, les dangers subsistent. L'histoire de la mer, comme aussi l'histoire même du droit maritime, est marquée par le nom de nombre de navires perdus en mer : le *Titanic* en 1912, le *Torrey Canyon* en 1967, l'*Amoco Cadiz* en 1978, le *Tanio* en 1980. Plus récemment, ce sont les noms du *Herald of Free Enterprise*, coulé à la sortie du port de Zeebruge le 6 mars 1987, — entraînant dans la mort plus de deux cents passagers —, de l'*Exxon Valdez*, polluant gravement au printemps 1989 les eaux de l'Alaska, de l'*Estonia*, perdu en mer Baltique en 1994 avec plus de huit cents de ses passagers, de l'*Erika* sombrant le 13 décembre 1999 au large de la Bretagne, du *Joola* entraînant dans la mort 1 600 passagers et marins au large du Sénégal en 2002, et la même année du *Prestige* sombrant au large des côtes espagnoles et dont la cargaison polluera de nombreuses années encore les côtes espagnoles ou portugaises mais aussi les côtes atlantiques et bretonnes, qui ont alimenté la chronique maritime. Il est d'ailleurs notable d'observer que plusieurs des plus importantes conventions internationales ont été adoptées à la suite d'un sinistre maritime. Tel fut le cas en 1914 de la première Convention sur la sécurité de la vie en mer (*infra*, no 31), née du naufrage du *Titanic*, ou en 1969 et 1971 des Conventions sur la prévention ou la réparation des dommages de pollution par hydrocarbures (*infra*, nos 460 et s.), décidées à la suite du sinistre du *Torrey Canyon* (2). Quant au sinistre le plus récent, celui de l'*Erika*, il a donné lieu à la promulgation de plusieurs vagues de textes de droit européen, et notamment, le 13 mai 2009, de sept directives et d'un règlement (le dénommé « paquet Erika III »).

Cette référence aux risques de la mer explique nombre des institutions et des règles propres au droit maritime. Il en est ainsi, en particulier, de l'importance accordée en droit maritime au thème de la *solidarité*, qu'il s'agisse de la solidarité des hommes ou de la solidarité des intérêts.

Solidarité des hommes, c'est bien longtemps avant que le droit terrestre ne découvre l'obligation de porter secours à une personne en danger que le droit maritime a fait une règle impérative de *l'obligation d'assistance* (*infra*, no 479). Solidarité des intérêts, l'assurance, institution qui rend celui qui n'a pas subi de dommage solidaire de celui qui en a supporté, est née en droit maritime. Plus originale encore est, là aussi expression de la solidarité, l'institution des *avaries communes* qui veut que la marchandise chargée à bord d'un navire contribue aux dépenses engagées par le capitaine dans l'intérêt commun, et, par exemple, au

(2) Parfois, c'est la modification d'une convention existante qui est la conséquence d'un sinistre maritime, telle en 1992 la modification des règles de la Convention sur la sécurité de la vie en mer, à la suite du naufrage du *Herald of Free Enterprise*.

paiement de l'indemnité d'assistance versée au remorqueur qui aura porté secours au navire (*infra*, n°s 530 et s.).

C'est encore la référence aux risques de la mer qui justifie la *limitation de responsabilité* dont bénéficie l'armateur. Ici toutefois, le droit prend en compte une autre raison, le fait que les activités maritimes sont des activités *d'intérêt général*.

5. Particularisme et caractère d'intérêt général des activités maritimes. — Sans être à strictement parler une activité de service public, l'activité des armateurs, et en particulier celle des transporteurs maritimes, est incontestablement une activité d'intérêt général.

L'idée que les activités de *transport* sont d'intérêt général est aujourd'hui largement reconnue. Elle s'exprime notamment dans la loi 82-1153 du 30 décembre 1982 d'orientation des transports intérieurs, la LOTI. Aux termes de l'article premier de ce texte, « *le système de transports intérieurs... concourt à l'unité et à la solidarité nationales, à la défense du pays, au développement économique et social* ». Exacte pour les transports terrestres internes, la chose l'est plus encore pour les transports maritimes. Le trafic maritime bénéficie en effet non seulement à ceux qui en sont les participants directs, mais aussi à l'ensemble de la communauté humaine. Sans le transport maritime, le monde fût demeuré un ensemble d'agrégats isolés.

Aussi bien cette idée fonde-t-elle, d'une manière peut-être plus inconsciente que consciente mais certaine, nombre de règles du droit maritime, règles de portée générale ou règles de détail.

Règles de portée générale, c'est pour partie la considération des risques de la mer qui justifie la limitation de responsabilité des armateurs, mais c'est aussi parce que les activités que ceux-ci ont en charge sont indispensables à l'économie internationale, et par là d'un intérêt général évident, que l'on peut accepter de voir leur responsabilité allégée par rapport aux entrepreneurs terrestres. Pareillement, la règle inscrite dans l'article 97 de la Convention de Montego Bay (*infra*, n° 70), laquelle accorde un véritable privilège de juridiction au capitaine pour les fautes nautiques commises en haute mer ne peut se justifier que par le caractère d'intérêt général de la navigation maritime.

Règles de détail, c'est l'intérêt général qui veut la règle que le Code de commerce avait empruntée au Consulat de la Mer (*infra*, n° 11) et qui interdisait de saisir le navire prêt à faire voile (article 215). Un navire prêt à faire voile, c'est une expédition commerciale qui s'engage et qui bénéficiera à la communauté. Les intérêts particuliers sont dès lors sacrifiés à l'intérêt général. Certes, la règle a aujourd'hui disparu du droit positif, mais on peut en trouver un écho dans la règle internationale qui limite aux seuls créanciers titulaires d'une créance maritime le droit de saisir un navire étranger (*infra*, n° 591 et s.).

Règle de détail aussi, et qui s'inspire des mêmes préoccupations, que celle de l'article 231 du même Code de commerce, interdisant, à l'époque où existait la prison pour dette, d'arrêter capitaine ou marin qui sont à bord, ou se rendent à bord sur des chaloupes pour faire voile.

6. Portée du particularisme. — Cherchant à apprécier la portée exacte du particularisme du droit maritime, nous observerons d'abord que ce particularisme ne doit pas être poussé à l'excès.

Au XIXe siècle, la doctrine maritime française (Pardessus, Desjardins) a développé la thèse du particularisme absolu, voire de *l'autonomie* du droit maritime. Pour de nombreux auteurs, le droit maritime formait un ensemble autonome de règles, se suffisant à lui-même. Cette conception est certainement excessive. Malgré l'originalité de ses règles, le droit maritime ne peut prétendre à l'autonomie. Il reste soumis aux principes généraux du droit commun, et en particulier à la théorie générale des contrats et des obligations. Comme l'ont montré des décisions récentes, la théorie des vices du consentement, la règle de l'article 1382 du Code civil, s'appliquent en matière maritime comme dans les autres domaines du droit (3). Il ne pourrait en être autrement, et les règles du droit commun être alors écartées, que si ces règles heurtaient par trop la logique même de l'institution maritime en cause.

7. Affaiblissement du particularisme. — Par ailleurs, il est certain que le particularisme du droit maritime est en voie d'affaiblissement et ceci pour plusieurs raisons.

D'une part, certaines des institutions du droit maritime ont été imitées par le droit civil. L'assurance est devenue une institution au moins aussi importante en droit terrestre qu'en droit maritime. S'il ne va pas, comme le fait le droit maritime, jusqu'à conférer à l'assistant un droit à indemnité, le droit commun n'en reconnaît pas moins des prérogatives à « l'assistant terrestre » (voir C. Roy-Loustaunau, *Du dommage éprouvé en prêtant assistance bénévole à autrui,* 1980). L'idée de limitation de responsabilité n'est plus inconnue du droit terrestre. Tout comme l'armateur, l'exploitant d'une installation nucléaire peut limiter sa responsabilité. Il en est de même, dans certains droits des États de l'Union européenne (Allemagne, Espagne, Portugal), où en accord avec la directive communautaire du 25 juillet 1985, les fabricants de produits industriels bénéficient normalement d'une limitation de responsabilité de 70 millions d'euros (4).

D'autre part, l'évolution des techniques fait que les raisons mêmes de la spécificité du droit maritime se sont affaiblies. Le capitaine n'est plus isolé sur son navire, mais en contact direct avec son armateur par radio, téléphone, télécopie (fax) et, aujourd'hui, *courriel*, tandis qu'il est accueilli presque dans chaque port du monde par un agent maritime représentant le même armateur, et lié à celui-ci par les mêmes moyens de télécommunication. Le danger inhérent

(3) Voir, sur le premier point, Cass. 8 nov. 1984, navire *Global Med*, *DMF* 1985, 266 ; Cass. 29 avr. 2002, navire *Shipmate*, *DMF* 2002.699, obs. Ph. DELEBECQUE ; Rennes, 28 juin 2007, *DMF* 2008, Hors-série n° 12, au n° 34 et les références ; Rennes, 28 juin 2007, *DMF* 2009, Hors-série n° 13 au n° 31 et les références ; sur le second, Cass. 16 janv. 1973, navire *Ranghild Brovig*, *DMF* 1973.337.

(4) Une loi 2003-721 du 1er août 2003, ajoutant un article L. 526-1 au Code de commerce, est venue autoriser les personnes physiques exerçant une activité professionnelle (commerçant, agriculteurs, professions indépendantes) à déclarer insaisissable l'immeuble où est située leur habitation principale. Mais ce texte, si avantageux qu'il soit pour les personnes concernées, ne crée pas une limitation de responsabilité. Simplement, il permet à ces personnes de protéger leur résidence principale.

à tout transport maritime s'est fortement atténué pour ce qui est de chacune des marchandises transportées — ce en raison du perfectionnement des navires et surtout en raison du développement de la *conteneurisation*. Les marchandises transportées en conteneur sont beaucoup moins susceptibles d'être endommagées que les marchandises transportées selon les techniques classiques (souvent dites « conventionnelles »).

8. Particularisme et pays en voie de développement. — Enfin, le particularisme du droit maritime a fait l'objet d'une critique fondamentale dans les années 1960-1970, critique émanant des pays en voie de développement. Pour ces pays, des règles comme celle de la limitation de responsabilité de l'armateur, des institutions comme celle des avaries communes, n'avaient aucune justification réelle. Elles n'étaient que l'expression de la domination des pays développés, ou de certains d'entre eux, sur le commerce maritime.

Sur un point au moins, cette critique a déjà eu des conséquences très concrètes. Les *Règles de Hambourg*, nouvelle convention internationale sur le transport de marchandises signée en 1978 à l'initiative des Nations Unies, ont fait disparaître l'une des règles les plus traditionnelles du droit maritime : celle de l'irresponsabilité du transporteur en cas de *faute nautique* du capitaine (*infra*, n° 1094). Alors que l'entreprise de transport terrestre demeure totalement responsable des conséquences de l'accident survenu par la faute du conducteur de son véhicule (par exemple un conducteur de camion ne respectant pas la priorité à droite), le transporteur maritime est, à l'opposé, exonéré de toute responsabilité s'il démontre que le dommage subi par la marchandise est la conséquence d'une faute du capitaine dans la navigation du navire (par exemple le non-respect de la priorité à droite, laquelle existe en droit maritime comme en droit terrestre). C'est cette règle qui a été écartée par la nouvelle convention internationale (à laquelle la France n'a, d'ailleurs, pas adhéré), comme elle l'est par la nouvelle convention en cours d'adoption et de ratification sous le nom de *Règles de Rotterdam* (*infra*, n° 38).

9. L'avenir du particularisme du droit maritime. — Faut-il alors penser que le particularisme du droit maritime est appelé à disparaître ? Ce serait sans doute conclure trop vite. Car le particularisme du droit maritime conserve sa raison d'être.

S'il est exact qu'une marchandise transportée par mer a aujourd'hui sensiblement plus de chances d'arriver intacte qu'il y a cinquante ans, il demeure, comme nous l'avons noté ci-dessus (*supra*, n° 4), que des sinistres importants restent encore possibles à la mer. Et les sinistres maritimes sont susceptibles d'avoir aujourd'hui des conséquences beaucoup plus graves que jadis, en raison de l'accroissement de la dimension des navires, et des dangers nouveaux que présentent nombre de cargaisons (hydrocarbures, produits chimiques, substances nucléaires).

Par ailleurs, les pays en voie de développement se sont engagés dans un effort considérable de développement de leur flotte maritime. Ils ont, de ce fait, pris conscience de la nécessité d'aboutir à un équilibre entre les intérêts des chargeurs et ceux des armateurs. Leur attitude à l'égard des règles spécifiques du droit maritime est aujourd'hui moins critique qu'elle ne l'était il y a quarante ans. Par exemple, ils se sont montrés favorables au principe de limitation de responsabilité de l'armateur, lors de la rédaction de la nouvelle convention internationale en la matière (1976). Et cette modification de leur attitude première à l'égard des règles du droit maritime est fondamentale, eu égard au rôle essentiel qu'ils jouent aujourd'hui dans la création des normes maritimes, à travers leur action à l'intérieur des institutions spécialisées des Nations Unies.

§ 2. — *Caractère international du droit maritime*

10. Fondement. — Pardessus l'avait déjà relevé au XIXe siècle, lorsqu'il cherchait à démontrer le caractère pour lui autonome du droit maritime, ce droit est un droit largement marqué d'internationalisme, et par là tendant à l'uniformité.

L'internationalisme du droit maritime découle de la nature des choses. La mer, à l'inverse des frontières terrestres qui divisent les systèmes juridiques comme elles divisent les peuples, a toujours été un trait d'union entre les cultures juridiques, comme elle est un lieu de rencontre privilégié entre les hommes. Dès l'origine, les contacts multiples entre les membres de la communauté maritime, la solidarité qui s'est créée entre eux, ont fait que les réglementations maritimes ont tendu à s'harmoniser et à s'unifier dans une dialectique permanente du national et de l'international. Mais l'internationalisme du droit maritime n'a pas toujours présenté la même structure. Il est passé par trois phases, dont la dernière est à l'orée de son développement (voir les observations très complètes de Ph. Jean-Hesse, « Rappel historique sur les droits maritimes », *Droits maritimes*, p. 17 et s.).

11. La phase historique de l'internationalisme. Les Rôles d'Oléron et le Consulat de la Mer. — Dans une première phase, cet internationalisme s'est exprimé par une adhésion de la communauté maritime à une coutume commune, lentement construite au travers de quelques textes fondamentaux qui se virent reconnaître une valeur générale dépassant les particularismes nationaux.

Ces textes privilégiés, ce furent d'abord, dès le XIIIe siècle, même si les éditions connues en sont postérieures, deux textes parallèles et très proches l'un de l'autre, les Rôles d'Oléron et le Consulat de la Mer. Les Rôles d'Oléron, dont la première formulation écrite connue date de 1400-1450 devaient inspirer les droits des États et des villes de la façade atlantique. On en retrouve les règles aussi bien dans les jugements de Damme (Belgique flamande) que dans les lois de Visby (île suédoise). Le Consulat de la Mer, texte d'origine catalane, dont la première édition connue date du XVe siècle, a, lui, inspiré les droits des États et villes de la Méditerranée.

Rôles d'Oléron et Consulat de la Mer ne sont pas des œuvres originales. Ils ont codifié les coutumes maritimes de leur temps, coutumes qui s'étaient lentement dégagées à partir de règles recueillies du droit romain ou du droit byzantin, d'usages locaux, de jurisprudences nouvelles. Dans la formation de ces coutumes, il faut aussi reconnaître un rôle, sans doute important, au droit musulman. Comme l'a montré une étude récente (5), nombre des chapitres du Consulat de la Mer en particulier sont repris des textes du droit musulman, qu'il s'agisse du droit de l'assistance maritime, celui de l'abordage ou de la *commande*, forme première de la limitation de responsabilité des propriétaires de navires.

12. L'Ordonnance de la Marine. — Rôles d'Oléron et Consulat de la Mer furent dépassés en 1681 par *l'Ordonnance de la Marine*, certainement le plus beau joyau de l'œuvre législative de Colbert. L'influence de ce texte s'exerça non seulement sur le continent européen, mais même, au moins pour un temps, sur le droit anglais comme sur le droit américain naissant. De cette dernière influence, on trouve encore des traces en droit contemporain, par exemple dans un arrêt du 17 avril 1961 de la Cour suprême des États-Unis, se fondant expressément sur l'Ordonnance (Livre III, titre IV, article 1er) pour déclarer valable l'engagement verbal pris par un armateur au bénéfice de l'un de ses marins (6).

Mais, à la fin du XVIIIe siècle, le droit maritime allait subir le même phénomène de nationalisation que les autres branches du droit. Les législations nationales se multipliaient, tant en Europe qu'en Amérique du Sud, s'inspirant certes de la tradition commune, mais brisant son unité par la promulgation de règles spécifiques à chaque État. Dans les dernières années du XIXe siècle, la communauté maritime prit conscience de la nécessité de rétablir l'unité internationale du droit maritime. Et ce fut l'émergence d'une seconde phase, celle des conventions de Bruxelles — rédigées à l'initiative du *Comité maritime international*, le *CMI*.

13. La deuxième phase. Le CMI et les conventions du CMI. — À la vérité, la première tentative d'unification du droit maritime ne fut pas l'œuvre du Comité maritime international, mais d'une autre association privée, laquelle existe toujours, *l'International law association*. Dès sa création, en 1873, cette association mit à son ordre du jour l'étude de certains problèmes maritimes. En 1890, elle proposa à la communauté internationale des règles contractuelles types destinées à régir le problème des avaries communes, les règles d'York et d'Anvers (*infra*, n° 531). Mais l'action de l'*International law association* devait être très vite dépassée par celle du CMI.

Le CMI est une association de droit privé — une *organisation non gouvernementale* — qui rassemble juristes et professionnels de l'ensemble des pays maritimes, à travers les associations nationales de droit maritime, telle l'Asso-

(5) M. RAGAB, *Le droit maritime musulman et sa place dans l'histoire du droit maritime*, thèse, Aix-en-Provence, 1987.
(6) *Kossick v. United Fruit, 1961 American Maritime Cases*, 833.

ciation française du droit maritime (7). Créé en Belgique en 1897 à Bruxelles, puis transféré à Anvers, le CMI s'était donné pour but « *de contribuer à l'unification du droit maritime ou commercial tant par la voie de traités ou d'accords internationaux que par la mise en concordance des législations internes, des usages, des coutumes et des pratiques* ». Le CMI ne put toutefois agir que grâce à la collaboration du gouvernement belge. Association privée, il lui était en effet impossible de proposer directement aux États une convention internationale. C'est le gouvernement belge qui, en acceptant de servir de relais entre les États et le CMI, permit à ce dernier de concrétiser son action.

Dès 1910, cette action aboutissait à la signature de deux conventions internationales, l'une sur l'abordage, l'autre sur l'assistance maritime. Ces deux conventions devaient être suivies de bien d'autres, la dernière convention ressortissant à l'action exclusive du CMI étant la Convention de 1967 pour l'unification de certaines règles relatives aux privilèges et hypothèques maritimes (*infra*, n° 565).

Cette dernière convention ne marque certes pas la fin de l'internationalisme du droit maritime, mais celle de l'époque du CMI, comme le début d'une troisième et sans doute ultime phase, celle de la prise en main du droit maritime par les institutions internationales étatiques.

14. La troisième phase. L'action des institutions internationales étatiques. — C'est dès la création de la première organisation internationale mondiale, la Société des Nations (SDN), que s'est amorcée cette nouvelle phase. C'est ainsi que, en 1920, le Bureau international du travail, organe de la SDN, s'est engagé dans la rédaction de conventions sur le travail des marins. Et, dès le 9 juillet 1920, une première convention était conclue, fixant l'âge minimum d'admission des enfants au travail maritime.

Par ailleurs, la Société des Nations, puis les Nations Unies après la Seconde Guerre mondiale, s'attachèrent à la rédaction de conventions internationales concernant les grands problèmes du *droit de la mer* (*infra*, n°s 40 et s.). Mais c'est seulement dans les années 1960-1970 que les institutions internationales se préoccupèrent des règles propres du *droit maritime*.

15. L'action de l'OMCI/OMI. — C'est d'une manière très diverse que les institutions spécialisées des Nations Unies ont pénétré dans le domaine du droit maritime privé. L'action en ce domaine de l'une d'entre elles, l'OMCI (devenue aujourd'hui l'OMI : voir *infra*, n° 28) relevait moins, à l'origine, d'une volonté consciente que des circonstances, et plus précisément, du désastre du *Torrey Canyon*. L'action de l'autre (la CNUCED), résultait d'une volonté politique de ne plus laisser le destin du droit maritime aux seules mains des nations maritimes traditionnelles.

(7) Le CMI a été présidé de 2004 à 2008 par un juriste français, Jean-Serge Rohart, avocat au barreau de Paris, ancien président de l'Association Française du Droit Maritime. Depuis 2008, il est présidé par un juriste norvégien, Karl-Johann Gombrii.

Le 18 mars 1967, le *Torrey Canyon*, transportant plus de cent mille tonnes d'hydrocarbures, s'échouait au large des côtes britanniques, dans les eaux internationales — à quelques encablures des eaux territoriales anglaises. Dès le 18 avril, le gouvernement britannique, peut-être pour se faire pardonner de ne pas avoir agi efficacement assez tôt, saisissait l'OMCI et lui demandait de mettre à l'étude l'ensemble des problèmes juridiques posés par le sinistre.

Bien que son activité eût débuté en 1958, l'OMCI ne s'était jusqu'à cette époque intéressée qu'à des problèmes techniques (*infra*, n°s 31 et s.). Cette institution sut cependant saisir l'occasion qui se présentait à elle de développer son action dans des domaines juridiques. Très vite, un comité *ad hoc*, bientôt transformé en comité juridique permanent était créé, dont le travail aboutissait en 1969 à la signature de deux conventions internationales, l'une de droit public sur l'intervention en haute mer en cas d'accidents de pétroliers, l'autre, de droit privé, sur la responsabilité civile pour dommages dus à la pollution, textes doublés en 1971 par une Convention créant un fonds international d'indemnisation, le FIPOL (*infra*, n°s 472 et s.). Depuis 1969, l'OMCI a pris l'initiative d'autres conventions de droit privé, telles les conventions concernant le transport de passagers (1974) la limitation de responsabilité en matière de créances maritimes (1976) ou l'assistance maritime (1989).

16. La CNUCED et la CNUDCI. — Créée en 1964, et animée par les pays en voie de développement (dit « *groupe des 77* »), la CNUCED (Conférence des Nations Unies pour le Commerce et le Développement, en anglais l'*UNCTAD*) a, quant à elle, très vite marqué sa volonté de ne pas abandonner aux seules nations développées, et en particulier aux grands pays maritimes, la maîtrise du droit maritime international. Dès ses premières réunions, elle a mis à son ordre du jour l'étude de nombreux problèmes maritimes. Elle a pris l'initiative de la rédaction de plusieurs conventions internationales concernant, directement ou indirectement, le droit maritime, Convention portant code de conduite de conférences maritimes (1974), ou Convention sur le transport multimodal (1980). Elle a participé, ou participe, à la rédaction et à l'adoption d'autres conventions de droit maritime, telles, en 1978, les *Règles de Hambourg* (*infra*, n° 895), en 1993 la nouvelle Convention sur les hypothèques et privilèges maritimes (*infra*, n° 563), ou, en 1999, la nouvelle Convention sur la saisie conservatoire des navires (*infra*, n° 590).

La CNUDCI, Conférence des Nations Unies sur le Droit Commercial International (en anglais *UNCITRAL*), autre organe des Nations Unies créé en 1966, a marqué sa volonté de s'intéresser au droit maritime dès 1970. À cette époque, elle a enlevé à la CNUCED la maîtrise d'œuvre de la future convention sur le transport maritime de marchandises, ce qui deviendrait les *Règles de Hambourg*. Depuis 2001, elle a travaillé à la rédaction d'un nouveau texte devant régir le transport maritime international, texte qui a définitivement été adopté par les États maritimes le 16 septembre 2009 à Rotterdam – d'où son nom de *Règles de Rotterdam*.

L'ère de l'initiative privée dans le développement de l'internationalisme du droit maritime est ainsi close. Certes, le CMI, lequel a su tirer les conséquences de l'évolution qui s'est produite en modifiant ses statuts, pour se donner comme objectif de contribuer à l'unification du droit maritime, non plus par la voie de traités ou d'accords internationaux, mais seulement « *par tous travaux et moyens appropriés* », a conservé auprès des institutions internationales un rôle d'expert souvent important, comme il en est auprès de l'OMI. Mais, pour l'essentiel, l'internationalisme du droit maritime est aujourd'hui dans les mains des institutions internationales étatiques, et en particulier dans celles de l'OMI et de la CNUCED (8).

Section 2

Les éléments positifs (sources) de la norme maritime

Malgré le caractère international très marqué du droit maritime, la norme maritime se développe à deux niveaux, celui des sources internationales et celui des sources nationales.

§ 1. — *Les sources internationales*

17. Les conventions internationales (CMI, OMCI/OMI, CNUCED). — Les sources internationales du droit maritime, ce sont les conventions internationales dont il a été question ci-dessus, jadis conventions du CMI, et, aujourd'hui, conventions du système des Nations Unies.

Les conventions du CMI, qui sont aussi très souvent qualifiées de « *conventions de Bruxelles* », puisqu'elles ont toutes été signées dans le cadre de conférences diplomatiques réunies par le gouvernement belge, sont nombreuses. On les retrouvera tout au long de cet ouvrage. Citons cependant les plus importantes.

Ce sont, outre les deux conventions de 1910 sur l'abordage et l'assistance maritime dont il a été question ci-dessus (*supra*, n° 13), la grande Convention de 1924 sur les transports sous connaissement (plus précisément dénommée « Convention internationale pour l'unification de certaines règles en matière de connaissement »), laquelle, modifiée par un Protocole signé en 1968, régit aujourd'hui encore le transport maritime international de marchandises dans la grande majorité des juridictions des États maritimes ; la Convention de 1926 sur les privilèges et hypothèques maritimes ; la Convention de 1952 sur la saisie

(8) Pour l'action d'autres institutions internationales, voir *infra*, nos 37 et s.

conservatoire des navires de mer ; la Convention de 1957 sur la limitation de la responsabilité des propriétaires de navires de mer ; la Convention de 1961 sur le transport de passagers par mer.

Les conventions du système des Nations Unies, ce sont les conventions de l'OMI de la CNUCED ou de la CNUDCI auxquelles il a été fait référence ci-dessus (*supra*, n°s 14 et s.).

18. Portée des conventions internationales. Application aux relations internationales. — La portée des conventions internationales maritimes, qu'elles aient été rédigées par le CMI, l'OMI ou la CNUCED, est double. Ces conventions régissent d'abord les relations internationales qui leur sont soumises, le critère d'application variant toutefois de convention à convention (9). C'est ainsi qu'un transport entre la France et les États-Unis, ou entre les États-Unis et la France, est soumis à la Convention de 1924, le critère géographique étant ici déterminant parce que cette convention s'applique aux connaissements créés dans un État signataire, et que les États-Unis comme la France ont ratifié la Convention de 1924. En revanche, c'est le pavillon du navire qui commande principalement l'application de la Convention de 1952 sur la saisie conservatoire (*infra*, n° 591). Pour la Convention de 1989 sur l'assistance, c'est la nationalité du juge saisi qui détermine l'application de la Convention (*infra*, n° 482).

L'application dans l'espace des conventions maritimes aux relations internationales est toutefois toujours fonction du nombre d'États qui ont ratifié chacune d'entre elles. Et, de ce point de vue, on doit constater que ces conventions, même si elles ont recueilli la ratification ou l'adhésion de nombreux États, n'ont pas une portée internationale générale. C'est ainsi que, par exemple, les États-Unis n'ont ratifié, parmi les conventions de droit privé maritime, que la Convention de 1910 sur l'assistance, la Convention de 1924 sur les transports sous connaissement et la Convention de 1989 sur l'assistance. Pour des raisons diverses, tradition de méfiance d'un État fédéral à l'égard des conventions de droit privé, réserve à l'égard de certains textes jugés trop favorables aux armateurs — telles les conventions sur la limitation de responsabilité —, les États-Unis n'ont pas adhéré aux autres conventions, refusant de ratifier des textes aussi importants que la Convention de 1969 sur la responsabilité des navires transporteurs d'hydrocarbures (*infra*, n°s 460 et s.) ou la Convention de 1971 portant création du FIPOL (*infra*, *ibidem*). La France, en revanche, a ratifié la plupart des conventions maritimes (10).

19. Incidence sur les droits internes. — Mais la portée des conventions maritimes, et en particulier des conventions de Bruxelles, encore aujourd'hui les plus nombreuses, dépasse leur domaine international. En effet, de nombreux

(9) Voir I. K. DIALLO, « Conflits de lois et conflits de conventions dans le transport international de marchandises par mer », *DMF* 1988.643.

(10) La liste des ratifications est donnée, pour les conventions du CLMI, dans l'annuaire (*Yearbook*) du Comité maritime international. Pour les conventions de l'OMI, voir le site de l'institution : www.imo.org.

États, qui adhéraient ou même n'adhéraient pas à ces conventions, ont pris modèle sur elles pour édifier leur réglementation maritime propre (réglementation qui s'applique non seulement à leurs relations internes, par exemple transport entre deux ports d'un même État, mais aussi à toute situation internationale non couverte par une convention, parce que, par exemple, elle concerne un navire ressortissant d'un État qui n'a pas signé la convention concernée). Tel a été le cas du législateur français. Dès 1916, la France, tout en ratifiant les conventions sur l'abordage et l'assistance, a intégré dans son droit interne leurs dispositions, étant ainsi harmonisés le régime national et le régime international des règles applicables. En 1949, c'est la Convention de 1926 sur les privilèges et hypothèques maritimes, ratifiée par la France, dont les dispositions ont été insérées dans le Code de commerce, avant de passer dans la loi 67-5 du 3 janvier 1967. Quant à la grande Convention de 1924 sur les transports maritimes, elle aussi ratifiée par la France, elle a d'abord été reprise pour les transports internes, par une loi du 2 octobre 1936, puis par la grande loi 66-420 du 18 juin 1966 — le législateur français introduisant aussi dans le droit interne les diverses modifications apportées à la Convention par le Protocole de 1968. Et de nombreux législateurs ont suivi la même voie, par exemple le législateur canadien ou le législateur indien, intégrant très tôt la Convention de 1924 dans leur législation, alors même qu'à l'origine tout au moins, ils devaient ne pas la ratifier.

Par ailleurs, le domaine d'application d'une convention internationale peut être élargi quand, s'agissant d'une convention régissant des relations contractuelles, les parties peuvent volontairement adhérer à son texte — ce qui est le cas pour la Convention de 1924 sur les transports sous connaissement qui peut faire l'objet d'une clause d'adoption volontaire, la *Paramount clause* (voir *infra*, n° 903).

20. Limites à l'unification du droit (11). — Malgré les efforts considérables de la communauté maritime internationale, l'unification du droit maritime est loin d'être achevée. En premier lieu, comme indiqué ci-dessus, de nombreuses conventions internationales n'ont été adoptées que par un nombre limité d'États. Pour certaines même le nombre des adoptions est demeuré si faible qu'elles ne sont jamais entrées en application (cas, entre autres, de la Convention de 1957 sur les passagers clandestins ; de l'importante Convention de 1980 sur le transport multimodal). Parfois c'est à l'intérieur même du système international d'unification que la confusion s'est instaurée — brisant l'unification déjà atteinte. C'est le cas, notamment, pour le transport maritime de marchandises (12). La Convention de 1924 a été modifiée par un Protocole adopté en 1968, mais de nombreux États signataires de la Convention (les États-Unis, par exemple) n'ont pas ratifié le Protocole de 1968, coexistant ainsi deux régimes juridiques. De surcroît, un nouveau texte international, celui des *Règles de*

(11) Voir A. VIALARD, « Sisyphe et l'unification internationale du droit maritime », *DMF* 1993.213 ; M. RIMABOSCHI, *Méthodes d'unification du droit maritime*, thèse Nice, 2005, PUAM, 2006, préface P. Bonassies.
(12) Sur le problème, voir *infra*, n° 898.

Hambourg a été adopté en 1978, qui a été ratifié par une vingtaine d'États. Ce sont donc, en matière de transports de marchandises, *trois* régimes internationaux qui coexistent, sans compter les régimes régionaux, tels les textes maritimes uniformes adoptés par les pays nordiques en la matière en 1994 (13). On peut espérer que ce chaos disparaîtra avec la ratification par la majorité des États maritimes des nouvelles *Règles de Rotterdam.* Mais la chose n'est pas certaine.

Enfin, en matière de droit maritime, il n'existe pas de mécanisme international d'unification de *l'interprétation des textes* — à l'inverse de ce qui est en droit européen, où la Cour de justice des Communautés européennes, devenue la Cour de justice de l'Union européenne, peut être saisie par une juridiction d'un État membre de l'Union européenne pour interpréter tout texte européen. De ce fait, les juridictions des États ayant ratifié une convention internationale sont portées à interpréter cette convention à partir de leur tradition juridique propre, comme nous le verrons, par exemple à propos du régime applicable, en matière de transport de marchandises, à l'*incendie* (14).

Il reste que, tout au long du XXe siècle, un effort considérable d'uniformisation du droit maritime a été entrepris. Simplement, au XXIe siècle, cet effort doit être poursuivi.

§ 2. — *Les sources nationales*

21. Les législations maritimes nationales. — La législation maritime française. — La plupart des États modernes ont une législation maritime, alors même qu'ils n'ont pas directement accès à la mer. C'est ainsi que la Suisse s'est dotée dès 1941 d'un ensemble de lois maritimes, remplacées en 1957 par un Code sur la navigation maritime.

Certains législateurs ont présenté les textes maritimes sous la forme cohérente d'un Code maritime. Il en est ainsi du Maroc, qui s'est doté dès 1919 d'un Code de commerce maritime, de l'Italie, qui a promulgué en 1942 le *Codice della Navigazione*, de la Pologne, qui s'est elle aussi dotée d'un Code maritime en 1949, de la Tunisie (1962), de l'Algérie (1975) et de Monaco (1998). À l'opposé, dans les pays de *common law*, le droit maritime est essentiellement jurisprudentiel, encore que des nuances existent ici entre les États-Unis et la Grande-Bretagne, ce dernier État ayant ratifié nombre de conventions internationales, et introduit leurs textes dans sa législation écrite.

La France, quant à elle, n'a connu une législation maritime structurée qu'avec l'Ordonnance de la Marine de 1681. Lors de la codification napoléonienne, les textes maritimes, pour la plupart repris de l'Ordonnance de la Marine, ont été intégrés dans le Code de commerce, dont ils sont devenus une part importante. Le Code de commerce n'a d'ailleurs pas abrogé l'Ordonnance de la Marine, la

(13) Voir H. HONKA, *New Carriage of goods by sea*, 1997.
(14) Voir *infra*, n° 1091.

loi du 25 septembre 1807, promulguant le texte du Code, se bornant à dire que, « *à dater dudit jour 1er janvier 1808, toutes les anciennes lois touchant les matières commerciales sur lesquelles il est statué par ledit Code sont abrogées* ». Certaines des dispositions de l'Ordonnance sont donc demeurées en vigueur, notamment quant au régime applicable aux ports. L'Ordonnance de la Marine a cependant été définitivement abrogée par l'article 7 de l'Ordonnance n° 2006-460 du 21 avril 2006 (*JORF* 22 avril 2006.6024), les rares dispositions encore en vigueur étant reprises par des textes spécifiques, en particulier dans le Code des ports maritimes. Avec le temps, les dispositions du Code de commerce ont été frappées d'obsolescence. Le législateur est alors intervenu, soit pour les modifier soit pour promulguer des textes non intégrés dans le code.

Dans les années 1966-1970, le droit maritime français a connu une importante mise à jour. À l'initiative du Doyen Rodière, professeur de droit maritime à la Faculté de droit de Paris, et du ministre de la Justice, Jean Foyer, c'est toute une série de lois qui ont été promulguées pour remplacer les textes du Code de commerce ou les lois antérieures (15).

Les deux textes principaux sont sans doute la loi 66-420 du 10 juin 1966 sur les contrats d'affrètement et de transport maritimes, complétée par le décret 66-1078 du 31 décembre de la même année, et la loi 67-5 du 3 janvier 1967 portant statut des navires, complétée par un décret du 27 octobre 1967. Mais il faut aussi citer la loi 67-545 du 3 juillet 1967 sur les assurances maritimes (et décret 68-65 du 19 janvier 1968), la loi 67-545 du 7 juillet 1967 sur les événements de mer (et décret 68-65 du 19 janvier 1968) et la loi 69-8 du 3 janvier 1969 relative à l'armement et aux ventes maritimes, complétée par un décret 69-679 du 19 juin 1969. Tous ces textes ont été mis à jour à l'occasion de la modification des conventions internationales dont ils s'inspiraient.

22. Internationalisme de la législation française. — D'une manière générale, la législation française de 1966-1969 est d'une remarquable qualité. Son promoteur, le Doyen Rodière, a tenu à accorder la plus grande considération aux conventions internationales maritimes. Souvent, le texte français se borne donc à reprendre les dispositions de ces conventions, comme en matière d'abordage, d'assistance maritime ou de privilèges maritimes. Dans plusieurs cas même, une référence directe est faite à la convention internationale concernée par la matière. Il en est ainsi, notamment, en matière de limitation de responsabilité du propriétaire de navire. Dans son texte originaire, l'article 61 de la loi du 3 janvier 1967 énonçait que le propriétaire du navire « *n'est pas responsable au-delà des limites établies par la Convention internationale du 10 octobre 1957* ». La Convention de 1957 ayant été remplacée par la Convention de 1976, c'est aujourd'hui à ce dernier texte que l'article 61, modifié par une loi du 21 décembre 1984, fait référence.

(15) Voir J. FOYER, *Sur les chemins du droit avec le Général*, p. 321 et s., 2006. Sur une souhaitable mise à jour des textes du Doyen Rodière, voir P. BONASSIES, « La loi maritime du Doyen Rodière doit-elle être réformée ? », *DMF* 2009.809.

C'est qu'en effet, s'inspirant dès l'origine des conventions internationales, le législateur français a de surcroît tenu à adapter la loi française aux modifications des textes internationaux. La loi du 3 janvier 1967 a été modifiée par la loi 84-1151 du 21 décembre 1984, pour tenir compte de la nouvelle Convention de 1976 sur la limitation de responsabilité de l'armateur — cette modification intervenant même par anticipation, avant l'entrée en vigueur de la nouvelle convention, le texte interne devant s'appliquer pour la date de cette entrée en vigueur. La loi du 18 juin 1966 a été modifiée par la loi 86-1292 du 23 décembre 1986, pour tenir compte, avec à peine quelque retard, de l'entrée en vigueur du Protocole de 1968 ayant modifié la Convention de 1924 sur les transports de marchandises.

Parfois cependant, le législateur français s'est écarté de la lettre du texte de la convention internationale applicable en la matière, pour en rendre les dispositions plus claires et mieux adaptées au style des lois françaises. C'est ainsi qu'en matière de responsabilité du transporteur de marchandises, la longue énumération des dix-huit « *cas exceptés* » qui figurent à la Convention de 1924 a été réduite par le législateur français à neuf (*infra*, n°s 1072 et s.). La loi du 23 décembre 1986 ne donne pas tout à fait la même définition de la *faute inexcusable* que le Protocole de 1968, dont elle veut cependant introduire les dispositions en droit français (*infra*, n° 1113).

Nonobstant la tendance des tribunaux français à interpréter la loi française de la même manière que la convention internationale dont elle s'inspire, — ce même en présence de termes légèrement différents —, on peut parfois regretter les « adaptations » auxquelles a ainsi procédé le législateur français, en tant qu'elles peuvent entraîner des divergences inutiles.

23. Organisation formelle de la législation française. Loi et décret. — S'agissant de sa présentation formelle, la législation française de 1966-1969 souffre d'un défaut plus grave, mais qui n'est en rien imputable à son rédacteur, le Doyen Rodière. Pour respecter strictement, sinon même à l'excès, les dispositions de l'article 34 de la Constitution, le système normatif français a été scindé en deux : d'une part la loi, d'autre part, le décret complémentaire. Le résultat n'est pas heureux, obligeant le lecteur à une véritable gymnastique intellectuelle et oculaire, passant sans cesse de la loi au décret et du décret à la loi. Et l'on aboutit aussi parfois à des inélégances regrettables, comme dans le texte de l'article 8 de la loi du 18 juin 1966, énonçant que le fréteur se libère de toute responsabilité en établissant, notamment, qu'il a satisfait à ses obligations de fréteur, « *précisées par décret* ».

24. Sources complémentaires. Usages. — Les textes, législatifs ou réglementaires, ne sont pas les seules sources de la norme maritime. Comme dans les autres domaines du droit, usages, jurisprudence et doctrine jouent un rôle en droit maritime.

Le rôle des usages en matière maritime a sensiblement diminué depuis la promulgation, notamment dans le domaine des transports, de textes impératifs.

C'est ainsi que, dans un arrêt du 18 mai 1949 (*D.* 1950.629), la Cour de cassation observait que les usages particuliers au port de Marseille, quant à la détermination du début de la période de responsabilité du transporteur, ne pouvaient plus être pris en considération, la loi du 2 avril 1936 imposant désormais impérativement que le transporteur demeurât responsable des opérations de chargement et de déchargement. Les usages conservent cependant un certain rôle, variable selon le secteur considéré : détermination du taux de la « *freinte de route* » en matière de transport (*infra*, n° 1087) ; calcul des staries en l'absence de stipulations contractuelles en matière d'affrètement (*infra*, n°s 795 et s.) ; répartition de certaines charges financières entre chargeurs et transporteurs (16).

25. Jurisprudence. — La *jurisprudence* joue en matière maritime un rôle identique à celui qu'elle a en droit commun. Il faut toutefois noter qu'il est plus fréquent en la matière de voir la doctrine se référer à la jurisprudence étrangère, en particulier aux décisions de la Chambre des Lords britannique, eu égard au caractère international du droit maritime. Il arrive même qu'une décision française fasse expressément référence à une décision étrangère (comme il arrive qu'une décision étrangère fasse référence à une jurisprudence française).

Si les arrêts les plus importants sont publiés dans les recueils classiques (*Dalloz, Sem. jur., Gazette du Palais*), la jurisprudence maritime se trouve principalement dans le recueil *Le Droit Maritime Français*, dans la *Revue de Droit Français Commercial Maritime aérien et des transports* (dite *Revue Scapel*), dans le « *Bulletin des Transports et de la Logistique* » et dans la toute nouvelle *Revue des Transports*.

26. Doctrine. — De la doctrine, nous ne citerons que quelques noms : dans l'ancien droit, Valin et Emerigon, au XIXe siècle, Pardessus et Danjon, à l'époque contemporaine le Doyen Bonnecasse et le Doyen Ripert, maître du droit français dans les années 1910 à 1950, plus récemment, les Doyens Chauveau et Rodière et le regretté Emmanuel du Pontavice. Les grands noms de la doctrine contemporaine se retrouvent dans les ouvrages cités en bibliographie, comme dans les notes du présent ouvrage.

Conclusion. Les sources européennes. Aux sources internationales et nationales du droit maritime, s'ajoutent aujourd'hui les *sources européennes* (règlements et directives du Conseil ou de la Commission, jurisprudence de la Cour de justice européenne ou du Tribunal de première instance). Ces sources ne concernent pas actuellement, ou indirectement seulement, les aspects classiques du droit maritime (statut du navire ou des marins, responsabilité de l'armateur, événements de mer, contrats maritimes). Elles prennent, en revanche, une importance croissante dans les domaines nouveaux de la sécurité de la navigation ou de la protection de l'environnement. Elles seront étudiées dans le chapitre consacré aux Institutions européennes (*infra*, n° 122 et s.).

(16) Sur les conditions d'existence d'un usage, voir Rennes, 27 févr. 1987, *DMF* 1987.238, n. A. TINAYRE, et obs. P. BONASSIES, *DMF* 1988.75.

CHAPITRE 2

LES INSTITUTIONS INTERNATIONALES DU DROIT MARITIME

27. Plan. — Les Nations Unies, institution internationale première, n'interviennent pas directement dans le domaine du droit maritime, mais seulement à travers leurs institutions spécialisées. Elles ont toutefois pris personnellement en charge la définition des règles générales qui déterminent la répartition des compétences des États dans les zones maritimes, le *droit de la mer*. Parce que ces règles, nous l'avons observé, ne sont pas sans conséquences sur le statut des navires et des entreprises maritimes, il importera de s'interroger sur elles, après avoir analysé le statut et l'œuvre des institutions spécialisées du système des Nations Unies.

Section 1

Les institutions spécialisées des Nations Unies et le droit maritime

La plus importante de ces institutions est l'OMI, Organisation maritime internationale. Nous lui consacrerons un paragraphe, avant de dire quelques mots des autres institutions intervenant en matière maritime.

§ 1. — *L'Organisation maritime internationale – L'OMI*

28. Histoire de l'OMI. — Dès la création des Nations Unies, le problème s'est posé aux États membres de cette institution de savoir s'il ne fallait pas créer une institution maritime spécialisée, à l'instar de l'Organisation de l'aviation civile internationale (OACI), instituée avant même la création des Nations Unies, le 7 décembre 1944. Assez vite, des divergences se firent jour entre les États maritimes. Les uns, comme la France, acceptaient l'idée d'une institution internationale maritime avec une vocation assez large. Les États scandinaves en revanche, et à un moindre degré la Grande-Bretagne, se montrèrent beaucoup plus réservés, craignant qu'une telle institution n'interférât avec le principe de liberté commerciale (*free flow of shipping*), base du commerce maritime classique. Ils n'acceptèrent de n'envisager que la création d'une institution aux compétences seulement techniques.

Ces divergences rendirent la création de l'institution difficile. Conçue à l'origine comme organisation internationale consultative, sous le sigle OMCI (Organisation maritime consultative internationale), elle se dégrada en une organisation intergouvernementale, vouée seulement à la navigation maritime : l'Organisation intergouvernementale consultative de la navigation maritime. Curieusement, elle conserva cependant le sigle qui la désignait à l'origine et continua à être appelée OMCI (en anglais, *IMCO*). Et, bien que le texte du traité emportant création de l'institution eût été signé en 1948, celle-ci ne put être mise en place qu'en 1958.

Pendant dix ans, l'OMCI limita son action au domaine technique qui lui avait été confié. C'est seulement après 1967 que, grâce à l'impulsion que donna à ses activités le sinistre du *Torrey Canyon* (*supra*, n° 15), elle élargit sa compétence pour s'intéresser à tous les problèmes juridiques posés par les activités maritimes, dès lors qu'ils avaient quelque rapport, même indirect, avec la sécurité des navires.

Les États membres de l'organisation ont tiré les conséquences de cette évolution. En 1979, l'OMCI changea de nom et devint l'OMI, Organisation maritime internationale. Quelques précisions doivent être apportées tant sur sa structure que sur son rôle.

A. — Structure

29. Organisation générale de l'OMI. — La structure de l'OMI est semblable à celle des autres institutions spécialisées du système des Nations Unies.

L'OMI est administrée par un Conseil composé des représentants de 32 États. Ces représentants sont classés en trois catégories. Certains représentent les États « *les plus intéressés à fournir des services internationaux de navigation maritime* », c'est-à-dire les États ayant les marines les plus puissantes : Chine, Grèce, Liberia, Panama, Japon, Fédération Russe, États-Unis, Royaume-Uni. Un deuxième groupe représente « *les États les plus intéressés dans le commerce international maritime* ». On y trouve la France, l'Espagne, le Brésil, l'Inde. Enfin, sont représentés des États « *ayant des intérêts particuliers dans le transport maritime ou la navigation* », leur élection devant assurer la représentation au Conseil de l'institution de toutes les grandes régions du monde et de commerce international. Parmi ces États figurent aujourd'hui l'Australie, Chypre, l'Égypte, Malte et la Turquie.

L'Assemblée, qui réunit l'ensemble des États membres tous les deux ans, définit la politique générale de l'institution et vote son budget. Une réunion est intervenue en novembre 2009.

Enfin, le fonctionnement de l'OMI est assuré par un Secrétaire général, assisté d'un nombre important de collaborateurs.

30. Les comités spécialisés. — À côté de son organisation générale, l'OMI comporte un certain nombre de comités spécialisés qui regroupent des représentants de tous les États, et sont dotés d'un échelon administratif propre. Le plus important, qui existait dès l'origine comme une institution dans l'institution, est le Comité de la Sécurité Maritime (*Maritime Safety Committee*), qui a en charge tant la gestion des conventions sur la sécurité à la mer que la collecte de toutes informations concernant cette sécurité. En 1967 un deuxième comité spécialisé a été créé, le Comité juridique. En 1975, 1984 et 1991 ont été créés trois autres comités, celui de la protection du milieu marin, celui de la coopération technique et celui des facilitations.

B. — Activités de l'OMI

31. L'OMI et la sécurité de la navigation maritime (1). **Les conventions SOLAS.** — Premières dans le temps, les activités de l'OMI dans le domaine de la sécurité de la navigation demeurent aujourd'hui encore les plus importantes.

Dès les premiers jours de son action, l'OMI, alors encore l'OMCI, a d'abord pris en charge les différentes conventions concernant la sécurité de la navigation maritime.

C'est bien avant la création de l'institution que les États maritimes se sont préoccupés de la sécurité de la navigation. Dès le milieu du XIXe siècle, certaines règles de navigation se sont imposées au plan international, soit par le jeu d'accords bilatéraux, soit par décisions unilatérales des États. Ces règles s'inspiraient à l'origine de la pratique de *Trinity House*, l'organisation des pilotes britanniques. Mais c'est seulement en 1912, avec le naufrage du *Titanic*, que la communauté internationale s'engagea dans une politique systématique de développement de la sécurité en matière maritime (2).

Une première conférence fut réunie à Londres en avril 1914, qui établit un premier texte en la matière. En raison de la survenance, en août 1914, de la Guerre mondiale, ce texte demeura lettre morte et la tâche dut être reprise en 1929. C'est à cette époque que fut signée la première Convention pour la sauvegarde de la vie humaine en mer, convention souvent désignée par son sigle anglais de convention SOLAS (*Safety of Life at Sea*). Cette première convention fut suivie d'une deuxième convention en 1948, signée à l'initiative du gouver-

(1) L'ouvrage fondamental en la matière est celui de Philippe BOISSON, *Politiques et droit de la sécurité maritime*, 1998 ; voir aussi Rémy CUISIGNIEZ, *La réglementation de sécurité à bord des navires marchands*, 2004.

(2) Une première rencontre internationale s'était cependant tenue à Washington, en 1889, qui avait établi un premier règlement de sécurité sur les règles de route à suivre en mer (sur cette époque « historique » de la sécurité, voir le maître livre de Gilbert GIDEL, *Le droit international public de la mer*, tome 1, 1932).

nement britannique, puis d'une troisième en 1960, prise en charge par l'OMCI. Un nouveau texte a été établi en 1974. La France a adhéré à la Convention de 1974, comme elle a adhéré aux amendements apportés à celle-ci (3).

La Convention de 1974 est un document volumineux, qui définit les règles de construction des navires, les règles concernant les équipements de protection contre l'incendie, les engins de sauvetage, les équipements de radio-télégraphie et radio-téléphonie, les techniques de transport des marchandises dangereuses. Dans son texte actuel, elle intègre des textes complémentaires d'une grande importance, tel le Code ISM (*International Safety Management Code*) adopté en 1993, ou le Code ISPS adopté en décembre 2002 (*infra*, n° 32 et n° 33). Elle s'accompagne d'un texte intitulé : « *Règles internationales pour prévenir les abordages en mer* » (4), qui comprend d'une part une réglementation des signaux à la mer, d'autre part des « *règles de barre et de route* » (*steering and sailing rules*), véritable Code de la route en mer, établissant, par exemple, le principe de la priorité à droite, en mer comme à terre.

Pendant les intervalles qui séparent deux rédactions des conventions SOLAS, l'OMI ne reste pas inactive. Le *Maritime Safety Commitee* reçoit notification de tous les sinistres maritimes intervenus dans le monde, pour en tirer les leçons. Il procède à une modification permanente des textes pour permettre une meilleure sécurité de la navigation.

32. Sécurité des navires. Sécurité de la navigation. Sécurité des équipages. Protection du milieu marin. — Jamais la convention SOLAS ne s'est limitée au contrôle technique des navires, consacrant dès l'origine un de ses chapitres à la sécurité de la navigation. Mais les règles concernant la matière demeuraient modestes, ne s'ajoutant aux règles pour prévenir les abordages que quelques dispositions sur les services d'écoute radio-télégraphique, ou la règle prévoyant, dès l'origine que les gouvernements signataires devraient prendre toutes mesures « *pour s'assurer qu'au point de vue de la sécurité en mer, tous les navires aient à bord un équipage suffisant en nombre et en qualité* ». Avec le développement du commerce maritime, et par là de la circulation en mer, avec aussi l'accroissement des sinistres, l'action de l'OMCI/OMI s'est faite plus précise.

Dans un premier temps, l'OMCI s'en est tenue à des actions assez classiques, ajoutant en 1969 aux règles sur la prévention des abordages un système de routes obligatoires pour les navires (*infra*, n° 86). L'expérience ayant montré que certains sinistres maritimes étaient la conséquence de l'insuffisance des équipages, insuffisance en compétence, en homogénéité, voire en qualité, l'OMI s'est affrontée au problème. Elle a réuni en 1978 une conférence sur la formation des gens de mer et la délivrance des brevets. Cette conférence a su dépasser les termes de sa mission en adoptant un texte très important, la *Convention sur les*

(3) Pour la ratification, voir décret du 14 mai 1980, *JO* 23 mai 1980, 1277.
(4) Souvent désignées par leur sigle anglais *Colreg* (*Collision regulations*), ou encore par le sigle français — bien peu euphonique — RIPAM.

normes de formation des gens de mer, de délivrance des brevets et de veille (dite Convention *STCW*). Cette convention a fait l'objet d'une refonte en 1995.

L'objet de cette convention est double. Il est d'une part de définir les connaissances minimales que les États signataires devront exiger pour la délivrance des brevets de capitaine, second ou officier mécanicien. Il est d'autre part de prescrire les règles à suivre pour la veille à bord des navires (composition de l'équipe de quart, responsabilités fondamentales de chacun, règles de veille à la machine).

Plus récemment, l'OMI a pris conscience du rôle fondamental de l'élément humain dans la gestion de la sécurité maritime. Son assemblée générale de 1993 a adopté, le 4 novembre 1993, un texte intitulé *Code international de gestion pour la sécurité des navires et pour la prévention de la pollution* (ou Code ISM, *International Safety Management Code*). Ce texte, qui n'avait à l'origine qu'un caractère *programmatoire*, est devenu impératif. Il prévoit l'obligation pour tout armateur (toute « *compagnie maritime* » dit le texte) de définir une politique de sécurité et d'établir un système de gestion de la sécurité. En particulier, une personne doit être désignée, à terre, ayant directement accès au plus haut niveau de la direction et chargée de veiller à la sécurité de chaque navire, la sécurité à bord ressortissant à l'autorité du capitaine, autorité que la compagnie devra faire respecter.

Par ailleurs, l'armateur doit mettre en place des procédures permettant de vérifier que le navire est maintenu en bon état, tout incident devant faire l'objet d'un signalement précis. S'inspirant du droit américain (*Oil Pollution Act* de 1990, texte né du sinistre de l'*Exxon Valdez*), le Code ISM prévoit aussi que des plans d'action en cas d'urgence devront être établis, chaque risque étant identifié, et les modalités des mesures à prendre précisées.

Enfin, un contrôle de ses navires par l'État du pavillon est prévu, l'administration nationale devant délivrer, après due vérification, une attestation de conformité aux armateurs qui respectent les exigences du Code, un certificat de gestion de la sécurité étant alors délivré à chacun de ses navires. Il faut toutefois préciser ici que l'État du pavillon peut déléguer son pouvoir de contrôle à une organisation désignée par lui, en fait à une société de classification (*infra*, n°s 198 et s.) dont il n'est pas sûr qu'elle saura se montrer aussi exigeante qu'une administration étatique (on notera que la France n'a pas délégué les obligations de contrôle que lui impose le Code : seule l'administration des affaires maritimes est habilitée à délivrer attestation de conformité et certificat de gestion de la sécurité (5)). Depuis le 1er juin 2002, le Code ISM est applicable à tout navire de plus de 500 unités de jauge.

Par ailleurs, dès l'origine, l'OMCI/OMI s'est intéressée à la protection du milieu marin, et notamment à la lutte contre la pollution des mers. Si une première Convention contre la pollution par les hydrocarbures avait été signée en

(5) Voir le texte du Code ISM, présenté par A.-M. CHAUVEL, *Le Code ISM, une nouvelle approche de la sécurité maritime*, Annales de l'IMTM 1993-1994, 113.

1956, sur la base de projets remontant trente ans en arrière, l'OMCI en a assuré la gestion avant de préparer de préparer un nouveau texte, la Convention MARPOL de 1973 (*infra*, n° 82).

33. Sûreté des ports et des navires. — Après les événements du 11 septembre 2001 (attentat à New York contre les *Twin towers*), la communauté maritime s'est préoccupée non plus de la sécurité mais de la *sûreté* (en anglais *security*, le terme *safety* désignant la sécurité) des navires, comme aussi de celle des ports, c'est-à-dire de la protection des uns et des autres contre les actes de terrorisme. Du 9 au 13 décembre 2002, s'est déroulée à l'OMI une conférence diplomatique qui a adopté le *Code international pour la sécurité des navires et des installations portuaires* (*Code ISPS*), intégré dans la Convention SOLAS.

Ce texte, d'une grande complexité, reprenant quelque peu les schémas du Code ISM, prévoit que les compagnies maritimes doivent établir pour chacun de leurs navires un *plan de sûreté*, indiquant, entre autres, les mesures propres à empêcher l'introduction à bord d'armes, substances ou engins dangereux, établir des procédures d'intervention en cas de menace contre la sûreté, comme des procédures d'évacuation. Elles doivent également désigner un *agent de sûreté* chargé de gérer tous les problèmes de sûreté de la compagnie, comme, pour chaque navire un même agent de sûreté doté de missions analogues. Tout navire à passagers ou tout navire de charge d'un tonnage supérieur à 500 unités de jauge brute doit faire l'objet d'une visite initiale comprenant une inspection complète de son système sécuritaire. Il reçoit alors un *certificat international de sûreté,* étant ensuite soumis à des visites de renouvellement à des intervalles ne dépassant pas cinq ans. Et des mesures analogues sont prévues pour la sûreté des installations portuaires.

34. Conclusion. L'entrée en vigueur des conventions techniques. La procédure d'acceptation tacite. — Le caractère technique de nombre des conventions de l'OMI fait que ces textes doivent faire l'objet de modifications fréquentes, pour tenir compte de l'évolution des techniques. Se pose alors le problème de l'entrée en vigueur des amendements adoptés. Si l'on s'en tenait aux règles classiques, ces amendements ne pourraient entrer en vigueur qu'après avoir été adoptés par la majorité, voire les deux tiers des États membres de l'OMI. Aussi, une procédure plus rapide, dite *procédure d'acceptation tacite*, a-t-elle été mise en place en 1972 (6). Elle prévoit qu'un amendement adopté par l'assemblée générale de l'institution entrera en application à une date donnée, sauf si, avant cette date, un certain nombre d'États élèvent une objection à son encontre.

Par exemple, tout amendement aux dispositions techniques de la SOLAS est réputé adopté au terme d'un délai de deux ans, si plus d'un tiers des États contractants (ou d'États représentant plus de 50 % de la flotte de commerce) n'y a pas fait objection (SOLAS, article VIII, alinéa 2, vi. 2).

(6) Voir Ph. BOISSON, *op. cit. supra* note 1, au n° 292.

35. L'action de l'OMI dans le domaine juridique. — Malgré l'importance de son action en matière de sécurité, c'est l'action de l'OMI dans le domaine juridique qui présente le plus grand intérêt pour les juristes.

Nous avons vu ci-dessus (*supra*, n° 15) comment l'OMCI, avant même de s'appeler OMI, s'est en 1969 engagée dans le domaine juridique, avec la mise au point des conventions sur la prévention et la réparation des pollutions par hydrocarbures (conventions complétées en 1971 par un texte portant création du FIPOL et modifiées en 1992 par deux très importants Protocoles : voir *infra*, n°s 461 et s. et 472 et s.). Depuis 1969, elle a pris l'initiative de deux conventions de droit privé, la Convention de 1974 sur le transport de passagers et la très importante Convention de 1976 sur la limitation de responsabilité en matière de créances maritimes, ces deux textes ayant été modifiés par deux protocoles signés en 2002 et 1996 (*infra*, n°s 1231 et s. ; n°s 406 et s.). On remarquera que l'un et l'autre de ces deux textes ne sont pas sans rapport avec la sécurité de la navigation, ce qui justifiait pleinement l'action de l'OMCI.

Devenue l'OMI, l'action de l'institution dans le domaine juridique ne s'est pas ralentie. L'OMI a mis en chantier l'étude de la révision des conventions de 1910 sur l'abordage et l'assistance maritime, conventions elles aussi en rapport avec la sécurité maritime. Le 28 avril 1989, elle a adopté un nouveau texte sur l'assistance maritime, texte qui apporte une importante contribution à la protection de l'environnement (*infra*, n°s 481 et s.). Elle a participé à l'adoption, en 1993, d'une nouvelle Convention sur les hypothèques et privilèges maritimes (*infra*, n° 565), sujet cependant un peu éloigné de ses préoccupations premières. Elle a adopté en 1976 une Convention sur la responsabilité pour les dommages liés au transport des substances nocives et potentiellement dangereuses (Convention HNS, *infra*, n° 477), enfin, elle a proposé aux États, en liaison avec la CNUCED, une nouvelle Convention sur la saisie conservatoire des navires, adoptée en 1999 mais non encore entrée en application (*infra*, n° 590).

36. L'OMI et la pollution des mers. Autres conventions techniques. — L'OMCI/OMI, dès sa création, a également pris en charge la protection de la mer contre la pollution volontaire par hydrocarbures. Ici encore, la communauté maritime internationale s'était préoccupée du problème bien avant la création de l'OMCI. C'est dès 1926 qu'une conférence internationale s'était réunie à Washington pour réglementer le déversement des déchets d'hydrocarbures par les pétroliers. C'est à l'initiative de la Grande-Bretagne qu'une première convention internationale en la matière fut rédigée en 1954. Cette première convention a été remplacée en 1962 par un nouveau texte, puis en 1973 par le texte actuellement applicable, la Convention internationale pour la prévention de la pollution par les navires, dite MARPOL (*infra*, n° 82).

L'OMCI/OMI a aussi pris l'initiative d'autres conventions techniques, parmi lesquelles nous relèverons, en 1965, la *Convention internationale sur les facilitations*, convention destinée à alléger les formalités afférentes à l'entrée des navires dans les ports ou à leur sortie, en 1966 la *Convention internationale sur les lignes de charge*, texte qui définit les règles à respecter pour l'établissement des lignes d'immersion maximum des navires, en 1969 la *Convention internationale sur le jaugeage des navires*, laquelle a des incidences directes, comme nous le verrons, sur la limitation de responsabilité des armateurs (*infra*, n°s 167 et 440). Toute récemment enfin, deux nouvelles conventions ont été adoptées dans le cadre de l'OMI, le 23 mai 2007, à Nairobi, la *Convention internationale sur l'enlèvement des épaves* et, le 3 octobre 2008, à Hong-Kong, la *Convention pour le recyclage sûr et écologiquement rationnel des navires*.

§ 2. — *Les autres institutions internationales spécialisées et le droit maritime*

37. La CNUCED. — À côté de l'OMI, la CNUCED a aujourd'hui un rôle important dans la définition du droit maritime.

Dès 1965, cette institution a créé une Commission des transports maritimes, qui a d'abord exercé son action dans le domaine des conférences maritimes (où elle a abouti à la rédaction de la Convention portant code de conduite des conférences maritimes : voir *infra*, n° 342) et dans le domaine du transport. La CNUCED a ainsi joué un rôle stratégique dans l'adoption de la grande Convention de 1978 sur le transport maritime, les « *Règles de Hambourg* » (*infra*, n° 895). Elle a pris l'initiative de la rédaction, en 1980, de *Convention sur le transport multimodal de marchandises* (*infra*, n° 1209).

Depuis 1980 la CNUCED a développé son action en matière maritime dans trois directions. Elle s'est d'abord préoccupée des problèmes posés par la complexité des contrats d'assurance maritime. Ayant un temps envisagé la conclusion d'une convention internationale en la matière, elle a limité son action à la critique des clauses types des contrats d'assurance, mais cette action a été d'une efficacité certaine, conduisant les assureurs à modifier, parfois fortement, lesdites clauses. En 1984 et 1985, elle a fait porter son effort sur le problème de l'attribution par un État de son pavillon à un navire, suscitant la tenue d'une conférence sur les conditions d'immatriculation des navires, conférence ayant abouti à la signature d'une convention internationale (*infra*, n° 172). Elle s'est intéressée au problème de la *fraude maritime*, multipliant en la matière études et recommandations.

Enfin, la CNUCED a collaboré avec l'OMI à la rédaction de la nouvelle Convention de 1993 sur les privilèges et hypothèques maritimes, comme à celle de la nouvelle Convention de 1999 sur la saisie conservatoire des navires — collaboration qui a apporté une solution heureuse à la concurrence qui aurait pu se développer entre ces deux institutions.

38. OIT, FAO et CNUDCI. — À côté de la CNUCED, l'Organisation internationale du travail (OIT) a une action importante dans le domaine du droit du travail maritime. Parmi les textes qui ont été adoptés, à l'initiative de l'OIT, par la Conférence internationale du travail, on notera le texte d'une convention concernant les normes minimales à observer sur les navires marchands pour les locaux affectés à l'équipage, adoptée le 13 octobre 1976. Aux termes de ce texte, tout État signataire peut retenir dans l'un de ses ports tout navire étranger qui ne se conforme pas aux normes figurant dans la convention, et ce jusqu'à ce qu'il ait été remédié à la situation existant à bord. Le 23 février 2006, l'OIT a adopté la *Convention du travail maritime consolidée.* Il s'agit d'un texte qui rassemble la plupart des conventions antérieurement adoptées par l'OIT. Il définit l'âge minimum des marins, les modalités du recrutement, les conditions de travail et de vie à bord. Les États signataires devront délivrer aux navires qui appliquent les dispositions de la Convention un certificat, et procéder à des inspections périodiques. Une clause de « *traitement pas plus favorable* », visant à éviter toute concurrence déloyale, empêchera les navires battant pavillon d'un État non signataire de bénéficier d'une législation nationale moins exigeante.

D'autres institutions du système des Nations Unies sont intervenues en droit maritime, telle la FAO dans le domaine de la pêche maritime, ou, plus encore, la CNUDCI (*supra*, n° 16). C'est le projet de texte sur le transport maritime de marchandises établi par elle qui, après avoir été approuvé par la CNUCED en 1976, a été adopté à Hambourg par la Conférence des Nations Unies le 31 mars 1978. En 1991, la CNUDCI a adopté une convention sur la responsabilité des exploitants de terminaux de transport dans le commerce international, texte susceptible d'affecter notamment le statut des entreprises de manutention (*infra*, n° 697). Aujourd'hui, nous avons vu que la CNUDCI a réussi à mettre en place un nouveau texte sur le transport maritime, solennellement signé à Rotterdam en 2009.

39. Le Tribunal international du droit de la mer. — Les institutions présentées ci-dessus ont une fonction essentiellement normative (législative), même si l'OMI n'est pas sans compétences administratives, par exemple dans la gestion des problèmes de la sécurité maritime. À côté de ces institutions, il faut noter la création récente d'une institution judiciaire maritime internationale : le *Tribunal international du droit de la mer*.

Cette juridiction a été créée par la Convention des Nations Unies sur le droit de la mer de 1982 (*infra*, n° 40). Elle a son siège à Hambourg et est composée de 21 juges désignés par accord entre les États signataires de la convention, son président étant actuellement un juriste du Cap Vert, M. José Luis Jesus, tandis qu'il compte parmi ses juges un Français, le Professeur Jean-Pierre Cot. Le Tribunal est appelé à statuer sur tout différend soumis par les États et né de l'application des règles de la Convention sur le droit de la mer. Il est en particulier compétent pour ordonner la mainlevée de l'immobilisation d'un navire ou la libération de l'équipage, au cas où de telles mesures auraient été ordonnées par un juge ou une autorité étatique (art. 292 de la Convention sur le droit de la mer) (7). À ce jour, le Tribunal est intervenu dans une quinzaine d'affaires, dont trois concernant la France (8). On notera que sa compétence est ici susceptible de s'exercer concurremment avec celle de la Cour internationale de justice. Le Tribunal international du droit de la mer exerce aussi une compétence particulière, laquelle lui est réservée ; il lui appartient de statuer sur les différends relatifs à l'exploitation des fonds marins.

Section 2

Le droit de la mer

40. Histoire du droit de la mer. — Le droit de la mer, nous l'avons déjà relevé, peut être défini comme l'ensemble des règles du droit international qui déterminent les droits et obligations des États en matière d'utilisation et d'exploitation des espaces maritimes. Longtemps constitué par un ensemble de règles coutumières, le droit de la mer a été codifié pour la première fois en 1958 par la Conférence de Genève sur le droit de la mer. Aujourd'hui, il est contenu dans la *Convention des Nations Unies sur le droit de la mer*, signée le 7 décembre 1982 à Montego Bay (Jamaïque), et souvent appelée, de ce chef, « *Convention de Montego Bay* » (9). Ce texte a un double contenu. D'une part, il consolide nombre des règles dégagées antérieurement, notamment par les Conventions de 1958. D'autre part, il institue des règles totalement nouvelles concernant par exemple les États archipélagiques, ou, surtout, l'exploitation des grands fonds marins. La Convention de 1982 est entrée en vigueur le 16 novembre 1994 (10), et a été ratifiée aujourd'hui par plus de cent trente États, dont la plupart des États maritimes, les États-Unis faisant exception (11).

D'une manière générale, le nouveau droit de la mer se marque par l'affaiblissement de la liberté de la haute mer. À l'époque classique, époque que nous situerons de 1850 à 1930, en dehors des eaux territoriales, c'était le principe de la liberté des mers qui l'emportait. Chacun pouvait circuler librement, exploiter librement la mer, par exemple en matière de pêche. Le nouveau droit de la mer a d'abord restreint l'étendue territoriale de la haute mer, en accroissant les droits des États sur leurs eaux riveraines. Par ailleurs, il tend à réglementer l'usage de

(7) Les premières décisions rendues par le Tribunal l'ont été précisément en ce domaine : voir R. GOY, *Espaces et ressources maritimes*, n° 11, 1998.

(8) La jurisprudence du Tribunal peut être consultée sur le site Internet www.un.org/depts/los.

(9) Sur ce texte fondamental, voir R.-J. DUPUY et D. VIGNES, *Traité du nouveau droit de la mer*, 1985. Voir aussi L. LUCCHINI et M. VOELCKEL, *Droit de la mer*, 3 vol. 1990 ; J.-P. BEURIER, *Droit international de la mer*, *Droits maritimes*, p. 65 et s. — 1996. *Adde* les nombreux articles publiés dans le périodique *Espaces et ressources maritimes*. — Sur le droit antérieur, le maître livre est celui de G. GIDEL, *Le droit international public de la mer*, 3 vol. 1932 ; E. LANGAVANT, *Le droit international de la mer*, 4 vol., 1980-1984.

(10) Elle été ratifiée par la France : voir décret de publication du 30 août 1996, *JO* 7 sept. 1996.

(11) Sur le devenir de la Convention de 1982, voir L. LUCCHINI, « La Convention des Nations Unies sur le droit de la mer de 1982 : une entrée en vigueur, pour quelle convention ? », *Espaces et ressources maritimes* n° 7, 1993, p. 1 et s.

la haute mer, tandis qu'il confie la gestion de l'exploitation des grands fonds sous-marins à une institution internationale.

L'évolution des règles du droit de la mer a des conséquences très concrètes sur le statut juridique des navires ou de leurs équipages, que le navire se trouve dans une zone de souveraineté étatique ou dans une zone de souveraineté internationale. Ce sont ces conséquences, et celles-là seulement, qu'il importe d'étudier (12).

§ 1. — *Le régime applicable aux navires dans les zones de souveraineté étatique*

41. Plan. — La Convention sur le droit de la mer (désormais dite « la Convention ») donne de la mer une construction complexe. Elle définit, en dehors de la haute mer, trois zones de souveraineté étatique dans le plan horizontal : la mer territoriale, la zone contiguë, la zone économique. Elle définit une quatrième zone de souveraineté étatique dans le plan vertical, le plateau continental. Elle ignore assez largement une zone importante, celle des eaux intérieures, qu'elle se borne à définir négativement (art. 8). Dans la mesure où cette zone est fréquentée par des navires étrangers, elle pose cependant des problèmes de droit international. Il importe donc d'étudier le statut du navire dans cette dernière zone, puis dans chacune des zones identifiées par la convention (13).

A. — Les eaux intérieures

42. Délimitation des eaux intérieures. — Géographiquement, les eaux intérieures peuvent être définies comme les eaux se situant à l'intérieur de la ligne de base des eaux territoriales. Cette ligne de base étant elle-même définie par la Convention, la détermination des eaux intérieures est donc soumise au droit international (14).

L'article 5 de la convention prévoit que, sauf disposition contraire, la ligne de base à partir de laquelle est mesurée la largeur de la mer territoriale est la laisse de basse mer le long de la côte, c'est-à-dire la ligne marquée par les eaux des marées descendantes les plus basses. Toutefois, l'article 7 ajoute que là où la côte est profondément découpée, la ligne de base peut être établie en reliant les points

(12) Seront ainsi délaissés certains problèmes, cependant classiques, tel, notamment, celui de la délimitation du plateau continental.

(13) Les modalités d'application des règles de la Convention sur le droit de la mer par les autorités françaises, et en particulier par les navires de guerre français, ont été précisées par une loi du 15 juillet 1994 (*D.* 1994.375).

(14) Soumise aux règles du droit international, la détermination de la « ligne de base » est aussi, pour les États membres de la Communauté européenne, soumise aux règles du droit communautaire. Dans un arrêt du 9 juillet 1991, la Cour de justice des Communautés européennes a ainsi décidé qu'en modifiant l'implantation des lignes de base des eaux territoriales britanniques, de manière à augmenter l'étendue des eaux territoriales britanniques, et donc de la zone de pêche exclusive, la Grande-Bretagne avait manqué aux obligations qui lui incombaient en vertu du Traité CEE (*Recueil des arrêts* 1991.3566).

avancés de la côte. À côté de cette règle générale, deux règles particulières peuvent être relevées dans la Convention.

La première, qui est classique, concerne les *baies*. Aux termes de l'article 10 de la Convention, si la distance entre les points d'entrée naturels d'une baie n'excède pas 24 milles marins (environ 44 kilomètres), une ligne peut être tracée entre ces deux points d'entrée, et les eaux se trouvant en deçà de cette ligne peuvent être considérées comme eaux intérieures. Par ailleurs, le même texte précise que sont considérées comme eaux intérieures les eaux des baies dites « historiques » (par exemple la baie de Marseille), alors même que la distance entre les points extrêmes de la baie dépasse 24 milles.

La seconde règle est nouvelle. Elle concerne les *États archipels*, tels les Seychelles, certains États du Pacifique ou l'ensemble constitué par les îles de la Polynésie française. Aux termes de l'article 47 de la Convention, un État constitué par un archipel peut tracer des lignes de base entre les îles qui le composent, la longueur de ces lignes de base ne devant pas normalement dépasser 100 milles marins. Les eaux qui sont situées à l'intérieur de ces lignes de base sont considérées comme des eaux intérieures. Toutefois, l'État archipel doit y respecter le droit de passage inoffensif des navires étrangers.

43. Régime des eaux intérieures. Territorialité des navires (non). Principe de souveraineté de l'État riverain. — Il faut délibérément rejeter la théorie de la *territorialité des navires*, qui a pu être admise par certains au XIXe siècle, et selon laquelle un navire représenterait un élément du territoire de l'État du pavillon, étant ainsi fortement protégé contre l'application des lois et règlements de l'État riverain. Des « traces » de cette théorie peuvent parfois réapparaître dans tel texte ou dans telle décision contemporaine (15). Elle est cependant aujourd'hui unanimement condamnée en France, notamment par le législateur, avec l'approbation du Conseil constitutionnel. L'un des fondements de la loi 2005-412 du 3 mai 2005 portant création du registre international français (*infra*, n° 183), c'est en effet l'observation « *qu'il résulte des règles actuelles du droit de la mer qu'un navire battant pavillon français ne peut être regardé comme constituant une portion du territoire français* » (16), la réciproque valant pour tout navire étranger en séjour dans les eaux françaises. Il faut partir donc du principe opposé. Un navire étranger est, dans les eaux intérieures d'un État, pleinement soumis à la souveraineté de l'État riverain.

La règle vaut en particulier pour les *navires étrangers en séjour dans les ports*. Dans le principe, le navire étranger en séjour dans un port est strictement soumis aux lois du port. Ce principe vaut pour les règlements de navigation, pour les règlements douaniers, mais aussi pour les lois de police, par exemple l'interdiction des jeux ou la prohibition des boissons alcoolisées, enfin pour la réglemen-

(15) Nous songeons ici à l'article L. 113-3 du Code pénal, énonçant que « *la loi française est applicable aux infractions commises à bord des navires battant pavillon français* ». En jurisprudence, voir, par exemple, Rennes, 11 déc. 2002, *DMF* 2003.576, obs. P. Bonassies, *DMF* 2004, Hors-série n° 8, au n° 13. *Adde*, Cour de justice des Communautés européennes, 5 févr. 2004, *DMF* 2004.972 et obs. P. Bonassies, *DMF* 2005, Hors-série n° 9, au n° 20.

(16) Décision du Conseil constitutionnel du 28 avril 2005, *DMF* 2005.514, obs. P. Bonassies.

tation de sécurité applicable aux navires. C'est ainsi que la loi française 83-581 du 5 juillet 1983 est parfaitement en accord avec le droit international lorsqu'elle énonce que les règles de sécurité qu'elle définit sont applicables, « *dans des conditions déterminées par décret en Conseil d'État* », aux navires étrangers touchant un port français. Certes, ce texte laisse à l'administration le soin de nuancer l'application aux navires étrangers des règles de sécurité française. Il n'en pose pas moins un principe : celui de la soumission du navire étranger aux règles qu'il édicte (17).

On observera toutefois que le droit français, ou en tout cas la pratique française, est parfois moins ferme que certains droits étrangers sur l'affirmation du principe strict de la souveraineté de l'État du port. Le droit anglais, et, peut-être plus encore, le droit américain, sont ici particulièrement stricts. C'est ainsi que la Cour suprême des États-Unis, dans un arrêt de 1923, affirmait très nettement que tout navire étranger qui pénètre dans un port américain doit respecter les règles du droit américain, ce qui est affirmer la compétence générale de principe tant des institutions que de la norme juridique américaine pour régir les navires étrangers (*Cunard v. Mellon*, 262 US 100). En droit français, un *avis consultatif* du Conseil d'État du 28 octobre 1806 — avis à caractère obligatoire (18)— a parfois été lu comme signifiant que, hors le cas de trouble à l'ordre public du port, les autorités françaises seraient, *en droit*, incompétentes pour intervenir sur un navire étranger, sauf demande du capitaine du navire. Une telle lecture, qui a pu un temps conduire l'administration française à une réserve excessive dans le traitement des navires étrangers en séjour dans un port français, n'est pas exacte.

Le Conseil d'État a, en effet, pris soin d'affirmer d'abord que tout navire « *admis dans un port de l'État est de plein droit soumis aux lois de police qui régissent le lieu où il est reçu* », avant d'observer que les droits de l'État étranger doivent être respectés dans les matières « *concernant la discipline intérieure du vaisseau* », sauf demande du capitaine ou trouble à l'ordre public local. La thèse qui tend à inciter l'administration à n'intervenir qu'avec prudence — voire seulement exceptionnellement — à l'égard des navires étrangers est par ailleurs démentie par le droit contemporain, lequel, ainsi que nous le verrons ci-dessous (*infra*, n° 47) accorde une grande importance au contrôle des navires par l'État du port (19). Il faut donc, dans le principe, affirmer la souveraineté de l'État riverain sur ses eaux intérieures, et par là reconnaître à cet État le droit d'exercer sur les navires étrangers en séjour dans ses ports toutes ses prérogatives de souveraineté (droit de saisie, droit d'enquête, droit d'arrestation). Mais, une fois

(17) La règle s'applique même aux navires de guerre étrangers, ainsi qu'aux autres navires d'État utilisés à des fins non commerciales. Mais, eu égard à l'immunité de juridiction dont bénéficient ces navires, la seule sanction qui leur est applicable est celle de la responsabilité (en principe devant ses propres juridictions) de l'État dont ils arborent le pavillon, ainsi que le droit de l'État où ils sont en visite d'exiger qu'ils quittent immédiatement ses eaux (Convention sur le droit de la mer, art. 29 et s.).

(18) *Recueil Sirey* 1806.737.

(19) Voir P. Bonassies, « Faut-il abroger l'avis du Conseil d'État du 28 octobre 1806 », *La mer et son droit, Mélanges Lucchini-Quéneudec, 101.*

le principe posé, il faut observer que la souveraineté de l'État riverain admet des limites et des atténuations.

44. Limites à la souveraineté de l'État riverain. Droit de libre accès. Ports de refuge. — C'est ainsi qu'en droit classique il était admis qu'un État ne pouvait refuser à un navire étranger le droit de libre accès dans ses ports, pour ce qui est en tout cas des navires de commerce. Cette règle coutumière, qui s'est dégagée au XIXe siècle, a été inscrite dans une convention internationale, la Convention de Genève du 9 décembre 1923 (art. 2). Bien que cette convention n'ait été ratifiée que par un petit nombre d'États, elle est considérée comme exprimant le droit international.

Le droit de libre accès n'est cependant pas absolu. D'une part, il ne paraît pas impliquer le droit pour les navires étrangers de décharger ou de charger librement des marchandises dans tout port. La liberté du commerce maritime a toujours connu — et encore récemment — des limitations (*infra*, n°s 328 et s.). D'autre part, la Convention de 1923 réserve le droit de l'État du port de déroger au principe de libre entrée en cas d'événement grave intéressant la sûreté de l'État ou les intérêts vitaux du pays (art. 17) (20).

Le libre accès aux ports soulève aujourd'hui un problème de grande importance : celui des ports — ou lieux — de refuge (21). Chacun est d'accord pour considérer que les États maritimes devraient déterminer à l'avance les ports — ou les lieux — où un navire en détresse chargé de substances polluantes (tel était le cas de l'*Erika* ou du *Prestige*) pourrait être accueilli. Une directive européenne du 27 juin 2002 prévoit même l'obligation pour les États de l'Union européenne de prévoir des lieux de refuge où les navires en détresse pourraient se rendre (directive 2002-59, *JOCE* L. 208 du 5 août 2002, modifiée par la directive 2009-17 du 23 avril 2009, *JOUE* L. 191 du 28 mai 2009). Mais la directive fait « *réserve de l'autorisation de l'autorité compétente* ».

En droit français, une instruction du 29 juillet 2004 (*JORF* 21 oct. 2004, 17816), prise en application de l'ordonnance 2004-691 du 12 juillet 2004 modifiant l'article L. 361-1 du Code des ports maritimes, établit une procédure concernant les mesures à prendre pour identifier les lieux de refuge — ports ou autres atterrages — et les mesures à prendre pour préparer l'accès des navires en difficulté. Elle précise aussi quelle est l'autorité de décision, en principe l'autorité maritime (préfet maritime). Elle prévoit enfin les modalités d'arbitrage des conflits entre cette autorité et l'autorité portuaire ou l'autorité terrestre concernée, à savoir le ministre chargé des ports. L'ordonnance 2005-898 du 2 août 2005 met un point final aux incertitudes qu'avaient engendrées les textes antérieurs. Modifiant l'article L. 302.2 du Code des ports maritimes, elle énonce que le ministre chargé des ports maritimes ou son représentant (et par là, il faut entendre le préfet maritime) peut, pour assurer la sécurité des personnes ou des

(20) Sur le problème en général, voir l'étude très documentée du professeur R. GOY, « L'accès aux ports », *Espaces et ressources maritimes* n° 7, 1993, p. 244 et s.
(21) Voir L. JANBON, « Les lieux de refuge », *DMF* 2003.157.

biens, ou prévenir des atteintes à l'environnement, « *enjoindre à l'autorité portuaire d'accueillir un navire en difficulté* », comme d'autoriser le mouvement de ce navire dans le port (22).

45. Atténuation au principe de souveraineté. Obligation de discrétion des autorités locales. — L'exercice par l'État riverain de sa souveraineté sur les navires étrangers est aussi atténué par l'usage international qui veut que les autorités locales n'interviennent à bord d'un navire étranger qu'avec discrétion, et seulement si le capitaine en fait la demande ou si l'ordre public du port est troublé (cas, par exemple, où une violente querelle survient sur le pont du navire, l'un des marins étant jeté à l'eau). Cet usage est recueilli dans de nombreuses conventions internationales, conventions consulaires ou conventions d'établissement, lesquelles stipulent que les autorités nationales s'interdiront d'intervenir sur les navires de l'autre État, sauf dans les conditions indiquées ci-dessus.

On notera ici le particularisme de l'ex-Convention franco-soviétique, laquelle ne prévoyait l'intervention des autorités françaises sur un navire soviétique dans un port français que si l'ordre public du port était troublé, ou à la demande non du capitaine, mais du *consul* de l'Union soviétique.

46. Navires étrangers et règles de sécurité. — En ce domaine aussi, le principe de la souveraineté de l'État riverain n'est appliqué qu'avec réserve, sauf par certains États, tels les États-Unis qui imposent largement aux navires étrangers le respect de leurs réglementations de sécurité. Dans la plupart des États, une certaine équivalence est reconnue entre les certificats de sécurité étrangers et les certificats de sécurité nationaux, équivalence aujourd'hui fondée sur les dispositions des conventions internationales en la matière (Convention de 1974 sur la sauvegarde de la vie humaine en mer, règle 19).

C'est ainsi qu'en droit français le décret 84-810 du 30 août 1984 pris en application de la loi 83-581 du 5 juillet 1983 dispose dans son article 41 que le navire étranger « *est réputé satisfaire aux dispositions du présent décret si le capitaine présente les titres régulièrement délivrés par le Gouvernement d'un État lié par les conventions internationales* » applicables en la matière. Mais, le décret de 1984 n'établit ici qu'une présomption, et non une protection absolue du navire étranger contre la réglementation française de sécurité.

Par ailleurs, le souci d'assurer mieux la sécurité de la navigation et la protection de l'environnement a, dans la dernière décennie, conduit les États à imposer certaines règles de construction ou d'équipement même aux navires étrangers fréquentant leurs ports. Le phénomène a commencé aux États-Unis, lesquels imposent notamment aux navires à passagers et aux pétroliers le strict

(22) Le texte ajoute que « *la réparation des dommages causés par un navire en difficulté accueilli dans un port peut être demandée à l'armateur, au propriétaire ou à l'exploitant* », texte prudent autant qu'inutile, en tant qu'il n'ajoute rien au droit positif.

respect de la loi américaine (23). Une directive du 27 juin 2002 de l'Union européenne (*JOCE* L. 208, 5 août 2002), modifiée par une directive du 23 avril 2009 (*JOUE* L.131 du 28 mai 2009) prévoit que les États membres devront imposer aux navires, même battant pavillon étranger, faisant escale dans leurs ports d'être pourvus, d'une part d'un système d'identification automatique (système A.I.S.), d'autre part d'un système d'enregistrement des données du voyage — la règle devant être appliquée à des dates variant selon l'année de construction du navire (*JOCE* L. 208, 5 août 2002).

Enfin, même à l'époque où les administrations nationales se montraient moins exigeantes, il a toujours été admis que l'autorité du port pouvait contrôler le respect par le navire étranger des réglementations de sécurité à lui applicable. Ce contrôle par l'État du port s'est aujourd'hui sensiblement renforcé.

47. Navires étrangers et contrôle de l'État du port. — Les conventions les plus anciennes (*Convention SOLAS* de 1929 ou de 1960) ne reconnaissaient à l'État côtier qu'un pouvoir formel de vérifier la présence à bord des navires des certificats de sécurité nationaux. Les textes récents vont plus loin. La règle 19 de la *Convention SOLAS* de 1974 autorise l'État du port à effectuer une inspection approfondie s'il a des raisons de penser que le navire ne respecte pas la réglementation internationale. La même règle se retrouve dans l'article 5.2 de la *Convention MARPOL* comme dans l'article 10 de la Convention STCW.

Malgré tout, la pratique n'était guère favorable, tant en France que dans de nombreux pays étrangers, avec sans doute l'exception des États-Unis, à l'exercice par un État d'un strict contrôle sur les navires fréquentant ses ports. La chose s'expliquait d'une part par une conception parfois trop large de l'obligation de discrétion évoquée ci-dessus. Elle s'expliquait aussi par la concurrence vive existant entre ports d'une même zone, Dunkerque et Anvers, par exemple ou Marseille et Gênes. Pour un État, affirmer trop fortement son droit de contrôle aurait pu faire fuir les navires étrangers vers les ports voisins d'un autre État, entraînant des « détournements de trafic » néfastes à l'économie nationale. Mais l'adoption, en 1980, du *Mémorandum de Paris* par les États maritimes de la Communauté européenne et les États nordiques a fortement modifié les données du problème.

Intitulé « *Mémorandum d'entente sur le contrôle des navires par l'État du port* », le Mémorandum de Paris (ou MOU, pour *Memorandum of understanding*) prévoit que chacun des États signataires mettra en place un système de contrôle en vue d'assurer que les navires étrangers, même ressortissants d'un État non signataire, sont conformes aux normes internationales dont il donne la liste (liste qui comprend toutes les conventions sur la sécurité des navires, auxquelles s'ajoute la convention de l'OIT de 1976 : voir *supra*, n° 38). Si le navire contrôlé bat pavillon d'un État non signataire de telle ou telle convention

(23) L'*Oil Pollution Act* de 1990 impose des règles sévères tant en ce qui concerne la structure des pétroliers (double fond) que les mesures de prévention (obligation d'avoir à bord un plan de lutte contre la pollution) ou la réparation des dommages. Ces mesures sont strictement applicables aux navires étrangers fréquentant les ports américains.

internationale, il ne doit pas bénéficier de « *conditions plus favorables* », c'est-à-dire que les dispositions de la convention en cause ne lui en seront pas moins appliquées. Dans le principe, ces visites doivent aujourd'hui concerner 25 % des navires étrangers. Si un manquement grave est constaté, l'autorité portuaire peut interdire au navire en cause de reprendre la mer, avant qu'il n'ait été remédié au défaut relevé. Enfin, le Mémorandum prévoit la mise en place d'un système de centralisation des résultats des inspections, ce par l'intermédiaire d'un centre télématique sis auprès du service des affaires maritimes de Saint-Malo, le centre Sirenac qui doit être quotidiennement informé de toute inspection effectuée et de son résultat. Depuis le 1er janvier 1994, certains États, dont la France et la Grande-Bretagne, publient la « liste noire » (*black list*) des navires retenus au moins deux fois dans les derniers vingt-quatre mois.

Ce texte, toujours en application, a été renforcé par une directive communautaire du 19 juin 1995, modifiée le 13 décembre 1999 (*JOCE* L. 331, 23 déc. 1999), puis le 19 décembre 2001 (*JOCE* L. 19, 22 janv. 2002) et refondue dans une directive du 23 avril 2009 (*JOUE* L. 131 du 28 mai 2009). Les dispositions communautaires, d'une rédaction très complexe, n'affectent pas le minimum de 25 % d'inspections prévu par le Mémorandum de Paris. Mais elles ajoutent à ce minimum des inspections *hors quota* pour certains navires particulièrement dangereux, dénommés « *navires de priorité* » (24). Elles prévoient aussi une inspection renforcée et plus fréquentes pour les navires « à risque élevé », et notamment les navires âgés de plus de douze ans d'âge. Elles confirment la règle établie par le Mémorandum de Paris que l'État du port pourra procéder à l'immobilisation du navire étranger si les anomalies relevées présentent un risque manifeste pour la sécurité, la santé ou l'environnement, le navire pouvant être retenu jusqu'à parfaite remise en état. Enfin, elles autorisent les États de l'Union européenne à refuser l'accès de leurs ports à certains navires, par exemple navires battant le pavillon d'un État figurant sur la liste noire publiée annuellement par les États du Mémorandum de Paris et ayant été immobilisé plus de deux fois au cours des vingt-quatre mois précédents — ce refus pouvant être levé si le navire subit les réparations nécessaires, mais aussi déclaré permanent.

Une autre directive du 13 décembre 1999 institue le contrôle par l'État du port du respect par les navires étrangers des dispositions sur la durée du travail des gens de mer, en prévoyant, elle aussi, l'interdiction du départ de tout navire, en cas de danger pour la sécurité ou la santé des marins (*JOCE* L. 14, 20 janv. 2000). Et l'initiative prise par les États européens a fait tache d'huile. Des accords similaires ont été conclus en 1992 par dix États d'Amérique du Sud, en 1993 par quinze États du Pacifique, en 1996 par les États de la Caraïbe et en 1997 par huit pays méditerranéens (25).

(24) Les exigences du droit communautaire — qui sont aussi celles du MOU — n'ont pas toujours été respectées par la France, ce par insuffisance de moyens. D'où une décision de la Cour de justice des Communautés européennes du 22 juin 2004 constatant le manquement de la France à ses obligations (affaire C-439/02, *DMF* 2004.970). Mais la France paraît avoir rattrapé son retard en 2005.

(25) Les États-Unis ont, quant à eux, mis en place leur propre système, très élaboré et comportant un contrôle des navires très poussé, effectué par la *Coast Guard* (sur ce système, voir Ph. BOISSON, *op. cit.*, note 1, au n° 867).

La directive du 27 juin 2002 citée ci-dessus (*supra*, n° 46) va encore plus loin dans les pouvoirs reconnus à l'État du port. Elle prévoit que, en présence de *conditions météorologiques exceptionnellement défavorables*, s'il existe un risque grave de pollution ou une menace pour la vie humaine, les autorités du port pourront prendre toutes mesures appropriées, y inclus une interdiction d'entrer dans le port ou d'en sortir, interdiction qui pourra viser soit un navire en particulier, soit les navires en général, et qui pourra être maintenue jusqu'à ce qu'il ait été établi qu'il n'existe plus de risque pour la vie humaine et/ou l'environnement (26). Mais il est malaisé d'apprécier la portée exacte de la mesure d'interdiction de sortir d'un port ici envisagée. En particulier, en parlant d'*interdiction* (al. 1, b), elle implique que le capitaine du port pourra interdire toute sortie du navire. Mais, quelques lignes plus loin (al. 2), la directive énonce que les *mesures appropriées* qu'elle prévoit *ne préjugent pas de la décision du capitaine*.

47 *bis*. Navires étrangers et règles de droit privé. — Dans plusieurs textes récents, l'emprise de l'État du port sur les navires étrangers fréquentant ses ports va jusqu'à appliquer à ces navires des réglementations de droit privé, ne concernant qu'indirectement la sécurité de la navigation. Une directive communautaire du 23 avril 2009 (*JOUE* 28 mai 2009) impose ainsi à tout État de l'Union européenne d'exiger des navires étrangers « *entrant dans un port relevant de sa juridiction* » qu'il détienne une assurance de responsabilité conforme aux règles applicables aux navires « communautaires » (voir *infra*, n° 383 *bis*), exigence dont il n'est pas certain qu'elle ne porte pas atteinte au droit de libre accès traditionnellement reconnu aux navires étrangers (*supra*, n° 44). Un règlement du même 23 avril 2009 (*JOUE* 28 mai 2009) prévoit que le régime de responsabilité des transporteurs de passagers par mer qu'il institue s'applique à tout contrat, même effectué sur un navire battant pavillon d'un État tiers, dès lors que le lieu de départ ou de destination se trouve dans un État membre, étant ainsi concerné tout navire transporteur de passagers desservant, au départ ou à l'arrivée, un port communautaire.

48. Convention sur le droit de la mer et contrôle par l'État du port. — Si le mouvement du contrôle des navires étrangers par l'État du port est assez spécifique du droit européen — encore que né aux États-Unis —, les droits de cet État sont reconnus par la Convention sur le droit de la mer dans un cas particulier : celui de la *pollution*. Après avoir intitulé son article 218 *Pouvoirs de l'État du port*, elle précise dans son article 219 que les États qui ont déterminé qu'un navire étranger se trouvant dans un de leurs ports avait enfreint les règles internationales et, de ce fait, risquait de causer des dommages au milieu marin, peuvent empêcher ce navire d'appareiller.

49. Navires étrangers et conflits sociaux. — Dans les vingt dernières années, les conflits sociaux se sont multipliés à bord des navires étrangers en

(26) Il est aussi prévu que, dans la situation ici envisagée, les autorités concernées pourront limiter, ou même interdire le ravitaillement en combustible des navires dans leurs eaux territoriales.

séjour dans un port français, ou dans le port d'un autre pays maritime. Ces conflits sont de deux ordres. Certains naissent de l'action d'un syndicat international, l'*International Transport Federation* (ITF), lequel a engagé une lutte systématique contre les armateurs offrant à leurs équipages des conditions de travail et un salaire insuffisants, incitant ces équipages à se mettre en grève, voire leur apportant le soutien des marins et dockers locaux. Dans un premier temps, les tribunaux français se sont montrés assez réservés pour intervenir à l'occasion de ces conflits. Mais la jurisprudence a évolué, et les tribunaux ont accepté de prendre les mesures nécessaires pour mettre fin aux actions abusives suscitées par l'ITF (27).

Un autre type de conflit oppose les marins servant sur un navire étranger à leur armateur, au cas, hélas fréquent, où ce dernier abandonne navire et équipage dans un port, en s'abstenant de régler les salaires dus aux marins. Là aussi, les tribunaux français, toujours marqués par l'avis du Conseil d'État du 20 novembre 1806, se sont un temps montrés d'une excessive prudence. Mais, là aussi, la jurisprudence évolue. Dans une décision du 18 juillet 2000, la Cour de cassation a censuré une décision de la Cour d'appel de Douai, laquelle avait refusé de se déclarer compétente pour statuer sur les créances de salaire de marins étrangers servant sur un navire saisi dans le port de Dunkerque (28).

Cette jurisprudence nous apparaît tout à fait fondée, ne serait-ce qu'en raison du fait qu'une partie, même minime, des salaires gagnés par les marins l'ont été dans un port français. Elle est confirmée — non sans maladresse — par les dispositions de l'article 64 du Règlement communautaire du 22 décembre 2000 sur la compétence judiciaire (*JOCE* L. 12, 16 janv. 2001). Aux termes de ce texte, « *dans les litiges entre le capitaine et un membre d'équipage d'un navire de mer immatriculé en Grèce ou au Portugal relatifs aux rémunérations ou autres conditions de service, les juridictions d'un État membre doivent contrôler si l'agent diplomatique ou consulaire dont relève le navire a été informé du litige. Elles peuvent statuer dès que cet agent a été informé* ».

Là où le règlement du 22 décembre dit *litiges entre le capitaine et un membre d'équipage*, il faut, à l'évidence, lire *litiges entre l'armateur et un marin,* le capitaine agissant toujours à l'égard des marins — sous réserve de son pouvoir disciplinaire — comme mandataire de l'armateur. Et la reconnaissance de la compétence des tribunaux français à l'égard des litiges impliquant des marins d'un navire grec ou portugais, postule certainement leur compétence à l'égard des litiges impliquant des marins servant sur un navire d'un autre pavillon communautaire — principe de non-discrimination oblige. Elle implique sans

(27) Voir sur ce point, P. SIMON, « État de la jurisprudence française affectant les navires au port », *DMF* 1985.259.

(28) Sur renvoi de cassation, la Cour de Douai (autrement composée) a déclaré recevable l'action des marins de l'*Obo Basak*, et sévèrement condamné l'armateur (arrêt n° R.G.00/06191 du 17 mai 2004). Navire *Obo Basak*, *DMF* 2000.725, obs. Y. TASSEL et obs. P. BONASSIES, *DMF* 2000, Hors-série n° 5 au n° 2.

doute aussi la même compétence pour ce qui est des marins servant sur un navire non communautaire (principe international d'identité de traitement) (29).

50. Réglementations de droit privé. — Les observations faites ci-dessus ne concernent que l'exercice par un État de ses pouvoirs de souveraineté. Un autre problème est de savoir quelle loi doit régir les rapports de droit privé concernant un navire en séjour dans un port étranger (accident survenu à bord ; prétention d'un créancier de saisir le navire et d'exercer sur lui des droits privilégiés, etc.). Aucune règle générale ne peut être dégagée ici, la solution du problème dépendant de la règle de conflit appliquée par le juge saisi — règle que l'on retrouvera à propos de chaque institution en cause, responsabilité civile, privilèges, relations du travail. Cette règle renverra assez souvent, mais sans que cela soit un principe, à la loi du pavillon (30).

B. — La mer territoriale et la zone contiguë

51. Délimitation de la mer territoriale. — La mer territoriale et la zone contiguë sont les zones qui s'étendent immédiatement à partir de la ligne de base, telle que ci-dessus définie (*supra*, n° 42). Il importe de préciser leur largeur, avant de s'interroger sur le régime applicable aux navires en séjour ou en passage dans ces eaux.

Dans la tradition classique, la largeur des eaux territoriales était de 3 milles marins (ou une lieue marine), distance que l'on a parfois liée, assez approximativement, à la portée maximum d'un canon de forteresse. En fait, d'ailleurs, la règle classique n'était pas toujours respectée, l'Espagne, par exemple, étendant ses eaux territoriales jusqu'à 6 milles.

Après la fin de la Seconde Guerre mondiale, plusieurs États d'Amérique du Sud, pour protéger leurs stocks de pêche contre les flottes des États-Unis, abandonnèrent la règle classique et étendirent leurs eaux territoriales jusqu'à 200 milles marins. Toutefois ces États ne prétendaient pas vraiment exercer sur l'ensemble de ces eaux les prérogatives reconnues à l'État riverain sur ses eaux territoriales, mais seulement y prohiber la pêche. Le mouvement ainsi engagé interdit cependant que l'on arrivât à un accord sur l'étendue des eaux territoriales lors de la rédaction de la Convention de Genève sur la matière en 1958. Après un premier échec, on dut se décider à admettre la rédaction d'une convention définissant le régime des eaux territoriales, sans préciser leur étendue.

La Convention sur le droit de la mer a résolu le problème de la largeur des eaux territoriales d'une manière nuancée. Elle stipule dans son article 3 que tout État a le droit de fixer la largeur de sa mer territoriale, mais que cette largeur ne doit pas dépasser 12 milles marins. C'est la largeur adoptée par la France dans

(29) Il est cependant à noter que l'article 64 du Règlement du 22 décembre 2000 n'était applicable que pour une durée de 6 ans. Il a donc cessé d'avoir effet le 1er mars 2008. Il n'en conserve pas moins une valeur de principe quant au régime des navires étrangers.

(30) Voir P. BONASSIES, *La loi du pavillon et les conflits de droit maritime, Recueil des cours de l'Académie de droit international de La Haye*, 1969.III.511.

la loi 71-1060 du 24 décembre 1971 (*D.* 1972, 18). En revanche, de nombreux États ont des eaux territoriales qui, encore aujourd'hui, vont bien au-delà de la limite fixée par la Convention, tels l'Argentine, le Brésil, ou de nombreux États africains qui ont maintenu la largeur théorique de leurs eaux à 200 milles. À l'opposé, certains États ont longtemps gardé la limite des 3 milles : la République fédérale d'Allemagne, la Belgique, le Danemark.

52. Régime de la mer territoriale. Souveraineté de l'État riverain. — Du point de vue de leur régime, les eaux territoriales sont des eaux de souveraineté étatique, comme le rappelle l'article 2 de la Convention sur le droit de la mer : « *la souveraineté de l'État côtier s'étend, au-delà de son territoire et de ses eaux intérieures (...), à une zone de mer adjacente désignée sous le nom de mer territoriale* ». L'État riverain a donc sur ses eaux territoriales les pouvoirs les plus larges, notamment en ce qui concerne le contrôle de la circulation maritime ou la réglementation de la pêche (31). Pareillement, il a le droit exclusif d'exploiter le sous-sol marin de sa mer territoriale.

Il ne fait ainsi aucun doute qu'un État a le droit d'imposer aux navires étrangers, entrant dans ses eaux territoriales pour se rendre dans un de ses ports, le respect des systèmes de guidage (services de trafic maritime, ou STM), lesquels sont soit déjà installés, soit en cours d'installation (32). La chose est toutefois moins sûre pour les navires étrangers *traversant* seulement ses eaux territoriales, en raison du principe de *libre passage inoffensif*.

53. Limites : le droit de passage inoffensif. — La souveraineté de l'État riverain est en effet soumise à une limite. L'État riverain doit respecter le *droit de passage inoffensif* des navires étrangers (article 17 de la Convention).

La Convention donne de la notion de libre de passage une définition extensive. Le passage, c'est le fait de traverser les eaux territoriales, soit pour entrer dans les eaux intérieures, soit, sans entrer dans les eaux intérieures, pour se rendre en un autre point. Il semble cependant que le navire étranger qui entre dans des eaux territoriales pour se diriger vers un port ne soit pas vraiment en « libre passage », ayant volontairement choisi de se soumettre au droit de l'État côtier. L'article 25-2 de la Convention reconnaît d'ailleurs à l'État côtier le droit de prendre toutes les mesures nécessaires pour prévenir la violation de ses réglementations, pour ce qui est des navires « *qui se rendent dans les eaux intérieures* ».

En tout état de cause, le passage doit être continu et rapide, tout arrêt étant en principe interdit. Toutefois, l'arrêt et le mouillage sont autorisés s'ils constituent des incidents ordinaires de navigation (par exemple pour un voilier qui ne peut naviguer de nuit), ou s'ils s'imposent par suite d'un cas de force majeure ou dans le but de porter secours ou assistance.

(31) Sur la compétence du préfet maritime, en matière de réglementation de la circulation, voir Tribunal administratif de Rennes, 2 avr. 1998, *DMF* 1999.493.

(32) Sur ces systèmes, voir Ph. BOISSON, « Le contrôle de la navigation maritime et les services de trafic maritime », *DMF* 1994.403.

Par ailleurs, le passage doit être *inoffensif*, et la Convention adopte une acception très étroite du passage inoffensif, en donnant une définition large du passage non inoffensif. Est ainsi considéré comme portant atteinte à la sécurité de l'État côtier le fait pour un navire, non seulement de se livrer à des exercices ou manœuvres avec armes, mais aussi de collecter des renseignements, de se livrer à une propagande visant à nuire à la sécurité de l'État côtier, de commettre des contraventions aux lois et règlements côtiers, ou plus généralement d'avoir « *toute autre activité sans rapport direct avec le passage* » (art. 19) (33).

Enfin, on notera que la convention, reprenant une disposition de la Convention de Genève de 1958, donne une définition particulière du passage inoffensif pour les *sous-marins* : aux termes de son article 20, « *les sous-marins et autres véhicules submersibles sont tenus de naviguer en surface et d'arborer leur pavillon* ».

54. Régime du navire en libre passage. — Par ailleurs, le navire en libre passage n'est pas assimilé à un navire en haute mer. Il doit respecter la réglementation de l'État riverain en ce qui concerne la pêche, la pollution de l'environnement, la sécurité de la navigation. En particulier, il est tenu de respecter les obligations faites à tout capitaine de déclarer aux autorités locales tout incident de navigation survenu à bord. Ces obligations, d'abord prévues en droit français par un décret du 24 mars 1978, sont aujourd'hui régies par les dispositions d'une directive communautaire du 27 juin 2002 (34), et sanctionnées par l'article L. 218-19 du Code de l'environnement.

En revanche, l'État riverain ne doit normalement pas stopper un navire en libre passage pour exercer sa juridiction pénale à l'égard d'une personne se trouvant à bord, et ce même si une infraction pénale a été commise pendant le passage. Toutefois, il en est autrement si l'infraction est de nature à troubler l'ordre dans la mer territoriale, si les conséquences de l'infraction s'étendent à l'État côtier, ou si enfin l'assistance des autorités locales a été demandée.

On relèvera que la France a promulgué un texte portant réglementation du passage des navires étrangers dans les eaux territoriales françaises. Ce texte, le décret du 6 février 1985 (*D.* 1985.181), reprend mot à mot les dispositions de la Convention sur le droit de la mer.

55. Zone contiguë. Notion. — Quant à la zone contiguë, c'est la zone qui est immédiatement contiguë à la zone territoriale. Introduite dans la législation de nombreux États à la fin du XVIIIe siècle (35), et notamment en droit français par les lois du 22 août 1791 et du 4 germinal an II, la notion de zone contiguë a été reconnue en droit international par la Convention de Genève de 1958. Aux termes de l'article 33 de la Convention sur le droit de la mer, elle ne peut

(33) Sur le problème du caractère inoffensif ou non du transport de cannabis par un navire en libre passage, voir P. BONASSIES, obs. et réf. sous Cass. 13 juin 1996, *DMF* 1998, Hors-série n° 2, page 16.

(34) Sur ces textes et leur mise en application par les arrêtés pris par les préfets maritimes, voir P. BONASSIES, obs. *DMF* 2005, Hors-série n° 9, au n° 4.

(35) Législation souvent qualifiée de *hovering acts*, en tant qu'elle visait les navires *louvoyant* (*hovering*) à l'entrée des eaux territoriales.

s'étendre au-delà de 24 milles marins à partir des lignes de base, ce qui implique que, pour un État appliquant la règle des 12 milles aux eaux territoriales, la zone contiguë aura elle-même une largeur de 12 milles.

56. Régime des eaux contiguës. Droit français. — S'agissant du régime des eaux contiguës, l'État côtier peut y intervenir pour prévenir les infractions à ses lois et règlements douaniers, fiscaux ou sanitaires, enfin pour réprimer les infractions à ces mêmes lois, dès lors que commises sur son territoire ou dans sa mer territoriale (art. 33). L'article 303 de la Convention, exilé dans la brève partie consacrée aux Dispositions générales (partie XVI), énonce aussi que l'État côtier peut soumettre à son approbation l'enlèvement de tout objet archéologique ou historique trouvé au fond de la mer dans cette zone comme dans ses eaux territoriales.

En droit français, la loi du 21 décembre 1987, dont l'objet premier est la répression du trafic des stupéfiants, précise le régime de la zone contiguë (*D.* 1988.77 ; obs. P. Bonassies, *DMF* 1989.4). Ajoutant d'abord un article 44 *bis* au Code des douanes, le texte nouveau définit la zone contiguë, zone comprise entre 12 et 24 milles marins mesurés à partir de la ligne de base de la mer territoriale, et autorise la douane à exercer dans cette zone « *les contrôles nécessaires à prévenir les infractions* » douanières et « *à poursuivre ces infractions quand commises sur le territoire douanier* ». Modifiant ensuite l'article 62 dudit Code, disposition définissant le territoire douanier, il donne aussi à la douane un droit de visite sur tout navire en dessous de 1 000 tonneaux de jauge brute se trouvant dans la zone contiguë, disposition peu heureuse, dont il est malaisé de dire si elle étend, ou au contraire restreint, les droits conférés à la douane par le nouvel article 44 *bis*.

57. Détroits. — En conclusion, on notera que des règles particulières existent pour les détroits affectant des eaux territoriales. Le droit de passage des navires étrangers, qualifié de *droit de passage en transit*, y est affirmé plus fortement que le droit de passage normal. En particulier, tandis qu'un État peut provisoirement suspendre le droit de passage dans ses eaux territoriales pour assurer sa sécurité (ce qui va jusqu'à autoriser une suspension pour procéder à des exercices navals), il ne peut suspendre le droit de passage en transit (36).

C. — La zone économique exclusive

58. Histoire et délimitation de la zone économique exclusive. — La zone économique exclusive est la zone située au-delà des eaux territoriales, zone où

(36) En 1991, le problème de la libre circulation dans les détroits a suscité un important litige entre le Danemark et la Finlande. Le Danemark envisageant la construction d'un pont à travers le détroit du Grand-Belt, la Finlande a saisi la Cour internationale de justice, en arguant que ce pont empêcherait le libre passage par le détroit des plates-formes pétrolières construites dans les chantiers navals finlandais, la hauteur de ces engins dépassant les 65 mètres de « tirant d'air » prévus pour ce pont. Mais la Cour n'a pas eu à se prononcer sur le fond du débat (et notamment sur la notion de « navire » du point de vue de l'article 38 de la Convention de 1982), le litige ayant été réglé à l'amiable en septembre 1992.

les États riverains exercent des droits exclusifs d'exploitation des ressources de la mer, des fonds marins et du sous-sol marin.

C'est dès 1945, avons-nous relevé, que plusieurs États d'Amérique du Sud, pour se protéger des actions des navires de pêche des États-Unis, ont affirmé leur droit exclusif sur les eaux extérieures à leur mer territoriale, et ce jusqu'à des distances pouvant aller jusqu'à 200 milles. Ce mouvement a été ensuite imité par certains États africains, puis par de nombreux États maritimes. C'est ainsi que la France s'est dotée dans le principe d'une zone économique exclusive par la loi 76-655 du 16 juillet 1976, cette zone s'étendant jusqu'à une distance de 188 milles marins au-delà de la limite des eaux territoriales (soit, en tout, jusqu'à 200 milles marins au-delà de la ligne de base des eaux territoriales : *D.*1976.317). Plusieurs décrets ont ensuite porté création effective d'une zone économique, au large des côtes de la Mer du Nord, de la Manche, et de l'Atlantique, au large des côtes des départements d'outre-mer et des territoires d'outre-mer (décret 11 févr. 1977, *D.* 1977.117). En revanche, aucune zone économique exclusive n'a été créée en Méditerranée, mais seulement une *zone de protection écologique* (*infra*, n° 62).

C'est cette prétention de nombreux États à affirmer leurs droits sur leur zone économique que la Convention sur le droit de la mer a définitivement légalisée. Se conformant à la pratique, elle stipule que la zone économique exclusive peut s'étendre jusqu'à la distance de 200 milles à partir des lignes de base.

59. Régime juridique de la zone économique exclusive. — Le régime de la zone économique est différent de celui de la mer territoriale. Alors que l'État riverain a sur sa mer territoriale une souveraineté totale, réserve faite du droit de libre passage, il n'a sur sa zone économique que « *des droits souverains aux fins d'exploration et d'exploitation, de conservation et de gestion des ressources naturelles* » (article 56 de la Convention). Il exerce ainsi sur ses eaux une *souveraineté finalisée* qui n'est pas absolue.

Les droits de l'État côtier s'étendent à l'ensemble des ressources naturelles, qu'il s'agisse des ressources biologiques (poissons ou espèces sédentaires) des eaux sous-jacentes ou des fonds marins, ou qu'il s'agisse des ressources minérales des fonds et du sous-sol marin. Dans l'exercice de ses droits, l'État côtier a compétence pour réglementer la pêche (37). Il peut mettre en place des îles artificielles ou des ouvrages fixes, destinés à l'exploitation ou à la recherche. Il peut même définir autour de ces îles ou ouvrages des zones de sécurité qui peuvent s'étendre jusqu'à une distance de 500 mètres, zone où la circulation peut être réglementée ou interdite.

L'État riverain a par ailleurs la responsabilité principale (la *juridiction* dit la Convention) en ce qui concerne la protection et la préservation du milieu marin

(37) Ses droits ne sont pas toutefois illimités. C'est ainsi qu'il doit favoriser une exploitation optimale des ressources biologiques. À cet effet, si sa capacité d'exploitation est inférieure à l'ensemble du volume admissible des captures de poissons, il doit autoriser d'autres États, et en particulier les États défavorisés (États sans littoral) à exploiter le reliquat du volume admissible (convention, art. 62). Pour un cas d'exercice par la France de son droit de contrôler les pêches dans sa zone économique, voir Cass. 19 déc. 2000, navire *Explorer*, *DMF* 2001.565.

dans la zone exclusive ainsi que la recherche scientifique *marine* (Convention, art. 56). Il a donc compétence pour instituer toute réglementation destinée à « *prévenir, réduire et maîtriser la pollution* » d'origine tellurique ou maritime, sous la seule condition qu'elle soit en harmonie avec les conventions internationales applicables en la matière (Convention, art. 207 et s.). Il est à noter ici que le droit de la mer n'accorde pas seulement des *droits* à l'État côtier sur sa zone économique exclusive. Il lui impose aussi des *obligations,* et notamment l'obligation de protéger et de préserver le milieu marin. Aussi bien, l'article 56 de la Convention sur le droit de la mer se réfère-t-il aux « *droits, juridictions et obligations* » de l'État côtier (38).

L'État côtier peut même définir des « *zones particulières* », et adopter pour ces zones des règlements contre la pollution plus contraignants, règlements applicables aux navires étrangers après préavis de dix-huit mois (art. 211, § 6). C'est en se fondant sur cette notion de *zone particulière* que la France et l'Espagne ont interdit, en 2002, aux pétroliers à simple coque de naviguer dans leur zone économique exclusive, sans que, toutefois, aient été respectées les modalités prévues à l'article 211 de la Convention sur le droit de la mer.

En dehors de ces domaines de souveraineté finalisée, ou de juridiction, reconnus à l'État côtier, la zone économique exclusive apparaît comme une zone de la haute mer. En témoigne l'article 58 de la Convention sur la haute mer, énonçant que, dans cette zone, les États étrangers jouissent des libertés de navigation, de survol, de pose des câbles et pipelines sous-marins visées à l'article 87 — c'est-à-dire de toutes les libertés de la haute mer, à l'exception de la liberté de la pêche et de la liberté de la recherche scientifique, toutes deux réservées à l'État côtier (39).

Par ailleurs, les droits reconnus à l'État riverain n'ont pas un caractère absolu. C'est ainsi que, dans la mise en place d'îles artificielles, cet État ne doit pas entraver l'utilisation de voies de circulation reconnues essentielles pour la navigation internationale. Pareillement, il doit respecter la liberté des autres États de poser des câbles ou des pipelines sous-marins sur le sol de la zone économique (40).

60. Statut des navires étrangers dans la zone économique exclusive. Article 228 de la Convention sur le droit de la mer. — Le navire étranger en passage ou en séjour dans la zone économique exclusive doit se soumettre aux règles édictées par l'État riverain dans le domaine où cet État est compétent, c'est-à-dire en matière de pêche, d'exploitation des ressources naturelles ou de pollution. Et il ne fait pas de doute que l'État riverain peut arraisonner et sanctionner tout navire étranger qui commet dans sa zone économique une infraction à ses lois sur la pêche ou sur la pollution, comme il pourrait le faire

(38) Voir dans le même sens, l'arrêt rendu par la Cour de justice des Communautés le 20 octobre 2005, où la Cour conclut que la Grande-Bretagne avait manqué à ses obligations en limitant l'application d'une directive sur l'habitat au seul territoire national et à ses eaux territoriales (affaire C-6 / 04).

(39) Pour une appréciation plus nuancée, voir J.-P. BEURIER, *Droits Maritimes*, n° 114-34.

(40) Pour la pêche, voir *supra*, note 37.

pour une infraction commise dans ses eaux territoriales. Cependant, la Convention de Montego Bay institue en la matière une sorte de *coopération* entre l'État côtier et l'État du pavillon. Aux termes de son article 228, les poursuites engagées par l'État côtier doivent être suspendues si l'État du pavillon engage lui-même des poursuites dans un délai de six mois (41).

L'État riverain peut aussi imposer aux navires étrangers en passage dans sa zone économique les obligations de déclaration concernant tout incident de navigation survenu à bord prévues par sa réglementation (*supra*, n° 54), étant seulement observé que la peine prévue en cas d'infraction est ici une simple peine d'amende — ce par application de l'article 230 de la Convention de Montego Bay.

En revanche, l'État riverain ne peut prétendre imposer sa réglementation de police (interdiction du jeu ; réglementation contre l'usage de la drogue) aux navires étrangers en séjour dans la zone. Pareillement, les navires étrangers n'ont pas à respecter les règles du libre passage inoffensif, lesquelles ne s'appliquent pas à la zone économique, laquelle demeure une zone de haute mer.

S'agissant de la pollution, la Convention de Montego Bay institue en la matière une sorte de *coopération* entre l'État côtier et l'État du pavillon. Aux termes de son article 228, les poursuites engagées par l'État côtier doivent être suspendues si l'État du pavillon engage lui-même des poursuites dans un délai de six mois. Toutefois, cette obligation de suspension ne vaut pas en cas de dommage *grave* à l'État côtier, ou si l'État du pavillon a, à plusieurs reprises, manqué à son obligation de sanction. Dans deux arrêts récents, la Chambre criminelle de la Cour de cassation a appliqué de manière nuancée les dispositions de l'article 228.

Dans un arrêt du 5 mai 2009, concernant le navire *Trans Artic*, elle rejette le pourvoi formé par des associations de protection de la nature contre une décision de la Cour d'appel de Rennes qui avait constaté l'extinction des poursuites entamées contre un capitaine norvégien responsable de pollution dans la zone économique française, la Norvège ayant appliqué à cet officier une amende transactionnelle de près de 350 000 euros. Pour la Cour de cassation, il y avait là une application exacte des dispositions de l'article 228 (42). Dans un second arrêt du même jour, concernant le navire *Fast Independence*, la Chambre criminelle annule en revanche une décision de la même Cour de Rennes ayant condamné pour pollution le capitaine d'un navire maltais, cependant condamné par l'administration maltaise à une amende de près de 47 000 euros, peine jugée par elle insuffisamment « *significative* » au regard des dispositions de l'article 217 de la Convention sur le droit de la mer (43). Pour la Cour de cassation, la Cour de Rennes ne pouvait statuer ainsi, « *alors qu'il lui appartenait de*

(41) Étant toutefois réservé le cas où l'État côtier subit un *dommage grave*. Pour l'application de l'article 58 aux navires *East Independance* et *Trans-Artic*, voir Rennes, 23 septembre et 28 octobre 2007, *DMF* 2008, Hors-série n° 12, au n° 10.

(42) Chambre criminelle, 5 mai 2009, *DMF* 2009.717, obs. P. BONASSIES ; voir l'arrêt d'appel au *DMF* 2008.36, obs. P. BONASSIES.

(43) Texte énonçant que, en cas de pollution, « *les sanctions prévues par les lois des États doivent être suffisamment rigoureuses pour décourager les infractions* ».

constater l'extinction des poursuites en tirant les conséquences de la décision rendue au fond par le tribunal de l'État du pavillon par laquelle elle était liée » (44). Même si la Cour de Rennes était sans doute allée trop loin en écartant, comme insuffisante, la décision de l'administration maltaise, on hésite à suivre la Cour de cassation déclarant les juridictions françaises « liées » par la décision du juge de l'État du pavillon, et ce « *quel que soit le jugement rendu au fond* » (arrêt *Trans Artic*), alors qu'aucune liaison automatique n'est établie par l'article 228 (45).

61. Législation française. Zone économique exclusive. Autres États de la CEE. — La France a édicté une réglementation concernant sa zone économique, réglementation qui respecte les principes de la Convention sur le droit de la mer. La loi 76-646 du 16 juillet 1976 prévoit que les textes sur la pêche, antérieurement applicables aux seules eaux territoriales ou intérieures, s'appliquent désormais dans la zone économique française, et que les autorités françaises y exercent les compétences reconnues par le droit international en matière de protection de l'environnement marin. La loi 83-583 du 5 juillet 1983 sur la pollution par hydrocarbures fait application des principes dégagés par la loi de 1976, en sanctionnant les navires étrangers qui polluent la zone économique française (*D.* 1983, 338). La loi 86-826 du 11 juillet 1986 ajoute aux compétences prévues par la loi du 16 juillet 1976 les compétences relatives à la recherche scientifique marine, à la mise en place et à l'utilisation d'îles artificielles, d'installations et d'ouvrages. La loi 2003-346 du 16 avril 2003 (*JORF*, 16 avr. 2003, 6726), en même temps qu'elle porte création d'une zone de protection écologique (*infra*, n° 62) vient à nouveau compléter la loi de 1976, en précisant que, dans la zone économique exclusive, « *les autorités françaises exercent en outre les compétences reconnues par le droit international relatives à la protection et à la préservation du milieu marin, à la recherche scientifique, à la mise en place et à l'utilisation d'îles artificielles, d'installations et d'ouvrages* » compétences que, curieusement, le législateur de 1976 avait omises.

L'Espagne et le Portugal ont, eux aussi, institué une zone économique exclusive. L'Allemagne, la Belgique, le Danemark, l'Irlande, les Pays-Bas et la Grande-Bretagne ont seulement créé une « zone de pêche » de 200 milles, sur laquelle ces États se réservent des droits exclusifs. La Grèce et l'Italie ne revendiquent ni zone économique exclusive, ni même zone de pêche.

62. Zone de protection écologique. Loi du 16 avril 2003. — À une époque où la protection de l'environnement et la lutte contre la pollution apparaissent comme parmi les obligations premières des États maritimes, l'administration française a considéré que l'absence en Méditerranée d'une zone économique exclusive l'empêchait d'assumer pleinement ces obligations. Soucieuse de respecter les intérêts des autres États méditerranéens, et en particulier des États

(44) Voir les références citées *supra*, note 42.
(45) Ce texte refusant au contraire autorité à la décision du juge du pavillon, en cas de dommage grave à l'État côtier, ou si l'État du pavillon manque, à plusieurs reprises, à ses obligations de sanction.

dont les eaux jouxtent les eaux françaises, elle a pensé qu'il était préférable de créer une zone où la France n'exercerait que certains des pouvoirs prévus par la Convention sur le droit de la mer, et notamment les pouvoirs concernant la protection de l'environnement marin, les flottes de pêche des États tiers conservant ainsi le droit de pêcher dans la nouvelle zone écologique. C'est dans cet esprit qu'a été promulguée la loi du 16 avril 2003.

Cette loi change d'abord l'intitulé de la loi de 1976, qui devient « *loi relative à la zone économique et à la zone de protection écologique au large des côtes du territoire de la République* ». Puis, ajoutant à l'article 4 de la même loi un second alinéa, la loi nouvelle y précise que, dans la nouvelle zone de protection écologique, « *les dispositions de l'article 3 ne s'appliquent pas aux navires battant pavillon étranger* », les dispositions de l'article 3 de la loi de 1976 ici visées étant celles qui concernent l'interdiction faite aux navires tiers de pêcher dans la zone économique. Enfin, la nouvelle loi étend les sanctions prévues par l'article L. 218-22 du Code de l'environnement à l'encontre des navires étrangers, même battant pavillon d'un État non partie à la Convention MARPOL, aux actes de pollution commis, non seulement dans la zone économique (ce qui n'était pas le cas du texte originaire), mais aussi aux actes commis dans la zone de protection écologique (46).

D. — Le plateau continental

63. Histoire et délimitation du plateau continental. — Le plateau continental est la plate-forme sous-marine qui prolonge le continent par une pente généralement douce.

Affirmés pour la première fois par les États-Unis d'Amérique, à l'occasion d'une déclaration faite par le président Truman le 28 septembre 1945, les droits de l'État riverain sur le plateau continental ont été reconnus par l'une des conventions de Genève de 1958, dont les dispositions ont été largement reprises par la Convention sur le droit de la mer.

Cette dernière convention donne d'abord une définition assez complexe du plateau continental. Concrètement, elle fixe une largeur minimale et une largeur maximale. Quelle que soit la profondeur des eaux, tout État peut exercer ses compétences sur le plateau continental dans une limite de 200 milles à partir des lignes de base. Ici, ce qui est envisagé, c'est, peut-on dire, le *plateau continental juridique* — un plateau qui, géographiquement, n'existe pas sur certains rivages, tels les rivages méditerranéens de la France. Si, cependant, le plateau continental géographique réel, ce que la Convention sur le droit de la mer appelle la « *marge continentale* », s'étend au-delà de la distance de 200 milles, la limite du plateau continental peut être reculée jusqu'à 350 milles marins, soit environ 650 kilomètres.

(46) La loi du 16 avril 2003 modifie, dans le même esprit, nombre d'autres dispositions du Code de l'environnement. Le tracé de la zone de protection écologique a été précisé par un décret du 8 janvier 2004 (*JORF* 10 janv. 2004 et *DMF* 2004, Hors-série n° 8, au n° 2).

64. Régime juridique du plateau continental. — Le régime du plateau continental est très proche de celui de la zone économique, qu'il avait d'ailleurs inspiré ayant été défini le premier, ce dès 1958. Comme sur sa zone économique, l'État riverain n'exerce pas sur son plateau continental une souveraineté totale. Il a seulement « *des droits souverains aux fins de son exploration et de l'exploitation de ses ressources naturelles* ». Cependant, à la différence de ce qui est pour la zone économique, ces droits ne concernent pas l'ensemble des ressources naturelles. Ils ne concernent que les ressources du plateau proprement dit, c'est-à-dire les ressources minérales ou autres ressources non biologiques des fonds marins et de leur sous-sol, ainsi que « *les organismes vivants qui appartiennent aux espèces sédentaires* ». Par là, l'article 77 de la Convention entend « *les organismes qui, au stade où ils peuvent être pêchés, sont soit immobiles sur le fond ou au-dessous du fond, soit incapables de se déplacer autrement qu'en restant constamment en contact avec le fond ou le sous-sol* » (47).

Comme il en est de la zone économique exclusive, l'État riverain peut installer sur le plateau continental des îles artificielles ou des constructions fixes aux fins d'exploitation, et instituer autour de ces installations des zones de sécurité d'un rayon maximum de 500 mètres. Reste à définir les règles de droit privé régissant les rapports nés sur une plate-forme érigée sur le plateau continental. Une jurisprudence récente, et sans doute des plus fondées, fait ici prévaloir le droit de l'État riverain (48).

65. Régime de la zone économique et régime du plateau continental. — Du rapprochement du régime du plateau continental avec celui de la zone économique, on constate que ces deux régimes sont largement identiques, le régime juridique de la zone économique donnant toutefois des prérogatives plus étendues à l'État riverain, puisqu'il lui permet de contrôler non seulement les ressources minérales ou sédentaires, mais aussi les stocks de poissons. Malgré cette identité, la dualité des régimes conserve un intérêt incontestable. Dans un secteur où un État n'a pas institué de zone économique, comme il en fut de la France pour la Méditerranée jusqu'en 2003, il conserve les prérogatives afférentes au plateau continental. Il ne peut contrôler la pêche, mais il peut procéder à l'exploitation des fonds marins (forages pétroliers). Par ailleurs, on l'a vu, la zone économique est limitée à 200 milles, tandis que le plateau continental peut s'étendre beaucoup plus loin, jusqu'à la limite des 350 milles.

66. Législation française. — Par la loi du 30 décembre 1968, la France a affirmé ses droits sur le plateau continental adjacent à son territoire, et ce pour l'ensemble de ses frontières maritimes (*JORF* 31 décembre 1968.12404). Ce

(47) D'où le problème de la nature juridique de la *langouste* par rapport au régime du plateau continental, problème qui s'est posé lors d'un conflit opposant la France et le Brésil en 1976, la langouste appartenant ou non aux espèces soumises au régime du plateau, selon que l'on considère qu'elle se déplace ou non en restant constamment en contact avec le fond marin.

(48) Voir en ce sens, Cass. 11 mai 1999, *DMF* 2000.39, obs. P. BONASSIES ; Cour de justice des Communautés européennes, 27 févr. 2002, *DMF* 2002.633, obs. P. CHAUMETTE.

texte réglemente de manière très précise, tant les droits de la France sur son plateau continental, ce dans le respect des dispositions de la Convention de Genève de 1958, que les conditions d'exploitation du plateau (autorisation préalable, statut douanier et fiscal).

§ 2. — *Le régime juridique de la haute mer*

67. Notion et évolution historique. — La haute mer est définie par la Convention sur le droit de la mer comme « *toutes les parties de la mer qui ne sont comprises ni dans la zone économique exclusive, la mer territoriale ou les eaux intérieures d'un État, ni dans les eaux archipélagiques d'un État archipel* » (art. 86). Nous dirons plus simplement que c'est la zone qui s'étend, selon le cas, au-delà de la zone économique exclusive ou de la mer territoriale.

Le régime de la haute mer a subi une incontestable évolution. En droit classique, la haute mer était une zone de liberté à peu près absolue, une *res nullius*, comme on le disait parfois (49). Le seul élément d'organisation juridique de la haute mer résultait du principe de la loi du pavillon. Tout État conservait compétence pour contrôler en haute mer les navires arborant son pavillon.

En droit contemporain, la haute mer est restée une zone de liberté. Mais cette liberté s'exerce dans le cadre des règles du droit de la mer. La mer est devenue une *res communis*, dont l'usage est contrôlé par la communauté internationale (50).

Il importe donc d'analyser d'une part, le principe de liberté de la haute mer et ses conséquences, d'autre part, les limites à la liberté de la haute mer.

A. — Le principe de la liberté de la haute mer

68. Portée du principe. Liberté d'user de la haute mer et non-appropriation. — Le principe de la liberté de la haute mer a d'abord un aspect positif. Il implique que chaque État puisse utiliser la haute mer, soit directement, par l'intermédiaire de ses navires d'État, soit indirectement, par l'intermédiaire de ses ressortissants.

Le principe de liberté de la haute mer est ainsi affirmé par l'article 87 de la Convention du droit de la mer : « *la haute mer est ouverte à tous les États, qu'ils soient côtiers ou sans littoral* ». Le même texte définit six libertés fondamentales, qui ne sont d'ailleurs pas limitatives, et dont l'une (la liberté de survol) n'a rien de maritime. La liberté de la haute mer implique ainsi la liberté de navigation, la liberté de survol, la liberté de poser des câbles et pipelines sous-marins, la liberté de construire des îles artificielles, la liberté de la pêche, la liberté de la recherche scientifique.

(49) Avec une réserve toutefois : l'apparition, dès 1882, de conventions internationales réglementant la pêche.

(50) L'application du terme de « *res communis* » à la haute mer a parfois été critiquée par les tenants d'une stricte terminologie juridique. Mais la notion de « *res communis* » est suffisamment ouverte pour pouvoir être ici utilisée.

Le principe de liberté de la haute mer a par ailleurs un aspect négatif. Aux termes de l'article 89 de la Convention sur le droit de la mer, « *aucun État ne peut légitimement prétendre soumettre une partie quelconque de la haute mer à sa souveraineté* ». Par ailleurs, dans l'exercice de sa liberté, tout État doit respecter la liberté des autres. C'est ainsi qu'il est sûr qu'un État ne peut prétendre interdire légitimement, même d'une manière temporaire, la circulation en haute mer, par exemple à l'occasion d'une expérience atomique.

Enfin, la liberté de la haute mer emporte une autre conséquence, fondamentale quant au régime applicable aux navires : elle implique la compétence exclusive en haute mer, ou, pour user des termes mêmes de la Convention de Montego Bay, la *juridiction exclusive* de l'État du pavillon.

69. Juridiction exclusive de l'État du pavillon. — Le principe de la juridiction exclusive en haute mer de l'État du pavillon est affirmé par l'article 92 de la Convention sur le droit de la mer. Aux termes de ce texte, « *les navires naviguent sous le pavillon d'un seul État et sont soumis..., à sa juridiction exclusive en haute mer* ».

Le principe a deux conséquences, l'une négative, l'autre positive. D'une part, un État ne peut, en haute mer, exercer aucun droit de souveraineté sur un navire arborant le pavillon d'un autre État. Il ne peut ni l'arrêter ni même le contrôler. D'autre part un État a, en haute mer, tous pouvoirs sur les navires arborant son pavillon (51).

70. Application aux incidents de navigation. De l'arrêt *Lotus* à l'article 97 de la Convention sur le droit de la mer. — Le principe de juridiction exclusive de l'État du pavillon est poussé très loin, après d'autres textes, par la Convention sur le droit de la mer. Il protège en effet en haute mer marins et navires pour ce qui est des incidents de navigation. Aux termes de l'article 97 de la Convention (texte qui reprend les dispositions tant de la Convention de 1958 que d'une Convention de Bruxelles de 1952), « *en cas d'abordage ou de tout autre incident de navigation maritime en haute mer, ... il ne peut être intenté de poursuites pénales ou disciplinaires que devant les autorités judiciaires ou administratives soit de l'État du pavillon, soit de l'État dont l'intéressé a la nationalité* ». Le même texte énonce qu'il ne peut être ordonné de saisie ou d'immobilisation du navire, même pour des actes d'instruction, que par les autorités de l'État du pavillon (sur la portée de ces dernières dispositions, voir *infra*, n° 597).

Ce texte modifie le droit classique, tel qu'il avait été codifié par l'arrêt *Lotus*. Dans cet arrêt, rendu le 7 septembre 1927, la Cour permanente internationale de justice avait décidé que l'État turc avait compétence pour poursuivre et sanctionner un officier français, le lieutenant Demons, responsable de l'abordage survenu en haute mer entre le paquebot français *Lotus* et un chalutier turc, le *Boz Kourt*. Pour la Cour, la faute avait été commise sur le navire français, mais ses

(51) Une loi du 15 juillet 1994 (*D.* 1994.375), modifiée par une loi du 22 avril 2005 (*JORF* 23 avr. 2005, 7090) précise les modalités de l'exercice des pouvoirs de l'État français en haute mer — sur les conditions de l'attribution de son pavillon par un État, voir *infra*, n° 170 et s.

effets s'étaient réalisés sur le navire turc, la chose justifiant une compétence concurrente de la Turquie et de la France (52).

On peut s'interroger sur les raisons qui ont conduit le législateur international à abandonner la règle du *Lotus*, règle sans doute en accord avec les principes de répartition des compétences internationales. Pour nous, la règle nouvelle ne peut s'expliquer que comme conférant aux capitaines un véritable *privilège de juridiction*, fondé sur le souci de mieux garantir la liberté de navigation, comme la sécurité de la navigation. Dégagé de tout souci de se voir appliquer une législation étrangère qu'il ne connaît pas, ou d'être jugé par un juge étranger, le capitaine conservera un esprit plus libre pour prendre des décisions souvent difficiles. Par ailleurs, on peut penser que la règle exprime la reconnaissance par le droit international du caractère d'intérêt général de la navigation maritime, seul ce caractère justifiant une dérogation aux règles normales de compétence (*supra*, n° 5).

71. Limites à l'application de l'article 97. Infractions de droit commun. — On notera toutefois que l'article 97 de la Convention ne concerne que les infractions aux règles de navigation. Il ne s'applique pas aux infractions de droit commun. Pour ces infractions, ce sont les règles générales qui reprennent leur force. Ainsi, au cas où un crime est commis en haute mer sur un navire, sont compétents pour poursuivre le coupable, après l'avoir arrêté *à terre* (l'arrestation en haute mer n'étant possible que par les autorités de l'État du pavillon), l'État du pavillon, l'État dont le coupable a la nationalité, ou l'État dont la victime a la nationalité (jurisprudence *Lotus*) (53).

72. Exceptions à la juridiction exclusive de l'État du pavillon — Résolution coercitive des Nations Unies. — Le principe de la juridiction exclusive de l'État du pavillon connaît cependant des exceptions assez nombreuses qui répondent à des idées diverses.

La première, et la plus évidente encore qu'elle soit rarement mentionnée, est celle où les navires d'un État agissent, contre un navire arborant un autre pavillon, sur l'ordre même des Nations Unies. C'est ainsi qu'à l'occasion de la « guerre du Golfe », la Résolution 665, prise le 25 août 1990 par le Conseil de Sécurité, a donné mandat aux États « *pour arrêter tous les navires marchands qui arrivent ou qui partent* » des zones concernées et contrôler leur cargaison, afin de vérifier s'ils respectaient le blocus de l'Irak, décidé par une résolution antérieure. De nombreux navires ont ainsi été arraisonnés, en haute mer, par des bâtiments de guerre (américains, anglais, français, italiens) ne ressortissant pas à l'État du pavillon de ces navires. Pareillement, le 17 avril 1993, le Conseil de Sécurité des Nations Unies adoptait une résolution 820, imposant un embargo commercial sur tous les navires à destination de la République Fédérative de

(52) *Recueil des arrêts de la CPIJ* série A, n° 9.
(53) Pour une application de cette règle au délit d'abstention volontaire d'assistance commis en haute mer par le capitaine d'un navire chypriote à l'encontre de marins français, voir obs. et réf. P. BONASSIES sous Tribunal de grande instance des Sables d'Olonne, 7 déc. 1995, *DMF* 1996, Hors-série n° 1, p. 16.

Yougoslavie (RFY). En application de ce texte, le Conseil des communautés européennes adoptait, le 26 avril, un règlement interdisant l'entrée dans la mer territoriale de la RFY de tout trafic à caractère commercial. Ce règlement a été justement interprété par la Cour de justice des Communautés européennes comme autorisant l'Italie à arraisonner dans les eaux internationales un navire battant pavillon maltais se dirigeant vers les eaux de la RFY (27 févr. 1997, *DMF* 1997.544, obs. P. Bonassies).

73. Légitime défense. Droit de poursuite. Notion de poursuite. — On trouve ensuite une série d'exceptions qui répondent à l'idée de légitime défense. C'est ainsi que le droit de la mer a toujours admis, comme une forme privilégiée de légitime défense, le *droit de poursuite* de l'État riverain.

Le droit de poursuite est le droit pour un État de poursuivre en haute mer, contre un navire étranger, une action commencée dans les eaux territoriales. Ce droit, qui exprime plus une extension de la défense légitime des eaux territoriales ou intérieures de l'État riverain qu'une véritable légitime défense en haute mer, a été confirmé tant par la Convention de Genève de 1958 que par la Convention sur le droit de la mer dans son article 111.

Le droit de poursuite est cependant limité à la poursuite immédiate et continue, ce que l'on appelle dans la terminologie anglaise la *hot pursuit*. Mais la notion de *hot pursuit* a été modernisée et élargie en 1958 et en 1982. Aux termes de la Convention de Genève de 1958, comme aux termes de l'article 111 de la Convention sur le droit de la mer, la poursuite peut être réalisée par association d'un navire et d'un *aéronef* (avion ou hélicoptère). Le navire, identifié dans les eaux territoriales par un avion, peut être suivi par celui-ci, tandis que le bâtiment d'État alerté ne le rejoindra qu'en haute mer (sous la condition, toutefois, qu'ordre de stopper ait été donné par l'aéronef au navire poursuivi dans les eaux territoriales).

La notion a été élargie en 1982. Aux termes de l'article 111 de la Convention sur le droit de la mer, le droit de poursuite peut s'exercer en haute mer à l'encontre d'un navire qui a commis une infraction à la réglementation concernant la zone économique exclusive ou le plateau continental, si cette infraction a été commencée dans les eaux de la zone économique exclusive ou du plateau continental (54).

74. Légitime défense étatique et légitime défense écologique. Convention de 1969. — Au-delà de la théorie du droit de poursuite, la possibilité pour un État d'intervenir en haute mer sur un navire non ennemi battant pavillon étranger en cas de légitime défense, au sens traditionnel du terme, était contestée par le droit classique. Certes, dans une affaire survenue en 1869, l'affaire du *Mary Lowell* (arraisonnement en haute mer par un bâtiment espagnol d'un navire américain transportant des insurgés cubains à l'époque où Cuba était possession espagnole, lesquels insurgés furent pendus à la vergue du grand mât), un arbitre français

(54) Sur le « droit de poursuite inverse » en cas de piraterie, voir *infra* n° 77 *bis*.

saisi du litige avait donné raison à l'État espagnol. Mais la décision a été contestée ; de surcroît, l'affaire n'était pas claire, le navire américain étant un navire espagnol qui avait changé de pavillon très peu avant l'incident (55). En revanche, le droit contemporain admet aujourd'hui la *légitime défense écologique*.

Le principe de légitime défense *écologique* est inscrit dans la Convention de Bruxelles du 29 novembre 1969 sur le droit d'intervention en haute mer, en cas d'accident entraînant ou pouvant entraîner une pollution par les hydrocarbures, convention signée à la suite du sinistre du *Torrey Canyon* et ratifiée par la France (décret du 26 juin 1975).

C'est parce que le *Torrey Canyon* s'était échoué dans les eaux internationales que le gouvernement britannique avait tardé à intervenir, alors qu'une intervention énergique survenue dans les premières heures après le sinistre aurait pu considérablement limiter les conséquences de celui-ci. Tirant les leçons de l'expérience, les rédacteurs de la Convention de 1969 ont inscrit dans leur texte la règle que les États parties à la présente convention peuvent « *prendre en haute mer les mesures nécessaires pour prévenir, atténuer ou éliminer les dangers graves et imminents que présentent pour leurs côtes ou intérêts connexes une pollution ou une menace de pollution des eaux de la mer par les hydrocarbures à la suite d'un accident de mer* ».

Les modalités de l'action de l'État riverain sont fixées par l'article 3 de la Convention. C'est ainsi que l'État riverain doit consulter les autres États mis en cause par l'accident de mer avant de prendre des mesures, et en particulier l'État du pavillon. Toutefois, il est précisé qu'en cas d'urgence, l'État riverain peut prendre toutes mesures nécessaires sans notification ou consultation préalable. Par ailleurs, les mesures d'intervention prises « *doivent être proportionnées aux dommages* » que l'État riverain a effectivement subis ou dont il est menacé.

La Convention de 1969 n'accordait aux États de droit d'intervention en haute mer qu'en cas de pollution par les hydrocarbures. Un Protocole signé en 1973 a étendu le droit d'intervention des États à la lutte contre toute autre substance polluante. La loi 85-1172 du 12 novembre 1985 (*JO* 13 nov. 1985) a autorisé l'adhésion de la France à ce protocole, publié par décret du 24 septembre 1986 (*JO* 2 oct. 1986, 11814). Et les dispositions de la Convention de 1969, comme celles du Protocole de 1973, ont été confirmées par l'article 221 de la Convention du droit de la mer, lequel autorise les États « *à prendre et faire appliquer au-delà de la mer territoriale des mesures proportionnées aux dommages qu'ils ont effectivement subis ou dont ils sont menacés afin de protéger leur littoral ou les intérêts connexes, y compris la pêche, contre la pollution ou une menace de pollution résultant d'un accident de mer* ».

L'article L. 218-72 du Code de l'environnement (modifié par la loi n° 2003-59 du 2 juillet 2003) tire les conséquences de la Convention de 1969. Il donne compétence à l'administration (le préfet maritime) pour ordonner à l'armateur ou

(55) Voir la décision dans le *Moores'Digest of international law cases 2.983*.

au propriétaire du navire de prendre toutes mesures nécessaires pour mettre fin au danger de pollution résultant de l'accident en cause. En cas de carence du propriétaire, l'État peut faire exécuter lesdites mesures, « *aux frais risques et périls du propriétaire* ».

75. Législations française, européenne et internationale. — La France ne s'est pas bornée à ratifier la Convention de 1969. Elle a aussi promulgué un texte interne généralisant son droit d'intervention aux navires des États non signataires de la Convention, la loi du 7 juillet 1976 (*D.* 1976.295 ; voir aussi le décret du 7 janvier 1986, *JO* 11 janv. 1986, 570). Cette loi autorise l'État, en cas d'urgence, à prendre toute mesure nécessaire, même en haute mer, en cas d'avarie survenue à un navire transportant des substances nocives, dangereuses ou des hydrocarbures, avarie pouvant créer des dangers graves et imminents au sens de la Convention de 1969. Une loi du 10 mai 1983 renforce les pouvoirs de l'administration (*D.* 1983.247). Elle autorise toute mesure nécessaire en présence d'un simple « danger grave », toute référence à l'imminence ayant été supprimée (56).

Fondé lui aussi sur la Convention de 1969, un décret du 24 mars 1978 imposait dans son article 2 au capitaine de tout navire, français ou étranger, victime d'un *accident de mer* au sens de la Convention et navigant à moins de 50 milles marins des côtes françaises, de signaler l'accident au préfet maritime. Un décret du 17 novembre 2004 abroge cet article 2 (57). Les dispositions de l'article 2 du décret de 1978 ont toutefois été remplacées par des textes divers : directive communautaire cité ci-dessous, article L. 218-19 du Code de l'environnement sanctionnant de lourdes peines le capitaine d'un navire français qui, après un accident en mer, n'établit pas ou ne transmet pas le rapport prévu par la Convention MARPOL, les capitaines de navire étranger n'étant tenus à la même obligation que pour les accidents survenus dans les eaux de souveraineté française (mer territoriale et zone économique exclusive ou zone de protection écologique) (58). De surcroît, des textes ont été promulgués par les préfets maritimes, imposant au capitaine de tout navire de plus de 300 unités de jauge, navigant dans la zone économique exclusive ou la zone de protection écologique, de signaler tout accident ou incident, voire toute nappe de produits polluants aperçue par eux, et même « *tout conteneur ou colis dérivant en mer* » (59).

Récemment, la réglementation française de 1978 a été reprise et élargie par la Communauté européenne. Une série de directives communautaires, dont la dernière est une directive du Parlement européen et du Conseil du 27 juin

(56) C'est en se référant implicitement au même principe, — mais sans le citer expressément —, que le Conseil d'État a statué le 23 octobre 1987, à propos de faits survenus en octobre 1974, et donc antérieurs à la promulgation de la loi de 1976 (navire *Ammersee*, *DMF* 1988.517). La marine française ayant envoyé par le fond, en haute mer, un navire chypriote transportant des explosifs en avarie grave au large du département des Côtes-du-Nord, le Conseil d'État a rejeté la demande d'indemnisation de l'armateur, observant que l'autorité maritime française n'avait méconnu aucun principe de droit international.

(57) Voir obs. P. BONASSIES, *DMF* 2005, Hors-série n° 9, au n° 4.

(58) Quand l'accident est survenu dans la zone économique exclusive ou la zone de protection écologique, la sanction frappant le capitaine d'un navire étranger est réduite à une amende, ce en application de l'article 230 de la Convention sur le droit de la mer.

(59) Voir obs. P. BONASSIES, citées *supra*, note 57.

2002 (60) prévoient que chaque État européen devra prendre les dispositions nécessaires pour imposer à l'exploitant de tout navire quittant l'un de ses ports l'obligation de notifier à l'autorité compétente son port de destination, l'itinéraire envisagé, ainsi que l'appellation technique exacte des marchandises dangereuses ou polluantes qu'il transporte (*JOCE* L. 194-5). Des obligations analogues devront être imposées à l'exploitant de tout navire venant d'un port situé hors Communauté européenne et faisant route vers un port situé dans la Communauté.

Ces textes prévoient que les États membres devront, en cas d'incident ou accident en mer (y inclus en haute mer), prendre « *toutes les mesures appropriées* » (directive de 2002, art. 19), renvoi implicite à la Convention de 1969. Plus précisément, ils indiquent que pourra, entre autres, être envisagé de « *restreindre les mouvements du navire ou lui imposer un itinéraire déterminé* » (même directive, annexe IV).

La réglementation française paraît aussi avoir inspiré l'OMI. Dans une résolution adoptée en mai 1994, il a été décidé d'imposer à tout navire entrant dans une zone couverte par un dispositif de séparation de trafic (*infra*, n° 86) ou écologiquement sensible, de se signaler aux autorités de l'État côtier.

76. Légitime défense politique. Radios et télévisions « pirates ». — La Convention du droit de la mer prévoit un autre cas de légitime défense que l'on peut qualifier de légitime défense politique ou culturelle ; c'est la légitime défense contre des émissions de radio ou de télévision non autorisées, diffusées à partir d'un navire ancré au-delà des eaux territoriales.

Le problème de ce que l'on a appelé les « *radios pirates* » a beaucoup ému le monde maritime dans les années 1960-1970. C'est ce problème qu'a entendu régler l'article 109 de la Convention sur le droit de la mer. Il résulte de ce texte, dont la franchise ou la transparence ne sont peut-être pas les qualités principales, que tout État où des émissions non autorisées diffusées depuis la haute mer peuvent être captées peut immobiliser tout navire, même n'arborant pas son pavillon, saisir le matériel d'émission, et même arrêter toute personne diffusant l'émission. Il n'est pas besoin d'insister pour que l'on perçoive l'effet très néfaste d'une telle disposition sur la liberté d'opinion, comme pour noter son obsolescence à l'époque de l'*Internet*.

77. Piraterie. Droit international. Droit français. — En dehors des situations de légitime défense, telles qu'elles sont reconnues par le droit contemporain, le droit classique a toujours admis que le privilège du pavillon ne s'appliquait pas en cas de *piraterie*. En fait, la piraterie, qui avait un temps presque disparu, est redevenue un phénomène fréquent, notamment au large des côtes africaines ou dans le détroit de Malacca (61). Il est donc d'un intérêt très concret que la règle du droit classique ait été recueillie par l'article 105 de la Convention sur le droit de la mer, lequel énonce que « *tout État peut, en haute*

(60) Voir *JOCE* L. 208 du 5 août 2002, obs. P. BONASSIES, *DMF* 2003, Hors-série n° 7, au n° 7.
(61) Voir P. POLÈRE, « La piraterie maritime aujourd'hui », *DMF* 2005.385.

mer ou en tout autre lieu ne relevant de la juridiction d'aucun État, saisir un navire pirate... ou un navire capturé à la suite d'un acte de piraterie et aux mains de pirates ». L'article 101 du même texte donne, par ailleurs, une définition de la piraterie.

Selon ses termes, il faut entendre par piraterie tout acte de violence commis par l'équipage ou les passagers d'un navire, contre d'autres navires ou contre des personnes ou des biens, à bord d'un autre navire ou en haute mer. Il suit de cette définition que le fait pour des personnes se trouvant à bord d'un navire de s'emparer de celui-ci ou d'y commettre des violences (cas des Palestiniens qui se sont emparés en 1985 de l'*Achille Lauro*) ne constitue pas un acte de piraterie, même si, à l'évidence, un tel fait est susceptible d'autres incriminations.

En droit interne, la piraterie est encore à ce jour réprimée par une loi du 10 avril 1825, prévoyant la peine de mort contre les auteurs principaux, la piraterie y étant définie comme la commission, à main armée, de tout acte de déprédation ou de violence envers des navires français ou des navires d'une puissance avec laquelle la France ne serait pas en état de guerre. Le 2 septembre 2009, le ministre de la Défense a présenté en Conseil des ministres un projet de loi modernisant le droit français et donnant un cadre juridique précis à la répression des actes de piraterie. Ce texte confère notamment aux commandants des navires de la marine nationale des prérogatives leur permettant de prendre en haute mer et dans les espaces maritimes ne relevant de la juridiction d'aucun État, ou, lorsque le droit international l'autorise, dans les eaux territoriales d'un État (voir *infra*, n° 77 *bis*), toutes mesures adaptées. Les peines prévues sont celles définies par les articles 224-1 et 224-6 à 224-8 du Code pénal (réclusion criminelle de dix à vingt ans, ou réclusion criminelle à perpétuité).

77 *bis*. Piraterie et « droit de poursuite inverse ». — Le développement contemporain de la piraterie a mis en lumière un problème grave. Fondé à poursuivre en haute mer un navire étranger (ou sans pavillon) trouvé en action de piraterie le navire d'État qui le surprend ne peut poursuivant son action « en deçà » de la haute mer, si le navire pirate se réfugie dans ses eaux territoriales (cas fréquent au large de la Somalie). Pour pallier la difficulté, le Conseil de Sécurité des Nations Unies a adopté en 2008 trois résolutions, à valeur contraignante, autorisant les navires des États membres des Nations Unies à continuer leur poursuite dans les eaux somaliennes et a y utiliser « tous les moyens nécessaires » (résolutions n°s 1816, 1838 et 1851). Ces résolutions sont temporaires (jusqu'au 16 décembre 2009), mais elles seront certainement renouvelées en temps utile. En définitive, encore que leurs auteurs s'en défendent, elles auront créé une notion nouvelle : celle d'un droit de poursuite inverse.

Le droit de poursuite inverse a été exercé par la France dans l'affaire du *Ponant*, navire de plaisance « piraté » en mer rouge le 5 avril 2008. Poursuivis en haute mer, puis dans les eaux territoriales somaliennes, les pirates ont été arrêtés sur le sol somalien par un commando de marine le 11 avril, transférés en

France avec l'accord des autorités somaliennes, placés en garde à vue le 16 avril à leur arrivée à l'aéroport du Bourget et ultérieurement inculpés des chefs de détournement de navire, arrestation, séquestration et autres crimes. Leur demande d'annulation de pièces de la procédure ayant été rejetée par la chambre de l'instruction de la Cour d'appel de Paris, le pourvoi en cassation formé par les inculpés a été pareillement rejeté par la Chambre criminelle de la Cour de cassation (16 septembre 2009, *DMF* 2009.717, obs. P. Bonassies). Les inculpés fondaient leur recours principalement sur le fait que la décision de la Cour de Paris aurait violé l'exigence de promptitude consacrée par l'article 5 de la Convention européenne des droits de l'homme, les inculpés ayant été appréhendés et retenus sur un navire militaire français le 11 avril 2008, et n'ayant été présentés au magistrat instructeur que le 18 avril 2008 — sept jours plus tard.

À l'argumentation des demandeurs en cassation, fort longue puisqu'elle se développe sur près de quarante pages, la Cour suprême répond que « *l'arrêt n'encourt pas la censure dès lors que des circonstances insurmontables, caractérisées par l'attente de l'accord des autorités somaliennes en vue du transfert six suspects en France, justifiaient leur privation de liberté pendant près de cinq jours, avant que leur placement en garde à vue ne fût régulièrement ordonné, le 16 avril 2008, à partir de 7h15* ».

78. Convention de 1988 sur les actes de terrorisme. — L'émotion soulevée précisément par l'affaire de l'*Achille Lauro* a toutefois conduit la communauté internationale à adopter à Rome, le 10 mars 1988, un texte destiné à permettre une meilleure répression des attentats terroristes commis sur un navire, et ne répondant pas à la notion de piraterie, la *Convention pour la répression d'actes illicites contre la sécurité de la navigation maritime*, souvent dénommée *Convention de Rome*.

Cette convention, ratifiée par la France (décret du 22 février 1992, *JO* 1992.2979, obs. P. Bonassies, *DMF* 1989.3), vise tout fait commis par une personne qui s'empare d'un navire ou en exerce le contrôle par la violence. Elle prévoit essentiellement que tout État signataire devra soit poursuivre les coupables se trouvant sur son territoire devant ses tribunaux, même si l'attentat a été commis en haute mer sur un navire arborant un pavillon tiers, soit les extrader. En revanche, la Convention ne modifie pas les règles concernant la compétence des États en haute mer. Seul un navire de l'État du pavillon pourra arraisonner le navire sur lequel un attentat, ne répondant pas à la qualification classique de la piraterie, a été commis — timidité que l'on ne peut que regretter (62).

La Convention de Rome a fait l'objet d'un Protocole signé le 14 octobre 2005. Sans apporter de changement majeur, ce texte tire les leçons des événements du

(62) Le législateur français a pris occasion de la loi du 16 décembre 1992 relative à l'entrée en vigueur du nouveau Code pénal pour inscrire dans le Code de procédure pénale des dispositions tendant à rendre plus aisée l'application en France de la Convention de 1988 (*D.* 1993.41). Compétence générale est donnée aux juridictions françaises pour poursuivre ou juger toute atteinte aux personnes ou aux biens de nature à compromettre la sécurité de la navigation maritime ou d'une plate-forme fixe située sur le plateau continental, et ce quel que soit le lieu où cette atteinte est intervenue.(article 689-5 nouveau du Code de procédure pénale).

11 septembre 2001. Il élargit la notion d'infraction à la Convention à toute utilisation contre un navire de substances explosives, radioactives ou chimiques, au transport des mêmes substances sur un navire, au transport de matériaux fissibles destinés à être utilisés dans un engin nucléaire explosif, enfin à l'utilisation d'un navire d'une manière à causer morts ou dommages corporels (63).

79. Droit de visite. — La Convention sur le droit de la mer, reprenant pour l'essentiel les dispositions de la Convention de Genève, énumère par ailleurs un certain nombre de cas où un navire de guerre qui croise en haute mer un navire étranger n'arborant pas le même pavillon que lui, peut procéder à une *visite* de ce navire sans avoir à respecter le privilège du pavillon, une telle faculté n'incluant pas, toutefois, le droit de se saisir du navire étranger.

Un tel droit de visite peut ainsi s'exercer si le navire arraisonneur a de sérieuses raisons de soupçonner que l'autre navire se livre à la piraterie, sert à des émissions non autorisées, est sans nationalité, ou a en réalité la même nationalité que lui, bien qu'il batte pavillon étranger (cas du bâtiment français qui rencontrerait en haute mer, au large des côtes méditerranéennes, un navire de plaisance volé quelques jours auparavant dans le port de Cannes, arborant un pavillon étranger manifestement faux). Enfin, très logiquement, le droit de visite peut être exercé à l'encontre de tout navire qui refuse d'arborer son pavillon. Dans toutes ces situations, le navire qui arraisonne et visite un navire étranger ne commet pas d'infraction à la loi internationale. Si les soupçons se révèlent dénués de fondement, le navire arraisonné doit toutefois être indemnisé de toute perte ou de tout dommage éventuel.

Une mention particulière doit être faite ici concernant les navires qui se livrent au *transport d'esclaves.* En principe, un navire de guerre qui croise en haute mer un navire arborant un autre pavillon, navire qu'il soupçonne de se livrer au transport d'esclaves peut seulement exercer sur ce navire un *droit de visite*. Il ne peut ensuite que communiquer les résultats de cette visite à l'État du pavillon, sans avoir le droit de procéder à l'arrestation de l'équipage et à la saisie du navire. Toutefois, l'article 99 de la Convention sur le droit de la mer stipule que « *tout esclave qui se réfugie sur un navire, quel que soit son pavillon, est libre* ipso facto ». Concrètement, cela veut dire que, si, à l'occasion d'une bousculade, laquelle peut être innocemment provoquée par les marins du navire qui exerce le droit de visite, les esclaves sont incités à sauter à la mer et à se réfugier sur ce navire, ils seront libres.

80. Trafic illicite de stupéfiants. — L'article 108 de la Convention sur le droit de la mer stipule que « *tous les États coopèrent à la répression du trafic de stupéfiants* ». Une convention internationale du 19 décembre 1988, ratifiée par la France le 8 mars 1991 (*D.* 1991.181) met en œuvre l'article 108. Elle prévoit un régime particulier, d'une efficacité limitée, pour le trafic illicite de stupéfiants.

(63) On songe à l'utilisation d'un navire, bourré d'explosifs et entrant dans un port pour s'y faire exploser.

Elle se borne en effet à prévoir que les parties contractantes coopéreront en vue de mettre fin au trafic illicite de stupéfiants par mer. Plus précisément, sans même conférer aux navires des États parties un droit de visite, elle énonce que si une partie a des motifs raisonnables de soupçonner qu'un navire battant pavillon d'une autre partie se livre au trafic illicite, elle peut le notifier à l'État du pavillon, en demandant à cet État l'autorisation de prendre des mesures appropriées, mesures qui pourront alors aller jusqu'à l'arraisonnement du navire (64).

B. — Limites à la liberté de la haute mer

81. Plan. — Alors que la liberté de la haute mer était en droit classique à peu près illimitée, l'usage de la haute mer par les États et leurs ressortissants connaît aujourd'hui différentes limites, qui se développent dans des directions diverses.

Nous évoquerons ces limites en retenant trois thèmes principaux, celui des mesures de protection contre la pollution ; celui des mesures de réglementation de la circulation maritime ; celui des mesures de protection des ressources naturelles.

82. Protection contre la pollution. Convention MARPOL. — L'article 192 de la Convention sur le droit de la mer énonce que les États ont l'obligation de protéger et préserver le milieu marin. L'article 194 du même texte définit les différents domaines dans lesquels l'action des États peut s'exercer : protection contre la pollution tellurique, protection contre la pollution par les navires, protection contre la pollution provenant des engins utilisés pour l'exploration ou l'exploitation des fonds marins et de leurs sous-sols. Quel que soit l'intérêt des nombreux textes concernant la pollution des eaux côtières d'origine terrestre, ou celle émanant des installations pétrolières en mer, il ne sera traité ici que de la réglementation concernant la pollution par les navires.

De ce point de vue, les textes les plus importants sont ceux qui concernent la pollution provenant des rejets d'hydrocarbures émanant des pétroliers, et notamment la Convention MARPOL laquelle, en 1973, a remplacé la Convention de 1956 (*supra*, n° 32) et qui a été ratifiée par la France, ainsi que les textes l'ayant modifiée (65).

83. Interdiction des rejets d'hydrocarbures. — Sans aller jusqu'à une interdiction générale et absolue, la Convention MARPOL limite d'abord considérablement la faculté pour les pétroliers ou les autres navires de rejeter à la mer leurs eaux de nettoyage.

C'est ainsi que les pétroliers sont frappés d'une interdiction absolue de purger leurs eaux dans certaines zones spéciales, par exemple l'ensemble de la mer

(64) Une loi du 29 avril 1996 (*D.* 1996.211) précise les modalités d'application de la Convention de 1988 par les autorités françaises. Pour un cas d'application, voir Cass. 15 janv. 2003, navire *Winner*, *DMF* 2003.517, obs. B. Rajot et *DMF* 2004, Hors-série n° 8, au n° 11, obs. P. Bonassies. L'affaire du *Winner* a été portée devant la Cour européenne des droits de l'homme : voir arrêt du 10 juillet 2008, *D.* 2008.3055 ; *DMF* 2009, Hors-série n° 13, obs. P. Bonassies.

(65) Protocole de 1978 et amendements de 1984 : voir *JORF* 2 oct. 1981, et *JORF* 9 janv. 1986.

Méditerranée, ou l'ensemble de la mer Baltique. En dehors de ces zones, ils ne peuvent procéder à des rejets qu'à condition d'être à plus de 50 milles marins de la terre la plus proche, de faire route, et de ne pas rejeter plus de 60 litres par mille marin, la quantité totale d'hydrocarbures rejetés ne devant pas dépasser, pour les pétroliers anciens, 1/15 000e de la cargaison dont les résidus proviennent et pour les pétroliers neufs, 1/30 000e de la même cargaison (66).

Les interdictions prononcées par la Convention ne s'appliquent pas toutefois au rejet résultant d'un cas de force majeure (nécessité d'assurer la sécurité du navire ou d'autres bâtiments, sauvetage de vies humaines). Elles ne s'appliquent pas non plus au rejet involontaire résultant d'une avarie (67).

84. Registre des hydrocarbures. Règles de construction des pétroliers. Obligation de compte rendu. — La Convention MARPOL édicte ensuite une série de règles complémentaires destinées à assurer l'efficacité de son application. C'est ainsi que tout navire doit posséder à bord un registre des hydrocarbures sur lequel sont notés tous les mouvements d'entrée et de sortie d'hydrocarbures, ceci afin de permettre qu'aucune quantité d'hydrocarbure ne disparaisse sans raison.

Curieusement, on trouve déjà une règle exprimant des préoccupations analogues dans l'Ordonnance de la Marine, le problème étant alors de protéger les ports contre la *pollution par le lest* transporté lors d'un retour à vide, et jeté par le capitaine à l'entrée du port. Consacrant un titre entier au lestage et délestage des navires, l'Ordonnance enjoint aux capitaines de faire rapport, dès l'arrivée du navire, sur le lest qu'ils ont à bord (Ordonnance de la Marine, Livre IV, titre 4).

Les pétroliers construits après 1975 doivent avoir des ballasts séparés, pour éviter toute contamination entre les cargaisons transportées et l'eau de ballastage, eau nécessairement rejetée à la mer quand le navire charge le carburant qu'il doit transporter. Pareillement, des citernes à décantation doivent être installées sur tout pétrolier pour permettre d'y transférer leurs résidus des eaux de ballast et des eaux de nettoyage.

La Convention MARPOL prévoit par ailleurs que le commandant de tout navire auquel est survenu un événement susceptible d'entraîner une pollution doit en faire rapport à l'autorité côtière compétente.

85. Autres mesures de protection de la mer. — Bien que concernant principalement les rejets d'hydrocarbures, la Convention MARPOL s'intéresse aussi à la prévention de la pollution par les autres substances liquides nocives, par les substances nuisibles transportées en colis ou conteneurs, enfin par les eaux usées des navires. Elle édicte en ce domaine des règles parallèles à celles qui viennent d'être exposées, règles variant selon la nocivité spécifique de la substance en cause.

(66) Des règles légèrement plus souples existent pour les navires autres que les pétroliers, d'une jauge supérieure à 400 tonneaux ou unités de jauge, seuls les navires non pétroliers, d'une jauge inférieure à cette limite pouvant exceptionnellement procéder à des rejets dans les zones spéciales.

(67) Règle 11 de la Convention, laquelle exige toutefois que toutes précautions aient été prises après l'avarie pour en minimiser les conséquences.

La Convention MARPOL n'est pas le seul texte concernant la pollution émanant des navires. Une Convention signée à Londres le 13 novembre 1972 interdit ou limite, selon le danger, l'immersion de nombreux déchets industriels ou chimiques. Ce texte contient des règles spécifiques concernant l'immersion des déchets radioactifs (68).

86. Réglementation de la circulation en mer. Dispositifs de séparation de trafic. — En droit classique, la circulation en mer était libre. Il appartenait à tout commandant de choisir sa route, de manière à assurer au mieux la sécurité de son navire. Dès le XIXe siècle cependant, nous l'avons vu (*supra*, n° 31), des règles de conduite avaient été instituées par des accords internationaux, règles que devaient recueillir les conventions SOLAS.

Mais le droit de la mer contemporain est allé plus loin : il impose aux navires, dans certains atterrages difficiles, des *routes obligatoires*, dénommées systèmes de séparation de trafic.

La création des routes obligatoires à la mer résulte de l'expérience acquise après la fin de la Seconde Guerre mondiale. Les eaux de la mer Baltique et de la mer du Nord étant infestées de mines déposées tant par la marine allemande que par les marines alliées, il fut nécessaire de créer dans ces eaux des chenaux de navigation (système dit *NEMEDRI*). On se rendit alors compte qu'il était possible d'instituer, en matière maritime, des routes imposées. Et, dès 1965, l'OMCI mit le problème à son ordre du jour. Le sinistre du *Torrey Canyon* devait, là aussi, accélérer l'évolution. Dès 1969, l'OMCI définit un certain nombre de routes maritimes, dans les passages difficiles (mer du Nord) ou à l'entrée des grands ports (69). Ces routes, dispositifs de séparation de trafic, furent d'abord des routes conseillées. Mais en 1975 il fut décidé de les rendre obligatoires, le capitaine qui s'écarte d'une route obligatoire étant dès lors susceptible de sanctions. Le décret 77-778 du 7 juillet 1977 a prescrit aux commandants de navires français de respecter strictement les dispositifs de séparation de trafic ainsi établis par l'OMCI.

On remarquera que l'extension par des nombreux États de leurs eaux territoriales à 12 milles a fait que, aujourd'hui, de nombreux dispositifs de séparation de trafic institués par l'OMCI sont désormais soumis à la compétence de l'État riverain. Ces dispositifs subsistent cependant tels qu'ils ont été établis, l'article 22 de la Convention sur le droit de la mer stipulant que, lorsqu'un État institue des routes obligatoires, il doit tenir compte des recommandations de l'organisation internationale compétente, c'est-à-dire des règlements établis par l'OMI (en revanche, l'OMI reste seule compétente pour établir les routes obligatoires pour les zones économiques exclusives, la compétence de l'État riverain sur ces zones n'incluant pas le droit d'y organiser la navigation).

(68) Sur ce texte, voir J.P. BEURIER, *Droits Maritimes*, n° 811.21.
(69) Sur cette évolution, voir P. BONASSIES, *Les routes imposées, La navigation maritime*, Colloque AFDI de Montpellier 1972.

87. Liberté de la haute mer et réglementation de la pêche. — La Convention sur le droit de la mer ne limite pas directement le droit traditionnel de pêcher en haute mer. Tout au contraire, l'article 116 énonce que tous les États ont droit à ce que leurs ressortissants pêchent en haute mer. Cependant, ce droit n'est plus, comme il l'était en droit classique, un droit absolu. Dès 1882 une convention internationale signée entre les États européens réglementait la pêche en mer du Nord ; en 1931, une convention signée à Genève réglementait la pêche de la baleine. La Convention sur le droit de la mer pose, quant à elle, en termes de principe la règle du contrôle de la pêche en haute mer. Aux termes de son article 117, les États ont « *l'obligation de prendre les mesures, applicables à leurs ressortissants, qui peuvent être nécessaires pour assurer la conservation des ressources biologiques de la haute mer ou de coopérer avec d'autres États à la prise de telles mesures* ».

De fait, de nombreuses conventions internationales existent, limitant le droit de pêche en haute mer. L'une des plus importantes est certainement la Convention de Londres du 1er juin 1967 sur l'exercice de la pêche dans l'Atlantique nord.

88. Problème de l'application concrète des réglementations internationales. — Ces diverses réglementations internationales de l'usage de la haute mer posent le même problème : celui de leur application concrète. En règle générale, cette application est abandonnée à l'État du pavillon. Une autorité nationale qui constate qu'un navire étranger commet en haute mer une infraction à la réglementation de la pollution ou la réglementation de la pêche ne peut, normalement, qu'établir un rapport qui sera adressé à l'État du pavillon. Cette situation, qui était celle du droit classique, n'est guère modifiée par les textes nouveaux.

Certes, l'article 218 de la Convention sur le droit de la mer prévoit, en matière de réglementation des rejets d'hydrocarbures, que lorsqu'un navire se trouve volontairement dans un port, l'État du port peut ouvrir une enquête et intenter une action pour tout rejet effectué même en haute mer. Mais l'alinéa 2 de ce texte vient immédiatement préciser que l'État du port ne peut intenter d'action que dans le cas où les rejets constatés ont entraîné ou risquent d'entraîner la pollution de ses eaux intérieures, de ses eaux territoriales, ou de sa zone économique exclusive.

Dans certains cas, toutefois, un contrôle plus ou moins international est prévu. C'est le cas de la Convention de Londres de 1967 sur la pêche, laquelle stipule que tout « *officier autorisé* » peut monter à bord d'un navire ressortissant d'un État signataire, quel que soit le pavillon de ce navire, et constater les infractions commises, sans cependant avoir le droit de saisir le navire. Mais, en dehors de tels cas, le seul progrès réalisé résulte de l'élargissement des zones de compétence étatique.

C'est ainsi que la Convention sur le droit de la mer accorde à tout État le droit de constater et de réprimer, même à l'encontre d'un navire étranger, les infractions à la réglementation contre la pollution commises non seulement dans sa mer territoriale, mais aussi dans sa zone économique exclusive. C'est là une faculté qui a été utilisée par le législateur français : la loi du 5 juillet 1983 énonce dans son article 7 que ses dispositions s'appliquent aux navires étrangers « *dans la zone économique au large des côtes du territoire de la République* », règle aujourd'hui étendue à la zone de protection écologique. Toutefois, il est précisé que, comme le prévoit la Convention de 1982 dans son article 230, les infractions commises dans la zone économique par un navire étranger ne peuvent être sanctionnées que de peines d'amende et non des peines de prison prévues par le texte.

Appendice. — *Le régime des grands fonds marins*

89. Les grands fonds marins « patrimoine commun de l'humanité ». — L'article 136 de la Convention sur le droit de la mer énonce que « la Zone », c'est-à-dire les grands fonds marins au-delà des plateaux continentaux, et ses ressources, sont « *le patrimoine commun de l'humanité* ». L'idée n'est pas nouvelle, ayant été proposée par l'ambassadeur de Malte aux Nations Unies, A. Pardo, le 17 août 1967, et entérinée par une décision de l'Assemblée Générale du 17 décembre 1970.

Pour mettre en œuvre le principe posé dans l'article 136, la Convention sur le droit de la mer prévoit la création de deux institutions. D'une part, *l'Autorité*, organe de délibération et de décision, qui comprend tous les États signataires de la Convention. D'autre part, *l'Entreprise*, organe d'action chargé de l'exploitation de la zone, en quelque sorte une entreprise minière mondiale, analogue à ce qu'étaient, au plan national, les Charbonnages de France. Pour préparer la mise en place de ces institutions, a été créée une « Commission préparatoire » (70).

La Convention, toutefois, n'a pas donné l'exclusivité de l'exploitation des grands fonds marins aux institutions par elle édifiées. Son article 153 stipule que l'exploitation pourra être assurée soit par l'Entreprise, soit, en association avec l'Autorité, par des États parties à la Convention, ou des entreprises d'État, ou des personnes physiques ou morales possédant la nationalité d'États parties, ou effectivement contrôlées par eux.

Par ailleurs, il a fallu prendre des mesures transitoires. Ces mesures sont inscrites dans une résolution n° 2, adoptée en même temps que la Convention sur le droit de la mer. Ce texte autorise ceux qu'il appelle les « *investisseurs pionniers* » à exercer des activités préliminaires, tandis qu'il établit la liste de ces investisseurs. Parmi eux, figurent au premier rang la France, avec le Japon, l'URSS, l'Inde, mais non les États-Unis, non signataires de la Convention.

90. Législation française. Droit communautaire. — On notera que, sans attendre la mise en place du système des Nations Unies, la France a promulgué

(70) Sur les travaux de cette commission, voir J.-P. LÉVY, « La onzième session de la Commission préparatoire », *Espaces et ressources maritimes*, n° 7, 1993.

une loi sur l'exploitation des fonds marins. C'est la loi du 23 décembre 1981 qui prévoit que le gouvernement français peut accorder des permis d'exploration des fonds marins. Effectivement, un premier permis a été accordé à un groupement d'entreprises, l'AFERNOD. Dans la mesure où ce groupement ne se livre qu'à des « activités préliminaires », la législation française est compatible avec la Convention sur le droit de la mer.

Quant à la Communauté européenne, bien qu'elle ne soit pas partie à la Convention sur le droit de la mer, elle a décidé, le 25 juillet 1994, de signer la partie IX de ce texte, relative aux grands fonds marins (décision du Conseil et accord des États membres, *JOCE* 2 août 1994).

CHAPITRE 3

LES INSTITUTIONS ÉTATIQUES MARITIMES

Plan. Institutions législatives. — Dans l'impossibilité de présenter les institutions étatiques de l'ensemble des pays maritimes, il ne sera question dans le présent chapitre que des institutions étatiques françaises. Partant de la distinction classique entre les trois pouvoirs, nous dirons d'abord que les institutions législatives maritimes ne présentent en France aucune originalité. Aussi ne ferons-nous porter notre attention que sur les institutions administratives et les institutions judiciaires.

Section 1

Les institutions administratives françaises

Il importe de présenter la structure de ces institutions avant d'analyser le contenu essentiel de leur action.

§ 1. — *Structure des institutions administratives*

A. — Les institutions administratives générales

91. Les services centraux. — Les structures de gestion de la marine marchande ont souvent changé, et aujourd'hui encore sont susceptibles d'être modifiées à la constitution de chaque nouveau ministère. Un caractère permanent doit cependant être relevé : depuis 1906, la gestion des problèmes de la marine marchande a été enlevée au ministère de la Guerre, qui, jusqu'à cette époque, l'exerçait. Elle ressortit désormais à la compétence de ministères « civils ». L'importance de l'organe chargé de la gestion des problèmes maritimes est, en revanche, essentiellement variable.

Certains États maritimes se sont dotés en permanence d'un ministère de la marine marchande. Ce n'est pas le cas de la France, ce que regrettent fortement les professionnels de la mer. Ce n'est qu'à certaines époques privilégiées que la France a eu un ministère de la marine. Il en a été ainsi en 1929, puis en 1948 (ministère Gaston Deferre). Dans la même ligne, en 1981, le premier ministère constitué sous l'autorité du président Mitterrand comportait un ministre de la Mer, chargé des questions de la marine marchande, et, plus largement, des problèmes de la mer (protection de l'environnement, organisation du littoral, etc.).

En d'autres périodes, les problèmes maritimes ont pu être confiés à un secrétaire d'État ou sous-secrétaire d'État, voire à un haut fonctionnaire administratif, secrétaire général rattaché au ministère des Transports. Aujourd'hui, toute structure autonome a disparu. Dans le dernier état des textes (décret n° 2005-471 du 16 mai 2005), les problèmes maritimes sont gérés par diverses directions administratives intégrées au ministère de l'Équipement, des Transports, de l'Aménagement du territoire, du Tourisme et de la mer, les problèmes de la pêche ayant été rattachés au ministère de l'Agriculture, ce en raison du fait que la pêche ressortit, dans l'Union européenne, à la politique agricole.

L'administration générale de la marine marchande comporte des services centraux et des services extérieurs. Des *services centraux*, dont la structure est variable, et sujette à de nombreuses modifications, nous retiendrons qu'ils comportent un certain nombre de directions ou sous-directions, notamment la direction des affaires maritimes et des gens de mer, celle du transport maritime, des ports et du littoral, une sous-direction des gens de mer, etc. (voir arrêtés du 30 mai 1997, *JO* du 1er juin 1997 et décret du 16 mai 2005, *supra*).

92. Autres organes centraux. — L'administration centrale est assistée par divers organes de consultation ou de gestion. Organes de consultation avec le *Conseil supérieur de la marine marchande*, créé par une loi du 28 février 1948. Ce conseil, qui comporte un certain nombre de membres désignés par le gouvernement, des membres désignés par les armateurs et des membres désignés par les personnels maritimes, est consulté sur tout problème intéressant la politique maritime de la France. Un décret du 16 décembre 1987 (*JO* 17 sept. 1987) a créé un second conseil consultatif en matière maritime, le *Conseil national des communautés portuaires*, appelé à donner son avis sur toutes les questions intéressant directement ou indirectement les ports maritimes.

En tant qu'organe coopérant à la gestion des problèmes maritimes, un décret du 22 novembre 1995 a mis en place un *Comité interministériel de la mer* et un *Secrétariat général de la mer*. Le premier, qui réunit au plus haut niveau les ministres concernés sous la présidence du Premier ministre, est chargé de délibérer sur la politique maritime du gouvernement. Le second, institution qui a pris avec le temps une incontestable importance, est chargé de préparer les délibérations du comité interministériel, d'exercer une mission générale de prospective en matière maritime, enfin de veiller à la coordination des actions de l'État en mer. Très concrète aussi est l'action du *Bureau des enquêtes techniques et administratives* (*BEA*), créé par un arrêté du 16 décembre 1997 et chargé de diriger une enquête après chaque accident maritime. Le Bureau a notamment procédé à une importante enquête après le sinistre de l'*Erika.*

93. Les services extérieurs. L'administration des affaires maritimes. — Les services extérieurs gérant les problèmes maritimes sont les services régionaux ou locaux de l'administration des *affaires maritimes*, lesquels ont succédé, depuis un décret du 24 mai 1967, aux services de *l'Inscription maritime*.

Bien que n'ayant pris cette dernière qualification qu'en 1795 (par la loi du 3 brumaire an IV), l'institution de l'Inscription maritime remonte à Colbert. Par diverses ordonnances promulguées de 1668 à 1673, Colbert avait créé le système des *classes*. Tout marin servant au commerce ou à la pêche devait se faire inscrire sur les rôles tenus par l'administration. Le système permettait à l'administration, quand besoin était, de lever des marins pour servir dans la marine royale. C'est en 1795 que l'institution prit le nom d'inscription maritime, tandis que l'administration chargée de la gérer devenait l'administration de l'inscription maritime. Maintes fois modifiée, l'inscription maritime fut supprimée en 1967, à l'occasion de la création du service national remplaçant le service militaire. En même temps, l'administration de l'inscription maritime devint l'administration des affaires maritimes (1).

Le littoral français est divisé en cinq circonscriptions ou directions des affaires maritimes, dont la direction de Marseille, qui gère tout le littoral méditerranéen (France continentale et Corse). Et chaque circonscription est divisée en quartiers, tels les quartiers de Martigues, Marseille, Toulon, Nice, Bastia.

Les administrateurs des affaires maritimes sont des fonctionnaires au statut très original, officiers intégrés à la marine nationale, mais à fonction essentiellement civile (2). Leur rôle est multiple.

Ils ont d'abord une mission générale de protection et de contrôle des marins, mission fondamentale dans la conception colbertienne. C'est ainsi qu'ils contrôlent la formation du contrat d'engagement, le respect de la réglementation du travail par les armateurs (3), qu'ils administrent les régimes spéciaux de sécurité sociale et concilient les parties en conflit.

Ils exercent ensuite un contrôle sur les navires, contrôle technique qui se réalise par l'intermédiaire d'un corps spécialisé, les inspecteurs de la navigation dont le rôle est devenu fondamental avec le développement du contrôle des navires par l'État du port (*supra*, n° 47). Plus généralement, ils servent de relais entre les services centraux et les réalités maritimes locales. Les administrateurs

(1) Sur la mission de l'administration des affaires maritimes, voir M. BOTELLA-GAMBETTA, *Profession, Directeur départemental des affaires maritimes*, Annales 1999 de l'IMTM.

(2) Sur les problèmes posés par cette dualité de statut, voir Conseil d'État, 8 févr. 1999, et 19 nov. 1999, *DMF* 2000.611 et *DMF* 2001.787.

(3) Étant en ce domaine aujourd'hui assistés par les inspecteurs du travail maritime.

des affaires maritimes peuvent aussi exercer leurs fonctions auprès du préfet maritime (*infra*, n° 95), dans les services centraux, ou auprès des ambassades françaises à l'étranger ou des institutions internationales (OMI en particulier).

Les administrateurs des affaires maritimes sont recrutés tant parmi les professionnels (officiers de la marine nationale, officiers de la marine marchande) que parmi les étudiants ou étudiantes titulaires d'une licence.

94. Autres administrations concernées. — L'administration maritime (services centraux ou services extérieurs) n'est pas la seule concernée par la vie maritime. Depuis toujours, d'autres administrations ont vocation à s'occuper des problèmes maritimes, tant à l'échelon national qu'à l'échelon local. En particulier, l'*administration des douanes*, élément du ministère des Finances, joue un rôle important en matière maritime, au-delà de son rôle normal de contrôle des navires franchissant la frontière douanière et des marchandises transportées par eux.

C'est ainsi que le registre des francisations et la fiche matricule des navires sont tenus par l'administration des douanes. L'*administration de l'équipement* a des compétences étendues en matière de gestion des ports et du domaine public maritime. Enfin, la *marine militaire* conserve des compétences civiles, notamment en matière de sécurité de la mer.

95. Le préfet maritime. — S'agissant de la marine nationale, il faut noter l'accroissement des fonctions civiles, ou mieux non militaires, du préfet maritime. Un décret du 9 mars 1978 lui confie la police générale en mer. En application de ce texte, diverses circulaires l'ont investi de larges pouvoirs quant à la coordination de la lutte contre la pollution marine, tandis qu'un décret du 7 janvier 1986 lui donne compétence pour prendre les mesures de sauvegarde prévues par la loi du 7 juillet 1975 mettant en œuvre la Convention de 1969 sur l'intervention en haute mer (*supra*, n° 74). Un décret du 22 mars 1983 lui confie l'organisation de la recherche et du sauvetage des personnes en détresse en mer, son action s'exerçant ici par l'intermédiaire des CROSS (Centres régionaux opérationnels de surveillance et de sauvetage). Un décret du 21 juin 1985 lui donne compétence pour enjoindre au propriétaire d'une épave dangereuse de procéder à son enlèvement. Par ailleurs, le préfet maritime a compétence pour réglementer la circulation des navires de plaisance dans les eaux territoriales, et notamment pour limiter leur vitesse et délimiter des chenaux de circulation.

Les pouvoirs du préfet maritime ont été précisés et renforcés par le décret 2004-112 du 6 février 2004 abrogeant le décret de 1978 (*JORF* 7 févr., 2004.2616). Les dispositions nouvelles, si elles ne modifient pas fondamentalement le texte antérieur, n'en apparaissent pas moins propres à renforcer les missions du préfet maritime. C'est ainsi que, d'emblée, elles posent le principe que « *le représentant de l'État en mer est le préfet maritime* » (article 1er), alors que ce principe figurait certes dans le décret de 1978, mais d'une manière moins nette. Aussi, désormais, le préfet maritime ne « coordonne » pas seulement l'action de l'État (article 3 du décret de 1978). Il « *anime et coordonne* » cette action (article 2 du décret de 2004). Il n'est pas seulement investi « *d'une responsabilité générale* » (décret de 1978) dans tous les domaines où s'exerce l'action de l'État, mais d'une « *autorité* » — terme à l'évidence plus fort —, tandis que son domaine d'action est expressément élargi à la protection de l'environnement et à la coordination de la lutte contre les activités illicites (article 1er) (4).

Si étendus qu'ils soient, les pouvoirs du préfet maritime doivent s'harmoniser avec les pouvoirs reconnus à d'autres autorités, autorités portuaires ou autorités municipales. Ce sont les autorités portuaires qui exercent les pouvoirs dévolus au préfet maritime par le décret du 7 janvier 1986, lorsqu'un navire est en difficulté dans un port, ou la surveillance des épaves portuaires. La loi du 3 janvier 1986 sur l'aménagement du littoral confie aux maires la police des baignades et des activités nautiques pratiquées avec des engins de plage ou des engins non immatriculés, ce jusqu'à une limite de 300 mètres (*D.* 1986.156). L'harmonisation entre les diverses compétences ainsi attribuées n'est pas toujours aisée, malgré la mise en place de structures de coopération évoquées ci-dessus (*supra*, n° 92).

B. — Les ports (5)

96. Diversité des régimes portuaires. — Les ports français sont régis par un ensemble de textes rassemblés dans le Code des ports maritimes, textes dont le plus important est la loi du 30 juin 1965 sur les ports autonomes. Ces textes prévoient trois types de ports.

Les ports de moindre importance, dits ports d'intérêt local, ont longtemps ressorti à la seule compétence de l'État. La loi du 22 juillet 1983 sur la décentralisation a permis de les placer sous la compétence d'une collectivité territoriale, région, département ou commune, sans exclure que la gestion ne puisse en être concédée à une chambre de commerce et d'industrie, ou qu'ils soient administrés selon le système de la *régie*.

Les ports d'importance moyenne, dits ports d'intérêt national, tels le port de Calais, le port de La Rochelle, le port de Sète, étaient concédés à la *chambre de commerce* locale. La loi du 13 août 2004 a permis le transfert de leur gestion aux régions, départements, communes ou communautés de communes. Mais la mise en place du nouveau système ne sera pas aisée, supposant l'accord de la collectivité concernée.

Enfin, les ports les plus importants, Dunkerque, Le Havre, Rouen, Nantes, Saint-Nazaire, Bordeaux, Marseille-Fos et, depuis le 1er janvier 2006, le port de La Rochelle, étaient constitués en ports autonomes, aujourd'hui dénommés par la loi du 4 juillet 2008 « Grands ports maritimes ».

(4) Enfin, chose nouvelle, l'article 5 du décret rappelle que le préfet maritime est « *un officier général de marine* », référence qui confirme le rôle premier du préfet maritime dans la défense des intérêts maritimes fondamentaux de l'État.

(5) Voir R. RÉZENTHEL, *Droits Maritimes*, p. 670 et s. L. FEDI, *Le régime juridique des terminaux pétroliers*, thèse, Aix-en-Provence, 2006.

97. Ports autonomes. Grands Ports Maritimes. — Le droit portuaire français contemporain est le fruit d'une longue évolution (6). Tandis que la plupart des ports étaient gérés par la Chambre de commerce locale, un statut de port autonome était conféré dès 1920 aux ports du Havre et de Bordeaux. Ce statut a été généralisé en 1965 à tous les grands ports français, tels qu'énumérés ci-dessus. Malgré le qualificatif autonome, l'État gardait un contrôle assez étroit sur la direction du port, tant au point de vue administratif que financier. Au plan administratif, le directeur du port était désigné par le gouvernement, tandis que l'administration était aussi représentée auprès du conseil du port par un commissaire du gouvernement. Au plan financier, l'État exerçait non seulement un contrôle étroit sur la gestion du port, mais aussi demeurait pour partie maître des ressources de celui-ci. C'est l'État qui assurait, par les subventions qu'il versait au port, le financement des investissements les plus importants. Ce système, surtout quand on le comparait avec celui existant dans nombre de pays étrangers, telle la Belgique ou la Hollande où les ports, souvent gérés par les municipalités, disposent d'une autonomie totale, n'était pas satisfaisant. D'où la réforme de 2008.

La loi 2008-660 du 4 juillet 2008, complétée par deux décrets du 9 octobre 2008 (décrets n° 208-1031 et 2008-1032) restructure totalement le statut des ports autonomes français. Cette réforme est d'abord de forme : la dénomination de « port autonome » ne disparaît pas en théorie, figurant encore au texte de la nouvelle loi. Mais, en fait, tous les ports autonomes métropolitains d'aujourd'hui deviennent « grand port maritime », sans que l'on aperçoive la raison de ce changement de nom. Mais la réforme est aussi de fond.

C'est d'abord le mode de « gouvernance » qui est modifié. À la structure actuelle (conseil d'administration tripartite, directeur nommé par décret en Conseil des ministres), est substituée une structure inspirée de celle des sociétés anonymes. Le grand port maritime sera géré par un *directoire* de trois ou quatre membres, nommés par le *conseil de surveillance* et statuant à la majorité, le président étant nommé par décret. Le directoire définit les grandes orientations de la politique de l'établissement et contrôle son budget. A ses côtés siège un *conseil de surveillance* de dix-sept membres désignés pour cinq ans (représentants de l'État, des collectivités territoriales, du personnel ou personnes qualifiées). Ce conseil, qui élit son président, arrête les orientations stratégiques du port, et exerce le contrôle permanent de sa gestion. Est aussi prévu un *conseil de développement* dont les membres (en nombre variable : quarante pour le GPM de Marseille) représentent les milieux professionnels et les collectivités locales. Ce conseil est obligatoirement consulté sur le projet stratégique et la politique tarifaire du port (7). Enfin, l'État est représenté auprès du port par un *commis-*

(6) Sur ce droit, voir les travaux exhaustifs de Robert RÉZENTHEL, *Droits maritimes*, n° 611 et s. ; *adde*, du même auteur, ses articles sur la dernière réforme de 2008, *DMF* 2008, p. 943 et p. 1060.

(7) Est également prévue la mise en place d'un *conseil de coordination interportuaire*, ainsi que d'un *conseil scientifique d'estuaire* pour la Seine, la Loire et la Gironde. Un décret du 25 août 2009 a mis en place le Conseil de coordination interportuaire de l'Atlantique (décret 2009-1009, *JORF* 27 août 2009).

saire du gouvernement, ainsi que par un contrôleur financier, dénommé *autorité chargée du contrôle économique et financier.*

La loi nouvelle définit aussi les missions du « grand port maritime ». La disposition la plus importante en la matière est celle de l'article L. 103-I nouveau du Code des ports. Ce texte interdit en fait aux grands ports maritimes d'exploiter eux-mêmes les outillages utilisés pour les opérations de chargement, de déchargement de manutention et de stockage des marchandises — situation qui était celle existant sous le régime de la loi de 1965, et ce jusqu'à aujourd'hui. Plus précisément, il ne les autorise à le faire que dans les conditions prévues à l'article L. 103-2 du Code des ports, c'est-à-dire, après accord de l'autorité administrative et s'il s'agit d'activités accessoires dans l'ensemble des activités d'outillage présentes sur le port, ou pour un motif d'intérêt national (on songe, en cas de crise, à la manutention de marchandises « militaires »), ou enfin après échec d'un appel à la candidature d'entreprises privées. L'objectif du législateur est ici clair : il a voulu parachever la privatisation des activités portuaires commencée par la loi du 9 juin 1992 réformant le statut des dockers (voir *infra*, n° 674). Cela entraîne l'obligation pour les ports de vendre les outillages dont ils ont aujourd'hui la propriété (grues et portiques divers). Un délai de deux ans leur est accordé à cet effet et une procédure spécifique est prévue (articles 7 et 9 de la loi nouvelle).

Enfin, la loi du 4 juillet 2008 précise que les grands ports maritimes sont « *des établissements publics de l'État* ». Mais elle n'en définit pas la catégorie : établissements à caractère administratif, établissements à caractère industriel et commercial ou établissements « mixtes ». Et l'on peut hésiter : le recentrage de l'activité des ports sur les missions à caractère administratif, l'interdiction qui leur est faite d'exploiter des outillages publics conduiraient à leur reconnaître plutôt le caractère d'établissement à caractère administratif. Mais les possibilités qui demeurent pour eux d'actions économiques, comme la conception extensive de la notion d'activité économique développée par la jurisprudence communautaire, inciteraient à leur accorder un caractère « mixte » (8).

98. Police des ports. Responsabilité. Droit de la concurrence. — Du point de vue juridique, la gestion des ports pose principalement des problèmes de police et de responsabilité. À ces problèmes s'ajoute, aujourd'hui, l'incidence du *droit de la concurrence* (9).

S'agissant de la *police* des ports (10), il faut distinguer la police spéciale, concernant les règles de mouvement des navires, de stockage des marchandises, d'utilisation de l'outillage public, qui ressortit à la compétence des autorités portuaires, et la police générale concernant le maintien de l'ordre public qui

(8) Robert Rézenthel, *DMF* 2008 .944.

(9) Un décret du 27 juillet 2009 porte règlement général de police dans les ports maritimes de commerce et de pêche (décret n° 2009-877, *JORF* 19 juillet 2009). C'est un texte très technique qui traite de toutes les questions que peut poser l'entrée, le séjour et le départ des navires (admission et sortie des navires ; attribution des postes à quai, personnel à maintenir à bord ; rejet des eaux de ballast, etc.).

(10) Sur les aspects techniques de cette police, voir le règlement général de police des ports, décret 2009-877 du 17 juillet 2009, *JORF* 19 juillet 2009.

ressortit à la compétence des autorités étatiques — l'autorité communale conservant certains pouvoirs, notamment en matière de lutte contre l'incendie (11). De là suit que c'est la responsabilité de l'État, et non celle du port, qui est engagée par le refus des autorités administratives de prendre des mesures pour s'opposer à la formation de barrages par les marins-pêcheurs à l'entrée d'un port (Conseil d'État, 15 juin 1987, *DMF* 1988.299, note R. Achard).

Quant à la *responsabilité* des ports, elle est susceptible d'être mise en jeu dans les termes du droit commun, soit en raison d'une faute des autorités portuaires (voir Aix-en-Provence, 6 déc. 1984, navire *Tenaga Lima, DMF* 1985.62, pour des fautes commises lors de l'échouage d'un méthanier dans une forme du port autonome de Marseille, et comp., écartant la responsabilité du port en l'absence de faute prouvée, Conseil d'État, 17 juin 1987, navire *Pointe du Roch*, *DMF* 1988.449), soit en raison de l'entretien insuffisant d'une installation portuaire, considérée comme « ouvrage public » (voir Conseil d'État, 27 janv. 1982, navire *Commandant Henry*, pour la surveillance insuffisante des hauts fonds d'un chenal). Les ports sont aussi responsables selon le droit commun dans le cadre des contrats de service qu'ils concluent avec les usagers du port (voir, écartant la responsabilité du port de Marseille dont les grutiers — agents du port — avaient cessé leur travail sans préavis, préavis imposé par la loi pour les agents d'un service public, Cass. 11 juin 1996, *DMF* 1996.948, obs. R. Rézenthel).

S'agissant du *droit de la concurrence*, ce droit marque chaque jour plus fortement son empreinte sur le régime des ports et des activités qui y prennent place. Dans un arrêt du 17 juin 2008, la Chambre criminelle de la Cour de cassation censure ainsi une décision de la Cour d'appel de Paris concernant l'*abus de position dominante* reproché à une Régie départementale exploitant un service de transport de passagers entre le continent et l'île d'Yeu (vedette *Amporelle, DMF* 208.1038, observations M. Bazex et P. Bonassies, *DMF* 2009 ; hors-série n° 13, au n° 25). En revanche, tout appel au droit de la concurrence est rejeté dans une décision du Conseil de la concurrence du 30 juillet 2008 relative aux activités de remorquage dans le port du Havre (*Bulletin de la concurrence* 2008.895). La société Boluda Le Havre, aux droits de la société Les Abeilles, avait saisi le Conseil d'une plainte contre le Port du Havre et la Société nouvelle de remorquage du Havre (SNRH), ce pour des pratiques qu'elle estimait discriminatoires et anticoncurrentielles (exercice d'une activité sans agrément régulier ; non-respect des conditions de l'agrément ; refus systématique de la SNRH de répondre aux demandes de certains clients ; mise à la charge de Boluda d'obligations plus strictes que celles affectant sa concurrente). Le Conseil a rejeté cette plainte, en relevant d'abord que Boluda n'avait pas établi l'existence d'une position dominante par la SNRH, laquelle ne détenait qu'une part de marché d'environ 35 %. Aucun des faits reprochés à la SNRH ne constituait non plus une pratique abusive, le choix par la SNRH d'un nombre de marins embarqués légèrement plus faible que le nombre des marins de Boluda résultant d'un choix de gestion et ne comportant en lui-même aucune atteinte

(11) Voir, R. RÉZENTHEL et F. PITRON, « Le maintien de l'ordre public dans les ports maritimes », *DMF* 1984.707.

aux règles de concurrence, « *mais, à l'inverse, témoignant d'efficacités pro-concurrentielles* » (12).

§ 2. — *L'action de l'administration*

99. Observations générales. — L'intervention de l'État dans le domaine maritime est, en France, très ancienne. Cette intervention a toujours pris deux formes. La forme d'abord d'une réglementation des activités maritimes. La forme ensuite d'une véritable action économique.

La réglementation des activités maritimes touche à de nombreux domaines, régime social des marins, déjà connu de Colbert, sécurité des navires, les premiers textes en la matière apparaissant à la fin du XIXe siècle. Elle sera étudiée tant à propos de la construction des navires (*infra*, n°s 193 et s.) qu'à propos de la condition des marins (*infra*, n°s 299 et s.). Nous nous bornerons à évoquer ici la réglementation concernant la *sécurité de la navigation*.

100. Sécurité de la navigation. — Longtemps la France a connu en ce domaine une réglementation nationale, reprise des textes internationaux. Aujourd'hui, elle applique directement la réglementation internationale. Le décret 77-778 du 7 juillet 1977 (*JO* 13 juill. 1977) a abrogé le dernier texte régissant la matière, le décret du 16 août 1965, et prescrit que « *tous les navires français respectero(nt) le règlement pour prévenir les abordages annexé à la Convention internationale du 2 octobre 1972* » (*supra* n° 31). C'est donc désormais ce texte qui constitue, dans les eaux françaises et dans les eaux internationales pour les navires français, les « *règles de barre et de route* » pour tous les bâtiments qui lui sont soumis (13).

Par ailleurs, ce sont des *actions* très concrètes qui sont entreprises par l'administration pour assurer la sécurité de la navigation. Certaines sont des actions préventives par la mise en place d'un système d'aides à la navigation, phares, balises, bouées (14), ou la conclusion de contrats avec des entreprises de remorquage pour le maintien en alerte permanente de remorqueurs de haute mer. D'autres visent à assister les victimes de sinistres maritimes par l'organisation des secours en mer, aujourd'hui régis par la loi 86-1 du 3 janvier 1986 (*JO* 4 janv. 1986). La jurisprudence récente a aggravé en ce domaine la responsabilité de l'État en cas de carence de l'administration. Cette responsabilité est mise en jeu non plus, comme naguère, par la seule faute lourde, mais par la simple faute de l'administration (15).

Les obligations de l'État en matière de sécurité de la navigation ont été accrues par les nombreux textes internationaux ou communautaires régissant le contrôle

(12) Voir aussi, dans la jurisprudence récente, Tribunal administratif de Marseille, 11 juin 2008, *DMF* 2008 674, obs. Cl. MERLIN-MERRIEN et R. RÉZENTHEL.

(13) Pour ce problème et l'application de ces règles aux planches à voile, voir Cour d'appel de Rennes, 4 mai 1982, *DMF* 1983.40.

(14) Pour la responsabilité de l'État en cas de mauvais entretien d'une bouée, voir Tribunal administratif de Lille, 23 janv. 1986, navire *Jean Masset*, *DMF* 1988.534.

(15) Conseil d'État, 13 mars 1998, *DMF* 1998.788.

des navires étrangers (*supra*, n° 47), règles qui s'appliquent tout naturellement aux navires français. Un dernier texte communautaire prévoit l'obligation pour les États de l'Union européenne de procéder à une enquête approfondie après tout accident maritime (directive 2009-18 du 23 avril 2009, *JOUE* L. 131 du 28 mai 2009). Mais ce texte n'ajoute rien aux procédures mises en place par l'administration française.

101. Action économique. Principes et contexte économique. — S'agissant de l'intervention de l'État dans le domaine maritime par des actions d'ordre économique, c'est là une tradition française fort ancienne, liée au souci de l'administration d'assurer l'indépendance de la France pour son commerce international. Dès 1583, on peut citer un édit d'Henri III prévoyant que ceux qui feraient construire des navires excédant 300 tonneaux de port bénéficieraient d'une subvention, ce afin, dit le texte, « *d'inciter lesdits sujets à faire construire dorénavant de grands vaisseaux, pour plus facilement entretenir ladite navigation de long voyage* » (édit de mars 1583, Isambert, vol. 8, p. 581). Pareillement, l'administration de Colbert devait faire des efforts considérables pour la construction navale. La volonté de Colbert était de faire de la France une puissance maritime, comme l'étaient l'Angleterre ou les Pays-Bas. À la fin du XIXe siècle un nouveau souci est apparu : assurer les liaisons maritimes avec les colonies françaises, en accordant un monopole aux navires français pour assurer ces liaisons. Dans les années 1970-1990, l'intervention de l'État s'est accrue, en raison de la crise frappant la marine marchande française.

Dès 1970, le développement excessif de la flotte marchande mondiale, entraînant une surcapacité structurelle, les crises pétrolières successives, ont abouti à placer le transport maritime en crise permanente (16). La crise a affecté plus que tous autres les armateurs français, en raison de certaines rigidités héritées de l'histoire comme du coût élevé de l'exploitation des navires français. De 1970 à 2005, la flotte française est passée du 9e rang mondial au 30e, le nombre de navires passant de 488 en 1978 à 210 au 31 décembre 2005. Le taux de couverture du commerce extérieur français (importations et exportations), qui dépassait encore 50 % en 1981, est tombé à moins de 30 %.

Malgré la crise et son maintien, une nouvelle ère s'est cependant ouverte dans les années 1990, avec l'intervention en la matière des règles communautaires, imposant la non-discrimination entre les flottes européennes, comme le respect de principe de l'économie maritime libérale (sur ces règles, voir *infra*, chapitre 3). Il reste aujourd'hui peu de chose de la réglementation française classique, ne subsistant qu'un régime d'aides encadrées par le droit communautaire (*infra*, n° 104).

102. La réglementation classique. Contrôle de la gestion des entreprises maritimes. Navigations et transports réservés. — Au-delà des actions norma-

(16) Sur cette crise et les remèdes à y apporter, voir M. ROUSSEL, *La France maritime, ou Narcisse et Cassandre*, Paris, 2000 ; voir aussi le numéro spécial 1987 des Annales de l'Institut méditerranéen des transports maritimes, *La France face aux défis maritimes*.

les de tout État moderne, contrôle de la sécurité des navires ou des conditions d'emploi des équipages, l'administration française a longtemps exercé son contrôle sur la gestion même des entreprises maritimes.

La loi du 28 février 1948 prévoyait ainsi la possibilité pour l'État d'imposer des *accords de trafic* aux compagnies françaises exploitant une ligne donnée, et ce pour éviter un excès de concurrence. Concrètement, de tels accords ont été imposés pour les compagnies exploitant la ligne France continentale/Corse.

L'emploi par un armateur français d'un *navire étranger* était pareillement soumis à certaines restrictions. Longtemps, tout armateur qui voulait affréter (c'est-à-dire louer) un navire étranger pour une certaine période devait obtenir l'autorisation de l'administration. La loi du 22 février 1967 a théoriquement supprimé cette autorisation préalable. Cependant, un décret du même jour prévoyait que, dans les cas où des motifs d'intérêt national l'exigent, le ministre chargé de la Marine marchande pouvait interdire une opération d'affrètement de navires français ou étrangers. L'administration s'est fondée sur ce texte pour exiger des armateurs une déclaration préalable de tout affrètement de navire étranger (circulaire du 7 décembre 1970), rétablissant ainsi, en fait, le système de l'autorisation, aujourd'hui enfin abandonné.

L'État a longtemps aussi exercé une action importante pour protéger la marine française contre la concurrence étrangère. C'est ainsi que, reprenant des dispositions fort anciennes, les articles 257, 258 et 260 du Code des douanes, modifiés par une loi du 30 décembre 1985, réservaient aux navires sous pavillon français la possibilité d'exploiter certaines lignes (*navigations réservées*). Il s'agissait, sauf dérogation, des transports entre ports de la France métropolitaine, entre ports d'un même département français d'outre-mer, entre les ports des départements de la Guadeloupe, de la Guyane et de la Martinique, ainsi que des opérations de remorquage à l'intérieur des ports ou des eaux territoriales de la métropole et des départements français d'outre-mer. S'agissant des transports entre les départements français d'outre-mer et la France métropolitaine, ils étaient en principe ouverts à la concurrence internationale, mais les transports de marchandises originaires de ces départements étaient susceptibles d'être frappés de réservation par arrêté ministériel, comme c'était le cas pour les transports de bananes des Antilles françaises (décret du 28 juin 1935).

À côté des navigations réservées, existaient aussi des *transports réservés*, transports de marchandises spécifiées, qui ne pouvaient être effectués que par des navires français. C'est le système qui prévalait en matière de transport d'hydrocarbures. La loi du 30 mars 1928 ayant réservé à l'État le monopole d'importation des hydrocarbures, un décret du 27 février 1963 prévoyait que tout bénéficiaire d'une licence d'importation devait s'engager à faire transporter sur un navire français au moins les deux tiers des hydrocarbures couverts par la licence. Parfois existaient aussi des mesures indirectes. C'est ainsi que la COFACE, organisme qui assure contre certains risques les exportations françaises, exigeait souvent de l'exportateur qu'il fît exporter la marchandise dont elle couvrait la vente sur un navire battant pavillon français.

Aujourd'hui la quasi-totalité de ces mesures ont été abrogées. La loi 92-1443 du 31 décembre 1992 portant réforme du régime pétrolier a abrogé la loi du 30 mars 1928 (*D.* 1993.104). Désormais, aux termes de l'article 1er du nouveau texte, « *le traitement, le transport, le stockage et la distribution du pétrole brut et des produits pétroliers s'effectuent librement* » (17). La loi 2001-43 du 16 janvier 2001 parachève l'œuvre de libération du transport maritime, libérant, entre autres, les transports de charbon. Pareillement les règles concernant le transport réservé des bananes ne peuvent plus être appliquées. Le principe de libre circulation des services interdit enfin toute discrimination entre remorqueurs français et remorqueurs d'un autre État de l'Union européenne (18). Enfin, les dispositions concernant la navigation réservée ne peuvent plus s'appliquer que dans le cadre des textes communautaires (*infra*, chapitre 3).

103. Mesures de rétorsion. Loi du 24 décembre 1983. — L'action de l'administration peut aussi s'exercer par des mesures de rétorsion prises à l'encontre d'un État étranger qui apporte une aide excessive à ses entreprises maritimes. La loi du 3 juillet 1965, modifiant l'article 20 du Code des douanes, avait ainsi prévu que le Gouvernement était autorisé à prendre par décret toutes dispositions appropriées à l'encontre des navires battant pavillon d'un pays appliquant des mesures discriminatoires de nature à porter préjudice aux navires battant pavillon français. Ce texte a été aujourd'hui remplacé par un texte beaucoup plus important, la loi 83-1139 du 24 décembre 1983, dont le décret 85-279 du 22 février 1985 précise les modalités d'application.

La loi de 1983 prévoit que, lorsque des mesures ou pratiques discriminatoires sont établies par un État étranger (répartition unilatérale de cargaison ; fixation unilatérale de taux de fret ; pratiques portant atteinte au principe d'une concurrence commerciale loyale en matière de transports maritimes), des dispositions peuvent être prises afin d'en prévenir, réduire ou supprimer les effets. Et le texte énumère les dispositions susceptibles d'être prises. Il s'agit principalement d'interdiction de déchargement en France, appliquée aux navires battant pavillon de l'État concerné, de prélèvements financiers qui peuvent frapper les navires de cet État, avec un taux de 30 francs (4.57 euros) par mètre cube, ou les marchandises transportées, pouvant atteindre 30 % de leur valeur en douane.

Les dispositions de la loi de 1983 n'ont jamais été appliquées à ce jour, pas plus que ne l'avaient été celles de la loi du 3 juillet 1965. On peut craindre qu'elles ne gardent longtemps un caractère théorique. Sanctionnant des pratiques auxquelles la France elle-même s'adonnait à l'époque, le texte ne peut guère servir que comme un élément de négociation, à l'occasion d'un conflit surgi entre

(17) L'article 6 du même texte impose toutefois à tout raffineur de pétrole brut de disposer, en propriété ou par affrètement à long terme, de certaines capacités de transport maritime sous pavillon français. Cette capacité a été précisée par un décret du 26 mars 1993 (*JO* 28 mars 1993, 5304). Elle est fixée à 5,5 % des quantités de pétrole raffiné.

(18) Modifiant l'article 5 du Code du travail maritime, l'article 43 de la loi du 5 janvier 2006 relative à la sécurité et au développement des transports, prévoit toutefois que les personnels employés sur un navire fournissant de façon habituelle dans les eaux françaises des prestations de remorquage (ou de lamanage : voir *infra*, no 722) seront soumis aux dispositions du droit français en matière de législation du travail pour ce qui est des aspects les plus fondamentaux (droit de grève, salaire, durée du travail, etc., *JORF* 6 janv. 2006, 217).

l'État français, venu au secours de ses armateurs, et un État étranger. Par ailleurs, la Communauté Économique Européenne a elle-même promulgué deux règlements marqués par les mêmes préoccupations que la législation française (*infra*, n° 134 et n° 135). Il est certain qu'il ne sera pas possible d'appliquer à la fois les sanctions prévues par la loi française et les sanctions découlant du droit communautaire. Et là comme en tout autre domaine, la primauté du droit communautaire devra être respectée. Aussi bien le législateur français a-t-il envisagé le problème : l'article 10 de la loi de 1983 marque par avance son souci de respecter les règles des « *traités instituant les Communautés européennes* ».

104. Les aides à l'armement. Évolution. — Enfin, les actions de l'État peuvent prendre la forme, classique, puisqu'elle était déjà connue aux XVIe et XVIIe siècles, d'aides aux armements.

Durant les années 1986 à 1997, la marine française a pu bénéficier d'aides à l'investissement, pouvant s'élever à 15 % du prix des navires neufs, ainsi que d'aides structurelles, au bénéfice des entreprises qui s'engagent à maintenir et à développer leurs activités maritimes, en améliorant leur compétitivité par des actions de restructuration (fusions, élimination d'excédents, etc.). Cette seconde aide prenait la forme d'une subvention forfaitaire et non reconductible accordée annuellement.

En conformité avec les exigences du droit communautaire, il a été mis fin à ces aides en 1998. Elles ont été remplacées par des aides d'une structure différente, consistant en des remboursements aux armateurs, ou à certains d'entre eux, de charges fiscales ou sociales. Divers textes, le plus souvent de simples circulaires, ont ainsi prévu le remboursement aux armateurs de la part maritime de la taxe professionnelle acquittée par eux. Plus importants sont les textes qui ont prévu le remboursement aux armateurs exploitant des navires soumis à la concurrence internationale, et qui prennent certains engagements en matière d'emploi, de formation et de structure de leur flotte, des cotisations sociales patronales afférentes aux risques vieillesse, maladie et accidents du travail. Il avait été prévu que, pour 2001 (mais sous réserve de l'accord de la Commission des Communautés), ce système de remboursement serait étendu aux cotisations d'allocations familiales et aux cotisations ASSEDIC.

Plus original était le système des *quirats*, mis en place en 1996, et aujourd'hui remplacé par un système de GIE avec dégrèvement fiscal.

La loi du 5 juillet 1996 qui a mis en place le système des quirats s'inspirait de l'exemple allemand, parfois évoqué sous le nom de système des *navires de dentiste*. Depuis 1990, le droit allemand accorde aux particuliers qui achètent des quirats, c'est-à-dire des parts de copropriété de navire (*infra*, n° 252), de larges avantages fiscaux, et la chose a fortement contribué au développement de la flotte allemande (notamment en matière de porte-conteneurs), les membres de professions libérales à haut revenu — dont les dentistes — n'ayant pas manqué de profiter de l'occasion. En droit français, la loi de 1996 a autorisé la création par un établissement financier de fonds de placement qui, en association avec un armateur, passaient commande d'un navire. Les particuliers qui se portaient acquéreurs de parts de tels fonds de placement pouvaient alors déduire le coût de leur acquisition de leur revenu fiscal, à hauteur de 500 000 francs pour un célibataire, et d'un million pour un contribuable marié. Malgré les conditions exigées (agrément de l'administration pour chaque opération, maintien du pavillon français pendant quatre ans, obligation pour le contribuable de conserver son titre pendant la même durée de quatre ans), le système a connu un grand succès, multipliant par trois le montant des investissements maritimes, et permettant, sur une durée d'un an, l'immatriculation de 25 navires. Il n'a vécu toutefois que 18 mois, ayant été supprimé par la loi du 30 décembre 1997 (loi de finances pour 1998), au motif de son coût fiscal trop élevé (du fait des exonérations accordées aux redevables de l'impôt sur le revenu), et de la faveur qu'il offrait aux plus hauts revenus. Mais le gouvernement n'a pu ignorer la nécessité de remplacer le système des quirats par un système analogue, ce qui a été fait par une loi du 2 juillet 1998.

Cette loi a mis en place un système de *GIE fiscal*, conçu pour les navires mais applicable à tout bien d'équipement (par exemple, une machine-outil). Sous réserve de l'agrément de l'État, un groupement d'intérêt économique qui acquiert un navire neuf ou d'occasion peut bénéficier d'un amortissement accéléré et de l'exonération des plus-values en cas de cession. Mais il doit maintenir le navire sous pavillon français pendant 8 ans, et ne peut céder ses parts qu'après un délai de 5 ans et 3 mois. Les avantages résultant du nouveau système sont sensiblement inférieurs à ceux du système des quirats. Et surtout, il ne peut bénéficier à des personnes physiques, mais seulement à des personnes morales, organisées sous forme de GIE. Il a cependant connu un succès évident, la grande majorité des achats de navires neufs étant aujourd'hui financés par un GIE fiscal (19).

La *taxe au tonnage* est le mécanisme le plus récent de soutien à l'armement, mis en place par la loi de finances rectificative du 30 décembre 2002 (*JORF* 31 déc. 2002). S'inspirant de l'exemple de plusieurs États communautaires (20), et répondant à l'instante demande des armateurs, ce texte prévoit que tout armateur, dont 75 % au moins du chiffre d'affaires provient de l'exploitation de navires armés au commerce de plus de 50 unités de jauge brute (navires transporteurs de marchandises, navires transporteurs de passagers, remorqueurs de haute mer ou d'assistance ou navires utilisés à toute autre activité en mer) pourra opter pour le régime nouveau de la taxe au tonnage. Pour l'armateur qui adoptera ce régime, le résultat imposable sera alors déterminé par application, par jour et par tranche de jauge de cinquante unités, d'un barème spécifique. Les taux de ce barème, assez fortement dégressifs, décroissent de 0,93 euro jusqu'à 1 000 unités de jauge à 0,24 euro au-dessus de 25 000 unités. Une condition

(19) Pour une analyse très complète du système, voir Aurélie LYONNAZ, *Le GIE fiscal maritime*, mémoire de DESS, CDMT Aix-en-Provence, 2000.

(20) Le premier exemple de taxe au tonnage est apparu en Grèce dès 1963. Ce type de taxe a été ensuite adopté aux Pays-Bas (1996), Allemagne (1999), Royaume-Uni (2000), puis Danemark, Espagne, Finlande, Irlande, France et Belgique.

toutefois pour l'application du régime nouveau : la *gestion stratégique* du navire devra être assurée à partir du territoire français — condition qui n'est pas contraire au droit communautaire, eu égard à la valeur que reconnaît celui-ci, en matière maritime, à la notion d'établissement stable (*infra*, n° 174) (21).

105. Mesures individuelles de soutien. — À côté de ces mesures collectives de soutien, ce sont des *aides individuelles* qui peuvent être apportées par l'État à un armateur (22). Ces aides sont aujourd'hui soumises au droit communautaire, et régies par les dispositions des articles 92 à 95 du Traité de Rome (articles 87 à 90 nouveaux). L'article 92 énonce que, sauf dérogation, les aides accordées par les États ou au moyen de ressources d'État sont incompatibles avec le Marché commun, dès qu'affectant les échanges entre États membres et faussant ou menaçant de fausser la concurrence. Les modalités d'application des textes ont été précisées par diverses communications de la Commission, dont une importante communication du 5 juillet 1997 (*Orientations communautaires sur les aides d'État au transport maritime, JOCE* n° C 205 du 5 juill. 1997).

Ce dernier texte est assez restrictif, n'autorisant les aides d'État ou des régions que dans le cadre d'obligations de service public (cas des aides françaises aux lignes desservant la Corse), ou dans un but précis (notamment, lutte contre les changements de pavillon, développement du secteur maritime communautaire, ou aides à la recherche et au développement). Par ailleurs, le texte de 1997 prévoit que la Commission appliquera aussi aux aides maritimes le régime général des aides au sauvetage et à la restructuration des entreprises en difficulté telles que réglementées dans une communication du 9 octobre 1999 (*JOCE* 1999, n° C 288.2), laquelle définit, entre autres, la notion d'entreprise en difficulté, prévoit la limitation de l'aide au minimum et les conditions pour que la concurrence ne soit pas faussée.

Les textes de 1997 et 1999 ont déjà fait l'objet d'applications par la Commission. Celle-ci a notamment donné son accord aux aides apportées par la France à la Compagnie Britanny Ferries (décision du 8 mai 2001), comme aux aides apportées à la SNCM (décision du 30 oct. 2001) (23).

Section 2

Les institutions judiciaires

Il faut distinguer ici les institutions appelées à régler les litiges d'ordre privé, et les institutions d'ordre répressif.

(21) En application d'une communication de la Commission des Communautés européennes du 17 janvier 2004, l'article 47 de la loi de finances rectificative pour 2005 prévoit que les armateurs qui optent pour la taxe au tonnage doivent maintenir le tonnage exploité sous pavillon communautaire au niveau auquel il se trouvait ce même 17 janvier 2004 (voir E. GINTER, *JMM* 27 janv. 2006.10).

(22) Sur ces aides, voir R. CONFAVREUX, *Le droit de la concurrence et les transports maritimes*, 1998, p. 147 et s.

(23) Voir *DMF* 2003, Hors-série n° 7, au n° 16. La décision d'aide à la SNCM a été annulée par le Tribunal de première instance des Communautés le 15 juin 2005, mais pour des raisons formelles, la Commission ayant commis diverses erreurs de calcul.

§ 1. — *Les institutions de règlement des litiges privés*

106. Une institution judiciaire originale : les prud'hommes pêcheurs de la Méditerranée. — Il n'existe à la vérité qu'une seule institution judiciaire d'ordre privé spécifiquement maritime, c'est celle des prud'hommes pêcheurs de la Méditerranée.

Cette juridiction très originale, et qui n'existe que sur le littoral méditerranéen, est composée de pêcheurs élus par leurs pairs. Outre certaines compétences administratives (détermination des dates de la pêche ; discipline collective), elle exerce des attributions judiciaires, étant compétente pour régler les litiges professionnels survenant entre pêcheurs. Elle présente la particularité, unique en droit français, de statuer en dernier ressort absolu, sans aucun appel ou recours en cassation possible. Leur qualité de juridiction a été contestée par la Cour de justice des Communautés dans une ordonnance du 14 mai 2008, laquelle, toutefois, n'emporte pas la conviction (24).

Les prud'hommes pêcheurs exceptés, la juridiction normalement compétente en matière maritime est le tribunal de commerce.

107. Les tribunaux de commerce juges naturels du droit maritime. — Historiquement, le rôle des tribunaux de commerce en droit maritime est très important, de nombreux tribunaux de commerce, et les plus anciens, ayant d'abord été créés comme tribunaux maritimes. Juridiquement la compétence générale des tribunaux de commerce en matière maritime se fondait sur l'article 631 du Code de commerce, dont les dispositions ont été reprises dans l'article L. 411- 4 du Code de l'organisation judiciaire. Ce texte énonce que le tribunal de commerce est compétent, d'une part pour juger des contestations entre commerçants, d'autre part pour juger des contestations relatives aux actes de commerce entre toutes personnes. Or, l'article L. 110-2 du nouveau Code de commerce (anciennement article 633 du Code de commerce) énonce que la loi répute actes de commerce une longue liste d'actes liés à l'exploitation d'un navire. Figurent dans cette liste non seulement les entreprises de construction de bâtiments pour la navigation, les affrètements, les assurances concernant le commerce de mer, mais aussi les engagements de gens de mer (contrats de travail des marins), et, plus généralement « *toutes expéditions maritimes* ».

La liste du Code de commerce reste encore aujourd'hui valable dans le principe, seule la compétence en matière de litiges du travail ayant été enlevée aux tribunaux de commerce et donnée aux juges de paix (tribunaux d'instance) par le Code du travail maritime de 1926, pour ce qui est des litiges entre armateurs et marins (le tribunal de commerce restant compétent à l'égard des capitaines de navire). La compétence des tribunaux de commerce n'en a pas moins été discutée à trois occasions, à propos des véhicules, des plaisanciers et des artisans pêcheurs.

(24) Ordonnance C-209-07, *DMF* 2008.871, obs. M. MAURIN et P. BONASSIES, observations critiques, *DMF* 2009, Hors-série n° 13, au n° 17.

108. Tribunaux de commerce et « véhicules » maritimes. — Ce fut d'abord à l'occasion de la promulgation de la loi 57-1424 du 31 décembre 1957 et du décret du 22 décembre 1958 qu'une discussion s'est élevée sur la compétence des tribunaux de commerce quant aux accidents causés par un navire. Le premier de ces textes donnait compétence aux tribunaux de l'ordre judiciaire pour juger de tout dommage causé par un véhicule quelconque. Le second précisait que la compétence concernant ces litiges sera exercée par les seuls tribunaux de grande instance et d'instance, ces deux textes ayant pour objet le premier de soustraire la compétence des accidents d'automobiles aux tribunaux administratifs, le second de concentrer la compétence en la matière dans la main des tribunaux d'instance et de grande instance, à l'exclusion des tribunaux de commerce, antérieurement éventuellement compétents en la matière sur le fondement de la théorie de l'acte mixte.

Ces textes ne donnant aucune définition du véhicule, et les navires pouvant apparaître comme des véhicules, ils faisaient courir le risque d'enlever aux tribunaux de commerce une compétence cependant traditionnelle, leur compétence en matière d'abordage. Pour éliminer ce risque, un troisième texte a été promulgué, le décret du 9 janvier 1960, énonçant que le décret de 1958 ne dérogeait pas à la compétence des tribunaux de commerce pour la réparation des dommages causés par les navires de mer, les bateaux de navigation intérieure et tous engins de transport par voie d'eau.

Le décret du 9 janvier 1960 n'a pas toutefois résolu tous les problèmes. On pouvait se demander en particulier quel était le tribunal compétent à l'égard d'un navire de l'État engagé dans un service public non commercial (bâtiment de guerre, bateau-phare, etc.). Le Tribunal des conflits, dans une décision du 14 novembre 1960 (*DMF* 1961.77), a posé la règle de l'incompétence des tribunaux administratifs, s'agissant d'une drague. Un arrêt de la Cour de Paris du 26 février 1963 (*DMF* 1963.552) a décidé que c'étaient les tribunaux civils qui étaient compétents pour statuer sur un abordage entre un bâtiment de guerre (l'escorteur d'escadre *Surcouf*) et un cargo, et non les tribunaux de commerce, lesquels n'avaient jamais été compétents à l'égard des « *véhicules de l'administration* ».

109. Tribunaux de commerce et navigation de plaisance. — La compétence du tribunal de commerce a été également contestée à propos de la navigation de plaisance.

Aux termes de l'article 633 du Code de commerce, la loi réputait actes de commerce : « *toutes expéditions maritimes* » — et l'article L. 110-2 du nouveau Code reprend l'expression. Parce que l'article 633 ne faisait aucune distinction entre les expéditions commerciales et les autres, la compétence des tribunaux de commerce aurait pu être étendue à la navigation de plaisance. La Cour de cassation a cependant décidé en sens opposé dans un arrêt du 2 décembre 1965 (navire *Commandant Dupuis*, *DMF* 1966.139).

Un plaisancier ayant demandé à un marin professionnel de l'aider à ramener son navire au port d'attache de celui-ci, une tempête s'éleva et le marin fut noyé.

Sa veuve intenta alors une action en responsabilité contre le propriétaire devant le tribunal de commerce. La Cour d'appel de Caen déclara le tribunal de commerce incompétent, aux motifs que le propriétaire du navire n'était pas commerçant, et n'utilisait son navire qu'à la navigation de plaisance à l'exclusion de toute fin commerciale. La Cour de cassation a rejeté le pourvoi formé contre la décision de la Cour de Caen, en observant qu'en relevant que le voyage n'avait pas de but commercial, la Cour avait déduit à bon droit que l'action intentée ne relevait pas de la compétence du tribunal de commerce.

La décision de la Cour de cassation est fondée sur la théorie, très classique, de l'acte civil par accessoire. Selon cette théorie, des actes qui sont des actes de commerce par nature (par exemple, l'achat par un auteur de papier pour imprimer ses œuvres et revendre les ouvrages ainsi créés) restent civils lorsqu'ils sont exercés accessoirement à une profession civile. On peut, toutefois, regretter que la Cour de cassation ait étendu cette théorie au domaine maritime.

Outre que le décret du 9 janvier 1960 pouvait fonder une application extensive de la compétence des tribunaux de commerce en matière d'accident causé par un navire, les aspects historiques de cette compétence justifiaient semblable extension. Par ailleurs, les magistrats des tribunaux de commerce des villes maritimes sont plus habitués que les magistrats civils à connaître des litiges maritimes (25).

110. Tribunaux de commerce et artisans pêcheurs. — C'est en 1909 que la Cour de cassation décidait qu'échappait à la qualité de commerçant — et donc à la compétence du tribunal de commerce — l'artisan dont le « *gain ne semblait avoir pour origine que le travail manuel* », et dont l'activité « *était exclusive de toute spéculation sur l'achat et la vente de marchandises* » (22 avr. 1909, *D.* 1909.I.344). Mais, jusqu'à une époque toute récente, cette découverte par la jurisprudence de la notion d'artisan, n'avait pas été étendue aux marins-pêcheurs. Il semblait ne faire aucun doute que l'article 633 du Code de commerce réputant acte de commerce « *toutes expéditions maritimes* » ne s'appliquât à la pêche maritime, qu'elle fût le fait d'une entreprise de taille industrielle ou d'un simple artisan pêcheur. Et c'est là encore ce que décidait la Cour d'appel de Rouen dans un arrêt du 18 avril 1991 (26). Mais l'arrêt des magistrats rouennais a été censuré par la Cour de cassation le 18 janvier 1994, la solution étant réaffirmée par un arrêt du 22 janvier 2002 (*DMF* 1994.455, note Y. Tassel et *DMF* 2002.686, obs. Ph. Delebecque).

Pour la Cour suprême (arrêt de 1994), « *en se déterminant sans rechercher les conditions dans lesquelles s'exerçaient les activités professionnelles* » des pêcheurs en cause, la Cour de Rouen n'avait pas donné de base légale à sa décision. En faisant référence aux « *conditions dans lesquelles s'exerçait*

(25) Aussi bien, un projet de texte sur la navigation de plaisance adopté dans les années 1970 par l'Association Française du Droit Maritime, et rédigé par des spécialistes parfaitement informés des exigences de la plaisance, rejetait-il la solution adoptée par la Cour de cassation en prévoyant que la compétence des tribunaux de commerce s'étendrait à la navigation de plaisance.

(26) *DMF* 1993.747, et déjà, Rouen, 19 mars 1931, *DH* 1931.359.

l'activité professionnelle » du marin-pêcheur (reproche repris dans l'arrêt de 2002), la Cour entend certainement établir une distinction entre artisans pêcheurs et pêcheurs industriels. On peut craindre que la distinction ne soit malaisée à appliquer, même les artisans pêcheurs mettant aujourd'hui en œuvre un matériel important, à la différence du cordonnier sur la qualité duquel les juges s'étaient prononcés en 1909.

111. Juridiction du président du tribunal de commerce. — On doit signaler l'importance particulièrement grande en droit maritime de la juridiction du président du tribunal de commerce, qu'il siège sur requête ou en référé. Comme nous le verrons, c'est le président du tribunal qui accorde, sur requête, l'autorisation de saisir un navire, acte aux conséquences concrètes considérables, comme c'est lui qui, sur référé, rétracte l'autorisation d'abord accordée, permettant alors au navire saisi de reprendre immédiatement la mer (*infra*, n°s 609 et s.). C'est le même magistrat qui autorise la constitution d'un fonds de limitation (*infra*, n°s 444 et s.). Pareillement, c'est le président du tribunal de commerce qui désigne, sur requête ou sur référé, l'expert appelé à constater les dommages causés à une marchandise et à donner son avis sur leur cause, comme à se prononcer sur l'étendue et l'origine des vices affectant un navire. En revanche, il n'intervient pas dans la procédure d'arbitrage, cependant fréquente en matière maritime.

112. Droit maritime et arbitrage. — S'agissant des litiges d'ordre privé, une autre caractéristique du contentieux maritime doit en effet être relevée, c'est l'importance de l'*arbitrage*, notamment en matière internationale.

Dans le domaine maritime, de très nombreux contrats comportent systématiquement des clauses compromissoires prévoyant le recours à l'arbitrage. Il en est ainsi des contrats de construction navale, comme des contrats d'assistance maritime, lesquels, comme on le verra, ne prévoient presque jamais une indemnité précise d'assistance, mais seulement que l'indemnité d'assistance, en cas de désaccord des parties, sera déterminée par un arbitre (*infra*, n° 504). De même, la quasi-totalité des contrats types d'affrètement, qu'il s'agisse d'affrètement au voyage ou d'affrètement à temps comportent une clause d'arbitrage (de semblables clauses étant plus rares en matière de transport maritime).

113. L'arbitrage institutionnel. — Les clauses compromissoires maritimes renvoient souvent à l'arbitrage institutionnel. L'institution arbitrale la plus importante en matière maritime est la Chambre arbitrale de Londres (27). La formule type utilisée pour la grande majorité des contrats d'assistance (*Lloyd's Open Form*, voir *infra*, n° 494), comme la plupart des chartes parties formalisant un contrat d'affrètement, renvoient ainsi à l'arbitrage à Londres, ce qui est interprété par les tribunaux comme une référence à la Chambre arbitrale de Londres.

(27) Voir P. Pestel-Debord, « La procédure d'arbitrage en droit anglais », *DMF* 1989.291.

L'arbitrage britannique est techniquement excellent. Il présentait toutefois jusqu'en 1980 de lourds inconvénients pour les parties, la procédure anglaise imposant à l'arbitre de renvoyer aux tribunaux judiciaires la question à lui soumise, chaque fois qu'un problème de droit était soulevé (procédure dite du *special case*). La règle, si elle avait l'avantage de procurer aux juristes un stock de décisions judiciaires aisément accessibles dans un domaine important, n'était pas sans entraîner des longueurs. Aussi, la procédure a-t-elle été allégée en 1980, la réforme de 1980 ayant été complétée en 1996. Il reste que le recours aux tribunaux demeure plus fréquent dans l'arbitrage anglais que dans l'arbitrage français.

Il existe en France une chambre arbitrale spécialisée, la Chambre arbitrale maritime de Paris, laquelle a considérablement développé son activité depuis 1960, et qui présente l'avantage d'une procédure beaucoup plus simple que la procédure britannique, la compétence des arbitres n'y étant pas inférieure à celle des arbitres anglais. Certains contrats prévoient aussi arbitrage devant la Cour d'arbitrage de la Chambre de commerce internationale, tandis que chaque grand pays maritime a à cœur d'avoir sa propre chambre d'arbitrage.

114. Arbitrage et tribunaux de droit commun. — La prévision par les parties du recours à l'arbitrage n'exclut pas, en matière maritime comme dans les autres domaines du droit, le recours éventuel aux tribunaux de droit commun (28).

En premier lieu, l'existence d'une clause compromissoire n'interdit pas aux parties de recourir au juge des référés pour lui demander de prendre des *mesures conservatoires*, au moins s'agissant de mesures destinées à garantir l'exécution de la sentence à venir, telle une saisie conservatoire de navire (Cass., 18 nov. 1986, *DMF* 1987, 696, note C. Jarosson et M. Rémond-Gouilloud) (29). Toutefois, il est possible aux parties d'écarter à l'avance un tel recours (même arrêt). Pareillement, le juge des référés demeure compétent pour connaître d'une demande de provision fondée sur les dispositions de l'article 809, alinéa 2 du Code de procédure civile, ce tant que le tribunal arbitral n'est pas saisi (Cass. civ., 1re ch., 20 mars 1989, *D.* 1989, IR, 109 ; la situation où cette compétence est contractuellement exclue devant sans doute être réservée).

En revanche, un tribunal arbitral est seul compétent pour se prononcer sur sa compétence, alors même que celle-ci est contestée sur le fondement de la nullité de la convention principale, le principe dit de *compétence – compétence* interdisant au juge judiciaire toute intrusion en la matière (30). La solution n'est écartée, le juge judiciaire retrouvant sa compétence, que dans le cas de nullité manifeste de la convention d'arbitrage, cette situation étant appréciée très restrictivement par la Cour de cassation (31). Très favorable au développement

(28) Voir O. Cachard, « Les mesures conservatoires dans l'arbitrage maritime », *DMF* 2004.220.
(29) Voir aussi, Cass. com. 8 juin 1995, *Bull.* IV, n° 170.
(30) Cass. 26 juin 2001, navire *Tag Heuer*, *DMF* 2002.115, obs. Ph. Delebecque ; Rouen, 4 déc. 2003, navire *Pella*, *DMF* 2004.350, obs. Ph. Delebecque.
(31) Cass. 7 avr. 2004, navire *Estonia*, *DMF* 2004.1033, obs. Ph. Delebecque.

de l'arbitrage, le principe de *compétence – compétence* a été poussé à l'extrême, voire à l'excès (32). Pour les auteurs de cet ouvrage, il est contraire au principe d'autonomie du juge judiciaire, principe de valeur constitutionnelle, de refuser à ce juge la faculté de statuer sur la validité d'une clause compromissoire invoquée devant lui (33). Aussi bien, telle paraît être la pensée de la Cour de justice des Communautés, au moins quand le juge déduit sa compétence des règles du droit communautaire (règlement 44/2001 du 22 décembre 2000). Alors, en effet, selon la Cour, le justiciable ne peut se voir fermer l'accès à la juridiction étatique qu'il a saisie sur le fondement de ces règles, sauf à être privé de la protection juridictionnelle à laquelle il a droit (34).

Par ailleurs, la sentence arbitrale peut toujours faire l'objet d'un *recours en annulation* des articles 1484 et 1504 du Code de procédure civile, recours étroitement limité par les textes. Sauf en matière d'arbitrage international, la sentence arbitrale rendue en France peut même faire l'objet d'un *appel* au cas, rare mais qui s'est présenté, où l'appel n'a pas été exclu par la clause compromissoire ou le compromis (35). Enfin, en cas de refus d'exécution volontaire, toute sentence arbitrale, française ou étrangère, ne pourra être susceptible d'exécution forcée (notamment par la saisie-exécution du navire concerné) qu'après *exequatur* par la juridiction compétente.

§ 2. — *Les institutions répressives maritimes*

Le droit maritime répressif se caractérise par l'existence, d'une part d'infractions propres aux activités maritimes, infractions pénales mais aussi disciplinaires, d'autre part d'une juridiction spécifique, le tribunal maritime commercial.

A. — Les infractions maritimes

115. Les infractions disciplinaires. — C'est une loi du 17 décembre 1926 qui, reprenant et modifiant les dispositions des textes antérieurs, a codifié le droit pénal et disciplinaire maritime. Un décret du 7 novembre 1960 a toutefois, pour des raisons d'ordre constitutionnel, soustrait du texte de 1926 les infractions disciplinaires pour les insérer dans un texte réglementaire, la loi de 1926 conservant cependant son intitulé de Code disciplinaire et pénal de la marine marchande.

(32) Voir la jurisprudence analysée par nous au *DMF* 2008, Hors-série n° 12 ; *adde*, Cass. 25 novembre 2008, *Sem. jur.* 2009.II.10023, note D. MAINGUY et plus généralement les arrêts cités par Ch. SERAGLINI, *Sem. jur.* 2009.I.148.

(33) Voir P. BONASSIES, observations sous cassation 11 juillet 2006, *DMF* 2007.681 et *DMF* 2008, Hors-série n° 12, au n° 26. Voir aussi, dans le même sens, s'agissant d'une compétence déduite par le juge des règles communautaires (règlement du 22 décembre 2000) les observations de la Cour de justice européenne dans son arrêt *Front Connor*.

(34) Arrêt *Front Connor*, 10 février 2009, *affaire C-185/07*, *DMF* 2009.211, obs. R. CARRIER et P. BONASSIES, *DMF* 2009, Hors-série n° 13, au n° 18 — étant observé que, dans la plupart de cas où le principe compétence-compétence est opposé à un tribunal français, ce tribunal sera compétent en application des règles du droit communautaire.

(35) Une procédure d'appel peut être aussi organisée dans le cadre d'un arbitrage institutionnel, comme c'est le cas des arbitrages devant la Chambre arbitrale maritime de Paris.

Le décret du 7 novembre 1960 définit deux types d'infractions disciplinaires qui sont susceptibles d'être commises par toute personne à bord d'un navire, passager aussi bien que membre de l'équipage. Sont ainsi distinguées les fautes graves contre la discipline (refus d'obéissance après sommation simple ; ivresse à bord avec désordre), et les fautes disciplinaires légères (refus d'obéissance sans sommation ; ivresse sans désordre et, « *généralement, toute faute non spécifiée* ») (36).

Le même texte prévoit les sanctions applicables aux différentes fautes qu'il définit. Les fautes légères peuvent être sanctionnées par le capitaine d'un blâme, de la consigne à bord pour les officiers et marins, ou des arrêts pour quatre jours ou plus pour les marins, mais aussi pour les passagers (le passager devant demeurer dans sa cabine, sauf faculté de monter sur le pont pendant deux heures par jour). Fautes et sanctions doivent être portées sur le *livre de discipline* tenu à bord par le capitaine. Les fautes graves sont sanctionnées par l'administrateur des affaires maritimes soit d'une peine d'arrêt ou d'amende pour les marins, soit pour les passagers d'arrêts dans la limite de quinze jours (le texte ne précise pas toutefois comment seront exécutés ces arrêts par le passager, qui aura le plus souvent regagné la terre).

116. Les infractions pénales maritimes. — La loi du 17 décembre 1926 définit quant à elle les infractions pénales selon la classification habituelle. Constituent ainsi des *crimes* les violences collectives, le soulèvement ou complot contre l'autorité du capitaine (mutinerie), le détournement du navire par le capitaine, ou sa destruction volontaire. Les *délits* prévus par la loi de 1926 sont très nombreux. On y trouve certaines fautes très graves contre la discipline (troisième faute grave, abandon de poste de garde ou de sécurité, ivresse durant le quart), des fautes contre la police de la navigation (embarquement clandestin, défaut de rôle d'équipage), enfin des fautes de caractère nautique.

Les *fautes nautiques* les plus graves sont celles qui sont prévues par les articles 81 et 82, lesquels sanctionnent tout acte de négligence ayant entraîné des dommages aux personnes, au navire et à sa cargaison. Les sanctions, très nuancées, sont graduées selon la personne de l'auteur (capitaine, chef de quart, pilote, ou simple marin), et selon la gravité des conséquences de la faute. C'est ainsi que des peines lourdes sont prévues si la faute a entraîné des blessures graves, la mort pour une ou plusieurs personnes, ou la perte du navire, assimilée ainsi à un dommage à la personne (peine de trois mois à deux ans d'emprisonnement et amende de 3 750 euros : article 81, Code disciplinaire et pénal).

La loi de 1926 précise aussi la *procédure* applicable en matière d'infractions maritimes. Ce sont les tribunaux de droit commun (cour d'assises) qui demeurent compétents en matière de crime maritime, comme ils restent compétents pour les crimes de droit commun commis à bord (meurtre, assassinat, viol). Certains des délits prévus par la loi de 1926 demeurent également de la compétence des tribunaux de droit commun, telle la tentative de contrebande, ou les vols commis

(36) Disposition certainement trop imprécise pour ne pas s'exposer à la critique d'inconstitutionnalité.

à bord. Mais même en ce cas, la procédure suivie est particulière, les victimes ne pouvant user de la citation directe (article 37), et le ministère public ne pouvant, dans certains cas, engager les poursuites qu'au vu des conclusions de l'administrateur des affaires maritimes. Les délits plus spécifiquement maritimes, et en particulier les infractions aux articles 80 et 81, sont, quant à eux, de la compétence du *tribunal maritime commercial*.

B. — Le tribunal maritime commercial

117. Histoire et structure. — Les infractions maritimes étaient, dans l'ancien droit, soumises aux tribunaux d'amirauté. Ceux-ci furent supprimés en 1791, mais une juridiction spécifique fut rétablie en matière maritime par un décret du 24 mars 1852. Ce texte institua des « *tribunaux maritimes* ». Le fonctionnement de ces juridictions n'ayant pas donné totale satisfaction, ils furent à leur tour supprimés par la loi du 17 décembre 1926, les infractions maritimes étant désormais soumises aux juridictions de droit commun. Mais le nouveau système ne donnant pas non plus satisfaction aux marins, ceux-ci demandèrent le rétablissement des tribunaux maritimes. Cela fut fait par le décret-loi du 29 juillet 1939 créant les tribunaux maritimes commerciaux, juridictions bien mal dénommées puisqu'elles n'ont rien de commercial (le qualificatif commercial s'expliquant ici, sans doute, par une référence, intuitive autant que peu justifiée, aux dispositions de l'article 633 du Code de commerce, lequel voyait dans toutes les activités maritimes des actes de commerce).

Il existe un tribunal maritime commercial dans chaque chef-lieu de quartier désigné par décret, et en particulier, à Marseille (le tribunal couvrant les quartiers de Martigues, Marseille, Toulon et Nice). Le tribunal maritime commercial est composé de cinq membres. Dans le régime de 1939, il était présidé par un administrateur des affaires maritimes, assisté d'un juge du tribunal de grande instance dont relève le quartier, d'un inspecteur de la navigation, d'un capitaine ayant au moins quatre ans de commandement, enfin d'un marin ou officier ayant le même diplôme ou brevet que l'inculpé.

La composition du tribunal maritime commercial a été modifiée par la loi 93-1013 du 24 août 1993 portant réforme de la procédure pénale (*D.* 1993.467). Aux termes du texte nouveau, c'est tout d'abord un magistrat du siège du tribunal de grande instance dans le ressort duquel se trouve le tribunal maritime commercial qui présidera cette institution. Par là s'atténue le caractère de juridiction d'exception qui, naguère, avait suscité certaines critiques à l'égard du tribunal maritime commercial. Ensuite, sans doute pour donner satisfaction aux plaisanciers, qui, bien plus souvent que les marins, sont amenés à affronter le tribunal maritime commercial, les modalités de désignation du cinquième membre du tribunal sont élargies si le prévenu n'est pas un marin. Au lieu d'un second inspecteur de navigation, seul susceptible d'être désigné aux termes du texte antérieur, le cinquième juge pourra désormais être « *un agent des affaires maritimes choisi... parmi les corps d'officiers des affaires maritimes, ou de fonctionnaires ou de contractuels de catégorie A des affaires maritimes*».

Le ministère public auprès du tribunal maritime commercial est confié à un commissaire rapporteur, officier de marine désigné par le préfet maritime.

118. Compétence. Plaisanciers. — Le tribunal maritime commercial est compétent pour statuer sur les infractions maritimes commises par les professionnels maritimes, capitaine et équipage. Il est aussi, dans certains cas, compétent à l'égard des passagers, par exemple au cas de troisième faute grave contre la discipline, ou d'usurpation de commandement. Il est également compétent à l'égard des *plaisanciers*, ainsi que l'a affirmé la Cour de cassation dans une décision du 10 mars 1966 (navire *Esquirol II*, *DMF* 1966.335).

Un navire de plaisance s'étant échoué sur un banc d'huîtres au large de La Rochelle, et les ostréiculteurs, lassés de voir des incidents du même ordre se répéter, ayant porté plainte auprès de l'administration maritime, le skipper a été poursuivi devant le tribunal maritime commercial. Le tribunal s'étant reconnu compétent, la Cour de cassation a rejeté le pourvoi formé par le plaisancier, aux motifs que les dispositions de l'article 81 du Code disciplinaire et pénal de la marine marchande, texte en cause, s'appliquaient à la personne qui dirige un navire de plaisance, alors même que le navire était dépourvu de rôle d'équipage et seulement muni d'une carte de circulation.

La décision de la Cour de cassation a été critiquée par les plaisanciers (voir la note du professeur Langavant, *JCP* 1966.II.14757). Même en concédant qu'il est regrettable que les plaisanciers ne soient pas représentés, en tant que tels (37), auprès du tribunal maritime commercial lorsque l'un d'eux est mis en cause, à l'inverse de ce qui est pour les autres prévenus, on peut s'étonner de leur réaction. Il peut en effet apparaître normal que les plaisanciers, recherchant les joies de la mer, en acceptent aussi les servitudes.

119. Procédure. — La procédure suivie devant le tribunal maritime commercial est empreinte d'un incontestable particularisme. C'est ainsi que la mise en œuvre de l'action publique et l'instruction sont assurées par une même personne, l'administrateur des affaires maritimes compétent. Celui-ci, après avoir diligenté une enquête, peut classer l'affaire purement et simplement, la classer en prononçant une peine disciplinaire, ou saisir le tribunal. La personne ayant subi un dommage du fait d'une infraction maritime (tiers blessé, par exemple), ne peut se constituer partie civile. Enfin, il est à relever que le tribunal statue sans appel, sa décision étant seulement susceptible de recours en cassation.

Du point de vue juridique, le problème le plus important que pose l'existence du tribunal maritime commercial est celui — aujourd'hui d'ailleurs quelque peu dépassé, de l'autorité de ses décisions au civil.

(37) La modification résultant de la loi du 24 août 1993, permet sans doute de désigner plus facilement un officier des affaires maritimes ou autre fonctionnaire au fait des choses de la plaisance, et lui-même plaisancier. Elle ne permet pas la désignation d'un plaisancier en tant que tel.

120. Autorité au civil des décisions du tribunal maritime commercial. Droit classique. Loi du 11 juillet 2000. — Lorsque survient un sinistre maritime, il est assez fréquent qu'après un procès devant le tribunal maritime commercial, et souvent un procès qui s'est terminé par l'acquittement du capitaine poursuivi, les victimes intentent devant les juridictions de droit commun une action en responsabilité contre l'armateur, action fondée sur la faute du capitaine. La décision d'acquittement, laquelle constate que le capitaine n'a commis aucune faute au sens de l'article 81 du Code disciplinaire et pénal, a-t-elle *autorité au civil* ?

Sur le principe, la réponse n'est pas discutable. Le tribunal maritime commercial est une juridiction intégrée à l'ordre judiciaire répressif. Ses décisions ont autorité au civil. C'est ainsi que si le tribunal constate que le capitaine était présent à la barre, cette constatation servant de fondement nécessaire à sa décision, une juridiction civile ne pourrait pas revenir sur cette constatation (38). Beaucoup plus délicat est le problème de savoir si la décision d'acquittement du capitaine interdit au juge civil de déclarer que le capitaine a commis une faute de l'article 1382, l'armateur pouvant alors être déclaré responsable en tant que commettant.

On connaît la réponse que donnait ici le droit commun, affirmant l'unité des fautes civile et pénale. Quand une personne était poursuivie sur le fondement des dispositions originaires des articles 319 et 320 du Code pénal (aujourd'hui remplacées par celles des articles 222-19 et 222-20 du nouveau Code pénal), textes qui sanctionnaient celui qui cause involontairement homicide ou blessures « *par maladresse, imprudence, inattention, négligence ou inobservation des règlements* », et avait bénéficié d'une relaxe, aucune action ne pouvait être intentée contre elle devant les juridictions civiles, la Cour de cassation considérant que les dispositions de l'article 320 du Code pénal englobaient strictement les fautes des articles 1382 et 1383 du Code civil (39). Mais les règles du droit classique ont ici été bouleversées par la loi 2000-647 du 10 juillet 2000.

Aux termes de ce texte, « *l'absence de faute pénale non intentionnelle au sens de l'article 121-3 du Code pénal ne fait pas obstacle à l'exercice d'une action devant les juridictions civiles afin d'obtenir la réparation d'un dommage sur le fondement de l'article 1383 du Code civil si l'existence de la faute civile prévue par cet article est établie* ». La loi du 10 juillet n'envisage que la faute pénale de l'article 121-3 du Code pénal, et non la faute pénale de l'article 81 du Code pénal et disciplinaire. Mais ces deux textes sont très proches, et les raisons qui ont incité le législateur à adopter la loi du 10 juillet se retrouvent en matière de faute de l'article 81. On peut donc penser que la jurisprudence saura étendre à ce dernier texte la règle nouvelle de la *dualité des fautes civile et pénale*. Aussi bien, cette dualité avait-elle déjà été affirmée, pour ce qui est de l'article 81, par la

(38) Pour la position, plus nuancée, des juridictions administratives, voir Conseil d'État, 17 juin 1987, *DMF* 1988.449 et nos obs. ; *DMF* 1989.10.

(39) Cass. civ., 12 juin 1914, *D.* 1914.1.17.

Cour de cassation, dans un arrêt du 29 octobre 1963 (navire *Atlantic*, *DMF* 1964.145).

121. L'arrêt *Atlantic*. — Le navire *Atlantic* ayant heurté la coque d'un remorqueur au cours d'opérations préliminaires au remorquage, celui-ci coula en quelques secondes, et sept hommes de l'équipage sur onze périrent noyés. Sur poursuite devant le Tribunal maritime commercial du Havre, le capitaine du remorqueur et le pilote qui avait embarqué sur le paquebot furent condamnés à des peines d'amende, tandis que le capitaine de *l'Atlantic* était acquitté, le tribunal constatant qu'il « *n'avait commis aucune faute suffisamment caractérisée pour constituer le délit de négligence prévu à l'article 81 du Code disciplinaire et pénal de la marine marchande* ». Le propriétaire du remorqueur ayant introduit une action devant le Tribunal de commerce du Havre pour obtenir réparation du préjudice subi par son bâtiment, les *Home Lines*, propriétaires de *l'Atlantic*, et le capitaine, furent condamnés d'abord par le tribunal, puis par la Cour d'appel de Rouen, à réparer ledit préjudice. Armateur et capitaine se pourvurent alors en cassation, au motif que l'acquittement du capitaine ne permettait pas de retenir à sa charge une quelconque faute civile, délictuelle ou quasi délictuelle, en raison du caractère de généralité des dispositions de l'article 81 de la loi de 1926.

La Cour de cassation a rejeté le pourvoi ainsi formé, relevant que la Cour d'appel avait estimé à bon droit que le juge civil avait pu en l'espèce, sans violer l'autorité attachée au jugement du tribunal répressif, « *rechercher si le capitaine (avait) commis des fautes engageant sa responsabilité civile* », et par là celle de l'armateur. C'était là déjà, avec près de quarante ans d'avance, la règle de la loi du 10 juillet 2000.

CHAPITRE 4

LES INSTITUTIONS EUROPÉENNES ET LE DROIT MARITIME

122. Observations générales. Pêche maritime. — Ni institutions internationales, ni institutions nationales, les institutions de la Communauté Européenne commandent aujourd'hui largement par leur action le destin des entreprises françaises comme celui des ressortissants français, de même que ce destin est informé par les règles du droit communautaire, et d'abord par les règles du Traité de Rome, traité qui a institué la Communauté économique européenne (1).

Qu'en est-il, au regard de ce traité, du droit maritime et des entreprises maritimes ?

Il faut faire ici un sort particulier aux activités de *pêche maritime*. Ces activités sont considérées par le droit communautaire, comme il en est dans le système des Nations Unies, comme ressortissant à la politique agricole (article 32 du Traité, ancien article 38). Elles ont donc toujours été pleinement soumises au droit communautaire et à l'action des institutions de la Communauté, mais ce dans le cadre de la *politique agricole* (2). De fait, de très nombreux règlements ont été promulgués en matière de pêche (3). Ces règlements, ne concernant que la gestion des stocks de pêche et la distribution des produits de la pêche, ne seront pas étudiés ici. S'agissant des autres activités maritimes, leur sort a été principalement réglé sur la base de l'article 84 du Traité de CEE.

123. Autres activités maritimes. L'article 84-2 du Traité de Rome. — Les rédacteurs du Traité de communauté économique, le seul des traités des communautés qui soit susceptible par sa portée générale de concerner les

(1) Devenue, en application du Traité de Maastricht, *Communauté européenne*, elle-même intégrée, selon des modalités complexes, à l'*Union européenne* (voir, G. SOULIER, « Union européenne et communauté(s) européenne(s) », *D.* 1994, Chr. 179). Le texte du Traité de Rome, déjà modifié par le Traité de Maastricht, a été à nouveau modifié par le Traité d'Amsterdam (2 oct. 1997), lequel a renuméroté les articles initiaux. Nous utiliserons dans le présent ouvrage, selon le cas, l'une ou l'autre de ces numérotations, mais en indiquant aussi l'autre numérotation, comme nous utiliserons aussi bien la dénomination Communauté européenne que la dénomination Union européenne.

(2) Cependant, le statut des marins-pêcheurs, comme celui des *navires de pêche* ressortit au « droit commun communautaire » ; pour un cas d'application aux navires de pêche du principe général de non-discrimination, voir Cour de justice, 25 juill. 1991 et 4 oct. 1991 (*Recueil des arrêts* 1991.3956 et 4000).

(3) Voir G. PROUTIÈRE-MAULION, *La politique commune de la pêche, Droits Maritimes*, p. 776 et s.

activités maritimes (4), se sont montrés très prudents à l'égard de ces activités et des transports maritimes en particulier (comme aussi bien des transports aériens). Ils ont inscrit dans l'article 74 du traité (devenu art. 70) le principe que la matière des transports ferait l'objet d'une *politique commune*, ce qui impliquait à la fois l'application des règles du traité à cette matière et la reconnaissance en ce domaine de compétences de gestion pour les institutions communautaires. Mais ils ont provisoirement écarté de cette politique commune les transports maritimes et aériens.

En effet, aux termes de l'article 84 du Traité de Rome (art. 80 nouveau), les règles concernant la politique des transports ne s'appliquent qu'aux transports par chemin de fer, par route et par voie navigable. Pour ce qui est des transports maritimes et aériens, l'alinéa 2 du même texte stipulait à l'origine que « *le Conseil, statuant à l'unanimité, pourra décider si, dans quelle mesure et par quelle procédure, des dispositions appropriées pourront être prises* ».

L'article 84, alinéa 2 a soulevé deux questions : excluait-il l'application aux transports maritimes, et plus généralement au droit maritime, des règles du traité non comprises dans le chapitre des transports (ce que nous appellerons avec la Cour de justice « *les règles générales du Traité* ») ? Quelles décisions ont-elles été prises par le Conseil concernant transports maritimes et droit maritime ?

§ 1. — *Transports maritimes et règles générales du Traité de communauté économique*

124. Le problème de l'application des règles générales du Traité aux transports maritimes. L'arrêt du 4 avril 1974. — Le Traité de communauté économique n'a pas seulement prévu la mise en place d'une série de politiques communes, politique agricole, politique des transports. Il inclut aussi un ensemble de règles directement applicables aux entreprises, éventuellement après les délais qu'il fixe, telles les règles sur la circulation des travailleurs, sur le libre établissement, sur la concurrence. La question de savoir si ces règles s'appliquaient aux transports maritimes a fait l'objet d'un conflit aigu, résolu par la Cour de justice dès 1974.

La réglementation française (article 221 du Code des douanes) disposait que le personnel d'un navire portant pavillon français devait, dans une proportion définie par arrêté du ministre chargé de la Marine marchande, être français. La France n'ayant pas amendé ce texte, n'y ayant introduit aucune exception au bénéfice des ressortissants communautaires, la Commission a engagé contre elle en 1973 une action en manquement devant la Cour de justice (art. 169 du Traité,

(4) Encore que certaines des dispositions du Traité de communauté charbon acier (CECA), voire du Traité de communauté de l'énergie atomique (Euratom) soient susceptibles d'avoir des incidences, par exemple en matière d'accords sur le transport de charbon, ou celui de substances nucléaires. Voir, en ce sens, une décision du 23 mai 1973 de la Commission (devenue à l'époque l'autorité de gestion de la CECA), imposant aux entreprises vendant des produits soumis au Traité de CECA de publier leurs tarifs de transport pour les relations maritimes inter-communautaires (*JOCE* L. 172 du 28 août 1973).

devenu art. 226). Devant la Cour, la France, entre autres arguments, a développé la thèse que l'article 84, en écartant les transports maritimes de la politique des transports, avait en quelque sorte « mis entre parenthèses » lesdits transports, lesquels demeuraient extérieurs au Traité de communauté économique. Mais, dans un arrêt du 4 avril 1974, la Cour de justice a rejeté la thèse française (*Commission contre République française, Recueil CJCE*, 359).

Pour la Cour, « *l'instauration du Marché Commun vise la totalité des activités économiques dans la Communauté* ». Il suit de là que « *si, en vertu de l'article 84, les transports maritimes et aériens sont, tant que le Conseil n'en a pas décidé autrement, soustraits aux règles du titre 4 de la deuxième partie du Traité, relatives à la politique commune des transports, ils restent, au même titre que les autres modes de transport, soumis aux règles générales du Traité* ».

125. Portée de l'arrêt. Règles du Traité applicables aux transports maritimes. Modalités d'application. — La portée de l'arrêt de 1974 doit être précisée avec soin.

L'arrêt implique d'abord que sont applicables aux transports maritimes les règles générales des articles 2 et suivants, et en particulier le principe de non-discrimination inscrit dans l'article 7 (art. 12 nouveau). Il faut aussi étendre à ces transports les règles concernant la *libre circulation des personnes* (droit des ressortissants communautaires à être engagés comme salariés et principe d'assimilation totale aux salariés nationaux). Il en est de même pour les règles concernant la *liberté d'établissement des personnes physiques* (droit d'exercer une profession non salariée, mais aussi d'être dirigeant de société) ou des personnes morales, ou la libre circulation des capitaux (avec le droit de transférer des capitaux d'un pays de la Communauté à un autre, pour créer une entreprise de transports maritimes). Ce sont là incontestablement des « *règles générales* » au sens de l'arrêt de 1974. Une société allemande peut donc certainement créer une entreprise d'armement en France, et réciproquement ; elle peut aussi employer un personnel allemand (5).

En revanche, il n'en était pas de même à l'origine pour les règles concernant la *libre prestation des services*. Malgré leur importance dans le domaine des transports, puisqu'il s'agissait des règles permettant au transporteur d'un État membre (italien, par exemple) d'assurer un transport dans un autre pays de la Communauté (transport Marseille-Ajaccio, par exemple), ces règles sont longtemps demeurées étrangères aux transports maritimes (6). Certes, ces règles exprimaient, elles aussi, une « règle générale ». Mais, aux termes de l'article 61 du Traité, elles devaient, en matière de transport, faire l'objet de dispositions particulières, « *prises dans le cadre de la politique des transports* ». C'est donc seulement depuis les règlements particuliers adoptés par le Conseil des communautés le 22 décembre 1986 et le 7 décembre 1992 (*infra*, n° 129 et

(5) Pour la réserve concernant le capitaine, voir toutefois *infra*, n° 287.

(6) Mais non aux activités maritimes dans leur totalité. C'est ainsi qu'il résultait de l'arrêt *Commission c. France* que le principe de libération des services s'appliquait aux activités maritimes autres que de transport, par exemple, aux activités de remorquage ou d'assistance.

n° 133) que la libre prestation des services existe dans les transports maritimes (7).

Dans toutes les situations où le droit communautaire confère ainsi une « liberté » à un professionnel ou à une entreprise maritime, ce droit ne peut être conçu comme ayant un caractère absolu. Dans un important arrêt du 11 décembre 2007, concernant l'action d'un syndicat de marin contre un armateur, la Cour de justice des Communautés a rappelé que la Communauté a pour objet non seulement d'établir un marché intérieur caractérisé par l'abolition des obstacles à la libre circulation des marchandises, des personnes, des services et des capitaux, mais aussi de promouvoir « *un développement harmonieux, équilibré et durable des activités économiques* ». Dès lors, les droits conférés par les « libertés » communautaires doivent être mis en balance avec les objectifs généraux de la Communauté, et notamment les objectifs poursuivis par la politique sociale (arrêt C-438/05, *DMF* 2008.666, observations M. Morin et observations P. Bonassies, *DMF* 2008, Hors-série n° 12, au n° 14).

126. Règles de concurrence. — Reste un domaine où l'on pouvait hésiter : celui des *règles de concurrence* des articles 85 et 86 du Traité de communauté économique (devenus art. 81 et 82). Ces règles figurent en effet dans la partie que le Traité consacre à la « *politique de la Communauté* ». La thèse pouvait donc être avancée, et elle l'a été, qu'elles n'étaient pas des « *règles générales* » au sens de l'arrêt de 1974. Mais cette thèse a été rejetée par la Cour de justice dans son arrêt *Ministère Public c. Asjes* du 30 avril 1986, arrêt rendu en matière de transports aériens mais dont les conclusions valent pour les transports maritimes (*Recueil CJCE*, 1986.1425).

Il ne fait donc plus de doute aujourd'hui que les articles 85 et 86 ne s'appliquent, dans le principe, aux transports maritimes. Toutefois, dans son arrêt *Asjes*, la Cour de justice a rendu très malaisée l'utilisation concrète des articles 85 et 86 pour ce qui est des transports aériens ou maritimes (8). Pour pallier les conséquences de cet arrêt, le 22 décembre 1986, le Conseil a adopté un règlement spécial concernant l'application des articles 86 et 86 aux transports maritimes. Mais les dispositions de ce règlement, d'abord partiellement abrogées, l'ont été dans leur totalité par un règlement du 25 septembre 2006 (voir *infra*, n°s 344 et s.).

§ 2. — *Les actions du Conseil dans le domaine maritime*

127. Les deux époques de la politique maritime communautaire. — Deux époques doivent être distinguées dans la politique maritime communautaire, telle

(7) Dans une analyse fortement exégétique, il aurait pu être soutenu que, l'article 84 excluant les transports maritimes de la politique des transports, les dispositions de l'article 61 ne s'appliquaient pas aux transports maritimes, dès lors soumis au principe général de liberté des services. Mais cette analyse a été implicitement écartée par la Cour de justice (arrêt *Corsica Ferries*, *infra*, n° 132).

(8) Pour la Cour, l'article 85 en tout cas ne pouvait se voir reconnaître « *effet direct* » (condition de son application effective par les tribunaux) dans le domaine des transports aériens ou maritimes, en l'absence en ces matières de règlement pris en application de l'article 87 du Traité CEE.

qu'elle s'exprime dans les actions du Conseil. La première est toute de prudence. La seconde, dont on peut dater les prémices de 1985, s'est concrétisée dans une série de textes importants, et notamment dans les règlements du 22 décembre 1986. Ce sont ces deux époques qu'il importe d'étudier.

A. — La première époque (1977-1984)

128. La première époque. Une action prudente. — La première décision prise par le Conseil en matière maritime, premier cas d'application de l'article 84-2 du Traité de CEE, est intervenue en 1977 — près de vingt ans après l'entrée en vigueur de ce traité. C'est une décision du 13 septembre 1977, instituant une procédure de consultation en ce qui concerne les relations maritimes entre États membres et pays tiers (*JOCE* 17 sept. 1977). En fait il s'agissait d'étudier la situation de concurrence accrue faite aux marines de commerce traditionnelles par les marines des pays de l'Est. Après 1977 le Conseil s'est engagé dans une série d'actions ponctuelles, qui concernent essentiellement trois domaines.

Le premier de ces domaines est celui de la *sécurité des navires*. Plusieurs recommandations ont été prises par le Conseil, incitant les États membres à la ratification de conventions sur la sécurité des transports maritimes (notamment, recommandations du 26 juin 1978, du 21 déc. 1978, *JOCE* 19 juill. 1978, 8 févr. 1979 et du 25 juill. 1983). Une directive du 21 décembre 1978 définit les conditions qui devront être exigées des pilotes hauturiers (*infra*, n° 720) opérant en Manche et mer du Nord (*JOCE* 8 févr. 1979) ; une autre directive du même jour précise les conditions minimales exigées pour les navires citernes entrant dans les ports de la Communauté (*ibid.*) ; des « actions concertées » ont été conduites dans le domaine des aides à la navigation (décisions du 13 déc. 1982, du 28 mars 1983 et du 4 févr. 1986).

Le deuxième domaine, longtemps assez peu exploré, est celui de la *défense de la Communauté* contre la concurrence de certains pays. C'est dans ce cadre qu'était intervenue la décision du 13 septembre 1977 (*supra*). D'autres décisions, assez nombreuses, ont prévu la collecte d'informations sur les activités des transporteurs participant au transport de lignes dans certaines zones d'exploitation (décisions du 19 déc. 1978, du 18 déc. 1984, du 16 déc. 1986, *JOCE* 9 janv. 1979).

Mais l'intervention la plus importante des institutions communautaires en matière maritime concerne le problème des conférences maritimes. À la suite de la signature à Genève de la Convention portant code de conduite des conférences maritimes (*infra*, n° 330), le problème s'est posé de la ratification éventuelle de ce code par les États membres de la Communauté. Ce problème a été résolu par un règlement du Conseil des Communautés du 15 mai 1979 (*JOCE* 17 mai 1979). Sans imposer aux États membres la ratification du Code de conduite, ce règlement prévoit que cette ratification devra être accompagnée de réserves destinées à protéger l'unité du marché communautaire des transports maritimes.

Encore qu'elles eussent été en leur temps pleines d'intérêt, on peut se demander pourquoi les actions de la Communauté en matière maritime ont ainsi été marquées, dans cette première phase, par une grande prudence. Le phénomène s'explique, semble-t-il, par des raisons qui ont varié. Dans un premier temps, c'est plutôt la France qui, soucieuse de maintenir sa politique maritime traditionnelle, a freiné l'action du Conseil. À partir de 1975, c'est la Grande-Bretagne qui, ayant toujours favorisé le libéralisme absolu en matière maritime, a pris le relais de la France, laquelle était devenue plutôt favorable à une politique maritime concrète. En 1983, l'entrée de la Grèce a accru le nombre des partisans du libéralisme. Par ailleurs, de nouveaux problèmes sont apparus du fait de cette entrée, eu égard aux liens particuliers existant en matière maritime entre la Grèce et les États de l'Europe de l'Est. C'est ainsi que la Grèce est demeurée très réservée à l'égard de la politique à adopter pour lutter contre la concurrence des pays de l'Est. La réserve particulière de la Grèce n'a pu, toutefois, empêcher les choses d'évoluer.

B. — La seconde époque : le développement de la politique maritime communautaire

129. Les raisons de l'évolution. Les quatre règlements de 1986. — La seconde époque, celle du développement par les institutions communautaires d'une véritable politique maritime, débute le 22 décembre 1986, par l'adoption par le Conseil des communautés, le même jour, de quatre règlements importants. Plusieurs raisons expliquent la décision du Conseil d'abandonner sa prudence antérieure.

La raison essentielle tient sans doute à l'aggravation de la crise dans le domaine maritime. Devant la dégradation de la situation des armateurs, laquelle frappait non seulement la France mais tous les États de la Communauté, les institutions communautaires ne pouvaient demeurer immobiles. La seconde raison tient à l'action conjuguée du Parlement européen, de la Commission et de la Cour de justice. Durant de nombreuses années, le Parlement avait émis de vives critiques contre la carence du Conseil, non seulement en matière de transports maritimes, mais dans tout le domaine des transports. Lassé de l'immobilité du Conseil, il avait fini par déférer celui-ci devant la Cour de justice, en utilisant la procédure du recours en carence (article 175 du Traité de CEE, devenu article 232). Dans un arrêt du 22 mai 1985, la Cour a effectivement constaté la carence du Conseil (*Parlement contre Conseil, Recueil des arrêts* 1985.1556). L'arrêt de la Cour concerne les transports terrestres. Il n'en a pas moins sonné pour le Conseil comme un avertissement en matière de transports maritimes.

La Commission s'était, elle, engagée en 1984 dans un effort d'analyse systématique des problèmes du transport maritime. Dans un rapport du 15 mars 1985 elle a livré ses conclusions au Conseil, accompagnant ce rapport de quatre projets de règlement et d'un projet de directive. Ce sont quatre de ces cinq textes qui ont été adoptés par le Conseil le 2 décembre 1986, étant seulement réservé un texte, encore que fort important, définissant la notion de « *compagnie nationale* » du point de vue communautaire.

Les quatre règlements du 22 décembre 1986 portent respectivement sur l'application du principe de la libre prestation des services au transport maritime, sur les modalités d'application des articles 85 et 86 du Traité sur le droit de la concurrence au transport maritime, sur les pratiques tarifaires déloyales dans les transports maritimes, enfin sur la possibilité d'une action coordonnée en vue de sauvegarder le libre accès au trafic transocéanique. Nous étudierons le contenu du règlement concernant les articles 85 et 86 à propos du problème des conférences maritimes (*infra*, n° 334). Reste à évoquer le contenu des autres règlements, complétés par un règlement de 1992 sur le cabotage national, comme les modalités de leur application.

130. Le règlement sur la libre prestation des services. Principes. — Dans une application stricte des règles du droit communautaire, l'extension du principe de libre prestation des services au transport maritime eût impliqué la possibilité pour tout armateur communautaire, d'une part d'effectuer tout transport interne dans un État de la Communauté dans les mêmes conditions qu'une compagnie nationale, d'autre part de participer comme une compagnie nationale à tout trafic avec un pays tiers. Un armateur italien eût dû pouvoir, tout autant qu'un armateur français, exploiter la ligne Marseille-Ajaccio, ou la ligne Marseille-Alger, un armateur français la ligne Gênes-Cagliari, comme la ligne Gênes-Alger.

Le règlement du 22 décembre 1986 s'est montré moins ambitieux. Il n'avait prévu la libre prestation de services qu'en ce qui concerne les transports maritimes entre États membres, ou les transports entre État membre et pays tiers, excluant provisoirement les transports internes (cabotage) de toute libéralisation communautaire.

Il résulte des dispositions de son article premier que, désormais, aucune discrimination ne pouvait plus être faite entre armateurs communautaires pour ce qui est des transports entre États membres. Un armateur allemand, un armateur italien, pouvait ouvrir une ligne Le Havre-Southampton, un armateur français une ligne Gênes (ou Hambourg)-Londres. Le même principe de non-discrimination valait pour les trafics avec les États tiers. Un armateur allemand bénéficie des mêmes droits sur le trafic Bordeaux-Dakar qu'un armateur français. Et la règle s'applique même aux navires battant pavillon non communautaire (pavillon libérien, par exemple), dès lors qu'ils sont exploités par un armateur d'un État de la Communauté.

131. Modalités d'application. — Les règles nouvelles, toutefois, ne devaient jouer à plein que le 1er janvier 1993, diverses périodes transitoires ayant été prévues. C'est ainsi que si toutes les restrictions existantes devaient être supprimées dès le 31 décembre 1989 pour ce qui est des transports entre États membres, la libre circulation entre États membres et pays tiers ne devait être totalement assurée que le 31 décembre 1991, cette date étant même repoussée au 1er janvier 1993 pour les services assurés avec des navires ne battant pas pavillon d'un État membre.

Par ailleurs, il a fallu tenir compte du fait que les États membres étaient liés par de nombreux accords avec des États tiers. Le règlement, sans fixer expressément de date limite, a donc prévu l'adaptation progressive de ces accords à la législation communautaire. Il a même prévu la conclusion de nouveaux accords entre un État de la Communauté et un État tiers dans des « *circonstances exceptionnelles* » où un tel accord serait la condition de l'accès des compagnies communautaires à cet État (article 5). Mais un tel accord, qui devait prévoir « *un accès libre et non discriminatoire* » des compagnies de la Communauté au trafic concerné, devait être autorisé par le Conseil sur proposition de la Commission (article 6) (9).

132. Portée de la liberté des services. Discriminations indirectes. — Ce ne sont pas seulement les interdictions de trafic (discriminations directes) qui sont interdites en matière de transport maritime, mais aussi les discriminations indirectes, comme en témoignent les arrêts rendus dans les affaires *Corsica Ferries*.

Dans la première de ces affaires, c'est de droits de port qu'il s'agissait. Un décret du 12 mai 1981 ayant modifié les droits de port perçus à Bastia sur les navires transporteurs de passagers, ces droits étant en fait deux fois plus élevés pour les navires desservant l'Italie que pour les navires desservant la France continentale, l'armateur Corsica Ferries, qui exploitait une ligne Bastia-Italie, porta l'affaire devant les tribunaux. Après un long périple judiciaire, la Cour de cassation demandait à la Cour de justice des Communautés si le droit communautaire autorisait un tel système de taxation. Dans un arrêt du 13 décembre 1989, la Cour répondit en deux temps (*Recueil des arrêts* 1989.4441, obs. P. Bonassies, *DMF* 1991.10). D'une part, elle observa que, dans le principe, la libre circulation des services interdit, tout comme la libre circulation des personnes ou des marchandises, toute entrave, « *même d'importance mineure* ». D'autre part, elle releva que la libre circulation des services n'était entrée en vigueur, en matière de transports maritimes, qu'avec le règlement du Conseil du 22 décembre 1986, et le litige soumis aux juges concernant des droits perçus antérieurement à cette date, le droit communautaire n'interdisait pas le recouvrement des droits en cause.

Encouragée par la décision de la Cour de justice, la compagnie Corsica Ferries reprit le combat devant les tribunaux français, mais ici pour les droits perçus après le 1er janvier 1987, donc à une époque où le règlement de 1986 s'appliquait pleinement. Dans un arrêt du 9 août 1992, la Cour de Bastia, suivant en cela les

(9) Pour un cas d'application du règlement sur la libre circulation des services à un accord avec un État tiers, voir l'affaire de l'accord Algérie-Italie (Cour de justice des Communautés, 30 mai 1989, arrêt *Commission c. Conseil, Recueil des arrêts* 1989.449). La Cour y approuve Conseil d'avoir autorisé un accord Algérie-Italie, encore que ne prévoyant pas expressément la « communautarisation » du trafic, au motif que l'accord stipulait que l'organisation du trafic devrait se faire « *dans le respect réciproque des engagements de chaque partie sur le plan international* ».

principes posés par la Cour de justice, a considéré que la discrimination indirecte résultant des droits discriminatoires appliqués au trafic Corse-Italie était contraire au principe de libre circulation affirmé par le règlement de 1986 (*DMF* 1993.181, obs. P. Bonassies).

La seconde affaire *Corsica Ferries* concerne des droits de pilotage. Le tarif des droits perçus par les pilotes du port de Gênes, tarif approuvé par l'administration italienne, prévoyait des droits réduits de 30 % pour les navires effectuant des opérations de cabotage interne (trafic entre ports italiens). Dans un arrêt du 17 mai 1994 (*Recueil des arrêts* 1994.1812), la Cour de justice a vu dans la distinction ainsi établie, — laquelle avait joué, en la cause, au détriment des navires de Corsica Ferries assurant le trafic Gênes-Bastia —, une discrimination contraire au principe de libre prestation des services en matière maritime.

133. Cabotage national. Règlement du 7 décembre 1992. Cabotage îlien. — Nous l'avons relevé : le règlement de 1986 sur la libre circulation des services ne concernait pas ce que l'on appelle le *cabotage national*, les transports maritimes à l'intérieur d'un État membre (transport Marseille-Ajaccio, par exemple). Les problèmes posés par ces transports sont aujourd'hui résolus par un règlement du Conseil des communautés du 7 décembre 1992, le règlement n° 3577/92 « *concernant l'application du principe de la libre circulation des services au transport maritime à l'intérieur des États membres (cabotage maritime)* » (*JOCE* n° L. 364, 12 déc. 1992).

Ce texte institue dans le principe, à partir du 1er janvier 1993, la libre prestation des services de cabotage pour les armateurs communautaires (10). Il donne de la notion de cabotage national une définition très large, puisqu'elle inclut le « *cabotage continental* », transport par mer de passagers ou marchandises entre des ports situés sur le territoire principal d'un seul et même État membre (transport Dunkerque-Bordeaux) (11), les services d'approvisionnement « *off shore* », transport par mer entre tout port d'un État membre et les installations ou structures situées sur le plateau continental de cet État, enfin « *le cabotage avec les îles* » (transport Marseille-Corse ; Barcelone-Baléares), la notion d'île incluant les ports de Ceuta et Melilla (12). En revanche, le régime prévu par le règlement ne bénéficie qu'aux armateurs communautaires exploitant un navire immatriculé dans un État membre, et battant pavillon de cet État, ou les armateurs exploitant un navire immatriculé sur le registre *Euros* — quand celui-ci aura été mis en place (*infra*, n° 138). Il ne pourrait donc pas être revendiqué par l'armateur d'un navire battant pavillon du Panama ou des Bahamas.

(10) Sur la portée de la notion de libre prestation des services en matière de cabotage national, étant interdit à un État d'octroyer en la matière des concessions de longue durée, voir Cour de justice des Communautés européennes, 9 mars 2006, *DMF* 2006.536, obs. R. REZENTHEL.

(11) Sur l'application du règlement de 1992 à la navigation dans une *ria* espagnole, voir Cour de justice des Communautés européennes, 9 mars 2006, cité *supra*, note 10.

(12) Sur la notion d'île, et plus généralement sur la portée du règlement de 1992, voir Cour de justice des Communautés, 21 oct. 2004, *Commission c. République Hellénique*, *DMF* 2005.14, obs. P. BONASSIES, la Cour refusant le caractère d'*île* au Péloponnèse, ce malgré le creusement en 1890-1893 du canal de Corinthe.

Par ailleurs, le principe posé a été assorti de nombreuses limites ou dérogations, de longues périodes de transition étant prévues, le principe de libre circulation ne devant jouer à plein que le 1er janvier 1999, et étant même repoussé au 1er janvier 2004 pour la Grèce (13). Et surtout, le règlement de 1992 a prévu un régime spécial pour les navires pratiquant le cabotage avec les îles (cabotage îlien), régime très important pour la France en tant qu'il concerne le trafic continent-Corse.

Le régime particulier du *cabotage îlien*, imposé par la volonté des États méditerranéens (Espagne, France, Italie et Grèce, le Portugal appuyant leur position en raison de ses relations avec les Açores), se caractérise par deux traits fondamentaux.

En premier lieu, il est prévu par l'article 3, alinéa 2 du règlement que « *toutes les questions relatives à l'équipage relèvent de la responsabilité de l'État dans lequel le navire effectue un service de transport maritime (État d'accueil)* ». Ainsi, s'agissant d'un navire battant pavillon italien affecté au trafic France continentale-Corse, les règles concernant la composition des effectifs, la durée du travail, les salaires, voire le régime social sont les règles du droit français, et non celles du droit italien (14).

En second lieu, l'article 4 du règlement prévoit que l'État d'accueil (la France, pour le cas du trafic continent-Corse) peut conclure — concrètement, peut imposer — des contrats de service public aux compagnies participant à des services réguliers, ou, à tout le moins, leur imposer des *obligations de service public*, sur une base toutefois non discriminatoire. Et ces obligations pourront concerner des exigences quant aux ports à desservir, à la régularité, la continuité, la fréquence du service et la capacité à le prester, mais aussi quant aux tarifs pratiqués et à l'équipage (15).

Enfin, l'article 5 du règlement prévoit qu'en cas de perturbation grave du marché intérieur des transports due à la libération du cabotage, un État membre peut demander à la Commission d'adopter des mesures de sauvegarde, mesures qui pourront comporter l'exclusion temporaire de la zone concernée du champ d'application du règlement, la durée d'une telle exclusion n'excédant pas 12 mois (mais, sans doute, pouvant être renouvelée). — Le lecteur le perçoit, s'agissant du cabotage îlien, l'État d'accueil conserve largement la maîtrise du jeu.

134. Le règlement relatif aux pratiques tarifaires déloyales. — Le règlement relatif aux pratiques tarifaires déloyales dans les transports maritimes s'inspire de la réglementation existant en matière de *dumping*. En ce domaine,

(13) En septembre 2000, la Grèce a déclaré renoncer au privilège à elle accordé (privilège dont la légalité communautaire aurait pu être contestée). Le cabotage entre les îles grecques est donc désormais ouvert à toutes les flottes communautaires.

(14) Un décret du 16 mars 1999 (*Sem. jur.* 1999.III.20062) est venu préciser ici les exigences du droit français.

(15) S'agissant des conditions concernant l'équipage, on songe à des règles imposant à cet équipage, ou, en tout cas, à une partie importante de cet équipage, la connaissance de la langue française. Semblable exigence pourrait se fonder sur les dispositions de la directive communautaire du Conseil du 22 novembre 1994 (directive 94-58, *JOCE* 12 déc. 1994, n° L. 319), laquelle fait précisément référence, pour la formation du personnel des navires à passagers, aux connaissances linguistiques des marins.

les textes communautaires, repris de la réglementation du GATT, prévoient la possibilité pour les institutions communautaires d'appliquer des droits compensateurs à l'encontre des marchandises introduites en Communauté par un exportateur étranger, à un prix qui ne correspond pas à leur coût réel. Ce sont les mêmes règles qui s'appliqueront aux transports maritimes effectués à des taux de fret ne correspondant pas au coût réel du transport, mais d'une manière assez limitée.

Le règlement communautaire définit en effet assez étroitement ce qu'il entend par pratiques tarifaires déloyales. Il ne s'agit pas de taux de fret très bas, tels qu'ils peuvent être pratiqués par des compagnies exploitant des navires anciens avec un équipage sous-payé. Il s'agit de taux de fret inférieurs aux taux de fret normaux, mais seulement lorsque ces taux « *sont rendus possibles du fait que l'armateur concerné bénéficie d'avantages non commerciaux qui sont octroyés par un État qui n'est pas membre de la Communauté* » (le cas d'avantages éventuellement octroyés par un État membre de la Communauté devant être réglé sur la base des autres textes du droit communautaire, et en particulier des règles relatives aux aides d'État). Si une situation de ce type se présente, toute personne qui s'estime lésée peut formuler une plainte auprès de la Commission. Après consultation des représentants des États membres et enquête, la Commission peut proposer au Conseil d'instaurer un droit compensateur. Ce droit sera normalement égal à la différence entre le taux de fret effectivement pratiqué et le taux de fret normal.

Les sanctions ici prévues seront prises par le Conseil sur proposition de la Commission, après consultation d'un comité de représentants des États membres et instruction très complète diligentée par la Commission. Le Conseil statuera à la majorité qualifiée, mais, aux termes de l'article 12 du règlement du 22 décembre, il devra tenir compte non seulement des considérations de politique du commerce extérieur, mais aussi « *des intérêts portuaires et des considérations de* la *politique maritime des États membres concernés* », règle qui incitera certainement le Conseil à la prudence, l'empêchant de statuer contre l'opinion de l'un des grands États membres. D'autre part, on peut penser qu'un État qui serait en désaccord avec la proposition de la Commission pourrait invoquer ici les dispositions de l'article 71 alinéa 2 du Traité (ancien article 75-2), lesquelles exigent l'unanimité pour certaines décisions du Conseil concernant les transports et affectant particulièrement un État membre, dispositions applicables au domaine des transports maritimes (16).

135. Le règlement sur l'action coordonnée en vue de sauvegarder le libre accès au trafic transocéanique. — Ce dernier règlement est proche de la loi française du 24 décembre 1983 (*supra*, n° 103). Il vise à contrebattre les mesures prises par un pays tiers qui limiteraient ou risqueraient de limiter le libre accès des compagnies maritimes communautaires au transport des marchandises sur

(16) Pour un cas, le seul à ce jour, d'application du règlement, voir la décision du Conseil dans l'affaire *Hyundai*, règlement du 4 janvier 1989, *JOCE* 5 janv. 1989, où le Conseil précise la notion d'*avantages non commerciaux*, l'appliquant à des pratiques — classiques — de navigations réservées, transports réservés et aides diverses.

des trafics de lignes régulières ou des trafics ponctuels. Lorsqu'une telle mesure est constatée, les institutions communautaires peuvent décider d'une « action coordonnée ».

Cette action pourra prendre la forme mineure de représentations diplomatiques à l'adresse du pays concerné, mais aussi la forme plus efficace de contre-mesures, lesquelles pourront aller jusqu'à l'application d'un contingentement ou l'imposition de taxes ou de droits.

Tout comme le règlement sur les pratiques tarifaires déloyales, le règlement sur l'action coordonnée donne compétence au Conseil, statuant à la majorité qualifiée, sur proposition de la Commission. Mais en cette matière aussi le Conseil devra tenir compte « *des intérêts portuaires, et des considérations en matière de politique maritime des États membres concernés* ».

Toutefois, le règlement sur l'action coordonnée laisse aux États des possibilités d'action qui n'existent pas en matière de pratiques déloyales. D'une part, aux termes de son article 6, si le Conseil n'a pas adopté, dans un délai de deux mois, la proposition d'action coordonnée à lui présentée par la Commission, les États membres peuvent unilatéralement ou en groupe appliquer des mesures nationales. D'autre part, ces États peuvent, en cas d'urgence, prendre les mêmes mesures, lesquelles s'imposent alors à titre provisoire dans l'attente de la décision du Conseil. Ainsi, en cas d'urgence ou de retard du Conseil à statuer, la France pourrait appliquer provisoirement les dispositions de la loi du 24 décembre 1983. En revanche, si le Conseil décidait qu'il n'y a pas lieu de prendre de contre-mesures, la France serait certainement tenue de mettre fin aux mesures adoptées par elle, sauf pour elle à méconnaître le principe de la primauté du droit communautaire.

136. L'action de la Communauté après 1986. Sécurité de la navigation. — L'action des institutions communautaires dans le domaine maritime ne se limite pas aux règlements de 1986 ou aux textes qui sont venus les compléter. C'est ainsi que les institutions communautaires se sont largement associées au mouvement mondial pour la protection de l'environnement marin. Pareillement, la Communauté a décidé de développer, à côté de la politique générale de l'OMI, une politique propre de protection de la sécurité maritime. Cette politique, décidée dans une résolution du Conseil du 19 juin 1993, s'est exprimée dès le 13 septembre 1993 dans une directive imposant des conditions minimales à tout navire, même étranger à la Communauté, transportant des marchandises dangereuses ou polluantes, entrant ou sortant d'un port communautaire (directive 93-75, *JOCE* L. 247, 5 oct. 1993), ainsi qu'avec l'adoption, le 16 juin 1994, d'une directive sur le rapprochement des dispositions concernant la sécurité des bateaux de plaisance, — domaine échappant à la réglementation de l'OMI (*JOCE* L. 164, 30 juin 1994, 15). Elle a été complétée depuis 1994 par l'adoption de nombreux textes, directive complétant la directive du 13 septembre 1993 pour ce qui est des navires en simple transit ; directive sur la mise en place de critères communs et de procédures d'inspection identiques pour le contrôle des navires par l'État du port ; directive sur les administrations et organismes habilités à effectuer l'inspection et la visite des navires, directive propre à assurer la fiabilité des sociétés de classification — textes qui ont déjà été présentés au lecteur, ou le seront à leur place logique.

Le sinistre de l'*Erika* en novembre 1999 a encore affermi les institutions européennes dans leur volonté que soient mieux assurées la sécurité de la navigation et la protection de l'environnement. La Commission a regroupé en deux « paquets », dénommés *Erika I* et *Erika II*, les mesures à prendre, dont nombre ont déjà été mises à effet. C'est ainsi qu'ont été adoptées le 19 décembre 2001 une directive sur les sociétés de classification (*JOCE* L. 19 du 19 déc. 2001) ; le 27 juin 2002, la très importante directive sur le système de suivi du trafic des navires (*JOCE* L. 208, 5 août 2002 ; sur ce texte, voir *supra*, n° 46 et n° 47) ; un règlement du Parlement et du Conseil du 27 juin 2002 portait création de l'*Agence européenne de sécurité* (*JOCE* L. 208, 5 août 2002), tandis qu'un « paquet » *Erika III* a été adopté le 23 avril 2009 (17). Enfin, une directive du 21 octobre 2009 (directive 2009.123, *JOUE* L. 280 du 27 octobre 2009), modifiant la directive du 7 septembre 2005 (directive 2005.35, *JOUE* L. 255 du 7 septembre 2005), précise les sanctions que devront appliquer les États membres de l'Union aux infractions de pollution maritime, ce dans le respect des règles du droit international.

137. L'Agence européenne pour la sécurité maritime. Le Comité pour la sécurité maritime. — Après le sinistre de l'*Erika*, il est apparu nécessaire de créer, au plan européen, une structure de coordination de la lutte pour la sécurité maritime et contre la pollution. Eu égard à la structure politique de l'Europe communautaire, où chaque État entend conserver sa souveraineté pour la défense de ses côtes, il n'était guère possible d'envisager aujourd'hui la mise en place d'une *Coast guard* européenne, analogue à la *Coast guard* américaine. Il était seulement possible de mettre en place un organe permanent de coopération et de réflexion. C'est ce qu'a fait le règlement du 27 juin 2002 en créant l'*Agence européenne pour la sécurité maritime*.

Cette institution est d'abord appelée à seconder la Commission dans la préparation et l'élaboration de la législation communautaire dans le domaine de la sécurité maritime et de la prévention de la pollution. À cet effet, elle doit rassembler toutes informations sur la sécurité maritime et la pollution tant accidentelle qu'intentionnelle. Elle doit ensuite seconder la Commission dans la mise en œuvre de la réglementation en la matière, pouvant même procéder à des visites dans les États membres. Enfin, elle est appelée à coopérer avec les États membres. Dotée de la personnalité morale, elle est gérée par un conseil

(17) Ce « paquet », publié au *Journal officiel de l'Union européenne* du 28 mai 2009 (n° L. 133) contient en définitive peu de règles nouvelles. Pour l'essentiel, il met à jour, « refond », des textes antérieurs (textes sur les organismes d'inspection et de visite des navires, le système communautaire de suivi des navires) ou prévoit des mesures techniques sur les enquêtes après accident (*supra*, n° 100). Trois textes cependant sont nouveaux : une directive sur les obligations de l'État du pavillon (*infra*, n° 188 *bis*), une directive sur l'assurance des propriétaires de navire (*infra*, n° 454), enfin un règlement sur la responsabilité du transporteur de passagers (*infra*, n° 1231).

d'administration composé par un représentant de chaque État membre (pour la France, Monsieur Francis Vallat), lequel conseil désigne un directeur exécutif.

Quatre mois après la création de l'*Agence européenne pour la sécurité maritime*, un nouvel organisme maritime a été mis en place dans l'Union européenne, le *Comité pour la sécurité maritime et la prévention de la pollution par les navires* (COSS) (règlement du 5 nov. 2002, *JOCE* L. 324, 29 nov. 2002). Ce comité, créé dans le cadre des comités techniques qui assistent la Commission pour chacune des politiques communautaires, comprendra, sous la direction d'un représentant de la Commission, un représentant de chacun des États membres. Il devra être consulté chaque fois qu'un projet de texte concernant la sécurité de la navigation ou la prévention de la pollution (règlement, directive, résolution) sera rédigé par la Commission. Il en sera de même pour toute mesure de « gestion » prise en la matière (on pense ici, par exemple, à l'octroi ou au retrait de l'agrément d'une société de classification : voir *infra*, n° 200). La modestie de sa mission permet de penser qu'aucun conflit ne se produira entre lui et l'*Agence*, organe qui pourrait — et, sans doute, devrait — développer une politique personnelle.

138. Promotion de l'armement communautaire. — La politique de promotion de l'armement communautaire a connu, malgré les appels angoissés des armateurs communautaires, moins de succès. Le projet de création d'un « pavillon communautaire » n'a guère avancé, malgré l'adoption par la Commission d'un projet de règlement concernant le registre *Euros* (registre complémentaire, sur lequel pourraient être inscrits les navires des armateurs communautaires, qui bénéficieraient alors de conditions plus souples d'exploitation, leurs marins pouvant être employés conformément aux « normes internationales », et non aux normes nationales, beaucoup plus exigeantes). Les aides apportées par la Communauté aux marines des États membres sont pratiquement inexistantes.

139. Acte unique, Traité de Maastricht, Traité d'Amsterdam et Traité de Nice. Traité de Lisbonne. — Pour conclure, nous observerons que l'action des institutions communautaires a été rendue plus facile par l'entrée en application, le 1er juillet 1987, de l'*Acte unique*, traité ayant modifié le Traité de CEE. Le texte nouveau substitue la règle de la majorité qualifiée à la règle de l'unanimité dans certains domaines, notamment pour ce qui est de la politique des transports maritimes ou aériens (art. 84 nouveau du Traité de CEE, devenu l'article 80 du Traité sur l'Union européenne). La règle de la majorité n'a pas toutefois un caractère absolu. L'Acte unique déclarant les dispositions de l'article 75 du Traité (art. 71 nouveau) applicables aux transports maritimes, il en résulte que, en application dudit article, les dispositions « *portant sur les principes du régime des transports et dont l'application serait susceptible d'affecter gravement le niveau de vie et l'emploi dans certaines régions, ainsi que l'exploitation des équipements de transport* » sont arrêtées par le Conseil statuant à l'unanimité. L'avenir dira quelles difficultés est susceptible d'entraîner cette réserve, en matière maritime.

Par ailleurs, il résulte des dispositions de l'alinéa 1er de l'article 75 (devenu art. 71), rendues applicables aux transports maritimes et aériens par l'Acte unique, que les décisions en matière de transport maritime seront désormais prises « *sur proposition de la Commission* », ce qui n'était pas le cas auparavant. La chose est propre à conférer un poids beaucoup plus grand à la Commission dans la gestion des politiques maritimes, ce qui devrait aller dans le sens d'un développement plus affirmé de ces politiques.

S'agissant du *Traité de Maastricht*, aucune de ses dispositions ne concerne spécifiquement le domaine maritime. Toutefois, il ajoute un titre nouveau aux titres consacrés à la politique de la Communauté (troisième partie du Traité de Rome), titre consacré à l'*environnement*, lequel prévoit que le Conseil, statuant il est vrai à l'unanimité, pourra prendre toutes mesures nécessaires à la protection de l'environnement. Le *Traité d'Amsterdam* reprend, plus fortement encore, ce thème de l'environnement. Il l'intègre dans la définition de la mission générale de la Communauté, laquelle est désormais notamment de promouvoir un niveau élevé de protection et d'amélioration de la qualité de l'environnement (art. 2 nouveau). Il inscrit aussi ce thème dans les actions dévolues à la même Communauté, lesquelles incluent désormais une politique dans le domaine de l'environnement (art. 3, j). Enfin, il énonce, dans un nouvel article 6, que les exigences de la protection de l'environnement doivent être intégrées dans la définition et la mise en œuvre des politiques et actions de la Communauté, politiques qui incluent la politique commune dans le domaine des transports. Même si ce texte demeure quelque peu abstrait, il devrait faciliter la tâche des institutions communautaires dans la protection de l'environnement maritime.

Le Traité de Nice, qui concerne surtout la structure des institutions communautaires, n'apporte rien au droit maritime. Le Traité de Lisbonne consacre en revanche son Titre XX à l'environnement, y posant une série de principes généraux susceptibles d'affecter la politique maritime européenne, notamment sur le plan international.

140. Droit communautaire et répartition des compétences judiciaires et juridiques. — Dès l'adoption, en 1957, du Traité de Rome, ses rédacteurs avaient eu conscience des difficultés que pouvait susciter l'existence entre les États de la future Union de la *frontière normative* (18), du fait de l'autonomie totale, tant du système judiciaire de chacun, que de leur système législatif. Mais le Traité ne s'était avancé qu'avec prudence dans ce domaine, dominé par les susceptibilités nationales, son article 100 stipulant seulement que le Conseil, statuant à l'unanimité, arrêterait des directives pour le rapprochement des législations ayant une incidence directe sur l'établissement ou le fonctionnement du Marché commun. Devant l'imprécision du texte, ce fut d'abord par des conventions internationales « classiques » que les États de la Communauté s'attaquèrent au problème de la frontière normative, une première convention étant signe à Bruxelles dès 1968 sur la compétence judiciaire, la reconnaissance

(18) Voir P. BONASSIES, « La frontière normative et le Marché commun », in *Études Jauffret*, 1974, p. 99 et s.

et l'exécution des décisions de justice, une seconde convention étant signée à Rome le 19 juin 1980 sur la loi applicable aux obligations contractuelles. Les pouvoirs du Conseil ayant été accrus par le Traité d'Amsterdam du 2 octobre 1997, c'est désormais dans le cadre de *règlements* que le problème de la nécessaire harmonisation ou unification des législations est traité. Quatre règlements ont déjà été adoptés à ce jour. Le 22 décembre 2000 a été promulgué le règlement n° 44/2001 sur la compétence judiciaire et la reconnaissance des jugements, texte remplaçant la Convention de Bruxelles de 1968 (*JOCE* L. 12 du 16 janvier 2001). Le 11 juillet 2007 a été adopté le règlement n° 864-2007 sur la loi applicable aux obligations non contractuelles (*JOUE* L. 199 du 31 juillet 2007), règlement dit *Rome II*. Le 17 juin 2008 a été adopté le règlement n° 593/2008 sur la loi applicable aux obligations contractuelles, règlement remplaçant la Convention de Rome de 1980, et pour cela dit *Rome I* (*JOUE* L. 177 du 4 juillet 2008) (19). Enfin, le 23 avril 2009, était adopté le règlement n° 392/2009 sur la responsabilité des transporteurs de passagers par mer (*JOUE* L. 131 du 28 mai 2009).

Si le règlement du 23 avril 2009 a un caractère spécifiquement maritime, et fera l'objet d'une étude systématique dans le présent ouvrage (voir *infra*, n°s 1240 et s.), les trois autres règlements ici cités dépassent largement le domaine du droit maritime, ressortissant soit au droit de la procédure, soit au droit international privé. Il n'en reste pas moins que, un peu comme le droit de la mer, ils ont des incidences précises en droit maritime. Ces incidences seront évoquées chaque fois qu'il y aura lieu de le faire, étant seulement observé ici que le règlement Rome I et le règlement Rome II sur la loi applicable ne concernent pas seulement les conflits de lois intra-européens (entre le droit de deux États de la Communauté), mais aussi tout conflit de lois soumis aux juridictions de l'un des États membres, s'agissant, par exemple, d'un contrat de construction navale conclu entre un chantier français et un armateur coréen (20). Par ailleurs, nous noterons que le règlement 44/2001 sur la compétence contient une disposition spécifiquement maritime, concernant la compétence en matière d'assistance maritime (voir *infra*, n° 523).

Un dernier texte communautaire doit être signalé ici : c'est le Règlement n° 1346/2000 du 29 mai 2000 sur les procédures d'insolvabilité (*JOCE* L. 160 du 30 juin 2000), texte qui précise le droit applicable aux procédures d'insolvabilité (« faillite ») et les effets intra-communautaire des décisions judiciaires en la matière. Il contient une disposition proprement « maritime » : l'article 11 de ce règlement énonce que « *les effets de la procédure d'insolvabilité concernant les droits du débiteur sur bien immobilier, un navire ou un aéronef qui sont soumis*

(19) Le Royaume-Uni, bien qu'il n'ait pas participé à la rédaction du règlement, y a adhéré par lettre à la Commission du 24 juillet 2008 : décision de la Commission du 22 décembre 2008, *JOUE* L. 10, 15 janvier 2009.

(20) Cela pose la question de savoir si les textes du droit maritime français qui énoncent une règle de conflit, par exemple l'article 3 de la loi du 18 juin 1966 sur l'affrètement (*infra*, au n° 755), ou l'article 16 de la même loi (*infra*, n° 906), ne devraient pas être abrogés. La question, fort complexe et qui relève du droit général des conflits de lois, ne peut être traité ici. Nous dirons seulement que nous sommes, quant à nous, favorable à une telle abrogation. En tout cas, le juge français est certainement tenu d'écarter la règle de conflit du droit national, quand elle est contraire à la règle de conflit communautaire.

à l'inscription sur un registre public sont régis par la loi de l'État membre sous l'autorité duquel ce registre est tenu » (21).

141. Droit maritime et Convention européenne des droits de l'homme. — Dans la mesure où elle protège la personne humaine, la Convention européenne des droits de l'homme avait dès l'origine vocation à s'appliquer aux marins. Dans la mesure où elle protège aujourd'hui la *propriété* (article 1 du Protocole n° 1), elle a vocation à s'appliquer aux navires, comme aux intérêts divers que la navigation maritime met en jeu. Et, de fait, plusieurs décisions récentes de la Cour européenne des droits de l'homme concernent des affaires maritimes. C'est ainsi que, dans une décision du 10 juillet 2008, à la suite de l'arraisonnement en haute mer du navire *Winner* par la marine française (22), la Cour européenne des droits de l'homme a condamné la France pour fondement insuffisant de la privation de liberté infligée aux marins du navire, et pour durée excessive de cette privation (*D.* 2008. 3066 et *D.* 2009.600). Dans un arrêt du 3 mai 2007, c'est la Cour de cassation qui déclare contraire aux dispositions de la Convention européenne l'article R. 21 du Code des pensions (23).

Il est certain que, de même que le droit communautaire pénètre aujourd'hui de très nombreux domaines du droit maritime, demain les références à la Convention européenne se multiplieront (24).

En revanche, dans un arrêt du 8 janvier 2009, la Cour européenne des droits de l'homme décide que la caution de 3 millions d'euros imposée par le juge espagnol au capitaine du navire *Prestige* (voir *supra*, n° 4) n'était pas d'un montant disproportionné (*D.* 2009, 2448, note G. Trébulle).

N°s 142 à 143 : réservés.

(21) Sur le règlement du 29 mai 2000, voir J.P. RÉMERY, « *Faillite* » *internationale et droit maritime, DMF* 2009.487 ; voir aussi *infra*, n° 623.

(22) Voir *supra*, note 73.

(23) *DMF* 2008/329, obs. P. CHAUMETTE et P. BONASSIES, *DMF* 2009, Hors-série n° 13, au n° 48.

(24) Voir la référence à la Convention faite par nous sous l'arrêt *Belstar*, *DMF* 1984. 608 et *infra*, n° 622. — En revanche, on peut regretter que, dans une décision du 22 janvier 2008, la Cour européenne elle-même ait refusé de recevoir le recours de marins « naufragés » dans un port bulgare — ce pour des raisons strictement procédurales (*DMF* 2008.883, obs. P. CHAUMETTE et P. BONASSIES, *DMF* 2009, Hors-série n° 13, au n° 43.

DEUXIÈME PARTIE

DROIT MARITIME GÉNÉRAL

Cette partie comprendra trois titres, un titre premier consacré au navire, objet central du droit maritime comme il est l'objet des actions de l'entreprise maritime, un titre deuxième consacré à l'entreprise maritime, un titre troisième consacré aux entreprises auxiliaires de l'entreprise maritime.

TITRE 1

LE NAVIRE

144. Observations générales. Plan. — Le navire, en droit classique tout au moins, est au centre du droit maritime ; il est l'élément autour duquel s'organisent les règles spécifiques de ce droit. C'est ainsi que la limitation de responsabilité ne bénéficie qu'aux propriétaires de *navires*. Le contrat d'affrètement est le contrat par lequel le fréteur s'engage à mettre un *navire* à la disposition de l'affréteur (1).

Le statut du navire est régi en droit français par la loi 67-5 du 3 janvier 1967 et le décret complémentaire 67-967 du 27 octobre 1967. Ces textes, et les autres dispositions concernant le navire, font de celui-ci un bien fortement individualisé, et un bien qui fait l'objet d'un contrôle spécifique. Aucun de ces textes cependant ne donne une définition du navire. Il importe donc de s'interroger sur la notion de navire, avant d'étudier, d'une part le navire, bien individualisé, d'autre part le navire, bien contrôlé, enfin les contrats concernant le navire. Sur le navire en général, voir Emmanuel du Pontavice, *Le statut des navires*, 1976.

(1) La Convention de 1910 sur l'assistance définissait aussi l'assistance maritime comme un service rendu à un *navire de mer*. La référence à la notion de navire a perdu beaucoup de son intérêt dans la nouvelle Convention sur l'assistance maritime de 1989 (*infra*, n°s 479 et s.), l'assistance devenant tout acte pour assister un navire ou tout autre bien.

CHAPITRE 1

LA NOTION DE NAVIRE

Comme chaque fois qu'une notion est en cause, il importe d'en préciser le domaine (extension) et le contenu (compréhension).

§ 1. — *Extension de la notion de navire*

145. Diversité de la notion de navire. — Il n'existe en droit français, à l'inverse de certains droits étrangers, aucune définition du navire. Il n'existe que des définitions spécifiques à telle ou telle institution, et un critère administratif — celui de la francisation —, ni ces définitions ni ce critère ne suffisant à cerner la notion de navire.

S'agissant des *définitions particulières* à telle institution, elles sont très variables. C'est ainsi que la loi du 5 juillet 1983, texte qui concerne la sauvegarde de la vie humaine en mer, l'habitabilité à bord des navires et la prévention de la pollution, énonce que « *sont considérés comme navires tout bâtiment de mer quel qu'il soit, y compris les engins flottants, qui effectue une navigation de surface ou sous-marine ou qui stationne en mer* [ou dans des eaux dépendant du domaine public maritime], *à l'exclusion des engins de plage* ». Le décret du 7 août 1967, précisant le statut des marins, adopte une définition moins large, n'appliquant la notion de navire qu'aux engins flottants effectuant une navigation maritime. La Convention de 1972 sur les Règles internationales pour prévenir les abordages en mer — pour se référer à un texte international — définit le navire comme « *tout engin ou tout appareil de quelque nature que ce soit, y compris les engins sans tirant d'eau et les hydravions, utilisé ou susceptible d'être utilisé comme moyen de transport sur l'eau* ». L'article 2 de la Convention de 1969 sur le droit d'intervention des États en haute mer (*supra*, n° 74) déclare que l'expression navire doit s'entendre « *(a) de tout bâtiment de mer, quel qu'il soit, et (b) de tout engin flottant, à l'exception des installations ou autres dispositifs utilisés pour l'exploration des fonds des mers, des océans et de leur sous-sol ou l'exploitation de leurs ressources* ». On ne peut tirer aucune conclusion de textes aussi divers et qui, manifestement, ont un objet limité, purement fonctionnel : celui de prévoir le domaine d'application de telle ou telle institution spécifique. La dernière convention maritime, la Convention de Hong Kong du 3 octobre 2008 sur le recyclage des navires adopte une notion particulièrement large du navire, défini comme « *un bâtiment de quelque type que ce soit exploité ou ayant été exploité en milieu marin* » (article 2), y inclus les engins submersibles et toutes les structures de production, stockage ou déchargement des hydrocarbures.

Il en est de même du critère administratif de la *francisation* (*infra*, n° 184). Certes, la francisation est un élément important dans la détermination du statut du navire. Mais elle n'est pas un élément décisif. En effet, ce ne sont pas seulement les navires qui sont francisés, mais aussi, par assimilation administrative, tous autres engins maritimes, voire des structures qui ne peuvent en aucun cas être qualifiées de navires, tel les plates-formes ou engins d'exploration ou d'exploitation du plateau continental (1).

146. Nécessité d'une définition. — Et cependant, il est indispensable de préciser la notion de navire. Car l'image classique du navire est attaquée en quelque sorte des deux bords. D'une part, on a vu se multiplier des engins de petite dimension, souvent à usage de loisir : canots pneumatiques, scooters des mers, pédalos, planches à voile. À l'opposé, sont apparus des engins de très grande dimension, telles les plates-formes de forage ou les usines flottantes. À propos de chacun d'eux, la même question se pose ou peut se poser (2). Par ailleurs, même si de nombreux textes suppriment le problème en définissant clairement ce qu'ils entendent par navire (voir les textes cités *supra*, n° 145), certains textes, parfois importants, demeurent muets, et notamment la Convention de 1976 sur la limitation de responsabilité en matière de créances maritimes (*infra*, n°s 404 et s.), qui s'applique au propriétaire ou affréteur de *navire*, sans qu'aucune définition du navire ne soit donnée.

Pour tenter de définir le navire, nous avancerons successivement quatre propositions, la première négative, les autres positives.

147. Navire et dimension. — La première de ces propositions est négative : la notion de *dimension* ne joue aucun rôle direct dans la définition du navire.

À la différence de certaines législations, qui excluent de la notion de navire les bâtiments de petite dimension, par exemple les bâtiments de deux « tonneaux » de jauge, en droit français, même l'embarcation de pêche ou de plaisance la plus légère est susceptible d'apparaître comme un navire. La règle a été affirmée par la Cour de cassation dès 1844 à propos de bâtiments de pêche (20 févr. 1844, *Sirey* 1844.1.97, la Cour étendant la qualification de navire à tous « *bâtiments de*

(1) Ces divers engins peuvent faire l'objet d'une hypothèque maritime — ce qui suppose leur francisation : voir L. ABALÉA, *Les installations flottantes de production, de stockage et de déchargement*, mémoire CDMT, Aix-en-Provence, 2004.

(2) Voir, par exemple pour les planches à voile, Rennes du 4 mai 1982 (*DMF* 1983, 40, n. Y. TASSEL et Y.-M. LE JEAN) et 7 mai 1991 (*DMF* 1992.142, n. Y. TASSEL et R. LE BRUN) ; pour les plates-formes de forage, le problème de leur nature juridique (navire ou simple engin nautique, ne bénéficiant pas du régime appliqué aux navires dans les détroits) s'est posé dans l'affaire du détroit du Grand-Belt : *supra*, n° 57, note 56.

mer quelle que soit leur dimension »). Elle se retrouve dans un arrêt de la même Cour du 24 décembre 1972, à propos d'un zodiac (navire *Gipsy II*, *DMF* 1973, 160).

Cependant, une réglementation administrative, qui pouvait naguère se fonder sur le décret du 9 juillet 1962 concernant la sécurité des embarcations de plaisance d'une jauge brute inférieure à 2 tonneaux et qui se fonde aujourd'hui sur l'article 2 de la loi du 5 juillet 1983 concernant la sauvegarde de la vie en mer (*D.* 1983.334), exclut de la catégorie des navires certains engins légers, dénommés *engins de plage*. Il s'agit plus précisément des périssoires et kayaks, ainsi que des embarcations rigides, à voiles ou à moteur, dont le produit des trois dimensions, prises extérieurement et exprimées en mètres (longueur, largeur et creux), est inférieur à 2, ou dont la largeur est inférieure à 1 mètre 20. Mais cette réglementation ne paraît pas avoir de valeur juridique déterminante, comme l'implique une décision de la Cour de cassation du 6 décembre 1976 (canot *Poupin Sport*, *DMF* 1977.513).

Dans cette espèce, le propriétaire d'une petite embarcation à moteur était parti en mer pour une partie de pêche, emmenant avec lui son fils, l'un de ses amis et le fils de celui-ci. Le vent s'étant levé, l'embarcation se retourna et les deux adultes périrent. La veuve de l'invité ayant exercé une action en responsabilité contre l'assureur du propriétaire, le problème se posait de savoir si cet assureur pouvait invoquer la limitation de responsabilité dont bénéficie le propriétaire de navire. Pour écarter les prétentions de l'assureur, la Cour de Grenoble se référa aux critères administratifs et décida que le produit des trois dimensions de l'engin faisant apparaître un coefficient inférieur à 2, il ne pouvait être qualifié de navire. Un pourvoi ayant été formé par la compagnie d'assurances, la Cour de cassation l'a rejeté, mais sans reprendre la motivation de la Cour de Grenoble. Pour la Cour de cassation, ce qui justifie la décision des juges d'appel, c'est l'observation faite par ces juges que « *le faible poids (de l'embarcation), son apparence frêle, et le peu de hauteur de sa coque par rapport à la ligne de flottaison limitait son emploi à celui d'un engin de plage* ». Pour la Cour, la référence faite par les juges d'appel aux critères administratifs n'avait ainsi pas de valeur directe, mais seulement une valeur indirecte, établissant l'inaptitude de l'engin en cause à une vraie « vie maritime » (3).

148. Le navire, engin flottant. — En revanche, et c'est notre deuxième proposition, ce qui est indispensable à l'attribution de la qualité de navire, c'est le caractère d'*engin flottant*, en surface ou en profondeur.

La restriction de la notion de navire aux seuls engins flottants n'a jamais été contestée. Aussi bien la règle est-elle affirmée par tous les textes déterminant le domaine d'application des réglementations maritimes les plus diverses. Elle

(3) Pareillement, ce n'est pas à la dimension de l'engin que se réfère directement la Cour de Caen pour refuser la qualification de navire à un zodiac, dans un arrêt du 12 septembre 1991 (*DMF* 1993.50, n. A. TINAYRE et obs. P. BONASSIES, *DMF* 1993.20). C'est à l'observation que « *le zodiac est une embarcation frêle, construite en matériau léger, qui n'est pas conçue pour effectuer des expéditions maritimes et dont le rayon d'action est nécessairement limité en raison de l'impossibilité de stocker à bord du carburant* ».

permet d'appliquer la qualification de navire aussi bien aux engins qui naviguent en surface qu'aux engins sous-marins, sous-marins militaires, mais aussi sous-marins à usage civil, qui, aujourd'hui, ont tendance à se multiplier (4).

Il en résulte qu'un engin qui se déplace sur le fond des mers, sans pouvoir quitter le sol (par exemple une « ensouilleuse », engin d'enfouissement d'un *pipeline*), n'est pas un navire.

149. Hydroglisseurs et aéroglisseurs. Hydravions. — L'application de la notion de navire en tant que limitée aux engins flottants soulève toutefois aujourd'hui des difficultés pour les engins de la catégorie des hydroglisseurs ou aéroglisseurs, tel le naviplane. D'une manière générale, la tendance des réglementations maritimes est de les assimiler à des navires, comme le fait, entre autres, la loi du 26 novembre 1966 concernant le délit de fuite en mer, le texte visant « *tout navire hydroglisseur, aéroglisseur, ou tout autre engin flottant* » (5). Dans le même sens, dans un arrêt du 19 septembre 1979 (*Hoverlord contre État français*, *D.* 1980.318), le Conseil d'État a décidé que les droits de port concernant les navires étaient applicables aux aéroglisseurs fréquentant le port de Calais. Et si la Convention de 1976 sur la limitation de responsabilité stipule, dans son article 16, qu'elle n'est pas applicable aux aéroglisseurs, c'est parce que les rédacteurs de ce texte n'ont pas voulu anticiper sur un projet de convention internationale concernant le statut spécifique des aéroglisseurs.

Cette tendance du droit positif a été critiquée par le Doyen Rodière (note au *Dalloz* 1980, cité *supra*). Pour cet auteur, « *il n'est pas permis de qualifier d'engin flottant une structure dont on a (vu) qu'elle s'élevait au-dessus de l'eau ; ou bien on appellera camion ou locomotive un hélicoptère qui s'élève par effet de pression sur la terre...* ». Nous avouons ne pas partager une telle analyse. Un hydroglisseur nous apparaît, par essence même, un engin flottant. Moteur arrêté, il flotte ; s'il se déplace par l'intermédiaire d'un coussin d'air, c'est parce que, en se déplaçant, il conserve, serait-ce par l'intermédiaire de son coussin d'air, sa flottabilité fondamentale.

Le statut de l'*hydravion* est plus malaisé à cerner. Quand il évolue dans une rade maritime, il apparaît comme un engin flottant, et l'application de certaines règles du droit maritime (par exemple du régime de l'abordage) pourrait être envisagée. Mais, pour l'essentiel, parce qu'il n'est pas un engin maritime mais aérien, on hésitera à voir en lui un navire, notamment quant à l'application de la limitation de responsabilité. De surcroît, il n'apparaît pas comme exerçant son activité habituelle dans les eaux maritimes — autre condition de la qualification de navire.

150. Navire et eaux maritimes. — Tout engin flottant n'est pas en effet nécessairement un navire. Et ici apparaît une troisième proposition. On ne peut

(4) Voir les intéressantes informations apportées ici dans le mémoire d'Olivier DUSSOL, *Le régime juridique applicable aux sous-marins civils*, CDMT Aix-en-Provence, 2000.

(5) Voir aussi le décret du 23 juillet 1967 appliquant le Code des douanes aux aéroglisseurs (*JO* 2 avr. 1967), ainsi que de nombreux textes en matière de sécurité (*Juris-classeur commercial*, vol. 5, V° *Navire*, par E. DU PONTAVICE et P. CORDIER, n° 41 et les références).

parler de navire qu'à propos des engins exerçant leur activité habituelle dans les *eaux maritimes*.

Nous rencontrons à ce point une distinction fondamentale en droit français, la distinction entre les *navires* et les *bateaux de navigation intérieure*, distinction qui découle d'une distinction plus générale entre le droit maritime et le droit fluvial.

On pourrait concevoir qu'un régime unique s'appliquât aux activités maritimes et fluviales, et de fait c'est le principe adopté par certains systèmes, tel, sur nombre de points, le droit américain (6). Le droit français est à l'opposé de cette conception. Même si le droit fluvial a aujourd'hui emprunté nombre de règles au droit maritime, les deux systèmes demeurent séparés.

Concrètement, la détermination de la navigation habituelle d'un bâtiment, aux fins de le qualifier de navire ou de bateau de navigation intérieure, distinction qui a soulevé beaucoup de difficultés dans les temps passés, est aujourd'hui simplifiée par le système de l'*immatriculation*. Tous les engins maritimes sont francisés et immatriculés auprès de l'administration maritime comme navires. La très grande majorité des engins non maritimes sont immatriculés comme engins fluviaux auprès de l'administration de l'équipement. Reste toutefois le problème du navire qui effectue une navigation dans des eaux non maritimes, ou celui de l'engin fluvial qui effectue une navigation dans les eaux non maritimes.

Dans notre opinion, il faut considérer que, sauf circonstances tout à fait exceptionnelles, le bâtiment concerné conserve, dans une telle hypothèse, son statut originaire. L'engin fluvial qui effectue une navigation en eaux maritimes une fois par semaine, voire même plusieurs fois par semaine, conserve son statut d'engin fluvial, même s'il doit, à l'évidence, obéir à la réglementation maritime de la navigation lors de ses déplacements en eaux maritimes. Son exploitant, propriétaire d'un engin fluvial, ne bénéficie pas de la limitation de responsabilité accordée au propriétaire de navire et il en est réciproquement de même de la situation du navire qui effectue, même fréquemment, des navigations en eaux fluviales (navire de mer remontant le Rhône jusqu'à Lyon) (7). Subsiste alors le cas limite, par exemple celui d'un remorqueur maritime qui ne travaillerait plus qu'en eaux fluviales, ayant définitivement abandonné son port d'attache. Dans une telle hypothèse, on pourrait, à l'extrême, admettre qu'il a perdu sa qualité de navire, — et que, de ce chef, son armateur ne peut plus, par exemple, bénéficier de la limitation de responsabilité des propriétaires de navire.

La distinction entre navire et bateau de rivière faite par le droit français, n'est pas seulement d'ordre administratif. Elle peut se fonder sur une raison plus profonde, à savoir que si un bateau de rivière ne peut être assimilé à un navire, c'est parce qu'il n'est pas exposé aux risques de la navigation maritime —

(6) De nombreuses règles du droit américain ne concernent en effet que les navires de mer (*sea going vessels*), ou ne s'appliquent qu'au transport de marchandises par mer. Mais la notion clef d'*admiralty jurisdiction* s'étend, outre les eaux maritimes, sur toutes les eaux navigables reliées à la mer.

(7) Voir en ce sens, Cass. 4 oct. 2005, navire *Laura*, *DMF* 2006.118, rapp. DE MONTEYNARD, obs. Ph. DELEBECQUE, appliquant la limitation de responsabilité à l'occasion d'une navigation fluviale.

risques dont nous avons vu qu'ils sont le fondement même du droit maritime (8). Plus généralement, un engin nautique ne mérite la qualification de navire que s'il est apte à affronter les risques de la mer.

151. Navire et aptitude à affronter les risques de la mer. — Reste une dernière proposition, laquelle est fondamentale : tout engin flottant, même exerçant habituellement son activité dans les eaux maritimes, n'est pas un navire dès lors qu'il n'est pas apte à affronter les risques de la mer.

Tel est sans doute, en définitive, le critère ultime du navire : *l'aptitude à affronter les risques de la mer*. C'est ce critère qui transparaît dans la décision de la Cour de cassation du 6 décembre 1976 concernant le bateau *Poupin Sport* (citée *supra*, n° 147) (9). C'est parce que sa structure limitait l'emploi de l'embarcation en cause « *à celui d'un engin de plage* », incapable d'affronter la mer libre, que cet engin n'a pas été admis à la qualité d'un navire. Pareillement, c'est parce que, selon elle, « *le zodiac est une embarcation frêle, construite en matériau léger, qui n'est pas conçue pour effectuer des expéditions maritimes* » que la Cour de Caen refuse la qualification de navire à un *zodiac*, le *Zef*, dans un arrêt du 12 septembre 1991 (*supra*, note 3). C'est aussi parce qu'il est apte à affronter les risques de la mer que nous reconnaîtrions la qualité de navire à un *scooter des mers* (10).

Si l'accord est unanime sur le principe, des divergences peuvent cependant apparaître quant à son application. Tout d'abord, l'appréciation par les tribunaux de l'aptitude d'un engin à affronter les risques de la mer demeure très subjective, — et souvent marquée par un souci d'équité. C'est pour permettre aux victimes d'éviter les conséquences de l'application des règles sur la limitation de responsabilité que les juges, dans l'affaire du *Zef* et peut-être aussi dans celle du *Poupin Sport*, ont refusé la qualification de navire à l'engin de plaisance en cause (11).

Par ailleurs, et plus fondamentalement, on peut hésiter sur le point de savoir si un navire ne doit pas être apte à affronter les risques de la mer d'une manière autonome.

152. Navire et autonomie de conduite. — Pour certains, la notion de navire implique l'autonomie de conduite. Un navire peut être équipé d'un moteur, équipé d'une voile, il peut être manœuvré aux avirons. Il est autonome. Dans cette conception, on refusera la qualification de navire à un engin de servitude,

(8) Voir, se référant cumulativement au critère des eaux fréquentées et à celui de l'exposition aux risques de la mer, Rouen, 30 nov. 2000, qui refuse d'appliquer les règles de l'abordage maritime à la collision entre un bac fluvial et un ponton-barge (*DMF* 2001.470, obs. C. NAVARRE-LAROCHE).

(9) Dans le même sens, Aix-en-Provence, 4 décembre 2007, écartant la qualification de navire pour un « chaland à clapet », au motif qu'il n'était pas apte à affronter les dangers de la mer (*DMF* 2008.730, obs. Y. TASSEL).

(10) Comparer, pour l'application de la qualité de *bateau*, et non celle de simple engin fluvial, à un *jet-ski* fluvial, Cass. 5 nov. 2003, *Sem. jur.* 2004.II.10166, n. Ch. LÈVREMONT et obs. P. BONASSIES, *DMF* 2005, Hors-série n° 9, au n° 46 ; mais c'est la position opposée qui a été adoptée par la *Court of Appeal* de Londres le 8 décembre 2005 : *Lloyd's Law Reports*, 2006.I.432, décision confirmée par la Chambre des Lords le 21 mars 2006 : *Lloyd's List* 22 mars 2006.

(11) Réciproquement, c'est sans doute pour pouvoir appliquer au heurt de deux planches à voile un régime de responsabilité jugé par elle plus équitable que la Cour de Rennes a vu dans lesdites planches un navire (4 mai 1982, cité *supra*, note 3) ; mais voir, *contra*, refusant la qualification de navire, Montpellier, 17 mars 1986, *Bulletin d'informations de la Cour de cassation* 1986, n° 380.

voire même à un chaland qui ne peut affronter la mer que tracté par un remorqueur. Et c'est un peu cette idée que l'on retrouve dans un arrêt de la Cour de cassation du 22 décembre 1958 ayant rejeté le pourvoi formé contre un jugement qui avait refusé la qualité de navire à une barque de plonge « *dépourvue de tout moyen de propulsion* » (*DMF* 1959.217).

À l'opposé, une partie importante de la doctrine considère que la notion de navire peut s'appliquer même à un engin remorqué, dès lors que, par sa structure, cet engin est normalement apte à affronter les risques de la mer. C'est d'ailleurs la solution que l'on retrouve dans certains textes, tel l'article 13 du Code maritime de la République algérienne, lequel énonce que « *est considéré comme navire tout bâtiment de mer ou engin flottant effectuant une navigation maritime, soit par son propre moyen, soit par remorque d'un autre navire* » (voir aussi dans le même sens, Conseil d'État, 27 avr. 1988, *DMF* 1989.94, conclusions Guillaume et note R. Rézenthel).

Pour notre part, et quelle que soit l'importance de la doctrine en sens opposé, il nous paraît difficile de ne pas exiger d'un navire un minimum d'autonomie pour affronter les risques de la mer. Un chaland tracté, un engin de forage maritime peuvent être des engins nautiques, des « *bâtiments de mer* ». Ils ne sont pas des navires.

La place éminente de ce que l'on pourrait appeler le critère de l'aptitude maritime dans la définition du navire a des conséquences immédiates. Le navire devenu définitivement inapte à affronter les risques de la mer, le navire devenu définitivement et irrémédiablement *innavigable*, perd la qualité de navire. Il devient autre chose, soit une épave s'il est abandonné et gît au fond de l'eau, soit un simple engin, s'il est utilisé à d'autres fins que la navigation (*infra*, n° 159).

153. Unité ou diversité de la notion de navire. Classement des navires. — Tout engin répondant aux critères évoqués ci-dessus est un navire, pleinement soumis aux règles du droit maritime. Mais à l'intérieur de la notion de navire des classes peuvent être distinguées, entraînant l'application, parfois de règles juridiques, le plus souvent, de réglementations administratives différentes. C'est ainsi qu'aux navires privés, on opposera les navires publics, soit navires de guerre, soit navires affectés à un service public d'État, tels les navires employés par le service des ponts et chaussées. Dans la classe des navires privés, on distinguera navires transporteurs de passagers, navires de charge (vracquiers, pétroliers, chimiquiers et autres), navires de pêche et navires de plaisance, parmi lesquels les textes sur la sécurité de la navigation classent les navires à usage personnel, les navires de formation, les navires à utilisation collective (12).

Selon le type de navigation effectuée, on distinguera d'abord les navires qui pratiquent la navigation côtière, qui n'ont pas plus de 300 unités de jauge et ne s'éloignent pas de plus de 100 milles marins de leur port d'attache. Puis on distinguera les navires qui font du cabotage, soit petit cabotage entre deux ports

(12) En 2003, une nouvelle catégorie est apparue, celle des « *embarcations mues exclusivement par l'énergie humaine* » : arrêté du 4 août 2003, *JORF* 2003, 15055 et obs. P. Bonassies, *DMF* 2004, Hors-série n° 88, au n° 10.

français ou grand cabotage qui inclut une zone très vaste atteignant l'Algérie ou le Maroc. Au-delà de ces zones, on parlera de navigation au long cours. À ces distinctions, correspondent des règles de sécurité et des conditions de diplôme différentes, tandis que la taille même des navires pourra être prise en considération, telle règle de sécurité ne s'appliquant qu'aux navires de plus de 500 unités de jauge, telle autre aux navires de plus de 25 mètres de long.

154. Bâtiments de mer et droit maritime. — Même s'il apparaît fondé d'adopter une définition restrictive du navire, excluant les engins non autonomes, il reste que la tendance du droit contemporain est d'étendre le domaine d'application des règles du droit maritime bien au-delà des navires, à tous les engins nautiques utilisés dans les eaux maritimes, à tous les « bâtiments de mer » autres que les navires (voir E. du Pontavice et P. Cordier, *Juris-Classeur commercial*, fascicule 1050, « *Autres bâtiments de mer* »).

Cette tendance s'exprime déjà dans les textes, telle la loi du 3 janvier 1967 sur le statut « des navires et autres bâtiments de mer », laquelle autorise la constitution d'une hypothèque maritime sur tous « *navires et autres bâtiments de mer francisés* », ou la loi du 7 juillet 1967 sur les événements de mer, laquelle, en matière d'abordage, assimile largement aux navires les « *engins flottants* » maritimes. Elle s'exprime aussi dans de nombreux projets de conventions internationales, tel le projet de convention sur le statut des plates-formes de forage, prévoyant l'application aux plates-formes de forage des conventions internationales concernant l'abordage, l'assistance maritime, les hypothèques et privilèges maritimes, la limitation de responsabilité des propriétaires de navires, la responsabilité pour pollution.

Le droit maritime tend ainsi à ne plus être seulement le droit des navires et de leur exploitation, mais, plus généralement, le droit des engins nautiques ou bâtiments de mer.

§ 2. — *Le contenu de la notion de navire*

155. Notion matérielle du navire. — Le contenu de la notion de navire doit d'abord être déterminé au point de vue matériel.

D'une manière générale, on considère que le navire est « *une entité qui est composée de plusieurs éléments* » (P. Chauveau, *Droit maritime*, n° 156). Il comprend, d'une part la coque, d'autre part les agrès, apparaux et accessoires, c'est-à-dire toutes les machines et tous les instruments qui servent à sa propulsion, à sa manœuvre et à sa conduite (13).

L'unité établie par la notion de navire entre ses divers éléments fait que les contrats concernant le navire (vente, location), ou les droits portant sur le navire

(13) Pour une intéressante analyse des avitaillements comme ressortissant aux apparaux du navire — et, par là, comme un élément du navire, voir Ch. TELCIDE, *L'avitaillement du navire*, Thèse Aix-en-Provence, 2006 ; au XIXe siècle, Frédéric Mistral voyait dans sa thèse de licence, soutenue en 1851 devant la Faculté de droit d'Aix-en-Provence, les *armes* présentes sur un navire comme des apparaux indispensables à sa sécurité.

(hypothèques, privilèges) s'appliquent non seulement à la coque et aux machines mais aux autres apparaux, agrès et accessoires. Il reste que si l'un de ces éléments est détaché du navire, il peut vivre de sa vie propre. L'embarcation de sauvetage ou d'assistance détachée du navire devient un navire autonome soumis aux règles du droit maritime. La poulie qui se détache d'un mât devient sans doute une chose du droit commun, à l'action de laquelle on devrait appliquer l'article 1384 du Code civil et non la réglementation de l'abordage — comme il en est des fruits, *immeubles* tans qu'ils sont rattachés à l'arbre, mais qui deviennent des *meubles* dès qu'ils s'en détachent (article 520 du Code civil).

156. Notion juridique du navire. Le navire comme meuble. — Le contenu de la notion de navire doit ensuite être précisé du point de vue juridique.

Du point de vue juridique, le navire apparaît d'abord comme un *meuble*, la règle étant affirmée par l'article 531 du Code civil (14). À la vérité, la définition du navire comme un meuble a des conséquences très limitées. Lorsque le propriétaire du navire est une personne physique, cette définition peut avoir des incidences successorales (par exemple, en cas de legs de tous les meubles), mais elle a perdu les incidences qu'elle avait en droit matrimonial avec le remplacement de la communauté des meubles et acquêts par la communauté d'acquêts. D'un point de vue plus économique, la qualification de meuble soumet le navire aux privilèges mobiliers de droit commun, règle rappelée par l'article 33 de la loi du 3 janvier 1967. Mais, comme on le verra, ces privilèges peuvent rarement s'exercer, étant primés par les hypothèques grevant le navire, et surtout par les privilèges maritimes (*infra*, n° 566).

Meuble, le navire est par ailleurs soumis à un statut original, et ce à un double titre.

157. Le navire comme meuble à statut spécial. — L'idée que le meuble-navire méritait un statut spécial figurait déjà dans l'article 531 du Code civil, texte énonçant que la saisie des navires — comme celle d'autres meubles, dont les bateaux — « *peut cependant, à cause de leur importance, être soumise à des formes particulières* », formes renvoyées au futur Code de procédure civile. Et l'idée, avec le temps, a été développée par le droit maritime.

C'est ainsi que, en premier lieu, un régime spécifique est applicable au navire dans nombre de situations. Le propriétaire ou l'exploitant du navire bénéficie de la limitation de responsabilité. L'abordage causé par le navire échappe au droit commun pour être soumis à des règles spécifiques. L'article 2279 du Code civil n'est pas applicable aux navires, ce qui le rapproche des immeubles, lesquels, comme lui, échappent à ce texte.

Bien meuble, le navire est souvent un meuble de grande valeur économique, et là encore, le droit le rapproche de l'immeuble. Comme les immeubles il est individualisé et identifié à travers une procédure spécifique (*infra*, nos 184 et s.). Le navire peut faire l'objet d'hypothèques. La saisie du navire est

(14) Le texte énonçant que sont meubles les bateaux, bacs et navires (ainsi que les moulins et bains sur bateaux).

traditionnellement soumise à une procédure particulière (la chose remonte à l'Ordonnance de la Marine de 1681), plus proche de la saisie immobilière que de la saisie mobilière.

Ainsi à mi-chemin des meubles et des immeubles, le navire a aussi parfois été rapproché des *personnes*, en tant que bien fortement individualisé.

158. Le navire comme bien individualisé. Le navire « personne ». — Le navire, même s'il demeure un meuble, apparaît en effet comme un meuble fortement individualisé dans le patrimoine de son propriétaire (15), au point qu'on l'a parfois rapproché d'une véritable personne.

Le principe du droit classique est celui de l'unité du patrimoine et de la fongibilité de ses éléments. Le navire, comme l'immeuble, mais plus encore peut-être que l'immeuble, échappe largement à ce principe. C'est un meuble fortement individualisé par son nom, son port d'attache, son immatriculation. Susceptible d'être grevé d'une *hypothèque*, laquelle confère au créancier un droit réel très fort sur le navire en cause (*infra*, n°s 547 et s.), il est aussi susceptible de *privilèges* de nature très spécifique, lesquels établissent un lien direct entre le navire lui-même et ceux qui ont subi un préjudice du fait de son action (*infra*, n°s 564 et s.). Tout navire est ainsi en quelque sorte responsable « sur lui-même » des accidents qu'il cause, ce qui n'est en aucune manière le cas d'un engin terrestre (n'importe quel créancier de l'entrepreneur dont un véhicule terrestre a causé un accident peut saisir ce véhicule, sans que la victime, à l'inverse de la victime du navire, puisse lui opposer quelque privilège que ce soit).

L'individualisation du navire dans le patrimoine de son propriétaire a conduit certains auteurs à voir dans le navire sinon une personne, en tout cas une quasi-personne. C'est le Doyen Ripert (*Traité*, n° 303), qui disait : « *le navire est une personne... le navire naît créé par l'homme... sa naissance lui ouvre la vie... le navire a un nom... le navire a un rang social, et la variété des classes est presque aussi nombreuse que dans la société des hommes. Il est vaisseau de guerre ou navire de commerce, militaire ou civil ; il est plus ou moins fonctionnaire (paquebots postaux) ; il est marchand ou pêcheur, ou même oisif (yacht)... parfois, plus modestement, il se loue à d'autres et devient serviteur... Enfin, le navire meurt, il est englouti dans les flots ou réduit à l'état d'épave et déclaré innavigable* ». Aussi bien, le droit pénal, dont on connaît la rigueur, adhère lui-même à la notion de navire-personne. Tandis que le dommage involontaire à un bien mobilier « terrestre » n'est pas sanctionné par le droit pénal général, il l'est par le droit maritime : l'article 81 du Code disciplinaire et pénal de la marine marchande punit de peines pouvant aller jusqu'à deux ans d'emprisonnement le capitaine qui, ayant commis une infraction aux règles prescrites par les règlements maritimes, a causé la perte de son navire — deux ans d'emprisonnement, la sanction prévue par le Code pénal en matière

(15) Sur la question du *droit à l'image* d'un propriétaire de navire, voir obs. et réf. P. BONASSIES, *DMF* 2001, Hors-série n° 5, au n° 17.

d'homicide involontaire est à peine plus forte : emprisonnement pouvant atteindre trois ans (article 221-6).

Comme l'observait lui-même le Doyen Ripert, il y a là de simples images, des procédés de langage commodes dont il faut connaître les limites. Mais, comme lui, nous pensons que si la comparaison est pittoresque, elle n'est pas tout à fait inexacte, si on ne la force pas. Elle traduit en effet, sur un point fondamental, le particularisme du droit maritime (16).

159. Conclusion. Naissance et mort du navire (17). — Parce que le navire bénéficie d'un statut spécifique, la question peut être posée de savoir quand exactement acquiert-il ce statut, quand aussi le perd-il. C'est le problème de la naissance et de la mort du navire.

S'agissant de la naissance du navire, l'hésitation est possible entre un critère formel, celui de la francisation, véritable reconnaissance du navire en tant que tel par l'État, et un critère matériel, celui du moment où le navire est revêtu de son caractère essentiel, l'aptitude à affronter la mer, — celui du moment où il est navigable. Il nous semble nécessaire de combiner les deux critères.

Un navire n'atteint sans doute sa perfection que par la francisation. Toutefois on peut penser qu'il est déjà un navire, avant même sa francisation, dès lors qu'il est navigable. Ainsi, un bâtiment en essai, qui n'est pas nécessairement francisé, est déjà un navire et, en cas d'incident, son propriétaire pourrait bénéficier de la limitation de responsabilité du droit maritime. Par ailleurs, semblable à l'enfant simplement conçu assimilé à l'enfant né, même avant d'être navigable un navire peut bénéficier de certaines prérogatives du navire. Ainsi, il peut être l'objet d'une hypothèque maritime, dès lors qu'il est inscrit sur le registre de francisation (*infra*, n° 548) (18).

S'agissant de la mort du navire, elle peut être volontaire ou involontaire. Elle est volontaire quand le propriétaire du navire décide de le vendre à la ferraille, ou de le transformer définitivement en une structure flottante, hôtel ou club à jamais amarré à quai, au moins si cette transformation est définitive (19). On peut alors fixer la date de la disparition juridique du navire en tant que tel au jour où il est radié du registre des francisations, l'acte de francisation étant restitué à l'administration. Mais, nous le verrons (*infra*, n° 161), le bâtiment ainsi volontairement retiré de la navigation peut pour un temps garder trace de son statut de navire.

(16) L'assimilation du navire à une personne a été particulièrement développée en droit américain : voir A.-T. HOWARD, « Personification of the vessel : fact or fiction », *Journal of Maritime Law and Commerce*, 1990.319 et les nombreuses décisions, souvent récentes, citées par cet auteur, relevant toutes que le navire est « *responsable de ses fautes* » (notamment l'arrêt *Securos Benvenez*, rendu en 1985 par la Cour d'appel fédérale de New York — juridiction maritime américaine d'une très grande autorité — relevant que « *selon les doctrines traditionnelles du droit maritime, un navire peut être tenu pour responsable de ses fautes et de ses contrats alors même que son propriétaire ne l'est pas. Le privilège né de telles fautes crée un droit sur le navire, qui est traité de ce point de vue comme une personne juridique* — a legal entity », 1985 *AMC* 2150 ; voir cependant, nettement plus réservés, GILMORE et BLACK, *The Law of Admiralty*, 2e éd., p. 594).

(17) Voir M. LE BIHAN GUÉNOLÉ, *La fin du navire*, *DMF* 2006.446.

(18) Pareillement, certaines règles de sécurité concernant le navire s'appliquent dès la pose de la quille : voir C. DEMOULINS, *La recette du navire*, mémoire CDMT Aix-en-Provence, 2003.

(19) Comparer une décision américaine du 27 juillet 1973, énonçant que le *Queen Elizabeth*, transformé en péniche-hôtel, était demeuré un navire, ses machines ayant été laissées en place, Tribunal fédéral de Philadelphie, 27 juill. 1973, *DMF* 1974.683.

La mort du navire est involontaire quand, en conséquence d'un abordage, naufrage, incendie ou autre accident, il devient une *épave*.

160. L'épave de navire. Notion. — Le décret 61-1547 du 26 décembre 1961 (*JO* 12 janv. 1962), modifié par un décret du 78-847 3 août 1978 (*JO* 13 août), donne une définition très étroite de la notion d'épave de navire. Et cette définition contraste avec l'idée jadis répandue (mais qui n'a jamais été exacte, en tout cas en droit français) que tout navire abandonné par son équipage deviendrait une épave, à la merci du premier venu. Deux conditions sont en effet nécessaires pour qu'un navire devienne une épave. Il doit être en état de non-flottabilité ; il doit avoir été abandonné par son équipage.

Le terme « *non-flottabilité* » est venu remplacer en 1978 le terme « *innavigabilité* » utilisé par le décret de 1961. La formule nouvelle traduit la volonté du législateur de restreindre la notion d'épave aux seuls cas d'innavigabilité totale et irrémédiable du navire. Le texte, comme le faisait déjà d'ailleurs le texte de 1961, exclut que l'on considère un navire encore en état de flottabilité comme une épave, simplement parce que son équipage, peut-être un peu trop prudent ou pessimiste, l'a abandonné. En soi, l'abandon du navire par l'équipage n'a aucune signification juridique. Aussi bien d'ailleurs, la leçon du texte de 1961-1978 est-elle ici confirmée par la loi du 3 juillet 1985 (*D.* 1985.363), laquelle confère aux autorités portuaires des pouvoirs importants à l'égard des *navires abandonnés*, preuve qu'un navire peut être abandonné sans devenir pour cela une épave.

Il faut toutefois adopter de la notion de non-flottabilité une conception relative. Un bâtiment qui flotte encore, par exemple après avoir été dévasté par un incendie, mais qui est devenu non manœuvrable, et qui est promis à naufrage dès la première saute de vent, est déjà une épave, car il n'est pas réellement *flottable*, étant appelé à sombrer à la première risée. À l'opposé, un navire qui a coulé à quai, mais peut être renfloué sans difficultés insurmontables, n'est pas une épave. Il demeure un navire car il reste flottable, même si, très provisoirement, il est en état de non-flottabilité.

La seconde condition exigée par le décret de 1961-1978, c'est que le navire ait été *abandonné* par son équipage. Ainsi, à lire le texte tout au moins, un bâtiment en très mauvais état, ne dépassant des eaux que par sa proue, serait encore un navire si son équipage, particulièrement tenace, assurait un service de veille. On peut cependant douter que les tribunaux acceptent d'aller aussi loin. Un navire, abandonné ou non de son équipage, qui a perdu définitivement toute navigabilité, toute flottabilité, a perdu ce qui fait l'essence même de son être. Il n'est plus qu'une structure flottante.

161. Régime juridique de l'épave de navire. — S'agissant du régime de l'épave de navire, il est d'abord fondamental d'observer que ladite épave n'est en rien un bien sans maître, comme il en est d'ailleurs de toute épave, par exemple un conteneur tombé à la mer (*infra*, n° 526). Elle demeure la propriété de celui qui était propriétaire du navire, navire dont elle est en quelque sorte issue. Et la chose a des conséquences fondamentales. Celui qui en est propriétaire demeure responsable de l'épave de navire. Il en est responsable à l'égard de l'administration qui peut lui imposer enlèvement ou destruction, ou procéder d'office et à ses frais à enlèvement ou destruction. Il en est responsable vis-à-vis des tiers (responsabilité qui peut être garantie par une assurance spéciale). Il peut aussi la revendiquer si elle est enlevée par un tiers, sauf à indemniser celui-ci dans les conditions prévues par le décret de 1978 (*infra*, n° 528). Mais l'épave de navire n'est plus qu'un meuble du droit commun, encore qu'elle garde les traces de son statut antérieur de navire.

L'épave n'est plus en principe qu'un meuble de droit commun. La responsabilité du propriétaire sera ainsi déterminée à partir des règles du droit commun (art. 1382 et 1384 du Code civil), et non des règles spécifiques du droit maritime, et en particulier des règles de l'abordage (*infra*, n° 384). Le propriétaire de l'épave ne peut invoquer la limitation de responsabilité qui bénéficie aux propriétaires de navire. En haute mer, l'épave n'est plus protégée par le privilège du pavillon (Conseil d'État, 23 oct. 1987, cité *supra*, n° 75, note 56).

Mais l'épave garde aussi trace de son statut antérieur de navire. C'est ainsi que le problème se pose de savoir si les dispositions de la Convention de 1976 sur la limitation de responsabilité concernant les créances pour avoir renfloué ou enlevé un navire ne s'appliquent pas, au moins dans certaines circonstances aux épaves (*infra*, n° 416). Et surtout, les droits des tiers titulaires d'une hypothèque ou d'un privilège maritime sur le navire sont transférés sur l'épave, de même qu'ils le sont sur le navire transformé en engin flottant, ou mis à la ferraille, au moins tant que le bâtiment est reconnaissable et n'a pas été réduit en pièces (voir obs. P. Bonassies, *DMF* 1984.608).

162. Pouvoirs de l'administration sur les épaves de navire. Navires abandonnés. — En raison des dangers qu'elles présentent pour la navigation, la loi a toujours reconnu à l'administration de larges pouvoirs à l'égard des épaves de navire, pouvoirs récemment précisés dans le souci de mieux protéger l'environnement. Ces mesures, qui peuvent s'appliquer à d'autres catégories d'épaves (par exemple à un conteneur perdu par un navire), seront étudiées dans le cadre du régime général des épaves (*infra*, n°s 525 et s.). En revanche est propre aux navires la réglementation concernant les navires abandonnés.

La loi 85-662 du 3 juillet 1985 (*D.* 1985.363), complétée par le décret 87-830 du 6 octobre 1987 (*D.* 1987.418), prévoit que le propriétaire ou exploitant d'un *navire abandonné* dans les eaux territoriales ou les eaux intérieures françaises peut être mis en demeure de mettre fin au danger que présente ledit navire. S'il refuse ou néglige de prendre les mesures nécessaires, l'autorité compétente (directeur du port autonome ou autorité responsable de la sécurité dans les autres ports) peut intervenir à ses frais, pouvant même, en cas de nécessité, procéder à la destruction du navire. Si l'abandon persiste, la déchéance des droits du propriétaire peut être prononcée par décision du ministre chargé de la Marine marchande, et le navire être vendu au profit de l'État aux enchères publiques, sous réserve des droits des créanciers privilégiés et hypothécaires (la vente pouvant s'étendre à la cargaison si celle-ci est pareillement abandonnée par son ayant droit).

On notera que ces textes, dont la parfaite légalité n'est pas certaine, en tant qu'ils ignorent dans la répartition des produits de la vente du navire abandonné tant les créanciers chirographaires que le propriétaire (voir obs. P. Bonassies, *DMF* 1986.5) n'ont pas abrogé les dispositions de l'article L. 322-1 du Code des ports maritimes, texte qui, reprenant les dispositions de l'Ordonnance de la Marine, énonce que « *les propriétaires de vieux bâtiments hors d'état de naviguer sont tenus de les démolir et d'en enlever les débris sans délai sous peine de confiscation et d'une amende* » (20).

162 *bis*. Conclusion : le navire, de l'épave au « déchet ». Démolition et recyclage du navire. — À l'extrême terme de sa vie professionnelle, un navire, encore que navigable (et donc, sans doute, non réduit à l'état d'épave), peut en quelque sorte devenir un simple *déchet*, soumis à la réglementation communautaire régissant la matière (voir, à propos du porte-avions *Clémenceau*, Conseil d'État, 13 février 2006, *DMF* 2006.457, obs. R. Rézenthel).

Aujourd'hui, de plus en plus soucieux de protéger l'environnement, le droit maritime se préoccupe des problèmes posés par la démolition des navires. Ces problèmes sont traités par la Convention de Hong Kong du 3 octobre 2008 sur « le recyclage sûr et écologiquement rationnel des navires ». Ce texte, très complet, prévoit d'une part les mesures qui devront être prises dès la construction de tout navire pour limiter (ou interdire) l'utilisation de matières potentiellement dangereuses et pour faire l'inventaire de ces matières, inventaire qui devra être conservé à bord, d'autre part les règles qui régiront, non pas les entreprises de démolition (terme proscrit par les rédacteurs de la convention), mais « les entreprises de recyclage », règles propres, en particulier, à garantir la sécurité des travailleurs.

(20) Sur ce texte, voir obs. P. BONASSIES sous l'arrêt *Belstar*, Aix-en-Provence, 18 mars 1983 (*DMF* 1984.608).

CHAPITRE 2

LE NAVIRE BIEN INDIVIDUALISÉ

163. Plan. — Sans aller jusqu'à admettre que le navire est une personne, nous avons vu que le droit positif en fait un meuble doté d'une forte individualité. Aux termes de l'article 3 de la loi du 3 janvier 1967, les éléments d'individualisation du navire sont : le nom, le port d'attache, la nationalité, le tonnage. Parmi ces éléments, il faut mettre à part la nationalité.

§ 1. — *Nom, port d'attache et tonnage*

164. Le nom du navire. — L'article premier du décret du 27 octobre 1967 dispose que chaque navire doit avoir un nom qui le distingue des autres bâtiments de mer. En pratique, l'administration, se fondant sur les dispositions de l'article 4 du même décret énonçant que les marques extérieures d'identité doivent être portées sur le navire « *dans les conditions définies par l'autorité administrative* », n'exige un nom que des navires de plus de 2 « tonneaux » (1). Les autres navires peuvent être individualisés par l'indication de leur quartier des affaires maritimes, suivie de leur numéro d'immatriculation administrative. Ainsi, une barque de pêche immatriculée à Marseille pourra porter sur sa coque la mention « Ma. 1018 », indiquant qu'elle est immatriculée sous le numéro 1018 au quartier de Marseille.

En principe, le propriétaire du navire choisit librement son nom. Cependant, là aussi, une réglementation administrative précise qu'un navire de plus de 25 « tonneaux » de jauge ne peut prendre un nom déjà adopté par un autre navire (chiffre ramené à 10 tonneaux pour les navires de plaisance). La règle n'est cependant assortie d'aucune sanction.

Le nom du navire doit être inscrit à la poupe et à l'avant. Il ne peut être changé qu'avec l'accord de l'administration.

165. Port d'attache. — Le port d'attache, qui constitue en quelque sorte le domicile du navire, est librement choisi par le propriétaire. Il peut être changé au

(1) Expression devenue inexacte depuis l'entrée en application de la Convention internationale du 23 juin 1969 (*infra*, n° 167). Il faut désormais parler d'*unité de jauge*.

cours de la vie du navire. En fait, le choix du port d'attache dépendra souvent du montant de la taxe professionnelle que doit, dans ce port, assumer l'armateur, lequel montant est fonction de la commune de rattachement. Ainsi on a vu, à une certaine époque, des navires quitter le port de Dunkerque pour le port de Fos, la commune de Fos ayant une taxe professionnelle particulièrement attirante.

Le nom du port d'attache doit être inscrit à la poupe du navire.

À propos du port d'attache, la question se pose de savoir si un navire français peut avoir son port d'attache à l'étranger. La chose était admise, semble-t-il, avant 1967. Aujourd'hui, elle ne paraît pas possible. Les dispositions des articles 88 et suivants du décret du 27 octobre 1967 établissent une liaison trop étroite entre le port d'attache et le pavillon français pour que l'on puisse admettre qu'un navire français n'ait pas de port d'attache en France. En revanche, si la législation étrangère l'admet, un navire français peut avoir à l'étranger un port d'attache secondaire, mais, du point de vue du droit français, ce port sera sans incidence sur son régime juridique.

Pareillement, un navire étranger peut avoir un port d'attache en France, sans que sa législation du pavillon soit tenue de reconnaître à la chose des incidences juridiques.

166. Jauge ou tonnage. — Le troisième élément de l'individualisation du navire, jauge ou tonnage, est l'expression de la capacité intérieure des navires ; c'est un élément qui n'a, à l'évidence, aucune correspondance quant aux personnes physiques.

La jauge du navire est un élément qui a des incidences très importantes. C'est elle qui détermine la valeur commerciale du bâtiment. Au plan juridique, elle commande l'application de nombreux règlements. C'est ainsi que les règles de sécurité varient selon la jauge du navire ; il en est de même des compétences qui sont exigées du capitaine. La jauge détermine aussi le montant des droits de port. Enfin, elle commande le calcul du plafond de limitation de responsabilité du propriétaire ou de l'armateur.

Élément important, la jauge a longtemps été déterminée unilatéralement par les États maritimes. La chose avait des conséquences fâcheuses, un navire devant faire calculer sa jauge chaque fois qu'il entrait dans un port étranger (sans parler des jauges spéciales, comme les jauges du Canal de Suez ou du Canal de Panama).

Aujourd'hui, les règles de calcul de la jauge sont inscrites dans la Convention internationale du 23 juin 1969, qui a remplacé une convention antérieure de 1947. La France a ratifié la Convention de 1969 (décret du 10 août 1982, *D.* 1982.399).

167. La Convention de 1969 sur le jaugeage des navires. — La Convention de 1969 a été rédigée à l'initiative de l'OMCI. Les règles de calcul de la jauge ont, en effet, des incidences directes sur la sécurité des navires. La Convention de 1947 excluait du tonnage des navires les espaces fermés par des cloisons mobiles et les espaces semi-ouverts. De ce fait, de nombreux armateurs avaient été tentés de construire des navires présentant des espaces de ce type, aux dépens de la sécurité. La Convention de 1969 est beaucoup plus rigoureuse. Elle inclut dans la jauge de nombreux espaces antérieurement exclus, en particulier ceux qui sont fermés par des cloisons mobiles, ou même « *qui présentent une possibilité quelconque de fermeture* ». Par ailleurs, avant la Convention de 1969, le tonnage des navires était exprimé en tonneaux de jauge, unité de volume correspondant à 100 pieds cubes, et valant 2,83 mètres cubes. La nouvelle convention a remplacé les tonneaux par l'unité de jauge. En pratique, il y a à peu près équivalence entre l'unité de jauge et le tonneau, et les praticiens (voire même les textes) continuent souvent à parler en « tonneaux ». Cependant, si l'application du nouveau texte n'entraîne que des modifications légères pour les navires importants, il en est différemment pour certains petits navires en raison de la modification des bases de calcul, et en particulier de l'inclusion dans la nouvelle jauge des espaces demi-fermés. C'est ainsi que tel navire roulier à pont ouvert, qui jaugeait 499 tonneaux sous le texte antérieur, jauge 1 990 unités de tonnage sous la Convention de 1969.

168. Diversité des jauges. Calcul. — Comme les textes antérieurs, la Convention distingue deux types de jauge.

La première est la *jauge brute* (ou *gross tonnage*, *g.t.*). Elle correspond au volume brut total du navire. Elle est calculée en appliquant à ce volume évalué en mètres cubes un coefficient logarithmique complexe, ou un coefficient simplifié qui varie de 0,29 pour les navires de la plus petite dimension à 0,32 pour les navires de la plus grande dimension.

La *jauge nette* (ou *net tonnage*, *n.t.*), qui fait référence au volume des seuls espaces à cargaison, est déterminée, à partir de la jauge brute, selon une formule caractérisée par son extrême complexité, la formule exacte étant la suivante : jauge nette = K2Vc (4d/3D)2 + K3 (N1 + N2/10), chaque lettre correspondant à un paramètre, parfois lui-même assez complexe.

À côté de la jauge brute et de la jauge nette, est souvent mentionné le port en lourd du navire. Il s'agit là d'une indication du poids de marchandises que le navire peut transporter, cette indication étant extrêmement importante pour les pétroliers ou les minéraliers. Selon la structure du navire et la nature des marchandises transportées, le port en lourd correspond en fait à la jauge brute affectée d'un multiplicateur de 1,5 à 3. Aujourd'hui, se généralise pour les porte-conteneurs l'indication du nombre de conteneurs qu'ils peuvent transporter, indication donnée en *EVP* (*équivalent vingt pieds* — le chiffre donné se référant au nombre de conteneurs de vingt pieds de long que le navire peut transporter). Enfin pour les navires de guerre, et souvent pour les paquebots, est indiqué le déplacement du navire, exprimé en tonnes, — ce pour donner une idée relative de la dimension de bâtiments dont le tonnage exprimé en données classiques n'aurait guère de signification (2).

(2) La référence au tonnage-poids pour les navires de guerre (15 000 tonnes, 20 000 tonnes) a toutefois joué un rôle politique important, à l'époque où la Convention de Washington de 1932 limitait, en tonnes-poids, le tonnage des flottes de guerre.

§ 2. — *La nationalité ou pavillon*

169. Observations générales. Plan. — Tout navire a une nationalité exprimée par le port du pavillon national. La nationalité du navire présente un intérêt fondamental tant du point de vue du droit international que du droit interne. En droit international, elle détermine la loi applicable en haute mer ; en droit interne, elle identifie les navires auxquels est garantie la protection réservée aux nationaux (par exemple, jadis ou naguère, en matière de navigation réservée ou de transports réservés).

Certains juristes marquent quelque réserve à l'égard de la notion de nationalité des navires. Pour eux, il n'y a qu'un rapport lointain entre nationalité des navires et nationalité des personnes physiques. Pour la majorité de la doctrine de droit maritime toutefois, la nationalité des navires exprime une idée très forte, celle d'un lien réciproque entre l'État du pavillon et le navire, l'État du pavillon protégeant le navire et le navire devant respecter la réglementation du pavillon. Elle présente ainsi une réalité bien plus marquée que la « nationalité » des personnes morales. On doit cependant noter qu'avec la pratique des « pavillons de complaisance » (*infra*, n° 170), la signification, voire la portée juridique de la nationalité des navires s'est sensiblement affaiblie.

L'attribution du pavillon ayant des conséquences de droit international, on comprend que ce droit se soit préoccupé des conditions de cette attribution. Il importe donc d'analyser la question du pavillon du point de vue du droit international d'abord, du point de vue du droit interne ensuite.

A. — Droit au pavillon et droit international

170. Liberté du pavillon et pavillons de complaisance, ou « de libre immatriculation ». — La question qui se pose ici est de savoir s'il existe des règles internationales limitant la liberté d'un État d'attribuer son pavillon à un navire. Cette question a pris une particulière acuité avec le développement, depuis 1945, du phénomène dit, dans un premier temps, des pavillons de complaisance (ou, pour les armateurs, pavillons de nécessité, *flags of necessity*), aujourd'hui *pavillons de libre immatriculation.*

Le phénomène est connu. Dès 1942, à l'initiative de l'administration américaine, soucieuse de protéger les navires américains contre les actions des puissances de l'Axe, de nombreux navires battant pavillon des États-Unis ont abandonné leur pavillon pour venir se placer sous le pavillon de Panama ou le pavillon du Honduras. Dans les années 1950, le phénomène s'est accentué, au bénéfice d'un nouveau pavillon, le pavillon libérien. Depuis lors, le nombre des États accordant très librement leur pavillon à des navires n'ayant aucun rapport avec leur économie s'est accru, qu'il s'agisse d'États comme Chypre, ou, plus récemment, le Vanuatu (anciennement Nouvelles Hébrides).

Les raisons du phénomène sont pareillement connues. Si à l'origine des raisons stratégiques ont pu l'expliquer (souci de dissimuler le pavillon américain), il a aujourd'hui des raisons économiques. Les navires passés sous pavillon libérien ou sous pavillon des Bahamas n'ont pas à respecter en particulier la réglementation concernant la composition des équipages, les conditions de travail, le paiement des équipages, qu'imposent telles législations protectrices, comme la législation américaine ou la législation française. Parfois aussi, les navires sous pavillon de libre immatriculation échappent aux contrôles de sécurité très stricts qui sont exercés dans les nations maritimes traditionnelles. Cela explique le succès de la pratique, et que près de 50 % de la flotte mondiale soit sous pavillon de libre immatriculation.

Cette pratique a suscité des réactions tant des milieux maritimes que des États.

Dans les milieux maritimes, de vives protestations se sont élevées contre les pavillons de complaisance. Ces protestations se sont souvent traduites par des grèves, les syndicats de marins des marines traditionnelles incitant les dockers à refuser de décharger des navires sous pavillon de complaisance (*supra*, n° 49). Ces réactions n'ont guère eu d'effet, sauf sur un point, celui de la sécurité des navires. Devant les protestations des autres États, les États de libre immatriculation, s'ils ne contrôlent pas directement les navires battant leur pavillon, délèguent leurs obligations en la matière à des sociétés de classification réputées. Et certains armateurs de navires sous libre immatriculation sont soucieux du bon état de leurs bâtiments. Il reste que, du fait de leur composition multinationale, les équipages des navires sous pavillon de libre immatriculation sont beaucoup moins homogènes que ceux des équipages des navires des États maritimes classiques. Cela n'est pas sans inconvénient en cas d'incidents de navigation (c'est ainsi qu'il semble bien que le *Torrey Canyon*, armé par semblable équipage multinational, se soit échoué en raison d'un manque de compréhension entre le capitaine, italien, et le marin, philippin, qui tenait la barre).

171. Le problème juridique des pavillons de complaisance. — Au plan juridique, la communauté internationale s'est demandée s'il ne convenait pas de limiter la liberté des États à accorder leur pavillon.

Lors de la rédaction de la Convention de Genève sur la haute mer, en 1958, un premier texte avait été établi qui, tout en énonçant que « *chaque État fixe les conditions auxquelles il accorde sa nationalité aux navires* » précisait que, « *toutefois, aux fins de reconnaissance du caractère national du navire par les autres États, il doit exister un lien réel entre l'État et le navire* ». S'inspirant d'un arrêt de la Cour internationale de justice concernant la nationalité des personnes civiles, l'arrêt *Nottebohm* (6 avr. 1955, *Recueil des arrêts* 1955.4), ce texte impliquait qu'un État pouvait refuser de reconnaître la nationalité d'un navire qui n'avait pas de lien réel avec le pavillon de l'État attributaire. Mais, lors de la rédaction définitive, le texte fut écarté.

Le texte final de la Convention de 1958 stipule simplement, « *il doit exister un lien substantiel entre l'État et le navire* », ajoutant que « *l'État doit notamment exercer effectivement sa juridiction et son contrôle dans les domaines administratif, technique et social sur les navires battant son pavillon* ». Ainsi, alors même qu'un État ne saurait se désintéresser du navire auquel il a attribué son pavillon sans méconnaître ses obligations internationales, il demeure qu'il reste absolument libre des conditions de cette attribution, et que le pavillon attribué sans que des conditions rigoureuses soient exigées est opposable aux États tiers.

Les dispositions de la Convention sur le droit de la mer ne sont pas différentes. L'article 91 de la Convention stipule ainsi : « *chaque État fixe les conditions auxquelles il soumet l'attribution de sa nationalité aux navires... Il doit exister un lien substantiel entre l'État et le navire* ». La seule différence, c'est que l'article 94 du même texte définit de manière beaucoup plus précise que la Convention de 1958 les obligations de l'État du pavillon : obligation de tenir un registre maritime, d'exercer sa juridiction sur tout navire battant son pavillon et son équipage, de prendre les mesures nécessaires pour assurer la sécurité en mer, notamment en ce qui concerne la construction et l'équipement du navire, la composition et les conditions de travail de l'équipage, l'emploi des signaux, etc.

Ainsi qu'un auteur l'a observé, du premier projet de 1958 à la Convention de Montego Bay, le droit international du pavillon s'est en quelque sorte inversé. Dans un premier temps, l'existence d'un lien effectif était la *condition* pour un État de l'attribution de son pavillon. Elle en est devenue la *conséquence*. L'État qui attribue son pavillon à un navire a l'obligation de créer entre lui et ce navire un lien effectif en contrôlant construction, structure et exploitation du navire (3). On peut regretter la chose, mais c'est en ce sens que s'est prononcé le Tribunal international du droit de la mer dans son arrêt *Saïga II* du 1er juillet 1999 (4). Et les choses n'ont guère changé, si elles se sont précisées, avec la nouvelle convention de 1986 sur les conditions d'immatriculation des navires.

172. La Convention de 1986 sur les conditions d'immatriculation des navires. — Plus récemment cependant, une tentative plus poussée de réglementation des conditions d'attribution du pavillon a pris corps, à l'initiative des pays en voie de développement. Dans la décennie 1970-1980, ces pays se sont montrés très critiques à l'égard de la pratique des pavillons de libre immatriculation. Pour eux, cette pratique entraînait d'abord une véritable saignée de leur potentiel maritime, nombre de leurs marins s'exilant sous des pavillons de libre immatriculation. Par là, elle rendait plus difficile la création de leur flotte nationale. Par ailleurs, elle renforçait la mainmise du capital international sur les transports maritimes. À leur demande, la CNUCED a donc réuni en juillet et août 1984 une conférence internationale.

L'idée initiale était d'adopter un texte rigoureux, imposant aux États pour attribuer leur pavillon non seulement l'obligation d'exercer un contrôle général sur leurs navires, mais aussi l'obligation d'exiger qu'un pourcentage important

(3) Voir les observations de J. COMBACAU, rapport de synthèse au Colloque de 1992 de la Société française du droit international, Travaux du colloque, p. 237.

(4) L'arrêt peut être consulté sur le site Internet du Tribunal, www.un.org./depts/los — Pour une critique très ferme de la décision, voir M. KAMTO, « La nationalité des navires en droit international », *Études Lucchini-Quéneudec*, p. 343. L'analyse a été, à l'opposé, approuvée par la Cour de justice des Communautés européennes dans son arrêt *Commission c. Royaume des Pays-Bas*, 14 oct. 2004, *DMF* 2005, obs. E. GINTER et P. BONASSIES, *DMF* 2005, Hors-série n° 9, au n° 23.

de l'équipage ait la même nationalité que le pavillon, et qu'une partie importante du capital de la société d'armement soit dans les mains de nationaux. Ce projet a suscité les plus grandes réserves des pays maritimes traditionnels, et même de certains pays en voie de développement. Aussi, lors d'une seconde réunion tenue au mois de juillet 1985, les textes initiaux ont été fortement assouplis.

Un texte définitif a été adopté le 20 janvier 1986, intitulé *Convention des Nations Unies sur les conditions d'immatriculation des navires* (ou CNUCIN). La nouvelle convention, non encore entrée en application à ce jour, rappelle d'abord quelques principes habituellement reconnus en la matière, par exemple la règle de l'unicité du pavillon. Elle définit ensuite les obligations de l'État du pavillon, reprenant ici les dispositions de l'article 94 de la Convention sur le droit de la mer. Mais, ajoutant à ces dispositions, elle précise dans le plus grand détail ces obligations, notamment quant à l'identification du propriétaire et de l'exploitant des navires, à la forme que devra prendre le registre d'immatriculation des navires, aux mentions qui devront y figurer, fournissant aux États un véritable code type de l'immatriculation des navires. Elle énonce enfin les conditions qui doivent être respectées par un État pour l'attribution de son pavillon. Mais elle le fait avec une grande timidité.

C'est ainsi qu'elle n'exige pas que l'État qui immatricule un navire impose au propriétaire de ce navire de résider sur son territoire, mais seulement que ledit propriétaire soit représenté sur son territoire par une personne physique ou morale. Pareillement, elle ne fixe aucun minimum quant au pourcentage de capital qui devra être la propriété de nationaux de l'État d'immatriculation, observant seulement que ce minimum devra être suffisant pour permettre à l'État du pavillon d'exercer son contrôle sur ses navires. Enfin, s'agissant de la nationalité de l'équipage, elle n'exige pas non plus un quota minimum, stipulant seulement que l'État d'immatriculation respecte le principe qu'une « *part satisfaisante* » de l'effectif des navires arborant son pavillon soit composée de nationaux. Mais chaque État demeure libre de déterminer ce qu'il faut entendre par « *part satisfaisante* », en tenant compte, notamment, de « *l'exploitation rationnelle et économiquement viable de ses navires* ». Pareillement, il est invité à tenir compte des accords internationaux multilatéraux ou bilatéraux signés par lui (article 9, paragraphe 2, b) — ce qui, pour les États de l'Union européenne, emporte approbation des règles propres à cette Union.

Devant la liberté ainsi laissée aux États, auquel il est ainsi même conseillé de ne pas oublier les impératifs économiques, ceux-là mêmes qui ont fondé la création des flottes de *libre immatriculation*, on peut penser que le nouveau texte ne changera guère la situation existante. La seule utilité qui sera la sienne, utilité dont il faut reconnaître l'importance (c'est là le rôle pédagogique de nombreuses conventions internationales récentes), c'est de fournir un modèle législatif aux États désireux de se doter d'une flotte.

172 *bis*. La contrepartie à la liberté du pavillon : les obligations de l'État du pavillon. — Le droit de la mer n'accorde pas seulement des droits aux États.

Il leur impose aussi des obligations. Libre d'accorder leur pavillon, les États doivent assumer les conséquences de leurs décisions en la matière. La Convention sur le droit de la mer consacre un long article — l'article 74 — aux « *obligations de l'État du pavillon* ». Cet État doit, outre des obligations formelles, comme celle de tenir un registre de « ses navires », prendre toutes mesures nécessaires à l'égard de ces navires pour assurer la sécurité en mer, notamment en ce qui concerne la construction du navire, la composition et les conditions de travail de l'équipage. Après un accident maritime, il doit ordonner l'ouverture d'une enquête appropriée. Ces dispositions sont reprises et élargies par celles de l'article 217 de la Convention, inséré dans la partie consacrée à la protection du milieu marin. L'État du pavillon doit ici veiller au respect par les navires battant son pavillon des normes internationales concernant la pollution. Il doit aussi intervenir pour sanctionner toute infraction commise par l'un de ces navires.

Reprises par la Convention de 1986, ces obligations sont réaffirmées par une directive européenne du 23 avril 2009 (directive n° 2009/21, *JOUE* L. 131 du 28 mai 2009). Ce texte, qui n'ajoute guère au droit positif (en tout cas pour ce qui est de la France), énonce que tout État doit prendre les mesures qu'il juge appropriées pour s'assurer que le navire qu'il va autoriser à battre son pavillon satisfait aux règles et réglementations internationales applicables. Il prévoit aussi la coopération entre les administrations nationales, comme l'obligation pour elles de se soumettre aux audits de l'OMI et de mettre en place un « système de gestion de la qualité et évaluation interne ».

173. Nature juridique de l'attribution du pavillon. Acte de souveraineté. — La question de la nature juridique de l'acte par lequel un État attribue son pavillon à un navire s'est récemment posée aux tribunaux français, dans le cadre de l'affaire de l'*Erika*. À l'occasion de la procédure pénale ouverte après le sinistre, le juge d'instruction du Tribunal de grande instance de Paris avait mis en examen la *Malta Maritime Authority* (*MMA*), laquelle avait accordé le pavillon maltais au navire, ainsi que le directeur de cet organisme, M. Vassallo, ce pour mise en danger d'autrui et complicité de pollution « *en délivrant au pétrolier Erika et à la société PANSHIP, gestionnaire du navire, les certificats de pavillon de Malte* ». Mais la Chambre de l'instruction de la Cour de Paris a prononcé la nullité de la mise en examen tant de la *MMA*, émanation de l'État maltais, que de son directeur, eu égard au caractère *d'acte de souveraineté* de l'attribution du pavillon maltais à eux reprochée.

L'arrêt de la Cour de Paris a fait l'objet d'un pourvoi. Ce pourvoi reprochait aux juges d'appel de ne pas avoir recherché si, en fait, l'attribution de certificats, qui formellement est un acte de puissance publique, n'obéissait pas en l'espèce à une finalité commerciale dépourvue de tout fondement de souveraineté, ne méritant donc pas d'être couvert par l'immunité. La Cour de cassation a rejeté le pourvoi (5). Elle le fait, en observant que « *la coutume internationale qui*

(5) Cass. 23 nov. 2004, *DMF* 2005.302, obs. J.-L. RENARD ; *Rev. cr. dr. int. privé* 2005.468, note I. PINGEL ; *Gaz. Pal.* 23 mars 2005, note Ch. CHANET ; P. BONASSIES, *DMF* 2004, Hors-série n° 9, au n° 21.

s'oppose à la poursuite des États devant les juridictions pénales d'un État étranger s'étend aux organes et entités qui (en sont) l'émanation ainsi qu'à leurs agents en raison d'actes qui, comme en l'espèce, relèvent de la souveraineté de l'État concerné ». Ainsi, pour la Cour suprême elle aussi, l'attribution du pavillon est un acte de souveraineté.

Ces décisions nous paraissent pleinement fondées. Le caractère d'acte de souveraineté de l'attribution par l'administration maltaise du pavillon maltais ne peut faire l'objet d'aucun doute. Il est postulé par l'article 91 du Traité de Montego Bay, énonçant que « *chaque État fixe les conditions auxquelles il soumet l'attribution de sa nationalité aux navires* », navires auxquels il délivre ensuite son pavillon (ou, comme le dit le texte, *des documents à cet effet*). Si l'on considère les conséquences d'une extrême importance qu'entraîne l'attribution par un État de son pavillon à un navire, tant pour le navire (compétence exclusive en haute mer et protection internationale) que pour l'État en cause (obligation d'exercer sa juridiction et son contrôle dans tous les domaines administratif, technique et social : article 94 de la Convention de Montego Bay), il n'est pas possible de voir dans un tel acte un simple *acte de gestion* (6). Même fautive, l'attribution à l'*Erika* du pavillon maltais ne pouvait être critiquée que devant la Cour internationale de Justice, ou — de manière incidente — devant le Tribunal du droit de la mer.

174. Attribution du pavillon et droit communautaire. — Comme en bien d'autres domaines, il faut aujourd'hui tenir compte des règles du droit communautaire dans l'attribution de son pavillon par un État membre de la Communauté européenne. Comme l'a dit la Cour de justice dans un arrêt *Factortame* du 25 juillet 1991, s'il appartient à chaque État membre de déterminer, conformément aux règles générales du droit international, les conditions nécessaires pour permettre l'immatriculation d'un navire sur son registre et pour accorder à ce navire le droit de battre son pavillon, « *dans l'exercice de cette compétence, les États membres doivent respecter les règles du droit communautaire* » (*Recueil* 1991.3905 et obs. P. Bonassies, *DMF* 1992.14).

Il est ainsi certain qu'un État membre ne peut refuser l'attribution de son pavillon à un navire propriété d'un armateur d'un autre État pour des raisons de nationalité. Dans l'arrêt cité ci-dessus, la Cour de justice décide qu'il ne peut non plus exiger de l'armateur non national des conditions de résidence, alors même qu'elles sont exigées des armateurs « nationaux ». En revanche, la Cour de justice y admet qu'un État membre (en l'espèce la Grande-Bretagne) peut exiger, comme condition d'attribution de son pavillon, que l'exploitation du navire en cause soit effectuée à partir du territoire national, et son utilisation dirigée et contrôlée dans les mêmes conditions. En effet, observe-t-elle, une telle condition

(6) Dans le même sens, LUCCHINI et VOELCKEL, *Droit de la mer*, tome 2, au n° 794.

recouvre en substance la notion même d'établissement au sens des articles 52 et suivants du Traité, laquelle notion implique une *installation stable* (7).

L'emprise du droit communautaire est encore plus fortement affirmée dans une décision de la Cour de justice du 14 octobre 2004 (*Commission c. Royaume des Pays-Bas*, *DMF* 2005.205, obs. E. Ginter ; P. Bonassies, *DMF* 2005, Hors-série n° 9, au n° 23). Les Pays-Bas ayant maintenu diverses conditions de nationalité (néerlandaise ou communautaire) pour l'accès d'un navire au pavillon néerlandais, en tentant de les justifier par des motifs d'intérêt général relatifs à la nécessité pour un État d'exercer un contrôle effectif sur les navires arborant son pavillon, l'argumentation est rejetée par la Cour de justice. Pour elle, un contrôle suffisant pouvait résulter de l'inspection des navires, de la vérification de la qualification de l'équipage, comme des enquêtes après accident. L'argumentation n'est pas convaincante, alors que le droit international impose aux États des obligations de plus en plus rigoureuses quant aux contrôles de leurs navires — et pas seulement par des enquêtes après accident — et alors que, dès cette époque, la Commission elle-même envisageait de renforcer les obligations des États membres en la matière — ce qui a été fait par la directive du 23 avril 2009 (*supra*, n° 172 *bis*).

Ce ne sont pas seulement les discriminations directes (nationalité, résidence) qui sont interdites par le droit communautaire, mais aussi les discriminations indirectes, notamment celles qui pourraient apparaître à l'occasion d'une demande de *changement de pavillon*. Un règlement du Conseil des communautés du 4 mars 1991 (*JOCE* L. 68 du 15 mars 1991) prévoit ainsi que les certificats de conformité à la Convention SOLAS 1974 et à la Convention MARPOL 1973/1978 délivrés par un État membre seront considérés comme ayant valeur communautaire, l'État d'accueil pouvant vérifier, par une inspection spéciale, que l'état du navire et de son équipement correspond réellement à ses certificats, et aux déclarations de conformité aux conventions internationales (8). Il pourra aussi imposer des exigences additionnelles, s'il est lié par des accords régionaux sur la protection de l'environnement marin.

175. Le phénomène dit des « pavillons *bis* ». — Un autre phénomène est récemment apparu sur la scène internationale : celui dit des pavillons *bis*.

C'est le souci d'échapper à une réglementation sociale onéreuse qui, nous l'avons relevé, a conduit de nombreux armateurs à placer leurs navires sous des pavillons de libre immatriculation. On s'est alors demandé s'il ne serait pas possible d'arriver au même résultat, sans abandonner le pavillon national originaire. À cet effet, il suffisait de prévoir que les navires immatriculés dans certaines conditions, et notamment ayant leur port d'attache dans un lieu

(7) La Cour semble toutefois admettre que la condition ici exigée serait incompatible avec les dispositions de l'article 52, si elle s'appliquait à un établissement secondaire (contrôlé à partir d'un autre État de la Communauté) ; dans un arrêt du 4 octobre 1991, *Recueil* 4697, la Cour a confirmé la règle posée par elle le 25 juillet.

(8) Tout refus d'immatriculation devant être notifié à la Commission, laquelle, après avoir pris l'avis d'un comité composé de représentants des États membres, confirmera ou annulera la décision de l'État en cause (une telle confirmation ou annulation ne pouvant être décidée que par le Conseil des Communautés, en cas de désaccord du comité).

spécifique, plus ou moins doté d'une législation propre, seraient soumis à des conditions moins exigeantes. L'idée du *pavillon bis* était lancée.

Elle a connu un succès certain. Nous verrons que la France a aujourd'hui son pavillon *bis* (*infra*, n° 183). La Grande-Bretagne a le pavillon de l'Île de Man. Les Pays-Bas ont créé le pavillon des Antilles néerlandaises. La Norvège a créé un pavillon *bis*, dit pavillon NIS (*Norvegian International Register*), qui présente une double originalité. D'une part il est largement ouvert aux armateurs étrangers ; d'autre part il n'a aucune localisation géographique propre, étant tenu à Oslo, comme le pavillon norvégien classique. Et le Danemark, avec le *DID*, a suivi l'exemple de la Norvège.

Les pavillons *bis* ne peuvent dans le principe être assimilés à des pavillons de complaisance. Les navires inscrits sous pavillon *bis* sont normalement soumis aux mêmes règles de sécurité que les navires sous plein pavillon. Les règles internationales concernant le statut social des marins sont respectées. Ce sont seulement les exigences du droit social national, en particulier celles qui découlent d'accords collectifs, qui sont assouplies.

La légalité internationale des pavillons *bis* ne fait guère de doute. Libre, sous les légères réserves indiquées ci-dessus, d'attribuer son pavillon, un État peut certainement en diversifier les conditions d'attribution, comme il peut instituer des réglementations propres à tels ou tels navires. Pareillement, leur légalité a été affirmée du point de vue du droit communautaire.

176. Pavillon *bis* et droit communautaire. — Le problème de la conformité au droit communautaire du système des pavillons *bis* a été posé à la Cour de justice à propos du registre *bis* de la République Fédérale d'Allemagne, le registre ISR (*Internationales Schiffahrts Register*). Un armateur allemand ayant immatriculé l'un de ses navires à ce registre, son comité d'entreprise argua que le fait que les contrats de travail conclus avec les marins ressortissants de pays tiers employés par l'armateur allemand fussent soumis à des conditions de travail et de rémunération moins favorables que celles des marins allemands était contraire au droit communautaire. C'est la solution opposée qui a été adoptée par la Cour de justice (17 mars 1993, *Firma Sloman Neptun*, *DMF* 1993.421, note P. Chaumette et obs. P. Bonassies, *DMF* 1994.14).

Pour la Cour, un régime tel que le régime allemand, qui permet de soumettre les contrats de travail de marins employés sur le même navire à des conditions différentes, régime typique du système des pavillons *bis*, n'est incompatible ni avec les dispositions de l'article 92 du Traité CEE sur les *aides d'État*, ni avec les dispositions de l'article 117 de ce même traité, texte définissant les principes de la *politique sociale* de la Communauté.

L'article 92 déclare incompatibles avec le Marché commun et donc interdites, « *les aides accordées par les États membres ou au moyen de ressources d'État sous quelque forme que ce soit qui faussent ou qui menacent de fausser la concurrence en favorisant certaines entreprises ou certaines productions* ». Malgré l'interprétation extensive qu'elle a toujours donnée de ce texte, La Cour de justice a estimé qu'il n'interdisait pas l'allègement des charges sociales résultant de l'inscription du navire allemand concerné au registre ISR. En effet, observe-t-elle, « *le régime en cause ne tend pas, de par sa finalité et son économie générale, à créer un avantage qui constituerait une charge supplémentaire pour l'État ou pour les organismes (publics ou privés désignés ou institués par lui)* ». De fait, un régime de pavillon *bis*, s'il entraîne à l'évidence une diminution des ressources des organismes de sécurité sociale, entraîne aussi un allègement parallèle des dépenses de ces institutions (par la diminution des prestations diverses versées par elles). Opération en quelque sorte « à solde nul », il n'entraîne en rien un prélèvement sur les « ressources » de l'État ou d'une institution contrôlée par lui, et, de ce chef, ne peut tomber sous le coup des dispositions de l'article 92.

L'article 117, quant à lui, énonce que « *les États membres conviennent de la nécessité de promouvoir l'amélioration des conditions de vie et de travail de la main-d'œuvre pour ainsi permettre leur égalisation dans le progrès* ». Comme elle l'avait déjà fait dans des décisions antérieures, la Cour de justice observe que ce texte ne constitue qu'un texte « *de caractère essentiellement programmatique* », dont on ne peut déduire aucune règle contraignante (9). Il suit qu'il n'interdit pas, en lui-même, le système des pavillons *bis*.

Depuis l'arrêt *Firma Sloman Neptun*, le Traité de Maastricht est entré en vigueur, et certaines dispositions de ce texte ou des accords qui l'accompagnent renforcent les objectifs de politique sociale de la Communauté européenne (10). Mais toutes ces dispositions ont le même caractère « programmatoire » que celles de l'article 117. On peut donc penser, qu'après Maastricht comme avant Maastricht, le système des pavillons *bis* n'est pas contraire aux exigences du droit communautaire.

177. Conclusion. La difficulté du problème du pavillon. — Pour conclure, on soulignera combien il est malaisé d'édifier une réglementation internationale du pavillon. En théorie, il est facile de limiter la liberté des États d'attribuer leur pavillon. En pratique, une réglementation internationale trop stricte, outre qu'elle imposerait aux États des contraintes insupportables, conduirait à des situations sans issue. Car, envisageant un navire auquel l'État de Lilliput aurait attribué irrégulièrement son pavillon, on ne voit pas quel pavillon on pourrait substituer au pavillon lilliputien, s'agissant d'un navire neuf, construit dans un chantier

(9) Voir, dans le même sens, Cour de justice, 15 juin 1978, *Defrenne/Sabena*, *Recueil* 1978.1365 ; 28 sept. 1987, *Gimenez Zaera/Institut National de la Sécurité sociale*, *Recueil* 1987.3697. Dans son arrêt *Firma Sloman Neptun*, la Cour de justice observe toutefois que l'article 117, s'il n'a pas de caractère directement contraignant, a tout de même certains effets juridiques. Les objectifs sociaux qu'il énonce « *constituent en effet des éléments importants, notamment pour l'interprétation d'autres dispositions du Traité et du droit communautaire dérivé dans le domaine social* ». Mais on peut craindre que la valeur « interprétative » que la Cour reconnaît ici à l'article 117 ne demeure longtemps sans réelle effectivité.

(10) Le texte nouveau ajoute, en effet, aux missions de la Communauté telles qu'inscrites dans l'article 2 du Traité de CEE, la mission de promouvoir « *un niveau d'emploi et de protection sociale élevé* », ainsi que « *la cohésion économique et sociale et la solidarité entre les États membres* ». Ces dispositions sont confortées par celles d'un *Accord sur la politique sociale* qui accompagne le Traité, et dont l'article 1er énonce que « *la Communauté et les États membres ont pour objectif la promotion de l'emploi, l'amélioration des conditions de vie et de travail, une protection spéciale adéquate, le dialogue social, le développement des ressources humaines permettant un niveau d'emploi élevé et durable et la lutte contre les exclusions* ».

sud-coréen, avec des capitaux pour partie américains, pour partie grecs et norvégiens, armé par un équipage international, propriété d'un armateur ayant son siège social aux Bermudes, et ce alors que ni la Corée du Sud, ni les États-Unis, la Grèce, la Norvège, ou les Bermudes ne veulent du navire. Ou alors faudrait-il déclarer le navire sans nationalité ? L'évolution du droit international d'un système du lien substantiel-condition vers un système du lien substantiel-obligations apparaît donc pleinement justifiée.

B. — Le droit au pavillon en droit français

178. Les conditions du droit au pavillon français. Conditions originaires. Évolution. — La réglementation des conditions d'attribution du pavillon français remonte à un texte révolutionnaire, l'Acte de navigation du 21 septembre 1793. Ce texte était des plus rigoureux. Il n'autorisait l'attribution du pavillon français qu'à un navire construit en France, propriété exclusive de Français, et armé par un équipage français pour l'essentiel (le capitaine, les officiers, et les trois quarts au moins des marins).

Les textes actuels, qui sont inscrits dans la loi du 3 janvier 1967, et dans les articles 219 et suivants du Code des douanes, largement modifiés en 1996 et 2001, sont moins sévères.

C'est ainsi que la règle de la *construction* en France a été élargie et assouplie. Elle a été élargie par la loi 2001-43 du 16 janvier 2001, laquelle assimile à la construction en France la construction dans le territoire d'un État membre de la Communauté. Elle a été assouplie, suffisant aujourd'hui qu'un navire non construit en France ou en Communauté ait acquitté les droits et taxes d'importation exigibles pour qu'il puisse être francisé (à moins qu'il n'ait été déclaré *de bonne prise faite sur l'ennemi*, ajoute l'article 219 du Code des douanes). Par ailleurs, l'article 220 du Code des douanes interdit, sauf dérogation, la francisation de tout navire étranger de plus de 100 tonneaux de jauge brute âgé de plus de cinq ans. Mais cette règle doit être écartée pour ce qui est des navires battant pavillon d'un des États de l'Union européenne.

179. Nationalité du propriétaire. — Les dispositions de la loi du 3 janvier 1967 (article 3) ont été ici fortement modifiées d'abord par la loi 96-151 du 26 février 1996 (*D.* 1996. 91), d'autre part par la loi du 16 janvier 2001, laquelle modifie aussi les textes parallèles du Code des douanes (articles 219 et 219 *bis*), ces textes ayant mis en harmonie le droit français avec le droit communautaire (11).

Les nouvelles règles sont nuancées, voire même complexes. D'abord, comme relevé ci-dessus, il faut distinguer entre navires armés au commerce et à la

(11) Dans le texte de 2001, les règles inscrites dans le Code des douanes se voient attribuer la primauté sur les règles de l'article 3 de la loi du 3 janvier 1967, ce dernier texte se référant expressément aux articles 219 et 219 *bis* du Code des douanes. Malgré l'importance qu'il faut reconnaître à l'administration des douanes dans le contrôle des navires français, il est malheureux que soit ainsi ôtée à la loi de 1967 sa qualité de texte de principe quant au statut des navires.

plaisance, et navires armés à la pêche. Pour les premiers, il y a non seulement ouverture communautaire du pavillon français, mais aussi ouverture européenne, en sens que ce ne sont pas les seuls ressortissants de l'Union européenne qui sont assimilés aux citoyens français, mais aussi les ressortissants des États de l'Espace économique européen (EEE : Islande, Norvège, Suisse, Lichtenstein). Ce n'est pas le cas pour les navires armés à la pêche, où il y a seulement communautarisation, du fait du régime spécial appliqué à cette activité. Il faut ensuite distinguer personnes physiques et personnes morales.

Pour les personnes physiques, la loi nouvelle prévoit que le navire à franciser devra appartenir pour moitié (éventuellement pour un quart par agrément spécial) à des ressortissants de l'Union européenne, ou (les navires de pêche étant ici exclus) à des ressortissants de l'Espace économique européen. Mais le texte ajoute que les propriétaires qui résident moins de six mois par an sur le territoire français doivent y faire élection de domicile pour toutes les affaires administratives ou judiciaires se rapportant à la propriété et à l'état du navire.

Il y a, dans cette dernière condition, une exigence dont la régularité communautaire pourra être discutée. Certes, de prime abord, la règle n'emporte aucune discrimination, s'imposant aux propriétaires français comme aux propriétaires anglais ou italiens. Mais la Cour de justice pourra y voir une discrimination indirecte, sous l'observation qu'il est plus aisé pour un propriétaire français que pour un propriétaire non français de séjourner en France six mois par an (voir en ce sens l'argumentation développée par la Cour dans sa décision *Siola* du 29 avril 1999, *Recueil des arrêts* 1999.2517 et *DMF* 2000, Hors-série n° 4 au n° 8, où la Cour note qu'une réglementation nationale prévoyant une distinction fondée sur la résidence est contraire au droit communautaire en tant qu'elle risque de jouer principalement au détriment des ressortissants d'autres États membres, les non-résidents étant le plus souvent des non-nationaux).

Pour les personnes morales, si le navire est la propriété d'une société anonyme, celle-ci doit avoir son siège social en France ou en Communauté européenne, voire sur le territoire d'un État partie à l'Espace économique européen pour les navires armés au commerce ou à la pêche. Toutefois, la loi de 2001 prévoit que, pour les navires qui sont la propriété de sociétés n'ayant pas leur siège social en France, le navire devra être dirigé et contrôlé à partir d'un établissement stable situé sur le territoire français. La règle s'explique par la jurisprudence de la Cour de justice des Communautés. Celle-ci a en effet considéré que l'interdiction des discriminations en raison de la nationalité était liée, pour ce qui est des personnes morales, au droit d'établissement. Et, pour elle, la condition qu'un navire soit exploité et ses opérations dirigées et contrôlées à partir de l'intérieur de l'État d'immatriculation recouvre en substance la notion même d'établissement (arrêt du 25 juill. 1991, *Factortame*, *supra*, n° 174).

S'agissant des navires armés au commerce ou à la pêche, la loi française apparaît ainsi irréprochable du point de vue du droit communautaire. Il n'est pas sûr qu'il en soit de même pour les navires de plaisance. Pour les navires de plaisance, ce n'est pas, en effet, la liberté d'établissement qui fonde le principe de non-discrimination, mais la liberté de circulation des personnes physiques, liberté qui s'étend aux activités de loisir (Cour de justice, 7 mars 1996, *Commission contre France*, *Recueil des arrêts* 1996.1307 ; *DMF* 1996.752, obs. P. Chaumette). Dans la mesure où elle ne distingue pas (et la distinction est fort malaisée, si même elle est possible) entre les personnes physiques bénéficiaires de la liberté de circulation et les autres, la nouvelle législation française, même largement adaptée au droit communautaire, pourrait encourir la censure de la Cour de justice.

Le problème du siège social ainsi réglé, il faut distinguer entre sociétés de capitaux et sociétés de personnes. Pour les sociétés de capitaux, aucune condition n'est exigée quant à « la nationalité » du capital, mais le président du conseil d'administration, les directeurs généraux et la majorité des membres du conseil d'administration, ou bien les membres du directoire et la majorité des membres du conseil de surveillance, doivent être français ou ressortissants communautaires ou d'un État de l'EEE (de même que le gérant et la majorité des membres du conseil de surveillance pour les sociétés en commandite par actions). Si le navire est la propriété d'une société de personnes, la gérance et les associés détenant la moitié au moins du capital social doivent être français ou ressortissants de la Communauté, ou ressortissants de l'EEE pour les navires de commerce ou de pêche (12).

En définitive, la nouvelle législation française paraît très ouverte. Une société à capitaux allemands, et dont le siège social est à Hambourg peut ainsi exploiter un navire sous pavillon français, sous la seule réserve qu'elle ait un établissement stable en France — et sans doute aussi que le navire soit confié à un capitaine français (*infra*, n° 287).

180. Cas du crédit-bail. — La loi 75-300 du 29 avril 1975 est venue assouplir les textes antérieurs pour le cas où un navire est loué en crédit-bail. Dans ce cas, ce n'est pas la nationalité du propriétaire juridique (banque qui réalise l'opération de crédit) qui est prise en considération, mais celle du locataire exploitant le navire, futur propriétaire. Pareillement, des règles spéciales existent lorsqu'un navire a été affrété « *coque-nue* » par un armateur français (c'est-à-dire « loué » sans équipage, le navire étant armé par un équipage mis à bord par l'affréteur). La nationalité française peut être accordée à ce navire, bien que le propriétaire soit étranger (on notera que la CNUCIN, *supra*, n° 172, prévoit la même faculté).

181. Composition de l'équipage. — Quant à la règle de la composition française de l'*équipage* imposée par la législation révolutionnaire, le droit positif

(12) Des dispositions complémentaires d'une grande complexité prévoient la possibilité de dérogations aux règles indiquées ci-dessus pour les navires qui ne sont que pour *un quart* la propriété de personnes physiques ou morales communautaires, ou ressortissants de l'EEE (article 219 *bis* I, 3° du Code des douanes et article 3 *bis* I.3° de la loi du 3 janvier 1967).

ne l'a retenue que sous une forme différente. La règle de l'équipage français n'est plus une *condition* d'attribution de la nationalité française. Elle est une conséquence de cette attribution. Modifié par la loi du 26 février 1996, l'article 3 du Code du travail maritime réserve d'abord le cas du capitaine et de l'officier chargé de sa suppléance, pour lesquels la règle de la nationalité française est maintenue (13). Parce que la règle se fonde sur les pouvoirs ressortissant à l'autorité publique qui sont attribués au capitaine, elle sera étudiée — comme les problèmes qu'elle pose du point de vue du droit communautaire — dans le cadre de la présentation du statut du capitaine (*infra*, n° 287). S'agissant des autres membres de l'équipage, il énonce que ceux-ci doivent être ressortissants d'un État membre de la CEE ou d'un État partie à l'accord sur l'Espace économique européen dans une proportion minimale fixée par un arrêté du ministre chargé de la Marine marchande, le fait qu'un navire n'est plus armé par un équipage suffisamment français (ou européen) en nombre n'est plus, comme jadis, une cause de perte de la nationalité française, mais simplement un fait donnant naissance à une situation irrégulière, sanctionnée par les textes douaniers.

182. Les pavillons *bis* français. L'immatriculation aux Terres australes et antarctiques, le « pavillon des Kerguelen ». — Pour répondre à la demande des armateurs français, et prenant occasion de la réglementation particulière existant en matière maritime comme en d'autres domaines dans les territoires d'outre-mer, le décret 87-190 du 20 mars 1987 (*JO* 24 mars 1987) avait d'abord prévu la possibilité pour certains navires de se faire immatriculer dans le territoire des Terres australes et antarctiques françaises. Les navires ainsi immatriculés arborent le pavillon français normal. L'opinion publique n'en a pas moins adopté pour ce pavillon le nom, très évocateur, de « *pavillon des Kerguelen* ».

La légalité du décret de 1987 a été contestée par les syndicats de marins. Et, dans un arrêt du 27 octobre 1995, le Conseil d'État a annulé ce décret comme ayant modifié les conditions d'application du Code du travail de l'outre-mer — ce qui ne pouvait se faire que par une loi. Très vite, la loi 96-151 du 26 février 1996 est venue rendre au système sa légalité.

L'immatriculation aux Terres australes n'est pas tout à fait discrétionnaire pour les armateurs français. En sont exclus, notamment, les navires qui desservent exclusivement les ports métropolitains (en particulier les ferries desservant la Corse).

Les navires immatriculés aux Terres australes restent soumis à la réglementation française, et en particulier aux règles de sécurité comme aux visites habituelles. De même leur est applicable le décret du 26 mai 1967 sur la composition des effectifs (décret du 20 mars 1987, article 8). Ils échappent toutefois aux règles du Code du travail maritime et à la réglementation

(13) Voir cependant, sur la position du droit communautaire en la matière, *infra*, n° 287.

complémentaire, sans que l'on sache très bien le régime précis qui leur est applicable (14).

Le système de l'immatriculation aux Kerguelen, auquel était venue se joindre une immatriculation à Wallis-et-Futuna, est cependant apparu insuffisant à la défense de la flotte commerciale française. Il a donc été décidé de créer en France un registre international, analogue aux registres internationaux allemand ou danois. C'est ce registre qui a été créé par la loi 2005-412 du 3 mai 2005 (15), étant précisé que les navires immatriculés aux TAAF seront immatriculés automatiquement au registre nouveau dans un délai de deux ans à compter de la publication de la loi nouvelle (4 mai 2005), à moins qu'ils n'aient auparavant demandé semblable immatriculation.

183. Le registre international français (RIF). — La loi nouvelle, très simple sur le principe, énonce seulement que peuvent être immatriculés au « *registre international français, les navires armés au commerce au long cours ou au cabotage international* », ainsi que « *les navires armés à la plaisance professionnelle de plus de 24 mètres hors tout* ». Sont cependant exclus du registre international les navires de pêche professionnelle, d'assistance portuaire (remorquage, lamanage, pilotage ou dragage d'entretien), les navires exploités exclusivement au cabotage national, et surtout les navires transporteurs de passagers assurant des lignes régulières intra-communautaires — formule qui vise les navires effectuant la liaison entre le continent et la Corse, mais aussi les navires affectés au transport trans-Manche. Par ailleurs, l'article 44 de la loi du 5 janvier 2006 prévoit qu'un décret pourra établir une liste de lignes régulières internationales entraînant exclusion du bénéfice du RIF — formulation qui pourra être appliquée, par exemple, aux navires exploitant les trafics France-Maghreb. Les navires inscrits au RIF devront être immatriculés à un *guichet unique*, déterminé par décret, le décret 2006-10 du 5 janvier 2006 ayant établi ce « guichet » à Marseille, tout en laissant libre les navires RIF de choisir leur port d'attache (*JO* 11 févr. 2006.2189).

L'article 4 de la loi de 2005 énonce que les navires RIF sont soumis à l'ensemble des règles de sécurité et de sûreté maritimes, de formation des navigants, de santé et de sécurité au travail et de protection de l'environnement applicables en vertu de la loi française. En revanche, des règles particulières s'appliqueront à la composition de l'équipage, le taux des membres de l'équipage qui doivent être ressortissants de l'Europe communautaire ou de l'un des États de l'Espace économique européen étant ramené à 25 %, ou 35 % pour les navires ayant bénéficié d'un dispositif d'aide fiscale — seul le capitaine et l'officier chargé de sa suppléance devant être de nationalité française. Et surtout, le régime des navires RIF inclut des règles spécifiques pour ce qui est du statut social des marins, lorsqu'ils sont des « *navigants résidant hors de France* ».

(14) Voir en ce sens, J.-P. Beurier, Colloque « La Communauté et la Mer », Brest, octobre 1988.
(15) Sur ce texte voir P. Chaumette, *DMF* 2005.467 ; P. Bonassies, *DMF* 2005, Hors-série n° 9, au n° 11.

La loi du 3 mai 2005 n'assure pas à ces derniers l'application de la législation française — c'est là la raison même du régime nouveau : échapper aux contraintes de cette législation en matière de coût du travail. Mais elle maintient pour ces marins une protection minimale. Ainsi, ils bénéficieront du statut syndical français (liberté syndicale, protection du droit de grève). Leurs conditions de travail ne pourront être moins favorables que celles résultant des conventions de l'OIT ratifiées par la France, tandis que leur rémunération ne pourra être inférieure aux montants fixés par arrêté du ministre chargé de la Marine marchande « *par référence aux rémunérations généralement pratiquées ou recommandées sur le plan international* ». Ils bénéficieront aussi d'une protection sociale (accidents du travail, maternité, invalidité, vieillesse) qui ne pourra être moins favorable que celle résultant des conventions de l'OIT, étant même supérieure à celle-ci sur certains points (maladie ou accident survenu au service du navire).

Quant aux marins résidant en France, le silence de la loi implique qu'ils continueront à bénéficier pleinement de la législation française.

Concluons. Ni sur le plan de la sécurité, ni sur celui du régime applicable aux marins, les navires RIF ne peuvent être assimilés aux navires ressortissant à un pavillon de complaisance (16).

184. Les modalités d'attribution du pavillon français. La francisation. Régime. — La francisation est la formalité qui confère au navire le droit de porter le pavillon de la République française avec les avantages qui s'y attachent (article 2 de la loi du 3 janvier 1967). Cette opération, qui est effectuée par le service des douanes, est constatée par l'*acte de francisation*.

La première question que pose la francisation est de savoir si elle est obligatoire. Cette question n'ayant pas été réglée par la loi du 3 janvier 1967, a été résolue par la loi de finances du 28 décembre 1967. Aux termes de ce texte, « *tout navire français qui prend la mer doit avoir à son bord son acte de francisation* ». La règle ayant soulevé l'opposition des plaisanciers, eu égard au coût de l'opération et surtout aux droits annuels qu'elle entraînait, une loi du 21 décembre 1970 est venue exonérer de l'obligation de la francisation les navires d'un tonnage égal ou inférieur à 2 tonneaux, chiffre porté à trois tonneaux (unités de jauge) par la loi du 31 décembre 1987. Toutefois, même pour ces navires, la francisation reste obligatoire s'ils se rendent dans des eaux territoriales étrangères.

185. Procédure de francisation. — La francisation se réalise à travers une procédure très précise. Le propriétaire du navire doit se présenter au receveur des douanes de son port d'attache, qui vérifie son titre de propriété (l'obligation d'affirmer ce titre devant les tribunaux ayant été supprimée) et contrôle la jauge. Le propriétaire doit alors rédiger une « *soumission de francisation* », acte par

(16) La loi du 3 mai 1965 a fait l'objet d'un recours devant le Conseil constitutionnel. Ce recours a été rejeté par décision du 28 avril 2005 (*DMF* 2005.514, obs. P. BONASSIES).

lequel il s'engage à ne pas vendre, donner ou prêter le congé et l'acte de francisation (l'administration tirant argument de ce texte pour interdire la location d'un navire sans autorisation des douanes, interprétation qui ne paraît pas s'imposer).

Au vu de la soumission de francisation, le receveur des douanes procède à l'inscription du navire sur le registre des francisations. Ce registre est tenu à la Recette des douanes de façon réelle, c'est-à-dire qu'il comporte une fiche par navire.

L'inscription sur le registre des francisations avait naguère un aspect fondamental : elle était le seul moyen de publicité de l'état des navires. Aujourd'hui, ainsi qu'on le verra, elle est doublée d'un second moyen, l'immatriculation du navire sur le fichier d'inscription des navires.

186. L'acte de francisation. — Ayant procédé à cette formalité, le receveur des douanes délivre au propriétaire l'acte de francisation. Cet acte est une copie du registre des francisations, et se présente sous la forme d'un passeport de format légèrement agrandi.

L'acte de francisation a d'abord une valeur informative pour les tiers. Il établit l'identité du navire et celle du propriétaire. Depuis 1967, il porte aussi mention des éléments affectant la propriété du navire (article 96 du décret du 27 oct. 1967). Mais il a aussi une valeur plus fondamentale. Il établit la nationalité française du bâtiment, soumettant le navire au droit français et lui permettant de réclamer la protection de l'État français. Pour cette raison, l'acte de francisation comporte la formule suivante : « *Au nom du peuple français, le ministre des Finances déclare que le (ici le nom du navire) a été francisé et est en droit de jouir de la protection ainsi que des privilèges et des avantages accordés aux navires français* ».

187. Portée juridique de l'acte de francisation. L'arrêt *Calypso*. — La question la plus importante que pose l'acte de francisation est celle de la portée de ses énonciations. La doctrine classique s'était partagée sur le point. Pour la majorité des auteurs (Lyon-Caen et Renault, le Doyen Bonnecase), les mentions de l'acte de francisation n'avaient qu'une valeur relative, et celui qui revendiquait la propriété d'un navire pouvait apporter la preuve de leur inexactitude. Pour le Doyen Ripert, à l'opposé, l'acte de francisation exprimait la vérification officielle par l'État de la propriété du navire et ses mentions s'opposaient à tous. Si séduisante qu'elle fût, la thèse du Doyen Ripert n'a pas recueilli l'adhésion de la doctrine contemporaine. Pour la grande majorité des auteurs contemporains, un tiers peut prouver contre les mentions de l'acte de francisation (17). Seul le Doyen Rodière a repris la thèse du Doyen Ripert. Pour lui, il faut reconnaître à ces mentions, telles que reportées sur la fiche matricule du navire (*infra*, n° 189), une valeur absolue (*Le navire*, n° 181 et n° 182).

(17) En ce sens, E. DU PONTAVICE et P. CORDIER, *Le statut des navires*, n°s 34 et s. ; M. RÉMOND-GOUILLOUD, *Droit Maritime*, n° 118 ; A. VIALARD, *Droit Maritime*, n° 345 ; Y. TASSEL, *Juris-Classeur Transports*, fasc. 1075, au n° 126 ; M. NDENDE, *Droits maritimes*, n° 321-61.

Pour nous, malgré l'autorité qui s'attache aux écrits du Doyen Rodière, nous ne pouvons adhérer à ses conclusions. Nulle part il n'est fait mention dans les textes d'une semblable valeur absolue. En particulier, rien n'est dit en ce sens dans le décret du 27 octobre 1967. La règle y figurerait-elle d'ailleurs qu'elle pourrait être contestée, seule la loi pouvant se prononcer sur ce qui touche au régime de la propriété ou à celui des droits réels (article 34 de la Constitution). À la vérité, si l'intention du législateur avait été d'interdire toute contestation des mentions de l'acte de francisation, il n'aurait pas manqué de le dire, comme l'ont fait les législateurs qui ont affirmé la règle pour les mentions, non de l'acte de nationalité d'un navire, mais des registres fonciers (18).

Dans un arrêt du 11 décembre 2007, rendu dans l'affaire du navire *Calypso*, la Cour de cassation a adhéré à la thèse ici défendue. Pour elle, les juges du fond avaient « *affirmé à bon droit le caractère simple de la présomption s'attachant* « aux mentions de la fiche matricule, comme à celles de l'acte de francisation (*DMF* 2008.27, obs. P. Bonassies) (19).

188. Obligation au port du pavillon. — Pour conclure, nous observerons que le port du pavillon n'est pas seulement un droit pour l'armateur. Il peut aussi être une obligation. Aux termes d'un décret du 14 août 1929, le pavillon, qui doit être porté au mât d'artimon du navire, doit être arboré dans certaines circonstances : à l'entrée et à la sortie des ports, lors de la fête nationale, lors de la visite du Chef de l'État, ou enfin, en haute mer, sur réquisition de tout bâtiment de guerre français ou étranger.

(18) Voir ici l'exemple d'un texte proche du droit français, celui du dahir marocain de 1913 sur les livres fonciers, énonçant que, une fois inscrit sur ce livre, « *le titre de propriété est définitif et inattaquable* » (art. 62).

(19) Voir aussi L. d'AVOUST, « Quelques observations sur la valeur des publicités réelles en droit français », *D.* 2008.888.

CHAPITRE 3

LE NAVIRE BIEN CONTRÔLÉ

Le navire apparaît comme un bien contrôlé à un double titre : il est l'objet d'un contrôle administratif particulier ; il est l'objet d'un contrôle technique.

§ 1. — *Le contrôle administratif*

189. Le fichier des navires. — Jusqu'en 1967, l'élément fondamental du contrôle administratif du navire était la procédure de francisation, telle qu'elle a été décrite ci-dessus. L'importance de cette procédure avait d'ailleurs amené le Doyen Ripert à défendre la thèse qu'elle était essentielle à l'existence même des droits sur le navire. Pour lui, la vente du navire ne devenait parfaite, même entre les parties, qu'une fois la francisation réalisée (*Traité*, n° 428, où l'éminent auteur écrit, et souligne que le registre des transcriptions, où étaient enregistrées les francisations et leurs modifications, « *c'est le grand livre de la propriété des navires* »). Cette thèse extrême n'avait cependant pas été totalement reçue par les tribunaux. Ceux-ci considéraient seulement que la modification du registre des francisations, et celle de l'acte de francisation, étaient nécessaires pour rendre la vente du navire opposable aux tiers.

Aujourd'hui, l'élément essentiel du contrôle du navire est devenu la procédure d'inscription et de publicité prévue par les articles 88 et suivants du décret du 27 octobre 1967.

Aux termes de ce texte, « *les bureaux des douanes tiennent des fichiers d'inscription des navires. Les fichiers sont tenus par noms de navires. Une fiche matricule est affectée à chacun des navires* ».

Doivent être inscrits au fichier des navires tous les navires francisés, ainsi que tous les navires en construction ayant fait l'objet d'une déclaration de construction, déclaration obligatoire pour les navires d'un tonnage supérieur à 10 unités de jauge.

190. Mentions portées sur la fiche du navire. — Les mentions qui sont portées sur la fiche du navire sont très diverses. Les unes concernent l'identification du navire : nom, jauge, chantier de construction. Les autres concernent l'identité des propriétaires. S'il s'agit d'une société, doivent être indiqués le nom du président-directeur général, ainsi que celui des membres du conseil d'administration. Mais les mentions les plus importantes concernent les droits relatifs au navire.

L'article 92 du décret de 1967 énonce ici que doivent être inscrites sur la fiche matricule en premier lieu toutes les mentions concernant la propriété du navire : mention de la vente du navire, de la constitution d'un usufruit, mention des hypothèques constituées sur le navire avant sa francisation ou depuis. Doivent aussi être inscrits les procès-verbaux de saisie. Doivent également figurer sur la fiche matricule certaines mentions concernant des actes affectant la gestion du navire : nom du gérant dans les conventions de copropriété ; contrat d'affrètement d'une durée de plus de un an et donnant à l'affréteur la qualité d'armateur. Est également mentionnée sur la fiche du navire l'ordonnance constatant la constitution d'un fonds de limitation.

La liste figurant à l'article 92 est ainsi très complète. On remarquera toutefois que l'article 92 ne prévoit pas l'inscription sur la fiche du navire de l'ouverture d'une procédure collective (aujourd'hui procédure de redressement judiciaire), ni les formalités à accomplir en cas de mutation par décès. Sur ces deux points, on pourrait heureusement s'inspirer du droit des immeubles.

191. Portée de l'inscription. — L'inscription d'un navire sur le fichier matricule permet d'abord à l'administration d'exercer son contrôle, et de vérifier que les procédures de francisation, ou de modification de l'acte de francisation, ont été respectées. Mais cette institution a aussi des conséquences à l'égard des tiers.

Aux termes de l'article 95 du décret de 1967, les fichiers d'inscription sont publics. Tout intéressé peut donc demander au receveur des douanes un certificat d'inscription, dont un décret du 24 septembre 1968 prévoit les modalités.

Mais la règle la plus importante concernant les tiers est celle qui régit *l'opposabilité* des actes qui doivent être mentionnés sur la fiche du navire. Aux termes de l'article 93 du décret de 1967, aucun de ces actes n'est en effet opposable aux tiers avant son inscription sur la fiche matricule. C'est ainsi que si le propriétaire d'un navire vend ce navire à un sieur A, lequel omet de faire procéder à l'inscription de la vente sur la fiche du navire, le propriétaire premier revendant ensuite le même navire à un sieur B, c'est celui-ci qui l'emportera si, de bonne foi, il a fait lui-même procéder à la mention de la vente.

La règle de l'article 93 vaut non seulement pour la vente, mais pour les autres actes mentionnés à l'article 92, et, par exemple, pour la désignation ou la révocation d'un gérant de copropriété, pour l'affrètement du navire au-delà de un an, enfin pour la constitution d'une hypothèque. Toutefois, dans ce dernier cas, on notera que, pour être opposable aux tiers, l'hypothèque doit être aussi inscrite sur un registre spécial (*infra*, n° 551).

Condition nécessaire de l'opposabilité aux tiers, l'inscription sur la fiche du navire est la condition suffisante de cette opposabilité. En particulier, alors même que la mention en cause aurait dû être reportée sur l'acte de francisation, le défaut de report n'entraîne pas inopposabilité, aucune raison n'existant désormais pour maintenir ici la règle jurisprudentielle antérieure (1). — En revanche, comme nous l'avons vu pour ce qui est des mentions de l'acte de francisation, et pour les mêmes raisons, il faut refuser toute valeur absolue aux mentions portées sur la fiche du navire (*supra*, n° 187).

192. Immatriculation administrative du navire. Numéro OMI. — En conclusion, nous observerons que la francisation et l'inscription des actes concernant les navires sur le fichier des navires ne sont pas les seules formalités concernant le navire. Tout navire doit être aussi immatriculé auprès de l'administration des affaires maritimes, cette immatriculation permettant à l'administration de contrôler en particulier si les règles de sécurité concernant la construction du navire ont été respectées.

Par ailleurs, la réglementation internationale récente impose aux administrations nationales de demander à l'OMI l'affectation à chaque navire d'un numéro spécifique, numéro qui doit être indiqué lors de chaque communication officielle effectuée par le navire, comme dans le cadre de son système AIS (*supra*, n° 46 ; voir J. Lamy, *L'AIS*, mém. CDMT, Aix 2005).

§ 2. — *Le contrôle technique sur les navires*

193. Historique. — Le contrôle technique du navire par l'administration remonte à 1791. L'Ordonnance de la Marine de 1681 avait seulement prévu que c'était au capitaine qu'il appartiendrait de vérifier « *avant que de faire voile si le vaisseau est bien lesté et chargé, fourni d'ancres, agrès et apparaux et de toutes choses nécessaires* » (Ordonnance de la Marine, livre 2, titre I, article 8). C'est un décret des 9-13 août 1791 qui vint prévoir que, « *lorsque le capitaine ou armateur voudra mettre un navire en armement, il sera tenu d'appeler deux officiers visiteurs, qui, après avoir reconnu l'état du navire, donneront leur certificat de visite, en y exprimant brièvement les travaux dont le navire leur aura paru avoir besoin pour être en état de prendre la mer* ».

La règle sera reprise par le Code de commerce, l'article 225 énonçant que « *le capitaine est tenu, avant de prendre charge, de faire visiter son navire aux termes et dans les formes prévus par les règlements* ». Tout au long du XIXe siècle, le contrôle de l'administration s'étendra peu à peu bien au-delà de la visite de l'article 225, la « *visite de partance* ». De nombreux textes institueront un contrôle préalable concernant telle ou telle catégorie spécifique de navires, en particulier des navires bénéficiant de subventions de l'État, avant que ne soit promulguée la loi du 17 avril 1907 instituant un régime général de contrôle.

Depuis longtemps, toutefois, le contrôle exercé par l'administration sur les navires se double d'un contrôle privé, contrôle exercé par les sociétés de classification. Il importe donc d'étudier successivement ces deux formes de contrôle.

(1) Voir en ce sens, Conseil d'État, 26 févr. 1982, *Gaz. Pal.* 1982.2.650, s'agissant d'une convention de non-solidarité en matière de copropriété, sous le régime de la loi du 3 janvier 1967 (*infra*, n° 268).

A. — Le contrôle par l'administration

194. Étendue du contrôle administratif. Contrôle de la construction. — Inscrits à l'origine dans la loi de 1907, les principes de ce contrôle figurent aujourd'hui, après de nombreuses modifications, dans la loi 83-581 du 5 juillet 1983 (*D.* 1983.334), texte complété par le décret 84-810 du 30 août 1984 (*D.* 1984.513) et par de nombreux arrêtés d'application. Ce contrôle prend des formes multiples.

Tout d'abord, les textes définissent les standards auxquels doivent répondre la *construction et l'équipement* des navires. Ces standards font l'objet de dispositions très détaillées, souvent reprises des conventions internationales en la matière, et concernant les matériaux utilisés pour la construction, la structure du navire, notamment en ce qui concerne sa stabilité et la longueur des compartiments étanches, l'équipement électrique, l'équipement de prévention, détection et extinction de l'incendie, enfin l'équipement en engins de sauvetage (2).

Tenu de respecter ces standards, tout constructeur de navire a ensuite l'obligation de faire préalablement approuver par l'autorité administrative les plans de construction du navire. Ce « *permis de construire* », qui a précédé de plusieurs décennies la création du permis de construire en matière immobilière, était à l'origine prévu seulement pour les navires de plus de 500 tonneaux de jauge. Il a été étendu par la réglementation ultérieure à tous les navires, des modalités différentes étant seulement prévues selon la dimension des navires. C'est ainsi que pour les bâtiments de plus de 500 « tonneaux » (unités de jauge), les plans doivent être examinés par une commission nationale de sécurité (dite « commission centrale »). Les commissions régionales sont compétentes pour approuver les plans des navires de moins de 500 « tonneaux » (unités de jauge), les plans des navires d'une longueur inférieure à 12 mètres pouvant être soumis seulement à l'approbation du chef du centre local de sécurité des navires.

195. Visite de mise en service. — Susceptible de faire l'objet de visites de contrôle par l'administration durant sa construction, le navire doit en tout cas être soumis à une visite de mise en service. Il est procédé à cette visite par une commission comprenant des représentants de l'administration, des experts, et des représentants du personnel navigant. Si la visite donne satisfaction, le permis de navigation est délivré au navire, ainsi que tous les certificats de sécurité dont il doit être muni (certificat international de sécurité, certificat international de prévention de la pollution, certificat de sécurité radio, certificat de sécurité du matériel d'armement, etc.).

196. Contrôles ultérieurs. — Ultérieurement, tout navire, sauf les navires de plaisance d'une longueur inférieure à 12 mètres, doit faire l'objet d'une visite

(2) Une bizarrerie, au moins en apparence, des textes : la réglementation est ici plus exigeante pour les navires transporteurs de marchandises que pour les navires transporteurs de passagers. Pour ces derniers, des moyens de sauvetage (canots, radeaux) doivent exister en nombre correspondant au nombre de passagers transportés — légèrement augmenté, tandis que, pour les navires transporteurs de marchandises, c'est *de chaque bord* que doivent exister les moyens suffisants, ceci afin de pallier les conséquences d'une éventuelle gîte du navire (la chose s'expliquant par l'impossibilité pratique d'appliquer la même règle à un navire de passagers).

annuelle de contrôle, visite permettant le renouvellement de ses titres de sécurité. Enfin, les textes actuels maintiennent la *visite de partance* créée en 1791. Aux termes des articles 28 et 41 du décret du 30 août 1984, avant de quitter un port français, le capitaine de tout navire français ou étranger doit faire une déclaration de partance à l'autorité maritime. Le navire peut alors être soumis à une visite de partance.

197. Responsabilité de l'administration. — Le contrôle des navires peut donner lieu à des erreurs des services de contrôle. Ces erreurs entraînent la responsabilité de l'administration. Jusqu'à une époque récente, le Conseil d'État décidait que seule la *faute lourde* engageait cette responsabilité. Un arrêt du Conseil d'État du 12 juin 1998 a mis fin à cette attitude restrictive. Désormais la responsabilité de l'État est engagée par la simple faute, non, certes, la faute de l'article 1382 du Code civil, mais la faute « *de nature à engager la responsabilité de l'administration* » (navire *Delmas Vieljeux*, *DMF* 1998.788, obs. P. Chaumette).

Par ailleurs, une faute répondant aux exigences de l'article 121-3 du Code pénal, tel que modifié par la loi du 10 juillet 2000, engagerait la *responsabilité pénale* du fonctionnaire responsable (3).

B. — Le contrôle du navire par les sociétés de classification

198. La classification. Notion. — La classification peut être définie comme l'examen et la cotation technique dont un navire est l'objet, du fait d'une société privée spécialisée.

La classification est une opération privée qui n'est en rien obligatoire. En fait, elle est de pratique absolument générale, sauf pour les bâtiments de très petit tonnage. Elle est, en effet, d'abord indispensable parce que l'acquéreur d'un navire n'a pas une compétence technique suffisante pour vérifier la qualité du bâtiment qui lui est livré. Mais surtout, aucune société d'assurance n'accepterait de garantir un navire qui n'aurait pas fait l'objet d'un contrôle par une société de classification, aucun opérateur maritime n'accepterait de placer ses marchandises sur un tel navire. Il importe de préciser la structure comme le rôle technique de ces sociétés, puis le régime juridique applicable à leurs activités.

199. Les sociétés de classification. Leur rôle. — La classification est le fait de sociétés hautement spécialisées, dont la plus ancienne, et sans doute la plus renommée, est une société britannique, le *Lloyd's Register*. Le *Lloyd's* a été créé à Londres à la fin du XVIIIe siècle. Il tire son nom d'un cabaretier londonien dont la taverne servait de lieu de rencontre aux marins, aux assureurs, aux spécialistes de la construction navale.

Il existe en France une importante société de classification, le *Bureau Veritas*, qui, créé à Anvers en 1828, a transféré son siège social à Paris dès 1829. Des

(3) Pour semblable cas, voir l'affaire du *Snekkar Artic*, Rennes, 17 sept. 1998, *DMF* 1999.110, obs. P. BONASSIES, *DMF* 1999, Hors-série n° 4, au n° 21.

sociétés de classification existent aussi dans tous les pays maritimes (par exemple l'*American Bureau of Shipping* aux États-Unis ; le *Germanischer Lloyd* en Allemagne ; *le Norske Veritas* en Norvège, etc.).

Les techniques utilisées par les différentes sociétés de classification sont très homogènes. Chaque société établit d'abord un recueil très complet de standards de construction, définissant de manière très précise toutes les modalités de la construction des navires, ainsi que les qualités que doivent présenter les matériaux. Elle intervient ensuite à l'occasion de la construction d'un navire donné. Elle en approuve alors les plans de construction. Elle en surveille de très près la construction par les visites systématiques de ses inspecteurs. Elle impose des exigences particulières pour certaines opérations, fondamentales à la sécurité du navire. C'est ainsi que les soudures d'un navire contrôlé par une société de classification ne peuvent être effectuées que par des soudeurs dont la compétence personnelle a été vérifiée par la société, et est attestée par elle. Enfin, la construction terminée, il est procédé à une visite de mise en service extrêmement poussée.

200. Organisation internationale de sociétés de classification (IACS). Réglementation communautaire. Directive du 19 décembre 2001. — Depuis longtemps, les pratiques des sociétés de classification avaient fait l'objet de critiques parfois vives. Il leur était reproché un contrôle très insuffisant des navires, notamment lors des visites annuelles. Conscientes du tort que certains membres de la profession leur faisaient, les plus importantes d'entre elles se sont regroupées, dès 1968, en une association internationale, *l'IACS* (*International Association of Classification Societies*) (4). Malgré le travail important effectué par l'*IACS*, lorsque les institutions communautaires se sont engagées, dans les années 1990, dans la lutte pour la protection de l'environnement, il leur est apparu qu'il était indispensable d'exercer un contrôle sur les sociétés de classification. Cela fut l'objet d'une première directive du 22 novembre 1994 (*JOCE* L. 319, 12 déc. 1994), puis d'une directive du 19 décembre 2001, le premier texte issu des réflexions suscitées par le sinistre de l'*Erika* (*JOCE* L. 19 du 22 janv. 2002) (5). Ce texte définit les critères que les États devront respecter pour habiliter les sociétés de classification ; il impose à celles-ci certaines obligations précises ; il confère à la Commission des pouvoirs étendus de contrôle (6).

S'agissant des critères d'habilitation, ne pourront être habilitées que les sociétés qui, entre autres conditions, ont inscrit à leur registre au moins 1 000 navires de plus de cent tonneaux de jauge (unités de jauge), représentant 5 millions de tonneaux, ainsi que disposant d'un effectif technique de cent inspecteurs exclusifs au moins. Quant aux obligations imposées aux sociétés, celles-ci doivent mettre en œuvre un système efficace de contrôle de qualité interne. Elles doivent en permanence fournir aux administrations de l'État

(4) Voir sur ce point les précieuses précisions apportées par Ph. BOISSON, *Politiques et droits de la sécurité maritime*, 1998, n°s 259 et s.
(5) Sur cette directive, voir P. BONASSIES, *DMF* 2002, Hors-série n° 6, au n° 7.
(6) Voir aussi, précisant certaines des dispositions des textes ici cités, le règlement n° 391-2009 du 23 avril 2009, *JOUE* L. 131 du 28 mai 2009.11 et la directive n° 2009/15 du même 23 avril 2009, *JOUE* L. 131 du 28 mai 2009.47.

membre qui les a agréés toutes informations pertinentes, portant notamment sur toute suspension ou retrait de classe, retard dans l'exécution des visites, recommandations faites par la société de classification aux armateurs dont elles classent les navires — *quel que soit leur pavillon.* En cas de changement de registre, l'organisme cédant doit donner toutes informations utiles à l'organisme cessionnaire, et lui transmettre le dossier du navire.

Plus nouveaux sont les pouvoirs accordés à la Commission. Dans le régime de 1994 c'étaient les États membres qui agréaient les sociétés de classification. Désormais, l'agrément sera octroyé par la Commission, sur la demande des États et après évaluation conjointe — ce tout au moins pour les sociétés non encore agréées. Et toutes les sociétés devront faire l'objet, tous les deux ans, d'une nouvelle évaluation par la Commission, en association avec l'État membre concerné. Enfin, la Commission se voit conférer le pouvoir de retirer l'agrément à tout organisme qui ne répondrait plus aux critères de la directive, ou, dans les situations moins graves, d'obliger celui-ci à prendre toute mesure nécessaire et, en cas de réaction insuffisante de la société concernée, de suspendre l'agrément pour une durée d'un an. La directive institue aussi un régime de responsabilité dans les relations entre les États et les sociétés ; ce régime sera étudié dans le cadre du problème général de la responsabilité de ces sociétés (*infra*, n°s 203 et s.).

201. La cote du navire. — En fin des opérations de classification, la société de classification délivre au navire sa *cote*. Cette cote s'exprime par une série de sigles, variables selon les sociétés de classification, qui établissent que le navire a fait l'objet d'une surveillance spéciale, qu'il appartient à telle ou telle catégorie, qu'il mérite telle ou telle cote, qu'il est apte à la navigation en zone de glaces, que son moteur est automatisé, etc. (par exemple, la cote Veritas du porte-conteneurs *C-R Paris*, livré le 26 septembre 1985 par les Forges et Chantiers de l'Atlantique, s'exprime ainsi : 1 3/3 E. Haute mer. Aut). En fait, il n'est guère imaginable qu'un navire construit sous le contrôle d'une société de classification ne se voie pas attribuer la première cote.

Pour maintenir sa cote d'origine, tout navire doit se soumettre à des visites annuelles des inspecteurs de la société de classification. Il doit aussi subir des visites exceptionnelles après tout incident de navigation (par exemple, échouement ou abordage). À l'occasion de ces visites, la cote du navire peut être abaissée. En fait, c'est l'observation unanime des praticiens maritimes qu'il est à peu près inconnu qu'un navire perde la première cote. Ce qui arrive, c'est que, si un navire apparaît comme ne répondant plus aux exigences de la première cote, il soit exigé de l'armateur qu'il fasse procéder, dans un certain délai, à telle ou telle réparation. Mais il peut advenir que, avant que les réparations ne soient effectuées, le navire, auquel la première cote avait été maintenue, se perde corps et biens, comme ce fut le cas dans l'affaire du *Nicholas H.* (7).

(7) *Infra*, n° 207 ; voir aussi l'affaire du *Sundancer*, Cour d'appel fédérale de New York, 15 oct. 1993, *1993 U.S.App. LEXIS 26487*.

202. Valeur juridique de la classification. — Du point de vue réglementaire, en droit français, bien qu'elle ne soit pas obligatoire, comme nous l'avons noté, la classification d'un navire par une société agréée (tel le *Bureau Veritas*) est prise en considération par les règlements administratifs. L'article 42 du décret du 30 août 1984 dispose ainsi que les sociétés de classification reconnues sont habilitées à apposer les marques de franc-bord sur les navires français. Les navires auxquels la société attribue la première cote peuvent, de surcroît, être dispensés de certaines vérifications, sur les points qui ont fait l'objet d'examens de constatation ou d'épreuves sanctionnés par l'attribution d'une attestation par la société de classification. Mais les contrôles effectués et les certificats délivrés par les sociétés de classification ne peuvent se substituer aux contrôles et certificats de l'administration. Il n'en est pas de même dans certains États maritimes, tels le Liberia, le Panama ou les Bahamas, où les sociétés de classification agréées effectuent leurs contrôles et délivrent leurs certificats pour le compte de l'administration publique.

Du point de vue du droit privé, les opérations de classification ont soulevé des difficultés de deux ordres : s'agissant de la valeur à reconnaître aux certificats délivrés par elles et s'agissant de la responsabilité des sociétés de classification.

Comme tout certificat, y inclus les certificats de navigation délivrés par l'administration, les certificats établis par les sociétés de classification ne peuvent se voir reconnaître une valeur absolue. La règle a été mise en lumière par un important arrêt de la Cour de cassation du 20 février 1962 (navire *Calédonien*, *DMF*, 1962.335).

Dans l'espèce soumise à la Cour de cassation, des marchandises transportées sur un navire neuf, bénéficiaire de la première cote du Bureau Veritas, avaient été endommagées à la suite d'infiltration d'eau de mer dans les cales. L'armateur alléguait qu'aucun reproche ne pouvait lui être fait, puisqu'il avait fait contrôler la construction de son navire par le Bureau Veritas, et que, notamment, des essais d'étanchéité avaient été effectués lors de la visite de mise en service. La Cour de cassation a approuvé les juges du fond d'avoir décidé que, le contrôle du Bureau Veritas ayant été insuffisant, s'étant exercé notamment seulement par mer calme, les certificats délivrés par cette société n'établissaient pas que l'armateur avait correctement veillé au bon état de son navire (8).

Il demeure que les certificats délivrés par les sociétés de classification ont au moins valeur de présomption et qu'ils sont souvent pris en considération par les tribunaux. Ainsi, dans un arrêt du 18 mars 1977, la Cour d'appel d'Aix-en-Provence décide que le certificat délivré par le Bureau Veritas établissait que l'armateur n'avait commis aucune faute en équipant son navire d'un système de commande à distance de l'appareil à gouverner, pouvant dès lors bénéficier de la limitation de responsabilité (9).

(8) Voir, dans le même sens, Cass., 10 nov. 1959, navire *Compiègne*, *DMF* 1960.141, n. M. De Juglart.
(9) Navire *Beni-Saf*, *DMF* 1979.72 ; dans le même sens, Cour d'appel fédérale de Miami, 30 juin 1986, navire *Visgnes*, *AMC* 1987.291.

203. Responsabilité des sociétés de classification. Responsabilité contractuelle. — Le régime de responsabilité applicable aux sociétés de classification varie selon qu'il s'agit de leurs relations avec leurs cocontractants, ou de leurs relations avec les tiers. Mais les dispositions de la directive du 19 décembre 2001 (*supra*, n° 200) imposent que l'on s'interroge aussi sur leur responsabilité à l'égard de l'État (10).

Les contrats liant un armateur à une société de classification contiennent presque toujours une clause *de non-responsabilité* disposant que, encore que s'engageant à faire preuve de la plus grande diligence, la société ne sera pas responsable des conséquences des fautes commises par elle ou ses préposés dans l'établissement de la cote, ou la surveillance de la construction du navire, réservant parfois, comme le règlement du Bureau Veritas dans son dernier état (1989), la seule faute grave. Ces clauses, qu'aucun texte n'interdit, sont soumises au droit commun. Elles doivent donc être considérées comme valables, sauf faute lourde de la société ou de l'un de ses préposés, comme le principe en a été posé par la Cour de cassation dès 1923 (Cass. 15 mai 1923, *D.* 1925.1.15).

Des clauses de *limitation de responsabilité* sont aussi apparues récemment dans les contrats des sociétés de classification, qui établissent une limitation proportionnelle aux honoraires perçus. La validité de ces clauses ne peut être contestée, mais — principe classique — elles ne peuvent recevoir application en cas de faute lourde de la société.

204. Responsabilité à l'égard des tiers. Loi applicable. Règle de fond. — Une société de classification peut voir sa responsabilité engagée par un tiers dans des circonstances diverses, soit qu'il s'agisse d'un armateur qui a acquis un navire sur la foi de la coté délivrée par elle au précédent propriétaire, soit qu'une personne subisse un dommage du fait d'un navire atteint d'un vice que n'avait pas décelé la société qui a surveillé sa construction. Le problème qui se pose alors est un problème difficile, et sur lequel on peut hésiter.

Le premier problème qui se pose est celui de la *loi applicable*. La Cour de cassation s'est prononcée par deux fois sur le problème — avec beaucoup de nuances. Dans un premier arrêt, rendu le 11 mai 1999 à propos de la responsabilité du Lloyd's Register of Shipping dans l'effondrement d'une plate-forme de forage installée sur le plateau continental écossais et « classée » par cette société, elle a privilégié la loi écossaise, loi du lieu où le dommage avait été subi, mais aussi « loi du lieu qui présente les liens les plus étroits avec le fait dommageable » (*DMF* 3000. 30, obs. P. Bonassies). Elle précise sa position dans une décision du 27 mars 2007 (navire Welborn, *DMF* 2007.750, obs. P. Bonassies). Le navire Welborn, chargé au Gabon en juillet 1994 de 24 000 tonnes de manganèse à destination de Chine, avait été contraint, en raison de son très mauvais état, de faire escale à Fort-Dauphin, avant d'être abandonné par son

(10) Sur le problème en général, voir, Ph. Boisson, *The liability of classification societies in the marine industry context*, Classification Societies, 1993.1. M. Ferrer, *La responsabilité des sociétés de classification*, bibl. CDMT, PUAM, 2004.

équipage, de s'échouer et de se casser en deux. Sur l'action des assureurs du destinataire, le Tribunal de commerce de Nanterre condamnait le Bureau Veritas à indemniser le destinataire de la marchandise, décision confirmée par la Cour de Versailles. Sur pourvoi du Bureau Veritas, la Cour de cassation rappelle d'abord le principe admis en droit français, à savoir que la loi applicable à la responsabilité extra-contractuelle est celle de l'État du lieu où le fait dommageable s'est produit. En cas de délit complexe, ce lieu s'entend aussi bien de celui du fait générateur du dommage que du lieu de réalisation de ce dernier. Puis, entrant en quelque sorte dans la complexité, la Cour ajoute que, quand le lieu de réalisation est fortuit — ce qui était le cas en la cause, car le navire, qui s'était échoué dans un port de Madagascar, aurait aussi bien pu sombrer dans n'importe quel autre lieu —, il convient d'en revenir au seul lieu du fait générateur. Quand ce dernier lieu est lui-même divers — la décision de classification ayant, en la cause, été prise en France, mais la dernière visite effectuée en Chine, c'est la loi présentant les liens les plus étroits avec le fait dommageable qui est applicable. En l'espèce, cette loi était la loi française, le règlement de classification ayant été pris en France, lieu où étaient conservés les dossiers de classification et lieu où avait été prise la décision même de classification (voir cependant, faisant prévaloir la loi du lieu du dommage, Versailles, 5 février 2009, *Rev. cr. dr. int. privé* 2009, note D. Bureau).

Les termes du débat ne sont guère modifiés avec l'entrée en application du règlement européen du 11 juillet 2000 (*supra*, n° 140). Le texte nouveau ne prévoit pas de règle particulière en cas de « *délit complexe* ». Il établit seulement une règle générale, prescrivant l'application de principe de la loi du pays où le dommage survient, et ce, « *quel que soit le pays où le fait générateur du dommage se produit, et quels que soient le ou les pays dans lesquels des conséquences indirectes de ce fait* surviennent ». Mais, il ajoute, dans son alinéa troisième que, « *s'il résulte de l'ensemble des circonstances que le fait dommageable présente des liens manifestement plus étroits avec un pays autre que celui visé aux paragraphes 1 ou* 2 (c'est-à-dire le pays où le dommage survient, ou le pays de résidence commune du responsable et de la personne lésée), *la loi de cet autre pays s'applique* ». En d'autres termes, après avoir énoncé un rattachement déterminé, le règlement européen s'en remet en définitive, comme la Cour de cassation, au principe de proximité. Demain, la solution de l'arrêt *Welborn* pourra être reprise sans problème par les juges français sur le fondement du nouveau Règlement.

Sur le fond, le caractère d'intérêt général des sociétés de classification peut inciter à penser que leur responsabilité ne devrait être mise en jeu qu'en cas de faute grave, ou en tout cas caractérisée (en ce sens, Ph. Boisson et E. Langavant, *L'affaire de la drague Cap-de-la-Hague*, *DMF* 1981.131). Mais, en droit français, la règle inscrite dans l'article 1382 du Code civil, et à laquelle le Conseil constitutionnel a reconnu valeur de principe constitutionnel (22 oct. 1982, *D.* 1983, note Luchaire), principe selon lequel toute faute engage la responsabilité de son auteur, est de portée absolument générale. Sauf texte en sens contraire, elle ne connaît aucune exception et s'applique à toute entreprise. Le caractère d'intérêt général des sociétés de classification ne paraît pas donc pas de nature à conférer à ces sociétés un statut privilégié. Aussi bien avons-nous vu que la responsabilité de l'administration dans ses activités de contrôle de la sécurité de la navigation — activités proches de celles des sociétés de classification, peut aujourd'hui être mise en cause par la faute simple (*supra*, n° 197). Il est d'ailleurs notable que la directive communautaire du 19 décembre 2001 (*supra*, n° 200), cependant assez bienveillante quant à la responsabilité des sociétés de classification à l'égard de l'administration qui leur a délégué sa mission de contrôle des navires, n'atténue en rien leur responsabilité à l'égard des tiers.

La jurisprudence paraît cependant hésitante. Souvent, les tribunaux se fondent sur la faute lourde commise pour condamner la société de classification (voir, en dernier lieu, Versailles 21 mars 1996, navire *Élodie II*, *DMF* 1996.721, obs. Ph. Delebecque). Ou encore, c'est la Cour de Paris, exonérant de toute responsabilité le *Bureau Veritas*, sous l'observation que le demandeur recherchait la responsabilité de ce dernier sans caractériser la faute lourde ou dolosive qu'il aurait, en l'espèce, commise dans son rôle de société de classification (11). La timidité de la jurisprudence doit, pour nous, être critiquée. Il faut en revenir aux principes, tels qu'affirmés naguère par le Doyen Rodière : les sociétés de classification sont responsables de leur faute quelle qu'en soit la gravité (*Le navire*, n° 52). Il faut donc approuver pleinement la jurisprudence la plus récente, qui, pour affirmer la responsabilité d'une société de classification, ne fait pas référence à la *faute lourde* qu'aurait commise celle-ci (12).

Les sociétés de classification essaient toutefois, depuis longtemps, de se protéger contre leur éventuelle responsabilité encourue à l'égard du tiers qui acquiert un navire sur la foi du certificat de classe délivré par elles en insérant dans ces certificats la mention qu'aucune personne étrangère au contrat ne pourra mettre en cause leur responsabilité en raison des mentions du certificat, comme en indiquant dans leurs publications que les informations données ne le sont qu'à titre de renseignements et sans garantie ou responsabilité. Ces clauses, depuis longtemps aussi, ont été condamnées par la jurisprudence française (Cass. 17 févr. 1956, *D.* 1956.17, note P. Esmein ; *JCP* 1955.II.8951, note R. Rodière).

205. Responsabilité à l'égard de l'État. — En droit français, nous l'avons noté, l'État ne délègue qu'exceptionnellement ses obligations de contrôle à une société de classification. Mais, dans cette limite, si un tiers agit en responsabilité contre l'État, celui-ci peut être conduit à exercer une action récursoire contre la société de classification. Même si une telle action est rare, voire inconnue de la

(11) Paris, 9 juin 1999, navire *Mamer*, *DMF* 2000.326, obs. B. COSTE, et P. BONASSIES, *DMF* 2001, Hors-série n° 5, au n° 18. Pareillement, dans l'affaire du Welborn (*supra* au texte), la Cour de Versailles avait bien condamné la société de classification, mais en relevant la *faute lourde* commise par celle-ci (*DMF* 2004, obs. Ph. DELEBECQUE).

(12) Saint-Nazaire, 18 mars 2003, navire *Number One*, *DMF* 2003.1069, obs. G. PROUTIÈRE-MAULION et, en appel, Rennes, 23 sept. 2004, qui condamne la société de classification en relevant les *négligences* commises par son représentant, sans nullement parler de *faute lourde* (navire *Number One*, *DMF* 2005.44, obs. P. BLIN et obs. P. BONASSIES, *DMF* 2005, Hors-série n° 9, au n° 47). Sur le problème de l'application éventuelle de la *limitation de responsabilité* du droit maritime, voir *infra*, n° 423.

pratique, il est sûr que, jusqu'à aujourd'hui, elle eût été régie par les règles du droit commun administratif — règles dont il semble d'ailleurs qu'elles n'aient jamais donné lieu à application concrète. Demain, il en sera différemment, devant s'appliquer les dispositions de la directive du 19 décembre 2001 (*supra*, n° 200).

S'inspirant de projets antérieurs du CMI, cette directive énonce que l'État dont la responsabilité aura été mise en cause à la suite d'une faute de la société de classification à laquelle il aura délégué ses pouvoirs pourra exercer un recours contre cette société, mais seulement en cas d'*acte volontaire ou de négligence grave*. Ainsi, en droit français, la faute simple du *Bureau Veritas* ne pourrait être retenue contre lui. Mais la simple faute continuera à engager la responsabilité des sociétés de classification à l'égard des tiers, la directive ne concernant en rien le problème. Par ailleurs, les États membres pourront limiter le montant maximal à verser par la société de classification à une somme égale à au moins quatre millions d'euros en cas de dommages aux personnes et à deux millions d'euros en cas de dommages aux biens. Mais il ne s'agit ici que d'une simple faculté, et il ne semble pas que la France, à la différence de l'Allemagne, envisage d'instituer semblable limitation (laquelle serait, en tout cas, inopposable aux tiers).

206. Responsabilité pénale. — L'erreur commise lors d'une opération de classification peut aussi engager la responsabilité pénale tant de l'agent fautif que celle de la société (responsabilité des personnes morales). Un exemple remarquable de responsabilité pénale peut être trouvé dans l'affaire du *Cap-de-la-Hague*. Ce bâtiment était un cargo transformé en drague sous le contrôle du Bureau Veritas et de l'administration des affaires maritimes. Alors qu'il regagnait sa base à Calais, après dragage et lourdement chargé, le navire rencontra un brusque changement des conditions météorologiques et chavira en quelques secondes, l'accident causant neuf morts et trois disparus. Dans un arrêt du 6 juillet 1978, la Cour d'appel de Douai, ayant relevé certaines fautes commises par les ingénieurs de la société de classification, a condamné le directeur de celle-ci à une peine de prison avec sursis, condamnation entraînant d'ailleurs la responsabilité civile du Bureau Veritas en tant que commettant. Par arrêt du 30 mai 1980, la Cour de cassation a rejeté le pourvoi formé contre l'arrêt de la Cour de Douai (voir les deux décisions au *DMF* 1981.146 avec les observations de Ph. Boisson et E. Langavant).

Les modalités d'une telle responsabilité sont soumises au droit commun, étant en particulier applicables aujourd'hui les dispositions de la loi du 10 juillet 2000, lesquelles, modifiant l'article 121-3 du Code pénal, allègent la responsabilité de celui qui n'a pas causé directement le dommage, mais seulement contribué à créer la situation qui a permis sa réalisation.

Aujourd'hui toutefois, ce ne sont pas seulement les dirigeants de la société de classification qui peuvent être déclarés pénalement responsables, mais aussi la société elle-même, en tant que personne morale. C'est une condamnation de cet ordre qui a été prononcée par la Cour d'appel de Rennes dans l'affaire du navire *Number One* (*supra*, note 12), la société de classification étant *personnellement* condamnée à une amende de 200 000 euros. Le pourvoi formé contre l'arrêt de la Cour de Rennes a été rejeté par la Chambre criminelle de la Cour de cassation dans un arrêt du 10 janvier 2006 (obs. L. Janbon, *DMF* 2006.563).

207. Droit comparé. — La jurisprudence étrangère est souvent moins sévère que la jurisprudence française, s'agissant notamment des tribunaux américains ou anglais. C'est ainsi que, dans son arrêt *Nicholas H.*, la Chambre des Lords, le 6 juillet 1995, a décidé que la société de classification japonaise NKK n'était pas responsable à l'égard du propriétaire de la cargaison transportée dans un navire qui avait fait l'objet, en cours de voyage, d'un contrôle gravement fautif de l'un de ses agents locaux (13). Mais la chose s'explique par l'absence, dans les droits de *common law*, d'un principe général de responsabilité civile analogue à la règle de l'article 1382 du Code civil, la faute n'engageant la responsabilité qu'à l'égard des personnes envers lesquelles on est tenu d'une obligation de soin (*duty of care*) (14).

(13) *DMF* 1995.750, obs. P. Bonassies. Il est à noter que c'est la même société NKK, exonérée de toute responsabilité par la Chambre des Lords, qui a été condamnée — pénalement mais aussi civilement — par la Cour d'appel de Rennes dans l'affaire du *Number One* (*supra*, n° 206) — ce qui marque bien la distance qui sépare en la matière droit anglais et droit français.

(14) Pour l'application par le juge français de la règle de *common law*, au titre de loi du lieu du dommage, voir Versailles, 5 février 2009, *supra*, n° 204.

CHAPITRE 4

LES CONTRATS CONCERNANT LE NAVIRE : CONTRAT DE CONSTRUCTION ET CONTRAT DE VENTE

208. Plan. — L'exploitation du navire peut faire l'objet de nombreux contrats : contrats de mise en gérance, contrats d'affrètement, etc. Il ne sera pas question dans cette section de ces contrats dont l'étude est remise, pour l'essentiel, à la troisième partie de cet ouvrage, mais seulement de deux contrats qui portent plus directement *sur le navire* : le contrat de construction et le contrat de vente.

Section 1

Le contrat de construction

209. Aspects économiques. — La construction du navire, c'est d'abord un problème économique. Après une époque d'euphorie, succédant d'ailleurs à une première crise, la construction navale est en crise depuis 1974. Les raisons de cette crise sont multiples : apparition de nouveaux pays constructeurs de navires (Corée du Sud, Taïwan, pays de l'Europe de l'Est, Chine), puis, de 1973 à 1990, crise du pétrole et crise économique générale. En décembre 1973, les chantiers navals du monde entier avaient en commande 130 millions de tonneaux de jauge. Au 30 juin 1985, leur carnet de commande était réduit à 10 millions d'unités de jauge (tonneaux). Il est remonté, au début de 1999 à 37 millions d'unités de jauge. Même si l'on considère que la valeur au tonneau des navires commandés aujourd'hui est supérieure à celle des navires commandés en décembre 1973, lesquels étaient très souvent des pétroliers, bâtiments peu sophistiqués et de valeur limitée, la diminution de l'activité des chantiers est évidente.

Devant cette situation, les États ont réagi. Ils ont multiplié les subventions, les facilités de crédit, les garanties de change, les aides à la restructuration. Le problème est de savoir si ces mesures suffiront. En France, elles ont d'abord abouti à la restructuration des chantiers navals en deux groupes, le groupe Normed et le groupe Alsthom-Atlantique, mais elles n'ont pu empêcher la disparition du premier de ces groupes, ni l'acquisition toute récente du second par un groupe norvégien.

La crise de la construction navale a également retenu l'attention des institutions communautaires. Le Traité de communauté économique lui-même a consacré des dispositions spéciales à la construction navale, seule activité industrielle ainsi individuellement prise en considération. Dans son article 92, il a prévu la disparition progressive des aides à la construction. Mais les faits l'ont emporté sur la volonté du législateur. Dans une série de directives successives, dont la dernière a été promulguée le 29 juin 1998, le Conseil a dû se borner à encadrer les aides des États, la directive de 1998 disposant que ces aides ne pourraient dépasser 9 % du prix du navire pour les bâtiments d'un coût inférieur à 10 millions d'écus (aujourd'hui *euros*), 4,5 % pour les bâtiments d'un coût supérieur. Les derniers textes autorisent des aides à un taux légèrement supérieur, pouvant atteindre 6 % pour certains navires (1).

Il est à noter que la situation des chantiers de l'Europe communautaire s'est un peu améliorée ces dernières années, notamment en France, grâce au succès des chantiers Alsthom-Atlantique dans le domaine de la construction de navires de croisière.

Du point de vue juridique, le législateur de 1967 a porté attention à la construction navale. Plusieurs des dispositions de la loi du 3 janvier 1967, comme du décret du 27 octobre 1967, concernent le contrat de construction navale, qu'il s'agisse des modalités de sa conclusion ou de son contenu, et en particulier, de l'obligation de garantie.

§ 1. — *Conclusion du contrat de construction navale*

210. Forme du contrat. Exigence d'un écrit. — Aux termes de l'article 5 de la loi du 3 janvier 1967, « *en cas de construction pour le compte d'un client, le contrat doit être rédigé par écrit* ».

Immédiatement une question se pose : l'écrit est-il ici exigé comme une condition de validité (*ad validitatem*), ou plus simplement une condition de preuve du contrat (*ad probationem*).

Observant que la tendance de la loi de 1967 est d'imposer un écrit à peine de nullité en matière de contrats concernant les droits de propriété sur le navire (article 10 de la loi), on pourrait être tenté de voir ici aussi dans l'écrit une condition de validité. Mais la conclusion serait certainement excessive. Le contrat de construction ne porte pas sur la propriété du navire. En droit français, le principe du droit des contrats demeure celui du consensualisme. Par ailleurs,

(1) Règlement du Conseil du 11 mars 2004, *JOCE* L. 81 du 19 mars 2004 et *DMF* 2005, Hors-série n° 9, au n° 12.

nous allons le voir, dans la deuxième phrase du même article 5, le législateur, à propos des *modifications* du contrat de construction a parfaitement su dire que l'écrit était alors exigé à peine de nullité. S'il avait voulu imposer la même règle dans la première phrase, à propos du contrat de construction lui-même, il l'aurait certainement dit. Il faut donc considérer que l'écrit n'est exigé qu'*ad probationem*.

211. Modifications du contrat de construction. — L'article 5, deuxième phrase de la loi de 1967 dispose ici que « *les modifications au contrat sont établies par écrit, à peine de nullité desdites modifications* ».

La règle est claire : l'absence d'écrit rend la convention de modification sans effet aucun. Elle est aussi très importante en pratique. Car il arrive souvent que le prix initialement envisagé pour l'achat d'un navire soit fortement augmenté par les améliorations qui sont apportées au projet initial en cours de construction. La chose est particulièrement vraie en matière de navire de plaisance, l'acheteur pouvant se laisser tenter par telle ou telle amélioration, parfois d'ailleurs justifiée. C'est pour éviter toute difficulté qu'un avenant écrit doit alors, obligatoirement, être établi.

On remarquera que la loi de 1967 s'inspire ici d'un texte du Code civil, l'article 1793 aux termes duquel « *lorsqu'un architecte ou un entrepreneur s'est chargé de la construction à forfait d'un bâtiment, d'après un plan arrêté et convenu avec le propriétaire du sol, il ne peut demander aucune augmentation de prix... si ces changements ou augmentations n'ont pas été autorisés par écrit, et le prix convenu avec le propriétaire* ». Avant même la promulgation de la loi de 1967, certains tribunaux avaient d'ailleurs tenté d'étendre les dispositions de l'article 1793 à la construction navale, telle la Cour d'Aix dans un arrêt du 13 janvier 1959 (navire *Bernina*, *DMF* 1961.17), observant que ce texte fait référence à la notion de « bâtiment », laquelle peut s'appliquer à un navire. Une telle tentative pouvait apparaître comme très contestable, l'article 1793 se référant aussi au « propriétaire du sol », dénomination qui, à l'évidence, n'a guère de sens dans un contrat de construction navale.

212. Déclaration de la construction. — L'écrit n'est pas la seule formalité exigée lors de la conclusion d'un contrat de construction navale. L'article 5 du décret du 27 octobre 1967 impose aussi à toute personne qui construit pour autrui un navire de plus de 10 tonneaux (unités) de jauge une déclaration à l'administration compétente. L'objet de cette déclaration est clair : permettre à l'administration des affaires maritimes de vérifier si les conditions de sécurité de la construction sont réunies.

§ 2. — *Contenu du contrat de construction navale*

S'agissant du contenu du contrat de construction navale, la loi de 1967 respecte largement le principe de liberté contractuelle, faisant toutefois exception pour ce qui concerne la garantie due par le constructeur.

A. — Structure générale : liberté des parties

213. Principe de liberté contractuelle. Types de vente. — La loi de 1967 abandonne le contenu général du contrat aux parties. Elles peuvent donc inclure dans le contrat toute clause de leur choix. Leur liberté a toujours été ici totale, même en ce qui concernait les clauses d'indexation. Aux termes d'un décret du 4 juillet 1960 (*D.* 1960.240), les contrats de construction, même conclus entre entreprises françaises, pouvaient déroger aux dispositions de l'ordonnance du 30 décembre 1958 sur les indexations, et contenir toutes clauses d'indexation, quelles qu'elles soient.

En fait, les parties ont le choix entre deux types de vente. La vente à livrer et la vente en l'état futur d'achèvement.

La loi de 1967 marque sa préférence, encore que d'une manière seulement supplétive, pour le premier de ces types. Aux termes de l'article 6 de la loi, « *sauf convention contraire, le constructeur est propriétaire du navire en construction jusqu'au transfert de propriété au client. Ce transfert se réalise avec la recette du navire après essais* ».

Le contrat de construction navale est ainsi présumé être un « *contrat de vente à livrer* », contrat dans lequel la propriété est transférée à l'acheteur à la livraison. Le seul particularisme du droit maritime concerne l'importance attribuée aux essais, et l'utilisation du terme traditionnel de *recette* pour désigner la réception du navire par l'armateur (2).

En fait, la majorité des contrats de construction navale empruntent, expressément ou implicitement, la structure suggérée par le législateur. Cette structure soulève toutefois un problème important : celui de la *sécurité financière* de l'acheteur.

Eu égard au coût de la construction d'un navire, l'acheteur est presque toujours amené à consentir des avances au constructeur. Si celui-ci est l'objet d'une procédure collective (redressement judiciaire), l'acheteur se retrouve sans garantie aucune, n'ayant pas la propriété du navire inachevé, et ne sera payé, comme tout autre créancier, qu'au marc le franc. Il lui est cependant possible de se protéger contre un tel risque, en prenant une *hypothèque* sur le navire en construction. L'article 45 de la loi du 3 janvier 1967 prévoit, en effet, expressément la possibilité d'une telle hypothèque.

Dans un autre modèle, qui se rapproche du contrat de vente en l'état futur d'achèvement connu par le droit immobilier, il est prévu que la propriété du navire sera acquise à l'acheteur au fur et à mesure de la construction de celui-ci, dans la mesure précise où l'acheteur aura effectué des paiements. Dans une telle situation, l'acheteur est automatiquement garanti à la mesure de ses paiements. C'est le constructeur qui a alors intérêt à se protéger par une hypothèque, et ce, aussi, dès le début de la construction.

(2) Voir M. DEMOULINS, *La recette du navire*, mémoire CDMT, Aix-en-Provence, 2003.

B. — Garantie

214. Étendue de la garantie. Vice caché. Théorie du vendeur fabricant. — La loi du 3 janvier 1967 contient des dispositions précises concernant la garantie due par le constructeur, qu'il s'agisse de l'étendue de cette garantie ou de l'exercice de l'action en garantie.

Aux termes de l'article 7 de la loi de 1967, « *le constructeur est garant des vices cachés du navire, malgré la recette du navire sans réserves par le client* ». La lecture de l'article 7 conduit à distinguer deux catégories de vices : les vices apparents et les vices cachés.

S'agissant des *vices apparents*, ils sont couverts par la *recette* (réception) sans réserves du navire par l'acheteur. Et les tribunaux ont toujours considéré que l'article 7 confirmait ici la jurisprudence antérieure, jurisprudence qui était, et est demeurée très rigoureuse (3).

S'agissant des *vices cachés*, les tribunaux se montrent sévères à l'égard du chantier naval. Ils appliquent en effet au constructeur de navire les règles concernant le vendeur fabricant. On sait que le Code civil distingue ici deux catégories de vendeur, le vendeur qui ignore les risques de la chose vendue, et le vendeur qui connaît ces vices. Or la jurisprudence a toujours estimé que le vendeur professionnel, soit connaissait les vices de la chose vendue, soit devait les connaître. Ce sont ces principes qui ont été appliqués au constructeur de navire. Il est censé connaître tous les défauts du navire par lui construit. Et la règle vaut même si une technique nouvelle est utilisée, technique dont on ne pouvait raisonnablement envisager toutes les conséquences (4).

Assimilé au vendeur qui connaît les vices de la chose, le constructeur naval est tenu non seulement de remplacer l'élément affecté d'un vice mais aussi d'indemniser l'acheteur pour tous les dommages causés par le vice (article 1645 du Code civil). L'acheteur pourra donc lui demander réparation de son manque à gagner, comme des salaires qu'il a dû verser à l'équipage alors que le navire était immobilisé (5).

215. Recours contre les sous-traitants. — Comme en droit commun également, l'acheteur du navire peut exercer un recours direct contre le sous-traitant auquel le chantier a confié la réalisation de tel élément du navire, ce qui est très fréquent, un chantier étant aujourd'hui essentiellement un concepteur et un assembleur. Ainsi, la Cour de cassation, dans un arrêt du 18 octobre 1982, a admis le recours formé par un armateur français qui avait passé commande d'un navire au Canada, contre un chantier français, lequel avait fourni un moteur

(3) La règle est cependant parfois appliquée avec bienveillance par le juge : voir Cass. 6 juill. 1999, navire *La Nativité*, *DMF* 2000.523, rapp. Rémery et obs. Ph. Delebecque et P. Bonassies, *DMF* 2001, Hors-série n° 5, au n° 20, et sur renvoi Cour d'Amiens 10 déc. 2001, *Revue Scapel* 2002.64.

(4) Voir cependant, moins rigoureux à propos du constructeur d'un portique portuaire, Cass. 7 juill. 1993, *DMF* 1993.466, n. Y. Tassel.

(5) Voir, pour le manque à gagner résultant de l'arrêt d'une campagne de pêche, Rouen, 24 mars 1988, navire *Kerguelen*, *DMF* 1989.328. Assez curieusement la légalité communautaire des règles du droit français a été contestée, sous le prétexte que ces règles seraient de nature à fausser la concurrence et à entraver le commerce entre États membres. Mais, par arrêt du 24 janvier 1991, la Cour de justice a rejeté pareille allégation (*D.* 1991.273, n. C. Berr).

au chantier canadien constructeur du navire (*DMF* 1984.87). Pareillement, s'il a acquis son navire auprès d'un revendeur (cas des navires de plaisance), l'acheteur peut agir contre le constructeur aussi bien que contre le revendeur.

De tels recours sont de nature contractuelle, le chantier étant censé avoir transmis son propre recours contre le sous-traitant avec le navire, et le revendeur son recours contre le constructeur (6).

216. Clauses limitatives de garantie. Nullité. — Les constructeurs ont tenté de se protéger contre la rigueur de la garantie qui pèse sur eux par des clauses de limitation de garantie dans le temps et dans l'espace. Les contrats de construction prévoient ainsi souvent que la garantie est limitée à un an, plus rarement à six mois, et qu'elle n'inclut que le remplacement des éléments défectueux, et non le manque à gagner ou tous autres frais subis par l'acheteur. Mais, ici encore, les constructeurs se sont heurtés aux principes dégagés par les tribunaux des dispositions du Code civil.

Il résulte, en effet, de l'article 1683 de ce code que seul le vendeur qui ignore les vices de la chose vendue peut alléger la garantie qui est due par lui. Étant, par hypothèse, censé connaître les vices du navire, le constructeur ne peut donc limiter sa garantie, ni dans le temps ni dans son étendue. La nullité inscrite dans le Code civil est par ailleurs aujourd'hui renforcée au bénéfice de l'acheteur non professionnel (plaisancier) par les dispositions du décret du 24 mars 1978 interdisant comme abusive toute clause ayant pour objet de supprimer ou réduire le droit à réparation du non-professionnel en cas de manquement par le professionnel à l'une de ses obligations.

217. Domaine de la nullité. Contrats internationaux. Professionnels de la même spécialité. — La règle de la nullité des clauses limitatives de garantie n'a pas, toutefois, une portée générale. En premier lieu, elle ne joue pleinement que pour les contrats entre entreprises françaises, contrats strictement soumis au droit français. Dans les contrats internationaux de construction navale, il est possible au constructeur de faire référence à une loi étrangère moins sévère que la loi française, par exemple la loi allemande. On rencontre aussi parfois des contrats qui, sans faire référence à une loi précise, sauf d'une manière subsidiaire, font référence aux usages de la construction navale internationale, stipulant que les arbitres seront impérativement tenus par les dispositions du contrat, et donc les clauses limitant la garantie du constructeur. Dans la mesure où les règles concernant la garantie du vendeur fabricant ne paraissent pas ressortir à l'ordre public français au sens du droit international privé, de telles stipulations devraient être reconnues comme valables.

(6) Voir, pour l'action contre le sous-traitant, Cass. 3 déc. 1985, *DMF* 1987.229, n. DE JUGLART et obs. P. BONASSIES, *DMF* 1988.78 ; *adde* Cass. 17 févr. 1987, *DMF* 1988.310. Cette jurisprudence ne paraît pas devoir être affectée par l'arrêt de l'Assemblée plénière du 12 juillet 1991 déclarant que le sous-traitant n'est pas contractuellement lié au maître de l'ouvrage (*JCP* 1991.II.21 743, n. Ch. LARROUMET), arrêt qui ne concerne pas le contrat de vente. En revanche, la Cour de justice des Communautés a vu dans le recours d'un acheteur contre le fournisseur de son vendeur une action de nature délictuelle (*Recueil* 1992.3990) quant à l'application de la Convention de Bruxelles de 1968 sur la compétence. La règle vaut pour la construction navale.

Poussant plus loin l'analyse, on peut même penser que la clause limitative demeure valable dans les contrats internationaux soumis au droit français. Le droit français a, en effet, toujours considéré que certaines règles impératives ne s'appliquent pas aux contrats concernant des relations économiques internationales, même s'agissant de contrats soumis au droit français. C'est ainsi que, quelle que soit la loi à laquelle un contrat international est soumis, la clause imposant un paiement valeur-or, laquelle a toujours été strictement interdite pour les contrats concernant des relations économiques internes, est valable pour les contrats internationaux (Cass. 21 juin 1950, *Rev. cr. dr. int. privé* 1950.609). Pareillement, la prohibition de compromettre dérivant pour les personnes morales de droit public des articles 83 et 1004 du Code de procédure civile n'est pas applicable à un contrat international (Cass. 2 mai 1966, *Rev. cr. dr. int. privé* 1967.553). Rien n'interdit d'étendre le même raisonnement à un contrat international de construction navale.

Par ailleurs, la jurisprudence admet que les clauses limitatives de garantie sont valables entre « *professionnels de la même spécialité* ». Mais, même s'il a une compétence générale en matière maritime, l'armateur qui fait construire un navire n'est pas un « *professionnel de même spécialité* » que le chantier. En revanche, la Cour de cassation a admis que le chantier naval qui commandait une cuve métallique à une entreprise de chaudronnerie était un professionnel de même spécialité que son sous-traitant. Celui-ci pouvait donc lui opposer une clause limitative de responsabilité (3 déc. 1985, *DMF* 1987.228, note M. de Juglart) (7).

218. Action en garantie. Délai pour agir. — La loi de 1967 contient aussi des dispositions précises concernant le délai pour agir en garantie. Aux termes de son article 8, « *l'action en garantie contre le constructeur se prescrit par un an. Ce délai ne commence à courir, en ce qui concerne le vice caché, que de sa découverte* ».

Ce texte a l'avantage de la netteté par rapport aux dispositions de l'article 1648 (ancien) du Code civil, énonçant que, en droit commun, l'action en garantie doit être intentée « *dans un bref délai* ». Il a cependant laissé subsister le problème de savoir à quelle date on peut fixer la découverte du vice. La réponse dépend des circonstances, la Cour de cassation laissant en la matière un large pouvoir d'appréciation au juge du fond (voir, en dernier lieu, 16 mai 1995, *DMF* 1995.184, note M. Ceccaldi et Y. Tassel). Un problème de principe s'est cependant longtemps posé, dans la situation, tout à fait habituelle, où l'acquéreur ayant constaté le mauvais fonctionnement du navire, a demandé en référé la nomination d'un expert.

En droit classique, l'action en référé n'interrompait pas le délai de prescription. L'expert déposant son rapport souvent plus d'un an après sa désignation,

(7) Voir aussi, mais s'agissant de la vente d'un matériel terrestre, Cass. 7 juin 1995, *D.* 1996.395, n. D. Mazeaud, qui admet la validité de la clause dans les relations entre sous-acquéreur, non-professionnel de la même spécialité, et le fabricant originaire, la solution s'expliquant par la nature contractuelle de l'action du sous-acquéreur, auquel le fabricant a pu opposer les mêmes défenses qu'il aurait pu opposer à l'acheteur intermédiaire, lui un professionnel de la même spécialité.

l'acheteur courait alors le risque, quand il attendait le dépôt du rapport de l'expert pour agir — chose fréquente —, de se voir opposer la prescription. La plupart des tribunaux considéraient toutefois que la découverte du vice n'était certaine qu'après le dépôt du rapport d'expert et au vu de ce rapport (en ce sens, Rouen, 25 avr. 1985, navire *Paul et Virginie*, *DMF* 1986.301 ; Douai, 14 déc. 1989, sous Cass. 25 juin 1991, *DMF* 1993.41, note R. Achard). Une minorité d'entre eux se montraient cependant plus rigoureux à l'égard de l'acheteur, faisant partir le délai de prescription du jour, antérieur au dépôt du rapport d'expertise, où ils estimaient que l'acheteur avait eu une connaissance effective du vice (en ce sens, Poitiers, 5 oct. 1983, navire *Président André Blanchard*, *DMF* 1985.339, note R. Achard et Cass. 30 mai 1985, *DMF* 1987.19 ; Rouen, 27 mai 1993, *DMF* 1994.50).

Aujourd'hui, les données du problème ont changé. Dans son article 37, la loi du 5 juillet 1985 sur la circulation routière modifie l'article 2244 du Code civil, texte de principe en matière d'interruption de la prescription. Désormais, ce texte doit se lire ainsi : « *une citation en justice, même en référé,... interromp(en)t la prescription ainsi que les délais pour agir* » (8). De surcroît, dans un arrêt du 27 novembre 2001, la Cour de cassation décide que l'acquéreur qui a assigné le constructeur en référé dans le délai d'un an, ne peut ultérieurement se voir opposer que la prescription de droit commun — c'est-à-dire la prescription de 10 ans de l'article 189 *bis* du Code de commerce (art. L. 110-4 du nouveau code) (9). La loi de 1985 et son interprétation par la Cour de cassation ont ainsi considérablement renforcé les droits de l'acheteur d'un navire.

La loi 2008-561 du 17 juin 2008 portant réforme de la prescription a repris la règle formulée en 1985. Elle inscrit dans le Code civil un nouvel article 2241 ; énonçant que « *la demande en justice, même en référé, interrompt le délai de prescription* », ajoutant qu'il en est de même lorsqu'elle est portée devant une juridiction incompétente, ou annulée par l'effet d'un vice de procédure.

Par ailleurs, dans un arrêt du 13 octobre 1998, la Cour de cassation a décidé que les dispositions de l'article 8 de la loi de 1967, propres au contrat de construction, ne s'appliquaient pas à la vente d'un *navire de série* (10). En cas de vice caché, c'est la garantie du contrat de vente qui s'applique, l'action devant être intentée dans le délai prévu par le droit de la vente (en 1998 le *bref délai* ; aujourd'hui un délai de deux ans : voir *infra*, n° 227) (11).

219. Action en non-conformité. Ordonnance du 17 février 2005. — La prescription d'un an prévue par la loi de 1967 ne joue cependant que pour l'action en garantie des vices cachés. Dans certains cas, l'acheteur, qui avait laissé passer le délai d'action ou craignait de se voir opposer ce délai, a tenté de

(8) Mais la règle ne s'applique pas si le juge des référés refuse sa compétence, la Cour de cassation faisant primer ici les dispositions de l'article 2247 du Code civil, l'interruption étant alors regardée comme non avenue : Cass. 4 févr. 1998, *Revue Scapel* 1998.153.

(9) Navire *Le Sanaryen*, *DMF* 2002.217, obs. P. BONASSIES.

(10) *DMF* 1999.535, observations M. NDENDE.

(11) Quant à l'action éventuellement intentée contre l'*architecte naval*, elle échappe tant au délai de l'article 6 qu'au bref délai du droit commun : Marseille 14 décembre 1998, *Revue Scapel* 1998.27.

lui échapper en intentant contre le chantier naval une action en *non-conformité*, laquelle n'est soumise à aucun délai particulier. Par exemple, au lieu d'invoquer le vice affectant tel réducteur, il arguait que ce réducteur, lequel présentait de constants défauts de fonctionnement, n'était pas conforme à ce qui avait été stipulé. Son action pouvait alors être intentée dans le délai de droit commun.

Dans un premier temps, la jurisprudence maritime, s'inspirant de la jurisprudence « terrestre » et notamment d'un important arrêt de l'Assemblée plénière de la Cour de cassation (7 févr. 1986, *D.* 1986. 293 et *JCP* 1986.II.20616), s'est montrée très ouverte (12). Mais les décisions les plus récentes sont moins favorables à l'octroi à l'acheteur de l'action en non-conformité (13). Même si on peut le regretter, la théorie des vices cachés n'exprimant guère que le maintien en droit contemporain d'une institution des premiers temps du droit romain, aujourd'hui dépassée par l'évolution du droit de la vente, il est à craindre que l'action en non-conformité ne soit plus ouverte à l'acheteur que dans les situations où le navire ne sera pas conforme aux stipulations expresses du contrat (14).

La théorie de la non-conformité a toutefois été renouvelée par l'ordonnance 2005-136 du 17 février 2005 (15). Ce texte prévoit à la charge du vendeur de tout fabricant ou vendeur d'un meuble corporel (donc d'un navire) une *garantie légale de conformité.* Cette garantie est très large, et paraît inclure la garantie de tout vice caché, dans la mesure où elle se réfère à tout défaut qui fait que le bien vendu n'est pas « *propre à l'usage habituellement attendu* » — ce qui est très proche du vice de l'article 1641 du Code civil (« *défaut caché de la chose qui la rend impropre à l'usage auquel on la destine* »). Et le texte nouveau accorde à l'acheteur un délai de deux ans pour agir en non-conformité. Mais ce texte, dont les dispositions ont été incluses par le législateur dans le Code de la consommation, ne s'applique qu'aux relations entre professionnel et consommateur. En droit maritime, il ne pourra être invoqué que par l'acquéreur d'un navire de plaisance destiné à un usage privé (16). On peut toutefois penser que ses dispositions pourront conduire la jurisprudence à élargir d'une manière générale la notion de conformité, et donc à revenir à la solution de l'arrêt du 7 février 1986 cité ci-dessus.

220. Obligation de sécurité. — Encore que la question n'ait donné lieu, à ce jour, à aucune jurisprudence en matière de navires, il est sûr que la responsabilité du constructeur naval est susceptible d'être affectée par la jurisprudence nouvelle qui fait peser sur tout fabricant d'un produit une obligation de sécurité (sur cette

(12) Voir Rouen, 24 mars 1988, navire *Yves-de-Kerguelen*, *DMF* 1988.328, à propos des défauts du réducteur évoqués au texte.

(13) C'est ainsi que l'arrêt de la Cour de Rouen, cité *supra* note 5, a été censuré par la Cour de cassation : 3 avr. 1990, *DMF* 1990.686, n. R. ACHARD ; dans le même sens, Paris, 15 nov. 1988, *JCP* 1989.II.21 251, n. Ch. LARROUMET, — mais l'arrêt admet l'acheteur à exercer l'action en résolution de l'article 1184. On notera qu'une même évolution dans le sens de la rigueur s'est produite en droit commun : voir obs. et réf. G. VINEY, *Chronique d'actualité*, *JCP* 1994.I.3773.

(14) Avec, peut-être, une exception, au cas où le défaut constaté est susceptible d'affecter la sécurité du navire : voir *infra*, n° 220.

(15) *D.* 2005.555 et obs. P. BONASSIES, *DMF* 2005, Hors-série n° 9, au n° 13.

(16) En ce sens, M. NDENDE, *Droits Maritimes*, n° 311-33.

jurisprudence, voir Ph. Delebecque et F. Collart-Dutilleul, *Contrats civils et commerciaux*, 2007, n° 296 et s). Cette obligation pourra être invoquée contre le constructeur naval qui livre un navire affecté d'un défaut — fût-il même un vice caché — ayant entraîné un dommage à la personne ou aux biens, et ce sans que le demandeur ait à respecter le délai de l'article 9 de la loi de 1967 (17).

De surcroît, et conformément au droit commun, la faute alors commise par le constructeur peut engager sa responsabilité pénale (18).

221. Loi du 19 mai 1998. Responsabilité du fait des produits défectueux. — La garantie du constructeur est également aujourd'hui affectée par la loi 98-349 du 19 mai 1998 relative à la responsabilité du fait des produits défectueux. Introduisant dans le livre 3 du Code civil un nouveau titre IV *bis*, ce texte, qui met à effet, avec un long retard, la directive communautaire du 25 juillet 1985, et dont il n'est possible de présenter ici qu'un bref aperçu, fait peser sur tout *producteur*, et donc sur le constructeur d'un navire, l'obligation de réparer le dommage, causé par un *défaut* de son produit, à la personne ou à un bien *autre que le produit défectueux*. La loi nouvelle ne supprime pas la garantie due par le constructeur naval à l'acheteur du navire pour le dommage subi par celui-ci. Elle ajoute l'obligation qu'elle édicte à cette garantie. Et la responsabilité qu'elle impose au constructeur est particulièrement lourde.

C'est une responsabilité de plein droit, dont le fabricant ne peut s'exonérer qu'en démontrant que le dommage est la conséquence d'une réglementation administrative, alors qu'il n'existait pour lui aucun moyen de prévoir cette conséquence ou de la pallier. Il est toutefois relevé des dommages résultant d'une utilisation anormale du navire, ou de ceux qui résulteraient du *risque de développement*, à moins qu'il ne démontre que l'état des connaissances au moment où le *produit* (ici le navire) a été mis en circulation ne permettait pas de déceler le défaut (19).

Une loi du 9 décembre 2004, prise pour mieux harmoniser le droit français avec le droit communautaire, prévoit toutefois que cette responsabilité ne jouera que pour le dommage supérieur à 500 euros (*JORF* 10 déc. 2004.20857).

L'action fondée sur le texte nouveau se prescrit par un délai de trois ans à partir de la date de la connaissance du dommage, du défaut et de l'identité du producteur — délai inhabituellement long pour ce genre d'actions. En revanche, elle autorise les clauses allégeant la responsabilité stipulées entre professionnels, sans exiger qu'ils soient « de la même spécialité ».

222. Contrat de réparation. — La loi du 3 janvier 1967 n'a pas ignoré le domaine de la réparation navale. Dans son article 9, elle énonce que le réparateur est garant des vices cachés résultant de son travail, dans « *les conditions des*

(17) Voir, à l'égard du constructeur d'un *mobil-home*, Cass. 11 juin 1991, *Bull. civ.* I, n° 201.
(18) Voir le cas du navire *Snekkar Artic*, Cass. 20 mars 2001, *DMF* 2002.14, obs. P. BONASSIES.
(19) Étant observé que la Cour de justice des Communautés, interprétant la directive de 1985, a posé le principe qu'il fallait tenir compte non des seules connaissances du secteur industriel où opère le fabricant, mais de l'état général des connaissances scientifiques et techniques, en ce compris le niveau le plus avancé (29 mai 1997, *Recueil* 1997.2649).

articles 7 et 8 » de la loi, c'est-à-dire dans les mêmes conditions que le constructeur naval. Dans un arrêt du 20 mars 1985 (*DMF* 1986.278 ; obs. P. Bonassies, *DMF* 1987.12), la Cour de cassation a fait une application rigoureuse de ce texte, faisant peser sur le réparateur la charge de prouver le fait extérieur à lui non imputable, lequel fait serait responsable du mauvais fonctionnement d'un moteur après réparation.

L'action contre le réparateur doit être intentée dans le délai d'un an de l'article 8 de la loi de 1967 (20). Mais cette solution ne s'applique pas au réparateur qui omet de remplacer une pièce défectueuse, ne satisfaisant pas ainsi à son obligation contractuelle de réparer (Cass. 16 févr. 1999, navire *Le Kurun*, *DMF* 1999.622, rapp. et obs. Ph. Delebecque) (21).

Section 2

Le contrat de vente du navire

223. Conclusion. Écrit. — Aux termes de l'article 10 de la loi du 3 janvier 1967, le contrat de vente, en tant que translatif de la propriété, doit, *à peine de nullité*, être fait par écrit.

Le principe de l'écrit est, en matière de vente de navire, traditionnel. Il remonte à l'Acte de navigation de 1793, lequel exigeait que la vente fût constatée par un officier public. La règle avait été recueillie, mais assouplie, par le Code de commerce, l'article 195 énonçant que « *la vente volontaire d'un navire doit être faite par écrit, et peut avoir lieu par acte public ou par acte sous signature privée* ». Le texte du Code de commerce posait un problème que nous avons déjà rencontré, celui de savoir si l'écrit était exigé *ad validitatem* ou *ad probationem*. Se référant aux principes du consensualisme, la doctrine du XIXe siècle énonçait que l'écrit, comme en tout autre domaine, n'était exigé que comme une condition de preuve. Mais le Doyen Ripert, se fondant sur la rigueur particulière du texte du Code de commerce (« la vente... *doit être faite* par écrit »), et plus encore sur l'importance de l'écrit comme préliminaire indispensable à la francisation du navire, avait défendu la thèse que l'écrit était exigé comme une condition de validité. C'est cette dernière thèse qu'ont adoptée les rédacteurs de la loi de 1967.

Aujourd'hui, la question ne fait plus de doute : l'écrit est exigé à peine de nullité, et la règle est appliquée avec rigueur par les tribunaux (voir Cass. 21 juill. 1987, *DMF* 1989.391, rejetant la possibilité de faire appel à de simples

(20) Voir aussi, appliquant la prescription d'un an de l'article 433-3 du Code de commerce (aujourd'hui article L. 110-4) pour « *fournitures de matériaux et autres choses nécessaires* » aux navires à l'action d'un chantier contre un plaisancier, Rennes, 16 mars 2007, *DMF* 2008.684.

(21) Elle a été, en revanche, appliquée à un assistant technique missionné par l'armateur pour contrôler la réparation, solution qui n'est guère justifiée : Aix-en-Provence, 26 mai 1999, *DMF* 2000.995, obs. P.-Y. NICOLAS et nos obs. *DMF* 2001, Hors-série n° 5, au n° 22.

présomptions, même confortées par une correspondance ; dans le même sens, Paris, 12 juin 1998, *DMF* 1998.1123, obs. Ph. Delebecque). La Cour de cassation, dans un arrêt du 10 octobre 2000, l'a même étendue à un contrat de crédit-bail, considérant sans doute que la promesse du bailleur de transférer la propriété en fin de bail devait être traitée, dès l'origine, comme un acte *translatif* de propriété (*DMF* 2000.1003, obs. Ph. Delebecque) (22). En revanche, l'écrit n'est pas nécessaire en cas de transmission à titre universel, comme lorsqu'une société acquiert, par fusion, l'entier patrimoine d'une autre, comme dans l'affaire du navire *Calypso* (*supra*, n° 187). Et un écrit unilatéral — tel un bon de commande — peut suffire, s'il contient toutes les mentions exigées par la loi (Cass. 1er juill. 1997, navire *Chiberta*, *DMF* 1997.859).

Par ailleurs, la règle de l'écrit s'applique à tout contrat de vente concernant un navire francisé, même conclu à l'étranger, la règle de l'écrit devant être considérée comme une *loi de police* au sens de l'article 7 de la Convention de Rome (aujourd'hui article 9 du Règlement Rome I), eu égard à son fondement, à savoir la nécessité d'assurer le respect de la réglementation de sécurité des navires (23).

Quant aux *modalités de l'écrit*, elles sont définies par l'article 231 du Code des douanes. Aux termes de ce texte, l'acte de vente doit contenir le nom et la désignation du navire, la date et le numéro de l'acte de francisation, la copie *in extenso* des extraits de cet acte relatifs au port d'attache, à l'immatriculation, au tonnage, à l'identité, à la construction et à l'âge du navire.

224. Contrôle administratif. — L'administration française a toujours tenté d'imposer son contrôle sur les ventes de navires, et en particulier sur les ventes à l'étranger. Les divers textes qui prévoyaient un contrôle en ce sens ne sont plus aujourd'hui applicables, notamment le décret du 12 novembre 1917 imposant l'autorisation de l'administration pour la vente de tout navire de plus de cent tonneaux de jauge. Il demeure que, dans une circulaire du 23 juillet 1980, l'administration exprime son souci d'être informée de la vente de tout navire de plus de 200 tonneaux de jauge, notamment pour protéger les intérêts de l'ENIM (*infra*, n° 320). La douane refuse donc d'opérer la radiation d'un navire vendu sans un contrat de vente visé par l'administration.

225. Publicité de la vente. — Condition de validité de la vente entre les parties, l'écrit n'est pas la seule forme nécessaire pour rendre la vente opposable aux tiers. Nous savons en effet qu'aux termes des articles 92 et 93 du décret du 27 octobre 1967, la vente du navire n'est opposable aux tiers qu'à partir du moment où elle a été portée sur le fichier des navires.

La question se pose aussi de savoir si, pour être pareillement opposable aux tiers, la vente ne doit pas être portée sur l'acte de francisation. Telle était, en droit

(22) Dans le même sens, Cass. 30 janv. 2001, *DMF* 2001.614.

(23) Cass. 14 janv. 2004, *DMF* 2004.723, obs. G. Micarelli ; *Rev. cr. dr. int. privé* 2005.55, n. P. Lagarde ; *DMF* 2005, Hors-série n° 9, obs. P. Bonassies. Le Règlement Rome I définit la loi de police comme « *une disposition impérative dont le respect est jugé crucial par un pays pour la sauvegarde de ses intérêts publics, tels que son organisation politique, sociale ou économique* ». Le respect de la réglementation de la sécurité des navires, obligation internationale imposée à tout État (voir *supra*, n° 172 *bis*), répond bien à cette définition.

classique, l'opinion du Doyen Ripert, qui allait même jusqu'à penser que la mention de la vente sur l'acte de francisation était une condition de validité du contrat entre les parties. Mais la jurisprudence du XIXe siècle ne partageait nullement cette opinion. Aujourd'hui, en présence des textes nouveaux (articles 92 et 93 du décret du 27 octobre 1967), il semble que la seule condition de l'opposabilité de la vente aux tiers soit son inscription sur la fiche du navire (24). Il reste que l'hypothèse d'une vente qui serait portée sur le fichier du navire et ne serait pas inscrite sur l'acte de francisation est difficilement réalisable, ces deux documents étant tenus par le même receveur des douanes.

Les textes antérieurs à la réforme de 1967 imposaient un autre mode de publicité pour rendre la vente pleinement efficace à l'égard des tiers : la publicité au *Bulletin officiel des annonces commerciales*. Cette formalité découlait de la Convention de 1926 sur les privilèges et hypothèques maritimes. Aux termes de l'article 9 de ce texte, « *la vente n'éteint les privilèges que si elle est accompagnée des formalités de publicité déterminées par les lois nationales* ». En application de ces dispositions, le législateur français avait inscrit dans l'article 196 du Code de commerce, modifié par la loi du 19 février 1949, la règle que les privilèges sur le navire étaient éteints, « *en cas de transfert volontaire de la propriété, deux mois après la publication de l'acte de transfert* ». Et cette publication, en l'absence de tout système organisé de publicité, ne pouvait être faite qu'au *Bulletin officiel des annonces commerciales*. Les dispositions de l'article 196 du Code de commerce se retrouvent dans l'article 40 de la loi du 3 janvier 1967. Mais la « publication » exigée par l'article 40 est devenue la publication de la vente au fichier des navires.

Cette publication est en tout cas d'une extrême importance pour tout acquéreur de navire, y inclus de navire de plaisance. Tant qu'elle n'a pas été effectuée, et qu'un délai de deux mois ne s'est pas écoulé, l'acquéreur est en effet susceptible de voir se présenter des créanciers du vendeur (fournisseurs d'avitaillement, de matériel, réparateurs), qui, en tant que bénéficiaires d'un privilège maritime (*infra*, n°s 566 et s.), prétendront se payer sur le navire. Il est donc essentiel que, durant cette période, l'acquéreur n'effectue le paiement du prix qu'entre les mains d'un tiers séquestre.

226. Conditions et modalités de la vente. — Quant à ses conditions et modalités, le contrat de vente de navire est soumis au droit commun. Il peut être annulé en cas d'erreur, dol ou violence (25). Il peut faire l'objet d'une clause de réserve de propriété (26) Sous le régime du Code de commerce, il conférait au vendeur un privilège maritime, mais ce privilège a été supprimé par la Convention internationale de 1926 et par les textes qui ont introduit cette

(24) Voir cependant Conseil d'État, 22 avr. 1988, *DMF* 1989.94, concl. GUILLAUME, qui semble faire de la mention de la vente sur l'acte de francisation la condition, et la seule condition de l'opposabilité aux tiers.

(25) Cour d'appel de Rennes, 28 juin 2007, navire *Alpha Marine, DMF* 2008.381, obs. Cl. DE LAPPARENT et BONASSIES, *DMF* 2009, Hors-série n° 13, au n° 31. Par exemple, il peut faire l'objet d'une clause de réserve de propriété : Cass. 24 mars 1992, *Revue Scapel* 1992.43.

(26) Cass. 24 mars 1992, *Revue Scapel* 1992.43.

convention en droit français (aujourd'hui, loi du 3 janvier 1967 : voir *infra*, n°s 566 et s.).

La vente de navire peut aussi être affectée de modalités particulières, condition, terme ou autre. La pratique récente a même rencontré la vente avec *faculté de dédit*. S'agissant d'un cas où cette faculté de dédit n'était accompagnée d'aucune stipulation d'indemnité ou arrhes, la Cour de cassation en a admis la validité, au motif que rien n'interdit qu'une partie s'engage avec une autre avec une faculté de dédit gratuite (30 oct. 2000, navire *À la volonté de Dieu*, *DMF* 2001.126, obs. Ph. Delebecque). Dans la même décision, la Cour de cassation retient qu'il n'est pas nécessaire d'établir un second écrit pour constater la réalisation de la vente du fait de l'expiration du délai de dédit.

227. Effets de la vente. Garantie. Obligation de conformité. — Les effets du contrat de vente d'un navire sont soumis au droit commun. Le vendeur est tenu à garantie, et les tribunaux se montrent le plus souvent sévères à son égard (27). En revanche, le vendeur était protégé par la règle que l'action devait être intentée *à bref délai* (article 1648 du Code civil) — un bref délai qui ne pouvait d'ailleurs jouer qu'une fois, au cas où la prescription, interrompue, serait reprise (28). Aujourd'hui, l'action en garantie doit être intentée dans un délai de deux ans à compter de la découverte du vice (ordonnance du 17 février 2005, modifiant l'article 1648 du Code civil) (29). Et l'on retrouve en matière de vente les problèmes posés par la notion de découverte du vice en matière de contrat de construction navale (*supra*, n° 218).

Pareillement, le vendeur est tenu de satisfaire à son obligation de conformité, mais il y satisfait dès lors qu'il respecte les spécifications du contrat de vente (Rouen, 4 mars 1999, *DMF* 2000.658, obs. P. Bonassies, *DMF* 2001, Hors-série n° 5, au n° 19). En revanche, les juges se refusent à voir un blanc-seing dans la stipulation que l'acquéreur déclare bien connaître l'état du navire pour l'avoir visité et l'accepter dans l'état où il est (Aix-en-Provence 20 décembre 2007, *DMF* 2008.587, observations O. Jamabu-Merlin).

Enfin, les textes nouveaux, ordonnance du 17 février 2005 et loi du 19 mai 1998 sur la responsabilité du fait des produits défectueux évoqués à propos du constructeur de navire (*supra*, n° 219 et n° 221) s'appliquent, *mutatis mutandis,* au vendeur de navire.

228. Autres effets de la vente. Maintien des contrats d'engagement. Autres contrats. — C'est là aussi une règle propre au droit maritime, même si elle s'inspire du droit « terrestre » (loi du 19 juillet 1926 insérée dans l'article 23 du Code du travail). Les contrats d'engagement conclus par l'armateur vendeur du navire sont maintenus et doivent être respectés par l'acheteur. La règle, qui

(27) Voir, en matière d'*osmose* (porosité affectant les coques plastiques), Cour de Montpellier, 10 févr. 1999, *DMF* 2001.206, obs. C. De Lapparent.

(28) Voir Cass. 21 oct. 1997, navire *Gaiwill*, *DMF* 1997.603, obs. P. Bonassies. Pour une solution différente, mais s'agissant du délai d'un an de l'article 8 de la loi de 1967, voir sentence arbitrale du 14 mai 1998, *DMF* 1998.934.

(29) Voir P. Bonassies, « La mort du bref délai de l'article 1648 du Code civil », *DMF* 2005.291.

n'était pas connue du droit classique, a été inscrite dans le Code du travail maritime par une loi du 18 mai 1977. Aux termes de l'article 102-8, alinéa 2, dudit code, s'il survient une modification dans la situation juridique de l'armateur, « *notamment par succession, vente, fusion* », tous les contrats d'engagement subsistent entre le nouvel armateur et les marins (30).

Il n'en est pas de même des autres contrats portant sur le navire. L'acheteur d'un navire n'est pas tenu de respecter les affrètements conclus par le vendeur, même s'agissant d'affrètements à temps.

229. Autres contrats concernant le navire. Écrit et publicité. — D'autres contrats peuvent être conclus concernant le navire. Certains, les contrats d'affrètement, seront étudiés dans la partie concernant les contrats maritimes (*infra*, n°s 750 et s.). D'autres, tel le contrat de crédit-bail, relativement fréquent dans le cadre du financement de l'acquisition d'un navire, demeurent soumis au droit civil. Ils doivent cependant le plus souvent respecter la règle de l'écrit. En effet, la formalité de l'écrit ne s'applique pas seulement à la vente, mais à tout autre acte constitutif, translatif ou extinctif de la propriété ou de tout autre droit réel sur un navire francisé. La règle vise le contrat de crédit-bail, l'échange, l'apport en société, la création d'usufruit, voire la donation, abstraction faite des formalités particulières à ce contrat.

En application des articles 92 et 93 du décret du 27 octobre 1967, la nécessité de publier ces actes pour les rendre opposables aux tiers s'impose pareillement.

N°s 230 à 240 : réservés.

(30) Pour une application de ce texte, voir Cass. 26 janv. 2005, *DMF* 2005.426, obs. P. Chaumette.

TITRE 2

L'ENTREPRISE D'ARMEMENT
L'ARMATEUR

230. Plan. — L'armateur, dont la notion se confond largement avec celle d'entreprise d'armement lorsque l'armateur est une personne morale, comme c'est le cas dans la très grande majorité des situations, est celui qui exploite le navire en son nom. Il importe de préciser la structure de l'entreprise d'armement, avant d'analyser ses activités et les diverses conséquences de celles-ci.

Nous étudierons donc successivement :

— la structure de l'entreprise d'armement,

— l'exploitation de l'entreprise d'armement,

— les incidents de cette exploitation (responsabilité de l'armateur et événements de mer) ; les créanciers de l'entreprise d'armement.

SOUS-TITRE 1

LA STRUCTURE DE L'ENTREPRISE D'ARMEMENT

L'entreprise d'armement comporte un centre, c'est l'armateur, et une périphérie, ce sont les préposés, et plus généralement, les personnels de l'armateur.

CHAPITRE 1

L'ARMATEUR

242. Définition. Plan. — L'article premier de la loi du 3 janvier 1969 définit l'armateur comme « *celui qui exploite le navire en son nom, qu'il en soit ou non propriétaire* ». Cette définition, laquelle établit qu'il n'existe pas de lien nécessaire entre la qualité de propriétaire et celle d'armateur, implique que l'on distingue armateur propriétaire et armateur non propriétaire.

Mais, que l'armateur soit propriétaire ou non propriétaire, les qualités de sa personne sont identiques et méritent de retenir l'attention. Elles feront l'objet d'un paragraphe préliminaire, deux sections étant ensuite successivement consacrées la première à l'armateur propriétaire, la seconde à l'armateur non propriétaire.

Paragraphe préliminaire. — *La personne de l'armateur*

243. L'armateur personne physique. L'armateur personne morale. — L'armateur peut être une personne physique. C'est là une situation rare en droit contemporain, sauf en matière de plaisance ou d'armement à la pêche.

L'armateur peut être une personne morale. Certains systèmes juridiques ont prévu que les entreprises d'armement pourraient prendre la forme d'une personne morale spécifique, telle la « *société maritime* » connue par le droit grec. Il n'en n'est pas de même en droit français, où il n'existe aucune personne morale spécifique à l'exploitation des navires, et où aucune restriction n'est imposée à l'entreprise d'armement qui veut se constituer sous forme de personne morale. L'armateur pourra donc prendre la forme d'une société de personnes, d'une société à responsabilité limitée, d'une société anonyme ou d'un groupement d'intérêt économique. Depuis la loi du 21 juillet 1985, il peut aussi prendre la forme d'une *société unipersonnelle*, ou, depuis la loi du 3 janvier 1994, d'une *société par actions simplifiée*.

244. Les *single ship companies*. — S'agissant des entreprises constituées sous forme de personnes morales, on notera l'existence d'une pratique propre à la vie maritime, celle des sociétés d'un seul navire, ou *single ship companies*. Un armateur qui contrôle une flotte importante, au lieu de constituer une seule société d'armement, laquelle serait propriétaire de la totalité de ses navires, va constituer une société par navire. Le système a pour lui l'avantage d'établir un écran juridique entre son patrimoine, ou le patrimoine du groupe qu'il contrôle, et chacun de ses navires. Si l'exploitation de l'un des navires tourne mal, les créanciers ne pourront s'en prendre qu'au capital de la société propriétaire de ce navire, et non au capital du groupe.

Le droit français est très réservé à l'égard d'une telle pratique, qui permet sinon des fraudes, du moins des abus. C'est ainsi que la Convention internationale de 1952 sur la saisie conservatoire autorise un créancier à saisir non seulement le navire auquel la créance se rapporte, mais aussi tout autre navire dont les parts de propriété appartiennent à la même personne que le navire « *auquel la créance se rapporte* ». Interprétant les dispositions de la Convention de 1952 d'une manière ouverte, les tribunaux français ont longtemps considéré que, lorsque deux sociétés, et notamment deux *single ship companies*, appartenaient au même groupe, et étaient en fait la chose d'un unique armateur, les créanciers de chacune pouvaient saisir les navires de l'autre. Ils décidaient souvent que chacune des sociétés du groupe était responsable sur son patrimoine des dettes de l'autre (1). Mais la Cour de cassation a récemment mis un frein à cette jurisprudence, surtout s'agissant de la saisie des navires (*infra*, n°s 601 et s.). Et, dans un arrêt du 24 avril 2002, la Cour d'appel de Rennes observe que la constitution de *single ship companies* ne constitue pas en soi une fraude aux droits des créanciers (navire *Léo T.*, *DMF* 2003.747, obs. C. Navarre-Laroche).

245. L'État armateur. L'armateur personne morale publique. — L'armateur peut aussi être une personne morale publique. Un État peut lui-même être directement armateur. Exception faite des navires militaires ou affectés à un service public, la chose est rare : même à l'époque où de nombreux États avaient un régime socialiste exclusif de la propriété privée, ils préféraient interposer entre eux-mêmes et les navires une société d'exploitation. Mais la chose demeure possible. Elle peut même se présenter en droit français, dans des situations exceptionnelles, comme en temps de guerre où l'État devient armateur par réquisition ou affrètement (*infra*, n° 273).

Beaucoup plus fréquente est la situation où l'armateur est une société dont les actions appartiennent en tout ou en partie à un État. Certaines de ces sociétés d'État sont créées directement par un État, comme le phénomène est fréquent dans les pays en voie de développement (tel est le cas de la Compagnie nationale algérienne de navigation, ou a été, naguère, le cas de la Compagnie marocaine de navigation, COMANAV). D'autres sont devenues, à la suite de circonstances diverses, la propriété de l'État. Tel fut le cas de la plus prestigieuse des

(1) Voir en ce sens, Cass. 11 mars 1986, navire *Aliakmon Progress*, *DMF* 1987.363 ; Aix-en-Provence, 19 févr. 1988, navire *Irini-M.*, *DMF* 1989.249, n. G. Pageard et, sur pourvoi, Cass. 28 nov. 1989, *DMF* 1991.29.

compagnies maritimes françaises, la Compagnie Générale Maritime, CGM, laquelle résulta de la fusion des Messageries Maritimes et de la Compagnie Générale Transatlantique, sociétés au capital desquelles l'État français a participé dès 1911 pour les Messageries Maritimes, et dès 1933 pour la Compagnie Générale Transatlantique (2).

L'intervention de l'État dans l'exploitation d'un navire n'est pas sans poser quelques problèmes. Un problème propre au droit français est de déterminer le régime juridique applicable aux relations de l'État avec le propriétaire du navire affrété ou réquisitionné. La jurisprudence applique ici les principes du droit administratif. S'il y a réquisition, ce sont les règles du droit administratif qui s'appliquent. S'il y a contrat entre l'État et le propriétaire du navire, ce sont les règles du droit privé qui prévaudront si ce contrat ne contient aucune clause exorbitante (3). Un problème plus général, et principalement de droit international, est de savoir quelles règles appliquer au fond aux relations de l'État armateur, ou des sociétés d'État armateurs, avec les tiers, qu'il s'agisse des règles de fond ou de procédure applicables (4).

246. Régime juridique de l'armateur personne morale publique. Navires de commerce. Principe d'assimilation. Convention de 2005. — La tendance du droit positif est à l'assimilation des sociétés d'État, voire même de l'État armateur aux entreprises privées.

Les premières conventions internationales, telles la Convention de 1910 sur l'abordage, ou la Convention de 1926 sur les privilèges maritimes n'excluaient de leur domaine d'application que les navires de guerre ou les navires affectés à un service public, impliquant par là qu'elles s'appliquaient aux navires commerciaux appartenant à un État. Plus généralement, une convention spécifique signée en 1926, la Convention pour l'unification de certaines règles concernant les immunités des navires d'État, décide que ces navires seront soumis, en ce qui concerne les réclamations relatives à leur exploitation ou aux marchandises transportées par eux « *aux mêmes règles de responsabilité et aux mêmes obligations que celles applicables aux navires, cargaisons et armements privés* ». Le même texte ajoute que « *pour ces responsabilités et obligations, les règles concernant la compétence des tribunaux, les actions en justice et la procédure, sont les mêmes que pour les navires de commerce appartenant à des propriétaires privés* ». Bien que cette convention n'ait été ratifiée que par un nombre restreint d'États, elle paraît exprimer le droit positif.

Les conventions postérieures sont dans le même sens. La Convention de 1989 sur l'assistance exclut de son domaine non seulement les navires de guerre, mais aussi « *les autres navires non commerciaux appartenant à un État et exploités par lui* » (art. 4). La Convention du 19 avril 1993 sur les hypothèques et privilèges maritimes prévoit qu'elle ne crée aucun droit, ni « *ne permet*

(2) Dénationalisée, la CGM s'est aujourd'hui fondue dans la CMA-CGM, premier armateur français.
(3) M. Rémond-Gouilloud, n° 239 et réf.
(4) Voir M. Ndende, *Les armements d'État et leur participation au transport maritime*, thèse, Brest, 1992.

l'exécution de droits sur un navire appartenant à un État ou exploité par lui et exclusivement affecté à un service public non commercial » (art. 13). C'est donc bien que les navires de commerce appartenant à un État doivent être assimilés aux navires privés, notamment quant à la possibilité d'exercer sur eux une saisie.

Enfin, le texte le plus récent en la matière, la Convention des Nations Unies sur les immunités juridictionnelles des États et de leurs biens, signée à New York le 17 janvier 2005, confirme les textes antérieurs. Aux termes de son article 16, « *un État propriétaire d'un navire ne peut invoquer l'immunité de juridiction devant un tribunal d'un autre État dans une procédure se rapportant à l'exploitation de ce navire si, au moment du fait qui a donné lieu à l'action, le navire était utilisé autrement qu'à des fins de service public non commercial* », — ce qui, en termes plus clairs, veut dire qu'un État ne peut invoquer d'immunité de juridiction pour un navire utilisé à des fins commerciales.

247. Saisie des navires d'État. — La possibilité d'exercer des poursuites contre un armateur société d'État, comme celle de saisir un navire lui appartenant, est clairement reconnue en droit français, comme elle l'est aujourd'hui dans la plupart des systèmes juridiques (5). Il n'en est autrement que dans le cas, exceptionnel, où la dette invoquée par le créancier ressortit à des opérations non véritablement commerciales mais de puissance publique, comme ce fut le cas dans l'affaire du *Ghat*, où étaient en cause les conditions d'un transport de matériel de guerre pour le compte de l'État libyen (Cass. 4 févr. 1986, *Rev. cr. dr. int. pr.* 1986.718) (6).

S'agissant du cas où un navire est exploité directement par un État, qui apparaît ainsi directement comme l'armateur, il faut appliquer les règles du droit international public. Dans le principe, l'État étranger bénéficie à la fois d'une immunité de juridiction, laquelle interdit d'obtenir sa condamnation par un juge français, d'autre part d'une immunité d'exécution, laquelle interdit la saisie d'un bien appartenant audit État. Mais, immunité de juridiction et immunité d'exécution disparaissent lorsque l'État s'engage dans une activité commerciale. L'immunité d'exécution en particulier est « *écartée quand le bien saisi a été affecté à l'activité économique et commerciale relevant du droit privé qui donne lieu à la demande en justice* » (Cass. 14 mars 1984, *Rev. cr. dr. int. pr.* 1984.644). Le créancier de l'État étranger peut donc effectuer sur tout navire de son débiteur une saisie conservatoire, voire même une saisie-exécution. Et, ici encore, la position adoptée par le droit français est conforme aux règles reconnues dans la plupart des droits étrangers, le droit soviétique faisant jadis exception (D. Guyot, « Immunité des navires d'État : les thèses en présence », *DMF* 1987.405).

(5) En droit français, la règle est si évidente qu'elle n'a pratiquement jamais été discutée (pour de rares exemples, de surcroît anciens, en sens contraire, voir M. NDENDE, *op. cit. supra*, note 4, p. 375 et s.). En droit anglais, voir l'arrêt rendu le 16 juillet 1981 par la Chambre des Lords, autorisant la saisie d'un navire appartenant à une société d'État cubaine (navire *I Congreso del Partido, Lloyd's Law Reports 1981.2.367*). En sens contraire, voir Tribunal fédéral de New York, 15 oct. 1986, refusant d'autoriser la saisie d'un navire de la Compagnie Générale Maritime : *Colonial Bank v. CGM*, 1987 *AMC* 753, *DMF* 1992.640.

(6) Voir aussi, pour une créance née d'une procédure de confiscation à caractère politique, Rennes, 29 nov. 1995, navire *Secil Angola*, *DMF* 1996.298, n. MORIN.

Beaucoup moins fondée apparaît la jurisprudence qui a récemment tenté d'élargir à l'excès la saisie des navires de personnes morales publiques, en se fondant sur la *théorie de l'émanation* (7).

248. Théorie de l'émanation. — Selon cette théorie, dans un État de type socialiste ou à économie étatisée (Libye, Iran), les sociétés industrielles ou commerciales n'ont pas véritablement la personnalité morale. Elles ne sont qu'une *émanation* de l'État. Leur patrimoine, actif et passif, n'est donc que le patrimoine de l'État. De ce chef, quand deux sociétés A et B d'un tel État sont en cause, le créancier de la société A est en droit de saisir les biens de la société B, puisque sa créance incombe en définitive à l'État, dont le patrimoine inclut les biens de la société B aussi bien que ceux de la société A.

La théorie de l'émanation a d'abord été appliquée dans le domaine des nationalisations. Dans un jugement du 5 mars 1979, le Tribunal de Paris a autorisé une société américaine, dont les installations pétrolières avaient été nationalisées sans indemnité par la Libye, à exercer des mesures conservatoires sur les biens de diverses banques et compagnies d'assurances libyennes (*Journal du droit intern.* 1979.587). Dans un arrêt du 23 décembre 1985, la Cour d'appel de Rouen a appliqué cette théorie en matière maritime (navire *Filaret*, *DMF* 1986.349). Elle a autorisé une société panaméenne, créancière d'une société métallurgique roumaine, à saisir le navire *Filaret* appartenant à l'armement roumain NAVROM, aux motifs que ce navire était la propriété de l'État roumain, tandis que la société métallurgique en cause n'était elle-même qu'une émanation de cet État.

249. Critique. — Une telle généralisation de la théorie de l'émanation doit être accueillie avec la plus grande réserve (voir obs. P. Bonassies, *DMF* 1987.69). En pratique, elle présentait jadis un grave danger pour certains armements français (par exemple la Compagnie Générale Maritime, dont les navires auraient pu être saisis pour une dette d'Électricité de France), comme pour les ports français, que pouvaient délaisser les armements des pays à économie d'État. D'un point de vue plus théorique, elle méconnaît le droit des États d'organiser comme ils l'entendent leur économie, soit sur un mode libéral soit sur un mode étatique ou socialiste, alors que ce droit leur est reconnu par des textes internationaux importants (8). Il est donc heureux que la position adoptée par la Cour de Rouen ait été censurée par la Cour de cassation (6 juill. 1988, *DMF* 1988.595, note J. Warot et obs. P. Bonassies, *DMF* 1989.14). Depuis la décision de la Cour suprême, les tribunaux français se sont, dans leur majorité, éloignés de la théorie de l'émanation, tandis que la Cour de cassation confirmait

(7) Voir M. R. Gouilloud, *DMF* 1986.333.
(8) Charte des droits et devoirs économiques des États du 12 décembre 1974 et, pour les États liés à la Communauté économique, Convention de Lomé du 8 décembre 1984.

la solution de son arrêt *Filaret* dans deux décisions ultérieures, l'une du 1er octobre 1997, l'autre du 23 novembre 1999 (9).

250. Exception. Saisie en France des navires de l'État français. — S'il est ainsi possible de saisir un navire appartenant à une société d'État étrangère, voire à un État étranger, il est impossible de saisir en France un navire appartenant à l'État français, ceci en raison du principe de l'insaisissabilité des biens de l'État.

Section 1

L'armateur propriétaire. La copropriété des navires

251. Observations générales. Propriété et copropriété. — À la vérité, le statut de l'armateur propriétaire n'appelle en soi aucune remarque particulière. Même à une époque où la qualité de propriétaire était plus importante que celle d'armateur, il résultait du cumul de ces deux qualités sur sa tête que ledit armateur propriétaire bénéficiait pleinement de toutes les prérogatives du droit maritime. Cependant, le statut de l'armateur propriétaire présente une incontestable originalité lorsqu'un navire est exploité en *copropriété*.

C'est donc de la copropriété des navires dont il sera question dans la présente section.

En droit commun français, la copropriété, appliquée aux immeubles, ne s'est véritablement développée qu'à partir de 1938. Antérieurement, n'était guère connue que l'indivision, très difficile à gérer en raison de la règle de l'unanimité. La copropriété de navires est au contraire une institution très ancienne, dont traite déjà le Consulat de la Mer. Le Code de commerce ne lui consacrait qu'un article, l'article 220. Mais ce texte posait la règle essentielle : celle de la gestion de la copropriété à la majorité. Le législateur de 1967 a, au contraire, consacré la totalité d'un chapitre (le chapitre IV de la loi du 3 janvier 1967) aux navires en copropriété, le texte de 1967 ayant été modifié par une loi du 26 juin 1987.

D'un point de vue économique, la copropriété des navires ne s'est longtemps appliquée qu'à des bâtiments de petite dimension — en particulier des navires de pêche. Pour le Doyen Ripert, elle était même « *une institution désuète* » (*Traité*, no 780). Aujourd'hui, elle a pris une nouvelle extension avec le développement de la plaisance, comme avec les avantages fiscaux accordés par la loi dite *Loi*

(9) Navire *Secil Angola*, *DMF* 1998.17, rapp. RÉMERY et n. Ph. DELEBECQUE, et *Navire Kareliya*, *DMF* 2000.719, n. MOLFESSIS. Voir aussi, dans le même sens, Cour d'appel de Rennes, 24 avr. 2002, cité *supra*, no 244. Pour la jurisprudence antérieure, voir, marquant déjà des réserves à l'égard de la théorie de l'émanation, ou l'écartant, Aix-en-Provence, 25 nov. 1986, navire *Mahjunga*, *DMF* 1987.453 ; Marseille, 7 juill. 1987, navire *Teleghma*, et 29 juill. 1987, navire *Vishva Matma*, non publiés ; Rouen, 17 déc. 1992, navire *El-Kef*, *DMF* 1993.359 (un arrêt de la même Cour se réfère en revanche à la théorie de l'émanation, pour autoriser la saisie d'une *marchandise* appartenant à l'Office des céréales de Tunisie pour une dette d'une autre société publique tunisienne : *DMF* 1993.471).

Pons (loi du 11 juillet 1986), puis, plus modestement par la loi du 2 juillet 1998 sur le GIE fiscal. Nombreux sont même ceux qui envisagent la copropriété, assortie de justes avantages fiscaux, comme un moyen de financement de la flotte de commerce.

D'un point de vue juridique, il importe d'étudier successivement le statut de la copropriété et le statut des copropriétaires.

§ 1. — *Le statut de la copropriété*

Le statut de la copropriété doit être précisé quant aux modalités de constitution de la copropriété, quant à son administration et quant à sa dissolution.

A. — Constitution de la copropriété

252. Contrat de copropriété. Objet. Forme. — On doit d'abord relever que la copropriété de navire ne s'applique strictement qu'à *un navire* et à un seul. Trois personnes peuvent certes être ensemble copropriétaires de plusieurs navires. Mais il se constitue alors autant de copropriétés qu'il y a de navires.

Comme tout contrat concernant la propriété d'un navire, le contrat de copropriété doit, à peine de nullité, être fait par écrit. Il doit indiquer la part d'intérêt de chacun des copropriétaires, cette part d'intérêt étant traditionnellement qualifiée de *quirat*, vocable d'origine arabe (d'où le terme de *quirataire* pour désigner les copropriétaires de navires).

Aux termes de l'article 91 du décret du 27 octobre 1967 le nom de chaque copropriétaire, avec l'indication du nombre de ses parts, doit impérativement figurer sur la fiche du navire. Cette règle paraît propre à mettre fin à une pratique antérieurement assez fréquente, qui avait soulevé nombre de difficultés, celle des copropriétaires, ou quirataires, occultes.

253. Quirataires occultes. — La personne qui avançait des fonds pour l'acquisition d'un navire exigeait en garantie une part de propriété, mais ne voulait pas voir son nom figurer sur l'acte de francisation. La situation était considérée comme licite par les tribunaux, qui admettaient que le *quirataire occulte*, s'il ne pouvait opposer son titre aux tiers, pouvait se prévaloir de son droit de propriété à l'encontre des autres quirataires. La mention du nom des copropriétaires sur le fichier du navire étant devenue obligatoire, il semble bien que le quirataire occulte ne puisse plus être considéré comme copropriétaire. Tout au plus pourrait-on voir dans le contrat de copropriété occulte une association en participation étrangère au droit maritime.

254. Personnalité morale de la copropriété. — Le législateur de 1967 n'a pas expressément conféré la personnalité morale à la copropriété. Cependant, celle-ci présente bien tous les attributs de la personnalité morale, tels que définis par la Cour de cassation dans son arrêt du 28 janvier 1954 : elle est « *un groupement pourvu d'une possibilité d'expression collective pour la défense d'intérêts licites* » (*D.* 1955.17) (10). Dans un arrêt du 15 avril 2008, la Cour de cassation a définitivement admis que la copropriété disposait de la personnalité morale (navire *La Ponant, DMF* 2008.924, observations Ph. Delebecque).

B. — Administration de la copropriété

255. Administration générale. — Quant à l'administration de la copropriété, il faut distinguer les décisions fondamentales, qui ressortissent à la compétence de l'assemblée des copropriétaires, et la gestion quotidienne, qui est le fait du gérant.

Les décisions fondamentales sont visées par l'article 11 de la loi du 3 janvier 1967 sous le vocable de « *décisions relatives à l'exploitation* ». Il faut entendre par là toutes les décisions importantes, emprunt auprès d'une banque, achat d'un nouveau moteur, appel de fonds auprès des copropriétaires — ce cas particulier étant visé par l'article 19 de la loi de 1967, modifié par la loi du 26 juin 1987. Ces décisions sont soumises à la loi de la majorité. Elles sont prises, dit l'article 11 de la loi du 3 janvier 1967, « *à la majorité des intérêts* », c'est-à-dire à la majorité des parts de copropriété et non à la majorité des copropriétaires. C'est ainsi que si un copropriétaire détient 18 « quirats » sur 24, il exprime à lui seul la majorité.

256. Contrôle judiciaire. — La majorité ne peut toutefois décider arbitrairement. Le législateur a pris toutes précautions, tant pour éviter des abus de majorité que pour éviter des conflits de majorité.

L'article 12 de la loi du 3 janvier 1967 précise ainsi que « *nonobstant toute clause contraire, les décisions de la majorité sont susceptibles de recours en justice de la part de la minorité* ». L'annulation est prononcée en cas de vice de forme ou en cas d'abus de droit. Et la loi définit avec précision l'abus de droit, en utilisant la formule habituelle de la jurisprudence : est abusive toute décision « *contraire à l'intérêt général de la copropriété prise dans l'unique dessein de favoriser la majorité au détriment de la minorité* ». La solution est excellente. On peut toutefois regretter qu'un délai de 3 ans ait été accordé aux associés minoritaires pour exercer leur recours. Ce délai, normal en cas d'abus de droit, est manifestement excessif en cas de simple vice de forme.

Quant aux conflits de majorité, le législateur a prévu dans l'article 13 que si aucune majorité ne peut se dégager, ou en cas d'annulation répétée des décisions de la majorité, tout copropriétaire peut saisir le tribunal, lequel pourra soit désigner un gérant provisoire, soit ordonner la licitation du navire.

257. Majorité spéciale : hypothèque. — Il existe toutefois une exception à la règle de majorité simple. Aux termes de l'article 25 de la loi, le gérant ne peut

(10) Voir, admettant la personnalité morale d'une copropriété, Cour de Basse-Terre, 6 nov. 1995, navire *Rocco*, *DMF* 1996.112, n. A. VIALARD ; comp. les observations du même auteur sous Cass. 8 juin 1999, *DMF* 1999.905.

hypothéquer le navire qu'avec le consentement d'une majorité représentant les trois quarts des intérêts des copropriétaires. La règle peut surprendre, alors que la vente du navire peut être décidée à la majorité normale. Elle s'explique cependant pleinement, la constitution d'une hypothèque étant un acte plus dangereux que la vente, parce qu'on n'en aperçoit pas toujours nécessairement les conséquences, ou que l'on estime que ces conséquences ne se réaliseront jamais.

258. Gestion quotidienne. Gérant. Pouvoirs. Responsabilité. — La gestion quotidienne du navire sera normalement le fait d'un gérant, copropriétaire ou personne étrangère à la copropriété.

Le gérant sera désigné à la majorité simple, et pourra être révoqué à la même majorité. En l'absence de dispositions particulières, sa qualité de mandataire justifie qu'il puisse être révoqué librement par les copropriétaires — sauf à obtenir des dommages-intérêts en cas d'abus de droit. En revanche, il est impératif que la révocation du gérant, plus encore que sa nomination, soit inscrite sur la fiche du navire. Tant que cette inscription n'est pas réalisée, le gérant conserve le pouvoir d'engager la copropriété à l'égard des tiers, et ce pouvoir est très large.

Pour définir les pouvoirs du gérant, le législateur s'est en effet inspiré des dispositions figurant dans la loi du 18 juin 1966. Comme le gérant de société, le gérant de copropriété a « *tous pouvoirs pour agir dans l'exercice de sa mission de gestion au nom de la copropriété en toutes circonstances* » (art. 17), la loi précisant que « *le capitaine doit se conformer aux instructions des gérants* » (art. 18). La loi du 26 juin 1987 a toutefois restreint ces pouvoirs sur un point : le gérant ne peut procéder à des appels de fonds qu'en exécution d'une décision des copropriétaires prise à la majorité des intérêts (art. 19 nouveau). Par ailleurs, toute limitation contractuelle des pouvoirs du gérant est sans effet à l'égard des tiers.

259. Cogérance. Absence de gérant. — Il en est différemment, en revanche, quand il existe plusieurs gérants. Dans ce cas, en effet, les gérants « *agissent d'un commun accord* » (art. 16), ce qui implique que toute décision exige la signature de chacun d'entre eux.

Reste la situation où aucun gérant n'a été désigné, ou encore la situation où un gérant ayant été désigné, son nom n'a pas été publié au fichier du navire. Dans ce cas, l'article 15 de la loi de 1967 dispose que « *tous les copropriétaires du navire sont réputés gérants* ». Cette disposition n'est pas très heureuse, car on se trouve alors dans une situation de pluralité de gérants, et toute décision exige l'accord de chacun d'eux — la loi de 1967 rétablissant ainsi curieusement la vieille règle de l'unanimité prévalant en matière d'indivision du droit civil. On peut toutefois penser que cette situation d'absence de gérant ne se présentera que dans les toutes petites copropriétés (copropriétés à deux ou à trois personnes). Dans de telles situations, où la copropriété ne peut survivre que si l'accord entre les copropriétaires est total et permanent, l'exigence de la signature de chacun d'eux n'est peut-être pas excessive.

260. Responsabilité du gérant. — Précise sur les pouvoirs du gérant, la loi de 1967 ne dit rien de la responsabilité de celui-ci. On appliquera donc les principes du droit du mandat : le gérant n'est pas normalement engagé par les contrats qu'il conclut pour le compte de la copropriété ; il est seulement tenu à l'égard des tiers en cas de faute ; il est pareillement tenu de ses fautes à l'égard des associés, sa responsabilité étant alors appréciée plus ou moins sévèrement selon qu'il est rémunéré (salarié) ou non.

C. — Dissolution de la copropriété

261. Causes de dissolution. — La copropriété n'est pas dissoute par le décès de l'un des copropriétaires. En revanche, elle est dissoute par la vente forcée du navire, qui fait disparaître l'objet même du contrat, — et à plus forte raison par sa vente volontaire, laquelle, outre qu'elle supprime aussi l'objet du contrat, témoigne de l'intention des copropriétaires de ne pas continuer l'exploitation en commun du navire. Même en l'absence de vente volontaire, les copropriétaires peuvent d'ailleurs, à tout moment, décider, à la majorité, de mettre fin à leur contrat (par exemple si, le navire ayant été détruit accidentellement, ils préfèrent se partager l'indemnité d'assurance).

Enfin, il résulte des règles applicables à toute personne morale ou groupement juridique, que la copropriété peut être dissoute par autorité de justice pour juste motif, les dispositions de l'article 13 concernant l'impossibilité de dégager une majorité apparaissant simplement comme un exemple de mise en œuvre de ces règles (11).

262. Effets de la dissolution. — La dissolution entraîne l'obligation de vendre le navire, soit à l'amiable soit, en cas de conflit, en justice.

Elle laisse subsister l'obligation des copropriétaires au passif, comme indiqué ci-dessous (*infra*, n° 267).

§ 2. — *Le statut des copropriétaires*

263. Commercialité de la copropriété de navire. — Une première question se pose, qui est de savoir si les copropriétaires d'un navire sont commerçants. La réponse est certainement négative pour la copropriété à la plaisance, comme pour la copropriété à la pêche artisanale en raison de la jurisprudence de la Cour de cassation sur ces modes de navigation (*supra*, n° 109 et n° 110). Pour la copropriété des navires de pêche industrielle ou de commerce, on peut hésiter.

(11) Pour un exemple, voir Cass. 8 juin 1999, cité *supra*, note 10.

Participant à une expédition maritime, les copropriétaires devraient être considérés comme commerçants. Cependant, si l'on observe que la copropriété a la personnalité morale, cette personne morale s'interpose entre l'activité commerciale et le copropriétaire. En l'absence d'une disposition spécifique, on serait dès lors porté à considérer que les copropriétaires ne sont pas commerçants (12).

Mais les deux problèmes principaux que pose le statut des copropriétaires sont d'abord celui du régime applicable à leurs parts, ensuite celui de leur responsabilité à l'égard des tiers.

A. — Régime juridique des parts de copropriété

264. Cessibilité. — S'agissant du régime applicable aux parts de copropriété, l'article 22 de la loi de 1967 énonce que chaque propriétaire peut disposer de sa part. La question de savoir si une clause contraire est possible n'est pas réglée par les textes et la réponse est controversée. En tout état de cause une clause interdisant la cession sans l'accord des autres copropriétaires ne serait opposable aux tiers que si inscrite sur la fiche du navire.

À cette liberté de cession, il existe une exception : si la cession de la part doit entraîner la perte de la francisation du navire, elle n'est permise qu'avec l'autorisation des autres copropriétaires (art. 22, al. 2). Tel serait le cas pour un navire de pêche propriété de trois cousins dont l'un aurait la nationalité algérienne, l'un des cousins français envisageant de céder sa part à un autre cousin, lui aussi de nationalité algérienne.

Un cas particulier est prévu à l'article 23 de la loi du 3 janvier 1967, qui concerne les copropriétaires membres de l'équipage du navire. En cas de congédiement, ils peuvent imposer à la copropriété l'acquisition forcée de leurs parts, le prix en étant fixé par le tribunal en cas de désaccord. On remarquera que la règle ne s'applique pas au gérant non membre de l'équipage, lorsqu'il est révoqué.

265. Effets de la cession. Dettes de la copropriété. — Qu'il s'agisse de cession libre ou d'acquisition forcée, la cession n'a d'effets à l'égard des tiers qu'après son inscription sur la fiche matricule du navire. Le copropriétaire qui quitte la copropriété demeure par ailleurs tenu des dettes contractées antérieurement à la publicité de la cession. La loi ne prévoyant aucun délai spécial de prescription de la dette du copropriétaire, il faut en conclure que c'est la prescription de droit commun qui s'applique (trente ans à la plaisance, dix ans au commerce).

La même règle s'applique aux copropriétaires après dissolution de la copropriété.

266. Hypothèque des parts de copropriété. — Enfin, chaque propriétaire peut hypothéquer sa part (article 24). Mais il faut bien voir qu'une telle

(12) Il reste que la copropriété au commerce ou à la pêche industrielle est, elle, commerçante. Elle peut donc être assignée devant le tribunal de commerce.

hypothèque est très improbable. Le créancier hypothécaire, en cas de défaillance de son débiteur, ne pourrait faire vendre que la part de copropriété de celui-ci. On voit mal qui pourrait acquérir une telle part. L'hypothèse de l'hypothèque d'une part de copropriété ne peut guère être envisagée que pour le copropriétaire qui possède plus de la moitié du navire. En ce cas, en effet, le créancier hypothécaire peut saisir la totalité du navire et le faire vendre pour se faire payer (art. 55 de la loi du 3 janvier 1967).

B. — Copropriétaires et dettes de la copropriété

267. Obligations des copropriétaires. Principes. Historique. — Dans les rapports entre eux, les copropriétaires participent aux pertes de la copropriété au prorata de leurs intérêts (article 19 de la loi du 3 janvier 1967). De ce chef, ils doivent répondre dans la même proportion aux appels de fonds décidés par la majorité (*supra*, n° 255). Mais la question essentielle demeure celle des obligations des copropriétaires à l'égard des tiers. En cette matière, le droit français a connu une évolution qui ne s'est achevée que par la loi du 26 juin 1987.

Au XIXe siècle, la jurisprudence avait posé la règle que les quirataires, ayant une activité commerciale, étaient solidairement et indéfiniment tenus des dettes de la copropriété. La solution fut contestée dans les années 1960, au moins lorsque l'acte de francisation indiquait le nom de chacun des copropriétaires et sa part de copropriété. Mais, dans un arrêt du 23 février 1965 (navire *Angelus*, *DMF* 1965.412), la Cour de cassation a maintenu la solution classique en observant que les juges du fond avaient « *pu considérer comme commerciale, en vertu de l'article 633 du Code de commerce et comme comportant pour ses membres une obligation indéfinie et solidaire au paiement du passif social* » la forme de société que constituait la copropriété.

268. Loi du 3 janvier 1967. Responsabilité solidaire sauf clause contraire. — Lors de la rédaction de la loi de 1967, le problème de la responsabilité des copropriétaires a été à nouveau vivement discuté. C'est une solution de transaction qui a été adoptée, mais une solution qui restait fidèle au principe posé par la jurisprudence antérieure.

Dans son article 20, le texte originaire établissait une distinction entre les copropriétaires gérants et les copropriétaires non gérants. Les copropriétaires gérants étaient tenus indéfiniment et solidairement des dettes de la copropriété, et ce nonobstant toute convention contraire. Pour les copropriétaires non gérants, ils étaient eux aussi tenus en principe indéfiniment et solidairement. Mais ils pouvaient écarter la solidarité par une convention contraire, opposable aux tiers par sa publication sur la fiche du navire. Malgré la souplesse du régime, il est apparu à certains trop rigoureux pour les copropriétaires, et a été modifié par la loi 87-444 du 26 juin 1987.

269. La loi du 26 juin 1987. Responsabilité non solidaire des copropriétaires non gérants. — Le texte nouveau maintient la règle ancienne pour ce qui est des *copropriétaires gérants* : ils demeurent indéfiniment et solidairement tenus des dettes de la copropriété, sans la possibilité d'une clause contraire. En revanche, la règle est renversée pour ce qui est des copropriétaires non gérants.

Désormais ceux-ci, s'ils sont tenus indéfiniment des dettes de la copropriété (l'institution n'étant pas « à responsabilité limitée »), ne sont plus tenus solidairement, mais seulement « *en proportion de leurs intérêts* ». Ainsi, si une copropriété à la pêche a 100 000 euros de dettes, tel copropriétaire qui ne possède que 3 quirats sur 12 ne sera tenu que de 25 000 euros (13). Bien entendu, la clause contraire est possible, les statuts pouvant prévoir que même les copropriétaires non gérants seront tenus indéfiniment et solidairement.

270. Cas des copropriétés avec gérant « étranger ». — La loi de 1987 complique ce schéma de principe quand le gérant ou les gérants sont étrangers à la copropriété. Pour que les créanciers de la copropriété ne soient pas dans la situation où ils n'auraient en face d'eux aucun copropriétaire tenu de la totalité des dettes, la loi prévoit que certains copropriétaires devront accepter une responsabilité totale des dettes sociales.

Plus précisément, le texte nouveau énonce que, dans un tel cas, « *il doit être stipulé que des propriétaires représentant plus de la moitié des intérêts sont indéfiniment et solidairement responsables des dettes de la copropriété* ». Le contrat de copropriété devra donc désigner tel et tel copropriétaires comme chargés d'obligations plus lourdes que les autres. Et la sanction est sévère : en l'absence d'une telle clause tous les copropriétaires seront solidairement responsables.

271. Conclusion. — On peut s'interroger sur l'opportunité de la réforme de 1987. Outre sa complexité, il n'est pas sûr qu'elle rende plus facile l'exploitation de navires en copropriété — ce qui était le but du législateur. Car les banques, sollicitées par une copropriété de lui accorder un crédit, ne manqueront pas d'exiger le cautionnement solidaire de chacun des propriétaires, dès lors qu'un engagement solidaire n'aura pas été prévu par les statuts (14).

Section 2

L'armateur non propriétaire (15)

Il importe de rechercher d'une part dans quelle situation une personne physique ou morale, qui n'est pas propriétaire d'un navire, se retrouve armateur de celui-ci, d'autre part quel est le régime applicable à une telle situation.

(13) Toutefois, un copropriétaire non gérant peut être tenu pour responsable à l'égard d'un tiers sur le fondement de la théorie de l'apparence : Tribunal de Quimper, 19 janv. 1996, navire *Souimanga*, *DMF* 1996.791, n. MORIN.

(14) Par ailleurs, le texte aurait pu poser un problème ardu : celui de son éventuelle application aux engagements antérieurs au 27 juin 1987. Les tribunaux ne semblent pas, cependant, l'avoir rencontré.

(15) Voir, en général, I. CORBIER, *La notion d'armateur*, thèse, Paris, 1999.

§ 1. — *Les situations de non-propriétaire armateur*

272. Observations générales. Plan. — Aux termes de l'article 2 de la loi du 3 janvier 1969, le propriétaire ou les copropriétaires du navire sont présumés en être l'armateur. Mais il n'y a là qu'une présomption simple, et les pouvoirs d'armateur peuvent être transférés à un non-propriétaire. En règle générale, on applique la qualification d'armateur non propriétaire à une personne à laquelle ont été transférés, dans leur totalité, les pouvoirs et les responsabilités d'armateur. Les situations de cet ordre sont assez diverses et seront étudiées en premier. Mais on doit aussi se demander s'il n'est pas possible d'envisager qu'une partie seulement des pouvoirs et responsabilités de l'armateur soit transférée à un non-propriétaire, la chose étant susceptible d'entraîner un éclatement de la qualité d'armateur.

A. — Situations de transfert total de la qualité d'armateur

273. Réquisition. Contrat de gérance. — La qualité d'armateur peut d'abord être transférée à l'État, ou à un organisme d'État, en cas de *réquisition* d'un navire. Une réquisition de cet ordre est susceptible d'intervenir soit en temps de guerre, soit en temps de crise. Les modalités en sont aujourd'hui réglées par la loi 69-441 du 20 mai 1969 sur les transports maritimes d'intérêt national. L'État, réquisitionnant la totalité de la flotte ou tel ou tel navire spécifié, devient alors armateur avec toutes les prérogatives et les responsabilités que ce titre implique.

Le transfert de la qualité d'armateur peut aussi résulter d'un *contrat de gérance*, lequel peut prendre des formes diverses. En premier lieu, et bien que la chose soit rare, il n'est pas interdit de mettre en gérance un fonds de commerce d'armement. Le gérant devient alors l'armateur des navires faisant partie du fonds de commerce, comme le gérant d'un fonds de commerce terrestre devient l'exploitant de ce fonds. Il est plus fréquent qu'un navire ou plusieurs navires soient confiés à un gérant. C'est la situation qui se présente au cas, relativement fréquent, de la mise en gérance d'un navire de pêche, mise en gérance que l'on retrouve sur les rivages de la Manche sous la qualification d'*écorage*. Mais le contrat de gérance peut aussi concerner un navire de commerce, quand celui-ci appartient à une entreprise jeune, laquelle n'a pas une expérience suffisante de l'exploitation d'un type de navire, et préfère confier celui-ci à un armateur plus confirmé (cas de l'armateur malgache du pétrolier *Tanio*, qui en avait confié la gérance à un armateur français) (16).

274. Contrats de location ; crédit-bail. — La dissociation des qualités de propriétaire et d'armateur peut aussi résulter de contrats du type location.

Il en est ainsi tout d'abord des contrats de crédit-bail (*leasing*) portant sur un navire. Le crédit-bail, opération inconnue il y a quarante ans, est devenu

(16) Sur la forme moderne de tels contrats, contrats de *ship management*, voir *infra*, n° 279.

fréquent, en particulier pour des navires de grande dimension. L'achat d'un pétrolier est ainsi financé par une banque qui le louera en crédit-bail à l'armateur qui l'exploitera.

La légalité des situations de crédit-bail de navire est, en droit français au moins, incontestable. Elle est en effet reconnue par la loi 75-300 du 29 avril 1975. Celle-ci, modifiant l'article 3 de la loi du 3 janvier 1967, autorise la mise sous pavillon français de navires appartenant juridiquement à un propriétaire étranger, mais destinés « *à appartenir après levée de l'option ouverte pour l'acquisition de la propriété par une opération de crédit-bail* » à un armateur français.

275. Contrats d'affrètement. Affrètement coque-nue. Affrètement à temps avec transfert de la qualité d'armateur. — Toutefois, l'attribution de la qualité d'armateur non propriétaire résultera le plus souvent d'un contrat d'affrètement entraînant l'attribution de la qualité d'*armateur-affréteur*. Il en est ainsi, en premier lieu en cas d'affrètement « *coque-nue* » (*infra*, n°s 865 et s.). L'affrètement coque-nue est le contrat par lequel le propriétaire d'un navire loue celui-ci « nu », sans équipage, pour une période normalement assez longue (trois ans, cinq ans, douze ans). Dans cette situation, c'est l'affréteur (locataire), qui met sur le navire un équipage et un capitaine, et qui en assure l'exploitation dans sa totalité. Il devient l'*armateur* du navire.

Le transfert de la qualité d'armateur peut aussi résulter de certains contrats d'*affrètement à temps*. Dans le principe, l'affrètement à temps, contrat par lequel le fréteur (propriétaire) loue à un affréteur un navire armé, c'est-à-dire avec son équipage, ne transfère pas la qualité d'armateur à l'affréteur (*infra*, n° 278). Mais il a été admis qu'il pouvait en être autrement, si les parties au contrat le décidaient, la charte-partie stipulant que l'armateur affrète le navire avec son équipage, mais que l'affréteur devient le seul maître de l'exploitation du navire, ayant notamment le droit de licencier capitaine et marins. Un tel contrat, qui semble avoir été assez fréquent dans la seconde partie du XIXe siècle et au début du XXe siècle, était le plus souvent qualifié, suivant la terminologie anglaise, de charte-partie à temps avec *demise* — ou charte-partie avec remise de la qualité d'armateur.

Aujourd'hui, la conclusion d'un tel contrat reste sans doute dans le principe possible, même en droit français. La loi de 1969, ne faisant en effet pas de distinction lorsqu'elle énonce que le contrat d'affrètement peut prévoir que l'affréteur deviendra l'armateur du navire, vise sans doute d'abord l'affrètement coque-nue, mais n'exclut pas l'affrètement avec *demise* (17). Il est d'ailleurs à noter que le législateur international fait référence à l'institution dans les textes les plus récents. C'est ainsi le cas de la Convention de 1993 sur les privilèges et hypothèques (*infra*, n° 565). Les rédacteurs de ce texte ont même créé un terme

(17) On peut toutefois se demander si, en droit français, un tel contrat ne se heurterait pas à des obstacles quasi insurmontables, obstacles tenant au droit du travail maritime, voire au principe que l'on ne peut disposer de la personne d'autrui (ici le capitaine et l'équipage). — On n'est pas très loin du contrat de *marchandage*, en principe prohibé.

nouveau pour désigner, *en français*, l'affrètement avec transfert de la qualité d'armateur : ils le qualifient d'*affrètement avec dévolution* (18).

En pratique, les affrètements à temps avec transfert de la qualité d'armateur (affrètements avec dévolution, ou *time charters with demise*) sont toutefois devenus très rares. L'étude de la jurisprudence de ces trente dernières années, jurisprudence française mais aussi anglaise ou américaine, n'en fournit aucun exemple (sauf, en droit américain, pour l'affrètement de barges). En tout état de cause, ils devraient alors être publiés.

276. Publicité des contrats emportant transfert des pouvoirs d'armateur. — L'article 2 de la loi du 3 janvier 1969 impose en effet une condition de forme pour que le transfert des pouvoirs d'armateur au non-propriétaire soit opposable aux tiers. Le contrat d'affrètement doit avoir été « *régulièrement publié* ». La règle, à l'évidence, ne concerne que les affrètements de navires français, les navires étrangers n'étant pas concernés par le fichier des navires où la publication prendra place. Par ailleurs, elle n'est pas sans soulever plusieurs difficultés.

En premier lieu, on doit se demander si, en exigeant que les contrats d'affrètement transférant la qualité d'armateur soient « *régulièrement publiés* », la loi de 1969 a entendu se référer aux seuls contrats dont la publication est obligatoire aux termes de l'article 10 de la loi du 3 janvier 1967, c'est-à-dire aux contrats conclus pour une durée de plus d'un an. En fait, il sera rare qu'un contrat du type ici en cause soit conclu pour une durée inférieure à un an. En droit, on peut se demander si, même lorsqu'il a été conclu pour une durée ainsi réduite, il ne doit pas être publié.

En second lieu, on relèvera que la loi du 3 janvier 1969 ne vise que les contrats d'affrètement. Pour éviter toute difficulté, il semble cependant raisonnable que soient publiés aussi les contrats de crédit-bail, voire les contrats de gérance.

Il y a également lieu de s'interroger sur la sanction applicable en cas de non-publication d'un contrat d'affrètement entraînant transfert de la qualité d'armateur. À lire l'article 2, le contrat d'affrètement non publié ne produirait aucun effet quant au transfert de la qualité d'armateur. Il est donc certain que les tiers pourront le méconnaître et, par exemple, en cas d'accident causé par le navire, agir contre l'armateur originaire (Saint-Nazaire, 13 mai 1985, navire *Arvor, DMF* 1987.100). De même, le tiers qui a fourni des carburants au navire, sur commande du capitaine, peut agir en paiement contre le propriétaire du navire (19). Mais on peut se demander s'il ne faut pas également appliquer ici la règle inscrite dans l'article 93 du décret du 27 octobre 1967, selon laquelle les actes non publiés sont simplement inopposables aux tiers, tout en demeurant valables dans le principe. On devrait alors décider que le tiers victime d'un sinistre causé par le navire peut, à son choix, soit méconnaître le contrat

(18) Pour les observations que l'on peut faire sur ces termes, voir P. BONASSIES, *DMF* 1994.4.
(19) Cass. 28 avr. 1998, navire *Trident*, *DMF* 1998.680, obs. P. BONASSIES.

d'affrètement et agir en responsabilité contre le propriétaire, soit invoquer ce contrat et agir contre l'affréteur.

Enfin, la question se pose de savoir si le contrat d'affrètement, encore que non publié, peut être opposé au tiers qui en était parfaitement informé. Pour nous, au moins s'agissant des tiers qui ont contracté avec le capitaine, le principe de *bonne foi* paraît devoir interdire à un tel tiers de prétendre ignorer le contrat d'affrètement (20).

B. — Les situations d'éclatement de la qualité d'armateur

277. Observations générales. — En dehors des situations envisagées ci-dessus, situations où les choses sont claires et la qualité d'armateur pleinement transférée à l'État qui a réquisitionné le navire, au gérant ou à l'affréteur coque-nue, il existe des situations moins nettes, où, en apparence au moins, certaines des compétences de l'armateur ont été transférées à un tiers. La question qui se pose alors est de savoir s'il n'y a pas *éclatement* de la qualité d'armateur, si deux personnes n'ont pas, en même temps, la qualité d'armateur.

Pareille question se pose dans deux cas, l'un classique, qui est celui de l'affrètement à temps, l'autre plus moderne, qui est celui des contrats de gestion technique du navire, les contrats de *ship management*.

278. L'affrètement à temps et la qualité d'armateur : les arrêts *Ann Bewa* et *Fatima*. — Dans l'affrètement à temps, l'armateur, qualifié de fréteur, conserve la gestion nautique du navire, direction de l'équipage et contrôle technique du navire. En particulier, c'est lui qui demeure le commettant du capitaine pour tout ce qui concerne la conduite du navire. L'affréteur, quant à lui, exerce la gestion commerciale, concluant notamment les contrats d'utilisation du navire (contrat de transport ou d'affrètement au voyage), et prenant soin des marchandises (21). Mais la gestion commerciale ainsi attribuée à l'affréteur n'inclut-elle pas certains pouvoirs, ou certaines responsabilités d'armateur ?

La Cour d'appel d'Aix paraît l'avoir pensé dans un arrêt du 25 février 1979 rendu dans l'affaire de l'*Ann Bewa* (*DMF* 1980.51, obs. P. Bonassies). Dans cette affaire, un incendie avait éclaté sur *l'Ann Bewa*, incendie aggravé par le mauvais arrimage de la marchandise (fûts de produits chimiques placés dans les cales et non en pontée, bonbonnes d'oxygène placées dans les coursives). Plusieurs marins-pompiers de la base de Toulon ayant été gravement blessés, l'administration a agi en responsabilité contre le propriétaire du navire. Observant que ce navire avait fait l'objet d'un affrètement à temps, la Cour d'Aix a rejeté l'action de l'administration, au motif que le propriétaire, en tant que fréteur à temps, n'était pas le commettant du capitaine pour les opérations de chargement et de déchargement, ces opérations ressortissant à la gestion commerciale.

(20) Voir le développement de cette thèse dans les observations sous Cass. 28 avril 1998, citées *supra*, note 19.

(21) Voir articles 20 et 21 du décret du 31 décembre 1966 : « *Le fréteur conserve la gestion nautique du navire. La gestion commerciale du navire appartient à l'affréteur* ».

L'analyse faite par la Cour d'Aix, laquelle aboutit à une dissociation des responsabilités de l'armateur à l'égard des tiers, réparties les unes sur la tête du fréteur les autres sur la tête de l'affréteur, nous paraît très contestable. Dans un domaine où la sécurité des tiers est en jeu, il est très dangereux d'admettre une telle dissociation. De même que le capitaine demeure toujours et totalement responsable de la sécurité du navire, la concentration des responsabilités doit pareillement exister quant à l'entreprise responsable à l'égard des tiers des faits du capitaine, en tant que commettant. Aussi bien, le *Code ISM*, en définissant la *compagnie*, c'est-à-dire l'armateur responsable de l'application des obligations qu'elle édicte, comme « *le propriétaire ou toute autre personne ou organisme auquel le propriétaire a confié la responsabilité de l'exploitation du navire* », paraît-elle bien exclure la possibilité qu'un navire ait plusieurs armateurs.

Dans un arrêt *Fatima* du 26 octobre 1999, la Cour de cassation n'en a pas moins admis que, dans l'affrètement à temps, la qualité d'armateur « *se trouve partagée entre le fréteur qui conserve la gestion nautique et l'armateur, qui en a la gestion commerciale* » (22). L'arrêt, qui distingue mal ce qui est du domaine des relations contractuelles et ce qui est du domaine du statut légal, ne concernait pas, toutefois, le problème de savoir qui était responsable de l'exploitation du navire à l'égard des tiers, mais seulement la question — à vrai dire mineure et qui était du ressort de l'interprétation des juges — de savoir ce qu'il fallait entendre par le terme anglais d'*owner*. On ne saurait donc lui accorder qu'une portée assez limitée.

279. Les contrats de gestion technique (*ship management*). — Depuis une vingtaine d'années, un type nouveau de contrat est apparu dans la pratique maritime : le contrat de gestion technique du navire, dit contrat de *ship management*. Des sociétés spécialisées se sont constituées, qui proposent aux armateurs de se charger d'une partie des opérations de gestion du navire (23). Le contenu de ces contrats est très variable. Le plus souvent, ils prévoient que le *ship manager* sera chargé de choisir l'équipage, d'en payer les salaires, d'assurer le bon état du navire, en faisant notamment procéder aux réparations nécessaires comme aux visites annuelles, de prendre en charge l'approvisionnement en carburant et huiles, de faire assurer le navire. Certains contrats sont plus restreints, prévoyant la seule prise en charge par le *manager* de la fourniture d'un équipage (*manning*). Mais d'autres sont plus larges, prévoyant une coopération plus ou moins poussée du *ship manager* à la gestion commerciale du navire, voire la prise en main totale par lui de cette gestion.

Les contrats de *ship management* posent le même problème : entraînent-ils transfert de la qualité d'armateur avec les responsabilités qu'elle implique ? La réponse à pareille question doit être nuancée. Dans le principe, le *ship manager* agit pour le compte de l'armateur. Celui-ci ne saurait se dérober à ses obligations derrière un contrat qui, pour les tiers, est chose qui ne les concerne pas (art. 1165

(22) Navire *Fatima*, *DMF* 2000, rapp. RÉMERY et n. I. CORBIER.
(23) 25 % de la flotte mondiale serait actuellement placée sous *ship management* : A.-G. ENE, *Évolution récente du ship management*, mémoire de DESS, Aix-en-Provence, 1993. Voir aussi M. RÉMOND-GOUILLOUD, n° 226.

du Code civil). Il reste que, chaque fois qu'une faute est commise par le *ship manager* dans l'accomplissement de son mandat, faute ayant causé un dommage à un tiers, sa responsabilité viendra doubler celle de l'armateur (24). Dans des cas extrêmes, lorsque c'est la totalité de la gestion commerciale comme de la gestion technique qui est assumée par le *ship manager*, on peut estimer que la responsabilité de celui-ci doit être assimilée à celle d'un armateur, sans toutefois nécessairement effacer celle de l'armateur en titre (25).

§ 2. — *Régime applicable à l'armateur non propriétaire*

280. Pouvoirs et responsabilité de l'armateur non propriétaire. — Seul exploitant du navire, l'armateur non propriétaire, par exemple un affréteur coque-nue, peut tout d'abord conclure tout contrat concernant cette exploitation avec les tiers. Il lui est possible, à son tour, d'affréter le navire à temps ou au voyage (voire même de le sous-affréter coque-nue), comme de l'utiliser dans le cadre d'un contrat de transport maritime de marchandises.

Exploitant du navire, il est aussi pleinement responsable envers les tiers non seulement des conséquences de ses fautes personnelles, mais aussi des dommages causés par le fait du navire, dont il devient gardien, ou de ceux causés par la faute du capitaine et autres préposés.

Le problème de la responsabilité de l'armateur non propriétaire pour les *fautes du capitaine* avait été discuté en droit classique. L'article 216 du Code de commerce énonçait que « *tout propriétaire d'un navire est civilement responsable des faits du capitaine* ». La jurisprudence dominante en avait conclu que, au cas de dissociation des qualités de propriétaire et d'armateur, c'était le propriétaire qui demeurait responsable des fautes du capitaine, l'armateur étant irresponsable (Ripert, *Traité*, n° 779). Aujourd'hui, la solution opposée ne fait plus de doute. La loi du 3 janvier 1969 énonce dans son article 3 que « *l'armateur répond de ses préposés terrestres et maritimes* », l'armateur et non le propriétaire.

281. Armateur non propriétaire et limitation de responsabilité. — Responsable des conséquences de l'exploitation du navire, l'armateur non propriétaire bénéficie des mêmes prérogatives en la matière que l'armateur propriétaire. Aux termes de l'article 69 de la loi du 3 janvier 1967, comme des textes internationaux applicables en la matière (*infra*, n° 421), il peut ainsi bénéficier de la limitation de responsabilité du propriétaire de navire. Là encore, la chose avait été discutée en droit classique. D'une part, l'article 216 du Code de commerce autorisait le propriétaire seul à faire abandon du navire. D'autre part, la structure

(24) Voir, pour un cas où la responsabilité de la société de gestion a été invoquée (vainement d'ailleurs, eu égard aux circonstances de la cause), Chambre des Lords 23 mars 1994, navire *The Safe Carrier*, *Lloyd's Law Reports* 1994.1.589 ; pour le problème, connexe, de savoir si le *ship manager* peut invoquer la limitation de responsabilité, voir, en droit américain, *Chesapeake Shipping Limitation Proceedings*, *DMF* 1994.803.

(25) Pareille solution paraît en tout cas s'imposer en droit français, quand le contrat de *ship management* n'a pas été publié.

même de l'abandon rendait difficile qu'un tel abandon fût possible pour l'armateur non propriétaire : comment faire abandon d'une chose qui ne vous appartient pas ? Aujourd'hui, le problème est définitivement réglé par les textes.

La dissociation des qualités de propriétaire et d'armateur pose d'autres problèmes, notamment en matière d'assistance maritime ou en matière d'avaries communes. Ces problèmes seront étudiés dans le cadre de ces institutions.

282. Responsabilité du propriétaire non armateur. — En conclusion, on doit se demander quel est le régime applicable non plus à l'armateur non propriétaire, mais au propriétaire non armateur.

Dans le principe, ce propriétaire est dégagé de toutes les conséquences de l'exploitation du navire. Il reste, cependant, susceptible d'être affecté par ces conséquences à un double titre. Tout d'abord, il demeure responsable de ses fautes personnelles vis-à-vis des tiers. Par exemple, s'il a frété (loué) coque-nue un navire affecté d'un élément d'innavigabilité (système de gouvernail en mauvais état) par manque de diligence, sa responsabilité pourra incontestablement être mise en cause par les tiers. Dans l'affaire de l'*Amoco Cadiz*, le propriétaire, bien qu'ayant confié son navire en gérance à une autre société, a été ainsi déclaré personnellement responsable des conséquences de ses fautes, fautes de surcroît très largement entendues (Tribunal fédéral de Chicago, 13 avr. 1984, *DMF* 1984.688, obs. P. Bonassies).

Par ailleurs, en application des règles concernant les privilèges maritimes, le propriétaire reste, dans de nombreux cas, tenu, non personnellement, mais d'une manière en quelque sorte « réelle » — sur son navire —, des conséquences de l'exploitation de ce navire. Par exemple, après un abordage dû à la faute du capitaine, qui n'est cependant pas « son » capitaine mais celui de l'affréteur coque-nue, le propriétaire verra ses intérêts affectés, la victime de l'abordage bénéficiant d'un privilège sur le navire, privilège qui lui permet de saisir et de faire vendre ledit navire (*infra*, n° 573).

Enfin, la Convention de 1969 sur la responsabilité pour pollution par hydrocarbures fait peser cette responsabilité non sur l'armateur exploitant le navire, mais sur le *propriétaire* du bâtiment responsable de la pollution (*infra*, n°s 462 et s.). Il en est de même de la Convention de 1996 sur la responsabilité pour les dommages nés du transport par mer de substances nocives ou potentiellement dangereuses — texte non encore entré en vigueur.

CHAPITRE 2

LE PERSONNEL DE L'ENTREPRISE MARITIME

283. Préposés terrestres. Préposés maritimes. — L'entreprise maritime comprend d'abord des préposés terrestres. Ceux-ci sont normalement soumis au droit commun. Toutefois, une disposition spécifique leur est applicable.

Aux termes de l'article 69 de la loi du 3 janvier 1967, texte qui reprend les dispositions de la Convention internationale de 1957 sur la limitation de responsabilité de l'armateur (*infra*, n°s 402 et s.), ces préposés pouvaient en effet bénéficier de ladite limitation, s'ils commettaient une faute en relation avec l'exploitation du navire (cas de l'ingénieur qui aurait commis une erreur dans l'entretien du navire — la faute « terrestre » du préposé terrestre restant soumise au droit commun). Mais le privilège à eux accordé n'était pas absolu. Sous le régime de la Convention de 1957, ils étaient déchus de leur droit à limitation en cas de faute simple et la règle enlevait toute signification audit privilège, puisque leur responsabilité n'avait pu être mise en cause qu'en raison même de leur faute. Leur situation est devenue plus cohérente depuis l'entrée en vigueur de la Convention de 1976, puisque désormais seule la *faute inexcusable* entraîne déchéance du droit à limitation. Mais, même en ce cas, il est douteux que leur responsabilité puisse être mise en cause, en raison de la jurisprudence *Costedoat* (*infra*, n° 296).

Ce qui fait toutefois l'originalité de l'entreprise maritime, c'est le régime particulier applicable au *personnel maritime*, capitaine, officiers et marins. Nous étudierons en deux sections le statut propre du capitaine, puis celui des marins, avant d'analyser leur régime social, qui est unique.

Section 1

Le capitaine (1)

284. Définition. — Il n'y a pas de définition légale du capitaine en droit maritime international (2). En droit français, l'article 2 du Code disciplinaire et pénal (loi du 17 décembre 1926) dispose qu'il faut entendre par l'expression de *capitaine* « *la personne qui exerce régulièrement, en fait, le commandement du navire* ». Il en est ainsi « *quels que soient le tonnage, l'affectation de celui-ci et l'effectif de son équipage* » (Cass. 15 mars 1972, vedette *Nicolas I*, *DMF* 1972. 404, note P. Lureau). Sur les navires de pêche, le capitaine prend souvent le nom de *patron* (3). Sur les navires de plaisance, celui que l'on désigne sous le nom de *skipper* assume les responsabilités d'un capitaine.

285. Évolution historique. — Le capitaine avait jadis un rôle d'une extrême importance. Non seulement il était, après le départ du navire, le seul maître de l'expédition maritime (*seul maître après Dieu*, disait-on), étant coupé de tout lien avec son armateur, mais il était même associé à la préparation de l'expédition, étant, par exemple, chargé de former l'équipage (Code de commerce, art. 223). Avec l'accroissement de la dimension des entreprises maritimes, avec la rationalisation de leur gestion, avec l'établissement de liaisons instantanées et permanentes entre l'armateur et ses capitaines, ou entre l'armateur et ses représentants locaux (agents maritimes), le rôle du capitaine s'est sensiblement affaibli.

Le capitaine demeure toutefois investi de fonctions extrêmement importantes à travers ses attributions publiques, et ces fonctions ont été récemment enrichies par le Code ISM et le Code ISPS. Il importe de les étudier avant de préciser les éléments du statut du capitaine.

§ 1. — *Les attributions du capitaine*

286. Mission générale du capitaine. — Ces missions sont rappelées par le Code disciplinaire et pénal de la marine marchande. Aux termes de l'article 28 de ce texte, modifié par la loi n° 208-324 du 7 avril 2008, « *le capitaine prend toutes les mesures nécessaires et adaptées en vue d'assurer la préservation du navire et de sa cargaison et la sécurité des personnes se trouvant à bord* ». En des termes plus larges, et sans doute meilleurs, l'article 5 de la loi RIF du 3 mai

(1) Voir M. CORMIER, *Le statut juridique du capitaine en droit français*, thèse, Aix-en-Provence, 1991 ; J.-H. BUSSLINGER, *Du statut et des compétences du capitaine de navire*, thèse Lausanne, 1989.

(2) Voir notamment le silence en la matière tant du Code ISM que de la Convention STCW.

(3) Il en est de même de celui qui commande une *pilotine*, bateau de servitude des pilotes (*infra*, n°s 712 et s.). Mais le patron bénéficie de toutes les prérogatives et servitudes du capitaine, y compris la compétence des tribunaux de commerce (*infra*, n° 315) pour les litiges l'opposant à son employeur : Douai, 27 mai 2002, *DMF* 2003.31, obs. P. CHAUMETTE.

2005 fait du capitaine « *le garant de la sécurité du navire, de son équipage et de la protection de l'environnement ainsi que de la sûreté* ». Au-delà de cette mission générale, le droit français confère au capitaine des attributions publiques, comme des attributions techniques et des attributions commerciales, voire judiciaires.

286 *bis*. Attributions publiques. Le capitaine « représentant de l'État à bord ». — Le capitaine a d'abord des attributions de caractère public (4). Certaines ne s'exercent que d'une manière ponctuelle et exceptionnelle. C'est ainsi que le capitaine est *officier d'état civil* et peut dresser tout acte de naissance ou de décès en mer. En revanche, en droit français tout au moins, il n'est pas compétent pour établir un acte de mariage (le droit italien lui conférant ce droit, en cas de danger de mort : *Codice della Navigazione*, art. 204). On doit toutefois observer qu'il pourrait constater « officiellement » la volonté de se marier de futurs époux, la chose permettant d'obtenir l'autorisation de réaliser un mariage *post-mortem* (art. 171 du Code civil). Par ailleurs, aux termes de l'article 988 du Code civil, le capitaine peut, en mer, recevoir un testament authentique comme le ferait un notaire (étant aussi chargé, par des textes administratifs parfois anciens, de veiller sur la « succession » des marins ou passagers décédés).

Le capitaine est aussi *officier de police judiciaire*. Le Code disciplinaire et pénal de la marine marchande lui conférait ici des compétences très larges et autonomes pour ouvrir toute information à l'égard de tout crime et délit commis à bord (article 328). La loi 2008-324 du 7 avril 2008 a, formellement au moins, affaibli ici les pouvoirs du capitaine, qui désormais agit en principe à la demande du Procureur de la République (5). Mais ses pouvoirs demeurent entiers en cas d'urgence. Il doit ainsi « *conserver les preuves et rechercher les auteurs* » de tout crime ou délit commis à abord dont il a connaissance. Il peut même, d'office, en cas d'urgence, « *ordonner la consignation dans un lieu fermé* » de toute personne menaçant la sécurité du navire ou celle des personnes à bord — ce qui inclut, en fait, la faculté de faire arrêter préventivement toute personne qu'il soupçonne de crime ou délit (art. 29 du Code) (même texte). Les dispositions du Code font ici de lui, contrairement à ce qui est parfois observé, un officier de police judiciaire, et non simplement une personne « *chargée de certaines fonctions de police judiciaire* », au sens des articles 22 et suivants du Code de procédure pénale.

Le capitaine dispose enfin d'un pouvoir disciplinaire qui ne connaît aucune limite quant aux personnes concernées. Ainsi, aux termes de l'article 2 du décret du 7 novembre 1960 sur la discipline, texte qui reprend les dispositions d'un décret-loi du 24 décembre 1852, « *le capitaine de tout navire français (...) a, dans l'intérêt commun, sur toutes les personnes, de quelque nationalité qu'elles soient, présentes à bord pour quelque cause que ce soit, et autant que la*

(4) Les textes ne distinguant pas, il faut, selon nous, reconnaître ces attributions à tout « capitaine », y compris au skipper d'un navire de plaisance.

(5) Le nouveau texte n'indiquant pas, d'ailleurs le procureur compétent, ce qui n'est pas sans poser quelques problèmes (voir P. Bonassies, *DMF* 2008, Hors-série n° 12, au n° 6, p. 17).

nécessité l'exige, l'autorité que comportent le maintien de l'ordre, la sécurité du navire, des personnes embarquées ou de la cargaison et la bonne exécution de l'expédition entreprise ». C'est sur le fondement de ce pouvoir que, en cas de nécessité, il peut prendre des mesures coercitives (mise aux arrêts) contre tout marin ou passager qui trouble l'ordre public (6). Et les pouvoirs du capitaine sont assortis de sanctions sévères. Non seulement la rébellion collective est punie de peines pouvant aller jusqu'à vingt ans de réclusion criminelle, mais le refus individuel d'obéissance après sommation peut entraîner un emprisonnement de trois mois (art. 59 et 60 du Code disciplinaire).

Déjà, le pouvoir disciplinaire du capitaine, avec l'ampleur qui lui est ainsi conférée, et notamment la faculté de prendre des mesures de contrainte à l'égard des personnes — prérogative fondamentale autant qu'exclusive de tout État dans la société contemporaine —, traduit l'idée que le capitaine est véritablement le *représentant de l'État à bord*. La chose, déjà exacte quand le navire est dans les eaux de souveraineté française (le pouvoir disciplinaire du capitaine peut s'exercer même dans ces eaux, comme son pouvoir de police judiciaire), l'est plus encore quand le navire entre en haute mer. Le capitaine devient alors le seul lien qui, à travers le pavillon du navire, relie celui-ci à l'ordre juridique étatique, comme aussi bien à l'ordre juridique international. Le rôle — ici unique (7) — ainsi reconnu au capitaine, justifiait pleinement la règle longtemps affirmée par le droit français que le capitaine d'un navire battant pavillon français devait avoir la nationalité française, règle malheureusement écartée par la loi du 7 avril 2008.

287. Nationalité du capitaine. Loi du 7 avril 2008. — Le problème de la nationalité des capitaines de navires français ne s'est posé que récemment. La tradition française a toujours été (en tout cas depuis la création, à la fin du XVIIe siècle, de l'inscription maritime) que seules les personnes de nationalité française pouvaient être portées sur le rôle d'équipage d'un navire français. Mais la règle souffrait des dérogations. Une partie de l'équipage pouvant être de nationalité non française, et aucune disposition particulière ne visant le capitaine, celui-ci, en théorie au moins, aurait pu bénéficier de semblable dérogation. C'est avec l'entrée en application du droit communautaire que le problème a pris de l'acuité.

Le 4 avril 1974, la Cour de justice des Communautés déclarait que la France avait manqué à ses obligations communautaires en maintenant les dispositions du Code du travail maritime (art. 3, al. 2) portant privilège de nationalité pour les marins français (8). Prenant d'ailleurs tout son temps, le législateur, le 26 février 1996, a alors modifié les dispositions critiquées, le nouvel article 3 du Code du travail maritime énonçant que, sur tout navire français, « *le capitaine et l'officier chargé de sa suppléance doivent être français* », les autres membres de l'équipage devant être de nationalité « européenne » dans une proportion fixée

(6) Mesures effectivement connues de la pratique, notamment sur les navires de croisière (passagers en état d'ébriété aiguë).
(7) Le droit aérien n'investit pas le commandant de bord de prérogatives analogues à celles du capitaine.
(8) *Commission c. France*, *DMF* 1995. 235, n. E. THUILLIER, et *supra*, n° 124.

par l'administration. Mais la règle ainsi posée s'est heurtée à la position adoptée par la Cour de justice des Communautés dans deux arrêts du 30 septembre 2003 (9).

Dans deux décisions antérieures, la Cour de justice avait paru concéder que l'on pouvait faire exception au principe de libre circulation des salariés pour les capitaines et les seconds capitaines, ce sur le fondement de l'article 39 (ancien article 48) du Traité de communauté économique, lequel admet semblable exception pour les *emplois dans l'administration publique* (10). Mais elle se montre beaucoup plus rigoureuse dans ses arrêts de 2003. Pour elle, les dispositions de l'article 39 n'autorisent un État membre à réserver à ses ressortissants les emplois de capitaine et de second des navires battant son pavillon « *qu'à la condition que les prérogatives de puissance publique attribuées aux capitaines et aux seconds de ces navires soient effectivement exercées de façon habituelle et ne représentent pas une part très réduite de leurs activités* ».

La position adoptée par la Cour de justice est, contrairement à ce que certains ont dit, très nuancée. La Cour n'interdit pas à un État européen d'exiger que les capitaines des navires arborant son pavillon soient des nationaux. Elle n'admet la chose que si les prérogatives de puissance publique à eux attribués sont exercées « *de façon habituelle* ». Mais tel est bien le cas dans le monde maritime d'aujourd'hui. C'est à tout moment de sa mission que le capitaine doit veiller à la sécurité de la navigation, à celle de son équipage et de ses passagers (11), comme à la protection de l'environnement, à la « *sûreté* » de son navire (12). Pareillement, alors même que le capitaine ne prend de décision proprement disciplinaire (la « sommation » du Code disciplinaire et pénal) que rarement, c'est l'existence permanente (et donc « habituelle ») de son pouvoir disciplinaire qui maintient, de façon habituelle, l'ordre et la discipline à bord.

C'est en tout cas là l'analyse à laquelle s'est référé le législateur français dans la loi du 3 mai 2005 sur le RIF (*supra*, n° 183). Ce texte observe, en effet, que le capitaine et l'officier chargé de sa suppléance sont « *garants de la sécurité du navire ; de son équipage et de la protection de l'environnement ainsi que de la sûreté* » (article 5) (13). Mais la voie ainsi ouverte n'a pas eu le temps d'être soumise à la Cour de justice européenne ce législateur ayant abandonné le combat dans la loi 2008-324 du 7 avril 2008.

Modifiant l'article 3 de la loi du 13 décembre 1926 portant Code du travail maritime, texte énonçant que, « *à bord des navires battant pavillon français, le capitaine et l'officier chargé de sa suppléance doivent être français* », la loi du

(9) Arrêts *Colegio de Officiales* et *Anker, Ras et Snock*, *DMF* 2003.1035, obs. P. BONASSIES.

(10) Cour de justice des Communautés européennes, 1er déc. 1993 et 2 juill. 1996, *Recueil* 1993.6295 et 1996.3285.

(11) Songeons seulement ici au problème de la piraterie.

(12) Sur la notion, très spécifique, de « sûreté », voir *supra*, n° 33.

(13) Le rôle primordial du capitaine en matière de protection de l'environnement est particulièrement mis en lumière par une décision récente de la Cour de cassation, où les juges relèvent que « *les règles relatives à l'interdiction de rejet d'hydrocarbures en mer, édictées dans un intérêt de protection du milieu marin, sont personnellement imposées aux capitaines des navires qui doivent exercer une action directe sur leurs subordonnés* » (Cassation, chambre criminelle 10 janv. 2006, navire *Voltaire*, arrêt n° 05-80587).

7 avril 2008 dispose d'abord dans son article 1er que, désormais, le capitaine et l'officier chargé de sa suppléance « *sont ressortissants d'un État membre de la Communauté européenne, d'un État partie à l'accord sur l'Espace économique européen ou de la Confédération suisse* ». Et des règles identiques sont prévues dans l'article 2 de la nouvelle loi pour les navires immatriculés au Registre international français. Une réserve importante est toutefois apportée à la possibilité pour un armateur français de confier ses navires à un capitaine non français. Outre la possession des qualifications professionnelles appropriées, le candidat capitaine devra faire la preuve « *d'un niveau de connaissance de la langue française et des matières juridiques permettant la tenue des documents de bord et l'exercice des prérogatives de puissance publique dont le capitaine est investi* ».

Le décret n° 2008-1143 du 6 novembre 2008 (*JORF* 7 novembre 2008) précise les conditions qui seront imposées aux futurs candidats européens à un poste de capitaine d'un navire français. Ses dispositions sont assez rigoureuses. S'agissant de la connaissance de la langue française, est ainsi exigé au moins un diplôme sanctionnant une formation d'une durée minimale d'un an « *dispensée en français* ». S'agissant des matières juridiques, est requis un diplôme ou enseignement sanctionnant une formation *spécifique* relatif aux pouvoirs et prérogatives de puissance publique conférées au capitaine d'un navire français — diplôme qui, à notre connaissance, n'existe aujourd'hui pas. Est aussi prévu le passage par une *commission nationale*. Le décret prévoit ici que, pour les candidats ne justifiant pas des diplômes requis, le contrôle des connaissances se fera par un examen écrit et un « entretien » (sorte de « grand oral ») devant une commission nationale de cinq membres, présidée par l'inspecteur général des affaires maritimes et comprenant un directeur régional des affaires maritimes, le directeur d'un établissement de formation maritime supérieure et deux représentants des personnels navigants ou des armateurs, toutes ces épreuves étant naturellement subies en français. On peut penser que seuls les candidats belges ou suisses, ayant servi plusieurs années sur un navire français, et d'un caractère trempé, résisteront à un tel examen (14).

Pour les auteurs de cet ouvrage, la loi du 6 novembre 2008 n'est pas un bon texte. Rien dans le droit communautaire n'obligeait la France à répudier brutalement la règle de nationalité française appliquée depuis quatre siècles aux capitaines de navires français. Dans sa décision la plus récente, un arrêt du 11 mars 2008 (*DMF* 2008.509, obs. A. Cudennec), la Cour de justice européenne condamne bien la France, mais c'est pour avoir maintenu l'exigence de la nationalité française pour les capitaines de *tous les navires* battant pavillon français. Il eût donc été possible au législateur français de distinguer entre, d'une part, les navires effectuant leur navigation dans les eaux de souveraineté française, et qui restent en permanence sous le contrôle des autorités françaises, et d'autre part les navires effectuant une navigation en haute mer, pour lesquels

(14) Un arrêté du 19 décembre 2008, *JORF* 17 janvier 2009.995, précise certaines des modalités des diplômes et connaissances des candidats étrangers.

le seul lien avec la norme juridique est le pavillon, la nationalité française imposée au capitaine étant alors le seul moyen apte à soumettre ces navires au contrôle permanent de l'État du pavillon, contrôle imposé par le droit de la mer (*supra*, n° 172 *bis*) (15).

288. Attributions techniques. — Le capitaine a, en second lieu, des fonctions techniques. D'une manière générale, il est responsable de la conduite du navire et de la sécurité à bord, étant ici protégé par des dispositions d'ordre pénal contre toute immixtion dans ses attributions, fût-ce de la part de l'armateur (article 45 du Code disciplinaire et pénal) (16).

Responsable de la *conduite du navire*, il prend seul la décision d'appareillage. La directive communautaire du 27 juin 2002 (*supra*, n° 47) a bien prévu ici que les autorités maritimes puissent interdire l'appareillage en cas de conditions météorologiques exceptionnelles, mais, comme nous l'avons vu, elle réserve la décision du capitaine. L'appareillage effectué, il n'est certes pas nécessaire que celui-ci soit présent en permanence à son poste de commandement (pour les conditions de la veille sur la passerelle, voir décret du 21 novembre 1986, *JO* 27 novembre 1986). Il est toutefois tenu de conduire personnellement son navire à l'entrée et à la sortie des ports, rades, canaux et rivières (article 3 du décret du 19 juin 1969). Et la présence, même obligatoire, d'un pilote à bord ne fait pas cesser cette obligation. Le pilote n'est là que pour l'assister de ses avis, le capitaine lui-même demeurant seul responsable de son bâtiment (*infra*, n° 715).

Le Code ISM (*supra,* n° 32) a renforcé tout à la fois la responsabilité et les pouvoirs du capitaine pour ce qui est de la *sécurité de la navigation*. Dans son article 5.1, il énonce que c'est au capitaine qu'il appartient de mettre en œuvre la politique de l'armateur (la « compagnie ») en matière de sécurité, comme de donner tous ordres et consignes appropriés. Et, dans son article 5.2, il prévoit que l'armateur doit bien préciser, dans son système de gestion de la sécurité, que l'autorité supérieure appartient en la matière au capitaine et que c'est celui-ci qui a la responsabilité de prendre toutes décisions nécessaires. Pareillement, le Code ISPS (*supra,* n° 33) énonce, dans sa règle 8, que le capitaine a un pouvoir discrétionnaire pour prendre toute décision pour assurer la sécurité et la *sûreté* de son navire, étant interdit, notamment à l'armateur, de faire ici quelque pression que ce soit sur le capitaine, tandis qu'il observe, dans sa règle 6.1, que « *la compagnie doit veiller à ce que le plan de sûreté du navire contienne un énoncé clair mettant l'accent sur l'autorité du capitaine* ».

Responsable de la sécurité, le capitaine est personnellement tenu « *de veiller à l'exécution des visites réglementaires* » (art. 7 du décret du 19 juin 1969), et plus généralement, de prendre à tout moment toutes mesures nécessaires. C'est à ce titre qu'il est, en dernier ressort, chargé de veiller à l'arrimage des

(15) Pour le développement des thèmes abordés au texte, voir P. BONASSIES, « Observations à la journée Ripert 2007 », *DMF* 2007.690.

(16) Voir aussi l'article 224-6 du Code pénal, sanctionnant de peines criminelles le fait de s'emparer par violence d'un navire, texte invoqué dans l'affaire du *Pascal Paoli*.

marchandises, élément important de stabilité du navire, du moins dans certaines situations (cargaisons liquides ou fluides ; charges lourdes).

Le droit contemporain a élargi la responsabilité du capitaine à la *protection de l'environnement.* La loi du 5 juillet 1983 punit de lourdes peines le capitaine qui, par imprudence ou négligence, a causé un accident ayant entraîné une pollution des eaux intérieures ou territoriales françaises (17). Et le Code ISM étend à la protection de l'environnement les responsabilités et pouvoirs qu'il attribue au capitaine pour ce qui est de la protection de la sécurité.

289. Attributions commerciales. — Le capitaine exerce ensuite des fonctions commerciales. Ces fonctions étaient très importantes dans le régime du Code de commerce où le capitaine, non seulement choisissait l'équipage comme nous l'avons vu, mais était concerné par les marchandises, signant les connaissements constatant leur chargement à bord (art. 222), et étant personnellement tenu de les délivrer en bon état. En droit contemporain, c'est en cette matière surtout que les attributions du capitaine ont perdu de leur importance, encore que, même aujourd'hui, elles lui confèrent un statut original (18).

Aujourd'hui, le capitaine ne choisit plus l'équipage ; il ne signe plus les connaissements, sinon en qualité de mandataire — parmi d'autres —, de l'armateur (art. 37, décret du 31 déc. 1966). Il a cependant gardé un minimum d'attributions commerciales, mais dont l'exercice est limité dans l'espace. Ces attributions, en effet, ne lui sont conférées que si le navire se trouve hors des lieux où l'armateur a son principal établissement ou une succursale. Dans ce cas, il lui appartient de pourvoir aux besoins normaux du navire et de l'expédition (achat de carburant ; réparation du navire). Il peut même prendre des engagements dépassant la simple satisfaction desdits besoins normaux (remplacement d'un moteur, par exemple), mais alors seulement après accord de l'armateur, ou, en cas de communication impossible, avec l'autorisation, sur un territoire français, du tribunal de commerce, à l'étranger, de l'autorité consulaire ou du tribunal local.

Plus généralement, l'article 8 de la loi du 3 janvier 1969 énonce que le capitaine, toujours hors des lieux où l'armateur a son principal établissement ou une succursale, peut, en cas d'urgence, prendre toutes dispositions conservatoires des droits de l'armateur, comme de ceux des passagers et des chargeurs. Conservation des droits de l'armateur, c'est à lui qu'il appartient de prendre la décision de mettre le navire en *avaries communes* (*infra*, n°s 530 et s.). Conservation des droits des chargeurs, il lui appartiendra de faire vendre lors d'une escale une cargaison de fruits en grave danger de détérioration. Dans une situation de ce type, le capitaine demeure toutefois un simple mandataire de l'armateur, lequel est, quant à lui, réputé avoir agi comme gérant d'affaires des passagers ou des chargeurs (art. 8 de la loi du 3 janvier 1969).

(17) Voir *infra*, n° 298.

(18) Voir, prenant en considération les responsabilités commerciales du capitaine pour justifier son licenciement, Rennes, 10 juin 1987, navire *Île aux Moines*, *DMF* 1988.676, n. P. CHAUMETTE.

290. Attributions de représentation judiciaire. — Le capitaine dispose enfin d'attributions de représentation judiciaire. En droit classique, il était admis que le capitaine pouvait plaider pour le compte de l'armateur, soit en demande soit en défense, et la règle est reprise par les dispositions de certains textes étrangers (voir art. 10.1.10, al. 2 du Code malgache). L'article 10 du décret du 19 juin 1969, quant à lui, dispose seulement que « *le capitaine peut recevoir tous actes judiciaires ou extrajudiciaires adressés à l'armateur* » (19).

Il semble bien résulter du texte nouveau que si le capitaine peut recevoir des actes judiciaires adressés à l'armateur, il ne peut agir comme demandeur pour le compte de l'armateur (20). Il en serait toutefois autrement, en cas d'urgence, pour des mesures conservatoires, eu égard aux dispositions de l'article 8 de la loi du 3 janvier 1969.

291. Journal de mer. Rapport de mer. Force probante. — Dans l'exercice de ses attributions techniques, comme dans celui de ses attributions administratives, le capitaine doit soigneusement garder trace de son action. Aux termes de l'article 6 du décret du 19 juin 1969, il doit rédiger son *journal de mer* (qualifié, dans la pratique, de « journal de bord »), lequel doit porter, outre les indications météorologiques et nautiques d'usage, la relation de tous les événements importants concernant le navire et la navigation entreprise. À l'arrivée du navire, ce journal doit être visé par l'autorité compétente.

De surcroît, si des événements extraordinaires se sont produits durant l'expédition, le capitaine doit, dans les 24 heures de son arrivée, établir un rapport circonstancié, le *rapport de mer* qui sera « affirmé », sur le territoire français devant le président du tribunal de commerce ou un juge du tribunal d'instance, à l'étranger devant le Consul de France ou la juridiction locale (article 11 du décret du 19 juin 1969 ; voir aussi l'article 15 qui impose un rapport spécial au cas où le navire a fait naufrage). Il est aussi tenu de veiller à la tenue des autres journaux prévus par la réglementation maritime (journal machine, journal radio).

Journal de mer et rapport de mer ont une valeur probatoire spécifique. Aux termes de l'article 10 de la loi du 3 janvier 1969, ils font foi jusqu'à preuve contraire. En fait, les tribunaux apprécient librement la force probante de ces documents lorsque ceux-ci sont invoqués pour fonder les droits de l'armateur contre des tiers, chose que justifie en droit le principe de l'intime conviction, comme en fait les circonstances parfois imprécises qui président à leur rédaction (cas du capitaine qui rédige d'abord son journal de mer au brouillon, ou de celui qui prend contact avec son armateur avant de rédiger le rapport de mer) (21).

(19) Sur le refus à un skipper de toute attribution de représentation judiciaire, voir Aix-en-Provence, 2 mars 1984, voilier *Phantom*, *DMF* 1985.750.

(20) Pour le refus au capitaine même du droit d'interjeter appel pour l'armateur, voir Rennes, 15 janv. 1997, *DMF* 1997.584, n. I. CORBIER.

(21) Pour une application nuancée de la force probante du journal de mer, voir Cass. 2 juill. 1996, *DMF* 1996.1145 n. Ph. DELEBECQUE et P. BONASSIES, *DMF* 1997, Hors-série n° 1, au n° 20.

§ 2. — *Le statut juridique du capitaine*

Trois questions méritent de retenir l'attention quant au statut juridique du capitaine. Celle de l'application au capitaine de la notion de préposé ; celle des conditions d'engagement et de licenciement du capitaine ; celle enfin de sa responsabilité (22).

292. Le capitaine, préposé de l'armateur. — Le problème de l'attribution au capitaine de la qualité de préposé a fait l'objet de vives discussions dans les années 1950-1960. Le problème était né de l'arrêt rendu par la Cour de cassation le 18 juin 1951 dans l'affaire du *Lamoricière* (*DMF* 1951.429 ; *D.* 1951.717, note G. Ripert). Dans cet arrêt, concernant le naufrage en Méditerranée, en janvier 1942 du paquebot *Lamoricière*, la Cour de cassation, observant que l'article 1384 s'appliquait aux navires (23), avait décidé que c'était l'armateur qui avait la garde du navire et non le capitaine, lequel, malgré le pouvoir de direction dont il disposait à bord, restait le préposé de l'armateur — qualité incompatible avec celle de gardien au sens dudit article 1384.

L'analyse proposée par la Cour de cassation a fait l'objet de critiques, notamment de la part du Doyen Chauveau. Cet auteur ne pouvait accepter une théorie qui aboutissait « *à placer sur le même pied un capitaine de navire et une femme de ménage* » (P. Chauveau, *Droit maritime*, n° 365). Mais une telle critique, sympathique, est sans doute excessive. Certes, le capitaine, nous l'avons vu ci-dessus, a des responsabilités particulières, et est investi des missions les plus hautes, comme celle de représenter l'État en haute mer. Mais la notion de préposé est aujourd'hui entendue d'une manière aussi très large. Elle s'applique non seulement aux salariés aux fonctions les plus modestes, mais aussi à des salariés agissant en toute indépendance et assumant les plus hautes responsabilités, tel un chirurgien des hôpitaux (en ce sens, Cass. crim., 5 mars 1992, *Rev. trim. droit civ.* 1993.137). On peut donc, tout à la fois, reconnaître la situation toute particulière du capitaine, et cependant considérer que, en droit, il est un préposé.

On remarquera que c'est là sans doute la conception adoptée par la loi du 3 janvier 1969. Certes, ce texte consacre des dispositions particulières au capitaine (sect. 2, chap. 2, titre premier), mais il classe le capitaine dans le « *personnel d'exploitation* », notion proche de celle de préposé. Par ailleurs, aucune disposition spécifique n'étant consacrée par ladite loi à la responsabilité de l'armateur quant aux fautes du capitaine, on peut penser que le capitaine est inclus dans les « *préposés maritimes* » dont l'article 3 rend l'armateur responsable.

293. Engagement et congédiement du capitaine. — Les règles concernant l'engagement et le congédiement du capitaine témoignent de la confiance particulière qui doit exister entre celui-ci et l'armateur.

(22) Pour la nationalité du capitaine, voir *supra*, n° 287.
(23) Sur ce problème, voir *infra*, n° 377.

Comme nous le verrons (*infra*, n° 306), le contrat d'engagement d'un marin est soumis au contrôle de l'administration maritime, et le licenciement des marins est aujourd'hui fortement réglementé. En revanche, le capitaine est librement engagé par l'armateur, sans aucune intervention de l'autorité maritime (art. 103 du Code du travail maritime). Cependant, la liberté de choix de l'armateur n'est pas discrétionnaire. Il ne peut engager comme capitaine qu'un professionnel répondant aux conditions exigées par la loi de tout marin, et détenteur des diplômes appropriés à sa tâche.

Longtemps, le congédiement du capitaine a pareillement été soumis à des règles particulières. Reprenant les dispositions de l'Ordonnance de la Marine (art. 4 du titre VIII du livre second), l'article 109 du Code du travail maritime énonçait que « *l'armateur peut toujours congédier le capitaine* », et là encore, aucune autorisation de l'autorité maritime n'était nécessaire. Toutefois, aux termes du même texte, le capitaine pouvait obtenir des dommages et intérêts en cas de congé injustifié (24). Par ailleurs, la convention collective applicable aux officiers limitait très fortement la liberté de l'armateur. Les règles légales ont, quant à elles, été modifiées par l'article 50 de la loi du 18 novembre 1997, texte concernant la pêche maritime mais dont les dispositions valent pour tout capitaine.

Modifiant le Code du travail maritime, le texte nouveau énonce que « *le contrat d'engagement maritime conclu entre un armateur et un capitaine prend fin dans les conditions fixées au titre V* (il s'agit ici du titre sur le congédiement des marins). *Toutefois, l'application des dispositions du mandat confié au capitaine par l'armateur est indépendante de la procédure de licenciement du capitaine* ». Il résulte de ce texte que le capitaine bénéficiera, désormais, des mêmes protections que le simple marin pour son licenciement (entretien préalable, lettre motivée, indemnité de licenciement). Mais l'armateur conservera le droit de mettre fin librement tant au pouvoir du capitaine de le représenter à l'égard des tiers qu'à celui d'exercer le commandement du navire (25).

Parce que le capitaine est responsable de l'expédition maritime, la liberté qu'il a, quant à lui, de résilier son contrat est moins grande. Aux termes de l'article 108 du Code du travail maritime, le capitaine engagé pour un voyage est tenu de l'achever.

294. Responsabilité civile du capitaine. Le droit classique. La responsabilité pour faute (26). — Le problème de la responsabilité civile du capitaine a été renouvelé par un arrêt rendu par l'Assemblée plénière de la Cour de cassation le 25 février 2000, l'arrêt *Costedoat* (27). L'importance de cet arrêt, la difficulté

(24) Pour un exemple, voir Rennes, 10 janv. 1967 et 28 mars 1969, navire *L'Heureux*, *DMF* 1967.548 et 1969.203 ; *adde* Douai, 25 nov. 1993, *DMF* 1994.523, n. P. CHAUMETTE.

(25) Concrètement, cela veut dire que le capitaine sera mis à terre, mais conservera sa solde jusqu'au règlement du contentieux l'opposant à son armateur.

(26) Sur l'ensemble du problème, voir P. BONASSIES, « Aspects nouveaux de la responsabilité du capitaine », *DMF* 2002.3 ; P. CHAUMETTE, *Droits maritimes*, n° 351-53.

(27) Arrêt *Costedoat*, *Dalloz* 2000.673, note Ph. BRUN, *Sem. jur.* 2000.II.10295, concl. R. KESSOUS et N. M. BILLIAU.

aussi des questions qu'il suggère, impose que l'on présente d'abord le droit classique de la responsabilité du capitaine, avant d'exposer son renouvellement par l'arrêt *Costedoat.*

L'article 221 du Code de commerce énonçait que « *tout capitaine... est garant de ses fautes, même légères, dans l'exercice de ses fonctions* ». La règle, déjà sévère à l'époque de sa promulgation, était devenue d'une rigueur excessive dans la vie maritime contemporaine, où l'erreur légère d'un capitaine est susceptible d'entraîner des dommages considérables. Aussi a-t-elle été critiquée et a-t-on proposé de faire bénéficier le capitaine, sauf faute grave, d'une véritable *immunité de fonction* (28). Mais le législateur de 1969 a cru devoir maintenir la règle traditionnelle. Aux termes de l'article 5 de la loi du 3 janvier 1969, « *le capitaine répond de toute faute commise dans l'exercice de ses fonctions* », de toute faute, c'est-à-dire, comme à l'époque du Code de commerce, des fautes même légères, aucune distinction n'étant faite par le texte entre la responsabilité contractuelle du capitaine — à l'égard de l'armateur — et sa responsabilité extracontractuelle — à l'égard des tiers.

En pratique, il était toutefois très rare que la responsabilité du capitaine soit mise en cause, ce pour des raisons diverses (disproportion entre la faute éventuelle et le dommage ; solidarité de la communauté maritime qui fait que l'armateur qui, hors faute intentionnelle, mettrait en cause la responsabilité du capitaine serait mis au ban de la société maritime). On trouvera cependant un exemple de pareille mise en cause dans l'affaire de l'*Ann Bewa* (citée *supra*, n° 278), où c'est l'administration des finances qui, ayant indemnisé un marin blessé, a agi contre l'armateur et le capitaine, mis personnellement en cause. La Cour d'Aix ayant rejeté l'action contre l'armateur a condamné le capitaine.

Lorsque le capitaine est ainsi personnellement condamné, le problème se pose de savoir qui assumera la condamnation — laquelle peut, comme dans l'affaire de l'*Ann Bewa,* être lourde. Normalement, les capitaines ne sont pas personnellement assurés, ni formellement garantis par l'assurance de responsabilité de l'armateur. Mais en fait, sauf en cas de faute intentionnelle, le P & I Club de celui-ci (*infra,* n° 1331) prendra le plus souvent à sa charge la condamnation prononcée contre le capitaine, réserve faite de la faute intentionnelle.

295. Droit classique. Exceptions et limites à la responsabilité du capitaine. — Le droit classique avait cependant admis au principe de la responsabilité du capitaine pour simple faute deux exceptions remarquables. La première est celle qui a été prévue par l'article 3, alinéa 4, de la Convention de 1969-1992 sur la responsabilité civile pour les dommages dus à la pollution par hydrocarbures (*infra*, n° 465).

Aux termes de ce texte, lequel rend le propriétaire du pétrolier responsable du dommage de pollution, aucune demande en indemnisation du chef de pollution, quelle qu'elle soit, ne pouvait être introduite contre les préposés du propriétaire,

(28) R. GARRON, *La responsabilité du capitaine*, thèse, Aix-en-Provence 1966.

c'est-à-dire, notamment et d'abord, contre le capitaine du pétrolier. Le texte ne distinguant pas, il apparaît que cette immunité aurait dû s'appliquer même en cas de faute lourde, voire « *inexcusable* » du capitaine, seule la faute intentionnelle, laquelle fait exception à toutes les règles, étant exclue.

En revanche, nous relèverons que, bizarrement, si le pétrolier faisait l'objet d'un affrètement coque-nue, la responsabilité du capitaine pouvait à l'origine être mise en cause, puisque l'immunité instituée par la Convention de 1969 ne concernait que le préposé du *propriétaire*. La maladresse du texte de 1969 a été réparée par le Protocole de 1992 (*infra*, n° 465), lequel élargit l'immunité accordée à tout préposé d'un affréteur, « *y compris un affréteur coque-nue* ». Mais le nouveau texte maintient, ou plutôt rétablit la responsabilité du capitaine, en cas de faute « *inexcusable* » (29).

La seconde exception résulte des dispositions du Protocole de 1968, texte qui concerne le transport maritime de marchandises. Dans son article 3, ce texte, repris dans l'article 28 de la loi du 18 juin 1966 modifiée par la loi du 23 décembre 1986, prévoit que si une action en responsabilité est intentée contre un préposé du transporteur, donc contre le capitaine du navire transporteur, « *ce préposé peut se prévaloir des exonérations et des limitations de responsabilité que le transporteur peut invoquer* ». Or, comme la faute du capitaine « *dans la navigation ou l'administration du navire* » est pour le transporteur une cause d'exonération de responsabilité, il ne fait aucun doute que le capitaine pouvait se prévaloir de ce cas d'exonération, si sa responsabilité personnelle était recherchée pour faute de navigation (et peut-être, ici aussi, même en cas de faute lourde ou « *inexcusable* », les textes ne distinguant pas) (30).

Par ailleurs, même quand il était mis en cause et condamné, le capitaine pouvait bénéficier de la *limitation de responsabilité* accordée à l'armateur (*infra*, nos 402 et s.). La règle a d'abord été inscrite dans le droit positif par la loi du 3 janvier 1967, s'inspirant de la Convention internationale de 1957. Ce texte prévoyait que le capitaine pourrait bénéficier de la limitation de la même manière que le propriétaire du navire. Mais, à la vérité, le législateur français était plus généreux pour le capitaine que pour le propriétaire. Tandis que la simple faute de ce dernier le privait du droit à la limitation, le capitaine conservait ce droit même en cas de faute. Toutefois, au cas où le capitaine était en même temps propriétaire du navire, le droit à limitation n'était maintenu, en cas de faute, que s'agissant « *d'une faute commise en sa qualité de capitaine ou d'un membre de l'équipage* » (31).

Cette règle particulière au capitaine et autres préposés a disparu de la Convention de 1976, laquelle régit désormais la limitation de responsabilité. Aujourd'hui, comme les autres bénéficiaires de la limitation, le capitaine est

(29) Sur la combinaison de ce texte et de la jurisprudence *Costedoat*, voir *infra*, n° 297.

(30) Le privilège accordé au capitaine disparaît avec les *Règles de Hambourg*, lesquelles ont éliminé le cas excepté de « faute dans l'administration ou la navigation du navire ».

(31) Pour un cas d'application du texte, voir, Aix-en-Provence, 26 octobre 1984, navire *Bergeronnette*, *DMF* 1985.423, note P. BONASSIES, où la Cour décide que le propriétaire d'un chalutier, qui assurait la conduite de son bâtiment et avait abandonné la barre pour vérifier les conditions de la pêche à l'arrière du navire, avait commis une faute dans l'exercice des fonctions de capitaine, — et non dans celle d'armateur à la pêche.

déchu de son droit en cas de faute « *inexcusable* ». Malgré les contradictions de la loi du 3 janvier 1967, imparfaitement modifiée à l'occasion de l'intégration dans son texte des solutions de la Convention de 1976, la même solution s'impose en droit français (32).

Cette limitation est d'autant plus importante que, le montant de la limitation de responsabilité du capitaine et le montant de la responsabilité de l'armateur ne se cumulant pas, la victime d'un accident maritime n'a aucun intérêt matériel à agir contre le capitaine. Il reste que la jurisprudence française la plus récente se montre très rigoureuse dans l'appréciation de la notion de faute inexcusable et que sa rigueur, laquelle s'exprime notamment dans l'adoption d'une conception objective de cette faute, était susceptible d'atteindre les capitaines comme elle atteint armateurs ou transporteurs (*infra*, n°s 428 et s.).

296. L'arrêt *Costedoat.* — Dans cette décision, rendue le 25 février 2000, d'une importance exceptionnelle et qui concerne tous les salariés (voire, au-delà, les préposés non salariés), l'Assemblée plénière, visant tout à la fois les articles 1382 et 1384, alinéa 5, du Code civil, pose le principe que « *n'engage pas sa responsabilité à l'égard des tiers le préposé qui agit sans excéder les limites de la mission qui lui a été impartie par le commettant* » (33). L'arrêt *Lamoricière* ayant affirmé que le capitaine était le *préposé* de l'armateur (*supra*, n° 292), la question se pose tout naturellement de savoir si la jurisprudence nouvelle peut lui être appliquée, et si, désormais, le capitaine n'est pas dégagé de toute responsabilité *civile* à l'égard des tiers (par exemple à l'égard de l'armateur du navire tiers abordé par sa faute), l'armateur pouvant alors, seul, voir engagée sa responsabilité (34).

Dans le principe, il faut répondre à cette question par l'affirmative. Certes, dans sa décision, la Cour de cassation fait référence aux dispositions des articles 1382 et 1384 (alinéa 5) du Code civil, alors que ce ne sont pas ces textes qui sont applicables, tant à la responsabilité du capitaine qu'à celle de l'armateur pour faute du capitaine, mais plus précisément les dispositions des articles 3 et 5 de la loi du 3 janvier 1969. Mais ces articles ne font que reprendre, pour les appliquer au cas particulier du capitaine et de l'armateur, les règles des articles 1382 et 1384. Cela est particulièrement exact de l'article 3 de la loi de 1969, lequel énonce que « *l'armateur répond de ses préposés terrestres et maritimes dans les termes du droit commun* » — les termes du droit commun, c'est-à-dire les dispositions mêmes de l'article 1384, alinéa 5, lesquelles sont au cœur de l'arrêt *Costedoat*. Quant à l'article 3 de la loi de 1969, il ne se réfère pas sans doute expressément à l'article 1382 du Code civil, mais son contenu n'est en rien différent de celui de ce texte. Dire que le capitaine « *répond de toute faute commise dans l'exercice de ses fonctions* », c'est bien dire que tout fait

(32) Voir en ce sens, Cass. 20 mai 1997, navire *Johanna-Hendrika, DMF* 1997.976 rapp. Rémery et nos obs.

(33) *Dalloz* 2000, som. 467, obs. Ph. DELEBECQUE et *Jurisprudence* 673, obs. Ph. BRUN ; *Semaine juridique* 2000. II.10295, concl. R. KESSOUS et note M. BILLIAU ; P. BONASSIES, *DMF* 2000, Hors-série n° 5, au n° 25.

(34) Car c'est là la seconde conclusion, implicite mais nécessaire, de l'arrêt *Costedoat* : le préposé étant dégagé de toute responsabilité, c'est le commettant qui assume seul les conséquences de ses fautes.

quelconque du capitaine qui cause un dommage à autrui, oblige le capitaine, en cas de faute, à le réparer (35).

Au vu de la jurisprudence *Costedoat*, il faut donc conclure que le capitaine *qui agit sans excéder les limites de la mission qui lui est impartie par l'armateur n'engage pas sa responsabilité à l'égard des tiers* (36). Reste seulement à identifier les situations où le capitaine excède les limites de sa mission. Eu égard à l'ampleur de cette mission, ces cas seront certainement très rares (37). Mais les choses sont moins sûres avec l'évolution récente de la jurisprudence.

296 *bis*. Évolution de la jurisprudence Costedoat. — Depuis l'arrêt *Costedoat*, la jurisprudence a d'abord précisé la règle qui y est énoncée. Tout d'abord, l'Assemblée plénière elle-même, dans un arrêt du 14 décembre 2001, refuse toute immunité au préposé quand il est pénalement condamné « *pour avoir intentionnellement commis, fût-ce sur l'ordre du commettant, une infraction ayant porté préjudice à un tiers* » (*D.* 2002.345, n. J. Julien ; *Sem. jur.* 2002.II.10026, n. M. Billiau). La réserve ici faite par l'Assemblée plénière s'applique, à l'évidence, au capitaine. Par ailleurs, dans une décision du 13 novembre 2002, la Première chambre civile de la Cour de cassation a refusé toute immunité à un médecin, en raison de l'indépendance professionnelle intangible dont il bénéficie (*D.* 2003.459, obs. P. Jourdain). Cette décision a été justement critiquée et, surtout, démentie par des décisions postérieures, et notamment par deux décisions rendues le 9 novembre 2004 par la même chambre (*Sem. jur.* 2005.II.10120). Dans ces deux décisions, qui concernent l'une un médecin salarié, l'autre une sage-femme pareillement salariée, la Cour de cassation censure les juges qui les avaient condamnés. Pour elle, nonobstant dirons-nous leur indépendance, le médecin ou la sage-femme « *qui agit sans excéder les limites de la mission qui lui est impartie par l'établissement de santé privé n'engage pas sa responsabilité à l'égard* » du tiers victime de son action, patient ou patiente. Dans un arrêt du 12 juillet 2007, la Première chambre civile de la Cour de cassation confirme l'analyse de ces deux arrêts, déclarant le médecin salarié — fautif — d'une clinique n'engage pas sa responsabilité à l'égard des patients (*D.* 2008. 509).

En revanche, la Chambre criminelle de la Cour de cassation a apporté d'importantes exceptions ou limites à la « doctrine » *Costedoat* dans un arrêt du 13 mars 2007 (navire *La Normandie*, *DMF* 2007.881, observations P. Bonassies). Elle refuse toute immunité à un capitaine « *auteur d'une faute qualifiée au sens de l'article 121-3, alinéa 4 du Code pénal* ». Dans le même sens restrictif, la Deuxième chambre civile de la Cour de cassation a récemment exclu toute immunité pour les cas « *où le préjudice de la victime naît d'une faute pénale ou*

(35) Derrière l'article 5 de la loi de 1969, on retrouve bien l'article 1382 du Code civil.

(36) Se référant au particularisme du droit maritime, ou pourrait imaginer que la jurisprudence exclut de l'immunité accordée au capitaine les *fautes inexcusables.* Mais on voit mal sur quel texte ou principe général semblable solution pourrait être justifiée.

(37) En particulier, les fautes nautiques ou autres fautes techniques commises par le capitaine, le sont certainement dans le cadre de la mission à lui impartie.

d'une faute intentionnelle » (21 février 2008, *D.* 2008.2125, note J. B. Laydu) (38).

Cette jurisprudence n'emporte pas l'adhésion. S'agissant de l'arrêt de la Chambre criminelle, il se réfère à une notion à tout le moins floue, celle de « faute qualifiée », laquelle n'apparaît pas dans les textes du Code pénal définissant les infractions contre la personne. Quant à l'arrêt de la Deuxième chambre civile, il est en conflit direct avec la décision de l'Assemblée plénière. La question n'est donc pas close, et il est à souhaiter que l'Assemblée plénière de la Cour de cassation s'en saisisse à nouveau.

Et, dans notre opinion, il est hautement souhaitable que la Cour suprême réaffirme sa « doctrine » Costedoat. Il y a plus de quarante ans, notre collègue Robert Garron, à l'époque jeune « doctorant » mais déjà capitaine au long cours, soutenait la thèse que le capitaine, simple *réalisateur* d'une activité dont l'armateur était le *promoteur*, ne devait engager sa responsabilité civile personnelle que « *dans la mesure où il aura commis une faute caractérisée, une faute lourde, une faute détachable de son service* » (*La responsabilité personnelle du capitaine de navire*, thèse Aix 1964, n° 176). C'est cette thèse qui est aujourd'hui reconnue, et même dépassée par l'Assemblée plénière. Et la règle nouvelle affirmée par celle-ci doit, dans notre opinion, être approuvée et maintenue. La fonction première de la responsabilité civile n'est pas de sanctionner des coupables. Elle est de pourvoir à la réparation du dommage subi. La sanction des fautes ressortit aux domaines du droit disciplinaire et du droit pénal. C'est là la règle largement appliquée depuis plus d'un siècle par le droit administratif. Elle n'a pas entraîné l'affaiblissement de la conscience professionnelle des fonctionnaires. On ne doit pas craindre que la règle nouvelle atténue, chez les capitaines français, le sens de leur mission.

297. Conclusion. Portée de l'arrêt *Costedoat.* — Il est certain que l'arrêt *Costedoat* rend obsolètes la plupart des données du droit antérieur — le *droit classique* tel que ci-dessus exposé (*supra*, n°s 295 et s.). La question des modalités d'application de la limitation de responsabilité au capitaine ne se pose plus — puisque, dans le principe, le capitaine échappe à toute responsabilité civile. Pareillement, les textes accordant au capitaine le bénéfice de telle ou telle exception (Convention de 1969-1972 ou Protocole de 1968 : *supra*, n° 295) sont devenus sans objet.

Reste seulement une question qui concerne les situations où c'est une *convention internationale* qui traite de la responsabilité du capitaine, s'agissant de la Convention de 1969-1992 sur la responsabilité pour dommage de pollution, ou du Protocole de 1968. Nous savons (*supra*, n°s 295 et s.) que ces textes écartent la responsabilité du capitaine, sauf faute inexcusable. Ne faut-il pas les lire comme affirmant, par *a contrario*, la responsabilité du capitaine en cas de

(38) En revanche, paraît plus ouverte la dernière décision de la deuxième chambre, qui étend la jurisprudence *Costedoat* à un accident de la circulation, régi par la loi du 5 juillet 1985 : Cass. 28 mai 2009, *Sem. jur.* 6 juillet 2009.18 obs. J. Mouly ; *D.* 2009.2667, note N. Pierre.

faute inexcusable ? La chose, eu égard à la prééminence en droit français des conventions internationales sur les règles de droit interne (article 55 de la Constitution), conduirait alors à maintenir la responsabilité du capitaine — en cas de faute inexcusable — dans les situations visées (dommages de pollution ou dommages aux marchandises transportées). Dans notre opinion, semblable conclusion doit être rejetée. Les textes en cause tendent à protéger le capitaine. On ne peut les interpréter comme aggravant la situation de celui-ci. On doit simplement constater que, s'agissant du droit français, la protection qu'ils assurent au capitaine est, elle aussi, devenue sans objet.

298. Conclusion. Responsabilité disciplinaire et pénale du capitaine. Responsabilité pour pollution. Loi du 2 août 2008. — Si la responsabilité civile du capitaine est ainsi, sauf exception, largement théorique, voire largement exclue, il n'en est pas de même de sa responsabilité disciplinaire ou pénale. Le Code disciplinaire et pénal de la marine marchande (*supra*, n° 115) sanctionne d'abord de nombreuses fautes de caractère administratif ou technique (infractions aux règles sur les feux, les signaux ou les manœuvres à effectuer en cas de rencontre d'un autre bâtiment), fautes susceptibles d'être imputables à un capitaine. Et surtout, il punit de peines sévères, pouvant aller jusqu'à deux ans d'emprisonnement, tout capitaine qui, par infraction aux règlements de navigation ou négligence, occasionne abordage, échouement ou perte de son navire. Cette responsabilité, nous l'avons vu, est mise en jeu devant le *tribunal maritime commercial* (*supra*, n° 117).

Par ailleurs, le capitaine peut être pénalement poursuivi au cas où il commet une infraction pénale de droit commun, se rendant coupable d'une atteinte involontaire (voire volontaire) à la vie ou à l'intégrité de la personne, d'un acte de mise en danger de la vie d'autrui (39). Aujourd'hui, la responsabilité du capitaine est aussi devenue fort lourde en cas de *pollution* (40).

Le droit de la pollution marine a fait récemment l'objet de profondes modifications, insérées dans une loi du 3 mai 2001, elle-même modifiée par une loi du 9 mars 2004 (*DMF* 2004.324), et plus récemment par la loi 2008-757 du 2 août 2008. Ces textes, insérés dans le Code de l'environnement (articles L. 218-10 à L. 218-24), prévoient d'abord une procédure spécifique, donnant compétence exclusive à cinq juridictions (tribunaux de grande instance), Le Havre, Brest, Marseille, Fort-de-France et St-Denis de la Réunion, l'idée étant de spécialiser les magistrats de ces juridictions. Ils aggravent ensuite les peines antérieurement prévues, souvent d'ailleurs appliquées sans sévérité. Les dispositions actuelles, insérées dans le Code de l'environnement, sanctionnent ainsi

(39) Voir, par exemple, Dieppe, 25 juin 1996, navire *Snekkar*, *DMF* 1997.93, n. Le Bihan-Guénolé et, sur appel, Rennes, 30 sept. 1998, *DMF* 1999.387 ; Cass. 28 nov. 2000, navire *L'Etel*, *DMF* 2001.195, obs. P. Chaumette. Pour l'application à un capitaine des textes sur la *mise en danger d'autrui* (art. 222-3.1 du Code pénal), voir aussi Rennes, 26 sept. 1996, navire *Acadie*, *Sem. jur.* 1997.II.22902, n. J.-Y. Chevallier et Cass. 11 févr. 1998, *DMF* 1998.572, n. M. Morin.

(40) La bibliographie sur la pollution marine est, ces dernières années, devenue très abondante. Nous nous bornerons à renvoyer aux travaux les plus récents : M. Rémond-Gouilloud, *DMF* 2004.119 ; B. Bouloc, *DMF* 2005.589 ; Ch. Marques, *DMF* 2004.307 ; L. Monteil, *L'évolution de la répression pénale de la pollution maritime par hydrocarbures*, mémoire CMDT, Aix-en-Provence, 2009.

d'abord le capitaine pour tout fait de pollution volontaire, la sanction pouvant s'élever à dix ans d'emprisonnement et quinze millions d'euros d'amende (art. L. 218-12, Code de l'environnement). Mais sont aussi sanctionnés les faits de pollution involontaire, dès qu'il y a infraction aux règles de la Convention MARPOL (*supra*, n° 82), la peine étant alors de deux ans d'emprisonnement et 200 000 euros d'amende, et pouvant être portée à cinq ans d'emprisonnement et 7,5 millions d'euros d'amende si l'incident cause de pollution est la conséquence d'une « *violation manifestement délibérée d'une obligation particulière de sécurité ou de prudence imposée par la loi ou le règlement* », et à une amende du même montant si l'incident a pour conséquence « *un dommage irréversible ou d'une particulière gravité* ». Enfin, l'article L. 218-22 du même code énonce que lorsqu'un rejet a été commis *au-delà de la mer territoriale* seules les peines d'amende peuvent être prononcées. L'objet de ce texte, qui contraste avec la rigueur de principe de la loi de 2008, est de prévenir tout conflit entre la loi française et le droit de la mer. Même au cas où l'État du pavillon ne revendique pas sa compétence (voir *supra*, n° 60), il protège les navires étrangers contre toute intervention trop rigoureuse de l'État français, intervention susceptible d'affecter leur liberté de navigation. Mais il n'était sans doute pas nécessaire de faire bénéficier les navires français de la même bienveillance. La responsabilité du capitaine est toutefois écartée quand le rejet ayant entraîné la pollution est la conséquence d'une avarie, sous la condition, inscrite dans la règle 11 de la Convention MARPOL, que toutes les précautions raisonnables aient été prises après l'avarie et la découverte du rejet pour empêcher ou réduire celui-ci (41).

Les tribunaux ne sont jamais allés jusqu'au maximum des peines prévues par les textes, maximum dont la légalité constitutionnelle serait contestable s'il était appliqué. Il n'en reste pas moins que la répression s'est assez fortement accrue. Des peines de prison (avec sursis) ont été prononcées, complétées d'amendes pouvant à ce jour aller jusqu'à deux millions d'euros (Brest, 1er juillet 2009), et souvent accompagnées de dommages-intérêts accordés aux parties civiles — associations diverses de protection de la nature (42). Il est par ailleurs prévu que l'amende pourra être mise en tout ou en partie à la charge de l'armateur, et les tribunaux ne se privent pas d'user de cette possibilité, imposant à ce dernier le paiement de 90 % ou plus de l'amende. Il reste que la part de l'amende incombant au capitaine reste notable, pouvant atteindre 50 000 euros (43).

Par ailleurs, et d'une manière générale, la responsabilité pénale du capitaine est aujourd'hui susceptible d'être, dans certains cas, atténuée, par le jeu des dispositions de la loi 96-393 du 13 mai 1996. La loi de 1996, modifiant les dispositions de l'article 121-3 du Code pénal, qui concerne tous les *délits*

(41) Pour un cas d'application de la règle, voir Tribunal de grande instance de Brest, 15 juin 2004, navire *Nova Hollandia*, *DMF* 2005.228.

(42) Brest, 1er juill. 2009, navires *Al Esroa* et *Valentia*, *Journal de la marine marchande* 10 juill. 2009. Voir aussi Marseille, 6 sept. 2004, *DMF* 2005.232 (12 mois d'emprisonnement avec sursis ; 500 000 euros d'amende). À l'opposé, voir, écartant toute incrimination faute de preuve suffisante, Paris, 23 mars 2005, navire *Le Provence*, *DMF* 2005.596, obs. B. BOULOC ; Brest, 29 mars 2005, navire *Atlantic Hero*, *DMF* 2005.618, obs. B. BOULOC.

(43) Ce qui, là aussi, pose la question d'une éventuelle prise en charge des amendes prononcées par le club de l'armateur. Mais, ici, dans le principe, les clubs refusent d'assumer les amendes pour pollution volontaire.

d'imprudence, atteintes involontaires à la personne mais aussi pollution involontaire, énonce qu'il n'y a pas de délit si l'auteur des faits a accompli les diligences normales compte tenu, le cas échéant, de la nature de ses missions ou de ses fonctions, de ses compétences ainsi que des moyens dont il disposait. Certes, la mission très large dévolue au capitaine, les pouvoirs étendus qui sont les siens, lui rendra malaisé d'invoquer les dispositions nouvelles. Il n'est pas sûr cependant qu'elles ne puissent jouer à son bénéfice. Il est à noter que la loi du 2 août 2008, sans écarter en cas de pollution l'exception de l'article 121-3 du Code pénal, prévoit que cette exception ne jouera pas « *si l'inculpé a commis une faute caractérisée exposant* l'environnement *à un risque d'une particulière gravité qu'il ne pouvait ignorer* » (Code de l'environnement, art. L. 218-19.IV).

Nous observerons toutefois que, dans les hypothèses où un capitaine serait déchargé de toute responsabilité pénale sur le fondement des textes ci-dessus évoqués, il résulte de la même loi du 10 juillet 2000 que sa responsabilité civile n'en serait pas affectée — ou plus exactement, si l'on applique la jurisprudence *Costedoat* au capitaine, la responsabilité civile de l'armateur, son commettant.

Section 2

Les marins

299. Observations générales. — Si les données de la profession de marin n'ont pas fondamentalement changé, il n'en est pas de même de la relation entre le marin et son armateur. Le marin, un temps recruté par le capitaine, était recruté directement par les services du personnel de l'armement, et des liens étroits existaient entre marin et armateur. Depuis une vingtaine d'années un phénomène nouveau est apparu, celui des *manning agents.* Il s'agit d'entreprises qui recrutent des personnels dans les pays en voie de développement (Philippines, Inde, Pakistan, etc.) ou, aujourd'hui, dans les pays de l'Europe de l'Est et les mettent à la disposition d'un armateur (on pourrait presque dire « les louent » à un armateur). Aujourd'hui, ces entreprises donnent d'ailleurs souvent à ces personnels une formation plus ou moins complète de marin, ce pour satisfaire aux exigences de la STCW (*supra*, n° 32). Malgré cet aspect positif, la pratique du *manning* a l'inconvénient de rompre le lien qui existait entre armateur et marin. Longtemps ignoré du droit, le phénomène est aujourd'hui reconnu par la loi sur le RIF (*supra,* n° 183), sous le qualificatif d'*entreprise de travail maritime*. Ce texte prévoit les mentions qui doivent figurer sur le contrat de *mise à disposition* qui devra être conclu, par écrit, entre l'armateur et l'entreprise de travail maritime. Par ailleurs, une loi du 5 janvier 2006 (*JO* 6 janvier 2006) prévoit que les modalités d'agrément des organismes privés de placement des marins (*manning agents*) seront précisées par un décret en Conseil d'État.

Le statut des marins est, en droit français, régi principalement par le Code du travail maritime (loi du 13 décembre 1926). Aux termes de son article 4 toutefois, ce texte ne s'applique que durant les périodes d'embarquement. En dehors de ces périodes, si le marin est employé par son armateur à des tâches terrestres, ce sont les dispositions du Code du travail qui prévalent — règle qui n'est pas sans entraîner bien des difficultés (44). Quant aux marins engagés sur un navire RIF, leurs conditions de travail sont soumises à la fois à la loi choisie dans le contrat qui les lie à l'armateur (la *loi choisie par les parties* dit le texte) et aux dispositions de la loi RIF elle-même, en tant que ce texte définit la plupart des conditions de travail (durée du travail, repos, congés payés, etc.). C'est dire que, en fait, la loi RIF sera leur Code du travail.

Le statut du marin doit être envisagé sous un double aspect. Celui du marin membre de la profession maritime ; celui du marin membre de l'équipage (45).

§ 1. — *Le marin, membre de la profession maritime*

300. Évolution historique. Particularisme. — Le statut du marin comme membre de la profession maritime a longtemps été dominé par l'institution de l'*inscription maritime* (*supra*, n° 93). Tout marin était tenu de se faire immatriculer auprès de l'inscription maritime, ce qui lui conférait à la fois le droit de servir sur un navire de la marine de commerce, et l'obligation de faire son service militaire dans la marine de guerre. Ce système, assoupli par plusieurs textes, a été abrogé par la loi du 9 juillet 1965 créant le service national.

Malgré la disparition de l'inscription maritime, la profession de marin n'est pas devenue une profession comme les autres. Elle continue à être marquée par deux traits particuliers.

En premier lieu, l'administration, par une circulaire du 27 février 1968, a maintenu la procédure de l'immatriculation. Les marins continuent à être inscrits sur les fichiers existant avant 1965. Le système n'est pas sans avantage pour eux. Une fois immatriculé auprès des affaires maritimes, le marin n'a plus à faire la preuve qu'il remplit les conditions pour exercer la profession de marin. L'administration a aussi maintenu le système du livret professionnel, lié à l'inscription maritime.

Depuis la création de l'inscription maritime, tout marin porté sur les listes d'immatriculation se voyait en effet délivrer par l'administration un *livret professionnel*. Sur ce livret devaient figurer, outre les éléments de l'individualisation du marin, les différents diplômes possédés, ainsi que les différents engagements souscrits par lui. La disparition de l'inscription maritime n'a pas entraîné la disparition du livret professionnel. D'abord ce livret peut apparaître comme la conséquence normale de l'immatriculation des marins auprès de l'administration. Par ailleurs, la réglementation sur le livret professionnel peut se

(44) Voir Rennes, 10 janv. 1985, navire *Le Soleil levant*, *DMF* 1986. 368, n. P. CHAUMETTE, et, en un sens différent, Cass. 12 janv. 1993, *DMF* 1993.165, n. P. CHAUMETTE.

(45) Sur l'ensemble de la question, voir R. JAMBU-MERLIN, *Les gens de mer*, 1978 ; P. CHAUMETTE, *Le contrat d'engagement maritime*, 1993 ; voir aussi, du même auteur, *Droits Maritimes*, n°s 410-03 et s. ; *adde*, J.-Ph. BLOCH, *Nouveau Code du travail maritime*, 1998.

fonder sur un texte international. L'article 8 de la Convention n° 22 de l'OIT, entrée en vigueur le 4 avril 1928, prévoit en effet que tout marin doit recevoir un document contenant la mention de ses services à bord du navire, document qui a valeur de pièce d'identité internationale pour les marins.

En second lieu, il existe des *conditions particulières* à l'exercice de la profession de marin. Si toute personne peut exercer librement la profession d'ouvrier maçon, d'ouvrier mécanicien, etc., il n'en est pas de même de la profession de marin. Pour pouvoir être marin sur un navire français, il faut répondre à des conditions précises, aujourd'hui fixées par le décret du 7 août 1967.

301. Définition du marin. — Le décret de 1967 définit d'abord son domaine d'application. Il s'applique à toute personne engagée pour occuper à bord d'un navire français un emploi permanent relatif à la marche, à la conduite, à l'entretien et à l'exploitation du navire.

Ainsi, la qualité de marin ne s'applique qu'aux personnes occupant un *emploi permanent*. Le salarié embauché pour quelques semaines, par exemple pour procéder à des opérations d'entretien, n'est pas un marin et n'a pas à répondre aux conditions exigées des marins.

Le décret de 1967 précise par ailleurs ce qu'il faut entendre par *navire*. Sont considérés comme navires, dit-il, « *tous les bâtiments de mer quels qu'ils soient, y compris les engins flottants, qui effectuent une navigation dans les eaux maritimes* ». Une plate-forme de forage, engin amarré à poste fixe et qui n'effectue pas de navigation, n'est donc pas un navire, et, là non plus, les personnes travaillant sur cette plate-forme n'ont pas à répondre à la qualification de marin.

Enfin, on relèvera que le marin peut occuper un emploi relatif aussi bien à l'*exploitation* du navire qu'à sa marche, sa conduite ou son entretien. Par là, le décret de 1967 supprime la distinction antérieurement établie entre les marins, personnes affectées exclusivement à la marche à la conduite ou à l'entretien du navire, et les *agents du service général* (ou ADSG), affectés à d'autres tâches — par exemple, sur un paquebot, à la cuisine ou au service des passagers (46). Plusieurs textes avaient déjà rapproché le statut des ADSG de celui des marins. Le décret de 1967 unifie la profession maritime (47).

Le décret de 1967 précise ensuite les conditions à remplir pour pouvoir accéder à la profession de marin.

302. Condition de nationalité. Exception communautaire. Navires du registre international. — La première condition est une condition de *nationalité française*. Le décret de 1967 ne faisait d'ailleurs que reprendre ici les dispositions de l'article 3 du Code du travail maritime énonçant que « *le*

(46) Voir, appliquant la qualification de marin à une *hôtesse* de navire de grande plaisance, Cass. 26 sept. 2007, *DMF* 2008.15, obs. P. CHAUMETTE.

(47) Voir cependant un arrêt de la Cour de Rennes du 24 janvier 1998 qui refuse au personnel hôtelier d'un ferry la qualité de marin : *DMF* 1998.1018, n. M. MORIN, et obs. P. BONASSIES, *DMF* 1999, Hors-série n° 3, au n° 33.

personnel d'un navire doit, dans une proportion définie par arrêté du ministre chargé de la Marine marchande, être français ». Plus précisément, un arrêté du 21 novembre 1960, modifié par un arrêté du 12 juin 1969, énonce que tous les emplois du pont, de la machine et du service radio sont réservés aux personnes de nationalité française, tandis que les emplois du service général leur sont réservés pour les trois quarts seulement, des dérogations individuelles étant possibles. Ces règles sont aujourd'hui dépassées par la loi du 26 février 1996. Ce texte, prenant enfin acte des exigences du droit communautaire, modifie les dispositions du Code du travail maritime. Il maintient bien la règle d'une proportion de marins « nationaux », mais en assimilant à la nationalité française la nationalité « communautaire », voire « européenne ». Désormais, les membres de l'équipage d'un navire français ne devront plus être, dans une proportion fixée par arrêté ministériel, de nationalité française, mais « *ressortissants d'un État membre de la Communauté européenne ou, s'agissant de navires armés au commerce ou à la plaisance, d'un État partie à l'accord sur l'Espace économique européen* ».

À côté du régime général, un régime spécial existait traditionnellement pour les mers lointaines, régime étendu en 1911 aux navires immatriculés dans les colonies françaises et s'appliquant aujourd'hui aux navires immatriculés dans les territoires d'outre-mer (voir décret du 22 juin 1960). S'agissant des navires immatriculés au registre des terres australes et antarctiques (le dit « pavillon des Kerguelen » : voir *supra*, n° 182), un décret du 20 mars 1987, « validé » par la loi du 26 février 1996, avait institué un régime spécial, aboutissant à réduire à 25 % le nombre de marins français, minimum ultérieurement porté à 35 %. Mais ces régimes spéciaux sont aujourd'hui — ou seront demain — dépassés par la loi sur le registre international français. Aux termes de ce texte, modifié par la loi du 7 avril 2008 (*supra*, n° 287) aucune condition de nationalité n'est plus imposée quant aux marins servant sur ces navires.

303. Conditions de dignité. — Le décret de 1967 établit ensuite des conditions de dignité. Alors que, en règle générale, toute personne, même ayant encouru une condamnation pénale, peut remplir un emploi salarié à terre, il en est différemment d'un emploi de marin. Pour être marin, il faut n'avoir subi aucune condamnation à une peine criminelle, ou à une peine correctionnelle de plus de deux ans de prison, ou même à une peine correctionnelle sans sursis de plus de six mois de prison pour coups et blessures volontaires, vol, escroquerie, attentat aux mœurs, ou rébellion. Une simple condamnation avec sursis (dépassant six mois de prison) interdit même l'exercice de la profession maritime, quand elle sanctionne proxénétisme ou trafic de stupéfiants.

304. Conditions de compétence technique et d'aptitude physique. — Plus normalement, le décret de 1967 impose des conditions de *compétence technique*. Selon le poste qu'il occupe, le marin doit satisfaire aux conditions de formation professionnelle fixées par les textes administratifs. Les marins doivent ainsi détenir un certificat d'apprentissage maritime délivré par une école d'apprentissage, ou un certificat d'aptitude professionnelle délivré par l'enseignement technique (arrêté du 8 juin 1975, *JO* 28 juin, 6493). Les officiers doivent pareillement détenir le diplôme correspondant à leur fonction.

On remarquera qu'en l'absence d'une réglementation complète de l'équivalence des diplômes professionnels, il y a là, pour l'administration française, un moyen de s'opposer à l'emploi de ressortissants communautaires non titulaires des brevets français. Il en est différemment pour les officiers depuis le 1er janvier 1991. Une directive du 21 décembre 1988 (*JOCE* 24 janv. 1989.16) prévoit en effet la reconnaissance, à cette date, des diplômes d'enseignement supérieur sanctionnant des formations professionnelles d'une durée minimale de trois ans, ce qui est le cas, en France, des formations d'officier.

Enfin existent des conditions d'*aptitude physique* inscrites dans un décret du 1er septembre 1967. Par exemple, « *l'obésité susceptible de retentir gravement sur l'activité professionnelle* » peut interdire l'exercice de la profession de marin. En revanche, aujourd'hui, les femmes comme les hommes ont libre accès à tout emploi maritime. Enfin, on ne peut normalement exercer la profession de marin qu'à l'âge de seize ans.

§ 2. — *Le marin, membre de l'équipage*

305. Principes. Plan. — C'est le contrat d'engagement qui marque l'entrée du marin dans l'équipage. Il importe de s'interroger sur les conditions de conclusion et de cessation de ce contrat, sur son contenu, enfin d'évoquer le problème des rapports collectifs à bord.

A. — Conclusion et durée du contrat d'engagement

306. Conclusion du contrat d'engagement. Sociétés de *manning*. — La conclusion du contrat d'engagement présente deux caractères originaux. En premier lieu, en application de l'article 10 du Code de travail maritime, le contrat d'engagement doit être conclu par *écrit*, un écrit dont l'article 11 du même texte énumère les mentions : fonction que doit exercer le marin, montant des salaires, durée du service, etc.

Le contrat d'engagement est par ailleurs *contrôlé* par l'administration. Il doit être visé par l'autorité maritime, et c'est l'autorité maritime qui délivre le *rôle d'équipage* constatant l'entrée d'un marin dans un équipage. Dans la pratique classique, il y avait même lieu à présentation effective de l'équipage à l'autorité maritime, lors de la *revue d'armement*. Aujourd'hui, ces diverses formalités ont été allégées. Le rôle d'équipage est un document annuel. Les revues d'armement sont devenues très rares, voire inconnues.

Jusque vers les années 1980, le contrat d'engagement était toujours conclu entre un marin et un armateur. Mais depuis se sont développées les sociétés de *manning* qui jouent un rôle d'intermédiaire entre marins et armateurs. Ces sociétés recrutent des marins en Asie ou en Europe de l'Est, leur donnent une formation plus ou moins poussée, puis les mettent à la disposition d'un armateur — continuant le plus souvent à régler leurs salaires. La loi du 3 mai 2005 a pris en considération le phénomène nouveau, en traitant de ce qu'elle qualifie d'*entreprises de travail maritime*. Ignorant la diversité des sociétés de *manning*, elle les décrit comme les sociétés (voire personnes physiques) dont l'activité est de mettre à la disposition d'un armateur des navigants qu'elles embauchent en fonction de leur qualification et rémunèrent à cet effet. Elle prévoit qu'un armateur français (48) ne pourra conclure un contrat avec une entreprise de travail maritime que si celle-ci est agréée par les autorités de l'État où elle est installée. Si il n'existe pas dans cet État de procédure d'agrément, l'armateur doit s'assurer que l'entreprise respecte les exigences de la convention internationale régissant la matière (convention n° 179 de l'OIT).

Par ailleurs, s'agissant des marins employés à bord d'un navire inscrit au *registre international*, la loi RIF maintient l'exigence d'un contrat écrit. Et si le marin est mis à la disposition de l'armateur par une entreprise de travail maritime, l'exigence d'écrit est dédoublée : un contrat écrit doit être signé entre l'entreprise et l'armateur, et un autre contrat écrit entre l'entreprise et chaque marin. — Qu'il s'agisse de marins RIF, ou de marins du régime de droit commun, le contrôle des conditions d'engagement est confié aux inspecteurs du travail maritime — qui sont également appelés à contrôler le respect par l'armateur de l'ensemble des règles régissant les conditions du travail maritime.

307. Durée du contrat d'engagement. — S'agissant de la durée du contrat, le contrat d'engagement, était, dans la tradition classique, conclu pour un voyage, étant observé que le voyage maritime avait, le plus souvent, une durée de plusieurs mois, voire de plusieurs années. Aujourd'hui, l'engagement pour un voyage est devenu de plus en plus rare. Une convention collective du 19 juillet 1947 a créé le statut de *marin stabilisé*. Le marin stabilisé n'est plus, comme jadis, au service d'un navire, mais au service d'un armateur. Il est assuré de la permanence de l'emploi, percevant une demi-solde lorsqu'il est débarqué, sous condition d'être à la disposition permanente de son employeur. La stabilité de l'emploi a été renforcée par l'ordonnance du 25 mars 1982, qui limite le nombre de situations où le marin peut être engagé pour une durée déterminée (par exemple pour remplacer un marin temporairement absent, ou pourvoir à des emplois de caractère saisonnier, ou pour l'exécution de marchés internationaux intéressant des activités temporaires). Enfin, des dispositions particulières plus avantageuses existent pour les officiers qui peuvent être titularisés après un an de stage (49).

(48) La loi de 2005 ne paraît viser que les armateurs « RIF ». Mais, de prime abord tout au moins, on ne voit pas pourquoi on exclurait du schéma les armateurs « plein pavillon ».

(49) L'ordonnance 2009-717 du 8 juin 2009 prévoit la possibilité de conclure, pour les officiers, des contrats à durée déterminée (*JORF* 19 juin 2009).

308. Dissolution du contrat d'engagement. — La dissolution du contrat d'engagement est soumise à une réglementation extrêmement complexe, dont on ne peut donner ici que les lignes générales. Il faut distinguer la situation de principe, laquelle se fait de plus en plus rare, le cas des marins stabilisés ou assimilés, enfin le cas du licenciement économique.

En principe, le contrat d'engagement peut d'abord prendre fin à la suite de certains événements, décès, maladie ou blessure entraînant l'incapacité pour le marin de continuer à servir sur un navire (50), prise du navire par l'ennemi (ce sont les barbaresques du XVIIIe siècle, auxquels se réfèrent encore nos textes !), naufrage ou innavigabilité. Mais le naufrage du navire n'est pas nécessairement un cas de force majeure, et ne dispense pas l'armateur de la procédure de licenciement économique (Cass. 10 mai 2001, *DMF* 260) (51).

Le contrat d'engagement peut, en second lieu, faire l'objet d'une *résiliation*, s'il est à durée indéterminée. Il peut être résilié par l'armateur, avec un préavis, fixé par le contrat et pour lequel un minimum seulement de 24 heures est établi par le Code du travail maritime (art. 10-1). La résiliation par l'armateur peut donner lieu à des dommages-intérêts, soit en cas d'inobservation du délai de préavis, soit si l'armateur a abusé de son droit (art. 99). Le marin peut également résilier le contrat, mais cette résiliation ne peut intervenir ni au cours du voyage, et ce tant que le service n'a pas cessé au port d'arrivée, ni lorsque le navire est en partance (art. 101).

Une autre cause de cessation du contrat d'engagement, particulière au droit maritime est le *congédiement* du marin par le capitaine. C'est l'importance des pouvoirs du capitaine, la nécessité qu'une bonne harmonie règne dans l'équipage aussi, qui justifient la règle, très originale. Libre de décider du congédiement dans tout port métropolitain, le capitaine ne peut exercer ses pouvoirs hors de ces ports qu'avec l'autorisation de l'autorité maritime ou consulaire. Le marin congédié sans motif légitime a droit à une indemnité. Officiers et marins stabilisés sont cependant protégés par les dispositions des conventions collectives, imposant l'intervention d'instances disciplinaires (52).

Enfin, comme en droit commun, il est certainement possible à chacune des parties de demander la *résiliation judiciaire* du contrat d'engagement (le tribunal d'instance étant ici compétent : voir *infra*, n° 315).

309. Marins stabilisés. Licenciement économique. — S'agissant des marins stabilisés, ou des marins ayant un an d'emploi au service de l'armateur, dont six mois d'embarquement, et qui sont assimilés aux marins stabilisés, ce sont les règles de droit commun qui s'appliquent, avec quelques légères adaptations.

(50) Pour les modalités de cessation du contrat d'engagement en cas d'inaptitude définitive du marin, voir Cass. 21 février 2007, *DMF* 2007.615, observations P. CHAUMETTE.

(51) Pour les effets de la *vente du navire*, où l'on a parfois vu (sans fondement, semble-t-il) une cause de rupture du contrat d'engagement, voir *supra*, n° 228. pour les conséquences du licenciement, voir Cass. 25 octobre 2007, *DMF* 2008.623, observations P. CHAUMETTE.

(52) Voir P. CHAUMETTE, cité *supra*, note 45, p. 262.

Pareillement, ce sont les règles du droit commun qui prévalent en cas de licenciement économique (53).

310. Rapatriement. — Le marin dont le contrat prend fin hors d'un port métropolitain bénéficie d'un privilège particulier, et fort compréhensible : il doit être rapatrié aux « *frais du navire* » (Code du travail maritime, art. 87). Il perd toutefois ce privilège s'il est débarqué pour raison disciplinaire, ou à la suite d'une blessure volontairement subie (54).

B. — Contenu du contrat d'engagement

311. Durée du travail. — Quant aux modalités de son exécution, le contrat d'engagement est soumis à une réglementation extrêmement complexe, dont certains éléments remontent à l'Ordonnance de 1681. Nous ne retiendrons de cette réglementation que quelques traits fondamentaux.

La durée du travail des marins a dû faire l'objet d'adaptations. En principe, les règles du droit commun s'appliquent à la détermination de la durée du travail, la durée normale étant de 35 heures par semaine avec un maximum de 10 heures par jour (55). Mais des dérogations restent possibles, quand la sécurité du navire l'exige (56) ou en cas d'insuffisance de personnel par dispense de service (cas du navire armé par un équipage de 24 hommes, dont 6 sont malades). Ces dérogations donnent normalement droit au paiement d'heures supplémentaires (57). Par ailleurs, aux termes de l'article 21 du Code du travail maritime, le marin est tenu d'accomplir gratuitement, en dehors des heures de service, le travail de mise en état de propreté de son poste d'équipage, de ses objets de couchage et de ses ustensiles de plats. Enfin, on notera la réglementation particulière applicable aux congés payés, le principe étant celui d'un congé global, qui varie de 14 jours pour les petits bâtiments à 17 jours pour les pétroliers au long cours, par mois d'embarquement, durée portée par les conventions collectives à 15,75 et 17,75 jours (58).

312. Conditions de travail. — Les conditions d'exécution du contrat d'engagement, et en particulier, les conditions de vie à bord sont réglementées par de nombreux textes. C'est ainsi qu'un arrêté du 20 juillet 1910 réglait dans le détail (quantité de pain, de légumes divers, de viande) la nourriture qui devait

(53) Loi du 30 déc. 1986, *D.* 1987.187 et décret du 5 mai 1987, *D.* 1987.211 ; comm. P. Chaumette, *DMF* 1987.620 et 690. Pour le contrôle du caractère sérieux du licenciement, voir Cass. 28 mars 2000, *DMF* 2000.704, obs. P. Chaumette ; pour les conséquences du licenciement, voir Cass. 25 octobre 2007, *DMF* 2008.623, observations P. Chaumette.

(54) La loi du 5 janvier 2006 (*JORF* 6 janv. 2006) précise les modalités du rapatriement (art. 50, modifiant les art. 87 à 90 du Code du travail maritime). Le régime applicable aux marins employés sur un navire RIF est précisé par la loi du 3 mai 2005 (art. 20 et 21).

(55) Sur les modalités de l'application de la règle des 35 heures aux marins, voir P. Chaumette, *Droits maritimes,* n° 413.13.

(56) Voir, élargissant la notion de sécurité du navire, l'ordonnance du 12 juillet 2004, *JORF* 14 juill. 2004.12717 ; *DMF* 2005, Hors-série n° 9, obs. P. Bonassies.

(57) Sur le problème de la preuve de ces heures, voir Rennes, 25 févr. 1999, *DMF* 1999.44, obs. P. Chaumette.

(58) Sur le problème de la nature (repos ou astreinte) des temps de repos pris à bord, voir Cass. 15 oct. 2002, *DMF* 2003, obs. P. Chaumette.

être servie aux marins. Un arrêté du 19 novembre 1986 a abrogé l'arrêté de 1910, le texte nouveau se bornant à énoncer que la ration alimentaire des marins devait s'élever à 3 500 calories par jour (4 500 calories à la pêche).

S'agissant des autres conditions du travail, nous retiendrons seulement l'obligation plus précise de discipline qui pèse sur les marins, l'article 20 du Code de travail maritime énonçant que « *le marin est tenu d'obéir aux ordres de ses supérieurs concernant le service du navire, et d'avoir soin du navire et de la cargaison. Il doit être sobre, respectueux envers ses supérieurs et s'abstenir de toutes paroles grossières à l'égard de toute personne à bord* ». Aussi, on doit relever l'autorité particulière dont le capitaine est investi. Il est maître de l'organisation générale du travail à bord, et exerce même sur les marins un contrôle hors service (voir article 19 du Code du travail maritime : « *le capitaine détermine les conditions dans lesquelles le marin qui n'est pas de service peut descendre à terre* »).

En contrepartie, le capitaine est tenu de s'abstenir de tout abus d'autorité, ce sous peine de sanctions pénales (article 42 du Code disciplinaire et pénal). Quant à l'armateur, il est tenu d'une obligation générale de sécurité, obligations dans laquelle certains tribunaux voient une obligation de résultat (59).

313. Salaire. Montant. Insaisissabilité. Réglementation des avances et acomptes. — Le salaire des marins est librement fixé par le contrat d'engagement, dans le respect de la législation sur le salaire minimum et celui des conventions collectives. Il peut être payé au mois, au voyage, ou, pour les marins-pêcheurs, à la part (60). Il doit prendre en considération les *heures supplémentaires* effectuées par le marin. La prescription de l'action en paiement du salaire est de cinq ans (loi 1971-538 du 16 juillet 1971 ; voir Cass. 27 févr. 2002, *DMF* 2002.608, obs. P. Chaumette) (61). Depuis la loi 2008-561 du 17 juin 2008, c'est un délai identique de cinq ans qui s'applique à la prescription de l'indemnité de licenciement, mais en tant que délai du droit commun (62).

En revanche, le droit du travail maritime a de tout temps protégé le salaire des marins par des règles strictement impératives. C'est ainsi que si tous les salaires sont aujourd'hui partiellement insaisissables (et incessibles), la règle de l'*insaisissabilité* du salaire s'est établie beaucoup plus tôt en droit maritime qu'en droit commun, remontant au moins à 1745, alors que les premiers textes « terrestres » ne sont apparus qu'en 1845. Dans un arrêt du 3 mai 2007, la Cour de cassation, visant les dispositions de la Convention européenne des droits de l'homme sur le *respect des biens* dû à toute personne (article 1er du Protocole nº 1) a déclaré

(59) Voir en ce sens, Aix-en-Provence, 30 mai 2007, *DMF* 2008.616, obs. Y. Tassel et P. Chaumette ; pour l'application de cette obligation à un cas de harcèlement par un autre membre de l'équipage, Aix-en-Provence, 2 octobre 2007, *DMF* 2008.426, obs. G. Proutière-Maulion.

(60) Sur l'obligation de respecter alors le salaire minimum, voir Cass. 1er avril 1992, *DMF* 1993.163 et chr. P. Chaumette, *ibidem*, 31 ; sur les modalités particulières de calcul du salaire minimum du marin, voir Tribunal de grande instance de Bordeaux, 28 déc. 1993, *DMF* 1994.149.

(61) Un décret du 20 novembre 1959 avait établi un délai d'un an. Mais ce texte a été déclaré illégal par le Conseil d'État dans un arrêt du 27 novembre 2006 (*DMF* 2007.512, obs. P. Chaumette).

(62) Voir, sur le principe l'arrêt de la Cour de cassation du 27 février 2002, cité au texte.

pareillement insaisissable la pension de retraite due à un marin (*DMF* 2008.329, observations P. Chaumette).

Pareillement, c'est bien avant le droit commun que le droit maritime a réglementé avances et acomptes. Le législateur a entendu ici protéger le marin contre la tentation de demander des avances et des acomptes qu'il dépenserait dans les ports étrangers. L'article 58 du Code du travail maritime précise donc qu'aucune *avance* de salaire ne peut être faite aux marins qu'en présence et sous le contrôle de l'autorité maritime. Par ailleurs, les avances ne peuvent dépasser une fraction du salaire qui est normalement de un mois (deux mois pour les voiliers (*sic*) au long cours, et trois mois pour les voiliers dépassant le Cap Horn ou le Cap de Bonne Espérance). La sanction est aussi efficace que sévère : la partie de l'avance dépassant la fraction légale reste acquise au marin à titre d'avance perdue. Toutefois, des avances peuvent être accordées au-delà du maximum légal, sous forme de délégation, mais seulement au bénéfice de personnes qui sont à la charge du marin, légalement ou « en fait » (art. 62, Code du travail maritime — les personnes visées étant la femme, les ascendants ou descendants du marin, mais aussi la concubine de celui-ci, le droit maritime ayant ainsi légalisé le concubinage bien avant le droit social général).

S'agissant des *acomptes*, ils doivent être préalablement mentionnés sur le livre du bord, et ne peuvent dépasser un tiers des salaires gagnés au moment où l'acompte est demandé. De surcroît, comme les avances, ils sont mentionnés sur le livret du marin et inscrits au rôle d'équipage.

On notera que de nombreuses législations connaissent des règles similaires à celles du droit français, certaines étant même beaucoup plus rigoureuses, telle la législation américaine, applicable même aux navires étrangers touchant les ports des États-Unis (63).

314. Maladie ou accident à bord. Décret du 28 janvier 1987. — Mais la règle la plus originale du droit du travail maritime est certainement celle qui concerne le traitement du marin en cas de *maladie* ou *d'accident* à bord.

Déjà l'Ordonnance de la Marine (art. 11, titre 4, livre III) énonçait que « *le marin qui sera blessé au service du navire ou qui tombera malade pendant le voyage sera payé de ses loyers et pansé aux dépens du navire ; s'il est blessé en combattant l'ennemi ou les pirates, il sera pansé aux dépens du navire et de la cargaison* ». La règle de l'Ordonnance de la Marine a été reprise d'abord par le Code de commerce, puis par le Code du travail maritime dans son article 79 : « *le marin est payé de ses salaires et soigné aux frais du navire, s'il est blessé au service du navire ou s'il tombe malade, pendant le cours de son embarquement* », les prestations dues cessant un mois après que le marin a été « laissé à terre » (64). Aux termes de l'article 85 du Code du travail maritime, l'armateur

(63) Voir *Kontos v. S.S. Sophie*, Tribunal fédéral de Pennsylvanie, 19 févr. 1965, 1966 *AMC* 814, condamnant l'armateur d'un navire libérien à 4 400 dollars de dommages-intérêts, ce pour avoir avancé irrégulièrement 40 dollars à un marin grec dans le port de San Francisco.

(64) Curieusement, l'article 83 du Code prévoit ici un délai de *quatre mois* ; J.-Ph. BLOCH, *Nouveau Code du travail maritime*, p. 88, suggère de lire ici *un mois* ; voir *contra*, Ph. CHAUMETTE, *Droits maritimes*, n° 414-34.

a la possibilité de se libérer de ses obligations en versant une somme forfaitaire dont le montant est fixé par décret. Mais cette possibilité, très rarement utilisée, est tombée en désuétude.

L'obligation qu'impose l'article 79 du Code du travail maritime aux armateurs est fort lourde et normalement couverte par une assurance. Elle donne lieu à un contentieux important sur le point de savoir si le marin, blessé à terre au cours d'une escale, a été « *blessé au service du navire* ». La jurisprudence est généralement soucieuse de ne pas trop élargir le domaine du privilège ainsi reconnu aux marins (65).

Récemment, pour alléger les charges des armateurs français, la vieille règle du droit maritime a été modifiée. Un décret du 28 janvier 1987 (*JO* 30 janvier) a ramené à un mois la durée des obligations de l'armateur. C'est un système d'assurance complémentaire qui garantira aux marins le maintien de leurs salaires pendant les quatre mois traditionnels.

315. Contentieux. — Le contentieux du travail est, en droit maritime, original. Ce ne sont pas les conseils de prud'hommes qui sont compétents, mais le tribunal d'instance. Il en est différemment, toutefois, pour les litiges concernant les capitaines, qui relèvent, en vertu d'une tradition immémoriale, du seul tribunal de commerce (pour l'application de la règle même en cas de congédiement alors que le capitaine se trouvait à terre, voir Cass. 5 janv. 1995, *DMF* 1995.740, note P. Chaumette). La loi du 3 mai 2005 sur le RIF prévoit la compétence des tribunaux de l'État où le marin a son domicile pour les actions engagées contre lui, et, pour les actions engagées par le marin, la compétence alternative, au choix du marin, des tribunaux français (66), du tribunal de l'État où l'employeur a son domicile, ou du tribunal du lieu du domicile de l'entreprise de travail maritime — les compétences traditionnelles du tribunal d'instance et du tribunal de commerce étant réaffirmées (67).

C. — Rapports collectifs du travail

316. Institutions de représentation des marins. — S'agissant des rapports collectifs du travail, nous nous bornerons à deux observations (pour une étude complète, voir P. Chaumette, *Droits maritimes*, p. 479 et s.). D'une part, nous noterons que les textes ont progressivement étendu aux marins les institutions de représentation collective des salariés. De nombreuses conventions collectives ont été conclues en matière maritime, et une « *Commission nationale de la négociation collective de la marine marchande* » créée par un décret du 4 novembre 1985 (*JO* 30 novembre, 13916). La loi du 28 février 1948 portant

(65) Voir, en dernier, Tribunal d'instance de Marseille, 13 nov. 1984, *DMF* 1985. 174.

(66) Le texte ne précise pas quel tribunal français sera compétent. On privilégiera le tribunal du lieu où le navire a été saisi, ou celui du lieu de l'escale où le marin a été débarqué.

(67) Sur le contentieux des litiges concernant un marin français employé sur un navire étranger, voir Cass. 29 avr. 2003, navire *Wedge One*, *DMF* 2003.960, obs. P. CHAUMETTE et obs. P. BONASSIES, *DMF* 2004, Hors-série n° 8, au n° 43.

organisation de la marine marchande a prévu l'institution de *comités d'entreprise* dans les entreprises d'armement. Un décret du 17 mars 1978 (*JO* 23 mars 1978,1271) a défini le régime des *délégués de bord* dont la création avait été prévue par la loi du 18 mai 1977 ajoutant un article 742-3 au Code du travail sur tout navire comportant plus de dix marins (68). Un décret du 4 novembre 1985 a étendu les *comités d'hygiène et de sécurité* aux entreprises d'armement occupant au moins cinquante salariés (*JO* 30 nov. 1985, 13914). Enfin, nonobstant l'absence d'un texte particulier, lequel pourrait cependant apparaître comme nécessaire, les *délégués syndicaux* existent dans les entreprises maritimes, D'autre part nous nous interrogerons sur le régime de la grève en matière maritime.

317. Problème de la grève. — La licéité de la grève des marins a longtemps été discutée. La Chambre criminelle de la Cour de cassation assimilait encore en 1912 les faits de grève des marins à une désertion, faits punis à l'époque par la loi pénale (Cass. 3 août 1912, *D.* 1913.1.448). Aujourd'hui, toutefois, le droit de grève étant inscrit dans la Constitution, il ne peut être contesté aux marins. Il est d'ailleurs rappelé par l'article 23 de la loi RIF, observant, de surcroît, qu'aucun marin ne peut être sanctionné en raison de l'exercice normal du droit de grève, et interdisant à l'armateur le recours à des emplois temporaires pour pallier la grève.

En revanche, on peut penser que si toute grève à terre est régie par les règles du droit commun, une action de grève à bord pourrait être considérée comme une faute disciplinaire si elle entraînait des risques pour la sécurité du navire.

318. Conclusion. Régime applicable aux marins des navires du registre international. — La grande majorité des dispositions de la loi sur le registre international sont consacrées au droit du travail et au droit social. La chose ne saurait étonner puisque c'est précisément pour alléger les charges sociales de l'armement français que cette loi a été adoptée. Dans son article 3, elle pose le principe que les marins employés « *sous registre international* » sont soumis à ses seules dispositions, excluant ainsi toute application à leur égard du droit commun. Les règles du droit commun demeurent cependant applicables aux « *navigants demeurant en France* » (même article 3), comme sans doute (le principe de non-discrimination l'imposant) aux marins résidant dans un autre État de la Communauté, ou dans un État de l'Espace économique européen. Puis elle énonce que les conditions d'engagement, d'emploi, de rémunération, de travail et de vie à bord de ces marins ne peuvent être moins favorables que celles résultant des conventions de l'OIT ratifiées par la France. Elle définit ensuite les principales de ces conditions, lesquelles apparaissent assez proches de celles que connaît le droit commun. C'est ainsi qu'elle énonce que la durée normale d'engagement est de 9 mois au maximum, que le travail est organisé sur la base de 8 heures par jour, avec repos quotidien de 10 heures (éventuellement

(68) Sur la protection particulière des délégués, voir Lorient, 26 sept. 1985, navire *Jones Bank*, *DMF* 1986. 558, n. P. CHAUMETTE.

fractionné en deux périodes de 4 et 6 heures), la durée de congé étant de 3 jours par mois de travail effectif. Elle détermine les modalités de dissolution du contrat d'engagement, très proches de celles du droit commun. Enfin, elle conclut que les dispositions « *non déterminées* » par elle relèvent du contrat d'engagement, c'est-à-dire soit du contrat individuel d'engagement conclu entre l'armateur et le marin, soit, à la fois du contrat de mise à disposition entre l'armateur et l'entreprise de travail maritime et du contrat individuel conclu entre cette entreprise et le marin concerné.

La loi de 2005 pose un problème important, qui est de savoir si les conditions de travail déterminées par elle n'ont pas un caractère d'ordre public. Dans notre opinion, une réponse affirmative s'impose. En énonçant que seules les dispositions « *non déterminées* » par elle relèvent du contrat d'engagement, le texte paraît bien impliquer que la liberté des parties est bornée par ses propres dispositions. Les contrats d'engagement ne pourront alors prévoir que des dispositions plus favorables aux marins que celles de la loi (69).

Section 3
Sécurité sociale maritime

319. L'Établissement national des invalides de la marine. — La Sécurité sociale maritime se caractérise d'abord par une institution de gestion particulière, de surcroît très ancienne.

C'est Colbert qui, par une ordonnance du 23 septembre 1673, sans doute le premier texte de l'histoire mondiale de la Sécurité sociale, a institué un organisme chargé de verser des pensions de demi-solde aux marins de la marine royale devenus invalides, la *Caisse des invalides*. Devenu Établissement royal des invalides de la marine, cet organisme prit en charge l'ensemble des marins du commerce dès 1709. Il est l'ancêtre direct de l'*Établissement national des invalides de la marine*, créé par une loi du 1er janvier 1930, complétée par un décret-loi du 17 juin 1938.

Établissement public doté de la personnalité morale, l'établissement national gère une caisse générale de prévoyance, qui gère les risques accident, maladie, maternité et invalidité, et une caisse des retraites. Il est financé par des cotisations versées par les employeurs et retenues pour partie sur les salaires des marins. La jurisprudence a étendu à ces cotisations le privilège dont bénéficient les marins pour le paiement de leurs salaires (*infra*, no 569).

320. Les prestations de sécurité sociale. — Le système de prestations versées par la Sécurité sociale maritime est d'une très grande complexité, et nous

(69) Sur la question du régime applicable aux marins engagés sur un navire immatriculé aux Îles Wallis et Futuna, voir Cass. 21 oct. 2003, *DMF* 2004.895, obs. P. CHAUMETTE.

nous bornerons à mettre en lumière certaines des différences qui existent entre ces prestations et les prestations du droit commun (70).

Les prestations versées par la Sécurité sociale maritime pour ce qui concerne les risques de maternité, de maladie à terre ou d'accidents du travail à terre, sont régies par des règles identiques à celles du droit commun. Il en est différemment pour les prestations couvrant les maladies et les accidents du travail survenus *à bord*.

En premier lieu, on rappellera que ces deux risques sont assumés pendant un mois par l'armateur (quatre mois jusqu'en 1987), la Sécurité sociale n'intervenant qu'à l'expiration de ce délai (*supra*, n° 314). Elle prend alors en charge les accidents du travail intervenus à bord dans les termes mêmes du droit commun. Le seul problème particulier qui se pose en la matière est de savoir si, en cas d'accident, la victime peut, et dans quelle mesure, exercer un recours en responsabilité contre son armateur ou l'un des préposés de celui-ci, ce dans le cas de faute intentionnelle ou de faute inexcusable. La complexité de l'histoire des textes applicables rend la solution de cette question fort malaisée. Dans un arrêt du 23 mars 2004, la Cour de cassation (Deuxième chambre civile, et non Chambre sociale) n'en a pas moins tranché (*DMF* 2004.716, obs. P. Chaumette). Pour elle, les textes n'autorisent l'ENIM comme les ayants droit des victimes à agir que contre le tiers responsable, mais non contre l'armateur, même coupable d'une faute inexcusable. La décision, qui va à l'encore des exigences de sécurité du droit contemporain, est justement critiquée par Patrick Chaumette (71). La jurisprudence la plus récente tend par ailleurs à n'admettre l'action de la victime qu'en cas de faute intentionnelle (Cass. 16 mai 1979, *DMF* 1979.652). Elle refuse aussi au marin accidenté tout recours devant la Commission d'indemnisation des victimes d'infraction (Cass. 20 mars 2008, *DMF* 2009.918, obs. P. Chaumette).

Les prestations de Sécurité sociale versées pour maladie à bord sont légèrement plus avantageuses en matière maritime que celles du droit commun. C'est ainsi que les frais d'hospitalisation sont intégralement remboursés (mais non les frais pharmaceutiques). Mais surtout, en cas de décès du marin malade, une pension peut être attribuée à la veuve si la maladie cause du décès pouvait, par sa nature et compte tenu de la navigation exercée, avoir son origine dans un risque professionnel maritime.

Le marin devenu invalide a droit à une pension égale à 50 % du salaire annuel forfaitaire. En cas de décès, une pension de réversion est versée à la veuve, si, là aussi, l'invalidité pouvait avoir son origine dans un risque professionnel maritime.

S'agissant des pensions de retraite, nous relèverons que le droit à pension est acquis au marin qui a atteint 50 ans et 25 ans de service. La pension est égale à 50 % du salaire de base, lequel est plus élevé que le salaire de base du droit

(70) Là encore, voir les analyses de R. JAMBU-MERLIN, *Les gens de mer*, n°s 189 et s. ; P. CHAUMETTE, *Droits maritimes*, n°s 414 et s.

(71) Voir, dans le même sens, les obs. P. BONASSIES, *DMF* 2005, Hors-série n° 9, au n° 61.

commun. Une pension de réversion est ouverte à la veuve dans des conditions proches de celles du droit commun (72).

321. Régime social des marins du registre international. — La loi du 3 mai 2005 prévoit les mesures de protection sociale applicables aux marins employés sur un navire inscrit au RIF. Les navigants français relèvent du régime spécial français. Les navigants ressortissants d'un État de la Communauté ou d'un État membre de l'EEE doivent bénéficier d'une couverture sociale conforme aux règlements communautaires. Enfin les navigants ressortissants d'un autre État doivent bénéficier d'une protection contre les risques de maladie, d'accident du travail, de maternité, d'invalidité et de vieillesse qui ne peut être moins favorable que celle résultant des conventions de l'OIT. L'article 26, III de la loi prévoit à leur bénéfice une protection spécifique en cas de maladie ou accident à bord, proche de celle prévue par le Code du travail maritime pour les marins servant sur navire de « plein pavillon » français (*supra*, n° 314).

322. Marins français embarqués sous pavillon étranger. — Le régime français de Sécurité sociale ne couvre que les marins, français ou étrangers, embarqués sous pavillon français. Les difficultés de la marine marchande française ayant conduit nombre de marins français à servir sous pavillon étranger, le législateur s'est préoccupé de leur sort. Un premier texte du 2 novembre 1979 (*D.* 1979.372) avait prévu le maintien sous la législation française des marins détachés par un armateur français sur un navire étranger. Un décret du 3 mai 1988 (*D.* 1988.288) donne plus généralement à tout marin français servant sous pavillon étranger la faculté de s'assurer volontairement contre le risque vieillesse auprès de l'Établissement national des invalides de la marine (73). Par ailleurs, l'armateur étranger peut accepter, expressément voire même tacitement, d'appliquer la loi française au marin français qu'il engage (Cass. 16 nov. 1993, *DMF* 1994.472, note P. Chaumette).

323. Conclusion : l'affaiblissement du particularisme du droit social maritime. — Observé d'une manière générale (*supra*, n° 7), l'affaiblissement du particularisme du droit maritime est particulièrement sensible en droit social. Encore géré par une institution autonome, l'ENIM, le régime maritime des assurances sociales ne diffère plus que sur de rares points du droit commun. Nombre d'institutions du droit social commun ont été étendues aux marins. D'une manière plus générale, l'Assemblée plénière de la Cour de cassation, infirmant la position d'abord adoptée par la Chambre sociale, a posé la règle « *qu'en l'absence d'une loi particulière* », les dispositions du Code du travail

(72) Sur le droit à la retraite d'un marin déclaré inapte, voir Cass. 11 décembre 2007, *Rev. Scapel* 2007.117 et obs. P. BONASSIES, *DMF* 2009, Hors-série n° 13, au n° 47.

(73) Sur ce texte, voir obs. P. BONASSIES, *DMF* 1989.6. — Sur les problèmes posés par la détermination du régime applicable à un marin étranger employé sur un navire étranger, voir, en dernier, Rouen, 5 déc. 1991, navire *Diamond*, *DMF* 1992.377, n. P. CHAUMETTE et obs. et réf. P. BONASSIES, *DMF* 1993.24.

s'appliquaient pleinement aux marins, s'agissant dans l'affaire soumise à la Cour du droit au reclassement d'un marin victime d'un accident du travail (74).

324. Appendice : les passagers clandestins. — De l'équipage, on peut rapprocher les passagers clandestins, qui se sont multipliés à bord des navires touchant les ports français dans la dernière décennie et qui ont donné lieu à une abondante jurisprudence, laquelle ressortit plus à la théorie des libertés publiques qu'au droit maritime (75). Pleinement soumis à bord à l'autorité du capitaine, leur sort ne soulève de problème juridique particulier que lorsqu'ils sont remis à l'autorité publique. Les tribunaux sont très réservés sur leur maintien à bord jusqu'à leur retour dans leur pays d'origine — solution préférée de l'administration (voir Tribunal administratif de Montpellier, 3 juill. 1998 et Conseil d'État, 29 juill. 1998, *DMF* 1999.1013, note L. Janbon).

(74) Assemblée plénière 7 mars 1997, *DMF* 1997.377, concl. Y. CHAUVY et, appliquant la règle ainsi dégagée, Cass. soc. 28 oct. 1997, *DMF* 1998.242, obs. M. MORIN ; voir aussi, pour l'application du droit commun à un marin handicapé, Cass. 28 mars 2000, *DMF* 2000.704, obs. P. CHAUMETTE. Comp. toutefois, écartant les dispositions du Code du travail, mais en raison des textes propres au droit maritime en matière de « délégués de bord », Paris, 19 sept. 1997, *DMF* 1998.906, n. P. CHAUMETTE ; pareillement favorable à l'application exclusive des règles du droit du travail maritime, Cass. 15 novembre 2007, *DMF* 2008.725, obs. CHAUMETTE.

(75) Sur le problème en général, voir notamment H. DAOULAS, « La question des passagers clandestins, bilan et perspectives », *DMF* 1997.675.

SOUS-TITRE 2

LES MODALITÉS DE L'EXPLOITATION DU NAVIRE PAR L'ARMATEUR (1)

325. Les options économiques fondamentales. — L'action de l'armateur implique d'abord des options d'ordre économique, options ressortissant à la « politique de l'entreprise ». Dans le domaine maritime, ces options peuvent s'exercer pour l'entreprise dans son entier, mais elles s'exercent aussi navire par navire. Un armateur qui a une flotte de dix bâtiments peut adopter des options différentes pour tel ou tel de ses navires.

Du point de vue économique, on peut distinguer des modes directs d'exploitation et des modes semi-directs.

326. Mode direct d'exploitation. Mode semi-direct. — Mode direct, l'armateur peut utiliser lui-même son navire pour des opérations de transport qu'il organise et dirige personnellement. Mais ces opérations ne sont pas nécessairement homogènes. Il faut, en effet, distinguer deux types d'opérations de transport.

L'armateur peut affecter son navire à un trafic régulier, à un trafic de ligne, par exemple la ligne Marseille-Casablanca. On dira alors souvent que son navire est un *liner*. À ce type économique d'exploitation, correspond largement un modèle juridique, celui du contrat de transport de marchandises (*infra*, n°s 880 et s.).

L'armateur peut aussi affecter son navire à des opérations de transport au coup par coup. Par exemple, il acceptera l'offre d'un négociant qui cherche un navire pour transporter 10 000 tonnes de blé de Montréal à Marseille. On dira alors qu'il affecte son navire à des activités de *tramping*. À ces opérations correspond un

(1) Il ne sera pas traité, dans le présent ouvrage, de l'exploitation (ou utilisation) des *navires de plaisance*, matière devenue trop spécifique avec le développement des textes administratifs, français et communautaires la concernant (le lecteur intéressé trouvera des informations de qualité dans la rubrique Ports – Littoral – Plaisance de la revue *Le droit maritime français*). Nous nous bornerons, quant à nous, à observer que, si des textes particuliers existent, s'agissant de la construction et de l'utilisation de ces navires, la navigation de plaisance est en principe soumise au même régime juridique que la navigation au commerce. Toutes les grandes règles du droit maritime s'appliquent à la plaisance, qu'il s'agisse des règles concernant les pouvoirs et responsabilités du capitaine (qui devient le *skipper* du navire de plaisance), du régime de la responsabilité du propriétaire de navire, du régime de l'assistance maritime ou de celui de la saisie des navires. Seule l'assurance maritime échappe à la règle : les contrats ayant pour objet de garantir les risques relatifs à la navigation de plaisance sont soumis au régime des assurances terrestres (art. L. 171-5 du Code des assurances).

régime juridique différent de celui du transport maritime, le régime de l'affrètement au voyage (*infra*, n°s 758 et s.).

Mode semi-direct d'exploitation du navire, l'armateur, tout en conservant la direction technique et nautique du navire, mettra celui-ci avec son équipage à la disposition d'un autre opérateur maritime. Une situation de ce type se présente lorsqu'un armateur, qui ne désire pas faire l'acquisition d'un nouveau navire, voit ses besoins en moyens de transport augmenter, parce qu'il bénéficie d'un marché important devant s'étaler assez longuement dans le temps. Il va alors conclure un affrètement à temps (*infra*, n°s 820 et s.), ce pour une durée de 3 mois, 6 mois, un an ou plus, auprès d'un armateur qui, lui, dispose d'un navire disponible (2).

327. Libéralisme originaire. Évolution. — Dans l'économie maritime classique, une fois telle ou telle option adoptée, l'armateur était entièrement libre de son action. Qu'il s'agît de transport maritime de marchandises, d'affrètement au voyage ou d'affrètement à temps, il déterminait librement ses prix, sous la seule pression de la concurrence. S'il effectuait des opérations de transport maritime ou d'affrètement au voyage, il choisissait librement ses trafics. Alors régnait le modèle du *free flow of shipping*.

Cependant, dès la fin du XIXe siècle, les armateurs avaient eux-mêmes limité leur liberté sur les lignes régulières, en concluant entre eux des accords dénommés *conférences maritimes*. Pareillement, certains États limitaient depuis longtemps la liberté du commerce maritime pour certains transports effectués à partir de leurs ports, notamment en matière de cabotage national. Aujourd'hui, les limites ainsi instituées par les politiques maritimes étatiques, après s'être multipliées, tendent à s'effacer en raison de la constitution d'ensembles économiques intégrés, telle l'Union européenne, puis du phénomène de la mondialisation. Il convient d'étudier d'abord ces limites, avant de s'interroger sur les limites contractuelles que les armateurs se sont imposées à travers les conférences maritimes, comme aujourd'hui à travers des structures nouvelles, celles des *consortiums*.

(2) Il est à noter que les diverses situations envisagées ici sont différentes de la situation où le propriétaire d'un navire, désirant seulement recueillir des profits financiers, va affréter ledit navire « coque-nue » à un tiers, ou le lui confier totalement en gérance. Pour cette dernière situation et les problèmes qu'elle pose, voir *supra*, n°s 277 et s. Différente aussi est la situation de l'opérateur spécialisé qui décide de s'engager dans des opérations de transport maritime, sans vouloir assumer les charges d'un armateur propriétaire ou exploitant de navires. Il réalisera son objectif en louant des espaces sur des navires exploités par d'autres (ce par le jeu d'affrètements au voyage, ou d'affrètements à temps parties). Aujourd'hui, un tel opérateur, qui n'est pas armateur, prend la qualification de n.v.o.c.c. (*non vessel owner common carrier*, ou *non vessel operator common carrier* voir *infra*, n° 951).

CHAPITRE 1

LES RESTRICTIONS D'ORIGINE ÉTATIQUE À LA LIBERTÉ DU COMMERCE MARITIME

Ces restrictions peuvent prendre les formes les plus diverses. Certaines résultent de réglementations unilatérales ; les autres de réglementations bilatérales ou multilatérales.

Section 1

Les réglementations unilatérales

328. Navigations réservées et transports réservés. — Nous avons déjà décrit les restrictions qui résultent pour les navires étrangers de la réglementation française (*supra*, n° 102). Des réglementations du même ordre existent dans de nombreux pays étrangers.

C'est le cas des nombreuses réglementations instituant un système de *navigations réservées*. Ainsi, au Maroc, les transports entre ports marocains, comme le remorquage dans les eaux marocaines sont réservés aux navires battant pavillon marocain. Aux États-Unis, tout le cabotage national, qui est très étendu puisqu'il comprend la navigation entre les ports de l'Atlantique et ceux du Pacifique par le canal de Panama, est réservé au pavillon américain.

De nombreux États connaissent également des systèmes de *transports réservés*. Le Brésil a longtemps réservé aux navires brésiliens le transport des marchandises importées. Les États-Unis réservent aux navires battant pavillon américain le transport des marchandises à destination des pays aidés par le gouvernement américain. L'Égypte, le Cameroun, l'Inde, l'Indonésie, entre autres, réservent au pavillon national le transport des « *cargaisons gouvernementales* » — cargaisons achetées ou vendues par l'État ou par des organismes publics.

Lors des longues discussions de l'*Uruguay Round*, ces réglementations ont fait l'objet de vives critiques, et il avait été envisagé de les éliminer dans le cadre du nouveau GATT. Mais, lors des ultimes réunions, les transports maritimes ont été exclus de la négociation. C'est donc seulement dans le cadre d'accords régionaux, et en particulier entre États membres de l'*Union européenne* que navigations réservées et transports réservés ont pu être pour l'essentiel abolis (1). Mais le débat n'est pas clos, et de nouvelles négociations tendant à la disparition des réglementations ici évoquées sont en cours ou envisagées dans le cadre de l'OMC (Organisation mondiale du commerce).

Section 2

Les réglementations bilatérales et multilatérales

329. Réglementations bilatérales. Accords de trafic. — Les réglementations unilatérales présentent un grave inconvénient dans les trafics internationaux. Si chaque État prétend réserver aux navires battant son pavillon le transport des marchandises au départ ou à destination de ses ports, on risque d'arriver très vite à un blocage. C'est la raison pour laquelle est apparue l'idée des réglementations bilatérales.

De nombreux pays ont, par accord international, longtemps réglementé les transports entre leurs ports, réservant 50 % de ces transports aux navires battant le pavillon de chacun d'eux. C'est ainsi que, dès 1962, un accord a été signé entre la France et l'Algérie pour une répartition des cargaisons selon la règle des 50/50, accord remplaçant la règle antérieure qui était celle du privilège du pavillon français. Cet accord a été dénoncé en août 1987 par l'Algérie, laquelle a toutefois conclu un accord similaire avec l'Italie (*supra*, n° 131, note 9). Des accords du même ordre ont été conclus par la France avec la Tunisie, la Côte-d'Ivoire et d'autres pays d'Afrique.

Mais cette réglementation bilatérale elle-même a été critiquée comme trop rigide. Aussi, une réglementation multilatérale, plus souple, a-t-elle été tentée dans le Code de conduite des conférences maritimes.

330. Le Code de conduite des conférences maritimes. — En 1974, à l'initiative de la CNUCED, dont on sait le rôle primordial qu'y jouent les pays en voie de développement, a été adoptée à Genève une Convention portant Code de conduite des conférences maritimes. L'intitulé de cette convention est quelque peu trompeur. Car la Convention de 1974 est beaucoup plus qu'un Code de conduite.

Certes, elle inclut des règles destinées à guider le comportement des conférences maritimes, règles qui seront étudiées ci-après (*infra*, n° 343). Mais elle inclut aussi une règle de *partage des trafics*. L'article 2 du Code de conduite

(1) Voir *supra*, n°s 130 et s.

institue en effet un système appelé le système des 40/40/20. Ce système exprime l'idée que, sur un trafic donné, par exemple le trafic France-Sénégal, 40 % des marchandises transportées par une conférence doivent l'être sur les navires battant pavillon de l'un des États concernés, ici des navires français, 40 % sur des navires battant pavillon de l'autre État concerné, ici des navires sénégalais, 20 % enfin sur des navires battant pavillon tiers.

Dans l'idée des rédacteurs du Code de conduite, comme d'ailleurs dans les termes de ce texte, la règle des 40/40/20 ne devait s'appliquer qu'aux trafics réguliers (*liners*), et de surcroît aux seuls trafics de transport organisés en conférences. Mais, ultérieurement, de nombreux pays signataires du code ont demandé que cette règle soit étendue à l'ensemble du trafic maritime, y compris les trafics hors conférence et même y compris les trafics de *tramping*.

Le Code de conduite a été à ce jour ratifié par plus de soixante États, et est en vigueur depuis le 6 octobre 1983. En ce qui concerne la France, une loi du 21 mai 1985 en a autorisé la ratification, tandis qu'une loi du 22 mai 1985 a prévu les modalités de son application. La ratification est intervenue le 25 septembre 1985, et le code a été publié par décret du 1er septembre 1987 (*JO* 3 sept. 1987).

Parmi les nombreuses questions posées par la mise en œuvre du Code de conduite, deux problèmes retiendront notre attention, celui de l'harmonisation entre le Code de conduite et les règles du droit communautaire et celui du conflit entre les dispositions du code et celles de certains accords bilatéraux existant à ce jour.

331. Code de conduite et droit communautaire. — Le Code de conduite prévoit la répartition des trafics selon un critère national. Or, dans la Communauté européenne, le principe est celui de la non-discrimination entre les entreprises des États membres. L'adhésion au Code de conduite, tel qu'il était rédigé, aurait donc certainement été contraire aux fondements mêmes de la Communauté. C'est la raison pour laquelle le Conseil des communautés a promulgué le règlement du 15 mai 1979 (*JOCE* L. 121, 17 mai 1979).

Ce règlement prévoyait que les États membres, en ratifiant le code, devraient faire une double réserve. Ils devaient d'abord se réserver le droit de ne pas appliquer les dispositions du code dans les trafics intercommunautaires. La règle des 40/40/20 ne pouvait donc pas jouer pour les transports entre la France et la Grande-Bretagne, ou encore l'Italie et la Grèce. Les États membres devaient, en second lieu, se réserver le droit de mettre en commun les parts de trafic attribuées aux pavillons de la Communauté. Par exemple, les 40 % du trafic France-Sénégal réservés aux navires français devaient être éventuellement partagés par ces navires avec les navires des autres États de la Communauté — et réciproquement pour les trafics Allemagne-Sénégal, Italie-Sénégal, etc.

Le texte du règlement de 1979 va toutefois plus loin. Sous l'influence de l'OCDE, il tend à élargir l'espace maritime communautaire à l'ensemble des États de l'OCDE (États de la Communauté, États nordiques, États-Unis, Canada, Japon, etc.). Il prévoit en effet que la réserve de ne pas appliquer le code dans les trafics intercommunautaires sera étendue aux autres États membres de l'OCDE — sous condition de réciprocité toutefois. On peut penser qu'une telle extension, qui risquait de dissoudre l'espace communautaire dans un espace Atlantico-Pacifique ne s'imposait pas. La réserve communautaire a été appliquée par la France. Le décret de ratification du 1er septembre 1987 s'accompagne ainsi du texte de la réserve (2).

Le règlement de 1979 a été abrogé par un règlement du 11 décembre 2007 (*JOUE* L. 332, 18 décembre 2007). Ce texte, qui n'impose pas aux États membres de retirer leur adhésion au Code de conduite, n'est pas sans poser problème (3).

332. Problèmes posés par le Code de conduite. — Le Code posait de nombreux problèmes, qui ne seront ici qu'effleurés, eu égard à la désuétude qui a frappé ce texte. Le premier est celui de la notion de *compagnie nationale*. Pour ce qui est des États membres de la Communauté économique, une telle définition aurait dû être établie par les institutions communautaires, étant d'intérêt commun. Mais le projet de règlement préparé par la Commission à cet effet il y a deux décennies n'a pas encore été adopté par le Conseil.

La France, quant à elle, a donc édicté sa propre définition, par la loi du 22 mai 1985 complétée par un décret du 21 octobre 1987 (*D.* 1985. 313 et 431, et obs. P. Bonassies, *DMF* 1986.8 et 1988.14). Sera considérée comme compagnie française, pour l'application du Code, toute compagnie ayant son siège social en France, contrôlée par des intérêts français (ou communautaires), et faisant usage à titre habituel et principal de navires battant pavillon français (4).

Un autre problème est celui des accords bilatéraux conclu entre un État tiers et un État de la Communauté. Nombre de ces accords prévoyaient un partage des trafics sur la base 50/50. Dans le principe, ils devaient être ouverts aux compagnies des États tiers, pour respecter la règle des 40/40/20.

Mais la question la plus grave posée par le Code est celle de son application pratique. Démunie de flotte nationale suffisante, les pays en voie de développement étaient bien incapables en 1974 — et nombre d'entre eux le sont restés — d'assumer la part de trafic leur revenant. Ils ont donc dû mettre en place des mécanismes complexes leur permettant de tirer au moins un bénéfice financier du système. Dans la plupart des cas ces mécanismes autorisent le transport de la part « nationale » du pays concerné (Sénégal, Angola) par des navires battant pavillon étranger, en échange d'une compensation financière payée par chaque marchandise, ces contributions étant le plus souvent perçues par un organisme sis au port de départ. Le système engendre parfois des fraudes, toujours des lourdeurs. Dans un cas particulier, celui des *comités armatoriaux français*, il a fait l'objet de vives critiques de la Commission (*infra*, n° 351).

(2) Lorsqu'elle a été adoptée, la réserve communautaire a suscité quelques inquiétudes chez les États en voie de développement. Il semble bien qu'à ce jour ces réserves se soient fortement atténuées, peut-être en raison du succès très relatif du code.

(3) Voir P. Bonassies, *DMF* 2008, Hors-série n° 12, au n° 4 ; P. Chaumette, *Droits maritimes*, 214.16 ; voir aussi *infra*, au n° 341.

(4) Sur les critiques que l'on peut faire à ces textes, voir P. Bonassies cité au texte.

CHAPITRE 2

LES RESTRICTIONS CONTRACTUELLES À LA LIBERTÉ D'EXPLOITATION DU NAVIRE. CONFÉRENCES MARITIMES ET CONSORTIUMS (1)

333. Plan. — C'est un phénomène classique dans l'économie libérale que de voir les entreprises limiter elles-mêmes leur liberté d'action, pour éviter les conséquences de la concurrence. Les accords qui emportent semblables limites sont qualifiés d'*ententes*, et, dans la plupart des États, sont aujourd'hui soit interdits, soit en tout cas contrôlés. L'économie maritime n'ignore pas le phénomène, apparu à la fin du XIXe siècle sous la forme d'accords qualifiés de *conférences maritimes*. Plus récemment, des formes plus élaborées de coopération entre armateurs ont vu le jour, qui sont les *consortiums*.

Section 1

Les conférences maritimes

334. Les conférences maritimes. Notion. Histoire. — Une conférence maritime peut être définie comme un accord entre armateurs exploitant un trafic maritime donné, accord dont l'objet est de réglementer les conditions d'exploitation de ce trafic.

Les conférences maritimes sont un phénomène ancien. Il semble que la première conférence maritime eût été formée en 1875, sur le trafic Grande-Bretagne-Calcutta. Très vite, elles se sont multipliées et, en 2000, on comptait plus de 300 conférences maritimes, dont près de 100 pour les seuls ports des États-Unis, leur nombre ayant depuis sensiblement diminué.

Il importe d'étudier d'une part la structure des conférences maritimes, d'autre part le régime juridique qui leur est appliqué.

(1) Sur le droit maritime de la concurrence en général, voir G. ATANASSIOU, *Aspects juridiques de la concurrence maritime*, 1996 ; R. CONFAVREUX, *Le droit de la concurrence et les transports maritimes*, 1998 ; B. RAJOT, *Transports maritimes et concurrence communautaire*, 2001.

§ 1. — *La structure des conférences maritimes*

335. Structure générale des conférences maritimes. — Les conférences maritimes étant formées à l'initiative des armateurs exploitant un certain trafic, il n'existe pas de conférence maritime pour toutes les routes maritimes. En fait, la plupart des grands trafics maritimes sont concernés par le système des conférences. Il existe alors une conférence pour chaque trafic, et parfois une conférence pour chaque sens (par exemple Grande-Bretagne-Brésil, Brésil-Grande-Bretagne), les mêmes armateurs étant normalement membres des deux conférences.

Les conférences maritimes constituent, par ailleurs, des accords presque toujours multinationaux. On y retrouve en général des armateurs nationaux des États concernés, (par exemple, armateurs britanniques, armateurs brésiliens pour une conférence Brésil-Grande-Bretagne), mais aussi, en nombre variable, des armateurs tiers.

Tous les armateurs exploitant un trafic donné ne sont pas toutefois membres de la conférence couvrant ce trafic. Comme nous l'avons relevé, certains restent en dehors de la conférence, ce sont les *outsiders*.

336. Diversité des conférences. Accords de fret. Accords de trafic. — La caractéristique fondamentale des conférences maritimes est sans doute leur diversité. Les accords de conférence sont en effet d'une extrême variété.

Il est toutefois un élément que l'on retrouve dans toute conférence, c'est un accord de fixation de taux minima de fret. Les armateurs membres de la conférence s'entendent pour établir un tarif, souvent très complexe, définissant — catégorie de marchandises par catégorie de marchandises — les taux de fret applicables sur la relation concernée (par exemple, 50 dollars la tonne pour le transport d'acier de Grande-Bretagne au Brésil). Pour assurer la gestion du système, il est établi un secrétariat central au siège de la conférence. Ce secrétariat est notamment compétent pour accorder aux membres de la conférence des dérogations à leur obligation de respecter le tarif conférence. Le plus souvent, sont également institués des secrétariats locaux qui contrôlent, parfois avec une extrême rigueur, l'application du tarif conférence. En cas d'infraction, l'armateur coupable est passible d'une amende ou de dommages-intérêts.

D'autres accords de conférence vont beaucoup plus loin dans l'organisation du trafic. Ils définissent le nombre de navires que chaque armateur peut mettre en ligne. Ils fixent les escales que chacun doit respecter et la fréquence des voyages ou des dessertes.

337. Accords de *pool*. — Enfin, les accords les plus complets établissent entre les membres de la conférence une véritable association de fait (juridiquement on devrait dire une véritable société de fait), encore qu'une conférence n'ait en principe jamais la personnalité morale. Ce sont les conférences qui s'accompagnent d'un *accord de pool*.

Différents accords de *pool* sont possibles. Il y a les *pools* de cargaison (*pool cargo*) : aux termes de l'accord, chaque armateur a le droit de transporter un certain pourcentage des marchandises confiées à l'ensemble du *pool*. Une fois ce pourcentage atteint, il doit en principe refuser de charger la marchandise, ou alors s'exposer à des pénalités. Dans le *pool* de recette (*pool money*), ce sont les recettes réalisées par l'ensemble des participants sur la totalité du fret qui sont partagées selon des pourcentages déterminés à l'avance. Certains accords enfin comportent à la fois un système de *pool* de cargaison et un système de *pool* de recettes.

338. Mécanismes de fidélité. — L'accord de conférence, même lorsqu'il concerne seulement un accord sur les taux de fret, s'accompagne le plus souvent d'un mécanisme de fidélité destiné à retenir les chargeurs comme clients de la conférence. Ces clients sont invités à souscrire avec les membres de la conférence un accord de fidélité. En contrepartie de leur engagement de réserver aux navires des armateurs membres de la conférence la totalité de leurs expéditions, ils se voient promettre des ristournes, par exemple de 5 % ou 8 % du taux du fret. Ces remises peuvent leur être accordées immédiatement, à l'occasion de chaque chargement, mais elles sont très souvent différées en fin d'année. Ou encore, ce sont des doubles taux de fret qui sont institués (*dual rate system*), les clients fidèles bénéficiant de taux réduits.

339. Appréciation du système des conférences. — Le système des conférences maritimes a incontestablement des aspects positifs. Dans la situation de crise que connaît depuis longtemps le transport maritime, il permet d'éviter une concurrence excessive, laquelle serait mortelle à de nombreux armateurs et entraînerait finalement une concentration extrême, destructrice de toute concurrence. Il procure même certains avantages aux chargeurs, notamment dans la mesure où des ports isolés, ou géographiquement mal situés, peuvent être desservis par les navires d'une conférence, chaque armateur étant assuré de ne pas être mis en situation désavantageuse en acceptant de servir de tels ports.

Mais le système présente aussi des aspects négatifs. L'absence de concurrence laisse se développer des taux de fret qui peuvent être excessifs. On reproche aussi aux conférences maritimes la rigidité de leur gestion. Souvent des délais très longs sont nécessaires pour qu'un chargeur qui veut continuer à bénéficier de sa ristourne de fidélité obtienne une dérogation à l'obligation de charger sur un navire de la conférence, alors qu'il ne trouve pas de place sur les navires de celle-ci. Enfin, dans le système économique qui est celui des pays développés où la concurrence est considérée comme le moyen normal du progrès économique, un secteur aussi important que le secteur maritime ne pouvait échapper à la loi de la concurrence.

§ 2. — *Le régime juridique des conférences maritimes*

340. Principes. Évolution historique. — D'un point de vue juridique, les conférences maritimes sont incontestablement des accords entre entreprises ayant pour objet et pour effet de restreindre la concurrence. Elles constituent donc des *ententes*, au sens du droit de la concurrence. Elles ont cependant longtemps échappé aux règles de ce droit, soit que leur caractère international les eût protégées, encore que l'on n'aperçoive aucun fondement valable à une telle protection, soit que les États eussent entendu les ménager, pour ne pas affaiblir la situation, toujours difficile, de leurs armements nationaux. Elles ont toutefois depuis longtemps été l'objet d'un strict contrôle de l'administration aux États-Unis, tandis qu'aujourd'hui, des régimes de contrôle se sont mis en place, tant au plan international qu'au plan communautaire.

341. Le droit américain. — Ce sont les États-Unis qui ont, les premiers, réglementé les conférences maritimes. La chose ne saurait étonner, si l'on constate que les États-Unis ont toujours été un pays de chargeurs. Dans les années 1910, le problème se posa de savoir si les règles du droit de la concurrence, telles qu'exprimées par le *Sherman Act* de 1890, devaient être appliquées aux transports maritimes. Une telle application eût entraîné immédiatement la proclamation de l'illégalité des conférences. La chose parut impossible, et une solution de transaction fut adoptée. Le *Shipping Act* de 1916 imposa aux armateurs membres d'une conférence maritime l'obligation de notifier leur accord à l'administration maritime, tout accord de conférence non notifié étant de droit illégal. L'administration pouvait interdire toute clause de l'accord qu'elle jugeait discriminatoire, injuste ou contraire aux intérêts commerciaux des États-Unis. La réglementation américaine, déjà aggravée en 1961 par le *Bonner Act*, a été modifiée par une loi du 20 mars 1984, accroissant les obligations des conférences maritimes pour tenir compte de l'adoption du Code de conduite de 1974.

La réglementation américaine a été largement appliquée par l'administration américaine aux armateurs étrangers membres d'une conférence desservant les États-Unis. Cette application a entraîné un grave conflit international. L'administration américaine a, en effet, prétendu exercer un contrôle très strict sur la gestion des armements étrangers, leur ordonnant, par injonctions assorties de sanctions pénales, de lui communiquer tous leurs documents financiers et commerciaux. De nombreux législateurs sont alors intervenus pour s'opposer à l'action de l'administration américaine. En France, une loi du 26 juillet 1968, complétée par un décret du 6 janvier 1969, a interdit aux armateurs français la communication à toute autorité étrangère de tout document du commerce maritime — le texte visant à peu près exclusivement à faire obstacle aux pratiques de la *Federal Maritime Commission* américaine.

342. Le Code de conduite et les conférences maritimes. Principes. — Nous avons vu que le *Code de conduite* des conférences maritimes adopté par la CNUCED en 1974 institue indirectement un régime de partage des cargaisons (*supra*, n° 330). Mais le texte, ici plus fidèle à son intitulé, contient aussi une véritable réglementation des conférences maritimes, réglementation qui s'exprime tant par des principes que par quelques règles précises concernant le fonctionnement des conférences.

Des principes. C'est d'abord le principe d'*ouverture* des conférences maritimes. Le code énonce ici que toute compagnie nationale a le droit d'être membre à part entière d'une conférence qui assure le trafic extérieur de son pays, sous réserve qu'elle soit en mesure de participer effectivement à ce trafic et que, bien évidemment, elle accepte les règles de la conférence.

C'est ensuite le principe de *coopération*, tant avec les chargeurs qu'avec les États concernés par les conférences maritimes. Coopération avec les chargeurs : les conférences doivent mettre en place un mécanisme de consultation. Ce mécanisme doit permettre de consulter des organisations de chargeurs (conseils de chargeurs) sur toutes les questions d'intérêt commun, et en particulier sur les modifications du niveau général des taux de fret, comme sur la structure des accords de fidélité. Coopération avec les États : les autorités des États concernés par la conférence ont le droit de participer pleinement aux consultations ouvertes par la conférence, sans toutefois pouvoir en droit jouer un rôle dans l'adoption des décisions.

Principe de *transparence* enfin : les tarifs, barèmes, règlements des conférences maritimes doivent être mis à la disposition des chargeurs et pouvoir être consultés dans les bureaux des compagnies maritimes. De surcroît, les conférences doivent remettre chaque année aux organisations les chargeurs des rapports sur leurs activités, rapports qui doivent être communiqués, sur demande, aux autorités des pays concernés.

343. Réglementation du fonctionnement des conférences. — Le Code de conduite édicte en second lieu une série de règles plus précises. C'est ainsi qu'aux termes de son article 12, les *taux de fret* doivent être fixés au niveau le plus bas qui soit possible du point de vue commercial, sous réserve qu'ils permettent aux armateurs de réaliser un profit raisonnable. Les barèmes des frets ne doivent pas, par ailleurs, établir de discrimination. Ils doivent traiter d'une manière identique les chargeurs se trouvant dans une situation similaire.

Le Code de conduite institue d'autre part un système de *préavis* en cas d'augmentation de fret. Aux termes de son article 14, les conférences doivent aviser les organisations de chargeurs et, quand cela est prévu par les textes nationaux, les autorités compétentes des pays desservis par la conférence, de leur intention d'appliquer une augmentation générale des taux de fret. Cet avis doit être donné 150 jours au moins à l'avance. L'objet de la règle est de permettre d'ouvrir des consultations entre conférence et organisations de chargeurs. Toutefois la règle du préavis ne s'applique pas aux surtaxes exceptionnelles rendues nécessaires par une augmentation subite ou extraordinaire des coûts (par exemple, comme en décembre 1973, l'augmentation brutale du coût du carburant). Enfin, aucune nouvelle augmentation des taux de fret ne doit intervenir pendant un délai fixé par la conférence, lequel délai ne peut être inférieur à dix mois.

Le Code de conduite réglemente enfin les *accords de fidélité*. Il prévoit que ces accords doivent stipuler de manière explicite les droits et obligations des chargeurs comme ceux des compagnies maritimes, notamment quant au montant des dommages-intérêts contractuels frappant les chargeurs qui n'auraient pas respecté leur engagement de fidélité. Il prévoit aussi que la responsabilité d'un chargeur pour non-respect de la clause de fidélité ne pourra jouer que pour les cargaisons dont le chargeur contrôle le transport. Ainsi, le chargeur qui réalise une opération d'exportation sous le régime de la vente FOB, ne pourra pas se voir reprocher par la conférence de ne pas avoir chargé sur un navire-conférence, parce que, précisément, il n'est pas maître du choix du transporteur, le transport, dans ce type de vente, étant pris en charge par l'acheteur.

344. Le droit communautaire et les conférences maritimes. Le règlement du 31 décembre 1986. — En ce qui concerne le droit communautaire, nous savons que, depuis l'arrêt de la Cour de justice du 4 avril 1974, on était fondé à penser que les articles 85 et 86 du Traité de communauté économique (art. 81 et 82 du Traité d'Amsterdam) — textes qui interdisent, quand le commerce entre États membres est susceptible d'en être affecté, d'une part toute entente, c'est-à-dire tout accord restrictif de la concurrence, d'autre part tout abus de position dominante — étaient susceptibles de s'appliquer en matière maritime (*supra*, n° 126). Les conférences maritimes constituant des *ententes*, comme des entités susceptibles de commettre des *abus de position dominante*, il y avait peu de doute qu'elles ne ressortissaient à ces textes. Concrètement cependant, la légalité communautaire des actions d'une conférence maritime n'a jamais été mise en cause avant 1987, ni devant la Commission, ni devant les tribunaux des États communautaires (2).

Quoi qu'il en soit, après la promulgation du Code de conduite, les États et les institutions de la Communauté ont pris conscience de la nécessité de réglementer au niveau communautaire les conférences maritimes, la nécessité de telles réglementations nationales ou régionales étant d'ailleurs inscrite en filigrane dans le Code de conduite. La Commission a donc déposé en 1981 auprès du Conseil des communautés une proposition de règlement, modifiée en 1984 et définitivement adoptée par le Conseil le 31 décembre 1986 (règlement n° 4056/86, *JOCE* 378-86, 31 déc. 1986.4).

L'objet de ce règlement était d'abord de combler le vide du droit antérieur, vide manifesté par l'arrêt *Asjes* de la Cour de justice (*supra*, n° 126), en déterminant les modalités d'application des articles 85 et 86 (art. 81 et 82 nouveaux) aux transports maritimes. Seinspirant du règlement de base du droit communautaire de la concurrence, le règlement n° 17 du 6 février 1962, il prévoyait que la Commission pourrait être saisie d'une infraction aux règles des articles 85 et 86 (articles 81 et 82 nouveaux) soit par un État, soit par toute personne faisant valoir un intérêt légitime (en fait une entreprise communautaire ou étrangère à la Communauté lésée par l'entente), mais aussi qu'elle pourra se saisir d'office, une procédure de notification volontaire étant également prévue.

(2) La raison de cet état de choses résultait certes de l'absence en la matière de règles procédurales précises (*supra*, n° 126). Mais il était aussi la conséquence de la timidité des organisations de chargeurs, ou de leur souci de ne pas porter un coup trop brutal à des institutions qui présentent certains aspects positifs.

Il conférait aussi à la Commission les pouvoirs les plus larges en matière d'enquête, comme le pouvoir de contrôler tous les livres ou documents des entreprises concernées, de demander toutes explications, d'accéder à tous locaux (art. 18). Si la Commission constatait une infraction aux règles de concurrence, elle pouvait obliger les entreprises à y mettre fin et prononcer à leur encontre une amende administrative pouvant atteindre un million d'écus (aujourd'hui un million d'euros), et pouvant être portée à 10 % du chiffre d'affaires réalisé au cours de l'exercice social précédent. Mais l'objet principal du règlement était d'accorder aux conférences maritimes une *exemption* à l'interdiction de principe frappant les ententes.

345. L'exemption accordée aux ententes. — Dans une approche classique en droit communautaire des ententes, le règlement de 1986 excluait d'abord de son domaine certains accords techniques ou commerciaux, considérés comme ne ressortissant pas à la notion d'entente. Il en était ainsi tout d'abord des accords prévoyant l'application uniforme de normes ou de types pour les navires, le matériel, et les installations fixes (par exemple les accords de normalisation des conteneurs et des installations des navires porte-conteneurs). De tels accords étaient considérés, très justement d'ailleurs, comme n'entraînant aucune restriction sensible à la concurrence, échappant de ce chef tant à l'article 85 (art. 81) qu'à la réglementation des conférences maritimes. La même exclusion s'appliquait aux accords d'échange ou d'utilisation en commun, pour l'exploitation des transports, de navires, d'espaces sur les navires ou de *slots* (emplacements de conteneur) ou autres moyens de transport de personnel, de matériel ou installations fixes (3). Autre dernier type d'accord exclu du domaine du règlement : les accords de coordination des horaires de transport sur des itinéraires successifs (une compagnie B, laquelle effectue des transports du pays B vers le pays C, acceptant de coordonner les horaires de ces transports avec ceux d'une compagnie A effectuant des transports du pays A au pays B). Mais la disposition la plus importante du règlement était celle qui exemptait les *conférences maritimes* de l'interdiction édictée contre les ententes par le droit communautaire.

On sait que le droit communautaire, tout en posant, dans l'article 85-1 (art. 81-1) du Traité de communauté économique le principe de l'interdiction des ententes, énonce dans l'article 85-3 (art. 81-3) que certaines ententes peuvent être relevées de cette interdiction, dès lors qu'elles apparaissent promouvoir le progrès économique ou technique, leurs éléments positifs l'emportant sur la restriction à la concurrence qu'elles impliquent. Constatant que les conférences maritimes « *exercent un rôle stabilisateur de nature à garantir des services fiables aux chargeurs ; qu'elles contribuent généralement à assurer une offre de services de transport maritime réguliers, suffisants et efficaces* » (exposé des

(3) Il y a là des éléments que l'on retrouve dans les accords de type *consortium*, ce qui donne à penser que, dans un premier temps, les autorités communautaires avaient pensé à exclure ces accords de leurs préoccupations. Mais l'opinion de la Commission a changé et, comme on le verra (*infra*, n° 359), c'est une réglementation très complète des consortiums qui a été promulguée.

motifs du règlement), les institutions communautaires ont estimé que les aspects positifs des conférences maritimes l'emportaient sur leurs effets négatifs. En application de l'article 85-3, une dérogation à l'interdiction frappant les ententes leur avait donc été accordée.

L'exemption accordée aux conférences était très large. Elle valait en particulier pour les conférences ayant seulement pour objet de fixer les prix et les conditions de transport. C'était là, dans le système communautaire, une chose exceptionnelle. En aucun autre domaine, en effet, le droit communautaire n'autorise les *accords de prix*. L'exemption accordée était cependant soumise à plusieurs conditions, s'inspirant largement des dispositions du Code de conduite. C'est ainsi que, conformément aux dispositions mêmes de ce code, il était prévu par l'article 5 du règlement que les conférences maritimes devraient organiser des consultations avec les usagers (chargeurs) sur les questions de principe général, les taux de fret, les conditions et la qualité des services. Pareillement, il était prévu que les barèmes, conditions et règlements de transport devront être mis à la disposition des usagers à un prix raisonnable et contenir toutes précisions sur les conditions de chargement et de déchargement et les services couverts par le fret. Comme le Code de conduite, le texte communautaire réglementait aussi de manière précise les accords de fidélité. Aux termes de son article 5, les accords de fidélité ne pouvaient porter que sur les marchandises pour lesquelles l'usager a le droit ou la possibilité de déterminer le transporteur en vertu du contrat de vente (contrats de type CAF pour le vendeur, de type FOB pour l'acheteur). Chaque conférence devait offrir aux usagers soit un système de ristourne immédiate, soit une option entre une ristourne immédiate, et un système de ristourne différée, le système prévoyant seulement une ristourne différée étant interdit. L'écart entre les ristournes immédiates et les ristournes différées ne peut être en aucun cas supérieur à 3 % du taux de fret. Dans le cas d'un système de ristourne différée, la période de fidélité à la fin de laquelle est accordée la ristourne ne peut excéder une durée de 6 mois. Enfin, les règles applicables en cas de délai d'attente doivent être définies avec précision.

Par ailleurs, le règlement de 1986 — règle spécifique au droit communautaire — interdisait aux conférences d'appliquer, pour le transport de marchandises identiques, des conditions et des prix différents selon le port de chargement ou de déchargement, ou le pays d'origine ou de destination, sauf justification économique. En revanche, à la différence du Code de conduite, le règlement communautaire ne contenait aucune disposition concernant directement les taux de fret. Cela ne voulait pas dire qu'il autorisait les conférences à agir discrétionnairement en la matière. L'application de taux excessifs eût été en effet considérée soit comme un « *effet incompatible avec les conditions prévues à l'article 85-3* » (art. 81-3) du Traité CEE (lequel exige une participation équitable des usagers au profit de l'entente), soit comme un *abus de position dominante*, toutes choses expressément prohibées par le règlement.

346. Application concrète de l'exemption. — En fait, l'exemption prévue par le règlement de 1986 n'a été accordée qu'une fois, dans une décision du

14 décembre 2002 concernant la conférence dite TAA (*Trans Atlantic Agreement, JOCE* L.26, 31 janv. 2003 ; *DMF* 2003, Hors-série n° 7, au n° 41). Sans doute a-t-il existé d'autres conférences maritimes régulièrement construites sur le schéma du règlement de 1986. Mais ce règlement ne prévoyant pas la notification obligatoire des conférences (à l'opposé du règlement n° 17 du 6 février 1962 pour ce qui est des ententes « terrestres »), aucune de ces conférences « impeccables » n'a été soumise à la Commission. À l'inverse, toutes les conférences ou expériences sur lesquelles elle s'est prononcée ont été condamnées. Ce fut le cas, entre autres, dans l'affaire des *Comités armatoriaux*, comme dans celle du *Trans Atlantic Agreement* (*TAA*).

Dans l'affaire des *Comités armatoriaux*, les armateurs concernés avaient mis en place, dans le cadre de la conférence MEWAC (Méditerrannée Est — Côte Ouest de l'Afrique) un système rigide de répartition des cargaisons selon les règles du Code de conduite (principe des 40/40/20 : voir *supra* n° 330). Ce système était géré dans la plupart des États de la Communauté européenne par des bureaux établis dans les ports par les organisations africaines de chargeurs et d'armateurs. En France, il était géré par un organisme français créé à cet effet, le *Secrétama*. Agissant comme correspondant des administrations des États africains intéressés au trafic, le *Secrétama* visait au départ les manifestes des navires (document récapitulant, lors de chaque voyage, la cargaison transportée), contrôlait le respect par chaque transporteur de la part de trafic à lui allouée et participait au prononcé d'amendes frappant les armateurs ayant dépassé leur quota. Saisie par la plainte d'un armateur danois, la Commission a, le 1er avril 1992, rendu une décision très sévère (*JOCE* L. n° 1992.134, 18 mai 1992). Elle a d'abord considéré que les accords à elle soumis ne pouvaient bénéficier de la dérogation prévue au bénéfice des conférences par le règlement 4056/86. Ils regroupaient des transporteurs « en conférence » et des transporteurs hors conférence, et de surcroît n'avaient pas pour objet de fixer prix et conditions de transport — ce qui est l'objet même d'une conférence. La Commission a ensuite constaté que ces accords portaient une grave atteinte à la concurrence, constituant une infraction aux dispositions de l'article 85 du Traité CEE, et ce sans pouvoir bénéficier des dispositions de l'article 85-3. En particulier, le progrès invoqué par les parties aux accords était contestable, les accords contenaient des restrictions non indispensables et donnaient à leurs membres la possibilité d'éliminer la concurrence.

La Commission a ensuite vu dans les pratiques en cause un *abus de position dominante*. Exploitant une part importante du trafic (part malheureusement non précisée dans la décision, pour respecter le « secret des affaires »), les transporteurs maritimes concernés étaient en position dominante. En appliquant une politique très restrictive d'admission de nouveaux membres, en ayant participé à la politique de sanction des États africains (la Commission refusant de prendre ici en considération l'argument des transporteurs qu'ils ne faisaient que se soumettre aux réglementations d'ordre public d'un État tiers), ils avaient commis des abus au sens de l'article 86 du Traité CEE.

Tirant la conclusion de ses constatations, la Commission a condamné les transporteurs maritimes en cause à des amendes allant de 2 400 écus à 11 620 000 écus (soit, aujourd'hui, leur équivalent en euros). De surcroît, elle a imposé au transporteur maritime le plus engagé dans le trafic en cause, le groupe Bolloré, l'engagement de se retirer de la conférence MEWAC, comme des autres conférences maritimes desservant l'Afrique, de retirer certains de ses navires du trafic africain et de temporairement limiter son action sur ce trafic (4).

Quant à l'affaire du *TAA*, elle concerne l'accord dit *Trans Atlantic Agreement*, conclu en 1992 entre la plupart des transporteurs desservant l'Atlantique Nord. Son objet était d'abord d'établir un tarif des taux de fret. Ce tarif n'était pas toutefois rigide à l'excès. D'une part, la possibilité était donnée aux membres du TAA de proposer des frets d'un taux inférieur au tarif (c'est l'*independant action* du droit américain), à condition de le signaler dix jours avant au secrétariat du TAA qui en informe les autres membres. D'autre part, des contrats de service à frets réduits pouvaient être conclus avec de gros chargeurs, pour un volume annuel minimum fixé d'abord à 250 conteneurs de vingt pieds, et ultérieurement ramené à 200 conteneurs. L'objet du TAA était ensuite de régir un programme de gestion de capacité (*capacity management program*), les membres de l'accord s'entendant pour ne pas utiliser toutes leurs capacités disponibles et fixant à l'avance, tous les trois mois, les capacités autorisées pour chacun d'entre eux, et d'autre part la quantité que chaque membre est autorisé à transporter.

Dans une décision du 19 octobre 1994 (5), la Commission a considéré que le TAA d'une part ne pouvait bénéficier de l'exemption de groupe prévue par le règlement 4056, d'autre part ne pouvait non plus bénéficier d'une exception individuelle telle que prévue par l'article 12, alinéa 4, du même règlement. Pour la Commission, le TAA n'était pas une véritable conférence au sens du règlement 4056, n'instituant pas un système strict, uniforme, de taux de fret, mais un système de taux non uniformes, système étranger aux « conférences traditionnelles », telles que, notamment, prises en considération par le Code de conduite de la CNUCED. En second lieu, le programme de réduction de capacité prévu par le TAA n'était pas non plus couvert par le règlement 4056. Certes, l'article 3 (d) du règlement vise, parmi les comportements autorisés en conférence la « *régulation de la capacité de transport offerte par chacun des membres* », mais, pour la Commission, « *cette notion de régulation des capacités se comprend dans le contexte des activités traditionnelles des conférences visant à permettre l'offre d'un service régulier, fréquent et fiable* » (point 363). Elle ne vaut que « *s'il s'agit d'ajustements à des fluctuations saisonnières ou conjoncturelles de la demande... elle ne vise pas des réductions ou des gels de capacité... qui ne sont*

(4) Pour des raisons diverses, la décision *Comités armatoriaux* n'a fait l'objet d'un recours devant les tribunaux communautaires ni de la part des entreprises condamnées, ni de celle de l'État français, lequel en avait pourtant, en droit, la faculté. On peut le regretter car, sans doute fondée quant à la condamnation de principe prononcée, cette décision prêtait sur plusieurs points à la critique (analyse très rigide des éléments de concurrence et, plus encore, obligations imposées au groupe Bolloré de se retirer du trafic avec l'Afrique, la Commission s'engageant ainsi elle-même dans une action de restriction de la concurrence). Pour une affaire proche de celle des Comités armatariaux, voir la décision *Cewal* du 23 décembre 1992, *JOCE* L. 34 du 10 février 1993.

(5) *JOCE* n° L. 376.1 du 31 décembre 1994.

pas liés à l'organisation ou à l'amélioration des services offerts ». Enfin, le TAA prévoyait la fixation des tarifs multimodaux. Or, pour la Commission, le règlement 4056 ne vise que les transports *maritimes*, et la fixation de tarifs concernant les segments terrestres inclus dans un transport multimodal ne peut être couverte par ledit règlement. Aussi bien, observe la Commission dans sa décision, le onzième considérant de l'exposé des motifs du règlement indique clairement « *qu'en matière de transports terrestres organisés par les transporteurs maritimes, ceux-ci restent soumis au règlement 1017/68* ». Et la fixation de tarifs concernant les segments terrestres n'est pas non plus couverte par le règlement 1017/68 du 19 juillet 1968 sur les transports terrestres.

S'agissant du refus d'une exemption individuelle, la Commission le justifie en confrontant le TAA avec chacune des quatre conditions inscrites, pour l'obtention d'une telle exemption, dans l'article 85-3 du Traité de CEE, texte auquel renvoie ici le règlement 4056 dans son article 11. Le TAA n'était porteur d'aucun progrès technique. Il ne bénéficiait pas aux usagers, les taux de fret ayant notablement augmenté pendant son application. Les restrictions l'accompagnant n'étaient pas véritablement nécessaires. Enfin aucune concurrence réelle n'existait sur le trafic concerné, ni entre les membres du TAA, ni du fait de concurrents extérieurs.

La décision de la Commission a fait l'objet de multiples recours devant le Tribunal de première instance des Communautés. Tous ces recours ont été rejetés, le Tribunal reprenant pour l'essentiel les analyses et conclusions de la Commission (28 févr. 2002, 3 arrêts, *Recueil* 2002.875, 1011 et 1125 ; *DMF* 2003, Hors-série n° 7, au n° 37). Entre-temps, la plupart des armateurs membres du TAA avaient soumis un nouvel accord à la Commission, accord où les restrictions à la concurrence avaient été fortement atténuées (ouverture élargie à la conclusion de contrats de service individuels ; restriction aux communications entre les armateurs ; communication des programmes de régulation de capacité à la Commission). Prenant la chose en considération, relevant aussi que les parties à l'accord étaient aujourd'hui soumises à un fort degré de concurrence interne et externe, la Commission, par décision du 14 décembre 2002, leur a accordé l'exemption demandée (*JOCE* L. 26, 31 janv. 2003 ; *DMF* 2003, Hors-série n° 7, au n° 41) (6).

347. Appréciation générale. Rigueur de la Commission. (7). — L'impression générale que l'on retire de l'étude de l'application par la Commission des règles de concurrence aux transports maritimes, c'est, à l'évidence, celle d'une grande rigueur.

Cette rigueur, on la perçoit déjà dans l'affaire des *Comités armatoriaux français*. Dans cette affaire, aucun argument n'a pu fléchir la Commission. C'est en vain que les armateurs en cause ont plaidé que la structure du trafic leur était

(6) Voir aussi, pareillement rigoureuse, la décision *Far East Trade Tariff*, 16 mai 2000, *JOCE* n° L. 268.1 du 20 oct. 2000.

(7) Pour une analyse plus approfondie, voir P. BONASSIES, observations au Colloque d'Anvers de novembre 1994, *Shipping Law Faces Europe* 1995.189.

imposée par les États africains. C'est en vain qu'ils ont fait valoir qu'en définitive les taux de fret étaient demeurés stables à partir de 1985, c'est-à-dire à une date antérieure à l'entrée en application du règlement 4056. Rigueur dans l'analyse, rigueur aussi dans la sanction, puisque l'amende de plus de 11 millions d'écus (équivalent euros) prononcée contre la compagnie française Delmas Vieljeux était à l'époque l'une des plus importantes prononcées par la Commission et, si l'on tient compte de la taille de l'entreprise, certainement la plus élevée.

Cette rigueur s'exprime pareillement dans la décision *TAA*. Elle s'y manifeste par une interprétation rigide, systématiquement réductrice des dispositions du règlement 4056. C'est ainsi que rien n'imposait à la Commission d'adopter la conception très étroite de la notion de conférence à laquelle elle se réfère. Il est très douteux que cette notion soit celle du Code de conduite. De surcroît, même si cela était, rien n'impose au droit communautaire d'adopter la notion de conférence maritime inscrite dans le Code de conduite. En 1986, quand le règlement sur les conférences a été adopté, le Code de conduite ne faisait pas partie du droit communautaire, n'ayant été ratifié ni par la Belgique, ni par l'Irlande, l'Italie et la Grèce — sans parler du Luxembourg, aujourd'hui lui aussi État maritime. Par ailleurs, rien, ni dans le règlement 645/79 concernant la ratification par les États membres du Code de conduite de 1974, ni dans le règlement 4056, n'établit de liaison contraignante entre la définition donnée des conférences maritimes par le code de la CNUCED et la définition communautaire des conférences. S'agissant d'un autre point important de la décision *TAA,* l'interprétation à donner aux termes « *régulation de la capacité de transport offerte à chacun des membres* » de l'article 3 du règlement 4056, on pourrait faire les mêmes observations. La référence que fait la Commission au Code de conduite et aux sources de celui-ci (rapport de la CNUCED publié en 1972) n'est nullement justifiée, et la lecture que la Commission donne des textes sur lesquels elle se fonde est, de surcroît, souvent contestable.

Par ailleurs, le refus de la Commission d'autoriser, sur le fondement du règlement 4056, les tarifs multimodaux, refus qui s'exprime en particulier dans sa décision *TAA*, témoigne d'une même interprétation littérale des textes, l'établissement de tels tarifs n'étant certes pas expressément inclus par le règlement 4056 parmi les actions autorisées aux conférences, mais n'y étant nullement prohibé. À interdire ces tarifs, on privait d'ailleurs le règlement 4056 lui-même d'une grande part de son intérêt, de son effectivité, eu égard au développement du transport multimodal transmaritime.

À la vérité, l'attitude fondamentale de la Commission a toujours été, en matière de conférences maritimes, de considérer que le principe du droit communautaire étant celui de l'interdiction des ententes, toute exception à ce principe, telle l'autorisation des conférences maritimes, devait être appliquée de la manière la plus restrictive. Une telle attitude méconnaît pour nous l'originalité du droit communautaire, laquelle est tout à la fois d'interdire les ententes mais d'autoriser les ententes de progrès, autorisation et interdiction devant être considérées comme de même valeur (8). Par ailleurs, l'analyse de la Commission méconnaît la nécessité de coordonner les impératifs de la politique maritime, avec ceux de la politique de la concurrence (9).

348. L'abrogation du règlement de 1986. — Le lecteur le perçoit. La Commission n'a jamais aimé le règlement de 1986, notamment parce que ce règlement prévoit la possibilité pour les entreprises maritimes d'établir des *accords sur le prix* (taux de fret), alors que de tels accords sont considérés par le droit de la concurrence comme les plus agressifs, les plus néfastes — étant ainsi déjà visés les premiers par l'article 85 du Traité de Rome (aujourd'hui, article 81) : « *sont incompatibles avec le marché commun et interdits... tous accords... et notamment ceux qui consistent à (a) fixer de façon directe ou indirecte les prix d'achats ou de vente* ». Dès 2003, la Commission envisageait la révision du règlement, voire sa suppression. C'est aujourd'hui chose faite. Pour des raisons techniques, le règlement de 1986 a d'ailleurs, dans un premier temps, été allégé de ses dispositions procédurales, la procédure de droit commun des règles de concurrence ayant été modifiée par un règlement du 16 décembre 2002 (règlement n° 1/2003, *JOCE* L. 1 du 4 janvier 2003), et les règles de procédure inscrites dans le règlement de 1986 n'étant plus, dès lors, nécessaires. Puis il a été abrogé dans sa totalité par le règlement n° 1419/2006 du 25 septembre 2006 (*JOUE* L. 269 du 28 septembre 2006), texte énonçant dans son article premier, « *le règlement n° 4056/86 est abrogé* ».

Pour justifier cette abrogation, la Commission observe d'abord, au considérant n° 3 du règlement (la Commission écrivons-nous, car si formellement, le règlement est signé du Conseil, matériellement il est l'œuvre de la Commission), que les études faites par elle établissent que la structure des coûts du transport maritime ne diffère pas sensiblement de celle des autres secteurs — n'existant ainsi aucun élément prouvant que ce secteur doit être protégé de la concurrence. Puis elle observe que les conférences maritimes ne remplissent pas les quatre conditions cumulatives d'exemption par catégorie fixées par l'article 81 du Traité de Communauté (ancien article 85). Rien n'établit que les conférences assurent un service fiable, ce qui, aujourd'hui, est beaucoup plus la conséquence des « contrats de service individuels » conclus entre chargeurs et transporteurs (contrats portant sur une quantité préétablie de marchandises à charger durant une période donnée). Les effets négatifs qu'elles impliquent ne sont pas compensés par des bénéfices pour les usagers. Elles imposent à leurs membres des restrictions non indispensables, comme le prouve la pratique des contrats de service ou celle des consortiums (admis par le droit communautaire : voir *infra* n° 350 et s.), pratiques qui s'accompagnent des mêmes avantages pour les

(8) Voir P. Bonassies, « Les fondements du droit communautaire de la concurrence : la théorie de la concurrence-moyen », *Études dédiées à Alex Weill,* 1983.51.

(9) Sur cette nécessité, voir la décision de la Cour de justice des Communautés du 5 octobre 1994, *République fédérale d'Allemagne c. Conseil*, où la Cour observe : « *il convient de se rappeler que l'établissement d'un régime de concurrence non faussée n'est pas le seul objectif mentionné à l'article 3 du Traité* », — mais aussi, dans l'affaire soumise à la Cour, l'établissement d'une politique agricole, dont, pour la Cour, les données ont même « *primauté* » sur la politique de concurrence. Voir aussi, sur la nécessité de « nuancer » les règles communautaires, l'arrêt de la Cour de justice du 11 décembre 2007, cité *supra* au n° 125.

transporteurs sans restreindre la liberté des opérateurs maritimes. Enfin, il n'est pas sûr que les conférences soient soumises à une pression concurrentielle suffisante, notamment du fait des liens croissant (consortiums, échange d'informations sensibles) existant entre transporteurs sur un même trafic.

Les observations de la Commission pour justifier l'abrogation du règlement de 1986 n'emportent pas totalement la conviction. Il y a beaucoup d'imprécision, d'incertitude dans ses affirmations. Elle évoque ainsi le caractère « trop ténu » de tel lien causal (considérant n° 5), le fait qu'aucun effet « clairement positif » n'ait été établi (considérant n° 6), qu'il est « difficile de déterminer » si les conférences sont soumises à une concurrence suffisante. Tout cela demeure bien flou. Il reste que « Rome a parlé », et qu'il importe de se demander quel est le régime applicable aux conférences, après l'abrogation du règlement de 1986.

349. Le régime actuel des conférences maritimes. — Même après l'abrogation du règlement de 1986, les conférences maritimes ne sont pas frappées d'une sorte d'excommunication de principe. Elles sont des « *accords entre entreprises* » soumis aux dispositions des articles 81 et 82 du Traité de Communauté, comme il est de tout accord susceptible d'affecter l'économie communautaire. De ce fait, elles ne sont tenues à aucune notification à la Commission, toute obligation de notification ayant été supprimée par le règlement du 16 décembre 2002. Leur existence et leur validité de principe sont d'ailleurs postulées par les dispositions du Code de conduite de 1974, un texte de valeur supérieure aux règles communautaires, et par lequel les États de la Communauté, qui ne l'ont pas dénoncé, sont toujours liés. Mais, dès lors qu'une conférence emportera une restriction à la concurrence, ce qui sera le plus souvent le cas, elle devra faire, concrètement, la preuve qu'elle répond aux trois conditions imposées par l'article 81 (ancien article 85) du Traité, et n'implique par ailleurs aucun abus de position dominante (article 82). Eu égard à la jurisprudence de la Commission quant à l'application du règlement de 1986 telle qu'évoquée ci-dessus (voir n° 346), la chose sera malaisée.

La Commission a eu conscience des difficultés qu'allaient rencontrer les opérateurs maritimes. Elle a donc publié, le 26 septembre 2008, des *Lignes directrices relatives à l'application de l'article 81 du traité aux services de transport maritime* (*JOUE* C. 215, 14 septembre 2007). En fait, ce texte, des plus techniques, porte essentiellement sur deux points. En premier lieu, la Commission s'interroge sur ce que le droit communautaire de la concurrence entend par *marché en cause*, d'une part *du côté de la demande* (il s'agit ici surtout d'envisager les transports de substitution, offerts notamment dans le cadre de contrats d'affrètement), d'autre part *du côté de l'offre* (étant ici considérée l'adaptation aux marchandises concernées des types de navire offerts aux chargeurs). Mais c'est surtout le problème de l'*échange d'informations* qui fait l'objet des préoccupations de la Commission. Partant de l'observation qu'un tel échange est souvent facteur de restriction de la concurrence en tant qu'il supprime ou atténue le degré d'incertitude essentiel au développement de la libre concurrence, la Commission s'interroge longuement sur les types d'information qui sont à proscrire, ou qui peuvent être acceptés. Par exemple, l'échange de données individuelles a « beaucoup de chance » de tomber sous le coup de l'article 81. La communication de « données agrégées » est, en revanche acceptable, sous réserve qu'il soit impossible de les « désagréger ».

Enfin, la Commission aborde le problème des *pools*. De son analyse, nous retiendrons seulement, que, pour elle, un pool qui s'accompagne de fixation des prix tombe sous le coup de l'article 81, « *quel que soit le pouvoir de marché des parties* ».

Les observations de la Commission ne sont pas sans intérêt, encore que conservant un caractère trop souvent abstrait. Inscrites dans un texte non réglementaire, simple « communication écrite », elles ne s'imposeront pas au juge, juge communautaire ou juge national, compétent pour appliquer les règles de concurrence, parallèlement à la Commission, depuis le 1er mai 2004, date d'entrée en vigueur du Règlement du Conseil du 16 décembre 2002. Mais surtout, le lecteur est frappé par le peu de considération accordée par la Commission dans son texte aux dispositions de l'alinéa 3 de l'article 81, lesquelles précisent qu'il pourra être fait exception au principe d'interdiction des ententes fulminé par l'alinéa premier du même article, ce au bénéfice des « bonnes ententes ». Certes la Commission n'ignore pas ce texte, mais elle se borne pratiquement à en rappeler les termes sans aucunement préciser les conditions concrètes que devra remplir une conférence maritime pour échapper, sur le fondement de l'article 81 alinéa 3, à l'interdiction de l'article 81, alinéa 1. Ici encore, il semble bien que, pour elle, l'article 81 est un texte d'interdiction stricte, auquel des dérogations peuvent être admises — puisque aussi bien (hélas, semble penser la Commission) le texte l'impose, mais seulement d'une manière tout à fait exceptionnelle. Or, si telle est la conception souvent reçue, une autre conception, nous l'avons vu, est possible (voir *supra*, n° 347, *in fine*). Pour nous, certaines conférences, certains accords entre armements, encore que restreignant de prime abord la concurrence, doivent être autorisés dès lors qu'ils contribuent suffisamment aux équilibres économiques et sociaux. Et l'on ne peut que regretter que la Commission n'ait pas inclus cet aspect des choses dans ses « lignes directrices », éclairant, avec la compétence qui est la sienne en la matière, les opérateurs maritimes sur les voies à utiliser pour construire une « bonne » conférence maritime.

Section 2

Les consortiums

350. Notion. — Les consortiums sont des groupements d'armateurs ayant pour objet la mise en commun des moyens et capacités de transport de leurs membres et la gestion coordonnée de ces moyens et capacités. Ils sont apparus dans les années 1960, comme une conséquence du phénomène de la conteneurisation. Cette nouvelle technique de transport impliquant des investissements extrêmement importants, les compagnies maritimes ont dû, soit procéder à des fusions, soit consentir à des rapprochements dans le cadre de consortiums. C'est ainsi qu'apparut en 1966 l'*Atlantic Container Line*, consortium créé pour desservir l'Europe et les États-Unis, et à la création duquel a participé la Compagnie Générale Transatlantique. Depuis cette date, les consortiums se sont multipliés sur de nombreux trafics.

351. Structure. Diversité. — De même que les conférences maritimes, les consortiums présentent une structure diverse. Certains, c'était le cas de l'*Atlantic Container Line*, sont fortement intégrés. Le nom des compagnies membres disparaît derrière le sigle du groupement, la gestion commerciale est centralisée, un seul réseau d'agences travaillant sous les couleurs du groupe. L'exploitation technique est pareillement centralisée. Dans une telle situation, le consortium utilise des navires qui lui sont frétés (loués) par les armements qui l'ont constitué.

Dans les groupements semi-intégrés, les partenaires gardent leur dénomination sociale, (CMA-CGM ; Hapag Lloyd ; Lloyd Triestino). Mais la zone commerciale qu'exploite le consortium est divisée en un certain nombre de zones locales, chacune allouée à l'un des partenaires. Ainsi, toute concurrence entre eux est supprimée, comme dans les groupements intégrés. Dans un groupement de ce type, il n'y a pas, comme dans les cas précédents, affectation des moyens de transport à une entité unique, mais mise en commun des moyens de transport, les navires de chacun des membres étant mis à la disposition de l'ensemble des autres membres. Cela se traduit juridiquement par la conclusion d'un nombre important de contrats croisés d'affrètement, portant sur une partie de la capacité de transport des navires concernés. Chaque armement affrète (c'est-à-dire loue en tant que locataire) des espaces de transport (*slots*) sur les navires des autres armateurs, en proportion des parts de trafic à lui reconnues, tandis que lui-même frète (loue, mais en tant que bailleur) des espaces de transport sur ses propres navires aux autres armateurs (10). Les conventions liant les membres du consortium contiennent par ailleurs des clauses très complexes, destinées à limiter les recours en responsabilité entre membres et à alléger les charges d'assurance.

Enfin, des groupements plus souples peuvent être conçus, chaque armement étant libre de démarcher la clientèle dans la totalité de la zone géographique couverte par le consortium. Dans cette dernière structure, c'est encore par des contrats d'affrètement croisés que chaque armateur disposera de moyens de transport suffisants.

Les consortiums, institution très riche et encore aujourd'hui assez peu connue, posent de nombreuses questions, tant en ce qui concerne leur structure interne que leurs rapports avec les tiers.

(10) Sur la nature juridique de ces contrats d'affrètement (*slot charters*), voir *infra*, n° 819.

352. Consortiums et règles de concurrence. — S'agissant de leur structure interne, on doit se demander, entre autres questions, s'ils ne ressortissent pas à la réglementation de la concurrence. Nous avons vu ci-dessus que le règlement communautaire exclut de l'application de l'article 85 du Traité de Communauté, et donc de l'application des règles de la concurrence, les accords qui ont pour objet « *l'échange ou l'utilisation en commun, pour l'exploitation des transports, de navires, d'espace sur les navires ou de slots* ». Il semble donc qu'un consortium qui ne prévoirait qu'un tel échange d'espaces de transport, fût-ce par des contrats d'affrètement croisés, échapperait aux règles de concurrence.

Mais certains contrats de consortium vont beaucoup plus loin dans l'intégration des entreprises qu'ils lient. Comme indiqué ci-dessus, ils peuvent affecter à chaque armateur une zone d'action exclusive ; ils peuvent aboutir à une intégration totale. Chaque fois qu'il en est ainsi, il n'y a aucune raison pour les exclure du domaine des règles de concurrence. Et il est certain qu'on ne peut alors leur appliquer l'exemption automatique prévue par le règlement de 1986. Chaque consortium devrait donc demander une exemption individuelle à la Commission, selon la procédure prévue à l'article 12 de ce règlement — et certains l'ont fait.

Pour simplifier les choses, et éviter d'être débordée sous les demandes individuelles, la Commission a, dès 1990, envisagé d'accorder aux consortiums une dérogation ou exemption de groupe, analogue à celle accordée aux conférences maritimes. Un règlement du Conseil des Communautés du 25 février 1992 lui a donné pouvoir d'accorder une telle exemption (*JOCE* L. n° 1992.53, 28 févr. 1992). Plus précisément, ce règlement vise les accords « *qui ont pour objet de promouvoir ou d'établir une coopération pour l'exploitation en commun de services de transports maritimes entre compagnies maritimes de ligne, dans le but de rationaliser leurs opérations au moyen d'arrangements techniques, opérationnels et/ou commerciaux, à l'exception de la fixation des prix* ».

353. Le règlement de 1995/2000. — À partir de ce « texte cadre », la Commission a promulgué un premier texte, le règlement n° 870/95 du 20 avril 1995 (*JOCE* 21 avril 1995). Venu à expiration, ce texte a été remplacé par un second règlement, le règlement n° 823/2000 du 19 avril 2000 (*JOCE* 20 avril 2000), qui reprend presque inchangées les dispositions de 1995 — la modification la plus importante étant peut-être la substitution, dans le texte français, du pluriel *consortiums* au pluriel *consortia* (fâcheux emprunt à l'usage anglais) utilisé en 1995. Ce nouveau règlement, d'abord valable jusqu'au 31 décembre 2005, a été prorogé jusqu'en avril 2010 par un règlement du 12 mars 2004 (*JOCE* L. 77 du 13 mars 2004).

Le règlement de 2000 définit d'abord le consortium comme un « *accord entre au moins deux transporteurs exploitants de navires, qui assurent des services maritimes internationaux réguliers de ligne pour le transport exclusif de marchandises, principalement par conteneurs, sur un ou plusieurs trafics, et dont l'objet est d'établir une coopération pour l'exploitation en commun d'un service de transport maritime améliorant le service offert, en l'absence de consortium, individuellement par chacun de ses membres, afin de rationaliser leurs opérations, et cela au moyen d'arrangements techniques, opérationnels et/ou commerciaux, à l'exception de la fixation des prix* ».

Il résulte de cette définition qu'un consortium ne peut être créé qu'entre transporteurs exploitant personnellement un navire — que celui-ci soit leur propriété ou soit affrété coque-nue ou à temps, étant exclus les opérateurs maritimes non armateurs (NVOCC). Il en résulte aussi qu'un consortium ne peut établir des taux de fret, même s'il peut être membre d'une conférence maritime (le cas étant prévu à l'article 6) qui, elle, peut fixer des prix.

Aux consortiums ainsi définis, le règlement accorde une dérogation automatique à l'interdiction des ententes résultant de l'article 81 du traité de CEE (ancien art. 85) (11). Mais cette dérogation ne vaut que pour les activités limitativement énumérées par son article 2. Il s'agit, entre autres, des coordinations d'horaires ou de ports, d'échanges d'espace (*slots*), d'utilisation en commun de navires, d'installations portuaires, de structures de commercialisation, de systèmes informatisés, de terminaux portuaires, de la participation à un *pool* de tonnage, de recettes ou de résultat. Est même autorisée aux consortiums la pratique d'ajustements temporaires de capacité, mais étant expressément interdits — c'est la leçon de la décision *TAA* — tout arrangement de non-utilisation de la capacité existante (12).

L'exception accordée aux consortiums est cependant soumise à d'importantes conditions ou limites. Tout d'abord, s'inspirant des leçons du droit américain, le règlement introduit, à plusieurs niveaux, l'obligation de prévoir la possibilité pour les membres de tout consortium d'une *independent action*. Chaque membre doit rester libre d'accorder à ses clients des arrangements de service propres relatifs à la fréquence et à la qualité des services offerts, et de procéder (avec un préavis de six mois) à une action de marketing indépendante, alors même qu'une structure commune de commercialisation a été établie (art. 8). Plus généralement, un consortium ne peut fonctionner que si subsiste une concurrence suffisante, soit entre ses membres, soit, s'il est membre d'une conférence, à l'intérieur de la conférence (art. 5). C'est le même souci d'assouplir le système que l'on retrouve dans les dispositions de l'article 8, énonçant, qu'une fois une période de fonctionnement de dix mois écoulée (30 mois pour les consortiums comprenant un *pool* de résultat ou ayant nécessité des investissements élevés), tout membre peut se retirer, avec préavis de six mois.

Le règlement fixe ensuite une limite à la part de marché que peut exploiter un consortium (13). Aucun consortium ne doit dépasser une part de 35 %, voire 30 % s'il agit dans le cadre d'une conférence, des mesures transitoires étant

(11) Même si l'exemption est de droit, tout consortium doit toutefois être en mesure, moyennant un préavis d'un mois, de démontrer, sur simple demande, à la Commission, ou aux autorités nationales (dotée depuis le règlement du 16 décembre 2002 d'une compétence concurrente en matière d'ententes) qu'il remplit les conditions fixées par le règlement (art. 9, al. 5).

(12) Mais, si l'ajustement ne peut s'appliquer à la capacité existante, on voit mal à quoi il s'appliquera.

(13) Le texte de 1995 parlait de *part de trafic*. Ces termes, en raison de leur imprécision, ont été remplacés dans le règlement actuel par l'expression *part de marché*.

prévues. Le consortium qui dépasse ces chiffres n'est, toutefois, pas interdit de droit. S'il n'atteint pas le chiffre, fatal, de 50 % du marché, il devait informer la Commission, laquelle disposait d'un délai de 6 mois pour retirer l'exemption, mais cette obligation a été supprimée par un règlement du 12 mars 2004, en parallèle avec la disparition du système de notification des ententes en droit « terrestre » (*JOUE* L. 77 du 15 mars 2004 ; *DMF* 2005, Hors-série n° 9, au n° 17).

Le règlement sur les consortiums prévoit aussi à l'encontre de leurs membres des obligations analogues à celles imposées aux membres d'une conférence : obligation de consultation avec les usagers ; obligation de transparence des tarifs ; interdiction de toute discrimination selon les pays d'origine ou de destination ou selon les ports de chargement/déchargement — sauf justification économique (14).

354. Le règlement du 28 septembre 2009. — Après que sa validité ait été prorogée par plusieurs textes successifs, le Règlement du 19 avril 2000 a été abrogé par le Règlement n° 246/2009 du Conseil du 26 février 2009, donnant mission à la Commission d'établir un nouveau texte. Cela a été fait par la Commission le 28 septembre 2009 (Règlement n° 906/2009, *JOUE* L. 256 du 29 septembre 2009). Le nouveau texte, qui tient compte de l'abrogation du Règlement de 1986 sur les conférences maritimes par le Règlement du 25 septembre 2006 (*supra*, n° 348), reprend pour l'essentiel les dispositions du règlement du 19 avril 2000. Il comporte cependant quelques modifications qui méritent d'être signalées. La plus importante est sans doute celle qui concerne la part de marché que ne doivent pas dépasser les armateurs membres de l'accord de consortium. Fixée à 35 % en 2000, cette part a été réduite à 30 % — ce qui était la part prévue par le règlement du 29 septembre 2000, mais pour les seuls consortiums opérant *dans une conférence.* Pour le surplus, le règlement de 2009 reprend la définition du consortium donnée en 2000, mais en supprimant l'incise « *principalement par conteneurs* », ce qui étonne un peu, eu égard au développement presque exponentiel du transport par conteneurs, comme il reprend la liste des pratiques ou accords exemptés (coordination des horaires de voyage ; échange croisé d'espaces (*slots*) ; utilisation en commun de navires, d'installations portuaires, de bureaux d'exploitation en commun ou de conteneurs, châssis et autres équipements ; exploitation en commun de terminaux portuaires et des services d'acconage et d'arrimage y afférents). Il autorise aussi, comme le faisait le règlement de l'an 2000, des comportements assez restrictifs, comme l'obligation pour les membres d'utiliser les navires alloués au consortium, en s'abstenant d'affréter de l'espace sur des navires tiers, ou l'interdiction d'allouer des espaces à d'autres transporteurs — sauf autorisation des autres membres du consortium. Il maintient également l'interdiction des limitations de capacité ou des ventes, sauf en réponse aux fluctuations de l'offre et de la demande — ce qui serait le cas dans l'actuelle situation de crise. Il confirme enfin l'interdiction

(14) Le texte originaire prévoyait aussi l'obligation de communiquer à la Commission les sentences arbitrales concernant un consortium, obligation supprimée par le règlement du 12 mars 2004 (*supra*, au texte).

stricte frappant les accords sur les prix (article 4.1), interdiction qui est en parfaite cohérence avec l'abrogation du régime des conférences, dont le péché essentiel était, pour la Commission, les accords de prix qui accompagnaient toute conférence.

En revanche, on ne retrouve pas dans le nouveau texte, sensiblement plus bref que le précédent, la condition, pour qu'un accord bénéficie de l'exemption accordée, que subsiste un minimum de concurrence. Certes, cette condition concernait surtout, dans le texte du 19 avril 2000, les consortiums opérant dans une conférence. Mais elle était aussi exigée, « *qu'une conférence opère ou non sur le trafic en question* » (article 5.c du Règlement de l'an 2000). Pareillement, disparaissent d'autres conditions plutôt favorables au maintien d'un minimum de concurrence, comme l'obligation pour le consortium de donner à ses membres la possibilité d'offrir à tel de leurs clients des *arrangements de service*, c'est-à-dire des contrats individualisés (article 8. a du Règlement 823/2000). — Il faut sans doute louer la Commission de l'esprit d'ouverture qu'elle manifeste ainsi à l'égard des groupements d'armateurs, ce sans nullement abandonner sa position de rigueur à l'égard des conférences traditionnelles, comme il faut la louer d'avoir maintenu dans l'intitulé de son règlement le terme *consortiums*, en écartant l'anglicisme *consortia*, encore utilisé par le Conseil dans son règlement du 26 février 2009.

355. Consortiums et tiers. — Dans leurs relations avec les tiers, le principal problème soulevé par les consortiums est celui de la détermination du responsable du transport, problème lié à celui de la protection des autres membres du consortium contre une éventuelle action en responsabilité. Mais c'est là un problème qui ressortit à l'étude du contrat de transport et que nous retrouverons (15).

356. Le phénomène des alliances. — Un nouveau phénomène est apparu ces dernières années, celui des alliances. Moins structurée que les conférences ou les consortiums, une alliance regroupe des armateurs exploitant le même trafic, dont certains sont d'ailleurs membres de conférences ou de consortiums, et établit entre eux des liens de coopération souples. Pour le moment, les armateurs membres d'une alliance (voire de plusieurs) n'ont pas été inquiétés par la Commission.

N°s 356 à 370 : réservés.

(15) *Infra*, n° 949. Voir aussi, pour le problème des rapports d'un consortium avec un agent maritime, Cour d'appel de Paris, 2 déc. 1985, navire *Scandia*, *DMF* 1986.551.

SOUS-TITRE 3

LES INCIDENTS DE L'EXPLOITATION DU NAVIRE

371. Plan. — L'exploitation du navire peut donner lieu à des incidents divers. Le navire peut d'abord être cause d'un dommage à des tiers, à la suite d'un abordage, d'un échouement, d'un naufrage, ou d'un incident plus limité. Il peut aussi être lui-même victime d'un sinistre maritime. Dans le premier cas, la responsabilité de l'armateur est susceptible d'être engagée, et c'est le problème des sources de sa responsabilité comme celui de la limitation de responsabilité qui se posent, soit en droit commun, soit dans tel ou tel régime spécial. Dans le second cas, des institutions spécifiques au droit maritime viennent, à l'opposé, à l'aide de l'armateur, telles l'institution de l'assistance ou celle des avaries communes, et c'est le problème de ce que l'on présente habituellement sous le vocable d'*événements de mer* qui se pose. Enfin, se pose le problème des droits et actions des *créanciers de l'armateur*.

Ces divers problèmes seront étudiés en quatre chapitres :

— Chapitre 1. Le navire auteur d'un dommage la responsabilité de l'armateur en droit commun ;

— Chapitre 2. Les régimes spéciaux de responsabilité ;

— Chapitre 3. Le navire victime d'un incident ; d'exploitation ;

— Chapitre 4. Les créanciers de l'entreprise d'armement.

CHAPITRE 1

LE NAVIRE AUTEUR D'UN DOMMAGE : LA RESPONSABILITÉ DE L'ARMATEUR EN DROIT COMMUN

372. Plan. — L'élément fondamental de la responsabilité de l'armateur est certainement l'institution de la limitation de responsabilité. Avant d'étudier cette institution, il importe cependant de préciser les causes de mise en jeu de la responsabilité de l'armateur, les sources de cette responsabilité.

Section 1

Les sources de la responsabilité de l'armateur

373. Plan. — Deux situations doivent être ici distinguées. La situation générale, où la responsabilité de l'armateur est plus ou moins rattachée aux textes de droit commun, et une situation particulière, soumise à un régime spécifique, celle de l'abordage.

Ces deux situations seront étudiées successivement.

§ 1. — *La théorie générale de la responsabilité de l'armateur*

374. La responsabilité contractuelle de l'armateur. — La responsabilité de l'armateur peut tout d'abord être une responsabilité contractuelle. L'armateur est responsable de la bonne exécution des contrats conclus par lui, comme des contrats conclus pour son compte par ses préposés et représentants. Les modalités de la responsabilité de l'armateur sont alors déterminées par le régime contractuel applicable, transport de marchandises, affrètement, transport de passagers (*infra*, troisième partie).

De ces modalités, nous ne retiendrons ici qu'un élément qui se retrouve dans nombre des contrats conclus par l'armateur, l'élément de *limitation contractuelle légale*. L'armateur bénéficie, en tant que transporteur de marchandises ou de passagers, d'une limitation de responsabilité contractuelle, mais de source légale (ou limitation de réparation). Cette limitation est calculée par colis ou par kilo pour le transporteur de marchandises, par passager pour le transporteur de passagers. En matière d'affrètement, certains contrats instituent pareillement, encore qu'assez exceptionnellement, une limitation, alors strictement contractuelle, habituellement calculée par kilo, conteneur, voire par colis.

375. Responsabilité extracontractuelle. Responsabilité pour faute personnelle. — La responsabilité de l'armateur peut aussi être une responsabilité extracontractuelle. L'armateur est ainsi normalement responsable tant de ses fautes personnelles que des fautes de ses préposés, comme il peut l'être du fait du navire (1).

L'armateur est responsable de ses *fautes personnelles*. S'agissant du dommage né de l'exploitation du navire (la responsabilité de l'armateur pour dommage « terrestre » étant strictement soumise au droit commun), nous observerons que la faute de l'armateur est principalement, sinon même exclusivement, d'avoir laissé naviguer un navire en état d'*innavigabilité*. L'innavigabilité est une notion très large, qui inclut aussi bien tout défaut du navire (système de gouvernail en mauvais état) que l'insuffisance de la documentation qui est à bord (cartes nautiques qui ne sont pas à jour), voire même l'incompétence de l'équipage (capitaine dépourvu des diplômes officiels ou d'une incompétence notoire). En règle générale, comme nous le verrons en étudiant la jurisprudence en matière de limitation de responsabilité de l'armateur, les tribunaux sont sévères à l'égard de l'armateur, étant très prompts à conclure à sa faute.

376. Responsabilité de l'armateur pour faute de ses préposés. — L'armateur est aussi responsable des fautes de ses préposés : aux termes de l'article 3 de la loi du 3 janvier 1969, l'armateur répond de ses préposés terrestres et maritimes dans les termes du droit commun. S'agissant des préposés maritimes, et en particulier du capitaine, la loi de 1969 ne fait que reprendre ici, en les appliquant non plus au propriétaire du navire mais à son armateur, les dispositions du *Code de commerce*, lequel énonçait dans l'article 216 que « *tout propriétaire de navire est civilement responsable des faits du capitaine* » (2). Et il est important de relever que la règle vaut pour toute faute du capitaine y compris les *fautes de navigation* commises par celui-ci.

La chose mérite d'être soulignée, car parfois, en raison de la possibilité donnée à l'armateur de limiter sa responsabilité contractuelle lorsqu'un dommage a été causé par la faute nautique du capitaine, on est porté à penser que l'armateur

(1) Sur le problème en général, voir P. RIOTTE, *La responsabilité extracontractuelle de l'armateur*, thèse, Aix-en-Provence, 1985.

(2) Règle reprise de l'article 2 du titre VIII du livre II de l'Ordonnance de la Marine : les propriétaires de navire seront responsables des faits du maître — le texte ajoutant qu'ils en seront déchargés en abandonnant navire et fret.

n'est pas responsable de telles fautes. L'idée est fondamentalement inexacte, au moins pour ce qui est de la responsabilité extracontractuelle (car, comme nous le verrons, l'armateur, en tant que transporteur, est exonéré de toute responsabilité pour le dommage causé aux marchandises par la faute de navigation du capitaine ou d'un autre préposé maritime : voir *infra*, n° 1094).

377. Responsabilité objective. Article 1384, alinéa 1, du Code civil. — Il est, par ailleurs, parfois observé que la responsabilité de l'armateur est fondée sur la *faute*. Semblable observation n'est pas, en droit français tout au moins, aujourd'hui exacte (si elle l'a jamais été car même le droit classique connaissait des régimes de responsabilité sans faute : l'article 407 du *Code de commerce* énonçait ainsi qu'en cas d'abordage douteux, le dommage était réparé à frais communs, chaque navire en supportant la moitié, et ce en l'absence de toute faute prouvée, voire même alléguée). Car la responsabilité de l'armateur peut aussi être une responsabilité objective. En dehors des régimes spéciaux qui seront étudiés ci-après (*infra*, n°s 455 et s.), il en est ainsi, tout d'abord, par application de l'article 1384, alinéa 1, du Code civil, *la responsabilité du fait des choses* s'appliquant en droit maritime.

Si elle a été contestée en doctrine, parfois vivement (notamment par le Doyen Chauveau), la règle de l'application de l'article 1384, al. 1 au navire a été affirmée avec la plus grande netteté par la Cour de cassation dans l'arrêt *Lamoricière* du 19 juin 1951 (*D.* 1951.717, et *supra*, n° 292). Le navire *Lamoricière* ayant sombré le 9 janvier 1942 au large des Îles Baléares en faisant trois cents victimes, capitaine, marins et passagers, les ayants droit de certaines des victimes intentèrent une action contre l'armateur, action fondée non sur le contrat de transport de passagers mais sur la responsabilité du fait des choses — ce pour éviter que ne leur fût opposée la large clause d'exonération de responsabilité figurant au contrat. Cette action a été déclarée recevable, tant par la Cour d'appel d'Aix-en-Provence que par la Cour de cassation, l'armateur étant considéré comme le *gardien* du navire. Cette jurisprudence a été confirmée ultérieurement par un arrêt du 23 janvier 1959 (*D.* 1959.281) dans l'affaire du navire *Champollion*, et plus récemment par un important arrêt rendu en Chambre mixte dans l'affaire du *France* (Cass. 4 déc. 1981, *DMF* 1982.140, obs. R. Achard).

Les marins du *France* ayant imposé au commandant du navire de mouiller en travers du port du Havre, les armateurs de pétroliers empêchés de quitter ce port avaient agi en responsabilité contre l'armateur du bâtiment. La Cour de cassation a approuvé les juges fond d'avoir estimé que ledit armateur, qui avait conservé la garde du navire malgré l'action des marins, était responsable du préjudice subi par les demandeurs, ce préjudice résultant du fait du navire. Après ces trois décisions, l'application de l'article 1384, alinéa 1 du Code civil aux navires ne peut plus se discuter (3).

(3) Une décision du 3 novembre 1965 de la Cour d'appel de Rennes pose la question de savoir si la responsabilité de l'armateur ne peut pas être engagée en qualité de *gardien* de la cargaison d'hydrocarbures transportée par un

378. Article 1384, alinéa 1. Domaine. Abordage (non). — Tout comme en droit commun, l'application de l'article 1384, alinéa 1 du Code civil est exclue par l'existence d'un contrat entre armateur et victime (voir, au cas de « convention d'amarrage », Montpellier, 30 avr. 1987, *Revue Scapel* 1987, 26). Elle est aussi exclue, comme on le verra ci-dessous (*infra*, n°s 389 et s.), dans la situation où ce texte pourrait le plus normalement jouer, celui de la collision survenant entre navires, incident que le droit maritime qualifie *d'abordage*, ce en raison de la réglementation spécifique en la matière. Il reste que l'article 1384 peut jouer chaque fois qu'un accident intervient qui n'est pas soumis au droit de l'abordage, comme lorsqu'un navire entre en collision avec une installation terrestre, lorsqu'une personne est blessée à bord d'un navire par la chute d'un agrès ou d'un autre élément du navire, ou encore en cas de personne blessée à terre par une *vague d'étrave* causée par la vitesse du navire (Rouen, 24 nov. 1983, navire *Nienburg, DMF* 1984.736 ; Cass. 10 juin 2004, *DMF* 2005.109, obs. A. Vialard).

379. Application de l'article 1384 et navigation de plaisance. Principe. — L'application de l'article 1384, alinéa 1 est par ailleurs particulièrement importante en matière de *navigation de plaisance*. Les personnes qui sont invitées sur un navire de plaisance par son propriétaire ne sont normalement liées avec lui par aucune relation contractuelle. Si elles sont blessées, par exemple par un mouvement de la bôme, elles peuvent mettre en cause la responsabilité de ce propriétaire sur le fondement de la responsabilité du fait des choses. La Cour de cassation, dans un arrêt du 5 mars 1969 (*DMF* 1969.395), a, en effet, abandonné en matière de navigation de plaisance, comme elle venait de le faire en droit terrestre quelques mois auparavant, la théorie du transport gratuit, laquelle voulait que la personne transportée gratuitement sur un véhicule ne pût agir sur le fondement de l'article 1384, alinéa 1 contre le gardien dudit véhicule.

380. Le naufrage de l'*Airel*. Garde en commun (non). Acceptation des risques (non). — L'application de la responsabilité du fait des choses en matière de navigation de plaisance a soulevé un vif débat à propos de l'affaire du voilier *Airel*. Lors des régates de la SNIM en avril 1977, le voilier *Airel* s'était perdu en rade de Marseille, l'équipage de sept plaisanciers confirmés disparaissant avec le navire. Dans un arrêt du 21 juillet 1988, la Cour d'appel d'Aix-en-Provence avait rejeté l'action intentée, sur le fondement de l'article 1384, alinéa 1, par les ayants droit de certains des équipiers contre le skipper, propriétaire de l'*Airel,* M. Serinelli (*DMF* 1989.383, note R. Achard, et nos obs. *DMF* 1990.20). Pour la Cour, lesdits équipiers devaient être reconnus comme *co-gardiens* du navire, leurs ayants droit ne pouvant dès lors agir contre le skipper, pris en tant que gardien du navire. Dans un arrêt du 9 mai 1990, la Cour de cassation a censuré

pétrolier (ou des soutes de tout navire) : arrêt *World Mead*, 3 nov. 1965, *DMF* 1966.466. Dans sa décision, à la motivation toutefois incertaine, la Cour de Rennes se prononce pour l'affirmative. Et la solution était certainement fondée en 1965. Aujourd'hui, elle ne pourrait plus être admise, la responsabilité du propriétaire de pétrolier étant régie par un texte spécial, la Convention de 1969 (*infra*, n°s 462 et s.), comme le sera d'ailleurs, demain, la responsabilité du propriétaire de navire transportant des substances nocives ou dangereuses, quand la Convention internationale de 1996 sera entrée en vigueur. Voir aussi, appliquant l'article 1384 à la perte par un transporteur des grumes qu'il avait « sous sa garde », Rouen, 5 juin 2008, navire *Jerba, DMF* 2008.804, obs. P. BONASSIES.

la décision des magistrats aixois (*D.* 1991. 367, note Y. Dagorne-Labbé ; *DMF* 1992.27, note Y. Tassel, obs. P. Bonassies, *DMF* 1993.25).

Pour la Cour suprême, la Cour d'Aix, dès lors qu'elle avait constaté que Monsieur Serinelli, marin particulièrement qualifié, était le skipper et le propriétaire de la chose, et relevé que le rôle de chacun des équipiers au moment de l'accident était resté totalement ignoré, ne pouvait conclure que la garde du navire était commune à tous les membres de l'équipage — alors même qu'elle relevait que le skipper formait avec ses amis, marins confirmés, une équipe performante, œuvrant en commun pour mener le navire à la victoire.

La décision de la Cour de cassation ne condamne définitivement ni la notion de garde en commun, ni son application à la plaisance. Mais, pour justifier une telle application, il sera nécessaire que l'argumentation développée par les juges du fond soit sans aucune ambiguïté. Ils pourront, certes, relever que l'un des équipiers est propriétaire du navire de plaisance, car la propriété n'établit qu'une présomption de garde. Mais ils ne devront accorder au propriétaire aucune compétence particulière, devant relever au contraire l'égale compétence et l'égale participation à l'action commune de chacun des co-équipiers. La chose est-elle possible, eu égard aux usages et aux règles applicables en matière de courses en mer ? Dans l'affaire de l'*Airel*, la Cour de renvoi, la Cour d'appel de Lyon ne l'a pas pensé. Dans un arrêt du 13 mai 1991, elle observe, à l'opposé, « *que les usages et les règles applicables en matière de courses en mer donnent au skipper le commandement du voilier dont il dirige et contrôle les manœuvres et la marche ; qu'à ce titre il exerce seul sur le navire le pouvoir de contrôle et de direction qui caractérise la garde de la chose* » (*DMF* 1992.27, note Y. Tassel, obs. P. Bonassies, *DMF* 1993.25).

À la vérité, le seul moyen de résoudre d'une manière satisfaisante les problèmes difficiles que pose la responsabilité des propriétaires de voiliers à l'égard de leurs co-équipiers demeure sans doute la voie contractuelle, fondée sur la reconnaissance des liens particuliers qui existent entre les personnes engagées dans une régate, liens qui interdisent de les assimiler à des étrangers l'un à l'autre. Reste à identifier le contrat, ou plutôt la convention (notion plus souple et plus apte à être acceptée par tous), liant les équipiers. Yves Tassel, écartant justement contrat de transport et contrat de travail, suggère que l'on se réfère au *contrat de société* (note sous Lyon 13 mai 1991, citée au texte). Pour notre part, nous pencherions plutôt pour le *contrat d'association*. Un tel contrat nous paraît propre à rendre à chacun son dû, sauf peut-être à faire peser sur le propriétaire du navire, skipper ou autre, une responsabilité particulière, fondée sur son obligation de faire diligence pour assurer la navigabilité de son navire. Dans un arrêt du 18 mars 2008, concernant les blessures causées à un régatier par le skipper de l'embarcation, la Cour de cassation s'est toutefois montrée hostile à la théorie « contractuelle » de la régate ici défendue, ce en faveur de l'application des règles du droit extra-contractuel en la cause, des règles du droit de l'abordage (4). Mais l'arrêt n'est pas pleinement convaincant (5).

Dans l'affaire de l'*Airel*, les assureurs mis en cause par les ayants droit des victimes avaient aussi défendu la thèse que celles-ci avaient accepté par avance les risques d'accident — défense classique dans le droit de la responsabilité. La Cour de cassation a écarté l'argumentation. Pour elle, c'est à bon droit que les juges du fond avaient observé que l'acceptation des risques s'entend des risques normalement prévisibles. En la cause, si les membres de l'équipage avaient accepté les risques normaux et prévisibles d'une compétition en mer de haut niveau, ils n'avaient pas pour autant accepté le risque de mort qui, dans les circonstances de la cause, constituait un risque anormal.

381. Contraventions de grande voirie. — La responsabilité générale du fait du navire fondée sur l'article 1384, alinéa 1 se double d'une autre responsabilité de type objectif, pour ce qui est des dommages causés au domaine public. Cette responsabilité découle du régime des contraventions de grande voirie (6).

En droit français, toute personne qui porte atteinte au domaine public est de droit responsable du dommage par elle causé, encourant de surcroît une sanction pénale. Il n'est fait exception à cette responsabilité que dans les cas de force majeure ou de faute de la victime (7). Cette responsabilité, qui ressortit à la compétence des tribunaux administratifs, a été largement appliquée aux navires par la jurisprudence des dernières décennies. Elle joue, par exemple, pour un dommage causé à un quai ou à un ouvrage portuaire. Mais elle joue surtout, de plus en plus, pour les dommages de pollution causés aux eaux des ports (8).

382. Prescription. — Les actions en responsabilité extracontractuelle intentées contre l'armateur sont soumises au droit commun, notamment en ce qui concerne la prescription. De ce chef, l'article 2224 du Code civil, modifié par la loi n° 2008-561 du 17 juin 2008 1985 qui fixe le délai de prescription à cinq ans, s'applique en matière maritime, ce délai étant porté à dix ans en cas d'événement ayant entraîné un dommage corporel.

Un régime spécifique existe toutefois pour les contraventions de grande voirie. L'action en réparation est ici imprescriptible, le dommage ayant affecté le domaine public, lui-même imprescriptible (CE 22 avr. 1988, *DMF* 1989.94).

(4) *DMF* 2008.671, rapport Potocki, obs. Ph. DELEBECQUE et P. BONASSIES.

(5) Voir cependant les observations d'O. JAMBU-MERLIN, *A l'abordage, Pour une unité du régime de l'abordage*, *DMF* 2009.375 et les observations en réponse P. BONASSIES, *DMF* 2009, Hors-série n° 13, au n° 51.

(6) Sur la contravention de grande voirie, voir R. RÉZENTHEL, *Droits Maritimes*, 2009, n° 641 et s.

(7) J. GROSDIDIER DE MATONS, « *La contravention de grande voirie en matière portuaire* », *DMF* 1967.67 ; Conseil d'État, 27 nov. 1985, *DMF* 1986.342, n. A. VIALARD ; Conseil d'État, 6 mars 2008, navire *Cap Ferret, DMF* 2008.856, obs. R. RÉZENTHEL ; *adde*, M.-Y. LE GARREC, « L'exonération de la responsabilité du contrevenant en grande voirie », *DMF* 1994.611.

(8) Voir Tribunal administratif de Marseille, 14 févr. 1984, navire *Haoud El Hamra*, *DMF* 1985.558. Mais, ne concernant que les atteintes à l'intégrité du domaine public, la théorie de la contravention de grande voirie ne s'étend ni au dommage causé à un équipement portuaire mobilier (CE 27 juill. 1990, *DMF* 1991.534), ni aux conséquences financières de l'accident en cause (CE 23 févr. 1990, *DMF* 1990.25). Pour les problèmes posés par l'application du régime de la contravention de grande voirie dans l'affaire de l'*Erika*, voir Conseil d'État, 30 sept. 2005, *Sem. jur.* 2005.2367.

383. Responsabilité pénale. — Comme tout justiciable, un armateur pourra être pénalement sanctionné, en cas de faute pénale. Sa faute consistera, le plus souvent, dans un manque de diligence à assurer la navigabilité de son navire. Il pourra alors être sanctionné pour blessure ou homicide involontaire, sur le fondement des articles 222-6 ou 222-19 du nouveau Code pénal, avec application éventuelle des dispositions de l'article 121-3 du même texte (9).

383 *bis*. Responsabilité pour pollution. — L'armateur peut aussi encourir une responsabilité pénale dans le cas particulier de pollution. D'abord sanctionnée par la loi du 5 juillet 1983, adoptée pour donner effet à la Convention MARPOL (*supra*, n° 82) *cette* responsabilité est aujourd'hui fondée sur les dispositions des articles L. 218-10 à L. 218-24 du Code de l'environnement, telles que modifiées par la loi 2008-757 du 1er août 2008. Ce texte a aggravé les sanctions prévues par la loi de 1983 (10). Visant principalement le capitaine qui effectue des rejets interdits, avec des peines pouvant aller jusqu'à dix ans d'emprisonnement et quinze millions d'euros d'amende (voir *supra*, n° 298), elle prévoit l'application des mêmes peines à l'encontre de l'armateur qui a été à l'origine du rejet fautivement effectué, ou n'a pas pris les mesures nécessaires pour l'éviter (article L. 218-18).

L'armateur peut aussi, en cas de pollution, encourir une responsabilité pénale « par ricochet », les juges pouvant le condamner, « *compte tenu des circonstances de fait, et notamment des conditions de travail de l'intéressé* » à assumer le paiement d'une partie ou de la totalité du montant de l'amende prononcée contre le capitaine — sanction très fréquemment appliquée, l'armateur étant condamné à prendre en charge 90, voire 95 % de l'amende.

383 *ter*. Assurance obligatoire. — En droit commun (en « droit terrestre ») un entrepreneur n'est pas tenu de souscrire une assurance de responsabilité — sauf pour ce qui est des véhicules à moteur de son entreprise. En droit maritime, il n'en est pas de même. Apparue pour la première fois dans la Convention de 1952 sur la responsabilité de l'exploitant de navires nucléaires (*infra*, n° 455), l'obligation d'assurance a été étendue depuis à de nombreux armateurs. La Convention de 1969/1992 sur les dommages dus à la pollution par les hydrocarbures (*infra*, nos 460 et s.) impose ainsi à tout propriétaire de navire pétrolier de contracter une assurance à hauteur de la limitation de responsabilité qu'elle établit (article VII), et il en est de même des conventions internationales qui se sont inspirées de son texte (Convention sur la responsabilité pour les dommages liés au transport des substances nocives ou dangereuses (*infra*, n° 477) ou la Convention de 2001 sur la pollution par les soutes (*infra*, n° 478). Cette obligation d'assurance a été généralisée en droit européen à tous les armateurs par la Directive 2009/20 du 23 avril 2009 (*JOUE* L. 131 du 28 mai 2009).

(9) Pour une application de ces textes, voir Rennes, 23 sept. 2004, navire *Number One, DMF* 2005.44, obs. P. Blin, qui condamne l'armateur d'un navire perdu en mer en raison de son mauvais état à une peine de dix-huit mois d'emprisonnement avec sursis (sur cette affaire, voir aussi *supra* n° 204, note 11).

(10) Voir L. Monteil, *L'évolution de la répression pénale de la pollution maritime par hydrocarbures*, mémoire CDMT, Aix-en-Provence 2009.

Ce texte prévoit que chaque État membre devra exiger des propriétaires de navire de plus de 300 unités de jauge la souscription d'une assurance couvrant les créances maritimes soumises à limitation au titre de la Convention de 1996 (Convention de 1976 telle que modifiée en 1996). En fait, derrière cette dénomination, qui n'est pas des meilleures, et eu égard à l'ampleur des créances couvertes par la Convention de 1976 (*infra*, n° 414), c'est une assurance couvrant la totalité des responsabilités nées de l'exploitation d'un navire qui devra être souscrite par les armateurs concernés (11). La directive donne jusqu'au 1er janvier 2012 aux États européens pour adopter la législation nécessaire. Et cette législation devra viser, non seulement les propriétaires de navires battant pavillon d'un État européen, mais aussi les armateurs de tout navire entrant dans le port d'un tel État. Ainsi que nous l'avons relevé (*supra*, n° 47 *bis*), il n'est pas sûr que la directive ne soit pas, sur ce dernier point, contraire aux règles du droit international sur le droit de libre entrée des navires dans les ports (*supra*, n° 44).

§ 2. — *Le régime spécifique de l'abordage*

384. Historique. — L'abordage, collision entre deux navires, a toujours été soumis à un régime spécifique. L'article 407 du *Code de commerce*, reprenant pour partie la réglementation de l'Ordonnance de la Marine, distinguait ainsi l'abordage causé par la faute de l'un des capitaines, le dommage étant pris en charge par celui qui l'avait causé, l'abordage résultant d'un événement fortuit, le dommage étant supporté par celui des navires qui l'avait éprouvé, enfin le cas d'abordage douteux, le dommage étant alors supporté pour moitié par chacun des navires.

L'abordage est aujourd'hui régi par les dispositions de la Convention de 1910, dispositions que la loi du 7 juillet 1967 a reprises presque intégralement. En raison de la spécificité du régime de l'abordage, notamment du délai de prescription original qu'il inclut (deux ans, au lieu des cinq ou dix ans du droit commun), il importe dans un premier temps de préciser la notion d'abordage avant de s'interroger sur son régime juridique.

A. — La notion d'abordage

385. Abordage, navires, bateaux et engins nautiques. — Dans une première approche, la notion d'abordage peut être définie par référence au sens commun : l'abordage est la collision survenue entre deux navires. Reste alors seulement à préciser ce qu'il faut entendre par navire. C'est là un problème qui a déjà été évoqué (*supra*, nos 145 et s.). Rappelons seulement l'arrêt de la Cour de Rennes du 4 mai 1982 (*supra*, n° 146, note 2) qui a vu un abordage entre

(11) Exception faite des créances nées des obligations sociales de l'armateur, créances non concernées par la Convention de 1976).

navires dans le heurt entre deux planches à voile. Nous ajouterons aussi que la réglementation de l'abordage a été étendue aux navires d'État par la loi du 7 juillet 1967, la question restant posée de savoir si elle est applicable aux navires de guerre.

Mais la notion juridique d'abordage ne se restreint pas aux heurts entre navires. Constituent un abordage non seulement toute collision entre navires, et ce même si l'un d'eux est au mouillage, mais aussi la collision entre un navire et un bateau de rivière, ou entre un navire et un engin nautique — mais seulement lorsqu'il s'agit d'un engin non amarré à poste fixe. Sont donc seulement exclus de la notion d'abordage le heurt par un navire d'une structure terrestre (quai ; installation de déchargement de pétrole), ou le heurt d'un ponton non mobile, telle la péniche où une société nautique a son siège (12).

La question de savoir s'il peut y avoir abordage alors qu'aucun navire n'est impliqué dans l'accident, le heurt intervenant entre deux engins nautiques, reste ouverte, les textes étant susceptibles d'interprétations divergentes. Pour notre part, l'interprétation restrictive s'impose, ne serait-ce qu'en raison du caractère dérogatoire du régime de l'abordage (voir, en ce sens, pour un heurt entre deux bateaux de rivière, Rouen, 30 nov. 2000, *DMF* 2001.470, obs. C. Navarre-Laroche).

386. Abordage et eaux maritimes. — En revanche, le législateur a résolu avec précision le problème des eaux où s'applique le régime de l'abordage. Ce régime prévaut quelle que soit la nature des eaux dans lesquelles l'accident est survenu, dès lors qu'un navire est en cause. Un abordage en rivière entre deux navires, ou entre un navire et un bâtiment fluvial, est soumis aux dispositions du droit maritime (un abordage entre bâtiments fluviaux étant soumis aux règles du droit fluvial, d'ailleurs inspirées des règles maritimes).

387. Abordage et heurt physique. — Par ailleurs, la notion d'abordage a été étendue par la Convention de 1910 et la loi de 1967 aux dommages causés par un navire à un autre navire, même en l'absence de heurt physique. Aux termes de l'article 13 de ladite convention (art. 6 de la loi de 1967), le régime de l'abordage est en effet applicable aux dommages qu'un navire a causé « *soit à un autre navire, soit aux choses ou personnes se trouvant à leur bord, alors même qu'il n'y aurait pas eu abordage* ». Il s'applique donc au dommage causé à un navire par le remous causé par un autre navire, phénomène souvent évoqué sous le vocable de *wash* (Douai, 29 janv. 1987, *DMF* 1988.739). En revanche, le régime de l'abordage ne joue pas pour les dommages éventuellement causés à terre par semblable remous, laissant ici place à une application éventuelle de l'article 1384, alinéa 1 (Rouen, 24 nov. 1983, et Cass. 10 juin 2004, cités *supra*, n° 378).

(12) Voir, pour le heurt avec un *duc-d'Albe*, Rouen, 29 novembre 1990, navire *Glyfada, DMF* 1992.294. Nous observerons que certains droits, tel le droit américain, ne font pas la distinction ici faite, et appliquent les mêmes règles à tout incident mettant en jeu un navire.

De surcroît, les tribunaux ont étendu au-delà des cas de *wash* les règles de l'abordage sans heurt. Dans une décision du 14 septembre 1984, la Coûr d'appel d'Aix-en-Provence a ainsi donné de la notion d'abordage sans heurt une interprétation très large (navire *Ginousse*, *DMF* 1985.601, note P. Bonassies). Le *Ginousse* ayant arraché une canalisation de gaz en relevant son ancre qui était retombée à l'eau, cette canalisation avait explosé, projetant à plusieurs mètres en l'air la barque de lamanage qui assistait le bâtiment. La Cour a considéré qu'il y avait là un abordage, et écarté l'action de la veuve d'une victime, eu égard à la prescription applicable en la matière. On peut hésiter devant une pareille extension, l'accident ayant été causé non par « le navire » mais par l'un des apparaux de celui-ci. La Cour de cassation a cependant rejeté le pourvoi formé contre l'arrêt de la Cour d'Aix (Cass. 7 avr. 1987, *DMF* 1988.67.0 et obs. P. Bonassies, *DMF* 1989.16). Pour la Cour suprême, le fait que la chute de l'ancre soit due à une faute de l'équipage justifiait l'application des règles de l'abordage. S'agissant d'appliquer un régime d'exception, l'argument n'emporte guère la conviction. On ne voit pas en quoi la faute de l'équipage peut jouer un rôle pour déterminer les limites de l'abordage, incident « *survenu entre navires de mer* » (loi du 7 juillet 1967, art. 1er).

388. Limites au régime de l'abordage. Régime contractuel. Faute intentionnelle. — En conclusion, nous observerons que le régime de l'abordage est un régime *extra-contractuel.* Il est donc écarté au cas où des relations contractuelles existent entre navire abordeur et navire abordé. C'est là le cas dans une situation de *remorquage*, où les rapports entre navires sont définis par le contrat de remorquage (*infra*, nos 698 et s.). En revanche, dans un arrêt du 18 mars 2008, la Cour de cassation a maintenu dans le domaine de l'abordage l'accident survenu lors d'une régate, un skipper ayant, pas sa faute, blessé l'un de ses coéquipiers. La Cour a refusé l'idée de la conclusion d'un contrat entre coéquipiers (voir *supra*, no 380 et les références). Par ailleurs, le régime de l'abordage peut aussi être exclu par un autre régime extra-contractuel spécifique, comme en matière de *pilotage* ou d'incident survenu à l'occasion d'opérations de *lamanage* (Rouen, 21 juin 2001, navire *Challenger, DMF* 2002.119, obs. Y. Tassel ; sur le lamanage, voir *infra*, no 722).

Enfin, dans la mesure où il est plus favorable à l'auteur d'un accident maritime que les règles du droit commun, le régime de l'abordage doit d'être écarté en cas de *faute intentionnelle* — une telle faute faisant exception à toutes les règles. Il faut donc approuver la Cour d'appel de Caen d'avoir décidé que le propriétaire d'un chalutier qui avait volontairement éperonné un navire de plaisance ne pouvait invoquer la prescription de deux ans propre au régime de l'abordage (19 oct. 1987, navire *Kyra*, *DMF* 1988.743).

B. — Le régime de l'abordage

389. Principe de la faute. — Au-delà de la complexité — bien inutile — introduite en la matière par les textes (*infra*, no 392), le principe est simple : le fondement du régime de l'abordage est aujourd'hui la *notion de faute*. Lorsqu'une entreprise ou une personne subit un dommage qu'elle impute à un incident ressortissant au régime de l'abordage, elle ne peut mettre en cause la responsabilité de l'armateur du navire concerné que si elle prouve la faute. C'est là la règle qu'exprime l'article 3 de la Convention de 1910 (règle reprise par l'art. 3 de la loi du 7 juillet 1967) : « *si l'abordage est causé par la faute de l'un des navires, la réparation des dommages incombe à celui qui l'a commise* ».

La règle, renforcée par les dispositions de l'article 6 de la Convention (texte non repris par la loi française), énonçant que « *il n'y a point de présomptions légales de faute quant à la responsabilité de l'abordage* », a des conséquences importantes, dont l'une particulière au droit français. Elle interdit au juge de condamner l'armateur d'un navire impliqué dans un abordage sans relever expressément une faute (13). Elle lui interdit de faire état d'une présomption de faute même à l'encontre d'un navire en marche qui aborde un navire amarré à quai. En droit français, elle exclut donc toute référence à l'article 1384, alinéa 1 du Code civil (14). Et bien que le régime de l'abordage soit, quant au principe de responsabilité, identique au régime de l'article 1382 du Code civil, même ce texte n'a pas sa place en cas d'abordage (Cass. 1er avr. 1999, *DMF* 2000.315, obs. Ph. Delebecque). En revanche, dans une décision du 24 janvier 2006, la Cour de cassation décide à bon droit que le juge peut fonder sur les dispositions de l'article 1384, alinéa 5, du Code civil la condamnation d'un club en tant que commettant du skipper d'un voilier, s'agissant non pas d'identifier le navire responsable, mais de fixer « *la contribution à la dette* » (*DMF* 2006.1003, obs. O. Raison).

Le demandeur doit par ailleurs, conformément au droit commun, prouver le *lien de causalité* existant entre faute et abordage (voir Rouen, 18 janv. 1957, navire *Cap Cantin*, *DMF* 1957.541).

390. Notion de faute. Faute de l'armateur. Faute du capitaine. — La notion de faute dans le droit de l'abordage est toutefois une notion assez largement entendue. Elle inclut d'abord la faute personnelle de l'armateur, par exemple si le navire en cause est affecté d'un vice que l'armateur est en faute de n'avoir pas décelé ou réparé (15). Elle inclut aussi toute faute commise par le capitaine dans la conduite du navire — et ce alors même que le capitaine a été acquitté par le tribunal maritime commercial (*supra*, n° 120), comme elle inclut la faute de tout préposé (16). Elle inclut la faute du pilote, même lorsque le

(13) Voir en ce sens, censurant des juges n'ayant pas expressément relevé une faute, Cass. 12 mai 1987, navire *Ben Franklin*, *DMF* 1988.735 ; Cass. 1er mars 1994, navire *Artaban*, *DMF* 1994.501, n. Y. TASSEL, cassant une décision où le juge s'était borné à relever la dérive de l'un des navires.

(14) Voir Cass. 5 nov. 2003, *DMF* 2004.331, obs. P. BONASSIES, censurant le juge pour avoir appliqué l'article 1384 à un abordage fluvial — événement soumis à des règles parallèles à celles du droit maritime.

(15) Voir Aix-en-Provence, 11 avr. 1988, navire *Zulu-Sea*, *DMF* 1989.26, pour un yacht dont le moteur s'était emballé, le juge reprochant à l'armateur de graves négligences dans le contrôle dudit moteur.

(16) La faute du capitaine, ou du marin tenant la barre, consistera à avoir méconnu les *règles de barre et de route* (*supra*, n° 31). Pour des exemples de faute dans la conduite du navire, voir, entre autres, Aix-en-Provence, 8 févr. 1994, *DMF* 1995.36 ; Rouen, 10 sept. 1994, *DMF* 1995. 802 ; comparer Marseille, 24 août 2004 ; *DMF* 2005.652, obs. O. RAISON, où la faute du skipper est d'avoir méconnu, non les règles de barre usuelles, mais les règles de course à la voile de la Fédération française de voile.

recours à un pilote est obligatoire (art. 5 de la Convention de 1910 et art. 5 de la loi de 1967) (17). Elle inclut aussi des situations où, sans que l'on puisse identifier la faute précise de telle ou telle personne, le navire a eu un comportement manifestement anormal, situations où un auteur particulièrement compétent a justement pu parler de *faute du navire* (18).

391. Faute du navire. — La notion de faute du navire a été critiquée par le Doyen Rodière comme étrangère au droit français (*Traité, Événements de mer*, n° 25). Elle nous paraît cependant fondée. Conceptuellement, elle est proche de la notion de *faute du service* du droit administratif, laquelle permet de mettre en cause la responsabilité de l'administration lorsqu'un service public a mal fonctionné, alors même que l'agent responsable n'a pu être identifié. Pratiquement, on la retrouve en filigrane de nombreuses décisions où un armateur est condamné parce que son navire s'est comporté anormalement, sans qu'une faute précise du capitaine ou du pilote soit relevée (voir, en ce sens, Cour d'appel d'Aix-en-Provence, 12 oct. 1984, navire *Buyo*, *Revue Scapel* 1986.23 et obs. P. Bonassies, *DMF* 1987.14). Elle a même fait l'objet d'une référence expresse dans un arrêt de la Cour d'appel d'Aix-en-Provence du 14 avril 1987, arrêt où cette Cour observe que l'expression « *faute de l'un des navires* », laquelle est celle des textes, « *introduit dans ce domaine particulier de responsabilité une donnée objective, en ce sens que, si elle ne retire rien au fait que les fautes ont nécessairement une origine humaine, elle confère à la victime la faculté de se retourner contre l'armateur du navire qui lui a immédiatement causé le dommage sans avoir à rechercher plus avant dans l'échelle des responsabilités* » (19).

392. Abordage fortuit. Force majeure. Abordage douteux. — Si le principe de la faute est simple, les textes compliquent quelque peu les choses en distinguant, à côté de l'abordage causé par la faute de l'un des navires, l'abordage fortuit, l'abordage dû à un cas de force majeure, ou encore l'abordage douteux.

Cette série de distinctions, qui avait un sens dans le régime du *Code de commerce*, où en cas d'abordage douteux les conséquences de l'abordage étaient partagées entre les navires, est devenue aujourd'hui inutile, sinon même dangereuse, dans la mesure où elle peut induire en erreur (tout au moins pour ce qui est du droit de l'abordage — elle garde un sens en matière de transport de marchandises, où l'abordage fautif est une cause d'exonération du transporteur, non l'abordage douteux). Car la règle qui commande tout est celle que nous avons énoncée ci-dessus : pour obtenir réparation du dommage causé à son navire, le demandeur doit prouver *la faute* de l'autre navire. S'il ne prouve pas

(17) Pour des exemples récents de faute dans l'abordage, voir nos obs. et réf., *DMF* 2003, Hors-série n° 7, au n° 43.

(18) R. GARRON, « La faute du navire », *DMF* 1964.579, l'auteur joignant les qualités de capitaine au long cours et de professeur à la Faculté de droit d'Aix-en-Provence.

(19) Navire *Barge U.R.91*, *DMF* 1989.469 ; l'arrêt de la Cour de cassation du 1er mars 1994, cité *supra*, note 13, ne contredit pas la notion de faute du navire, puisqu'il reproche au juge de ne pas avoir relevé « *l'existence d'une faute imputable au navire Artaban* » — « faute imputable au navire », n'est-ce pas là la « faute du navire » ?

la faute, peu importe que l'abordage soit douteux, dû à un cas de force majeure ou fortuit, son action sera rejetée (20).

393. Faute commune. Principe de la responsabilité proportionnelle. — Beaucoup plus réel est le problème que pose la situation où chacun des navires est en faute, situation que les textes visent en parlant, bien improprement, de faute commune. C'est une telle situation qui se présente quand, par exemple, un navire n'a pas respecté la priorité à tribord, l'autre navire allant trop vite par temps de brume.

Cette situation était régie dans l'ancien droit par la règle du partage du dommage entre les deux navires, règle que les juristes de l'époque qualifiaient de « *judicium rusticorum* ». La règle du partage par moitié a été abandonnée par la Convention de 1910. Aux termes de la Convention, dont les dispositions ont été exactement reprises par la loi de 1967, « *s'il y a faute commune, la responsabilité de chacun des navires est proportionnelle à la gravité des fautes respectivement commises* » (article 4, tant de la Convention de 1910 que de la loi de 1967). C'est seulement si les fautes apparaissent comme équivalentes, ou si aucune proportionnalité ne peut être établie, que la responsabilité est partagée par parts égales. Ici, il faut le relever, le droit maritime a, dans le principe, rejoint le droit commun et perdu toute spécificité.

La règle nouvelle n'a pas cependant été admise sans difficulté dans tous les droits. C'est ainsi que le droit américain a longtemps maintenu le principe du partage par moitié. Ce principe était toutefois assoupli par les tribunaux dans les situations où la faute de l'un des navires apparaissait comme particulièrement grave, les juges déclarant alors que la faute de l'autre n'avait pas joué un rôle causal véritable. C'est seulement par une décision du 19 mai 1975, l'arrêt *Reliable Transfer*, que la Cour suprême a décidé que le droit américain devait rejoindre la règle commune, et adopter le partage des responsabilités proportionnellement à la gravité des fautes (*DMF* 1979.502).

394. Règle de la responsabilité proportionnelle. Modalités d'application. Dommages aux navires. — La règle de la responsabilité proportionnelle à la gravité des fautes ne joue pas toutefois de la même manière dans tous les cas. Elle joue pleinement entre les navires en faute. Et elle est ici appliquée par les tribunaux d'une manière nuancée. Dans de nombreux cas, le partage des responsabilités est fait selon une proportion 25 %-75 %, 1/3-2/3 ou 50-50 (21). Mais les juges n'hésitent pas à affiner leurs chiffres, allant jusqu'à retenir une proportion 90 %-10 % (voir, Tribunal de commerce du Havre, 7 juill. 1970, navire *Gravisia*, *DMF* 1972.226, l'un des navires naviguant à une vitesse très

(20) Pour un cas d'abordage douteux, excluant la responsabilité de quiconque, voir Tribunal de commerce de Calais, navire *Popeye*, *DMF* 1989.607 ; Cass. 21 juin 2001, navire *Basque, DMF* 2002.208, obs. Ph. DELEBECQUE. Pour un cas où, au contraire, la responsabilité de l'armateur a été retenue, la force majeure alléguée par lui n'ayant pas été établie, Rouen, 13 déc. 1988, sous Cass. 16 oct. 1990, navire *Ben-Franklin*, *DMF* 1991.577, n. R. ACHARD ; Cass. 29 mai 2001, navire *Île de Beauté, Revue Scapel* 2001.143. Pour un cas de force majeure « partielle », laissant une part de responsabilité au navire en faute, Cass. 14 févr. 1973, *Sem. jur.* 1973.II.451, n. B. STARCK.

(21) Voir, dans l'ordre, Aix-en-Provence, 8 oct. 1985, navire *Buena Speranza, DMF* 1987.292 ; Saint-Nazaire, 13 mai 1985, navire *Armor*, *DMF* 1987.100 ; Rouen, 22 janv. 1979, navire *Iokasti*, *DMF* 1979.409.

excessive par temps de brume, mais l'autre n'ayant pas signalé par des signaux phoniques la manœuvre de sauvetage par lui tentée).

395. Dommages aux tiers. Cargaisons. — S'agissant des tiers, les textes imposent une série de distinctions, la plus nette étant la distinction entre les propriétaires de marchandises endommagées à bord des navires impliqués dans l'abordage et les victimes de dommages aux personnes. S'agissant des premiers, la Convention de 1910 énonce que les dommages causés aux *cargaisons* des navires, ou aux biens des équipages ou des passagers, seront supportés par les navires en faute, dans la proportion de leur faute et *sans solidarité* (art. 4). Le droit maritime écarte donc ici la règle du droit commun, qui veut que chaque co-auteur d'un dommage soit responsable pour le tout à l'égard de la victime (principe de la responsabilité *in solidum*). La règle de la Convention (et de la loi de 1967 qui en reprend les termes) s'explique par les règles du transport de marchandises.

Nous verrons que le transporteur n'est pas responsable du dommage causé par la faute de navigation de son capitaine (*infra*, n° 1094). Le législateur de 1910 n'a pas voulu que le chargeur, qui ne peut ainsi directement mettre en cause son transporteur après un abordage causé par la faute du capitaine de celui-ci, ne puisse indirectement lui faire supporter le dommage causé à ses marchandises, en en demandant réparation intégrale à l'armateur de l'autre navire — lequel ne manquerait pas d'exercer une action récursoire contre le transporteur, pour la part de responsabilité incombant à celui-ci dans l'abordage. On remarquera toutefois que les États-Unis, n'ayant pas ratifié la Convention de 1910, continuent à appliquer ici la règle de la responsabilité pour le tout de chacun des deux navires, et connaissent le « circuit » de recours que la Convention a voulu éviter. Les transporteurs essayent d'ailleurs de se protéger contre un tel circuit par une clause spéciale insérée dans leurs connaissements, la *both to blame clause*. Mais cette clause a été déclarée nulle par les tribunaux (Cour suprême, 21 avr. 1952, navire *Esso Belgium*, *DMF* 1952.563, note P. Bonassies).

396. Dommages aux personnes. — En ce qui concerne les dommages aux personnes (mort ou blessures), c'est au contraire la règle du droit commun qui a été maintenue. Aux termes de la Convention de 1910, « *les navires en faute sont tenus solidairement à l'égard des tiers pour les dommages causés par mort ou blessure* ». Le passager blessé sur l'un des navires pourra donc obtenir réparation intégrale de l'armateur de l'autre navire (alors que l'exercice de son action contre l'armateur du navire qui le transporte ne lui permettrait d'obtenir qu'une réparation limitée). Mais cet armateur pourra, à son tour, exercer contre l'armateur du premier navire une action récursoire pour la part de responsabilité incombant à celui-ci, action expressément prévue par la Convention et par la loi française (art. 4). On retrouve donc ici le « circuit » que les rédacteurs de la Convention de 1910 ont voulu éviter aux transporteurs de marchandises.

397. Cas des tiers « étrangers ». — Reste un cas qui n'est pas expressément réglé par la Convention de 1910 (non plus que par la loi française). C'est celui des tiers complètement étrangers aux navires en faute, tel le propriétaire d'un troisième navire, amarré à quai et parfaitement innocent, navire endommagé à la suite de l'abordage entre deux bâtiments jugés en faute chacun pour moitié. Si on lui applique la règle inscrite dans la Convention, s'agissant de dommages aux biens, il ne pourra agir contre chacun des armateurs que pour moitié. Mais une telle solution ne s'impose pas véritablement.

L'article 4 de la Convention limite la règle de non-solidarité aux cargaisons des *navires en cause*, et aux biens des passagers ou marins *transportés par eux*. Il n'y a guère de raison d'étendre ladite règle, dérogatoire au droit commun, en dehors du domaine qui lui est assigné par la Convention (voir en ce sens, Rodière, *Événements de mer*, n° 45 ; Tribunal du Pirée, 1972-702, *DMF* 1979.59).

398. Action en responsabilité. Évaluation du dommage. — L'importance des dommages causés par un abordage explique que la pratique ait attaché beaucoup d'attention aux problèmes de détermination et d'évaluation du dommage réparable. Ces problèmes ont donné lieu à une jurisprudence abondante devant les juridictions anglaises et américaines. En droit français, ils sont résolus à partir des règles du droit commun et paraissent soulever moins de difficultés, ce en raison du pouvoir souverain reconnu en la matière aux juges du fond par la Cour de cassation. Seront ainsi accordés à l'armateur dont le navire a été victime d'un abordage, non seulement le remboursement de toutes les dépenses effectuées par lui (indemnité d'assistance, frais de réparation, frais encourus pour décharger les marchandises et les recharger), mais aussi une indemnité compensant le manque à gagner résultant de l'immobilisation (chômage) du navire, la Cour de cassation laissant en la matière un très large pouvoir d'appréciation aux juges du fond.

Il est à relever que le CMI s'est préoccupé de la question de la fixation des dommages-intérêts en matière d'abordage. Lors de la conférence tenue par cette institution à Lisbonne en 1985, il fut décidé d'établir, non un projet de convention internationale mais un ensemble de règles, analogues aux Règles d'York et d'Anvers en matière d'avaries communes (*infra,* n° 530). Un texte, qui porte le nom de *Règles de Lisbonne*, a été rédigé en 1986, et adopté par le CMI en avril 1987 (voir le projet de ce texte, adopté tel quel, *DMF* 1987.202, obs. J. Warot et J. Villeneau). C'est un texte très complet, qui pourra servir de guide aux juges et arbitres, voire même s'imposer à eux si, après un abordage, les parties en conviennent (22). Pour les litiges soumis aux tribunaux français, il n'apportera aucun changement fondamental, étant très proche, encore qu'avec

(22) À l'inverse des Règles d'York et d'Anvers, qui sont quotidiennement appliquées par les praticiens, il ne semble pas que les Règles de Lisbonne aient jamais fait l'objet d'application concrète. La raison en est qu'elles concernent une situation *extracontractuelle*, à propos de laquelle il est difficile de s'entendre à l'avance, alors qu'il est aisé — et usuel — d'inscrire une référence aux Règles d'York et d'Anvers dans un connaissement ou une charte-partie.

plus de précision qu'elles, des règles habituellement suivies par la jurisprudence française (23).

399. Action en responsabilité. Compétence. — Ce sont des règles plus spécifiques qui s'appliquent à l'action en responsabilité pour abordage, pour ce qui est de la compétence et de la prescription.

Nous savons que le problème de la *compétence pénale* en matière d'abordage (action pénale contre le capitaine responsable), est réglé par la Convention internationale de 1952, texte dont les dispositions ont été reprises, tant par la Convention de Genève sur la haute mer de 1958 que par la Convention sur le droit de la mer (*supra*, n° 70). L'action en responsabilité pénale contre le capitaine ou marin responsable ne peut être intentée que devant les autorités judiciaires de l'État dont le navire portait le pavillon au moment de l'abordage, ou, si la législation nationale le prévoit, devant les tribunaux dont la personne en cause est un national.

La compétence en matière d'*action en responsabilité civile* est régie par une seconde convention internationale de 1952, laquelle prévoit des compétences beaucoup plus larges qu'en matière pénale. Sont ainsi compétents le tribunal de la résidence habituelle du défendeur, le tribunal du lieu où une saisie a été pratiquée sur le navire défendeur (ou sur un autre navire appartenant au même défendeur), ou enfin le tribunal du lieu de l'abordage lorsque cet abordage est survenu dans les eaux intérieures. Assez curieusement, cette Convention, cependant ratifiée par un grand nombre d'États dont la France et entrée en vigueur le 14 septembre 1955, n'a guère donné lieu à application.

Pour ce qui est du *droit français*, le décret du 19 janvier 1968, applicable à l'abordage entre navires français comme aux navires des États n'ayant pas ratifié la Convention de 1952, déclare compétents, outre le tribunal du domicile du défendeur, le tribunal du port français dans lequel l'un des deux navires s'est réfugié, et, si l'abordage est survenu dans la limite des eaux territoriales françaises, le tribunal dans le ressort duquel la collision s'est produite (art. 1er). Le renvoi à la compétence du tribunal du lieu de refuge ne paraît, toutefois, pas conforme aux règles du droit communautaire, le Règlement du 22 décembre 2000 ne prévoyant en matière extra-contractuelle, outre la compétence générale du tribunal du domicile du défendeur, que la compétence du tribunal du lieu où le fait dommageable s'est produit.

400. Prescription. — La prescription en matière d'abordage est fixée par la Convention de 1910, comme par la loi de 1967, à deux ans. Cette prescription s'applique même à l'*action civile* intentée par les ayants droit de la victime d'un abordage (24). En revanche, la France ayant fait usage d'une faculté reconnue

(23) Relevons un problème particulier qui a jadis inquiété la jurisprudence : celui du navire abordé qui, ultérieurement, se perd corps et bien dans un second incident maritime. En 1920, le Tribunal de Rouen avait estimé que l'armateur du navire abordé ne devait rien (10 déc. 1920, *Revue Autran* 33.386). La solution a été justement critiquée par le Doyen Ripert (note sous la décision).

(24) Douai, 9 mars 1990, navire *Arche-de-Noé*, *DMF* 1991.42 obs. P. BONASSIES, *DMF* 1992.25.

aux États signataires par la Convention, cette prescription ne court pas devant les tribunaux français si le navire responsable de l'abordage n'a pu être saisi dans les eaux françaises (art. 7 de la loi de 1967). Pour le reste, cette prescription est interrompue et suspendue selon les règles du droit commun, la Convention renvoyant ici à la loi du tribunal saisi (art. 7). C'est ainsi que, dans l'arrêt rendu par elle dans l'affaire du *Ginousse* (*supra*, n° 387), la Cour d'appel d'Aix-en-Provence a décidé que les délais de prescription étaient suspendus par la minorité des victimes (voir aussi Aix-en-Provence, 12 oct. 1984, cité *supra*, n° 391). La solution est conforme à la jurisprudence générale de la Cour de cassation. Par ailleurs, la reconnaissance de sa responsabilité par l'un des armateurs en cause entraîne l'*interversion* de la prescription, la prescription de dix ans du droit commun remplaçant la prescription biennale (Cass. 4 janv. 2000, navire *Clip Entreprises, DMF* 2000.426, obs. M. Bruschi).

La Convention et la loi française prévoient en outre une prescription plus courte d'un an pour les actions récursoires ouvertes en cas de dommages aux personnes.

401. Conflits de lois. — Malgré l'adoption généralisée de la Convention de 1910, certains conflits de lois subsistent en matière d'abordage. Le problème le plus difficile est celui de l'abordage en haute mer entre deux navires de pavillons différents, étant malaisé de favoriser la loi de l'un des navires plutôt que celle de l'autre. La jurisprudence paraît s'orienter vers l'application de la loi du juge saisi, la *lex fori* (en ce sens Cass., 9 mars 1966, *DMF* 1966.408, *D.* 1966.577, note Jambu-Merlin). Les abordages en eaux nationales (ports ou eaux territoriales) sont généralement soumis à la loi de l'État riverain. Mais cette loi pourrait être écartée si un autre rattachement apparaissait plus fondé (25).

Ces solutions sont confirmées par le règlement communautaire Rome II, ce texte prévoyant la compétence du droit du pays où le dommage survient, tout en réservant la faculté pour le juge le droit d'un autre pays, si le fait dommageable présente des liens manifestement plus étroits avec ce pays. Quant à la loi applicable à un abordage en haute mer, le règlement ne propose aucun choix direct.

Section 2

La limitation de responsabilité de l'armateur

402. Historique. De l'abandon du navire à la limitation en valeur. — La limitation de responsabilité de l'armateur est certainement l'institution la plus

(25) Solution admise en droit américain ; sur le problème en général, voir P. Bonassies, *La loi du pavillon, Recueil des cours de l'Académie de droit international* 1969, vol. 3. p. 547 ; *adde* R. Rodière, *Événements de mer*, n°s 105 et s.

originale du droit maritime. Dans le droit applicable en France jusqu'au 30 novembre 1986, l'armateur, s'il n'avait pas commis de faute personnelle, pouvait limiter sa responsabilité à un plafond proportionnel au tonnage du navire. Dans le droit applicable depuis le 1er décembre 1986, l'armateur conserve cette faculté même en cas de faute, la limitation n'étant exclue qu'en cas de faute très grave, la faute habituellement qualifiée de « *faute inexcusable* ».

La règle est l'aboutissement d'une lente évolution. En droit maritime classique, droit qui a prévalu en France de l'Ordonnance de la Marine à 1968, la technique de limitation de la responsabilité était extrêmement brutale. L'armateur qui n'avait pas commis de faute pouvait se protéger contre les conséquences des fautes du capitaine par l'*abandon* du navire et du fret (article 216 du Code de commerce). Et l'abandon restait possible alors même que le navire gisait au fond des mers, tandis que des règles proches existaient dans nombre de droits étrangers. Ainsi, après le sinistre du *Titanic*, les ayants droit des victimes avaient dû se contenter d'exercer leurs droits sur les quelques embarcations de sauvetage qui avaient échappé au désastre.

En droit français, l'abandon du navire dépassait d'ailleurs le domaine de la responsabilité de l'armateur. Il pouvait être opposé par le propriétaire du navire même à l'égard des dettes contractuelles souscrites par le seul capitaine (par exemple, achat à l'étranger de voiles de rechange, ou réparations importantes intervenues sur le bâtiment), — l'abandon ayant un intérêt très concret quand le navire sombrait dans le voyage de retour ou rentrait à son port d'attache en piteux état.

Dès la fin du XVIIIe siècle, le droit anglais, antérieurement rebelle à la règle de l'abandon, s'était tourné vers un système moins élémentaire de limitation. Une série de textes avaient d'abord prévu la possibilité pour l'armateur de limiter, dans certains cas, sa responsabilité à la valeur du navire avant l'accident, valeur augmentée du fret. En 1845 il fut décidé que l'indemnité versée aux victimes de dommages corporels serait au moins égale à quinze livres par tonneau de jauge. Enfin, en 1894 fut créé le système moderne. L'armateur qui voulait limiter sa responsabilité devait constituer un fonds d'une valeur proportionnelle au tonnage du navire, fonds de huit livres par tonneau, somme portée à quinze livres en cas de dommages corporels. C'est ce système qui s'est aujourd'hui généralisé, sauf exception, à l'ensemble des pays maritimes, l'évolution s'étant faite en deux temps.

403. Convention de 1924 et Convention de 1957. — Une première convention internationale, conclue en 1924 sous l'égide du CMI, s'était déjà inspirée du système britannique. Mais elle avait institué des règles complexes, laissant le choix à l'armateur entre l'abandon du navire et la limitation en valeur. Peu satisfaisante, elle n'avait fait l'objet que de rares ratifications (dont, toutefois, celle de la France). Dès la fin de la Seconde Guerre mondiale, les organes du CMI se sont donc remis au travail pour proposer un nouveau texte, lequel a fait l'objet d'une nouvelle convention internationale signée le 10 octobre 1957, texte adoptant le système britannique du *fonds de limitation*.

Avec le temps, ce texte a toutefois montré quelques imperfections. Les montants de limitation adoptés sont aussi apparus trop faibles, notamment aux yeux des pays en voie de développement. Un ultime texte a été mis en chantier sous l'égide de l'OMCI, texte devenu la Convention de Londres du 19 novembre 1976.

404. La Convention de 1976. De la limitation de responsabilité du propriétaire de navire à la limitation de responsabilité en matière de créances maritimes. — La Convention de 1976, tout en restant assez proche dans sa technique de la Convention de 1957, apporte des modifications importantes au droit antérieur. Elle augmente, d'une manière d'ailleurs variable, les montants de la limitation. Elle substitue à la faute simple, comme cause de déchéance du droit à limitation, la *faute inexcusable*. Enfin elle étend largement le droit à limitation, faisant bénéficier de ce droit de nombreuses catégories de participants au commerce maritime.

La substitution par la Convention de 1976 de la faute inexcusable à la faute simple a sans doute en pratique des conséquences considérables. Mais d'un point de vue théorique c'est peut-être l'élargissement du domaine de la limitation qui a la signification la plus grande, affectant tant l'intitulé des textes que le fondement même de l'institution.

Le *Code de commerce* n'ouvrait le droit à limitation qu'au *propriétaire* de navire. Déjà, la Convention de 1957 avait élargi ce droit à l'armateur, ou autre personne exploitant du navire sans en être le propriétaire, ainsi qu'à leurs préposés (*infra*, n° 423). La Convention de 1976 confirme les règles de 1957, mais accorde aussi le droit à limitation à l'assistant et à l'assureur. Devant cette évolution, il n'était plus possible de parler, comme le faisait encore la Convention de 1957, de limitation de la responsabilité des *propriétaires* de navires de mer. C'est pourquoi la nouvelle convention s'intitule « *Convention sur la limitation de la responsabilité en matière de créances maritimes* ». Mais le changement d'intitulé va au-delà d'une modification de pure forme : il traduit un changement dans le fondement de la limitation.

405. La Convention de 1976 et le fondement de la limitation. De la notion de fortune de mer au risque de la mer et au caractère d'intérêt général des activités maritimes. — Les opinions sur le fondement de la limitation de responsabilité ont varié, et plusieurs justifications ont été avancées, alternativement ou cumulativement. L'idée dominante a longtemps été toutefois celle qu'exprime la notion de *patrimoine de mer*, ou mieux de *fortune de mer*, expression utilisée par le Doyen Ripert (26).

La notion de fortune de mer exprime l'idée que le propriétaire du navire ne met en jeu que le bien qu'il a affecté à l'expédition maritime, le navire — éventuellement accru des sommes gagnées lors de l'expédition, le fret. Cette idée

(26) C'est là l'intitulé même du titre consacré par lui au problème dans son Traité : tome 2, 5e éd., nos 1228 et s., titre intitulé, « *La fortune de mer. Abandon du navire et du fret* ».

était en accord avec l'article 216 du Code de commerce, prévoyant l'abandon du navire et du fret (27). Comme l'écrit le Doyen Rodière, « *si le propriétaire voyait sa responsabilité limitée et si la modalité de cette limitation résidait dans l'abandon du navire et du fret, c'est parce que l'armateur, à chaque nouveau voyage de son bâtiment, mettait en risque ce navire, comme les marchands mettaient en risque leur cargaison, les matelots leur vie et leur loyer. L'expédition maritime était une association à profits communs, où chacun n'engageait qu'une partie de ses biens* » (Traité, *L'armement*, n° 462).

Mais la référence à la fortune de mer, comme fondement de la limitation, n'est plus possible après la Convention de 1976. Déjà, la thèse de la fortune de mer n'avait plus guère de sens après la réforme de 1957-1967, l'armateur non propriétaire n'engageant dans l'expédition maritime ni le navire ni aucun bien lui appartenant (à l'exception du seul fret espéré par lui). Elle n'a aujourd'hui plus aucune valeur quant à l'assistant ou à l'assureur, comme elle n'en a pas quant aux préposés de l'armateur. Il faut donc chercher ailleurs une justification à l'institution.

Cette justification, on ne peut la trouver que dans une double référence, d'une part au *risque de la mer*, d'autre part au caractère *d'activités d'intérêt général* des activités maritimes. C'est parce qu'il affronte les risques de la mer que le propriétaire du navire mérite de voir sa responsabilité limitée. C'est aussi parce que son activité, si elle n'est pas de service public, est d'intérêt général (*supra*, n° 5) que l'armateur mérite de voir sa responsabilité allégée. C'est parce qu'ils affrontent de la même manière ces risques, et participent, eux aussi, à une activité d'intérêt général qu'armateur non propriétaire, assistant et équipage méritent de voir leur responsabilité pareillement limitée.

406. Le Protocole de 1996. — Avec le temps, les montants de la limitation inscrits dans le texte de 1976 étaient à nouveau devenus insuffisants, soit parce que calculés de manière trop étroite en 1976, soit du fait de l'érosion des monnaies. Ils ont été assez fortement modifiés par un Protocole signé à Bruxelles le 2 mai 1996. Ce protocole est entré en application le 13 mai 2004 (sur les nouveaux montants de la limitation, voir *infra*, n° 441). Il a été ratifié par la France, la loi autorisant l'adhésion de la France ayant a été promulguée le 5 juillet 2006 (*JORF* 6 juillet 2006.10116), et le Protocole publié au *Journal officiel* du 25 septembre 2007.

407. Textes applicables en France. Conventions internationales. Loi de 1967-1984. — Le droit français de la limitation de responsabilité est passé par trois phases, où se sont appliqués en parallèle textes internes et textes internationaux. L'article 216 du *Code de commerce* est demeuré applicable en droit interne jusqu'au 5 février 1968, date d'entrée en vigueur du « système de

(27) En accord seulement partiel toutefois, puisque le propriétaire demeurait responsable sur tous ses biens des engagements personnels pris par lui, par exemple pour l'achat de nouveaux équipements pour son navire. Pareillement, en cas d'affrètement du navire, il y avait lieu de distinguer les cas où le dommage subi par les marchandises résultait de la faute du capitaine, cas où l'abandon était possible, et le cas où il résultait de la faute ou du fait du propriétaire, l'abandon ne pouvant alors jouer (voir G. RIPERT, *Droit maritime*, n°s 1276 et s.).

1967 » (loi du 3 janv. 1967, décret du 27 oct. 1967). Parallèlement, en matière internationale, s'appliquait depuis 1936 la Convention de 1924 (publiée par décret du 29 nov. 1935).

En 1968 entraient en vigueur à la fois le « système de 1967 » et la Convention de 1957 ratifiée par la France dès 1959 (décret du 3 déc. 1959, *D.* 1959.666), le 5 février pour la loi de 1967, le 31 mai pour la Convention. À cette époque, se réalisait une unification poussée du droit interne et du droit international, la loi du 3 janvier 1967 sur le statut des navires reprenant, avec à peine quelques nuances, les dispositions de la Convention (nous avons déjà noté, *supra*, n° 22, le caractère remarquable de l'article 61 de cette loi, énonçant que le propriétaire du navire « *n'est pas responsable au-delà des limites établies par la Convention internationale du 10 octobre 1957* »). Toutefois, le législateur français avait dû instituer une procédure spécifique propre à la limitation, la Convention de 1957 ayant en la matière renvoyé aux lois nationales (art. 4).

Le 1er décembre 1986 la Convention de 1976 entrait en vigueur, un après avoir réuni les douze ratifications nécessaires (dont les ratifications des pays nordiques, de la Grande-Bretagne, de l'Espagne, du Japon, du Liberia). La France l'avait ratifiée en 1981, et la Convention a été publiée par décret du 23 décembre 1986 (*D.* 1987.71). Par ailleurs, une loi du 21 décembre 1984 a adapté les dispositions de la loi du 3 janvier 1967 à la nouvelle Convention, laquelle loi de 1984 est elle-même applicable depuis le jour de l'entrée en vigueur de la Convention, c'est-à-dire depuis le même 1er décembre 1986.

Le Protocole de 1996 est entré en vigueur le 25 juillet 2007.

408. Convention et loi française. Application dans l'espace. — Le texte de la loi de 1967, telle que modifiée en 1984, et celui de la Convention de 1976 sont pour l'essentiel identiques. Quelques différences subsistent toutefois, ce qui rend nécessaire de distinguer entre les situations soumises à la Convention et les situations soumises à la loi française, comme de préciser le statut des navires étrangers ressortissant d'un État n'ayant pas ratifié la Convention (les solutions proposées s'appliquant également aux relations Convention de 1957 — loi de 1967 dans son texte originaire).

Aucun problème ne se pose pour les navires battant pavillon français. Devant les tribunaux français, ils sont soumis aux seules dispositions de la loi française. S'agissant des navires étrangers, les choses sont moins nettes. Une chose est toutefois certaine : aux termes de son article 15, la Convention de 1976 s'applique à l'égard de tout armateur étranger qui, à la fois, a sa résidence ou son principal établissement dans un État signataire, et dont le navire bat pavillon d'un État signataire. Ce serait le cas, par exemple, d'un armateur établi en Norvège et exploitant un navire battant pavillon norvégien, ou exploitant un navire battant pavillon du Liberia, Norvège et Liberia étant signataires de la Convention.

Pour un armateur qui ne serait pas dans cette situation (armateur n'ayant pas son siège dans un État signataire, ou exploitant un navire battant pavillon d'un État non signataire), la Convention précise que tout État signataire peut l'exclure totalement ou partiellement de l'application de la Convention (art. 15). Mais la France n'a, à ce jour, pris aucun acte formel en ce sens, et l'on ne peut considérer que la seule existence, en droit français, d'un texte interne vaut, pour ce qui est des navires étrangers, exclusion du bénéfice de la Convention. Il faut donc en conclure que, au moins pour aujourd'hui, la Convention s'applique, en France, à l'armateur de tout navire étranger. Et c'est en ce sens qu'a statué la Cour d'appel de Rouen, le 5 septembre 2002 (navire *Jerba, DMF* 2003.55, obs. Cl. Humann) (28).

409. Convention et loi française. Application dans le temps. — Le problème se pose aussi de savoir quel est le domaine d'application dans le temps des nouveaux textes. À ce problème, qui était controversé, la Cour de cassation a apporté une réponse nette, dans un arrêt du 28 mai 1991 (navire *Maria-Bel, DMF* 1992.565, note Ph. Godin et obs. P. Bonassies, *DMF* 1993. 67). Pour la Cour, « *le fonds de limitation de responsabilité, dans la procédure de constitution ouverte par une ordonnance du président du tribunal, est régi par la loi en vigueur non pas à la date où les dommages ont été causés, ou du dépôt de la requête formée par le propriétaire du navire, mais à la date où l'ordonnance a été rendue* ».

La solution ici adoptée se justifiait, d'une part par l'importance des aspects procéduraux en matière de limitation de responsabilité, les lois de procédure étant applicables immédiatement, d'autre part par l'intérêt des victimes, créanciers de l'armateur, quand intervient une modification législative du montant du fonds. Si l'armateur tarde à constituer le fonds, le créancier bénéficiera en effet du nouveau montant (toujours plus élevé) de la limitation. Il en serait de même si l'ordonnance autorisant la constitution du fonds était réformée en appel. Le juge d'appel devrait calculer le fonds sur la nouvelle base.

Cette solution n'est plus, cependant, aujourd'hui aussi sûre. le Protocole de 1996 énonce, en effet, dans son article 9 (3) qu'il ne s'applique « *qu'aux créances nées d'événements postérieurs à l'entrée en vigueur, pour chaque État, du présent Protocole* ». Il ne semble donc plus possible d'appliquer les montants nouveaux de la limitation aux créances anciennes, nées avant l'entrée en vigueur du Protocole (pour la France, avant le 25 juillet 2007), créances dont le règlement aurait été retardé par les lenteurs procédurales.

410. Conflits de lois. Règlements Rome I et Rome II. — Le fait que la Convention de 1976 soit applicable à l'armateur de tout navire étranger, qu'il arbore le pavillon d'un État signataire ou non (*supra*, n° 408), devrait supprimer en la matière tout conflit de lois. Mais les choses ne sont pas si simples. La Convention de 1976 — comme beaucoup de conventions internationales — n'a

(28) Un autre problème s'est un temps posé, celui du texte applicable par les tribunaux français à l'armateur d'un navire battant pavillon d'un État qui a ratifié la Convention de 1957, mais sans adhérer à la Convention de 1976. Depuis le 15 juillet 1988, ce problème n'existe plus, la France ayant dénoncé la Convention de 1957 le 15 juillet 1987 et sa dénonciation ayant pris effet un an après (voir obs. P. BONASSIES, *DMF* 1989.6). Aujourd'hui l'armateur d'un État seulement signataire de la Convention de 1957 doit être assimilé à l'armateur d'un État « non signataire », avec les conséquences indiquées au texte.

pas un caractère exhaustif. Elle ne règle pas toutes les questions susceptibles de se poser en matière de limitation — et notamment la notion de navire. C'est ainsi que, dans un arrêt du 12 septembre 1991, la Cour d'appel de Caen, statuant à propos d'un accident survenu dans un port de plaisance espagnol à une jeune enfant dont le bras avait été arraché par l'hélice d'un hors-bord, s'est référée à la loi espagnole, loi du lieu du délit (*lex loci delicti*) pour refuser la qualité de hors-bord au zodiac en cause, et par là rejeter la prétention de son propriétaire de bénéficier de la limitation de responsabilité prévue — en des termes identiques à ceux de la Convention de 1976 — par la Convention de 1957 (*DMF* 1991, note A. Tinayre). Pour la Cour, « *en matière de responsabilité délictuelle, le droit à réparation du dommage subi, étant la conséquence de la responsabilité, est déterminé par la loi qui régit celle-ci ; les modalités qui affectent un droit ou qui en modifient la portée sont indissociables de ce droit et ne sauraient être régies par une autre loi que celle qui la détermine* ».

Acceptable eu égard aux données de l'espèce, où aucun fonds n'avait été constitué, la limitation ayant été invoquée directement par le propriétaire du navire sur l'action de la victime, comme cela est possible quand il n'y a qu'un créancier ou que le nombre de créanciers est réduit (voir *infra*, n° 452), la solution adoptée par la Cour de Caen, manifestement inspirée par des motifs humanitaires (la victime, fillette de onze ans ayant eu le bras arraché par l'hélice du zodiac, à la suite d'une faute impardonnable du pilote et propriétaire de l'engin) ne peut, selon nous, être étendue aux cas où un fonds de limitation a été constitué. Car, dans ce cas, les éléments de procédure, ou en tout cas de droit judiciaire (ce que les juristes de *common law* qualifient d'*adjective law*) deviennent trop importants pour que l'on méconnaisse le rôle de la loi du juge saisi, la *lex fori*. En particulier, on peut penser que c'est à la *lex fori* qu'il faut se référer pour définir la notion de navire. La limitation de responsabilité de l'armateur est un véritable *privilège* accordé par le législateur. Il est normal que le juge saisi par l'armateur lui-même vérifie si les conditions édictées par sa loi nationale sont remplies, dès lors que la convention internationale qui s'impose à lui est muette sur le point en cause.

Il faut cependant se demander dans quelles mesures les observations proposées ci-dessus ne sont pas modifiées par l'entrée en vigueur des Règlements européens Rome I et Rome II (les deux règlements devant être pris en considération, les créances concernées pouvant être contractuelles ou non contractuelles). La lecture comparée des dispositions précisant, dans chacun de ces textes, le domaine de la loi applicable nous paraît confirmer qu'il faut à distinguer deux situations évoquées par nous : celle des cas où un fonds de limitation est constitué et celle des cas où la demande du propriétaire est avancée sans constitution de fonds. Dans le premier cas, la prééminence reconnue à la *lex fori* s'impose. Le Règlement Rome I (créances contractuelles) énonce d'ailleurs ici que, « *en ce qui concerne les modalités d'exécution et les mesures à prendre par le créancier en cas de défaut dans l'exécution, on aura égard à la loi du pays où l'exécution a lieu* » (article 12, 2). La loi du lieu du pays ou l'exécution a lieu, c'est la loi du juge de la constitution du fonds. Et, si le Règlement Rome II énonce que la loi applicable à une obligation non contractuelle régit notamment « *les causes d'exonération, de limitation et de partage de responsabilité* » (article 15, b), il ne dit rien de la *procédure de limitation.* On peut donc le lire, lui aussi, comme maintenant la prééminence de la *lex fori* pour régir cette procédure. On n'imagine pas d'ailleurs que puissent coexister deux lois différentes dans une procédure où seraient invoquées tant des créances contractuelles que des créances extra-contractuelles. S'agissant de la seconde situation (absence de fonds) le Règlement Rome II, qui vise expressément les « causes de limitation », conduit alors à soumettre les créances non contractuelles à la loi applicable à la créance concernée — solution identique à celle adoptée par la Cour de Caen. Quant aux créances contractuelles, le Règlement Rome I prévoit que la loi applicable au contrat régit « *l'exécution des obligations qu'il engendre* ». On peut lire ce texte comme visant le mode d'exécution particulier que constitue la limitation de la créance.

411. Plan. — Nous étudierons en parallèle le régime institué par la Convention de 1976 et le régime de la Convention de 1957, puisque celui-ci continuera, pendant quelques années au moins, à être invoqué devant les tribunaux français, — comme aussi en raison de sa valeur de « précédent » pour interpréter le texte de 1976. Cette étude concernera tant les conditions de la limitation que la mise en œuvre de celle-ci.

§ 1. — *Conditions de la limitation*

412. Observations générales. — La limitation de responsabilité ne s'applique pas à toutes les créances nées contre l'armateur. Elle ne joue que pour certaines créances. Elle bénéficie par ailleurs à d'autres personnes que l'armateur. Elle ne s'applique pas en cas de faute (faute simple puis, depuis 1986, faute inexcusable) de l'armateur ou autre bénéficiaire. Conditions de la limitation quant aux créances concernées, quant à la personne du bénéficiaire, quant à l'absence de faute, sont les trois thèmes qu'il nous faut approfondir.

A. — Conditions quant à la créance

La limitation de responsabilité ne joue normalement que pour les créances de responsabilité (2), nées de l'exploitation (3) d'un navire (1).

1. Créances concernant un *navire*

413. Limitation et navire. Navire de plaisance. Aéroglisseur. Épave. — Ni la Convention de 1957, ni celle de 1976, ni la loi française ne donnant de définition du navire, il faut donc, pour savoir si la limitation de responsabilité est applicable, dans un cas donné, à un accident causé par tel engin nautique, se référer à la définition générale du navire, telle que nous l'avons évoquée ci-dessus (*supra*, nos 145 et s.).

Seul le propriétaire d'un navire de mer peut bénéficier de la limitation, à l'exclusion du propriétaire d'un autre bâtiment de mer ou engin nautique maritime non susceptible d'apparaître comme un navire. En revanche, il est sûr que dès qu'un bâtiment répond à la qualification de navire, son propriétaire peut invoquer la limitation. La règle vaut en particulier pour les *navires de plaisance*. Une jurisprudence contestée avait jadis refusé au propriétaire d'un navire de plaisance le droit de faire abandon de son navire, au motif que l'article 216 du Code de commerce, qui en posait la règle, ne concernait que la navigation commerciale. Mais aujourd'hui les choses ne font plus de doute. Les textes ne distinguant pas, il n'est pas possible de refuser au propriétaire d'un bâtiment de plaisance le droit à limitation (29). Et nous dirons la même chose des navires d'État, y compris sans doute les bâtiments de guerre.

En revanche, la Convention de 1976 exclut de son application les plates-formes flottantes ainsi que les *aéroglisseurs*. Mais elle n'interdit pas aux États signataires d'adopter une règle différente. Le propriétaire d'un aéroglisseur pourrait donc invoquer devant un tribunal français la loi française, qui, elle, n'exclut pas les aéroglisseurs de la limitation, si toutefois on est fondé à considérer un tel engin comme un navire (voir en ce sens nos observations, *supra*, no 149).

Parce que *l'épave de navire* n'est plus un navire (*supra*, no 160), il faut pareillement refuser à son propriétaire ou exploitant le droit à limitation. Toutefois, nous verrons que les textes internationaux étendent la limitation aux frais de relèvement des navires et que la règle couvre sans doute les épaves (*infra*, no 416). Par ailleurs, une interprétation large de la notion de *préjudices survenus en relation directe avec l'exploitation du navire* (*infra*, no 418) permettrait d'étendre la limitation aux accidents causés par une épave dans les heures qui suivent le naufrage d'un navire — un lien de causalité suffisant continuant à exister entre dommage et exploitation du navire.

2. Créances de *responsabilité*

414. Principes. Responsabilité extracontractuelle et responsabilité contractuelle. — S'agissant de l'application de la limitation aux seules créances de responsabilité contre l'armateur, nous observerons tout d'abord que la limitation ne s'applique en principe qu'à des dettes de responsabilité. Elle ne joue pas à l'égard des dettes de sommes d'argent nées de contrats d'achat de

(29) Cour d'appel de Rennes, 15 mars 1983, *DMF* 1983.739, n. P. GODIN et les réf. Il reste que, critiquée jadis eu égard au fondement que l'on accordait à l'institution, l'application de la limitation à la plaisance l'est aujourd'hui eu égard à ses effets souvent injustes (voir notamment M. RÉMOND-GOUILLOUD, no 314), et que le juge tente parfois de l'éviter, en refusant à l'embarcation concernée la qualification de navire (Cass. 6 déc. 1976, canot *Poupin Sport, DMF* 1977.513, cité *supra*, no 147 ; voir aussi Caen, 12 sept. 1991, *ibidem*). On retrouverait les mêmes hésitations en droit étranger (pour le droit américain, voir obs. et réf., *DMF* 1992.692). Enfin, on notera que l'administration a déposé en 1992 un projet de loi tendant à écarter la limitation pour les navires autres que « *de commerce et de pêche* » de moins de 300 unités de jauge (tonneaux), pour ce qui est des dommages à la personne : voir *DMF* 1992.95. Mais ce projet n'a connu aucun écho.

matériel, vivres, etc., ou de contrats de fournitures de services conclus par le capitaine (30). L'armateur dont le capitaine a engagé des dépenses somptuaires ne peut plus, aujourd'hui, limiter ses engagements, comme il le pouvait jadis en faisant abandon du navire.

En revanche, la limitation s'applique à *toute dette de responsabilité*, qu'il s'agisse de responsabilité extracontractuelle, ou de responsabilité contractuelle. Elle pourra être opposée au tiers propriétaire d'un navire accidenté par la faute du navire en cause. Elle pourra être opposée au chargeur qui a mis des marchandises à bord, et dont les marchandises auront été endommagées, ou aux ayants cause du passager disparu dans un sinistre maritime.

Lorsqu'elle est ainsi opposée à un chargeur ou à un passager, la limitation de responsabilité de l'armateur présente un aspect particulier : elle vient en effet se superposer aux limitations contractuelles de responsabilité incluses dans le régime du contrat de transport de marchandises, ou du contrat de transport de passagers (31).

À ce principe que la limitation de responsabilité ne s'applique qu'à des dettes de responsabilité, mais alors à toutes les dettes de responsabilité, il existe des exceptions dans les deux sens, extension ou restriction.

415. Extension. Créance de relèvement. Historique (32). — Certaines créances qui ne sont pas, à strictement parler, des créances de responsabilité sont admises à limitation. Il en est ainsi, sous les réserves indiquées ci-dessous, des frais de relèvement d'un navire, ou d'une épave de navire.

Ces frais ne constituent généralement pas une dette de responsabilité, mais une dette légale, découlant de l'obligation faite par la loi aux armateurs de procéder au relèvement des navires ou épaves échoués ou sombrés. Après un long débat qui a opposé pendant un siècle administration et armateurs, il avait été cependant admis, tant par le droit français que par la Convention de 1957, qu'ils étaient susceptibles de limitation. L'article 59 de la loi du 3 janvier 1967, reprenant les dispositions de la Convention de 1957, énonçait ainsi que le propriétaire de navire peut « *limiter sa responsabilité même envers l'État pour les frais d'extraction ou de destruction du navire ou de l'épave et de la cargaison se trouvant à bord* ».

416. Convention de 1976. Droit français. — Une règle similaire se retrouve dans l'article 2, alinéa (d), de la Convention de 1976, énonçant que sont soumises à limitation les créances « *pour avoir renfloué, enlevé, détruit ou rendu inoffensif un navire coulé, naufragé, échoué ou abandonné* », la même règle étant appliquée par l'alinéa (e) à l'enlèvement de la cargaison. Telle qu'ainsi exprimée, la règle nouvelle appelle trois remarques.

(30) Voir, pour un cas de contrat de lutte contre l'incendie, contrat qui échappe à la limitation, Aix-en-Provence 21 févr. 1979, navire *Ann Bewa*, *DMF* 1980.153 obs. P. BONASSIES.

(31) Et l'on ne peut arguer que la qualité de transporteur de l'armateur (ou affréteur) en cause l'exclut du droit à limitation : Aix-en-Provence, 31 oct. 1988, navire *King-Lear*, *DMF* 1989.708, n. M. GUÉRIN et P. RIOTTE.

(32) Voir M. NDENDE, « Les épaves et la limitation de responsabilité », *DMF* 2002.1049.

D'une part, on notera que les *épaves* ne sont plus expressément visées par le texte de 1976, alors qu'elles l'étaient par celui de 1957, ce qui posera aux tribunaux le problème du régime à elles applicable. L'utilisation par la Convention des termes « *navire... naufragé* » (et dans le texte anglais, lequel fait foi comme le texte français, du terme, nettement plus fort *wrecked*) devrait toutefois inciter les juges à assimiler l'épave de navire à un navire.

D'autre part, le législateur de 1976 a lui-même soigneusement délimité le domaine de la « limitabilité » des créances d'enlèvement. Dans son article 2, alinéa 2, la Convention énonce que la limitation ne jouera pas pour les créances d'enlèvement d'un navire « *relatives à la rémunération en application d'un contrat conclu avec la personne responsable* ». Ainsi la limitation ne jouera pas si le propriétaire du navire (ou son assureur sur corps) conclut lui-même un contrat de relèvement avec une entreprise spécialisée, mais seulement s'il attend que l'État ou le port procède à un enlèvement d'office.

Enfin, la Convention de 1976 stipule dans son article 18 que tout État signataire peut réserver, lors de la signature ou de la ratification, le droit d'exclure l'application de l'article 2, alinéas (d) et (e). Ces dispositions, cependant classiques, soulèvent un problème particulier quant au droit français.

Dans son acte d'adhésion à la Convention de 1976, comme elle l'avait déjà fait pour son adhésion à la Convention de 1957, la France a en effet déclaré vouloir se réserver le droit visé à l'article 18 (33). Par ailleurs, la loi du 21 décembre 1984, modifiant l'article 59 de la loi du 3 janvier 1967, a, quant à elle, écarté la possibilité pour le propriétaire de navire d'opposer la limitation de responsabilité « *aux créances de l'État ou de toute autre personne morale de droit public qui aurait* (en ses lieu et place) *renfloué, enlevé, détruit ou rendu inoffensif un navire coulé, naufragé, échoué ou abandonné* ».

De la loi du 21 décembre 1984, il résulte certainement que les armateurs soumis à la loi de 1967, c'est-à-dire essentiellement les armateurs français, ne peuvent plus aujourd'hui opposer la limitation à l'État, ou à un port, invoquant une créance née du relèvement de leur navire. La situation des armateurs étrangers fondés à invoquer la Convention de 1976, a un temps été moins nette. La loi de 1967 n'est en effet pas applicable à ces armateurs, qui peuvent invoquer la « protection » de la Convention de 1976. Et si la France a bien déclaré « *se réserve(r) le droit d'exclure l'application des alinéas (d) et (e) de l'article 2 de la Convention* », le problème est de savoir si, par la mention ainsi jointe à sa ratification, la France a vraiment *exercé* son droit à exclure de la limitation les créances de renflouement, et si l'exercer n'eût pas impliqué une réserve expresse et formelle (par exemple, en écrivant « la France exclut l'application des alinéas (d) et (e) »), réserve que l'on ne peut lire dans la déclaration de précaution faite par elle. La réponse à la question ainsi posée est malaisée.

(33) Voir les dispositions finales du décret du 23 décembre 1986, « *Conformément à l'article 18, paragraphe 1er, le Gouvernement de la République française se réserve le droit d'exclure l'application des alinéas D et E du paragraphe 1er de l'article 2* ».

La jurisprudence a d'abord répondu par la négative, avec l'approbation de la doctrine (34). Nous avons un temps partagé cette approbation (35), mais, réflexion faite, nous avons ensuite observé que cette jurisprudence n'était pas fondée (36). Outre qu'elle défavorisait les navires français par rapport aux navires étrangers, elle enlevait toute portée à la réserve faite par la France. Dire que la France a entendu se réserver « *pour l'avenir* » le droit d'avoir recours à l'article 18 de la Convention, c'était méconnaître que « *pour l'avenir* » la France ne pourrait plus exercer ce droit. En effet, l'article 18 n'autorise un État à faire la réserve qu'il prévoit, qu'à la seule occasion « *de la signature, de la ratification, de l'acceptation, de l'approbation ou de l'adhésion* ». Pour la France, le temps des réserves était ainsi passé. Or, en principe, un texte juridique quel qu'il soit (stipulation contractuelle, traité international, acte administratif individuel) doit être interprété de manière à lui donner un sens, et non à le priver de toute efficacité. Enfin, on pouvait observer que la « réserve » faite par la France n'était pas différente de celle faite par la majorité des autres États qui ont voulu écarter la règle concernée. Parmi les huit États qui ont à ce jour fait des réserves à l'article 2 de la Convention de 1976, cinq (Chine, République fédérale d'Allemagne, Japon, Pays-Bas et Royaume-Uni) ont utilisé exactement la même formulation que la France (37). On imagine mal que ces États aient vraiment entendu réserver seulement leur droit *pour le futur*.

Il est donc heureux que, dans un arrêt du 11 juillet 2006, la Cour de cassation se soit écartée de la jurisprudence des juridictions d'appel, en posant le principe que la réserve française exprimait, non une simple déclaration d'intention, mais une déclaration unilatérale visant à exclure l'application de la Convention de 1976 aux créances en cause (navire *Jerba, DMF* 2006.684, obs. P. Bonassies et, sur renvoi, Versailles, 11 octobre 2007, *Revue Scapel* 2008.26). La créance de l'État pour renflouement de navire ou de cargaison échappait donc à la limitation.

416 *bis*. Dommages au port. Contravention de grande voirie. — Le débat ici évoqué n'a jamais concerné que les frais de destruction ou d'enlèvement d'un navire ou d'une épave. Il ne s'est jamais étendu aux *dommages causés à un port* par un navire. Ces dommages demeurent pleinement soumis à limitation — chose contre laquelle les ports français protestent vainement depuis de nombreuses années, en observant que leur responsabilité à l'égard des navires ne connaît, elle, aucune limitation (voir L. Fedi, *Le cadre juridique de l'exploitation des terminaux pétroliers*, thèse, Aix-en-Provence, 2006). Pareillement, la

(34) Voir, considérant en ce sens que la déclaration de la France ne vaut pas réserve, Cour d'appel de Bordeaux, 8 sept. 1987, navire *Terutoku Maru, DMF* 1988.591, obs. P.-Y. NICOLAS, G. BRAJEUX et A. VIALARD ; Rouen, 5 sept. 2002, navire *Jerba, DMF* 2003.55, obs. C. HUMANN.

(35) Voir obs. P. BONASSIES, *DMF* 1989, p. 19-20.

(36) Voir obs. P. BONASSIES, *DMF* 2004, Hors-série n° 8, au n° 48.

(37) Voir *l'Annuaire 2002* du CMI, p. 386. Dans le texte en anglais publié dans cet annuaire, chacun de ces États « *reserves the right in accordance with article 18 (1) to exclude the application of Article 2 (1) (d)* », étant aussi visé par certains de ces États l'article 18 (1) (e). Seule la Belgique a utilisé des termes moins ambigus : « *conformément aux dispositions de l'article 18, la Belgique exprime une réserve à l'égard des dispositions de l'article 2, paragraphe 1, alinéas d) et e)* ». La République démocratique germanique s'est, elle aussi, montrée quelque peu imprécise : elle « *note que, pour ce qui est de la présente Convention, il n'y a pas de limitation de responsabilité pour le relèvement d'un navire, etc.* ».

condamnation à des dommages-intérêts pour contravention de grande voirie (*supra*, n° 381) est soumise à limitation (38).

417. Restriction à la limitation. Créances des marins. Indemnité d'assistance. — Par ailleurs, certaines créances de responsabilité sont exclues de la limitation pour des raisons d'ordre social. Il s'agit des créances des marins ou autres préposés résultant du contrat d'engagement, ou aussi, dans la loi française, des créances de toute autre personne employée à bord en vertu d'un contrat de travail (par exemple un ouvrier peintre employé à titre temporaire). La loi de 1967 exclut ces créances de la limitation sans autre précision. La Convention de 1976, comme le faisait déjà le texte de 1957, ne les exclut que si une même exclusion est prévue par la loi régissant le contrat d'engagement (art. 3, e).

Une telle disposition sera, au moins pour ce qui est du droit français, d'application rare, les marins et autres préposés, victimes d'un accident de travail, ne pouvant normalement exercer d'action en responsabilité contre leur employeur. Elle reste cependant importante pour les cas exceptionnels où de telles actions seraient admises, ou pour des marins soumis à une législation étrangère leur reconnaissant un droit direct à indemnité contre leur armateur (tel le droit américain).

On doit toutefois relever que le texte excluant la limitation ne vise que les rapports entre les marins et leur propre armateur. Il déclare non limitables les créances des préposés « *du propriétaire du navire* », et non les créances des marins en général. Ainsi, un marin employé sur un navire A, et blessé dans un abordage impliquant son navire et un navire B, ne pourrait prétendre exercer contre l'armateur du navire B une action non soumise à limitation. Car, vis-à-vis de B, la créance qu'il invoque n'est pas la créance d'un « *préposé du propriétaire du navire* » (39).

Enfin, on notera que les conventions de 1957 et de 1976, comme la loi de 1967, excluent expressément de la limitation les créances d'*indemnité d'assistance* ou de contribution en avaries communes. Il y a là une précision intéressante mais inutile, ces créances n'étant en rien des créances de responsabilité.

3. Limitation et créances *nées de l'exploitation du navire*

418. Principes. L'arrêt *Tojo Maru*. — Un troisième élément est indispensable pour que l'armateur puisse opposer la limitation de responsabilité. La créance concernée doit être *née de l'exploitation du navire*. La règle, exprimée avec beaucoup de détails et d'une manière complexe par la Convention de 1957, est affirmée plus simplement par l'article 59 de la loi du 3 janvier 1967 : le propriétaire du navire peut limiter sa responsabilité pour les dommages qui se

(38) Telle paraît en tout cas la conclusion que l'on peut tirer d'un arrêt du Conseil d'État du 22 avril 1988 (n° 55419, *Lebon* 1252). Cet arrêt distingue nettement la phase d'établissement du montant de la créance de l'État, qui ressortit à la seule compétence des juridictions administratives, et la production de l'État devant le juge du fonds – voir, dans le même sens, R. RÉZENTHEL, *Droits maritimes*, n° 641.35.

(39) Voir en ce sens l'arrêt *Terutoku Maru*, cité *supra*, note 34.

sont produits à bord du navire ou qui « *sont en relation directe avec la navigation ou l'utilisation du navire* ». Plus brièvement encore, la Convention de 1976 vise les créances pour dommages « *survenus à bord du navire ou en relation directe avec l'exploitation de celui-ci* ».

La portée des dispositions des textes antérieurs à 1976, si elle n'a donné lieu à aucune jurisprudence significative en France, ont donné lieu à un arrêt très important de la Chambre des Lords dans l'affaire du *Tojo Maru*, arrêt expliquant l'élargissement du domaine de la limitation décidé en 1976 (40).

La coque du pétrolier *Tojo Maru* ayant été endommagée dans un abordage, l'armateur avait fait appel pour le réparer à la société de remorquage Wijsmuller. Alors qu'ils rivetaient une plaque de tôle sur l'une des déchirures de la coque, les plongeurs de cette société, qui travaillaient à partir d'un petit remorqueur, déclenchèrent un incendie dans l'une des cales du navire. La société Wijsmuller ayant invoqué, en tant qu'armateur du remorqueur, le bénéfice de la limitation de responsabilité de la Convention de 1957, sa demande a été rejetée par la Chambre des Lords aux motifs que le dommage n'avait pas été causé « *à bord* » du navire en cause (le remorqueur), et qu'il n'était pas « *en relation avec l'administration et la navigation* » dudit navire — termes mêmes utilisés par la Convention de 1957 pour définir le lien qui doit exister entre la créance et l'utilisation du navire. La leçon de l'arrêt *Tojo Maru* a été retenue par les rédacteurs du texte de 1976.

419. Extension de la limitation aux opérations d'assistance. Autres actes d'exploitation du navire. — La Convention de 1976 permet en effet à l'armateur de tout navire d'invoquer la limitation, s'agissant non seulement de toute créance « *pour préjudices survenus en relation directe avec l'exploitation du navire* », mais aussi de toute créance pour préjudices survenus en relation « *avec des opérations d'assistance ou de sauvetage, ainsi que tout autre préjudice en résultant* ».

En droit français, la loi du 21 décembre 1984 n'a pas repris, dans l'article 58 nouveau de la loi du 3 janvier 1967 définissant les créances susceptibles de limitation, les dispositions extensives de la Convention de 1976. Mais, par un second texte du même jour (la loi n° 84-1173), le législateur a ajouté un article 21 *bis* à la loi du 7 juillet 1967 sur l'assistance maritime, article énonçant que la responsabilité de l'assistant peut être soumise à limitation « *à raison des dommages corporels ou matériels en relation directe avec des opérations d'assistance ou de sauvetage* ». Le droit français est même, sur un point au moins, allé plus loin que la Convention de 1976.

Le droit maritime contemporain se préoccupe beaucoup des conséquences des mesures prises pour prévenir un sinistre, ou pour en limiter les effets. Nous verrons que la Convention de 1969 sur la responsabilité civile pour les dommages dus à la pollution par les hydrocarbures étend la limitation non

(40) Chambre des Lords, 16 mars 1971, 1971 *Lloyd's Law Reports* 1.341.

seulement à ces dommages mais « *au coût des mesures de sauvegarde et toute perte ou tout dommage causé par ces mesures* » (*infra*, n°s 467 et s.). La Convention de 1976, bien que postérieure au texte de 1969 n'a pas envisagé le problème. Sans doute est-il apparu que les responsabilités pour de telles mesures pourraient être prises en compte par une interprétation large des termes « *dommages survenus en relation directe avec l'exploitation du navire* ». Le législateur français s'est voulu plus prudent. Modifiant l'article 58 de la loi du 3 janvier 1967, la loi du 21 décembre 1984 permet à l'armateur de limiter sa responsabilité « *pour les mesures prises afin de prévenir ou de réduire les dommages* (en relation directe avec la navigation ou l'utilisation du navire), *ou pour les dommages causés par ces mesures* ». Mais la règle ici édictée ne peut être étendue à l'indemnité d'assistance, même si, dans certaines circonstances, une assistance peut être envisagée comme une mesure prise pour prévenir ou limiter un dommage. Comme nous l'avons vu ci-dessus, l'indemnité d'assistance est, en effet, expressément exclue de la limitation (*supra,* n° 417).

Au-delà des opérations d'assistance ou de prévention, rien n'impose d'interpréter de manière restrictive la notion de dommages survenus en relation directe avec l'exploitation du navire, l'étendant, par exemple, aux dommages causés à l'occasion du relèvement du navire — dommages distincts de l'obligation d'assumer la charge financière de ces opérations envisagée ci-dessus (*supra*, n° 416).

420. Limitation de responsabilité et risque maritime. Risque fluvial. — Pour conclure, nous observerons que, si la limitation de responsabilité ne peut être invoquée que pour une créance de responsabilité en relation directe avec l'exploitation du navire, il n'est pas nécessaire que la créance soit née d'un risque maritime, comme en témoigne l'affaire du navire *Melissa.*

Dans cette affaire, de l'huile d'arachide transportée sur le *Melissa* avait été endommagée par du suif provenant d'une autre citerne, ce en raison d'une fausse manœuvre du système de pompage. La Cour d'appel de Rouen, dans un arrêt du 3 mai 1977, avait refusé le bénéfice de la limitation de responsabilité au transporteur, au motif que « *seules les créances nées de la réalisation d'un péril de mer sont soumises à la limitation de responsabilité* ». La Cour de cassation a cassé la décision des premiers juges, observant que la faculté pour l'armateur de limiter sa responsabilité n'était pas subordonnée à l'exigence d'un risque de mer (Cass. 18 nov. 1980, *DMF* 1981.535).

Pareillement, la limitation de responsabilité peut certainement être invoquée à l'occasion d'un accident survenu en *eaux fluviales*, aussi bien qu'à l'occasion d'un accident survenu en eaux maritimes. Là encore la seule condition exigée, c'est que le dommage en cause soit la conséquence de l'exploitation du navire. La Convention de 1976 énonce d'ailleurs que sont soumises à limitation les créances pour dommages causés aux ouvrages d'art des ports, bassins et « *voies navigables* ». Or la plupart des voies navigables sont des voies fluviales, et non maritimes. Le principe de l'application de la limitation à un navire navigant en eaux fluviales a d'ailleurs été récemment affirmé par la Cour de cassation, à propos d'un accident survenu sur la Saône (41).

Ainsi, même si elle est fondée sur la considération générale des risques de la mer, la limitation de responsabilité n'est pas techniquement organisée autour de la notion de risque de mer, mais autour de celle d'exploitation du navire. Cela justifie que tous ceux qui participent à cette exploitation en bénéficient.

B. — Conditions quant aux personnes pouvant invoquer la limitation

421. Propriétaire de navire. Armateur non propriétaire. Affréteur. Navire. — S'agissant des personnes susceptibles de bénéficier de la limitation, le Code de commerce n'autorisait l'abandon du navire qu'aux seuls propriétaires. S'inspirant pour partie du droit anglais, la Convention de 1957 avait étendu le bénéfice de la limitation à tous ceux qui, sous la qualification d'armateur-gérant, d'armateur non propriétaire, voire d'affréteur, ont la responsabilité de l'exploitation d'un navire.

Par ailleurs, la Convention de 1957 étendait le droit à limitation au *navire* lui-même, en énonçant que la responsabilité du propriétaire inclut celle du navire. La règle, qui se rattache quelque peu à la personnification du navire (*supra*, n° 158), s'explique par le fait que certains droits, notamment les droits anglais et américain, accordent à certains créanciers une action *in rem*, directement exercée contre le navire. Protéger le propriétaire n'eût servi à rien, si l'on avait omis de protéger le navire. — La règle ne se retrouve pas dans la loi française, où elle aurait cependant pu avoir quelque utilité, le droit français connaissant une quasi-action *in rem*, dans la mesure où les privilèges maritimes peuvent s'exercer directement contre le navire (*infra*, nos 564 et s.).

Ces règles se retrouvent dans la Convention de 1976, laquelle énonce d'une part que l'expression *propriétaire de navire* désigne « *le propriétaire, l'affréteur, l'armateur et l'armateur-gérant d'un navire de mer* », d'autre part stipule que « *l'expression responsabilité du propriétaire de navire comprend la responsabilité résultant d'une action portant sur le navire lui-même* ». La Convention ne distinguant pas, il faut interpréter largement le terme affréteur, et, entre autres, l'étendre à « l'affréteur d'espace » (voir *infra*, n° 745) : voir en ce sens la décision du *Queen's Bench* du 9 décembre 2008 (navire *MSC Napoli*, Lloyd's *Law Reports* 2009.1.246).

422. Problème de la limitation dans les relations armateur-affréteur. — S'agissant des *affréteurs*, une question nouvelle s'est récemment posée : celle de savoir si un affréteur à temps (ou un affréteur coque-nue) pouvait opposer la limitation au propriétaire du navire lorsque, par sa faute, il avait causé des dommages *au navire*. Dans une décision du 12 février 2004, concernant un

(41) Cass. 4 oct. 2005, navire *Laura*, *DMF* 2006, rapp. DE MONTEYNARD et obs. Ph. DELEBECQUE.

affréteur assigné en responsabilité par le fréteur dont le navire avait été gravement endommagé par l'explosion de deux conteneurs de produits chimiques mis à bord par ledit affréteur, la *Court of Appeal* a répondu à cette question par la négative (navire *Djakarta, Lloyd's Law Reports* 2004.I.460). La Cour fonde principalement sa décision sur l'analyse des dispositions de l'article 2, alinéa 1 (a) de la Convention, énonçant que sont soumises à limitation les créances pour dommages à tous biens (*property*) survenus à bord du navire, « *ou en relation directe avec l'exploitation de celui-ci* ». Pour elle, le bien qui a subi le dommage ne peut être la chose même dont l'exploitation a causé le dommage (*the property damaged cannot be the very same thing as the operation of which caused the damage).*

À ces observations d'ordre exégétique, on peut ajouter l'observation faite, dans la même affaire, par le premier juge (le Juge Steel), que les rédacteurs de la Convention de 1976 ont entendu réserver le fonds de limitation (ou le montant de la limitation) au bénéfice des seuls chargeurs ou autres tiers extérieurs à l'exploitation du navire. Ce serait sans doute aller contre l'esprit de la Convention que d'admettre que les droits de ces derniers puissent être affectés par la créance du propriétaire contre l'affréteur. Par ailleurs, la Convention de 1976 ne prévoit de limitation que pour les créances pour dommages « *survenus à bord du navire* » (ou, aussi les dommages « *en relation directe avec l'exploitation de celui-ci* »), étant ici visés les dommages causés à l'extérieur du navire. Or le dommage subi par le navire du fait de l'affréteur n'est pas un dommage survenu à bord du navire — mais *au navire* (de même qu'il n'est pas un dommage survenu à l'extérieur du navire).

Dans notre opinion, la thèse des magistrats londoniens doit être approuvée. Tout dans l'esprit comme dans le mécanisme de la limitation s'oppose à ce que celle-ci puise être opposée par l'affréteur au fréteur. C'est ainsi que, si un fonds est constitué par le fréteur (des chargeurs ou des tiers ayant été victimes du dommage causé par le navire), ce fonds est, aux termes de l'article 11 de la Convention, réputé constitué par toutes les personnes visées par ladite convention, c'est-à-dire, entre autres, par l'affréteur aussi bien que le fréteur. C'est donc alors sur un fonds réputé constitué par lui-même que le fréteur serait indemnisé — chose qui défie quelque peu la raison (42).

423. Capitaine et préposés. Personnes dont les faits et fautes entraînent la responsabilité du propriétaire. — La Convention de 1957 avait étendu le droit à limitation aux préposés terrestres ou nautiques de l'armateur, pour la responsabilité encourue « *dans l'exercice de leurs fonctions* ». La Convention de 1976 use d'une terminologie différente. Elle prévoit que si une action est formée « *contre toute personne dont les faits, négligences et fautes entraînent la responsabilité du propriétaire ou de l'assistant* », cette personne pourra se

(42) Une autre raison milite pour la thèse défendue au texte : quand un dommage est causé à un navire affrété par l'affréteur, ce dernier peut se voir reprocher de n'avoir pas rempli l'obligation que la plupart des chartes mettent à sa charge, à savoir restituer le navire dans l'état où il l'a reçu (*infra*, n° 853). À cette obligation, qui est une obligation de faire, la limitation ne peut être opposée.

prévaloir de la limitation. La règle postule certainement l'extension de la limitation aux préposés. Mais, dans la mesure où l'on peut considérer que les capitaines et préposés français sont désormais protégés contre l'action des tiers par la jurisprudence *Costedoat* (*supra*, n° 294), elle n'intéresse plus que les capitaines et marins de navires étrangers, susceptibles de voir leur responsabilité mise en cause devant une juridiction française (43).

Par ailleurs, la règle visant, au-delà des préposés, « *toute personne dont les faits, négligences et fautes entraînent la responsabilité du propriétaire ou de l'assistant* », on peut se demander si elle ne vise pas aussi d'autres personnes ou entreprises, sous-traitants, prestataires de service divers, voire société de classification ayant contrôlé la construction du navire (44). Dans notre opinion, une telle extension ne serait pas, en droit, justifiée.

En effet, lorsqu'un armateur, qui a confié une mission à un sous-traitant (mission de manutention et arrimage par exemple), ou a fait confiance à une entreprise de classification, voit sa responsabilité engagée du fait du dommage causé aux marchandises par lui transportées, ou du dommage causé à tel quai heurté par son bâtiment dont le gouvernail a mal fonctionné, ce n'est pas en raison de la faute du sous-traitant, laquelle aurait alors « entraîné » sa responsabilité, comme l'entraîne la faute d'un préposé et particulièrement la faute du capitaine. C'est parce que lui-même n'a pas rempli ses propres obligations, soit qu'il soit tenu de plein droit du dommage causé à la marchandise, comme l'est le transporteur, soit qu'il ait commis une faute personnelle (mauvaise gestion de la navigabilité de son navire), ou encore en raison d'un fait du navire qu'il doit assumer. On est en présence d'un cas de responsabilité personnelle à l'armateur, et non d'une situation où la faute d'un tiers entraînerait sa responsabilité, situation seule prévue par la Convention de 1976. Les dispositions de celle-ci ne peuvent viser que les préposés de l'armateur ou de l'assistant.

Par ailleurs, on peut penser qu'il n'est pas opportun d'étendre à l'extrême le domaine de la limitation de responsabilité. Même si l'institution appartient aujourd'hui aux principes du droit maritime, elle demeure une institution d'exception, qui ne doit pas être étendue au-delà de son domaine naturel (si on accorde le bénéfice de la limitation à la société de classification, pourquoi ne pas l'accorder au constructeur naval, puis au fournisseur de tôles et de rivets ?).

424. Loi de 1967. — On relèvera que la loi de 1984 n'a pas ici modifié le texte originaire de la loi de 1967. La loi française, tout comme la Convention de 1957, n'accorde le bénéfice de la limitation, outre l'affréteur ou l'armateur-gérant, qu'aux « *capitaine ou autres préposés nautiques ou terrestres agissant dans l'exercice de leurs fonctions* » (article 69).

(43) La responsabilité des capitaines et marins étrangers devant, sans doute, être régie non par la loi française mais par la loi du pavillon.

(44) En ce sens, semble-t-il, M. RÉMOND-GOUILLOUD, au n° 345 ; voir aussi *infra*, n° 466, pour le problème posé par l'article III.4 de la Convention de 1969-1992 sur la responsabilité pour pollution.

425. Assistant. — Aux affréteurs et préposés, la Convention de 1976 ajoute par ailleurs deux autres catégories importantes de bénéficiaires de la limitation, l'assistant et l'assureur.

L'assistant qui agit à partir d'un navire est déjà protégé par le texte nouveau puisque, désormais, la limitation s'applique à toute créance en relation directe avec des opérations d'assistance. Restait, toutefois, le cas de l'assistant n'agissant pas à partir d'un navire, par exemple l'assistant déposé par un hélicoptère sur un bâtiment en détresse.

C'est ce cas qui est pris en considération par la Convention de 1976, lorsqu'elle déclare que les *assistants* peuvent, en tant que tels, limiter leur responsabilité. Cela implique en effet que l'assistant puisse bénéficier de la limitation quelles que soient les modalités de son intervention, et même s'il n'agit pas à partir d'un navire. Aussi bien, on le verra, le montant du fonds de limitation fait-il l'objet d'une détermination particulière pour les assistants « *n'agissant pas à partir d'un navire* » (*infra*, n° 439).

426. Assureur. Historique. Convention de 1976. Loi de 1984. — S'agissant de l'assureur, la Convention de 1976 a voulu résoudre définitivement le problème qui s'était posé à propos des assureurs de responsabilité. De nombreuses législations accordent à la victime de l'accident une *action directe* contre l'assureur de responsabilité du responsable. Certes, cet assureur ne saurait être lié au-delà du plafond prévu par le contrat — par exemple un million de dollars. Mais, dans le silence des textes, on pouvait se demander si l'assureur, objet d'une action directe de la victime, pouvait invoquer le bénéfice des dispositions limitant la responsabilité de l'armateur, son assuré, à un montant inférieur au plafond de l'assurance — par exemple à 128 324 dollars, alors que le plafond de l'assurance était d'un million de dollars. À cette question, la Cour suprême des États-Unis avait, en 1954, donné une réponse négative. Pour elle, les textes faisaient bénéficier *l'armateur* de la limitation de responsabilité. Or l'assureur n'est pas l'armateur (Cour suprême, 12 avr. 1954, navire *Jane Smith*, *DMF* 1955.245).

Malgré cette jurisprudence, les rédacteurs de la Convention de 1957 avaient ignoré le problème. Le seul moyen de protection ouvert à l'assureur était de stipuler dans le contrat d'assurance que, au cas où l'armateur pourrait bénéficier de la limitation de responsabilité, sa garantie ne dépasserait pas le montant de la limitation, clause opposable à la victime exerçant son action directe (45). Le législateur français avait été plus attentif. Si l'article 69 de la loi du 3 janvier 1967, texte qui énumère les bénéficiaires éventuels de la limitation, ne vise pas l'assureur, l'article 59 de la loi du 3 juillet 1967 sur l'assurance maritime (art. L. 173-24 du Code des assurances) dispose que, « *en cas de constitution d'un fonds de limitation, les créanciers dont le droit est sujet à limitation n'ont pas d'action contre l'assureur* ». C'est dire que, si un fonds de limitation a été

(45) Voir Tribunal de commerce de Saint-Malo, 21 janv. 1966, navire *Kirsten-Skou*, *DMF* 1967.665, note R. ACHARD.

constitué, ce qui se fera d'ailleurs le plus souvent à son initiative, l'assureur bénéficiera de la limitation (46).

Dans son article 1er, alinéa 6, la Convention de 1976 résout le problème d'une manière plus simple, en énonçant que « *l'assureur qui couvre la responsabilité à l'égard des créances soumises à limitation est en droit de se prévaloir de celle-ci dans la même mesure que l'assuré lui-même* ». Par là, elle ouvre à l'assureur un droit personnel incontestable à limitation. On peut regretter que la loi 21 décembre 1984 n'ait pas introduit en droit interne des dispositions analogues à celles de la Convention. Car, telle qu'elle est, la loi du 3 juillet 1967 ne permet pas à l'assureur d'invoquer la limitation si aucun fonds n'a été constitué. Par ailleurs, même si un fonds a été constitué, le texte n'est pas sans soulever quelques problèmes (47).

427. Pluralité de bénéficiaires. Unicité de la limitation. — On notera, et cela est en pratique fondamental, que la multiplication des bénéficiaires de la limitation n'entraîne pas une multiplication des montants de limitation. Tant la Convention de 1957 que celle de 1976 (la même règle s'appliquant en droit français par le jeu de la référence inscrite dans l'article 61 de la loi de 1967), disposent que le fonds constitué par l'un des bénéficiaires est réputé constitué pour les autres.

Ainsi, une fois un fonds constitué, le créancier de responsabilité n'a guère d'intérêt à agir à la fois, par exemple, contre l'armateur et contre l'affréteur.

C. — L'absence de faute (inexcusable), condition du droit à limitation

428. De la faute simple à la faute inexcusable. La Convention de 1957. — S'agissant de l'absence de faute de l'armateur comme condition fondamentale de l'accès à la limitation de responsabilité, la Convention de 1957 avait maintenu la règle du Code de commerce. La simple faute de l'armateur, dès lors qu'elle était une faute personnelle et non la faute du capitaine ou celle de l'un de ses préposés, lui interdisait de bénéficier de la limitation de responsabilité. C'est la même règle qui avait été reprise par l'article 58 de la loi du 3 janvier 1967 dans son texte originaire. Toutefois, pour éviter au juge la tentation d'écarter la limitation, dans les cas où une action serait fondée contre l'armateur sur les dispositions de l'article 1384, alinéa 1 du Code civil, éventuellement considérées comme exprimant une théorie de la présomption de faute, le législateur français avait tenu à préciser que seule une *faute prouvée personnellement imputable* à l'armateur, privait celui-ci du droit à limitation.

D'une manière générale, dans l'appréciation de la notion de faute, les tribunaux se sont montrés très sévères pour l'armateur, qu'il s'agisse des tribunaux français, anglais ou américains, et qu'il s'agisse d'apprécier la faute de

(46) Rennes, 30 mars 1988, navire *Kirsten-Skou*, *DMF* 1989.24, n. M. Rémond-Gouilloud et D. Lefort.
(47) Voir Cass. 7 déc. 1982, navire *Jep*, *DMF* 1983.595, n. Le Jean.

l'armateur ou son caractère personnel. Dans la jurisprudence française, l'arrêt le plus remarquable est celui du *Navipesa Dos*. La porte arrière de ce navire roulier n'étant pas parfaitement étanche, une importante quantité d'eau avait pénétré dans la cale, occasionnant pour le navire une gîte dangereuse, et entraînant la chute à la mer d'une partie de la cargaison chargée en pontée. La Cour de Rennes a rejeté la demande en limitation de l'armateur, en observant « *que constitue un fait direct et fautif du propriétaire l'existence d'un vice propre du navire qu'un examen attentif eût permis de déceler* ». Et le pourvoi formé contre la décision de la Cour de Rennes a été rejeté par la Cour de cassation (3 nov. 1974, *DMF* 1975.211, notes Lureau et Bouloy).

En droit anglais, dans l'affaire du *Marion* (Chambre des Lords, 16 juin 1984, *Lloyd's Law Reports* 1984.2.1), l'ancre du navire avait arraché une canalisation pétrolière, laquelle n'était pas marquée sur les cartes utilisées par le capitaine, cartes vieilles de vingt ans. Or il existait à bord des cartes récentes, parfaitement à jour, mais dont le capitaine avait omis de reporter les indications sur celles dont il aimait faire usage. La Chambre des Lords a reproché à l'armateur, comme une faute entraînant déchéance du droit à limitation, le fait de ne pas avoir mis en place un système adéquat, permettant un contrôle effectif du comportement de ses capitaines.

En droit américain, dans l'affaire de l'*Amoco Cadiz* (*DMF* 1984.688, note P. Bonassies), le fait pour l'armateur d'avoir accepté l'installation sur le navire commandé par lui d'un appareil à gouverner d'un modèle nouveau, non encore parfaitement au point, a été considéré comme une faute, comme l'a été le fait pour lui de ne pas avoir suffisamment formé capitaine et équipage à l'utilisation de ce matériel nouveau.

Les tribunaux étaient pareillement rigoureux quant à l'appréciation du *caractère personnel* de la faute de l'armateur, cependant exigé par les textes. Tous les armateurs, ou presque, étant organisés en sociétés, les tribunaux auraient pu limiter la notion de faute personnelle à la seule faute du président ou du directeur général de la compagnie maritime. Ils ont refusé d'entrer dans cette voie, réduisant au contraire à l'extrême les possibilités d'interprétation que la notion de faute personnelle aurait pu offrir, en utilisant à cet effet deux analyses de sens opposés. La première consistait à élargir la notion d'organe représentant la société d'armement jusqu'à y inclure des employés de rang subalterne, eu égard à la mission de caractère général remplie par eux (48). Mais c'est surtout par le recours à la notion de devoir de contrôle que les tribunaux ont imputé à la faute personnelle à l'armateur des fautes qui étaient, en fait, des fautes d'agents subalternes. Dans l'affaire du *Marion*, ce qui a été reproché à l'armateur, c'est de ne pas avoir institué un système adéquat et hiérarchisé de contrôle, lequel aurait permis que les erreurs du commandant du navire fussent portées à la connaissance des dirigeants de la société. En droit français, le même raisonnement a été appliqué dans l'affaire du *Navipesa Dos*, ou encore dans une décision du

(48) Voir Rennes, 30 mars 1988, cité *supra*, note 46, qui étend la notion de faute personnelle à la faute commise « *par toute personne à qui a été confiée une tâche générale assimilable à celle dévolue* » aux dirigeants sociaux.

Tribunal de commerce de Bordeaux, reprochant à un armateur de n'avoir pas prévu « *le strict contrôle et le remplacement des pièces usées de l'appareil à gouverner de son navire* » (Bordeaux, 10 janv. 1963, navire *Ghanakust*, *DMF* 1963.230).

Ainsi, sous le régime de la Convention de 1967, le droit à limitation de l'armateur n'était reconnu que dans la situation où le dommage en cause était à l'évidence la conséquence d'une faute exclusive du capitaine : erreur dans la lecture d'une carte, non-respect des règles de circulation à la mer, erreur personnelle dans les soins à apporter à la marchandise (49).

429. La Convention de 1976. La faute personnelle inexcusable. — La règle classique, selon laquelle la simple faute personnelle de l'armateur supprimait le droit à limitation, a été bouleversée par la Convention de 1976. Aux termes du texte nouveau, « *une personne responsable n'est pas en droit de limiter sa responsabilité s'il est prouvé que le dommage résulte de son fait ou de son omission personnels, commis avec l'intention de provoquer un tel dommage, ou commis témérairement et avec conscience qu'un tel dommage en résulterait probablement* » (Convention, art. 4).

Il résulte de ce texte que seuls deux cas privent désormais le propriétaire du navire, l'armateur, l'assistant, le préposé maritime ou terrestre, du droit à limitation : la faute intentionnelle, laquelle est bien improbable, ou la faute téméraire avec conscience qu'un dommage en résulterait probablement, celle-là même que l'on qualifie, dans la tradition française, de « *faute inexcusable* », s'agissant, de surcroît, de la faute inexcusable *personnelle* à l'armateur ou autre personne invoquant le droit à limitation.

La loi du 21 décembre 1984 a repris dans le principe la règle nouvelle. Le propriétaire du navire n'est pas en droit de limiter sa responsabilité en cas de faute personnelle commise intentionnellement, ou « *témérairement et avec conscience qu'un (...) dommage en résulterait probablement* » (article 58 nouveau de la loi de 1967). La règle paraît toutefois connaître une exception, concernant le capitaine et les préposés.

Tandis que les dispositions de l'alinéa 1er l'article 69 de la loi de 1967, texte qui n'a pas été modifié en 1984, énoncent que les dispositions sur la limitation s'appliquent à capitaine et préposé « *de la même manière qu'au propriétaire lui-même* », l'alinéa 2 du même texte énonce en effet que « *le capitaine et les autres membres de l'équipage peuvent invoquer ces dispositions, même lorsqu'ils ont commis une faute personnelle* ». La faute ici visée n'étant pas qualifiée, le recours à une méthode d'interprétation rigoureuse imposerait de conclure que seule la seule faute intentionnelle (qui fait exception à toutes les règles) peut les priver de leur droit à limitation. Il reste que la jurisprudence *Costedoat* (*supra*, n° 296) rend l'analyse ici faite théorique. Le privilège

(49) Voir, entre autres, Cour d'appel de Rouen, 1er août 1979, navire *Ifni*, *DMF* 1980.200 ; Cour d'appel d'Aix-en-Provence, navire *Beni Saf*, *DMF* 1979.72 ; Rennes, 30 mars 1988, cité *supra*, note 43, encore que l'on doive réserver ici le cas où la faute commise par le capitaine démontre son incompétence, et par là l'éventuelle faute personnelle de l'armateur.

d'immunité accordé au capitaine joue, en effet, même en cas de faute inexcusable — étant seulement exclue la faute volontaire.

Les rédacteurs de la Convention de 1976 pensaient que leur texte rendrait pratiquement incontournable, *unbreakable* selon l'expression des juristes anglais, l'obstacle opposé par la limitation à l'action d'un créancier de responsabilité. Leur espoir a été fortement déçu, en tout cas devant les juridictions françaises. D'une manière générale, les tribunaux français se sont en effet montrés très sévères à l'égard des armateurs.

430. Notion de faute inexcusable (50). — La notion de faute inexcusable n'est pas nouvelle en droit français. Elle est née en droit du travail, où la loi du 8 avril 1898 énonçait que la faute inexcusable de l'employeur ou de celui qu'il s'était substitué dans la direction permettait à la victime d'obtenir une indemnisation majorée (la faute inexcusable de la victime entraînant réciproquement minoration de son droit à indemnisation). Dans un arrêt du 15 juillet 1941, la Cour de cassation, statuant en chambres réunies avait défini la faute inexcusable de la loi de 1898 en se référant à son caractère volontaire, à sa gravité exceptionnelle, à la conscience du danger que devait en avoir son auteur, seul le défaut d'intention la distinguant de la faute intentionnelle (*D.C.* 1941.117, note A. Rouast). La notion a ensuite été introduite dans le droit international des transports lors de la rédaction du Protocole de La Haye (1955) modifiant la Convention de Varsovie de 1929 sur le transport aérien. Reprenant, sinon la lettre mais à tout le moins l'esprit de la définition donnée en 1941 par les Chambres réunies, le législateur international — à l'incitation des juristes français, et notamment du Doyen Chauveau — a prévu que priverait le transporteur aérien du droit à la limitation contractuelle prévue par les textes, le fait pour le transporteur d'avoir agi soit avec l'intention de provoquer un dommage soit témérairement et avec conscience qu'un dommage en résultera probablement (art. 25 modifié de la Convention de Varsovie). Elle a été ensuite adoptée par le droit maritime international, tant par la Convention de 1961 sur le transport maritime de passagers que dans le Protocole de 1968 sur le transport maritime de marchandises (51).

C'est à la même notion que se réfère la Convention de 1976 dans son article 4, énonçant qu'une personne responsable « *n'est pas en droit de limiter sa responsabilité s'il est prouvé que le dommage résulte de son fait ou de son omission personnels, commis avec l'intention de provoquer un tel dommage, ou commis témérairement et avec conscience qu'un tel dommage en résulterait probablement* » (52).

(50) Voir P. BONASSIES, « La faute inexcusable de l'armateur en droit français », *Liber Amicorum Roger Rolland,* Bruxelles, 2003, p. 75 et s. ; I. CORBIER, « La notion de faute inexcusable et le principe de limitation de responsabilité », *Mélanges P. Bonassies*, 2001, p. 103 et s.

(51) Tous ces textes reprennent à quelque nuance près la définition de la faute donnée en droit aérien par le Protocole de La Haye, sans utiliser expressément le terme même de faute inexcusable.

(52) Plus récemment, on sait que la même notion est devenue l'un des éléments fondamentaux de la loi du 5 juillet 1985 sur la circulation routière, la faute inexcusable limitant ou excluant normalement le droit à réparation. Mais la jurisprudence sur la faute inexcusable de la loi de 1985 est trop particulière pour être utilisée en droit maritime.

Ainsi définie, la notion de faute inexcusable pose trois questions. La première est celle de la gravité de la faute, la deuxième celle de son caractère personnel, la dernière celle de la probabilité du dommage.

431. La gravité de la faute inexcusable. Appréciation objective. — On oppose toujours, en matière de faute, qu'il s'agisse de faute civile ou de faute pénale, de faute légère ou de faute grave, l'appréciation subjective (ou *in concreto)* et l'appréciation objective (ou *in abstracto*). Si l'on utilise la première méthode, on prendra en considération les qualités spécifiques de l'auteur de la faute, sa compétence limitée, les difficultés personnelles qui ont pu le priver d'avoir un jugement clair, ou ralentir sa réaction. Dans une analyse objective, au contraire, on ignorera tous les aspects personnels à l'auteur de la faute. On comparera son comportement avec celui qu'aurait dû avoir un bon professionnel. Il y aura ainsi faute inexcusable non seulement lorsque la personne responsable a concrètement conscience de sa témérité comme de la probabilité des dommages que son action est susceptible d'entraîner, mais aussi dans le cas où, n'ayant pas semblable conscience, elle aurait dû l'avoir, si elle avait agi en bon professionnel.

Aux origines de l'histoire de la faute inexcusable, la Cour de cassation, statuant en matière de droit aérien, a pris nettement partie pour la conception objective de la faute inexcusable. Dans un arrêt du 5 décembre 1967, elle relevait que cette faute « *devait être appréciée objectivement* », précisant dans une décision du 16 avril 1975 que cette appréciation devait se faire « *par rapport à une personne normalement avisée et prudente* » (53). Cette jurisprudence en matière de transport aérien a eu une grande influence en matière maritime, où, dès les premières applications de la Convention de 1976, les tribunaux ont pareillement opté pour une conception objective de la faute inexcusable.

Dans la première décision concernant le problème, une affaire jugée le 3 septembre 1990 par le Tribunal de grande instance de Cherbourg, le navire *Kini-Karsten*, de pavillon allemand, s'était échoué au petit matin du 1er janvier 1987 sur une plage du Cotentin, l'enquête révélant que l'officier de quart, seul à la passerelle, s'était endormi à son poste (54). Le tribunal a reproché à l'armateur, comme une faute inexcusable personnelle, le fait de n'avoir pas mis à bord l'effectif prévu par la réglementation allemande. Pour les juges, les organes dirigeants de l'entreprise d'armement, s'ils avaient agi en bons professionnels, auraient dû avoir conscience que leur négligence ou imprudence pouvait entraîner un dommage.

Dans l'affaire du navire *Heidberg*, c'est aussi une insuffisance dans la composition de l'équipage qui était reprochée à l'armateur (Tribunal de commerce de Bordeaux, 23 sept. 1993, *DMF* 1993.731, notes A. Vialard et T. Clemens-Jones). Par mer calme et par beau temps, le navire *Heidberg*, petit

(53) *Sem. jur.* 1968.II.15530, concl. A.-G. LINDON, *Revue française de droit aérien* 1976.105 ; voir aussi, en matière d'accident du travail, appliquant la notion de faute inexcusable à un employeur qui « *aurait dû avoir conscience du danger* », Cass. ass. plén. 24 juin 2005, *Semaine juridique* 2005.II.10117.

(54) Navire *Kini-Karsten*, décision non publiée.

cargo allemand de 3 000 tonnes de port en lourd, heurtait, en Gironde, un appontement pétrolier, alors que le capitaine était descendu à la salle des machines laissant à la passerelle un marin incompétent, originaire du Kiribati, et un pilote inattentif — le seul autre officier présent à bord se reposant après une journée harassante. Pour refuser à l'armateur du *Heidberg* le droit de limiter sa responsabilité, le Tribunal de commerce de Bordeaux observe que les armateurs, en constituant l'équipage du navire comme ils l'avaient fait, ne pouvaient ignorer qu'ils prenaient un risque, lequel, s'il n'était pas certain, était en tout cas possible (55).

Dans un arrêt du 20 mai 1997, concernant la drague *Johanna-Hendrika*, c'est la Cour de cassation elle-même qui adhère à une conception objective de la faute inexcusable (56). Le capitaine d'une drague néerlandaise, amarrant pour la nuit son bâtiment dans le port du Tréport, s'était borné à amarrer la poupe du navire à un simple pieu. En des termes très brefs, la Cour de Rouen avait relevé qu'aucune précaution élémentaire n'avait été prise pour effectuer la mise en place sans risques de la drague et parer aux dangers prévisibles de son évolution, et refusé le bénéfice de la limitation tant au capitaine de la drague qu'à son armateur. La Cour de cassation a rejeté le pourvoi formé par le capitaine, en observant que la Cour d'appel avait pu déduire que, telle qu'elle ressortait de ses constatations, la conduite du capitaine, qui devait, en professionnel, avoir conscience de la probabilité du dommage, était téméraire. Ainsi, peu importait que le capitaine n'ait pas eu, subjectivement, conscience de la probabilité du dommage ; ce qui importait, c'est qu'un bon professionnel aurait eu une telle conscience. Pareillement, dans un arrêt *Moheli* du 20 février 2001, la Cour de cassation reproche au juge qui avait écarté la faute inexcusable de ne pas avoir « *recherché si, en sa qualité de professionnel du nautisme, le capitaine du Moheli* (le voilier en cause) *ne devait pas avoir conscience qu'un dommage résulterait probablement* » de son comportement (57). Et, dans la jurisprudence récente, c'est devenu presque un leitmotiv pour le juge de relever, pour retenir la faute inexcusable d'un armateur, que celui-ci *ne pouvait pas ne pas avoir conscience* ; ou *ne pouvait qu'avoir conscience* du danger de sa conduite (58).

432. Le caractère personnel de la faute inexcusable de la Convention de 1976. — Le second élément du régime institué par la Convention de 1976 auquel

(55) En appel, la Cour d'appel de Bordeaux a confirmé la décision du premier juge, en reprochant à l'armateur, qui connaissait la situation née de l'incompétence de nombre des marins du bord, ou, « *en tout cas devait la connaître* », d'avoir avait commis la faute définie par l'article 4 de la Convention de 1976, en ne veillant pas à la confiance et à la cohésion entre marins et capitaines indispensable à la bonne conduite du navire (*DMF* 2005.839, obs. A. VIALARD). La décision du Tribunal de Bordeaux avait d'ailleurs déjà été approuvée par la Cour d'appel de Hambourg, laquelle, dans une décision fortement motivée, avait accordé à cette décision l'*exequatur*, — un *exequatur* dont l'efficacité était suspendue à la future décision de la Cour d'appel de Bordeaux, et qui est donc devenu définitif.

(56) Navire *Johanna-Hendrika, DMF* 1997.976, rapp. RÉMERY, obs. P. BONASSIES.

(57) Cass. 20 févr. 2001, *DMF* 2002.144, obs. P.-Y. NICOLAS.

(58) Voir, entre autres, Montpellier, 18 nov. 2003, navire *L'Inglais, DMF* 2005.708, obs. I. CORBIER ; Rouen, 9 nov. 2004, navire *Moheli, DMF* 2005.727, obs. Y. TASSEL. Remarquable aussi par sa sévérité est une décision de la Cour de cassation du 2 nov. 2005, navire *Txarrena, DMF* 2006.43, obs. M. RÉMOND-GOUILLOUD, qui censure le juge d'appel pour ne pas s'être interrogé sur la faute inexcusable commise par un capitaine qui, postérieurement à une collision, avait poursuivi sa route sans s'inquiéter des avaries occasionnées à l'autre navire, alors que l'on voit mal le lien existant entre le délit de fuite commis — après l'accident — et une éventuelle faute inexcusable — avant l'accident.

s'applique la sévérité de la jurisprudence récente, concerne le *caractère personnel* de la faute inexcusable. Les textes sont formels : seuls le fait ou l'omission *personnels* de l'armateur sont susceptibles de lui interdire l'accès à la limitation. La règle a d'ailleurs été appliquée fermement par la Cour de cassation dans son arrêt *Johanna-Hendrika* du 20 mai 1997 (*supra*, n° 431). Après avoir approuvé la Cour de Rouen d'avoir vu dans le comportement du *capitaine* une faute inexcusable, la Cour de cassation censure les juges du fond pour avoir aussi refusé à l'*armateur* le droit à limitation. Mais il y a là une exception. Dans la plupart des cas, les tribunaux français semblent ne tenir aucun compte des textes. Quand ils refusent à un armateur le droit à limitation, jamais ils ne cherchent à identifier la personne, ou l'organe (direction générale, service technique) responsable de la faute inexcusable. Le responsable c'est l'armateur, c'est l'entreprise d'armement, envisagée dans sa totalité.

C'est ainsi que, dans l'affaire du navire *Moheli* (*supra* n° 431), c'est à propos de la faute inexcusable du *capitaine* du navire — et en dehors de toute faute de l'armateur, une société Nautiloc —, que la cassation a été prononcée. Ce qui est reproché au juge c'est, en effet, de ne pas avoir recherché, pour exonérer l'armateur de toute faute inexcusable, si, en sa qualité de professionnel du nautisme, le capitaine — le capitaine et non pas l'armateur — ne devait pas avoir conscience qu'un dommage résulterait probablement du comportement par lui adopté. Pareillement, dans une affaire concernant le navire *Stella Prima,* ce sont des fautes commises à l'occasion de l'arrimage et du déchargement de la marchandise (une grue de grande dimension, alors qu'aucun contrôle n'avait été effectué quant aux freins assurant le blocage de la partie mobile) qui avaient été considérées par la Cour de Montpellier comme des fautes inexcusables de l'armateur. Alors que, cependant, les opérations en cause étaient de la responsabilité du seul capitaine, la Cour de cassation n'en a pas moins rejeté le pourvoi formé par l'armateur contre la décision qui lui refusait l'accès à la limitation (Cass. 3 avr. 2002, *DMF* 2002.460, obs. I. Corbier).

Le plus souvent ainsi, la faute inexcusable du droit maritime demeure une notion non pas personnalisée, comme l'entendait sans doute le législateur international, mais désincarnée, très proche de la faute du service du droit administratif français. Ce type de faute apparaît, on le sait, et fonde la responsabilité de l'administration, quand son auteur ne peut être identifié, mais qu'il est patent que le service dans son ensemble n'a pas fonctionné.

433. Probabilité ou simple possibilité du dommage. — Le dernier élément de la faute inexcusable, c'est la conscience, par le responsable, « *qu'un tel dommage résulterait de sa conduite* ». Le texte paraît impliquer que le responsable aurait dû avoir conscience que le dommage précis invoqué par la victime se réaliserait probablement — à tout le moins avec une probabilité raisonnable. Mais, sur ce point aussi la jurisprudence s'est montrée sévère. Dans la plupart de leurs décisions, les tribunaux ont substitué à la notion de dommage *probable* la notion de dommage simplement *possible*. Et, comme, par hypothèse même, un dommage a été causé, il leur est aisé de conclure à la probabilité d'un tel dommage. Ici encore, c'est une interprétation très ouverte de la notion de faute inexcusable qu'ont adoptée les tribunaux — c'est-à-dire une interprétation très rigoureuse pour les armateurs.

434. Limites procédurales à l'application de la faute inexcusable : l'arrêt *Multitank Arcadia*. — Si ouverte que soit la Cour de cassation quant à la notion de faute inexcusable, elle n'en exige pas moins des juges du fond qu'ils justifient à suffisance de droit leur appréciation, comme en témoigne l'affaire du *Multitank Arcadia.* Pour refuser le droit à la limitation à un armateur, la Cour d'appel d'Aix-en-Provence avait relevé que l'accident causé par ce navire lors d'une manœuvre d'accostage, était la conséquence de la défaillance du propulseur d'étrave du bâtiment, elle-même suite d'un dysfonctionnement d'un des deux groupes électrogènes en action lors de la manœuvre (10 oct. 2001, *DMF* 2002.97, obs. P. Bonassies). Or, pour la Cour, il pouvait être reproché à l'armateur de ne pas avoir veillé à ce que la manœuvre soit exécutée dans des conditions de sécurité maximales, en donnant instruction permanente au bord de faire démarrer, lors de chaque manœuvre d'accostage, les trois groupes électrogènes équipant le navire — la carence d'un des deux groupes alimentant le propulseur pouvant alors être immédiatement palliée. Dans un arrêt du 8 octobre 2003, la Cour de cassation a censuré les magistrats aixois (*DMF* 2003.1057, obs. P. Bonassies). Pour la Cour suprême, de tels motifs étaient insuffisants à établir que l'armateur, comme aussi capitaine et gérant du navire, avaient agi témérairement et avec conscience qu'un dommage en résulterait probablement.

Même si la décision des juges d'appel n'est pas sanctionnée pour violation de la loi, mais pour manque de base légale — en fait insuffisance de motivation — l'arrêt *Multitank Arcadia* n'en est pas moins important, car il est le premier arrêt marquant, sinon un recul, à tout le moins une pause dans le développement de la jurisprudence sur la faute inexcusable.

435. Conclusion. La limitation, droit ou privilège pour l'armateur ? — Dans sa décision *Heidberg* (*supra*, n° 431), le Tribunal de commerce de Bordeaux observait en termes de principe, que la Convention de 1976 « *ne peut s'analyser comme établissant un droit inconditionnel conférant à l'armement maritime la possibilité d'user de la faculté de limiter sa responsabilité pour tous faits ou dommages pouvant lui être imputés ; qu'elle consacre en fait un privilège auquel peut seul prétendre l'armateur... se conduisant en professionnel de haute conscience et compétence* » ; qu'en est au contraire exclu l'armateur qui interprète les dispositions légales « *dans un but purement lucratif, en réalisant, par voie d'économies sur le matériel, son entretien ou la composition de l'équipage, tant dans le domaine de l'effectif que de la compétence, un profit lui permettant d'affronter avec succès ses concurrents, tout en dégageant un bénéfice supplémentaire* ».

La décision *Heidberg* a pu être critiquée (voir notamment obs. T. Clemens-Jones, *supra*, n° 431). Il reste que, pour nous, au-delà de maladresses de rédaction, elle doit être approuvée. La limitation de responsabilité de l'armateur, même si elle se justifie tant par les risques particuliers de la navigation maritime que par le caractère d'intérêt général de cette navigation, ne peut être conçue comme constituant pour les armateurs un droit incontrôlé. Comme l'observent les juges bordelais, elle demeure pour eux un *privilège*, que chacun doit mériter en prenant toutes les mesures qu'imposent la réglementation applicable en la matière ou la simple prudence d'un bon armateur. Sans doute le législateur international a-t-il, en 1976, voulu ouvrir plus largement l'accès à la limitation, en substituant, comme faisant obstacle à la limitation, la « *faute inexcusable* » à la simple faute. Il reste qu'il a laissé aux tribunaux le soin de vérifier que la « conduite » de l'armateur (et le terme *conduite*, dépassant la notion de faute, nous paraît révélateur) ne supprimait pas son droit à limitation (59).

Au moment où chacun a conscience de l'impérieuse nécessité de mieux assurer la sécurité de la navigation maritime, notamment en portant attention autant à la compétence des équipages qu'au bon état des navires (60), il est bon que les tribunaux apportent leur pierre à l'édifice commun — en sanctionnant les armateurs qui lancent sur les mers des navires, soit affectés d'un élément évident d'innavigabilité, soit armés par des équipages disparates et, trop souvent, d'une compétence limitée à l'excès.

§ 2. — *Mise en œuvre de la limitation de responsabilité*

La limitation de responsabilité ne s'applique pas de plein droit. Dans le principe, l'obligation de l'armateur demeure entière. Son créancier obtiendra condamnation à une somme correspondant à la totalité du dommage subi. Si l'armateur veut éviter d'avoir à payer intégralement cette somme, il devra dans tous les cas invoquer le bénéfice de la limitation, et, dans la plupart des cas, constituer un fonds de limitation.

Concrètement, la mise en œuvre de la limitation de responsabilité soulève deux problèmes : celui du calcul du montant de la limitation ; celui de la procédure de limitation.

A. — Montant de la limitation

436. La Convention de 1957. Rappel. — Les règles de base permettant de déterminer le montant de la limitation figuraient déjà dans le texte de 1957, la réforme de 1976 ayant surtout porté sur les montants de la limitation. Il apparaît donc opportun de s'interroger d'abord sur la manière dont la Convention de 1957 avait traité le problème.

(59) Voir, dans le même sens, M. RÉMOND-GOUILLOUD, obs. sous l'arrêt *Txarrena, DMF* 2006.43.

(60) Voir en ce sens la résolution (17) 681 de l'OMI, adoptée le 6 novembre 1991, résolution qui invite les États à non seulement vérifier que les navires étrangers faisant escale dans leurs ports respectent les normes de sécurité, mais aussi à « *déterminer si les équipages des navires ont les aptitudes requises pour remplir les tâches qui leur incombent* ».

S'agissant de la Convention de 1957, nous relèverons ainsi en premier lieu que le calcul du plafond de limitation s'y effectuait *par événement* et non « par voyage ». Sous le régime de l'abandon, quand un navire était l'objet de plusieurs incidents successifs au cours d'un même voyage (abordage survenu le 1er juin 1893, puis second abordage survenu durant le même voyage le 3 août 1893), l'armateur se libérait en une fois de toute responsabilité en abandonnant le navire aux créanciers des différents événements. Aujourd'hui, il n'en est plus de même. Si un navire connaît plusieurs incidents distincts au cours d'un même voyage (abordage le 1er juin 1987 ; second abordage le 3 juin 1987, alors que le navire se rendait dans un port de refuge), l'armateur devra demander deux fois le bénéfice de la limitation, et constituer éventuellement deux fonds de limitation distincts.

En revanche, nous l'avons vu, le fait que plusieurs personnes susceptibles de bénéficier de la limitation soient mises en cause n'entraîne pas augmentation du montant de la limitation : un fonds unique pourra être constitué (*supra*, no 427).

Ceci observé, la Convention de 1957 distinguait trois situations pour calculer le montant de la limitation. Si l'événement n'avait donné lieu qu'à des *dommages matériels*, la limitation s'établissait à 1 000 francs-or par tonneau de jauge du navire (aujourd'hui unité de jauge). Si l'événement n'avait donné lieu qu'à des dommages *corporels*, la limitation était portée à 3 100 francs-or par tonneau. S'il avait donné lieu *à la fois* à des dommages corporels et à des dommages matériels, une première somme de 2 100 francs-or par tonneau était exclusivement affectée au règlement des créances du chef de dommages corporels, et une deuxième somme de 1 000 francs-or par tonneau était affectée au paiement des dommages matériels ainsi que du solde impayé des dommages corporels.

Par *franc-or*, la Convention entendait l'unité constituée par 65 milligrammes et demi d'or au titre de neuf cents millièmes (ce que l'on appelle le « *Franc Poincaré* », parce que cette quantité d'or correspond à la valeur du franc français après la dévaluation du 25 juin 1928, réalisée par Poincaré, alors président du Conseil). Jusqu'en 1978, cela correspondait à 0,3684 franc français (61). Mais, le 1er avril 1978, avec l'entrée en vigueur du second amendement aux statuts du Fonds Monétaire International, toutes les monnaies étaient détachées de l'or, et une nouvelle unité de compte créée, le droit de tirage spécial (DTS), défini en fonction d'un panier de monnaies, revu de temps à autre par les organes compétents du Fonds.

La rupture ainsi consacrée entre le franc-or de la Convention de 1957 et l'or allait entraîner de graves difficultés. Les solutions les plus diverses furent envisagées, référence à la valeur marchande de l'or, stabilisation du franc-or à sa valeur au 1er avril 1979, ou conversion à cette date en droits de tirage spéciaux. C'est cette dernière solution qui a été adoptée au plan international par le Protocole signé à Bruxelles le 21 décembre 1979. Ce texte fixe un rapport de 15

(61) Le franc français valant alors 160 milligrammes d'or fin.

à 1 entre le droit de tirage spécial et le franc-or de la Convention de 1967. Les 1 000 francs-or devinrent alors 66,67 droits de tirage spéciaux, les 3 100 francs 206,67 droits de tirage spéciaux (soit respectivement, au 31 décembre 2005, 81 et 250 euros environ) (62).

437. La Convention de 1976. Principes. — Comme la Convention de 1957, la Convention de 1976 dispose que le montant de la limitation devra se calculer *par événement*, et qu'un seul fonds devra être constitué même s'il y a plusieurs responsables bénéficiaires de la limitation. Comme la Convention de 1957, la Convention de 1976 définit le tonnage à prendre en considération. C'est le tonnage brut, tel que résultant des règles édictées par la Convention internationale de 1969 (*supra*, n° 167). Comme, nous l'avons vu, ces règles aboutissent à une augmentation parfois sensible du tonnage pour les bâtiments de petite dimension, et en particulier pour les navires rouliers.

En revanche, la Convention de 1976 ne fait plus référence à un franc-or, mais aux droits de tirage spéciaux (63). Par ailleurs, les montants de base ont été sensiblement augmentés par rapport aux chiffres adoptés en 1957, encore que cette augmentation soit pour partie compensée par l'érosion monétaire. Toutefois, pour éviter de charger trop fortement les armateurs, les rédacteurs de la Convention ont jugé bon de tenir compte du fait que le « tonneau » de gros navire (pétrolier, minéralier) avait une valeur moyenne sensiblement inférieure au « tonneau » de petit navire. Ils ont donc établi un *système dégressif* de calcul de la limitation. Enfin, il est apparu nécessaire d'établir des montants de limitation beaucoup plus élevés pour les navires *transporteurs de passagers*, et, pour ces navires, un système nouveau et original a été adopté — tout comme pour les *assistants*.

438. Calcul de la limitation. Dommages à la personne. Dommages matériels. — Plus précisément, il résulte du texte nouveau, que, pour ce qui est des « *créances pour mort ou lésions corporelles* », l'armateur pourra limiter sa responsabilité à une somme de 333 000 DTS pour un navire dont la jauge ne dépasse pas 500 tonneaux (aujourd'hui, 500 unités de jauge). Pour un navire dont la jauge est supérieure, il devra ajouter 500 DTS par tonneau de 501 à 3 000 tonneaux, 333 DTS par tonneau de 3 001 à 30 000 tonneaux, 250 DTS de 30 000 à 70 000 tonneaux, et 167 DTS par tonneau au dessus de 70 000 tonneaux.

En ce qui concerne ce que la Convention appelle les « *autres créances* » (créances pour dommages matériels), la limitation s'établira à 167 000 DTS pour les navires dont la jauge ne dépasse pas 500 tonneaux, étant ajouté 167 DTS par tonneau de 501 à 30 000 tonneaux, 125 DTS par tonneau de 30 001 à

(62) La France n'ayant pas, à l'époque, ratifié le Protocole de 1979, la Cour de cassation, considérant que la question mettait en jeu l'ordre public monétaire saisit le gouvernement, et le ministre des Relations extérieures répondait, le 5 juillet 1985, que l'évaluation du franc-or devait se faire par rapport aux droits de tirage spéciaux sur la base de un DTS pour 15,19 francs-or, soit la valeur exacte du droit de tirage spécial par rapport au franc-or au 1er avril 1978 (voir la lettre du ministre des Relations extérieures au *DMF* 1985.767, et, appliquant cette lettre, Tribunal de commerce de Marseille, navire *Aude*, *DMF* 1985.744).

(63) La valeur du DTS fluctue tous les jours, étant déterminée par le Fonds monétaire international. Au 31 décembre 2005, un DTS valait 1,21 euro.

70 000 tonneaux, et pour chaque tonneau supérieur, 83 DTS. Comme il en est de la Convention de 1957, le fonds pour les dommages matériels devra être utilisé pour régler, au-delà des dommages matériels, le solde impayé des créances pour mort et lésions corporelles.

Dans une décision du 21 octobre 1993, la Cour d'appel d'Aix-en-Provence a adopté une solution audacieuse, pour le cas où un accident n'a causé que des dommages à la personne. Pour la Cour, même dans ce cas, le fonds doit être constitué « *en ses deux composantes* ». C'est donc sur un fonds additionnant fonds pour dommages corporels et fonds pour dommages matériels que s'exerceront les droits de la victime (64). Eu égard aux dispositions assez imprécises de la Convention de 1976, ici différentes des dispositions, beaucoup plus nettes, de la Convention de 1957, eu égard aussi à la tendance des tribunaux de restreindre dans toute la mesure du possible le « privilège » accordé aux armateurs, la solution proposée par la Cour d'Aix ne surprend pas.

Des règles plus originales sont applicables aux créances de passagers et aux créances contre certains assistants.

439. Cas particuliers. Passagers. Assistants. — S'agissant des navires transporteurs de passagers, la limite de responsabilité du propriétaire a été fixée à un montant de 46 666 DTS multiplié par le nombre de passagers que le navire est « *autorisé à transporter* ». Encore que non fixé par relation au tonnage du navire, c'est une limitation globale, et qui n'empêche pas l'armateur d'être responsable, en tant que transporteur, à l'égard d'un passager donné à une hauteur de 200 000, voire 300 000 DTS. Il est cependant à noter que le chiffre de 46 666 DTS correspond à peu près exactement au montant de la limitation prévue à l'origine par la Convention internationale d'Athènes de 1974 sur le transport maritime de passagers, pour ce qui est de la responsabilité contractuelle du transporteur de passagers (65), les deux limitations — limitation du transporteur et limitation de l'armateur — étant ainsi équivalentes. Toutefois, un plafond absolu a été fixé à la limitation de l'armateur. Elle ne peut excéder 25 millions de DTS. Ce chiffre correspondant à 536 passagers, évalués chacun à 46 666 DTS, il en résulte, en quelque sorte, que chaque « passager supplémentaire » ne coûte rien, en termes de responsabilité au moins, à l'armateur. Mais ce plafond ne concerne que les relations entre l'armateur et les passagers qu'il transporte. S'agissant de la responsabilité de l'armateur à l'égard des tiers (biens ou personnes), c'est le droit commun qui s'applique (66).

(64) *DMF* 1994.386, note Y. TASSEL. Dans l'espèce soumise à la Cour d'Aix, le navire en cause était un navire de plaisance de moins de 300 tonneaux, donc bénéficiant d'un montant réduit de limitation (*infra*, n° 440). Les droits de la victime, une invitée gravement blessée par l'écoute de la grand-voile, se sont donc exercés sur un fonds de 250 000 DTS (312 500 euros environ), additionnant le fonds pour dommages corporels (165 500 DTS) et le fonds pour dommages matériels (83 500 DTS).

(65) Pour l'évolution des montants de la Convention d'Athènes, voir *infra*, n° 1253.

(66) Pareillement, la limitation de responsabilité applicable à un navire transporteur de marchandises qui cause un dommage à un navire transporteur de passagers (dans des conditions qui peuvent éventuellement exclure toute responsabilité du navire de passagers) est calculée selon le droit commun. Les ayants droit des cent passagers noyés après abordage d'un ferry par un navire roulier de 500 « tonneaux » de jauge ne percevront, ensemble, à ce jour que 580 000 euros environ, soit 5 800 euros par ayant droit.

Enfin, il a fallu que les rédacteurs de la Convention de 1976 résolvent un problème particulier, celui de l'*assistant* qui n'agit pas à partir d'un navire. Ayant admis cet assistant à la limitation (*supra*, n° 425), il fallait déterminer le montant de limitation qui lui serait applicable. Un temps on songea à prendre en considération le montant de limitation calculé d'après le tonnage du navire assisté. La solution eût été regrettable, décourageant les entreprises d'assistance de porter assistance aux navires les plus importants. Elle fut donc écartée, et sur la suggestion de la délégation française, on décida que la limite de responsabilité serait calculée, pour un tel assistant, selon un tonnage forfaitaire de 1 500 tonneaux.

440. Tonnage à considérer. Tonnage minimum. Navires de moins de 300 unités de jauge. — Comme la Convention de 1957, la Convention de 1976 définit le tonnage à prendre en considération. C'est le tonnage brut, tel que résultant des règles édictées par la Convention internationale de 1969 (*supra*, n° 167). Comme, nous l'avons vu, ces règles aboutissent à une augmentation parfois sensible du tonnage pour les bâtiments de petite dimension, et en particulier pour les navires rouliers. Il y a donc là un facteur supplémentaire d'augmentation du montant de limitation.

Un autre facteur d'augmentation résulte du fait que le tonnage minimum à prendre en considération a été augmenté : il est passé de 300 à 500 tonneaux (unités de jauge), la limitation étant calculée à partir d'un plancher de 500 tonneaux. De l'augmentation du tonnage minimum et de l'augmentation des montants de la limitation, il résulte que le montant minimum de la limitation, pour un navire de pêche de 50 unités de jauge par exemple, est passé, de 1980 à aujourd'hui, d'environ 25 000 euros pour les dommages aux biens et 76 000 euros pour les dommages à la personne à un montant minimum de 230 000 euros pour les dommages aux biens et 430 000 euros pour les dommages à la personne, soit des coefficients d'augmentation de 9 et de 5,6. Cependant, le minimum de 500 unités de jauge fixé par la Convention n'est pas toujours appliqué. Dans son article 15, la Convention de 1976 a laissé en effet libre les États signataires d'appliquer ou de ne pas appliquer ses dispositions aux navires d'un tonnage inférieur à 300 tonneaux (unités de jauge). Après la Grande-Bretagne, la France a usé de cette faculté. Sans exclure les navires de moins de 300 unités de la limitation, elle a prévu pour eux un régime spécial, inscrit dans une loi du 15 décembre 1986 (*D.* 1987.13). Aux termes de ce texte, pour les navires d'une jauge inférieure à 300 tonneaux (unités), les limites générales de la responsabilité sont égales à *la moitié* de celles fixées par l'article 6 de la Convention de 1976 (le texte ne concernant donc pas les transporteurs de passagers, dont les limites de responsabilité ressortissent à l'article 7). Il semble que le législateur français ait été motivé par le souci de mettre les pêcheurs français sur un pied d'égalité avec leurs concurrents britanniques. Il est dommage que la règle s'applique aussi aux plus puissants navires à moteur de plaisance, dont on sait qu'ils peuvent causer des accidents graves, aux conséquences dépassant largement le montant de la limitation (montant s'établissant désormais pour eux à environ 210 000 euros).

441. Protocole de 1996. Augmentation du montant des limitations. — Le Protocole de 1996 est entré en vigueur le 13 mai 2004 (sa ratification par la France a été autorisée par une loi du 5 juillet 2006 : *JORF* 6 juillet 2006). Son objet premier était d'augmenter les montants de la limitation. De ce point de vue un travail effectif a été réalisé. Les montants antérieurs sont affectés d'un multiplicateur de 2 à 3, une augmentation beaucoup plus sensible concernant les navires transporteurs de passagers.

Plus précisément, le Protocole fixe un nouveau plancher, qui est de 2 000 unités de jauge, aux lieu et place du plancher de 500 unités de la Convention de 1976. Pour tout navire d'un tonnage égal ou inférieur à 2 000 unités, la limitation est fixée à deux millions de droits de tirage spéciaux, pour les dommages corporels, et à un million pour les dommages matériels (soit, environ, au 31 décembre 2005, 2,42 millions et 1, 21 millions d'euros). Ce nouveau plancher élève considérablement le montant de la limitation pour les petits bâtiments, le multipliant par six, par exemple, pour un navire de 500 unités de jauge.

Le Protocole prévoit ensuite que le fonds initial de deux millions de DTS (pour dommages à la personne) sera augmenté de 800 DTS par unité de jauge jusqu'à 30 000 unités, puis de 600 DTS par unité jusqu'à 70 000 unités, et enfin de 400 DTS au-delà de ces 70 000 unités. Pour les dommages aux biens, ce sont des montants de 400, 300 et 200 DTS qui devront être appliqués. Ici, l'augmentation est moindre. Et, par exemple, la multiplication par rapport à 1976 n'est plus que de 2,5 pour un navire de 60 000 unités de jauge, et ce sans tenir compte de l'érosion du droit de tirage spécial. En tenant compte de cette érosion (de 40 à 50 %), on rattrape à peine les valeurs de 1976.

Pour les navires transporteurs de passagers, l'augmentation est beaucoup plus forte. Le plafond absolu de 25 millions de DTS a été supprimé. Reste le plafond fixé en considération des passagers « *que le transporteur est autorisé à transporter* », mais le chiffre de 46 666 DTS par passager a été porté à 175 000 DTS (67). Pour un navire moyen, apte à transporter 1 500 passagers, le plafond est ainsi porté à plus de 250 millions de DTS (à comparer aux 25 millions de DTS du texte de 1976). Même limité par l'érosion monétaire, le progrès est certain.

442. Appréciation générale. — L'adoption, puis l'entrée en application du Protocole de 1996 étaient devenues indispensables. À la veille de l'entrée en application de la Convention de 1976 (1er déc. 1986), les montants prévus par la Convention de 1957 étaient devenus dérisoires. Et l'entrée en application de la Convention de 1976 n'avait entraîné une véritable revalorisation de ces montants que pour les navires de faible dimension et les navires transporteurs de passagers. Pour un navire de 8 000 unités de jauge, la revalorisation était de 4,4 environ pour les dommages aux biens, mais seulement de 3 pour les dommages aux

(67) Ce montant correspond au montant de la responsabilité du transporteur maritime prévu par le Protocole de 1990 à la Convention d'Athènes. Un nouveau Protocole signé en 2002 (mais non encore en application) a, à nouveau, augmenté fortement les montants fixés par la Convention d'Athènes (*infra*, n° 1253). Mais les montants du Protocole de 1996 sont demeurés inchangés.

personnes. S'agissant des navires transporteurs de passagers, l'augmentation avait pris des proportions considérables, pouvant atteindre, pour un navire de petite dimension le coefficient 20 ou 25 — sauf en cas de sinistre entraînant la mort de nombreux passagers (par exemple le naufrage de l'*Estonia*).

Mais l'augmentation ici décelée n'était que *relative*, et s'atténuait largement dès lors que l'on replaçait les chiffres de la Convention de 1976 dans le contexte monétaire où la Convention fut adoptée, en raisonnant en « francs constants ». Le rapport de 4,4 pour les dommages aux biens tombait à un rapport de 2, tandis qu'en ce qui concerne les dommages aux personnes, l'augmentation, sauf pour les navires transporteurs de passagers quant à leurs passagers, n'était plus guère que de 20 à 25 %. On constatait même que, en unités monétaires constantes, le plafond de responsabilité pour les bâtiments de fort tonnage (par exemple d'un tonnage supérieur à 60 000 unités) avait même une valeur inférieure à celle qu'il aurait eue en 1957 (68).

Avec le Protocole de 1996, on revient à des montants plus équitables, encore que l'augmentation demeure tout à fait raisonnable. Certes, le nouveau plancher élève fortement le montant de la limitation pour les petits bâtiments, le multipliant par six par rapport à 1976, pour un navire de 500 unités de jauge. Pour les navires de plus de 10 000 unités, l'augmentation est moindre. Et, par exemple, la multiplication par rapport à 1976 n'est plus que de 2,5 pour un navire de 60 000 unités de jauge, et ce sans tenir compte de l'érosion du droit de tirage spécial. En tenant compte de cette érosion (de 40 à 50 %), on rattrape à peine les valeurs de 1976. Il n'y a guère que pour les navires transporteurs de passagers où l'on constate que, même en tenant compte de l'érosion, on a plus que doublé le montant de limitation prévu par la Convention de 1976 — et de plus, nous l'avons vu, supprimé le plafond prévu en 1976.

En définitive, si l'on veut sauver l'institution de la limitation, on peut penser que de nouvelles augmentations seront, très vite, nécessaires. De ce point de vue, il est heureux que les rédacteurs du Protocole aient mis en place une procédure simplifiée de modification des montants de limitation, inspirée des mécanismes adoptés par le Protocole de 1992 à la Convention de 1971 portant création du FIPOL (*infra*, n° 473). La compétence en la matière est transférée de l'assemblée de l'OMI au comité juridique — organe beaucoup plus léger. Saisi par une proposition émanant d'au moins la moitié des États parties à la Convention, le comité juridique peut, à la majorité des deux tiers, proposer une modification des montants de la limitation. À l'expiration d'un délai de dix mois, cette proposition est considérée comme adoptée, sauf opposition d'un quart des États. Il reste que le comité ne peut proposer qu'une augmentation limitée à 6 % par an (en intérêts composés). De surcroît, un délai de cinq ans doit être respecté entre deux augmentations. Les législateurs sont restés prudents.

(68) Pour une étude plus précise, voir P. BONASSIES, Annales 1985 de l'Institut Méditerranéen des Transports Maritimes, 143.

B.— Procédure de limitation

La procédure habituellement utilisée par l'armateur qui veut bénéficier de son droit à limitation est celle de la constitution d'un *fonds de limitation*. Cette constitution présente d'incontestables avantages pour l'armateur. Il se libère de ses multiples créanciers, obligés d'agir « contre le fonds » et non contre lui, et surtout, comme nous le verrons (*infra*, n° 445), il libère son navire de la saisie éventuellement exercée sur lui. Pareillement, en droit français, la constitution du fonds libère l'assureur de tout souci. Et elle ne présente aucun inconvénient, n'emportant nullement reconnaissance de la responsabilité (loi de 1967, art. 63). Mais la constitution d'un fonds de limitation n'est pas, nous le verrons, une condition de l'accès à la limitation. Il peut y avoir limitation sans fonds de limitation. Il importe donc d'étudier d'une part la procédure de constitution et de liquidation du fonds, régie par les dispositions du décret du 27 octobre 1967 (art. 59 à 87), d'autre part les règles qui s'appliquent quand aucun fonds n'est constitué.

1. Limitation avec constitution d'un fonds

443. Constitution du fonds. — S'agissant de la constitution du fonds de limitation, la Convention de 1976 consacre un chapitre entier au fonds. Mais ce chapitre se borne à définir les règles générales applicables au fonds. S'agissant de la procédure de constitution, la Convention de 1976, comme il en était déjà de la Convention de 1957, fait largement référence aux lois de l'État dans lequel le fonds de limitation est constitué. Pour ce qui est de la France, la procédure de limitation est régie par les dispositions du décret du 27 octobre 1967. Ce texte, qui est loin d'être complet et laisse dans l'ombre des points importants, institue une procédure collective, assez proche de celle de la « faillite » (aujourd'hui procédure de redressement et liquidation judiciaires des entreprises), procédure dont les différentes phases doivent être parcourues.

444. Requête en limitation. Délai. Constitution du fonds. — Aux termes du décret de 1967, toute personne qui entend bénéficier de la limitation de responsabilité doit présenter une requête au président du tribunal de commerce, soit du port d'attache du navire s'il s'agit d'un navire français, soit du port où le navire a été saisi s'il s'agit d'un navire étranger.

Cette requête n'est soumise à aucune condition de délai. On doit en conclure qu'elle peut être présentée même après une décision définitive condamnant l'armateur à verser des dommages-intérêts, tant que ladite décision n'a pas été exécutée (69).

Elle est très simple en la forme, devant principalement faire référence à l'événement au cours duquel les dommages sont survenus, et préciser le montant du fonds de limitation que l'armateur se propose de mettre à la disposition de ses créanciers.

(69) Rennes, 30 mars 1988, navire *Kisten Skou, DMF* 1989.24. *Contra*, mais dans un contexte procédural complexe, Caen, 5 novembre 1992, navire *Virgule, DMF* 1993.566 obs. P. BONASSIES.

À ce stade de la procédure, le président du tribunal de commerce n'a pas en principe à se prononcer sur le droit du requérant à limitation (70). Il doit seulement vérifier les modalités de constitution du fonds (dépôt en banque ; souscription d'un cautionnement bancaire), désigner un juge-commissaire et un liquidateur. Si, par exception, le président refusait d'autoriser la constitution du fonds, le requérant pourrait faire appel de sa décision.

Une fois le fonds versé, le président du tribunal en vérifie le montant, et en constate la constitution. La décision de constatation a les effets les plus importants.

445. Effets de la constitution du fonds. Mainlevée des saisies. — Des effets très forts sont attachés à la constitution du fonds, une fois la décision de constatation rendue.

En premier lieu, le fonds est exclusivement affecté aux créanciers dont le droit est sujet à limitation. Il est en quelque sorte « isolé » à l'intérieur du patrimoine du propriétaire ou armateur et échappe à ses autres créanciers, même privilégiés (Convention de 1976, art. 11 ; loi de 1967, art. 62).

En second lieu, après cette constitution, aucun droit ne peut être exercé par les créanciers auxquels le fonds est réservé sur un autre bien du propriétaire (Convention de 1976, art. 13, al. 1 ; loi de 1967, art. 62).

Enfin, une fois le fonds constitué, mainlevée doit être donnée de toute saisie exercée contre tout navire ou autre bien appartenant à la personne qui a constitué le fonds, ou pour le compte duquel le fonds a été constitué (par exemple par un assureur). L'article 13 de la Convention de 1976 prévoit ici que la mainlevée de toute saisie effectuée sur le navire impliqué dans l'incident ayant donné lieu à constitution du fonds « *est toujours ordonnée* » si le fonds a été constitué, notamment, dans l'État où la saisie a eu lieu. Les dispositions de l'article 13 ont donné lieu à un vif débat, et ont été interprétées d'une manière très stricte par la Cour de cassation dans l'affaire du navire *Heidberg* (*supra*, n° 431).

Ayant constitué un fonds, et la constitution du fonds ayant été constatée par le président du tribunal de commerce de Bordeaux, les armateurs de l'*Heidberg* ont demandé à ce magistrat la mainlevée de la saisie effectuée sur leur navire. La société Shell, créancier saisissant, a toutefois contesté, avec des arguments importants, le droit des armateurs à limitation. Le président du tribunal de Bordeaux a alors prononcé le sursis à statuer sur la demande de mainlevée, jusqu'à la décision qui serait rendue par le juge du fond, saisi par ailleurs par le créancier. Les armateurs ayant demandé au président de la Cour d'appel de Bordeaux (comme la chose est prévue par l'art. 330 du Code de procédure civile) de les autoriser à faire appel de la décision de sursis, ce magistrat a rejeté leur demande. Manifestement les juges ont été choqués par la brutalité de la règle de l'article 13, imposant la libération du navire saisi — souvent garantie première des créanciers — alors que la question de la faute de l'armateur n'a pas été

(70) Bastia, 24 mai 1988, navire *Saint-Vincent, DMF* 1989.532, obs. P. BONASSIES, *DMF* 1990.27.

posée (71). Mais la décision de la Cour de Bordeaux a été censurée par la Cour de cassation dans un arrêt du 23 novembre 1993 (*DMF* 1994.36). Pour la Cour, aucun sursis à statuer ne pouvait être décidé « alors qu'après la constitution d'un fonds de limitation, la mainlevée de la saisie conservatoire du navire doit être ordonnée » (72).

Dans une décision ultérieure du 5 janvier 1999 (navire *Gure Maiden, DMF* 1999.130, rapport Rémery et obs. A. Vialard), la Cour suprême a toutefois marqué les limites de la règle posée par l'article 13. Cette règle ne joue que dans les conditions strictement prévues par le texte, à savoir si un fonds de limitation a été constitué dans l'un des quatre lieux qu'il mentionne (port de l'événement ou port d'escale suivant ; port de débarquement des passagers ; port de déchargement ; port de la saisie). Elle ne joue pas, et la mainlevée peut être refusée, si le fonds a été constitué en un autre lieu — en l'espèce au lieu de l'arbitrage.

Le régime applicable au cas où la limitation est régie par le droit français est très différent — et la question soulevée par l'affaire de l'*Heidberg* ne se pose pas. En effet, aux termes de l'article 67 de la loi du 3 janvier 1967, « *dans tous les cas où un propriétaire est autorisé par la présente loi à limiter sa responsabilité, il peut obtenir la mainlevée de la saisie* », en faisant la preuve de la constitution d'un fonds ou de la fourniture de garanties propres à une telle constitution. Il résulte de ce texte que le juge auquel mainlevée est demandée peut — et même doit — vérifier le droit du propriétaire concerné à bénéficier de la limitation. Si un fonds a été constitué sur requête du propriétaire et sans débat contradictoire, il pourra donc refuser la mainlevée, s'il constate que le propriétaire a commis une faute entraînant pour lui déchéance du droit à limitation.

La règle de la mainlevée obligatoire ne concerne toutefois que les créanciers dont la créance est limitée. Elle ne vaut pas à l'égard des créanciers dont la créance est « *exclue de la limitation* », par exemple les marins ou leurs ayants droit (*supra*, n° 417). Ces derniers, dont nous verrons qu'ils ne participent pas au fonds (*infra*, n° 450), conservent leur droit à saisir le navire, et les saisies antérieurement faites par eux ne peuvent être levées.

446. Contestation de la constitution du fonds par les créanciers. — Privés, comme nous venons de le voir, de leur droit de saisir le navire responsable d'un sinistre, réduits à un recouvrement partiel de leur créance, les créanciers soumis à limitation, voient leurs droits fortement affectés par la constitution du fonds. On ne saurait évidemment admettre qu'ils ne puissent contester cette constitution. Et cependant, aucune procédure spéciale n'a été prévue à leur bénéfice par

(71) On observera d'ailleurs qu'une règle moins brutale est inscrite dans la Convention internationale de 1969 sur la responsabilité civile pour pollution par hydrocarbures : l'article 6 de cette Convention prévoit bien, au bénéfice du propriétaire qui a constitué un fonds, la mainlevée des saisies effectuées sur le navire polluant, mais seulement si ledit propriétaire « est en droit de limiter sa responsabilité » — ce qui garantit aux « victimes » du navire un examen minimum de la responsabilité de l'armateur.

(72) C'est la même analyse rigoureuse qu'avait adoptée, le 13 mars 1990, un juge britannique dans la décision *Bow-Belle*, 1990 *Lloyd's Law Reports*, vol. 1.532 ; voir aussi, appliquant la règle *Heidberg*, Rouen, 5 sept. 2002, navire *Jerba, DMF* 2003.55, obs. Cl. HUMANN.

la loi de 1967. Il faut recourir au droit commun pour préciser leurs droits, la matière étant d'ailleurs fort complexe.

En premier lieu, il est sûr que, si l'armateur ou autre responsable n'a pas encore entamé la procédure de constitution du fonds, tout créancier qui intente une action au principal (ou action au fond) contre l'armateur peut demander au juge qui va reconnaître sa créance de déclarer, par avance, que l'armateur n'a pas droit à limitation. Une décision ultérieure autorisant la constitution du fonds ne lui serait alors pas opposable.

En second lieu, à la condition de fait qu'ils soient informés de l'ouverture d'une procédure de constitution d'un fonds — ce qui est rare mais qui s'est rencontré —, les créanciers de responsabilité peuvent intervenir dans cette procédure, par la voie d'une action en référé, avant que le président du tribunal de commerce n'ait constaté la constitution du fonds (art. 64 du décret du 27 oct. 1967). Leur intervention a pour eux un intérêt considérable : elle est susceptible de « bloquer » le mécanisme de mainlevée automatique de la saisie (*supra*, n° 445), la mainlevée ne pouvant intervenir qu'une fois le fonds constitué, et sa constitution constatée (73).

Même après constitution du fonds, tout créancier doit pouvoir contester l'ordonnance rendue par le président du tribunal de commerce, toute décision rendue sur simple requête — ce qui est le cas ici —, pouvant être contestée par la voie du référé, et c'est en ce sens qu'a statué un important arrêt de la Cour de cassation du 3 avril 2002 (navire *Stella Prima, DMF* 2002.460, obs. I. Corbier, et obs. P. Bonassies, *DMF* 2003, Hors-série n° 7, au n° 47). Et il semble bien que l'action du créancier soit possible jusqu'à l'achèvement de la procédure par la distribution des deniers aux créanciers qui ont produit. Car l'écoulement du temps n'a en rien enlevé à l'ordonnance de constitution du fonds son caractère non contradictoire ; elle ne l'a pas purgée de son vice procédural originaire (voir obs. P. Bonassies citées ci-dessus). La solution opposée apparaîtrait par ailleurs comme contraire aux dispositions de la Convention européenne des droits de l'Homme. Adopter la solution contraire priverait le créancier de son droit à une procédure contradictoire, droit affirmé tant par le Code de procédure civile (article 14) que par la Convention européenne des droits de l'Homme (article 6). C'est d'ailleurs à partir d'une réflexion sur les exigences de cette convention que les rédacteurs des dispositions les plus récentes du droit maritime de Monaco — droit très proche du droit français — ont inscrit dans leur texte une double règle. D'une part, est affirmé le droit des créanciers d'attaquer l'ordonnance de constitution du fonds par la voie du référé, et ce sans la fixation d'aucun délai (article O. 312-3 de l'Ordonnance souveraine du 17 juin 2002, *Journal de Monaco — Bulletin officiel de la Principauté*, 28 juin 2002). D'autre part, il est précisé que les créanciers qui n'ont pas été avertis individuellement de la constitution du fonds conservent le droit de produire jusqu'à l'ordonnance de clôture de la procédure (même texte, article O. 312-13).

(73) En ce sens, Tribunal de commerce de Marseille, 20 juill. 1994, navire *Soula H, Revue Scapel* 1994.158 et obs. P. Bonassies, *DMF* 1996.27.

447. Contestation devant le tribunal saisi au principal. — Une dernière question se pose, celle de savoir si, une fois le fonds constitué, un créancier ne peut pas contester le droit à limitation devant le tribunal qu'il a saisi d'une action au principal. Cette faculté paraît ouverte aux créanciers dans un cadre particulier, celui de la Convention de Bruxelles du 27 septembre 1968 concernant la compétence judiciaire. L'article 6 *bis* de ce texte (devenu l'art. 7 du règlement communautaire du 22 décembre 2000) énonce que le tribunal compétent pour connaître des actions en responsabilité du fait de l'exploitation d'un navire connaît aussi des demandes relatives à la limitation de cette responsabilité. Et ce texte, à juste titre semble-t-il, a été récemment interprété par la Cour de Rouen comme autorisant le Tribunal du Havre à statuer sur le droit à limitation d'un armateur qui avait constitué un fonds de limitation à Londres (74).

Lorsque le même problème se pose en dehors du cadre communautaire, par exemple au cas de constitution d'un fonds devant le Tribunal du Havre, et exercice d'une action au principal devant le Tribunal de Marseille, la réponse est plus incertaine. Certes, on peut estimer qu'il est souhaitable de concentrer les opérations de limitation dans les mains d'un seul juge, le juge du fonds (75). Mais il n'est pas sûr que les textes autorisent semblable concentration et permettent de reconnaître une compétence exclusive au juge du fonds. En droit, les décisions de celui-ci, même lorsqu'il statue sur le droit de l'armateur à bénéficier de la limitation, n'ont qu'une autorité relative. En fait, imposer à un créancier, jusqu'ici extérieur à la procédure concernant le fonds, de saisir le juge du fonds pour faire constater que l'armateur ne pouvait bénéficier de la limitation, alors que ce juge a, dans un premier temps, constaté sinon affirmé le droit de cet armateur à la limitation, risque de mettre ce juge en conflit avec lui-même. Il est donc, en définitive, préférable de laisser le créancier saisir son juge naturel, le juge de l'action au principal (le juge du fond).

Enfin, il semble possible à un créancier de contester « de l'intérieur » la constitution du fonds, à l'occasion de la vérification des créances (*infra*, n° 449).

448. Production des créances. Cas de la compensation. — Si la constitution du fonds n'est pas contestée, ou une fois la contestation réglée, il y a lieu à production des créances. Le liquidateur doit informer de la constitution du fonds tous les créanciers, dont le nom a dû être indiqué par le requérant. Chaque créancier doit justifier de ses droits (76). Il ne peut produire que pour le principal, augmenté des intérêts éventuellement échus (éventualité rare, s'agissant de dettes de responsabilité), la constitution du fonds arrêtant le cours des intérêts (sur les intérêts emportés par le fonds lui-même, voir *infra*, n° 450). Le requérant, propriétaire du navire ou autre bénéficiaire de la limitation, peut lui-même produire, si, antérieurement à la constitution du fonds, il a payé une créance soumise à limitation (Convention de 1976, art. 12, alinéa 2 ; loi de 1967, art. 65).

(74) Rouen, 26 juill. 2000, navire *Darfur, DMF* 2001.109, obs. P. BONASSIES, *DMF* 2002, Hors-série n° 6, au n° 45. Il est à noter que, dans cette affaire, les tribunaux britanniques avaient décliné leur compétence, sur le fondement du même article 6 *bis*.

(75) Voir en ce sens, Paris 29 mai 1987, navire *Ismene, DMF* 1988.171 et n. crit. R. ACHARD.

(76) Sans avoir à produire un titre judiciaire : Aix-en-Provence, 2 déc. 1986, navire *Gulma, DMF* 1990.694.

Un problème particulier est celui du créancier lui-même débiteur du requérant, par exemple un affréteur créancier de 25 000 euros pour dommages à la marchandise, mais débiteur de 20 000 euros de fret. Si dette et créance de chacun sont liquides et exigibles, mais la chose sera rare, la compensation aura eu lieu de plein droit, et il ne sera pas question de production. Dans le cas général, l'une au moins des dettes ne sera pas liquide (et notamment la dette de responsabilité du propriétaire de navire). La question se posera alors de savoir si le créancier doit produire pour la totalité de sa créance, après l'avoir évaluée (par exemple, ici 25 000 euros), ou seulement pour le solde (ici 5 000 euros). La réponse est d'un intérêt considérable pour le créancier car, s'il ne produit que pour le solde, il subira seulement sur ce solde la réduction qui accompagne en fait toute procédure de limitation (*infra*, n° 450).

Dans le principe, le créancier-débiteur ne peut bénéficier de la compensation, l'esprit même de l'institution voulant que les sacrifices que la limitation implique soient également répartis entre tous les créanciers — comme en témoigne la règle de la disparition des privilèges (*infra*, n° 451). Dans l'exemple pris ci-dessus, le créancier devra produire pour 25 000 euros, sur lesquels il ne touchera que 5 000 euros, le taux de répartition étant de 20 %, alors qu'il devra verser intégralement à l'armateur les 20 000 euros de fret dus par lui. Mais une exception est apportée à ce principe au bénéfice des créanciers dont la dette est née de l'événement même qui a suscité la procédure de limitation. Tel sera le cas en particulier, après un abordage par « faute commune », du propriétaire du second navire impliqué dans l'abordage, à la fois débiteur et créancier de dommages-intérêts pour un « même événement ». Ce créancier, après évaluation provisoire des créances, peut compenser sa dette et produire alors pour le seul solde. Cette solution particulière, laquelle ne s'imposait pas, ne s'explique que par un souci d'apparente égalité. On ne veut pas que les deux armateurs impliqués dans l'abordage soient traités différemment.

449. Vérification des créances. — Le liquidateur vérifie ensuite les droits de chacun, puis dresse la liste des créanciers qu'il communique au juge-commissaire, lequel l'arrête définitivement, copie de l'état étant adressée à chaque créancier.

Les créanciers ont alors un délai de trente jours pour contester l'état des créances, leur contredit étant porté devant le tribunal de commerce (art. 77 du décret du 27 oct. 1967). Le décret de 1967 ne leur permet de contester que le montant des créances des autres créanciers, ou le montant du fonds. Il n'est cependant pas possible, sous peine de violation des dispositions de l'article 497 du nouveau Code de procédure civile — texte visé par la Cour de cassation dans son arrêt *Stella Prima* (*supra*, n° 446) —, de leur dénier le droit de contester le principe même de la limitation, alors que la loi ne prévoit non plus à leur encontre aucun délai de déchéance, à l'exception du délai de trente jours de l'article 77.

Cette procédure n'est toutefois applicable que pour les créances qui ressortissent à la compétence du tribunal du fonds. Les autres créances, si elles sont contestées par le débiteur ou par un autre créancier, sont mentionnées à titre provisoire, jusqu'à décision définitive de la juridiction compétente (décret du 27 oct. 1967, article 80 ; voir Conseil d'État, 22 avr. 1988, navire *Le Goëlo, DMF* 1989, note P. Pestel-Debord).

Reste le cas des créanciers qui ont été « oubliés » par le propriétaire du navire, et qui n'ont pas été appelés à la procédure en limitation. Il résulte *a contrario* de l'article 81 du décret du 27 octobre 1967 que le jugement rendu par le tribunal sur les créances contestées ou le montant de la responsabilité du requérant ne leur est pas opposable. Ils conservent donc à tout le moins le droit de demander la rétractation de l'autorisation de constitution du fonds (puisqu'ils ne peuvent plus participer à la distribution d'un fonds maintenant réduit à zéro).

On le perçoit, la procédure de constitution du fonds de limitation, et surtout la procédure de contestation du fonds, sont d'une singulière complexité. C'est que le législateur réglementaire s'est trop inspiré de la procédure de « faillite », méconnaissant la spécificité de la situation du propriétaire du navire. La procédure de distribution du fonds est heureusement plus simple.

450. Distribution du fonds. — Une fois toutes questions litigieuses réglées, le liquidateur présente le tableau de distribution au juge-commissaire, qui vise les titres de perception de chaque créancier. Chacun est alors réglé par « *le dépositaire du fonds* » (banque où le fonds a été déposé), ou le garant qui s'est porté caution lors de la constitution du fonds. Il est à noter que le fonds tel qu'originairement constitué est augmenté des intérêts des sommes déposées (art. 62 du décret du 27 oct. 1967), comme des « *produits* » de la sûreté éventuellement fournie (77).

Ne participent à la distribution que les créanciers dont la créance est affectée par la limitation. En revanche, en sont écartés les créanciers dont la créance est exclue de la limitation (marins ou assistants, voir *supra*, n° 417). Ces créanciers ne peuvent recouvrer leur créance que sur le patrimoine de leur débiteur « hors limitation ». La règle est sévère, voire injuste dans la situation où, en fait, il leur est souvent impossible de saisir les biens de l'armateur en cause, s'agissant d'un armateur étranger dont le navire a quitté le for. La faveur que le droit voulait leur faire se retourne alors contre eux. Mais la règle est trop clairement exprimée par les textes pour être discutée (Convention de 1976, art. 11, al. 3 ; loi de 1967 art. 62, al. 2°).

La répartition du fonds est faite proportionnellement au montant de chaque créance, chacun étant payé « au marc le franc », y inclus le propriétaire du navire

(77) L'article 62 ne précise pas toutefois quel est le taux des intérêts qui grossiront le fonds, alors que la solution n'est pas évidente (taux légal, taux effectif versé par la banque où le fonds a été déposé ?). Et la même remarque peut être faite pour les « produits » de la sûreté visés à l'article 63 : qu'en est-il de ces produits pour un engagement de garantie souscrit par une banque ou un club de protection, engagement dont le « produit » est nul ? Dans un arrêt du 22 octobre 1991, la Cour d'appel d'Aix-en-Provence décide que le fonds constitué par fourniture d'une lettre de garantie bancaire doit produire intérêts au taux légal, solution équitable mais qui va peut-être au-delà des textes (*BTL* 1992.327) ; dans le même sens, Douai, 28 mai 1998, *DMF* 2001.613.

qui a produit après avoir payé un créancier dont la créance était sujette à limitation (*supra*, n° 448). Ainsi chacun, selon le cas, ne sera payé qu'à hauteur de 20, 25, 40 % de sa créance. Et la règle vaut même pour les créanciers privilégiés.

451. Créanciers privilégiés. — Encore que la règle ne figure pas dans les textes, il est admis que la constitution du fonds fait disparaître tout privilège maritime (ou autre). Admettre le maintien de ces privilèges serait, dans le principe, contraire à l'esprit même de l'institution, qui est celui d'un sacrifice solidaire et égal des droits de chacun. Concrètement toutefois, la règle n'a que des incidences assez faibles.

La plupart des créanciers qui participent au fonds sont en effet dans une situation identique, étant créanciers privilégiés en tant que victimes de l'activité du navire (*infra*, n° 571), qu'il s'agisse du propriétaire du navire abordé, des chargeurs ayant leurs marchandises sur ce navire comme sur le navire abordeur (lorsque, l'abordage ne résultant pas d'une faute de navigation, ils conservent un droit contre leur transporteur). Et comme la limitation joue « par événement », ils sont tous classés au même rang. Ainsi, chacun perdant un même privilège, aucun n'est lésé. Il reste que la règle de l'élimination des privilèges peut jouer au bénéfice de l'organisme titulaire d'une créance pour renflouement ou enlèvement de navire, car un tel organisme n'est pas privilégié.

2. Limitation sans constitution d'un fonds

452. Principes. — Déjà la Convention de 1957 n'imposait pas expressément au propriétaire de navire l'obligation de constituer un fonds de limitation pour invoquer son droit à limitation. La constitution du fonds y était simplement prévue comme une faculté, nous dirions presque « une facilité », offerte au propriétaire, quand l'ensemble des créances susceptibles d'être invoquées contre lui dépassait les limites de la responsabilité. L'article 2 de ladite Convention énonçait ainsi, « *le montant global correspondant aux limites de responsabilité pourra être constitué en un fonds de limitation* ». Et l'on retrouve la même règle dans l'article 62 de la loi de 1967. C'est seulement quand l'ensemble des créances dépasse les limites de la responsabilité que le montant des sommes dues par le propriétaire « *est constitué en un fonds de limitation unique* », mais toujours à sa seule diligence (78).

La Convention de 1976 est plus nette encore sur le principe que le texte antérieur. Aux termes de son article 10, « *la limitation de la responsabilité peut être invoquée même si le fonds de limitation n'a pas été constitué* ». Mais la convention ajoute immédiatement que tout État peut stipuler dans sa législation que le droit à limitation ne peut être invoqué que si un fonds a été constitué.

(78) Dans le sens indiqué au texte, Rennes, 15 mars 1983, *DMF* 1983.739, n. P. GODIN ; *contra*, M. RÉMOND-GOUILLOUD, n° 322 ; Conseil d'État, 22 avr. 1988, *DMF* 1989.94, concl. GUILLAUME et n. R. RÉZENTHEL.

Tel n'est pas le cas de la France. Certes, l'article 59 du décret du 27 octobre 1967 paraît faire de la constitution du fonds une condition du droit à limitation, quand il énonce que « *tout propriétaire de navire... qui entend bénéficier de la liquidation de responsabilité... présente requête, aux fins d'ouverture d'une procédure de limitation, au président du tribunal de commerce...* ». Mais, nous l'avons relevé, l'article 62 de la loi de 1967, texte dont l'autorité doit l'emporter sur celle du décret, ne prévoit la constitution d'un fonds que si le montant des créances susceptibles d'être invoquées contre le propriétaire de navire dépasse la limitation. On doit donc conclure que, tant pour un événement soumis à la Convention de 1976 que pour un événement soumis au seul droit français, la constitution d'un fonds n'est pas imposée au propriétaire de navire ou armateur. Le débiteur maritime concerné peut invoquer directement son droit à limitation. Et c'est bien en ce sens qu'a statué la Cour de cassation dans une décision récente (79).

453. Demande en limitation. Modalités. — Dans la pratique, un armateur n'invoquera son droit à limitation sans constituer de fonds que s'il est en présence d'un créancier unique, autre armateur dont le navire a été endommagé, ou le chargeur d'une cargaison complète ayant subi d'importantes avaries. Le plus souvent, il soulèvera l'exception subsidiaire de limitation devant le juge saisi au principal. Ou encore, condamné en première instance, il soulèvera en appel la question de la limitation (Rennes, 15 mars 1983, cité *supra*, note 78).

Le juge saisi au principal accompagnera alors sa décision de condamnation d'une décision sur la limitation. Ayant évalué le dommage subi par le demandeur, par exemple à 3 millions d'euros, il constatera que le défendeur a droit à bénéficier de la limitation de la Convention de 1976, ou de celle de la loi française. Le navire en cause ayant une jauge de 500 tonneaux (unités de jauge), il fixera le montant de la limitation à 167 000 DTS, soit, le taux de change étant appliqué tel que le jour de la décision, à la valeur de 205 000 euros environ, et condamnera l'armateur à verser cette somme au demandeur. Comme pour ce qui est de la constitution d'un fonds de limitation (*supra*, n° 444), il est même possible que la question de la limitation ne soit soulevée qu'une fois l'armateur condamné par une décision définitive. Les textes n'imposent aucun délai, aucune condition particulière de procédure pour invoquer le droit à limitation. On conçoit dès lors parfaitement que, une fois la décision le condamnant devenue définitive, l'armateur saisisse le juge de l'exécution pour lui demander de limiter ladite exécution au montant de la limitation.

Invoquer la limitation sans constituer de fonds est cependant souvent une stratégie dangereuse. La décision reconnaissant le droit à limitation n'a que l'autorité relative de la chose jugée. Un autre juge, saisi par un autre créancier, peut juger autrement, et l'armateur, qui a indemnisé le premier créancier à hauteur du fonds, être alors condamné à indemniser intégralement le second. Dès

(79) Cass. 20 févr. 2001, navire *Moheli, DMF* 2002.144, obs. P.-Y. NICOLAS et obs. P. BONASSIES, *DMF* 2003, Hors-série n° 7, au n° 46 ; voir aussi, mais concernant un cas où c'est la Convention de 1976 qui s'appliquait, l'arrêt *Stella Prima*, cité *supra*, n° 446.

qu'un second créancier est susceptible de se manifester, il est donc sûr que l'armateur a hautement intérêt à constituer le fonds de limitation.

Par ailleurs, même si les textes nous paraissent ainsi imposer de reconnaître à un armateur le droit d'invoquer la limitation de responsabilité sans constituer un fonds de limitation, il faut concéder que la chose n'est pas satisfaisante, suscitant, entre autres, les réserves que l'on peut avoir sinon sur l'institution de la limitation, en tout cas sur son fonctionnement.

454. Conclusion. Appréciation critique. — Des critiques de détail peuvent certainement être formulées contre l'institution de la limitation telle qu'elle est aujourd'hui, et notamment quant à la procédure de limitation. D'une part, on peut penser qu'il serait opportun d'imposer à l'armateur qui entend bénéficier de la limitation l'obligation de constituer un fonds, soit dans un certain délai après l'incident qui apparaît susceptible de mettre en cause sa responsabilité — comme cela est le cas en droit américain —, soit en tout cas dès la mise en cause effective de cette responsabilité. D'autre part, il est indispensable d'associer à la procédure de constitution du fonds ceux à qui le fonds sera opposé, c'est-à-dire les « victimes » de l'incident qui donne occasion à la constitution. Il faut imposer à tout armateur qui dépose une requête de l'article 59 du décret de 1967 de notifier cette requête à tout créancier éventuel de responsabilité connu de lui. C'est là en effet le seul moyen que possède le législateur national pour priver de tout effet nocif les dispositions de l'article 13 de la Convention de 1976.

À un niveau plus élevé de la critique, on peut hésiter à approuver le législateur d'avoir substitué en 1976 la faute inexcusable à la faute simple, comme cas de déchéance du droit à limitation. Certes, la jurisprudence était peut-être devenue trop sévère pour les armateurs. Mais une voie moyenne n'était pas impossible, et par exemple la référence à la faute lourde. Certes aussi, les créanciers ont vu leurs droits augmentés. Mais, nous l'avons noté, l'augmentation est parfois plus apparente que réelle, et le deviendra chaque jour un peu plus avec le lent travail de l'érosion monétaire. S'il est vrai que l'augmentation de la limitation est l'une des raisons qui ont fondé la substitution de la faute inexcusable à la faute simple, on peut se demander si le progrès, assez limité, qu'entraînait l'application de la Convention de 1976 par rapport aux chiffres de 1957, méritait d'être payé le prix qui a été ainsi payé, même si l'entrée en application du Protocole de 1996 a amélioré les choses. Aussi bien, nous l'avons vu, le souhait des rédacteurs du texte de 1976 d'éviter que les tribunaux ne se montrent trop sévères ne s'est pas pleinement réalisé — en tout cas devant les juridictions françaises.

Mais c'est le principe même de la limitation qui est aujourd'hui contesté (80). En particulier, au sein de la Commission de l'Union européenne, des voix se sont élevées pour que soit envisagé le « déplafonnement » de la responsabilité de l'armateur. Dans notre opinion, il y a là une tendance excessive, voire dangereuse. Car la limitation de responsabilité est une institution dont le principe

(80) Voir, en particulier, les analyses d'Antoine VIALARD, et notamment « La limitation de responsabilité, clé de doute pour le droit maritime du XXIe siècle », *DMF* 2009.21.

doit être approuvé. Le commerce maritime est chose périlleuse, et qui met en œuvre des capitaux considérables. C'est aussi une activité indispensable à l'intérêt général. Il est donc opportun que ceux qui y participent voient leur responsabilité allégée. Au surplus, ainsi que le notait le Doyen Ripert, tel créancier maritime qui subit aujourd'hui la limitation, parce qu'il est le propriétaire du navire abordé, pourra demain en bénéficier, étant cette fois le propriétaire du navire abordeur (*Traité*, n° 1236). Ainsi, d'une manière un peu paradoxale, l'institution exprime-t-elle aussi la solidarité maritime.

Certes, l'observation du Doyen Ripert n'a sa pleine valeur que pour les participants directs au commerce maritime (armateurs et chargeurs). Elle ne vaut pas pour les passagers non professionnels, et encore moins pour les terriens victimes d'une pollution. Mais à cette réserve répond sans doute raisonnablement, d'une part l'augmentation très forte du montant de la limitation pour les dommages aux passagers (*supra*, n° 439), d'autre part, la mise en place en 1971 pour les victimes de pollution d'un mécanisme spécifique fortement amélioré en 1992 et en 2000, mécanisme qui sera étudié ci-après. Quant à la Commission, elle a abandonné son projet initial qui eut éloigné les États de l'Union européenne de la communauté internationale. Une directive a bien été promulguée le 23 avril 2009 (directive du Parlement et du Conseil n° 2009-20, *JOUE* L. 131 du 28 mai 2009). Mais elle se limite à prévoir l'obligation pour tout État d'exiger des propriétaires de navire battant son pavillon qu'il souscrive une assurance de responsabilité couvrant les navires en question à hauteur « *des créances maritimes soumises à limitation au titre de la Convention de* 1996 » (article 4).

Par ailleurs, il faut se garder de pousser à l'excès la spécificité de la limitation de responsabilité du droit maritime. Depuis deux siècles, d'autres techniques sont offertes aux opérateurs économiques qui leur permettent de limiter non seulement leur responsabilité mais la portée de tous leurs engagements professionnels. La société anonyme, créée en droit français dès 1867 n'est pas seulement une technique de rassemblement de capitaux et de gestion d'une entreprise. Elle est aussi un outil de limitation de responsabilité qui protège le patrimoine propre des associés (81). Et la licéité, pour un armateur, du recours à cette technique de protection de son patrimoine a été récemment reconnue par la Cour de cassation dans son arrêt *Karelya* du 23 novembre 1999 (82). Technique de limitation de responsabilité apparaît aussi la société unipersonnelle créée par la loi du 11 juillet 1985. Participe à la même technique l'article L. 526-1 du Code de commerce (loi n° 2003-721 du 1er août 2003) permettant à de nombreuses personnes (commerçants, agriculteurs ou travailleurs indépendants) de déclarer insaisissables ses droits sur l'immeuble où est fixé sa résidence principale. Enfin, au moment même où nous rédigeons ce texte (novembre 2009), l'administration

(81) De même que l'armateur n'est responsable au-delà de la limitation qu'en cas de faute « inexcusable », l'associé, même administrateur, n'est responsable d'une manière indéfinie qu'en cas de faute de gestion.

(82) *DMF* 2000.719, obs. N. MOLFESSIS. Dans cette décision, la Cour suprême observe que « *l'allégation selon laquelle un État a eu pour but, dans la création de sociétés d'armement, de limiter le gage de ses créanciers maritimes ne démontre pas, par lui-même, que ces sociétés seraient fictives* ». Sur le problème des sociétés fictives en général, voir *infra* au n° 601 et s.

prépare un texte prévoyant la création d'entreprises à patrimoine affecté. Tout « entrepreneur » agissant à titre individuel pourra établir la liste du patrimoine qu'il affecte à son activité, ce patrimoine répondant seul de ses dettes professionnelles, de la même manière que le fonds de limitation constitué par un armateur répond seul de sa dette de responsabilité.

CHAPITRE 2

LES RÉGIMES SPÉCIAUX DE RESPONSABILITÉ

Deux régimes spéciaux de responsabilité méritent de retenir l'attention, celui de l'exploitant de navire nucléaire d'une part, pour sa valeur historique, celui du propriétaire de pétrolier d'autre part, d'autres régimes prévus par le droit international (navires transportant des substances dangereuses, ballasts) n'étant pas encore entrés en application.

Section 1

La responsabilité de l'exploitant de navire nucléaire pour dommage nucléaire

455. Convention de 1962. Loi du 12 novembre 1965. — S'inspirant du régime applicable aux exploitants nucléaires terrestres, la Convention internationale du 25 mai 1962 a institué un régime spécifique de responsabilité en matière de navires nucléaires. Cette convention n'a été ratifiée que par six États (dont la France n'est pas), tant parce que très peu de navires nucléaires non militaires ont été construits, qu'en raison du fait qu'elle entend s'appliquer aux navires de guerre. Elle n'a donc pu entrer vigueur. Mais ses dispositions ont été reprises par la loi française du 12 novembre 1965.

La responsabilité particulière qu'établissent Convention de 1962 et loi française ne concerne que les dommages nucléaires, c'est-à-dire les dommages résultant des propriétés radioactives, toxiques ou explosives des combustibles nucléaires ou produits radioactifs. Elle s'applique ainsi aux dommages par irradiation causés éventuellement par un navire nucléaire à un autre navire après un abordage. Elle ne s'applique pas aux dommages classiques résultant du seul abordage.

456. Modalités de la responsabilité. Responsabilité de l'exploitant. Caractère absolu. — La responsabilité de l'exploitant de navire nucléaire présente de nombreux traits originaux.

Tout d'abord, on remarquera qu'elle s'applique non à l'armateur, tel qu'il est défini par le droit maritime classique, mais à « *l'exploitant* » du navire nucléaire, c'est-à-dire à la personne titulaire d'une licence d'exploitation du navire nucléaire, conférée par l'État compétent.

La responsabilité de l'exploitant est par ailleurs une responsabilité que le texte français de la Convention de 1962 qualifie de responsabilité objective, et le texte anglais, peut-être plus exactement, de responsabilité *absolue* (la loi française de 1965 parlant de responsabilité de plein droit). Cette responsabilité existe quelles que soient les causes de l'accident. Elle n'est écartée ni par la faute d'un tiers, *ni même par un cas de force majeure.* L'exploitant d'un navire nucléaire gravement endommagé par un raz de marée consécutif à un tremblement de terre reste ainsi responsable du dommage nucléaire. La règle traduit l'idée que le risque nucléaire est tellement exceptionnel que celui qui le crée doit en accepter toutes les conséquences.

À ce caractère absolu de la responsabilité de l'exploitant, la Convention de 1962 apporte toutefois deux exceptions : les tribunaux peuvent exonérer totalement ou partiellement de sa responsabilité l'exploitant à l'égard de la victime, qui a agi volontairement dans l'intention de causer un dommage — cas du navire écologiste qui se serait jeté volontairement contre un navire nucléaire et qui aurait subi des dégâts nucléaires. Mais on notera que, dans la Convention de 1962, l'exonération n'est pas de droit, dépendant de la discrétion des juges, alors qu'elle l'est dans la loi française. Par ailleurs l'exploitant n'est pas responsable des dommages résultant directement d'un acte de guerre civile ou étrangère, d'hostilités ou insurrection.

457. Responsabilité exclusive et canalisée. — La responsabilité de l'exploitant est par ailleurs une responsabilité exclusive. Dans le principe, une action en responsabilité ne peut être intentée que contre lui, et non, par exemple, contre un tiers, qui, par sa faute, aurait été cause de l'incident ayant entraîné le dommage nucléaire. La doctrine parle ici, à juste titre, de *canalisation* de la responsabilité sur l'exploitant.

Cette canalisation, toutefois, n'est pas tout à fait absolue, l'exploitant ayant dans certains cas un droit de recours contre les tiers (au cas d'accident causé par le fait volontaire d'un tiers, d'accident conséquence de travaux de relèvement d'une épave entrepris sans droit, ou au cas où le recours est prévu par contrat).

458. Prescription. Limitation. Assurance. — La Convention de 1962 prévoit que l'action en responsabilité se prescrit par dix ans à compter de l'accident nucléaire. La loi française porte ce délai à quinze ans, ajoutant toutefois que la victime doit agir dans les trois ans du jour où elle a eu connaissance de l'origine nucléaire du dommage subi.

La responsabilité de l'exploitant est enfin une responsabilité *limitée*. Mais le plafond de limitation a été fixé à un niveau élevé. Il est dans la Convention de 1,5 milliard de francs-or à 65 milligrammes d'or (francs Poincaré), somme équivalant aujourd'hui à environ 120 millions d'euros. La loi française de 1965 limite la responsabilité de l'exploitant à 500 millions de francs, soit environ 75 millions d'euros, mais prévoit que pour les navires français, la réparation des dommages dépassant cette somme serait subsidiairement supportée par l'État. En contrepartie de ce plafond élevé, aucun cas de déchéance du droit à limitation n'est établi par la Convention ou la loi française (1).

Par ailleurs, l'exploitant doit être garanti par une assurance, elle-même garantie par l'État dont émane la licence.

459. Navires étrangers. Conflits de lois. — La Convention de 1962 n'étant pas entrée en vigueur, la loi de 1965 entend régir non seulement la responsabilité des navires français, mais aussi celle des navires étrangers. Pour rendre son application effective, elle prévoit dans son article 22 que tout navire nucléaire étranger peut se voir refuser l'accès des eaux territoriales, des eaux intérieures et des ports français, si l'exploitant et l'État du pavillon n'acceptent pas expressément de fournir des garanties au moins égales à celles qui sont prévues par la loi française, c'est-à-dire une responsabilité à hauteur de 500 millions de francs (aujourd'hui, équivalent en euros), complétée par une responsabilité subsidiaire de l'État du pavillon.

Ces dispositions ne peuvent toutefois être appliquées aux navires étrangers en simple passage, eu égard au principe de libre passage (*supra*, n° 53). L'article 23 de la Convention sur le droit de la mer qui traite du problème du passage dans les eaux territoriales des navires à propulsion nucléaire ne prévoit d'ailleurs pas la possibilité de mesures unilatérales, mais seulement d'accords internationaux. En revanche, est parfaitement conforme au droit international le décret du 5 janvier 1982 (*D.* 1982.52), qui prévoit que l'entrée de tout navire nucléaire étranger dans les eaux intérieures ou dans les ports français est subordonnée à une autorisation des autorités françaises, ce texte n'étant que l'expression de la souveraineté de la France sur ses eaux intérieures (*supra*, n° 43).

S'agissant non plus des navires étrangers en eaux françaises mais des navires nucléaires français en eaux étrangères, ou de certains d'entre eux, il faut signaler la précision assez originale apportée à la loi de 1965 par la loi du 1er décembre 1988 (*D.* 1988.489). Aux termes de ce texte, en cas de dommages causés à l'étranger par un navire nucléaire français affecté à un service public de l'État, le montant maximum de la responsabilité de l'exploitant est, sauf accord passé avec l'État étranger, déterminé par la loi de cet État, la responsabilité étant illimitée si cette loi ne fixe aucune limite (sur les raisons de ce texte, voir P. Bonassies, *DMF* 1989.7).

(1) Eu égard aux principes fondamentaux du droit français, il semble que la faute *volontaire* de l'exploitant lui interdirait de bénéficier de la limitation, mais l'hypothèse est à peu près inconcevable.

Section 2

La réparation des dommages de pollution par hydrocarbures

460. Observations générales. Plan. — La réparation des dommages de pollution par hydrocarbures consécutifs à un accident de mer subi par un pétrolier met aujourd'hui en œuvre deux institutions. D'une part, une responsabilité spécifique qui pèse sur le *propriétaire* du navire. D'autre part, la prise en charge par une institution internationale, le *FIPOL* (*Fonds international d'indemnisation pour la réparation des dommages dus à la pollution par hydrocarbures*), du dommage non réparé par le jeu de la responsabilité du propriétaire du navire. Cette prise en charge est étrangère à la théorie de la responsabilité, se rapprochant plutôt d'un système de garantie assumée par la collectivité, non pas maritime mais pétrolière — d'où le titre de la présente section, lequel titre évoque la réparation, et non la responsabilité. Nous étudierons d'abord le système de responsabilité du propriétaire de pétrolier, puis le mécanisme du FIPOL.

§ 1. — *La responsabilité du propriétaire de pétrolier pour dommages de pollution*

461. La Convention de 1969. Historique. — À la suite du sinistre du *Torrey Canyon* le 18 mars 1967, la communauté maritime s'est préoccupée non seulement de prévoir des mesures de prévention (*supra*, n° 74), mais aussi une réparation adéquate des dommages causés par la pollution. Dans un premier temps, les armateurs pétroliers ont très vite mis en place, dès janvier 1969, un système volontaire d'indemnisation des dommages de pollution, l'accord *TOVALOP* (*Tankers Owners Voluntary Agreement concerning Liability for Oil Pollution*). En cas de pollution par hydrocarbures, les armateurs signataires de l'accord s'engageaient à indemniser les gouvernements des dépenses par eux encourues, ce dans une limite de 100 dollars par tonneau de jauge du navire responsable, et avec un plafond de 10 millions de dollars.

Dans un deuxième temps, les États ont pris le relais, par la signature, le 29 novembre 1969, de la Convention sur la responsabilité civile pour les dommages dus à la pollution par les hydrocarbures (2).

La France a ratifié la Convention de 1969 (décret du 26 juin 1976). Par une loi du 26 mai 1977, elle a aussi introduit en droit français interne des dispositions

(2) Le système TOVALOP est toutefois demeuré en vigueur pour les pollutions non couvertes par la Convention, les montants prévus à l'origine ayant même été fortement augmentés (portés en 1994 à 3 millions de DTS pour les navires inférieurs à 5 000 unités de jauge, soit environ 23 millions de francs français, avec accroissement de 420 DTS par unité supplémentaire et plafond de 59,7 millions de DTS, soit environ 72 millions d'euros. Tovalop a été dissous le 30 mai 1996, avec l'entrée en vigueur du Protocole de 1992.

reprises de la Convention de 1969, texte auquel celles-ci font expressément référence. Cette loi ne concerne que les dommages de pollution occasionnés par un navire français en eaux françaises, la Convention de 1969 étant susceptible de s'appliquer, devant un tribunal français, même aux navires étrangers battant pavillon d'un État non signataire (cas de l'*Amoco Cadiz*).

La Convention de 1969 a été modifiée par le Protocole du 27 novembre 1992, un texte de consolidation étant rédigé à cette date (désigné ci-après comme la Convention de 1969/1992), texte ratifié par la France et aujourd'hui en vigueur.

462. Structure générale. Responsabilité pour dommage par pollution. Responsabilité du propriétaire. — La Convention de 1969/1992 institue un système de responsabilité qui apparaît à mi-chemin entre la responsabilité de droit commun et la responsabilité en matière de navire nucléaire.

La responsabilité prévue par la Convention ne s'applique qu'aux dommages par pollution. Et la Convention donne une définition précise de ces dommages (art. I.6). Il s'agit du « *dommage causé à l'extérieur du navire par une contamination survenue à la suite d'une fuite ou d'un rejet d'hydrocarbures du navire, où que cette fuite ou ce rejet se produise, étant entendu que les indemnités versées au titre de l'altération de l'environnement autres que le manque à gagner dû à cette altération seront limitées au coût des mesures raisonnables de remise en état qui ont été effectivement prises ou qui le seront* ».

La Convention fait par ailleurs peser la responsabilité de ces dommages non sur l'armateur du navire, mais sur le *propriétaire* du navire. La règle, qui n'a pas été adoptée sans vives résistances, traduit la constatation qu'il est parfois extrêmement difficile de savoir qui est l'armateur d'un pétrolier, l'exploitation de celui-ci faisant l'objet d'une succession de contrats, contrats d'affrètement, de leasing, de gérance (comme cela a été vu dans l'affaire de l'*Amoco Cadiz*). En revanche, il est facile, en se reportant au registre d'immatriculation, voire simplement aux publications du Lloyds, de savoir qui est propriétaire d'un pétrolier.

463. Responsabilité de plein droit. Exceptions. Cas de force majeure. Fait volontaire d'un tiers. — Comme la responsabilité de l'exploitant de navire nucléaire, la responsabilité du propriétaire de pétrolier est une responsabilité *de plein droit*. Le propriétaire est déclaré responsable alors même qu'il n'a commis aucune faute, du seul fait du lien de causalité entre l'accident survenu à son navire et le dommage de pollution. Mais sa responsabilité n'est pas identique à celle de l'exploitant d'un navire nucléaire. Elle n'est ni absolue ni exclusive. Il peut en effet s'exonérer de sa responsabilité dans un certain nombre de circonstances.

Sont des cas d'exonération les actes de guerre, guerre civile ou insurrection, mais aussi tout « *phénomène naturel de caractère exceptionnel, inévitable et irrésistible* ». Ainsi, si une simple tempête, même forte, n'est pas propre à exonérer le propriétaire, il en serait différemment d'un raz de marée, voire d'une tempête cyclonique absolument exceptionnelle. Pareillement, le propriétaire est exonéré s'il prouve que le dommage résulte totalement du fait qu'un tiers a délibérément agi pour le causer (art. III.2).

Par ailleurs, le propriétaire déclaré responsable, alors qu'il n'a commis aucune faute, conserve un droit de recours contre le tiers éventuellement responsable du dommage (par exemple, le navire qui a fautivement abordé le pétrolier).

464. Faute de la victime. Faute de l'État concerné. — La Convention prévoit également que le propriétaire pourra être exonéré en tout ou en partie en cas de faute volontaire, voire de simple négligence de la victime. La victime peut même supporter les conséquences de la faute d'autrui, la Convention lui imposant une sorte de solidarité forcée. Une disposition très remarquable de la Convention exonère en effet le propriétaire, lorsque le dommage de pollution résulte en totalité de la négligence d'un gouvernement ou autre autorité responsable de l'entretien des feux ou autres aides à la navigation. Les rédacteurs de la convention ont voulu, par là, pénaliser les États qui n'assuraient pas la sécurité de leurs eaux territoriales ou intérieures. Il reste que si la notion de « *feux* » est précise, il n'en est pas de même de celle « *d'aides à la navigation* ».

À la suite de l'échouement d'un pétrolier soviétique, le problème s'est posé en 1980 aux tribunaux suédois de savoir si le fait pour l'administration suédoise de n'avoir pas établi des cartes hydrographiques correctes ne constituait pas une faute dans l'entretien des « *aides à la navigation* ». Dans un arrêt du 13 janvier 1983 (*DMF* 1983.248), la Cour suprême de Suède a donné à cette question une réponse affirmative. Pour elle, les cartes marines sont bien des aides à la navigation.

465. Responsabilité canalisée et exclusive. Exception de la faute inexcusable. — Dans son texte de 1969, la responsabilité du propriétaire de navire pétrolier n'était pas — contrairement à ce qui a parfois été dit — véritablement canalisée. En particulier, si le navire était affrété à temps ou coque-nue — cas fréquent dans le domaine du transport du pétrole, les victimes de pollution conservaient le droit d'agir contre l'affréteur non propriétaire sur le fondement des règles de droit commun (en droit français, faute, voire même responsabilité du fait des choses). Toutefois, la Convention de 1969 interdisait aux victimes d'exercer une action en réparation contre les préposés ou mandataires du propriétaire. Par cette règle elle entendait viser essentiellement le capitaine et les marins, mais elle écartait aussi, semble-t-il, toute action contre le consignataire du pétrolier. En revanche, une action en responsabilité demeurait possible contre le capitaine ou le consignataire de l'armateur non propriétaire.

Le Protocole de 1992 a, ici, fortement modifié le texte original. La responsabilité instituée par la Convention de 1969/1972 y est fortement *canalisée*, comme il en est dans les conventions nucléaires. Le texte nouveau interdit en effet toute action en réparation pour dommage par pollution, non seulement contre les préposés ou mandataires du propriétaire, mais aussi contre le pilote ou toute autre personne travaillant à bord, tout affréteur, y compris un affréteur coque-nue, tout armateur ou armateur-gérant du navire, tout assistant contractuel ou légal, toute personne prenant des mesures de sauvegarde, enfin tout préposé ou mandataire des personnes ci-dessus énumérées (art. III.4).

Si l'immunité ainsi accordée apparaît normale pour les préposés (3) comme pour les assistants ou personnes prenant des mesures de sauvegarde, elle l'est moins pour les affréteurs ou armateurs-gérants. Rien ici (sauf la pression des P & I Clubs) n'interdisait, à partir du principe de responsabilité de plein droit du propriétaire du navire, de conserver aux victimes un droit d'action contre affréteur ou armateur-gérant.

Il est toutefois important de noter que les immunités ainsi accordées n'ont pas un caractère absolu — à l'inverse de ce qui est en droit nucléaire. La responsabilité de l'affréteur, de l'armateur-gérant, voire du capitaine ou de l'assistant peut être mise en cause en cas de faute volontaire ou de faute inexcusable — plus précisément ici, de faute commise témérairement et avec conscience qu'un dommage en résulterait probablement (article III.4, dernier alinéa) (sur le conflit entre la règle de responsabilité du capitaine pour faute inexcusable ici édictée et la jurisprudence *Costedoat*, voir *supra*, n° 297).

466. Actions demeurant ouvertes. Personnes non visées par la Convention. Dommages non visés. — L'analyse du texte, comme la réflexion qu'a suscitée l'affaire de l'*Erika*, montre que de nombreuses actions demeurent ouvertes aux victimes, malgré la canalisation réalisée par la Convention de 1969/1992 (4). Ces victimes pourront ainsi agir, sur le fondement des textes de droit commun (Convention de 1910 : voir *supra*, n° 384) contre le navire tiers responsable de l'abordage cause de la pollution (5). Elles pourront agir, en droit français sur le fondement de l'article 1382 du Code civil, contre la société de classification qui aura commis une faute dans le contrôle du navire (*supra*, n° 204). Dans l'affaire de l'*Erika* la société de classification (le RINA italien) a cependant invoqué le bénéfice de l'article III.4 au motif que « *toute autre personne travaillant à bord* » visée par l'article III.4. Mais le Tribunal de grande instance de Paris a rejeté sa prétention. Pour lui, l'exception de l'article III ne pouvait viser que les personnes qui « *participent directement à l'opération maritime* », ce qui n'était pas le cas d'une société de classification (6). Les victimes pourront aussi agir contre le chantier naval responsable d'un vice du gouvernail du navire (problème qui s'est posé, dans un contexte juridique différent, dans l'affaire de l'*Amoco Cadiz*). Elles peuvent agir contre l'assureur qui a imprudemment accordé à un navire en mauvais état l'attestation nécessaire à son exploitation (*infra*, n° 468). Enfin, les victimes peuvent agir en responsabilité contre l'État, en particulier pour faute commise dans la mise en place des

(3) Rejoignant, pour ce qui est du droit français, celle qui résulte de l'arrêt de l'Assemblée plénière du 25 février 2000 : voir *supra*, n° 294.

(4) Voir sur ce point P. BONASSIES, « Après l'*Erika* : les quatre niveaux de réparation des dommages résultant d'une pollution par hydrocarbures », *Revue Scapel* 2000.140.

(5) Étant observé que () l'armateur mis en cause pourra invoquer le régime de limitation de responsabilité du droit commun et constituer un fonds de limitation. Ce fonds s'ajoutera alors au fonds constitué par le propriétaire du pétrolier, conformément aux dispositions de la Convention de 1969/1992 (*infra*, n° 473).

(6) Voir les observations et références P. BONASSIES, *DMF* 2008.691 et Ph. BOISSON, *DMF* 2008.696 ; en sens contraire, Tribunal fédéral de New York, navire *Prestige*, 2 janvier 2008, obs. P. BONASSIES et Ph. BOISSON, *DMF* 2008.691 et 696.

aides à la navigation, ou dans le contrôle du navire (7). Et l'on sait que, sur ce point, le droit français a récemment évolué, admettant la responsabilité de l'État même en cas de faute légère (*supra*, n° 197).

Par ailleurs, observant que les indemnités accordées par la Convention ne visent que les dommages par pollution, et eu égard à la définition assez étroite donnée par la Convention du dommage par pollution (*supra*, n° 462), on peut se demander si certains dommages ne pourraient pas être invoqués, sur le fondement du droit commun, même contre le propriétaire ou l'affréteur du navire, et par exemple le dommage résultant pour une région de l'atteinte à son image. Dans l'affaire *Erika* (*infra*, n° 466 *bis*), où était en cause, entre autres, le propriétaire du navire, le Tribunal de Paris a accordé à divers demandeurs (départements et communes sinistrées) plus de onze millions d'euros pour atteinte à leur image de marque.

466 *bis*. Les décisions *Erika* et *Commune de Mesquer*. — Les décisions *Erika* et *Commune de Mesquer* ont dévoilé l'existence d'autres personnes susceptibles de voir leur responsabilité mise en jeu après une pollution, comme d'autres sources de responsabilité que le « classique » article 1382 du Code civil.

Dans sa décision *Erika*, le Tribunal de grande instance de Paris, le 16 janvier 2008, a condamné la société Total, au civil comme au pénal, pour les fautes commises par elle, en tant « *qu'exerçant, en droit ou en fait, un pouvoir de contrôle ou de direction dans la gestion ou la marche du navire* », incrimination visée par l'article 8 de la loi du 5 juillet 1983, devenu l'article L. 218-22 du Code de l'environnement (*DMF* 2008, Hors-série n° 12, au n° 9, obs. P. Bonassies et réf.). Dans l'arrêt *Commune de Mesquer*, alors que cette commune avait intenté contre la même société Total une action fondée sur les dispositions de la loi du 15 juillet 1975 relative à l'élimination des déchets, texte mettant à effet la directive communautaire 75/442 du même 15 juillet 1975 relative aux déchets, la Cour de justice de l'Union européenne a d'abord conclu que le fioul lourd échappé des tanks de l'*Erika* constituait bien un *déchet*, dès que mélangé à l'eau de mer et à des sédiments (24 juin 2008, arrêt C 188/07, *DMF* 2008.704, obs. O. Cachard ; *DMF* 2009, Hors-série n° 13, au n° 12, obs. P. Bonassies). Le « *producteur* » de ces déchets, et notamment le vendeur du fioul et affréteur du navire, pouvait donc voir sa responsabilité mise en cause sur le fondement de la directive communautaire, dès lors qu'il avait contribué au risque de survenance de la pollution. Mais le droit communautaire ne s'opposait pas à ce que le droit national prévoie que le dit vendeur-affréteur bénéficie de la limitation de responsabilité inscrite dans les textes internationaux applicables. Cependant, conclut la Cour, s'il résulte de cette limitation que les coûts liés à l'élimination des déchets ne sont pas pris en charge dans leur totalité, le droit national devra permettre qu'ils soient supportés par le producteur, sous la condition qu'il ait contribué au risque de pollution.

(7) En revanche, il semble qu'une faute de l'État dans l'organisation des mesures de sauvegarde serait couverte par les dispositions de l'article III.4, interdisant, sauf faute inexcusable, toute action contre toute personne prenant des mesures de sauvegarde.

Ces deux décisions nous paraissent des plus fondées. L'article 8 de la loi du 5 juillet 1983 n'est, en définitive, qu'une application de l'article 1382 du Code civil. À admettre que la société Total eût été en faute dans le choix du navire *Erika* auquel elle allait confier son fioul, elle aurait pu être condamnée sur le seul fondement de ce dernier texte. Quant à l'arrêt *Commune de Mesquer*, introduit certes un élément nouveau dans le droit de la pollution, la responsabilité pour production de déchets. Mais cet élément n'affecte pas véritablement le droit maritime, étant seulement concerné le « producteur » des déchets.

467. Limitation. Montant. Domaine. Faute inexcusable. — La responsabilité du propriétaire du pétrolier est enfin une responsabilité limitée. S'inspirant de la Convention de 1957, la Convention de 1969 avait prévu que le montant de la limitation s'élèverait à 2 000 francs-or à 65,5 milligrammes d'or au titre de 900/1000es francs dits « francs Poincaré » par tonneau (soit environ 160 euros). Mais cette limitation était plafonnée à 210 millions de francs-or, soit environ 16 millions d'euros. Un protocole signé à Londres le 19 novembre 1976 a d'abord remplacé les francs Poincaré par les droits de tirage spéciaux (DTS). Le Protocole de 1992 a ensuite assez fortement augmenté le montant de la limitation, le portant à 3 millions de DTS pour les navires dont la jauge ne dépasse pas 5 000 unités, cette somme étant augmentée de 420 DTS par unité de jauge supplémentaire, avec un montant maximum de 59,7 millions DTS (soit, au 1er janvier 2001, une somme d'environ 81 millions d'euros).

Par décision du 18 octobre 2000, l'OMI a décidé d'augmenter de façon assez sensible les montants ci-dessus indiqués. Le montant de base est porté à 4 510 000 DTS, étant augmenté de 631 DTS par unité de jauge au-delà de 5 000 unités, avec un maximum de 89 770 000 DTS (soit, au 31 décembre 2005, une somme d'environ 110 millions d'euros). Ces montants sont entrés en vigueur pour les sinistres survenus après le 1er novembre 2003.

La limitation est opposable à tout créancier fondant sa demande sur un dommage de pollution, tel que défini par l'article II.6 de la Convention (*supra* n° 462). Ce même article assimilant au « dommage par pollution », le « *coût des mesures de sauvegarde* », comme le dommage causé par ces mesures, il semble que la limitation soit aussi opposable aux créanciers qui ont contribué à ces mesures. La chose pourrait toutefois poser problème quand à l'assistant réclamant l'indemnité à laquelle il a droit — problème complètement ignoré par les rédacteurs du texte, lesquels, à l'inverse des rédacteurs de la Convention de 1976 (*supra* n° 417), n'ont pas exclu l'indemnité d'assistance du domaine de la limitation.

Dans le texte de 1969, la limitation de responsabilité était écartée en cas de faute personnelle du propriétaire. Et la faute à laquelle se référait la Convention était la faute simple, même légère, telle qu'envisagée par la Convention de 1957 ou par le droit maritime français classique. Ici aussi, le Protocole de 1992 a fortement modifié la règle de droit. Désormais, la faute qui entraîne déchéance de la limitation, c'est seulement la faute personnelle du propriétaire, commise volontairement — cas évidemment bien improbable — ou la faute inexcusable, la faute commise témérairement et avec conscience qu'un dommage en résulterait probablement (art. V.2).

468. Assurance. Certificat d'assurance. Action directe. — Aux termes de la Convention de 1969/1992, tout pétrolier doit être couvert par une assurance, ou autre garantie financière (cautionnement, par exemple) d'un montant au moins égal au montant de la limitation. La Convention, toutefois, n'impose pas, à l'inverse de la Convention de 1962 sur les navires nucléaires, que cette assurance soit garantie par un État, l'État du pavillon devant seulement s'assurer qu'une telle assurance a été souscrite — et l'on doit ici certainement regretter la timidité de ses rédacteurs. En revanche, la Convention exige qu'un certificat d'assurance soit délivré au navire par l'assureur, certificat qui devra se trouver à bord du navire.

Le certificat ainsi délivré par l'assureur apparaît comme la condition même de l'exploitation du navire. Sans ce certificat, le navire ne peut pas prendre la mer. La thèse peut donc être défendue que l'assureur qui accepte d'assurer un navire dont il n'a pas contrôlé le bon état (serait-ce au moins par la lecture attentive des certificats de navigabilité et des certificats de contrôle annuel délivrés par la société qui classe le navire, comme aussi par la consultation des banques de données informatiques — registre Sirenac entre autres), commettrait une faute engageant sa responsabilité, et une faute non protégée par la canalisation instituée par la Convention de 1969/1992 (voir *supra*, n° 466).

Par ailleurs, l'article VII.8 de la Convention énonce que les victimes de pollution pourront agir *directement* contre l'assureur du propriétaire, l'assureur pouvant toutefois opposer la limitation de responsabilité même en cas de faute inexcusable du propriétaire. L'*action directe* ainsi ouverte aux victimes par la Convention n'apporte rien au droit français, lequel a toujours accordé une telle action contre les assureurs de responsabilité (*infra*, n° 1328). Elle est très importante pour les pays de *common law*, où la règle *pay to be paid* protège les assureurs maritimes — la protection que cette règle apporte ne pouvant plus jouer en matière de pollution par hydrocarbures.

469. Constitution d'un fonds de limitation. Procédure. — La Convention de 1969/1992 prévoit d'abord, dans son article V, que le propriétaire qui veut bénéficier de la limitation doit constituer un fonds de limitation s'élevant au montant de la limitation, fonds qui pourra être constitué devant un tribunal de l'un des États contractants où une action a été engagée (c'est-à-dire, si l'on se réfère à l'article IX de la Convention, un État où a été causé un dommage par pollution, ou des mesures de sauvegarde prises). Elle ajoute quelques règles, des plus classiques, concernant la distribution du fonds (distribution proportionnelle au montant de chaque créance ; subrogation du propriétaire s'il a réglé certains créanciers). Elle contient aussi des règles de compétence. Aux termes de son article IX, une action en responsabilité fondée sur son texte ne pourra être intentée que devant les tribunaux de l'État victime de pollution (ou, si plusieurs

États ont été victimes de pollution, devant les tribunaux de l'un de ces États), les États signataires devant veiller à ce que leurs tribunaux soient compétents pour juger semblables actions. Pour les autres règles de procédure, la Convention, sans même d'ailleurs le dire expressément, s'en remet aux droits nationaux.

La France n'ayant promulgué aucun texte particulier d'application de la Convention de 1969, la question s'est posée, en 1981 de la procédure de gestion du fonds constitué à Brest par l'armateur de l'*Amoco Cadiz*. Le Tribunal de Brest ayant fait application de la procédure prévue par la loi de 1967 pour le fonds de limitation constitué en application de ce texte, sa décision a été infirmée par la Cour d'appel de Rennes. Celle-ci a décidé qu'il n'y avait pas lieu de suivre la procédure du décret de 1967, mais au contraire la procédure de droit commun (Rennes, 3 oct. 1985, *DMF* 1986.99, obs. M. Rémond-Gouilloud, et P. Bonassies, *DMF* 1987.11). Par arrêt du 21 juillet 1987, la Cour de cassation a rejeté le pourvoi formé contre la décision de la Cour de Rennes (*DMF* 1988.731).

La décision de la Cour de cassation, comme celle de la Cour de Rennes, sont, dans notre opinion, fondées. La procédure prévue par le décret du 27 octobre 1967 ne prévoit son application que si un armateur « *entend bénéficier de la limitation de responsabilité prévue au chapitre 7 de la loi du 3 janvier 1967* ». Eu égard aux liens étroits existant entre ladite loi et la Convention de 1976 (naguère la Convention de 1957), on doit sans doute l'étendre aux demandes en limitation prévue par cette convention. Mais il n'y a pas de raison de l'appliquer au cas spécifique du propriétaire de navire invoquant la limitation prévue par la Convention de 1969/1992 (8). Ici, comme la Cour de Rennes l'avait prôné, c'est bien la procédure de droit commun qu'il faut appliquer (compétence du tribunal de commerce et non du président ; administrateur *ad hoc*). — Ceci observé, il est malheureux que le législateur français n'ait pas étendu par un texte spécial la procédure du droit commun aux actions fondées sur la Convention de 1969/1992 (9).

470. Contentieux. Prescription. — L'action en responsabilité contre le propriétaire ne peut être intentée que devant les tribunaux de l'État où le dommage a été subi, ou encore prises les mesures de sauvegarde (art. IX). Si un fonds a été constitué, sont compétents les seuls tribunaux de l'État du fonds (*ibid.*).

La *prescription* de l'action des victimes contre le propriétaire est double. L'action doit être intentée dans un délai de *trois ans* qui suivent la date à laquelle le dommage est survenu. Mais aucune action ne peut plus être intentée après un délai de *six ans* à compter de la date du sinistre (événement) ayant causé le dommage (art. VIII).

471. Observations critiques. — Dès l'origine, les montants de limitation institués par la Convention de 1969 ont été critiqués. D'une part, il est apparu

(8) *Contra*, M. RÉMOND-GOUILLOUD, citée au texte.

(9) Observons que, dans l'affaire de l'*Erika*, la constitution d'un fonds de limitation de la Convention de 1969/1992 auprès du Tribunal de Lorient ne paraît pas avoir soulevé de problème de procédure.

qu'il n'était pas heureux de plafonner la limitation à un montant, alors de 210 millions de francs-or, montant correspondant à la responsabilité encourue par un pétrolier d'environ 105 000 tonneaux ou unités de jauge — dimension assez moyenne. Car la chose ne pouvait qu'inciter les armateurs à acquérir des pétroliers d'un tonnage plus élevé, voire fortement plus élevé, et donc plus dangereux, puisque, du point de vue de la responsabilité, le tonnage supérieur à 105 000 tonneaux ne leur « coûtait » rien. D'autre part, les taux de limitation eux-mêmes sont apparus trop faibles.

C'est ainsi que si la Convention de 1969 avait été appliquée au *Torrey Canyon*, les victimes auraient eu à leur disposition un fonds d'environ 65 millions de francs, alors que les dommages causés ont été très supérieurs. Appliquée à l'*Amoco Cadiz*, la Convention aurait limité la réparation à 110 millions — le plafond absolu —, alors que les dommages invoqués, sinon prouvés, étaient près de vingt fois supérieurs.

De ces insuffisances, les rédacteurs de la Convention de 1969 étaient d'ailleurs déjà parfaitement conscients. Dans une résolution additionnelle à la Convention, ils ont demandé que fût créé un fonds international destiné à relayer l'indemnisation procurée par la Convention — exemple rare de négociateurs internationaux reconnaissant l'imperfection, ou en tout cas le caractère inachevé de leur travail. C'est ce fonds qui a été créé par la Convention du 18 décembre 1971.

§ 2. — *Le Fonds international d'indemnisation*

472. Principes. — Dans un premier temps, comme il avait été fait par les armateurs pétroliers par l'accord *TOVALOP*, les compagnies pétrolières ont mis en place un système volontaire d'indemnisation, système qui a pris le nom de plan *CRISTAL* (*Contract Regarding an Interim Supplement to Tanker Liability for Oil Pollution*). Le plan *CRISTAL* prévoyait l'indemnisation des victimes de pollution jusqu'à concurrence de 30 millions de dollars (les indemnités versées par le système *TOVALOP* entrant dans ces 30 millions). Dans un deuxième temps, ici aussi, les États ont pris le relais en créant, par une Convention signée le 18 décembre 1971, le *Fonds international d'indemnisation des dommages dus à la pollution par les hydrocarbures*, ou *FIPOL* (10). Cette convention, comme la convention de 1969, a été modifiée par un protocole signé, lui aussi, le 27 novembre 1992, dont le texte a été intégré à la Convention de 1971, ainsi devenue la Convention de 1971/1992.

Un Protocole, adopté le 16 mai 2003, a, à nouveau, modifié les textes originaux (11).

Le *FIPOL* est alimenté par des contributions versées par les entreprises pétrolières, ou plus précisément par toute entreprise qui a reçu des quantités

(10) Comme TOVALOP, *CRISTAL* a cessé de fonctionner le 30 mai 1996.
(11) Voir *DMF* 2004, Hors-série n° 9, au n° 1.

totales d'hydrocarbures (pétrole brut ou *fuel-oil*) transportées par mer supérieures à 150 000 tonnes par an (12). Le Japon, très gros importateur de pétrole, est le plus important contributeur du FIPOL, suivi par l'Italie, les Pays-Bas, la Corée et la France. À la demande du Japon, le Protocole de 1992 a prévu un plafonnement des contributions payables au FIPOL par les réceptionnaires d'hydrocarbures dans un État donné. Ce plafond a été fixé à 27,5 % du montant total des contributions annuelles au FIPOL, et ramené à 20 % par le Protocole de 2003. Il est à noter que les États-Unis ne contribuent pas au FIPOL, ayant mis en place leur propre système, dans une loi de 1990, l'*Oil Pollution Act* (*infra*, n° 476).

473. Dommages pris en charge par le FIPOL. — Selon l'article 1er, alinéa 2 de la Convention de 1971, les termes « *dommages par pollution* » qui définissent le dommage qui doit pris en charge par le FIPOL s'interprètent conformément à l'article 1er de la Convention de 1992 sur la responsabilité des propriétaires de pétroliers. C'est dire que, dans le principe, ils incluent tout « *dommage causé à l'extérieur du navire par une contamination survenue à la suite d'une fuite ou d'un rejet d'hydrocarbures du navire, où que cette fuite ou ce rejet se produise, étant entendu que les indemnités versées au titre de l'altération de l'environnement autres que le manque à gagner dû à cette altération seront limitées au coût des mesures raisonnables de remise en état qui ont été effectivement prises ou qui le seront* ».

En application du même texte, ils incluent aussi « *le coût des mesures de sauvegarde et les autres préjudices ou dommages causés par ces mesures* », donc, sans doute, le coût de l'indemnité d'assistance éventuellement due par le pétrolier sinistré.

Les organes de gestion du FIPOL ont toutefois estimé que la définition du dommage de pollution donnée par l'article 1er de la Convention de 1992 n'était pas suffisamment précise. Un groupe de travail a été constitué qui a défini des critères plus précis, et l'assemblée générale du FIPOL de juin 1996 a décidé que le rapport de ce groupe devrait servir de base à la politique suivie par le Fonds. Les critères établis par le groupe de travail ont alors été insérés dans un *Manuel sur les demandes d'indemnisation* publié en juin 1998. S'agissant des préjudices économiques purs (pertes de recettes subies par les personnes — pêcheurs, ostréiculteurs, négociants ou hôteliers — dont les biens n'ont pas été pollués) le *Manuel* précise que, pour qu'un tel préjudice ouvre droit à réparation, « *il doit y avoir un degré raisonnable de proximité entre la contamination et la perte ou le dommage subi* ». Et le texte ajoute que « *pour déterminer si le critère de la proximité raisonnable se trouve rempli, on prend en considération les éléments suivants : proximité géographique entre l'activité du demandeur et la contamination ; degré de dépendance économique du demandeur par rapport à la ressource atteinte ; possibilité pour le demandeur d'avoir d'autres sources d'approvisionnement ou d'autres perspectives commerciales ; degré d'intégration de l'activité commerciale du demandeur dans l'économie de la zone touchée par la pollution* ».

(12) Le montant de ces contributions varie fortement chaque année, étant fonction des dépenses prévisibles du *FIPOL*, elles-mêmes fonction du nombre et de la gravité des sinistres intervenus.

À la suite du naufrage de l'*Erika*, la question a été soulevée par le FIPOL devant la Cour d'appel de Rennes de savoir s'il ne fallait pas reconnaître aux critères retenus par le manuel de 1998 la valeur d'actes dérivés d'un accord international, s'imposant dès lors impérativement aux juridictions nationales. La Cour de Rennes, dans un arrêt du 25 mai 2004 a rejeté l'argumentation de principe ainsi développée (13). Pour la Cour, si les tribunaux nationaux doivent tenir compte des termes de la Convention de 1992, ils n'ont pas à reconnaître force de loi à des critères d'indemnisation de caractère interne et propres au FIPOL, celui-ci ne pouvant se comparer à des organisations internationales comme les Nations Unies ou l'Union européenne.

L'argumentation développée par la Cour de Rennes mérite l'approbation. En droit, il est certainement difficile d'assimiler les décisions des organes du FIPOL aux décisions des institutions européennes ou internationales. L'effet direct de ces dernières décisions se fonde sur des textes précis, textes qui font défaut pour le FIPOL. La demande présentée à la Cour de Rennes ne pouvait être appréciée qu'au regard des principes du droit français de la responsabilité : existence d'un dommage et preuve d'un lien de causalité suffisant entre l'événement et le dommage. Il reste que les critères du manuel de 1998, même si on leur refuse toute valeur contraignante, gardent leur intérêt, pouvant aider le juge à résoudre le difficile problème de l'appréciation du lien de causalité. En fait, et sans le dire, les décisions des tribunaux français s'en rapprochent d'ailleurs fortement.

474. Montant de la contribution du FIPOL. Fonds complémentaire. — L'objet principal du FIPOL est d'apporter aux victimes de pollution une contribution complémentaire à la réparation résultant de l'application de la Convention de 1969/1992. Cette contribution élève la réparation totale garantie aux victimes (réparation Convention de 1969/1992 et réparation FIPOL) à une somme qui, fixée à l'origine à 150 millions de francs-or, (francs Poincaré), a été portée, en 1992, à 135 millions de DTS, soit environ, au 31 décembre 2005, 163 millions d'euros. Par sa décision du 18 octobre 2000, l'OMI a décidé de porter la réparation garantie aux victimes — à partir du 1er novembre 2003 — à un montant de 203 millions de DTS (environ 245 millions d'euros).

Malgré cette dernière augmentation, l'insuffisance de la contribution du FIPOL a fait l'objet de vives critiques (14). Après le sinistre du *Prestige*, la Commission des Communautés, sous la pression de certains États membres, dont la France, a envisagé la mise en place d'un fonds communautaire qui aurait porté la contribution des entreprises pétrolières à un milliard d'euros. Pour éviter la chose, qui eût marqué un affaiblissement sensible du système de l'OMI, cette institution, en mai 2003, a décidé de créer un *Fonds complémentaire* autonome, lui aussi alimenté par des contributions versées par les entreprises ayant importé dans l'année plus de 150 000 tonnes d'hydrocarbures. Le but assigné à ce fonds

(13) *DMF* 2005.529 et obs. P. Bonassies, *DMF* 2005, Hors-série n° 9, au n° 19.
(14) Pour une critique particulièrement ferme, voir A. Vialard, « Faut-il réformer le régime d'indemnisation des dommages de pollution par hydrocarbures », *DMF* 2003.435.

est de porter la garantie assurée aux victimes de pollution à un montant de 750 millions de droits de tirage spéciaux (soit environ 900 millions d'euros — proche du montant envisagé par la Commission). Le nouveau système est entré en vigueur le 3 mars 2005 (15).

474 *bis*. Les systèmes TOPIA 2006 et STOPIA 2006. — À la suite de la mise en place du Fonds complémentaire, qui allait faire peser une lourde charge sur les entreprises pétrolières, l'*International Group of P & I Clubs*, une association qui regroupe les treize plus grands *P & I Clubs* (mutuelles d'assurance créées par les armateurs : voir *infra*, n° 723) a pensé que les armateurs pétroliers devaient, par l'intermédiaire des Clubs, s'associer à l'effort des entreprises pétrolières. De la même manière qu'ils avaient mis en place en 1969 le système TOVALOP (*supra*, n° 461), ils ont donc décidé de créer deux systèmes (TOPIA 2006 et STOPIA 2006) propres à assurer leur contribution à la réparation des dommages de pollution. L'accord TOPIA 2006 (*Tanker Oil Pollution Indemnification Agreement*) prévoit que, si le Fonds complémentaire est appelé à intervenir après un sinistre, les propriétaires de pétroliers participeront pour 50 % au montant mis à la disposition des victimes de pollution par le Fonds supplémentaire. L'accord STOPIA 2006 concerne les petits bâtiments pétroliers (moins de 29 548 unités de jauge) (16). Comme l'accord TOPIA, il prévoit que les armateurs de ces pétroliers participeront dans la limite de 20 millions de DTS au montant pris en charge par le Fonds complémentaire. TOPIA et STOPIA étaient prêts à entrer en application le 20 février 2006 à midi.

Il faut bien voir que les contributions versées par TOPIA et par STOPIA n'augmenteront pas les montants mis à la disposition des victimes de pollution, lesquels demeureront limités à 750 millions de DTS (fonds de limitation constitué par l'armateur du navire responsable du sinistre ; contribution du FIPOL et contribution du Fonds complémentaire). Comme l'indiquent les créateurs du système, son but principal est de faire que la participation des armateurs et celle des entreprises pétrolières à la réparation des dommages de pollution soient à peu près identiques. On ne peut cependant s'empêcher de se demander si l'initiative des armateurs pétroliers ne va pas susciter des demandes d'augmentation des sommes garanties aux victimes de pollution. Pourquoi, si nécessaire à la pleine réparation des victimes, ne pas prévoir l'addition du Fonds complémentaire et de la contribution des armateurs (17) ?

(15) Dans le principe, le Fonds complémentaire est un fonds autonome, avec une assemblée et une administration distinctes de celles du FIPOL — sans que l'on aperçoive la raison de cette autonomie. En fait, comme le prévoient les textes, ce sont les mêmes organes qui régiront le Fonds FIPOL et Fonds complémentaire.

(16) L'accord STOPIA 2006 avait été précédé d'une première ébauche, l'accord STOPIA 2005, n'existant que des différences mineures entre les deux « accords ».

(17) On pourrait ici envisager qu'une victime de pollution agisse directement contre le « groupe » TOPIA. Mais, outre la difficulté qu'il y aurait à identifier ce « groupe » (qui n'est pas une personne morale, mais un agrégat d'armateurs liés par leur seul engagement), l'action paraît vouée à l'échec. Car les souscripteurs de TOPIA ne se sont nullement engagés à prendre en charge une partie du dommage de pollution, mais seulement à « indemniser » le Fonds supplémentaire en cas d'intervention de celui-ci (« *the said owner shall indemnity the Supplementary Fund* » dit l'engagement signé par chacun des participants à TOPIA.

475. Modalités de l'intervention du FIPOL. Prescription. — Normalement, le FIPOL, comme aujourd'hui le Fonds complémentaire, ne prend en charge les dommages de pollution qu'au-delà du montant de la responsabilité du propriétaire du pétrolier. Cependant, il peut en être différemment, le FIPOL, et le Fonds complémentaire, prenant en charge la totalité de la garantie assurée aux victimes. C'est ainsi que si le propriétaire du navire et son assureur ne peuvent assumer les obligations qui découlent pour eux de la Convention de 1969/1992, FIPOL et Fonds complémentaire interviennent au premier rang. Enfin, ils interviennent dans les situations où la Convention de 1969/1992 ne prévoit aucune responsabilité pour le propriétaire (art. 4.1.a). Il s'agit là des situations où les dommages résultent d'un phénomène naturel de caractère exceptionnel, ou d'une faute de l'État dans l'entretien de son système d'aides à la navigation, cas non couverts par la responsabilité du propriétaire de navire (*supra*, n° 463 et 464). À l'origine, le *FIPOL* prenait aussi en charge une partie (25 %) de la responsabilité incombant au propriétaire du navire, partie considérée comme correspondant au surcoût de la responsabilité dudit propriétaire par rapport au droit commun. Cette règle, qui diminuait sans aucune réelle justification, la contribution affectée aux victimes, a été supprimée en 1992.

La Convention de 1971/1992 contient un certain nombre de dispositions concernant la procédure de distribution aux victimes des contributions du FIPOL. Retenons seulement que, sauf accord amiable, les victimes peuvent agir soit devant les juridictions anglaises (tribunal du lieu du siège du FIPOL), soit devant les juridictions de l'État où le dommage par pollution a été causé.

En pratique, le FIPOL a été conduit à mettre en place un mécanisme opérationnel destiné à aider au mieux les victimes. Il désigne au centre de chaque zone de pollution (Lorient, par exemple, pour le sinistre de l'*Erika*) un représentant, le plus souvent choisi parmi les praticiens maritimes locaux, qui sera chargé de recevoir et de trier les demandes des victimes. Le FIPOL verse ensuite aux victimes une contribution provisoire qui pourra être importante si les réclamations qu'il prévoit restent dans le cadre de sa contribution, mais qui peut être réduite (10, 20 %) s'il est à craindre que le montant total des réclamations dépassera largement cette contribution. En cas de désaccord entre le FIPOL et un réclamant, le litige est porté devant la juridiction locale compétente. Dans tout ce processus, très pragmatique, le FIPOL agit en liaison avec l'assureur du navire responsable (en fait le P & I Club de cet armateur), lequel, souvent, effectue les premiers versements (18).

Après avoir indemnisé les victimes, le FIPOL bénéficie d'un droit de recours contre les responsables de la pollution.

La *prescription* de l'action des victimes contre le FIPOL est identique à celle qui concerne leur action contre le propriétaire du pétrolier : prescription de trois

(18) Sur la validité de la transaction conclue entre le FIPOL et une victime de pollution, voir Cass. 6 décembre 2007, *DMF* 2009.435, obs. J. S. ROHART.

ans à partir de la date à laquelle le dommage est survenu ; interdiction de toute action après un délai de *six ans* à compter de la date du sinistre (événement) ayant causé le dommage (article 6).

476. Conclusions. L'exemple américain. L'*Oil Pollution Act*. — Le mécanisme mis en place par les deux conventions de 1969/1992 représente une avancée considérable du droit maritime, et plus généralement du droit de la réparation. Il a l'avantage d'associer dans l'obligation de réparer tous ceux qui tirent un profit — si légitime soit-il — d'une activité spécifique, ici le commerce des hydrocarbures. En effet, l'obligation de réparer le dommage de pollution va peser à la fois sur les transporteurs maritimes et sur les opérateurs commerciaux acheteurs d'hydrocarbures. La seule critique que l'on puisse faire au système concerne la faiblesse des montants de réparation. Et, ici, la comparaison s'impose avec les enseignements du droit américain (19).

Les États-Unis ont institué en 1990, par l'*Oil Pollution Act*, un système assez proche dans sa structure du système des Conventions de 1969, 1971 et 1992 : responsabilité de plein droit mais limitée ; limitation écartée en cas de *wilful misconduct*, faute très proche de la faute inexcusable ; création d'un fonds alimenté par les entreprises pétrolières, l'*Oil Spill Liability Trust Fund.* Mais les niveaux de réparation sont beaucoup plus élevés que dans le système des conventions de l'OMI, tel qu'il était avant l'entrée en application des réformes de mai 2003. La responsabilité du propriétaire ou de l'armateur du pétrolier peut dépasser 300 millions de dollars, soit environ à ce jour plus de 250 millions d'euros, à comparer avec le plafond de 110 millions d'euros de la Convention sur la responsabilité civile. La garantie fournie par l'*Oil Spill Liability Trust Fund* (le FIPOL américain) était à l'origine de un milliard de dollars, somme proche du montant qui résulte de l'entrée en application du Fonds complémentaire (*supra*, n° 474). Mais la garantie du fonds américain *s'ajoute* au montant de la responsabilité du propriétaire, les indemnités versées aux victimes pouvant ainsi atteindre un total de près de 1,5 milliard d'euros, alors que, la garantie due par le FIPOL intégrant l'indemnité due par le propriétaire du pétrolier, les indemnités totales dues aux victimes ne peuvent dépasser, à ce jour, 900 millions d'euros. Au 1er avril 2006, la garantie mise à la charge de l'*Oil Fund* a été portée à 2,7 milliards de dollars (environ 2,15 milliards d'euros), la réparation totale d'un dommage de pollution pouvant ainsi approcher aux États-Unis 2,5 milliards d'euros — à comparer avec les 900 millions d'euros du régime international applicable en France (*supra*, n° 474).

477. La Convention HNS. — Le 3 mai 1996, a été signée à Londres une nouvelle convention, dite Convention HNS (*Hazardous and Noxious Substances*). Ce texte développe, mais en une convention unique, des règles analogues aux règles des conventions de 1969/1971, en les appliquant aux propriétaires de

(19) Voir, sur ce système, C. WU, *La pollution du fait du transport maritime des hydrocarbures*, 1994.

navires transportant des substances dangereuses, substances dont il donne une liste limitative, mais qui inclut des substances très nombreuses, et notamment les substances identifiées au Code IMDG (Code international des marchandises dangereuses). S'agissant d'une convention qui n'est pas encore entrée en application, et n'entrera pas en application avant de nombreuses années, nous n'en donnerons qu'une présentation schématique (20).

Comme la Convention de 1969/1992, elle prévoit une responsabilité de plein droit qui pèse sur le *propriétaire* d'un navire transportant des substances concernées, et qui joue du seul fait qu'un dommage de pollution est causé par l'une de ces substances. À cette responsabilité sont prévues des exceptions très limitées, reprises de la Convention de 1969/1992 (guerre, événement naturel exceptionnel, faute du gouvernement). Toutefois, un cas excepté nouveau apparaît : le transporteur n'est pas responsable si l'expéditeur n'a pas indiqué le caractère dangereux de la marchandise chargée par lui, alors que le transporteur ne pouvait le connaître. La responsabilité du transporteur est pareillement canalisée, toute action étant interdite contre le capitaine, les préposés, l'affréteur, etc., sauf faute inexcusable. Enfin, et là aussi sauf faute inexcusable, c'est une responsabilité limitée, mais les montants de limitation sont sensiblement plus élevés que dans la Convention de 1969/1992. Ils sont en effet de 10 millions de DTS pour les navires de moins de 2 000 unités de jauge, étant augmentés de 1 500 DTS par unité de jauge supplémentaire jusqu'à 50 000 unités, puis de 360 DTS par unité, sans pouvoir dépasser un plafond de 100 millions de DTS (soit environ, au 31 décembre 2005, 121 millions d'euros). Et cette limitation, tout naturellement, est écartée en cas de faute personnelle volontaire ou inexcusable du propriétaire concerné.

Comme la Convention de 1971/1992, la Convention de 1996 a prévu la création d'un fonds international, dénommé, dans le texte français, Fonds SNPD (*Fonds international pour les substances nocives ou potentiellement dangereuses*). Ce fonds est structuré de manière assez complexe — le texte contrastant ici avec la simplicité de la Convention de 1971/1992. Le Fonds SNPD intégrera plusieurs comptes, l'un concernant les marchandises générales, les autres regroupant diverses catégories de marchandises. Ces divers fonds seront alimentés par des contributions annuelles versées par les entreprises ayant importé une quantité minimale de marchandises dangereuses (de 20 000 tonnes à 150 000 selon le cas). On comprend que la complexité du système (21) — même si elle paraît difficilement évitable — décourage quelque peu les adhésions.

(20) Pour une étude plus complète, voir P. Bonassies, *La Convention de 1976*, Annales 1996 de l'IMTM.185.
(21) Des règles plus complexes encore existant pour le calcul des contributions individuelles.

478. La Convention de 2001 sur la pollution par les soutes (22). — Une dernière convention sur la responsabilité pour dommages de pollution causés par les hydrocarbures de soute des navires a été adoptée à l'OMI le 23 mars 2001. En droit français la pollution par les soutes des navires ne pose guère de problèmes juridiques. L'armateur est responsable des dommages causés par cette pollution, soit sur la base de l'article 1384 du Code civil (en tant que gardien des soutes), soit en application de la théorie de la contravention de grande voirie (*supra*, n° 381). Il n'en est pas de même dans certains États maritimes. Or la pollution par les soutes est un phénomène inquiétant, alors que les porte-conteneurs géants peuvent actuellement transporter plus de 8 000 tonnes de soute (et, demain, 10 000). Il était donc incontestablement utile qu'un texte international fût adopté en la matière.

La Convention de 2001 est rédigée sur le modèle des conventions de 1969/1992 et 1996 (Convention HNS). Comme elles, elle prévoit que le propriétaire est responsable de plein droit du dommage de pollution causé par ses soutes. Il n'est exonéré de sa responsabilité — là aussi comme dans les textes analysés ci-dessus, qu'en cas d'actes de guerre ou assimilés, ou de phénomène naturel de caractère exceptionnel, inévitable et imprévisible. Mais, différence fondamentale avec la Convention de 1969/1992, la responsabilité du propriétaire n'est en rien canalisée.

La Convention de 2001 permet d'abord aux victimes de pollution d'agir non seulement contre le propriétaire en nom du navire (qu'elle appelle la personne au nom de laquelle le navire est immatriculé), mais aussi contre l'exploitant non propriétaire ou l'armateur-gérant. Par ailleurs, elle n'accorde aucune protection au capitaine ou autres préposés du propriétaire, non plus qu'au pilote ou à l'assistant. Toutes ces personnes pourront donc être l'objet d'une action en responsabilité fondée non sur les dispositions de la Convention, mais sur les règles du droit commun (23).

Comme les autres conventions sur la pollution, la Convention de 2001 prévoit que la responsabilité du propriétaire est limitée. Mais elle ne prévoit la constitution d'aucun fonds spécial. C'est la limitation de la Convention de 1976 qui s'appliquera, sauf faute inexcusable du propriétaire ou exploitant, avec la conséquence que victimes de la pollution par soutes et victimes d'autres dommages se partageront le fonds constitué par le propriétaire. Quant au montant de la réparation que les victimes de pollution par soute peuvent espérer obtenir, c'est le droit antérieur qui est maintenu, sans aucun avantage pour elles.

En revanche, la Convention élargit à la responsabilité pour pollution par les soutes le principe de l'*assurance obligatoire*, une assurance dont le montant sera fixé sur la base des dispositions de la Convention de 1976, les victimes

(22) Voir, Ph. BOISSON, « La nouvelle convention pour indemniser les dommages dus à la pollution par les soutes », *DMF* 2001.659.

(23) La raison de l'abandon du principe de canalisation apparaît mal. Cet abandon paraît plutôt la conséquence de la volonté de l'OMI d'aboutir vite : voir Ph. BOISSON, cité *supra*, note 22, qui cite la résolution accompagnant le vote du texte, laquelle invite les États à prendre des mesures nationales pour protéger les personnes tentant de prévenir la pollution ou d'en limiter les effets (c'est-à-dire, pour l'essentiel les assistants), — invitant en bref les États à faire ce que l'OMI n'a pas su faire.

bénéficiant d'une action directe contre l'assureur, là aussi dans la limite du montant de la limitation même en cas de faute inexcusable du propriétaire ou exploitant du navire.

En bref, un texte qui améliorera peut-être dans certains États la situation des victimes de pollution par soute, mais qui n'apporte guère aux victimes françaises de pollution, sauf peut-être en matière d'action directe, où leurs droits ne pourront plus être contestés par les P & I Clubs, assureurs de la responsabilité des navires.

CHAPITRE 3

LE NAVIRE VICTIME D'UN INCIDENT D'EXPLOITATION

Deux institutions, spécifiques au droit maritime, sont susceptibles d'entrer en jeu lorsqu'un navire est affecté par un incident d'exploitation, panne mécanique, incendie, échouement. Ce sont l'assistance maritime d'une part, la théorie des avaries communes d'autre part.

Section 1

L'assistance maritime

479. Notion. L'assistance maritime, obligation impérieuse. — L'assistance maritime, aide apportée par un navire à un autre navire en difficulté, est d'abord une tradition immémoriale à la mer, obligation impérieuse en cas de péril des personnes. Le droit terrestre français ne connaît l'obligation d'assistance à personne en péril que depuis la loi du 25 octobre 1941 ayant modifié l'article 63 du Code pénal, loi aux origines d'ailleurs très équivoques, puisque promulguée sous la pression de l'occupant allemand. C'est dès la fin du Moyen Âge que s'impose aux marins le devoir de porter assistance aux personnes (1).

Rappelée par l'Ordonnance de la Marine, l'obligation d'assistance aux personnes en péril, laquelle vaut, selon la belle formule du décret du 21 août 1790, pour les « *bâtiments amis ou ennemis dans la détresse* », est aujourd'hui affirmée par l'article 85 du Code pénal et disciplinaire de la marine marchande. Au plan international, les conventions *SOLAS* (*supra*, n° 31) ont, dès l'origine, prévu que le capitaine d'un navire « *qui reçoit, de quelque source que ce soit, un message indiquant qu'un navire ou un aéronef ou leurs embarcations et radeaux de sauvetage se trouvent en détresse, est tenu de se porter à toute vitesse au secours des personnes en détresse* » (chapitre 5, règle 10).

(1) Le premier texte précis en ce sens étant sans doute la bulle « *Cum nobis* » de Pie V ; sur l'histoire des textes, voir R. RODIÈRE, *Traité*, *Événements de mer*, n° 143.

En revanche, l'assistance aux biens n'est obligatoire qu'après abordage : aux termes de l'article 8 de la Convention de 1910 sur l'abordage, laquelle s'inspire ici des dispositions d'une loi française du 10 mars 1891, « *après un abordage, le capitaine de chacun des navires entrés en collision est tenu, autant qu'il peut le faire sans danger sérieux pour son navire, son équipage et ses passagers, de prêter assistance à l'autre bâtiment, à son équipage et à ses passagers* ».

480. L'assistance maritime institution juridique. Évolution historique. — L'assistance maritime est aussi un phénomène juridique : dans son acception première, l'institution selon laquelle le navire qui se porte au secours d'un autre navire en difficulté a droit, qu'il y ait accord ou non, à une indemnité proportionnelle aux valeurs sauvées et aux risques encourus.

Replacée dans l'histoire, deux traits caractérisent le destin de l'assistance maritime (2). Le premier, c'est la difficulté qu'a eue la notion d'assistance à se dégager. Longtemps le droit n'a connu que le *sauvetage des épaves*. C'est dans la deuxième moitié du XIXe siècle que sont apparus les premiers contrats d'assistance, sans doute parce que, les navires devenant plus robustes, un navire en grave difficulté pouvait être plus facilement « assisté ». Mais la distinction entre assistance aux navires et sauvetage des épaves est demeurée assez floue, comme le montre le texte de la Convention de 1910 lequel, sans étendre, ses dispositions au sauvetage des épaves, vise aussi bien le sauvetage des navires que leur assistance. Et le problème de la distinction entre assistance et sauvetage persiste avec l'entrée en vigueur de la Convention de 1989, laquelle élargit considérablement le domaine de l'assistance.

C'est là d'ailleurs le second trait de l'histoire de l'assistance maritime : l'extension constante de l'institution. Même dans son acception première, la notion d'assistance a toujours été largement entendue. L'assistance, ce n'était pas seulement le remorquage en sécurité d'un navire en danger. C'était aussi la participation à l'extinction d'un incendie (Douai, 21 janv. 1982, navire *Yakasse*, *DMF* 1982.602), voire une aide simplement morale, tel le fait pour un bâtiment d'escorter jusqu'au port de refuge un navire en grave difficulté, cependant encore maître de sa manœuvre (Brest, 14 janv. 1976, navire *Kersaint*, *DMF* 1976.556). Mais l'assistance demeurait l'aide apportée par un navire à un autre navire. Elle s'est d'abord étendue, dès 1910, à l'aide apportée aux bateaux de navigation intérieure, puis, en droit français tout au moins, à l'aide apportée à tout engin nautique. Elle est devenue, dans la Convention de 1989, l'aide apportée à tout bien. Pareillement, elle est aujourd'hui l'aide apportée par toute personne, et non plus seulement par un navire.

Du point de vue social et économique, l'institution de l'assistance maritime est marquée par une certaine ambiguïté. Elle exprime d'une part la solidarité maritime. Mais elle recouvre aussi des actions à caractère commercial, permettant à l'assistant d'obtenir le paiement d'une indemnité parfois importante. Elle

(2) Pour l'histoire de la notion, voir N. REUTER, *La notion d'assistance en mer*, 1975.

prend même souvent la forme d'une activité professionnelle systématique, exercée par des entreprises spécialisées et hautement compétentes.

481. Textes applicables. Convention de 1910. Convention de 1989. Caractères généraux. — L'assistance maritime, inconnue tant des rédacteurs du Code de commerce que des auteurs de l'Ordonnance de la Marine, a été réglementée en matière internationale par les dispositions de la Convention de 1910. En droit interne, c'est une loi du 29 avril 1916 qui à — alors que la France était en guerre — introduit dans le droit français des dispositions analogues à celles du droit international. Dans le cadre de la réforme des années 1966-1969, une loi du 7 juillet 1967 a, pour l'essentiel, repris les règles de la loi de 1916 (c'est-à-dire celles de la Convention de 1910).

Une nouvelle convention internationale a été adoptée par l'OMI le 28 avril 1989. Cette convention est entrée en application le 14 juillet 1996 et a été ratifiée par la France le 23 avril 2002 (*JORF* 30 avril 2002). Encore que souvent fidèle au texte de 1910, elle apporte d'importants changements au droit de l'assistance (3).

Comme déjà relevé ci-dessus, la Convention de 1989 élargit en particulier la notion d'assistance, ce au point de lui faire presque perdre tout caractère maritime. Aussi bien, s'intitule-t-elle « *Convention internationale de 1989 sur l'assistance* », et non, comme le faisait la Convention de 1910, Convention sur l'assistance et le sauvetage *maritimes*. Par ailleurs, elle prend en compte un élément nouveau, celui de la *protection de l'environnement* (4). Dans l'ensemble, c'est un texte qui marque le progrès du droit maritime. Car, même si le particularisme de l'institution est quelque peu affaibli, on ne peut se plaindre de voir les règles du droit maritime étendre leur domaine d'application, comme affiner leur contenu.

On peut toutefois exprimer un regret devant l'un des aspects nouveaux de la Convention de 1989 : son caractère supplétif, même si ce caractère n'est pas total. L'article 6 du nouveau texte énonce en effet que la Convention « s'applique à tout contrat d'assistance, *sauf dans la mesure où un contrat en dispose autrement* ». Ainsi l'un des éléments les plus importants du nouveau texte, le droit de l'assistant à une indemnité spéciale pour protection de l'environnement (*infra*, n° 508) pourra être écarté par le contrat d'assistance. Il n'en est pas de même, toutefois, d'une règle classique, le droit de contrôle du juge sur le montant de l'indemnité d'assistance (*infra*, n° 505), règle dont la Convention prévoit qu'elle ne peut être écartée par les parties.

La position adoptée par les rédacteurs de la Convention de 1989 s'explique par leur crainte de voir certains États hésiter à adopter le nouveau texte en raison du

(3) Sur cette Convention, voir J.-F. REBORA, *L'assistance maritime*, Aix-en-Provence, 2003, préface P. BONASSIES ; *adde* P. BONASSIES, « La Convention internationale de 1989 sur l'assistance », *DMF* 2003.239.

(4) Sur la conception toutefois un peu restrictive qu'a la Convention de la protection de l'environnement, voir *infra*, n° 512.

régime de l'indemnité spéciale, ce sous la pression de leurs armateurs pétroliers. Mais une telle crainte était certainement excessive : nous le verrons, les professionnels, et notamment les assureurs des pétroliers (*P & I Clubs*) ont montré plus de courage que les rédacteurs de la Convention, intégrant volontairement le système de l'indemnité spéciale dans leurs contrats types, avant même que la convention n'entre en application (*infra*, n° 507).

Eu égard au particularisme de l'institution, il importe d'étudier d'abord le domaine d'application du régime de l'assistance, puis les conditions d'application de ce régime, avant de s'interroger sur le régime juridique de l'assistance, puis sur le régime spécifique du sauvetage des épaves maritimes.

§ 1. — *Le domaine de l'assistance maritime*

482. Domaine géographique. Eaux maritimes/eaux non maritimes. Eaux nationales/eaux internationales. — La première question qui se pose ici est celle de savoir s'il ne faut pas limiter le domaine de l'assistance maritime aux eaux maritimes. L'assistance est chose maritime, « événement de mer » disait le Doyen Ripert, comme après lui la loi du 7 juillet 1967. De fait, en droit classique, la possibilité d'une assistance en eaux fluviales était contestée, comme elle l'est encore aujourd'hui en droit anglais interne, pour des raisons d'ailleurs d'ordre procédural et non de fond (Chambre des Lords, *The Goring*, 25 févr. 1988, *Lloyd's Law Reports* 1988.1.397).

Cependant, dès la Convention de 1910, l'assistance a été conçue plus largement. Aux termes de l'article premier de ce texte, le régime de l'assistance s'applique, « *sans qu'il y ait lieu de tenir compte des eaux* » où les services d'assistance ont été rendus (mêmes dispositions, loi du 7 juillet 1967, article 9). Pareillement, aux termes de l'article premier de la Convention de 1989, il peut y avoir opération d'assistance « *dans n'importe quelles eaux* ». — Ne seraient plus exclus désormais que les services rendus à terre (voir toutefois, pour l'assistance apportée à un navire victime d'un incendie sur un dock flottant, Douai, 21 janv. 1982, *DMF* 1982.602).

La Convention de 1910 s'appliquait même aux assistances survenues dans des eaux nationales, dès lors que les navires en cause étaient des ressortissants d'un État contractant. La règle est maintenue et même durcie par la Convention de 1989, laquelle régit tout fait d'assistance dans n'importe quelles eaux et quel que soit le pavillon du navire en cause. Et l'universalisme de la Convention est renforcé par le critère qu'elle applique : aux termes de son article 2, elle s'applique en effet dès lors que des actions judiciaires relatives aux questions qu'elle traite sont introduites dans un État partie — le juge n'ayant à s'interroger ni sur la nationalité des personnes concernées, ni sur le caractère des eaux où l'assistance est survenue. De là suit d'ailleurs une conséquence remarquable : du fait du nouveau texte, la loi du 29 avril 1916 est pratiquement vidée de toute substance, n'ayant plus guère de domaine d'application (5).

La Convention prévoit certes dans son article 30 que tout État partie peut se réserver le droit de ne pas appliquer ses dispositions, notamment lorsque les opérations d'assistance ont lieu dans ses eaux intérieures et que les engins nautiques (la Convention usant ici du terme *navires*) sont des bateaux de navigation intérieure, ou qu'aucun navire n'est en cause et enfin lorsque toutes les parties intéressées sont des nationaux. La France a effectivement usé de la réserve ici prévue, mais d'une manière excessivement discrète. Dans le décret du 23 avril 2002 portant publication de la Convention, il est écrit que le gouvernement français se réserve le droit de ne pas appliquer la Convention, d'abord « *lorsque les opérations d'assistance ont lieu dans les eaux intérieures et qu'aucun navire n'est en cause* », étant donc seulement visée l'assistance entre bateaux de navigation intérieure. La réserve française vise ensuite les biens maritimes culturels. Mais ceux-ci sont soumis à un régime spécifique, exclusif de l'application de la loi du 29 avril 1916 (*infra*, n° 528 *bis*). Ne demeurent alors dans le domaine de la loi française que les biens exclus de son propre domaine par la Convention elle-même : les plates-formes de forage et autre engins de forage, mais aussi navires de la marine nationale ou autres navires d'État (*infra*, n° 483 et n° 486).

483. Domaine de l'assistance quant au bien assisté. Navire, engin flottant ou autre bien. — Une seconde question est de savoir à quels biens peut s'étendre l'assistance maritime. Nous savons qu'ici le droit contemporain a une conception très large de la notion d'assistance. La Convention de 1910, tout comme la loi de 1967, s'appliquait non seulement à tout service rendu par un navire à un autre navire et aux choses se trouvant à bord, mais aussi aux services rendus entre navires de mer et bateaux de navigation intérieure, indiquant par là qu'un navire de mer pouvait assister un bâtiment de navigation intérieure (et réciproquement). L'article 9 de la loi de 1967 élargissait déjà l'assistance aux services rendus à « *tous engins flottants* », ce qui permettait d'appliquer les règles de l'assistance à un hydravion, voire à un avion en état de flottabilité.

La Convention de 1989 définit l'assistance comme tout acte entrepris pour assister « *un navire ou tout autre bien en danger* », étendant ainsi le domaine de l'assistance à toute chose, quelle qu'elle soit. La règle peut surprendre. Elle n'est pas si nouvelle qu'il le paraît. Elle était ainsi déjà celle du droit américain, où un tribunal avait en 1947 admis l'application des règles de l'assistance pour un portefeuille trouvé sur un cadavre dans les eaux du port de New York, — l'action en paiement d'une indemnité d'assistance ayant été intentée contre le portefeuille lui-même (*Broere v. $ 2133*, 1947 *AMC* 1523, cité par Gilmore et Black, Admiralty, 539). Elle justifiera l'attribution au sauveteur d'épave d'une indemnité d'assistance — et non pas de l'indemnité calculée selon les règles propres au sauvetage.

(5) Voir P. BONASSIES, « Le domaine d'application de la loi française sur l'assistance maritime après l'arrêt "Jerba" – ou, "la peau de chagrin" », *DMF* 2006.851.

Toutefois, la Convention de 1989 exclut de son domaine les *plates-formes de forage* et autres unités de forage. Même si cette exclusion s'explique par la volonté du législateur international de ne pas anticiper sur la future promulgation d'un texte spécial visant les plates-formes de forage, on peut douter de son opportunité (6). En l'état des textes, l'assistance à ces engins demeure donc soumise au droit français.

484. Navires de plaisance. — Il ne fait aucun doute que le régime de l'assistance ne s'applique aux navires de plaisance, et, notamment, à l'assistance portée par un plaisancier à un autre plaisancier (Paris, 21 oct. 1998, *DMF* 1998.1182). Une solution différente a cependant été prônée dans d'autres droits, tel le droit américain.

485. Navires d'État. Droit français. — En droit français, la question de l'application du régime de l'assistance aux navires d'État a été discutée surtout à propos de l'assistance apportée par un navire de guerre. Le Doyen Ripert, a vivement défendu la thèse que les navires de guerre ne pouvaient prétendre à une indemnité d'assistance (*Traité*, n° 2158). Leur mission fondamentale n'est-elle pas, au moins en temps de paix, d'assurer la sécurité des mers, tandis que la marine nationale est déjà rémunérée des services qu'elle rend par les impôts versés par les particuliers. Cette thèse n'apparaît toutefois pas sans faiblesses. Pourquoi, en tout cas, un navire étranger bénéficierait-il gratuitement des services d'un navire de la marine nationale française ? Pourquoi, même à l'égard des navires français, ne pas imputer aux bénéficiaires directs de l'opération d'assistance le coût de celle-ci, et non à la collectivité ? La thèse, par trop idéaliste, du Doyen Ripert n'a d'ailleurs jamais été suivie par les tribunaux, lesquels ont toujours considéré que même les navires de guerre, tenus de verser une indemnité d'assistance au cas où assistance leur était portée, avaient droit à indemnité quand l'assistance était portée par eux (Alger, 19 juill. 1955, navire *Breidbablick*, *DMF* 1956.96, note G. Ripert).

Aujourd'hui, le problème est réglé par les textes. L'article 21 de la loi du 7 juillet 1967 prévoit l'application de principe de ses dispositions aux navires de l'État ou affectés à un service public. La règle vaut pour le navire d'État assistant comme pour le navire d'État assisté. Elle vaut même pour les navires de guerre, l'alinéa second de l'article 21 faisant expressément référence aux « *commandants de bâtiment de la marine nationale* », pour énoncer que les obligations d'assistance les concernant sont fixées par le Code de justice militaire.

486. Navires d'État. Droit conventionnel. — Les solutions sont différentes en droit international. Les dispositions de l'article 14 de la Convention de 1910, excluaient du domaine d'application de la Convention les navires de guerre et navires d'État exclusivement affectés à un service public. Modifiant la

(6) La Convention a aussi prévu la possibilité pour les États de se réserver le droit de ne pas appliquer ses dispositions aux biens maritimes culturels, et la France a usé de cette réserve, avec, ici aussi, le problème de l'effectivité de celle-ci.

Convention, un Protocole signé le 27 mai 1967 prévoit que la Convention s'appliquera aux services d'assistance ou de sauvetage rendus par, ou à tout navire d'État, y inclus les bâtiments de guerre. Mais ce texte n'a recueilli que neuf ratifications (les seuls États maritimes notables l'ayant ratifié étant la Grande-Bretagne et la Yougoslavie).

La Convention de 1989 a repris le texte originaire de la Convention de 1910. Elle exclut de son domaine d'application les navires d'État non commerciaux, à moins que l'État concerné n'en dispose autrement. — Il semble donc bien que, dans les relations internationales, les règles de l'assistance ne s'appliquent pleinement qu'aux navires d'État commerciaux, généralement soumis aux règles du droit commun (*supra*, n° 246).

487. Cas particulier. Navires appartenant au même propriétaire. — Le régime de l'assistance s'applique par ailleurs même si l'assistance intervient entre deux navires, ou navire et engin, appartenant au même propriétaire (Convention de 1967, art. 5 ; loi de 1967, art. 13 ; Convention de 1989, art. 12). La règle se justifie par diverses raisons.

Elle a d'abord l'avantage de jouer comme une incitation à l'assistance. Elle s'explique ensuite par le fait que l'indemnité d'assistance est normalement payée par l'assureur du navire. Envisagé comme propriétaire du navire assisté, le propriétaire des navires en cause ne subit ainsi que très partiellement le poids de l'indemnité d'assistance (seulement par le jeu de l'augmentation de sa prime d'assurance après le sinistre), tandis que, en tant que propriétaire du navire assistant, il bénéficie pleinement de l'indemnité d'assistance. Enfin, l'indemnité d'assistance est pour partie payée par le propriétaire de la cargaison (*infra*, n° 517), et ici le droit à indemnité du navire assistant est en tout cas incontestable.

La règle apparaît d'ailleurs tellement normale aux praticiens qu'elle est inscrite dans la police type d'assurance des navires (police d'assurance sur corps, article 26).

488. Domaine de l'assistance et qualité de l'assistant. Cas des pilotes. — En droit classique, l'assistance était conçue comme le service rendu à un navire par un navire. Les choses ont évolué, et l'on admet aujourd'hui largement que l'assistance peut être le fait d'une personne.

Le problème, en droit français, s'est d'abord posé pour les *pilotes*. Pour la doctrine classique, fidèle à l'idée que l'assistance ne pouvait être le fait d'une personne physique, un pilote ne pouvait *a priori* avoir droit à aucune indemnité d'assistance (voir, notamment, R. Rodière, *Les événements de mer*, n°s 168 et s.). Mais, là encore, la jurisprudence contemporaine n'a pas suivi la doctrine. Observant que si la Convention de 1910 évoque, à propos de l'assistance, des services rendus « *entre navires* », le même texte énonce aussi que « *tout fait d'assistance* » ayant eu un résultat utile donne lieu à une équitable rémunération, les tribunaux ont admis le droit du pilote à indemnité d'assistance (Paris, 7 mars 1955, navire *Alvdal*, *DMF* 1955.456).

Le droit reconnu aux pilotes sur le fondement des textes généraux n'est pas contredit par les textes spécifiques qui leur sont applicables. Aux termes de l'article 6 de la loi du 28 mars 1928 sur le pilotage, « *le pilote doit, nonobstant toute obligation de service, prêter d'abord son assistance aux navires en danger* ». Mais le pilote a alors droit à une « *rémunération spéciale* », laquelle, s'il y a contestation, sera fixée par le tribunal de commerce. Ainsi, le pilote, même si on lui dénie le droit à une stricte indemnité d'assistance, a certainement droit à une indemnité, fût-elle frappée d'une autre dénomination, lorsqu'il se porte au secours d'un navire en danger. Et les tribunaux appliquent la règle, même si le pilote intervient sur le navire pour lequel ses services ont été requis (Montpellier, 21 mars 1973, navire *Allison Conway*, *DMF* 1974.79).

489. De l'assistance par un navire à l'assistance par une personne. Convention de 1989. — Au-delà du cas particulier des pilotes, le droit à indemnité d'assistance doit aujourd'hui être reconnu à toute personne physique ayant réalisé un « fait d'assistance », soit en agissant à partir d'un navire, soit même en n'agissant pas à partir d'un navire, tel l'expert déposé par un hélicoptère sur un navire en péril. Une analyse extensive de la notion d'assistance est d'abord seule conforme au fondement même de l'institution, qui est d'assurer au mieux la sécurité de la navigation maritime. Elle est aussi confirmée par les textes internationaux les plus récents.

C'est ainsi que la Convention de 1976 sur la limitation de responsabilité en matière de créances maritimes envisage la situation d'un *assistant*, encore que « *n'agissant pas à partir d'un navire* » (art. 6, al. 4 : voir *supra*, n° 425). Pareillement, sans ouvrir expressément le droit à indemnité à l'assistant personne physique, la Convention de 1989 implique l'existence d'un tel droit. Elle ne définit plus l'assistance comme un service rendu par un navire à un autre navire, mais comme « *tout acte ou activité entrepris pour assister un navire* ». Et, dans les éléments qu'elle énumère comme critères d'évaluation de l'indemnité d'assistance (*infra*, n° 509), elle ne se réfère plus, comme le faisait la Convention de 1910, au navire assistant, mais, plus généralement à l'*assistant*, le navire assistant n'étant plus envisagé qu'au titre de *matériel de l'assistant*.

490. Assistance et contrat de services. Assistance et remorquage. — Lorsqu'un navire est en danger, les parties ne sont pas tenues de conclure un contrat d'assistance. Si lourdement chargée d'ordre public qu'elle soit, l'assistance maritime n'est pas un régime impératif. Les parties peuvent lui préférer un autre régime, par exemple un contrat de services, où la rémunération de l'opérateur dont l'aide est sollicitée par l'armateur sera calculée sur la base d'un coût à la journée. La pratique, encore que jadis rare, a toujours été connue. C'est celle que nous avons rencontrée dans l'affaire du navire *Anne Bewa* où la Marine nationale avait conclu avec l'armateur du bâtiment un contrat de prêt de matériel et de personnel (voir *supra*, n° 278). Aujourd'hui, cette pratique tend à se répandre avec la conclusion par les grandes entreprises d'assistance de contrats d'assistance contenant une clause, dite *Scopic clause*, leur permettant, à tout moment des opérations, de passer du régime de l'assistance au régime d'un contrat de services (voir *infra*, n° 515). La légalité de tels contrats est incontestable, étant en tout cas aujourd'hui affirmée par l'article 6 de la Convention de 1989, texte énonçant que la convention *« s'applique à tout contrat d'assistance, sauf dans la mesure où un contrat en dispose autrement »*.

Un cas particulier, et fréquent, est celui où les parties ont conclu un contrat de remorquage, des difficultés imprévues apparaissant à l'occasion de l'exécution de ce contrat. Il s'agit par exemple d'un navire qui, devant être réparé à Marseille, est remorqué du port de Sète au port de Marseille et qui, en cours de remorquage, subit un violent mistral, les remorques cassant, et le navire affrontant un péril évident. Les remorqueurs qui réussissent à le sauver peuvent-ils alors demander une indemnité d'assistance, le régime de l'assistance venant se substituer, ou se superposer au régime du contrat de remorquage ?

Le problème est ici réglé par les textes. Aux termes tant de la Convention de 1910 que de la loi de 1967, le remorqueur n'a droit à une rémunération pour assistance que s'il a rendu des « *services exceptionnels* » ne pouvant être considérés comme l'accomplissement du contrat de remorquage (Convention, art. 4 ; loi de 1967, art. 12). La Convention de 1989 reprend, en la généralisant à toute situation contractuelle possible (contrat de remorquage mais aussi autre contrat de services), la même règle. Aux termes de son article 17, aucune indemnité d'assistance n'est due « *à moins que les services rendus ne dépassent ce qui peut raisonnablement être considéré comme l'exécution normale d'un contrat conclu avant que le danger ne survienne* ».

Une seconde situation, plus rare, peut se présenter, lorsqu'une entreprise de remorquage, appelée à l'aide d'un navire en difficulté, accepte de conclure non un contrat d'assistance mais un contrat de remorquage. La chose n'est pas impossible, le contrat de remorquage ayant l'avantage de garantir à l'entreprise une rémunération minimale, quelle que soit la suite des événements, alors qu'une rémunération n'est accordée à l'assistant qu'en cas de succès (*infra*, n° 506). L'entreprise de remorquage peut-elle, ultérieurement, obtenir du juge la requalification du contrat, en arguant qu'il recouvre une convention d'assistance ?

Dans une stricte analyse juridique, la prétention de l'entreprise de remorquage devrait être admise, la qualification d'assistance ne dépendant pas de la volonté des parties. C'est cependant la thèse opposée qui a été adoptée par la Cour de cassation dans un arrêt du 8 octobre 1962 (navire *Malgache*, *DMF* 1963.13). La Cour de cassation y approuve la Cour de Paris d'avoir admis que les entreprises qui avaient participé au sauvetage d'un navire ayant eu la faculté de choisir entre contrat d'assistance ou contrat de remorquage, celle qui avait opté pour un contrat de remorquage ne pouvait demander la requalification de ce contrat. La décision paraît raisonnable, surtout si l'on observe que, si des circonstances imprévues se présentent, rendant beaucoup plus difficiles les opérations envisagées, il sera toujours possible à l'entreprise de remorquage de demander la rémunération spéciale prévue par les textes.

491. Cas particulier : l'indemnité pour remorquage exceptionnel. — Dans le principe, c'est seulement en présence d'une situation d'assistance impliquant un réel danger pour le navire, que l'entreprise qui a conclu à l'origine un contrat de remorquage pourra demander une indemnité pour services exceptionnels. Mais la pratique a rencontré des situations intermédiaires entre les situations de pur remorquage et les situations d'assistance, situations que l'on peut qualifier d'aide exceptionnelle, ou encore de *remorquage exceptionnel* (7).

Alors même qu'un navire n'est pas en danger, il peut être fait appel à un remorqueur non pour effectuer une opération classique de remorquage portuaire, mais pour rendre un service exceptionnel, par exemple déséchouer le navire dans des conditions difficiles. Certes, la compagnie de remorquage et l'armateur du navire peuvent convenir à l'avance d'une rémunération exceptionnelle pour un tel travail. Mais ce n'est pas toujours le cas, et souvent c'est une fois le travail terminé que l'entreprise de remorquage tente d'obtenir une rémunération plus forte que celle que lui assurerait le tarif pratiqué par elle pour les opérations de remorquage.

Sauf règlement à l'amiable, d'ailleurs assez fréquent (8), il est difficile de souscrire à la demande de l'entreprise de remorquage. La convention fait la loi des parties, et, en l'absence d'une stricte situation d'assistance, le juge ne peut modifier l'accord intervenu. Il reste que certains tribunaux acceptent de prendre en considération les difficultés rencontrées par le remorqueur, accordant à l'entreprise de remorquage une somme nettement supérieure au prix normal (9).

En droit, la solution peut s'expliquer par le fait que les tribunaux se sont toujours reconnus un large pouvoir en matière de rémunération due à un prestataire de services.

492. Caractère exclusif du régime de l'assistance. Rôle des stipulations contractuelles. — Lorsqu'il y a lieu à application du régime de l'assistance, ce régime est exclusif de tout autre, et en particulier du régime de la gestion d'affaires, dont l'assistance a cependant souvent été rapprochée. Ainsi en a décidé la Cour de cassation dans un arrêt du 14 octobre 1997 (navire *Tevera*, *DMF* 1997.1080, obs. P. Bonassies). Mécontent du montant de l'indemnité à lui allouée par les juges, un assistant arguait qu'ils auraient dû tenir compte du fait que son intervention avait évité une pollution, ce qui l'autorisait à fonder son action sur la gestion d'affaires ou l'enrichissement sans cause. La Cour de cassation a rejeté l'argument, au motif, notamment que la rémunération

(7) Sur ces situations, voir Y. TASSEL, « Pour une notion intermédiaire entre le remorquage et l'assistance : l'aide nécessaire fournie par un remorqueur », *Annuaire de droit maritime et aérien* 1974.169.

(8) Voir les exemples cités par M. NKOUENJIN, *Services exceptionnels et remorquage exceptionnel*, mémoire de DESS, Aix-en-Provence, 1991.

(9) Voir en ce sens, Tribunal de commerce de Nantes, 20 mai 1974, navire *Nicos H*, *DMF* 1975.293, où les juges accordent à l'entreprise de remorquage, pour un déséchouement ayant duré 10 minutes, une indemnité de 10 000 francs, correspondant à environ 14 fois le prix d'un « *remorquage habituel* ». Voir aussi un arrêt américain du 13 mai 1988, accordant à un plongeur une somme de 150 000 dollars pour un travail de 30 heures, Cour d'appel fédérale de Boston, *M/V Islander*, *DMF* 1992.650 ; voir en sens opposé, la sentence arbitrale n° 1135 du 26 février 2007, refusant toute « indemnité exceptionnelle » au remorqueur, eu égard à l'absence totale de danger (navire roulier échoué, par beau temps, sur un fond de vase en Seine).

d'assistance « *n'a pas pour fondement l'enrichissement sans cause ou la gestion d'affaires* » (10).

En se référant aux stipulations contractuelles éventuelles, la Cour de cassation soulève, peut-être involontairement, le problème de la nature juridique de l'assistance contractuelle. Deux thèses ont été ici soutenues. Pour le Doyen Rodière, même l'assistance contractuelle avait un caractère fondamentalement légal (*Événements de mer*, n° 209). Pour lui, quand l'assisté avait consenti à payer par contrat une indemnité d'assistance, le fondement de l'obligation de l'assisté demeurait la loi. Pour le savant maître, la dette contractuelle ne valait que parce qu'elle correspondait aux ordres de la loi : en toutes circonstances, l'obligation était légale, et la convention n'avait qu'un rôle secondaire ou nul. Dans la thèse du Doyen Rodière, la volonté des parties ne joue ainsi, en quelque sorte, que comme un *acte condition*, dont le seul rôle est de déclencher l'application du régime légal. À l'opposé, Martine Rémond-Gouilloud voit dans le contrat d'assistance un véritable contrat, où simplement la liberté des parties se trouve restreinte (*Droit maritime*, n° 350). Entre ces deux conceptions, la Cour de cassation semble plutôt pencher pour la thèse de Martine Rémond-Gouilloud. Il reste que le caractère légal de l'assistance domine même dans l'assistance contractuelle, en particulier quant au point essentiel : la détermination de l'indemnité d'assistance.

§ 2. — *Conditions d'application du régime de l'assistance*

493. La convention d'assistance. — En règle générale, le régime de l'assistance s'applique en exécution d'une convention conclue entre un navire en difficulté et un assistant. Si le navire en péril est proche des côtes, l'assistant sera souvent un remorqueur d'une entreprise spécialisée, entreprise de remorquage en haute mer et d'assistance. Si le navire est éloigné des côtes, l'assistance pourra aussi lui être portée par un autre bâtiment de commerce qui croise sa route.

La convention d'assistance est normalement conclue par le *capitaine*, dont les pouvoirs ne peuvent être ici contestés, s'agissant au premier chef de la sécurité du navire, laquelle ressortit fondamentalement à ses responsabilités. La Convention de 1989 confirme d'ailleurs ces pouvoirs dans son article 6 : « *le capitaine a le pouvoir de conclure des contrats d'assistance au nom du propriétaire du navire... (et) au nom du propriétaire des biens se trouvant à bord du navire* ». Si l'urgence n'est pas impérieuse, il n'est toutefois pas interdit au capitaine de consulter son armateur.

494. *Lloyd's open form*. Formule Villeneau. — La convention d'assistance peut faire l'objet d'un écrit. En pratique, on a recours ici à des contrats types. Le plus connu d'entre eux est le contrat britannique, dit *Lloyd's open form* (LOF)

(10) Voir cependant, *infra*, n° 503, pour l'assistance aux personnes.

que même certains armateurs français recommandent à leurs capitaines d'utiliser, la formule aujourd'hui applicable étant celle de la LOF 1990 ou de la LOF 2000. Les navires français ont également recours à un contrat type français, dite « *formule Villeneau* », du nom du grand maritimiste français qui a pris l'initiative de sa rédaction, Maître Jacques Villeneau, avocat au Barreau de Paris, ancien président de l'Association Française du Droit Maritime. Mais, le plus souvent, le contrat d'assistance sera conclu verbalement, après un bref échange de messages radio, les parties faisant simplement référence, dans leur accord verbal, à la *Lloyd's form* ou à la *formule Villeneau*. Ce n'est qu'une fois le navire sauvé que sera signée, à terre, la forme contractuelle adoptée.

495. Assistance sans contrat. Assistance imposée. Assistance obligatoire. — Le régime de l'assistance peut aussi s'appliquer sans qu'aucun contrat ne soit conclu. Une telle situation se présente quand un navire est en très grand péril et qu'un autre bâtiment se porte à son secours, la nécessité d'assistance étant évidente et les parties ne discutant même pas la base contractuelle de leurs relations.

L'assistance peut même être *imposée* à un navire en difficulté. La règle était déjà inscrite, fût-ce indirectement, dans l'article 3 de la Convention de 1910 (art. 11 de la loi de 1967), énonçant que n'ont droit à aucune rémunération les personnes qui ont pris part aux opérations de secours « *malgré la défense expresse et raisonnable du navire secouru* ». Car ce texte implique que le régime de l'assistance s'applique pleinement, y inclus le droit à rémunération, si le refus d'assistance est déraisonnable. En droit français, l'assistance a été imposée par l'administration française à des navires, pétroliers ou autres, en difficulté au large des côtes françaises, sur le fondement de la loi du 16 juillet 1976, elle-même justifiée par la Convention de 1969 sur le droit d'intervention en haute mer (*supra*, n° 74). Sans évoquer directement le problème, la Convention de 1989 admet implicitement l'assistance imposée, en confirmant dans son article 9 le droit de tout État de prendre des mesures de protection de son littoral, et « *de donner des instructions concernant les opérations d'assistance* ».

Il existe aussi des situations où l'assistance est obligatoire pour l'assistant, par exemple après abordage entre deux navires, le capitaine de chacun étant tenu de se porter au secours de l'autre navire (art. 83 du Code disciplinaire et pénal). L'assistant a-t-il alors droit à indemnité d'assistance ? À cette question, la Cour de Poitiers a récemment répondu par la négative (11). Après un abordage entre deux catamarans, le skipper de l'un d'eux avait accepté de convoyer l'autre bâtiment pendant de longues heures. La Cour a jugé qu'il n'avait droit à aucune indemnité d'assistance, car il ne faisait qu'exécuter une obligation à laquelle il était légalement tenu. La décision nous paraît appeler les plus expresses réserves. La Convention de 1910, texte applicable à l'espèce, ne pose qu'une condition à l'attribution d'une indemnité d'assistance : un résultat utile. Et elle prévoit le

(11) 16 déc. 2003, navires *Canouan* et *Sea Shuttle*, *DMF* 2004.699, obs. O. RAISON et P. BONASSIES, *DMF* 2005, Hors-série n° 9, au n° 63.

maintien du droit à indemnité alors même que l'assistant aurait, par sa faute, rendu l'assistance nécessaire — sauf alors au juge à réduire l'indemnité (art. 16, l'art. 18 de la Convention de 1989 édictant une règle identique).

Qu'il y ait contrat d'assistance, assistance de fait, assistance imposée, assistance obligatoire pour l'assistant, il faut cependant, pour que le régime de l'assistance s'applique, que le navire assisté soit en péril, faute de quoi les juges sont fondés à procéder à la requalification du contrat.

496. La condition d'application du régime de l'assistance : le péril du navire assisté. Notion de péril. — La règle qu'il n'y a assistance que si le navire assisté ou l'engin est en péril est le fondement même de l'institution. C'est en effet le péril qui justifie seul l'indemnité accordée à l'assistant (12).

Claire dans son principe, la règle n'est pas sans difficultés dans son application. Il y a d'abord lieu de préciser ce qu'il faut entendre par péril. Au-delà de la relativité des appréciations individuelles de chaque tribunal, ou de chaque juridiction arbitrale, il est habituellement admis que le danger doit être réel, mais qu'il n'est pas nécessaire qu'il soit imminent. Un navire échoué dans un port, ou à l'entrée d'un port, ne court pas, en règle générale, un danger assez sérieux pour être considéré comme en situation de péril. En revanche, un navire immobilisé en haute mer par une panne de moteur, laquelle est impossible à réparer dans un délai prévisible, peut être considéré comme en péril, même si les conditions atmosphériques ne sont pas excessives, dès lors qu'il existe un danger de voir ces conditions se détériorer (sentence arbitrale du 20 nov. 1973, navire *Sapmer*, *DMF* 1974.176 ; sentence du 13 nov. 1986, navire *Drotten*, *Revue Scapel* 1986.59).

497. Moment du péril. — Il faut ensuite se demander à quel moment le péril doit être apprécié : au moment où l'assistance est requise, ou au moment où elle est apportée. Dans le principe, la réponse est simple : l'appréciation du danger doit se faire au moment où l'assistance est apportée (Cour d'appel de Rouen, 26 avr. 1974, *DMF* 1975.279). Un navire échoué, et qui est en assez grave difficulté au moment où il a demandé assistance, mais qui se déséchoue du seul fait de la marée montante, n'est plus en situation d'assistance (en ce sens, une décision de la Cour de cassation néerlandaise de 1981, *DMF* 1981.373).

Toutefois, si cela n'est pas exclu par le contrat d'assistance, l'intervenant a droit à rémunération pour le travail effectué par lui, déplacement et retour à sa base (en ce sens, Ripert, *Traité*, n° 2176 *bis*). Cette rémunération sera fondée non sur la théorie de l'assistance, qui par hypothèse ne peut jouer en l'absence d'un péril, mais sur un contrat tacite de louage de services (le juge pouvant toujours fixer le « prix » d'un louage de services).

498. Péril de l'assistant (non). — En revanche, si le navire assisté doit être en péril, l'assistance existe alors même que les opérations d'assistance ne

(12) Pour une application de la règle à un accord de non-responsabilité en cas d'assistance, écarté par le juge vu l'absence de péril, voir Cass. 15 nov. 1994, *DMF* 1995.361, obs. Y. TASSEL.

présentent pas de risque réel pour le navire assistant, lequel ne court aucun danger. La règle a été rappelée par un important arrêt de la Cour de cassation du 23 avril 1969, censurant une décision de la Cour de Paris, laquelle avait refusé une indemnité d'assistance à une société de remorquage, aux motifs que les manœuvres des remorqueurs, qui avaient agi par beau temps, ne comportaient aucun risque d'insuccès (navire *Loire*, *DMF* 1969.607).

499. Absence de péril. Requalification du contrat. — C'est une règle générale que les parties à un contrat ne sont pas maîtres de la qualification de celui-ci. Mais la chose est encore plus nette en matière d'assistance. Les tribunaux ont de tout temps considéré que le juge avait le pouvoir de modifier la qualification de la convention qui se présentait comme une convention d'assistance, dès lors que les conditions de l'assistance n'étaient pas remplies. Et les textes confirment ce pouvoir, énonçant que la convention d'assistance peut être « *modifiée par le juge s'il estime que les conditions convenues ne sont pas équitables* » (Convention de 1910, art. 7 ; loi de 1967, art. 15 ; Convention de 1989, art. 7).

La règle permet en particulier aux tribunaux de requalifier en contrat de remorquage une convention qualifiée de convention d'assistance alors que le navire qui a été pris en remorque ne courait aucun danger réel (13).

§ 3. — *Régime juridique de l'assistance. Indemnité d'assistance*

500. Obligations de l'assistant. — Le droit classique limitait le régime juridique de l'assistance à la question de l'indemnité d'assistance. Le droit contemporain s'intéresse à un autre problème : celui des obligations et responsabilités de l'assistant. La chose traduit l'aggravation des risques de l'assistance, et en particulier de l'assistance aux pétroliers où toute erreur de l'assistant peut avoir des conséquences catastrophiques. Les tendances, sinon les règles du droit positif apparaissent d'ailleurs en la matière comme quelque peu contradictoires.

C'est ainsi que la Convention de 1989 insiste fortement sur les obligations de l'assistant, — obligations ignorées des textes antérieurs. Aux termes de son article 8, l'assistant a l'obligation « *(a) d'effectuer les opérations d'assistance avec le soin voulu ; (b)... d'agir avec le soin voulu pour prévenir ou limiter les dommages à l'environnement ; (c) chaque fois que les circonstances l'exigent raisonnablement, de chercher à obtenir l'aide d'autres assistants ; (d) d'accepter l'intervention d'autres assistants lorsqu'il est raisonnablement prié de le faire par le capitaine ou le propriétaire du navire ou des autres biens en danger* » (14). Et ce sont là des obligations que le contrat d'assistance ne peut écarter, malgré le caractère en principe supplétif des dispositions de la Convention (*supra*, n° 481).

(13) Sur le problème inverse (requalification du contrat de remorquage en contrat d'assistance), voir *supra*, n° 490.
(14) Des obligations réciproques, et notamment celle de coopérer avec l'assistant, sont imposées par le même article à l'assisté.

501. Responsabilité de l'assistant. Principes. Limitation de responsabilité. — La question de la responsabilité de l'assistant est restée longtemps à peu près ignorée tant de la pratique que de la doctrine. La Convention de 1910 aurait cependant dû conduire à s'interroger sur le problème, en tant qu'elle énonce que l'on doit tenir compte, dans le calcul de l'indemnité d'assistance, des « *risques de responsabilité encourus par les sauveteurs* ». Ce sont les sinistres du *Torrey Canyon* et du *Tojo Maru* qui ont conduit à se pencher sur le problème, en mettant en lumière les risques de l'assistance, et en particulier de l'assistance aux pétroliers.

Législateur international et législateurs nationaux ont réagi au problème d'une manière nuancée et qui amène à distinguer assistant « de droit commun » et assistant aux pétroliers.

S'agissant de l'assistant de droit commun, les principes juridiques classiques n'ont pas été modifiés. En particulier, la Convention de 1989 ne prévoit aucun allégement à la responsabilité de l'assistant. Elle insisterait plutôt, nous l'avons vu, sur les obligations de l'assistant. L'assistant demeure donc responsable de sa faute, même simple, tant à l'égard des tiers qu'à l'égard de l'assisté. Dans ses relations avec l'assisté, pourraient toutefois jouer d'éventuelles clauses de non-responsabilité, mais qui ne se retrouvent pas, en pratique, dans les contrats d'assistance. Les assistants peuvent seulement espérer en la clémence des juges, lesquels, d'ailleurs, apprécient souvent avec une bienveillance particulière leur comportement (Cour d'appel d'Aix-en-Provence, 8 juin 1983, navire *Germaine*, *DMF* 1985.435).

Un progrès important a toutefois été réalisé par le droit positif international, dont les règles ont été reprises par le droit français. On sait que l'assistant bénéficie aujourd'hui de la *limitation de responsabilité* ouverte aux armateurs par la Convention de 1976, et ce même s'il n'agit pas à partir d'un navire (*supra*, n° 425). Et la loi n° 84-1173 du 22 décembre 1984 étend la règle aux situations — devenues très rares, nous le savons — soumises au seul droit français. Dans l'un et l'autre cas, toutefois, l'assistant est déchu de son droit à limitation en cas de « faute inexcusable ».

502. Assistance aux pétroliers. — La situation des assistants qui se portent au secours d'un pétrolier s'est, elle, améliorée, ou est en voie d'amélioration.

C'est ainsi que, dans certains droits, des règles propres aux pétroliers ont été promulguées, exonérant l'assistant de toute responsabilité à l'égard des tiers, et parfois à l'égard de l'assisté, et ce même en cas de faute lourde ou inexcusable (droit britannique, droit néerlandais). Dans le même sens, mais sans aller aussi loin dans la faveur accordée à l'assistant, nous avons vu que la Convention de 1969/1992 sur la responsabilité pour pollution par hydrocarbures, interdit toute action contre l'assistant, sauf en cas de faute « inexcusable » (15).

(15) Il en sera de même en cas d'assistance aux navires transportant des cargaisons polluantes ou nocives, le jour où la Convention HNS entrera en application.

503. L'indemnité d'assistance. Principes. Assistance aux personnes. — L'élément essentiel du régime juridique de l'assistance demeure l'attribution à l'assistant d'une indemnité fonction des valeurs sauvées et du risque couru. La première règle concernant la matière a toutefois un caractère négatif : il n'est dû aucune rémunération pour l'assistance aux personnes (art. 9 de la Convention de 1910 ; art. 17 de la loi du 7 juill. 1967 ; art. 16 de la Convention de 1989). Cependant, en cas d'assistance « mixte », à la fois aux personnes et aux biens, les sauveteurs de vies humaines ont droit « *à une part équitable* » de l'indemnité attribuée aux sauveteurs de biens.

Une règle différente est parfois suivie. Ainsi, même en l'absence de biens sauvés, une loi anglaise de 1898 accorde une indemnité aux sauveteurs de personnes, mais versée sur un fonds d'État. Par ailleurs, en droit américain, il est arrivé que des tribunaux accordent au sauveteur de vie humaine une indemnité fondée sur la théorie de la gestion d'affaires, ou celle de l'enrichissement injuste (Cour d'appel de New York, 27 avr. 1977, navire *Overseas Progress*, *DMF* 1979.505). On peut d'ailleurs se demander s'il ne serait pas souhaitable en droit français, voire juridiquement possible, de fonder pareillement les droits à indemnité de l'assistant aux personnes sur la théorie de la gestion d'affaires (voir en ce sens obs. P. Bonassies sous l'arrêt *Tevera*, *supra*, n° 492).

S'agissant de l'*assistance aux biens*, il importe de s'interroger sur la détermination du montant de l'indemnité d'assistance, puis sur ses modalités de répartition et de paiement.

A. — Détermination du montant de l'indemnité d'assistance

504. Indemnité fixée par contrat. Modalités pratiques. — Dans le principe, l'indemnité d'assistance peut être fixée dans le contrat d'assistance. Mais il y a là une situation qui, sans être tout à fait exceptionnelle, reste très inhabituelle. Normalement, les contrats d'assistance, tels la *Lloyd's open form* ou le contrat *Villeneau*, ne prévoient que le principe du versement d'une indemnité d'assistance, sans en déterminer le montant. Il est simplement stipulé que ce montant sera ultérieurement fixé par recours à arbitrage. En fait, le recours à arbitrage n'intervient que dans une minorité de cas. La plupart du temps, l'indemnité est fixée par accord amiable, après des tractations parfois longues entre assistant et assureur de l'assisté.

Un cas particulier est celui de la *Convention de Concarneau*. Il s'agit là d'une convention annexe à la police française d'assurance des navires de pêche de moins de 700 chevaux de puissance, convention à laquelle adhèrent de nombreux armateurs bretons (une convention analogue, dite « Convention de Boulogne », est proposée pour les navires de pêche de plus de 700 chevaux). Cette convention prévoit deux situations. La première est celle du remorquage d'un navire de pêche en simple difficulté par un autre navire de pêche. Le montant de la rémunération due est fixé à l'avance, par application d'un barème se référant à un certain nombre de paramètres (distance parcourue, temps passé, puissance du

« remorqueur », coefficient des marées). Le second cas envisagé est celui du navire « en perdition » — la qualification de navire en perdition étant, en cas de désaccord, décidée par arbitrage de l'administrateur des affaires maritimes chef du quartier du navire assistant. Ici, le barème ne joue pas. Si les parties ne peuvent se mettre d'accord sur l'indemnité d'assistance, elles doivent recourir à l'arbitrage (pour un cas d'application, voir, sentence du 12 sept. 1977, chalutier *Béatrice*, *DMF* 1978.35).

505. Révision de l'indemnité contractuelle. — Lorsqu'elle est, exceptionnellement comme nous venons de le voir, fixée par le contrat d'assistance, l'indemnité d'assistance est d'autre part essentiellement *révisable* par le juge. Contrastant avec le droit commun, la règle que le juge peut réviser l'indemnité d'assistance a été admise en France dès le XIXe siècle (Cass. 27 avr. 1887, *D.* 1888.1.263). Elle a été confirmée par la Convention de 1910, dont l'article 7 dispose que toute convention d'assistance peut, à la requête de l'une des parties, être annulée ou modifiée par le juge, si celui-ci estime que les conditions convenues ne sont pas équitables, règle reprise par l'article 15 de la loi de 1967. — La Convention de 1989 prévoit dans son article 7 que le juge pourra annuler ou modifier le contrat s'il a été conclu sous une pression abusive, sous l'empire du danger et que ses clauses ne sont pas équitables, ou si le paiement convenu est « *beaucoup trop élevé* » ou « *beaucoup trop faible* » (et la règle ne peut être écartée par les parties au contrat d'assistance).

Le juge qui modifie l'indemnité antérieurement prévue par le contrat, comme les arbitres qui sont amenés en l'absence d'accord des parties à fixer l'indemnité laissée en blanc dans la convention d'assistance, détermineront le montant de l'indemnité accordée à l'assistant sur la base, naguère, des règles et des critères contenus tant dans la Convention de 1910 que dans la loi de 1967, — et désormais sur la base des règles de la Convention de 1989.

506. Critères de détermination de la rémunération. Principe du résultat utile. — Au XIXe siècle, il était admis par la jurisprudence dominante, au moins en droit français, que l'assistant avait droit à une juste rémunération même en l'absence de résultat utile, dès lors que l'échec de l'assistance n'était pas de son fait. Mais les choses ont changé sous l'influence de la pratique anglaise. Aujourd'hui, la règle fondamentale en la matière, inscrite dans l'article 2 de la Convention de 1910 (article 10 de la loi de 1967), est que la rémunération due à l'assistant est strictement liée à l'utilité de son intervention.

Aux termes dudit article 2, en effet, « *aucune rémunération n'est due si le secours prêté reste sans résultat utile* ». Cette première règle est complétée, dans le même texte, d'une règle qui en est le corollaire, à savoir que jamais la somme à payer ne peut dépasser la valeur des choses sauvées. Pareillement, l'article 12 de la Convention de 1989 énonce que les opérations d'assistance « *qui ont eu un résultat utile* — et donc elles seules — *donnent droit à une rémunération* ».

De cette règle, à laquelle on fait souvent référence comme à la règle *no cure no pay* (pas de résultat, pas de rémunération), et qui se retrouve dans les contrats d'assistance types (16), découle une conséquence très concrète. Quels qu'eussent été les efforts de l'assistant, le temps passé par lui dans les opérations d'assistance, voire les dommages qu'il a subis, il n'a droit à aucune indemnité si le navire assisté sombre, tout à la fois parce que l'assistance n'aura eu aucun résultat utile, et que l'indemnité ne peut dépasser la valeur des choses sauvées.

507. Exception : l'assistance aux pétroliers. La *Lloyd's open form 1980.* — La règle, trop fermement inscrite dans les textes pour qu'on puisse la contourner, a soulevé un problème d'une grande importance à propos de l'assistance aux pétroliers.

Lorsqu'un pétrolier est en difficulté, tout doit être tenté pour le sauver, et donc pour inviter les assistants à intervenir. Par ailleurs, alors même que le sauvetage apparaît sans espoir, un assistant pourra jouer un rôle primordial dans la prévention contre la pollution en remorquant le pétrolier en haute mer, dans une zone où il pourra sombrer sans trop de dommage pour l'environnement. Mais, pour qu'il en soit ainsi, encore faut-il que l'assistant puisse envisager une rémunération équitable. Or, ce n'était pas le cas à partir des règles de la Convention de 1910, l'assistant n'ayant droit à rien, une fois le pétrolier ayant sombré.

Pour résoudre le problème ainsi posé, et inciter les grandes entreprises internationales de remorquage à se porter à l'assistance de tout pétrolier, fût-ce au risque de le voir sombrer, les praticiens sont intervenus, modifiant en 1980 le texte de la *Lloyd's open form* telle qu'elle existait à l'époque. Dans son principe, le nouveau contrat restait un contrat *no cure, no pay*. Mais la *Lloyd's open form* de 1980 prévoyait que, par exception, quand le navire assisté était un pétrolier chargé d'une cargaison d'hydrocarbures, l'assistant avait droit à une indemnité d'assistance alors même que l'assistance n'avait eu aucun succès, ou n'avait eu qu'un succès partiel. Cette indemnité (parfois qualifiée de *safety net*) était égale aux dépenses raisonnablement encourues par l'assistant, c'est-à-dire au coût de l'assistance, augmentées d'un bonus (*increment*) ne dépassant pas 15 %. La règle, qui était susceptible de jouer même en cas de perte totale du pétrolier, était certainement de nature à inciter les entreprises de remorquage à accepter plus aisément de s'engager dans l'assistance aux pétroliers.

508. La Convention de 1989. L'indemnité spéciale. — Les rédacteurs de la Convention de 1989 ont suivi ici les enseignements de la pratique, en généralisant le système de la *Lloyd's Open Form 80*, en le rendant d'ailleurs, et fort justement, plus avantageux pour les assistants, et en l'élargissant à l'assistance à tout navire qui, par lui-même ou par sa cargaison, menace de causer des dommages à l'environnement (art. 14).

(16) La formule de la *Lloyd's open form* porte ainsi, en tête de sa première page, en lettres majuscules, les mots « *NO CURE NO PAY* ». La formule *Villeneau* stipule dans son article III qu'une rémunération ne sera due, « *en application de la règle no cure no pay* » qu'en cas de résultat utile.

La Convention de 1989 impose donc de distinguer aujourd'hui, quant à la détermination de l'indemnité d'assistance, entre le droit commun et le droit de l'article 14.

509. Droit commun. Les critères de détermination de l'indemnité d'assistance. — Il faut ici distinguer entre, d'une part le régime de la Convention de 1910 et le régime identique de la loi de 1967, lequel demeure de droit positif pour les assistances antérieures au 20 décembre 2002 (date d'entrée en vigueur, en France, de la Convention) et le régime de la Convention de 1989. Aux termes de la Convention de 1910 et de la loi de 1967, l'indemnité devra être fixée « *selon les circonstances, en prenant pour base : (a) en premier lieu, le succès obtenu, les efforts et le mérite de ceux qui ont prêté secours, le danger couru par le navire assisté, par ses passagers et son équipage, par sa cargaison, par les sauveteurs et par le navire assistant, le temps employé, les frais et dommages subis et les risques de responsabilité et autres encourus par les sauveteurs, la valeur du matériel exposé par eux, en tenant compte, le cas échéant, de l'appropriation spéciale du navire assistant ; (b) en second lieu, la valeur des choses sauvées* » (la loi de 1967 ajoutant ici, « *le fret et le prix du passage* »). Par ailleurs, il est prévu par les textes que la rémunération due pourra être réduite ou même supprimée si l'assistant a rendu l'assistance nécessaire par sa faute, ou s'est rendu coupable de vol, recel ou autre acte frauduleux (Convention de 1910, art. 8, loi de 1967, art. 16).

La Convention de 1989 retient les mêmes critères, mais elle ajoute un nouveau et important critère : elle prévoit dans le paragraphe 1er de son article 13 (b) que l'on devra prendre en compte « *l'habileté et les efforts des assistants pour prévenir ou limiter les dommages à l'environnement* ». Elle fait aussi référence à « *la promptitude des services rendus* », comme à « *l'état de préparation de l'assistant* » (article 13, (4) et (5)). Elle ne contient pas de disposition particulière sur les conséquences de la faute de l'assistant (17).

Dans le principe, chacun des éléments énumérés par le texte applicable, loi de 1967, Convention de 1910 ou, aujourd'hui, Convention de 1989, doit être pris en considération par le juge, et une décision qui oublierait l'un de ces éléments encourrait la censure de la Cour de cassation (Cass. 21 janv. 1958, navire *Bonaparte*, *DMF* 1958.266 ; *D.* 1958.634). À l'opposé, le juge, s'il bénéficie d'un pouvoir discrétionnaire dans l'appréciation des éléments ici énumérés ne peut se référer à aucun autre élément. Dans une décision récente, le juge britannique David Steel a ainsi écarté du débat un soi-disant « principe de disparité » (*disparity principle*) avancée par certains praticiens et selon lequel, quand le service fourni se réduisait à un simple remorquage, sans risque pour le remorqueur, la rémunération d'assistance ne devait pas s'écarter sensiblement

(17) Avant même l'entrée en vigueur de la Convention de 1989, certains assistants ont tenté de convaincre les juges de prendre en considération leurs efforts pour protéger l'environnement. Leur tentative est demeurée vaine : voir en droit français l'arrêt *Tevera*, cité *supra*, n° 492 ; en droit américain, Trib. Fédéral de Miami, 28 mai 1992, *American Maritime Cases* 1993.1042 et *DMF* 1993.810.

des taux appliqués à un remorquage classique (*Queen's Bench* 10 juillet 2008, navire *The Voutakox, Lloyd(s) Law reports* 2008.2.516).

En fait, juges ou arbitres prennent principalement en considération trois éléments.

510. Détermination pratique de l'indemnité. Rôle de l'équité. — Le premier des éléments pris en considération par le juge ou l'arbitre, c'est l'élément risques, *risques* encourus par le navire assistant, mais, plus encore, par le navire assisté. La rémunération accordée pour une assistance par eau calme sera fortement inférieure à la rémunération accordée, pour un même navire, pour une assistance intervenant par très mauvais temps.

Le deuxième élément est celui de *l'appropriation spéciale* du navire assistant. Il est, en effet, de l'intérêt général que puissent se créer et prospérer des entreprises spécialisées, armant des remorqueurs de haute mer toujours disponibles et prêts à se porter à l'assistance des navires en danger. Ainsi, l'indemnité accordée à l'entreprise spécialisée, propriétaire d'un matériel, approprié, sera-t-elle sensiblement plus forte que l'indemnité d'assistance accordée à l'armateur d'un cargo qui, exceptionnellement, a porté assistance à un autre navire.

Le dernier élément important, c'est le *montant des valeurs sauvées*, valeur du navire et valeur de la cargaison. Plus précisément, le montant à prendre en considération est celui des valeurs concernées *après assistance*, et en tenant compte des charges dont elles peuvent être obérées. C'est ainsi que, si le navire est à l'état d'épave, il faut l'évaluer à sa valeur d'épave, déduction faite du coût de son transfert dans un chantier de démolition approprié. C'est en ce sens qu'a justement statué le Tribunal de grande instance de Paris dans une décision du 17 mai 2006, où le juge a refusé toute indemnité à l'État français, dont les bâtiments avaient, en Polynésie, porté assistance à un navire de croisière en feu, le *Wind Song* (*DMF* 2006.775, obs. P. Bonassies). La seule valeur du navire, irréparable, était sa « valeur de démolition ». Or cette valeur dépassait le coût de l'acheminement du *Wind Song* vers le chantier de démolition le plus proche.

Ayant pris en considération les divers éléments prévus par les textes, juges ou arbitres fixent une indemnité d'assistance qui se traduit par un chiffre précis, mais qui en fait correspond à un pourcentage des valeurs sauvées, valeurs incluant la valeur du navire après le sinistre mais aussi la valeur de la cargaison. Dans la plupart des cas, ce pourcentage est de 1 à 5 % de ces valeurs sauvées. Exceptionnellement, il pourra être inférieur à 1 % (pour une indemnité égale à 0,5 % des valeurs sauvées, voir la sentence *Drotten*, citée *supra* n° 496). Mais il pourra aussi être supérieur à 5 % (voir une sentence arbitrale du 11 mars 1960, navire *Tenira*, *DMF* 1961.105, accordant une indemnité de 5 millions de francs anciens, aux remorqueurs intervenus pour sauver un navire en feu, indemnité égale à 25 % des valeurs sauvées, lesquelles n'atteignaient qu'une somme de 21 millions). Dans l'affaire du *Nagasaki Spirit* (*infra*, n° 514), c'est une indemnité de 10 millions de dollars qui a été attribuée à l'assistant, indemnité d'un montant égal à 66 % des valeurs sauvées (18). Dans la dernière décision publiée, une sentence arbitrale française du 5 novembre 2002, c'est une indemnité de 700 000 euros qui a été accordée à l'assistant qui, dans la rade de Brest, s'était porté au secours d'un transporteur de produits pétroliers, indemnité équivalant à 5,5 % des valeurs sauvées (*DMF* 2003.301 et nos obs.).

En conclusion, il faut souligner le rôle que joue *l'équité* dans la détermination de l'indemnité d'assistance — dans la pratique française tout au moins. Le pouvoir des juges et des arbitres est en droit un pouvoir discrétionnaire. En fait il est exercé de manière subjective, tribunaux ou arbitres s'efforçant d'arriver à la détermination la plus équitable, en s'éclairant des décisions précédemment rendues en la matière (19). Ce rôle de l'équité est d'ailleurs affirmé tant par la Convention de 1910 que par la loi française, textes énonçant que tout fait d'assistance donne lieu à une *équitable rémunération* (Convention, article 2 ; article 10 de la loi du 7 juillet 1967) (20).

Cette référence à l'équité comme fondement du droit à indemnité d'assistance ne se retrouve pas dans la Convention de 1989. Celle-ci, beaucoup plus pragmatique (est-ce l'influence des pays de culture anglaise ?) fonde le droit de l'assistant à indemnité sur la nécessité qu'il y ait des incitations adéquates pour les personnes qui entreprennent des opérations d'assistance. Mais on retrouve la référence à l'équité dans l'article 7 de la Convention accordant au juge le pouvoir de réviser l'indemnité d'assistance si ses clauses ne sont pas « *équitables* » (*supra*, n° 505) — ce qui montre bien que l'équité est la mesure de l'indemnité d'assistance, comme on retrouve la même référence dans l'article 14 (*infra*, n° 514).

511. Cas particulier. Pluralité d'assistants éventuels. — Un problème spécifique se pose quand un navire a la possibilité de faire appel à plusieurs assistants. La chose doit-elle être prise en considération, soit que l'on considère qu'elle diminue le risque couru par l'assisté, soit que l'on estime que la « concurrence » existant ainsi aurait pu conduire à une diminution des prétentions de l'assistant ? Une décision arbitrale a répondu par la négative, les arbitres ayant considéré que le principe selon lequel l'indemnité d'assistance doit être équitable leur interdisait de prendre en considération le fait qu'une indemnité inférieure aurait pu être acceptée par un autre assistant (31 mai 1979, navire *Bearn*, *DMF* 1979.472, note P. Latron).

La solution semble confirmée par la Convention de 1989, laquelle, tout en énonçant que l'assistant doit accepter l'intervention d'autres assistants lorsqu'il est raisonnablement prié de le faire par le capitaine du navire assisté, dispose que

(18) Voir aussi un cas limite, où les juges ont accordé à un assistant qui avait été abordé par le navire assisté lors des manœuvres d'accostage, et coulé par lui, une somme exactement égale aux valeurs sauvées, Rouen, 26 avr. 1958, navire *Will Everard*, *DMF* 1959.90 ; voir aussi, en droit américain, la décision du Tribunal fédéral de Norfolk, Virginie, *The African Queen*, 11 janv. 1960, qui accorde à l'assistant une rémunération égale à la valeur de revente du navire, après une assistance ayant duré six mois et concernant un navire échoué pratiquement abandonné de tous.

(19) Décisions dont ils ont le souvenir, ou qui, souvent leur sont communiquées par les parties.

(20) Il est pareillement reconnu par la Cour de cassation dans son arrêt *Tevera* du 14 octobre 1997, *DMF* 1997.1116 et *supra*, n° 492.

le montant de sa rémunération n'est pas affecté si la demande n'était pas raisonnable (art. 8, paragraphe 1, d). La règle semble en effet impliquer que c'est seulement quand la coopération d'un second assistant était nécessaire (ou en tout cas raisonnable) que la présence d'un second assistant éventuel peut être prise en considération.

512. L'indemnité spéciale de l'article 14 de la Convention de 1989. Notion de dommage à l'environnement. — L'article 14 de la Convention prévoit l'attribution d'une « *indemnité spéciale* », due par le *propriétaire* du navire à tout assistant ayant effectué des opérations d'assistance à l'égard d'un navire qui, par lui-même ou par sa cargaison, menace de causer des dommages à l'environnement. Ainsi, l'indemnité spéciale s'applique non seulement en cas d'assistance à un pétrolier, mais aussi en cas d'assistance à tout navire transporteur de produits polluants, voire en cas d'assistance à un navire nucléaire menaçant de causer des dommages à l'environnement.

L'article 14 se référant à tout navire qui, « *par lui-même* » menace de causer des dommages à l'environnement, il faut en conclure que ce texte pourrait jouer même en cas d'assistance à un navire ne transportant pas de cargaison polluante, mais qui menace l'environnement par *ses soutes*, navire transporteur de vrac quelconque, voire même navire transporteur de passagers.

On regrettera toutefois la conception étroite qu'a ici la Convention des dommages à l'environnement qu'elle entend prévenir. Aux termes de son article 1er (d), dommage à l'environnement « *signifie un préjudice matériel important à la santé de l'homme, à la faune ou à la flore marines ou aux ressources de la mer dans les eaux côtières ou intérieures ou dans les zones adjacentes* ». Pareille définition, outre qu'elle fait appel à des notions inconnues du droit de la mer (celles des eaux côtières ou adjacentes), semble en effet exclure du domaine de l'article 14 toute assistance à un pétrolier en danger de polluer la haute mer, voire la zone économique exclusive. On ne peut qu'espérer que praticiens et tribunaux interprètent d'une manière extensive la notion de « menace » : un sinistre en haute mer peut parfaitement constituer une menace aux eaux côtières.

513. Calcul de l'indemnité spéciale. — Dans la situation envisagée, l'assistant a droit, quel que soit le résultat de l'assistance, et donc même en cas d'échec total (à moins que l'échec ne soit dû, totalement ou partiellement, à sa faute), à une indemnité équivalant à ses dépenses (débours engagés, ainsi qu'une somme équitable pour le matériel et le personnel utilisés). Si l'assistant a par son action prévenu ou limité les dommages à l'environnement, l'indemnité spéciale peut être augmentée d'une somme (*increment*) pouvant aller jusqu'à 30 % des dépenses engagées, ou même jusqu'à 100 % de ces dépenses si le tribunal le juge équitable et juste.

Toutefois, cette indemnité spéciale n'est pas due si l'assistant, ayant pleinement réussi dans son assistance, reçoit, en application du droit commun, une rémunération égale ou supérieure au montant de l'indemnité spéciale (21). La règle pourrait paraître sévère. Elle ne l'est pas, puisque, ainsi que nous l'avons vu (*supra*, n° 509), la Convention de 1989 prend en considération l'habileté et les efforts de l'assistant pour prévenir ou limiter les dommages à l'environnement comme l'un des critères de la détermination de la rémunération due en droit commun.

514. L'arrêt *Nagasaki Spirit.* — Dans une importante décision du 6 février 1997, l'arrêt *Nagasaki Spirit*, la Chambre des Lords s'est penchée sur la détermination du montant de l'indemnité spéciale de l'article 14 de la Convention de 1989 (22). À la suite d'une importante assistance à un pétrolier en feu, assistance ayant duré plus d'une semaine, la question s'est posée du montant de l'indemnité spéciale, l'indemnité d'assistance calculée selon les règles du droit commun ne couvrant pas les frais encourus par l'assistant. Pour ce dernier, l'indemnité spéciale à lui due devait inclure non seulement les frais encourus par lui, mais aussi un *profit légitime*, le tout étant affecté du montant supplémentaire prévu à l'article 14. La Chambre des Lords a rejeté sa prétention. Pour elle, les termes de la Convention de 1969 ne permettaient pas d'inclure un élément de profit dans les dépenses encourues par l'assistant, telles que visées à l'article 14.

La décision de la Chambre des Lords n'est pas pleinement convaincante, surtout si l'on se réfère au texte français de la Convention. Ce texte prévoit que les dépenses de l'assistant, qui doivent lui être remboursées, incluent une *somme équitable* pour le personnel et le matériel utilisés (le texte anglais parlant de *fair rate*, au lieu de somme équitable). La référence à l'équité, laquelle se retrouve dans les autres versions linguistiques de la Convention (23), paraît impliquer que les dépenses de l'assistant doivent être calculées en tenant compte du fait que, si l'assistant ne s'était pas engagé dans l'assistance, mais dans une opération commerciale classique, la rémunération de cette opération aurait inclus une marge bénéficiaire normale.

515. L'indemnité spéciale dans les contrats types. La *Scopic clause.* — Dès 1980, alors même que la Convention n'était pas encore entrée en vigueur, tant la *Loyd's open form 1990* que la nouvelle formule *Villeneau* de 1990 ont repris les dispositions fondamentales de la future Convention de 1989, et en particulier celles des articles 13 (critères de rémunération) et 14 (indemnité spéciale). La LOF 2000, elle, ne reprend plus expressément le texte des articles 13 et 14, se bornant à un renvoi général à la Convention de 1969 (article D). Mais elle contient une référence (laquelle peut être biffée) à une clause supplémentaire, dite *Scopic clause*. Cette clause, d'une extrême complexité, a

(21) Le texte ne précise pas si par « rémunération égale au montant de l'indemnité spéciale », il faut entendre l'indemnité nette couvrant les débours de l'assistant et ses dépenses de matériel et de personnel, ou s'il ne faut pas ajouter à cette indemnité nette le supplément prévu par l'article 14 en cas de succès dans la lutte contre la pollution. L'esprit du texte conduit à conclure à la seconde solution — le droit de l'assistant à l'indemnité spéciale n'étant perdu que si l'indemnité d'abord à lui accordée selon les règles de l'article 13 est au moins égale à l'indemnité spéciale, y inclus le supplément prévu. C'est en ce sens qu'ont jugé les tribunaux britanniques dans l'affaire du *Nagasaki Spirit* (*infra*, n° 514).

(22) Voir P. BONASSIES, « La fin de l'affaire du *Nagasaki Spirit*, une espérance déçue », *DMF* 1997.451.

(23) Voir les références dans l'étude P. BONASSIES, citée note précédente.

pour objet de fixer à l'avance la rémunération de l'assistant, sur la base d'une évaluation forfaitaire très détaillée, l'assistant renonçant à invoquer les droits que lui confèrent les articles 13 et 14 de la Convention de 1989 — c'est-à-dire renonçant à toute fixation judiciaire de l'indemnité. Par exemple, le salaire des personnels employés par l'assistant a été fixé, originairement, à 600 dollars-jours pour un marin, à 1 500 dollars-jour pour le capitaine du remorqueur. Le coût des équipements utilisés est pareillement tarifé, le coût journalier de base d'un remorqueur étant fixé à 2 dollars-jour par h.p. (cheval) jusqu'à 5 000 h.p., un taux dégressif étant ensuite appliqué, et divers suppléments étant prévus pour les remorqueurs équipés d'engins de lutte contre l'incendie, titulaires d'un certificat de classe pour la glace, etc. (24).

La *Scopic clause* a été conçue pour les cas d'assistance à un pétrolier, ou autre navire menaçant l'environnement. Mais elle peut être insérée dans tout contrat d'assistance, alors qu'il n'y a pas menace à l'environnement — et la chose devient fréquente. Par ailleurs, la mise en place de la clause est complexe. Elle ne joue pas automatiquement, mais seulement si l'assistant en demande l'application, ce qu'il peut faire à tout moment de l'assistance. Et elle ne joue que pour le futur, l'assistance déjà rendue devant être rémunérée selon les règles de l'article 13. Enfin l'entrée en vigueur de la clause emporte de lourdes charges pour l'assisté. Celui-ci doit en effet, dans un délai de deux jours ouvrables, verser une garantie à hauteur de 3 millions de dollars. S'il ne le fait pas, l'assistant peut renoncer à la clause, et l'on en revient au droit commun, c'est-à-dire à la fixation par le juge ou par l'arbitre de la rémunération de l'assistant.

Les rédacteurs de la *Scopic clause* semblent avoir pensé que la fixation de coûts forfaitaires éviterait tout débat, réduisant au maximum le coût de l'assistance. Il n'est pas sûr que leurs espoirs ne soient pas déçus. Dans le principe, toutefois, la validité de la clause paraît assurée, l'article 6 de la Convention de 1989 autorisant les clauses dérogeant à ses dispositions.

B. — Paiement et répartition de l'indemnité d'assistance

516. Débiteurs de l'indemnité. Propriétaire et affréteur. — Le problème des modalités de paiement de l'indemnité d'assistance pose dans un premier temps la question de savoir qui est débiteur de l'indemnité (problème d'obligation au paiement).

L'indemnité légale d'assistance pèse d'abord sur le navire et est donc due par le propriétaire. L'indemnité contractuelle pèse sur la personne pour le compte de laquelle le contrat d'assistance a été conclu. Ce sera normalement le propriétaire du navire, mais ce peut être aussi l'affréteur, lorsque le navire est affrété sous affrètement coque-nue. Mais l'assistant bénéficie d'un privilège sur le navire,

(24) Tous ces chiffres sont périodiquement réévalués. Par exemple, le coût d'un marin a été porté, en 2008, à 650 dollars/jour. S'inspirant des dispositions de l'article 14, la Scopic clause prévoit par ailleurs que l'assistant aura droit à un bonus de 25 %. Sur la clause en général, voir J. BATT, *La Lloyd's open form 200 et la clause SCOPIC*, mémoire du CDMT, Aix-en-Provence, 2001.

même exploité par un affréteur (*infra*, n° 574). Il pourra donc, dans ce cas, éventuellement, saisir le navire affrété, le faire vendre et se payer sur le prix (25).

517. Cargaison. — Par ailleurs, l'indemnité d'assistance n'est pas due seulement par le navire. Elle est due, aussi, par la cargaison sauvée, proportionnellement à la valeur de celle-ci. La chose est très importante pour certaines cargaisons, dont la valeur peut fortement dépasser celle du navire (cargaisons d'hydrocarbures).

La règle découle expressément de la définition donnée de l'assistance par la Convention de 1910 (« assistance des navires de mer en danger, des *choses se trouvant à bord* »). Bien que la définition inscrite dans la loi de 1967 n'y fasse pas référence (l'assistance n'y concernant que « *les navires de mer en danger* »), la règle est si fortement ancrée dans la tradition maritime qu'elle vaut certainement aussi pour les assistances soumises au seul droit français. Le fondement exact de l'obligation des marchandises fait toutefois difficulté, en cas de contrat d'assistance. On peut hésiter à considérer que le capitaine, signant la convention d'assistance, a agi pour le compte des marchandises. Il faut alors se référer à la théorie de la gestion d'affaires (*supra*, n° 289).

Quoi qu'il en soit, même en l'absence d'obligation contractuelle, les marchandises sont certainement tenues de payer l'indemnité d'assistance. L'assistant pourrait donc procéder à leur saisie. Par ailleurs, s'il ne peut invoquer, en droit français tout au moins (car la solution est différente dans certaines législations étrangères), un privilège maritime à leur encontre, il dispose contre les marchandises du privilège de droit commun prévu par l'article 2102-3 du Code civil au bénéfice du conservateur d'une chose.

518. Cas particulier : « l'indemnité spéciale ». — Une exception à l'obligation au paiement de l'indemnité d'assistance qui pèse sur la marchandise, voire sur l'affréteur : l'*indemnité spéciale* prévue par la Convention de 1989 n'est due que par le *seul propriétaire* du navire, solution qui s'explique par le fait que c'est lui qui est responsable de la pollution par hydrocarbures (*supra*, n° 462).

Logiquement, il devrait en être de même pour la partie de l'indemnité d'assistance rémunérant « *l'habileté et les efforts des assistants pour prévenir ou limiter les dommages à l'environnement* », élément nouveau visé par l'article 14 de la Convention de 1969 — puisque là aussi, au moins en ce qui concerne les dommages de pollution par hydrocarbures, ce sont les intérêts du seul propriétaire qui sont en jeu. Mais, pour qu'il en fût ainsi, il faudrait que les parties, les juges ou les arbitres distinguent, dans la fixation de l'indemnité, la fraction correspondant à cet élément. Or la chose paraît difficile, voire en fait impossible (pour le problème posé en matière d'avaries communes, voir *infra*, n° 539).

519. Modalités pratiques du paiement. Convention de 1989. — En pratique, le paiement de l'indemnité d'assistance est pris en charge par les assureurs

(25) Voir aussi, pour un cas où c'est un créancier hypothécaire qui a été déclaré débiteur de l'indemnité d'assistance, Tribunal fédéral du District de Columbia, 2 oct. 1979, *DMF* 1983.695.

du navire. Dès l'arrivée du navire au port de refuge, le propriétaire se voit demander par l'assistant des garanties de paiement, garanties prévues par le contrat d'assistance et qu'il ne peut éviter sous peine de voir son navire et la cargaison faire l'objet d'une saisie conservatoire. Ces garanties, qui peuvent prendre la forme d'un cautionnement bancaire, sont fournies soit par l'intermédiaire de l'assureur-corps du navire, soit le plus souvent par le P & I Club (club de protection et indemnité ; voir *infra*, n° 724) du navire.

Parallèlement, le propriétaire se garantit lui-même du paiement éventuel de la fraction de l'indemnité d'assistance imputable aux marchandises en déclarant le navire en avaries communes — ce qui interdit à la marchandise de quitter le bord avant paiement d'une contribution provisoire (*infra*, n° 540).

La Convention de 1989 réglemente de façon assez précise les modalités de paiement de l'indemnité. Elle énonce dans son article 21 que le redevable doit, à la demande de l'assistant fournir une garantie suffisante, le propriétaire du navire devant « *faire de son mieux* » pour obtenir une garantie de la cargaison. Elle dispose ensuite que le navire et autres biens sauvés ne doivent pas quitter le port de refuge avant paiement de telles garanties — sorte de quasi-saisie conservatoire automatique, mais qui restera illusoire si une saisie n'est pas effectivement réalisée. Enfin elle accorde au tribunal compétent le droit d'ordonner le paiement d'un acompte « *équitable et juste* » — intéressante extension au domaine international du référé provision du droit français. En revanche, la Convention prévoit que les cargaisons *non commerciales* appartenant à un État ne pourront faire l'objet d'aucune saisie ni action *in rem*, de même que les cargaisons humanitaires — mais pour ces dernières seulement si l'État donateur a accepté de régler l'indemnité d'assistance.

Si les parties ont souscrit une LOF 2000, contenant une *Scopic clause*, des modalités particulières s'appliquent (*supra*, n° 515).

520. Règlement définitif. Procédure d'avaries communes. — Quant au règlement définitif, il est ultérieurement effectué par les assureurs, dans le cadre d'une procédure d'avaries communes (*infra*, nos 530 et s.). C'est l'assureur-corps du navire (*infra*, nos 1286 et s.) qui assume le paiement de la fraction de l'indemnité d'assistance due par le navire (le P & I Club sortant ici du débat), tandis que l'assureur des marchandises (assureur-facultés, voir *infra*, nos 1310 et s.) prendra en charge la part d'indemnité imputable à celles-ci. Un point particulier à noter : l'indemnité spéciale due en cas d'assistance à un pétrolier, et demain à tout navire polluant, est normalement prise en charge par le club du navire, ou par l'assureur-corps, mais alors dans le cadre d'une assurance spéciale.

521. Répartition de l'indemnité. Propriétaire et équipage. Propriétaire et affréteur. — Une fois le montant de l'indemnité fixé, voire l'indemnité payée, des problèmes de répartition entre divers créanciers peuvent se poser. C'est ainsi que l'article 6 de la Convention de 1910 (art. 14 de la loi de 1967, art. 15 de la Convention de 1989) prévoit que l'indemnité sera répartie entre le propriétaire du navire, le capitaine et les membres de l'équipage, ce selon la loi du pavillon de l'assistant (la Convention de 1989 ajoutant, pour les assistances non portées à partir d'un navire, une référence à la loi du contrat liant l'assistant et ses préposés).

En droit français, aucun texte spécifique n'ayant été promulgué, ce sont juges ou arbitres qui, à défaut d'accord amiable entre les parties, devront procéder à la répartition de l'indemnité d'assistance. Ils devront aussi fixer, à l'intérieur de la rémunération de l'équipage, la part de chacun, capitaine, officiers et marins (26).

L'attribution, tout à fait normale, d'un droit à une part de l'indemnité d'assistance à l'équipage n'est pas sans soulever quelques problèmes. Ces problèmes peuvent être réglés à l'avance par la convention collective liant armateur et équipage — et c'est le cas dans de nombreux armements spécialisés dans l'assistance en haute mer. En l'absence de semblable convention, il apparaît prudent de faire participer l'équipage (soit directement, soit par mandat donné à l'armateur) aux négociations de l'indemnité, ou à la procédure. Sinon, l'assisté — comme cela s'est produit récemment — peut, après avoir versé la rémunération de l'assistant, se voir réclamer par l'équipage sa propre indemnité d'assistance (27).

Quand le navire fait l'objet d'un affrètement à temps ou coque-nue, le problème se pose de savoir à qui est due l'indemnité d'assistance. Ce problème est réglé par le contrat d'affrètement. La plupart des chartes-parties à temps prévoient un partage égal entre fréteur et affréteur, les chartes coque-nue attribuant l'indemnité d'assistance dans sa totalité à l'affréteur.

522. Procédure. Conflits de juridiction. Prescription. — S'agissant de la procédure, deux règles à noter. D'une part, l'article 2 du décret du 19 janvier 1968 déclare nulle toute clause attributive de juridiction à un tribunal étranger, ou à un *tribunal arbitral* siégeant à l'étranger, quand assistant et assisté sont de nationalité française et que l'assistance a été rendue dans des eaux de juridiction française. Ce qui est visé par ce texte, des plus modérés puisqu'il ne concerne pas les contrats conclus, même en eaux françaises, entre un navire français assisté et un assistant étranger, c'est la clause d'arbitrage de la *Lloyd's open form*, contrat type que l'on veut décourager les armateurs français d'adopter pour les assistances entre navires français (*quid* de la légalité d'une telle disposition du point de vue du droit communautaire ?). D'autre part, l'alinéa 7 de l'article 5 du Règlement communautaire 44-2001 du 22 décembre 2000 (*supra,* n° 140) prévoit que la contestation relative à la rémunération pour assistance sera portée devant le tribunal dans le ressort duquel la cargaison a été saisie ou aurait pu être saisie, une caution ayant été fournie. Mais ce texte ne s'applique que si le

(26) Ils devront enfin, en cas d'assistance mixte, à la fois aux biens et aux personnes, déterminer la part qui sera versée aux assistants aux personnes.

(27) Dans un litige récent, couvert par une transaction, c'est une indemnité de deux millions de dollars qui a été réclamée par l'équipage, alors que l'armateur avait déjà versé trois millions à l'assistant.

défendeur est domicilié sur le territoire d'un État membre (28). Pour le reste, dans le silence tant du Règlement que de la loi de 1967, ce sont les règles de droit commun qui s'appliquent.

S'agissant de la *prescription*, l'action en paiement de l'indemnité d'assistance se prescrit par deux ans (Convention de 1910, art. 10, loi du 7 juill. 1967, article 18, Convention de 1989, art. 23). La Convention de 1910 stipulait dans son article 10 que les États contractants pouvaient se réserver de proroger le délai de prescription quand le navire assisté n'avait pu être saisi dans les eaux territoriales de l'État où l'assisté a son domicile. La France n'a pas fait usage de cette réserve, à l'inverse de ce qui est en matière d'abordage (*supra*, n° 400) et la Convention de 1989 ne reprend pas, ici, le texte de 1910.

523. Conflits de lois. — Le problème des conflits de lois ne se pose plus qu'exceptionnellement en matière d'assistance, eu égard à l'adoption généralisée de la Convention de 1989, les États-Unis eux-mêmes ayant, nous l'avons relevé, adhéré à ce texte. C'est donc d'une manière largement théorique que l'on notera qu'en cas de contrat d'assistance on appliquera d'abord la loi choisie par les parties. En l'absence de choix, le Règlement Rome I prévoit, s'agissant d'un *contrat de services*, l'application de la loi de résidence du prestataire — la loi du siège social de l'assistant. Et l'on voit assez mal dans quelles circonstances le juge, comme il en a le pouvoir, écarterait cette loi pour lui préférer une autre loi, présentant un lien manifestement plus étroit avec l'assistance. Il reste que cette loi ne pourrait priver le juge de son pouvoir de modifier le contrat d'assistance, le contrôle judiciaire étant ici d'ordre public au sens du droit international.

524. Conclusions. Nécessité d'adapter le droit interne français de l'assistance. — L'entrée en application de la Convention de 1989 rend nécessaire l'adaptation de la loi du 7 juillet 1967. Certes, dans la quasi-totalité des situations, le juge français saisi devra se référer à la Convention. Il reste que l'assistance apportée à une unité de forage ou à un navire d'État demeurera soumise à la loi française. Par ailleurs, on concevrait mal que la France n'ait pas une législation propre dans un domaine aussi fondamental en droit maritime que celui de l'assistance.

Parce qu'il est préférable de limiter l'adaptation du droit français au minimum, on conçoit que le législateur se borne à deux additifs au texte actuel de la loi de 1967. D'une part, il y aurait lieu d'ajouter aux critères actuels le critère de l'article 13 (b) de la Convention de 1989, critère se référant à l'habileté et aux efforts de l'assistant pour prévenir ou limiter les dommages à l'environnement. D'autre part, il faudrait intégrer à la loi française le mécanisme de l'indemnité spéciale de l'article 14, sauf à en simplifier les termes.

(28) Ce texte reprend une disposition similaire inscrite dans la Convention de Bruxelles du 27 septembre 1968 à la demande de la Grande-Bretagne.

§ 4. — *Les épaves*

525. Observations générales. Plan. — Traditionnellement, nous l'avons relevé, le régime de l'assistance aux navires et celui du sauvetage des épaves ont été distingués. Les épaves maritimes ce sont tous les objets dont le propriétaire a perdu la possession en mer, épaves de navire (*supra*, n° 148), mais aussi épaves d'aéronefs, débris de navires ou d'aéronefs trouvés en mer, marchandises tombées ou jetées à la mer. Le régime juridique des épaves résulte de textes spécifiques, de caractère strictement national, loi 61-1262 du 24 novembre 1961 (*D.* 1961, 352), décret 61-1547 du 26 décembre 1961 (*D.* 1962, 41) et textes modificatifs (décret du 3 août 1978, *D.* 1978, 375, loi 82-990 du 24 novembre 1982, *D.* 1982, 502 et décret 85-632 du 21 juin 1985, *D.* 1985, 345). Ces textes régissent les épaves trouvées dans les eaux françaises, mais aussi les épaves trouvées en haute mer et ramenées dans les eaux territoriales françaises (décret modifié de 1961, article 1er, 5°). Des dispositions particulières existent aussi pour les biens culturels maritimes, loi 89-874 du 1er décembre 1989 (*D.* 1989, 368), inséré aux articles L. 532 à L. 532-11 du Code de l'environnement ; et décret du 5 décembre 1991 (*D.* 1992, 3) (29).

La distinction entre sauvetage et assistance a cependant été affaiblie par la Convention de 1989, laquelle étend son application à « *tout acte ou activité entrepris pour assister un navire ou tout autre bien en danger* ». De ce fait, et sous réserve qu'il s'agisse d'un bien *en danger* — mais la plupart des épaves sont des biens en danger — le sauvetage des épaves sera soumis aux dispositions de la Convention de 1989 pour tous les points dont ce texte traite, c'est-à-dire pour ce qui est de *l'indemnité* due au sauveteur. Eu égard au principe de la primauté des traités sur la loi interne, ce n'est donc plus sur la base des dispositions de l'article 1er du décret du 26 décembre 1961 que sera calculée l'indemnité due au sauveteur, mais sur celle des dispositions de l'article 13 de la Convention de 1989.

Trois questions méritent d'être étudiées quant à ce régime : celle du droit de propriété des épaves ; celle de leur régime administratif ; celle enfin de la rémunération du sauveteur.

526. Propriété des épaves. — La question qui se pose ici est de savoir si la perte de possession de l'épave emporte perte du droit de propriété.

En droit français, la réponse est certaine, et négative. L'épave ne devient pas un bien sans maître. Le propriétaire conserve le droit d'en revendiquer à tout moment la propriété, tant que cette propriété n'a pas été acquise par un tiers par la prescription acquisitive (prescription trentenaire). S'il a été un temps contesté que le droit de propriété mobilière fût un droit imprescriptible, comme l'est le

(29) Voir A. H. MESNARD, *Droits maritimes*, n° 535.61. Il existe aussi une Convention internationale concernant les objets archéologiques et historiques découverts en mer, convention adoptée à l'Unesco le 2 novembre 2001. Mais ce texte, qui n'est pas encore entré en vigueur, a un large caractère *programmatoire*, et ne modifie pas le régime concret de ces épaves : voir H. CASSAN, *Le patrimoine culturel subaquatique, La mer et son droit*, 2003, p. 127 et s.

droit de propriété immobilière (lequel n'est effacé que par l'apparition d'un droit antagoniste, né au bénéfice d'un tiers par le jeu de la prescription acquisitive), toute hésitation a aujourd'hui disparu. Dans un arrêt du 2 juin 1993, la Cour de cassation a clairement affirmé que l'action en revendication mobilière « *n'est pas susceptible de prescription extinctive* » (2 juin 1993, *Bull.* 1993.2, n° 197). Ainsi, en droit, il ne fait aucun doute, du point de vue du droit français, que les héritiers des passagers du *Titanic* seraient fondés à revendiquer la propriété des bijoux appartenant à leur auteur, si ces bijoux étaient remontés à la surface, et s'il était possible de prouver leur appartenance. Aussi bien, les canons récemment remontés de l'épave de l'*Alabama*, croiseur américain coulé le 19 juin 1864 au large de Cherbourg dans les eaux territoriales françaises, ont-ils été, ou seront-ils remis à leur propriétaire, l'État américain (30).

527. Régime administratif des épaves. — La loi et le décret de 1961 prévoient que toute personne qui découvre une épave est tenue de la mettre en sûreté, sauf en cas de danger encouru en raison de l'épave ou de son contenu (le découvreur d'une épave historique se voyant, au contraire, interdire de la déplacer). Elle doit, dans les quarante-huit heures, informer de sa découverte l'administrateur des affaires maritimes du port où l'épave a été ramenée. Notification est alors faite de la découverte de l'épave au propriétaire, s'il est connu. Sinon, une publicité est effectuée par affiches ou voie de presse. Le propriétaire a un délai de trois mois pour revendiquer son bien, sauf à payer l'indemnité due au sauveteur (*infra*, n° 528).

Si le propriétaire reste inconnu, ou ne se manifeste pas dans le délai de trois mois, l'administrateur des affaires maritimes fait procéder à la vente de l'épave. Sur les produits de la vente sont payés les frais de garde et de vente et l'indemnité due au sauveteur, arbitrée ici aussi par le tribunal de commerce. L'excédent est versé à l'Établissement national des invalides de la marine, où il peut être réclamé durant cinq ans par le propriétaire, étant acquis au Trésor public à la fin de ce délai. Exceptionnellement, l'épave peut être attribuée au sauveteur, s'il apparaît que sa vente « *ne laisserait aucun produit net appréciable* ».

Par ailleurs, des mesures particulières sont prévues à l'encontre des épaves présentant un danger pour la navigation ou l'environnement. Le propriétaire de l'épave peut être mis en demeure de procéder à son enlèvement. S'il n'agit pas dans le délai imparti, l'administration peut faire procéder au relèvement d'office, les frais du relèvement étant mis à la charge du propriétaire, sans que celui-ci puisse opposer la limitation de responsabilité (voir *supra*, n° 416). L'administration peut aussi réclamer le remboursement de ses frais à la personne responsable de la perte de l'épave — par exemple le transporteur qui avait la garde du conteneur sur son navire, conteneur tombé à la mer et ainsi devenu épave — et, là aussi, sans limitation de responsabilité possible (Cass. 16 déc.

(30) La même règle est appliquée en droit américain : voir, pour la cloche du même *Alabama*, Tribunal fédéral de New Jersey, 13 mars 1991, *US v. Steinetz*, *DMF* 1992.653 ; voir aussi, pour des colis d'or ramenés en 1857 par des chercheurs d'or de Californie à New York et retrouvés en 1989-1990 dans l'épave du navire *Central America*, Cour d'appel fédérale de Baltimore, 26 août 1992, *DMF* 1994.813, qui affirme le droit de propriété de la compagnie d'assurance ayant indemnisé les chargeurs.

2008, navire *Sherbro*, *DMF* 2009.221, obs. P. Bonassies). En revanche, dans un arrêt du 2 décembre 2008, la Cour administrative de Nantes a rejeté le recours de l'État en remboursement des frais encourus par l'administration dans la localisation et le relèvement de conteneurs perdus par un navire chinois au large de la pointe du Raz, action intentée contre l'armateur. Pour le juge, la présence de conteneurs dérivant compromettait la sécurité publique et commandait certes une intervention rapide. Mais cette intervention, relevant de la nécessité publique et n'excédant pas les besoins normaux de surveillance des routes maritimes, « *ne pouvait être regardée comme une prestation spécifique assimilable à un service rendu donnant lieu à rémunération* ». Par ailleurs, la demande de l'État ne pouvait se fonder sur les dispositions de l'article 218-72 du Code de l'environnement (*supra,* n° 74), ce texte ne concernant que les accidents susceptibles d'entraîner une pollution (navire *Xing Qing Dao, AJDA* 2009.40, note Degommier ; *DMF* décembre 2009, obs. P. Bonassies) (31).

528. Rémunération du sauveteur. — Le sauveteur d'une épave a droit à une indemnité calculée, aux termes de l'article 1er du décret du 26 décembre 1961, sur des bases proches de celles qui s'appliquent à l'assistance maritime, devant être pris en considération la valeur de l'épave après le sauvetage, les risques courus, l'habileté déployée, l'importance du matériel utilisé, les frais exposés, et le travail accompli par le sauveteur. Au cas où propriétaire et sauveteur ne peuvent parvenir à un accord, l'indemnité est fixée par le tribunal de commerce.

L'entrée en vigueur en droit français de la Convention de 1989 pose le problème de la survie des critères ici évoqués. Dans nombre de cas, ce sont, nous l'avons vu (*supra*, n° 483) les dispositions de la Convention de 1989 qui s'appliqueront. Eu égard à la quasi-similitude des textes — décret de 1961 et Convention de 1989 — la rémunération due au sauveteur n'en sera pas changée. Toutefois, au cas où l'épave est susceptible de menacer l'environnement (conteneur de substances nucléaires, par exemple), l'application de la Convention de 1989 sera bénéfique au sauveteur, dont les efforts pour protéger l'environnement devront être récompensés (32).

529. Conflits de lois (33). — Ressortissant au droit des biens, le régime des épaves est, dans le principe, soumis à la *lex rei sitae*. Il en résulte que c'est le droit français qui est applicable à toute épave non seulement trouvée mais aussi ramenée dans les eaux françaises — dans ce dernier cas à partir du moment où l'épave franchit la limite des eaux territoriales. Une loi étrangère, et notamment la loi du pavillon, pourrait toutefois intervenir pour ce qui est de la détermination du propriétaire de l'épave trouvée en haute mer. Par exemple, c'est sans doute au

(31) Sur le problème en général, voir G. MARTIN-DIT-NEUVILLE, *Les conteneurs tombés à la mer*, mémoire CDMT, 2009.

(32) Aussi, on peut penser que l'application de la Convention de 1989 à une opération de sauvetage interdirait d'attribuer au sauveteur d'une épave de faible valeur la propriété du bien — modalité non prévue par la Convention.

(33) Voir P. BONASSIES, *Encyclopédie Dalloz de droit international*, rubrique « Épave maritime ».

droit anglais qu'il conviendrait de se référer pour déterminer qui (propriétaire initial, héritiers, assureurs) est propriétaire de tel bien dégagé de l'épave du *Titanic*.

Section 2
Les avaries communes

530. Observations générales. — L'institution des avaries communes est l'institution selon laquelle lorsqu'une dépense est volontairement engagée, ou un sacrifice volontairement fait, dans l'intérêt commun du navire et de la marchandise, dépense ou sacrifice sont pris en charge par le navire et par la marchandise, proportionnellement à leur valeur respective.

L'exemple type de l'avarie commune est celui-là même de l'*assistance maritime*. L'indemnité d'assistance, née de la convention d'assistance volontairement conclue par le capitaine ou d'une assistance sans convention, sera inscrite en avaries communes, puis réglée, proportionnellement à leur valeur, par le navire et par la marchandise.

L'institution des avaries communes est très ancienne. Elle était connue du droit romain, comme le montre un texte célèbre du Digeste, la *Lex rhodia de jactu*, texte qui prévoit que le propriétaire des marchandises jetées à la mer pour sauver le navire devra être indemnisé, tant par l'armateur que par les propriétaires des autres marchandises (*Digeste*, 14.2.fr.1, Paul).

Dans son principe, la théorie des avaries communes se justifie par l'idée de solidarité qui domine le droit maritime, comme par la considération technique de l'association d'intérêts qui existe entre armateurs et chargeurs, chacun ayant intérêt au bon achèvement de l'expédition maritime.

531. Réglementation. Règles d'York et d'Anvers. — La loi du 7 juillet 1967 sur les événements de mer contient une réglementation assez précise des avaries communes. Mais cette réglementation n'est pas obligatoire. Elle ne s'impose, selon le texte même de l'article 22 de la loi de 1967, que « *à défaut de stipulations contraires des parties intéressées* ». Dans la pratique, tant les contrats de transport maritime que les contrats d'affrètement contiennent une référence expresse à des règles contractuelles dites « *Règles d'York et d'Anvers* » (34).

Ces règles sont des règles purement privées, adoptées en 1890 par l'*International Law Association*, et modifiées depuis à plusieurs reprises, dont les dernières fois en 1974, 1990 et 1994, à l'initiative du Comité maritime

(34) Sur l'histoire des Règles, voir l'exposé très complet de P. LUREAU, dans le *Traité Général de droit maritime* du Doyen Rodière, *Événements de mer*, p. 260 et s. Le texte des Règles peut être trouvé dans *l'Annuaire* 1994 du Comité maritime international, p. 146 et s.

international. Elles comportent deux catégories de dispositions. D'une part, un premier groupe de sept règles — règles dites « lettrées » —, numérotées de A à G, qui ont un caractère général, énonçant, par exemple, que la preuve qu'une dépense doit être admise en avarie commune incombe à celui qui réclame cette admission (règle E). D'autre part, une série de vingt-deux règles numérotées de I à XXII, qui précisent la solution à apporter à tel problème particulier, par exemple en cas d'échouement volontaire du navire (règle V). Il résulte du paragraphe préliminaire des Règles que les dispositions prévues par les règles numérotées l'emportent sur les règles « lettrées », malgré le caractère plus général de celles-ci, ce qui affaiblit considérablement leur portée (35). En effet, lesdites règles « lettrées » ne s'appliquent qu'aux seuls cas non résolus par les règles numérotées.

Une modification très importante des Règles d'York et d'Anvers a toutefois été adoptée, en octobre 1994, lors de la Conférence de Sydney du CMI. Il a été décidé de faire précéder les « règles lettrées » par une « règle de principe » ou « règle suprême » (en anglais *rule paramount*). Aux termes de cette règle, laquelle doit commander l'interprétation des règles numérotées, « *il ne doit y avoir en aucun cas contribution pour une dépense ou un sacrifice non raisonnablement effectué ou encouru* ». Cette nouvelle règle devrait permettre d'éviter certains excès dans l'application de la théorie des avaries communes, excès qui expliquent les critiques qui ont été portées contre elle.

De nouvelles modifications, d'importance parfois réelle mais souvent limitée, ont été apportées aux Règles en 2004, à l'occasion de la Conférence du CMI à Vancouver (*DMF* 2005.405). Mais ces modifications n'entreront en application que lorsque les documents contractuels (connaissements et chartes-parties) auront été modifiés pour viser désormais les *Règles d'York et d'Anvers 2004*. Elles seront indiquées ci-dessous, à l'occasion de la présentation de la règle modifiée.

532. Critique de l'avarie commune. — Dans les années 1960-1970, l'institution des avaries communes a été l'objet de vives critiques de la part des pays en voie de développement. On lui a reproché de permettre aux armateurs certains abus, et d'être la source de procédures longues et difficiles. Aujourd'hui, peut-être parce que certaines réformes ont été introduites en 1974, ces critiques se sont atténuées. L'institution est acceptée par la totalité des pays maritimes, y inclus les pays socialistes et la Chine. Certainement trop complexe, elle n'est pas sans utilité. En particulier, elle joue un rôle dans la sécurité des espaces maritimes, en tant qu'elle peut inciter le capitaine d'un navire en difficulté à recourir à l'assistance, parce qu'il sait que l'indemnité d'assistance sera partagée entre navire et marchandises (36). Il reste que l'extension donnée à la notion d'avarie commune par le droit moderne est sans doute excessive, dans la mesure

(35) La solution, assez curieuse pour un juriste de droit français, résulte d'une réforme des Règles intervenue en 1950.

(36) Voir en ce sens P. BONASSIES, « Le droit maritime classique et la sécurité des espaces maritimes », *Espaces et ressources maritimes*, 1986.115.

où, comme on le verra (*infra*, n° 535), le critère du « bénéfice commun » a été en fait substitué à celui de salut commun.

Il importe de préciser les conditions d'admission d'une dépense ou d'un sacrifice en avaries communes, puis d'exposer les modalités du règlement d'avaries communes.

§ 1. — *Les éléments admis en avarie commune*

533. Avaries-frais et avaries-dommages. — Peuvent être admis en avaries communes soit des frais engagés par le capitaine, et l'on parlera d'*avaries-frais*, telles les dépenses d'assistance, soit des dommages résultant d'un sacrifice volontaire, et l'on parlera d'*avaries-dommages*, comme lorsqu'une marchandise est noyée en cale pour éviter la propagation d'un incendie.

Qu'il s'agisse d'avaries-frais ou d'avaries-dommages, une avarie ne peut être inscrite en avaries communes que si elle répond à trois conditions : elle doit résulter d'un acte volontaire ; elle doit être justifiée par le péril encouru par l'expédition maritime ; elle doit avoir été réalisée dans l'intérêt commun.

534. Caractère volontaire de l'avarie commune. — Le caractère volontaire de la décision d'avaries communes était particulièrement marqué dans le Code de commerce, où les textes exigeaient une « *délibération motivée du capitaine* » (art. 400), et, dans certains cas, que fussent consultés les « *intéressés au chargement* » et les « *principaux de l'équipage* » (art. 410). L'article 25 de la loi de 1967 se borne à exiger que sacrifices et dépenses aient été « *décidés par le capitaine* », la loi du 3 janvier 1969 ajoutant que la décision d'avaries communes doit être inscrite sur le livre de bord.

Le caractère volontaire de l'avarie commune ne soulève pas de difficulté particulière pour ce qui concerne les avaries-frais, une dépense engagée nécessitant toujours une décision. Reste cependant le cas de l'assistance imposée, ou de l'assistance intervenant sans accord (cas du navire assisté alors que son équipage l'a quitté). En droit strict, une telle assistance ne devrait pas donner lieu à avarie commune. Il est donc heureux que ce cas particulier ait été prévu par la règle VI des Règles d'York et d'Anvers, laquelle énonce que la rémunération d'assistance sera admise en avarie commune, que l'assistance intervienne « *soit en vertu d'un contrat soit autrement* ».

En revanche, des difficultés se sont élevées à propos de certaines avaries-dommages, et en particulier en cas d'échouement volontaire du navire par le capitaine. Dans leur texte premier, les Règles d'York et d'Anvers considéraient que si l'échouement, même volontaire, intervenait alors que le navire devait inévitablement être jeté à la côte, il ne pouvait pas y avoir classement en avaries communes, le capitaine ayant simplement choisi la meilleure entre plusieurs hypothèses possibles. Mais, dans leur texte de 1974, les Règles décident qu'il y a classement en avarie commune quand un navire est intentionnellement mis à la côte pour le salut commun, qu'il dût ou non y être drossé (règle V).

535. Avarie commune et péril. Du salut commun au bénéfice commun. — La seconde condition du classement en avaries communes, c'est que le sacrifice fait ou la dépense exposée l'aient été pour éviter un péril. En droit classique, il n'y avait pas avarie commune quand il n'y avait pas danger. C'est ce qu'exprime encore la loi française de 1967, laquelle parle de mesures prises « *pour le salut commun et pressant des intérêts engagés dans une expédition maritime* ». La même règle se retrouve dans la règle A des Règles d'York et d'Anvers, laquelle parle de sacrifice ou dépense extraordinaire « *encourue pour le salut commun* ». Mais, comme nous l'avons vu (*supra*, n° 531), la règle A, règle lettrée, n'a pas valeur de principe, mais simplement de clef de solution des questions non prévues. Et les règles numérotées ne font pas toutes référence à la notion de salut commun ou de péril. En pratique, la notion de « salut commun » est donc souvent oubliée ou appliquée avec beaucoup de souplesse. Comme l'observent certains, on est passé de la notion de salut commun (*common safety*) à celle de bénéfice commun (*common benefit*), la chose entraînant une extension évidente du domaine de l'avarie commune (37).

C'est ainsi qu'il n'est pas exigé, pour qu'il y ait avarie commune, que le péril soit imminent. Toute mesure raisonnablement prise par le capitaine pour éviter un péril futur, voire simplement éventuel, pourra être classée en avaries communes. Par exemple le fait que l'un des moteurs du navire connaisse des difficultés, le navire pouvant cependant continuer sa marche, pourra justifier la décision du capitaine de faire relâche pour réparer, et les frais de relâche seront admis en avarie commune. Pareillement, les tribunaux appliquent la théorie des avaries communes même en cas d'erreur d'appréciation du capitaine. Le dommage causé à des marchandises par telle manœuvre (inondation volontaire d'une cale, par exemple) pourra être classé en avaries communes, alors même que cette manœuvre se révélera, après coup, avoir été parfaitement inutile, dès lors qu'elle n'était pas déraisonnable quand elle a été ordonnée (38).

536. Avarie commune et faute. — Un problème quelque peu différent se pose lorsque le péril qui justifie dépense ou sacrifice résulte de la faute du capitaine ou de l'armateur, le navire, par exemple, étant tombé en panne parce que le moteur était mal entretenu. Dans une telle situation, l'armateur peut-il faire jouer la théorie des avaries communes, pour demander que l'indemnité due à l'entreprise de remorquage pour l'assistance au navire soit classée comme avarie commune ?

Le droit maritime apporte ici une réponse d'un total pragmatisme. Considérant que l'objectif fondamental de l'institution est de garantir la sécurité de l'expédition maritime, il admet, dans un premier temps, le classement de la

(37) Certains auteurs parlant d'avarie commune « artificielle » (*artificial general average* ; L.-J. BURGLASS, *Marine insurance and general average*, 1981, p. 182).

(38) Voir aussi, dans le sens d'une extension de la notion, un arrêt récent de la Chambre des Lords, rendu le 21 avril 1994 dans l'affaire du *Bijela* (*Lloyd's Law Reports* 1994.2.1). Dans un contexte de fait et de droit complexe, cette haute juridiction, infirmant la décision de la *Court of Appeal*, a admis en avarie commune les frais de réparation provisoire d'un navire échoué, puis ramené dans un port de refuge où il était en toute sécurité, — ce par une interprétation très généreuse des dispositions de la règle X.

dépense concernée en avarie commune. Mais, une fois l'incident réglé, on « refait les comptes ». S'il est établi que la dépense est la conséquence d'une faute dont l'armateur est responsable, les chargeurs qui ont versé une contribution d'avaries communes peuvent en demander la restitution à l'armateur transporteur, ou au fréteur au voyage (Paris, 13 janv. 1988, navire *Aspilos*, *DMF* 1988.395, note H. de Richemont et obs. P. Bonassies, *DMF* 1989.174). Une règle symétrique existe quand, chose rare, le péril est la conséquence de la faute d'un chargeur : chacun, dans un premier temps, contribuera aux avaries communes, avant, dans un deuxième temps, d'exercer contre le chargeur fautif, une action en restitution.

537. Avarie commune et communauté d'intérêts. — La troisième condition pour qu'il y ait classement en avarie commune est que la dépense engagée ou le sacrifice effectué concernent la communauté d'intérêts engagée dans l'expédition maritime, qu'ils ressortissent à l'intérêt commun.

La notion d'intérêt commun ne doit toutefois pas être confondue ici avec celle du péril à éviter. Ce que l'on veut dire, c'est que seuls sont appelés à contribuer ceux dont les intérêts sont engagés dans l'expédition maritime, au moment précis où est prise la décision d'avarie commune. C'est ainsi que si un incendie survient sur le navire alors qu'une partie de la cargaison est déjà à quai, et que certaines marchandises sont volontairement noyées dans une cale, les marchandises déchargées ne contribueront pas à l'avarie commune. En effet, déchargées du navire, elles avaient cessé de faire partie de l'expédition maritime ; il n'y avait plus, quant à elles, d'intérêt commun (Aix-en-Provence, 17 sept. 1985, *BTL* 1986.266).

La règle est cependant appliquée avec souplesse. Les marchandises temporairement débarquées pour permettre la réparation du navire restent liées à la communauté d'intérêts et, en cas d'incident à bord, seraient éventuellement appelées à contribuer à l'avarie commune. La règle peut aussi être altérée par la volonté des parties. Si le navire doit interrompre son voyage pour subir des réparations, l'armateur pourra exiger des chargeurs qui désireront que leurs marchandises soient réexpédiées par un autre bâtiment une « *convention de non-séparation* ». Si le navire est ultérieurement mis en avaries communes, lesdits chargeurs contribueront, encore que leurs marchandises ne soient plus à bord.

538. Application. — L'application aux différentes situations susceptibles de se présenter des critères ci-dessus évoqués permet de dresser une liste, non exhaustive, de dépenses et dommages susceptibles d'être classés en avaries communes. Parmi les dépenses (avaries-frais), on trouvera d'abord l'indemnité d'assistance due par le navire (39). Mais seront également classés en avaries

(39) Les Règles 2004 précisent ici que l'indemnité d'assistance ne sera admise en avarie commune que si l'une des parties intéressées par l'assistance (ce sera à peu près toujours l'armateur) a effectivement réglé cette indemnité — mais comment imaginer l'application d'une solution différente ?

communes les frais de relâche nés de la décision du capitaine de faire réparer son navire dont le moteur ne fonctionne pas correctement.

Dans cette hypothèse particulière, le capitaine aurait pu continuer le voyage, aux risques de voir le navire tomber définitivement en panne et se perdre. Il choisit, volontairement, de faire relâche pour réparer le moteur. Les frais de réparation eux-mêmes, nés du mauvais fonctionnement du navire et non de la décision du capitaine, ne seront pas classés en avaries communes. En revanche, seront classés en avaries communes tous les frais d'entrée dans le port, les frais éventuels de déchargement de la cargaison et de stockage de celle-ci, enfin, les frais de sortie du port. Les Règles d'York et d'Anvers vont même ici plus loin que la logique ne le suggère. Elles décident que pourront être classés en avaries communes les salaires ainsi que les combustibles et approvisionnements consommés durant la prolongation du voyage pendant la réparation, si celle-ci est nécessaire à la poursuite du voyage en toute sécurité (40). Et si, pour alléger ses frais d'immobilisation, le capitaine décide de faire procéder à une réparation provisoire, les frais de réparation provisoire eux-mêmes pourront être classés en avaries communes, dans la mesure au moins où ils auront évité des frais d'immobilisation (règle dite des dépenses substituées ; pour un cas d'application, voir l'arrêt *Bijela*, cité *supra*, note 38).

S'agissant des avaries-dommages, l'avarie-dommage type est celle qui résulte du jet d'une marchandise à la mer. Mais seront aussi classés en avaries communes les dommages causés à la cargaison (marchandises noyées) ou à un navire (moteur endommagé) par la lutte contre l'incendie (exception étant faite pour le dommage causé par la fumée ou par la chaleur). Seront aussi classés en avaries-dommages les dommages résultant pour le navire de l'échouement volontaire ou, en cas d'échouement, le dommage résultant de ce que l'on appelle le forcement des machines (fatigue subie par la machine du fait qu'on l'aura fait tourner trop longtemps à sa vitesse maximale, ce pour déséchouer le navire — fait d'intérêt commun).

539. Cas particulier. Indemnité spéciale d'assistance. — Nous venons de le voir : dans le principe, l'indemnité d'assistance est classée en avaries communes. Mais il n'est pas possible d'appliquer la règle à l'indemnité spéciale destinée à rémunérer l'assistant qui a évité ou tenté d'éviter une pollution (*supra*, n° 512). Car le risque de pollution pesant sur le seul armateur ne peut être considéré comme un intérêt commun. Les rédacteurs de la Convention de 1989 ont vu le problème, mais ne pouvaient le résoudre dans le cadre d'une convention sur l'assistance. Ils ont donc annexé à leur texte une « *Résolution* », dans laquelle ils ont demandé à l'OMI de prendre les mesures appropriées pour faire modifier les Règles d'York et d'Anvers.

(40) Cette solution est modifiée par les Règles 2004 : les salaires et frais d'entretien de l'équipage pendant le séjour au port de refuge ne seront plus admis en avarie commune, mais seulement les salaires correspondant à la période de déroutement et celle de retour au point de départ. – Pour un cas d'application de la règle ancienne, malgré une « *solution temporelle de continuité* » entre l'événement et la dépense, voir Versailles, 15 janvier 2009, navire *Anna Maria H*, *BTL* 2009.76 et *DMF* 2009, Hors-série n° 13, au n° 55.

La modification envisagée a été adoptée lors de la Conférence de Paris du CMI (juin 1990). Le nouveau texte précise que « *les dépenses encourues dans les circonstances visées à l'article 14 de la convention de 1989 ne seront pas admises en avarie commune* ». En revanche, ce texte maintient le classement en avarie commune dc l'indemnité d'assistance dans sa totalité, y compris en tant que cette indemnité rémunère les efforts des assistants pour prévenir le dommage à l'environnement. La règle est illogique, qui fait peser sur la marchandise une dépense afférant à une responsabilité incombant au seul armateur. Elle ne peut guère s'expliquer que par la difficulté qu'il y a à identifier, au sein de l'indemnité d'assistance, ce qui correspond aux efforts de l'assistant pour protéger l'environnement. Malgré les critiques qui ont été faites en la matière, les Règles 2000 confirment la règle implicitement affirmée en 1990. La nouvelle règle VI indique que les indemnités d'assistance admises en avarie commune « *comprendront toute rémunération d'assistance dans la fixation de laquelle l'habileté et les efforts de l'assistant pour prévenir ou limiter les dommages à l'environnement, tels qu'ils sont énoncés à l'article 13.1 (b) de la Convention de 1989, ont été pris en compte* ».

§ 2. — *Mise en œuvre des avaries communes*

540. Déclaration d'avaries communes. Ouverture de la procédure. — La mise en œuvre des avaries communes implique une procédure complexe où se mêlent règles juridiques et pratique maritime (voir R. Parenthou, *La procédure d'avarie commune*, Annales 1984 de l'IMTM).

Le premier élément de cette procédure est la déclaration d'avaries communes. Celle-ci est le fait du capitaine qui doit la porter sur le journal de bord, et la confirmer dans les 24 heures de son arrivée au premier port. Elle peut aussi être le fait de l'armateur lui-même (41). Elle doit être notifiée dans les délais les plus brefs et par les voies les plus rapides aux propriétaires de marchandises. — Exceptionnellement, c'est le réceptionnaire de la marchandise qui demandera l'ouverture de la procédure d'avaries communes, sa marchandise ayant été sacrifiée dans l'intérêt commun.

Une fois la déclaration d'avaries communes effectuée, le capitaine peut, aux termes de l'article 41 de la loi du 7 juillet 1967, refuser de délivrer les marchandises, sauf aux propriétaires de celles-ci à payer leur contribution en avaries communes ou à donner une caution suffisante. Concrètement, les destinataires ne pourront obtenir livraison qu'en signant un compromis d'avaries communes, et en fournissant une garantie de paiement de la contribution qui sera ultérieurement fixée. En pratique, les destinataires remettront au capitaine le *certificat d'assurance* qui leur aura été délivré par leur assureur lors de la

(41) Sur le problème de savoir si le transporteur maritime (celui qui a émis le connaissement), n'a pas dans certains cas, *l'obligation* d'ouvrir une procédure d'avaries communes, voir Cass. 20 mai 2001, navire *Neptune Amazonite*, *DMF* 2001, obs. M.-N. RAYNAUD et obs. P. BONASSIES, *DMF* 2002, Hors-série n° 6, au n° 49 ; dans le même sens, sentence arbitrale 1109 de la Chambre arbitrale maritime de Paris, 6 mai 2005, *DMF* 2006.1109.

conclusion du contrat d'assurance, ce certificat valant engagement de contribuer en avarie commune. Le compromis d'avaries communes indiquera le nom du spécialiste, qualifié d'expert-répartiteur (ou *dispacheur*), qui sera chargé de procéder au règlement des avaries communes.

L'expert-répartiteur pourra alors commencer son travail. Il lui appartiendra d'établir le montant, d'une part de la masse créancière, d'autre part de la masse débitrice.

541. Détermination de la masse créancière. — La masse créancière représente l'ensemble des frais et de la valeur des dommages inscrits en avaries communes. Par exemple, s'il y a eu assistance, seront inscrits dans la masse créancière l'indemnité d'assistance versée à l'assistant, mais aussi tous les frais annexes résultant de l'opération d'assistance (honoraires des avocats, honoraires des arbitres). Si des dommages ont été causés au navire (échouement volontaire), c'est le coût des réparations qui sera inscrit à la masse créancière, mais après rectifications diverses (déduction « du neuf au vieux » quand le navire est âgé de plus de quinze ans ; déduction de moitié des frais de peinture de la coque si la coque avait été repeinte dans les douze derniers mois, etc.).

Observons que certains dommages, cependant effectivement subis, sont exclus de la masse créancière. Il en est ainsi des dommages subis par des marchandises pour lesquelles il n'a pas été établi de connaissement, ou autre titre de transport, ainsi que des dommages subis par les marchandises chargées en pontée de façon irrégulière. Si la règle se comprend dans le premier cas, eu égard au fait que le chargeur a été complice de la faute commise par le transporteur, elle n'est admissible dans le second, où le chargeur est non seulement innocent du chargement en pontée irrégulier, mais aussi victime de ce chargement, que dans la mesure où le transporteur est amené à indemniser le chargeur. Or, nous le verrons, la chose n'est pas certaine (*infra*, n°s 1012 et s.).

542. Détermination de la masse débitrice. — Quant à la masse débitrice, elle sera constituée tant par la valeur du navire que par celle des marchandises. Le navire contribuera pour sa valeur totale, appréciée avant l'événement qui a donné lieu à dommage. De surcroît, si le fret n'est pas « *acquis à tout événement* », c'est-à-dire garanti à l'armateur que l'aventure maritime soit menée ou non à bonne fin (garantie qui est la situation normale), l'armateur devra contribuer aussi pour la valeur du fret. Quant aux marchandises, même les marchandises éventuellement sacrifiées (jet à la mer) ou endommagées (marchandises noyées pour éviter la propagation de l'incendie) devront figurer dans la masse débitrice — seul moyen d'éviter que les propriétaires desdites marchandises ne soient les seuls à se tirer sans aucun dommage de l'incident d'avaries communes.

Ici encore, on doit observer que certains éléments, cependant engagés dans l'expédition maritime, sont dispensés de contribution et ne figureront pas dans la masse débitrice : il s'agit des effets et bagages de l'équipage et des passagers, ainsi que des colis postaux.

543. Détermination des contributions. — Une fois la masse créancière et la masse débitrice calculées, un simple rapprochement permet de déterminer le taux de contribution d'avaries communes de chacun, et par là le montant de sa contribution définitive. Par exemple, après une assistance maritime, la masse créancière (indemnités et frais annexcs) s'élèvera à 1 200 000 euros, la masse débitrice s'élevant à 24 millions, dont 12 millions représentant la valeur du navire et 12 millions la valeur des marchandises. Le taux de contribution sera de 5 %. L'armateur étant ici le créancier de l'indemnité d'avaries communes, il ne se versera évidemment à lui-même aucune somme. En revanche, chacun des destinataires devra lui verser une somme égale à 5 % de la valeur des marchandises par lui reçues, soit, pour un destinataire ayant reçu une marchandise de 120 000 euros, une contribution de 6 000 euros.

544. Prescription. — Simple dans la description que nous en avons donnée, la procédure d'avaries communes est dans les faits une procédure extrêmement complexe et qui, souvent, dure plusieurs années.

C'est là sans doute la raison qui explique que le législateur ait, en la matière, établi une prescription de *cinq ans*, à partir de la date à laquelle l'expédition maritime s'est achevée (sur les difficultés en la matière, voir R. Parenthou, cité *supra*, n° 540). Les Règles 2004 instituent une double prescription contractuelle : une prescription d'un an à partir de la date du dépôt du règlement d'avarie commune, et une prescription de six ans à compter de la date où l'aventure maritime commune a pris fin (nouvelle règle XXIII) (42).

545. Conflits de lois. — Rares en raison de la généralisation des règles d'York et d'Anvers, les conflits de lois subsistent en matière d'avaries communes, notamment en matière de prescription. La tendance dominante est de régler ces conflits en se référant à la loi du « *port de reste* », le port où s'est réfugié le navire après la décision d'avaries communes, et où est engagée la procédure d'avaries (43).

Dans la mesure où le choix d'une loi unique s'impose, et où il n'est pas possible de se référer à la loi de chacun des contrats de transport affecté par l'avarie commune, loi qui pourra être diverse, le choix de la loi du port de reste, qui est aussi la *lex fori*, paraît raisonnable, même s'il fait prévaloir l'aspect légal de la théorie des avaries communes sur ses aspects contractuels (44). Le Règlement Rome I (*supra*, n° 140) laissant au juge un important pouvoir d'appréciation, on peut penser que l'entrée en application de ce texte ne modifiera pas la faveur manifestée par les tribunaux à la loi du « port de reste ».

(42) Dans la mesure où la règle nouvelle peut aboutir à un dépassement du délai de cinq ans prévu par la loi française, elle pouvait, jusqu'à une époque récente, poser problème, en vertu du principe d'ordre public que l'on ne pouvait allonger un délai de prescription (article 2220 du Code civil). Mais, sans doute, s'agissait-il là d'un principe ne ressortissant pas à l'ordre public au *sens du droit international privé* — ne concernant alors que les litiges non internationaux. Et ce principe a été écarté par la réforme de la prescription, les parties pouvant allonger le délai de prescription jusqu'à dix ans (article 2251 nouveau du Code civil).

(43) Voir en ce sens, pour la prescription, Rouen, 4 oct. 1984, *DMF* 1985.41, n. R. ACHARD, et, plus généralement P. LUREAU, cité *supra*, note 31, n° 306.

(44) On conçoit toutefois qu'en cas d'affrètement au voyage concernant la totalité de la cargaison la loi régissant l'affrètement soit appliquée.

CHAPITRE 4

LES CRÉANCIERS DE L'ENTREPRISE D'ARMEMENT

546. Généralités. Plan. — Dans le principe, le droit des créanciers de l'entreprise d'armement est soumis aux règles du droit commun, dès lors au moins que ces créanciers sont munis d'un titre exécutoire. Leurs créances sont toutefois soumises aux délais de prescription propres au droit maritime, délais qui seront précisés à l'occasion de l'étude de chaque institution ou contrat maritime (1).

Ces créanciers peuvent donc tous invoquer les dispositions de l'article 2093 du Code civil, lesquels font de l'ensemble des biens du débiteur leur gage commun. Ainsi, en droit français tout au moins, car la règle est différente dans certains droits étrangers, un créancier « *maritime* », par exemple un chargeur dont les marchandises ont été endommagées, peut saisir non seulement le navire qui a donné occasion au dommage, mais aussi, tout autant qu'un créancier « *terrestre* », chacun des biens du patrimoine terrestre de l'armateur, immeubles, matériels divers, véhicules automobiles (2). Il en est différemment toutefois, nous l'avons vu (*supra*, n°s 402 et s.), au cas où l'armateur a constitué un *fonds de limitation*. Car alors, les créanciers de responsabilité ne peuvent exercer leur droit de poursuite que sur ledit fonds.

Le droit maritime présente cependant deux traits spécifiques. D'une part, il a étendu aux propriétaires de navires la possibilité, réservée en droit classique aux seuls propriétaires d'immeubles, de constituer une *hypothèque*. D'autre part, nombre des règles concernant les droits des créanciers expriment au moins pour partie l'idée que le navire est personnellement tenu de ses dettes. C'est ainsi que la convention internationale régissant aujourd'hui la matière, comme la loi française qui s'en inspire, accorde un privilège spécifique, dit *privilège maritime*,

(1) Voir aussi la prescription d'un an prévue par l'article 433 du Code de commerce (art. L. 110-4 du nouveau Code de commerce), texte laissé en vigueur par la réforme de 1967-1969, laquelle s'applique aux actions en paiement pour fournitures aux matelots sur ordre du capitaine, pour fourniture de matériaux nécessaires aux constructions, équipement et avitaillement du navire, enfin pour « *ouvrages faits* » ; pour une application de ce texte, parfois oublié, Paris, 1er févr. 1985, *DMF* 1985.430 et Cass. 26 mai 1987, *Gaz. Pal.* 1987.2. Pan. 181.

(2) Sauf s'il s'agit d'un débiteur « *entrepreneur individuel* », dont les biens personnels seraient protégés par les dispositions de la loi du 9 juillet 1991 sur les procédures civiles d'exécution, modifiée par l'article 47 de la loi du 11 février 1994 (*D.* 1994.194), texte imposant au créancier de saisir d'abord les « *biens professionnels* » — sous réserve que ceux-ci soient eux-mêmes saisissables, — ce qui ne sera pas toujours le cas : voir pour l'insaisissabilité de certains navires de pêche, *infra* n° 596.

à la plupart des créanciers dont le titre est né de l'activité du navire, tandis que la Convention sur la saisie conservatoire des navires réserve à ces créanciers le droit de saisir le navire auquel leur créance se rapporte, et ce alors même qu'il n'appartient pas à leur débiteur — la loi française restant ici plus attachée aux règles du droit commun.

Nous étudierons le régime de l'hypothèque maritime, puis celui des privilèges maritimes, avant de nous interroger sur les saisies qui permettent aux créanciers de mettre à effet privilèges et hypothèques.

Section 1
Les hypothèques maritimes

547. Principes. — Alors que l'ancien droit avait connu, pendant un certain temps et dans certains pays de droit écrit, l'hypothèque sur les navires, le Code civil vint l'interdire dans l'article 2119, texte énonçant que « *les meubles n'ont pas de suite par hypothèque* » (3).

L'interdiction d'hypothéquer les navires n'eut guère de conséquences économiques tant que dura le temps de la marine à voile. Mais avec la constitution des flottes modernes (navires métalliques à vapeur de grande dimension, ce dès la deuxième moitié du XIXe siècle), la nécessité de créer un instrument spécifique pour le crédit maritime apparut, d'abord en Grande-Bretagne, puis dans les autres États maritimes. L'hypothèque maritime fut donc instituée en France par une loi du 10 décembre 1874, remplacée quelques années plus tard par la grande loi du 10 juillet 1885, dont les dispositions se retrouvent à peu près inchangées dans les articles 43 et suivants de la loi du 3 janvier 1967.

L'originalité de l'hypothèque maritime, hypothèque sur un meuble, a été soulignée lors de sa création. Aujourd'hui, l'hypothèque sur les navires apparaît beaucoup moins originale. De nombreux meubles sont devenus susceptibles d'hypothèque, ou de quasi-hypothèque (fonds de commerce, automobiles, bateaux de rivière, aéronefs, matériels d'équipement les plus divers). L'hypothèque maritime conserve cependant suffisamment de traits spécifiques pour qu'il soit nécessaire d'étudier, d'une part les modalités de sa constitution, d'autre part ses effets.

§ 1. — *Constitution de l'hypothèque maritime*

548. Objet de l'hypothèque. Navires français. Autres bâtiments de mer. Navires étrangers. — Une hypothèque maritime peut être constituée sur tout

(3) Certains États ont maintenu la règle ancienne et ne connaissent pas l'hypothèque maritime, telle naguère l'Union soviétique. Sur les problèmes que pose alors l'absence d'hypothèque pour le financement d'une flotte, voir Cass. 22 juin 1999, navire *Korlov*, *DMF* 2000.535, rapp. RÉMERY et nos obs. ; Aix-en-Provence, 1er février 2001, navire *Beloostrov*, *DMF* 2001.327, obs. P. CHAUMETTE. La Russie a cependant aujourd'hui introduit l'hypothèque maritime dans son droit.

navire quel qu'en soit le tonnage, la limite de vingt tonneaux existant dans la loi de 1885 ayant été abrogée par le texte de 1967. Elle peut même être constituée sur un navire en construction, sous réserve que déclaration de la construction soit faite au receveur des douanes habilité à tenir le fichier d'inscription du navire.

Une hypothèque maritime peut aussi être constituée sur tout autre bâtiment de mer francisé, tel que chaland, grue flottante, dock flottant, comme sur une plate-forme de forage ou autre engin d'exploration ou d'exploitation du plateau continental (loi du 30 sept. 1968).

L'hypothèque maritime du droit français ne peut toutefois porter que sur un navire, ou bâtiment de mer, français. Cependant, l'article 50 de la loi du 3 janvier 1967 prévoit que les hypothèques constituées à l'étranger sur un navire étranger ultérieurement francisé sont valables, à condition d'avoir été valablement publiées à l'étranger conformément à la loi du pavillon, d'avoir été portées à la connaissance de l'acquéreur avant l'acte de vente du navire, enfin d'avoir fait l'objet de la publicité réglementaire (*infra*, n° 551) lors de la francisation.

Par ailleurs, le droit maritime français, à l'inverse de certains droits étrangers, et même du droit aérien français, n'autorise pas la création d'une « *hypothèque de flotte* », portant sur l'ensemble des navires appartenant à un même propriétaire.

549. Pouvoir d'hypothéquer. — Une hypothèque maritime ne peut être constituée que par le propriétaire du bâtiment, ou, règle qui est celle-là même du droit commun, par un mandataire muni d'un mandat spécial. En particulier, le capitaine, même en dehors du port d'attache du navire, ne peut aujourd'hui hypothéquer celui-ci sans ledit mandat spécial. Pour les navires en copropriété, nous avons vu que l'hypothèque du navire doit être autorisée par une majorité des intérêts représentant les trois quarts de la valeur du navire (art. 25 de la loi du 3 janv. 1967 : voir *supra*, n° 266). Cependant, on a vu aussi que chaque copropriétaire peut hypothéquer sa part, avec le risque pour les autres copropriétaires, si la part hypothéquée représente plus de la moitié du navire, que le navire tout entier fasse l'objet d'une vente judiciaire en cas de non-paiement de la créance.

550. Contrat d'hypothèque. Forme. — Une hypothèque maritime ne peut normalement être constituée que par contrat. Les navires ne sont pas susceptibles d'hypothèque légale (sauf texte exceptionnel en sens contraire, comme il en a existé pour les créances de l'État pour profits de guerre), ni de l'hypothèque judiciaire de l'article 250 du décret du 31 juillet 1992, ce texte, tout comme naguère l'article 54 du Code de procédure civile (ancien), ne prévoyant que l'hypothèque des immeubles.

À l'inverse du contrat d'hypothèque immobilière, pour lequel un acte notarié est exigé, le contrat d'hypothèque maritime peut être conclu par acte sous seing privé. De là découle la conséquence qu'un contrat d'hypothèque maritime peut être conclu à l'étranger, ce qui peut en pratique faciliter l'obtention d'un crédit auprès d'une banque étrangère. Toutefois, l'écrit exigé par la loi est une forme substantielle, requise *ad validitatem* et non *ad probationem* : aux termes de l'article 43 de la loi du 3 janvier 1967, l'hypothèque doit, « *à peine de nullité* », être constituée par écrit.

Mais la formalité la plus importante en matière de constitution d'hypothèque maritime est certainement celle de la publicité.

551. Publicité des hypothèques. Modalités. Effets. — Les modalités de la publicité des hypothèques sont précisées par les articles 15 et suivants du décret du 27 octobre 1967. Il résulte de ces textes que l'hypothèque est rendue publique par inscription sur un *registre spécial*, tenu par le conservateur des hypothèques maritimes dans la circonscription duquel le navire est inscrit (fonctionnaire des douanes de la circonscription du port d'attache du navire). Le créancier qui veut faire procéder à l'inscription doit présenter au conservateur l'un des originaux du titre constitutif d'hypothèque et trois bordereaux, indiquant notamment l'identité du navire, le montant de la créance et les modalités relatives aux intérêts et au remboursement. L'hypothèque est alors inscrite sur le registre spécial tenu par le conservateur. Elle est de surcroît mentionnée sur la fiche matricule du navire.

Le registre des hypothèques, comme la fiche matricule, étant publics, tout tiers intéressé peut donc connaître l'état hypothécaire d'un navire. Par ailleurs, tout navire doit avoir à bord un « *tableau sommaire* » des inscriptions hypothécaires, à jour à la date de son départ. En revanche, le droit français ne connaît pas la pratique, relativement fréquente dans les autres droits maritimes autant qu'utile, de mentionner l'hypothèque sur le certificat de nationalité du navire.

La publicité de l'hypothèque est une formalité d'une extrême importance. Seule cette publicité rend l'hypothèque opposable aux tiers. Mais cette opposabilité vaut alors tant pour le capital porté à l'inscription que pour deux années d'intérêts, ainsi que pour l'année d'intérêts en cours.

552. Péremption de l'inscription. Radiation. — L'inscription de l'hypothèque n'a pas effet perpétuel. Tout d'abord, elle ne vaut que pour *dix ans*, devant être renouvelée pour se proroger. Par ailleurs, elle peut faire l'objet d'une *radiation*. Cette radiation peut intervenir « *du consentement des parties* », (art. 54). Ce consentement, qui est d'abord et principalement le consentement du créancier, peut être exprimé aujourd'hui par *acte sous seing privé*, un décret du 30 septembre 1953 ayant, pour des raisons pratiques, modifié la règle inscrite dans la loi de 1885, qui requérait, fort judicieusement d'ailleurs, un acte authentique. La radiation peut aussi être ordonnée par décision judiciaire, émanant normalement du tribunal de grande instance, de même que la réduction de l'inscription au montant des sommes qui restent dues.

§ 2. — *Effets de l'hypothèque maritime*

553. Plan. — Il importe de s'interroger d'une part sur l'étendue des éléments qui sont affectés, dans le patrimoine du débiteur, par l'hypothèque maritime, —

c'est le problème de l'assiette de l'hypothèque —, d'autre part sur les droits que confère l'hypothèque aux créanciers, — c'est le problème des droits du créancier hypothécaire.

A. — L'assiette de l'hypothèque maritime

554. Navire et accessoires. Améliorations. — L'hypothèque maritime porte sur le corps du navire ou du bâtiment de mer concerné, comme sur tous ses accessoires, machine, agrès et apparaux. Bien que la chose ne soit pas prévue par la loi du 3 janvier 1967, il est admis — par référence à l'article 2133 du Code civil (« *l'hypothèque acquise s'étend à toutes les améliorations survenues à l'immeuble hypothéqué* ») — *que l'hypothèque maritime* s'étend à tous les éléments qui s'incorporent au navire après la constitution d'hypothèque, tels que moteur neuf remplaçant un moteur plus âgé, ou équipement supplémentaire installé à bord.

555. Nantissement. Clause de réserve de propriété. — La règle de l'extension de l'hypothèque aux améliorations du navire a soulevé un grave conflit entre les droits du créancier hypothécaire et les droits du créancier bénéficiaire d'un *nantissement* de la loi du 18 janvier 1951.

Le propriétaire d'un chalutier hypothéqué, ayant acheté des congélateurs et un générateur d'eau douce, avait consenti à son vendeur un nantissement de la loi de 1951. La Cour de cassation a considéré que ce nantissement était inopposable au créancier bénéficiaire d'une hypothèque maritime, aux motifs « *que la loi de 1951 ne permet pas à un emprunteur de donner en nantissement à son prêteur le matériel d'équipement qu'il incorpore à un bâtiment de mer* » (4).

La décision, qui ne peut trouver de fondement que dans les dispositions de l'article 19 de la loi du 18 janvier 1951, excluant du domaine d'application de celle-ci « *les navires de mer* », a été critiquée. L'exclusion inscrite dans l'article 19 ne vise, prise à la lettre, que le navire saisi dans sa totalité ; elle ne s'applique pas nécessairement à tel ou tel matériel nettement individualisé installé sur le navire. Mais surtout, la thèse adoptée par la Cour de cassation a l'inconvénient de rendre très difficile pour un armateur d'obtenir le crédit lui permettant d'améliorer l'équipement de son navire.

Il est toutefois possible au propriétaire du navire de pallier les conséquences de la décision de la Cour de cassation. La règle que l'hypothèque s'étend aux accessoires, machine et apparaux du navire ne vaut que sauf convention contraire (art. 46). Il est donc possible de prévoir dans le contrat d'hypothèque que l'hypothèque ne s'étendra pas au matériel ultérieurement mis à bord du navire, et garanti par un nantissement de la loi de 1951. Par ailleurs, toute difficulté est supprimée si l'armateur a recours au *crédit-bail*, l'établissement « bailleur » pouvant, si le navire est saisi, obtenir la distraction du matériel loué. Il en est de

(4) Cass. 1er juin 1970, navire *L'Heureux*, *DMF* 1970.587, *D.* 681 n. R. Rodière ; *adde*, J. Calais-Auloy, *DMF* 1971.131.

même si le vendeur du matériel concerné a la prudence d'inclure dans le contrat de vente une clause de *réserve de propriété*. Car cette clause est certainement opposable au créancier hypothécaire, si toutefois le bien protégé par la réserve est matériellement séparable des autres parties du navire (5).

556. Perte du navire — Subrogation réelle. — La fragilité particulière du navire, susceptible d'être victime d'un abordage, d'un incendie, d'un naufrage, pose un problème qui n'est pas inconnu du droit terrestre, mais qui prend une acuité particulière en droit maritime : celui des droits du créancier en cas de perte du navire, ou de dommage grave causé à celui-ci. Ce problème avait été ignoré par les rédacteurs de la loi de 1885. La pratique avait pallié leur carence, tout au moins dans le domaine de l'assurance des navires. Le créancier hypothécaire exigeait que fût ajouté au contrat d'assurance un avenant de délégation, stipulant qu'en cas de disparition du navire, l'indemnité d'assurance corps lui serait directement versée. La loi de 1967 marque, en la matière, un progrès considérable sur les textes antérieurs, en faisant une large utilisation, au bénéfice du créancier hypothécaire, de l'institution de la *subrogation réelle*.

Aux termes de l'article 47 de ce texte, si le bâtiment est perdu ou avarié, sont subrogées au bâtiment les indemnités d'assurance sur le corps dudit bâtiment — le créancier hypothécaire étant ainsi directement réglé par l'assureur, sans avoir à souffrir la concurrence des autres créanciers de l'armateur, même titulaires d'un privilège maritime (6). La subrogation prévue par l'article 47 s'étend aussi aux indemnités dues par le tiers responsable du dommage, aux sommes dues au propriétaire pour contribution aux avaries communes subies par le bâtiment, enfin aux indemnités dues par le propriétaire pour assistance prêtée depuis l'inscription de l'hypothèque — dans la mesure où ces indemnités représentent la perte ou l'avarie du bâtiment hypothéqué. Toutefois, pour ces diverses indemnités, le créancier hypothécaire est primé par les créanciers titulaires d'un privilège maritime (*infra*, n° 584).

En revanche, l'hypothèque maritime ne s'étend pas au fret (prix du transport payé par les chargeurs ou affréteurs à l'armateur), ni aux sommes qui sont traditionnellement assimilées au fret, et en particulier aux indemnités d'assistance gagnées par le navire (7).

B. — Droits du créancier hypothécaire

557. Droit de saisir le navire. — Le premier droit du créancier hypothécaire est de saisir le navire dans les mains du débiteur, et de le faire vendre pour être

(5) En ce sens, Cass. 15 mars 1994, *JCP* 1994.22277, la Cour se référant ici à l'article 121 de la loi du 25 janvier 1985 sur les procédures de redressement judiciaire.

(6) La règle vaut même en cas de redressement judiciaire du débiteur : voir Cass. 24 avril 2007, navire *Saint Michel, D.* 2007.1269, *DMF* 2008, Hors-série n° 12, au n° 52, censurant Rouen, 24 janvier 2006, *DMF* 2007.288, obs. P. LATRON.

(7) Dans un arrêt du 25 juin 1996, la Cour de cassation précise que l'hypothèque ne se reporte pas sur la prime communautaire d'arrêt définitif du navire (parfois appelée prime au déchirage) : *DMF* 1996.991 et 1151 (*erratum*), rapp. RÉMERY et obs. P. BONASSIES, *DMF* 1997, Hors-série n° 1, au n° 26.

payé sur le prix de vente. Parce que ce droit appartient à tout créancier (art. 2092 du Code civil), il n'en est pas fait explicitement mention par la loi de 1967. Il n'en demeure pas moins un droit essentiel pour le créancier hypothécaire, et un droit qui bénéficie d'une protection particulière. Pour éviter que le débiteur ne tente de se soustraire à ses obligations, l'article 57 de la loi de 1967 interdit en effet toute opération susceptible d'entraîner la perte de francisation d'un bâtiment grevé d'une hypothèque.

Ce que vise le texte, c'est, en fait, le cas du débiteur qui vendrait son navire à un étranger, cette vente perturbant gravement, voire anéantissant les droits du créancier hypothécaire. De surcroît, le texte prévoit que si l'opération est intentionnelle, c'est-à-dire a pour objet même la violation des droits du créancier hypothécaire, l'auteur est passible des peines prévues par l'article 408 du Code pénal pour l'abus de confiance (aujourd'hui, art. 314-1 du nouveau Code pénal). On notera toutefois que les dispositions de l'article 57 n'interdisent pas la vente à l'étranger d'un navire hypothéqué, lorsque cette vente est faite dans des conditions telles que les droits du créancier hypothécaire sont préservés (remboursement du créancier par l'acheteur, ou transfert de l'hypothèque sur le registre étranger, avec l'accord du créancier).

558. Droit de suite. Purge. — Le créancier hypothécaire bénéficie ensuite, et là, la loi de 1967 le dit expressément (art. 55), du *droit de suite*. Le droit de suite, c'est, en droit maritime comme en droit commun, le droit de saisir un bien hypothéqué, ici le navire, dans les mains d'un acquéreur, pour le faire vendre au bénéfice du créancier.

La menace de saisie et de vente judiciaire qui pèse ainsi sur tout navire hypothéqué est susceptible de rendre la vente de celui-ci fort malaisée. Le législateur a pris le problème en considération, en instituant, en matière maritime comme en matière immobilière, une procédure de *purge*.

L'acquéreur d'un navire hypothéqué va notifier à tous les créanciers inscrits la vente du navire. Par le même acte, il déclarera qu'il est prêt à acquitter les dettes hypothécaires jusqu'à concurrence du prix d'acquisition. Chaque créancier a alors un délai de dix jours pour exercer son choix. Il peut accepter le prix offert par l'acquéreur, même si celui-ci n'est pas suffisant pour couvrir les sommes qui lui restent dues (situation relativement fréquente aujourd'hui, eu égard à la dépréciation rapide de la valeur des navires). Il peut aussi refuser le prix offert, mais il doit alors requérir la mise aux enchères du navire, en offrant de porter le prix à un dixième en sus (surenchère du dixième).

559. Extinction du droit de suite. — La loi de 1967 ne précise pas quels sont les événements qui mettent fin au droit de suite des créanciers hypothécaires. Il résulte toutefois des dispositions de l'article 55 du décret de 1967 que, conformément au droit commun, la *vente judiciaire* du navire entraîne extinction de toutes hypothèques. Il en est ainsi, non seulement de la vente judiciaire du droit commun (art. 31 et s. du décret de 1967 : voir *infra*, n°s 616 et s.) mais aussi de la vente particulière prévue, après saisie par l'administration des douanes, par l'article 389 du Code des douanes (Cass. 4 mai 1976, navire *Divanbakerli*, *DMF* 1976.741).

560. Droit de préférence et classement des créances hypothécaires. — Le créancier hypothécaire bénéficie d'un ultime droit, qui n'est pas le moins important, le *droit de préférence*. Le droit de préférence est, ici encore comme en droit commun, le droit pour le créancier hypothécaire d'être payé en premier, par préférence aux autres créanciers, et sans subir la loi du concours. Ce droit de préférence doit être précisé d'abord quant à la situation des créanciers hypothécaires par rapport aux autres créanciers, ensuite quant à la situation des créanciers hypothécaires entre eux.

Quant aux autres créanciers, le créancier titulaire d'une hypothèque maritime est dans une situation beaucoup moins avantageuse que les créanciers hypothécaires du droit commun. Certes, en droit commun, les créanciers privilégiés sont préférés même aux créanciers hypothécaires (art. 2095 du Code civil). Mais les créanciers privilégiés sont assez peu nombreux ; de surcroît, leur créance est en général d'un montant limité (réserve faite des salariés, mais leur privilège doit d'abord s'exercer sur les meubles avant de s'exercer sur les immeubles). En droit maritime, les créanciers titulaires d'un privilège maritime sont au contraire, comme nous le verrons ci-après (n°s 567 et s.), très nombreux, et leurs créances peuvent atteindre des sommes importantes. Et ces créances, comme en droit commun, l'emportent sur les hypothèques maritimes (art. 32 de la loi de 1967). En revanche, il est important de noter que les créanciers titulaires d'un simple privilège de droit commun (par exemple les salariés *terrestres* de l'armateur), s'ils peuvent invoquer leur privilège, ne prennent rang qu'après les créanciers hypothécaires (art. 33 de la loi de 1967).

Quant au classement des créanciers hypothécaires entre eux, il est soumis à la règle classique : leur rang est déterminé par l'ordre de priorité des dates d'inscription, les hypothèques inscrites le même jour venant en concurrence, quelle que soit leur heure d'inscription (art. 51 de la loi de 1967).

561. Cession d'hypothèque. — En conclusion, nous noterons que le créancier hypothécaire, comme tout créancier, peut céder ses droits. Cette cession pourra se faire par la voie civile (avec signification de l'article 1690 du Code civil). Elle pourra aussi se faire par voie d'endossement, si le titre constitutif de l'hypothèque est un titre à ordre (art. 53 de la loi du 3 janvier 1967).

562. Conflits de lois. — La plupart des droits maritimes étrangers connaissent l'institution de l'hypothèque maritime, ou des institutions très proches, telle le *mortgage* du droit anglais ou du droit américain, sûreté réelle à l'origine assez différente de l'hypothèque, mais qui, avec le temps et l'évolution de la pratique s'en est fortement rapprochée (8). L'existence d'une hypothèque de droit étranger sur un navire saisi en France soulève des problèmes de conflits de lois

(8) Voir P. BONASSIES, « Les hypothèques et privilèges maritimes en droit anglais et en droit américain », *DMF* 1965.594.

parfois complexes. Notons seulement ici que la Convention de Bruxelles du 10 avril 1926 (sur cette convention, voir *infra* n° 565), prévoit que les hypothèques, *mortgages* ou gages régulièrement établis sur un navire, en accord avec la loi du pavillon, seront respectés par les pays signataires. Et même les tribunaux des États non signataires de la Convention de 1926 appliquent en général le même principe de respect.

563. Convention de 1993. — Une nouvelle convention internationale a été signée en 1993, laquelle concerne surtout les privilèges maritimes (*DMF* 1993.606, commentaire G. Auchter). Mais cette convention est aussi beaucoup plus complète, quant aux hypothèques, que la Convention de 1926.

La nouvelle convention définit d'abord, plus largement que ne le fait la Convention de 1926, les droits hypothécaires ressortissant à son domaine — ceci pour éviter les doutes qu'avait fait naître le texte de 1926 quant à son application aux *mortgages* des droits de *common law*. Ce dernier texte ne vise en effet que les « *hypothèques et gages sur navire* ». Le texte nouveau, s'inspirant de la traduction anglaise officieuse de la Convention de 1926, vise les « *hypothèques, mortgages, et droits réels de même nature susceptibles d'être inscrits* ». La Convention de 1993 précise ensuite les conditions que devront remplir les hypothèques ou mortgages pour être internationalement reconnus. Ils devront ainsi être inscrits dans un registre spécial, accessible au public, lequel registre devra indiquer à tout le moins le nom et l'adresse du titulaire du droit réel en cause, ainsi que, mais seulement si cela est exigé par les lois de l'État d'immatriculation, le montant maximal garanti.

La Convention de 1993 énonce par ailleurs, et ce dans le plus grand détail, les conditions de validité du *changement d'immatriculation du navire* hypothéqué. La radiation du navire du registre d'origine n'est possible que si toutes les hypothèques ou droits analogues sont préalablement purgés, ou si tous les titulaires de ces droits ont donné leur consentement par écrit. L'immatriculation sur le registre d'un nouvel État n'est possible que si le premier État a délivré un certificat attestant que le navire a été radié, ou qu'il sera radié avec effet à la date de la nouvelle immatriculation.

Les rédacteurs du nouveau texte ont voulu aussi tenir compte d'un phénomène à peu près inconnu en 1926, celui des navires affrétés *coque-nue* par la banque qui en a financé la construction et l'achat et qui, en théorie, en conserve la propriété. Ils ont édicté des règles particulières en cas de *changement temporaire de pavillon*, chose qui résulte le plus souvent précisément d'un tel mode d'affrètement.

Enfin, sont définis les conditions et les effets de la *vente forcée* du navire sur l'hypothèque. La vente doit être notifiée trente jours au moins avant sa réalisation à l'autorité chargée du registre dans l'État d'immatriculation, au propriétaire du navire, ainsi qu'à tous les titulaires d'hypothèques ou droits assimilés. Si ces conditions sont respectées, la vente éteint les hypothèques. Et l'autorité compétente doit délivrer à l'acheteur un certificat attestant que le navire est vendu libre de toutes hypothèques ou droits assimilés, le conservateur du registre d'origine étant alors tenu, non seulement de radier les hypothèques y figurant, mais aussi d'immatriculer le navire au nom de l'acheteur.

Il y a certes là des réformes excellentes — le seul problème étant de savoir quand la nouvelle convention entrera en application. Or, sur ce point il est à craindre que les dispositions qu'elle contient sur les privilèges maritimes ne suscitent la réserve de nombreux États.

Section 2

Les privilèges maritimes

564. Notion de privilège maritime. Histoire des privilèges maritimes. — Un privilège est un droit que la loi donne à certains créanciers d'être préférés aux autres. Un privilège maritime est un droit que la loi accorde à certains créanciers, — ceux, nous le verrons, dont le titre est né de l'exploitation du navire —, d'être payés avant les autres sur le prix de vente en justice du navire.

Le Code de commerce avait institué un régime de privilèges maritimes qui se caractérisait par trois traits. Le premier, c'était le nombre important des créances privilégiées. À côté de certaines situations classiques, comme celle des créances pour frais de justice ou autres frais liés à la vente judiciaire du navire, étaient privilégiées les créances contractuelles de tous ceux qui avaient aidé le navire à prendre la mer. Bénéficiaient ainsi d'un privilège, aux termes de l'article 191 du Code de commerce, le capitaine et les gens de l'équipage pour leur salaire, le vendeur pour le prix du navire encore dû, les fournisseurs de travaux, de matériel ou de victuailles, les propriétaires de marchandises pour le remboursement des avaries subies par celles-ci.

Deuxième trait caractéristique, c'est le fait que ces privilèges étaient étroitement limités dans le temps. Ils ne s'appliquaient, pour la plupart, qu'aux créanciers du *dernier voyage* précédant la saisie. Si, à la fin du voyage, les créanciers n'agissaient pas et laissaient le navire repartir pour un *nouveau voyage*, leur privilège était éteint. Mais, troisième trait, les créanciers privilégiés bénéficiaient d'un véritable *droit de suite*, inconnu du droit commun. Malgré la vente du navire au retour du voyage, ils pouvaient le saisir dans les mains de l'acquéreur et exercer leur privilège. Ce droit de suite, comme le privilège, s'éteignait toutefois lorsque le navire avait fait un voyage en mer sous le nom de l'acquéreur, ou soixante jours après son départ pour un voyage au long cours.

Ce système, qui conférait au droit maritime un grand particularisme, s'expliquait par le souci de faciliter le commerce maritime, à une époque où il n'était pas possible à un armateur d'obtenir du crédit en consentant une hypothèque sur son navire. C'est parce qu'ils savaient qu'ils pourraient saisir ce navire et se payer par préférence sur son prix que les divers cocontractants de l'armateur, vendeurs, fournisseurs de voiles, d'agrès, d'avitaillement, faisaient confiance à l'armateur qui ne pouvait les payer comptant.

Avec la création de l'hypothèque maritime, le système des privilèges maritimes établi par le Code de commerce était déjà devenu obsolète. Pourquoi accorder un privilège au vendeur du navire, par exemple, alors que celui-ci pouvait se garantir par une hypothèque ? Mais surtout, c'est l'adoption de la *Convention de Bruxelles du 10 avril 1926 sur les privilèges et hypothèques maritimes* qui a conduit à un profond bouleversement du droit français en la matière.

565. Convention de Bruxelles de 1926. Convention de New York de 1967. Convention de 1993. — La diversité des législations existant en matière de privilège maritime était plus gênante que dans tout autre domaine. Dans un seul voyage, le navire était affronté à de nombreux systèmes juridiques différents, ayant chacun leur propre structure de privilèges maritimes. Aussi la nécessité d'une convention internationale se fit ici sentir dès la fin du XIXe siècle. Après le rejet d'un premier projet en 1924, un texte définitif fut adopté à Bruxelles le 10 avril 1926. La Convention de 1926 a été ratifiée par la France en 1935, et ses dispositions ont été introduites en droit interne par la loi du 12 février 1949, dont la loi du 3 janvier 1967 a intégralement repris le texte.

Si l'on s'interroge sur les modifications apportées au droit classique par la législation de 1926/1949/1967, on constate que la Convention de 1926 a supprimé, du point de vue du droit français au moins, un certain nombre de créances privilégiées : le vendeur de navire n'est plus privilégié, non plus que, d'une manière générale, les fournisseurs du navire — seuls demeurant privilégiés ceux d'entre eux qui ont traité avec le capitaine (ou, en droit français, avec le consignataire du navire : voir *infra*, n° 573). À l'opposé, la Convention a accordé un privilège maritime à de nouveaux créanciers d'importance : sont devenus privilégiés les créanciers d'indemnité d'assistance, comme les créanciers non contractuels pour dommages causés par le navire. De ce fait, le nombre des créances privilégiées susceptibles de grever un navire n'a guère diminué.

C'est pour cette raison — le trop grand nombre des créances privilégiées —, que de nombreuses critiques ont été portées contre la Convention de 1926. Il lui a été reproché de perturber le crédit à la construction des navires, les banques, fournisseurs de crédits hypothécaires, étant primées par les nombreux créanciers privilégiés, et ayant de plus en plus de mal à recouvrer leur créance. À l'initiative du CMI, une nouvelle convention internationale a été préparée, et signée à New York en 1967. Cette convention entend réduire le nombre des créances privilégiées, mais en maintient tout de même cinq catégories (créanciers qui ont permis la saisie et la vente du navire ; marins ; créanciers délictuels ou contractuels pour dommage à la personne ; créanciers délictuels pour dommages aux biens ; assistants). Mais, ratifiée par un nombre très réduit d'États, la Convention de New York n'est pas entrée en application, et ne sera sans doute jamais appliquée. Le débat international a toutefois repris devant l'OMI et la CNUCED, et une nouvelle convention a été adoptée à Genève le 7 mai 1993. Les traits fondamentaux de ce texte seront présentés après l'étude du droit positif.

Revenant au droit positif, il importe, d'une part, de déterminer la liste des créances privilégiées, d'autre part de déterminer les droits que confère le privilège maritime.

§ 1. — *Les créances bénéficiaires d'un privilège maritime*

566. Privilèges maritimes et privilèges de droit commun sur le navire. — Avant de parler des privilèges maritimes, une observation préliminaire s'impose : le régime spécifique des privilèges maritimes coexiste aujourd'hui avec le régime des privilèges de droit commun. Tandis que le Code de commerce avait institué un régime exclusif, la loi du 3 janvier 1967, comme l'avait déjà fait la loi du 19 février 1949, édicte que les créanciers du propriétaire du navire peuvent invoquer, non seulement les privilèges maritimes qu'elle institue, mais aussi les privilèges du droit commun. Mais, comme nous l'avons vu, ces privilèges ne prennent rang qu'après les hypothèques grevant le navire.

Quoi qu'il en soit, il résulte du texte nouveau que le fisc, le vendeur du navire, peuvent invoquer sur le navire, à leur rang, les privilèges prévus par le Code civil. Parmi ces privilèges, il en est un qui a fait difficulté, c'est celui que le Code civil accorde pour « *les frais faits pour la conservation de la chose* » (art. 2102-3°). Ce privilège a été à plusieurs reprises invoqué par des créanciers qui avaient vendu au propriétaire d'un chalutier un équipement radar ou un équipement de radiophonie. Dans un premier temps, la Cour de cassation n'a reconnu un privilège au vendeur que dans le cas où cet équipement correspondait à des dispositions réglementaires, le vendeur pouvant alors être considéré comme ayant contribué à la conservation du navire (Cass. 31 janv. 1962, navire *Berbère*, *DMF* 1962.272 et 359). Plus récemment, elle s'est référée à un critère matériel, rejetant le pourvoi formé contre un arrêt qui avait reconnu un privilège au fournisseur d'installations « *qui permettaient de prévenir la perte partielle ou totale* » du navire concerné (9 oct. 1984, *DMF* 1985.399).

567. Privilèges maritimes. Observations préliminaires. Principe d'interprétation. — La loi du 3 janvier 1967, s'inspirant étroitement de la Convention de 1926, définit six catégories de créances privilégiées, certaines de ces catégories incluant plusieurs sous-catégories de créances. Il est assurément souhaitable que le même principe d'interprétation s'applique à chacune de ces catégories ou sous-catégories. Le problème est que l'on peut hésiter sur le principe à adopter, comme l'on peut hésiter chaque fois qu'il y a lieu d'interpréter un texte d'exception — puisque le privilège est une exception à l'égalité de principe des créanciers.

L'interprète peut opter en faveur d'une interprétation restrictive, sur l'observation que les textes dérogatoires, « exceptionnels », sont d'interprétation stricte (*exceptio est strictissimae interpretationis*). Mais, s'attachant à l'esprit du texte concerné, et voyant dans ce texte l'affirmation d'un principe général, encore qu'ayant un domaine d'application limité, il peut penser que l'exception « *mérite d'être appliquée à la mesure de sa raison d'être ; non seulement il ne faut rien en retrancher, mais la plénitude de son application doit être garantie, fût-ce au prix d'un raisonnement analogique* » (G. Cornu, *Droit civil*, tome 1, n° 417).

En matière de privilèges maritimes, certains auteurs, se prononçant d'ailleurs non sur le principe, mais à propos de tel ou tel privilège particulier, se sont montrés plutôt favorables à une interprétation restrictive des textes (en ce sens, en particulier, les obs. du Doyen Chauveau sous Rennes, 20 mars 1963, *D.* 1964.596 ; voir aussi, dans le même sens, E. du Pontavice, *Le statut des navires*, n° 147 ; M. Rémond-Gouilloud, *Droit maritime*, 2e éd., n° 276). Le Doyen Rodière avait une opinion plus nuancée. Tout en reconnaissant qu'il fallait, en matière de privilèges maritimes, s'en tenir à une interprétation stricte, c'est-à-dire ne pas aller au-delà de ce qu'énoncent les textes, il observait que « *s'il n'y a pas de privilège sans texte, ce n'est pas un motif pour mutiler les textes qui les établissent... quand le législateur crée un privilège, il faut respecter le droit de préférence qu'il a voulu instituer* » (*Traité de droit maritime*, *Le navire*, n° 140). Et il semble bien que la jurisprudence ait retenu les leçons du Doyen Rodière — dont les auteurs de cet ouvrage partagent la pensée —, appliquant les textes, selon le cas, avec plus ou moins d'ouverture (9).

Les créances privilégiées peuvent être classées en six catégories — auxquelles la loi du 3 janvier 1969 ajoute celle des créances du consignataire de navire. Nous présenterons ces six — ou sept catégories dans l'ordre où elles sont classées par le législateur, ordre important car il détermine le rang de paiement des créanciers (article 37 de la loi du 3 janvier 1967).

568. Frais judiciaires. Frais encourus dans le dernier port. — Ces deux premières catégories incluent les créances de tous ceux qui ont permis, au bénéfice des créanciers, la vente judiciaire du navire. Sont ainsi affectés d'un privilège, d'abord, en premier rang absolu, les frais de justice exposés pour parvenir à la vente du navire, ensuite les frais encourus pour l'entrée et le séjour du navire dans le port où il a été saisi. Il s'agit ici des frais de pilotage pour l'entrée dans le port de saisie, des droits de tonnage ou de port, des frais de garde ou de conservation du navire depuis la même entrée. Les frais de pilotage, droits de port, etc., antérieurs à l'entrée dans le port de la saisie ne sont en effet privilégiés que comme frais faits pour les besoins du navire, et seulement dans les conditions où ces frais sont privilégiés (*infra*, n° 572).

569. Salaires et cotisations sociales. — Sont ensuite privilégiées les créances résultant du contrat d'engagement du capitaine, de l'équipage, et des autres

(9) Voir, par exemple, interprétant strictement la notion de dépenses engagées pour les besoins réels du navire, Cass. 28 avril 1998, cité *infra* au n° 572. En revanche, voir assimilant les primes de l'assurance « risque port », et les salaires de l'équipage durant le séjour du navire au port à des frais de garde ou de conservation, frais privilégiés, TGI Marseille, 11 janvier 1994, navire *Bromsgard Star*, *DMF* 1994.582, n. H. TASSY et, dans le même sens, Montpellier, 19 janvier 1889, *DMF* 1998.672, obs. B. COSTE.

personnes engagées à bord (10). Mais la détermination des créances privilégiées a ici donné lieu à difficulté, s'agissant des créances de cotisation de sécurité sociale.

Certains auteurs ont défendu la thèse que ces dernières créances n'étaient pas privilégiées. Ils fondaient cette thèse sur l'observation que, tant l'article 4 alinéa dernier de la Convention de 1926 que l'article 36 de la loi de 1967, textes qui délimitent l'étendue du privilège sur le fret, disposent que, exceptionnellement, le privilège prévu « *au profit des personnes au service du navire* » porte sur l'ensemble des frets dus pour tous les voyages effectués pendant le cours du même contrat d'engagement. Le privilège ainsi prévu bénéficiant aux personnes au service du navire ne pouvait être invoqué par les institutions de sécurité sociale. Mais la jurisprudence n'a jamais adhéré à cette thèse. Elle a toujours considéré que les cotisations étaient un accessoire du salaire, bénéficiant du même privilège que celui-ci (11). Cette jurisprudence paraît devoir être approuvée. Elle est conforme aux tendances générales du droit positif en la matière. Quant aux dispositions invoquées à l'appui de la thèse contraire, elles ne sont pas suffisamment déterminantes, en tant que ces dispositions entendent seulement définir l'objet du privilège et non l'étendue de celui-ci.

570. Créances d'assistance et d'avaries communes. — Sont ensuite privilégiées les créances de ceux qui ont contribué à la survie du navire. Il s'agit principalement des créances de rémunération pour assistance, et, subsidiairement, des créances de propriétaires de marchandises auxquels le navire doit une contribution d'avaries communes, lorsque, comme on l'a vu (*supra*, n° 533), des marchandises sont sacrifiées dans l'intérêt commun.

571. Créances de responsabilité. — Une quatrième catégorie de créances privilégiées, d'une extrême importance, est celle des créances pour indemnités dues après un accident causé par le navire — des créances de responsabilité envisagées de la manière la plus large. Cette catégorie inclut des créances de caractère extracontractuel, créances de responsabilité pour abordage, que l'abordage ait entraîné des dommages matériels ou des dommages corporels, comme créances pour dommages causés aux ouvrages d'art des ports et des voies navigables. Mais elle inclut aussi des créances de responsabilité contractuelle, créances d'indemnité pour lésions corporelles aux passagers et aux équipages, créances d'indemnité pour pertes ou avaries de cargaisons ayant fait l'objet tant de contrats d'affrètement que de contrats de transport.

Derrière ces deux dernières catégories de créances privilégiées, lesquelles concernent des créances nées, au sens large, d'accidents de navigation causés par le navire, on retrouve l'idée évoquée ci-dessus (*supra*, n° 158) que le navire est

(10) Voir, assimilant justement à ces créances la créance d'une association d'aide aux marins qui avait subvenu aux besoins des marins abandonnés par leur armateur avec le navire, Aix-en-Provence, 1er févr. 2001, navire *Beloostrov*, *DMF* 2001.327, obs. P. CHAUMETTE.

(11) Voir, entre autres, Cass. 7 avr. 1987, *DMF* 1988.453 et nos obs., *DMF* 1989.75 ; en revanche, dans un arrêt du 1er octobre 1991, la Cour de cassation décide que les cotisations à l'ENIM ne bénéficient pas du super-privilège des salariés (*DMF* 1991.709, n. Y. TASSEL).

en quelque sorte *personnellement* responsable de ses actes. Toute personne ayant subi un dommage du fait du navire est donc en droit de se payer sur le navire lui-même, en exerçant le privilège que la loi lui confère (privilège qui n'existe pas en droit commun, le propriétaire d'une marchandise endommagée à la suite d'un transport routier n'ayant, par exemple, aucun privilège sur l'engin de transport).

572. Dépenses engagées par le capitaine pour les besoins réels du navire. — Enfin, la Convention de 1926 accorde un privilège maritime à une dernière catégorie de créances — la loi française de 1967 reprenant ici comme ailleurs les dispositions de la convention, mais la loi du 3 janvier 1969 leur apportant une très importante modification. Il s'agit des créances provenant des contrats passés, ou des opérations effectuées, par le capitaine hors du port d'attache du navire, pour les besoins réels de la conservation du navire ou de la continuation du voyage.

Comme on le voit, la définition des créances privilégiées comporte ici une double restriction. D'une part ne sont privilégiées que les créances contractées pour « *les besoins réels* » de la conservation du navire ou de la continuation du voyage. La notion de *besoins réels* est assez aisée à préciser. Par exemple, une créance née de l'achat de whisky, à tout le moins en quantité immodérée, se verra refuser tout privilège maritime. En revanche, seront privilégiées toutes les créances d'achats normaux de vivres, les créances de combustible, les créances de réparation, les créances contractées pour assurer l'hospitalisation d'un marin malade, ou son rapatriement, les créances de pilotage (voire de droits de port) (12). En revanche, la notion de « *continuation du voyage* » prête à discussion. Interprétée strictement, elle ne doit couvrir que les créances contractées par un navire en voyage, loin de sa base ou de ses bases habituelles. C'est en ce sens qu'a incliné la Cour de cassation dans un arrêt du 28 avril 1998 (*DMF* 1998.680, rapport Rémery et obs. P. Bonassies). La Cour d'appel de Basse-Terre (Guadeloupe) ayant accordé un privilège au fournisseur qui avait livré du carburant à un navire exploitant un trafic régulier entre les îles des Antilles, sa décision avait été critiquée par les armateurs du navire, arguant que l'article 31-6° de la loi du 3 janvier 1967 accordait bien un privilège au fournisseur, mais seulement pour les fournitures effectuées pour la *continuation* du voyage, et non pour l'*exploitation* régulière du navire. Tout en censurant pour d'autres motifs l'arrêt à elle déféré, la Cour de cassation a tenu à viser le motif critiqué, en le caractérisant comme un *motif erroné et justement critiqué* par le

(12) Nonobstant l'absence de contrat, s'agissant d'une dépense liée à une opération ordonnée par le capitaine. On peut même penser que sont, pour la même raison, pareillement privilégiés les droits de port dus pour les escales précédant l'entrée du navire dans le dernier port (les droits dus pour l'escale dans le dernier port étant, eux, expressément privilégiés : voir *supra*, n° 568).

pourvoi. Ainsi, pour la Cour de cassation, la notion de *continuation du voyage* doit être interprétée d'une manière restrictive (13).

D'autre part, ne sont privilégiées que les créances provenant de contrats passés « *par le capitaine* », en vertu de ses pouvoirs légaux et hors du port d'attache du navire (une simple signature du capitaine sur le reçu des soutes livrées au navire ne suffisant pas, en soi, à prouver l'existence d'un tel contrat) (14).

L'idée qui informe ici la distinction établie par le législateur conventionnel, c'est l'idée que si les créanciers d'avitaillement ou de réparation ont contracté directement avec l'armateur, ils ont fait crédit à l'armateur lui-même, et non au navire. Ils ne doivent donc pas bénéficier d'un privilège sur le navire. Il en est de même des créanciers qui ont contracté avec le capitaine dans le port d'attache du navire, car on ne veut pas qu'ils se créent un privilège en contractant avec le capitaine, alors qu'ils auraient pu contracter aisément avec l'armateur. En revanche, celui qui contracte avec le capitaine hors du port d'attache du navire ne peut obtenir aucune sûreté particulière. Le seul élément de crédit qu'il puisse prendre en considération, c'est le navire lui-même ; il est donc normal qu'il bénéficie d'un privilège sur le navire, lequel est, ici aussi, considéré en quelque sorte comme *personnellement* tenu des dettes nées de son exploitation (15).

Il est enfin à noter qu'est également privilégiée la créance du capitaine qui a fait l'*avance* de dépenses d'exploitation du navire, la Convention de 1926 comme la loi de 1967 énonçant ici qu'il n'y a pas de distinction à faire qu'il s'agisse « *de sa créance* (créance du capitaine) *ou de celle des fournisseurs* ». Et la même règle vaut, en droit français, pour les avances faites par l'agent maritime ou consignataire du navire.

573. Contrats conclus par le consignataire du navire. Droit français. — Rédigée en 1926, la Convention internationale ne pouvait prendre en considération que les pratiques maritimes de l'époque, une époque où le rôle commercial du capitaine avait conservé une certaine importance. Aujourd'hui, cependant, toutes les grandes entreprises d'armement, et la plupart des entreprises de dimension moyenne, sont souvent représentées dans tout port étranger par un consignataire de navire (16). Les contrats que concluait un capitaine à l'occasion du séjour de son navire dans un port (achat d'avitaillement, de combustible, réparations) sont désormais conclus par le consignataire. Mais la Convention de 1926 n'accorde aucun privilège au créancier ayant contracté avec un consignataire.

(13) En revanche, dans un arrêt du 15 janvier 1997, la Cour d'appel de Paris a interprété d'une manière assez ouverte la notion de *besoins réels pour la continuation du voyage*, l'étendant, pour un navire armé à la pêche, à des fournitures de pêche et de conservation des produits de la mer (*DMF* 1997.877, obs. P.-Y. LUCAS et *DMF* 1998.44, obs. P. SIMON).

(14) Aix-en-Provence, 5 oct. 1984, navire *Esteblick*, *DMF* 1986.657, n. R. ACHARD ; Rouen, 22 mai 2003, navire *Skaufast*, *DMF* 2003.737, obs. P. PESTEL-DEBORD.

(15) Sur l'extension du privilège à celui qui a contracté avec le *chef mécanicien*, justement considéré comme mandataire du capitaine, voir Tribunal de commerce de Rouen, 10 mars 1987, navire *Agios Nikolaos*, *DMF* 1988.108.

(16) Dans le principe, le consignataire, dont l'action s'applique à un navire donné, doit être distingué de l'*agent maritime*, mandataire général et permanent : voir *infra*, n° 645. L'agent maritime ne bénéficie pas du privilège ici évoqué, à moins qu'il ne soit, en même temps, *consignataire* pour tel ou tel navire — chose extrêmement fréquente.

Tenant compte de l'évolution des pratiques maritimes, le législateur français est ici intervenu, dans la loi sur l'armement du 3 janvier 1969. Pour assurer une meilleure protection aux créanciers locaux français, l'article 12 de cette loi énonce que les créances que font naître contre l'armateur les actes du consignataire lorsqu'il pourvoit aux besoins normaux du navire, au lieu et place du capitaine, sont assorties d'un privilège maritime. Les textes n'indiquent d'ailleurs pas à quelle place il faut situer ce privilège. L'article 37 de la loi du 3 janvier 1967, texte de base du classement des privilèges, ignore tout naturellement la loi du 3 janvier 1969, et cette dernière demeure silencieuse sur le rang accordé au privilège qu'elle crée. Il semble raisonnable de classer ce privilège au sixième rang, rang du privilège des fournisseurs ayant traité avec le capitaine (17).

Le privilège du consignataire apparaît d'ailleurs plus large que le privilège des fournisseurs. Ce dernier ne bénéficie qu'aux créances engagées par le capitaine pour la conservation du navire ou la continuation du voyage (*supra*, n° 472). Le privilège du consignataire vaut pour tout contrat passé pour pourvoir aux « *besoins normaux* » du navire — qu'il s'agisse donc de la continuation du voyage, mais aussi, plus généralement de l'exploitation normale du navire (18). Curieusement, le droit français se rapproche ici des droits qui, tel le droit américain, accordent largement un privilège à tout fournisseur du navire. La réforme, importante et sans doute justifiée, paraît être demeurée propre au droit français, ou aux législations qui se sont inspirées de ce droit (telle la législation algérienne). Et la loi de 1969 ne s'applique sans doute qu'aux consignataires exerçant leur activité dans un port français.

574. Navires exploités par un armateur ou affréteur non propriétaire. — En conclusion, nous observerons que la Convention de 1926 (art. 13) ainsi que la loi française (art. 42) accordent un privilège sur le navire aux créanciers que ces textes visent, alors même que le navire est exploité, non par le propriétaire, mais par un armateur « *non propriétaire* » ou un affréteur principal. Par exemple, le chargeur qui a confié ses marchandises à un transporteur qui n'est pas le propriétaire du navire, mais qui assure l'exploitation commerciale de celui-ci en application d'un affrètement à temps, bénéficie d'un privilège sur le navire si les marchandises mises à bord sont endommagées à l'occasion du voyage — ce alors même que toute action personnelle lui serait refusée contre le propriétaire.

La règle a été appliquée devant les tribunaux français, même si c'est dans d'assez rares décisions (19). En théorie, elle implique l'affirmation, au bénéfice de celui qui a traité avec un armateur ou affréteur non propriétaire du navire, d'une véritable créance pesant sur le navire lui-même, créance de caractère réel et non personnel, et qui vient doubler la créance de caractère personnel qu'il a

(17) Avec un problème insoluble, même s'il est demeuré théorique : celui du concours entre consignataire et fournisseurs pour les créances d'un même voyage.

(18) Pour le caractère privilégié de la créance du consignataire qui a fait l'avance des sommes nécessaires au paiement des fournisseurs, voir Cass. 15 févr. 1994, navire *Gasikara*, *DMF* 1994.695, obs. P. BONASSIES.

(19) Voir cependant, Cour d'appel d'Aix-en-Provence, 9 déc. 1983, navire *La Rochelle*, *Revue Scapel* 1984.4 et comparer, Cour d'appel de Poitiers, 16 juin 1976, navire *Le Bizarre*, *DMF* 1977.80.

envers l'affréteur ou l'armateur non propriétaire avec qui il a traité (la créance sur le navire étant quelque peu analogue à celle qui pèse, en droit civil, sur l'immeuble hypothéqué passé dans les mains d'un tiers détenteur). Cette créance sur le navire exprime, ici encore, la *responsabilité personnelle du navire*, et n'est pas très différente de l'action *in rem* reconnue par certains droits étrangers aux titulaires de certaines créances maritimes.

En pratique, les dispositions de la convention internationale ou de la loi française devraient garantir une protection très sûre aux créanciers des affréteurs exploitant un navire, assurant par là un meilleur crédit maritime.

§ 2. — *La portée des privilèges maritimes*

Pour apprécier la portée exacte des privilèges maritimes, il importe d'abord de déterminer quels éléments ils affectent. C'est le problème, comme en matière d'hypothèque, de l'*assiette* du privilège. Il faut ensuite préciser les droits qu'ils confèrent aux créanciers ; c'est le problème de la détermination des droits du créancier privilégié.

A. — L'assiette des privilèges maritimes

575. Navire. Accessoires. Subrogation réelle. Indemnité d'assurance (non). — Les privilèges maritimes portent principalement sur le navire, et, malgré le silence des textes, il faut certainement les étendre, comme pour l'hypothèque maritime, aux agrès et aux apparaux.

En cas de dommage subi par le navire ou de perte de celui-ci, la Convention de 1926 (art. 4, 1° et 2°) et la loi de 1967 (art. 34) prévoient que le privilège s'exercera sur les indemnités dues au propriétaire par le responsable du sinistre, comme sur la contribution pour avaries communes due par le chargeur ou l'affréteur. En revanche, règle extrêmement importante, le privilège ne porte pas sur l'indemnité d'assurance due par l'assureur-corps du navire.

Envisageant la situation où le navire est perdu, ou gravement endommagé, le législateur maritime a voulu adopter une solution de transaction. Les créanciers privilégiés exerceront en premier leurs droits sur les indemnités éventuellement dues par les tiers responsables de la perte du navire, tandis que le créancier hypothécaire pourra se payer sur l'indemnité d'assurance, n'exerçant ses droits sur les sommes dues par le tiers responsable qu'après les créanciers privilégiés. Il reste que si la perte du navire est fortuite, les créanciers privilégiés demeurent sans recours.

576. Fret. Théorie de la fortune de mer. — Mais les privilèges maritimes ne portent pas sur le seul navire. Ils portent aussi sur le *fret* du voyage pendant lequel est née la créance privilégiée, et, plus généralement, sur les sommes gagnées par le navire durant ce voyage.

La Convention de 1926 et la loi française sont ici fondées sur un thème qui remonte aux origines mêmes du droit maritime, celui de la *fortune de mer*, envisagée comme l'ensemble des intérêts mis en jeu par un armateur à l'occasion d'un voyage en mer (20). Cet ensemble comprend le navire ; il inclut aussi les sommes qui, tout au long du voyage, vont s'agréger au navire, le fret gagné durant le voyage, mais aussi tel autre bénéfice exceptionnel fait par le navire, par exemple l'indemnité d'assistance qui lui est due à l'occasion de l'aide qu'il a pu apporter à un navire tiers.

Plus précisément, en accord avec la notion même de fortune de mer, les privilèges maritimes s'exercent sur le seul fret *du voyage* pendant lequel est née la créance privilégiée, comme sur les indemnités d'assistance gagnées par le navire pendant ce voyage. Exception est faite toutefois, dans un souci de protection sociale, pour le privilège des marins, lequel, comme on l'a vu, porte sur l'ensemble des frets (et sans doute des sommes assimilées) dus pour tous les voyages effectués pendant le même contrat d'engagement. Les privilèges portent aussi sur les indemnités dues par des tiers au propriétaire pour perte de fret (par exemple, dommages-intérêts spécifiques dus par le navire abordeur pour la perte de fret encourue par l'armateur qui n'a pu livrer les marchandises mises à bord) — le droit maritime faisant jouer, ici aussi, le mécanisme de la subrogation réelle.

Toutefois, la portée concrète du privilège sur le fret est limitée par la primauté reconnue ici par le droit maritime aux règles du droit commun concernant la *fongibilité* des éléments financiers du patrimoine. Une fois le fret, ou telle autre indemnité, payé à l'armateur, la somme versée se fond dans le patrimoine de celui-ci, et le privilège ne peut plus être exercé. Le privilège ne peut donc s'appliquer qu'au fret dû par un tiers (ou autres sommes encore dues). Mais les textes prévoient que le privilège peut aussi jouer si le montant du fret se trouve encore entre les mains du capitaine ou de l'agent du propriétaire, la simple détention matérielle du fret par ces mandataires de l'armateur l'empêchant de se fondre dans le patrimoine de ce dernier.

B. — Les droits conférés par le privilège maritime

577. Principes. Absence d'action personnelle. Brièveté des privilèges maritimes. — Il est d'abord important de relever que le fait qu'une créance soit assortie d'un privilège maritime ne confère, en soi, au titulaire de cette créance, aucune action personnelle contre le propriétaire du navire. Si le créancier bénéficie d'une action personnelle contre ce propriétaire, c'est en vertu de sa seule créance, et non de son privilège, c'est parce que, marin, il a une créance de salaire, ou, fournisseur, une créance pour fourniture de soutes. Certes, dans la plupart des situations, le titulaire d'un privilège bénéficie aussi d'une action personnelle contre le propriétaire du navire — chose qui tend à faire oublier la

(20) Le terme « fortune de mer » est aussi parfois employé comme synonyme du terme « péril de la mer » — chose qui n'est pas très heureuse.

règle ici énoncée — mais ce n'est pas le cas quand le navire est affrété. Dans ce cas, le créancier, s'il a contracté avec l'affréteur (cas du chargeur dans l'affrètement à temps, ou du fournisseur de soutes) bénéficie d'un privilège sur le navire et d'une action personnelle contre l'affréteur (*supra*, n° 574). Il n'a pas d'action personnelle contre le propriétaire du navire. La Cour de cassation avait semblé adopter la règle contraire dans un arrêt du 15 février 1994 (navire *Gasikara*, *DMF* 1994.695, obs. P. Bonassies). Elle est revenue clairement, encore que non expressément, sur sa décision *Gasikara* — certainement infondée — dans un arrêt du 14 octobre 1997 (navire *Georgios*, *DMF* 1997.1094, rapport Rémery, obs. P. Bonassies) (21).

Un privilège maritime confère en revanche au créancier qui en bénéficie des droits considérables, non seulement le droit de préférence reconnu en droit commun à tout créancier privilégié, mais aussi, nous le verrons, un véritable *droit de suite*. Toutefois, avant d'analyser droit de suite et droit de préférence, il importe d'insister sur le caractère très fugitif des droits conférés par les privilèges maritimes, ce en raison des règles concernant tant la *péremption* des privilèges que l'*interruption* de cette péremption.

578. Péremption des privilèges maritimes. Interruption. — L'avantage conféré à un créancier par un privilège maritime est en effet, d'une durée relativement brève. Quelle que soit la durée propre de la créance, les privilèges maritimes s'éteignent à l'expiration d'un délai d'*un an*. Pour les créances contractées pour les besoins réels du navire, la péremption est même plus brève encore : elle est de *six mois*.

Le *point de départ* du délai de péremption des privilèges maritimes est divers. Pour certaines créances, le délai part de la date d'exigibilité de la créance considérée (frais de justice et frais assimilés ; créance née du contrat d'engagement). Pour les rémunérations d'assistance et de sauvetage, il part du jour où les opérations sont terminées. Il part du jour où le dommage a été causé pour le privilège garantissant les indemnités d'abordage ou autre accident, ou les indemnités dues à des lésions corporelles. Pour les créances nées de dommages à la cargaison ou aux bagages, le point de départ du délai est le jour de la délivrance, ou, en cas de perte totale, le jour où la délivrance aurait dû prendre place. Enfin, pour les créances nées de contrats relatifs aux besoins normaux du navire, la péremption court à partir de la naissance de la dette.

La brièveté relative du délai pose nécessairement une question capitale : comment un créancier privilégié peut-il *interrompre* ou *suspendre* cette péremption ? Ni la Convention de 1926, laquelle renvoie sur ce point à la loi nationale (art. 9, al. 5), ni la loi de 1967, n'apportent de réponse à cette question, assez rarement rencontrée par les tribunaux. Eu égard à la spécificité des privilèges maritimes, lesquels, on l'a vu, pèsent plus sur le navire que sur le débiteur, il paraît

(21) Le privilège maritime n'est pas le seul cas où action personnelle et droit contre la chose sont dissociés : voir aussi pour le cas du cautionnement réel consenti dans l'intérêt d'un tiers, Cass. ch. mixte, 2 déc. 2005, *Sem. jur.* 2006.II.10183.

justifié de décider que la péremption d'un privilège maritime n'est pas interrompue par une simple citation en justice, mais seulement par la saisie-exécution ou par l'intervention du créancier dans cette saisie (22). On doit cependant aussi admettre qu'elle est interrompue par la saisie conservatoire, laquelle est précisément fondée sur la responsabilité « *personnelle* » du navire (23).

La saisie du navire ne concerne toutefois que les droits du créancier privilégié sur le navire. S'agissant de son privilège sur les sommes dues à l'armateur (fret, indemnités assimilées), la péremption sera interrompue par une saisie conservatoire faite dans les mains du débiteur (art. 234, décret du 31 juill. 1992).

579. Autres causes d'extinction. Vente judiciaire. Vente volontaire. — Par ailleurs, alors même que le délai de péremption n'est pas écoulé, le privilège maritime est éteint par différents événements énumérés par l'article 40 de la loi de 1967. Sont ici visées la confiscation du navire prononcée pour infraction aux réglementations de douane, de police ou de sûreté, la vente du navire en justice et le transfert volontaire de sa propriété.

S'agissant de la vente en justice du navire, dans un important arrêt du 4 octobre 2005, la Cour de cassation décide que la règle de l'extinction des privilèges, que connaissait déjà l'Ordonnance de la Marine, s'applique même à la vente judiciaire faite à l'étranger (navire *R. One, DMF* 2006, rapp. de Monteynard et obs. P. Bonassies). Par ailleurs il est à noter que, en cas de vente judiciaire en France, les droits du créancier privilégié pourront s'exercer dans le cadre de la distribution du prix qui suivra la vente judiciaire, mais ce sous condition que le créancier ait respecté les règles rigoureuses applicables en la matière (voir *infra*, n° 618).

En cas de transfert volontaire de la propriété — c'est-à-dire, principalement en cas de vente volontaire, le privilège s'éteint, et par là le droit de suite qu'il inclut, *deux mois* après l'exécution des formalités de publicité de la vente. Mais de quelles formalités s'agit-il ? La Convention de 1926 renvoie ici aux lois nationales. Pour la France, la loi du 19 février 1949 avait prévu l'obligation pour l'acheteur de publier une insertion au *Bulletin officiel des ventes de fonds de commerce* (le *BALO* devenu ultérieurement le *BODACC*). La loi de 1967 (article 40, 3°) se borne à faire référence à « *la publication de l'acte de transfert* ». C'est donc la seule publication au registre des navires qui fait courir le délai de deux mois mettant fin aux droits du créancier privilégié de saisir le navire dans les mains de l'acquéreur — la règle imposant à celui-ci une grande vigilance.

580. Privilèges et limitation de responsabilité. — Une ultime cause d'extinction du privilège existe, qui résulte du droit de la limitation de responsabilité. La Convention sur la limitation de responsabilité du propriétaire

(22) Cour d'Appel d'Aix-en-Provence, 6 janv. 1982, navire *Oberhaussen*, *DMF* 1984.341 ; voir cependant, reconnaissant effet interruptif à un référé-provision, Rouen, 10 mars 1987, cité *supra*, note 15.

(23) Voir, très net en ce sens, encore qu'implicite, Cass. 17 sept. 2002, navire *Regent Spirit*, *DMF* 2002.975, obs. J.-P. RÉMERY, et *DMF* 2003, Hors-série n° 7, au n° 49, obs. P. BONASSIES. Comparer déjà en ce sens, Aix-en-Provence, 3 déc. 1983, navire *Namrata*, *DMF* 1984.743.

de navire du 25 août 1924 avait prévu, dans son article 6, que le fonds serait réparti entre les créanciers dont le titre était né d'un même accident — en tenant compte du rang de leur privilège. La règle a été abandonnée par la Convention de 1957, qui a prévu que, dans chaque partie du fonds de limitation (fonds pour dommages corporels ; fonds pour dommages matériels), la distribution se ferait entre les créanciers proportionnellement au montant de leur créance (art. 3). La même règle se retrouve dans la Convention de 1976. Aux termes de son article 12, le fonds est réparti entre les créanciers proportionnellement au montant de leur créance. La solution postule, à l'évidence, la disparition de tout privilège. S'il n'est ni prescrit ni éteint, le privilège maritime confère à son titulaire, d'abord le droit de saisir le navire, droit enrichi par un droit de suite, puis, une fois le navire vendu (soit sur son initiative soit à la demande d'un autre créancier), le droit de préférence sur les produits de la vente.

581. Droit de saisir le navire. — Comme tout créancier, le créancier bénéficiaire d'un privilège maritime a le droit de saisir le navire en tant que bien de son débiteur. Mais ce droit présente une double particularité. En premier lieu, comme nous l'avons vu, il est des situations où le créancier privilégié pourra saisir le navire alors même que celui-ci n'est pas la propriété de son débiteur, ce dans le cas où le navire est exploité par un affréteur ou armateur non propriétaire. Par ailleurs, le droit maritime confère au créancier privilégié un véritable droit de suite, en lui donnant, pendant un délai bref mais suffisant, le droit de saisir le navire dans les mains d'un acquéreur.

582. Droit de suite. — Le Code de commerce, nous le savons, connaissait déjà la règle : le navire pouvait être saisi dans les mains de son acquéreur, tant qu'il n'avait pas fait un voyage en mer sous le nom de ce dernier. La Convention de 1926 (art. 8), comme la loi de 1967 (art. 39), affirment plus nettement encore que le Code de commerce le droit de suite des créanciers privilégiés. Aux termes de ces textes, « *les privilèges suivent le navire en quelques mains qu'il passe* ».

Ce droit exorbitant est toutefois, nous l'avons vu, enfermé dans des délais raisonnables, soit par la péremption d'un an ou de six mois, soit par le jeu des diverses causes d'extinction (*supra*, n°s 578 et 579). Le droit de préférence du créancier privilégié est pareillement fragile, enserré qu'il est dans des délais brefs.

583. Droit de préférence. Délais. — Le droit de préférence des créanciers privilégiés s'exercera normalement dans le cadre de la vente judiciaire du navire. De ce point de vue, il est important de relever que des *délais très stricts* s'imposent aux créanciers privilégiés, sauf à être déchus de leurs privilèges. Le créancier privilégié, s'il n'a pas lui-même saisi le navire, devra en effet, en application de l'article 46 du décret du 27 octobre 1967, faire valoir sa créance dans les « *trois jours* » après l'adjudication du navire. Passé ce délai, sa créance ne sera plus admise à la distribution.

Il devra ensuite produire son titre de créance, là aussi dans les *trois jours* qui suivront la sommation qui lui en sera faite par le créancier poursuivant. Et, là encore, s'il ne respecte pas les délais prévus par les textes, il sera procédé à la distribution du prix de la vente sans qu'il y soit compris. Les règles légales sont ici d'une extrême sévérité et imposent au créancier privilégié une attention vigilante en cas de saisie du navire.

584. Classement des créances privilégiées. — Une fois inscrit au nombre des créanciers participant à la distribution des prix, le créancier privilégié sera payé en premier, avant les créanciers hypothécaires, les créanciers qui ne bénéficient que d'un privilège du droit commun passant en troisième rang, immédiatement avant les créanciers simplement chirographaires.

Reste un problème délicat, celui du classement des créanciers privilégiés entre eux. Les textes énoncent ici une série de règles complexes mais précises.

En premier lieu, ils prévoient que les créances privilégiées sont classées par voyage, dans l'ordre chronologique inverse. Les créanciers dont le droit est né lors du dernier voyage passent ainsi avant ceux du voyage précédent.

La règle a l'avantage d'inciter tout créancier privilégié à ne pas attendre trop longtemps pour faire régler sa créance, sauf à voir de nouveaux créanciers privilégiés le primer. Elle s'explique aussi, pour certaines des créances privilégiées, par l'idée que le créancier privilégié a rendu service au navire, qu'il a participé à la conservation de la chose. Or, c'est le dernier « conservateur » qui, ayant rendu service à tous les autres créanciers, y inclus le « conservateur » précédent, mérite d'abord d'être privilégié.

Cependant, pour des raisons d'ordre social, la règle ne s'applique pas telle quelle aux créances nées d'un *contrat d'engagement.* Lorsque ces créances résultent d'un contrat d'engagement unique portant sur plusieurs voyages, elles sont assimilées aux créances du dernier voyage, passant ainsi, à cet égard, au premier rang.

585. Créances d'un même voyage. — À l'intérieur d'un même voyage, les créances sont normalement classées dans l'ordre où elles ont été présentées ci-dessus (*supra*, n° 568). C'est-à-dire que viennent en premier rang les créances de frais de justice, et les créances de droit de port, frais de pilotage, de garde et de conservation. Comme ces créances concernent toutes, par hypothèse, le dernier voyage du navire, elles sont donc classées au premier rang absolu (la Convention internationale les mettant toutes sur le même plan, tandis que la loi de 1967 classe en premier les seuls frais de justice et dépenses encourus pour parvenir à la vente du navire — droits de port, frais de pilotage et autres passant au second rang). Viennent ensuite les créances résultant du contrat d'engagement, les rémunérations pour assistance et contribution du navire aux avaries communes, les indemnités pour abordage, dommages causés aux ports, dommages aux passagers ou aux cargaisons, enfin les créances provenant de contrats passés pour les besoins réels du navire (24).

(24) Sur l'importance pratique du classement des créances privilégiées, classement dont dépend le sort des créanciers, voir l'affaire du *Broomsgaard Star*, citée *supra*, note 9.

586. Créances d'une même catégorie. — À l'intérieur d'une même catégorie, les diverses créances privilégiées sont classées au même rang, et viennent en concurrence en cas d'insuffisance du prix de vente du navire. Cependant, il existe des exceptions à cette dernière règle. Les rémunérations pour assistance, comme les créances provenant des contrats passés pour les besoins réels du navire sont classées, à l'intérieur d'un même voyage, non à égalité mais dans l'*ordre chronologique inverse*. C'est ainsi que le dernier assistant passe avant ceux qui ont rendu antérieurement assistance au navire, le dernier fournisseur de combustible avant celui qui a fourni du combustible lors du séjour du navire au port précédent. Ici aussi, la règle exprime un double souci ; le souci de favoriser plus que les autres celui qui a le dernier participé à la conservation du navire (cas de l'assistant) ; le souci d'inciter les fournisseurs du navire à se faire régler aussitôt que possible, la réglementation légale engendrant ainsi, au bénéfice du navire, une sorte de crédit *self revolving*.

587. Convention de 1993. — Le texte nouveau maintient la structure classique des privilèges maritimes (25). C'est ainsi que les privilèges maritimes continuent à bénéficier du premier rang absolu, avant les hypothèques maritimes comme avant tous autres privilèges. En second lieu, la règle inscrite dans l'article 13 de la Convention de 1926, édictant que ce texte s'applique même aux navires exploités par un armateur non propriétaire se retrouve dans l'article 4 de la Convention de 1993 (26). Enfin, le privilège maritime continue à s'accompagner d'un *droit de suite*, droit de saisir le navire dans les mains du tiers qui en a fait l'acquisition — mécanisme lui aussi spécifique au droit maritime. Ce droit est même affirmé par le nouveau texte comme l'une des « *caractéristiques propres aux privilèges maritimes* » (art. 8).

Mais la Convention de 1993 se distingue fortement du texte de 1926 quant au nombre des créances privilégiées. S'inspirant de la Convention de New York, elle retire le bénéfice du privilège maritime à deux importantes catégories de créanciers : celle des créanciers de responsabilité contractuelle invoquant un dommage seulement matériel, et celle des créanciers ayant traité avec le capitaine pour les besoins du navire. Si le nouveau texte entre en application, les fournisseurs locaux ne seront plus protégés, comme ne le seront plus les propriétaires de marchandises endommagées à l'occasion d'un transport maritime ou d'un affrètement (27).

588. Conflits de lois. — L'institution des privilèges maritimes, plus encore que celle de l'hypothèque maritime, pose souvent des problèmes de conflits de

(25) Pour un commentaire plus complet, voir P. Bonassies, *DMF* 1994.3, et *La nouvelle convention internationale sur les hypothèques et privilèges maritimes*, Annales 1994 de l'IMTM.

(26) Sur le problème de terminologie rencontré ici par les rédacteurs de la Convention de 1993 à propos des affrètements à temps avec *demise*, voir *supra*, n° 275.

(27) La Convention de 1993 s'écarte aussi du droit classique, en restreignant ce que l'on appelle « *l'assiette* » du privilège. Dans le régime de 1926, ainsi qu'on l'a vu (*supra*, n° 575) cette assiette inclut tant les indemnités dues au propriétaire à raison de dommages subis par le navire que les rémunérations pour assistance ou la contribution en avaries communes dues au navire — étant seule exclue l'indemnité d'assurance due par l'assureur du navire. La Convention de 1993 maintient cette dernière exclusion. En revanche, elle n'étend le privilège ni au fret ni aux accessoires de celui-ci tels qu'identifiés ci-dessus.

lois, des États maritimes importants n'ayant pas ratifié la Convention de 1926 et appliquant un système différent (États-Unis, Grande-Bretagne, entre autres). Ainsi, le droit américain accorde un privilège même au fournisseur ou réparateur qui a traité avec l'armateur. Un tel privilège peut-il être reconnu devant un tribunal français, après la saisie en France d'un navire suédois ayant été l'objet de réparations dans un chantier américain ?

La tendance de la jurisprudence contemporaine, en droit français mais aussi dans de nombreux autres droits, est, avec des nuances ou des hésitations, parfois feintes, d'appliquer la loi du tribunal saisi (*lex fori*) — pour un tribunal français, la loi française (28). Dans l'hypothèse évoquée ci-dessus, aucun privilège ne serait donc reconnu au chantier naval américain ayant traité avec l'armateur. Toutefois, la *lex fori* est aujourd'hui combinée par les juges avec la loi de la créance (*lex causae*). Si la loi de la créance (loi du contrat de fournitures, loi de l'abordage) n'accorde aucun privilège au créancier, celui-ci ne peut, non plus, invoquer le privilège reconnu par la loi du for (29).

Malgré les critiques qui lui ont été faites, cette jurisprudence nous paraît devoir être approuvée. En pratique, elle assure mieux la protection des créanciers locaux (fournisseurs français, pour un tribunal français), auxquels on ne peut raisonnablement demander de connaître la loi applicable à chacun des navires qui fréquentent leur port. En théorie, elle se justifie par l'observation que le saisissant, qui fait appel à l'*imperium* du tribunal local, doit accepter de soumettre son action à la loi de ce tribunal. Enfin, elle a l'avantage d'entraîner l'application d'une loi unique — la loi du for —, au problème des privilèges et à celui de la saisie du navire, acte indispensable à la réalisation effective desdits privilèges.

Section 3

La réalisation des droits des créanciers de l'armateur. Les saisies et la vente judiciaire du navire

589. Principes. Les différentes saisies. — Comme en droit commun, il faut distinguer en droit maritime deux types de saisies : la saisie conservatoire et la saisie-exécution. Mais si la saisie-exécution du droit maritime est très proche de celle du droit commun, ayant comme cette dernière un seul objet — la vente forcée du navire et l'affectation de son prix aux créanciers —, il n'en est pas tout à fait de même de la saisie conservatoire.

(28) Voir Cour d'appel d'Aix-en-Provence, arrêt *Namrata*, cité *supra*, note 23 et, à propos du même navire, Paris, 7 nov. 1986, *DMF* 1987.502.

(29) Voir l'arrêt de principe, Cass. 26 mai 1997, navire *Nobility*, *DMF* 1997.191, rapp. RÉMERY, obs. M. RÉMOND-GOUILLOUD, et *DMF* 1998, Hors-série n° 2, au n° 130, obs. P. BONASSIES.

La saisie conservatoire du droit commun a pour but essentiel de protéger le droit de gage général du créancier, préparant la saisie-exécution du bien auquel elle s'applique. Par ailleurs, elle n'est possible que sur un bien *appartenant au débiteur* (art. 48 du Code de procédure civile ancien ; art. 67, loi du 9 juill. 1991).

La saisie conservatoire du droit maritime, laquelle est très largement ouverte aux créanciers de l'armateur, peut avoir pour but d'arriver à la vente judiciaire du navire et à l'attribution du prix de la vente au créancier saisissant. Mais, le plus souvent, elle n'intervient pas dans un tel but. Elle est un simple moyen de pression exercé par le créancier pour obtenir le paiement des sommes qui lui sont dues. L'immobilisation qui résulte de la saisie cause en effet un préjudice très grave à l'armateur, lequel est privé des bénéfices d'exploitation du navire alors que ses coûts continuent à courir, à hauteur de plusieurs dizaines de milliers d'euros par jour. Pour pallier cette situation, et reprendre la libre disposition de son navire, l'armateur sera donc très vite conduit à verser les sommes réclamées, ou tout au moins à en consigner le montant, soit personnellement, soit, le plus souvent, grâce à l'intervention de son P & I Club.

Par ailleurs, au moins pour ce qui est des saisies conservatoires internationales soumises à la Convention de 1952, la saisie conservatoire de navire peut intervenir à l'encontre d'un navire *n'appartenant pas* au débiteur, manifestant, là encore, que les droits des créanciers maritimes s'exercent plus sur le navire que sur le débiteur.

590. Loi applicable aux saisies de navires. Convention internationale de 1952. Convention de 1999. Droit français. Loi de 1967. Réforme de 1991-1992. — Comme beaucoup d'institutions maritimes, la saisie des navires est, du point de vue du droit français, soumise à un double régime, régime international et régime interne. Un régime international, exprimé par la Convention de Bruxelles du 10 mai 1952, ratifiée par la majorité des États maritimes (Grande-Bretagne, Allemagne, Grèce, Italie, Espagne, comme nombre de pays en voie de développement — les États nordiques, le Japon et les États-Unis faisant exception). Une nouvelle convention internationale a été signée en 1999, texte de qualité non encore en application. Comme la Convention de 1952, la Convention de 1999 se veut un texte protecteur de la liberté de navigation. Aussi n'autorise-t-elle la saisie d'un navire que pour une *créance maritime*, créance liée à l'exploitation du navire. Dans le régime international, un créancier *terrestre*, par exemple une banque qui a ouvert un crédit simple à l'armateur ne peut saisir un navire.

S'agissant du régime de droit interne, le Code de commerce n'avait pas réglementé la saisie conservatoire du navire, et l'on avait dû recourir en la matière aux règles du droit commun, règles très sommaires, au moins jusqu'en 1955. Pour combler le vide existant en droit français, le législateur a inséré dans la loi du 3 janvier 1967 des dispositions introduisant la saisie conservatoire des navires en droit interne, dispositions complétées par celles du décret complémentaire du 27 octobre 1967. Mais, en droit commun, la réglementation des voies d'exécution a été bouleversée par la loi du 9 juillet 1991 et le décret du 31 juillet 1992. Eu égard au caractère assez sommaire des textes de droit maritime (lesquels, par exemple, ne disent rien sur les règles de compétence territoriale en la matière), le problème se pose aujourd'hui de l'incidence de ces textes sur les saisies de navires.

La thèse a été défendue que les règles nouvelles ont un caractère général, et s'appliquent donc même aux saisies de navires (30). Dans notre opinion, une telle thèse ne s'impose pas, et il faut à l'opposé décider que lesdites règles ne peuvent être appliquées en matière maritime.

Alors que le législateur de 1991 s'est attaché à réglementer avec précision la saisie de certains biens spécifiques, tels les droits d'associés, les valeurs mobilières et surtout les véhicules à moteur, il n'est nulle part question des navires dans son texte (non plus que des aéronefs). Pareillement, l'article 250 du décret du 31 juillet 1992, qui concerne les *sûretés judiciaires* conservatoires réglemente les mesures conservatoires susceptibles d'être prises « *sur un immeuble, un fonds de commerce, des parts sociales ou des valeurs mobilières* », et ne fait aucune référence aux navires.

Par ailleurs, nulle part les travaux préparatoires de la loi nouvelle (et, notamment, les rapports très complets présentés tant au Sénat qu'à l'Assemblée nationale) ne font état d'une éventuelle extension des textes en discussion à la saisie des navires. Enfin, la loi de 1991 n'a ni abrogé ni modifié les dispositions de l'article 70 de la loi du 3 janvier 1967 énonçant que « *la saisie des navires est régie par des dispositions réglementaires particulières* ». Il faut donc en conclure que seules demeurent applicables aux navires les dispositions de la loi du 3 janvier 1967 et celles du décret du 27 octobre 1967 et la majorité de la jurisprudence est en ce sens (31). La Cour de cassation a, toutefois, pris une position plus nuancée. Comme l'a observé Monsieur le Conseiller Rémery, elle s'est réservé le droit de compléter, en cas de besoin, les dispositions insuffisantes des textes de 1967, mais ce *sans poser un principe général de complémentarité* (32).

Les textes de 1967 distinguent clairement saisie conservatoire et saisie-exécution. Malgré l'existence de certaines règles communes à ces deux saisies, les règles propres à chacune comme la spécificité de leur esprit impliquent qu'elles soient étudiées successivement.

(30) En ce sens, au moins implicitement, A. VIALARD, « Les insaisissables : faut-il faire une croix sur la bannière étrangère », *DMF* 1993.28.

(31) Voir Dunkerque, 20 oct. 1993, affirmant l'incompétence en matière de saisie conservatoire de navire du juge de l'exécution du droit commun, *DMF* 1994.40, n. J.-C. CARLIER ; dans le même sens, mais faisant toutefois exception pour les seules dispositions de l'article 221 du décret du 31 juillet 1992 concernant les formes du procès-verbal de saisie, Cour d'appel de Rennes, 13 juill. 1993, *JCP* 1994, IV, p. 5.

(32) Rapp. sous Cass. 5 janv. 1999, navire *Gure Maiden*, *DMF* 1999.131.

§ 1. — *La saisie conservatoire du navire* (33)

591. Saisie conservatoire internationale et saisie du droit français. Domaine respectif d'application. — Les dispositions des textes français de 1967 s'inspirent de la Convention de 1952. Elles s'en distinguent aussi sur des points importants, étant parfois plus favorables aux créanciers, parfois moins. Il est donc nécessaire de préciser le domaine d'application respectif de chacun des deux textes.

La Convention de 1952 s'applique d'abord exclusivement à la saisie en France d'un navire battant pavillon d'un État contractant. Ainsi, un navire grec ne peut être saisi en France que sur le fondement de la Convention de 1952, la Grèce ayant adhéré à la convention. Dans la mesure où la Convention restreint le droit de saisir un navire aux seuls créanciers titulaires d'une « *créance maritime* » (*infra*, n° 593), on peut dire que les armateurs de navires battant pavillon grec sont « protégés » par la Convention de 1952 (34).

Le problème posé par la saisie d'un navire battant pavillon d'un État non contractant est plus complexe. L'article 8-2° de la Convention énonce qu'un tel navire peut être saisi dans un État contractant en vertu de l'une des créances énumérées à l'article 1er de son texte (créances maritimes), mais aussi de toute autre créance permettant la saisie d'après la loi de cet État. Mais ce texte peut être interprété de deux manières différentes. On peut le lire comme n'emportant que très partiellement application de la Convention à la saisie d'un navire d'un État non contractant, et s'appliquant aux seules causes de la saisie, les modalités de la saisie demeurant pour le surplus soumises au droit de l'État du for, et notamment la détermination des navires saisissables. Mais on peut le lire aussi comme entraînant une application générale de la Convention aux navires battant pavillon d'un État non contractant — étant seulement ajouté aux créances maritimes qui, selon la Convention, autorisent la saisie, les créances fondant la saisie selon la loi de l'État du for. On décidera alors, entre autres, que c'est à partir de la Convention qu'il faut définir les navires saisissables. Or, la Convention admet précisément une notion large des navires saisissables, qui inclut les navires affrétés.

Deux décisions récentes de la Chambre commerciale de la Cour de cassation se sont prononcées sur la question ici évoquée, mais dans un sens assez différent, voire même opposé, la première, un arrêt du 28 octobre 1999, favorable à la thèse de l'application complémentaire de la Convention et de la loi française, la seconde, un arrêt du 30 octobre 2000 excluant toute référence au droit français (35).

Pour nous, c'est la seconde des thèses ici évoquées qui doit être retenue : application de principe et générale de la Convention de 1952 à la saisie d'un

(33) Voir, C. NAVARRE-LAROCHE, *La saisie conservatoire des navires en droit français*, 2002.
(34) Pour le cas d'un navire sans pavillon, voir les observations P. BONASSIES, *DMF* 2009, Hors-série n° 13, au n° 56.
(35) Cass. 28 oct. 1999, *DMF* 2000.709, rapp. RÉMERY, obs. A. VIALARD, et Cass. 30 oct. 2000, *DMF* 2000.1012, obs. J.-P. RÉMERY ; sur ces décisions voir aussi P. BONASSIES, *DMF* 2002, Hors-série n° 5 au n° 44.

navire d'un État non contractant, avec référence complémentaire et partielle — selon le vœu même de la Convention — aux causes de saisie de la loi du for. Pour fonder notre conclusion, nous observerons tout d'abord que la thèse opposée elle-même ne peut échapper à l'emprise de la Convention de 1952. Quand un tribunal applique la loi du for pour se référer à une cause de saisie prévue par cette loi, il le fait sur le fondement de l'article 8 de la Convention. Mais surtout, en soumettant la saisie d'un navire d'un État non contractant à la loi du for (exception faite d'une référence complémentaire aux causes de saisie de la Convention), on risque de favoriser les navires des États non contractants — ce en particulier quant aux navires affrétés, saisissables sous le régime de la Convention, mais qui ne le sont pas sous de nombreux régimes nationaux — et par exemple en droit français. Or, cet avantage conféré aux navires d'un État non contractant — et indirectement à l'économie maritime de cet État — est précisément ce qu'ont voulu éviter les rédacteurs de la Convention, et notamment le Doyen Ripert (voir F. Berlingieri, *Arrest of ships*, 3e éd., 2000, au n° 186).

Pour le créancier qui désire saisir en France le navire d'un État non contractant, le choix est simple : il doit fonder son action sur la Convention de 1952. Il bénéficiera alors de la notion large adoptée par ce texte en matière de navire saisissable, mais il pourra aussi bénéficier de la notion très large admise par le droit français quant aux causes de saisie.

Reste le cas des navires français. Aucun problème ne se pose si le créancier est français : il peut saisir un navire français dans les conditions prévues par la loi du 3 janvier 1967 (36). En revanche, dans notre opinion, un créancier étranger ne peut agir que sur le fondement de la Convention de 1952 (et donc seulement s'il a une *créance maritime* au sens de ce texte). La Convention ne fait en effet aucune distinction, lorsqu'elle énonce, dans son article 2, qu'un navire battant pavillon d'un État contractant ne pourra être saisi, dans le ressort d'un État contractant qu'en vertu d'une créance maritime — le texte anglais de la Convention, lequel fait foi tout autant que le texte français, ajoutant même « *but in respect of no other claim* » (37).

Malgré les différences évoquées ci-dessus, les conditions d'exercice de la saisie conservatoire du droit international et celles de la saisie du droit interne sont assez proches pour que l'étude puisse en être faite en parallèle. Par ailleurs, une unité totale existe quant à la procédure de saisie, qu'il s'agisse de la saisie de la Convention de 1952 ou de la saisie de la loi de 1967, la Convention de 1952 ayant renvoyé aux législations nationales en la matière.

Nous étudierons donc successivement les conditions d'exercice de la saisie, et sa procédure.

(36) Tous les éléments du litige étant français, le texte international n'a pas lieu de s'appliquer.

(37) Reste le cas du créancier « communautaire » qui pourrait sans doute invoquer le principe de non-discrimination pour saisir un navire français sans avoir à justifier d'une créance maritime.

A. — Les conditions d'exercice de la saisie conservatoire des navires

Les conditions d'exercice de la saisie conservatoire doivent être analysées d'une part quant aux droits du créancier, d'autre part quant aux navires susceptibles d'être saisis.

592. Créances autorisant la saisie. Loi française. « Créance paraissant fondée en son principe ». — La loi française accorde assez largement le droit de saisir conservatoirement un navire aux créanciers du propriétaire. Tout d'abord, ce droit est ouvert à tout créancier quelle que soit la nature de son titre, et même s'il s'agit d'un créancier terrestre (par exemple personne victime à terre d'un accident causé par un véhicule de l'armateur). Ensuite, si le décret du 27 octobre 1967 exigeait du créancier qu'il justifiât d'une « *créance certaine* », la règle a été fortement assouplie par un décret du 24 février 1971. Aux termes du texte nouveau la saisie conservatoire de la loi de 1967 est ouverte à tout créancier justifiant « *d'une créance paraissant fondée dans son principe* ».

Empruntée au droit commun des mesures conservatoires (loi du 12 novembre 1955), la notion de « *créance paraissant fondée dans son principe* » est difficile à préciser. Il est sûr que le créancier d'un armateur peut prétendre à exercer une saisie conservatoire alors même qu'il ne dispose d'aucun titre écrit, voire que sa créance n'est pas exigible. Pour le surplus, c'est aux tribunaux qu'il appartient, cas par cas, de déterminer si les droits du créancier paraissent avoir un fondement suffisant. Dans la pratique, il apparaît que les tribunaux accordent assez largement le droit d'exercer une saisie conservatoire (38).

Par ailleurs, à l'inverse de ce qui est pour les mesures conservatoires du droit commun (39), aucune condition d'urgence ou de risque de non-recouvrement de la créance n'est requise pour l'exercice d'une saisie conservatoire de navire (Cass. 18 nov. 1986, *DMF* 1987.696). La même règle s'applique d'ailleurs à la saisie conservatoire de la Convention de 1952, laquelle ne comporte, non plus, aucune condition d'urgence.

593. Saisie de la Convention internationale. « Créance maritime ». — Les conditions d'exercice de la saisie conservatoire de la Convention de 1952 sont à la fois plus restrictives et plus larges que celles de la loi de 1967.

Plus restrictives en ce sens que, à l'inverse de ce dernier texte, lequel, nous l'avons vu, ouvre le droit à saisie conservatoire à tout créancier, la Convention de 1952 limite la possibilité de saisir conservatoirement un navire aux seuls créanciers bénéficiaires d'une « créance maritime ». La règle est affirmée dans les termes les plus nets par l'article 2 de la Convention : « *un navire battant pavillon*

(38) Voir cependant, refusant l'autorisation de saisir, Tribunal de commerce de Rouen, 11 janv. 1991, navire *Noblesse*, *DMF* 1992.58 et Tribunal de commerce de Salon, 5 janv. 1990, navire *Zina*, *Revue Scapel* 1990.60, et obs. P. BONASSIES, *DMF* 1993.67.

(39) Où le créancier doit justifier aujourd'hui de « *circonstances susceptibles de menacer le recouvrement* » de sa créance (art. 67 de la loi du 9 juillet 1991), tandis que l'article 48 de l'ancien Code de procédure civile n'autorisait les mesures conservatoires qu'en cas d'urgence (art. 48).

de l'un des États contractants ne pourra être saisi dans le ressort d'un État contractant qu'en vertu d'une créance maritime, le texte anglais (lequel « fait foi » tout comme le texte français, ainsi qu'observé ci-dessus) ajoutant même « *but in respect of no other claim* » – ce qui, si besoin était, renforce la règle ».

Certes, l'article 2 ajoute que « *rien dans les dispositions de la Convention ne pourra être considéré comme une extension ou une restriction des droits et pouvoirs que les États, Autorités publiques ou Autorités portuaires tiennent de leur loi interne ou de leurs règlements de saisir, détenir ou autrement empêcher un navire de prendre la mer dans leur ressort* ». Mais ce texte, qui ne concernerait en tout état de cause que des créances publiques, a seulement pour objet d'éviter que soit mis en cause le pouvoir d'un État d'exercer une voie de contrainte (saisie ou détention dit le texte) sur un navire étranger en séjour dans l'un de ses ports et coupable d'une violation d'une règle du droit national ou international, par exemple un navire en infraction avec la réglementation de sécurité (40). En revanche l'Etat qui invoquerait une créance pécuniaire (pour dommages ou pour taxes) ne pourrait saisir un navire étranger battant pavillon d'un État contractant et pareillement en séjour dans l'un de ses ports, qu'en démontrant le caractère « maritime » de cette créance.

Par créance maritime, il faut entendre une créance ayant une des causes énumérées d'une manière *limitative* par l'article 1er de la Convention de 1952. Concrètement, sont considérées comme bénéficiant d'une créance maritime deux catégories de créanciers. La première comprend les créanciers titulaires d'un droit réel sur le navire en cause (créances concernant la propriété ou la copropriété du navire saisi, ainsi que toute hypothèque maritime ou *mortgage*) (41). La seconde catégorie de créanciers autorisés à saisir conservatoirement un navire, ce sont ceux dont le titre est né de l'exploitation ou de l'usage du navire.

C'est ainsi que sont déclarées créances maritimes, d'une manière assez désordonnée, les créances nées du dommage causé par un navire, par abordage ou autrement (visées sous la lettre (a) de l'article 1er de la Convention), les créances nées de pertes de vies humaines ou dommages corporels causés par l'exploitation du navire (b), les créances d'assistance ou de sauvetage (c), les créances nées de contrats d'affrètement ou de transport (e), d'avaries communes (g), de remorquage (i), de pilotage (j), de contrats de fournitures de produits ou de matériel faites à un navire en vue de son exploitation (k), comme les créances de salaire des capitaine ou hommes d'équipage (m) (42).

On notera que l'on retrouve dans la liste des créances maritimes la totalité des créances bénéficiant d'un privilège maritime (*supra*, n° 567) — étant toutefois incluses dans la liste des premières même les créances de ceux qui ont traité

(40) Voir en ce sens, F. BERLINGIERI, *Arrest of ships*, 3e éd., 2000, p. 66 et s., faisant référence au Mémorandum d'entente sur le contrôle des navires par l'État du port (*supra*, n° 47).

(41) Pour un cas d'application, voir Aix-en-Provence, 12 juin 2008, navire *Ocean Breeze*, *DMF* 2009.150, obs. S. SANA-CHAILLÉ DE NÉRÉ et A. VIALARD ; P. BONASSIES, *DMF* 2009, Hors-série n° 13, au n° 59.

(42) Créances de salaire auxquelles la Cour d'Aix-en-Provence assimile justement la créance pour indemnité de licenciement (23 avr. 2004, navire *Wedge One*, *DMF* 2004.1012).

directement avec l'armateur, lesquelles ne bénéficient d'aucun privilège maritime. La Convention de 1952 exprime ainsi, plus encore que la Convention de 1926, l'idée de *responsabilité personnelle* du navire.

Toutefois, si longue qu'elle soit, la liste de l'article 1er n'inclut pas toutes les créances nées de l'exploitation du navire, certaines de ces créances ayant été, sans doute involontairement, oubliées par le législateur international. C'est ainsi que l'assureur-corps du navire ne peut, semble-t-il, prétendre exercer une saisie internationale contre le navire, la créance de prime d'assurance n'étant pas visée par l'article 1er (et la fourniture de la garantie d'assurance ne pouvant être assimilée à une fourniture « *de produits ou de matériel faite à un navire en vue de son exploitation ou de son entretien* »). C'est, en revanche, plus logiquement que le vendeur du navire ne dispose pas d'une créance maritime, car on peut considérer que son titre n'est pas né de l'exploitation du navire, exploitation dont, précisément, il entend se décharger ; il ne peut donc effectuer une saisie conservatoire (Rouen, 4 août 1988, *DMF* oct. 1989 ; Antibes, 27 nov. 1998, *DMF* 1999.917, obs. Y. Tassel) (43).

D'une manière générale, les tribunaux ont interprété assez ouvertement la notion de créance maritime. A été ainsi assimilée par la Cour de cassation à la créance de construction ou de réparation (visée à la lettre l de l'article 1er de la Convention) la créance née de la transformation d'un navire (3 févr. 1998, navire *Vendredi 13*, *DMF* 1998.260, rapport Rémery et obs. P. Bonassies). Ont été considérées comme nées d'un contrat de transport ou d'affrètement (lettre e), une créance pour frais de recherche de conteneurs tombés à la mer (Rennes, 23 déc. 1993, *DMF* 1995.301, obs. G. Tantin) ; une créance pour dommage résultant de la livraison irrégulière d'une marchandise (Cass. 3 févr. 1998, *DMF* 1998.255, rapport Rémery) ; une créance de courtage d'affrètement (Ajaccio, 19 oct. 1999, *DMF* 2000.32, obs. G. Gautier). A été assimilée à une créance de salaire une créance d'indemnité de licenciement (Aix-en-Provence, 23 avr. 2004, navire *Wedge One*, *DMF* 2004.1012). Plus généralement, la jurisprudence française assimile à une créance maritime la créance qui n'est que *partiellement maritime* (Cass. 3 février 1998, navire *Vendredi 13, DMF* 1998.260, rapport Rémery et obs. P. Bonassies ; Marseille 4 juin 2003, navire *Pelj asper, DMF* 2004.47, obs. Rèmery).

En revanche, dans une décision du 23 novembre 1993, la Cour de cassation a refusé la qualification de créance maritime à la créance de l'assureur qui avait donné sa garantie dans une procédure de règlement d'avaries communes (navire *Heidberg*, *DMF* 1994.38 et obs. P. Bonassies, *DMF* 1995.84). Pour la Cour, l'assureur n'avait qu'une *possibilité de créance* — argument bien léger si l'on observe que la Convention de 1952 exige seulement du créancier qu'il fasse la preuve d'une simple « *allégation de créance* ». Pareillement, la Cour d'Aix-en-Provence a refusé le caractère de créance maritime à la créance d'une entreprise

(43) En revanche, c'est à bon droit que la Cour d'Aix-en-Provence considère comme une créance maritime, née de la *construction* du navire, la créance de l'acheteur pour vices cachés : 29 janvier 2008, *DMF* 2008.734, obs. A. VIALARD.

ayant fourni une « flotte de conteneurs », le contrat concerné ne visant aucun navire particulier (30 oct. 2002, navires *Tablat* et *Tlemcen*, *DMF* 2003.78, obs. P. Pestel-Debord et P. Bonassies, *DMF* 2004, Hors-série n° 8, au n° 54).

594. Caractère unilatéral de la notion de « créance maritime ». — Le fondement même de la notion de créance maritime — à savoir fournitures ou travaux au bénéfice d'un navire —, comme d'ailleurs la lecture attentive de la Convention de 1952, impose une conséquence que l'on n'a pas toujours aperçue — à savoir que ladite notion a un *caractère unilatéral*. Dans un contrat d'affrètement, la créance que l'affréteur a contre l'armateur, parce que créance pesant d'abord sur le navire, est une créance maritime qui donne à l'affréteur le droit de saisir le navire dudit armateur. Mais, bien que, ayant elle aussi, « *pour cause... un contrat relatif au transport des marchandises par charte-partie* » (art. 1er, 1° (e) de la Convention), la créance de l'armateur contre l'affréteur (par exemple créance de fret) n'est pas, dans notre opinion, une créance privilégiée — et ledit armateur ne peut saisir un navire « tiers » qui appartiendrait éventuellement à son débiteur. Car, à l'évidence, la créance de fret de l'armateur en cause n'est pas une créance qui pèse sur le navire affrété, une créance « contre » ce navire.

Aussi bien, l'analyse ici proposée est-elle imposée par les textes. Comme nous allons le voir, la Convention de 1952 n'autorise que la saisie du « *navire auquel la créance se rapporte* ». S'agissant de la créance de l'armateur contre son affréteur, le « *navire auquel la créance se rapporte* », c'est le seul navire affrété. On imagine mal l'armateur saisissant son propre navire... (44).

595. Saisie internationale. Allégation de créance. — Limitant ainsi le nombre des créances qui ouvrent droit à la saisie, la Convention de 1952 se montre plus ouverte que la loi française quant à la qualité que doit présenter la créance du saisissant. Une demande de saisie au titre de la Convention de 1952 peut, en effet, être fondée sur une simple *allégation* de créance. Dans le principe, le créancier qui veut exercer une saisie conservatoire internationale n'a même pas à justifier d'un « fondement apparent » à sa demande. Il suffit qu'il « allègue » une créance maritime. Aussi, l'autorisation de saisir demandée est-elle le plus souvent accordée (45).

La règle serait extrêmement dangereuse si les conséquences n'en étaient palliées par deux éléments importants. D'une part, nous verrons que l'armateur du navire saisi peut obtenir, très rapidement, la mainlevée d'une saisie qui serait

(44) Voir cependant, autorisant un armateur à saisir un navire appartenant au consignataire du navire, Cass. 10 mai 1989, navire *Tebessa*, *DMF* 1989.704, obs. crit. P. BONASSIES ; dans le même sens, Rouen, 28 nov. 1991, *DMF* 1993.72 ; à l'opposé, voir, appliquant correctement la notion de créance maritime, Rouen, 24 mai 1995, *DMF* 1996.489, obs. Y. TASSEL.

(45) Voir en ce sens, Cass. 26 mai 1987, navire *African Star*, *DMF* 1987.645 cassant Poitiers, 13 novembre 1985 qui avait refusé l'autorisation de saisir (*DMF* 1987.646, n. A. VIALARD) ; Cass. 12 janv. 1988, navire *Nora*, *DMF* 1992.134, censurant un arrêt de la Cour d'appel de Rouen qui avait fait application à tort des critères de la loi française et non de ceux de la Convention de 1952. Cass. 7 mars 2006, censurant un juge d'appel pour avoir refusé d'autoriser la saisie au seul motif que la créance du demandeur — lequel alléguait une créance incontestablement maritime — était prescrite : *BTL* 2006.200. En revanche, Cass. 23 nov. 1993, navire *Heidberg*, cité *supra*, n° 593 adopte, au moins implicitement, une conception très fermée de la notion d'*allégation* de créance.

abusive et infondée. D'autre part, le créancier qui, utilisant l'extrême souplesse des textes, exercerait une saisie abusive, s'exposerait à de lourds dommages-intérêts.

596. Navires susceptibles de saisie. Principes. Insaisissabilités légales. Navire de pêche. Navire d'État. — S'agissant des navires susceptibles de faire l'objet d'une saisie conservatoire, il faut d'abord observer que certains navires ne peuvent être saisis, bénéficiant, pour des raisons diverses, de l'insaisissabilité — véritable privilège d'exécution.

Navires exclus de la saisie, il en était ainsi dans le régime du Code de commerce, de tout navire *prêt à faire voile*, le législateur ayant voulu prévenir tout abus en la matière, comme faciliter la liberté de navigation (exception étant faite, toutefois, pour les créanciers de dettes contractées pour le voyage auquel le navire était prêt). Mais la règle a été écartée expressément par la Convention de 1952 ; elle ne figure pas, non plus, dans la loi de 1967. En revanche, un problème demeure actuel, celui de la saisissabilité des navires de pêche appartenant à un artisan pêcheur.

L'article 592 de l'ancien Code de procédure civile, modifié par le décret du 24 mars 1977 (texte dont l'article 39 du décret du 31 juillet 1992 reprend exactement les termes), disposait que ne peuvent être saisis « *les instruments de travail nécessaires à l'exercice personnel de l'activité professionnelle* », et les tribunaux ont appliqué ce texte à des navires de pêche (46). La solution, qui a été approuvée par le Doyen Rodière, heurte certes le particularisme de la saisie des navires. Elle ne peut se justifier que par le caractère social des dispositions du texte en cause, lequel fonde une application très large de ce texte. Par ailleurs, elle n'est pas vraiment de nature à gêner le crédit à la pêche, le fournisseur de crédit pouvant toujours se faire consentir une hypothèque sur le bâtiment de pêche. Enfin, elle peut être écartée par le juge, s'il estime que la valeur du bien le justifie (47).

Mais le problème le plus aigu en la matière est, sans doute, celui de la saisissabilité des *navires d'État*. Nous avons vu que le droit positif admet assez largement la saisissabilité des navires d'État étrangers engagés dans une exploitation commerciale (*supra*, n° 246). En revanche, les principes du droit public français interdisent la saisie devant un tribunal français d'un navire appartenant à l'État français, qu'il s'agisse d'un navire de service public (navire-câblier, navire de recherches), aussi bien que d'un navire éventuellement affecté à une exploitation commerciale.

597. Cas d'abordage en haute mer. Insaisissabilité (non). — On pourrait se demander s'il n'existe pas une ultime restriction au droit de saisir

(46) Voir Montpellier, 19 oct. 1978, navire *Phoebus*, *DMF* 1979.336, n. M. MARCHAND ; Marseille, 16 nov. 1990, *DMF* 1992.129, n. A. ARNAUD, pour le navire d'une coopérative de pêche.

(47) Art. 14-4° loi du 9 juill. 1991, reprenant les dispositions de l'article 592-1 du Code de procédure civile, modifié par le décret du 24 mars 1977 ; voir, en droit « terrestre », pour un cas d'application à un matériel de radiologie, Paris, 10 août 1987, *D.* 1987.603, n. J. PRÉVAULT.

conservatoirement un navire, restriction résultant de l'article 2 de la Convention de 1952 sur la compétence pénale en matière d'abordage, ratifiée par la France et entrée en vigueur le 20 novembre 1955. Aux termes de ce texte, dont les dispositions ont été reprises tant dans la Convention sur la haute mer de 1958 que dans la Convention sur le droit de la mer de 1982, chaque fois qu'un abordage ou autre incident de navigation survenu en haute mer est de nature à engager la responsabilité pénale ou disciplinaire du capitaine, « *aucune saisie ou retenue du navire ne pourra être ordonnée, même pour des mesures d'instruction, par des autorités autres que celles de l'État du pavillon* ».

Mais ce texte, dont la clarté n'est peut-être pas la qualité principale, ne peut raisonnablement être appliqué qu'à des saisies de caractère pénal, et nullement à la saisie conservatoire civile. S'il en était autrement, on ne comprendrait pas que les rédacteurs de la Convention de 1952 aient, le même jour, signé la Convention sur la saisie conservatoire, laquelle fait des créances nées d'un abordage la première catégorie de créances maritimes autorisant la saisie. Pareillement, il est remarquable que les mêmes rédacteurs, et là encore le même jour, aient signé la Convention sur la compétence civile en matière d'abordage, laquelle donne compétence, entre autres, au tribunal du lieu où une saisie a été pratiquée sur le navire défendeur. On peut donc conclure que, même après un abordage en haute mer, les victimes peuvent effectuer une saisie conservatoire « civile » sur le navire en faute, même étranger. La pratique la plus récente est d'ailleurs en ce sens. Après l'abordage en haute mer, le 5 janvier 2006, du chalutier français *Klein Familie* par le chimiquier maltais *Sichem-Pandora*, l'ENIM a obtenu l'autorisation de saisir ce second navire, qui n'a été libéré que contre versement d'une caution de plus de 1 500 000 euros (*JMM* 27 janv. 2006).

598. Insaisissabilité contractuelle. — Il est aussi possible aux parties à un contrat maritime (affrètement, contrat de construction navale) de prévoir à l'avance qu'elles n'auront pas recours à la saisie conservatoire. Telle est en tout cas la leçon que l'on doit tirer de l'arrêt de la Cour de cassation du 18 novembre 1986 auquel nous nous sommes déjà référés (*DMF* 1987.696, n. C. Jarosson et M. Rémond-Gouilloud, *supra*, n° 114). Dans cette décision, tout en énonçant qu'une clause compromissoire n'interdit pas aux parties de faire appel au juge pour lui demander des mesures conservatoires, et notamment l'autorisation de faire une saisie conservatoire sur un navire, la Cour observe qu'il n'en est ainsi « *que dans la mesure où les parties en ont convenu dans l'accord contenant leur consentement* ».

De l'observation de la Cour suprême se déduit la règle que les parties à un contrat peuvent s'interdire par avance le recours à la saisie conservatoire de navire, ce soit dans une clause compromissoire soit indépendamment d'une telle clause.

599. Navires saisissables. Droit français. — Un navire n'étant pas insaisissable, ce n'est pas nécessairement tout navire appartenant à l'armateur qui peut être saisi, la solution différant selon que la saisie est fondée sur la loi française ou sur la Convention de 1952.

Le créancier qui fonde sa saisie sur la loi de 1967 peut saisir tout navire appartenant à son débiteur. La règle découle des principes généraux du droit commun, lesquels, on le sait, font de chacun des éléments du patrimoine du débiteur le gage de ses créanciers (art. 2093 du Code civil). Pour ce qui est de la saisie de la Convention de 1952, les choses sont plus nuancées.

600. Navires saisissables. Convention de 1952. Navire auquel la créance se rapporte. Second navire (non). — La Convention de 1952 exprime ici une double idée. D'une part, pour elle, la saisie conservatoire traduit la responsabilité personnelle du navire. D'autre part les rédacteurs de la Convention ont eu le souci d'éviter que des saisies trop fréquentes ne portent atteinte à la navigation maritime et au commerce international. De là découlent deux conséquences. En premier lieu, la Convention prévoit que le créancier devra saisir « *le navire auquel la créance se rapporte* » (art. 3), par exemple le navire « auteur » de l'abordage. En second lieu, il résulte des dispositions de l'alinéa 3 de l'article 3 de la Convention que le créancier, à l'inverse de ce qui est pour les saisies fondées sur le seul droit français, ne pourra saisir qu'un seul navire (48). Toutefois, ces deux règles n'ont pas un caractère absolu.

Tout d'abord, l'interdiction faite à un créancier de saisir plus d'un navire ne joue pas pour les saisies éventuellement effectuées dans un État qui n'est pas partie à la Convention (Ajaccio, 19 oct. 1999, navire *Islandbreeze*, *DMF* 2000.32, obs. G. Gautier). La saisie d'un second navire est par ailleurs possible s'il y a des « *raisons valables* » à cette saisie (49).

Par ailleurs, la Convention autorise le créancier à saisir non seulement le navire « *auquel la créance se rapporte* », mais aussi, au lieu et place de celui-ci, « *tout autre navire appartenant... au... propriétaire du navire auquel la créance se rapporte* », c'est-à-dire, par exemple en cas d'abordage, tout *sister-ship* du navire abordeur. Ainsi, encore que d'une manière indirecte, la Convention aboutit ici au même résultat que le droit français : le créancier peut saisir tout navire appartenant à son débiteur. Exception est toutefois faite à cette règle pour les créances concernant la propriété d'un navire ou une hypothèque, auquel cas seul le navire dont la propriété est contestée, ou le navire objet de l'hypothèque, peut faire l'objet d'une saisie conservatoire.

601. Propriétaire apparent. Groupe de sociétés. Navires apparentés. — Une fois admis le principe que le créancier maritime peut saisir tout navire appartenant à son débiteur, le problème a été souvent posé aux tribunaux de savoir si, le débiteur étant une société A, il n'était pas possible de saisir un navire

(48) La règle n'est pas inscrite expressément dans le texte de l'article 3, mais elle résulte nécessairement de ses dispositions, lesquelles interdisent de saisir à nouveau le navire saisi, ou un autre navire appartenant au même propriétaire, quand une caution ou une garantie a été donnée. Si l'existence d'une caution interdit une nouvelle saisie, il doit en être de même de la présence, dans le débat, d'un navire saisi, navire dont la valeur est en règle générale supérieure à celle d'une caution.

(49) Pour une interprétation restrictive de cette notion, voir Rouen, 2 avr. 1992, navire *Repubblica di Amalfi*, *DMF* 1993.245 et obs. P. BONASSIES, *DMF* 1994.85, refusant le droit de saisir un second navire à un créancier qui prétendait ainsi garantir le paiement des intérêts moratoires assortissant éventuellement sa créance. Dans le même sens, à propos de la tentative de saisir une seconde fois au Havre un navire déjà saisi à Casablanca, Rouen, 19 mai 2000, navire *Dunlin*, *DMF* 2001.379, obs. Cl. HUMANN.

appartenant à une société A', alors que les deux sociétés A et A' avaient les mêmes actionnaires, voire le même seul actionnaire, ces sociétés constituant des « *single ship corporations* », et les navires apparaissant comme des *navires apparentés* (50).

La Convention de 1952 apporte à ce problème une première réponse, en énonçant que « *des navires seront réputés avoir le même propriétaire lorsque toutes les parts de propriété appartiendront à une même ou aux mêmes personnes* » (art. 3, 2°). Les tribunaux ont d'abord admis que ce texte devait se lire comme s'appliquant non seulement aux armements constitués en copropriété, mais aussi aux armements constitués en sociétés par actions, la détention de la totalité du capital étant dès lors assimilée à la détention de la totalité des parts de copropriété. Allant plus loin, ils ont considéré que, alors même que le capital d'une société A n'appartenait pas en totalité au détenteur du capital d'une société B, les créanciers de la société A pouvaient saisir un navire de la société B dès qu'existait entre les deux sociétés une *communauté d'intérêts*, manifestée par une même adresse, les mêmes références bancaires ou tel autre indice. La théorie des navires apparentés a pris alors un grand développement, et, dans un premier temps, a reçu l'approbation de la Cour de cassation.

602. L'arrêt *Brave Mother*. Théorie de la communauté d'intérêts. — Dans une affaire soumise à la Cour d'appel de Rennes le 21 juin 1989, les créanciers de la société à laquelle appartenait le navire *Brave Thémis* avaient effectué une saisie conservatoire sur le navire *Brave Mother*, appartenant à une autre société (51). Bien qu'un petit nombre des actions de chacune de ces sociétés fussent la propriété de tiers, le juge d'appel n'en avait pas moins autorisé la saisie, en constatant que les deux navires se présentaient comme ayant été « *la propriété de sociétés dont le patrimoine se trouve uni, à travers les membres d'une même famille, par une communauté d'intérêts* ». Le pourvoi de l'armateur du *Brave Mother* ayant reproché au juge d'appel d'avoir violé les dispositions de l'article 3 de la Convention de 1952, lequel exige que *toutes les parts* de propriété des navires en cause appartiennent à une même personne pour autoriser la saisie d'un autre navire que le navire auquel la créance se rapporte, la Cour suprême rejette le moyen (12 févr. 1991, *DMF* 1991.315).

Elle observe que ledit article 3 « *n'exclut pas que soit apportée la preuve qu'un navire appartient à une même ou aux mêmes personnes, quoique les parts ne lui ou ne leur appartiennent pas en totalité* ». Et la Cour conclut que la simple constatation par le juge, que les patrimoines de deux sociétés se trouvent unis « *à travers les membres d'une même famille par une communauté d'intérêts* », suffit

(50) Sur le problème en général, voir J.-S. ROHART, « La saisie conservatoire des navires apparentés », *DMF* 1988.499 et « La saisie des navires apparentés : suite et fin ? », *DMF* 1994.339.

(51) On constate ici la naïveté de certains armateurs, qui, lorsqu'ils affectent leurs navires chacun à une *single ship company*, utilisent fréquemment pour baptiser leurs bâtiments des noms très proches, associant deux termes dont l'un toujours identique, ce qui ne peut qu'alerter les tiers sur la manœuvre.

à justifier la saisie conservatoire du navire appartenant à l'une d'elles par les créanciers de l'autre (52).

Certains arrêts sont alors allés encore plus loin, considérant que la simple *apparence* d'une communauté d'intérêts existant entre deux sociétés justifiait la saisie d'un navire appartenant à l'une d'elles par les créanciers de l'autre (Cour d'appel de Rouen, 28 nov. 1991, navire *Yumuri*, *DMF* 1992.689). Ils pouvaient d'ailleurs s'appuyer sur une décision de la Cour de cassation du 12 février 1991, observant que « *le juge des référés commerciaux, pour apprécier si le navire dont il lui est demandé d'autoriser la saisie conservatoire, est la propriété de la personne à l'encontre de laquelle une créance est invoquée, est fondé à prendre en considération l'apparence et la simulation* » (navire *Osiris I*, *DMF* 1992.488) (53).

Mais on était tombé dans l'excès, et la Cour de cassation, renversant sa jurisprudence, allait bientôt mettre un terme à la théorie des navires apparentés.

603. Le revirement. Les arrêts *Osiris I, Alexander III* et *Kareliya.* — Le démantèlement de la théorie des navires apparentés par la Cour de cassation s'est fait en deux temps. Dans un premier temps, la Cour de cassation s'est attachée à la notion de *fictivité*. Dans une décision du 15 novembre 1994, elle censurait une décision de la Cour de Bordeaux au motif qu'en retenant que deux sociétés d'armement étaient des sociétés de façade apparaissant comme des unités d'une même entreprise commerciale, ce sans caractériser la *fictivité* de l'une ou de l'autre de ces sociétés, la Cour n'avait pas justifié sa décision au regard de l'article 1842 du Code civil — texte qui pose le principe de la personnalité morale des sociétés (navire *Osiris I, DMF* 1995.135, obs. A. Vialard). La condamnation de la théorie des navires apparentés était répétée dans un arrêt du 19 mars 1996, rendu dans l'affaire du navire *Alexander III* (*DMF* 1998.503, obs. A. Vialard). Là aussi, les juges du fond avaient conclu, à partir de certains indices (siège commun, gestionnaire commun) que deux armements dissimulaient la même entité économique. Pour la Cour de cassation, une telle motivation était impropre à caractériser la fictivité de la société propriétaire du navire, comme à établir que celle-ci ne disposait pas d'un patrimoine propre, distinct de celui de la société débitrice.

Dans un second temps, marqué par un arrêt *Kareliya* du 23 novembre 1999 (*DMF* 2000.719, obs. N. Molfessis), la Cour de cassation a condamné l'interprétation donnée par la jurisprudence antérieure à la notion de *parts de copropriété* au sens de l'article 3 de la Convention de 1952. Dans cette espèce, le pourvoi reprochait à la Cour d'appel de Nouméa d'avoir accordé mainlevée de la saisie effectuée sur le *Kareliya*, sans rechercher si la société Maddock, propriétaire du navire, n'avait pas pour unique actionnaire l'État d'Ukraine,

(52) Parmi les nombreuses décisions ayant développé l'analyse de la Cour de cassation, voir Cour d'appel de Rouen, 6 janv. 1994, navires *Eurojoy* et *Trovatore*, *DMF* 1994.559, n. Y. TASSEL.

(53) La notion d'*unité économique* ici mise en œuvre doit être distinguée de la notion d'*unité sociale* connue en droit du travail, de sociétés présentant une communauté d'intérêts pouvant, nonobstant leur autonomie juridique, créer une entité unique pour l'application de la législation sur les institutions représentatives du personnel : pour un cas d'unité sociale créée entre entreprises maritimes, voir Cass. 11 juin 2008, *DMF* 2008.991, obs. P. CHAUMETTE.

lequel possédait l'intégralité du capital de la société Blasco, débitrice des créances de location de conteneurs, créances alléguées comme fondant la saisie du *Kareliya*. La Cour de cassation rejette le pourvoi, au motif que l'article 3 de la Convention de 1952 « *se borne à énoncer que des navires seront réputés avoir le même propriétaire lorsque toutes les parts de propriété appartiendront à une même ou aux mêmes personnes ; que, sur le fondement de ce texte (le saisissant) n'était pas autorisé à saisir un navire de la société Maddock au motif que l'État d'Ukraine détiendrait, non pas directement l'ensemble des parts de copropriété des navires auxquels les créances se rapportent et de celui saisi, mais seulement l'intégralité du capital des deux sociétés d'armement propriétaires de ces navires ; que, dès lors, la recherche dont fait état la première branche est inopérante* ». Et la Cour ajoute que « *l'allégation selon laquelle un État a eu pour but, dans la création de sociétés d'armement, de limiter le gage de ses créances maritimes ne démontre pas par lui-même, que ces sociétés seraient fictives* ».

Les choses sont désormais claires : la détention de la totalité du capital d'une société d'armement n'équivaut pas à la détention de l'ensemble des parts de copropriété d'un navire. La solution est certainement conforme à l'intention des rédacteurs de la Convention de 1952 (F. Berlingieri, *Arrest of ships*, éd. 2000, p. 110). Et la jurisprudence postérieure a su tirer les leçons de l'arrêt *Kareliya* (54).

Il reste que, malgré la rigueur manifestée par la Cour de cassation dans l'interprétation de l'article 3, il demeure possible à tout créancier de faire la preuve que la société, propriétaire apparent, du navire qu'il entend saisir n'est qu'une société fictive, qui n'a aucun patrimoine propre, son patrimoine apparent étant confondu dans celui de la seule société réelle — laquelle est son débiteur. Tel était le cas dans une affaire soumise à la Cour de Rouen le 14 septembre 2000, où le juge relève que les deux sociétés en cause « *étaient dans une dépendance financière telle qu'elles n'ont qu'un seul patrimoine et forment une seule entité* » (navire *Ordana*, *DMF* 2001.1028, obs. B. Marguet).

604. Navire affrété. Saisie internationale. — En droit commun, seuls les biens appartenant au débiteur peuvent être saisis, même par une saisie conservatoire, parce qu'un créancier n'a pour gage que le patrimoine de son débiteur. En droit maritime, lorsqu'un navire est exploité par un armateur ou gérant non propriétaire, les créanciers qui ont subi un dommage du fait de l'exploitation du navire, ou qui lui ont porté assistance, bénéficient d'un privilège leur permettant d'exercer sur ce navire une saisie-exécution. Ont-ils pareillement le droit d'exercer une saisie conservatoire sur le navire auquel la créance se rapporte, encore que n'appartenant pas à leur débiteur (55) ?

(54) Voir Rennes, 24 avr. 2002, navire *Leo T.*, *DMF* 2003.747, obs. C. NAVARRE-LAROCHE ; voir aussi, dans un contexte complexe, Cass. 15 oct. 2002, navires *Taganroga* et *Razna*, *DMF* 2003.756, obs. P. SIMON et obs. P. BONASSIES, *DMF* 2004, Hors-série n° 8, au n° 55.

(55) Sur le problème en général, voir A. VIALARD, « La saisie conservatoire des navires affrétés », *DMF* 1994.305.

La Convention de 1952 apporte à cette question une réponse nuancée, sinon incertaine. Tout d'abord, elle envisage le cas des personnes ayant une créance maritime sur un navire affrété « *avec remise de la gestion nautique* » — ce qui vise essentiellement, sinon uniquement, les navires ayant fait l'objet d'un contrat d'affrètement coque-nue, (*supra*, n° 275) ou d'un contrat de gérance, quand on peut le rapprocher d'un affrètement coque-nue. Dans ce cas, elle accorde au créancier le droit de saisir le navire affrété, lequel n'appartient cependant pas à son débiteur. Mais elle apporte une double restriction au droit de saisir. D'une part le créancier ne peut saisir que le navire concerné, et non un autre navire appartenant au propriétaire de celui-ci. D'autre part, elle limite le droit reconnu au créancier au cas où son débiteur « *répond seul* » de la créance maritime — restriction d'ailleurs sans grand intérêt pratique parce que, si le fréteur répond aussi de la créance maritime, le créancier aura *directement* le droit de saisir le navire en cause.

Si elles s'arrêtaient là, les dispositions de la Convention seraient loin de couvrir toutes les situations où une créance privilégiée peut naître de la gestion d'un navire exploité par un opérateur qui n'en est pas le propriétaire. Par exemple, elles ne couvriraient pas le cas du chargeur qui a confié ses marchandises à un affréteur à temps, chargeur qui dispose d'un privilège sur le navire affrété. Mais, aux termes de l'alinéa deuxième de l'article 3-4° de la Convention, doivent être assimilés au cas d'un affrètement avec remise de la gestion nautique, « *tous les cas où une personne autre que le propriétaire est tenue d'une créance maritime* ». Par là, la Convention couvre certainement tous les cas d'affrètement à temps, de location de navire, de gérance, et plus généralement tous les cas où c'est un autre que le propriétaire qui exploite le navire, et qui est donc tenu d'une créance maritime envers chargeurs, destinataires ou autres.

605. L'article 9 de la Convention de 1952. — Reste un problème : l'article 9 de la Convention de 1952 énonce que « *rien dans cette Convention ne peut être considéré comme créant un droit à une action qui, en dehors des stipulations de cette Convention, n'existerait pas d'après la loi à appliquer par le tribunal saisi du litige* ». Il semble logique de conclure de ces dispositions que le droit de saisir le navire n'existe, dans les situations envisagées, que s'il est d'abord reconnu par « *la loi à appliquer* », c'est-à-dire la loi nationale appropriée. Mais une telle conclusion, pour ce qui est du droit français, entraîne une ouverture évidente, encore que non générale, des cas où la saisie d'un navire affrété est possible.

En effet, le droit des privilèges maritimes appliqué par les tribunaux français (et largement étendu aux navires étrangers : voir *supra*, n° 588) reconnaît à la plupart des créanciers du propriétaire, mais aussi à ceux de l'affréteur à temps, un privilège sur le navire (*supra*, n° 574) — étant seulement exclus les fournisseurs qui ont contracté directement avec ledit propriétaire ou affréteur et non avec le capitaine. Ce privilège, c'est précisément le « *droit à une action* » visé par l'article 9 de la Convention. En revanche, en l'absence d'un tel privilège, le droit de saisir le navire ne doit pas être reconnu au créancier de l'affréteur à temps (56).

606. Saisie postérieure à l'affrètement. — Un dernier problème se pose toutefois, qui n'est pas résolu par les textes, et qui est de savoir si le navire affrété peut être saisi par un créancier de l'affréteur après la fin de l'affrètement.

Dans notre opinion, il faut répondre à la question par l'affirmative. Ce qui fonde le droit à saisie conservatoire, nous l'avons vu ci-dessus, c'est le fait que le créancier a un privilège sur le navire. Or ce privilège survit à la fin de l'affrètement, dans la seule limite du délai de péremption qui l'affecte, délai de six mois ou d'un an (*supra*, n° 578). Tant que ce délai n'est pas expiré, le créancier pourrait exercer sur le navire une saisie-exécution. Il n'y a pas de raison de lui refuser la mesure, beaucoup moins rigoureuse, de la saisie conservatoire (57).

607. Navire affrété. Droit français. — En droit français, aucune disposition de la loi de 1967 ne se prononce, directement ou indirectement, sur la possibilité pour un créancier de saisir un navire qui n'appartient pas à son débiteur. En jurisprudence, la thèse négative a été défendue par la Cour d'Aix-en-Provence dans un arrêt du 10 janvier 1986 (navire *Namrata*, *DMF* 1987. 499, obs. P. Bonassies, *DMF* 1988. 87). Dans sa décision, laquelle concerne l'action d'un consignataire se prévalant par subrogation du privilège du fournisseur ayant traité avec le capitaine, la Cour d'Aix concède que la possession d'une créance assortie d'un privilège maritime permet de procéder à la saisie-exécution d'un navire, alors même que le propriétaire n'en est pas personnellement débiteur. Mais il n'en est pas de même, dit-elle, pour ce qui est de la saisie conservatoire. En effet, pour la Cour, il est de principe qu'une telle saisie ne peut porter que sur des meubles appartenant au débiteur, comme l'impose l'article 48 du Code de procédure civile (ancien), énonçant que le créancier peut saisir conservatoirement « *les meubles appartenant à son débiteur* ».

La thèse de la Cour d'Aix n'emporte la conviction ni dans sa construction théorique, ni dans ses conséquences pratiques. En théorie, il est tout à fait contestable de considérer que les principes de la saisie conservatoire de droit commun s'appliquent à la saisie maritime (*supra*, n° 590). Plus généralement, l'analyse de la Cour d'Aix méconnaît l'originalité fondamentale du système des privilèges maritimes, système qui, nous l'avons vu, fait d'abord peser *sur le navire* l'obligation de payer les dettes nées de l'exploitation de celui-ci. En pratique, il ne sert à rien de reconnaître au créancier privilégié le droit d'exercer une saisie exécutoire sur un navire n'appartenant pas à son débiteur, — comme le fait justement la Cour d'Aix —, et de lui refuser en même temps le moyen

(56) Voir cependant en sens opposé, Rouen 19 juin 1984, navire *Atlantic Mariner*, *DMF* 1985.167 ; Montpellier, 1er déc. 2003, navire *Sargasso*, *DMF* 2004.235, obs. L. Esnard et J.-P. Rémery. Mais ces décisions sont, à l'évidence, aujourd'hui dépassées par l'arrêt *R. One*, 4 oct. 2005, *infra*, n° 608.

(57) En ce sens, Rouen, 19 juin 1984, navire *Atlantic Mariner*, *DMF* 1985.167 ; Nantes, 3 sept. 1991, navire *Trident Beauty*, *DMF* 1991.726, n. Y. Tassel ; en sens opposé, mais dans une espèce où le créancier n'était pas privilégié, Montpellier, 17 mai 1992, *BTL* 1992.671, n. M. Guérin et obs. P. Bonassies, *DMF* 1993.79.

concret de cette saisie. Car la saisie-exécution doit, nous le verrons (*infra*, n° 616), être précédée d'un commandement délivré vingt-quatre heures à l'avance, commandement qui entraînera immanquablement le départ du navire, une saisie conservatoire préalable étant le seul moyen d'empêcher le navire de quitter le port.

Il est donc heureux que d'autres voix se soient fait entendre et que la Cour de Douai ait, elle, admis que, même sur la base des textes français, le créancier d'un affréteur pouvait saisir conservatoirement un navire affrété (31 janv. 1985, navire *Saudi Jamal*, *DMF* 1988.85). La règle, toutefois, doit être limitée aux seuls créanciers bénéficiant d'un privilège maritime. Il n'y a pas de raison de l'étendre aux créanciers non privilégiés qui auraient traité avec l'exploitant non propriétaire, puisque c'est l'existence même de son privilège qui fonde le droit à saisie du créancier privilégié (voir, en ce sens, Paris, 8 déc. 1984, navire *Spartan*, *DMF* 1984.579).

608. Navire vendu. Arrêt *R.* One. — La question s'est enfin posée aux tribunaux de savoir si un navire peut faire l'objet d'une saisie conservatoire après sa vente par l'armateur débiteur. L'article 3 de la Convention de 1952 paraît autoriser une telle saisie, puisqu'il énonce que le demandeur peut saisir, outre le navire auquel la créance se rapporte « *tout autre navire appartenant à celui qui était, au moment où est née la créance maritime, propriétaire du navire auquel cette créance se rapporte* ». Ce qui importe, ce n'est donc pas la propriété du navire au moment de la saisie, mais sa propriété au moment où est née la créance. Mais l'article 3 de la Convention fait précéder la règle qu'il édicte de l'observation « *sans préjudice des dispositions du paragraphe 4 et de l'article 10* ». Et il y a là une précision d'une extrême importance.

En fait, le paragraphe 4 se rapporte au cas particulier du navire affrété coque-nue, et ce concerne pas le problème ici évoqué (58). Quant à l'article 10, il n'a strictement rien à voir avec la question, s'agissant d'un texte sur les modalités de l'adhésion des États à la Convention. En réalité il y a ici une erreur typographique : il faut lire *article 9* et non *article 10*. Or, l'article 9 nous dit que rien dans la Convention ne doit être considéré comme « *créant un droit à une action qui, en dehors des stipulations de cette Convention, n'existerait pas d'après la loi à appliquer par le tribunal saisi du litige* » (59), ajoutant que la Convention ne confère aucun droit de suite autre que celui accordé par la loi du tribunal saisi, ou la Convention de 1926 sur les privilèges.

Il faut conclure de l'analyse des textes que la saisie conservatoire d'un navire vendu par un débiteur demeure possible, mais seulement si le créancier bénéficie d'un privilège sur le navire, car, autrement, il y aurait création d'un droit à une

(58) Plus précisément, le paragraphe 4, comme indiqué ci-dessus (*supra*, n° 604), interdit au créancier d'un affréteur coque-nue de saisir « *nul autre navire appartenant au propriétaire* » du navire auquel la créance se rapporte.
(59) Voir en ce sens les observations déterminantes du Professeur BERLINGIERI, l'un des rédacteurs du texte de 1952 : *Arrest of ships*, 3e éd., p. 100-101.

action nouvelle — ce que précisément interdit l'article 10 (60). Et c'est en ce sens qu'a statué la Cour de cassation dans un arrêt fondamental rendu le 4 octobre 2005, dans l'affaire du navire *R. One* (61).

Des créanciers dont le privilège avait été éteint par la vente judiciaire du navire (*supra*, n° 579) ayant prétendu saisir le navire *R. One*, avaient vu leur action rejetée par la Cour d'appel d'Aix-en-Provence le 17 mai 2002. La Cour de cassation approuve pleinement la décision des juges d'appel. Pour elle, c'est à bon droit qu'ils avaient énoncé que « *par application des articles 3 et 9 de la Convention de Bruxelles du 10 mai 1952, la saisie conservatoire d'un navire n'appartenant plus au débiteur ne peut être autorisée que si le saisissant se prévaut d'une créance privilégiée au sens de la loi du for* ».

Eu égard au fait que les privilèges s'éteignent à l'expiration d'un délai de deux mois après la publication de la vente du navire, la saisie par un créancier privilégié d'un navire vendu demeurera rare. Mais la chose peut se produire.

B. — Procédure de la saisie conservatoire

609. Phase initiale. Autorisation de saisir. Juge compétent. Procédure. — Ainsi que nous l'avons indiqué ci-dessus, c'est une procédure unique qui s'applique à la saisie internationale comme à la saisie de la loi de 1967, le législateur international ayant, en la matière, renvoyé aux lois nationales.

La réglementation de la procédure de saisie conservatoire, inscrite dans les dispositions du décret du 27 octobre 1967, est d'ailleurs très simple, voire sommaire.

Le texte prévoit seulement que la saisie conservatoire est autorisée par ordonnance rendue sur requête par le président du tribunal de commerce ou, à défaut, par le juge d'instance. Le texte originaire avait prévu que l'autorisation serait accordée par le président du tribunal de grande instance statuant en la forme des référés. La règle, imposée par la Chancellerie et contraire au projet du Doyen Rodière, fut vivement critiquée par les praticiens. Alerté à l'avance par l'assignation en référé, un capitaine diligent pouvait en effet échapper à la saisie en quittant le port. Les critiques ont convaincu le législateur administratif, lequel a modifié le texte originaire par un décret du 24 février 1971. Aujourd'hui, le créancier se présente seul, non contradictoirement, devant le président du tribunal de commerce.

(60) En ce sens, encore que dans un *obiter dictum*, Aix-en-Provence, 24 mai 2002, *DMF* 2002.722, et obs. P. BONASSIES, *DMF* 2003, Hors-série n° 7, au n° 53 ; semblable saisie pourrait aussi être vue comme portant atteinte au droit de propriété, perçu comme une *liberté fondamentale* (en ce sens, Conseil d'État, 2 juill. 2003, *Sem. jur.* 2003.II.10180, n. J. MARTIN et P.-Y. NAULEAU et obs. P. BONASSIES, *DMF* 2004, Hors-série n° 8, au n° 53) ; dans le même sens, par *a contrario*, Cour européenne des droits de l'homme, 5 mai 1996, observant que la saisie d'un bien faisant l'objet d'une clause de réserve de propriété pour dette fiscale ne constitue pas une privation de propriété, mais une réglementation de l'usage des biens pour assurer le paiement des impôts ; réglementation expressément validée par l'alinéa 2 de l'article 1 du Protocole n° 1 à la Convention de sauvegarde des droits de l'homme (Chr. F. SUDRE, *Sem. jur.* 1996.I.3910).

(61) *DMF* 2006.47, obs. P. BONASSIES. Déjà, dans le même sens (outre l'arrêt de la Cour d'Aix visé par le pourvoi), Montpellier, 31 juill. 1996, navire *Zaher*, *DMF* 1997.31, obs. A. ARNAUD ; voir aussi, Paris, 2 juill. 2008, navire *Petunia, DMF* 2009.161, obs. S. SANA-CHAILLÉ DE NÉRÉ.

Les textes n'indiquent pas, toutefois, quel est le juge territorialement compétent. En pratique, on s'est toujours adressé au juge du port où le navire se trouve. Dans le droit antérieur, cette pratique était en harmonie avec les dispositions de l'article 48 du Code de procédure civile (ancien) donnant compétence en matière de mesure conservatoire au juge dans le ressort duquel sont situés les biens à saisir. Mais aujourd'hui l'harmonie est rompue, l'article 211 du décret du 31 juillet 1992 énonçant qu'en droit commun, « *le juge compétent pour autoriser une mesure conservatoire est le juge de l'exécution du lieu où demeure le débiteur* ». La compétence de principe du tribunal de commerce du lieu où le navire est amarré doit cependant être fermement maintenue (62).

Cette compétence est d'abord imposée par les dispositions de la Convention de 1952 pour ce qui est des saisies fondées sur ce texte. Car si ces dispositions n'énoncent pas expressément que le tribunal compétent pour autoriser la saisie conservatoire est celui dans le ressort duquel le navire se trouve, elles n'en impliquent pas moins une telle conclusion. Aux termes de l'article 5 de la Convention, il est en effet prévu que « *le tribunal ou toute autre autorité judiciaire compétente dans le ressort duquel le navire a été saisi, accordera la mainlevée de la saisie lorsqu'une caution ou une garantie suffisantes auront été fournies* ». Et le texte anglais de la Convention est plus net encore, qui énonce que la saisie peut être autorisée par une juridiction de l'État « *in which the arrest is made* ».

S'agissant des saisies effectuées sur le fondement de la loi de 1967, nous avons vu qu'il n'existe aucune raison d'appliquer ici les dispositions de l'article 211 du décret du 31 juillet 1992 (*supra*, n° 590). Il faut maintenir la compétence traditionnelle, conforme à la nature des choses, du tribunal dans le ressort duquel le navire se trouve. Aussi bien, une telle compétence est-elle en harmonie avec le principe général énoncé par l'article 9 du décret du 31 juillet 1992 lui-même, texte énonçant, comme un principe général, que le juge territorialement compétent pour toute mesure d'exécution est, notamment, « *celui du lieu d'exécution de la mesure* ».

Une fois l'autorisation de saisie obtenue, le créancier doit notifier celle-ci à la fois au capitaine et à l'administration du port. Aux termes de l'article 26 du décret de 1967, cette administration doit dès lors refuser toute autorisation de départ du navire, lequel est ainsi définitivement bloqué (« arrêté », comme disent les Britanniques). En revanche, à l'inverse de ce qui est pour la saisie-exécution (voir *infra*, n° 618), le saisissant n'est pas tenu de publier le procès-verbal de saisie au fichier du navire. Dans un arrêt du 25 février 1981, la Cour d'appel d'Aix-en-Provence a toutefois décidé que le défaut d'inscription de la saisie conservatoire sur le registre spécial des hypothèques (*supra*, n° 551) entraînait l'inopposabilité de la saisie aux tiers, et en particulier à l'acheteur du navire (navire *Patrick-Victor*, *DMF* 1982.420, note M. Rémond-Gouilloud). Contraire à l'opinion très ferme du Doyen Rodière (*Le navire*, n° 205), l'arrêt aixois nous

(62) Voir sur ce point les justes observations d'A. VIALARD sous Aix-en-Provence, 29 janvier 2008, navire *I am no lady*, *DMF* 2008.734, obs. A. VIALARD et P. BONASSIES, *DMF* 2009, Hors-série n° 13, au n° 58.

paraît étendre abusivement à la saisie conservatoire l'obligation de publier le procès-verbal de saisie inscrite dans l'article 37 du décret du 27 octobre 1967, alors que ce texte, figurant dans la section consacrée par ce décret à la seule saisie-exécution, ne peut s'appliquer qu'à cette saisie.

Saisi par la requête du créancier, le président du tribunal de commerce pourra cependant refuser d'autoriser la saisie s'il estime que le créancier ne justifie pas d'une « *allégation de créance maritime* », ou d'une « *créance paraissant fondée dans son principe* », selon que la saisie est régie par la Convention de 1952 ou la loi de 1967. Le créancier pourra faire appel de l'ordonnance de refus ou d'incompétence comme en droit commun. Si, à l'opposé, le président estime la requête fondée, il autorisera la saisie conservatoire.

Autorisant la saisie, le juge peut assortir l'autorisation accordée de toute condition jugée par lui appropriée. De tout temps, il fixait un délai au créancier, s'il n'avait pas de titre exécutoire, pour assigner son débiteur au fond, la non-observation de ce délai entraînant péremption de la saisie. Dans un arrêt du 14 octobre 1997, la Cour de cassation décide que les dispositions de l'article 215 du décret du 31 juillet 1992, lesquelles, en droit *terrestre* accordent un délai d'un mois au saisissant pour agir au fond s'appliquent à la saisie des navires (navire *Marine Évangeline*, *DMF* 1998.24, rapport Rémery). Mais la Cour suprême applique avec souplesse la règle édictée par elle : elle assimile à une action au fond une demande en arbitrage (même arrêt), voire une assignation en référé-provision (navire *Motru*, *D.* 2003.813, note Ph. Honnaker). Dans un important arrêt du 17 septembre 2002, la Cour de cassation cantonne toutefois la règle de l'article 215 à la seule saisie fondée sur le droit français (navire *Regent Spirit*, *DMF* 2002.275, obs. J.-P. Rémery et obs. P. Bonassies, *DMF* 2003, Hors-série n° 7, au n° 54) (63).

Le juge pourra aussi accompagner l'autorisation de saisir de l'obligation pour le créancier saisissant de donner caution. Certes une telle mesure — assez classique en Belgique — n'est pas prévue par les textes. Elle paraît toutefois ressortir aux pouvoirs normaux du juge qui statue sur requête. Compétent pour rejeter la demande d'autorisation de saisir, ce juge peut certainement accorder l'autorisation en l'assortissant de telle ou telle condition (64).

610. Phase postérieure à l'autorisation de saisie. Mainlevée amiable. — Le décret de 1967 ne contient aucune disposition complémentaire concernant la suite de la procédure de saisie conservatoire. En fait, plusieurs hypothèses peuvent alors se présenter.

Dans un certain nombre de cas, les parties peuvent arriver à un accord sans autre intervention des tribunaux. Le saisissant accorde mainlevée de la saisie en

(63) Dans le même sens, Douai 29 septembre 2005, navire *Lublin II, DMF* 2007.517, obs. P. PESTEL-DEBORD et P. BONASSIES, *DMF* 2008, Hors-série n° 12, au n° 54. Sur la portée, non automatique, de la caducité sur la garantie éventuellement accordée au saisie, voir Cass. 11 déc. 2007, navire *Lublin II, DMF* 2008.260, obs. J.-P. RÉMERY et P. BONASSIES, *DMF* 2008, Hors-série n° 12, au n° 55.

(64) Voir aussi, par analogie, et encore que non applicables à la saisie du navire, les dispositions de l'article 48 du Code de procédure civile ancien, modifié par le décret du 5 décembre 1975 et surtout l'article 489 nouveau Code de procédure civile, concernant les ordonnances du juge des référés.

échange d'une garantie donnée par le saisi, garantie susceptible de couvrir le paiement de la créance invoquée par le saisissant, et les frais complémentaires. Cette garantie prendra la forme soit d'une garantie bancaire, soit, souvent, d'une lettre de garantie émanant du club de l'armateur (P & I Club) dont le navire a été saisi. Dans cette hypothèse, le seul problème est d'arriver à un accord sur les termes de la garantie, ce qui n'est pas toujours aisé eu égard aux nombreuses questions qui doivent être réglées, portée exacte de la garantie, notamment en cas d'affrètement, tribunal compétent pour juger au fond de la créance en cause, nature de la décision qui justifiera « l'appel de la garantie », décision arbitrale ou décision en dernier ressort (65).

Une fois l'accord acquis, il est toutefois définitif, et le créancier, en raison du caractère synallagmatique dudit accord, ne saurait prétendre y renoncer, et faire revivre la saisie (66).

611. Mainlevée judiciaire. — Dans certains cas toutefois aucun règlement amiable n'est possible, et le propriétaire du navire, ou l'affréteur qui subit un préjudice du fait de l'immobilisation du bâtiment, ne peut qu'assigner en référé le saisissant, et demander au juge mainlevée de la saisie. Mieux éclairé, le juge peut rétracter l'ordonnance d'autorisation s'il estime que la saisie n'était pas fondée, le navire étant alors libre de quitter le port. Le créancier peut certes faire appel, mais cet appel n'est pas suspensif de la décision de mainlevée, les décisions rendues en référé étant exécutoires de droit (art. 489 Code de procédure civile). La décision d'appel infirmant l'ordonnance de référé ayant maintenu l'autorisation de saisie risque donc d'arriver trop tard — après le départ du navire objet de la procédure. Toutefois, un décret du 20 août 2004 (*D.* 2004.2199) a modifié sur ce point les règles de procédure. Désormais, il peut être demandé au premier président de la Cour d'appel compétente d'arrêter toute exécution provisoire de droit, mais seulement « *en cas de violation manifeste du principe du contradictoire ou de l'article 12* (texte obligeant le juge à trancher le litige conformément aux règles de droit applicables) *et lorsque l'exécution risque d'entraîner des conséquences manifestement excessives* » (alinéa 6e ajouté à l'article 524 du CPC). Le fait que les conditions exigées par le nouveau texte pour l'arrêt de l'exécution provisoire soient *cumulatives* donne à penser que ce texte sera d'application rare. Tout au plus devrait-il inciter le juge saisi à user du pouvoir qui lui est reconnu d'ordonner d'office la fourniture d'une garantie par le saisissant.

Le juge peut en effet, soit d'office (art. 489, Code de procédure civile), soit sur demande présentée à titre subsidiaire par le propriétaire du navire, accorder mainlevée de la saisie contre fourniture d'une garantie, dont il fixe les termes si

(65) Sur la portée de la garantie en cas d'affrètement, voir Cass. 4 juin 1985, *DMF* 1986.686 ; Rouen, 22 déc. 1992, navire *El Kef*, *DMF* 1993.645, n. et réf. Y. TASSEL ; sur la détermination du juge compétent, Douai, 5 sept. 1991, navire *Ganvié*, *DMF* 1992.183, n. J.-C. CARLIER. Sur la nature de la décision qui justifiera « l'appel de la garantie », décision arbitrale ou décision en dernier ressort, voir Aix-en-Provence, 17 mai 1984, navire *Eva Danielsen*, *DMF* 1986.539 et 14 févr. 1985, navire *Gogo Rambler*, *DMF* 1987.290 ; Rouen, 11 mars 1993, navire *Coop Grain*, *DMF* 1993.363, n. Y. TASSEL ; Cass. 7 déc. 1998, navire *Vassily Klochkov*, *DMF* 2000.903, obs. F. LE LOUER et obs. et réf. P. BONASSIES, *DMF* 2001, Hors-série n° 5, au n° 49.

(66) Douai, 21 janv. 1993, navire *Coop Grain*, *DMF* 1993.363, n. Y. TASSEL.

les parties ne peuvent s'entendre sur ses éléments (67). Et, dans le régime de la Convention de 1952 tout au moins, aucune autre saisie ne peut alors être ultérieurement autorisée (68).

Demandant à titre principal mainlevée de la saisie, le propriétaire pourra aussi demander subsidiairement au juge de « déplacer » la saisie, en substituant au navire saisi un autre navire lui appartenant. Si un tel déplacement présente un intérêt pour lui (par exemple parce que le navire saisi est en instance de partance, alors que le navire qui lui est substitué ne doit quitter le port que dans quelques jours, ce qui rendra plus aisé un règlement amiable du litige), et s'il ne lèse pas le saisissant — le navire substitué présentant une garantie suffisante —, le juge pourra autoriser ledit déplacement (Aix-en-Provence, 10 mars 1987, navire *Tipasa*, *DMF* 1988.545, note H. Tassy).

Exceptionnellement, le juge des référés pourra se déclarer incompétent si la saisie soulève dès l'abord une question de fond sur laquelle il estime ne pouvoir se prononcer (69).

Mainlevée de la saisie peut aussi être accordée par le juge du fond qui, une fois saisi, a pleine compétence sur le litige (Cass. 18 janv. 2001, *Revue Scapel* 2001.37).

612. Autorisation d'exploiter le navire. — Une autre hypothèse est prévue par l'article 27 du décret de 1967. Propriétaire ou affréteur exploitant le navire peuvent demander, non au président du tribunal de commerce, mais au président du tribunal de grande instance, statuant en la forme des référés, l'autorisation d'utiliser le navire pour un ou plusieurs voyages déterminés. Cette autorisation ne met pas fin à la saisie conservatoire, laquelle reprend tous ses effets dès le retour du navire au port. Elle ne doit être accordée que si le requérant fournit une garantie suffisante, et non sur simple constatation de sa solvabilité (Pau, 17 déc. 1985, navire *Akelarra*, *DMF* 1987.95, note A. Vialard ; pareillement strict, Rouen 16 mai 1993, navire *Motru*, *Revue Scapel* 1994.147) (70).

Aux termes de l'article 28 du décret du 27 octobre 1967, si à l'expiration du délai fixé le navire n'a pas rejoint son port, la somme déposée en garantie est acquise aux créanciers (sauf sinistre couvert par une police d'assurance).

613. Décision au fond. Compétence. — Dans toutes ces hypothèses où mainlevée pure et simple n'a pas été donnée, il y aura lieu pour le saisissant de faire statuer sur la validité au fond de sa créance, ce pour obtenir un titre lui permettant soit d'exiger le versement de la garantie, soit de faire vendre le navire en justice. En cas d'accord amiable, c'est le tribunal prévu par cet accord qui sera

(67) Sur le pouvoir discrétionnaire du juge en la matière (fixation d'une garantie inférieure au montant de la créance ; acceptation de la garantie d'un Club de P & I), voir Rouen, 27 avr. 1990, navire *El Saphir*, *DMF* 1992.363 ; Montpellier, 9 janv. 1992, navire *Vicky*, *DMF* 1992.383.

(68) Article 3-3° ; pour l'application du texte, voir Rouen, 2 avr. 1992, cité *supra*, n. 44.

(69) Voir, pour un cas où était en cause l'existence du droit de suite du créancier saisissant sur le navire en cause, Montpellier, 10 mars 1987, navire *Sunrise*, *DMF* 1988.539, obs. P. Bonassies, *DMF* 1989.79.

(70) Pour une espèce, assez originale où le juge refuse à l'armateur non le droit d'exploiter le navire saisi, mais le droit de déplacer ce navire en un autre lieu, voir Cour d'appel de Papeete, 28 déc. 2001, navires *Renai I* et *Renai II*, *DMF* 2002.371, obs. A.-L. Michel.

compétent au fond. En l'absence d'accord, il y a lieu de déterminer le tribunal légalement compétent.

Pour les saisies fondées sur la Convention de 1952, ce texte prévoit que c'est le tribunal de la saisie qui sera compétent dans certains cas — et notamment si la créance maritime est née au cours du voyage pendant lequel la saisie a été pratiquée (71), ou si elle est née d'un abordage ou d'une assistance. En dehors de ces cas, le tribunal de la saisie ne sera compétent que si sa compétence est prévue par sa propre loi. C'est donc, en dehors des cas visés ci-dessus, vers le droit français qu'il faudra se tourner pour savoir si le juge de la saisie est compétent au fond, comme pour savoir s'il est compétent en cas de saisie fondée sur la loi du 3 janvier 1967.

La compétence du juge de la saisie (*forum arresti*) pour se prononcer sur le fond a longtemps été refusée par le droit français. Elle avait cependant été admise, au bénéfice du juge ayant autorisé une saisie-arrêt, par un arrêt de la Cour de cassation du 6 novembre 1979 (72). La même solution avait été adoptée par la Cour de cassation pour ce qui est du juge de la saisie conservatoire de droit commun, réserve faite du cas où compétence exclusive serait accordée à une autre juridiction (1re ch. civ., 18 nov. 1986, *Bull.* I). Mais, dans un arrêt du 17 janvier 1995, la règle posée en 1979 a été abandonnée par la Cour de cassation (navire *Ganvié*, *Sem. jur.* 1995.II.22430, note H. Muir Watt ; *DMF* 1996.815).

La solution nouvelle, laquelle exclut la compétence du *forum arresti* hors les cas où elle est affirmée par la Convention de 1952, a été vivement critiquée en doctrine (73). De fait, elle n'apparaît pas pleinement justifiée au regard des exigences du droit contemporain, recherche de l'économie dans l'ordre juridique international, effectivité du droit d'accès à la justice (74). Elle n'a d'ailleurs qu'un caractère transitoire : elle ne vaudra plus quand la nouvelle Convention de 1999 entrera en application, ce texte accordant compétence générale au juge de la saisie pour statuer au fond. La règle affirmée pour la saisie internationale devra, raisonnablement, être étendue aux saisies fondées sur la seule loi française.

Toutefois, la compétence du juge de la saisie ne peut s'exercer que dans le cadre d'une action en validité, seule situation où elle a été admise par la Cour de cassation. Le juge de la saisie n'est pas compétent pour statuer sur une action indépendante intentée par le créancier (Douai, 5 sept. 1991, navire *Ganvié*, *DMF* 1992.123, note J.-C. Carlier). Il faut par ailleurs faire réserve des cas où les règles de compétence du règlement communautaire du 20 décembre 2000 (texte

(71) Pour l'application de la règle à l'action en paiement de salaires de marins étrangers, voir l'arrêt *Obo Basak*, analysé *supra*, n° 49 ; pour son application à une action en responsabilité pour dommages causés « *au cours du voyage* », voir Cass. 7 déc. 2004, navire *Jerba*, *DMF* 2005.133, obs. J.-P. RÉMERY.

(72) *Rev. crit. de droit intern. privé* 1980.588, n. G. COUCHEZ ; Clunet 1980.95 avec le rapp. PONSARD ; pour la jurisprudence antérieure refusant toute compétence au juge de la saisie, voir, en dernier, Paris, 14 janv. 1970, *Rev. crit. de droit intern. privé* 1970.714.

(73) Aux critiques d'H. MUIR WATT, citée au texte, ajouter M. RÉMOND-GOUILLOUD, *Forum arresti, le jusant*, *DMF* 1996.787.

(74) Voir d'ailleurs, peut-être sensible à ces arguments, l'arrêt rendu par la Cour de cassation dans l'affaire des navires *Taganroga* et *Razna*, qui admet la compétence du juge de la saisie pour autoriser l'exécution d'une décision étrangère sur les navires objets de la saisie conservatoire : 11 févr. 1997, *DMF* 1997.616, obs. P. BONASSIES.

remplaçant la Convention de Bruxelles du 27 septembre 1968), écarteraient la compétence du *forum arresti*.

Une fois la décision au fond rendue, le créancier pourra demander l'exécution de la garantie promise. Si aucune garantie n'a été fournie, il disposera d'un *titre exécutoire*, et pourra procéder à la saisie-exécution et à la vente judiciaire du navire.

614. Abus de saisie. — La saisie conservatoire de navire est une procédure d'une grande efficacité, d'une incontestable aisance aussi, en raison des conditions très légères auxquelles doit répondre le saisissant. Il n'est donc pas étonnant qu'elle soit d'un usage très fréquent, et que, parfois, elle ne fasse l'objet d'abus.

Sur le principe, il est incontestable que l'abus d'une procédure de saisie conservatoire de navire peut être sanctionné, que cet abus résulte de la saisie d'un navire étranger à la créance, ou de la disproportion entre la créance et la saisie (arrêt *Alexander III* du 19 mai 1996, cité *supra*, n° 603).

Il est cependant assez rare de voir un saisissant condamné à des dommages-intérêts pour saisie abusive (75). La raison principale de la chose a longtemps été que les procédures de saisie conservatoire sont de la compétence de la juridiction du juge des référés, juge auquel avait été refusée la possibilité d'accorder des dommages-intérêts (76). Mais les choses ont changé, la Cour de cassation ayant maintenant reconnu à ce juge le pouvoir, comme à toute juridiction, « *de statuer sur le dommage causé par le comportement abusif de l'une des parties* » (Cass. 2 mai 1989, *Bull.* IV, n° 143).

En revanche, il apparaît difficile de faire peser sur le saisissant la responsabilité des dommages subis par le navire pendant la saisie. Comme l'a relevé la Cour de cassation dans un arrêt du 3 mars 1998, « *la saisie conservatoire, qui ne porte pas atteinte aux droits du propriétaire du navire, n'a pas pour effet de mettre à la charge du créancier l'entretien courant du navire saisi* » (navire *Trouz-ar-Mor*, *DMF* 1998.699, rapport Rémery et obs. R. Rézenthel, et P. Bonassies, obs. au *DMF* 1999, Hors-série n° 3, au n° 61). Seule une faute précise et causale pourrait engager la responsabilité du saisissant.

615. Saisie des soutes. Saisie des créances de fret. Saisie des marchandises. — Le droit maritime connaît des saisies conservatoires connexes à la saisie

(75) Voir cependant, Tribunal de commerce de Nantes, 22 déc. 1977, navire *Julia*, *DMF* 1979.739 ; Marseille, 24 oct. 1988, navire *Monawar L*, *DMF* 1990.171, n. H. TASSY ; voir aussi Cass. 22 févr. 2007, navire *Hafnia*, *DMF* 2007.523, observations J.-P. RÉMERY ; Paris, 2 juill. 2008, navire *Petunia*, *DMF* 2009.161, obs. S. CHAILLÉ DE NÉRÉ ; comparer dans un cas où aucune saisie n'avait été effectuée mais une voie de fait commise, un navire ayant été empêché de quitter le port de Tripoli du fait de la complicité entre les autorités portuaires et un créancier local, Aix-en-Provence, 24 mai 1985, navire *Eva Danielsen*, *DMF* 1986.681.

(76) Le juge des référés avait toutefois le pouvoir — qu'il a conservé — d'utiliser les dispositions de l'article 700 du nouveau Code de procédure civile pour sanctionner un saisissant abusif ; voir en ce sens deux décisions de la Cour d'appel d'Aix-en-Provence concernant des créanciers qui avaient attendu les minutes qui précédaient le départ de navires transporteurs de passagers pour effectuer une saisie conservatoire, acculant ainsi l'armateur à une capitulation immédiate et sans conditions. Alors même que le droit des créanciers ne pouvait être contesté au fond, la Cour d'Aix a vu dans la méthode utilisée un « *détournement de procédure exécuté de propos délibéré, sans nécessité et de mauvaise foi* ». Et elle a condamné les créanciers aux entiers dépens, ainsi qu'à une indemnité sur le fondement de l'article 700 (10 mars 1987, navire *Tipasa*, *DMF* 1988.545 et 549, n. H. TASSY).

des navires, saisie des soutes du navire effectuée par leur fournisseur, ou saisie des créances de fret encore dû. La saisie des soutes est considérée comme la saisie d'un élément du navire, et est donc soumise aux textes de 1967 (Cass. 13 janv. 1998, navire *Saint-Pierre*, *DMF* 1998.823, obs. M. Ndende) (77). En revanche, la saisie d'une créance de fret, élément totalement indépendant du navire (la théorie du patrimoine de mer connaissant ici ses limites), échappe aux règles propres du droit maritime. Elle est soumise au droit commun (décret du 31 juillet 1992).

La pratique la plus récente connaît aussi les saisies des marchandises à bord. Ces saisies ne ressortissent pas au droit maritime, même si elles ont des conséquences sur la vie des entreprises maritimes. Nous nous bornerons donc à renvoyer ici aux études récemment publiées sur le sujet (78). En revanche, la saisie d'une cargaison peut occasionner un préjudice important au navire transporteur, souvent obligé de rester à quai durant une longue période. Dans un arrêt du 19 mars 1997, la Cour de Bordeaux n'en a pas moins refusé toute indemnité à l'armateur du navire immobilisé (navire *J.B. Salcantay*, *DMF* 1998.1024, obs. C. Bourayne et P. Bonassies, *DMF* 2001, Hors-série n° 5, au n° 51).

616. Conflits de lois. — En conclusion, nous observerons que le droit de la saisie des navires, malgré ses aspects internationaux, soulève peu de problèmes de conflits de lois. C'est que la matière est trop liée à la procédure, trop liée aussi à l'*imperium* du juge, pour que l'on ne se réfère pas ici, largement sinon même exclusivement, à la loi du tribunal saisi, la *lex fori*.

Certes, on pourrait songer à faire une place à la loi du pavillon (en ce sens, A. Vialard, obs. au *DMF* 1985.579). Mais on voit mal pourquoi un créancier français, voire un créancier étranger qui fait appel au juge français, et derrière le juge français à l'ordre juridique français dans ses aspects les plus fondamentaux (toute saisie étant l'expression même de la contrainte étatique), pourrait se voir opposer la loi du pavillon du navire, lorsque l'on sait le caractère artificiel qu'a souvent, aujourd'hui, cette loi, et lorsque l'on observe que ce navire, en entrant dans un port français, a volontairement choisi de se soumettre à la loi française (79).

617. Conclusion. La Convention de 1999. — Adoptée le 12 mars 1999 à Genève la nouvelle Convention sur la saisie conservatoire des navires est appelée à remplacer la Convention du 10 mai 1952 (*DMF* 1999.418). Son entrée en vigueur n'interviendra pas, cependant, avant plusieurs années. Nous n'en retiendrons donc que les lignes directrices.

La Convention de 1999 est, d'une manière générale, fidèle à l'esprit de la Convention de 1952. Comme elle, elle maintient le lien entre la saisie

(77) Voir aussi, C. THELCIDE, *L'avitaillement du navire*, thèse Aix-en-Provence, 2006, n°s 336 et s.

(78) Sur la saisie des marchandises, voir G. TANTIN, *La saisie des marchandises en cours de transport*, *DMF* 1994.295.

(79) Voir cependant, appliquant la loi du pavillon pour apprécier la saisissabilité d'un navire, Tribunal de grande instance de Brest, 27 juill. 2000, navire *Kirov*, *DMF* 2000.1026 et obs. P. BONASSIES, *DMF* 2001 ; Hors-série n° 5, au n° 45.

conservatoire et l'idée de responsabilité *personnelle* du navire, le principe étant que l'on ne peut saisir que le navire dont l'exploitation a donné naissance à la créance — (étant toutefois possible de saisir, à la place du navire « responsable », son *sister ship*). Comme le texte de 1952 aussi, elle protège la liberté du commerce maritime, en limitant le droit d'exercer une saisie conservatoire aux seuls créanciers titulaires d'une *créance maritime*, « *à l'exclusion de toute autre créance* » (art. 2.2) — et elle donne une liste limitative des créances maritimes. Elle apporte toutefois des modifications importantes au droit antérieur sur trois points, se montrant beaucoup moins novatrice sur un quatrième point.

En premier lieu, le texte nouveau élargit le domaine d'application des règles qu'il édicte. La Convention de 1952 ne « protégeait » (et ne protège encore aujourd'hui, puisqu'elle est seule en vigueur jusqu'à l'entrée en application du texte nouveau) que les navires des États signataires. Demain, tous les navires, quel que soit leur pavillon, ne pourront être saisis que selon la convention, donc seulement pour une *créance maritime*.

Le texte nouveau ouvre toutefois sensiblement la notion de *créance maritime*. D'une part, il crée de nouvelles catégories de créances maritimes, dont les plus importantes sont la créance pour primes d'assurance et les créances « *nées du contrat de vente* » (la créance du vendeur devenant ainsi *créance maritime*). D'autre part, il élargit la définition de plusieurs des créances maritimes déjà visées par la Convention de 1952. Par exemple, la créance pour assistance s'étendra à la créance pour *indemnité spéciale*, en cas d'assistance à un pétrolier, tandis que la nature de créance maritime des créances de salaire s'étendra aux créances de cotisations d'assurance sociale. Sans doute, s'agit-il là de solutions qui, dans certains droits — dont le droit français — avaient déjà été adoptées par la jurisprudence (pour les cotisations d'assurance sociale), ou l'auraient immanquablement été (pour l'*indemnité spéciale* de la Convention de 1989). Il est malgré tout heureux qu'elles soient expressément affirmées par le texte nouveau.

Enfin, ce texte généralise la *compétence au fond* du juge de la saisie.

L'avantage, très important, conféré à un créancier local de saisir un navire en escale dans le port où il est lui-même établi — « *son port* » pourrait-on dire — est fortement amoindri s'il faut aller plaider au fond devant un tribunal lointain (le créancier rouennais ou marseillais devant plaider au fond à Yokohama ou à Shanghaï). La Convention de 1952 avait déjà, nous l'avons vu, reconnu au juge de la saisie de larges compétences au fond, par exemple pour les créances nées d'un abordage ou d'une assistance, ou, plus généralement, pour toute créance née au cours du voyage pendant lequel la saisie avait été faite. Le nouveau texte pose le principe que le juge qui autorise la saisie conservatoire a normalement compétence pour statuer sur le litige fondant la saisie, quelle que soit la nature de ce litige.

En revanche, la nouvelle convention n'apporte pas de solution au problème des *navires apparentés*. Nous avons vu les difficultés auxquelles ce problème a donné lieu (*supra*, n°s 601 et s.). Lors de la rédaction du texte nouveau, la question s'est posée de savoir s'il ne fallait pas assurer en la matière une uniformité d'application de la Convention, notamment en donnant un contenu précis à la notion de fictivité. C'est une réponse négative qui a été apportée à cette question.

La Convention prévoit certes qu'un créancier pourra saisir, non seulement le navire auquel la créance se rapporte, mais aussi tout autre navire qui est la *propriété* de son débiteur (c'est le *sister ship* évoqué ci-dessus). Mais, comme il en est aujourd'hui, il appartiendra toujours aux tribunaux nationaux de préciser ce qu'il faut entendre par ce terme de *propriété*, et quelles sont les conséquences de la fictivité de telle ou telle société d'armement.

§ 2. — *Saisie-exécution et vente judiciaire du navire*

618. Procédure de la saisie-exécution. — Si elle est souvent évitée par le dépôt d'une garantie par le propriétaire du navire saisi, la saisie-exécution des navires reste une institution connue de la pratique. Sa procédure est assez complètement réglementée par le décret du 27 octobre 1967. En cas de lacune, les dispositions de l'article 531 du Code civil, lesquelles voient dans le navire un bien d'*importance*, justifient que l'on se reporte aux règles de la saisie immobilière (80).

La saisie-exécution n'est possible que si le créancier détient un titre exécutoire, lequel peut toutefois résulter d'une procédure de référé provision (81). Par ailleurs, elle n'est possible que 24 heures après un commandement de payer notifié au propriétaire. Ce commandement ne vaut pas saisie. Il n'empêche pas le départ du navire du port. C'est dire que, dans la pratique, la saisie-exécution doit être précédée d'une saisie conservatoire.

Une fois le délai de 24 heures expiré, il est procédé véritablement à la saisie, laquelle est faite par huissier. L'article 34 du décret de 1967 énumère longuement les mentions que contient le procès-verbal de saisie, nom et titres du créancier, sommes dont le paiement est poursuivi, identification du navire, description des agrès et apparaux, désignation d'un gardien. Ce procès-verbal de saisie est notifié aux services du port, empêchant le départ du navire, encore que, là aussi, il soit possible au saisi d'obtenir du président du tribunal de grande instance l'autorisation du départ du navire pour un ou plusieurs voyages déterminés.

Le navire ainsi immobilisé, une seconde phase s'ouvre, phase judiciaire, qui se déroule sous le contrôle non du tribunal de commerce, mais du tribunal de grande instance. Le saisissant doit faire citer le propriétaire devant le tribunal de grande instance du lieu de la saisie. En même temps, il doit inscrire le procès-verbal de saisie à la fois sur le registre des hypothèques et sur le fichier des navires. Il doit enfin dénoncer la saisie aux créanciers hypothécaires inscrits. Le tribunal fixe alors la mise à prix du navire et ses conditions de vente.

(80) En ce sens, Aix-en-Provence, 9 avr. 1998, navire *Beloostrov*, *DMF* 1999.525, obs. Y. TASSEL.
(81) Poitiers, 16 février 1994, *DMF* 1996.260, obs. G. GAUTIER ; Tribunal de grande instance de Nice, navire *Elephant Walk*, *DMF* 2008.813, obs. B. COSTE.

619. Vente judiciaire. — La vente devra faire l'objet d'une publicité préalable par insertion dans un journal d'annonces légales, ainsi que par apposition d'affiches sur le grand mât du navire, sur la porte du tribunal, à la Chambre de commerce, au bureau de douane et à la circonscription maritime. Il est ensuite procédé à la vente à l'audience des criées du tribunal de grande instance. Toutefois, le tribunal peut ordonner que la vente sera faite soit devant notaire, ou, naguère, devant un courtier maritime — jusqu'à la disparition de ces officiers ministériels (*infra*, n° 655).

620. Distribution du prix. Délais de procédure. — S'ouvre alors la phase ultime, celle de la distribution du prix. Les créanciers non inscrits disposent d'un délai très bref, délai de trois jours après l'adjudication, pour faire opposition à la délivrance du prix. Mais ce délai, dont la rigueur est extrême (82) ne s'applique qu'aux créanciers sommés de produire par le saisissant (Cass. 22 janv. 2002, navire *Partner*, *DMF* 2002.331, obs. J.-P. Rémery). L'adjudicataire doit ensuite les citer devant le juge commis à la distribution, pour s'entendre à l'amiable. Ils ont alors un nouveau délai de trois jours pour produire leur titre de créance. Si l'accord est réalisé, le juge-commissaire fait immédiatement délivrer par le greffier les bordereaux de collocation « contre » (*sic*) la Caisse des dépôts et consignations. En cas de désaccord, c'est le tribunal qui statue avec appel possible dans un délai de huit jours, l'état définitif des créances n'étant établi qu'après expiration du délai d'appel, ou une fois l'arrêt d'appel rendu.

621. Autres effets de la vente. Contrats portant sur le navire. — En droit civil, les baux ayant date certaine portant sur le bien objet de la vente judiciaire sont opposables à l'adjudicataire qui doit les respecter. Un problème proche se pose en droit maritime, celui de savoir si l'adjudicataire du navire ne doit pas respecter les contrats d'affrètement, voire les contrats de transport conclus par le propriétaire.

S'agissant des contrats de transport, la Cour de Douai a récemment répondu, avec fermeté, par la négative (83). La solution apparaît des plus fondées : le chargeur n'est titulaire que d'un simple droit de créance à l'encontre du transporteur. Il bénéficie certes d'un privilège sur le navire, mais ce privilège ne peut, en cas de saisie, s'exercer que sur le prix de vente. Il ne confère pas au chargeur le droit d'exiger « en plus » l'exécution du contrat par le navire et l'acheteur de celui-ci.

La même solution s'impose, dans le principe, pour les contrats d'affrètement conclus par le saisi. Eux aussi ne confèrent à l'affréteur que des droits soumis au principe de la relativité des contrats, encore que doublés d'un privilège sur le navire. La question se pose toutefois de savoir s'il ne faut pas faire exception pour les contrats d'affrètement régulièrement publiés — affrètements à temps ou affrètements coque-nue. La publication d'un contrat d'affrètement ajoute

(82) Et pose sans doute un problème de conformité du droit français avec la Convention européenne des droits de l'homme.

(83) Douai, 5 nov. 1985, navire *Lina's*, *DMF* 1989.106, n. J.-C. CARLIER, et Cass. 21 juill. 1987, *DMF* 1988.524.

certainement à la force juridique de ce contrat, lequel peut alors entraîner transfert de la qualité d'armateur même à l'égard des tiers (article 2 de la loi du 3 janvier 1969). Pareillement, comme paraît l'impliquer l'article 93 du décret du 27 octobre 1967, il devient opposable aux tiers, dont l'adjudicataire sur saisie qui a dû en être parfaitement informé (dans le même sens, E. du Pontavice, *Le statut du navire*, n° 396).

La question des effets de la vente judiciaire du navire sur les contrats d'engagement ne paraît pas s'être posée en jurisprudence. Sans doute peut-on penser qu'il faut lui appliquer les mêmes règles qu'à la vente amiable — laquelle laisse aujourd'hui subsister ces contrats : voir *supra*, n° 228.

Enfin nous observons qu'aucun problème de *conflits de lois* ne se pose en matière de saisie-exécution, étant seule compétente la loi du juge saisi.

622. Procédures exceptionnelles de saisie. Immobilisation du navire. — À côté des procédures de saisie conservatoire et de saisie-exécution, il existe des procédures exceptionnelles de saisie des navires.

C'est ainsi que l'article 389 du Code des douanes prévoit la saisie des moyens de transport ayant servi à une fraude douanière, et leur vente aux enchères. Ce texte a été appliqué aux navires (Cass. 24 mai 1976, navire *Divanbakerli*, *DMF* 1976.741) (84).

L'article L. 322-2 du Code des ports maritimes, texte repris des dispositions de l'Ordonnance de 1681, prévoit la confiscation des « *vieux bâtiments hors d'état de naviguer* » dont les propriétaires ne procèdent pas à l'enlèvement. Ce texte a été appliqué à un navire oublié dans l'Étang de Berre. Ce navire a, dans un premier temps, été confisqué au profit du Port autonome de Marseille, puis vendu au mépris des droits du créancier hypothécaire (Aix-en-Provence, 18 mars 1983, navire *Belstar*, *DMF* 1984.608, note P. Bonassies).

La loi du 3 juillet 1985 relative aux mesures concernant les navires et engins flottants abandonnés prévoit que le ministre chargé de la Marine marchande peut prononcer la déchéance du droit du propriétaire sur le navire ou l'engin flottant abandonné, le navire pouvant alors être vendu au profit de l'État, mais sous réserve des droits des créanciers privilégiés et hypothécaires. La loi du 31 décembre 1970 sur la pêche maritime prévoit la confiscation des embarcations de pêche ayant servi à des pêches prohibées, et leur vente éventuelle sur décision du tribunal correctionnel.

Ces procédures d'exception, dont les modalités pratiques n'apparaissent pas toujours nettement, peuvent encourir le critique. Certaines respectent parfois fort mal le droit des créanciers hypothécaires, cependant protégés, au moins pour les navires étrangers, par des conventions internationales (85). D'une manière générale, autorisant parfois la vente forcée du navire sans réel contrôle judiciaire, elles paraissent contraires aux exigences de la Convention européenne des droits de l'Homme.

(84) Pour la responsabilité de l'administration en cas de saisie irrégulière, voir Ass. plén. 25 mars 1999, navire *Daina*, *Revue Scapel* 2000.70 et obs. P. BONASSIES, *DMF* 2000, Hors-série n° 4, au n° 42.

(85) Voir sur ce point P. BONASSIES, obs. sous l'arrêt *Belstar*, citées au texte.

Par ailleurs, sans aller jusqu'à autoriser la vente forcée du navire concerné, certains textes en prévoient l'*immobilisation*. Par exemple, les textes sur la pollution autorisent l'immobilisation du navire qui a commis une infraction de pollution (article L. 218-30 du Code de l'environnement). Plus généralement, après un accident maritime, le juge d'instruction pourrait certainement ordonner l'immobilisation des navires concernés, ce dans le cadre de ses pouvoirs d'investigation (86). Ici, ce n'est pas le droit de propriété qui est affecté mais de libre circulation des navires. Le droit de la mer s'est préoccupé de la chose. L'article 73 de la Convention sur le droit de la mer prévoit qu'après saisie d'un navire pour infraction aux règles concernant la zone économique exclusive, il doit être procédé à la mainlevée de la saisie du navire coupable « *lorsqu'une caution ou autre garantie suffisante a été fournie* ». L'article 292 de la même convention généralise le principe de prompte mainlevée — après garantie suffisante — à toute situation où un État a immobilisé un navire battant pavillon d'un autre État (voir *supra*, n° 60).

623. Conclusion. Créanciers de l'armateur et procédures collectives. — Comme tout opérateur économique, un armateur peut faire l'objet d'une procédure collective. Les droits de ses créanciers seront alors déterminés par les règles du droit commun, articles L. 610-1 à L. 670-8 du Code de commerce et Règlement communautaire n° 1346/2000 du 29 mai 2000 relatif aux procédures d'insolvabilité (*JOCE* L. 160 du 30 juin 2000). Le premier principe applicable à la matière est celui de l'arrêt des poursuites individuelles, toute nouvelle action étant interdite sauf rares exceptions, et toute action en cours interrompue (article L. 622-21). La saisie conservatoire intentée par un créancier maritime sera donc suspendue, comme aussi bien la saisie-exécution, le navire objet de la saisie étant désormais protégé par le dessaisissement du débiteur. La règle de l'arrêt de poursuites s'accompagne de l'arrêt du cours des intérêts pour les créances portant intérêt (article L. 622-28), créances chirographaires ou privilégiées. Enfin, tous les créanciers de l'armateur doivent déclarer leur créance auprès du mandataire chargé de la gestion de la procédure collective, ou, en cas de liquidation judiciaire, auprès du liquidateur.

La situation de chacun des créanciers est ensuite déterminée par la nature de sa créance, mais aussi par les modalités affectant le déroulement de la procédure. C'est ainsi que, dans le principe, les droits du créancier qui a une hypothèque ou un privilège sur un navire sont respectés : il devra être payé par préférence, réserve étant seulement faite pour les hypothèques constituées pendant la « période suspecte ». Mais, si un plan de sauvegarde ou de redressement est adopté par le tribunal de commerce compétent, des délais voire des remises peuvent être prévues, qui affecteront alors les droits de chacun des créanciers, y inclus les créanciers hypothécaires ou privilégiés. C'est donc seulement si le navire grevé d'un privilège ou d'une hypothèque est vendu dans le cours de la procédure (procédure de sauvegarde ou de redressement judiciaire), ou à la fin de

(86) Voir GUINCHARD et BUISSON, *Procédure pénale*, n° 1132 et s.

la procédure en cas de liquidation judiciaire, que le créancier concerné pourra exercer les droits que lui confère hypothèque ou privilège (article L. 626-22). Ici, un problème particulier se posera toutefois pour les créanciers privilégiés.

Eu égard à la brièveté de la durée des privilèges maritimes (*supra*, n° 578), le créancier privilégié, s'il n'a pas pris la précaution de se protéger en intentant une saisie conservatoire (*supra*, *ibidem*), risquera le plus souvent de se voir opposer la *péremption* de son privilège. Mais, après avoir posé le principe de l'interruption des actions en justice, l'article L. 622-21 du Code de commerce énonce dans son alinéa III que « *les délais impartis à peine de déchéance ou de résolution des droits sont, en conséquence interrompus* ». La généralité des termes de ce texte permet certainement de l'appliquer au créancier privilégié, dès lors en tout cas que le délai de péremption (un an ou six mois) n'était pas écoulé au jour de l'ouverture de la procédure collective.

En application des dispositions du Règlement communautaire du 29 mai 2000, le régime décrit ci-dessus régit toute procédure collective, toute « faillite », ouverte en France à l'encontre d'un armateur communautaire ou assimilé dont le « centre des intérêts principaux » est situé en France (article 3.1 du règlement), le juge français étant également compétent à l'égard de l'armateur qui possède en France un simple établissement (article 3.2) (87). En cas de « faillite » d'un armateur français prononcée dans un autre État de l'Union européenne ou assimilé, les droits des créanciers hypothécaires sont protégés par l'article 5 du Règlement 1346/2000, texte énonçant que « la procédure d'insolvabilité n'affecte pas le droit réel d'un créancier ou d'un tiers sur des biens corporels ou incorporels, meubles ou immeubles », ce qui inclut l'hypothèque sur un navire. S'agissant des créanciers privilégiés, les solutions sont moins sûres. Les privilèges emportant création d'un « droit réel », le créancier bénéficiant d'un privilège pourrait de prime abord invoquer les dispositions de l'article 5. Mais il semble bien que, pour le législateur communautaire, ce texte ne s'applique qu'aux droits inscrits dans un registre public. L'article 5.4 du règlement communautaire assimile en effet à un droit réel « le droit inscrit dans un registre public et opposable aux tiers ». Le privilège n'étant pas objet de publicité, il semble que les créanciers concernés par une procédure communautaire perdent leur privilège, à moins que celui-ci ne soit maintenu par la loi de la juridiction qui a prononcé la « faillite », ou que, chose rare, le créancier n'ait publié le procès-verbal de saisie conservatoire (88).

N°s 624 à 639 : réservés.

(87) Voir J.-P. Rémery, « "Faillite" internationale et droit maritime, quelques rapprochements », *DMF* 2009.487.

(88) Une autre disposition du règlement communautaire pourrait aussi être ici invoquée : l'article 11 de ce texte, lequel renvoie, d'une manière générale, à la loi de l'Etat du registre public pour régir les effets de la procédure d'insolvabilité, en visant expressément les navires. Mais cet article ne concerne que les droits du *propriétaire*, non ceux des créanciers (en ce sens, J.-P. Rémery, cité *supra*, note 87).

SOUS-TITRE 4

LES ENTREPRISES AUXILIAIRES DE L'ARMATEUR

640. Multiplicité. — À l'époque de la rédaction du Code de commerce, l'armateur exploitait son navire à peu près seul. À peu près, car déjà il faisait à l'occasion appel à tel ou tel auxiliaire. Étaient ainsi connus au moins deux de ces auxiliaires, les pilotes et les courtiers conducteurs de navires.

Mais depuis cette époque, les entreprises auxiliaires de l'armateur ont vu leur nombre croître fortement. On a vu apparaître des auxiliaires à activité principalement matérielle, telles les entreprises de manutention, les entreprises de remorquage. Mais ce sont aussi les auxiliaires juridiques qui se sont multipliés, avec les titres les plus divers, consignataires de navire, agents maritimes, consignataires de la cargaison, transitaires, commissionnaires de transport, commissionnaires en douane, tandis que, tout récemment, les courtiers maritimes étaient appelés à disparaître.

641. Polyvalence. — Si la multiplicité est ainsi un trait dominant du phénomène des entreprises auxiliaires de l'armateur, un autre trait est celui de leur *polyvalence*. Certes, la tendance du droit est aujourd'hui de donner à chacune de ces entreprises un statut juridique spécifique. La loi du 3 janvier 1969 a tenu à préciser le statut des entreprises de remorquage, celui des pilotes, et des consignataires de navire, tandis que la loi du 18 juin 1966 avait défini le régime applicable aux entreprises de manutention. Mais, même précis, ces statuts sont suffisamment souples pour permettre à toute entreprise de remplir des fonctions diverses.

C'est ainsi qu'une entreprise dont la vocation principale est celle d'être consignataire de navire pourra aussi agir en tant que transitaire, consignataire de la cargaison, ou commissionnaire de transport, voire en tant qu'entrepreneur de manutention (voir, par exemple, l'espèce ayant donné lieu à la décision de la Cour de Rouen du 13 mai 1982, navire *Carenthia*, *DMF* 1983.167, concernant un agent maritime qui agissait à la fois comme consignataire du navire, représentant l'armateur transporteur, et comme consignataire de la marchandise, représentant le destinataire, s'adressant à ce titre des notifications à lui-même, lesquelles ont été jugées, à bon droit, régulières par la Cour d'appel de Rouen — que la Cour de cassation n'a pas démentie, Cass., 10 mai 1984, *DMF* 1985. 396 ; voir aussi, Trib. com. Dieppe, 18 mars 1994, *DMF* 1994, 578).

642. Législation. Conflits de lois. — En droit classique, jusqu'à une époque récente, parmi ces auxiliaires de l'armateur, seuls les pilotes et les courtiers maritimes avaient un statut juridique précis. C'est l'un des mérites du législateur de 1966-1969 d'avoir donné à chacun, ou presque, son statut. Dans cet effort législatif, une ligne directrice est à relever : le souci du législateur d'empêcher les destinataires de marchandises transportées par la voie maritime de contourner les protections accordées par la loi au transporteur maritime, protections qui sont la contrepartie de la responsabilité stricte de celui-ci, en dirigeant leur action en responsabilité contre l'un des auxiliaires du transporteur. C'est dans ce but que, comme nous le verrons, les textes de 1966-1969 font largement bénéficier entreprises de manutention, consignataires de navire et consignataires de la cargaison, des mêmes exceptions et limitations de responsabilité, comme de la même prescription, que le transporteur maritime.

La plupart des entreprises ici concernées évoluent toutefois dans un contexte international. Le problème du droit applicable se pose cependant rarement, la quasi-totalité des contrats désignant expressément la loi applicable. En l'absence de choix exprès, le problème est aujourd'hui réglé par les dispositions du Règlement communautaire Rome I du 17 juin 2008 (*JOUE* du 4 juillet 2008). Les contrats en cause étant des contrats de prestation de service, le règlement renvois à « *la loi du pays dans lequel le prestataire de services a sa résidence habituelle* » (article 4.1). Mais le texte communautaire nuance fortement le principe posé par lui. Aux termes de l'alinéa 3 de l'article 4, « *lorsqu'il résulte de l'ensemble des circonstances de la cause que le contrat présente des liens manifestement plus étroits avec un pays autre que celui visé* (résidence du prestataire), *la loi de cet autre pays s'applique* ».

643. Plan. — Mais l'unité de régime de responsabilité ainsi établie par le législateur contemporain demeure partielle. Elle n'atteint pas tous les auxiliaires de l'armateur ; elle ne recouvre pas la totalité du statut de ceux qu'elle concerne. Il faut donc analyser le régime juridique applicable à chacun d'eux. Nous le ferons en faisant porter notre analyse successivement sur les auxiliaires à activité principalement juridique puis sur les auxiliaires à activité principalement matérielle.

CHAPITRE 1

LES AUXILIAIRES À ACTIVITÉ PRINCIPALEMENT JURIDIQUE

644. Plan. — Les entreprises auxiliaires de l'armateur interviennent tout normalement dans l'intérêt du navire. Mais on ne peut ignorer l'existence d'entreprises à activité principalement juridique qui interviennent, quant à elles, dans l'intérêt de la marchandise. Ce sont ces deux catégories d'entreprises que nous étudierons successivement.

Section 1

Les entreprises auxiliaires du navire

Jusqu'à la loi du 16 janvier 2001 (*infra*, n° 655), on relevait deux catégories d'opérateurs maritimes intervenant principalement comme auxiliaires du navire : d'une part les consignataires de navire (ou agents maritimes), qui se retrouvent dans tous les ports du monde, d'autre part les courtiers maritimes, spécifiques du droit français. Ces derniers ont été supprimés par cette loi. Leur importance dans l'histoire du droit maritime, comme les modalités de leur suppression imposent néanmoins de leur consacrer de brefs développements.

§ 1. — *Le consignataire de navire et l'agent maritime*

645. Notion. Distinction. — Le consignataire de navire et l'agent maritime sont les mandataires de l'armateur, dans un port où cet armateur n'a ni établissement principal ni succursale.

La loi française ne connaît, dans une terminologie rigoureuse, que le consignataire de navire (loi du 3 janvier 1969, art. 11 et s.) — encore que la Convention de 1952 sur la saisie conservatoire des navires fasse référence à celui qui agit comme « *agent pour le compte du navire ou de son propriétaire* » (art. 1er, 1°, n). La pratique n'a longtemps parlé que du consignataire (ou, dans les ports méditerranéens, du recommandataire). Le Doyen Rodière a traité de l'agent maritime, mais seulement à propos de la qualification donnée au consignataire de la cargaison par certains droits étrangers (*L'armement*, n° 409). La loi du 3 janvier 1969 comme le décret du 19 juin 1969 ne parlent que du consignataire. Et cependant, dès la fin de la guerre de 1914-1918, on avait vu se multiplier les agents maritimes, s'agissant d'opérateurs assurant la représentation générale et permanente d'un armateur. Mais le plus souvent, le même opérateur cumulait les deux fonctions, consignataire et agent. Une terminologie nouvelle a donc été suggérée, celle d'*agent consignataire* (voir P. Pestel-Debord et J. Bonnaud, *L'agent consignataire de navire en France*, 1983).

Durant ces dernières années toutefois, les praticiens français ont entendu apporter à la matière un peu de clarté. En 2001, la *Fédération professionnelle des agents consignataires de navire et agents maritimes de France* a modifié ses statuts, pour donner une définition distincte des consignataires et des agents maritimes (1). C'est à partir de ces définitions qu'il faut préciser le régime applicable à chacun, sans oublier que la même entreprise peut cumuler les deux fonctions, parfois même au bénéfice d'un même armateur.

646. Le consignataire de navire. — Ce qui caractérise le consignataire c'est qu'il représente l'armateur *pour un navire donné*. Son rôle est très variable. En le réduisant à l'essentiel, on peut dire qu'il est à la fois, d'une part, de préparer et de faciliter l'escale du navire au port, d'autre part, d'accomplir pour le compte de l'armateur un certain nombre d'opérations commerciales concernant les marchandises. Préparer et faciliter l'escale du navire au port, c'est obtenir la désignation d'un poste à quai ; prendre contact avec les différents auxiliaires qui aideront le navire à accoster, pilotes, remorqueurs, lamaneurs ; aviser l'entreprise de manutention qui travaille habituellement pour l'armateur, ou contracter avec telle entreprise ; passer commande du combustible et de l'avitaillement nécessaire au navire ; retenir même les chambres où logeront à terre les officiers et l'équipage ; d'une manière générale, assister le capitaine pour toutes difficultés susceptibles d'apparaître au port d'escale. Coopérer aux opérations commerciales concernant les marchandises, c'est, à l'embarquement, prendre la marchandise en charge, soit dans ses propres locaux soit dans les locaux d'une entreprise de manutention, délivrer le connaissement matérialisant la prise en charge, taxer et encaisser le fret ; au débarquement, c'est prendre en charge la marchandise au sortir du navire, en assurer la garde directement ou indirectement jusqu'à la livraison définitive.

Quand un navire est affrété à temps, il est possible à l'affréteur de désigner son propre consignataire. Mais le plus souvent c'est la même personne qui représentera armateur-fréteur et affréteur, ce qui n'est pas sans poser des problèmes juridiques difficiles (*infra*, n° 650).

(1) Voir, J. BONAUD, « Définition du consignataire de navire et de l'agent maritime français », *DMF* 2001.1041.

647. Statut juridique. Mandat. Relations avec les tiers. — Le statut juridique du consignataire de navire a été considérablement éclairé par la loi du 3 janvier 1969. Antérieurement à ce texte, ce statut était discuté, certaines juridictions tendant à toujours déclarer le consignataire personnellement responsable à l'égard des tiers. La loi du 3 janvier 1969 a mis fin à cette jurisprudence en précisant que, en règle générale, « *le consignataire du navire agit comme mandataire salarié de l'armateur* » (art. 11) (2). Ainsi, désormais, le consignataire n'est plus personnellement engagé par les achats qu'il fait pour le compte de l'armateur (avitaillement, combustible), ni pour les services qu'il demande pour lui (manutention, remorquage).

Il reste que ce principe est souvent écarté par les tribunaux. Tout d'abord, le consignataire peut être mis en cause lorsqu'il s'est engagé personnellement, à côté de l'armateur qu'il représente (voir un exemple dans Cour d'appel d'Aix-en-Provence, 31 janv. 1975, navire *Valfer*, *DMF* 1975.725), ou encore lorsqu'il a donné l'apparence d'agir pour son propre compte. Par ailleurs, la jurisprudence la plus récente considère que, pour échapper à toute obligation, le consignataire doit chaque fois révéler qu'il agit en qualité de mandataire, n'étant pas protégé par le fait que le tiers connaît sa profession de consignataire (Cass. 15 juill. 1987, *DMF* 1989.530, pour un consignataire ayant passé commande de la location d'une remorque).

Pareillement, le consignataire n'est pas personnellement responsable des *dommages causés par l'exploitation du navire*, s'agissant en particulier des dommages causés aux marchandises transportées sur le navire de son mandant, ou de leur perte. Des difficultés sont toutefois apparues ici, à propos des responsabilités pour pollution. Refusant de prendre en considération les dispositions de la loi de 1969, considérées par eux comme inopposables à l'administration, certains tribunaux administratifs ont déclaré le consignataire personnellement responsable des actes de pollution commis par le capitaine. Mais le Conseil d'État est intervenu pour rétablir la bonne règle juridique, annulant les décisions de ces tribunaux (3). En revanche, comme tout mandataire, le consignataire du navire est responsable de sa *faute personnelle* à l'égard de ceux avec qui il a contracté pour le compte de l'armateur (Aix-en-Provence, 2 juill. 1986, *DMF* 1988.693, pour un consignataire ayant omis de prévenir un chargeur du fait qu'aucun navire de l'armement qu'il représentait ne se présenterait dans les délais annoncés) (4). Il l'est pareillement à l'égard des tiers étrangers à l'armateur qui l'a désigné (voir pour le cas d'un consignataire qui avait fait imprudemment déplacer des barges appartenant à un tiers, Cour d'appel d'Aix-en-Provence, 15 oct. 1980, navire *Mac-Millan*, *DMF* 1981.332).

(2) L'article 51 du décret du 31 décembre 1966 sur les contrats d'affrètement et de transport maritime énonçait déjà que « *le consignataire du navire représente le transporteur* » l'harmonisation des textes, l'un visant l'armateur, l'autre le transporteur, n'étant pas sans poser quelque problème.

(3) Voir, entre autres, Conseil d'État, 5 décembre 1979, navire *Port Briac*, *DMF* 1980.180 ; Tribunal administratif de Montpellier, 12 avril 2000, navire *Vincent Delmas*, *DMF* 2001.204, obs. R. RÉZENTHEL ; voir cependant, maintenant la solution ancienne, Tribunal administratif de La Rochelle, navire *Saint Roch*, *DMF* 2001.533, obs. R. RÉZENTHEL).

(4) Dans le même sens, Versailles, 2 avril 2009, *BTL* 2009.384 pour un consignataire ayant interverti les documents de transport, la marchandise destinée au Japon ayant été acheminée aux Etats-Unis, et réciproquement.

648. Consignataire-manutentionnaire. — Un régime spécial de responsabilité a toutefois été prévu par la loi de 1969 pour le consignataire qui garde ou manutentionne une marchandise. Dans ce cas, il assume la responsabilité qui est celle-là même de l'entrepreneur de manutention (loi de 1969, art. 13).

De cette responsabilité, dont les éléments seront précisés ci-dessous (*infra*, n°s 688 et s.), nous retiendrons d'abord qu'elle est plus lourde que celle d'un mandataire, l'entrepreneur de manutention répondant de plein droit des dommages causés aux marchandises qu'il garde. En revanche, deux traits viennent l'alléger. D'une part, c'est une responsabilité qui est limitée (article 13 de la loi du 3 janvier 1969, renvoyant aux articles 52 à 56 de la loi du 18 juin 1966) ; d'autre part, c'est une responsabilité qui ne peut être mise en cause que par celui qui a requis les services de l'entrepreneur de manutention. Or, s'agissant du consignataire du navire, par hypothèse ses services ont été requis par l'armateur. C'est dire que, sauf situation tout à fait exceptionnelle, sa responsabilité pour dommage causé aux marchandises qu'il garde ou manutentionne ne pourra être mise en cause que par l'armateur et non par le tiers destinataire des marchandises, lequel n'aura de recours que contre l'armateur, en tant que transporteur, l'armateur se retournant ensuite contre son consignataire-manutentionnaire (5).

Dans tous les cas, les actions en responsabilité contre le consignataire du navire se prescrivent par *un an* (article 16 de la loi de 1969) (6).

649. Relations avec l'armateur. — Dans ses relations avec l'armateur, deux situations doivent être distinguées. Le consignataire, mandataire salarié de l'armateur (article 11 de la loi du 3 janvier 1969), est responsable de ses fautes mêmes légères (article 1992 du Code civil). Mais la question la plus difficile est de savoir si, en cas de rupture de ses relations avec l'armateur du fait de ce dernier, il a droit à indemnité.

Dans le principe, on doit, selon nous, réponse à la question par la négative. Une succession d'opérations individualisées ne crée pas un *mandat d'intérêt commun*. Et les décisions en sens contraire qui sont parfois citées, ne concernent pas un simple consignataire de navire, mais un agent maritime (7).

Il pourrait, cependant, en être autrement si le contrat le liant avec l'armateur prévoyait une certaine permanence de ses fonctions, peut-être même aussi quand les relations avec l'armateur ayant duré un certain temps (deux, trois, cinq ans), il avait pu croire à la permanence de son mandat.

650. Recouvrement des frais engagés par le consignataire. Navire affrété. — Le consignataire a, tout naturellement, le droit de demander à l'armateur le remboursement des frais multiples engagés par lui. En tant que

(5) Voir, en ce sens, Bordeaux, 22 octobre 1992, *DMF* 1995.91.

(6) Sur le domaine de cette prescription, voir Rouen, 12 janv. 1995, *DMF* 1996.156 n. Y. TASSEL, et nos obs. *DMF* 1997, Hors-série n° 1, au n° 40.

(7) Par exemple, Versailles, 19 mars 1998, *DMF* 1999.35, ou Cour de justice des Communautés, 9 novembre 2000, *DMF* 2001-487, obs. P. PESTEL-DEBORD.

subrogé aux droits des fournisseurs qu'il a payés il bénéficie de surcroît, en droit français, d'un privilège sur le navire (*supra*, n° 573). Mais un problème particulier se pose quand le navire au bénéfice de qui il est intervenu est un navire affrété à temps.

Dans plusieurs arrêts intervenus en 1995, la Cour de cassation décide qu'il y a lieu ici d'établir une distinction, fondée par elle sur les dispositions de l'article 21 du décret du 31 décembre 1966, texte énonçant que « *la gestion commerciale du navire appartient à l'affréteur* », et que tous les frais inhérents à cette exploitation sont à la charge de celui-ci. Pour la Cour, c'est l'affréteur qui doit le paiement des frais d'escale, et ce n'est que si le consignataire a engagé des dépenses relevant de la gestion nautique (par exemple, pour la réparation d'un moteur) qu'il peut agir en recouvrement contre l'armateur (Cass. 21 févr. 1995, navire *Mas Venture*, *DMF* 1995.713, note L. Janbon et 21 mars 1995, navire *Kyzikos*, *DMF* 1996.29, note Y. Tassel). Le fondement que donne la Cour de cassation à son analyse nous paraît appeler quelque réserve. La Cour méconnaît en effet le fait que le régime de l'affrètement à temps, tel que défini par le décret de 1966 est un régime *contractuel*, qui, dans le principe ne peut être pris en considération pour définir les droits des tiers (voir sur ce point P. Bonassies, observations et références, *DMF* 1996.121). Il reste que, même si le fournisseur de soute à un navire affrété à temps n'a pas d'action personnelle contre l'armateur-fréteur, il bénéficiera normalement d'un privilège sur le navire, comme indiqué ci-dessus.

651. Pouvoirs de représentation judiciaire. — En conclusion, nous noterons que de larges pouvoirs de représentation judiciaire ont été conférés par la législation de 1969 au consignataire du navire. Aux termes de l'article 18 du décret du 19 juin 1969, « *tous actes judiciaires ou extra-judiciaires que le capitaine est habilité à recevoir peuvent être notifiés au consignataire du navire* ». Cela signifie que le consignataire du navire peut recevoir tous actes judiciaires ou extra-judiciaires adressés à l'armateur. La règle est très importante pour les créanciers locaux qui pourront ainsi assigner un armateur étranger en la personne de son consignataire, et ce avec effet interruptif de la prescription (Cass. 20 janv. 1987, navire *Asia Rindo*, *DMF* 1988.48) (8). Elle l'est plus encore pour les destinataires locaux, qui bénéficieront de surcroît des dispositions de l'article 19 du même texte, lesquelles prévoient que toute action contre l'armateur consécutive aux opérations de livraison de la marchandise pourra être portée devant le tribunal du domicile du consignataire qui a accompli ces opérations. Toutefois, pour être valable, l'assignation doit préciser que le consignataire est pris en sa qualité de représentant de l'armateur (Cass. 7 novembre 2006, *DMF* 2007.501, observations L. Janbon et *DMF* 2998.241, observations J. Bonnaud).

(8) Voir cependant, Cass. 17 juill. 2001, *DMF* 2001.1002, écartant la règle quand le consignataire a été assigné personnellement, et non ès qualités.

Par ailleurs, il n'est pas sûr que le consignataire ait qualité pour interjeter appel d'une décision frappant l'armateur (9).

En revanche, la question de savoir si, pour assigner un armateur *étranger* dans la personne du consignataire, il faut respecter les délais internes de distance (15 jours) ou les délais de distance internationaux (délai supplémentaire de deux mois), a été longtemps discutée en jurisprudence. La Cour de cassation a aujourd'hui pris parti : dans un arrêt *Nemos* du 16 février 1993, elle a décidé que le consignataire du navire, comme le capitaine, étant habilité à recevoir tous les actes judiciaires ou extra-judiciaires adressés à l'armateur, c'est la signification d'un jugement au consignataire du navire qui fait courir le délai d'appel à l'encontre de l'armateur étranger, et ce sans le délai supplémentaire prévu à l'article 643 du Code de procédure civile (*DMF* 1993.336, note Y. Tassel ; voir aussi, 12 oct. 1993, *DMF* 1994.111, note Y.T.) (10).

652. Prescription. — Aux termes de l'article 16 de la loi du 3 janvier 1969, toutes les actions en responsabilité contre le consignataire de navire se prescrivent par un an. Et l'utilisation par le législateur du terme *toutes* incite à appliquer cette prescription même aux actions en responsabilité extra-contractuelle (11).

653. Agent maritime. — Ignorant, nous l'avons vu, l'agent maritime, les textes de 1969 ne sont d'aucun secours pour préciser le régime juridique applicable à ce dernier. Il faut donc se tourner vers la réglementation applicable aux mandataires — l'agent maritime étant un mandataire exerçant ses activités dans le commerce maritime. Nous dirons donc que, comme tout mandataire salarié, l'agent maritime est responsable envers l'armateur — son mandant — de sa simple faute. En revanche, sa responsabilité ne peut être normalement mise en cause par le tiers avec qui il a traité, mais seulement celle de l'armateur, son mandant (12). Il en serait différemment en cas de faute personnelle de sa part. La prescription applicable aux actions contre l'agent maritime est celle du droit commun (aujourd'hui cinq ans), non la prescription d'un an de l'article 16 de la loi de 1969.

L'agent maritime ne bénéficie d'aucun pouvoir de représentation judiciaire. S'agissant de sa révocation, il bénéficie du régime appliqué aujourd'hui aux agents commerciaux : il ne peut être révoqué sans raison ni préavis (art. L. 134-11 et L. 134-12 du Code de commerce) (13). En revanche, il ne bénéficie

(9) La règle a été affirmée par la Cour de cassation pour le consignataire représentant le *transporteur* dans un arrêt du 10 juin 2007 (*DMF* 2008, obs. J. BONNAUD). Elle doit sans doute être étendue au consignataire de l'*armateur* malgré le caractère général du :mandat que lui confère l'article 11 de la loi du 3 janvier 1969, eu égard au principe qui veut que le mandataire judiciaire doive justifier d'un mandat spécial (article 416 du Code de procédure civile).

(10) Mais il ne s'ensuit pas, de cela, que le capitaine ait un domicile légal chez le consignataire : Cass. 9 déc. 1997, *Rev. crit. dr. int. privé* 1998.117, rapp. RÉMERY.

(11) Cass. 9 avr. 1996, navire *CMB Esprit*, *DMF* 1996.1030, obs. J.-F. TANTIN et obs. P. BONASSIES, *DMF* 1998, Hors-série n° 2, au n° 76 ; Versailles, 2 avril 2009, *supra*, note 4.

(12) Voir, par exemple, Rouen, 18 nov. 1966, *BTL* 1967.23.

(13) Voir F. COLLART-DUTILLEUL et DELEBECQUE, *Contrats commerciaux*, 7e éd., 2004, nos 675 et s. ; *adde* Aix-en-Provence, 13 mars 1987, *DMF* 1988.683, n. P. PESTEL-DEBORD et J. BONNAUD, qui considère comme fondée la révocation d'un agent maritime passé sous contrôle d'un concurrent de son armateur mandant, mais condamne celui-ci pour n'avoir pas accordé un délai de préavis suffisant.

pas du privilège que la loi du 3 janvier 1969 accorde au *consignataire de navire* (*supra*, n° 573).

La profession d'agent maritime est, par essence, une profession internationale. La question de savoir quelle est la loi applicable à un contrat d'agence internationale est presque toujours réglée par les dispositions du contrat. Une question plus controversée est celle de savoir si, pour un contrat conclu par un armateur français avec agence à l'étranger, ou par un armateur étranger avec agence en France, le droit de l'agent à une indemnité de licenciement, telle que prévue par le droit français, ne constitue pas une règle d'ordre public, au sens du droit international. Cette question n'est pas, à ce jour, réglée.

§ 2. — *Un auxiliaire historique de l'armateur : le courtier maritime*

654. Notion. Histoire. — Les courtiers maritimes (dits, plus exactement, *courtiers, interprètes et conducteurs de navires*) étaient des officiers publics dont la mission essentielle était de faciliter les formalités afférentes à l'entrée et à la sortie des *navires étrangers* dans les ports français.

Institués en 1657 et longuement réglementés par l'Ordonnance de 1681, en un moment de difficultés des finances de l'État, ils ont été supprimés, comme les autres officiers ministériels, pendant la Révolution française, puis rétablis par une loi du 28 ventôse an 9, dont les principales dispositions ont été reprises par l'article 80 du Code de commerce. Aux termes de ce texte, « *les courtiers, interprètes et conducteurs de navires font le courtage des affrètements. Ils ont, en outre, seuls le droit de traduire, en cas de contestation portée devant les tribunaux, les déclarations, chartes-parties, connaissements, contrats et tous actes de commerce dont la traduction serait nécessaire. Ils constatent le cours du fret ou du nolis. Dans les affaires contentieuses de commerce, et pour le service des douanes, ils servent seuls de truchement à tous étrangers, maîtres de navires, marchands, équipages de vaisseaux et autres personnes de mer* ».

Du point de vue de leur statut personnel, les courtiers maritimes étaient des officiers ministériels titulaires de leur charge, nommés par arrêté ministériel auprès d'un tribunal de commerce après vérification par celui-ci de leur compétence, notamment quant à la connaissance des langues étrangères (14). Mais c'était aussi des commerçants, en tant que l'article 632 du Code de commerce répute acte de commerce toutes opérations de courtage. Ils étaient donc électeurs et éligibles aux tribunaux et aux chambres de commerce.

Le privilège des courtiers quant à la conduite des navires étrangers, alors même qu'il n'était pas absolu (la conduite d'un navire étranger pouvant être effectuée par le capitaine, par l'armateur s'il est à bord du navire, voire par le

(14) De longs débats s'étant élevés sur leur compétence territoriale avec le développement de sites portuaires en dehors du territoire de compétence du tribunal de commerce auquel ils étaient rattachés : voir Cass. 12 mai 1987, *DMF* 1988.409 et Conseil d'État, 23 déc. 1987, *DMF* 1988.167.

directeur de la succursale), avait, dès les années 1980, suscité la réserve de plus en plus marquée de la Commission des Communautés européennes. Il apparaissait comme établissant à l'évidence une discrimination entre les navires français et les navires battant pavillon d'un autre État de la Communauté. Après bien des hésitations, il a été aboli par la loi du 16 janvier 2001.

655. La loi du 16 janvier 2001. — Dans son article 1er, la loi du 16 janvier 2001 abroge d'abord l'article L. 131-2 du Code de commerce (ancien article 80 du Code de 1807), mais le législateur a pensé que cette abrogation n'était pas suffisante. La loi accompagne cette abrogation d'un texte énonçant que les opérations antérieurement réservées aux courtiers maritimes (courtage d'affrètement, constatation du fret, traduction des chartes-parties, conduite en douane des navires) « *sont effectué(e)s librement par l'armateur ou son représentant qui peut être le capitaine* ». Même s'il conserve dans la législation française un parfum de l'Ordonnance de la Marine, ce texte pourra apparaître comme, pour partie au moins, un peu obsolète ou inutile. Parler, en 2001, de la constatation du fret ou du nolis vise une pratique depuis longtemps disparue. Évoquer la traduction des chartes-parties ou connaissements par l'armateur ou le capitaine n'empêchera pas toute personne concernée de contester la validité de telles traductions, simples actes privés. Reste seulement la conduite en douane des navires étrangers, dont il est sans doute heureux qu'il soit indiqué qu'elle est désormais ouverte à l'armateur ou au capitaine (comme au consignataire du navire, qui n'est, d'ailleurs, pas exclu par le texte nouveau) (15).

656. Courtiers d'affrètement. Vente de navire. — En conclusion, nous observerons qu'il ne faut pas confondre les ex-courtiers maritimes avec les *courtiers d'affrètement*, auxiliaires de la vie maritime qui interviennent aussi bien dans l'intérêt des armateurs que dans l'intérêt de la marchandise.

Le courtier d'affrètement, qui joue un rôle important sur le marché international, intervient comme un intermédiaire entre le propriétaire d'une marchandise qui cherche un navire à affréter pour la transporter et l'armateur, qui dispose d'un navire dont il cherche à assurer l'exploitation. Renseigné en permanence sur le marché des marchandises et des navires, il peut mettre en contact chargeurs (affréteurs) et armateurs. C'est aussi lui qui mettra en forme le contrat définitif, d'abord conclu par un simple échange de télex, voire de coups de téléphone ou, aujourd'hui, par courrier électronique. Les courtiers d'affrètement interviennent aussi dans les affrètements à temps.

Le courtier d'affrètement n'a aucun statut spécifique. C'est un intermédiaire commercial. Il n'est responsable que de ses seules fautes (voir par exemple, pour la faute commise par un courtier qui n'avait pas vérifié la capacité du navire qu'il avait proposé à un affréteur, Cour d'appel de Paris, 24 oct. 1984, navire

(15) La loi du 16 janvier contient des dispositions concernant l'indemnisation des courtiers. Le législateur a mis en place un mécanisme assez complexe, prenant pour base de calcul le chiffre d'affaires de chaque office pour les exercices 1992 à 1996, chiffre affecté de divers coefficients. La constitutionnalité de ce mécanisme a été confirmée par une décision du Conseil constitutionnel du 15 janvier 2001 (*JORF* 17 janvier).

Atlantisch, *DMF* 1985.361 et Cass. 20 janv. 1987, *DMF* 1988.182 ; voir aussi, décidant que le courtier n'est pas tenu de vérifier la classe du navire affrété, Paris, 9 juin 1999, *DMF* 2000.326, obs. P. Bonassies, *DMF* 2001, Hors-série n° 5, au n° 55).

Les courtiers sont aussi très présents — certains d'entre eux à tout le moins — dans la vente de navire. Ce sont, là aussi, les règles du droit contractuel commun qui leur sont applicables. Ils ne sont responsables qu'en cas de faute prouvée (Cass. 8 janv. 2008, navire *Les deux cœurs, DMF* 2008.335, obs. Ph. Delebecque et obs. P. Bonassies *DMF* 2009, Hors-série n° 13, au n° 65).

Section 2

Auxiliaires intervenant dans l'intérêt de la marchandise

657. Subrécargue. — Le droit classique a connu un auxiliaire maritime intervenant dans l'intérêt de la marchandise : le *subrécargue*. Le subrécargue était la personne que le commerçant qui avait expédié des marchandises par voie maritime mettait à bord du navire, pour surveiller le bon déroulement du transport comme celui de la vente de ses marchandises (16). Sous cette forme, le subrécargue a pratiquement disparu. On ne le retrouve plus que dans l'affrètement à temps, où il surveille le bon déroulement des opérations concernant la marchandise, pour le compte de l'affréteur à temps. Il agit certes toujours dans l'intérêt de la marchandise, mais d'une manière indirecte, puisque sa mission est de protéger d'abord les intérêts de l'affréteur à temps, lequel est, lui-même, assez souvent, un armateur.

Le droit contemporain connaît trois catégories d'auxiliaires de la marchandise : le consignataire de la cargaison, le transitaire et le commissionnaire de transport. Ces trois catégories se superposent d'ailleurs largement, un transitaire pouvant agir aussi comme consignataire de la marchandise, et surtout comme commissionnaire de transport. Par ailleurs, le consignataire de la cargaison est le seul dont le statut soit fixé par le droit maritime. C'est donc lui que nous présenterons en premier.

§ 1. — *Le consignataire de la cargaison*

658. Notion. — Aux termes de l'article 14 de la loi du 3 janvier 1969, le consignataire de la cargaison est la personne qui intervient comme « *mandataire salarié des ayants droit à la marchandise* », pour en prendre livraison pour leur compte.

(16) Le subrécargue n'est pas ignoré de la littérature : il a sa place sur le *Pharaon*, le navire d'Edmond Dantès, où le « sinistre » Danglars servait comme subrécargue.

Concrètement, la catégorie de consignataires de la cargaison ne correspond pas à une véritable profession. Aucune entreprise n'existe, qui se limiterait à être « consignataire de la cargaison ». La notion de consignataire ressortit beaucoup plus à une situation juridique assumée par des entreprises diverses, qu'il s'agisse de transitaires, ou, ainsi qu'il a été vu ci-dessus, de consignataires de navire, d'agents maritimes, voire d'entrepreneurs de manutention. Par exemple, à la suite de l'expédition d'une cargaison importante de grain en provenance du Canada, les acheteurs suisses désigneront comme consignataire de la marchandise telle entreprise maritime marseillaise, agent maritime ou transitaire de la place. Il est d'ailleurs assez caractéristique qu'il n'y ait pas de fédération professionnelle de consignataires de la cargaison.

Lorsqu'un transitaire agit ainsi comme consignataire de la cargaison, il bénéficie des avantages accordés à celui-ci (*infra*, n° 669), privilège et prescription d'un an (en ce sens, Versailles, 24 nov. 1995, *BTL* 1996.218 et obs. P. Bonassies, *DMF* 1997, Hors-série n° 1, au n° 41).

659. Rôle et obligations. — En tant que consignataire de la marchandise, il appartiendra à l'entreprise désignée de prendre toutes mesures pour assurer la bonne réception de la marchandise concernée. C'est le consignataire qui retiendra éventuellement les services d'une entreprise de manutention, s'il appartient au destinataire d'assurer le déchargement de la marchandise (cas de l'affrètement au voyage). C'est lui qui réceptionnera la marchandise pour le compte du destinataire (17). Mais l'obligation la plus importante du consignataire de la cargaison, c'est de vérifier le bon état de la marchandise et de prendre les réserves que commande cet état, « *dans les conditions et délais prévus par la loi* » (article 20 du décret du 19 juin 1969). Faute de faire des réserves, il est en effet réputé avoir reçu les marchandises dans l'état où elles sont décrites au connaissement, sans pouvoir prouver à l'encontre du destinataire qu'il a reçu la marchandise en mauvais état (même s'il peut faire cette preuve à l'égard du transporteur, là aussi dans les conditions prévues par la loi).

En revanche, le consignataire de la marchandise, à l'inverse du consignataire de la cargaison (*supra*, n° 651), n'a aucun pouvoir de représentation judiciaire de son mandant. L'action en justice intentée par lui en son nom propre n'interrompt pas la prescription au bénéfice de son mandant (Cass. 24 juin 1986, *DMF* 1988.30).

660. Responsabilité. — La responsabilité du consignataire de la cargaison est double. D'une part, en tant que mandataire, il est responsable de toute faute commise par lui, par exemple dans le mauvais choix d'une entreprise de manutention. D'autre part, en tant qu'il assure éventuellement la garde de la marchandise pour le compte du destinataire, il est soumis au même régime que

(17) En revanche, dans un arrêt du 21 février 1995, la Cour de cassation a refusé de considérer des activités de stockage des marchandises comme ressortissant aux activités d'un consignataire — privant par là l'opérateur en cause du bénéfice de la prescription d'un an (*DMF* 1995.719, n. Y. TASSEL). Mais l'analyse de la Cour de cassation ne convainc guère (voir obs. P. BONASSIES, *DMF* 1996.122). Elle a, pourtant, entraîné l'adhésion de la Cour de renvoi : Rouen, 10 mars 1998, *BTL* 1999.220.

l'entrepreneur de manutention (article 15 de la loi du 3 janvier 1969). C'est dire (*infra*, n° 690) qu'il répond de plein droit des dommages subis par la marchandise, sauf s'il démontre qu'ils proviennent d'un des cas exceptés prévus par la loi (incendie, fait constituant un événement non imputable, grève, faute du chargeur ou vice propre de la marchandise). En revanche, il bénéficie de la même limitation de responsabilité que l'entrepreneur de manutention (article 15 de la loi du 3 janvier 1969, renvoyant aux articles 52 à 55 de la loi du 18 juin 1966). Et il semble bien résulter des textes que cette limitation joue dans tous les cas, et pas seulement (comme il en est du consignataire du navire : voir *supra*, n° 648) lorsqu'il garde ou manutentionne les marchandises. Enfin, sa responsabilité se prescrit par *un an* (article 16 de la loi de 1969).

§ 2. — *Le transitaire*

661. Rôle. — Le transitaire est d'abord en fait un professionnel spécialisé, et le plus souvent hautement compétent, l'un des piliers de la pratique des transports maritimes. C'est en droit un mandataire qui a mission de conclure, pour le compte du chargeur, contrats de transport et contrats complémentaires, et plus généralement de prendre toutes mesures dans l'intérêt de la marchandise.

À l'origine, le transitaire était chargé principalement de recevoir la marchandise à la fin d'un premier transport — la marchandise *en transit*, d'où son nom —, avant de la réexpédier par un autre transport. Aujourd'hui, sa tâche peut être plus ample. Souvent, il est, dès le début, chargé, pour le compte de l'expéditeur, de conclure le contrat de transport, ou les contrats de transport nécessaires au transport de la marchandise à délivrer. Par exemple, telle grande entreprise industrielle, laquelle a un matériel à acheminer en Amérique du Sud, prendra contact avec un transitaire qui, pour elle, recherchera quel transporteur est intéressé à l'opération, et conclura le contrat de transport.

Dans le principe, le transitaire, simple mandataire, doit agir sur les instructions de son mandant. En fait, un dialogue s'établit le plus souvent, le transitaire présentant différentes options, et l'expéditeur choisissant la meilleure.

Le transitaire peut aussi intervenir à destination, pour assurer la réception de la marchandise, pour son client. Il est alors difficile de distinguer son rôle de celui d'un consignataire de la marchandise.

La plupart des transports maritimes ayant un aspect international, le transitaire intervient aussi, s'il a l'habilitation douanière, dans les opérations de douane, dont il est un spécialiste averti. Il agit alors comme commissionnaire en douane (*infra*, n° 670).

662. Régime juridique du transitaire. — Le régime juridique du transitaire n'est fixé par aucun texte spécifique (sauf pour ce qui est de sa qualité éventuelle de commissionnaire en douane, régie par un décret du 30 octobre 1935). Dans ses relations avec les tiers, le transitaire, simple mandataire, n'est pas en principe engagé par les contrats qu'il conclut pour le compte de son mandant. Mais il peut en être autrement s'il ne précise pas au tiers qu'il agit exclusivement pour le compte dudit mandant (18), ou en cas de faute de sa part.

Dans ses relations avec son mandant, le transitaire (sauf s'il agit comme consignataire de la marchandise : voir *supra*, n° 660) ne bénéficie ni de la limitation de responsabilité, ni de la prescription d'un an accordées par le droit maritime aux transporteurs maritimes et, comme nous l'avons vu ci-dessus, à certains des auxiliaires de celui-ci (Cass. 7 févr. 1984, *DMF* 1985.25). Il ne bénéficie pas non plus du privilège accordé par l'article L. 132-2 (ancien article 95) du Code de commerce au commissionnaire de transport (*infra*, n° 669). Sa responsabilité est celle d'un mandataire « salarié ». C'est-à-dire que, même s'il est présumé en faute au cas d'inexécution de son mandat, en cas de mauvaise exécution, il n'est responsable que de sa faute (Cass. 18 janvier 1989, *D.* 1989.303). Mais il est alors responsable même de sa faute légère.

En fait, les tribunaux se montrent sévères à son égard et relèvent souvent l'existence d'une faute à son encontre. Par exemple, il sera responsable s'il a mal conseillé son client à l'occasion d'une opération particulièrement difficile (transport à destination de la Libye : Tribunal de commerce de Marseille, 24 janvier 1984, *Revue Scapel* 1984. 6). Il sera responsable en cas de faute dans la déclaration en douane, faute privant son client d'un régime avantageux (Tribunal de commerce de Paris, 1er octobre 1980, *BTL* 1980.616, s'agissant de la non-exécution de formalités nécessaires à l'obtention des restitutions CEE). Il commet une faute en acceptant, sans l'accord de son client ou sans assurer la marchandise, une clause du connaissement permettant au transporteur de transporter la marchandise en pontée (Cour d'appel de Paris, 30 janvier 1979, *BTL* 1979.172). La responsabilité du transitaire peut également être engagée à l'égard des tiers, par exemple lorsqu'il déclare pour un colis un poids inexact, ce qui entraîne la rupture pour surcharge du palan du navire (Cass. 24 févr. 1982, navire *Achaios*, *DMF* 1983.84). Pareillement, il est responsable s'il laisse trop longtemps à quai une marchandise fragile, ou ne contrôle pas le branchement d'un conteneur frigorifique (Cass. 29 févr. 2000, *DMF* 2000.448, note J.-P. Rémery et 24 nov. 1998, *BTL* 1998.882).

662 *bis*. Le transitaire, opérateur économique agréé. — Né de la réglementation douanière européenne, l'*opérateur économique agréé* (OAE), qui sera le plus souvent un transitaire mais qui pourra être aussi un commissionnaire, voire un commissionnaire en douane, est apparu en 2008 (19). C'est un professionnel qui, remplissant certaines conditions et après avoir respecté une procédure précise, obtient de l'autorité douanière la délivrance d'un certificat attestant de sa qualité d'OAE. Il existe trois catégories de certificats OAE, plus communément dénommés, en utilisant le sigle anglais, certificats AEO. Le premier est le « certificat AEO — simplifications douanières », qui exige de son titulaire de

(18) Voir Cass. 3 juin 1997, *DMF* 1997.1007, n. Ph. DELEBECQUE.

(19) La création de l'opérateur économique agréé s'inspire du droit aérien douanier, qui a mis en place dès 1996 « l'expéditeur connu », devenu « l'agent habilité ». Voir *Lamy Transport*, tome 2, n° 1591 et s.

bons « antécédents douaniers », mais aussi un système comptable adéquat (système informatique adapté, ouvert à la douane et protégé), ainsi que des procédures suffisantes d'archivage. Le deuxième est le « certificat AEO — sécurité et sûreté », exigeant le respect de normes appropriées de sécurité et de sûreté (20). Les obligations imposées au titulaire sont ici beaucoup plus fortes : il doit utiliser des bâtiments résistant aux tentatives d'accès illicite, prévoir des mesures spécifiques de contrôle, y compris pour la manutention des marchandises à lui confiées, identifier avec précision ses partenaires pour sécuriser la chaîne logistique, effectuer des enquêtes de sécurité sur ses futurs employés éventuels, etc. Le dernier certificat a un caractère cumulatif, le « certificat AEO — simplifications douanières/sécurité et sûreté », étant ici exigé du demandeur qu'il réponde aux exigences imposées aux demandeurs des deux certificats précédents. L'opérateur qui a obtenu le certificat AEO bénéficie d'un statut privilégié auprès de la douane. Il pourra faire des déclarations simplifiées ou « réduites ». Il sera soumis à moins de contrôles physiques ou documentaires, surtout s'il bénéficie d'un certificat simplifications douanières / sécurité et sûreté.

§ 3. — *Le commissionnaire de transport maritime*

663. Notion. — Le commissionnaire de transport maritime peut être présenté, sinon défini, comme un transitaire qui, au lieu de se limiter à conclure des contrats de transport pour le compte de son client, s'engage à organiser l'opération de transport en cause, en assumant la responsabilité de cette opération de bout en bout. Par exemple, l'industriel soucieux de faire transporter un matériel à l'étranger, au lieu de demander à l'entreprise spécialisée à laquelle il s'adresse de rechercher simplement un transporteur intéressé et de conclure pour lui un contrat de transport, lui demandera de prendre en mains la gestion intégrale de l'opération, ce, en règle générale, pour un prix forfaitaire.

Professionnellement, le commissionnaire de transport est très proche du transitaire. Il n'y a pas, en effet, de profession spécifique de commissionnaire de transport, mais une profession mixte, celle de transitaire-commissionnaire de transport. C'est le même professionnel, par exemple la société Transit-France, qui, selon le cas, agira soit comme transitaire, soit comme commissionnaire de transport. Le commissionnaire de transport peut intervenir soit à propos d'un transport maritime isolé, soit, le plus souvent à propos d'une opération où sont utilisés plusieurs modes successifs de transport, par exemple transport d'un chargement de pneus de Clermont-Ferrand à Fès. Il est alors très proche de celui que la pratique contemporaine qualifie d'entrepreneur de transport multimodal.

Juridiquement, en droit français (21) le commissionnaire de transport est un « *commissionnaire* », c'est-à-dire que, agissant en son propre nom pour le

(20) Sur la notion de « sûreté », voir *supra*, n° 33.

(21) En droit français, disons-nous, car la solution du droit français est ici assez originale ; sur le problème de la loi applicable à la commission internationale de transport, voir obs. P. BONASSIES, *DMF* 1995, au n° 32 ; sur la réglementation administrative de la profession, voir le décret n° 2009-1203 du 9 octobre 2009.

compte de son commettant, il est garant de la bonne exécution des opérations qu'il entreprend, ici garant de la bonne arrivée des marchandises.

664. Commissionnaire de transport, transporteur et transitaire. Distinction. — La distinction entre transporteur maritime et commissionnaire de transport est, dans le principe, aisée. Le transporteur est celui qui s'engage à acheminer, lui-même, une marchandise d'un port à un autre. Le commissionnaire s'engage à faire acheminer une marchandise par un autre (sauf à se charger lui-même d'une partie de cet acheminement). Dans un arrêt du 10 mai 2005, la Cour de cassation rappelle qu'il ne peut y avoir commission de transport que si le donneur d'ordre (expéditeur) a effectivement accepté que le transporteur auquel il a remis sa marchandise en confie l'acheminement à un tiers (*DMF* 2006, Hors-série n° 10, obs. P. Bonassies). Sans le consentement du donneur d'ordre, l'opérateur originaire demeure un transporteur. La distinction entre commissionnaire et transitaire est plus complexe.

Certes, il est des situations où les relations des parties sont claires, et où l'écrit les liant précise de la manière la plus nette que l'intermédiaire à qui l'expéditeur s'est adressé agit comme commissionnaire de transport, ou, à l'inverse, seulement comme transitaire. Mais très souvent, l'opération se conclut après un échange de télex très brefs, ne faisant pas apparaître la véritable qualité de l'intermédiaire. Une fois la marchandise arrivée endommagée, celui-ci allègue qu'il n'a agi qu'en tant que transitaire, et n'est donc pas responsable du dommage causé, sa faute personnelle n'étant pas démontrée. Ou, au contraire, il allègue qu'il a agi qu'en tant que commissionnaire, ce pour bénéficier du privilège du commissionnaire.

Bien que l'application de la qualité de commissionnaire dépende largement des circonstances de l'espèce, il est un critère de qualification fondamental, celui de la maîtrise de l'organisation du transport. Il ne peut y avoir commission de transport que si l'entreprise en cause a librement organisé, de bout en bout, en son nom et sous sa responsabilité, le transport litigieux (Cass. 19 févr. 1985, *Bull.* 4, n° 81 ; Cass. 12 oct. 1999, *BTL* 1999.744 ; Cass. 29 juin 1999, *DMF* 2000.634, obs. Y. Tassel ; Cass. 6 mars 2001, *DMF* 2001.499). Il n'y a donc pas, normalement, commission de transport si le mandant a imposé à l'intermédiaire une entreprise de transport donnée (Versailles 9 déc. 1993, *BTL* 1994.102). Toutefois, une simple recommandation d'embarquement sur telle ou telle ligne n'exclut pas la qualité de commissionnaire (Cass. 12 janv. 1988, *BTL* 1988.488), non plus que le fait que le commissionnaire a dû remettre la marchandise à un transporteur imposé par l'administration locale (Cass. 11 févr. 2004, *Revue Scapel* 2004.135). Il n'y a pas non plus commission de transport si l'intermédiaire n'a été chargé que de conclure le contrat couvrant la partie maritime du transport (Cass. 16 févr. 1988, *BTL* 1988.491, obs. P. Bonassies, *DMF* 1989.86 et s.). En revanche, il peut y avoir commission de transport alors même que l'opérateur en cause n'a pas été chargé d'organiser le transport de bout en bout, mais seulement une portion significative de ce transport (transport final du Havre à Paris : Cass. 11 juin 1996, *DMF* 1997.122, note J.-F. Tantin).

À côté de ce critère principal, les tribunaux font aussi référence à deux critères complémentaires importants. En premier lieu, le fait que l'intermédiaire choisi par le commettant figure comme chargeur sur le document de transport conduira, ou en tout cas aidera, à le considérer comme commissionnaire (Aix-en-Provence, 8 déc. 1987, *Revue Scapel* 1988.5). Le commissionnaire est en effet normalement celui qui traite en son nom personnel (22). À l'opposé, on hésitera à conclure à la commission de transport si c'est le nom du commettant qui figure comme chargeur sur le connaissement, au moins dans le cas où c'est en accord avec ledit commettant qu'il en est ainsi. L'autre critère complémentaire concerne la rémunération (23). Une rémunération forfaitaire incite à conclure à la commission de transport. En revanche, le fait pour l'intermédiaire de facturer le coût du transport « à l'identique », en se payant par une commission directe ou indirecte, conduira normalement à la qualification de transitaire (24).

Enfin, pour qu'il y ait commission de transport, il est nécessaire que soit envisagée une opération de transport. L'opérateur qui ne s'est engagé qu'à effectuer des opérations de stockage accompagnées d'opérations complémentaires (emballage, stockage des emballages vides) est un opérateur de *logistique*, non un commissionnaire (25).

665. « Responsabilité » du commissionnaire. Garantie de bonne arrivée. — Ce que l'on qualifie de « responsabilité » du commissionnaire recouvre, à la vérité, deux choses différentes. Le commissionnaire de transport est d'abord *garant* de la bonne arrivée de la marchandise. C'est dire que, *a priori*, le commettant n'a à prouver aucune faute du commissionnaire si la marchandise arrive endommagée ou est perdue. Du seul fait des avaries ou de la perte, le commissionnaire est « responsable », *en sa seule qualité de commissionnaire*, et sous la seule réserve de la force majeure ou de la faute de son cocontractant (Cass. 20 janv. 1998, *DMF* 1998.578, note Ph. Delebecque) (26). Il est pareillement tenu de prendre en charge le dommage subi par l'ayant droit en cas de retard, comme la chose est d'ailleurs affirmée par l'article L. 132-4 du Code de commerce (ancien article 97 ; pour un cas d'application voir Paris, 4 déc. 1987, navire *Tillia*, *DMF* 1989.113, note R. Achard).

Le commissionnaire est pareillement « responsable » du *retard*, étant garant de l'arrivée de la marchandise dans le délai fixé (article L. 132-4 du Code de commerce), comme cela est rappelé par la Cour de Versailles, dans un arrêt du 9 octobre 2003 (*BTL* 2004.106).

(22) Mais, en l'absence de liberté de choix du transporteur pour l'opérateur en cause, le fait qu'il figure comme chargeur au connaissement ne suffit pas pour le qualifier de commissionnaire : Versailles, 17 mai 2002 ; *BTL* 2002.493.

(23) Sur la position, dans notre opinion gravement erronée, de la Chambre criminelle de la Cour de cassation, laquelle voit dans la facturation forfaitaire émise par un commissionnaire une infraction à l'article L. 441-3 du Code de commerce réglementant les mentions des factures, voir arrêt du 19 février 2003, *Sem. jur.* 2004.II.10019, n. Ph. DELEBECQUE, et obs. P. BONASSIES, *DMF* 2005, Hors-série n° 9, au n° 78.

(24) Voir aussi, sur le rôle éventuel des conditions générales professionnelles, obs. P. BONASSIES, *DMF* 1989.86.

(25) Aix-en-Provence, 4 sept. 2006, *Rev. des tr.* sept. 2007, n° 178 ; à l'opposé le fait qu'il se soit chargé du stockage à l'arrivée n'interdit pas à un opérateur de revendiquer la qualité de commissionnaire : Paris, 7 févr. 2008, *BTL* 2008.133.

(26) Pour un cas de force majeure (événements de la guerre du Golfe), voir Cass. 16 mars 1999, *DMF* 2000.224, n. de CET-BERTIN.

666. Limites aux engagements du commissionnaire. — Les engagements du commissionnaire ne sont pas toujours mesurés au préjudice du commettant. La jurisprudence contemporaine a ainsi limité la garantie du commissionnaire à la responsabilité même du transporteur auquel il a confié la marchandise. Le commissionnaire maritime peut donc invoquer les mêmes cas exceptés que le transporteur maritime, et, par exemple, que la marchandise a été endommagée par une faute de navigation exonérant le transporteur, et donc l'exonérant de toute responsabilité. Pareillement, il peut invoquer la présomption de livraison conforme du droit des transports maritimes. Enfin, il bénéficie de la limitation de responsabilité par colis (ou par kilo) accordée au transporteur maritime, ainsi que la règle est rappelée par la Cour de cassation dans une décision du 17 septembre 2002 (27). Toutefois, cette limitation ne joue pas en cas de faute inexcusable du transporteur, car la déchéance qui frappe ce dernier atteint par ricochet le commissionnaire (28). La jurisprudence refuse aussi au commissionnaire le bénéfice des limitations contractuelles prévues par le contrat principal (même arrêt, et obs. P. Bonassies, *DMF* 1989.90). Enfin, elle lui refuse le bénéfice de la limitation de responsabilité de l'armateur — la limitation de la Convention de 1976.

Le problème du droit du commissionnaire à bénéficier de la limitation de responsabilité de la Convention de 1976 (*supra*, n°s 402 et s.) s'est récemment posé à la Cour d'appel de Paris. Condamné à plus de trois millions de dollars de dommages-intérêts après l'accident causé à une turbine à gaz, lors d'un transbordement, le commissionnaire a demandé à bénéficier de la limitation de responsabilité de la Convention de 1976. Sa demande a été rejetée par la Cour d'appel de Paris, observant que le « *système d'indemnisation* » mis en place par la Convention de 1976 n'est ouvert qu'aux seuls propriétaires de navire et que le commissionnaire, qui ne prétendait pas être propriétaire du navire en cause, ne pouvait en bénéficier (Paris, 17 oct. 2007, *DMF* 2008.250, obs. O. Cachard ; *BTL* 2007. 724, obs. M. Tilche ; P. Bonassies, *DMF* 2008, Hors-série n° 12, au n° 61).

La solution peur surprendre, tranchant avec celle adoptée quant aux limitations contractuelles, ouvertes, nous venons de le voir, au commissionnaire. Elle est cependant fondée, le problème de la limitation de la Convention de 1976 étant spécifique. Dans un premier temps, le transporteur est responsable à hauteur du plafond contractuel légal de responsabilité. C'est de cette responsabilité que le commissionnaire est « garant ». Ce n'est que dans un second temps, que le transporteur invoquera la limitation de la Convention de 1976 ou celle de l'article 58 de la loi du 3 janvier 1967. Mais cette faculté ne lui est ouverte qu'en sa qualité d'armateur. Le commissionnaire de transport qui organise un transport maritime n'est ni un armateur, ni un affréteur ou un préposé du propriétaire, ici assimilés à l'armateur (*supra*, n° 423). Aucune raison n'existe qui autoriserait à

(27) Navire *Paraguay Carrier*, *DMF* 2003.151, obs. Y. TASSEL.
(28) Cass. 27 oct. 1998, navire *Girolata*, *DMF* 1998.1129, rapp. RÉMERY et obs. P. BONNASSIES.

lui étendre le bénéfice de la limitation, structure d'exception qui doit être enfermée dans les limites strictes à elle assignées par le législateur (29).

666 *bis*. Clauses de non-garantie. — Par ailleurs, l'article L. 132-5, ancien article 98 du Code de commerce, qui fait le commissionnaire garant des pertes ou avaries subies par les marchandises énonce qu'il n'en est ainsi que sauf stipulation contraire. Le commissionnaire peut donc insérer dans ses contrats une clause de non-garantie, valable sauf faute lourde. Mais une telle clause est assez rare dans la pratique. Beaucoup plus fréquentes sont les clauses limitatives de responsabilité stipulées dans les conditions générales du commissionnaire (voir, pour l'application aux commissionnaires des limitations de responsabilité prévues par la FFOCT, Fédération française des organisateurs et commissionnaires de transport, Cass. 11 juin 1996, *DMF* 1997.122, n. J.-F. Tantin). Ces clauses sont interprétées d'une manière restrictive par les tribunaux (Cass. 15 févr. 1994, *BTL* 1994.259, note A. Chao).

667. Responsabilité du fait personnel. — Mais le commissionnaire est aussi, en tant que mandant, responsable de sa faute personnelle. Cette faute, assez souvent relevée par les tribunaux, peut prendre des formes multiples. Il sera, par exemple, responsable s'il a accepté le chargement en pontée de la marchandise, contrairement aux ordres de son commettant (Aix-en-Provence, 22 févr. 1985, navire *Athenes Sun*, *Revue Scapel* 1985.36 ; Cass. 14 mai 2002, navire *Ethnos*, *DMF* 2002.620, rapport de Monteynard, observations Ph. Delebecque, qui voit là une *faute inexcusable*). Il est en faute, et par là responsable au-delà de la limitation de responsabilité si, connaissant la valeur d'une marchandise, il n'a pas déclaré cette valeur au transporteur maritime (Cass. 26 avr. 1984, *DMF* 1985.331 ; mais voir, plus nuancé, Cass. 22 avr. 1986, *Revue Scapel* 1986.51 note J. Bonnaud) ; s'il ne veille pas aux conditions de la remise de la marchandise à destination (Paris, 11 janv. 1985, *DMF* 1986.166, note R. Achard ; Cass. 9 juin 1998, *BTL* 1998.664 ; Cass. 4 févr. 2003, *DMF* 2003.1093, mais, moins sévère ; Aix-en-Provence, 29 mars 1988, *BTL* 1988.680). Enfin, si l'on admet que le commissionnaire n'est pas tenu d'une obligation de conseil, en tant qu'il traite avec des professionnels, il est tenu d'une obligation *d'information* (Cass. 22 févr. 1994, *DMF* 1995.30, note Y. Tassel) (30). Là encore, toutefois, le commissionnaire de transport peut se protéger, soit par des clauses de non-responsabilité, que rien ne permet d'exclure, soit par des clauses limitant sa responsabilité, sauf faute lourde de sa part (31).

(29) Un argument historique condamne d'ailleurs la thèse du commissionnaire. La limitation en valeur de la Convention de 1976 a remplacé la limitation en nature qui s'exprimait par le droit de l'armateur à *abandonner* son navire à ses créanciers (*supra*, n° 402). À l'époque où existait encore l'institution (laquelle a survécu, en droit français, jusqu'en 1967), on n'imagine pas le commissionnaire de transport maritime opposer au commettant l'abandon du navire.

(30) Pour d'autres exemples de faute du commissionnaire et des nuances de la jurisprudence, voir P. BONASSIES, observation au *DMF* 2009, Hors-série n° 13, au n° 67 et au *DMF* 2008, Hors-série n° 12, au n° 60.

(31) Voir en ce sens, Marseille, 20 juin 2003, *Revue Scapel* 2003.65.

668. Recours du commissionnaire. — Lorsqu'il est déclaré responsable en tant que garant de l'entreprise (transporteur, entreprise de manutention) à laquelle il a confié la marchandise, le commissionnaire bénéficie d'une action récursoire. Cette action lui est largement ouverte par la jurisprudence la plus récente, et ce même lorsque, sur les instructions de son mandant, il ne s'est pas porté comme chargeur sur le connaissement maritime (Cass. 2 févr. 1999, *DMF* 2000.318, rapport Rémery et note P. Pestel-Debord). En revanche, son action doit être intentée dans un délai bref : délai d'un mois contre un transporteur terrestre, de trois mois contre un transporteur maritime (32).

669. Prescription. Privilège. — Encore que la question ait été un temps discutée (R. Rodière, *Affrètements et Transports*, tome 3, § 964), il est aujourd'hui admis que le commissionnaire maritime, qui pourrait incontestablement invoquer en tant que « garant » la prescription d'un an dont bénéficie le transporteur maritime, peut aussi se prévaloir personnellement des dispositions de l'article L. 133-6 du Code de commerce (ancien article 108), étendant au commissionnaire la prescription d'un an du droit des transports terrestres, tout au moins pour les dommages nés du contrat de transport (33).

Cette prescription, toutefois, ne concerne que les activités du commissionnaire en tant que tel. Elle ne s'étend pas à ses activités annexes, ne concernant pas, par exemple, sa responsabilité pour dommage résultant du mauvais emballage effectué par lui à titre de prestation accessoire (Cass. 17 mars 1987, *DMF* 1988.669). Elle s'interrompt dans les termes du droit commun (34).

Par ailleurs, il est admis que le commissionnaire maritime peut invoquer le privilège de l'article L. 132-2 (ancien article 95), garantissant le paiement de sa commission, de ses frais et avances. Ce privilège, de manière exceptionnelle, peut s'exercer sur les marchandises qu'il détient, ou sur les documents qui s'y rapportent (connaissements) (35), non seulement pour obtenir le paiement de la commission concernant les opérations par lui effectuées sur ces marchandises, mais aussi pour obtenir le règlement des sommes à lui dues par son commettant pour des opérations *antérieures* — étant, en quelque sorte, rétroactif. Ce privilège ne porte, en principe, que sur les marchandises appartenant à son commettant. Mais il peut s'exercer sur des marchandises appartenant à des tiers, si le commissionnaire a pu penser, *de bonne foi*, qu'elles appartenaient à son commettant (Cass. 19 juin 1978, *BTL* 1978.406). En revanche, il se perd si le commissionnaire ne déclare pas sa créance en cas de règlement judiciaire,

(32) Sur la computation de ce délai, voir Cass. 7 décembre 1999, *DMF* mai 2001, n. J.-F. TANTIN et obs. P. BONASSIES, *DMF* 2001, Hors-série n° 5, au n° 110.

(33) Pour l'exclusion de cette prescription en cas de dommage né d'une faute douanière du commissionnaire, voir Cass. 30 mai 1995, *DMF* 1996.181, n. Y.-T. Sur les problèmes que peut poser le point de départ de la prescription, voir (à propos de l'effet d'une clause sous palan, Rouen, 14 déc. 1999, *DMF* 2000.798, n. Y. TASSEL et P. BONASSIES, *DMF* 2001, Hors-série n° 5, au n° 60) ; *adde* Cass. 5 juillet 2005, *DMF* 2007.544, obs. crit. Y. TASSEL et P. BONASSIES, *DMF* 2008, Hors-série n° 12, au n° 62.

(34) Voir, rappelant qu'une simple reconnaissance de responsabilité interrompt la prescription, mais sans entraîner d'interversion de celle-ci, Cass. 19 févr. 2002, *DMF* 2002.306, obs. P. BONASSIES.

(35) Sur les modalités des droits du commissionnaire — qui se traduisent alors par un droit de rétention des documents concernés — voir Arles, 8 janv. 2004, *DMF* 2004, obs. Y. TASSEL.

perdant aussi alors son droit de rétention (Cass. 8 juin 1999, *Sem. jur.* 1999.II.10121, rapp. Rémery et obs. P. Bonassies, *DMF* 2000, Hors-série n° 4, au n° 53).

670. Conclusion. Le commissionnaire en douane. — Le commissionnaire en douane est un professionnel, agréé par l'administration des douanes, pour effectuer pour le compte d'un tiers les opérations de douane à l'entrée et à la sortie du territoire français. Certes, ces opérations peuvent toujours être effectuées par le propriétaire de la marchandise lui-même, mais, sauf pour les grandes entreprises qui ont leur propre service d'opérations de douane, leur complexité rend presque toujours nécessaire le recours à un professionnel spécialisé, le commissionnaire en douane. Celui-ci, malgré son titre, agit comme *mandataire* (voir, appliquant cette qualification pour reconnaître au commissionnaire en douane l'action directe bénéficiant au mandataire substitué, Cass. 9 nov. 1987, *DMF* 1988.373) (36). Le commissionnaire en douane, simple mandataire, n'est responsable qu'en cas de faute prouvée, et les tribunaux ne paraissent pas d'une grande sévérité à son égard (37). En revanche, il ne bénéficie pas du privilège accordé au commissionnaire par l'article L. 132-2 du Code de commerce (38).

(36) Sur les conditions d'une telle action, voir Cass. 3 déc. 2002, *DMF* 2003.495, obs. I. CORBIER, *D.* 2003.766, n. B. MALLET-BRICOUT.

(37) Voir les références données au *DMF* 2001, Hors-série n° 5, au n° 61 et au *DMF* 2003, Hors-série n° 7, au n° 64 ; *adde*, Rouen, 16 janv. 2003, *DMF* 2003.504, obs. E. GINTER ; Cass. 18 févr. 2004, *DMF* 2004.984. ; Orléans, 11 janv. 2007 et Rouen, 10 mai 2007, *DMF* 2008, Hors-série n° 12, au n° 63 ; voir cependant une décision plus sévère, Rouen, 3 mai 2007 et Marseille, 14 déc. 2007, *DMF* 2008, Hors-série n° 12, aux n°s 68 et 69.

(38) Montpellier, 30 avr. 1996, *DMF* 1996.986, n. Ph. DELEBECQUE (mais, subrogé à la douane, il bénéficie du privilège de l'article de l'article 381 du Code des douanes, toutefois seulement sur les marchandises appartenant à son débiteur : Montpellier, 13 mai 1997, *DMF* 1997.885, n. Y. TASSEL).

CHAPITRE 2

LES AUXILIAIRES À ACTIVITÉ PRINCIPALEMENT MATÉRIELLE

671. Plan. — La nature même des choses implique que l'on distingue ici les auxiliaires à activité terrestre, les entreprises de manutention, et les auxiliaires à activité maritime, entreprises de remorquage, pilotes et lamaneurs.

Section 1

Les auxiliaires terrestres : les entreprises de manutention

672. Notion. Histoire. — Les entreprises de manutention sont des entreprises spécialisées dans le chargement et le déchargement des navires, qui sont apparues dans la deuxième moitié du XIXe siècle.

Jusqu'à cette époque, chargement et déchargement étaient assurés principalement par le personnel du navire, aidé de quelques travailleurs recrutés sur le port. Cependant, dans certains ports, une organisation spécifique existait déjà. C'est ainsi qu'à Marseille avait été créée des la fin du XIVe siècle la corporation des *portefaix*, qui avait le privilège du chargement et du déchargement des navires. Devenue « Société des portefaix de Marseille », cette corporation groupait encore en 1850 plus de 2 000 personnes. Elle disparut peu après la création, en 1859, de la Compagnie des docks et entrepôts de Marseille, et la création parallèle d'entreprises spécialisées modernes.

673. Stevedores et acconiers. — Aujourd'hui, les entreprises de manutention ne constituent pas, en France, une catégorie totalement homogène. Sur les ports de la façade mer du Nord-Manche-Atlantique, où elles prennent souvent le nom de *stevedores*, elles se limitent à assurer le chargement et le déchargement du navire, la garde des marchandises à terre étant assurée par les transporteurs maritimes ou leurs agents. Sur la façade méditerranéenne, où elles prennent souvent la qualification d'*acconiers* (du mot « accon », petite barque utilisée pour le déchargement des navires au XIXe siècle), elles assument en outre, normalement pour le compte des transporteurs maritimes, la garde des marchandises à quai avant chargement et après déchargement, et le législateur de 1966 a pris en compte ce particularisme.

674. Dockers. — Par ailleurs, il est à noter que, longtemps, les entreprises de manutention, si elles avaient un personnel administratif fixe, n'avaient pas de personnel ouvrier. Elles utilisaient les services d'ouvriers dockers indépendants, régis par la loi du 6 septembre 1947. Cette loi conférait aux dockers un statut privilégié.

Titulaires d'une carte professionnelle, après un examen où entrait parfois en jeu, entre autres, le fait qu'ils étaient fils ou gendres de dockers (convention collective Marseille-Fos, 1972), ils avaient le privilège de l'embauche pour le chargement et le déchargement des navires, recevant au cas où ils n'étaient pas embauchés une indemnité d'attente (sur les limites au privilège des dockers, voir Cass. 21 juin 1988, *Revue Scapel* 1988.29, obs. J. Bonnaud). Par ailleurs, les conventions collectives fixaient le nombre minimum de dockers qui devaient être affectés à chaque opération de chargement ou déchargement, nombre parfois sensiblement supérieur pour les ports français au nombre de dockers généralement utilisé dans les ports concurrents (Anvers et Rotterdam pour la façade Atlantique, Gênes et Barcelone pour la façade méditerranéenne).

675. Réforme du statut des dockers. Loi du 9 juin 1992. — Le statut des dockers, qui avait fait l'objet de vives critiques en tant qu'il obérait la compétitivité des ports français, a été réformé par une loi du 9 juin 1992 (*D.* 1992.316). La loi définit deux catégories d'ouvriers dockers, les ouvriers dockers professionnels et les ouvriers dockers occasionnels. Les premiers sont ensuite distingués entre dockers professionnels mensualisés et dockers professionnels intermittents. Les dockers mensualisés sont liés aux entreprises de manutention par un contrat de travail à durée indéterminée. Ils sont recrutés parmi les anciens ouvriers dockers professionnels, puis parmi les ouvriers dockers occasionnels qui ont régulièrement travaillé sur le port au cours des douze mois précédents. Les dockers intermittents ne concluent pas un tel contrat, mais son tenus de se présenter quotidiennement à l'embauche. L'effectif des dockers professionnels intermittents est fixé par décret, ne pouvant être inférieur à 10 % de l'effectif des dockers employés au 1er janvier 1992, ni excéder 40 %. Quant aux dockers occasionnels, il est simplement prévu que l'on a recours à eux en priorité, à défaut de dockers intermittents. Et ils ne bénéficient pas du régime social particulier des dockers, mais du système général (1). Un décret du 12 octobre 1992 est venu préciser les modalités d'application de la loi du 9 juin 1992 (*JO* 13 oct. 1992, 14255).

(1) Pour une application rigoureuse des textes, voir Cour d'appel de Montpellier, 23 mai 2000 et Cour d'appel administrative de Rennes, 2 juin 2000, *DMF* 2000.859 et 863, obs. M.-Y. LE GARREC et obs. P. BONASSIES, *DMF* 2001, Hors-série n° 5, au n° 13.

La loi de 1992 maintient le monopole accordé par la loi de 1947 aux dockers pour la manutention portuaire. En effet, elle laisse subsister les dispositions de l'article R. 511-2 du Code des ports maritimes, texte prévoyant que les opérations de chargement et de déchargement des navires et des bateaux aux postes publics sont normalement effectuées par des ouvriers dockers. Les dérogations existant antérieurement à ce monopole n'ont pas été élargies, concernant seulement pour l'essentiel le déchargement de matériel de bord des navires et des bateaux et avitaillement de ceux-ci, le déchargement et chargement des bateaux fluviaux par le moyen du bord, ajoutant toutefois à la liste antérieure les manutentions liées à un chantier de travaux publics sur le port considéré et le déchargement du poisson des navires et bateaux de pêche. Ainsi demeure toujours interdit le chargement ou déchargement des navires de mer par les moyens du bord ou par le propriétaire de la marchandise. La jurisprudence se montre d'ailleurs peu favorable au monopole des dockers, interprétant d'une manière très restrictive les textes le fondant (2).

676. Régime des dockers et droit communautaire. — La Cour de justice des Communautés a pris parti à deux reprises, d'une manière très nuancée, sur les problèmes de la manutention portuaire. Dans une première décision du 10 décembre 1991, elle condamne le monopole éventuellement accordé aux entreprises de manutention (arrêt *Merci, Recueil des arrêts* 1991.5889 ; *DMF* 1992.113 obs. P. Bonassies). Dans cet arrêt, la Cour de justice considère qu'est contraire aux dispositions des articles 30, 48, 86 et 90 du Traité de CEE (aujourd'hui articles 28, 39, 82 et 86) une réglementation imposant aux armateurs de recourir obligatoirement aux services d'entreprises de manutention investies de droits exclusifs, notamment lorsqu'un tel recours entraîne des coûts supplémentaires et est, dès lors, susceptible, de par son effet sur le prix des marchandises, d'influer sur les importations intra-comunautaires. Mais, dans un arrêt du 16 septembre 1999, la Cour a considéré que la réglementation belge, laquelle impose, pour le chargement et le déchargement des navires, le recours, non à des entreprises portuaires monopolistiques, mais à des *ouvriers portuaires reconnus* (en fait des dockers spécialisés), ne tombait pas sous le coup des dispositions communautaires sur la concurrence, ces dispositions ne visant que les *entreprises* (décision *Becu, Recueil des arrêts* 1999.5665 ; *DMF* 2000.176, note M.-Y. Le Garrec et obs. P. Bonassies, *DMF* 2000, Hors-série n° 4, au n° 12).

Il n'est pas aisé de situer la réglementation française par rapport au droit communautaire. Dans le principe, cette réglementation n'accorde un monopole qu'aux ouvriers dockers. Elle est donc susceptible de bénéficier de la jurisprudence *Becu.* Mais ce monopole s'exerce à travers les entreprises de manutention auxquelles ils sont liés, et par là, la réglementation française pourrait apparaître comme tombant sous le coup de la jurisprudence *Merci*. Mais, à la vérité, les

(2) Voir sur ce point, Bordeaux, 6 janv. 1997, *DMF* 1997.432, n. M.-Y. Le Garrec et obs. P. Bonassies, *DMF* 1998, Hors-série n° 2, au n° 21 ; La Rochelle, 23 mars 2000, *Revue Scapel* 2000.167 et obs. P. Bonassies, *DMF* 2001, Hors-série n° 5, au n° 12 ; Bordeaux, 21 oct. 2003, *DMF* 2004.88 et Poitiers, 3 févr. 2004, *DMF* 2004.396 — et sur ces deux décisions, obs. L. Borereaux au *DMF* et obs. P. Bonassies, *DMF* 2005, Hors-série n° 9, au n° 34.

entreprises de manutention subissent le monopole des dockers, tout autant ou presque que les armateurs dont les navires fréquentent les ports français. Si un reproche peut être fait, il doit l'être à l'État français, à travers une procédure en manquement de l'article 226 du Traité de communauté (ancien art. 169).

677. Entreprises de manutention. Régime juridique. — Les entreprises de manutention sont longtemps restées en droit français sans statut juridique précis, comme il en est d'ailleurs aujourd'hui dans la plupart des pays étrangers. Elles sont désormais régies par la loi du 18 juin 1966 et le décret complémentaire du 31 décembre 1966.

L'absence antérieure de statut avait soulevé de graves difficultés dans les années 1950-1960. Pour des raisons diverses (possibilité d'échapper aux clauses attributives de juridiction, comme à la prescription d'un an ou à la limitation de responsabilité dont bénéficie le transporteur maritime), les actions en justice intentées par les destinataires de marchandises contre les entreprises de manutention se sont multipliées. Très vite, les tribunaux ont déclaré ces actions recevables, nonobstant le fait que, dans la plupart des cas, l'entreprise de manutention n'était liée par le contrat de manutention qu'avec le seul transporteur, lequel pouvant ainsi opposer au destinataire les dispositions de l'article 1165 du Code civil. Après quelques hésitations, cette jurisprudence a reçu l'approbation de la Cour de cassation, posant le principe, dans un arrêt très important du 3 mars 1964 (*DMF* 1964.588), « *que le contrat de transport maritime sous connaissement implique par sa nature le droit pour le destinataire de se prévaloir de la convention intervenue entre transporteur et acconier aux fins de délivrance de la marchandise* ».

Mais cet arrêt ne mettait pas fin à toutes les incertitudes. Il laissait entier, par exemple, le problème de l'étendue précise de la responsabilité de l'entrepreneur de manutention.

C'est pour éliminer toute hésitation, et clore le débat ouvert en 1950, du moins le croyait-on, que le législateur de 1966 a tenu à réglementer les entreprises de manutention. Un important progrès a été effectivement apporté par le texte nouveau sur bien des points. On peut toutefois regretter que, comme on le verra ci-dessous (*infra*, n° 680), le législateur ait abandonné, quant à la recevabilité des actions intentées contre les acconiers, la voie tracée par la Cour de cassation en 1964.

La loi du 18 juin 1966 définit d'abord la notion d'entreprise de manutention, puis elle détermine les conditions dans lesquelles une action en responsabilité pourra être intentée contre cette entreprise, avant de préciser le régime de responsabilité applicable.

§ 1. — *La notion d'entreprise de manutention*

678. Définition légale. Double aspect de la notion de manutention. — Dans une démarche assez originale, s'agissant d'un domaine où règne la liberté contractuelle, et, nous l'avons vu, la polyvalence des entreprises, le législateur s'est attaché à définir la mission des entreprises de manutention. La définition qu'il donne de la notion de manutention, plus sans doute que de celle de la notion d'entreprise de manutention, s'organise autour de la distinction qui existe entre les pratiques atlantiques et les pratiques méditerranéennes.

La loi de 1966 définit d'abord dans son article 50 ce qui est la mission fondamentale de l'entreprise de manutention, celle qui se retrouve aussi bien dans les entreprises méditerranéennes que dans les entreprises atlantiques. Cette mission est d'assumer « *toutes les opérations qui réalisent la mise à bord et le débarquement des marchandises y compris les opérations de mise et de reprise sous hangar et sur terre-plein, qui en sont le préalable ou la suite nécessaire* ». Sont ainsi incluses dans la notion de manutention, non seulement les opérations de chargement et de déchargement proprement dites, mais aussi l'appréhension à quai, au long du navire, de la marchandise à charger, ou même son appréhension sur le terre-plein ou le hangar où elle est en attente et son amenée au long du navire.

L'article 51 de la loi de 1966 énonce que, en dehors des opérations visées ci-dessus, l'entrepreneur de manutention peut être appelé à accomplir, pour le compte du navire, du chargeur ou du destinataire de la marchandise, des opérations dont le contenu est défini par l'article 80 du décret du 31 décembre 1966. Ces opérations « de deuxième type », ce sont, à l'arrivée de la marchandise au port, la réception et la reconnaissance à terre des marchandises, ainsi que leur garde jusqu'à leur embarquement, puis, en fin de transport, la réception à quai des marchandises débarquées, leur reconnaissance, leur garde et leur délivrance, si ces services sont convenus, ou s'ils sont conformes aux usages du port (3). Ce sont là les opérations spécifiques des acconiers de la façade méditerranéenne. Gérant le hangar du transporteur maritime, c'est en effet l'acconier qui, au chargement, reçoit la marchandise de l'expéditeur, la garde jusqu'à son arrivée et son chargement à bord du navire, et au déchargement en assure réception, garde et livraison.

679. Domaine d'application du régime de la manutention. — La définition de la notion de manutention par le législateur de 1966 appelle une double observation quant au domaine d'application de la réglementation des opérations de manutention. D'une part, nous relèverons que la notion de manutention, et le régime spécifique qu'elle implique, s'appliquera quelle que soit la qualification professionnelle de l'entreprise qui accomplit les opérations de chargement-déchargement ou garde à quai. La chose, qui allait de soi, a été précisée par le législateur français, dans la loi du 3 janvier 1969, tant pour le consignataire du navire (art. 13), que pour le consignataire de la cargaison (art. 15). Mais le régime de la manutention pourrait s'appliquer à toute autre entreprise, par exemple à un transitaire. Comme il a été observé ci-dessus, le droit français est en effet fondé sur le principe de la liberté d'entreprise. Sauf disposition expresse

(3) Voir cependant, ignorant les usages du port, Cass. 5 juill. 1994, *DMF* 1994.648, n. Y. Tassel.

en sens contraire de la loi, toute entreprise, quelle que soit sa dénomination, peut exercer toute activité de son choix, sauf à subir le régime juridique applicable à cette activité.

D'autre part, la définition donnée par la loi de 1966 de la notion de manutention implique que le régime institué pour la manutention maritime, régime d'exception par rapport au droit commun (notamment pour ce qui est de la limitation de responsabilité ou de la brève prescription applicable), ne soit appliqué qu'aux seules opérations incluses dans cette définition. Le problème de la délimitation des opérations de manutention maritime a été rencontré par la jurisprudence à propos de certains accidents survenus pendant la période préliminaire au transport maritime, ou pendant la période postérieure à ce dernier. La tendance de la jurisprudence est ici d'interpréter de manière restrictive la notion de manutention maritime. Dans un arrêt du 25 juin 1974 (navire *Notre Dame d'Afrique*, *DMF* 1974.22), la Cour d'appel d'Aix-en-Provence a ainsi décidé que ne constituait pas un accident de manutention soumis à la loi de 1966 l'accident survenu alors que l'entreprise de manutention déchargeait du camion, sur lequel il avait été installé pour le transport terrestre préliminaire, un « faisceau échangeur » destiné à être expédié par la voie maritime. L'arrêt de la Cour d'Aix a été approuvé par la Cour de cassation (19 janvier 1976, *DMF* 1976.488) (4). Pareillement, dans un arrêt du 3 février 1998, la Cour de cassation approuve le juge du fond d'avoir décidé que le chargement sur un camion d'une caisse, mise à quai après un transport maritime, se rattachait au transport terrestre qui devait succéder au transport maritime (5). De même, le chargement de tourbe en vrac effectué à partir du quai sur des camions échappe au régime de la manutention, ne constituant pas « *la suite nécessaire du déchargement du navire* » (Cass. 28 sept. 2004, *DMF* 2005.122, obs. Y. Tassel) (6).

Dans deux arrêts rendus en 2008-2009, la Cour de cassation a pareillement refusé de voir des opérations de manutention dans les opérations d'empotage dans un conteneur avant mise à bord et de dépotage après mise à quai. N'étant pas, pour l'empotage, une opération réalisant la mise à bord de la marchandise ou une opération qui en serait la suite nécessaire, et pour le dépotage, une opération réalisant le débarquement de la marchandise ou une opération qui en serait la suite nécessaire, elles n'étaient pas des opérations soumises aux articles 50 et suivants de la loi du 18 juin 1966 (25 nov. 2008 et 24 mars 2009, *DMF* 138 et 426, obs. Y. Tassel ; P. Bonassies, *DMF* 2009, Hors-série n° 13, au n° 70).

(4) Voir aussi la distinction très fine faite par le tribunal de commerce de Marseille, à l'occasion d'un incendie qui avait endommagé à la fois des tubes d'acier à bord de wagons où ils étaient en attente de déchargement et des tubes déjà déchargés sur l'aire de stockage : *Revue Scapel* 1985.27 et obs. P. BONASSIES, *DMF* 1986.70 ; comparer Douai, 27 févr. 1986, navire *Tansfjord*, *DMF* 1988.318 et *DMF* 1989.91.

(5) Navire *Sekandia*, *DMF* 1998.372, rapp. RÉMERY et n. P.-Y. NICOLAS et les réf. citées. *Adde* Rouen 23 juin 1999, *DMF* 2000.433, n. Y. TASSEL.

(6) Voir aussi pour le cas d'une maquette de tramway restée à quai après annulation du voyage, Aix-en-Provence 6 mai 2003, navire *Canmar Conquest*, *DMF* 2005.37, obs. Y. TASSEL, et les réserves P. BONASSIES, *DMF* 2005, Hors-série n° 9, au n° 85.

On peut cependant se demander si cette jurisprudence restrictive ne doit pas être écartée, lorsque un entrepreneur de manutention maritime intervient pour mettre à quai une marchandise, à partir d'un engin de transport terrestre (camion, wagon de chemin de fer), avant de la charger à bord du navire. C'est en tout cas cela que paraît dire un arrêt de la Cour de cassation du 22 juin 1993 (*BTL*, 1993.714 et *DMF* 1994.95, obs. P. Bonassies). Des avaries ayant été causées à un boggie à l'occasion de son déchargement du wagon qui l'avait acheminé au port de Sète, la Cour d'appel de Bourges avait appliqué à l'incident la prescription annale de l'article 56 de la loi du 18 juin 1966. La Cour de cassation rejette le pourvoi formé contre la décision de la Cour de Bourges, au motif « *qu'ayant retenu que la société S. avait exécuté les travaux qui lui avaient été confiés sur le quai public d'un port dans le cadre de sa mission de mise sous hangar ou sur terre-plein, laquelle est le préalable nécessaire de la mise à bord de marchandises, la Cour d'appel a pu décider qu'elle avait agi comme entrepreneur de manutention* ». La solution paraît bonne, qui évite le « sectionnement » du contrat de manutention maritime.

§ 2. — *Les conditions de l'action en responsabilité contre l'entreprise de manutention*

680. Principe posé par la loi de 1966. — Nous avons vu que la Cour de cassation avait largement admis dans son arrêt du 3 mars 1964 la possibilité pour le destinataire de la marchandise d'intenter une action en responsabilité contre l'entreprise de manutention, action fondée sur le contrat de manutention entre cette entreprise et le transporteur. Brisant la jurisprudence qui s'était ainsi établie, la loi de 1966 a adopté une solution très différente et beaucoup plus classique.

L'article 52 de la loi de 1966 énonce que « *l'entrepreneur de manutention opère pour le compte de celui qui aura requis ses services, et sa responsabilité n'est engagée qu'envers celui-ci qui seul a une action contre lui* ». Il résulte de ce texte que, conformément aux principes du droit classique, l'entrepreneur de manutention n'a de lien contractuel qu'envers celui qui a contracté avec lui (ou, selon les dispositions de l'article 52 « *celui qui aura requis ses services* »). Dès lors, seul celui-ci peut donc agir en responsabilité contre lui. Le contrat de manutention ne peut profiter à un tiers (article 1165 du Code civil).

Concrètement, la règle nouvelle conduit à distinguer deux types de situation, celle du transport par navire de ligne et celle du transport par un navire affrété au voyage (*tramp*). L'armateur qui exploite comme transporteur une ligne régulière est généralement lié à une entreprise de manutention par un contrat annuel. À l'arrivée de chacun de ses navires, c'est cette entreprise de manutention qui, avertie par le transporteur ou par son consignataire, assume le déchargement du navire. C'est donc le transporteur qui doit être considéré comme ayant « *requis* » ses services. Dès lors, seul le transporteur peut agir en responsabilité contre elle (Cass. 7 avr. 1987, navire *Transoceanic Francesca*, *DMF* 1985.40, obs. P. Bonassies, *DMF* 1989.95, approuvant la Cour de Montpellier d'avoir déclaré irrecevable l'action du destinataire à l'occasion de dommages survenus lors du déchargement ; Cass. 7 déc. 2004, *Revue Scapel* 2005.30, observant que c'est à celui qui agit contre le manutentionnaire de prouver qu'il a requis ses services) (7).

Cela ne veut pas dire que le destinataire n'aura aucun recours. Il peut en effet agir contre le transporteur maritime puisque, comme nous le verrons, celui-ci est responsable de la marchandise jusqu'à sa délivrance, et donc pendant les opérations de déchargement (*infra*, n° 1031). Mais il ne peut intenter d'action contre l'entreprise de manutention, alors même que cette action serait pour lui beaucoup plus aisée. Des règles identiques s'appliquent au chargement de la marchandise (les opérations de déchargement étant prises ici comme exemple du fait de la beaucoup plus grande fréquence des accidents de déchargement).

Ce n'est donc que dans la situation exceptionnelle où il aurait lui-même requis les services de l'entrepreneur de manutention (s'agissant, par exemple, de charger ou décharger une marchandise inhabituelle, charge lourde ou autre) que le chargeur ou le destinataire aurait une action contre ledit entrepreneur. Encore faudrait-il qu'il ait *lui-même et personnellement* choisi cet entrepreneur. Car, d'une manière bien inexplicable et qui méconnaît le caractère absolument général — sauf exceptions exprimées par la loi — de la théorie du mandat, la Cour de cassation décide que l'entrepreneur de manutention n'a sa responsabilité engagée qu'envers celui qui aurait lui-même, *et non par un mandataire*, requis ses services (8).

À l'opposé, en matière de navire exploité comme *tramp* en application d'un affrètement au voyage, l'entreprise de manutention est le plus souvent désignée par l'affréteur, auquel incombe normalement la responsabilité des opérations de chargement et de déchargement (*infra*, n° 769). Dès lors, en cas de dommage causé au déchargement, seul l'affréteur a une action contre elle.

681. Appréciation critique. — Dans le principe, le système institué par la loi de 1966 n'est pas, dans notre opinion, satisfaisant. D'un point de vue théorique, il accorde une trop grande importance à la règle de la relativité des contrats. Or, cette règle doit certainement garder sa valeur entre personnes totalement étrangères l'une à l'autre. Mais, en la matière, tel n'est pas le cas. L'entrepreneur de manutention sait très bien qu'il effectue les opérations de déchargement dans l'intérêt du destinataire de la marchandise aussi bien que dans l'intérêt du transporteur. En se fondant sur les notions de « groupe de contrats » ou de « sous-contrat », il ne serait pas choquant d'accorder au destinataire de la marchandise une action contractuelle contre l'entrepreneur de manutention,

(7) Encore plus ferme est un arrêt de la Cour de cassation du 7 décembre 2004, qui voit dans la règle de l'article 52 une règle fondant un moyen d'ordre public, que le juge de cassation peut soulever d'office (navire *Iolcos History*, *DMF* 2005.38, obs. Y. Tassel).

(8) Cass. 14 mars 1989, *BTL* 1989.363 ; *DMF* 1990.68 ; 6 mai 1996, *DMF* 1996.1010, n. Y. Tassel ; crit. et réf. P. Bonassies au *DMF* 1997, Hors-série n° 1, au n° 48.

comme l'avait fait la Cour de cassation en 1964, en se référant très justement à « *la nature des choses* », préfigurant la jurisprudence développée par la Première chambre civile dans ses arrêts du 8 mars et 21 juin 1988 (*Sem. jur.* 1988.I. 21070, note P. Jourdain et *Sem. jur.* 1988. éd. E. 15294, note Ph. Delebecque) (9).

Par ailleurs, d'un point de vue pratique, on peut regretter que la règle nouvelle aboutisse dans certains cas, lorsqu'il existe une clause attributive de juridiction qui sera éventuellement reconnue valable, à imposer à un destinataire français l'obligation, pour un incident survenu en France et dont une entreprise française locale est responsable, d'aller plaider contre le transporteur devant une juridiction étrangère (juridiction dont ne sait pas si elle ne rejettera pas l'action du demandeur français, sur la considération que c'est une entreprise française qui est responsable du dommage).

Le seul mérite que l'on puisse reconnaître à la loi de 1966, c'est donc d'avoir établi, quant à la recevabilité de l'action contre l'entrepreneur de manutention, une certaine clarté. Mais la règle posée par la Cour de cassation dans son arrêt de 1964 avait au moins autant de clarté, et était sans doute plus équitable. Par ailleurs, les choses ne sont pas toujours aussi simples. Des problèmes d'une grande complexité peuvent apparaître lorsque se mêlent contrat de manutention et contrat de mandat, tandis que le texte de 1966 ne résout pas nettement la question des actions extra-contractuelles.

682. Action contre l'entrepreneur de manutention et mandat. — Le législateur de 1966 a en effet prévu la possibilité de faire jouer une *relation de mandat* dans les rapports entre entreprise de manutention — transporteur — destinataire (ou chargeur). Aux termes de l'article 81 du décret du 31 décembre 1966, l'ayant droit à la marchandise (chargeur ou destinataire) peut charger le transporteur de faire exécuter pour son compte certaines des opérations de manutention. C'est dire, chose qui avait été discutée dans les premiers jours qui ont suivi la promulgation de la loi de 1966, que le chargeur peut donner mandat au transporteur, pour ces opérations, de désigner l'entreprise de manutention pour son compte et pour celui du destinataire. Toutefois, l'article 81 ajoute que, en ce cas, le transporteur *doit aviser* l'entrepreneur de manutention du mandat qui lui a été confié.

683. Notion de mandat. — L'article 81 n'est pas sans soulever nombre de difficultés. On doit en premier lieu se demander dans quels cas les termes du contrat entre le transporteur et le chargeur, c'est-à-dire dans la pratique les termes du connaissement, permettent-ils de conclure à l'existence d'un mandat de l'article 81. La chose est claire quand le connaissement, ce qui est parfois le cas, stipule expressément que le chargeur donne mandat au transporteur de désigner l'entreprise de manutention pour son compte. Mais les dispositions du connaissement sont souvent plus floues, énonçant par exemple que « *le déchargement se*

(9) Il est vrai que la théorie du groupe de contrats a été condamnée par l'Assemblée plénière de la Cour de cassation dans l'arrêt *Besse* (12 juill. 1991, *D.* 1991.459). Mais cette condamnation, le législateur de 1966 ne pouvait la prévoir.

fera aux frais et pour le compte de la marchandise ». D'une manière générale, nous dirons que les tribunaux admettent assez largement que des stipulations de cet ordre incluent une clause de mandat.

684. Étendue du mandat. — Il faut ensuite s'interroger sur l'étendue précise du mandat confié au transporteur, ou plutôt sur les conséquences d'un tel mandat quant à l'exécution des opérations de manutention. Nous verrons que le transporteur maritime, s'il peut se dégager de la garde à quai de la marchandise, doit impérativement assurer les opérations de chargement et de déchargement (*infra*, n° 1010 et n° 1033). Il suit de là, et la solution résulte aussi des dispositions combinées de l'article 81 du décret de 1966 et de celles de l'article 51 de la loi de 1966, que le mandat donné par le chargeur au transporteur ne peut couvrir que les opérations de manutention à terre, l'entrepreneur de manutention, pour ce qui est des opérations de chargement et de déchargement proprement dites, ne pouvant jamais agir que pour le compte du transporteur (voir, en ce sens, Cass. 7 avr. 1987, *DMF* 1987.640 et obs. P. Bonassies, *DMF* 1988.95).

685. Avis de l'article 81. — Enfin, il faut s'interroger tant sur la forme que doit prendre l'avis de l'article 81, que sur la sanction du défaut d'avis.

Dans un arrêt du 13 juin 1972 (navire *Emma Methenitis*, *DMF* 1973.262, et arrêt de rejet de la Cour de cassation du 28 mai 1974, *DMF* 1974.717, note P. Bonassies), la Cour d'appel d'Aix-en-Provence a décidé que le fait que l'entreprise de manutention déchargeait habituellement les navires du transporteur, et donc ne pouvait ignorer les clauses du connaissement de celui-ci, valait avis de l'article 81. À l'opposé, la Cour de Paris, dans un arrêt du 24 novembre 1976 (navire *Altaïr*, *DMF* 1977.271), décide que ne vaut avis, ni la connaissance générale par l'entreprise de manutention des clauses du connaissement du transporteur, ni une lettre à elle adressée, à l'occasion de la conclusion du contrat annuel de manutention, et énonçant que ladite entreprise doit se considérer comme agissant pour le compte du propriétaire de la marchandise. En l'absence de toute exigence de forme qui serait inscrite dans l'article 81, le principe de liberté de la preuve qui prévaut en matière commerciale conduit à critiquer la décision de la Cour d'appel de Paris et à approuver celle de la Cour d'Aix-en-Provence.

La *sanction* du défaut d'avis ne soulève pas moins de problèmes. Il est sûr que le transporteur qui a reçu mandat du chargeur de désigner une entreprise de manutention, et ne donne pas avis à cette entreprise du mandat reçu, ne peut se prévaloir dudit mandat pour rejeter la responsabilité des dommages à quai sur l'entreprise de manutention. Il conserve la responsabilité de la marchandise durant l'intégralité des opérations de manutention, y compris les opérations de garde à quai (en ce sens, Paris, 24 nov. 1976, cité *supra*). En revanche, on peut se demander si le défaut d'avis serait opposable au destinataire par l'entreprise de manutention, au moins si celle-ci, encore que non avisée expressément, n'ignore pas qu'elle agit aussi pour le compte du destinataire.

686. Actions extra-contractuelles. — S'agissant des actions extra-contractuelles susceptibles d'être intentées contre l'entreprise de manutention, la question se pose d'abord de savoir si, privé de toute action contractuelle, le *destinataire* de la marchandise ne peut pas utiliser le recours à l'action délictuelle. Un tel recours devrait lui être ouvert, si l'on se référait aux seules règles du droit commun. Mais la jurisprudence, après avoir un temps hésité, est très fermement en sens inverse. Les tribunaux considèrent, qu'en énonçant que seul celui qui a requis les services de l'entreprise de manutention a une action contre lui, le législateur a voulu écarter non seulement toute action contractuelle du destinataire, mais aussi toute action extra-contractuelle. Et cette solution, d'abord affirmée par les juges du fond (10), a été confirmée par un important arrêt de la Cour de cassation (5 juill. 1994, *DMF* 1994.648, note Y. Tassel ; P. Bonassies, *DMF* 1995.99).

Mais, dans cet arrêt, la Cour de cassation se garde bien toutefois de donner un caractère trop général au refus de l'action extra-contractuelle contre l'entrepreneur de manutention. Elle observe qu'une telle action est possible, lorsqu'aucune autre action récursoire n'est ouverte au demandeur. Et c'est la même formulation qu'elle a reprise, d'une manière plus précise, dans un arrêt du 4 juillet 2000, où elle observe que si, en principe, seul celui qui a requis les services d'un manutentionnaire a une action en responsabilité contre lui, « *un tiers est néanmoins recevable à agir dès lors qu'il ne dispose d'aucune action récursoire à l'encontre du donneur d'ordre du manutentionnaire* » (*DMF* 2001.24, rapport Rémery et obs. Y. Tassel).

Cette jurisprudence, fondée sur des considérations d'équité (voir le rapport du Conseiller Rémery), est d'un extrême intérêt pour le transporteur qui n'a pas requis les services de l'entrepreneur de manutention, responsable d'un dommage causé à la marchandise. Privé de l'action contractuelle (Cass. 29 oct. 1975, *DMF* 1976.149), il peut certainement, après avoir indemnisé le destinataire, agir en responsabilité délictuelle contre le transporteur. Car, dans une telle hypothèse, il ne dispose d'aucune action en responsabilité contractuelle contre quiconque (11). En revanche, il semble bien que l'arrêt du 5 juillet 1994 condamne la jurisprudence antérieure reconnaissant le droit à agir contre l'entrepreneur de manutention au commissionnaire de transport — celui-ci bénéficiant d'une action contractuelle récursoire contre le transporteur (voir obs. P. Bonassies, *DMF* février 1995, citées *supra*).

687. Actions extérieures à l'article 52. Transporteur. Tiers « *penitus extranei* ». Dockers. — L'entrepreneur de manutention n'est pas à l'abri d'autres actions, intentées en dehors du cadre de l'article 52. Le transporteur est certainement soumis à l'article 52 s'il entend exercer contre l'entrepreneur de manutention une action récursoire, après avoir indemnisé l'ayant droit à la marchandise. Mais il peut agir en dehors de cet article pour le dommage causé

(10) Voir en ce sens, Aix-en-Provence, 9 février 1972, navire *Atlanta*, *DMF* 1973.23 ; Tribunal de commerce de Paris, 21 juin 1977, navire *Pioneer Arkhangelsk*, *BTL* 1977.459.

(11) Voir déjà en ce sens, Cass. 15 juill. 1987, *BTL* 1987.507 n. P. PESTEL-DEBORD et *DMF* 1988.34, n. C. SCAPEL.

au navire, voire à un conteneur lui appartenant. Son action, de nature contractuelle, sera alors en principe soumise au droit commun. En particulier, l'entrepreneur de manutention ne pourra bénéficier de la limitation de responsabilité de l'article 54 (Rouen, 12 octobre 2006, *DMF* 2008, Hors-série n° 12, au n° 65). En revanche il bénéficiera de la prescription de droit commun — aujourd'hui cinq ans (*infra*, n° 695).

Il ne fait non plus aucun doute que le tiers complètement étranger aux relations transporteur-entrepreneur de manutention (le *penitus extranei*), et qui subit un dommage causé par l'entreprise de manutention peut agir contre celle-ci en responsabilité délictuelle. Dans un arrêt du 12 juillet 1983, la Cour d'appel d'Aix-en-Provence a ainsi admis l'action en responsabilité délictuelle formée contre un acconier par le propriétaire d'une remorque, que l'acconier, qui n'avait pas à en assurer le chargement, avait expédiée par erreur sur le port de Benghazi au lieu de sa destination normale, Bastia (navire *Monte Rotondo*, *DMF* 1985.335). À plus forte raison en serait-il de même du passant blessé par la chute d'un engin manutentionné.

Quant à l'action d'un docker blessé lors d'une opération de manutention, elle est recevable, mais soumise aux règles du droit des accidents du travail, et, notamment, de la théorie du *travail en commun* (Aix-en-Provence, 10 mars 2000, navire *Stjerneborg*, *DMF* 2001.503, obs. H.-P. Rivollet).

§ 3. — *Le régime de responsabilité de l'entreprise de manutention*

688. Principes. — Le souci premier du législateur, en définissant le régime de responsabilité de l'entreprise de manutention, a été de rapprocher, dans toute la mesure du possible, ce régime de celui applicable au transporteur maritime. Ceci, pour éviter que, comme il en était antérieurement, les destinataires ne soient tentés de contourner les diverses protections assurées par la loi au transporteur maritime en agissant en responsabilité contre l'entreprise de manutention.

Ce souci s'est exprimé tant en ce qui concerne l'étendue de la responsabilité de l'entreprise de manutention qu'en ce qui concerne la limitation de responsabilité dont il peut bénéficier, ou la prescription applicable à l'action en responsabilité.

A. — L'étendue de la responsabilité de l'entreprise de manutention

689. Dommages de manutention. — L'article 53 de la loi de 1966 établit ici une distinction entre le dommage causé aux marchandises à l'occasion de leur chargement et déchargement, y incluses les opérations de mise et de reprise sous hangar ou terre-plein, c'est-à-dire lors de leur manutention au sens large du terme, et les dommages subis par les marchandises alors qu'elles sont sous la garde de l'entreprise de manutention.

Dans le premier cas, celui du dommage causé lors de la manutention, l'entrepreneur de manutention n'est responsable que « *des dommages qui lui sont imputables* ». Il faut entendre par là que celui qui exerce l'action en responsabilité (ce sera normalement, on l'a vu — *supra*, n° 680 — le transporteur) doit prouver la faute de l'entrepreneur de manutention. En fait la jurisprudence est sévère, faisant souvent peser sur l'entrepreneur une présomption de faute (voir en ce sens, pour la chute d'un conteneur, Paris, 24 juin 1998, *DMF* 1999.321 ; pour une faute de surveillance, Aix-en-Provence, 12 nov. 1998, *BTL* 2000.52) (12).

690. Dommages subis pendant la garde. Présomption quant à l'état de la marchandise. — Dans le deuxième cas, celui du dommage causé à une marchandise sous la garde de l'entreprise de manutention, le législateur de 1966 pose une première série de règles, lesquelles ressortissent au droit de la preuve plus qu'aux règles de fond. Aux termes de l'article 53, un entrepreneur de manutention est ainsi d'abord présumé avoir reçu la marchandise telle qu'elle a été déclarée par le déposant. Concrètement, car l'analyse du texte n'est pas aisée, la notion de déposant n'étant pas sans ambiguïté, cela veut dire que l'entrepreneur de manutention est présumé avoir reçu la marchandise telle qu'elle est décrite par le document de transport (en général le connaissement). Si le connaissement fait état de la réception par le transporteur de 100 caisses, et qu'au déchargement, l'entrepreneur de manutention n'en avait reçu que 98 sans faire de réserves contre le transporteur, il sera responsable des deux caisses manquantes vis-à-vis du destinataire — dans le cas, évidemment, où celui-ci a une action contre lui.

L'article 53, toutefois, ne dit pas que la présomption qu'il établit est une présomption irréfragable. L'entrepreneur de manutention peut donc certainement faire la preuve contraire à l'égard du transporteur. En revanche, il ne pourra faire la preuve contraire aux énonciations du titre de transport contre le destinataire, car, s'il a reçu la marchandise pour le compte de celui-ci, comme le prévoit l'article 81 du décret du 31 décembre 1966, c'est qu'il a agi comme « *consignataire de la cargaison* ». Or, le consignataire de la cargaison qui n'a pas pris de réserves contre le transporteur ne peut, nous l'avons vu, faire la preuve contraire aux mentions du titre de transport dans ses rapports avec le destinataire (*supra*, n° 659 et article 20 de la loi du 3 janvier 1969).

691. Régime de la responsabilité. — L'article 53 institue ensuite, pour le dommage causé aux marchandises qui sont sous la garde de l'entrepreneur de manutention, un régime de responsabilité proche de celui qui régit le transporteur maritime. L'entrepreneur de manutention, tenu dans le principe d'une obligation de résultat, est de plein droit responsable du dommage subi par la marchandise qu'il a sous sa garde. Toutefois, il peut s'exonérer de ce dommage en prouvant que celui-ci provient des cas exceptés qui sont énumérés par la loi et qui sont les suivants : l'incendie, les faits constituant un événement non imputable à

(12) Voir aussi Versailles, 13 mai 2004, *BTL* 2004.412, reprochant à l'entreprise de manutention d'avoir placé un conteneur chargé de marchandises aisément commercialisables en un emplacement insuffisamment surveillé.

l'entrepreneur, la grève ou le lock-out, la faute du chargeur, notamment dans le mauvais emballage ou marquage des marchandises, enfin le vice propre de la marchandise. Nous ne nous étendrons pas ici sur ces cas exceptés, qui seront étudiés à l'occasion du contrat de transport de marchandises. Nous noterons toutefois la sévérité générale des tribunaux, les juges admettant ainsi rarement l'excuse de force majeure (voir les espèces citées et analysées, *DMF* 1989.92 ; *adde* Rouen, 1er oct. 1998, *DMF* 1999, Hors-série n° 4, au n° 57).

Nous ne nous étendrons pas non plus sur la règle complémentaire qu'énonce l'article 53, et qui elle aussi se retrouve dans la responsabilité du transporteur (*infra*, n° 1102), à savoir que, même lorsqu'un dommage apparaît comme étant la conséquence d'un cas excepté, le destinataire de la marchandise peut faire la preuve que le dommage est dû, en tout ou en partie, à une faute de l'entrepreneur de manutention ou de ses préposés (pour un cas d'application de cette dernière règle, voir Tribunal de commerce de Marseille, 21 avr. 1978, navire *Ancona*, *DMF* 1978.731, qui déclare un entrepreneur de manutention responsable d'un vol à quai, nonobstant la grève du personnel du service commun de surveillance, au motif qu'en présence de cette grève, il appartenait à l'entreprise de manutention d'assurer personnellement la garde des marchandises qui lui avaient été confiées).

692. Responsabilité extra-contractuelle. — Quand l'action ou le recours en garantie à fondement quasi délictuel formé contre un entrepreneur de manutention, est recevable, il faut déterminer le contenu de la responsabilité de celui-ci. Si les conditions d'application de l'alinéa premier de l'article 1384 du Code civil sont réunies, on peut incontestablement invoquer le fait de la chose pour engager la responsabilité de l'entreprise de manutention. Au-delà de la responsabilité du fait des choses, c'est alors la faute de l'entrepreneur de manutention qui doit être prouvée.

Il a été longtemps observé que cette faute devait être une faute distincte des manquements contractuels de l'entrepreneur de manutention à l'égard du transporteur maritime (voir en ce sens, Aix-en-Provence, 10 déc. 1993, *DMF* 1994.720, note Y. Tassel). Pareille observation paraissait avoir été condamnée par un arrêt de la Cour de cassation du 4 janvier 1994 (*BTL* 1994.498). Dans cet arrêt, la Cour de cassation a considéré comme « *erroné mais surabondant* » le motif, avancé par la Cour d'appel d'Aix-en-Provence, que l'action en responsabilité quasi délictuelle intentée contre l'acconier par le propriétaire des marchandises « *aurait dû nécessairement être fondée sur une faute distincte des manquements contractuels de cet intermédiaire à l'égard du transporteur maritime* ». Mais, tandis que cette jurisprudence était suivie par la Chambre civile, la Chambre commerciale de la Cour de cassation paraît être revenue sur sa position. Dans un arrêt du 5 avril 2005, elle décide « *qu'un tiers ne peut, sur le fondement de la responsabilité délictuelle, se prévaloir de l'inexécution du contrat qu'à la condition que cette inexécution constitue un manquement à son égard au devoir général de ne pas nuire à autrui* » (*Rev. trim. de droit civil* 2005.602, obs. et réf. P. Jourdain).

Il reste que la notion de manquement au devoir général de ne pas nuire à autrui est très large. Dans nombre de cas, et même si la Chambre commerciale maintient son analyse, la responsabilité de l'entreprise de manutention pourra être mise en cause, par exemple, si cette entreprise a manipulé sans soin une marchandise fragile, ou n'a pas exercé une surveillance suffisante de la marchandise (Rouen, 16 sept. 1993, *DMF* 1994.629), ou a chargé à destination d'Abidjan une marchandise qui devait être acheminée vers La Réunion (Versailles, 24 sept. 1992, *DMF* 1992.698, note Y.T.).

B. — Modalités de la responsabilité. Limitation et prescription

693. Principe. Calcul de la limitation. Conteneurs. — Même lorsqu'il est responsable du dommage subi par la marchandise ou de la perte de celle-ci, l'entrepreneur de manutention bénéficie normalement de la même limitation de responsabilité que le transporteur maritime.

Depuis la modification de ce texte par la loi du 22 décembre 1986, cette limitation s'établit à la somme de 666,67 droits de tirage spéciaux par colis (soit, au 31 décembre 2005, environ 806 euros) ou de 2 droits de tirage spéciaux par kilogramme en poids brut de marchandise endommagée ou perdue (soit 2,4 euros), la limite la plus élevée étant applicable.

Le calcul de la limitation pose un grave problème en cas de marchandises en conteneur. Pour ce qui est de la limitation du transporteur, les textes et les tribunaux prennent en considération le nombre de colis indiqué sur le connaissement (*infra*, n° 1109). Aucun problème ne se pose si le connaissement a été communiqué à l'entreprise de manutention, laquelle ne peut prétendre ignorer le nombre de colis à elle confiés. En revanche, un débat s'est ouvert en jurisprudence dans la situation, extrêmement fréquente, où le connaissement n'a pas été remis à l'entrepreneur de manutention.

Dans une affaire où ce qui était en cause c'était le vol de magnétoscopes transportés dans un conteneur, le Tribunal de commerce de Marseille, puis la Cour d'appel d'Aix-en-Provence avaient condamné le *transporteur* à indemniser le destinataire à hauteur de 586 424 francs, chacun des colis contenant un magnétoscope ayant été considéré comme un *colis* pour le calcul de la limitation de responsabilité. En revanche, ils n'avaient condamné l'*acconier* à indemniser le transporteur qu'à hauteur de 54 568 francs, sur la base d'une limitation de responsabilité calculée au seul *kilo* (13). Pour les juges, les seuls documents contractuels signés par l'acconier étant, d'une part la liste informatique des conteneurs à débarquer, d'autre part le procès-verbal signé par ledit acconier pour la prise en charge du conteneur litigieux, documents qui ne contenaient ni l'un ni l'autre aucun détail sur le nombre de colis, la limitation de responsabilité

(13) Aix-en-Provence, 13 févr. 1997, *DMF* 1997.85, n. Ph. GODIN, et obs. P. BONASSIES, *DMF* 1998, Hors-série n° 2, au n° 86.

de l'acconier devait être calculée au poids. Dans un arrêt du 9 juin 1998, dont les conclusions ont été réaffirmées par un arrêt du 13 avril 1999, la Cour de cassation a condamné la position adoptée par les juges du fond (14).

Pour la Cour de cassation, « *les mentions du connaissement constituent des éléments objectifs du calcul de la limitation légale de responsabilité du transporteur maritime, et par conséquent de l'entrepreneur de manutention qui ne bénéficie pas d'autre limitation, peu important que cet entrepreneur n'ait pas été informé, par un document contractuel à son égard, des mentions portées au connaissement* ». Cette analyse nous paraît tout à fait fondée. La limitation de responsabilité de l'entrepreneur de manutention n'est pas une limitation *contractuelle*. C'est une limitation *légale*, calculée par référence à des éléments objectifs, le poids ou, pour les charges groupées, la mention du nombre de colis figurant au connaissement. Cette mention, une fois portée sur le connaissement, doit être perçue comme dépourvue de toute subjectivité. Aussi bien doit-on observer qu'aux termes de l'article 54 de la loi du 18 juin 1966, la responsabilité de l'entrepreneur de manutention est déterminée, non pas directement par rapport aux mentions du connaissement, mais par rapport au « *montant fixé à l'article 28* ». Ce n'est qu'à travers les dispositions de l'article 28 que les mentions du connaissement sont introduites comme éléments de calcul du montant de la limitation, et non pas à travers une référence à la connaissance subjective que peut en avoir l'entrepreneur de manutention. La position adoptée par la Cour de cassation est, par ailleurs, conforme au souci du législateur de faire coïncider, dans toute la mesure du possible, la responsabilité de l'entrepreneur de manutention avec celle du transporteur maritime.

Il reste que, comme cela a été justement relevé (Ph. Godin, *Les limitations de responsabilité de l'entrepreneur de manutention*, *DMF* 1998.1107), la règle posée par la Cour de cassation ne vaut que pour la limitation légale opposable par l'entrepreneur de manutention aux ayants droit à la marchandise. Elle ne vaut pas pour la limitation contractuelle qui peut figurer dans le contrat qui lie l'entreprise de manutention et un armateur, contrat qui échappe aux contraintes de la loi de 1966. Ce contrat peut parfaitement prévoir que la limitation dont bénéficiera l'entrepreneur de manutention sera établie sur la base choisie par les parties, et notamment selon le nombre de colis déclaré par le transporteur maritime.

693 *bis*. Domaine de la limitation. Dommage pécuniaire ou financier. — S'agissant du transporteur, le problème se pose de savoir si la limitation s'applique à tous les dommages subis par l'ayant droit à la marchandise, y inclus les dommages financiers résultant, par exemple, du retard à la livraison, ou si elle ne concerne que les dommages matériels subis par la marchandise (cas de perte ou avaries : voir *infra*, n° 1111). Le même problème se pose pour l'entrepreneur de manutention. Une jurisprudence récente y apporte des réponses contradictoires.

(14) Cass. 9 juin 1998, navire *Ever General*, *DMF* 1998.810, rapp. RÉMERY et obs. P. BONASSIES : 13 avr. 1999, navire *Ville de Pluton*, *DMF* 1999.720, rapp. RÉMERY et obs. F. LE LOUER.

Dans un arrêt du 15 février 1994, la Cour de cassation a approuvé la Cour de Paris d'avoir refusé à un entrepreneur de manutention le droit d'opposer la limitation de responsabilité à un demandeur invoquant un dommage né, non d'avaries à la marchandise, mais du coût des opérations de reconditionnement auxquelles il avait fallu procéder sur cette marchandise (*BTL* 1994.259 et obs. P. Bonassies, *DMF* 1995.102). Pour la Cour suprême, « *il résulte des dispositions combinées des articles 28 et 54 de la loi du 18 juin 1966 énonçant que la responsabilité de l'entrepreneur de manutention ne peut en aucun cas dépasser, pour les dommages subis par la marchandise, les montants fixés* (par la Convention de Bruxelles) ; *ayant constaté que le chargeur avait demandé à être indemnisé des frais occasionnés par le dépotage, la neutralisation et le reconditionnement du produit et non des dommages subis par les marchandises, la Cour d'appel a pu estimer que les dispositions de la Convention internationale limitatives de responsabilité susvisées n'étaient pas applicables aux conséquences de l'avarie* ».

Dans un arrêt du 29 novembre 1994, c'est une solution différente qui est donnée pour le dommage résultant du retard, dommage qui, cependant, ne rentre pas, lui non plus, dans la notion de « *dommages subis par la marchandise* » (*JCP* 1995, tableaux de jurisprudence, n° 290). Pour la Cour suprême, alors même que la responsabilité du transporteur maritime n'est limitée aux montants déterminés par l'article 28 de la loi de 1966 que pour les pertes ou dommages subis par les marchandises, celle de l'entrepreneur de manutention, aux termes de l'article 54 de la même loi, « *ne peut en aucun cas dépasser cette limite* ». L'analyse semble devoir être approuvée.

Importante pour ce qui est du domaine de la limitation, l'analyse, qui privilégie dans le texte de l'article 54 de la loi de 1966 les termes « *en aucun cas* » l'est aussi sur un autre point : celui de la faute entraînant déchéance du droit à limitation.

694. Déchéance de la limitation. — La limitation de responsabilité dont bénéficie une entreprise de manutention a un caractère à peu près absolu. Sous l'empire du texte originaire de la loi de 1966, elle n'était écartée, de même que la limitation appliquée au transporteur maritime soumis à la même loi de 1966, qu'en cas de *dol*, et subsistait en cas de faute lourde ou même inexcusable. L'article 54 énonçait en effet que la responsabilité de l'entrepreneur de manutention ne dépasserait *en aucun cas* la somme fixée par décret, et la Cour de cassation avait toujours considéré qu'une telle formulation ne permettait de faire exception à la limitation qu'en cas de dol (Cass. 18 juill. 1984, navire *Prométhée*, *DMF* 1985.210). Depuis la loi du 23 décembre 1986, le régime ici applicable à la limitation n'est pas sans être marqué de quelque incertitude.

S'agissant des transporteurs maritimes, la loi de 1986 a strictement aligné le régime applicable aux transporteurs soumis à la loi de 1966 avec celui des transporteurs soumis à la Convention internationale applicable à la matière — Convention de Bruxelles de 1924, telle que modifiée par le Protocole de 1968.

Désormais, non seulement les montants de la limitation applicables à tous les transporteurs sont identiques, mais la limitation est aussi écartée pour tous non seulement en cas de dol mais aussi en cas de faute inexcusable — la faute commise témérairement et avec conscience qu'un tel dommage en résulterait probablement (article 28 nouveau de la loi de 1966). S'agissant des entreprises de manutention, le législateur de 1986 a, certainement par erreur ou inattention, maintenu, quant à la déchéance du droit à limitation, l'expression antérieure « *en aucun cas* » (voir article 54 nouveau de la loi de 1966, énonçant : « *la responsabilité de l'entrepreneur de manutention ne peut en aucun cas dépasser les montants fixés à l'article 28* », l'article 28 ici visé définissant la limitation applicable aux transporteurs maritimes).

De ce fait, lorsqu'ils veulent sanctionner une faute particulièrement grave d'une entreprise de manutention, les tribunaux le font, en qualifiant — très abusivement — cette faute de dolosive, comme la Cour de Rouen, dans une décision du 25 novembre 1999, concernant une entreprise qui avait agi en dépit de tout bon sens (*DMF* 2000.807, note Y. Tassel, et obs. P. Bonassies, *DMF* 2001, Hors-série n° 5, au n° 66). La chose est particulièrement nette dans deux décisions récentes de la Cour d'appel d'Aix-en-Provence, lesquelles sanctionnent l'entreprise de manutention en lui refusant le droit à limitation pour son comportement *postérieurement* à l'incident ayant causé le dommage (15).

Pour éviter semblable dévoiement des notions, il faudrait que le législateur intervienne et corrige l'erreur de 1986 — chose assez improbable —, ou que la Cour de cassation accepte de lire l'article 54 de la loi de 1966 comme renvoyant non pas seulement aux montants fixés par l'article 28, mais à ce texte *dans sa totalité*, y compris la déchéance prononcée en cas de faute *inexcusable*. Malgré l'importance accordée par la Cour de cassation dans son arrêt du 29 novembre 1994 aux termes *en aucun cas*, pareille évolution n'est peut-être pas impossible (16).

695. Prescription d'un an. — Il suffit de dire ici que, depuis la réforme de 1966, l'entreprise de manutention bénéficie de la même prescription d'un an que le transporteur maritime. Cette prescription part du jour où la marchandise a été remise au destinataire et non du jour de la survenance du dommage, et ce même quant à l'action du transporteur contre l'entreprise de manutention (Tribunal de commerce de Marseille, 17 novembre 1978, navire *Antinea, Revue Scapel* 1979.7). Par ailleurs, elle s'applique aux actions en responsabilité délictuelle aussi bien qu'aux actions contractuelles (Cass. 22 oct. 1996, navire *Captain*

(15) Aix-en-Provence, 11 mai 2004, *BTL* 2004.387 et 18 mai 2004, *DMF* 2005.241, obs. Y. TASSEL et obs. P. BONASSIES, *DMF* 2005, Hors-série n° 9, au n° 87, étant reproché à l'entreprise d'avoir tenté de dissimuler l'origine du sinistre ou d'organiser son irresponsabilité (pose de nouveaux plombs). Le comportement visé était certainement condamnable — mais par d'autres moyens. Voir, pareillement laxiste dans l'utilisation de la notion de dol, Aix-en-Provence 29 mars 2007, navire *Blue Sky, DMF* 2007.683, obs. J. BONNAUD et P. BONASSIES, *DMF* 2008, Hors-série n° 12, au n° 66.

(16) Ce n'est pas cependant la voie que paraît avoir choisie la Cour de cassation. Dans un arrêt du 25 juin 2001, elle censure la Cour de Paris pour avoir admis le droit de l'acconier à limitation, sans avoir véritablement établi qu'il n'avait pas eu *un comportement d'une extrême gravité confinant au dol* (navire *Igor*, *DMF* 2001.1015, obs. Y. TASSEL et obs. P. BONASSIES *DMF* 2002, Hors-série n° 6, au n° 69). Quel que soit le sens que l'on doive donner à la motivation de la Cour de cassation, une chose est certaine : elle n'exprime aucune référence à la notion de faute inexcusable.

Most, *DMF* 1996.1014, rapp. Rémery et obs. P. Bonassies, *DMF* 1997, Hors-série n° 2, au n° 50) (17).

En revanche, elle ne s'applique qu'aux dommages causés aux marchandises. S'agissant des dommages causés au navire, l'action en responsabilité se prescrit selon les règles du droit commun : naguère dix ans, aujourd'hui cinq ans (Cass. 7 déc. 2004, navire *Iolcos History*, *DMF* 2005.41, obs. Y. Tassel et obs. P. Bonassies, *DMF* 2005, Hors-série n° 9, au n° 91). La règle paraît devoir être approuvée, les dispositions de l'article 32 de la loi du 18 juin 1966 (applicables à l'entreprise de manutention par le renvoi de l'article 52) ne visant que « *les pertes ou dommages subis par la marchandise* ». Il ne faut cependant pas la lire comme impliquant que la responsabilité du manutentionnaire pour dommages au navire est une responsabilité extra-contractuelle. Car on peut penser que l'obligation de celui-ci de veiller à la sécurité du navire fait partie des obligations contractuelles que lui imposent les articles 1134 et 1135 du Code civil.

696. Conflits de lois. — La question de la loi applicable aux opérations de manutention pose un problème particulier. L'article 57 de la loi de 1966 énonce en effet que « *en matière internationale, les opérations (de manutention) sont soumises à la loi du port où opère l'entrepreneur* ». Cela impliquait que les opérations effectuées dans un port étranger ne fussent soumises à la loi française, mais à la loi locale, une règle qui allait sans doute de soi, mais que la Cour de cassation a dû faire respecter par les juges du fond (Cass. 28 févr. 1984, *DMF* 1985.149, note A. Vialard) (18).

L'article 57 est aujourd'hui dépassé — et même implicitement abrogé — par les dispositions du Règlement Rome I (voir *supra*, n° 542). En fait cependant, en déclarant applicable aux contrats de services, et donc aux contrats de manutention, « *la loi du pays dans lequel le prestataire de services a sa résidence habituelle* », le règlement communautaire confirme la règle française de la loi du port. Mais, nous l'avons vu, le règlement réserve la liberté pour le juge d'appliquer la loi d'un autre pays, « *lorsqu'il résulte de l'ensemble des circonstances de la cause que le contrat présente des liens manifestement plus étroits avec un pays autre que celui* » de la résidence habituelle. Dans certaines circonstances, le droit communautaire pourra conduire à l'application d'une loi autre que la loi du port — et c'est ce droit qui commandera la décision du juge français (19). Si l'entreprise de manutention était recherchée sur un fondement extra-contractuel, la solution du conflit de lois serait commandée par le règlement Rome II (application de la loi du pays où le fait dommageable se

(17) Pour la Cour de Rouen, elle s'applique aussi aux dommages causés au navire par l'entreprise de manutention : 22 janvier 1998, *DMF* 1998.364, n. J-F. TANTIN, solution qui prête à débat : voir obs. P. BONASSIES, *DMF* 1998, Hors-série n° 3, au n° 82.

(18) Voir aussi, appliquant à bon droit le droit ivoirien — d'ailleurs identique au droit français — à l'action du destinataire contre un acconier ivoirien, Paris, 12 nov. 2003, *BTL* 2003.797 ; pour l'application du droit camerounais, Paris, 15 sept. 2005, *BTL* 2005.821.

(19) Nous songeons ici à un cas analogue à l'espèce soumise à la Cour d'Aix-en-Provence le 9 décembre 2008, espèce concernant un accident de manutention survenu à Marseille sur un navire croate, un marin croate ayant été blessé (navire *M/V Ami*, *DMF* 2009.423, obs. P. CHAUMETTE). Le règlement Rome I, s'il eût été applicable, aurait pu fonder l'application du droit croate (en fait le juge n'a pas eu à statuer sur le problème de la loi applicable, s'étant déclaré incompétent).

produit — donc de la loi française, sauf au juge à considérer que ce fait présente un lien manifestement plus étroit avec un autre pays : article 4 alinéas 1 et 2 du règlement).

697. Unification du droit. — En juin 1989, la CNUDCI a adopté un projet de convention internationale sur la responsabilité des *terminal operators*, susceptible d'affecter les entreprises de manutention dans leur fonction de garde de la marchandise avant embarquement et après livraison (opérations visées à l'article 51 de la loi de 1966).

Notion assez incertaine, la notion de *terminal operator* s'applique aux organismes portuaires, parfois privés mais souvent publics, précisément tenus dans de nombreux pays de prendre en charge les marchandises avant et après un transport maritime. La convention nouvelle stipule que le *terminal operator* sera responsable des marchandises à lui confiées, à moins qu'il ne prouve qu'il a pris toutes les mesures raisonnablement nécessaires pour éviter l'événement cause du dommage. Ce régime de responsabilité étant celui-là même qui est prévu par les *Règles de Hambourg* pour les transporteurs maritimes (sur ces Règles, voir *infra*, n° 1064), la convention de la CNUDCI devrait généraliser l'unité des régimes transporteur maritime/entrepreneur de manutention qu'a réalisée la loi française de 1966. La convention nouvelle prévoit aussi un régime de limitation, mais diversifié selon que la marchandise est destinée à être transportée par mer ou par route.

Section 2

Les entreprises auxiliaires de l'armateur à activité maritime

Trois catégories d'entreprises, ou de personnes, sont susceptibles d'intervenir à la mer comme auxiliaires de l'armateur : les entreprises de remorquage d'une part, les pilotes et les lamaneurs d'autre part.

§ 1. — *Les entreprises de remorquage*

698. Notion. — Telles qu'elles sont connues de la pratique moderne, les entreprises de remorquage sont apparues dans la deuxième moitié du XIXe siècle, avec le développement des navires à vapeur. C'est ainsi que s'est créée au Havre, en 1864, La Compagnie Les Abeilles, ou la Compagnie Chambon en 1873, à Marseille.

Les entreprises de remorquage exercent leurs activités dans trois directions. La première, on l'a vu, est celle de l'assistance aux navires en péril (*supra*, n°s 479 et s.). La seconde est celle du remorquage en haute mer, remorquage d'un port à un autre d'un navire privé de ses moyens de propulsion, ou d'un engin flottant sans moteur, telles une barge-usine, ou une plate-forme de forage. Assistance et remorquage en haute mer sont souvent le fait de bâtiments d'une très grande puissance, qui a crû avec le temps (pouvant aujourd'hui atteindre, voire dépasser 25 000 chevaux). La troisième activité des entreprises de remorquage est celle du remorquage portuaire, remorquage à l'entrée et à la sortie des ports, effectué par des unités de petite ou moyenne dimension, d'une puissance de 500 à 5 000 chevaux.

Le statut des entreprises de remorquage, catégorie spécifique d'armateurs, n'appelle guère d'observation particulière, sauf à relever la réglementation récente concernant les règles de travail à bord des remorqueurs desservant les ports français. Aux termes de l'article 43 de la loi 2006-10 du 5 janvier 2006, les personnels employés à bord de ces bâtiments sont en effet désormais soumis aux dispositions législatives, réglementaires et conventionnelles applicables aux salariés employés par les entreprises de la même branche établies en France, notamment pour la durée du travail, le salaire minimum et les règles relatives à la sécurité, la santé et l'hygiène — étant toutefois exclu le régime social applicable aux équipages de remorqueurs. Derrière la formulation laborieuse du texte (pourquoi se référer aux dispositions applicables aux entreprises de la même branche établies en France, et non aux dispositions du droit français ?) se dissimule la volonté du législateur de ne pas voir s'établir dans le remorquage français une concurrence par trop désordonnée.

En revanche, doivent retenir l'attention tant le particularisme du contrat de remorquage, que celui du régime de responsabilité en la matière.

A. — Le contrat de remorquage

Le contrat de remorquage mérite une présentation pratique autant qu'une analyse théorique.

699. Conclusion du contrat. Contenu. — En pratique, ce sont les modalités de conclusion du contrat de remorquage qui seront ici évoquées, s'agissant en particulier du remorquage portuaire.

La conclusion d'un contrat de remorquage en haute mer, surtout s'il s'agit du remorquage d'un engin important, plate-forme de forage par exemple, donne lieu à des pourparlers classiques, comme à la signature d'un écrit, qui prend souvent la forme d'un contrat type (l'absence d'écrit rendant inopposable au remorqué les stipulations des conditions générales de l'entreprise de remorquage (Aix-en-Provence, 23 mai 1975, navire *Laurent Chambon, Revue Scapel* 1975.46)). Il n'en est pas de même du contrat de remorquage portuaire.

Lorsqu'un navire arrive à l'entrée d'un port, le contrat de remorquage portuaire sera normalement conclu sur simple appel téléphonique de l'agent maritime de l'armateur, ou sur appel radio du commandant du navire. Aucun écrit ne sera établi, un bon de remorquage étant seulement parfois remis au commandant, les parties se référant implicitement aux conditions générales de l'entreprise de remorquage. Ces conditions sont aujourd'hui déposées auprès de la Chambre de commerce locale, et périodiquement communiquées aux agents maritimes locaux. De ce chef, elles sont considérées par la jurisprudence dominante comme opposables aux armateurs (Cour d'appel de Rouen, 22 mars 1984, navire *Léonce Vieljeux*, *DMF* 1985.212 ; une décision en sens inverse rendue par la Cour de cassation le 30 juin 1970, navire *Le Dauphin*, *DMF* 1970.650, s'explique par les circonstances particulières de l'espèce, le remorqué étant un plaisancier et non un armateur).

Le contenu des contrats de remorquage est des plus classiques. Cependant, de tout temps, les contrats de remorquage se sont caractérisés par l'importance qui y est accordée aux clauses concernant la responsabilité du remorqueur, clauses qui tendent à transférer le plus largement possible cette responsabilité sur le remorqué (*infra*, n°s 702 et s.).

700. Nature juridique. Remorquage de navire. — C'est en partie pour fonder la validité de telles clauses que la doctrine classique s'est interrogée sur la nature juridique du contrat de remorquage, les thèses les plus diverses ayant été avancées.

Pour certains, le contrat de remorquage devait être assimilé à un contrat de louage de services, autre nom du contrat de travail. Le remorqueur louait en quelque sorte ses services au remorqué, pour procéder à la traction de celui-ci, de la même manière que l'ouvrier agricole loue ses services à son employeur. Cette première thèse, qui méconnaît que seule une personne physique peut louer ses services, n'est guère soutenable, même si elle peut se référer à la qualification parfois adoptée par certains contrats de remorquage, se qualifiant eux-mêmes de contrats de louage de services. La thèse a été aussi défendue que le contrat de remorquage était un contrat de transport, surtout quand le remorquage s'applique à un engin inerte. Mais, depuis 1936 (promulgation du premier texte sur le contrat de transport maritime de marchandises ; voir *infra*, n° 893), cette seconde analyse présente un inconvénient grave : si le contrat de remorquage est un contrat de transport, toute clause de non-responsabilité est illicite, le transporteur maritime ne pouvant s'exonérer de sa responsabilité légale. Enfin, une dernière thèse a été soutenue, qui est beaucoup plus satisfaisante, c'est celle du contrat de remorquage considéré comme contrat de louage d'ouvrage, ou contrat d'entreprise.

On peut se demander si le problème de la nature juridique du remorquage n'a pas été renouvelé par la loi du 3 janvier 1969, et s'il ne faut pas aujourd'hui distinguer deux types de remorquage : le remorquage de navire ; le remorquage d'engin inerte (plate-forme de forage ; usine nautique).

S'agissant du remorquage de navire, le législateur a donné au contrat de remorquage un caractère spécifique et qui se suffit à lui-même. Ce contrat est devenu l'un des contrats spéciaux que le droit positif a multipliés, avec sa structure propre. Et c'est bien là, semble-t-il, la thèse qui a été adoptée par la Cour de cassation dans un arrêt du 21 juin 1983, où la Cour observe que, soumise aux dispositions de la loi du 3 janvier 1969, une convention de remorquage en haute mer échappe aux dispositions de la loi du 18 juin 1966 sur la responsabilité du transporteur maritime (navire *Citerna*, *DMF* 1984.335).

701. Remorquage d'engin inerte. — Mais, se référant constamment au « *navire remorqué* », la loi de 1969 ne concerne que le remorquage de navire. Le problème de la nature du contrat demeure pour ce qui est du remorquage d'engin inerte.

On peut hésiter ici entre trois qualifications, transport, affrètement ou contrat d'entreprise. Le contrat de transport se définit, en droit français, comme le contrat par lequel est acheminée une marchandise déterminée d'un port à un autre (loi du 18 juin 1966, art. 15). Manifestement l'engin remorqué ne peut être considéré comme une « *marchandise* ». Par ailleurs, l'entreprise de remorquage ne fournit pas seulement à son client un simple « *acheminement* », comme le fait un transporteur. Elle lui fournit un ensemble de prestations (choix de la remorque, mise en place de celle-ci, contrôle permanent des opérations, etc.) assurant non seulement le déplacement de l'engin remorqué mais aussi sa sécurité, et ce dans un milieu difficile. Enfin la rigidité du régime juridique du contrat de transport et la rigueur de la responsabilité du transporteur ne sont pas adaptées au remorquage, et surtout au remorquage en haute mer d'unités parfois gigantesques.

La notion d'affrètement, plus large et infiniment plus souple que celle de transport, est plus proche du remorquage. L'entreprise de remorquage, tout comme le fréteur (loi du 18 juin 1966, article 1er), met bien un navire (le remorqueur) « *à la disposition* » de son client. Il reste que, parfois, ce ne sont pas seulement le navire et le voyage à accomplir qui sont l'essentiel du contrat, mais les services complexes que le remorqueur peut fournir (par exemple pour la mise en place de certaines plates-formes de forage). On pourrait alors admettre l'idée d'un complexe de contrats, entreprise et affrètement (voir M. Rémond-Gouilloud, n° 158 ; comparer, pour l'application au remorquage fluvial de la qualification de transport, Paris 22 avril 1994, *DMF* 1994.791, obs. P. Bonassies, *DMF* févr. 1995).

B. — La responsabilité des entreprises de remorquage

702. Remorquage de navire. Loi de 1969. — S'agissant du remorquage de navire, le régime de la responsabilité de l'entreprise de remorquage est précisé par la loi du 3 janvier 1969. Ce texte s'organise autour de la distinction déjà évoquée ci-dessus entre le remorquage de haute mer et le remorquage portuaire (20).

La loi de 1969 décide d'abord que, pour les opérations de *remorquage portuaire*, les dommages de tous ordres sont à la charge du navire remorqué, à moins qu'il n'établisse la faute du remorqueur, ces opérations s'effectuant sous la direction du capitaine du navire remorqué, et il en est ainsi même si le navire remorqué est privé de force motrice et d'équipage (21). Ainsi, le dommage subi par les tiers, le dommage subi par le remorqué, et même le dommage subi par le remorqueur à l'occasion d'une opération de remorquage, seront tous à la charge du navire remorqué. La règle est inhabituelle, qui met les responsabilités d'une opération à la charge non du prestataire de service, mais de celui qui bénéficie des services. Elle est cependant tout à fait justifiée, d'une part eu égard aux dangers du remorquage, lesquels dangers sont dus non au remorqueur mais à la masse du remorqué, d'autre part à l'observation, que le législateur fait lui-même, que les opérations de remorquage portuaire sont normalement commandées de la passerelle par le capitaine du navire remorqué (ou le pilote).

S'agissant du *remorquage en haute mer*, le législateur établit la règle exactement inverse : les opérations s'effectuant sous la direction du capitaine du remorqueur, les dommages de tous ordres, qu'il s'agisse de dommages aux tiers, aux remorqués ou aux remorqueurs sont à la charge du remorqueur, à moins qu'il n'établisse la faute du navire remorqué. Et, eu égard aux dispositions du texte, ce régime s'applique même si le navire remorqué a conservé tout ou partie de sa force de traction — sauf dispositions particulières du contrat de remorquage (ce qui est toujours le cas).

Ayant défini le régime légal de responsabilité, le législateur de 1969 a prévu, à côté de ce régime, l'existence d'un second régime, d'ordre conventionnel. Aux termes de l'article 27 de la loi de 1969, dans le remorquage portuaire, les parties peuvent, par convention expresse et écrite, confier au capitaine du remorqueur la direction des opérations. Dans ce cas, tous les dommages sont à la charge du remorqueur, à moins qu'il n'établisse la faute du navire remorqué. Et l'on retrouve une structure inverse pour le remorquage en haute mer : les parties peuvent, par convention expresse (la nécessité d'un écrit ayant ici été curieusement oubliée) confier au capitaine du remorqué la direction des opérations, le fait entraînant le transfert des responsabilités à la charge du navire remorqué, à moins que celui-ci n'établisse la faute du remorqueur.

703. Caractère supplétif du régime prévu par la loi de 1969. L'arrêt *Dragor Maersk*. — Le régime établi par la loi de 1969, régime légal, accompagné d'un régime conventionnel subsidiaire, soulève une question immédiate : ce régime est-il *d'ordre public* ? Est-il possible aux parties de

(20) Le législateur de 1969 aurait pu adopter une autre distinction, appliquée par certains droits, entre remorquage de navire ayant conservé sa force de traction motrice et remorquage de navire privé de telle force. En raison des difficultés qu'avait soulevées cette distinction, il a choisi la distinction, plus aisée à mettre en œuvre, entre remorquage portuaire et remorquage de haute mer.

(21) Cass. 8 juill. 2003, navire *Moussaillon*, *DMF* 2003.967, rapp. DE MONTEYNARD et obs. I. CORBIER.

prévoir un régime conventionnel autre que celui qui est prévu par la loi elle-même ? Par exemple, la clause, qui se retrouve dans la totalité des contrats de remorquage portuaire, selon laquelle le remorqué reste responsable même en cas de faute du remorqueur, à la seule exclusion de la faute lourde, est-elle licite ?

Les tribunaux du fond se sont divisés sur le problème. Pour la Cour d'appel d'Aix-en-Provence, la clause transférant au remorqué la responsabilité des opérations de remorquage, même en cas de faute du remorqueur était valable, en l'absence de toute faute lourde (11 oct. 1983, navire *Archangelos*, *DMF* 1984.683). En revanche, pour la Cour de Rouen, l'article 26 de la loi du 3 janvier 1969 énonçant que le remorqueur est responsable en cas de faute était d'ordre public, et il ne pouvait y être dérogé que conformément à l'article 27, c'est-à-dire pour faire supporter au remorqueur la responsabilité des opérations de remorquage (Rouen, 22 mars 1984, navire *Léonce Vieljeux*, *DMF* 1985.212). Renversant sa première jurisprudence, la Cour d'Aix a toutefois pris ensuite parti en faveur du caractère d'ordre public des dispositions légales (20 janv. 1994, navire *Dragor Maersk*, *DMF* 1994.564, note P. Pestel-Debord, obs. P. Bonassies, *DMF* février 1995). La question est aujourd'hui tranchée par un arrêt de l'Assemblée plénière de la Cour de cassation, rendu le 26 mars 1999, précisément dans l'affaire du *Dragor Maersk* (22).

Le remorqueur *Marseillais 16* ayant subi des dégâts alors qu'il servait le porte-conteneur *Dragor Maersk*, en conséquence d'une faute de manœuvre de son capitaine, la compagnie de remorquage arguait que l'armateur du remorqué devait l'indemniser de ces dégâts, en application de la clause du contrat selon laquelle les remorqueurs sont placés sous la garde du cocontractant, de sorte que les avaries et dommages subis par remorqué, remorqueur ou tiers restent à la charge exclusive du remorqué — à l'exclusion de la seule faute lourde. La Cour d'Aix a rejeté sa prétention, au motif que, « *en prenant soin de définir des régimes de responsabilité légaux et conventionnels pour les opérations de remorquage portuaire et en haute mer, le législateur a entendu interdire aux parties de convenir de règles différentes, leur laissant seulement le choix entre les options dont il a déterminé le contenu* ». L'arrêt de la Cour d'Aix-en-Provence ayant été censuré par la Chambre commerciale (3 janv. 1996, *DMF* 1996, obs. P. Bonassies), la cour de renvoi, la Cour d'appel de Montpellier, a refusé de s'incliner, et a lu, elle aussi, les dispositions des articles 26 et 27 de la loi du 3 janvier 1969 comme ayant un caractère *impératif*. L'affaire a été alors portée devant l'Assemblée plénière. Celle-ci, dans une décision d'une extrême brièveté, après avoir visé l'article 1134 du Code civil, puis les articles 26 et 27 de la loi de 1969, énonce que « *les dispositions de ces deux derniers textes ont un caractère supplétif* » (23).

(22) Navire *Dragor Maersk*, *DMF* 1999.517, obs. P. BONASSIES ; *D.* 1999.369, n. Ph. DELEBECQUE ; voir aussi, N. MOLFESSIS, « Le remorquage, la loi et la liberté contractuelle », *DMF* 1999.987.

(23) Voir, réaffirmant la règle, Cass. 23 nov. 1999, navire *Argonaut*, *DMF* 2000.597, n. R. RÉZENTHEL et obs. P. BONASSIES, *DMF* 2001, Hors-série n° 5, au n° 67.

704. Appréciation critique (24). — La décision de l'Assemblée plénière nous apparaît tout à fait fondée. Les travaux préparatoires de la loi de 1969 établissent que l'intention du législateur n'a jamais été d'instituer un régime impératif (25). Or, lorsque le législateur de 1966-1969 a voulu conférer un caractère impératif à tel de ses textes, par exemple en matière de transport de marchandises ou de transport de passagers, il a su clairement le dire. D'une manière générale, le droit français des contrats a toujours été respectueux de la liberté des parties. S'agissant du modèle contractuel le plus élaboré que propose le Code civil aux contractants, le contrat de vente, même les dispositions les plus importantes de ce modèle, telles les dispositions sur le transfert de propriété ou le transfert des risques, ont toujours pu être modifiées par les parties, — étant seulement prohibées les clauses concernant l'allègement de la garantie en cas d'éviction résultant d'un fait personnel du vendeur, ou l'allègement de la garantie des vices cachés interdite au vendeur qui connaît les vices de la chose.

Certes, le souci de la protection du consommateur a conduit le législateur à limiter la liberté contractuelle. Mais la législation protégeant les consommateurs ne concerne que les contrats conclus entre un professionnel et un consommateur. Elle n'a pas sa place dans les contrats entre professionnels, comme l'est le contrat de remorquage. Enfin, nous observerons qu'il serait paradoxal qu'une société de remorquage, laquelle est souvent dans une position de faiblesse économique en face de l'armateur qui requiert ses services, ne puisse en particulier s'exonérer de la faute nautique de ses capitaines, alors que pareille exonération est inscrite dans la loi elle-même, pour le transporteur maritime.

Un ultime argument a été avancé à l'encontre de la validité des clauses de non-responsabilité des contrats de remorquage, à savoir le fait que de telles clauses constitueraient un *abus de position dominante*. Mais l'argument n'emporte pas la conviction. Il n'est pas évident que les sociétés de remorquage, même si elles ont dans certains ports — et provisoirement (26) — un monopole de fait, soient en situation de position dominante par rapport aux grands armateurs internationaux. Par ailleurs, la position dominante n'est pas en soi critiquable, mais seulement *l'abus* qui peut en être fait. Et, là aussi, il n'est pas certain qu'une clause de responsabilité semblable à celle qui a été discutée dans l'affaire du *Dragor Maersk* puisse être qualifiée d'abusive. Une telle clause, qui a toujours existé, et qui se retrouve dans tous les ports du monde, traduit seulement l'inégalité matérielle foncière qui existe entre remorqueur et remorqué, eu égard à la *puissance de choc* respective de chacun d'eux (27).

Mettant un terme définitif à l'affaire du *Dragor Maersk*, la Cour d'appel de Bordeaux, dans un arrêt du 5 février 2002, reconnaît le caractère *supplétif* aux articles 26 et 27 de la loi du 3 janvier 1969 et exonère la compagnie de

(24) Pour une analyse plus approfondie, voir obs. P. BONASSIES sous l'arrêt de l'Assemblée plénière, citées *supra*, note 22.
(25) Voir, en ce sens, l'opinion de l'auteur du texte, le Doyen RODIÈRE, *Affrètements et transports*, n° 133.
(26) L'observation est importante, la liberté d'accès au marché interdisant que l'on parle de position dominante.
(27) La puissance de choc étant proportionnelle au poids, le rapport entre la puissance de choc du remorqueur et celle du remorqué peut être de 1 à 200, voire plus (remorqueur portuaire de 400 tonnes et pétrolier de 100 000 tonnes).

remorquage de toute responsabilité (*DMF* 2002.835, obs. P. Bonassies). Pour elle, la mauvaise appréciation par le capitaine du remorqueur de l'erre du navire remorqué, encore que fautive, n'était pas constitutive d'une faute lourde (28).

705. Opposabilité des conditions générales. Exigence d'un écrit (non). — Il reste que le principe posé par la Cour de cassation ne peut jouer pleinement qu'à la condition que le cocontractant de l'entreprise de remorquage soit clairement informé des stipulations du contrat, et en particulier de la clause de non-responsabilité y figurant. Le problème a été abordé très complètement par la Cour de Bordeaux dans l'arrêt rendu par elle dans l'affaire du *Dragor Maersk*.

La Cour relève les nombreuses touchées faites par les navires de l'armateur en cause au port de Marseille. Elle observe alors que les navires qui fréquentent régulièrement un port sont censés connaître les conditions de remorquage, dès lors que — comme en l'espèce — ces conditions sont déposées auprès des Chambres de commerce. Elle attache aussi une valeur particulière au fait que ces conditions avaient été communiquées aux agents et consignataires de navire. Car, note-t-elle justement, les consignataires agissent comme mandataire salarié de l'armateur. Enfin, elle se réfère au fait que les conditions générales litigieuses étaient inscrites au dos des factures établies à l'occasion des mouvements antérieurs des navires de l'armement Maersk, pour conclure que la connaissance des conditions du remorquage par le remorqué pouvait être difficilement contestée.

D'une manière générale, il est largement admis par les tribunaux que, dans le domaine commercial, les conditions générales figurant dans un contrat type, et plus particulièrement celles qui, comme en l'espèce, sont portées dans un contrat type établi par une organisation professionnelle, sont opposables à un contractant, dès que, par sa pratique professionnelle, il ne peut les ignorer. La même analyse prévaut dans le domaine particulier du contrat de remorquage. Dans un arrêt du 14 novembre 1958, la Cour d'appel d'Alger avait déjà relevé que le capitaine du navire *Djoliba* connaissait nécessairement les conditions générales de la compagnie de remorquage qu'il avait l'habitude d'utiliser. La Cour de cassation a rejeté le pourvoi formé contre l'arrêt de la Cour d'Alger, au motif que la conclusion que les juges avaient pu déduire des circonstances de fait échappait à son contrôle (Cass. 14 févr. 1967, *Bulletin* 3, n° 77).

En conclusion, nous observerons que la jurisprudence n'exige pas que le contrat de remorquage ait fait l'objet d'un *écrit*. Un tel contrat est un contrat *commercial*. Or le principe est que la preuve est libre en matière commerciale (art. L. 110-3 du Code de commerce, ancien article 109). Les dispositions de l'article 27 de la loi du 3 janvier 1969, énonçant que les parties peuvent, par convention expresse et *écrite*, confier la direction des opérations de remorquage au capitaine du remorqueur, ne peuvent faire l'objet d'une application extensive.

(28) Voir aussi, déjà dans le même sens, Aix-en-Provence, 8 juin 2001, navire *Zeralda*, *DMF* 2001.1120 obs. J.-P. Pellier et P. Albertini, et obs. P. Bonassies, *DMF* 2002, Hors-série n° 6, au n° 71. Une simple erreur de manœuvre étant à l'origine de l'accident en cause, la Cour fait application de la clause de non-responsabilité, et exonère l'entreprise de remorquage de toute responsabilité.

706. Faute lourde. Inexécution fondamentale du contrat.— Si légitimes qu'elles puissent apparaître, les clauses d'exonération de responsabilité figurant au contrat de remorquage ne peuvent avoir une valeur absolue. Il faut d'abord leur refuser tout effet en cas de *faute lourde* de l'entreprise de remorquage (29). On peut même penser qu'il faut leur refuser effet au cas où le remorqueur se révèle inapte au service promis, soit en raison de son innavigabilité foncière, soit en raison d'un manque de puissance évident.

La tendance de la jurisprudence contemporaine est en effet d'écarter les clauses de non-responsabilité non seulement en cas de faute lourde, mais aussi quand la faute concerne l'*obligation fondamentale* du contrat (voir Ph. Malaurie et L. Aynès, *Droit civil, Les obligations*, 2000, n°s 857 et s. ; Ph. Delebecque, *Juris-Classeur commercial*, Contrats, fasc. 111, n° 55). Or, l'entreprise de remorquage manque certainement à son obligation fondamentale quand elle fournit un remorqueur manifestement inapte ou gravement innavigable (voir en ce sens, Rouen, 20 juin 1985, navire *Anangel Wisdom*, *DMF* 1986.630, note P. Emo et G. Brajeux et obs. P. Bonassies, *DMF* 1987.77).

707. Opposabilité aux tiers du régime de la loi de 1967. — La loi de 1969 pose un second problème, qui est de savoir si la répartition des responsabilités qu'elle établit est opposable aux tiers. Le port dont les installations ont été endommagées par un remorqueur à l'occasion d'opérations de remorquage peut-il agir contre l'armateur du remorqueur, ou doit-il diriger son action contre l'armateur du remorqué (alors que, l'article 1384 du Code civil étant ici applicable, il n'a pas à prouver la faute du remorqueur) ?

Dans notre opinion, la réponse à cette question est certainement négative. La loi de 1969 exprime des règles d'ordre contractuel, comme l'a confirmé l'Assemblée plénière dans son arrêt du 26 mars 1999 (*supra*, n° 703). En application des dispositions de l'article 1165 du Code civil, la répartition des responsabilités qu'elle institue est inopposable aux tiers. C'est cependant en sens opposé que s'est prononcée la Cour de cassation dans un arrêt du 6 juin 2000 (navire *Danièle Casanova*, *DMF* 2000.897, note Ph. Delebecque et obs. P. Bonassies, *DMF* 2001, Hors-série n° 5, au n° 68). Alors que le navire était en cours de remorquage, l'aussière du *Danielle Casanova* s'étant libérée prématurément et s'étant rabattue violemment, un passager avait été blessé. Condamnée par la Cour d'Aix-en-Provence, l'entreprise de remorquage avançait qu'en retenant sa responsabilité *en qualité de gardien* du câble de remorquage, le juge du fond avait méconnu tant les dispositions de la loi du 3 janvier 1969 que celles de l'article 1384 du Code civil. Pour écarter l'argument, la Cour de cassation vise l'article 26 de la loi du 3 janvier 1969, lequel met à la charge du remorqué les dommages de tous ordres survenus au cours du remorquage, sauf faute du remorqueur. Puis elle observe que l'entreprise de remorquage ayant reconnu que

(29) Le problème posé par la faute lourde du *capitaine* ou d'un *membre de l'équipage* est malaisé à résoudre. La tendance du droit français est d'assimiler la faute lourde d'un préposé à celle du commettant. Mais la Cour de cassation n'a jamais condamné la clause protégeant un commettant contre une faute lourde d'un préposé. Le problème est donc de savoir si les parties au contrat de remorquage ont entendu exclure une telle faute.

l'incident était dû à une rupture d'un circuit hydraulique du croc de remorquage — lequel fait partie du remorquage —, les juges d'appel avaient dès lors pu conclure que cette entreprise avait commis une faute causale, ce qui justifiait leur décision.

Ramené à l'essentiel, l'arrêt signifie que l'action en responsabilité d'un passager contre l'entreprise de remorquage peut être fondée sur les dispositions de l'article 26 de la loi du 3 janvier 1969. Mais une telle analyse n'est pas en harmonie avec la conception *supplétive* du même article 26 que l'Assemblée plénière a adoptée dans l'arrêt *Dragor Maersk*. La condamnation de l'entreprise de remorquage, si elle demeurait possible — et sans doute justifiée — ne pouvait se fonder sur une référence au seul article 26 de la loi de 1969. Elle supposait que le juge relevât une faute extra-contractuelle de l'entreprise de remorquage (faute de l'article 1382 du Code civil), quitte à conclure que la faute contractuelle ici commise (absence de contrôle du système hydraulique du croc de remorquage) constituait en même temps une faute extra-contractuelle (30).

La Cour de cassation a cependant réitéré la solution donnée en 1999. Dans un arrêt du 8 juillet 2003, s'agissant d'un remorquage assimilé par elle à un remorquage de haute mer, elle a admis que la Cour d'appel de Douai avait pu faire peser la responsabilité d'un accident causé par le convoi sur l'armateur d'un chalutier pris en remorque, ce sur le fondement de l'article 26 (31). Même si on peut marquer quelque réserve à son égard, la solution paraît donc être appelée à se maintenir (32).

708. Domaine d'application du régime de la loi de 1969. — En conclusion, nous observerons que la spécificité du régime de responsabilité du remorqueur de navire implique que l'on en détermine le domaine d'application. Les contrats de remorquage définissent souvent ce domaine d'une manière extensive, encore que tout à fait justifiée. Par exemple, ils précisent que la période contractuelle commencera dès que le remorqueur sera suffisamment rapproché du remorqué pour être à même d'en recevoir les ordres à la voix, et qu'elle se terminera lorsque la remorque a été larguée, le remorqueur étant suffisamment éloigné du remorqué pour ne plus être soumis à son influence, ni risquer de l'aborder ou d'être abordé par lui. Interprétant ces stipulations contractuelles, ou statuant en dehors de toute référence au contrat de remorquage, la jurisprudence adopte une conception pareillement extensive (Cour d'appel de Bordeaux, 3 avr. 1979, navire *Mananjar*, *DMF* 1980.20 ; Cour d'appel d'Aix-en-Provence, 20 sept. 1984, navire *Arpec*, *DMF* 1985.623, pour un remorqueur qui, après avoir largué ses remorques, s'était éloigné, puis était revenu à la demande du navire remorqué pour venir travailler en pousseur).

Il peut cependant être envisagé que la responsabilité de l'entreprise de remorquage soit engagée pour des faits antérieurs au début des opérations de

(30) Sur la jurisprudence qui voit une faute extra-contractuelle susceptible d'être invoquée par les tiers dans toute faute contractuelle, voir *supra*, n° 692.

(31) Navire *Moussaillon*, *DMF* 2003.676.

(32) Voir d'ailleurs dans le même sens, Aix-en-Provence, 16 sept. 2003, navire *Le Noroît*, *DMF* 2003.940, obs. M. Rémond Gouilloud et, sur cet arrêt, Cass. 21 mars 2006 (arrêt 03-20817, à paraître au *DMF* 2006).

remorquage (par exemple, en cas de refus injustifié de fournir ses services). Mais elle le serait sur le fondement des règles de droit commun — cette responsabilité apparaissant alors, normalement, comme de nature extra-contractuelle (33).

709. Remorquage d'un engin. — S'agissant du remorquage d'un engin, donc non soumis à la loi de 1969, la question pourrait en théorie être posée de savoir si l'entrepreneur de remorquage est tenu d'une obligation de résultat, ou simplement d'une obligation de moyens. En pratique, sa responsabilité sera déterminée par les clauses du contrat. Ces clauses prévoient en général des exonérations très larges de responsabilité, ou stipulent que chacune des parties, remorqueur d'un côté, engin remorqué de l'autre, conservera à sa charge tant les dommages subis par elle que la responsabilité des dommages causés à des tiers par son bâtiment ou engin (système dit du *knock for knock*, adopté par le contrat type *Towcon*). Dans la mesure où l'on écarte, comme nous l'avons fait, la qualification de contrat de transport, de telles clauses sont certainement valables — sauf le cas de faute lourde ou de manquement à l'obligation fondamentale du contrat (*supra*, n° 706).

Pareillement, c'est le contrat qui définira le moment où commence la responsabilité de l'entrepreneur de remorquage, comme il pourra fixer une prescription inférieure à la prescription du droit commun (prescription de six mois dans le contrat type *Towcon*).

710. Prescription. — La loi du 3 janvier 1969 applique aux opérations de remorquage de navire la prescription habituelle en matière d'événements de mer : les actions nées à l'occasion de ces opérations se prescrivent par *deux ans*.

S'agissant d'un contrat de remorquage d'engin, ce sont les règles de droit commun (prescription de *dix ans* naguère, prescription de cinq ans aujourd'hui) qui s'appliqueront, sous réserve, nous venons de le voir, d'une prescription contractuelle plus courte.

711. Remorquage et accidents de travail. — Enfin, nous observerons que les accidents de remorquage ne soulèvent pas seulement des problèmes de responsabilité civile. Ils soulèvent aussi des problèmes de droit du travail. Souvent, le marin, blessé sur le remorqueur, ou son ayant droit en cas de décès, intente une action en responsabilité contre le navire remorqué. Cette action est en général rejetée par les tribunaux, aux motifs qu'il y a travail en commun, et que, seules peuvent jouer ici au bénéfice du marin blessé ou de ses ayants droit les règles de réparation des accidents du travail (Cass. 12 févr. 1964, navire *Atlantic*, *DMF* 1964.276 et 416).

(33) Voir, pour un exemple — où d'ailleurs la responsabilité de l'entreprise a été niée —, Cass. 23 nov. 1999, navire *Argonaut*, *DMF* 2000.597, n. R. RÉZENTHEL.

§ 2. — *Les pilotes (34)*

712. Plan. — Deux catégories de pilotes doivent être distinguées. La première catégorie est celle des pilotes portuaires (ou pilotes lamaneurs), professionnels hautement qualifiés et commissionnés par l'État, qui ont pour mission d'assister le capitaine d'un navire à l'entrée ou à la sortie des ports. La seconde catégorie est celle des pilotes hauturiers, pilotes de haute mer auxquels il peut être fait appel pour assister le capitaine d'un navire sur un trajet maritime particulièrement difficile (par exemple traversée de la Manche et de la mer du Nord).

A. — Les pilotes portuaires

713. Organisation du pilotage. — L'organisation du pilotage est régie en droit français par la loi du 28 mars 1928, la loi du 3 janvier 1969, et les décrets d'application de ces textes, dont le plus important est un décret du 19 mai 1969 modifié par un décret du 14 mars 1986 (*D.* 1986, 357).

L'élément fondamental de cette organisation est certainement l'obligation imposée à tout navire de recourir à un pilote à l'entrée et à la sortie d'un port français.

Cette obligation, qui remonte très haut dans l'histoire et se retrouve dans tous les pays maritimes, est inscrite aujourd'hui dans l'article 3 du décret du 19 mai 1969. Aux termes de ce texte, « *le pilotage est obligatoire pour tous les navires français et étrangers... dans les limites déterminées pour chaque port par le règlement local* ». Des exceptions sont cependant prévues à la règle du pilotage obligatoire. Elles concernent, selon le décret du 14 mars 1986, pour chaque port les navires dont le capitaine est titulaire de la licence de capitaine pilote du port (35), et plus généralement, les bâtiments de guerre français et certains navires de service public, ainsi que les navires de faible dimension (le seuil étant fixé, pour chaque port, par une décision locale).

Le recours à un pilote n'est pas gratuit, donnant lieu au paiement d'une taxe de pilotage, taxe qui varie selon le port et selon le tonnage du navire (par exemple, à Marseille, de 250 euros pour les petits bâtiments, à plus de 3 000 euros pour les minéraliers ou pétroliers de plus de 100 000 unités de tonnage) (36). De ce chef, la règle du pilotage obligatoire a fait l'objet de critiques, comme entraînant pour les armateurs des charges financières trop lourdes. La Commission européenne avait même un temps engagé le combat contre cette règle, dans le cadre de la libéralisation des activités portuaires. Mais elle a échoué dans son projet et a dû, en 2004, retirer le texte préparé par ses

(34) Voir C. HENRY, *Le pilotage maritime français*, mémoire CDMT 2005.

(35) Pour l'attribution de cette licence, notamment pour les capitaines étrangers, voir le décret du 28 mai 2000, *DMF* 2001, Hors-série n° 5, au n° 11.

(36) Ces taxes, fixées par les autorités portuaires, ne doivent pas comporter de discrimination contraire aux exigences du droit communautaire : Cour de justice des Communautés 17 mai 1994, *Bulletin des arrêts* 1994.1812 et *DMF* 1995.33.

services. Il est d'ailleurs aujourd'hui reconnu que le pilotage obligatoire est un élément essentiel de la sécurité maritime. Et son coût est largement compensé par les avantages directs et indirects qu'il entraîne pour les armateurs (primes d'assurances plus faibles, du fait de la diminution du nombre des sinistres, gain de temps dans les manœuvres du navire).

714. Pilotes et stations de pilotage. — La règle du pilotage obligatoire a tout naturellement entraîné la constitution d'un corps de pilotes groupés en stations de pilotage.

Les pilotes sont des officiers de la marine marchande, titulaires du brevet exigé par le règlement local, qui ont passé avec succès le concours de pilote local. Le programme du concours comporte des épreuves générales, et surtout des épreuves impliquant la connaissance des atterrages et de la configuration portuaire propres à la station. La chose confère un caractère relatif au titre de « pilote ». À la sortie du concours, le candidat admis n'est pas « pilote » en général, mais « pilote du port de Marseille », ou « pilote du port du Havre ». Une fois en fonction, les pilotes doivent subir une visite médicale annuelle. Ils sont soumis au pouvoir disciplinaire du ministre des transports et peuvent être suspendus ou même révoqués en cas de faute grave. Ils bénéficient du même régime social que les capitaines (37).

Les pilotes d'un port sont groupés en station de pilotage. Ces stations sont organisées d'une manière très originale. La station est gérée par le syndicat des pilotes, sous la tutelle du ministre chargé des transports. Ce n'est pas le syndicat qui est propriétaire du matériel de la station, mais les pilotes, collectivement. Tout nouveau pilote doit acquérir une part de copropriété, tandis que tout pilote qui prend sa retraite a droit au remboursement de sa part (Cass. 13 nov. 1984, *DMF* 1985.535).

715. Rôle du pilote. Responsabilité de l'armateur. — La mission du pilote n'est pas de prendre en mains la conduite du navire, mais seulement d'*assister* le capitaine. C'est là la règle qui est inscrite dans l'article 1er de la loi de 1928, édictant que « *le pilotage consiste dans l'assistance donnée au capitaine* ». C'est aussi ce que rappelle l'article 9 du décret du 19 juin 1969 énonçant que, sauf empêchement, le capitaine est tenu de conduire personnellement son navire à l'entrée et à la sortie des ports, en ajoutant que « *la présence, même réglementaire d'un pilote à bord ne fait pas cesser cette obligation* ».

De là aussi résulte le principe que l'armateur demeure responsable à l'égard des tiers du dommage causé par le navire, nonobstant la présence du pilote, règle elle aussi rappelée par les textes, l'article 5 de la loi du 7 juillet 1967 énonçant ainsi que la responsabilité en cas d'abordage « *subsiste dans le cas où l'abordage est causé par la faute d'un pilote, même lorsque celui-ci est obligatoire* » (règle reprise de l'article 5 de la Convention de 1910 sur l'abordage). Mais qu'en est-il, en ce cas, de la responsabilité du pilote ?

(37) Ce qui n'est pas toujours à leur avantage : voir pour le refus aux pilotes du repos hebdomadaire, Cass. 11 juill. 2007, *DMF* 2008.422, obs. P. CHAUMETTE.

716. Responsabilité du pilote. — La responsabilité du pilote est régie par la loi du 3 janvier 1969, dont les dispositions sont des plus originales.

Le texte pose un premier principe qui est fondamental : le pilote n'est pas responsable envers les tiers des dommages causés au cours des opérations de pilotage. Certes, ce principe est lié à la règle que l'armateur d'un navire piloté est responsable du dommage causé aux tiers. Même si l'on considère que le pilote qui a commis une faute peut être sanctionné disciplinairement, et est effectivement sanctionné, la règle de l'article 18, qui est propre au droit français et ignorée de la plupart des droits étrangers, présente un caractère tout à fait exceptionnel (38). Elle est cependant trop formelle pour ne pas s'imposer même en cas de faute grave du pilote. Elle ne pourrait être écartée que dans l'hypothèse, bien invraisemblable, d'une faute intentionnelle, le dol faisant exception à toutes les règles.

Dégagé de toute responsabilité à l'égard des tiers, le pilote reste cependant responsable à l'égard de l'armateur, si celui-ci prouve sa faute. Mais cette responsabilité est d'une extrême légèreté. En effet, aux termes de l'article 21 de la loi de 1969, le pilote peut s'affranchir de la responsabilité qu'il encourt à l'égard de l'armateur du navire piloté par l'abandon de son « *cautionnement* ». Or, le cautionnement imposé au pilote est faible, ne dépassant pas, même pour les ports les plus importants, la somme de 10 000 euros (39). Il n'en est autrement, et le pilote ne redevient pleinement responsable, que si la faute commise par lui « *constitue une infraction à l'article 79 du Code disciplinaire et pénal de la marine marchande* », c'est-à-dire, là encore hypothèse bien improbable, un fait d'échouement ou de destruction *volontaire* du navire. C'est dire que, hors cette dernière hypothèse, l'armateur d'un navire qui a causé ou subi un dommage dû à la faute du pilote n'exercera que très rarement un recours contre celui-ci.

717. Dommages de pollution. Convention de 1969/1992. — Un autre texte est venu alléger la responsabilité civile du pilote : le Protocole de 1992 modifiant les dispositions de la Convention de 1969 sur la responsabilité des propriétaires de pétroliers pour les dommages de pollution (*supra*, n°s 460 et s.). Aux termes de ce texte, aucune action ne peut être engagée notamment contre le pilote du navire cause de pollution, sauf en cas de faute « inexcusable ». On remarquera que ce texte aggrave la responsabilité des pilotes soumis au droit français, puisque seule la faute *intentionnelle* pourrait engager leur responsabilité. Il est aussi en contradiction avec la jurisprudence *Costedoat.*

718. Responsabilité pénale et disciplinaire. — Si la responsabilité civile du pilote est ainsi exceptionnelle, le pilote reste pleinement responsable de ses actes du point de vue pénal et disciplinaire. Tout pilote qui, par sa faute, cause un

(38) Ce caractère exceptionnel s'est toutefois atténué depuis l'arrêt *Costedoat* (*supra*, n° 294) : c'est aujourd'hui, non plus seulement le pilote, mais tout préposé qui est protégé contre l'action des tiers.

(39) Voir arrêté du 1er juillet 1999, *JORF* 13 juillet 1999, fixant le cautionnement à 10 000 euros pour les 27 stations les plus importantes (dont Dunkerque, Le Havre, Bordeaux, Marseille, mais aussi Saint-Malo, Port-Vendres ou Bastia) à 3 000 euros pour les pilotes des autres stations.

dommage au navire piloté ou à un navire tiers est susceptible d'être déféré au tribunal maritime commercial (40).

719. Dommages causés au pilote et au bateau-pilote. — La loi de 1969 contient quelques dispositions complexes concernant les dommages causés au pilote, au bateau-pilote ou à l'équipage de ce bâtiment, dispositions s'appliquant aux accidents survenus au cours des opérations de pilotage, ou à l'occasion de l'embarquement ou du débarquement du pilote. Aux termes de son article 19, les dommages causés par semblable accident au pilote sont à la charge de l'armateur du navire piloté, à moins qu'il n'établisse la faute du pilote ou de l'équipage du bateau-pilote (pour un exemple de telle faute, voir Cass., 23 février 1999, navire *Bienvenue, DMF* 1999.812, note Y. Tassel). Pour les avaries causées au bateau-pilote, la même responsabilité prévaut, étant écartée ici non par la preuve de la seule faute du pilote, mais seulement si l'armateur du navire piloté établit la faute *lourde* du pilote, solution curieuse qui protège plus fortement les intérêts du bateau-pilote que les intérêts du pilote, mais qui s'explique sans doute par le fait que le pilote personnellement blessé était demeuré maître de son comportement (pour une application du texte, voir Cass. 31 mars 1987, navire *Urraqui, DMF* 1988.673 et *DMF* 1989.93 ; *Sem. jur.* 1988.11.29929, note Ph. Delebecque). Enfin, pour ce qui est des dommages causés à l'équipage du bateau-pilote, on retrouve le régime de la responsabilité de l'armateur du navire piloté, sauf preuve de la faute — et ici de la *simple faute* — du pilote ou de l'équipage.

Quant aux accidents et dommages survenus avant le début de l'embarquement du pilote, ou après la fin des opérations de débarquement, ils sont soumis aux règles du droit commun, droit commun qui sera normalement celui de l'*abordage*, sauf à l'écarter au motif que l'incident est survenu dans le cadre du contrat de pilotage (41).

B. — Le pilotage hauturier

720. Notion. — Le pilotage hauturier, ou pilotage en haute mer, est une institution très ancienne. Tout au long de l'Antiquité, comme au Moyen Âge et jusqu'au XIXe siècle, le capitaine du navire étant très souvent assisté d'un pilote qui, mieux que lui, connaissait les vents, les courants, les marées, et, en fait, était seul capable d'assurer la conduite du navire. Mais, au XIXe siècle, avec le développement de la compétence des capitaines, les pilotes hauturiers avaient disparu. Ils sont réapparus autour des années 1970, après que l'accident du *Torrey Canyon* eut mieux fait prendre conscience des dangers présentés par la navigation dans certaines zones maritimes.

(40) Voir, sanctionnant un pilote, Trib. mar. com. La Rochelle, 24 juin 1963, navire *Île Maurice, DMF* 1963.673 (500 francs d'amende pour avoir tardivement donné avis de battre en arrière).

(41) D'éventuelles conditions générales du contrat de pilotage pourraient préciser ici le domaine d'un tel contrat. Mais la pratique ne connaît pas semblables règles. Le seul document contractuel, le bon de pilotage, ne contient aucune stipulation contractuelle.

À l'inverse du pilotage portuaire, le pilotage hauturier n'est pas obligatoire, même si, dans certaines zones, les navires doivent prendre un pilote à une distance relativement grande du port. Le pilotage hauturier s'est donc constitué sur une base contractuelle, des pilotes se groupant dans les différents pays maritimes en associations ou sociétés et offrant leurs services aux armateurs soucieux d'une plus grande sécurité.

C'est ainsi qu'en France s'est créée en 1971 la société « Le pilotage hauturier », d'abord sous la forme d'une société anonyme, puis sous la forme d'une société coopérative ouvrière de production. Cette création a été accueillie avec faveur par les milieux maritimes, comme par les milieux communautaires, une directive du Conseil du 21 décembre 1978 prévoyant que les États membres de la Communauté prendraient toutes mesures pour contrôler la compétence des pilotes hauturiers (*JOCE* L. 33, 8 févr. 1979). En application de cette directive, le décret 79-354 du 2 mai 1979 a créé, pour la France, un certificat de pilote hauturier. Ce décret prévoit la délivrance de deux types de certificats, un pour la zone Manche-mer du Nord, et un pour la zone Baltique. Une quinzaine de pilotes français ont, à ce jour, obtenu leur certificat de pilote hauturier.

721. Responsabilité du pilote hauturier. — Le pilotage hauturier n'étant pas encore obligatoire, le problème fondamental que pose l'institution est celui de la responsabilité des pilotes. Le contrat proposé par la société « Le pilotage hauturier » à ses clients prévoit expressément, d'une part que l'armateur du navire piloté s'interdit toute action en responsabilité contre le pilote et la société de pilotage pour dommages survenant au navire piloté, d'autre part que, en ce qui concerne la responsabilité vis-à-vis des tiers, l'armateur s'obligera à garantir intégralement les pilotes au cas où leur responsabilité personnelle serait mise en jeu.

La validité de telles clauses est indiscutable, en tout cas pour les dommages aux biens, sauf en cas de faute lourde du pilote (le problème de la validité des clauses de non-responsabilité en ce qui concerne les dommages aux personnes étant, encore aujourd'hui, discuté). En revanche, la clause ne peut certainement pas être opposée aux tiers. Et il ne semble pas possible d'étendre aux pilotes hauturiers la protection qu'offre aux pilotes portuaires l'article 18 de la loi de 1969. Il est certainement souhaitable que l'obligation de recourir aux pilotes hauturiers pour certains navires (pétroliers, bâtiments de grande dimension) soit instituée dans certaines zones dangereuses. Il est aussi souhaitable, sinon que les dispositions de l'article 18 de la loi de 1969 soit étendues aux pilotes hauturiers, ou en tout cas qu'un régime spécifique de responsabilité soit aménagé pour eux.

Comme le pilote portuaire, le pilote hauturier pourra toutefois bénéficier des dispositions de la Convention de 1969/1992 (*supra*, n° 465). L'arrêté du 1er juillet 1999 (*supra*, note 39) limite aussi sa responsabilité à son cautionnement (10 000 euros).

§ 3. — *Les lamaneurs*

722. Lamaneurs. — Au final, il faut signaler l'existence d'un dernier auxiliaire maritime de l'armateur, le lamaneur.

Le lamaneur peut être défini comme la personne (souvent membre d'une petite entreprise) dont la mission stricte est de procéder aux opérations d'arrimage et de désarrimage du navire. Collaborant avec le remorqueur et les marins du navire remorqué, c'est à lui qu'il appartient de recevoir les amarres lancées du navire remorqué et de procéder à leur capelage ou décapelage.

Juridiquement, le lamaneur est un travailleur indépendant, lié à l'armateur par un contrat de louage d'ouvrage. S'il est salarié d'une entreprise de lamanage, et blessé dans son travail, il peut se voir opposer, comme les salariés d'un remorqueur, la théorie du travail en commun, sauf à bénéficier éventuellement des stipulations du contrat de lamanage (pour des stipulations en ce sens, voir l'espèce soumise à la Cour d'appel d'Aix-en-Provence, 14 sept. 1984, navire *Ginousse*, *DMF* 1985. 601, note P. Bonassies) (42).

L'institution du lamanage a été vue avec faveur par la Cour de justice des Communautés européennes, son intérêt pour la protection des ports contre la pollution justifiant une application nuancée à son égard des règles communautaires de concurrence (Cour de justice, 18 juin 1998, *Recueil des arrêts* 1998.3949 et *DMF* 1998.859, obs. P. Bonassies).

Les conditions générales des contrats de lamanage, assez proches ici de celles des contrats de remorquage, mettent à la charge du navire opéré l'ensemble des dommages résultant du lamanage. Elles sont certainement valables, sauf faute lourde des lamaneurs (en ce sens, Rouen, 21 juin 2001, navire *Challenger*, *DMF* 2002.119, obs. Y. Tassel et Cl. Humann, et obs. P. Bonassies, *DMF* 2003, Hors-série n° 7, au n° 67). Là aussi comme les clauses du contrat de remorquage, elles posent le problème de leur connaissance par l'armateur. Mais leur connaissance par le consignataire du navire — ce qui est la règle à peu près générale — suffit à les rendre opposables à l'armateur concerné (Rouen, 21 juin 2001, cité ci-dessus).

723. Conclusion. *Protection and Indemnity Clubs*. — Avant de quitter les auxiliaires de l'armateur, quelques mots doivent être dits d'un auxiliaire mal connu du droit et qui joue cependant un très grand rôle dans le monde maritime : le P & I Club de l'armateur.

Au XIXe siècle, devant les insuffisances de l'assurance maritime des navires (assurance corps) dans la pratique anglaise, les armateurs britanniques se sont groupés en sociétés mutuelles, les *Protection and Indemnity Clubs (P & I Clubs)*, qui ont d'abord joué, et jouent encore aujourd'hui (*infra*, n°s 1331 et s.), le rôle d'assureur, en complément de l'assureur corps. Avec le temps, le rôle des clubs

(42) Sur les droits des lamaneurs en cas de liquidation judiciaire de l'armateur, voir Cass. 29 oct. 2003, *DMF* 2004, obs. G. Brajeux.

s'est fortement accru. Disposant d'un réseau de correspondants qui couvre tous les ports du monde, ils interviennent, en liaison éventuelle avec l'agent maritime et l'assureur, chaque fois qu'un navire est en difficulté. Par exemple, quand un navire est saisi, c'est le club qui, avec une extrême rapidité, obtiendra d'une banque locale le cautionnement permettant la levée de la saisie. Si un navire endommagé risque de causer une pollution, c'est le représentant du club qui prendra en mains les négociations avec les autorités locales pour prendre toute mesure nécessaire (sur les risques encourus par ces correspondants, voir Tribunal de commerce de Marseille, 19 nov. 1985, navire *Baghe Karachi*, *Revue Scapel* 1986.62).

Les clubs ont également une importante action en matière de sécurité de la navigation et de protection de l'environnement. Chaque fois qu'un sinistre pétrolier intervient, ils mettent leurs techniciens à la disposition du FIPOL, avec lequel ils agissent en étroite coopération. Ils participent aussi aux actions de prévention organisées par les autorités nationales et internationales (43).

La majorité des clubs sont britanniques, les plus connus étant le *United Kingdom*, le *Mutual Steamship*, le *West of England*, le *Standard*, le *London* ou le *Britannia*. Il existe un club japonais, le *Japan Club*, un club américain, l'*American Club*, deux clubs nordiques, le *Gard* et le *Skuld*. Il n'existe pas de club français, les armateurs français adhérant tous à un club britannique, ou les petits armateurs couvrant les risques pris en charge par les clubs auprès de leur assureur-corps.

N°s 724 à 739 : réservés.

(43) Par exemple, en 2005 à un exercice organisé par l'Espagne au large de Palma de Majorque, en liaison avec les autorités françaises, italiennes et monégasques.

TROISIÈME PARTIE

LES CONTRATS MARITIMES

740. Plan. — Nous étudierons dans cette partie, d'une part les contrats d'affrètement et les contrats de transport, d'autre part les contrats d'assurance maritime.

SOUS-PARTIE 1

CONTRATS D'AFFRÈTEMENT ET CONTRATS DE TRANSPORT

741. Présentation historique. Les origines : le contrat d'affrètement. — Contrats d'affrètement et contrats de transport sont des contrats dont l'objet matériel est le même — l'acheminement de marchandises d'un port à un autre — mais dont le régime juridique est différent, s'étant, pour chacun de ces contrats, lentement dégagé de l'histoire.

Aux origines du droit maritime moderne, à l'époque de l'Ordonnance de la Marine, le droit ne connaissait que le contrat d'affrètement. L'Ordonnance de la Marine définit ce contrat comme la convention pour le louage d'un vaisseau (livre 3, titre 1, art. 1er). Concrètement, le commerçant marseillais qui voulait acheminer des marchandises par la voie maritime, par exemple dans tel port du Levant, recherchait un armateur qui disposait d'un navire approprié, et concluait avec lui un contrat d'affrètement. Ce contrat, conclu nécessairement à l'avance, plusieurs semaines avant le voyage envisagé, était formalisé par un écrit important, la *charte-partie*, laquelle précisait la date de départ, la nature et la quantité de marchandises qui serait mise à bord, les ports de chargement et de destination et le prix du transport (le « *fret* »). Le terme de charte-partie, en italien *carta partita,* s'explique par le fait que, à l'origine, un écrit unique était établi, le contrat étant reproduit sur la gauche et sur la droite de l'écrit, lequel écrit était ensuite déchiré, chacun des intéressés en conservant un côté. Très vite, d'ailleurs, l'expression charte-partie fut utilisée pour désigner non seulement l'écrit constatant le contrat, mais aussi le contrat d'affrètement lui-même (voir le texte même de l'Ordonnance de la Marine cité ci-dessus, qui énonce que « *toute convention pour le louage de vaisseau, appelée charte-partie, affrètement ou nolisement, sera rédigée par écrit* »).

Dès l'origine, toutefois, l'exécution du contrat d'affrètement donnait lieu à la rédaction d'un second document : le *connaissement*. Le connaissement était un écrit à valeur probatoire, signé par le capitaine. Il établissait la réception par celui-ci des marchandises à bord du navire, réception que ne pouvait prouver la charte-partie, écrit rédigé bien avant la mise à bord des marchandises.

C'est cet état de choses que l'on retrouve encore dans le Code de commerce, qui ne connaît, comme contrat d'utilisation du navire, que le contrat d'affrètement (art. 273). Le régime du contrat d'affrètement est d'ailleurs, dans le Code de commerce, des plus sommaires. C'est ainsi qu'aucun texte ne se prononce sur la responsabilité du fréteur. C'est le capitaine seul qui est déclaré responsable de la bonne arrivée de la marchandise (art. 222 du Code de commerce, énonçant que le capitaine « *est responsable des marchandises dont il se charge* »). Dans ce système, le fréteur n'apparaît que comme commettant du capitaine, tout au plus comme une sorte de co-responsable.

À partir de cette situation, où était seul connu le contrat d'affrètement, et ce sous une forme unique (1), une double évolution devait se produire tout au long du XIXe siècle. Le contrat de transport devait se dégager peu à peu du contrat d'affrètement ; le contrat d'affrètement lui-même devait éclater entre affrètement au voyage et affrètement à temps.

742. Naissance du contrat de transport. — Le contrat de transport maritime de marchandises est une création de la pratique, qui n'a été identifiée par les juristes que tardivement. Cette création est née de l'évolution qui s'est produite au plan économique à partir des années 1815-1830. Le développement du commerce maritime après la fin des guerres napoléoniennes, l'apparition de lignes régulières sur certains trafics (France-Grande-Bretagne, et, après 1830, France-Algérie) devaient entraîner une modification importante de ce commerce, envisagé quant à ses utilisateurs. L'utilisateur du commerce maritime n'était plus seulement le gros commerçant, soucieux d'envoyer à l'étranger un lot important de marchandise, et par là apte à affréter un navire dans sa totalité. C'était aussi le petit commerçant qui voulait envoyer en Angleterre quelques caisses de vin de Bordeaux ou quelques caisses de soieries lyonnaises, voire l'officier expédiant ses meubles de France en Algérie. Pour de tels utilisateurs, le contrat d'affrètement n'était plus adapté, comme était inadaptée la charte-partie, document complexe et lourd de détails, établi parfois plusieurs semaines avant la réalisation de l'expédition maritime.

Très vite, les armateurs prirent donc l'habitude de ne pas exiger du chargeur qui leur demandait l'expédition d'un colis individuel la rédaction d'une charte-partie. À ce chargeur, on remettait toutefois un titre, le connaissement, qui, tout à la fois constatait la remise de la marchandise à l'armateur et définissait les conditions du contrat de transport, d'abord au recto du document, puis à son verso.

On peut dire que, dès cette époque, le contrat de transport maritime, contrat de transport d'un colis individualisé, ou d'un lot de colis individualisés, était né. Mais le régime juridique des opérations de transport n'en fut pas modifié. En

(1) L'Ordonnance de la Marine prévoyait toutefois un type particulier d'affrètement, l'affrètement partiel d'un navire, qualifié par les praticiens d'*affrètement à la cueillette*. Dans ce type, l'affréteur ne met à bord qu'une cargaison partielle, le fréteur n'étant tenu de réaliser le voyage que s'il réussit à compléter la cargaison, en faisant la « cueillette » de marchandises supplémentaires. Mais il y a là un type de contrat mal connu, même si la possibilité d'un tel affrètement partiel a été reconnue par le Code de commerce lui-même dans l'article 273. Le Doyen Ripert voyait cependant dans l'affrètement à la cueillette l'ancêtre du transport sous connaissement (*Traité*, n° 1369). Tout ce que l'on peut conjecturer, toutefois, c'est que le capitaine délivrait certainement à celui qui lui confiait une marchandise isolée un reçu, plus ou moins proche d'un connaissement.

droit français, on continua à appliquer au transport de marchandises les textes sur l'affrètement.

Dans ce système, la responsabilité légale du fréteur, très floue nous l'avons vu, était d'ailleurs fortement allégée par les clauses de non-responsabilité inscrites au connaissement, clauses qui se multiplièrent avec le temps. Ces clauses, comme nous le verrons (*infra*, n° 883) écartèrent d'abord la responsabilité du fréteur pour tout dommage résultant de la faute du capitaine. Puis, elles furent étendues jusqu'à écarter toute responsabilité du fréteur (transporteur), prétendant s'appliquer même à la faute personnelle de celui-ci.

C'est principalement en réaction à l'égard de ces clauses de non-responsabilité que l'autonomie juridique du transport maritime sera pour la première fois dégagée par le droit, plus précisément par le droit américain, à la fin du XIXe siècle.

Les États-Unis étaient à l'époque, et sont encore d'ailleurs, un pays de chargeurs et non de transporteurs maritimes. Les milieux américains s'irritaient depuis longtemps des trop nombreuses clauses de non-responsabilité figurant sur les connaissements des navires desservant les ports américains. Pour répondre à leur demande, le Congrès américain adopta en 1893 un texte très important dans l'histoire du droit des transports maritimes, le *Harter Act* (du nom du sénateur Harter qui en prit l'initiative au Sénat).

Ce texte interdit d'une part l'insertion dans les connaissements de toute clause de non-responsabilité. D'autre part il précise le régime de responsabilité du transporteur sous connaissement (*infra*, n° 885). Mais ce qui est le plus important, de notre point de vue, c'est que c'est un texte qui ne s'applique pas aux contrats d'affrètement, un texte qui, ne visant que les seuls connaissements, et a donc vocation à s'appliquer aux seuls transports maritimes individualisés — les « *transports sous connaissement* ».

C'est le schéma du *Harter Act*, définition d'un régime spécifique du transport maritime, non applicable aux affrètements, qui fut repris en 1924, lors de la rédaction de la très importante Convention internationale sur les transports sous connaissement, laquelle régit encore aujourd'hui le droit maritime et le régira jusqu'à l'entrée en vigueur et la généralisation des *Règles de Rotterdam*. La Convention exclut expressément de son domaine les contrats d'affrètement, ou plus exactement, comme il est dit, les « *chartes-parties* » (art. 5). Elle ne s'applique qu'aux transports sous connaissement, ou aux transports effectués sous un titre analogue aux connaissements.

La Convention de 1924 est un texte fondamental. Elle marque la reconnaissance par la communauté maritime de la spécificité du transport maritime, contrat distinct de l'affrètement, et en particulier, de l'affrètement au voyage.

743. Naissance du contrat d'affrètement à temps. — De *l'affrètement au voyage* écrivons-nous, parce que, avec le temps, le contrat d'affrètement lui-même avait éclaté en deux catégories : l'affrètement à temps d'une part, l'affrètement au voyage d'autre part.

Cette seconde évolution s'est produite dans la deuxième moitié du XIXe siècle, sous l'influence de l'évolution des techniques et des pratiques. Au XIXe siècle, et encore dans les premières parties du XXe siècle, l'affrètement était essentiellement, sinon exclusivement, la « *location* » d'un navire par un commerçant, dans la vue de transporter un lot de marchandises d'un port donné à un autre port donné. L'affrètement était conclu pour un voyage, ou une série de voyages, même si la rémunération du fréteur pouvait être fixée à la journée ou au mois (voir l'Ordonnance de la Marine, Livre 3, titre 3, article 1er, qui prévoit déjà que « *le loyer des vaisseaux, appelé fret ou nolis, sera réglé... au voyage ou au mois* »). Avec la création de lignes régulières, avec le développement général du transport maritime, peut-être aussi avec l'apparition de navires à propulsion mécanique, à la fois moins individualisés et plus solides que les navires à voiles, on verra des armateurs, soucieux de remplacer un navire accidenté affecté à telle ligne exploitée par eux, ou de créer de nouvelles lignes, louer un navire à un autre armateur. Ce navire, même s'il reste armé par l'équipage du fréteur et sous le contrôle technique de celui-ci, sera à l'entière disposition de l'affréteur, lequel pourra l'affecter à tel ou tel trafic commercial jugé par lui opportun. Et le contrat d'affrètement sera conclu pour une durée qui pourra être brève (trois ou six mois), mais qui pourra aussi s'étendre sur plusieurs années. Ainsi apparaîtra un type d'affrètement où l'élément essentiel n'est plus un voyage précis à effectuer, mais le *temps* pendant lequel un navire sera mis par un fréteur à la disposition d'un affréteur. Et les praticiens commenceront à distinguer affrètement au voyage et affrètement à temps, ou, plus souvent, charte-partie au voyage et charte-partie à temps (*voyage charters* et *time charters*).

Ici aussi, comme en matière de contrat de transport, l'analyse théorique et la règle juridique marqueront un retard sensible sur la pratique. L'affrètement à temps continuera longtemps à être considéré comme une simple variété d'une catégorie unique, le contrat d'affrètement (2). Le Doyen Ripert, dans la dernière édition de son grand *Traité de droit maritime* (1952) ne consacre ainsi que quelques pages à l'affrètement à temps, pages un peu perdues dans une section intitulée « *variétés d'affrètement* » (tome 2, n°s 1359 et s.). Et la même attitude se retrouve chez de grands auteurs britanniques (voir, par exemple, la dernière édition de Scrutton, *On Charter Paries*, 1996 qui ne consacre que quelques pages aux *time charters*, page noyées dans les développements consacrés principalement au contrat de transport de marchandises et à l'affrètement au voyage). C'est certainement l'un des mérites les plus remarquables de la législation française de 1966 d'avoir clairement distingué, sous l'influence du Doyen Rodière, l'affrètement à temps de l'affrètement au voyage (3).

(2) Avec toutefois une exception dans une législation que René David classait comme appartenant à la *famille romano-germanique :* le Dahir marocain du 31 mars 1919 portant Code de commerce maritime, qui, s'il continue à confondre transport de marchandises et affrètement — fidèle en cela à la tradition de l'Ordonnance de la Marine et du Code de commerce — accorde une place spécifique à l'affrètement à temps (art. 270 et s.).

(3) Distinction d'ailleurs déjà faite par le Doyen CHAUVEAU dans sa thèse, *De l'armateur-affréteur*, Rennes, 1923, comme dans son *Traité de droit maritime*, 1958, où il distingue les *Time charters* et les Chartes-parties au voyage (n°s 660 et s.).

En raison de son antériorité historique, parce que, aussi, certains des traits du contrat de transport se comprennent mieux à partir des règles de l'affrètement — et tout particulièrement de l'affrètement au voyage, nous étudierons d'abord ce dernier type de contrat (sous-titre premier), avant d'exposer le droit des contrats de transport (sous-titre second). Toutefois, eu égard au fait que contrat de transport et contrat d'affrètement au voyage concernent l'un et l'autre l'acheminement de marchandises d'un port à un autre, une question préliminaire se pose, celle de l'option ouverte aux parties entre les deux régimes juridiques ici en cause.

744. Option entre le contrat d'affrètement et le contrat de transport. Plan. — Deux situations doivent ici être distinguées. Celle de l'option initiale effectuée par les parties lors de la conclusion de leur contrat d'une part ; celle d'autre part de l'application impérative du régime du transport maritime lorsque, émis dans le cadre d'un contrat d'affrètement, un connaissement couvrant la marchandise a été transmis à un tiers.

745. L'option initiale. Liberté et limites. — L'option initiale entre transport et affrètement pose logiquement deux questions : la première est celle de savoir si la liberté d'option des parties est ici totale ou si, à l'inverse, elle ne connaît pas quelques limites ; la seconde est celle de l'expression de l'option.

Il est certain qu'il existe des situations où les parties peuvent librement choisir de soumettre l'opération envisagée par elles soit au régime du contrat de transport, soit à celui de l'affrètement au voyage. Il en est ainsi de la situation où cette opération porte sur la totalité de la cargaison d'un navire. L'exportateur qui veut expédier une ou plusieurs cargaisons de bananes de la Guadeloupe en métropole peut opter pour le régime de l'affrètement — et c'est d'ailleurs pour ce régime qu'il optera normalement, le coût d'un affrètement étant sensiblement inférieur au coût d'un transport. Mais il lui est aussi possible de conclure avec l'armateur intéressé un contrat de transport, ou une série de contrats de transport.

À l'opposé, il n'est certainement pas possible de conclure un contrat d'affrètement pour assurer le déplacement d'un colis individuel de petite dimension, voire d'une cargaison en vrac d'un poids limité, n'occupant qu'une place très partielle du navire sur lequel elle est chargée. D'une part, il faut se rappeler que le régime juridique du contrat de transport maritime a été créé, en 1883-1924, pour protéger les chargeurs contre la puissance des armateurs. C'est un régime d'*ordre public*, dont il n'appartient certainement pas aux parties de définir les limites. D'autre part, même la catégorie particulière d'affrètement qu'est l'affrètement au voyage garde trace de la conception particulière de l'affrètement — location d'un navire dans sa totalité pour effectuer le déplacement d'une cargaison. Une telle location ne peut se concevoir pour un colis transporté parmi des centaines d'autres, ou une cargaison qui n'occupe qu'une partie très faible du navire (4).

Il reste que, dans les cas limites, le point de savoir si les parties avaient le droit de choisir l'affrètement au voyage, et ne devaient pas conclure impérativement un contrat de transport peut soulever des difficultés, ce d'autant plus que la jurisprudence en la matière est très rare. Sans doute faut-il tenir compte, comme l'a relevé un auteur (J. Le Clére, *Les chartes-parties et l'affrètement maritime*, 1962, n° 24), d'abord de la capacité de chargement utilisée, l'utilisation de plus de la moitié de la capacité de transport d'un navire, voire d'une part moindre mais encore significative, rendant licite le recours au contrat d'affrètement, du type de trafic en cause (trafic de ligne ou trafic de *tramping*), des modalités géographiques comme des modalités concrètes du contrat. En cas de doute, cependant, c'est la qualification de contrat de transport qui doit prévaloir, eu égard au caractère d'ordre public de la réglementation en la matière.

Les observations faites ci-dessus doivent toutefois être nuancées. La pratique contemporaine a vu l'apparition de contrats de type nouveau, les *contrats d'affrètement d'espace* (5). Ces contrats, formalisés par un document particulier, une *slot charter*, concernent spécifiquement les navires porte-conteneurs. Ils prévoient que le fréteur mettra à la disposition de l'affréteur, et pour chaque voyage du navire, un certain nombre d'emplacements (dix, vingt, cent...) où seront placés les conteneurs confiés au fréteur par l'affréteur. Bien qu'ils ne concernent qu'une partie du navire qui en est l'objet (vingt emplacements de conteneurs sur un porte-conteneurs d'une capacité de transport de 2 000 conteneurs), il est malaisé de voir en eux un contrat de transport (*infra*, n° 819). Par ailleurs, la généralisation des *contrats de service*, type nouveau de contrat prévu par les *Règles de Rotterdam*, rapprochera certains contrats de transport de l'affrètement au voyage (voir *infra*, n° 723 *bis*).

746. L'expression de l'option. Opération isolée. — Dans la plupart des situations, l'option effectuée par les parties entre contrat de transport et affrètement au voyage ne fera guère de doute. Si les parties optent pour un affrètement au voyage, elles rédigent une charte-partie, document type de cette catégorie de contrat. Si elles optent pour un contrat de transport, elles établissent soit un connaissement, soit un document analogue au connaissement, telle une lettre de transport maritime. Il reste que des difficultés peuvent apparaître dans deux types de situation, qu'il s'agisse d'un contrat qui n'envisage qu'une seule opération, ou, à l'opposé, d'un contrat qui envisage toute une série d'opérations successives.

Assez souvent, les documents contractuels qui lient les parties engagées dans une opération maritime sont marqués d'une grande imprécision, surtout lorsque

(4) Voir, en ce sens, une décision de la Cour d'appel fédérale de la Nouvelle Orléans de 1969, concernant le chargement à bord d'un navire d'une cargaison liquide ne représentant que 10 % de la capacité de celui-ci, chargement auquel les juges ont refusé la qualification d'affrètement, cependant choisie par les parties, pour lui appliquer le régime du transport : 18 juill. 1969, navire *Grena, DMF* 1971.307.

(5) B. SABADIE, *L'affrètement d'espace*, préface Y. Tassel, Presses universitaires d'Aix-Marseille, 2004.

l'opération envisagée est de peu d'importance. C'est par exemple par un échange de télex que les parties ont contracté, les télex indiquant seulement leur accord pour l'acheminement d'un lot de bois de Marseille à Sète. Ou encore, les parties seront liées par un contrat de réservation (*booking note*) stipulant principalement que l'armateur réservera sur tel de ses navires à destination de tel port une place pour telle marchandise appartenant au chargeur. Nulle part le terme contrat d'affrètement ou contrat de transport ne sera employé, alors que, juridiquement, on sera dans une situation où les parties avaient la possibilité d'opter pour tel ou tel type de contrat.

Dans une situation de ce genre, il appartiendra au juge de dégager l'intention des parties en se référant aux différents éléments inclus dans les écrits contractuels. L'un des éléments les plus importants, c'est l'existence d'une clause de *surestaries*. Si les écrits contractuels prévoient que le chargeur devra assumer les retards éventuels au chargement et déchargement en versant à l'armateur une indemnité calculée jour par jour et qualifiée de surestaries (*infra*, n° 801), les juges seront portés à conclure à l'existence d'un contrat d'affrètement (en ce sens, Aix-en-Provence, 2 mars 1972, navire *Valfer, DMF* 1973.74 et, réciproquement, Rouen, 14 mars 1985, navire *Conti-Helvetia, DMF* 1986.153, concluant à l'existence d'un contrat de transport, en l'absence de stipulations ni sur les délais de chargement ou de déchargement ni sur les surestaries).

747. Opérations successives. — La situation où les parties envisagent de se lier pour une série d'opérations, sans préciser suffisamment si elles optent pour le régime contrat de transport ou le régime contrat d'affrètement au voyage, s'est présentée fréquemment dans les années 1980-1990 à l'occasion du transport de bananes ou autres fruits tropicaux. Pour assurer l'expédition régulière de leurs fruits, les exportateurs ont pris l'habitude de conclure avec un armateur un contrat dit *contrat de tonnage*, ou *contrat de fret* (dans la terminologie anglaise, *contracts of affreightment*). Ces contrats stipulent que, durant la campagne de production, l'armateur fournira tous les mois, ou toutes les quinzaines, un navire spécialisé, capable de transporter 30 000 tonnes de fruits, l'expéditeur devant indiquer, tant de jours à l'avance, port de chargement et port de déchargement, et devant prendre à sa charge les retards au chargement.

D'une manière générale, mais non d'abord sans hésitations, les tribunaux ont interprété ces contrats comme des avant-contrats donnant naissance, à l'occasion de chaque opération particulière, à un contrat d'affrètement au voyage. Encore qu'aucune des stipulations individuelles du contrat de fret ne pût permettre de conclure inéluctablement à l'existence d'un contrat d'affrètement, il leur est apparu que, envisagées dans leur ensemble, ces stipulations invitaient à une telle conclusion (voir, entre autres, Cour d'appel d'Aix-en-Provence, 19 avr. 1984, navire *Orpheus, DMF* 1985.216, note R. Achard ; comparer, Cass. 29 janv. 1985, navire *Baia do Sao Bras, DMF* 1985.400 ; Paris, 5 janv. 1988, *DMF* 1988.571).

Cette jurisprudence doit certainement être approuvée, eu égard à l'esprit comme à la lettre des contrats mêmes sur lesquels elle s'est prononcée. On peut seulement s'étonner, et regretter, que les parties à des contrats d'une telle importance ne précisent pas mieux leur intention.

Récemment, les contrats de tonnage sont réapparus aux États-Unis, dans un contexte un peu particulier. La réglementation américaine de la concurrence (*Ocean Shipping and Reform Act* de 1998) n'autorise un armateur à déroger aux tarifs déclarés à l'administration qu'avec des chargeurs auxquels il est lié par des accords particuliers (*service contracts*) impliquant, en contrepartie de taux de fret plus bas, des engagements de volume. Ce type de contrat doit, dans le principe, être considéré comme un contrat-cadre, donnant lieu à des contrats d'application dont chacun est un contrat de transport. Mais, dans certains cas, la qualification de contrat d'affrètement au voyage pourrait s'appliquer (6).

Si le choix, pour une opération déterminée, du régime du transport maritime, exclut que l'on applique à cette opération les règles de l'affrètement, la réciproque n'est pas exacte lorsque les parties ont opté pour le régime de l'affrètement. En effet, dans ce cas, le régime de l'affrètement ne s'impose strictement qu'en ce qui concerne les relations originaires du fréteur et de l'affréteur. Il n'est pas exclusif, comme nous allons le voir, de l'application du régime du transport maritime au tiers qui se présentera, à l'arrivée du navire, comme destinataire des marchandises et porteur du connaissement les représentant.

748. L'application de principe du régime du transport maritime au tiers porteur du connaissement. — Les règles du droit maritime ne peuvent ici se comprendre qu'en se référant aux pratiques du commerce international. Il importe donc de rappeler d'abord ces pratiques, avant d'exposer les règles juridiques en la matière.

La majorité des opérations d'affrètement au voyage se doublent d'opérations de vente de marchandises. La cargaison de blé mise sur le navire affrété n'est pas expédiée par l'affréteur à lui-même, mais à un acheteur destinataire de la marchandise. Ce dernier peut être connu lors de la conclusion de l'affrètement. Il ne l'est pas toujours, en particulier pour une cargaison de blé ou de produits pétroliers. La cargaison peut ne pas être vendue au moment du départ, ou, vendue à un sieur A, elle peut être ultérieurement revendue en cours de transport à un sieur B. Et toutes ces opérations de vente se réalisent, dans la très grande majorité des cas, en utilisant le connaissement.

À l'origine, nous l'avons vu, simple reçu remis par le capitaine à l'affréteur pour constater la mise à bord de la marchandise, le connaissement est en effet devenu avec le temps un élément essentiel du commerce international. Dès le XVIIIe siècle, la pratique s'est répandue de faire porter les opérations commerciales concernant des marchandises expédiées par voie maritime, non sur les marchandises acheminées à destination elles-mêmes, mais sur le connaissement représentant leur mise à bord. Pour les opérateurs du commerce international, plus que la marchandise, c'est le connaissement qui était vendu par l'exportateur

(6) Voire une autre qualification — et, par exemple, celle de contrat de commission : en ce sens, Ph. DELEBECQUE, « Contrats de services : quelle qualification ? », *Gazette de la Chambre arbitrale maritime de Paris*, n° 4.

affréteur, et qui était ensuite transmis, par le jeu d'une clause à ordre, à un ultime porteur, lequel retirait la marchandise à l'arrivée du navire. Cette pratique devait être, très vite, sanctionnée par les tribunaux comme constituant une véritable coutume commerciale, la jurisprudence — dans la première moitié du XIXe siècle en Angleterre, un peu plus tard en France — reconnaissant le connaissement comme *représentant et incorporant les marchandises* (*infra*, n° 987).

Restait à préciser le statut juridique du tiers porteur du connaissement par rapport au fréteur. Très vite, les tribunaux décidèrent que seules les dispositions du connaissement étaient opposables au tiers porteur, et non les dispositions de la charte-partie, sauf à être reproduites au connaissement. Mais, le connaissement contenant lui-même à l'époque de très larges clauses d'exonération de responsabilité, la solution adoptée n'avait que des incidences limitées, ne concernant, par exemple, que la clause compromissoire de la charte-partie ou encore les clauses prévoyant le paiement de surestaries en cas de retard au déchargement. Par ailleurs, d'un point de vue théorique, le régime de l'affrètement demeurait le seul régime fondamental de l'opération, en l'absence de tout autre régime juridique différent. Les choses allaient changer le jour de l'adoption de la Convention de 1924, celle-ci, comme nous l'avons vu, instituant un régime spécifique pour les transports sous connaissement.

749. La règle de la Convention de 1924 : l'application obligatoire du régime du transport maritime à l'égard du tiers porteur du connaissement. — La solution adoptée par les rédacteurs de la Convention de 1924, sans être en rupture avec le droit antérieur, aboutit à des conséquences concrètes très différentes. Le régime de l'affrètement continue à régir les relations fréteur-affréteur. Mais, dans les rapports entre le tiers porteur et le fréteur, toute référence, même de principe, à l'affrètement a disparu : les relations entre le fréteur et le tiers porteur sont totalement soumises au régime du transport maritime.

Aux termes de l'article 5 de la Convention, « *aucune disposition de la présente Convention ne s'applique aux chartes-parties* ». Mais, selon le même article 5, « *si des connaissements sont émis dans le cas d'un navire sous l'empire d'une charte-partie, ils sont soumis aux termes de la présente Convention* ». Pareillement, aux termes de l'article 1er (b) de la Convention, les termes « *contrats de transport* » s'appliquent « *au connaissement ou document similaire émis en vertu d'une charte-partie, à partir du moment où ce titre régit les rapports du transporteur et du porteur du connaissement* ». Dans le même sens, l'article 17 de la loi du 18 juin 1966, loi qui, nous le verrons (*infra*, n° 894) harmonise le droit français avec la Convention, énonce que les dispositions du titre sur le contrat de transport de marchandise s'appliquent, « *dans les rapports du transporteur et des tiers porteurs, aux connaissements émis en exécution d'une charte-partie* ». Les *Règles de Hambourg* (*infra*, n° 895), contiennent dans leur article 2, point 3, des dispositions reprises de celles de la Convention de 1924, mais plus précises que celles-ci, en tant qu'elles prévoient l'application des Règles aux connaissements émis en vertu d'un contrat d'affrètement, pour autant qu'il régit les relations entre le transporteur et le porteur « *s'il n'est pas l'affréteur* ». Enfin, le dernier texte concernant la matière, la « *Convention sur les contrats internationaux de transport de marchandises effectués entièrement ou partiellement par mer* » (les *Règles de Rotterdam*) reprend la règle classique, mais d'une manière quelque peu confuse. Elle énonce, dans son article 7, qu'elle s'applique « *dans les relations entre le transporteur et le destinataire, la partie contrôlante ou le porteur qui n'est pas partie initiale à la charte-partie* ».

Il résulte de ces textes que, en cas d'affrètement au voyage, deux situations fondamentales doivent être distinguées. La première est celle où un connaissement a été émis, mais a été conservé par l'affréteur. Ce connaissement ne constitue qu'un reçu, et les relations entre fréteur et affréteur demeurent soumises au régime de l'affrètement.

La seconde situation est celle où le connaissement remis à l'affréteur par le fréteur a été transmis par endossement à un tiers. Alors se produit un phénomène juridique très original, sinon unique (un rapprochement avec le droit de la lettre de change étant possible, mais de portée limitée). Du fait de la transmission du connaissement, et à l'instant même de cette transmission (un instant que l'on pourrait souvent fixer dans le temps avec précision), le fréteur voit sa qualité, son statut, se dédoubler. Il reste fréteur par rapport à l'affréteur ; il devient transporteur par rapport au tiers destinataire. Et le fréteur ne peut échapper à son statut nouveau. Car les dispositions de la Convention de 1924 concernant les obligations principales et les responsabilités des transporteurs à l'égard du destinataire de la marchandise sont d'ordre public strict (*infra*, n° 1071). Pareillement, les *Règles de Rotterdam* énoncent que, sauf dispositions contraires, toute clause écartant ou limitant les obligations du transporteur ou sa responsabilité est réputée non écrite (article 79).

On le voit, le régime du contrat de transport de marchandises ne s'applique pas seulement entre un chargeur et un transporteur qui ont volontairement décidé d'opter pour lui. Il s'applique aussi à l'armateur qui avait d'abord choisi de conclure un contrat d'affrètement au voyage, optant pour un statut de fréteur, mais qui, ayant remis à son affréteur un ou plusieurs connaissements, se voit imposer, vis-à-vis du tiers « acquéreur du connaissement », le statut de transporteur.

On peut se demander comment est-on arrivé à une telle situation. La réponse est sans doute simple. Il en est ainsi parce que les professionnels du commerce international ont su, peu à peu, imposer leur pratique aux armateurs. Ils ont su ensuite convaincre les tribunaux et le législateur de sanctionner ladite pratique, en invoquant la nécessité de rendre aussi sûr que possible le commerce international des marchandises. Mais il faut reconnaître que les règles ici inscrites dans la Convention de 1924 comme dans la loi française n'ont rien à voir avec la logique des opérations maritimes. Comme en d'autres domaines et à une certaine époque (*infra*, n° 1132), le droit maritime s'est, en la matière, soumis aux exigences du droit et de la pratique de la vente commerciale internationale.

TITRE 1

LES CONTRATS D'AFFRÈTEMENT

750. Généralités. Principe de liberté contractuelle. — Aux termes de l'article 1er de la loi du 18 juin 1966, le contrat d'affrètement est le contrat par lequel « *le fréteur s'engage, moyennant rémunération, à mettre un navire à la disposition d'un affréteur* ». Et ce texte ajoute que « *les conditions et les effets de l'affrètement sont définis par les parties au contrat, et, à défaut, par les dispositions du présent titre et celles du décret pris pour son application* ».

Le contrat d'affrètement est ainsi placé, de la manière la plus large, sous le principe de la *liberté contractuelle*, tant en ce qui concerne ses modalités que sa structure fondamentale, la loi de 1966 énonçant un principe qui se retrouve dans presque toutes les législations maritimes, et qui a existé de tout temps. Un contrat d'affrètement pourra contenir les modalités les plus diverses, concernant en particulier la *responsabilité du fréteur.* Le contenu de cette responsabilité sera librement déterminé, des clauses de non-responsabilité plus ou moins larges étant incluses dans le contrat. La durée de la prescription pourra être abrégée et ramenée à six mois, au lieu de la prescription légale, qui est d'un an. La liberté contractuelle s'exprime aussi quant à l'objet du contrat d'affrètement qui peut porter sur les navires les plus divers, navire transporteur de marchandises, navire transporteur de passagers, remorqueur ou navire de servitude. Elle s'applique enfin à la *structure* même du contrat. Celle-ci n'a comme limite que l'imagination des parties.

751. Affrètement au voyage et affrètement à temps. — S'agissant de la structure du contrat d'affrètement, il faut toutefois observer que la très grande majorité de ces contrats se répartit en deux catégories, reconnues par le législateur français lui-même, l'affrètement au voyage et l'affrètement à temps, avec une catégorie subsidiaire, l'affrètement coque-nue (1).

L'affrètement au voyage est le contrat par lequel le fréteur met un navire à la disposition de l'affréteur en vue d'accomplir un ou plusieurs voyages. L'exemple type est celui d'un opérateur maritime qui met un navire à la disposition d'un opérateur du commerce international pour transporter une cargaison de riz de

(1) Sur l'origine de l'affrètement à temps, voir *supra*, n° 743.

Hanoi à tel port africain. Dans une terminologie stricte, on dira que le premier, le fréteur, frète un navire au second, l'affréteur, qui l'affrète. En pratique le terme affréter est souvent utilisé avec un double sens, pour viser à la fois le fait de fréter et celui d'affréter.

L'affrètement à temps est le contrat par lequel le fréteur met un navire armé, avec son équipage, à la disposition de l'affréteur pour un temps défini. L'exemple type est celui d'un opérateur maritime qui opère sur une ligne régulière ou sur un trafic particulier (hydrocarbures par exemple) et qui, dans l'attente d'un nouveau navire, et pour ne pas interrompre ses activités, va affréter pour six mois un navire avec son équipage. Ici aussi, on doit distinguer celui qui frète le navire, le fréteur, et celui qui l'affrète, l'affréteur, mais souvent aussi le terme affréter est utilisé dans les deux sens.

Quant à *l'affrètement coque-nue*, il concerne la location d'un navire qui n'est ni armé ni équipé. Il double souvent une opération de financement de la construction d'un navire, la banque qui finance l'opération gardant la propriété du navire et l'affrétant coque-nue à l'armateur qui en a passé commande et va l'exploiter.

752. Types intermédiaires. Types nouveaux. — Mais la distinction ici faite entre affrètement au voyage et affrètement à temps n'a pas une valeur absolue. En effet, du fait même de la liberté totale laissée aux parties par la loi de 1966, il résulte qu'entre affrètement au voyage et affrètement à temps, de multiples types intermédiaires sont possibles. C'est ainsi que, pour réaliser l'acheminement d'une cargaison de blé d'un port à un autre, l'affréteur pourra conclure un contrat d'affrètement à temps pour un voyage déterminé (contrat parfois qualifié par la pratique de *trip charter*). À l'opposé, l'affréteur qui désire effectuer toute une série de transports pendant une longue période pourra conclure un contrat stipulant la réalisation successive de toute une série d'affrètements au voyage pendant une durée de plusieurs années.

Par ailleurs de nouveaux types de contrats d'affrètement sont apparus dans les trente dernières années, tel l'affrètement d'un remorqueur pour tracter en mer une charge lourde (éléments d'une usine flottante ou d'une plate-forme de forage) formalisé par la charte type *Towcon*, ou l'affrètement, à bord d'un porte-conteneurs, d'espace pour charger un ou plusieurs conteneurs sur le navire à chacun de ses voyages, contrat ici formalisé par la charte type dite *Slot charter* (*infra*, n° 819).

753. Plan. — Il reste que, dans la plupart des cas, les contrats d'affrètement correspondent aux grandes catégories identifiées par la pratique et par le législateur. Avant d'étudier chacune de ces catégories, il importe toutefois de dégager quelques règles générales applicables à tout affrètement.

Ces règles concernent le droit applicable à l'affrètement en matière internationale et la forme du contrat d'affrètement.

754. Loi applicable à l'affrètement. Choix exprès. Domaine de la loi applicable. — Le plus souvent, le problème de la loi applicable à un contrat d'affrètement est aisément résolu, la plupart des chartes contenant une clause expresse déterminant cette loi. Admis à titre subsidiaire par la loi de 1966 (art. 3), le choix des parties est vu comme la règle fondamentale par la Convention de Rome du 19 juin 1980 (art. 3), comme par le Règlement Rome I (article 3). Les clauses de choix de la loi sont très fréquentes en matière d'affrètement, comme il en est dans la charte type *Gencon*, laquelle renvoie au droit anglais, ou la charte *Synacomex* qui renvoie au droit français. Elles peuvent prendre la forme d'un choix exprès, comme dans les chartes ici citées, mais aussi celle d'un choix implicite, comme il en est de la clause qui renvoie à arbitrage devant une juridiction arbitrale nationale, clause dans laquelle la jurisprudence a souvent vu une clause de choix.

Reste alors seulement à déterminer le *domaine* de la loi applicable. Il est conçu en termes très larges par le Règlement Rome I, qui, comme le faisait déjà la Convention de Rome, soumet à la loi du contrat non seulement l'interprétation du contrat et les problèmes que soulève son exécution ou son inexécution, mais aussi la prescription ou les conséquences de la nullité du contrat (art. 10), égard devant toutefois être concédé « *à la loi du pays où l'exécution a lieu* ». Il reste que la loi du contrat d'affrètement ne régit que les opérations d'affrètement ; elle ne s'étend pas aux opérations annexes, telles les opérations de manutention auxquelles donne lieu un affrètement, ces opérations étant soumises à la loi propre au contrat de manutention (2).

755. Défaut de choix exprès. Détermination de la loi applicable. — En l'absence de choix exprès, il faut distinguer entre le régime prévu par le droit antérieur — plus spécifiquement ici la loi du 18 juin 1966 — et le régime qui découle du Règlement Rome I.

L'article 3 de la loi de 1966 disposait qu'en matière internationale, le contrat d'affrètement est régi par la loi du pavillon du navire, sauf convention contraire des parties. La règle, assez rationnelle pour l'affrètement à temps, apparaissait moins fondée pour l'affrètement au voyage, que les tribunaux soumettaient avant 1966 plutôt à la loi du lieu de conclusion du contrat.

La Convention de Rome imposait de distinguer entre l'affrètement au voyage et l'affrètement à temps. Dans son article 4, elle assimilait en effet aux contrats de transport de marchandises les contrats d'affrètement « *pour un seul voyage* ». Ce sont donc les dispositions de l'alinéa 4 de l'article 4 de la convention qui déterminaient la loi applicable à l'affrètement au voyage. C'est le pays dans lequel le « *transporteur* » (ici le fréteur) avait son principal établissement qui était présumé comme étant le pays avec lequel le contrat d'affrètement avait les liens les plus étroits, et dont la loi régissait donc le contrat, mais ce à la condition toutefois que ce pays fût aussi celui du lieu de chargement ou de déchargement

(2) Voir, en ce sens, Cass. 24 févr. 1982 (navire *Achaios*, DMF 1983.84) où la Cour de cassation, statuant à l'occasion d'un accident de manutention ayant entraîné des dommages au navire affrété, écarte la loi applicable à l'affrètement (ici la loi du pavillon), et fait prévaloir la loi française, en application des dispositions de l'article 57 de la loi de 1966 sur les opérations de manutention, et ce même dans les relations entre fréteur et armateur. Sur les conséquences en la matière du Règlement Rome I, voir *supra*, n° 696.

de la marchandise, ou encore du lieu de l'établissement principal de l'expéditeur. Si aucune de ces hypothèses ne se réalisait — ce qui était le plus souvent le cas —, ou encore s'il résultait des circonstances que le contrat présentait des liens plus étroit avec un autre pays que celui que déterminaient les dispositions de l'article 4 telles qu'ici citées —, il fallait en revenir à la règle générale inscrite dans l'alinéa 1er de l'article 4 de la convention. Il appartenait au juge de déterminer le pays avec lequel le contrat d'affrètement « *présente les liens les plus étroits* ». Mais il devait tenir compte des dispositions de l'alinéa 2 de l'article 4 de la convention, énonçant qu'il « *est présumé que le contrat présente les liens les plus étroits avec le pays où la partie qui doit fournir la prestation caractéristique a, au moment de la conclusion du contrat, sa résidence habituelle ou... son administration centrale* ». Le fréteur étant incontestablement la partie qui fournit « *la prestation caractéristique* », c'est donc à la loi du fréteur qu'il fallait se référer. Encore était-il possible au juge de conclure à un rattachement différent, s'il résultait de l'ensemble des circonstances que le contrat « *présente des liens plus étroits avec un autre pays* » (pour une application – très rare – des dispositions de la Convention de Rome concernant l'affrètement au voyage, voir CJCE, 6 octobre 2009, arrêt C-133/08, *D.* 2009.2553).

Quant aux contrats d'affrètement à temps (et aux contrats d'affrètement coque-nue), les règles applicables au contrat de transport ne jouaient pas, et il fallait en revenir aux principes généraux de la Convention. En l'absence de choix par les parties, c'était la loi du pays où le fréteur (celui qui fournit *la prestation caractéristique*) avait sa résidence qui prévalait, sauf, ici aussi, au juge à estimer que le contrat présentait des liens plus étroits avec un autre pays. Toutefois, là aussi, s'il résultait de l'ensemble des circonstances que le contrat « *présente des liens plus étroits avec un autre pays* », c'est la loi de ce pays qui s'appliquera.

Le Règlement Rome I, s'il consacre un texte particulier (son article 5) au contrat de transport (voir *infra*, n° 909) ne dit rien des contrats d'affrètement. Il faut donc leur appliquer le régime prévu pour les *contrats de prestation de services*, régime développé par l'article 4. Aux termes de l'alinéa 1 (b) de ce texte, « *le contrat de prestation de services est régi par la loi du pays dans lequel le prestataire de services a sa résidence habituelle* » — en d'autres termes, la loi du fréteur. Toutefois, là aussi, s'il résulte de l'ensemble des circonstances que le contrat présente des liens plus étroits avec un autre pays que le pays de résidence du fréteur, c'est la loi de cet autre pays qui s'applique.

756. Lois de police. Ordre public. — Comme la Convention de Rome, le Règlement Rome I réserve deux exceptions à l'application de la loi du contrat : l'exception des *lois de police* et celle de l'*ordre public*. Eu égard au caractère supplétif des dispositions légales en matière d'affrètement, comme à la définition, extrêmement étroite des lois de police dans le Règlement Rome I (voir *infra*, n° 909), on voit mal comment la notion de *loi de police* pourrait intervenir en matière d'affrètement. Il n'en est pas de même de la notion d'*ordre public*.

Même si la notion d'*ordre public au sens du droit international* à laquelle se réfère la jurisprudence doit s'entendre d'une manière très restrictive, on peut penser qu'elle justifie que soit exclues du domaine de validité des clauses de non-responsabilité — très fréquentes dans les contrats d'affrètement — d'une part les fautes intentionnelles, d'autre part, sans doute aussi, les fautes lourdes. Il n'existe pas, cependant, à ce jour de jurisprudence décisive en ce sens.

757. Forme du contrat d'affrètement. — Aux termes de l'article 2 du décret du 31 décembre 1966, texte qui ne s'applique pas aux navires de moins de 10 unités de jauge, l'affrètement est prouvé par écrit, ce texte ajoutant que la charte-partie est l'acte qui énonce les engagements des parties.

L'écrit ainsi exigé — les dispositions législatives l'impliquent elles-mêmes — ne l'est qu'à titre de preuve et non à titre de solennité (écrit exigé *ad probationem*, et non *ad validitatem*). Pareillement, la charte-partie n'est certainement pas le moyen exclusif de faire la preuve de l'affrètement. Cette preuve peut aussi bien résulter d'un échange de télex, d'un échange de correspondance, voire d'un contrat autrement qualifié, s'il inclut les éléments nécessaires à l'existence d'un contrat d'affrètement. C'est ainsi qu'un « contrat de tonnage », ou « contrat de fret » (*supra,* n° 747) a souvent été considéré par les tribunaux comme fondant un contrat d'affrètement.

SOUS-TITRE 1

L'AFFRÈTEMENT AU VOYAGE

758. Définition. Économie de l'affrètement au voyage. — Juridiquement, nous l'avons vu, l'affrètement au voyage est le contrat par lequel le fréteur met, en tout ou en partie, un navire à la disposition de l'affréteur en vue d'accomplir un ou plusieurs voyages (loi de 1966, art. 5).

Économiquement, le contrat d'affrètement au voyage est souvent conclu par un négociant en marchandises en vrac (grains, hydrocarbures, minerai) qui désire acheminer vers le port de destination la marchandise qu'il vient de vendre à un autre négociant. Dans la plupart des cas, nous l'avons vu (*supra*, n° 748), l'affréteur se fera alors délivrer un ou plusieurs connaissements représentant la marchandise, connaissements qu'il expédiera, directement ou par un circuit bancaire, à ses acheteurs. Dans une telle situation, le fréteur accepte certes (*supra*, n° 749) que l'acheteur entré en possession des connaissements puisse invoquer contre lui le régime juridique du transport de marchandises, mais ses relations avec l'affréteur continuent à être régies par les seules règles de l'affrètement.

Le contrat d'affrètement peut aussi être le fait d'un négociant ou d'un industriel qui a acquis une cargaison en vrac et se l'expédie à lui-même. Même dans ce cas, un connaissement est souvent émis. Mais il n'a alors que la valeur d'un reçu, et seules s'appliquent entre fréteur et affréteur les dispositions de la charte-partie. Aussi bien, le plus souvent, les connaissements émis en ce cas sont-ils des documents simplifiés, faisant référence à la charte. Quand il n'en est pas ainsi toutefois, et que les clauses du connaissement diffèrent des clauses de la charte-partie, le problème peut se poser de savoir quelles dispositions doivent prévaloir dans les relations fréteur-affréteur. On admet en général que ce sont les clauses de la charte qui l'emportent, eu égard au rôle mineur du connaissement.

Revenant au seul contrat d'affrètement, nous soulignerons l'importance, dans la conclusion du contrat, tant des chartes types que des courtiers d'affrètement.

759. Chartes types. — La quasi-totalité des contrats d'affrètement sont en effets conclus à partir d'une charte type. Ces chartes types, dont la plupart sont publiées par l'intermédiaire d'un organisme professionnel, la BIMCO, sont très nombreuses.

Certaines ne concernent qu'un trafic particulier, parfois à partir d'un pays donné comme par exemple la *Welsh Coal Charter* publiée en 1896 pour couvrir le transport de charbon gallois, et d'ailleurs diversifiée selon le port ou le pays de destination. D'autres ont un caractère général, et en particulier la charte type la plus fréquemment utilisée, même par les fréteurs et affréteurs français, la *Gencon*. Une autre charte, également utilisée par les entreprises françaises, est la *Synacomex*, mise en place par les exportateurs français et dont il est fait emploi principalement pour les transports de grains.

760. Rôle du courtier d'affrètement (1). — Les courtiers d'affrètement sont les intermédiaires presque obligés de tout affrètement. Dans la plupart des cas, le négociant ou industriel qui cherche à affréter un navire prend contact avec un courtier d'affrètement qui va proposer l'affaire à ses clients armateurs. On discute alors les éléments du contrat, à partir du texte d'une des nombreuses chartes-parties types que la pratique connaît. Petit à petit, les modalités de l'affrètement se précisent à travers un échange de télex ou de courriers électroniques (« courriels ») modifiant tel ou tel article (voire telle ou telle ligne) de la charte type choisie, télex ou courriels passant en règle générale par l'intermédiaire du courtier. Quand l'accord est fait sur tous les points, le contrat est conclu (« *fixé* », disent les praticiens).

Il est cependant parfois assez difficile de savoir si l'on est véritablement parvenu à un accord. Un problème assez fréquent est celui de la signification exacte de la mention *subject to details* qui accompagne l'ultime projet discuté par les parties. La jurisprudence dominante, tant française qu'anglaise, considère aujourd'hui que cette mention signifie que les parties ne sont pas encore arrivées à un accord définitif (2).

Par ailleurs, l'engagement des parties ne devrait en théorie être considéré comme parfait que lorsque la charte a été signée par chacune d'elles. En pratique, il est fréquent qu'aucun échange de signatures n'ait été organisé. L'accord des parties est alors établi par les correspondances (fax ou courriels) échangées entre parties et courtier, l'exemplaire final établi par celui-ci au vu de ces correspondances faisant foi (3). Dans une décision du 5 mai 2004, la Cour de cassation a toutefois admis que le juge du fond avait pu déclarer les stipulations d'une charte inopposable à l'affréteur, eu égard au fait que ce dernier n'avait pas *signé* la charte (4). Mais la décision n'est sans doute qu'un arrêt d'espèce, trop lié aux circonstances de la cause (5).

761. Mentions de la charte. — On retrouve toujours dans la charte partie couvrant un affrètement au voyage, quel qu'en soit le type, les mentions propres à individualiser le navire affrété, avec son nom, son pavillon, son tonnage et sa

(1) Sur le statut de ces courtiers, voir *supra*, n° 656.
(2) Voir en droit anglais, *Queen's Bench*, 31 juill. 1991, navire *The Pina*, *LLR* 1991.1.246 ; en droit français, CAMP, sentence n° 580 du 24 août 1985, *DMF* 1985.242.
(3) Voir R. ACHARD, *Juris-Classeur Transports*, 2003, n°s 65 et s.
(4) Navire *Hella*, *DMF* 2005.408, obs. F. ARRADON.
(5) Voir, très ferme sur la validité d'une charte non signée, chose « de pratique courante » selon les arbitres, la sentence n° 1151 de la Chambre arbitrale maritime de Paris, *DMF* 2009.282.

capacité, les mentions identifiant le fréteur et l'affréteur, spécifiant la cargaison et indiquant le lieu de chargement et de déchargement. La charte précisera aussi le temps accordé pour le chargement et le déchargement du navire, ainsi que les indemnités de surestaries dues au cas de dépassement de ce temps (*infra*, n°s 801 et s.). Elle contiendra enfin les conditions générales d'exécution du contrat, et définira les éléments de responsabilité du fréteur. Le plus souvent d'ailleurs, les parties ne s'en tiendront pas au document type imprimé. Elles compléteront ce document par une annexe (*rider*), ajoutant au contrat type imprimé de multiples précisions.

Le problème pourra alors se poser d'une contradiction entre telle mention de la charte type, et telle disposition incluse dans le *rider*, ou figurant dans une mention dactylographiée en marge de la charte. En règle générale, en accord avec la théorie générale des contrats, les juges ou arbitres font prévaloir la clause ajoutée sur le texte de la charte type (6).

Le régime légal de l'affrètement n'étant applicable qu'en l'absence de stipulations contractuelles, c'est sur la base des dispositions de la charte-partie, éventuellement éclairées par les télex ou courriels échangés pendant les négociations que seront déterminés les droits et les obligations du fréteur et de l'affréteur. En cas de litige, ce sont ces dispositions qu'il importera d'interpréter, en tenant le plus grand compte du sens que la pratique donne habituellement à telle ou telle expression utilisée par la charte.

Plus que l'analyse des textes, c'est donc la considération des clauses les plus fréquentes insérées dans les chartes-parties qui nous permettra de préciser tant le régime juridique applicable au fréteur (on pourrait parler ici du « rôle du fréteur ») que celui applicable à l'affréteur (« le rôle de l'affréteur »).

(6) Voir CAMP, sentence n° 752 du 13 oct. 1989, *DMF* 1990.630.

CHAPITRE 1

LE FRÉTEUR DANS L'AFFRÈTEMENT AU VOYAGE

Il importe de préciser d'une part quelles sont les obligations du fréteur, d'autre part quelle est sa responsabilité en cas de dommage à la marchandise.

Section 1

Les obligations du fréteur

Les obligations du fréteur concernent tant le navire que la réalisation du voyage.

§ 1. — *Les obligations du fréteur quant au navire*

762. Plan. — Le fréteur doit mettre le navire prévu au contrat à la disposition de l'affréteur, ce navire devant être en bon état de navigabilité. En outre, il doit exécuter son obligation au lieu et au temps prévu par la charte.

A. — Mise à la disposition du navire

763. Navire désigné. Navire substitué. Navire à désigner. — Le fréteur a l'obligation de mettre le navire désigné par la charte à la disposition de l'affréteur tel qu'il est décrit, et au jour fixé par la charte.

À l'inverse de ce qui est en matière de contrat de transport, le contrat d'affrètement porte normalement sur le seul navire désigné. Le fréteur ne peut, sans l'accord de l'affréteur, y substituer un autre navire, à moins que la chose ne soit prévue par la charte, ce qui est exceptionnel. Et l'obligation du fréteur est une obligation de résultat, dont il n'est excusé qu'en cas de force majeure, ainsi qu'il est expressément prévu par l'article 12 du décret du 31 décembre 1966. Il en est ainsi, alors même que la perte du navire désigné est due à une faute nautique, et que la charte — ce qui est toujours le cas — exonère le fréteur des conséquences d'une telle faute (1).

Quand la charte prévoit qu'un autre navire que le navire désigné pourra être présenté par le fréteur, le nouveau navire doit présenter les mêmes qualités que le navire désigné. Toutefois, dans la pratique française tout au moins, la règle est appliquée avec une certaine souplesse (2).

Parfois, la charte indique que le navire est « *à désigner* » avant telle date. Dans ce cas, le fréteur doit impérativement désigner le navire qui réalisera l'affrètement, et ce dans les délais prévus à la charte. La jurisprudence arbitrale est ici très sévère à l'égard du fréteur qui, imprudemment et dans un but spéculatif, se serait engagé dans un affrètement, sans avoir la certitude de disposer d'un navire à la date prévue (3). En droit, dans une telle situation, la force majeure ne peut d'ailleurs même pas être invoquée par le fréteur, s'agissant de la fourniture d'une *chose de genre.*

764. Navire en état de bonne navigabilité. — Le navire concerné doit par ailleurs être mis à la disposition de l'affréteur en bon état de navigabilité et tel que décrit dans la charte.

La règle que le navire doit être en bon état de navigabilité, qui est rappelée dans la plupart des chartes types est absolument fondamentale. Elle constitue l'obligation essentielle du fréteur, et ne peut être écartée par aucune clause contractuelle, tout au moins si l'on admet, comme le fait le droit français, qu'un contractant ne peut jamais s'exonérer de son obligation fondamentale. Mais la notion de navigabilité est complexe, et doit être ici quelque peu précisée.

C'est ainsi que le navire doit être en bon état de *navigabilité nautique*, coque et structures en bon état, cales propres, machine et équipement fonctionnant normalement, équipage compétent, soutes suffisantes pour réaliser le voyage (4). Toutefois, la notion de navigabilité est ici appréciée d'une manière relative et non absolue, en tenant compte de l'âge du navire, tel qu'il est connu de l'affréteur (5).

Le navire doit aussi être en bon état de *navigabilité commerciale*, équipé convenablement, comme le rappelle l'article 6 du décret de 1966 « *pour accomplir les opérations prévues dans la charte-partie* ». Il doit enfin être en bon état de *navigabilité* « *administrative* », signifiant par là qu'il doit être en possession de tous les documents nécessaires, et en particulier, aujourd'hui des documents imposés par le Code ISM et le Code ISPS (certificat de gestion de la sécurité et certificat international de sûreté : voir *supra*, n° 32 et n° 33). Il doit

(1) En ce sens, appliquant le droit antérieur à la loi de 1966, Cass. 24 nov. 1969, navire *Maneah, DMF* 1970.336, n. R. RODIÈRE.

(2) Voir CAMP, sentence n° 74 du 11 févr. 1972, *DMF* 1972.381, à propos du pavillon du navire substitué.

(3) Voir, entre autres, CAMP, sentence n° 585 du 17 oct. 1985, *DMF* 1986.317 ; sentence n° 819 du 25 sept. 1991, *DMF* 1992.580.

(4) En revanche, l'infestation de la cargaison par des insectes n'a pas été considérée comme affectant la navigabilité du navire, en tant qu'elle concernait seulement la marchandise mise à bord : navire *The Epaphus, Court of Appeal* 14 janv. 1987, *LLR* 1987.2.215.

(5) Voir, entre autres, CAMP, sentence n° 706 du 3 oct. 1988, *DMF* 1989.259, l'affréteur d'un navire « *de construction rustique* » et non spécialisé ne pouvant se plaindre de l'insuffisance de la ventilation.

aussi détenir les documents spécifiques afférents à la navigation considérée, et par exemple, pour l'affrètement d'un pétrolier, le certificat d'assurance ou de garantie financière prévu par l'article VII de la Convention de 1969-1992 sur la responsabilité civile pour les dommages dus à la pollution par hydrocarbures (*supra*, n° 468). En revanche, plusieurs dédisions récentes ont estimé que le navire n'avait pas à être en possession de la « *blue card* », document indiquant qu'il satisfait aux exigences imposées aux armateurs par l'ITF (6).

Le navire doit par ailleurs répondre aux indications spécifiques portées sur la charte-partie. Il doit posséder les équipements spécialisés indiqués et avoir la capacité prévue au contrat, notamment quant au nombre de conteneurs qu'il peut transporter.

Enfin, nous observerons que le fréteur n'est pas seulement tenu de présenter un navire en bon état de navigabilité. Il doit aussi maintenir cette navigabilité tout au long du voyage.

765. Nature de l'obligation du fréteur. Sanctions. — Sur tous ces points, le fréteur est tenu non d'une obligation de moyens, mais d'une *obligation de résultat*. Assez curieusement, le droit de l'affrètement se distingue ici du droit du transport classique. Les textes actuels sur le transport maritime (Convention de 1924, loi du 18 juin 1966) n'imposent au transporteur que l'obligation de *faire diligence* pour assurer la navigabilité du navire, et le transporteur peut, en principe, dégager sa responsabilité en prouvant sa diligence (*infra*, n° 1092) (7). En matière d'affrètement, le fréteur ne peut arguer qu'il a fait diligence pour excuser tel ou tel défaut ou insuffisance du navire (8). Dès lors que le défaut relevé est suffisamment grave et ne peut être pallié dans un délai raisonnable, sa seule constatation justifie l'application des sanctions appropriées. Ces sanctions sont celles du droit commun, résolution du contrat ou dommages-intérêts. Il existe aussi une sanction propre à l'affrètement au voyage.

La sanction la plus directe est celle de la *résolution unilatérale* du contrat par l'affréteur. S'apercevant que le navire n'est pas en étant de bonne navigabilité, l'affréteur, après sommations appropriées, affirme la résolution du contrat, et recherche un nouvel affrètement. Malgré les dispositions de l'article 1184 du Code civil qui ne connaissent que la résolution « *demandée en justice* », la pratique et la jurisprudence ont admis ce mode de résolution bien avant qu'il ne soit reconnu en droit commun (9). Le droit anglais accorde pareillement à l'affréteur le droit de prononcer la *repudiation* du contrat.

La résolution unilatérale ne peut cependant intervenir qu'en cas de manquement grave de l'armateur à son obligation de délivrer un navire en état de bonne

(6) Voir *Court of Appeal* 10 juillet 1985, navire *The Derby, LLR* 1985.2.325 ; CAMP, sentence n° 623, 15 juin 1986, *DMF* 1987.54, renversant la jurisprudence antérieure de la Chambre. Sur l'ITF, voir *supra*, n° 49.

(7) En revanche, demain les *Règles de Rotterdam* imposeront au transporteur de faire diligence « *avant, au début et pendant le voyage par mer* » (article 14).

(8) Voir, comme particulièrement net, CAMP, sentence n° 1098 du 27 mai 2004, *DMF* 2004.1040, à propos d'une cale présentant une odeur de farine de poisson.

(9) Voir, entre autres, CAMP, sentence n° 769 du 18 avr. 1990, *DMF* 1991.119 ; sentence n° 1098, citée *supra*, note 7. Pour le droit commun, voir Cass. 13 oct. 1998, *D.* 1999.198, n. Jamin.

navigabilité. Si l'affréteur a agi trop rapidement, alors que le défaut constaté (malpropreté d'une cale, par exemple) pouvait être aisément réparé, il s'expose à des dommages-intérêts. En droit français, la règle peut se fonder sur les dispositions de l'article 1134 du Code civil sur l'obligation de bonne foi, texte qui commande le droit de la résolution comme tout le droit contractuel. En droit anglais, où le droit de répudiation a d'abord été largement accordé aux affréteurs, la navigabilité du navire étant considérée comme une « *condition* » à effet quasi automatique, la même règle est appliquée depuis un important arrêt de la *Court of Appeal* du 20 décembre 1961, l'arrêt *Hong Kong Fir* (*LLR* 1962.1.478). Dans cet arrêt, qui concernait un affrètement à temps mais qui est devenu l'un des piliers du droit anglais des contrats — « droit terrestre » aussi bien que maritime — et qui vaut donc pleinement pour l'affrètement au voyage, la Cour pose la règle que seule la violation du contrat qui est si fondamentale qu'elle affecte le contrat dans sa totalité justifie la résolution unilatérale.

Conformément au droit commun, l'affréteur est fondé à demander des dommages-intérêts en réparation du préjudice subi par lui, et en particulier du coût supplémentaire du fret qu'il a dû payer pour affréter un nouveau navire au lieu et place du navire qui a fait l'objet de la résolution unilatérale (10). L'affréteur peut aussi se prévaloir de l'exception d'inexécution, refusant, par exemple, de mettre la marchandise à bord tant que le navire n'est pas en parfait état (11).

Enfin, il existe une sanction propre au droit maritime : le retard dû au défaut de navigabilité du navire ne pourra pas être pris en compte pour le calcul des délais de jour de planche, voire pour le calcul des surestaries (voir *infra*, n°s 789 et s.).

B. — Temps et lieu de la mise à disposition

766. Principes. — Le navire affrété doit être mis à la disposition de l'affréteur à la date prévue et au lieu prévu. Encore faut-il ici établir des distinctions.

Dans le principe, l'obligation du fréteur est une obligation stricte tant en ce qui concerne la date de la mise à disposition qu'en ce qui concerne le lieu. Seule la force majeure peut excuser la non-présentation du navire à la date fixée (voir en ce sens, Cass. 12 nov. 1969, navire *Césarée, DMF* 1970.201). Toutefois, l'obligation du fréteur est moins stricte si la charte prévoit seulement une date estimée, en fixant un *estimated time of arrival.* Dans ce cas, le navire peut prendre un certain retard, à condition qu'il soit raisonnable (12).

De même, s'agissant du lieu de chargement, le fréteur qui accepte de se rendre dans un port donné pour charger la marchandise doit connaître les caractéristiques

(10) Voir, entre autres, CAMP, sentence n° 530 du 5 mai 1984, *DMF* 1985.114.
(11) En ce sens, CAMP, sentence n° 810, *DMF* 1992.440.
(12) En ce sens, CAMP, sentence n° 1070 du 15 nov. 2002, *DMF* 2003.388, jugeant déraisonnable un allongement de près de 30 jours du délai prévisible. Pour une affaire, très originale, où la responsabilité du fréteur a été mise en cause non pour l'arrivée tardive du navire mais pour une arrivée anticipée, voir *Court of Appeal* 18 nov. 1997, *LLR* 1998.1.351, le prix de la cargaison d'hydrocarbures mise à bord, calculé au jour du chargement, ayant été fortement augmenté du fait de cette arrivée anticipée.

de ce port, comme il doit connaître son navire. Il est donc en faute si le tirant d'eau du navire l'empêche d'entrer dans le port (13). Et il en est ainsi, même si la charte porte la mention que le navire devra se rendre dans le port de chargement « toujours à flot » (*always afloat*), mention qui figure dans la plupart des chartes-parties. Ladite mention est en effet interprétée par les tribunaux comme ne supprimant pas l'obligation du fréteur de connaître le port où le navire doit charger. Mais les obligations du fréteur peuvent être atténuées par les stipulations contractuelles.

767. Aménagements contractuels. Clause de *safe port. Cancelling clause.* — C'est ainsi qu'en ce qui concerne la sécurité du port, certaines chartes-parties au voyage contiennent, assez exceptionnellement, une clause de « *safe port* ». Cette clause, qui est habituelle dans les affrètements à temps, garantit au fréteur que les ports dans lesquels l'affréteur enverra le navire, sont des ports sûrs. Elle a fait l'objet d'une abondante jurisprudence en matière d'affrètements à temps, et l'on verra que les tribunaux l'interprètent assez rigoureusement (*infra*, n° 841). En matière d'affrètement au voyage, domaine auquel elle n'est peut-être pas parfaitement appropriée, elle a été récemment interprétée comme ne s'appliquant pas à un port fréquemment affecté par un mauvais temps interrompant les opérations sur le navire, sans cependant le mettre en danger (CAMP, sentence du 2 août 2004, *DMF* 2005.157). En revanche, dans un arrêt du 7 mars 2008, la *Court of Appeal* a considéré qu'un port pouvait devenir *unsafe* en l'absence de chalands (*lighters*) propres à faciliter le déchargement du navire (*Lloyd's Law Reports* 2008.1.597).

Mais c'est surtout en ce qui concerne l'obligation du fréteur de conduire le navire au port de chargement à la date prévue que les stipulations contractuelles précisent et nuancent les choses. La plupart des chartes-parties indiquent d'abord la date normale à laquelle le navire est attendu pour charger la marchandise, laquelle est souvent une date estimée (*ETA : estimated time of arrival : supra*, n° 766). Puis elles indiquent une seconde date, fixée en général 8 à 10 jours après la première, et qualifiée de « *cancelling date* » (date de résiliation). Et elles prévoient, avec des modalités diverses, que l'affréteur aura le droit de résilier la charte-partie si le navire n'a pas rejoint le port de chargement à cette date. Mais l'affréteur pourra aussi, à son choix maintenir la charte en vigueur en fixant une seconde « *cancelling date* ».

La jurisprudence refuse en général à l'affréteur le droit de résilier la charte par anticipation, alors même qu'il apparaît inévitable que la *cancelling date* ne pourra être tenue (14). En revanche, elle considère que le droit de l'affréteur de résilier la charte, une fois survenue la *cancelling date*, est un droit strict (15). Par

(13) Il en est différemment si le port de chargement n'est pas indiqué par la charte, restant « à désigner ». Dans ce cas, le fréteur peut refuser d'entrer dans un port qui se révélerait dangereux : CAMP, sentence n° 45 du 19 déc. 1970.

(14) D'où l'inscription dans certaines chartes de modalités de résiliation anticipée — la *Gencon* stipulant ainsi que le fréteur pourra aviser l'affréteur que la date d'arrivée ne pourra être respectée, l'affréteur devant alors exercer un droit d'option (résiliation de la charte ou acceptation d'une nouvelle *cancelling date*) dans un délai de 48 heures.

(15) En ce sens, CAMP, sentence n° 1023 du 22 déc. 1999, *DMF* 2000.645.

ailleurs, le droit à résiliation de l'affréteur n'est pas exclusif de son droit à obtenir des dommages-intérêts (16), le droit anglais se montrant parfois ici plus réservé.

768. Événements imprévus. — L'arrivée du navire au port de chargement peut être empêchée par des événements divers, grève, blocus ou guerre, glaces. Le législateur de 1966, s'il a envisagé le problème des difficultés au port de déchargement (*infra*, n° 773), ne dit rien de la question. Il faut donc s'en remettre aux clauses des chartes, éclairées par les principes généraux du droit des contrats, et en particulier, en droit français, par les dispositions de l'article 1134 du Code civil. La plupart des chartes contiennent des dispositions précisant les règles à appliquer en cas d'événement empêchant l'entrée du navire au port de chargement.

La *Gencon* stipule ainsi que si le port de chargement est affecté par la *grève*, le fréteur peut demander à l'affréteur si celui-ci accepte de décompter les jours nécessaires au chargement du navire (staries ou jours de planche, voir *infra*, n° 795) comme s'il n'y avait pas de grève. Si l'affréteur n'accepte pas cette proposition dans les 24 heures, le fréteur a le droit de prononcer la résiliation unilatérale de l'affrètement (clause 16). Si le navire est partiellement chargé, le fréteur peut lui ordonner de quitter le port, mais il n'a alors droit qu'à un fret proportionnel. En cas de *guerre*, ou situation assimilée affectant le port de chargement, si le capitaine ou le fréteur estime raisonnablement qu'il existe un risque pour le navire, sa cargaison ou son équipage, le fréteur peut résilier le contrat, étant seulement tenu de demander à l'affréteur la désignation d'un nouveau port non affecté par la guerre, si la charte prévoit un *range* (zone géographique) pour le chargement (art. 17). Enfin, si le port est affecté par les *glaces*, le capitaine est libre de ne pas s'y rendre, ou de le quitter, la charte étant alors de droit rescindée (*null and void* : art. 18).

Les clauses de la *Gencon*, comme celles, plus ou moins semblables, qui figurent dans les autres chartes, ne couvrent pas toutes les situations. En cas d'incident non prévu, il appartient aux parties de s'entendre sur le moyen de résoudre au mieux la difficulté survenue — obligation qui peut se fonder, en droit français, sur les dispositions de l'article 1134 du Code civil. C'est seulement si la difficulté survenue est insurmontable que pourra jouer la théorie de la force majeure, chacune des parties étant en droit de considérer le contrat comme résolu. En droit anglais — et plus généralement dans les droits de *common law*, on appliquera la théorie de la *frustration*. Cette théorie autorise chaque partie à considérer le contrat comme anéanti lorsque l'exécution du contrat, tel qu'il avait été envisagé par les parties, n'est plus possible, et à plus forte raison lorsqu'elle est devenue impossible. Mais elle est appliquée avec réserve par les tribunaux (17).

(16) Une jurisprudence antérieure de la Cour de cassation en sens opposé a été abandonnée en 1953 (26 janv. 1953, *Bulletin* 3, n° 38). Voir, dans le sens nouveau, CAMP, sentence n° 538 du 7 juin 1984, *DMF* 1985.116.

(17) Comme un exemple de pareille réserve, voir la décision *The Safer, Queen's Bench* 3 nov. 1993, *LLR* 1994.1.637. Sur la théorie générale de la *frustration*, voir R. DAVID et F. DE KERSTRAET, *Les contrats en droit anglais*, 1973, n°s 401 et s.

§ 2. — *Les obligations du fréteur quant à la réalisation du voyage*

769. Chargement et arrimage de la marchandise. — S'agissant de la réalisation du voyage, une fois le navire à quai, à la date prévue, il faut procéder au chargement et l'arrimage de la marchandise. Au XIXe siècle, c'est le fréteur qui était tenu de mettre la marchandise à bord, opération réalisée par les marins du navire affrété eux-mêmes. Aujourd'hui, la règle a été inversée : c'est l'affréteur qui — personnellement ou par l'action de l'entreprise de manutention qu'il a « requise » — doit charger et décharger la marchandise, et l'article 9 du décret du 31 décembre 1966 a tiré la leçon de l'évolution en énonçant que « *l'affréteur doit charger et décharger la marchandise* ». Mais le principe de liberté contractuelle prévaut ici aussi. Le contrat d'affrètement peut prévoir que le chargement devra être réalisé par le fréteur, chose assez fréquente pour les charges lourdes exceptionnelles.

S'agissant de l'arrimage proprement dit, mise en place finale de la marchandise en cale ou sur le pont, une distinction doit en principe être faite entre arrimage nautique et arrimage commercial (18). L'arrimage nautique (choix de l'emplacement où sera placée telle marchandise lourde ; installation de bardis pour empêcher la marchandise de riper, et d'entraîner un effet de « carène liquide ») est celui qui peut avoir un effet sur la stabilité du navire. L'arrimage commercial n'a de conséquences que sur le bon état de la marchandise concernée. Il peut être abandonné à la diligence de l'affréteur ou de l'entreprise de manutention choisie par lui. Certes, l'arrimage commercial ne joue qu'un rôle limité dans les situations d'affrètement au voyage, mais la notion y conserve son sens, s'agissant, par exemple, d'affecter à des cales différentes des cargaisons de nature différente, ou présentant des caractéristiques (taux d'humidité ou autre) différentes (19). Quant à l'arrimage nautique, il est de la compétence exclusive du capitaine. Même en l'absence de stipulations contractuelles, c'est donc le fréteur qui en demeure responsable (voir en ce sens, R. Rodière, *Affrètements et Transports*, n° 184). Aussi bien, en des termes souvent confus, et parfois même contradictoires, la plupart des chartes-parties stipulent-elles que l'arrimage sera effectué sous la direction et la responsabilité du capitaine (20).

Le fait que l'arrimage « nautique » incombe au fréteur par l'intermédiaire du capitaine a des conséquences importantes. Tout d'abord, le fréteur est responsable du dommage causé par un défaut dans l'arrimage nautique (Aix-en-Provence, 24 avr. 1984, navire *Havfru, DMF* 1986. 356). Le fréteur ne peut demander un *faux fret* (*infra*, n° 786) au cas où un mauvais arrimage a diminué la capacité de transport de son navire (CAMP, sentence n° 583, 18 juill. 1985, *DMF* 1986.312).

(18) Cette distinction est remarquablement faite dans la sentence n° 1063 de la CAMP, 27 mai 2002, *DMF* 2003.170.

(19) Ou encore, s'agissant de conteneurs chargés dans le cadre d'une charte d'affrètement d'espaces (*infra*, n° 819), et de poids identiques (tout problème de stabilité étant alors éliminé), du choix de l'emplacement de chacun, ce afin de faciliter leur attribution à l'arrivée.

(20) Une clause en sens contraire, qui confierait l'arrimage nautique à l'affréteur, serait sans doute contraire à l'ordre public, même au sens du droit international.

Enfin, le fréteur ne peut demander de surestaries (*infra*, n° 801) en cas de retard au chargement/déchargement dû à un mauvais arrimage.

770. Délivrance des connaissements. — Une fois l'arrimage terminé, la plupart des chartes prévoient que le fréteur devra délivrer à l'affréteur un connaissement représentant la marchandise embarquée. Même en l'absence de stipulations particulières, ce connaissement doit être établi dans la forme habituelle, c'est-à-dire à ordre. En revanche, le capitaine peut y porter toute mention propre à protéger éventuellement les intérêts du fréteur (réserve justifiée, mentions qu'une partie du fret reste due).

La délivrance des connaissements a donné lieu à un abondant contentieux. La jurisprudence a été ainsi conduite à décider que l'affréteur pouvait exiger un connaissement en trois exemplaires. En revanche, il ne peut exiger la délivrance d'un connaissement antidaté (21).

771. Réalisation du voyage. Voyage en droiture. Durée du voyage. — Le fréteur doit ensuite réaliser le voyage. Normalement, il doit le réaliser *en droiture*, c'est-à-dire sans dérouter son navire pour prendre un chargement complémentaire. C'est là une règle traditionnelle, qui ne se retrouve dans aucun texte mais à laquelle la jurisprudence demeure très attachée.

Cependant, comme en matière de transport de marchandises (*infra,* n° 1025), les chartes-parties contiennent des clauses de « liberté », donnant au fréteur le droit de faire escale dans quelque port que ce soit pour quelque raison que ce soit, ou de se dérouter pour sauver vies ou biens. Ces clauses sont valables, mais elles doivent être appliquées raisonnablement et de bonne foi par le fréteur. Celui-ci ne saurait allonger le voyage dans une mesure déraisonnable (22).

Parallèlement à l'obligation de naviguer en droiture, le fréteur a l'obligation de réaliser le voyage dans un délai approprié — *with all convenient speed*, disent les chartes (ou, autrement, *with all possible dispatch).* L'imprécision des notions ici utilisées par la pratique fait que la jurisprudence en la matière est assez souple. Un retard de dix jours pour un voyage Tunisie-France a été jugé acceptable, s'agissant, il est vrai, d'une cargaison de phosphates. Cependant, les arbitres ont sanctionné le fréteur dont le navire avait mis 84 jours pour un voyage de France à Madagascar, au lieu des 30-32 jours habituels (23).

772. Maintien de la navigabilité. — Durant tout le voyage, nous savons que le fréteur doit maintenir la navigabilité du navire. Il doit aussi assurer des soins normaux à la marchandise, la règle découlant tant des principes généraux du droit contractuel que des stipulations des chartes-parties. Cependant, cette dernière obligation demeure largement théorique, ou plutôt sans sanction. Nous

(21) Sur ces différents points, voir *The Mobil Courage, Queen's Bench,* 24 juill. 1987, *LLR* 1987.2.657 ; CAMP, 12 mars 1998, *DMF* 1998.932 ; *The Wilomi Tanana, Queen's Bench* 18 févr. 1993, *LRR* 1993.2.41.

(22) CAMP, sentence n° 660, 6 juill. 1987, *DMF* 1988.53.

(23) Voir, pour le premier cas, CAMP, sentence n° 994 du 17 déc. 1998, et sur le second la sentence n° 891 du 2 oct. 1994, *DMF* 1995.335 et *DMF* 1999.166. Voir aussi, assez rigoureux et reprochant au fréteur des retards minimes, mais parce que dus à l'innavigabilité fautive du navire, *The Tanaka, Queen's Bench*, 15 déc. 1989, *LLR* 1990.1.536.

verrons en effet, que le fréteur n'est responsable du manque de soins à la marchandise qu'en cas de faute lourde du capitaine ou d'un membre de l'équipage (*infra*, n°s 776 et s.).

773. Arrivée au port de destination. Événements imprévus. — La dernière obligation du fréteur est d'amener le navire au port de destination. Mais, ici aussi, des événements imprévus peuvent surgir interdisant l'arrivée du navire ou le déchargement de la marchandise. Ignorant les problèmes qui peuvent se poser au port de chargement, le législateur de 1966 a ici envisagé la question. L'article 15 du décret du 31 décembre 1966, énonce que, « *dans le cas d'empêchement durable d'entrée dans le port, le capitaine doit obéir aux ordres donnés d'un commun accord par le fréteur et l'affréteur ou, à défaut, se rendre dans un port voisin où il pourra décharger* », cette dernière précision étant importante, car on peut craindre que, dans la plupart des cas, fréteur et affréteur ne puissent arriver à un accord. Les modalités de l'obligation de décharger la marchandise au port prévu sont par ailleurs précisées par les chartes-parties.

C'est ainsi que la *Gencon* distingue les cas où le port de destination est bloqué par la grève, par la guerre ou par la glace. En cas de *grève* durant plus de 48 heures, une option est ouverte à l'affréteur. Il a le choix soit d'y maintenir le navire en attente en s'engageant à payer des surestaries à 50 % du taux normal après dépassement du temps de déchargement (jours de planche, voir *infra*, n°s 795 et s.), soit d'ordonner au navire de se rendre dans un port « libre », auquel cas il doit payer un fret de distance, si la distance entre le port de destination et le port de déchargement effectif est supérieure à 100 milles marins. Des dispositions un peu différentes sont prévues au cas où le port de déchargement est bloqué par les *glaces*, l'affréteur qui préfère maintenir le navire en attente devant alors accepter de payer les éventuelles surestaries à taux plein. Si le navire est déjà entré dans le port quand la menace de blocus par la glace se manifeste, le capitaine a le droit de quitter le port avec la marchandise encore à bord, et de se diriger vers le port le plus proche pour la décharger, avec ici aussi un supplément de fret si le navire doit parcourir plus de cent milles.

En cas de *guerre*, il n'est évidemment pas question de faire attendre le navire. Aussi, la *Gencon* prévoit-elle que, s'il apparaît au capitaine ou au fréteur que le navire sera exposé à des risques de guerre, l'affréteur devra, dans les 48 heures, indiquer au navire le nouveau port de déchargement. S'il ne donne aucune instruction, c'est le fréteur qui décidera lui-même du port approprié où la marchandise sera déchargée (art. 17). Par ailleurs, le même article prévoit, dans son alinéa 5, que le capitaine sera tenu d'obéir aux ordres de tout gouvernement concerné, comme aussi bien aux résolutions du Conseil de sécurité — tous ordres ou résolutions qui l'excuseront de ne pas se rendre au port de déchargement contractuel.

Malgré leur complexité, ces clauses, comme il en est des clauses concernant les événements imprévus au port de chargement, ne couvrent pas toutes les situations possibles, et, par exemple, celle de la situation de guerre intervenant après que le navire soit entré au port de déchargement. Dans une telle situation il appartiendra aux parties de négocier de bonne foi les modalités d'achèvement de l'aventure contractuelle, comme les y incite l'article 15 du décret de 1966, dans le cas d'empêchement durable d'entrer dans le port (24).

774. Mise de la marchandise à la disposition de l'affréteur. Déchargement. — Le navire arrivé au port de destination, le fréteur doit mettre la marchandise à la disposition de l'affréteur. Dans le principe, il n'a pas à effectuer le déchargement physique de la marchandise, étant seulement tenu, par exemple, d'ouvrir les panneaux de cale. Le déchargement, tout comme le chargement, incombe en effet à l'affréteur.

Dans la mesure toutefois où les opérations de déchargement affecteraient la sécurité du navire, s'agissant par exemple du déchargement d'un navire roulier qui doit s'effectuer de manière à ne pas altérer l'assiette du navire, le capitaine serait en faute de ne pas veiller à cette sécurité — et le problème se poserait de la responsabilité du fréteur.

Souvent la charte prévoit que la marchandise sera délivrée, non à l'affréteur mais au destinataire, porteur du connaissement. Souvent aussi cette délivrance devra être faite alors même que le destinataire n'est pas porteur du connaissement, mais en ce cas contre remise d'une lettre d'indemnité (voir *infra*, n° 1036) (25).

Section 2

La responsabilité du fréteur pour les dommages subis par les marchandises

775. Domaine de la responsabilité du fréteur. — Une règle simple tout d'abord : le fréteur n'est responsable que des dommages survenus pendant que la marchandise est sous sa garde. Les opérations de chargement incombant à l'affréteur, la responsabilité du fréteur ne commence qu'une fois ces opérations terminées, plus précisément une fois fermés les panneaux de cale. Elle cesse lorsque commence, à destination, l'ouverture des panneaux. Mais, devant la Chambre arbitrale maritime de Paris, cette règle a soulevé un problème s'agissant d'un affrètement soumis à une charte *Synacomex*.

Cette charte prévoit classiquement, dans son article 5, que le chargement et le déchargement se feront aux frais et aux risques de l'affréteur. Mais, comme nous le verrons (*infra*, n° 778), elle contient aussi une clause énonçant que les termes de la Convention de Bruxelles de 1924 sont incorporés à son texte. Or la

(24) Voir en ce sens, CAMP, sentence n° 824 du 20 déc. 1991, *DMF* 1992.582.
(25) Sur les problèmes que peut soulever une telle clause, voir la décision *Bremen Max, Queen's Bench*, 11 novembre 2008, *Lloyd's Law Reports* 2009.1.81.

Convention prévoit que c'est au transporteur qu'incombent les opérations de chargement et de déchargement (*infra*, n° 1010). S'agissant de dommages survenus lors du déchargement, l'affréteur arguait qu'ils incombaient au fréteur, du fait de l'incorporation à la charte de la Convention de 1924, tandis que la clause 5 de la charte le dégageait de toute responsabilité. Dans une première sentence du 29 mai 1996 (sentence n° 943, *DMF* 1996.1155), la Chambre a fait prévaloir la Convention de 1924 (26).

Mais, dans une sentence rendue deux mois plus tard, la Chambre a renversé sa jurisprudence et décidé que, la liberté contractuelle étant de règle en matière d'affrètement, les parties avaient pu réglementer comme elles l'entendaient le problème de responsabilité, et, contrairement aux dispositions de la Convention de 1924, placer les opérations de chargement/déchargement sous la responsabilité de l'affréteur (sentence n° 941 du 18 juill. 1996, *DMF* 1996.1152). Cette seconde sentence paraît fondée. Les parties auraient pu sélectionner dans la Convention de 1924 les seules dispositions auxquelles elles entendaient se soumettre, en excluant de leur liste les dispositions de l'article 3, alinéa 2 concernant l'obligation au chargement, et nul n'aurait trouvé à y redire. Ce qu'elles pouvaient faire directement, elles pouvaient le faire indirectement, par un renvoi à la Convention de 1924, accompagné d'une exclusion expresse de l'obligation de chargement/déchargement prévue par ce texte à l'encontre du seul transporteur, cette obligation étant transférée à l'affréteur.

776. Contenu de la responsabilité. Responsabilité légale. — Parce qu'il arrive que l'affrètement d'un navire de petite dimension soit conclu sans qu'aucune charte-partie, aucun contrat précis ne soit rédigé, il importe de s'interroger sur la responsabilité légale du fréteur avant d'analyser les éléments de sa responsabilité contractuelle.

Cette responsabilité est, dans certains droits, très simple. C'est ainsi qu'en droit anglais, le fréteur est en principe responsable de plein droit des dommages et pertes subis par la marchandise, sauf à lui à établir que le dommage résulte d'un nombre très limité de cas exceptés (*act of God, act of the Queen's enemies, vice propre de la marchandise :* voir Scrutton, *On Charter Parties*, 20e éd. 1996, p. 200). Le régime de la loi du 18 juin 1966 est plus complexe.

L'article 6 de cette loi pose, certes, un principe clair. Le fréteur est responsable des marchandises reçues à bord par le capitaine dans les limites prévues à la charte-partie. En l'absence de charte-partie, ce qui est l'hypothèse ici analysée, le fréteur est donc responsable de plein droit, tout comme le transporteur (*infra*, n° 1010), du dommage subi par la marchandise. Les choses se compliquent quand on aborde les exceptions à la responsabilité du fréteur. Ici, l'article 6 dispose que le fréteur se libère de sa responsabilité en établissant « *soit qu'il a*

(26) L'arbitre qui a rendu la décision s'est fondé sur un arrêt de la Cour de cassation où la cour énonçait que les contractants qui avaient choisi de soumettre leur contrat à la Convention de 1924 ne pouvaient prétendre écarter telle ou telle disposition de ce texte : Cass. 4 févr. 1992, *DMF* 1992.289. C'était oublier que la Cour de cassation s'était prononcée à propos d'un contrat de transport, soumis à un régime d'ordre public, alors que le régime légal de l'affrètement est simplement supplétif.

satisfait à ses obligations de fréteur précisées par décret, soit que les dommages ne tiennent pas à un manquement à ces obligations, soit que le dommage est dû à la faute nautique du capitaine ou de ses préposés ». Au-delà de l'inélégance du texte, renvoyant aux obligations du fréteur « *précisées par décret* » — une inélégance que l'on ne peut en rien reprocher au Doyen Rodière (27) —, il faut se reporter au décret du 31 décembre 1966. Ce texte les obligations du fréteur, en disposant que le celui-ci s'oblige, d'une part « *à présenter... et à maintenir pendant le voyage, le navire désigné en bon état de navigabilité* », d'autre part « *à faire toutes diligences qui dépendent de lui pour exécuter le ou les voyages prévus à la charte-partie* ».

Il résulte d'abord de ces textes que le fréteur est expressément exonéré de toute responsabilité quand le dommage est la conséquence d'une faute nautique (sur la notion de faute nautique, voir *infra*, n°s 1094 et s.). Il en résulte aussi qu'il est exonéré quand le dommage est la conséquence d'un fait extérieur à lui non imputable, péril de la mer, vice de la marchandise, faute de l'affréteur. Quand la cause du dommage demeure inconnue, le fréteur, nonobstant sa responsabilité de droit, peut également s'exonérer en prouvant qu'il a rempli ses obligations, c'est-à-dire qu'il a livré et maintenu le navire en état de navigabilité et que ses préposés ont apporté au voyage des soins normaux.

En revanche, le fréteur demeure responsable si le dommage subi par la marchandise est la conséquence de l'innavigabilité du navire. Ici, le droit de l'affrètement est même plus sévère que le droit des transports maritimes, puisque le fréteur ne peut s'exonérer en faisant seulement la preuve qu'il a fait diligence pour veiller à la navigabilité de son bâtiment. En cas de dommage dû à l'innavigabilité, il n'est exonéré que s'il fait la preuve que cette innavigabilité elle-même résulte d'un fait extérieur. Il est aussi responsable si le dommage résulte d'un manque de soins à la marchandise (par exemple, utilisation incorrecte du système de réfrigération), car il faut, semble-t-il, interpréter extensivement l'expression « *faire toutes diligences pour exécuter le voyage* ».

Enfin, il est à noter que la loi de 1966 n'établit pour le contrat d'affrètement aucune limitation de responsabilité. Ici encore, elle est curieusement plus sévère pour le fréteur que pour le transporteur de marchandises. Il reste que le fréteur peut inclure dans le contrat d'affrètement une limitation contractuelle.

777. Clauses contractuelles sur la responsabilité. Charte *Gencon*. — C'est une règle très généralement admise dans la communauté maritime internationale (quelques textes y ont fait exception, tel le Code maritime marocain de 1919) que la responsabilité du fréteur peut être librement déterminée par la convention des parties. Cette responsabilité dépendra donc des stipulations de la charte utilisée, stipulations dont nous ne pouvons donner ici que quelques exemples.

Dans la dernière version de la charte (1996), l'article 2 de la *Gencon*, lequel, intitulé *Owners'responsibility clause*, régit la responsabilité du fréteur, n'est en

(27) Le responsable en étant le seul Conseil d'État, lequel avait refusé, comme contraire à la Constitution, le texte initial, homogène, du Doyen Rodière.

fait qu'une large clause — et répétée — de non-responsabilité. C'est ainsi que, dans son premier alinéa, il énonce que le fréteur n'est responsable du dommage ou du retard subi par la marchandise que si dommage ou retard résultent d'un manque personnel de diligence de sa part pour assurer en tous points la navigabilité du navire, pour garantir qu'il est correctement armé, équipé et approvisionné (*properly maned, equipped and supplied*), ou encore s'ils résultent d'une faute ou omission, personnelle au fréteur ou à son directeur (*manager*). Dans le second alinéa de l'article 2, l'affirmation de la non-responsabilité du fréteur est répétée, en des termes aussi généraux que possible. Le texte de la *Gencon* dispose ici que le fréteur ne sera responsable d'aucune perte, dommage ou délai résultant de quelque cause que ce soit, y incluse la faute ou l'omission du capitaine ou autre membre de l'équipage, ou autre personne employée par le fréteur à bord ou à terre pour un acte dont le fréteur serait responsable en l'absence de la présente clause, ou résultant de l'innavigabilité du navire durant le chargement ou le commencement du voyage, ou en tout autre moment quel qu'il soit.

En bref, dans la *Gencon,* le fréteur n'est pas responsable de plein droit de la marchandise. C'est à l'affréteur de faire la preuve que dommage, perte ou retard résultent de l'absence personnelle de diligence du fréteur à mettre le navire en état de navigabilité, ou encore de toute autre faute à lui personnelle, ou personnelle à l'un de ses dirigeants. Certes, la non-responsabilité n'est pas totale. Elle demeure très large.

778. *Synacomex.* — La *Synacomex* est plus sévère à l'égard du fréteur que la *Gencon.* Dans son dernier état (texte de 2000), elle stipule que les *Règles de La Haye*, telles qu'appliquées dans le pays de chargement (28), devront être considérées comme incorporées à son texte. Ce que la charte désigne sous le nom (d'ailleurs inexact : voir *infra*, n° 888) de Règles de La Haye, c'est la Convention de 1924 sur les transports sous connaissements. Sous ce régime, comme nous le verrons (*infra*, n°s 1062 et s.), le transporteur (ici le fréteur) est responsable de plein droit des dommages subis par la marchandise, et ne peut s'exonérer de sa responsabilité qu'en faisant la preuve d'un nombre limité de cas exceptés. Et même si les cas exceptés que peut invoquer le fréteur sont nombreux, c'est sur lui et non plus sur l'affréteur que pèse la charge de prouver tant l'existence du cas excepté que celle du lien de causalité entre le cas excepté et le dommage.

La *Synacomex* double par ailleurs la référence qu'elle fait à la Convention de 1924 d'une clause générale exonérant les deux parties — fréteur et affréteur — du dommage résultant de l'un des cas exceptés classiques du droit maritime, cas ici aussi repris de la Convention de 1924 (*Act of God*, guerre, quarantaine, grève, *lock-out*, arrêt ou contrainte du prince, ou « *tout autre événement quel qu'il soit qui ne peut être évité ou pallié* »).

779. Application des stipulations contractuelles par les tribunaux. — Les tribunaux français appliquent en règle générale avec sévérité les stipulations des

(28) Sur le problème de la « multiplicité » des Règles de La Haye (Convention de 1924), voir *infra*, n° 904.

chartes-parties, quand ils ne vont pas jusqu'à ignorer totalement les stipulations de la charte en cause, étendant au fréteur le régime du transporteur (29). Ou encore, interprétant d'une manière exégétique à l'extrême les dispositions de la charte, ils considèrent que la clause de non-responsabilité ne s'applique qu'aux dommages subis par la marchandise, et non au cas de livraison irrégulière (30).

Particulièrement éclairante est la jurisprudence concernant l'application de la *Gencon* en cas de dommages dus à l'innavigabilité du navire. Le texte de la *Gencon* est ici clair : le fréteur n'est pas responsable du dommage résultant de la seule innavigabilité, sa responsabilité ne pouvant être mise en cause qu'en cas d'absence de diligence de sa part. Eu égard au principe posé, celui de la non-responsabilité, la preuve de l'absence de diligence devrait incomber à l'affréteur. Telle n'est pas cependant l'analyse des tribunaux. En fait, quand le dommage résulte de l'innavigabilité, ceux-ci condamnent presque automatiquement le fréteur, comme si l'innavigabilité établissait une présomption presque irréfragable d'absence de diligence (31). Ici encore, c'est le régime du transport maritime qui est, en fait, appliqué au fréteur.

Ce n'est donc qu'assez exceptionnellement que le fréteur est admis à se prévaloir des clauses de non-responsabilité de la charte, soit parce que le dommage résulte clairement d'une faute de navigation ou d'une faute de l'affréteur, soit que le fréteur fasse la preuve de sa parfaite diligence dans la mise du navire en état de navigabilité (32), soit que preuve soit faite d'un cas évident de force majeure (33). Et la jurisprudence arbitrale française n'est ici guère différente de la jurisprudence judiciaire.

780. Limitation de responsabilité. — La loi de 1966 n'établit pour le contrat d'affrètement aucune limitation de responsabilité ou, dans une terminologie plus moderne aucune limitation de réparation. Ici encore, elle est donc plus sévère pour le fréteur que pour le transporteur de marchandises. Il reste qu'une clause de limitation peut être incluse dans la charte. Ce n'est pas le cas pour la *Gencon.* Si, dans ses éditions antérieures, cette charte contenait une clause (clause 12) limitant à deux fois le montant du fret la réparation due par le fréteur en cas d'inexécution, cette clause — d'ailleurs interprétée restrictivement par les tribunaux — a disparu de l'édition 1994. Mais il reste toujours possible aux parties d'inclure dans le *rider* accompagnant la charte une clause de limitation au kilo — chose assez rare mais qui peut se rencontrer.

(29) Voir en ce sens, Cour d'appel de Rouen, 13 juill. 1994, navire *Heidi*, *DMF* 1995.540, obs. Y. Tassel et nos obs. *DMF* 1996, Hors-série n° 1, n° 91 où la Cour, ignorant « superbement » les stipulations de la *Gencon,* retient, pour fonder la responsabilité du fréteur, la faute du capitaine qui avait appareillé alors qu'un gros temps s'annonçait.

(30) CAMP, sentence n° 939 du 12 avr. 1996, *DMF* 1996.936.

(31) Voir en ce sens l'importante sentence arbitrale rendue dans l'affaire du *Navipesa Dos*, CAMP, 18 mai 1973, *DMF* 1975.30 ; Cour d'appel de Paris, 21 avr. 1976, navire *Panaglia, DMF*, 1977.75 ; CAMP, 3 janv. 1996, sentence n° 933, *DMF* 1996.830.

(32) Pour un cas de faute de navigation (abordage), voir CAMP, 25 sept. 1987, sentence n° 664, *DMF* 1988.121 ; pour un cas de faute de l'affréteur (choix d'un navire ancien et inadapté) voir CAMP, 3 oct. 1988, sentence n° 706, *DMF* 1989.259 ; pour un cas où le fréteur avait fait la preuve que les cales du navire avaient été correctement nettoyées, décision *The Nordic Navigator, Queen's Bench*, 18 avr. 1984, *LLR* 1984.2.182.

(33) Voir, pour une situation de gros temps, où la cargaison d'un porte-conteneurs avait été disloquée par une forte lame traversière : sentence n° 1150 du 10 janv. 2008, *DMF* 2008.936.

En revanche, dans la mesure où la *Synacomex* renvoie, sans réserve aucune, à la Convention de Bruxelles pour définir le régime de responsabilité du fréteur (*supra*, n° 778), le fréteur peut bénéficier de la limitation prévue par cette Convention. Mais la formulation de la charte est ici loin d'être satisfaisante, les rédacteurs du texte s'étant heurtés au problème de la multiplicité des versions de la Convention de 1924 quant au montant de la limitation, texte originaire, texte de 1968 et texte de 1978 (34). Et l'on n'est pas certain qu'ils aient résolu ce problème de la manière la plus heureuse (35).

Quand une charte contient ainsi une clause de limitation de responsabilité, ou de réparation, la question se pose de savoir quel type de faute du fréteur entraîne déchéance du droit à limitation, en particulier dans le régime de la *Synacomex.* Dans la mesure où cette charte « incorpore » la Convention de 1924, on est tenté de se référer ici à la faute « inexcusable ». Mais cette faute n'existe que dans le régime de 1968, alors que la *Synacomex* renvoie éventuellement au régime originaire de la Convention de 1924, lequel ignore la faute inexcusable (prévoyant l'application de la limitation « *en tout cas* »). Par ailleurs, la limitation de responsabilité est, dans la *Synacomex*, une limitation contractuelle — et non légale comme dans la Convention de 1924. Il semble donc préférable d'appliquer ici les règles du droit contractuel général, la *faute lourde*, privant le fréteur du droit à limitation (36).

781. Limitation de responsabilité de l'armateur (Convention de 1976). — Au-delà d'une éventuelle limitation par la charte concernée de la réparation due par le fréteur, une autre question peut se poser : celle de savoir si le fréteur peut bénéficier de la limitation de responsabilité de l'armateur, telle que prévue par la Convention de 1976 (*supra*, n°s 402 et s.). Dans le principe, la réponse est certainement affirmative, et ce que le fréteur soit armateur propriétaire du navire, ou affréteur à temps ou coque-nue de celui-ci. Il faut cependant qu'il n'encoure pas la déchéance qui frappe tout armateur en cas de « faute inexcusable » personnelle.

La jurisprudence étant assez rare en la matière, on est certainement fondé à penser que les tribunaux feraient preuve à l'égard du fréteur de la sévérité qui leur est habituelle (37).

782. Contentieux. Réserves. Prescription. — La plupart des chartes contiennent une clause compromissoire renvoyant à arbitrage à Londres pour les chartes anglaises, à Paris pour la *Synacomex*.

(34) La Convention de 1924 a, en effet, connu plusieurs régimes de la limitation de responsabilité : le régime du texte originaire, celui du Protocole de 1968, enfin celui du Protocole de 1979 (voir *infra*, n°s 1105 et s.).

(35) Il eût été très simple pour lesdits rédacteurs, s'agissant de déterminer un régime purement contractuel, de se référer au dernier texte de la Convention de 1924, celui de 1968 amendé en 1979. Au lieu de cela, ils se sont référés, alternativement, au texte de la Convention en vigueur dans le pays de l'expédition (*shipment*) des marchandises, ajoutant de surcroît une référence complémentaire à la « législation correspondante » (*corresponding legislation*) du pays de destination, si le pays d'expédition n'a pas ratifié la Convention de 1924.

(36) En ce sens, CAMP, 27 nov. 1993, sentence n° 872, *DMF* 1994.291.

(37) Voir, faisant preuve de semblable sévérité à l'égard d'un fréteur dont le navire présentait des panneaux de fond (*bottom plating*) en très mauvais état, l'arrêt *The Earth Stephanie, Court of Appeal* 23 nov. 1988, *LLR* 1989.1.349.

S'agissant de la prescription, l'article 435 du Code de commerce déclarait non recevable l'action contre le capitaine pour dommages à la marchandise si celle-ci avait été reçue sans protestation, protestation qui devait être signifiée dans les vingt-quatre heures et suivie d'une demande en justice dans un délai d'un mois. L'article 435 a disparu avec la réforme de 1966 et le législateur n'a gardé l'obligation pour le réceptionnaire de faire des réserves que pour le contrat de transport (*infra,* n° 1121). Dans le principe, l'affréteur n'est donc tenu ni de protestations ni de réserves. En fait, ces réserves demeurent indispensables s'il veut éviter toute difficulté de preuve. Le plus souvent d'ailleurs, en cas de dommages ou manquants constatés à l'arrivée, il devra faire procéder à une expertise.

La prescription d'un mois inscrite dans l'article 435 a été remplacée par une prescription d'un an, analogue à celle du contrat de transport (article 4 de la loi du 18 juin 1966). Aux termes de l'article 4, alinéa 1er du décret du 31 décembre 1966, le délai de prescription part du débarquement *complet* de la marchandise (38), ou du jour de l'événement qui a mis fin au voyage, par exemple en cas de perte totale du navire. Aux termes de l'article 4 de la loi de 1966, le délai de prescription est par ailleurs interrompu ou suspendu « *conformément au droit commun* » (39).

En raison du caractère supplétif de la loi de 1966, un délai de prescription plus bref peut être convenu dans la charte (étant interdit par l'art. 2220 du Code civil de proroger la prescription). C'est ainsi que la charte *Synacomex* prévoyait dans son édition 1954 une prescription de 6 mois. Cette prescription avait été déclarée à bon droit inopposable au destinataire porteur d'un connaissement établi en exécution de la charte (40). La dualité de délais existant ici n'était pas sans soulever des difficultés. Il est donc, sur ce point, heureux que ce délai ait disparu de l'édition 1990 de la *Synacomex.* Aujourd'hui, en raison de la référence générale de la charte à la Convention de 1924 (*supra*, n° 778), c'est la prescription d'un an de la Convention de 1924 qui s'applique.

(38) Sur le point de départ du délai quand la marchandise est refusée au port de destination, et le voyage achevé dans un autre port, voir l'arrêt *The Sonia* de la *Court of Appeal*, 15 mai 2003, *LLR* 2003.2.201, les juges faisant partir le délai de la délivrance effective.

(39) Sur ce droit commun, qui régit aussi la prescription en matière de transport, voir *infra*, nos 1181 et s.

(40) CAMP, 17 nov. 1987, sentence n° 669, *DMF* 1988.194.

CHAPITRE 2

L'AFFRÉTEUR DANS L'AFFRÈTEMENT AU VOYAGE

783. Généralités. Plan. — À l'inverse du chargeur dans le transport maritime, qui n'a que des obligations limitées, payer le fret, faire les déclarations appropriées quant à la marchandise, et présenter la marchandise au temps et au lieu convenus, l'affréteur encourt des obligations beaucoup plus lourdes. Les plus importantes concernent l'obligation de l'affréteur de procéder au chargement et au déchargement des marchandises dans les délais prévus au contrat. Mais d'autres obligations, d'ordre matériel ou d'ordre financier, pèsent sur l'affréteur.

Alors qu'il est aisé de présenter et de classer les obligations du fréteur, lesquelles s'organisent autour du navire et du voyage, il l'est moins de classer les obligations de l'affréteur, eu égard à leur diversité. Nous les présenterons donc dans un ordre chronologique, en distinguant l'obligation éventuelle de l'affréteur de parfaire les données du voyage en désignant, en tant que de besoin, port de chargement et port de déchargement, son obligation de mettre à bord du navire la marchandise convenue, son obligation de procéder au chargement et au déchargement avec ses modalités complexes, son obligation de payer le fret, son obligation enfin d'indemniser éventuellement le fréteur au cas où celui-ci subit un préjudice en conséquence du voyage.

Auparavant, il faut toutefois évoquer la faculté exceptionnelle donnée à l'affréteur de se dégager de ses obligations en résiliant la charte.

784. Droit de l'affréteur de résilier le voyage. — Dans son article 288, le Code de commerce avait prévu le droit pour l'affréteur de résilier la charte avant le début du chargement, en payant un *demi-fret*. Le décret du 31 décembre 1966 maintient le droit de résiliation avant le début du chargement, mais en alourdit le coût. L'affréteur devra indemniser le fréteur de tout le préjudice subi, mais son obligation sera limitée au montant du fret.

La pratique connaît peu d'exemples de semblable résiliation, ce qui explique sans doute que le droit à résiliation de l'affréteur ne soit pas aménagé par les chartes types, même d'origine française (*Synacomex*).

Section 1

L'obligation de l'affréteur de désigner les ports de chargement/déchargement

785. Modalités de l'obligation de l'affréteur. — L'obligation de l'affréteur exprime ici son obligation générale de coopérer à la réalisation du voyage, obligation qui va de soi, l'affrètement étant un contrat soumis au principe de bonne foi, et donc lieu de coopération entre les parties.

Quand, ce qui est exceptionnel, le port de chargement n'est pas identifié au moment où la charte est signée, l'affréteur doit le préciser à la date prévue au contrat. Plus fréquemment, dans le cas où c'est le port de destination qui n'est pas indiqué dans la charte-partie, mais seulement une zone (*range*) de destination, par exemple les ports de la mer du Nord et de la Baltique, l'affréteur doit compléter les indications de la charte au moment prévu, par exemple lorsque le navire aura atteint tel point géographique (le parallèle 50° nord, par exemple, pour un affrètement au départ de Tunis et à destination mer du Nord-Baltique). Sa défaillance est tout normalement sanctionnée par l'allocation de dommages-intérêts (1).

À l'arrivée du navire tant au port de chargement qu'au port de déchargement, l'affréteur doit aussi désigner au navire un poste à quai. Si la charte le prévoit, ce poste doit être immédiatement disponible, par exemple si la charte stipule que l'affréteur doit procurer au navire un poste « *reachable on arrival* » (2). Et l'affréteur est responsable s'il fait attendre le navire en rade, le mauvais temps ultérieur retardant son arrivée à quai. Les jours d'attente doivent être décomptés comme staries (sentence arbitrale n° 1151 du 20 mai 2008, *DMF* 2009.282).

La pratique a récemment rencontré ici le problème des « navires flottants ». Certains opérateurs internationaux, après avoir acquis une cargaison de riz en Extrême-Orient, la chargent à bord d'un navire affrété, puis font « louvoyer » ce navire au large des côtes de l'Afrique de l'Ouest, ou encore l'envoient dans un premier port de déchargement, dans l'attente d'un marché rémunérateur. Dans une décision du 30 juin 1993, les juges ont sanctionné sévèrement cette pratique. Ils ont condamné l'affréteur à indemniser le fréteur sur la base du taux de location du navire payé par lui à son propre fréteur à temps, alors que le taux des indemnités à verser en cas de retard au déchargement (surestaries) était inférieur (3).

(1) CAMP, 30 sept. 1987, sentence n° 665, *DMF* 1988.191.
(2) *The Delian Spirit, Court of Appeal* 4 avr. 1971, *LLR* 1971.1.510.
(3) CAMP, 30 juin 1993, sentence n° 867, *DMF* 1994.60, et A. FALL, « La détention extra-contractuelle du navire dans l'affrètement au voyage », *DMF* 1998.3.

Section 2

Mise à bord de la quantité de marchandise prévue

786. Principe. — Une fois le navire à quai, l'affréteur est tenu de mettre à bord la quantité de marchandises prévue par la charte. La règle s'explique par le fait que la plupart des chartes prévoient un fret à la tonne. Si l'affréteur ne met à bord, par exemple, que 9 500 tonnes au lieu des 10 000 tonnes prévues, il devra malgré tout le fret pour 10 000 tonnes, la somme correspondant aux 500 tonnes non chargées étant souvent qualifiée de « *faux fret* ».

L'obligation de l'affréteur est ici une obligation stricte, « *absolue et non délégable* » a dit récemment un juge britannique (4), et dont l'affréteur ne peut se libérer qu'en faisant la preuve de l'impossibilité absolue où il a été de trouver de la marchandise (5). La règle a été appliquée avec rigueur par la jurisprudence qui s'est développée après la crise pétrolière de 1973. Nombre d'affréteurs tentèrent, à cette époque, de trouver une justification à leur carence dans cette crise. Leur prétention a été rejetée par le juge (6). Aussi bien, s'agissant de contrats portant sur des « choses de genre », il était toujours possible à l'affréteur de trouver une cargaison en un lieu extérieur à la zone affectée par la crise. C'est donc seulement si l'impossibilité de charger la quantité prévue est la conséquence d'une faute du fréteur que l'affréteur est excusé.

787. Modalités contractuelles. — L'obligation de l'affréteur de mettre à bord telle quantité de marchandises est toutefois souvent nuancée ou assouplie par la charte. C'est ainsi que la charte pourra prévoir une quantité de « minimum 12 000 tonnes/maximum 14 000 tonnes ». L'affréteur pourra ne charger que 12 500 tonnes le fret étant calculé sur ce tonnage, mais il ne pourra charger moins de 12 000 tonnes (7).

Section 3
Chargement et déchargement

788. Généralités. Plan. — L'obligation de l'affréteur de procéder au chargement et au déchargement du navire est, dans le principe, une obligation stricte

(4) Lord Mance, dans un arrêt du 2 déc. 2003, *The Nickmary, LLR* 2004.1.55.

(5) CAMP, 13 mars 1972, sentence n° 79, non publiée, où les juges sanctionnent l'affréteur qui n'avait pu mettre à bord la cargaison de tournesol prévue, en raison d'une interdiction d'exporter imposée par le gouvernement bulgare.

(6) Voir, entre autres, *The Zuiho Maru, Queen's Bench,* 11 mars 1977, *LLR* 1977.2.553.

(7) En revanche, quand la charte prévoit un chargement « X tonnes minimum/maximum », la clause stipulant que le fret sera payé sur le poids embarqué (laquelle tend à indiquer que le fret sera calculé sur ce poids et non sur le poids délivré) ne dispense pas l'affréteur de charger les X tonnes prévues : CAMP, 20 sept. 1980, sentence n° 373, *DMF* 1981.253.

et « non délégable ». Elle s'impose à l'affréteur quel que soit l'état de la marchandise (8). Cette obligation a donné naissance à une pratique d'une grande complexité. La charte-partie fixe habituellement deux éléments fondamentaux. Le premier est le nombre de jours alloués à l'affréteur pour procéder au chargement et au déchargement, jours que l'on qualifie de *jours de planche* (en anglais, *lay days*). Le second élément est le montant des sommes à verser par l'affréteur en cas de dépassement des jours de planche, les *surestaries* (*demurrage*), terme qui s'applique aussi aux jours de retard (on dira ainsi que les opérations de déchargement ont entraîné « dix jours de surestaries »).

L'objet du système est de procurer à l'armateur une rémunération normale de l'exploitation du navire. L'armateur fixe le taux de fret en tenant compte d'une telle rémunération, prenant en considération la durée du voyage, le coût du combustible, la durée d'une période normale de chargement et de déchargement et les charges encourues durant toute la période ou le navire sera indisponible. Par exemple, pour un voyage devant durer quinze jours, y inclus trois jours au chargement et quatre jours au déchargement, il demandera un fret de 40 dollars la tonne, ce qui, eu égard aux 20 000 tonnes transportées, lui procurera un fret total de 800 000 dollars. Sachant que le coût minimum de l'exploitation du navire (amortissements, frais d'équipage, frais d'entretien à quai) est de trente mille dollars par jour, il fixera le montant des surestaries à la même somme de trente mille dollars par jour.

L'importance des sommes en jeu — les surestaries pouvant atteindre 100 000 dollars par jour pour un pétrolier — explique la multiplicité des litiges en la matière. Cela impose que soient déterminés avec soin tous les éléments du calcul des surestaries, c'est-à-dire, le point de départ des staries, la computation des staries, et enfin la computation des surestaries.

§ 1. — *Point de départ des staries*

789. Généralités. Plan. — Les staries sont normalement décomptées à partir de la remise à l'affréteur par le capitaine de la notice d'arrivée du navire, ou *notice of readiness.* Plus précisément, le décompte des staries commence normalement le premier jour ouvrable après la remise de la notice (par exemple, le lundi à 6 heures, si la notice a été remise le vendredi à 15 heures, le samedi et le dimanche n'étant pas « travaillés »). Les chartes pétrolières prévoient toutefois que le décompte commencera six heures après remise de la notice, dimanche ou jours fériés inclus.

Il importe cependant de s'interroger d'une part sur le moment où la notice peut être remise, d'autre part sur les conditions de remise d'une notice valable, enfin sur les modalités de la remise.

(8) Sentence n° 1153 du 1er avr. 2008, *DMF* 2009.287 et les références.

790. Moment de la remise de la notice. Principe. Notion de « navire arrivé ». — Au-delà des modalités des clauses contractuelles, diverses à l'extrême, un principe domine la matière : la notice ne peut être remise par le capitaine que si le navire est « arrivé ». Et la notion de navire arrivé (*arrived ship*) a donné lieu, en droit anglais, à une jurisprudence abondante, marquée de revirements.

Dans un arrêt du 2 juin 1960, la Chambre des Lords, confirmant une jurisprudence antérieure, énonçait qu'il ne suffisait pas qu'un navire soit entré dans les limites administratives d'un port pour être un *arrived ship* (navire *The Aello*, *LLR* 1960.I.623 et *DMF* 1963.312). Encore fallait-il qu'il fût entré dans la zone commerciale, souvent plus restreinte que la zone administrative, notamment dans les ports d'estuaire (ce qui était le cas en la cause, d'agissant du port de Buenos Aires). Mais, dans une décision du 18 juillet 1973, la haute juridiction renversait son analyse, ou en tout cas la nuançait fortement, en énonçant qu'un navire devait être considéré comme arrivé dès lors qu'il était à la disposition de l'affréteur, même en un point situé en dehors de la zone commerciale normale, son capitaine étant dès lors apte à délivrer une notice valide (navire *Johanna Oldendorff, LLR* 1973.2.385).

L'arrêt *Johanna Oldendorff* devait donner lieu à une application extensive par la *Court of Appeal* dans un arrêt du 25 novembre 1976, les juges considérant qu'un navire à destination du port de Brake, en attente à proximité du navire-phare de l'embouchure de la Weser, à 25 milles marins de ce port, et en dehors de ses limites administratives, était un navire « arrivé » (navire *The Maratha Envoy, LLR* 1977.1.222). Dans une décision du 30 juin 1997, la Chambre des Lords infirmait l'arrêt de la *Court of Appeal*, en considérant que ne pouvait être qualifié de navire arrivé un navire en attente en un lieu où aucune des autorités fiscales ou administratives du port de destination n'exerçait la moindre compétence (*LLR* 1977.2.301).

La leçon qu'emporte cette jurisprudence, c'est — semble-il, car il faut toujours être d'une particulière prudence dans l'interprétation des décisions britanniques — qu'un navire ne peut être considéré comme arrivé, que s'il est à la fois entré dans la zone administrative du port de chargement (ou de déchargement), et dans la zone commerciale effective de ce port, son capitaine étant dès lors apte à émettre et délivrer la notice d'arrivée. Mais, au-delà de cette règle de principe (9), il faut cependant se référer aux stipulations particulières de chaque charte pour déterminer le moment où la notice pourra être émise.

791. Stipulations contractuelles. — Au départ, on distinguait les *port charters*, où le capitaine pouvait émettre la notice dès l'arrivée du navire dans le port, les risques d'attente dans le port étant à la charge de l'affréteur (10) et les *berth charters*, où le navire devait attendre d'être à quai avant toute émission de

(9) Un principe qui pourrait être écarté par les stipulations de la charte, eu égard au rôle de la liberté contractuelle en la matière, mais qui, en fait, ne paraît pas l'avoir jamais été.

(10) Ces risques étant très lourds dans certains ports, par exemple le port de Lagos où, à une certaine époque, les navires en rade devaient attendre plus d'un mois pour avoir un poste à quai.

la notice, les risques d'attente étant alors à la charge du fréteur. Mais la pratique a sensiblement affaibli la portée de la distinction, fréteurs et affréteurs s'ingéniant à faire insérer dans les chartes, quel que soit leur « type » d'origine (*port charter* ou *berth charter*), les stipulations leur étant les plus favorables. Ces stipulations ont donné lieu à une jurisprudence abondante, dont nous ne pourrons donner ici que quelques exemples.

Atténuant indirectement le sens d'une *port charter*, la clause prévoyant que le délai souffert par le navire pour se rendre à son poste après émission de la notice, pour quelque raison que ce soit échappant au contrôle de l'affréteur (*any reason whatsoever over which the charterer has no control*), ne sera pas pris en compte pour le calcul des surestaries, protège l'affréteur contre l'incident ayant retardé l'arrivée à quai du navire, alors que, normalement, ce retard devrait lui être à charge. Et cette clause a été interprétée d'une manière extensive par la Chambre des Lords, l'appliquant même à une cause naturelle, le ressac affectant le port de Mohammedia (5 mai 1987, navire *The Notos, LLR* 1987.1. 503).

Inscrite dans une *berth charter*, la clause *whether in berth or not* (clause *Wibon*) donne la possibilité au capitaine de délivrer la notice d'arrivée dès l'arrivée du navire dans le port, modifiant le sens premier de la charte. Mais elle a été interprétée restrictivement par la Chambre des Lords dans un arrêt du 23 juin 1988, comme ne s'appliquant pas à la situation où le navire a été retardé par le brouillard régnant sur le port, le risque de brouillard étant un risque maritime pesant toujours sur le fréteur (navire *The Kyzikos, LLR* 1989.1.1). Et l'arrêt applique la même interprétation à la clause énonçant que le poste désigné sera accessible à l'arrivée du navire (*reachable on arrival*) — autre clause affaiblissant le sens premier d'une *berth charter :* elle ne protège pas le fréteur contre les conséquences du brouillard dans l'arrivée du navire à quai.

Certaines clauses, sans affecter la détermination du moment où le capitaine peut délivrer la notice d'arrivée, protègent indirectement le fréteur contre les risques d'une *berth charter*. Il en est ainsi de la clause *time lost in waiting for berth to count as loading time*, laquelle, même si, le navire étant retardé dans son arrivée à quai, le capitaine n'a pu délivrer une notice valable, va faire peser sur l'affréteur les conséquences du temps d'attente (11).

792. Conditions de validité de la notice. Sanctions. — Pour que la notice d'arrivée soit valablement émise, le navire doit être prêt à charger (ou à décharger). En droit classique, cela supposait d'abord qu'il ait reçu sa « libre pratique » de la douane (*free pratique*), droit de procéder à des opérations commerciales (12). Mais aujourd'hui, de nombreuses chartes prévoient que la notice pourra être délivrée, que le navire soit ou non en libre pratique (clause *Wifpon* : *Whether in free pratique or not*).

Mais surtout, le navire doit être « physiquement » prêt à charger. Sur ce point, il existe une jurisprudence abondante sanctionnant le fréteur dont le navire arrive

(11) Sur les difficultés d'interprétation de la clause, voir *infra*, n° 797.

(12) Sur la difficulté que peut, dans certains ports, présenter la notion, voir l'arrêt *The Antclizo, Court of Appeal,* 18 févr. 1992, concernant le port de Bombay, *LLR* 1992.1.558.

à quai avec des cales sales, ou encore (au déchargement) avec un tirant d'eau trop important, alors que le fréteur était parfaitement informé des conditions d'accès aux quais (13). Mais quelle sanction appliquer dans une telle situation ?

Les tribunaux considèrent ici que la notice délivrée alors que le navire n'était pas en état n'est pas valable. Mais le fréteur peut délivrer une nouvelle notice dès que le navire aura été mis en état (les cales nettoyées, par exemple). La question de savoir quelles règles appliquer s'il ne le fait pas a été discutée. Un temps, les tribunaux britanniques se sont montrés rigoureux, décidant que la simple remise en état du navire ne faisait pas partir le décompte des jours de planche (14). Mais la jurisprudence la plus récente est moins sévère, admettant que le décompte des jours de planche doit commencer comme si une nouvelle notice avait été délivrée le jour où il a été remédié aux défauts du navire (15). En droit français, semblable solution paraît pouvoir être fondée sur le principe de bonne foi ; en droit anglais, elle peut se justifier par la notion de renonciation (*waiver*).

793. Modalités de délivrance de la notice. — Sauf exigence particulière de la charte — chose très rare — la notice pourra être délivrée par tous moyens : écrit, communication radio ou téléphonique, télex, voire, aujourd'hui, courrier électronique (16). En revanche, elle ne pourra l'être que les jours ouvrables et aux heures de travail, les chartes pétrolières stipulant toutefois le plus souvent qu'elle pourra être délivrée tous les jours, et à toute heure du jour ou de la nuit.

Par ailleurs, pour être efficace, la notice doit être délivrée à l'affréteur ou à son représentant, consignataire du navire ou agent maritime. Une notice délivrée à l'agent du destinataire n'aurait aucun effet (jurisprudence constante).

794. Conclusion. Effets de la remise de la notice. Problème du « *free time* ». — La remise de la notice a principalement pour effet de permettre d'enclencher le décompte des jours de planche. En revanche, sauf à l'affréteur à supporter les conséquences de son comportement, il n'est pas tenu de commencer physiquement les opérations de chargement ou de déchargement. Il peut en effet avoir des raisons importantes pour retarder le chargement, et le fréteur serait en faute s'il méconnaissait ses instructions sur ce point (17).

Mais l'hypothèse inverse peut aussi se produire, l'affréteur commençant les opérations de chargement avant que n'ait commencé le décompte des jours de planche (parce que, par exemple, il a engagé des dockers qui ont accepté de travailler en dehors des heures normalement ouvrables). La pratique parle en ce cas d'utilisation du *free time*. Certaines chartes, telle la *Gencon*, prévoient que les

(13) Voir, entre autres, pour un navire en mauvais état, CAMP, 25 nov. 1992, sentence n° 853, non publiée.

(14) *Court of Appeal*, 31 janv. 1990, navire *The Mexico*, *LLR* 1990.1.507 ; CAMP, 6 juin 1997, sentence n° 968, *DMF* 1998.389.

(15) *Court of Appeal*, 15 juill. 2002, navire *The Happy Day*, *LLR* 2002.487 ; CAMP, 6 juin 1997, n° 968, *DMF* 1998.389.

(16) Voir, observant que la clause *Wibon* implique la faculté de délivrer la notice par radio, CAMP, 20 mars 1981, *DMF* 1981.702.

(17) En ce sens, une intéressante décision du *Queen's Bench* du 25 oct. 1989, à propos d'un affréteur qui souhaitait retarder le chargement d'un pétrolier, pour profiter de la forte hausse affectant le pétrole — le fréteur ayant été déclaré responsable de la faute du capitaine qui n'avait pas respecté les instructions de l'affréteur (*LLR* 1990.1.425).

heures ainsi utilisées, avant le commencement des jours de planche, seront néanmoins incluses dans le calcul de ces jours (clause 6). À l'opposé, la *Synacomex* énonce que le temps utilisé avant le début des jours de planche ne sera pas décompté (clause 8). En l'absence de stipulation de la charte, et eu égard au formalisme de la rédaction des chartes, il y a lieu de s'en tenir aux termes du contrat, c'est-à-dire de décompter les jours de planche comme prévu, sans procéder à aucune diminution des jours accordés au motif que l'affréteur aurait commencé le chargement (ou le déchargement) plus tôt qu'il n'était envisagé.

§ 2. — *Computation des staries*

795. Principes. Plan. — Ici encore tout dépendra des termes et stipulations de la charte. Un principe doit cependant être rappelé. En règle générale — une règle à laquelle les praticiens sont très attachés — le temps utilisé par le navire de son poste d'attente à son poste à quai ne doit pas être inclus dans le décompte des staries, et ce quels que soient les incidents qui auraient affecté le trajet effectué par le navire. Ce trajet est en effet le dernier élément du parcours maritime « dû » par le navire à l'affréteur (18).

Ce principe souligné, il faut s'interroger d'une part sur les modalités de calcul des staries, d'autre part sur les causes de suspension des staries.

796. Modalités de calcul. — Tout dépendra ici des termes utilisés dans la charte (19). Les termes les plus fréquents sont ceux de « *weather working day* ». L'utilisation des mots *working day* signifie que seuls les *jours ouvrables* seront décomptés, dimanche (voire aussi samedi, selon les usages du port, ou encore vendredi dans les ports de certains pays musulmans) ne seront pas pris en compte. Le mot *wheather* est interprété comme signifiant que sont exclus les jours d'intempérie empêchant chargement ou déchargement, devant être prises en compte les seules intempéries, et non les conséquences du mauvais temps (quai mouillé, par exemple : CAMP, 15 oct. 2002, sentence n° 1067, *DMF* 2003.177). Cependant, l'expression a donné lieu à débat. Elle est en général comprise d'une manière objective, les jours où a régné le mauvais temps étant exclus, alors même que le chargement ou le déchargement du navire a été empêché pour d'autres raisons (défaut de marchandise à charger ; panne des apparaux de chargement). Une autre formule parfois utilisée est celle de tant de jours, « *weather permitting* ». Longtemps, ces termes ont été interprétés comme ayant un sens subjectif, ne s'appliquant, à la différence des *weather working days*, que si le mauvais temps avait effectivement interrompu le chargement du navire en cause. Mais des décisions anglaises plus récentes ont aboli la différence

(18) Voir en ce sens, CAMP, 1er déc. 1995, sentence n° 924, *DMF* 1996.340.
(19) La règle inscrite dans l'article 10 du décret du 31 décembre que « *le point de départ et la computation des jours de planche sont réglés suivant l'usage du port où ont lieu les opérations et, à défaut, suivant les usages maritimes* » est d'application extrêmement rare.

entre les deux expressions, l'une et l'autre devant être interprétées de manière objective (navire *The Vorras, Court of Appeal, LLR* 1983.1.579) (20).

Il est parfois indiqué que les jours pris en compte sont des jours « de vingt-quatre heures consécutives » (*of 24 consecutive hours*). L'expression n'a pas de sens particulier, à l'inverse de l'expression, malaisément traduisible, de « *running days* », qui fait que les jours de staries seront décomptés quelles que soient les conditions météorologiques.

D'autres méthodes de calcul des staries peuvent être utilisées, par exemple en prenant en compte la quantité à charger quotidiennement : tant de tonnes par jour (*x tons per day*). L'expression « tant de tonnes par jour, par cale », ou par cale « travaillable » (*x tons per day par hatch*, ou *per working hatch)* est plus malaisée à interpréter, notamment au déchargement quand certaines cales sont seulement partiellement pleines, voire vides (21).

Les parties peuvent aussi se référer pour la durée des staries, en particulier au déchargement, à la *coutume du port,* « *custom of the port* ». La référence n'est pas sans danger pour le fréteur, qui devra assumer les conséquences des mauvaises méthodes de travail utilisées ou des lourdeurs administratives (22). Pareillement dangereuse, mais ici pour l'affréteur comme pour le fréteur, est l'utilisation de l'expression « *aussi vite que le navire peut charger* » (*as fast as the ship can receive*).

797. Cas particulier : navire en attente. — De nombreuses chartes contiennent une clause énonçant que le temps perdu par le navire en attente d'un poste à quai sera décompté comme jour de planche (« *time lost in waiting for berth to count as laytime* »). Mais cette clause n'est pas sans ambiguïté. On peut l'interpréter comme signifiant que si, par exemple, le navire a subi six jours d'attente, dont un dimanche, on prendra en compte cinq jours de staries, les staries étant décomptées hors dimanche ou jours fériés. Mais on peut aussi la lire comme signifiant que les six jours perdus seront décomptés comme six jours de staries (six jours d'attente = six jours de staries). C'est cette seconde interprétation qui a d'abord été adoptée par le droit anglais dès 1971 (navire *The Loucas N, Court of Appeal, LLR* 1971.1.215). Mais la règle de l'arrêt *Loucas* a été infirmée par la Chambre des Lords dans un arrêt du 7 juillet 1976 (navire *The Darrah, LLR* 1976.2.359). Désormais, en droit anglais, les jours fériés, comme aussi bien les jours d'intempérie, doivent être soustraits des jours d'attente.

Le droit français se distingue ici du droit anglais. La Chambre arbitrale maritime de Paris a refusé de suivre la jurisprudence *Darrah*. Pour elle, les périodes exceptées des jours de planche doivent être assimilées à du temps utilisé (sentence n° 371 du 25 oct. 1980, *DMF* 1981.252).

(20) En revanche, un simple *avis de tempête* diffusé par le port ne peut être considéré comme suspendant les jours de planche : CAMP, sentence n° 1104, 10 déc. 2004, *DMF* 2005.561.

(21) Pour un exemple de ces difficultés, voir l'arrêt de la Chambre des Lords du 25 oct. 1990, *The general Capinpin, LLR* 1991.1 ; voir aussi CAMP, 7 déc. 1984, sentence n° 559, *DMF* 1985.495.

(22) Voir CAMP, 12 juin 1991, sentence n° 813, *DMF* 1992.144.

798. Réversibilité. — Le problème est ici de savoir si le temps gagné au déchargement par l'affréteur (qui aura déchargé en deux jours au lieu des quatre alloués) pourra compenser le retard pris au chargement (huit jours au lieu de quatre). Dans le principe, la réponse est négative : les délais ne sont pas réversibles (art. 9 du décret du 31 déc. 1966). Mais la charte peut prévoir une clause de réversibilité.

Un problème difficile se pose alors, qui est de savoir s'il faut faire un calcul unique des jours utilisés au chargement et de ceux utilisés au déchargement, ou, à l'opposé, un calcul distinct pour chaque période. La première méthode avantage l'affréteur, auquel elle peut permettre d'éviter d'entrer en surestaries, avec les inconvénients que la chose entraîne, ce en utilisant les jours gagnés au déchargement. C'est cependant la seconde méthode qui est en général adoptée par la pratique — témoignage de la rigueur habituellement manifestée à l'encontre de l'affréteur, laquelle se retrouve dans l'interprétation des clauses de suspension des staries.

§ 3. — *Suspension des staries*

799. Suspension contractuelle. Grève. Autre cause. — Les staries peuvent être suspendues, soit en raison des dispositions du contrat, soit du fait des règles du droit commun. S'agissant des clauses de suspension contractuelle, elles sont — nous venons de le noter — le plus souvent interprétées avec rigueur par les tribunaux. La chose s'explique par le caractère fondamental de l'obligation de l'affréteur de charger et décharger la marchandise. On veut bien nuancer cette obligation, mais toujours avec prudence et retenue (23).

La *Synacomex* est cependant particulièrement favorable à l'affréteur. Elle prévoit que si chargement ou déchargement sont empêchés, directement ou indirectement, par une émeute, une guerre civile, la grève ou le lock-out, les jours de planche seront suspendus. La clause cesse cependant d'avoir effet si l'affréteur pouvait trouver des manutentionnaires à un taux normal. Par ailleurs, les jours de grève ou autre cause de suspension demeurent pris en compte pour le calcul d'une éventuelle prime de célérité (*infra*, n° 807). La *Gencon* est beaucoup moins favorable à l'affréteur, tenu d'accepter le maintien du décompte normal malgré la grève, sauf à voir le fréteur résilier la charte. La seule faveur accordée à l'affréteur concerne les *surestaries*. Leur taux est diminué de moitié tant que dure la grève.

La notion de grève est par ailleurs interprétée restrictivement. Le refus d'heures supplémentaires, le ralentissement volontaire du travail ne sont pas

(23) De cette rigueur témoigne un arrêt de la Chambre des Lords du 2 nov. 1981, navire *The Laura Prima, LLR* 1982.1.1, à propos d'une clause suspendant les staries si l'événement empêchant le navire de se rendre à quai échappait à tout contrôle de l'affréteur, les juges énonçant que la clause ne pouvait jouer, car l'affréteur n'avait pas désigné le poste à quai où le navire devait se rendre ; voir aussi, pour l'interprétation restrictive d'une clause d'allègement (*lightening*), déclarée applicable au temps perdu pour l'allègement, mais non au temps perdu à attendre les *lighters*, *Court of Appeal* 25 oct. 1981, navire *The Samos, LLR* 1982.1.22.

considérés comme des cas de grève (24). Par ailleurs, seule la grève des travailleurs directement concernés par le chargement du navire ou son déchargement — dockers ou marins — peut être prise en considération (25).

D'autres clauses se retrouvent dans telle ou telle charte. Par exemple, dans la charte pétrolière *Exxonvoy*, une clause prévoit que le retard subi par le navire pour atteindre son poste à quai ne sera pas pris en compte pour le calcul des staries s'il résulte d'une cause sur laquelle l'affréteur n'a aucun pouvoir (*control*) — la clause a été appliquée au délai résultant du ressac (Chambre des Lords, 19 nov. 1981, navire *The Laura Prima, LLR* 1982.1.1) (26). En revanche, la clause d'une autre charte pétrolière exonérant l'affréteur de staries aussi bien que de surestaries, en cas de rupture (*breakdown*) affectant l'équipement de sa propre installation a été interprétée par le *Queen's Bench* dans une décision récente du 29 juillet 2003, comme ne s'appliquant pas à une fissure affectant un pipeline (navire *The Afrapearl, LLR* 2003.2. 666).

800. Suspension légale. Faute du fréteur. Force majeure. — En dehors des clauses contractuelles de suspension, qui sont loin de couvrir toutes les hypothèses, en particulier dans la *Gencon*, les tribunaux reconnaissent des cas de suspension légale des staries. Il en est ainsi tout d'abord quand le chargement/déchargement a été retardé par la faute du fréteur ou de l'un de ses préposés. Ici, la clause de non-responsabilité qui figure à la charte ne peut être invoquée par le fréteur, ne s'agissant pas d'un problème de dommages à la marchandise. Les staries seront donc suspendues quand, par exemple, le retard pris est dû aux difficultés apparues lors de l'ouverture des cales, aux fautes commises par le capitaine lors du chargement d'une cargaison de rails ou encore au refus infondé du capitaine de signer un connaissement en trois exemplaires (27).

Quand une cause de retard n'est pas expressément visée par la charte comme suspendant les staries — ce qui est le cas général dans les chartes *Gencon*, lesquelles, nous l'avons vu, ne prévoient aucune cause de suspension — le problème se pose de savoir si cette cause ne peut pas être retenue quand elle présente les caractères de la *force majeure*. En droit français, la réponse ne paraît pas faire de doute : la force majeure est une exception à toute obligation contractuelle. Sauf stipulation contraire, la force majeure libère toujours le

(24) Sur le premier point, voir CAMP, 1er juill. 1980, sentence nº 358, *DMF* 1980.697 ; en sens contraire, *Court of Appeal* 29 janv. 1975, navire *New Horizon, LLR* 1975.2.315. Sur le second point, CAMP, 30 janv. 1980, sentence nº 364, *DMF* 1980.762.

(25) CAMP, 29 septembre 1987, refusant tout effet à la grève des chauffeurs des camions qui devaient acheminer la marchandise à quai, sentence nº 666, *DMF* 1988.192 ; dans le même sens, pour la grève des ouvriers d'un chantier naval qui avaient empêché l'affréteur d'acheminer à quai les pièces concernées, sentence nº 685 du 12 nov. 1987, *DMF* 1988.694.

(26) Dans le même sens, appliquant une clause analogue, visant tout empêchement (*hindrance*) retardant le chargement ou déchargement sans la faute de l'affréteur, à l'empêchement résultant de la congestion du port : *Court of Appeal,* 28 juin 1988, navire *The Radauti, LLR* 1988.2.413.

(27) Voir sur le premier point CAMP, 23 déc. 1980, sentence nº 381, *DMF* 1981.574 ; sur le deuxième, Cass. 4 novembre 1986, navire *Havfru, DMF* 1987.225 ; sur le troisième, *Queen's Bench*, 2 juill. 1987, navire *The Mobil Courage, LLR* 1987.2.655 ; voir aussi, pour un cas où le navire a été obligé de rester à quai en fin de déchargement en raison de la lenteur des transmissions dans l'administration du fréteur, CAMP, 25 juill. 1990, sentence nº 786, *DMF* 1991.268 ; dans l'affaire soumise à la Chambre arbitrale de Paris le 9 mai 2007, les arbitres ont considéré que les staries devaient être suspendues jusqu'à la remise en état des cales : *DMF* 2008.548.

débiteur (art. 1148 du Code civil), et la stipulation d'un délai de staries, ou celle de surestaries une fois ce délai dépassé, ne paraît pas constituer une stipulation contraire. Il en est différemment en droit anglais, ou seule la *frustration* pourrait libérer l'affréteur.

§ 4. — *Les surestaries*

801. Principe. Nature juridique des surestaries. — Le principe est simple. À la minute même où les jours de planche sont épuisés, le navire entre en surestaries, le terme désignant à la fois le nombre de jours pendant lesquels le navire va être en dépassement des jours de planche, et l'indemnité que l'affréteur devra, de ce chef, verser au fréteur.

À ce point de l'exposé du droit et de la pratique de l'affrètement, il est classique de s'interroger sur la *nature juridique des surestaries.* Et la question n'a pas qu'un aspect théorique, pouvant avoir des conséquences très concrètes.

Deux thèses ont été ici défendues, qui opposent droit français et droit anglais. La première, qui est celle du droit français, voit dans les surestaries un supplément de fret. Classique, encore que contestée par le Doyen Ripert (*Traité*, tome 2, au n° 1554), elle a été réaffirmée par l'article 11 du décret du 31 décembre 1966 (28). Elle a pour conséquence que le fréteur n'a pas à faire la preuve d'un dommage, aussi que les surestaries échappent au pouvoir de révision des clauses pénales accordé au juge par la loi du 9 juillet 1975 modifiant l'article 1152 du Code civil.

La seconde thèse voit dans les surestaries une indemnité de dommages-intérêts, dus au fréteur pour détention indue du navire. C'est la thèse adoptée par le droit anglais. La Chambre des Lords l'a appliquée dans sa décision *The Lips*, pour conclure que les indemnités de *demurrage* ne pouvaient donner lieu à intérêts moratoires, lesquels n'ont pas lieu en matière d'indemnités de responsabilité (29 juill. 1987, *LLR* 1987.2.311). Le droit américain paraît hésiter, se référant parfois à la théorie du supplément de fret, parfois à celle de l'indemnité de responsabilité (29). Comme l'observait le Doyen Rodière, la thèse française paraît plus conforme aux réalités économiques de l'affrètement (*Traité*, tome 2, n° 255).

802. Computation des surestaries. — Ainsi que nous l'avons relevé, les surestaries sont décomptées à partir de la minute même qui marque la fin du délai de staries. Elles ne sont suspendues ni par le mauvais temps, ni par les jours fériés. La règle s'exprime par un adage très ferme : un navire en surestaries reste en surestaries, ou, plus nettement encore, en droit anglais : *once in demurrage, always in demurrage.*

(28) Voir aussi Cass. 10 oct. 1980, *D.* 1980.1.457.

(29) Voir l'opposition existant sur ce point entre les Cours d'appel fédérales de Boston et de New York, la première refusant tout *demurrage* au fréteur qui, en conséquence de la vente à intervenir de son navire, n'avait subi aucun préjudice, la seconde imposant le paiement du montant du *demurrage* à qui avait garanti le paiement du fret : *DMF* 1990.732.

La règle joue en droit anglais même en cas de force majeure. En droit français, les choses sont moins nettes. Dans un arrêt du 23 février 1948, la Cour de cassation a admis la suspension des staries pour raison de force majeure, s'agissant d'un affrètement fluvial. Dans le même sens, la Chambre arbitrale maritime de Paris, dans une décision du 18 juin 1984, a considéré que l'affréteur d'un navire victime d'un incendie restait tenu de surestaries, mais seulement parce qu'il n'avait pas fait la preuve qu'en l'absence de cet incendie, le déchargement aurait eu lieu dans les délais contractuels (sentence n° 537, *DMF* 1985.117). Ainsi, l'incendie — cas de force majeure pour l'affréteur — aurait pu l'exonérer de surestaries.

803. Constatation matérielle. *Statement of facts*. — Dans la pratique, un document joue un rôle important pour la computation des surestaries : c'est le *statement of facts* établi contradictoirement par le capitaine et par le représentant de l'affréteur. Ce document, avec la *time sheet* qui l'accompagne, précise la date d'arrivée en rade du navire, la date d'arrivée à quai, la date de début du chargement et celle de la fin du chargement. Il indique aussi, dans le détail, l'heure du début et de la fin de chaque journée de travail et les jours où le travail a été interrompu, ainsi que la cause de l'interruption (jour férié ; mauvais temps). C'est sur la base de ce document que le calcul des surestaries dues pourra être établi — étant ouvert à chaque partie le droit d'en contester les éléments.

804. Suspension des surestaries. Clause de suspension. Suspension légale. — La rigueur du droit des surestaries ne va pas jusqu'à interdire les clauses de suspension. Simplement, ces clauses sont souvent interprétées restrictivement. Caractéristique est ici l'arrêt rendu par la *Court of Appeal* le 23 avril 1985 (navire *Saturnia, LLR* 1987.2.43). La clause de la *Gencon*, stipulant que l'affréteur ne paierait qu'une demi-indemnité (*half demurrage*) en cas de grève affectant le déchargement à l'arrivée du navire ou après le déchargement, a été interprétée comme ne concernant pas une grève intervenue *en cours* de déchargement, le juge se référant à l'adage *once on demurrage, always on demurrage.* L'affréteur prudent doit donc demander que la clause de suspension vise aussi la situation où le navire est déjà en surestaries quand intervient la grève ou autre circonstance à lui étrangère interrompant chargement ou déchargement (30).

S'agissant de la suspension légale des surestaries, la rigueur de principe du droit maritime en matière de surestaries doit fléchir : on ne pourrait admettre que l'affréteur subisse les conséquences de délais dont le fréteur est seul responsable. L'affréteur n'est pas un assureur. Les surestaries sont donc suspendues quand le retard en cause est dû à une faute du fréteur.

La règle est appliquée sans hésitation par le droit anglais. Dans une espèce soumise au *Queen's Bench* le 4 avril 1982, le navire *Union Amsterdam* était déjà en surestaries lorsqu'il a fait mouvement vers le quai de déchargement, s'échouant, et demeurant échoué pour six jours. Pour fonder sa demande de

(30) Comme cela était le cas dans l'affaire du *Notos : supra*, n° 791.

demurrage, le fréteur invoqua la clause de la charte l'exonérant de toute responsabilité pour perte ou dommages à la marchandise en cas de faute de navigation. Le juge a rejeté sa prétention, observant que les affréteurs ne cherchaient pas à mettre en cause la responsabilité du fréteur — auquel cas la clause aurait joué — et que la faute commise par les préposés du fréteur demeurait une faute (*breach of duty*) lui interdisant d'imputer à l'affréteur le délai subi par le navire (*LLR* 1982.2.432).

La jurisprudence française va dans le même sens. Particulièrement intéressante est ici une sentence du 3 janvier 1989, concernant un incident classique : difficultés administratives rencontrées à Alger par un navire transporteur de grains, dont le réceptionnaire avait refusé la cargaison en raison d'avaries très partielles. Les arbitres ont jugé que la faute du fréteur cause des avaries (défaut d'étanchéité de certains panneaux de cale) pouvait être invoquée par l'affréteur comme cause de suspension des staries et des surestaries, mais seulement dans la mesure où elle avait directement affecté les opérations de déchargement. Ils ont donc limité la suspension des surestaries à treize jours (31).

Exceptionnellement, le simple fait, même non fautif, du fréteur peut être retenu comme cause de suspension des surestaries. Dans une affaire soumise au *Queen's Bench* le 23 février 1981, un navire en déchargement dans le port de Moçamedes (Angola) avait été réquisitionné par les autorités locales pour évacuer des colons portugais avant de reprendre ses opérations, la chose ayant entraîné un retard important. Le juge a considéré que le *demurrage* encouru avait été suspendu par le fait du capitaine — si légitime eût-il été (*LLR* 1981.2.95).

805. Fin des surestaries. — Le décompte des surestaries ne s'achève pas à la fin des opérations matérielles de chargement ou de déchargement. Les surestaries ne prennent fin que le jour où le navire est prêt au départ, les panneaux de cale fermés et le capitaine en possession des documents commerciaux. Dans une espèce soumise à la Chambre arbitrale maritime de Paris, les arbitres ont ainsi considéré que devaient être décomptés, d'une part le retard imposé au navire au port de chargement, l'affréteur tardant à indiquer le port de déchargement, d'autre part le temps perdu par le navire après le déchargement, dans l'attente du *statement of facts* ou de l'autorisation de sortie (*port clearance*) délivrée par l'administration (sentence n° 501 du 10 août 1983, *DMF* 1984.244).

806. « *Detention* ». — L'achèvement des surestaries ne met pas toujours fin au litige concernant l'immobilisation du navire au port — et surtout au port de chargement. Certaines chartes, encore que la chose soit rare, prévoient un nombre limité de jours de surestaries. À la fin de cette période, on dit, en droit anglais, que le navire entre en *detention*. C'est-à-dire que l'on sort des stipulations contractuelles, le fréteur étant en droit de demander à l'affréteur le paiement d'une indemnité compensant exactement le préjudice subi par lui, indemnité le plus souvent supérieure à ce que serait le montant des surestaries.

(31) CAMP, sentence n° 715, *DMF* 1989.477 ; voir aussi, sentence n° 643 du 30 janv. 1987, *DMF* 1987.643 pour un refus injustifié du capitaine de signer le connaissement à la fin du chargement.

Dans la tradition française, on parlait de *contre-surestaries*, sans que l'on sût exactement quel taux leur appliquer (32).

Dans les situations extrêmes, où plus aucun espoir n'existe de voir le contrat arriver à son terme normal, on peut aussi sans doute reconnaître au fréteur le droit de résilier unilatéralement l'affrètement, et de faire procéder d'office au déchargement du navire.

La même situation se produit lorsque, même si aucune limite n'a été fixée, l'immobilisation du navire se prolonge déraisonnablement. Le fréteur doit pouvoir libérer son navire, après avoir dûment mis en demeure l'affréteur — pour que celui-ci soit incontestablement « en défaut ».

807. Prime de célérité (*dispatch money*). — Comme une contrepartie aux surestaries, certaines chartes prévoient l'attribution à l'affréteur d'une prime au cas où du temps est gagné par lui sur les délais prévus par les staries — c'est la *prime de célérité* ou *dispatch money* (33). Le taux de cette prime est normalement de la moitié de celui des surestaries.

Le calcul du montant de la prime de célérité a donné lieu à litige, s'agissant principalement de la question de savoir si les jours exclus du calcul des staries (jours non ouvrables, jours de mauvais temps) ne doivent pas aussi l'être du calcul de la prime. La jurisprudence anglaise tient compte de la place de la clause parmi les clauses concernant staries et surestaries. Si staries et *dispatch money* sont stipulés dans une même clause, on appliquera à la seconde les mêmes exceptions qu'aux staries, en étant différemment si la clause de *dispatch money* figure dans une clause spéciale. Par ailleurs, la formule « *all time saved* » implique que le temps sauvé soit intégralement décompté (34).

808. Conclusion. Paiement des surestaries. — Les surestaries, déduction faite de la prime de célérité, sont payables avec le fret (*infra*, n°s 810 et s.). Certaines chartes prévoient cependant que les surestaries au chargement devront être payées dans un délai de trois, cinq jours ou plus après le départ du navire. En cas de défaut de paiement, la charte prévoit que le fréteur pourra refuser le déchargement de la marchandise au port de destination.

Section 4

Obligations financières de l'affréteur

809. Plan. — Des obligations d'ordre financier de deux ordres pèsent sur l'affréteur. Il doit d'une part payer le fret prévu au contrat. Il doit aussi

(32) Sur ce point, voir les développements très complets du Doyen RODIÈRE, *Traité*, tome 2, n° 252.

(33) La charte *Synacomex* prévoit expressément une prime de célérité, à l'inverse de la *Gencon*, muette sur ce point.

(34) Il y a peu de jurisprudence récente française sur le problème (pour les décisions anciennes, voir R. RODIÈRE, *Traité*, tome 2, n° 257). Une décision de la CAMP du 12 juin 1991 (sentence n° 815, *DMF* 1992.444) a accordé une prime de célérité à l'affréteur, sans décompter les jours où les opérations de déchargement avaient été interrompues par le mauvais temps.

indemniser le fréteur du préjudice subi par celui-ci lorsqu'il est la conséquence de sa propre faute.

§ 1. — *Le paiement du fret*

810. Montant du fret. Compensation (non). — Le fret est normalement calculé à la tonne de marchandises mise à bord. Parfois, quand il est reporté sur le destinataire, le calcul se fait « *poids délivré* ». Il peut être aussi calculé au volume pour le transport de bois, ou au conteneur. Il faut noter l'importance en la matière des *usages commerciaux* qui varient selon le port et selon le trafic concerné, par exemple en matière de transport de bois (35).

À ce fret de base peuvent s'ajouter divers frais supplémentaires concernant notamment les droits de port, les droits calculés sur la marchandise étant à la charge de l'affréteur, tandis que le fréteur conserve la charge des droits calculés sur le navire (36). Des problèmes peuvent aussi se poser pour les frais de mouvement du navire à l'intérieur du port, ces frais étant à la charge du fréteur si le mouvement était prévu par la charte, mais se reportant sur l'affréteur pour un mouvement non prévu et imposé par ce dernier (37). Les frais de chargement et de déchargement sont normalement dus par l'affréteur et s'ajoutent au fret s'ils ont été réglés par le fréteur, à moins qu'il ne s'agisse de frais supplémentaires dus au navire (38). Enfin, s'ajoutera au fret initial le montant des surestaries dues par l'affréteur.

Parfois l'affréteur tente d'opposer un droit à compenser sa dette avec la créance qu'il prétend avoir contre le fréteur, notamment en raison de manquants au déchargement. Tant en droit français qu'en droit anglais, les juges refusent une telle compensation (39). Mais les dispositions de la charte peuvent valablement prévoir un droit à compensation, comme c'est le cas dans certaines chartes pétrolières, stipulant qu'en cas de manquant dûment vérifié et supérieur à 0,50 %, l'affréteur aura le droit de déduire la valeur CIF des manquants du fret dû par lui (40).

811. Moment du paiement. — Là encore, ce sont les dispositions de la charte qui gouvernent la question. La *Gencon* laisse aux parties le choix entre le paiement au départ, le capitaine pouvant refuser de délivrer les connaissements avant règlement du fret, et le paiement à la livraison des marchandises, l'affréteur

(35) Voir CAMP, sentences n° 529 du 30 avr. 1984, *DMF* 1984.757 et n° 835 du 26 févr. 1992, *DMF* 1993.189.

(36) Pour un cas où la nature des droits était douteuse (taxes portuaires espagnoles), voir CAMP, sentence n° 898 du 2 févr. 1995, *DMF* 1995.646.

(37) En revanche, les frais du mouvement imposé par la capitainerie du port incombent au fréteur : CAMP, sentence n° 818 du 10 juin 1991, *DMF* 1992.447.

(38) Voir, pour des frais de désélingage rendus nécessaires par les formes du navire, alors que la charte prévoyait expressément le chargement total en fardeaux pré-élingués, CAMP, sentence n° 670 du 16 oct. 1987, *DMF* 1988.196.

(39) Voir en droit français, CAMP, 7 janv. 1983, sentence n° 473, *DMF* 1983.562 ; en droit anglais, Chambre des Lords, 2 févr. 1989, *The Dominique, LLR* 1989.1.431.

(40) Pour un cas de ce genre, voir l'arrêt *The Olympic Brilliance, Court of Appeal* 24 mai 1982, *LLR* 1982.2.205. Mais la clause ouvrant un tel droit à l'affréteur est interprétée restrictivement, notamment quant à l'appréciation de la réalité des manquants : voir la décision *Protank Orinoco* du *Queen's Bench*, 25 févr. 1997, *LLR* 1997.2.42.

étant toutefois tenu d'avancer les frais engagés pour son compte par le navire au port de chargement (clause 4). La *Synacomex* prévoit seulement le paiement au départ (clause 4).

Toutes autres modalités sont possibles, et se rencontrent dans la pratique, par exemple la clause imposant le paiement de 90 % du fret au départ, les 10 % restant devant être réglés à l'arrivée. Mais cette clause, comme toute clause équivalente, pose un problème dans le cas de perte du navire.

812. Paiement du fret et perte du navire. — Dans le principe, la perte du navire prive le fréteur de son droit au fret. Le fret est en effet gagné par lui une fois son obligation accomplie, c'est-à-dire une fois la marchandise délivrée. Mais ce principe est souvent écarté par les stipulations de la charte.

Il en est ainsi dans la *Synacomex*, dont l'article 4 stipule que le fret, payable au départ, sera considéré comme gagné dès la cargaison mise à bord, navire ou marchandise perdus ou non (*vessel and/or cargo lost or not lost*). Et la validité d'une telle clause n'est pas contestable.

Certaines clauses soulèvent en revanche des difficultés. C'est le cas des clauses prévoyant que le fret sera considéré comme gagné dès la marchandise chargée. Le fréteur prétendra que son droit au fret est acquis même en cas de perte du navire. Mais cette analyse a été rejetée par la *Court of Appeal* dans une décision du 21 juin 1988 (41). Pour les juges, la clause impliquait seulement que l'affréteur avait l'obligation de payer le fret une fois la marchandise à bord, et rien de plus. La même interprétation restrictive a été appliquée à la clause énonçant que le fret serait payé à 75 % dans les cinq jours du départ du navire, étant ajouté qu'il ne serait pas restituable, marchandise ou navire perdus ou non perdus (*non returnable cargo and/or vessel lost or not lost)*. Le navire s'étant perdu trois jours après son départ, les juges ont refusé au fréteur tout droit à paiement. Pour eux la clause « *non returnable...* » signifiait que le fret ne serait pas restituable en cas de perte du navire, *s'il avait été payé*. Mais, précisément, en la cause il n'avait pas été payé (42).

813. Débiteur du fret. Affréteur. Destinataire. *Cesser clause.* — Le fret est normalement dû et payé par l'affréteur au départ du navire. Mais de nombreuses chartes prévoient, nous l'avons relevé, que le paiement sera effectué au port de déchargement. Il le sera alors soit par l'affréteur, soit par le destinataire. Mais une clause transférant l'obligation de paiement du fret sur le destinataire, c'est-à-dire sur l'acquéreur des marchandises mises à bord, ne peut, à l'évidence, être opposée audit acquéreur que si le montant du fret et l'obligation de le payer figurent sur les connaissements qui ont été adressés par l'affréteur à l'acquéreur. Il en est de même de l'obligation au paiement des surestaries, qui, elle aussi, peut être transférée à l'acquéreur si elle figure sur le connaissement.

Mais, dans une telle situation, tandis que le fréteur est protégé par le privilège qu'il a sur la marchandise (*infra*, n° 814), l'affréteur reste garant du paiement du

(41) Navire *The Karin Vatis*, *LLR* 1988.2.330.
(42) Navire *The Lorna, Court of Appeal* 5 oct. 1982, *LLR* 1983.1.373.

fret, sauf clause contraire de la charte. C'est une clause de cet ordre que l'on retrouve dans certaines chartes, clause complexe qualifiée par la pratique anglaise ou américaine de *cesser clause* — clause de cessation (de la responsabilité de l'affréteur).

Cette clause, qui peut prendre une forme plus ou moins différente, énonce d'abord que le fréteur aura un privilège sur la marchandise pour le fret, le faux fret, les surestaries et les indemnités d'avaries communes. Elle ajoute ensuite que l'affréteur demeurera responsable des surestaries au chargement. Quant au fret et aux surestaries au déchargement l'affréteur n'en demeurera responsable que dans la mesure où le fréteur aura été incapable d'obtenir paiement en exerçant son privilège à destination (*only to such extent as the owners have been unable to obtain payment by exercising the lien on the cargo*) (43). Mais la clause est interprétée avec une certaine souplesse. Alors qu'elle pourrait être lue comme imposant au fréteur une obligation stricte d'exercer son privilège pour pouvoir engager la responsabilité de l'affréteur, la jurisprudence considère que, même si le fréteur n'a pas cherché à exercer son privilège, l'affréteur reste tenu dès lors que, en fait, l'exercice de ce privilège par le fréteur aurait été vain (44).

814. Garanties du fréteur. Privilège. Droit de rétention. — L'article 2 de la loi du 18 juin 1966 prévoit que « *le fréteur a un privilège sur les marchandises pour le paiement de son fret* », et la règle s'applique à l'affrètement au voyage. En revanche, l'article 3 du décret du 31 décembre 1966 interdit au fréteur de retenir les marchandises sur le navire, l'autorisant seulement à demander au juge l'autorisation de les consigner en mains tierces (45).

Le Code de commerce prévoyait que le privilège du fréteur devait être exercé dans la quinzaine de la délivrance de la marchandise (article 307). La loi de 1966 n'a pas repris la règle. À l'inverse du privilège du transporteur où le délai de quinzaine a été maintenu (article 23), le privilège du fréteur peut donc s'exercer sans limitation de durée — sauf droit meilleur d'un tiers et notamment d'un acquéreur de bonne foi ayant pris possession de la marchandise (46).

Le problème qui se pose souvent en matière de privilège du fréteur est de savoir si ce privilège peut être exercé sur des marchandises appartenant à des tiers, et notamment sur des marchandises revendiquées par un destinataire détenteur d'un connaissement signé par le capitaine du navire (47). La réponse dépend des mentions du connaissement. Si le connaissement porte la mention *fret payé* (*freight prepaid*), le destinataire a le droit d'exiger la remise de la

(43) C'est cette « cessation » (sous conditions) de l'obligation de l'affréteur qui vaut à la clause son nom de *cesser clause*, alors qu'elle a plutôt pour objet de maintenir la responsabilité du dit affréteur.

(44) En droit anglais, *The Sinoe, Court of Appeal*, 7 déc. 1971, *LLR* 1972.1.201 ; en droit français, CAMP, 13 mai 1987 (citant la jurisprudence britannique), sentence n° 650, *DMF* 1987.674.

(45) Voir cependant, paraissant admettre le droit de rétention du fréteur (mais, sans doute, seulement à l'égard d'un tiers), Cass. 18 mars 2003, navire *Symplea*, *DMF* 2004.595, obs. A. VIALARD.

(46) En ce sens, R. RODIÈRE, *Affrètements et transports*, n° 263.

(47) Situation qui se présente lorsque le fréteur, selon l'usage, a accepté de délivrer à l'affréteur des connaissements destinés aux acheteurs de la marchandise mise à bord.

marchandise sans avoir aucun paiement supplémentaire à faire (48). En revanche, si le connaissement prévoit que le fret sera payé lors de la délivrance des marchandises, le fréteur est certainement fondé à exercer son privilège. Toutefois, il ne peut le faire que dans la mesure du fret dû par la marchandise concernée (49).

815. Droit anglais. Conflit de lois. — En droit anglais, le fréteur n'a pas de privilège légal sur la marchandise mise à bord. C'est la raison pour laquelle toutes les chartes prévoient un privilège contractuel sur la marchandise (*lien on the cargo*). Ce privilège peut certainement être invoqué devant les tribunaux français pour les affrètements soumis au droit anglais (50). Il en serait de même pour un affrètement soumis au droit américain, ou à un autre droit de *common law*.

Le principe affirmé par la Cour de cassation le 26 mai 1997, dans son arrêt *Nobility*, est en effet, en matière de privilèges afférents à un contrat, qu'un privilège peut être exercé devant un tribunal français, dès lors qu'il est reconnu à la fois par la loi du contrat et par la loi française, loi du juge saisi (51). Ici, ces deux conditions sont remplies, le droit anglais admettant la possibilité de créer un privilège par contrat, tandis que le droit français reconnaît au fréteur un privilège légal.

En revanche, le droit de retenir la marchandise à bord reconnu en droit anglais à tout bénéficiaire d'un privilège créé par contrat ne paraît pas pouvoir être exercé dans un port français, étant exclu par l'article 3 du décret de 1966, ici applicable en raison de la règle de conflit dégagée par l'arrêt *Nobility.* En offrant de consigner le fret demandé, un affréteur pourrait donc, devant un juge français, exiger la livraison de la marchandise mise à bord.

§ 2. — *L'obligation de réparer le préjudice subi par le fréteur*

816. Dommages matériels causés au navire. Limitation de responsabilité. — La législation de 1966 prévoit que l'affréteur à temps, ou le chargeur sont responsables du dommage causé au navire par leur faute (article 9 de la loi du 18 juin 1966 pour l'affréteur à temps ; article 25 pour la responsabilité du chargeur). Mais rien n'est dit du dommage causé au navire par l'affréteur au voyage (52), dommage auquel les chartes ne font pas habituellement référence. Il est malgré tout certain que l'affréteur doit indemniser le fréteur si, par sa faute, un dommage est causé au navire, par exemple s'il donne des indications

(48) Sauf mention expresse en sens contraire, prévoyant, par exemple le paiement de surestaries à destination par le destinataire de la marchandise.

(49) Cass., 26 mai 1997, navire *Nobility, DMF* 1997.891, rapp. RÉMERY, obs. M. RÉMOND-GOUILLOUD. La règle, dégagée à propos d'un affrètement à temps, a valeur générale.

(50) Pour un affrètement soumis au droit français, en tant que, par exemple, couvert par une charte *Synacomex,* un tel privilège conventionnel est inutile, eu égard au privilège légal du fréteur.

(51) Arrêt *Nobility*, cité *supra* note 49.

(52) Sans doute s'agit-il ici d'un oubli du législateur (voir sur ce point, les hésitations du Doyen RODIÈRE, *Traité*, n° 268).

inexactes sur la nature ou le poids des marchandises mises à bord (53). Il est aussi responsable du dommage causé au navire par les marchandises dangereuses ou polluées mises à bord. En ce domaine, la responsabilité de l'affréteur est de type objectif, et doit jouer même s'il ignore les vices de la chose mise à bord (54).

La responsabilité de l'affréteur est ici une responsabilité contractuelle, que l'on peut fonder sur les dispositions de l'article 1135 du Code civil comme sur les principes généraux du droit des contrats (55).

Une question difficile est celle de savoir si l'affréteur qui a causé des dommages au navire peut invoquer la limitation de responsabilité de l'article 59 de la loi du 3 janvier 1967 ou de la Convention de 1976. Nous avons vu que la jurisprudence britannique avait refusé cette possibilité à l'affréteur à temps (*supra*, n° 422). La raison principale qui milite en faveur de cette jurisprudence nous paraît justifier que la solution soit étendue à l'affréteur au voyage.

817. Dommage financier causé à l'armateur. — Au-delà du dommage matériel causé au navire, l'affréteur est responsable du dommage financier subi par le fréteur, en raison de son propre fait. Ce dommage apparaît dans la situation — fréquente nous le savons — où le fréteur a remis à l'affréteur des connaissements ultérieurement transmis aux acheteurs de la marchandise mise à bord. Dans cette situation, les tiers destinataires pourront mettre en jeu la responsabilité du fréteur en tant que transporteur (*supra*, n° 748). Mais cette responsabilité est plus lourde que la responsabilité normalement encourue par le fréteur. C'est ainsi que le transporteur est responsable de plein droit du dommage subi par la marchandise (*infra*, n°s 1062 et s.), alors que le fréteur, dans nombre de chartes, dont la *Gencon*, n'est responsable que de sa faute personnelle (*supra*, n° 777). De même, le transporteur est responsable du dommage résultant des opérations de chargement ou de déchargement (*infra*, n° 1010), ce qui n'est pas le cas du fréteur. Celui-ci, mis en cause ou assigné par le tiers destinataire, devra prendre en charge un dommage qui ne lui est pas, dans le principe, imputable.

Dans une telle situation, la charte peut prévoir un droit de recours pour le fréteur. Mais, même en l'absence d'une telle clause, la jurisprudence reconnaît ce droit de recours au fréteur (56). Ce droit peut toutefois être écarté quand la faute du fréteur ou celle du capitaine a contribué au dommage en cause, comme, par

(53) Pour un exemple de faute de cet ordre, voir l'arrêt *Achaios* de la Cour de cassation, 24 févr. 1982, *DMF* 1983.84, qui concerne un affréteur ayant mis à bord des bigues de bois au poids sous-évalué — s'agissant d'un affrètement à temps, mais les leçons que l'arrêt emporte valent pour l'affrètement au voyage ; voir aussi, pour le dommage causé par la chute d'un bulldozer, CAMP, sentence n° 1114, 14 juin 2005, *DMF* 2006.

(54) On peut invoquer en ce sens les dispositions de l'article 25 de la loi du 18 juin 1966, qui distinguent le dommage causé au navire par la faute du chargeur, et celui qui résulte du vice propre de la marchandise ; voir aussi s'agissant de la responsabilité d'un chargeur, mais aisément transposable à la responsabilité de l'affréteur, Chambre des Lords, 22 janv. 1998, navire *The Gianis NK*, *LLR* 1998.1.337.

(55) En ce sens, mais invoquant l'article 25 de la loi de 1966, lequel ne concerne que le transport de marchandises, Paris, 14 janv. 1973, navire *Atlas*, *DMF* 1973.749 ; *contra*, R. RODIÈRE, *Traité* n° 268, mais qui ne justifie guère sa position.

(56) Voir, en droit français, CAMP, 28 juin 1983, sentence n° 497, *DMF* 1984.242 ; en droit anglais, *Queen's Bench*, 1er déc. 1986, *LLR* 1987.1.456.

exemple, lorsque le capitaine a omis de porter sur le connaissement les réserves nécessaires (57).

Un cas particulier d'obligation pour l'affréteur d'indemniser le fréteur résulte de la *Both to blame clause*. Cette disposition, qui figure dans la totalité des chartes au voyage (voir, entre autres, article 11 de la *Gencon,* article 26 de la *Synacomex*) prévoit que si, en cas d'abordage par faute commune, le fréteur est obligé de contribuer à la dette de responsabilité encourue par le navire « opposé » à l'égard des marchandises chargées sur le navire affrété, l'affréteur devra l'indemniser à hauteur de sa contribution. La clause s'explique par le fait que certains États, n'ayant pas ratifié la Convention de 1910 sur l'abordage, continuaient à appliquer à l'abordage par faute commune le principe de la responsabilité solidaire à l'égard des tiers (58). De ce fait, l'armateur du navire affrété était susceptible, à hauteur de sa part de responsabilité dans l'abordage, de contribuer à la réparation du dommage subi par les marchandises chargées sur son propre navire, et ce alors que les clauses de la charte interdisaient au propriétaire de ces marchandises d'agir directement contre lui. Du fait de l'adoption généralisée de la Convention de 1910, la *Both to blame clause* n'est plus guère appliquée (59).

818. Prescription des actions contre l'affréteur. — L'article 4 de la loi du 18 juin 1966 visant, sans distinction aucune, « *la prescription des actions nées du contrat d'affrètement* », le délai d'un an qu'il édicte s'applique aussi à toutes actions contre l'affréteur.

819. Conclusion. — Un nouveau mode d'affrètement au voyage : l'affrètement d'espaces. La charte *Slothire* (60). — Les années 1990 ont vu se développer un nouveau type d'affrètement, l'affrètement d'espaces. Dans ce type d'affrètement, un armateur, qui opère un trafic de ligne (par exemple, du Havre à New York), met à la disposition d'un opérateur international, pour chaque voyage effectué par tel de ses navires, un certain nombre d'emplacements de conteneurs (*slots*). Cet opérateur va ensuite conclure lui-même avec les chargeurs intéressés des contrats de transport classiques, pour le transport d'un ou plusieurs conteneurs sur la ligne concernée. Dès 1993, un document type a été rédigé pour formaliser les affrètements d'espaces, la *Slothire.*

La *Slothire* précise la durée du contrat (six mois, un an), les voyages qui seront couverts par la charte avec leurs horaires, le nombre d'emplacements qui sera mis à la disposition de l'affréteur (10, 20, 50), avec le taux de la location (fret),

(57) *Court of Appeal*, 24 nov. 1987, *The Nogar Marin, LLR* 1988.1.412, s'agissant d'un chargement de rouleaux de fil de fer fortement affectés par la rouille, le capitaine ayant signé des connaissements nets de toute réserve ; voir aussi CAMP, 7 mars 1985, sentence n° 569, où le fréteur avait accepté une transaction hâtive avec l'entrepreneur de manutention responsable des dommages au déchargement de sacs de riz (coups de crochet intempestifs), et de surcroît sans appeler l'affréteur à participer aux pourparlers.

(58) Ce fut longtemps le cas des États-Unis qui, n'ayant pas ratifié la Convention de 1910, ont appliqué jusqu'en 1975 le principe de la responsabilité solidaire (voir *supra*, n° 393).

(59) La clause a d'ailleurs été déclarée nulle dans les rapports entre le fréteur et le tiers porteur d'un connaissement par un arrêt rendu en 1952 par la Cour suprême des États-Unis (navire *Esso Belgium*, 1952 *AMC* 1, *DMF* 1952.563, note P. Bonassies).

(60) Voir B. Sabadie, *L'affrètement d'espaces,* Aix-en-Provence, 2004, préface Y. Tassel.

toutes modalités étant ici possibles (par exemple, quant à l'obligation de l'affréteur d'utiliser ou non tous les emplacements loués). Elle précise aussi avec un soin extrême les obligations et la responsabilité du fréteur. C'est ainsi que le fréteur assumera chargement et déchargement des conteneurs. Quant à sa responsabilité, elle est étroitement calquée sur la responsabilité du transporteur, la charte se référant systématiquement en la matière aux dispositions de la Convention de 1924, le fréteur pouvant invoquer les divers cas exceptés prévus par ce texte, comme invoquer la limitation de responsabilité qu'il établit.

Eu égard à cet emprunt systématique au contrat de transport, on pourrait être tenté de voir dans l'affrètement d'espaces un type particulier de contrat de transport. Ce serait là une conclusion trop rapide et sans doute contraire à la volonté profonde des parties, laquelle semble beaucoup plus s'intégrer dans un contrat cadre une série d'affrètements au voyage.

SOUS-TITRE 2

L'AFFRÈTEMENT À TEMPS

820. Définitions. — L'affrètement à temps est le contrat par lequel un opérateur maritime, qui prend le nom de fréteur, s'engage à mettre un navire armé, c'est-à-dire non seulement équipé mais servi par un équipage, à la disposition d'un autre opérateur maritime, dénommé l'affréteur, ce pour un temps déterminé.

Du point de vue économique, l'affrètement à temps est conclu par un armateur qui, pour des raisons diverses ne souhaite pas assurer l'exploitation commerciale d'un navire dont il est propriétaire, et un autre armateur ou un professionnel du commerce maritime qui a besoin d'un navire pour un temps déterminé, ce pour des raisons diverses (nécessité de remplacer un navire retiré du service, alors que la livraison du navire neuf commandé à cet effet a été retardée ; désir de lancer une ligne nouvelle dont les résultats ne sont pas acquis, et où l'on préfère faire un essai sans engager un investissement important, par exemple).

Le contrat d'affrètement à temps est normalement conclu pour une durée assez longue, deux ans, trois ans, voire cinq ou dix ans (1). Exceptionnellement, un affrètement à temps peut être conclu pour une durée brève, et notamment pour le temps d'un voyage (de Montréal à Marseille, par exemple). Un tel contrat, dénommé par la pratique *trip charter*, est très proche d'un affrètement au voyage. Mais ce sont les clauses de la charte-partie à temps qui le formalise et les règles générales de l'affrètement à temps qui gouvernent les relations des parties, et non les règles de l'affrètement au voyage.

821. Affrètement « avec dévolution » (*Demise charter*). — Parmi les divers contrats d'affrètement à temps, une place particulière doit être faite à un type de contrat qualifié dans la pratique anglaise et américaine d'affrètement avec *demise* (2). L'expression vise un contrat d'affrètement où le fréteur confie à l'affréteur, outre la gestion commerciale du navire, la gestion nautique de

(1) Dans les années 1960-1970, on a vu des compagnies pétrolières françaises affréter à temps des navires pour une durée de vingt ans.

(2) Voir *supra*, n° 275.

celui-ci, y inclus l'autorité sur le capitaine et les membres de l'équipage (3). Dans un tel contrat, l'affréteur devient armateur (*supra*, n° 275). Assez fréquent à la fin du XIXe siècle, un tel type d'affrètement paraît avoir été aujourd'hui pratiquement abandonné, au bénéfice de l'affrètement coque-nue (*infra*, n°s 866 et s.).

Jusqu'à une époque récente il n'y avait pas d'expression française caractérisant un tel type de contrat. Mais les rédacteurs de la nouvelle Convention internationale de 1993 sur les privilèges et hypothèques (*supra*, n° 587) ont, dans le texte français de cette convention, traduit les termes anglais *demise charterer* par les termes « *affréteur avec dévolution* ». Même si le terme *dévolution* évoque plus le droit successoral que le droit maritime, l'expression mérite d'être retenue.

822. Caractéristiques de l'affrètement à temps. Gestion nautique et gestion commerciale. — Ce qui caractérise l'affrètement à temps, l'affrètement avec dévolution étant excepté c'est la dualité de gestion, on pourrait presque dire l'éclatement dans la gestion, qu'il entraîne. Cet éclatement est très nettement marqué par la législation française, l'article 20 du décret du 31 décembre 1966 énonçant que « *le fréteur conserve la gestion nautique du navire* », tandis que l'article 21 dispose que « *la gestion commerciale du navire appartient à l'affréteur* ». De fait, le fréteur va conserver le contrôle technique du navire. C'est lui qui en assurera l'entretien. Il conserve aussi la gestion de l'équipage, dont il assure les salaires et sur lesquels il exerce les pouvoirs normaux de l'armateur. Mais c'est l'affréteur qui a la disposition commerciale du navire. C'est lui qui détermine l'emploi du navire, l'affectant à une ligne régulière dont il définit les éléments, ou l'utilisant pour des opérations d'affrètement au voyage et choisissant alors les voyages qu'il fera effectuer au navire. Et le capitaine doit alors obéir aux instructions de l'affréteur pour tout ce qui concerne la gestion commerciale du navire, règle qu'exprime l'article 22 du décret du 31 décembre 1966, et que les chartes traduisent par la formule « *the captain shall be under the orders and direction of the charterer as regards employment and agency* » (le capitaine sera sous les ordres et direction de l'affréteur pour tout ce qui concerne l'emploi du navire et l'action commerciale).

823. Modalités de l'affrètement à temps. *Trip charter*. Affrètement classique. — Au-delà de la distinction fondamentale énoncée ci-dessus, les modalités de l'exploitation du navire affrété à temps sont très diverses, dépendant largement des stipulations de la charte-partie, mais aussi de la structure des entreprises (fréteur et affréteur) coopérant à l'exploitation du navire.

C'est ainsi que les modalités d'une *trip charter*, affrètement à temps conclu pour un seul voyage, sont très proches de celles d'un affrètement au voyage, l'affréteur n'étant véritablement pas maître de la *gestion commerciale*. La charte précise le port de chargement et le port de déchargement, ou se réfère à des

(3) Encore que la distinction ne soit pas toujours nette, l'affrètement avec *demise* se distingue de l'affrètement coque-nue par le fait que, dans ce dernier type, le navire est remis à l'affréteur sans équipage, tandis que, dans l'affrètement avec *demise*, le navire est délivré avec son équipage.

« *ranges* » assez étroits, n'étant pas possible pour l'affréteur d'envoyer le navire dans des ports non prévus. La nature de la marchandise est elle aussi identifiée, et parfois d'une manière très précise (par exemple, « *bagged rice only* », le chargement de toute autre marchandise étant de surcroît expressément interdit (« *all cargo excluded, except bagged rice* »). En définitive, l'affréteur n'a guère plus de pouvoir sur l'expédition maritime qu'un quelconque affréteur au voyage.

À l'opposé, un affrètement à temps de longue durée, un affrètement à temps « classique » implique une intervention constante de l'affréteur dans l'aventure maritime, le dit affréteur déterminant, dans les seules limites de la charte, la marchandise mise à bord, comme les ports de chargement ou de déchargement. L'affrètement à temps classique implique aussi une coopération étroite entre fréteur et affréteur, coopération qui présente des formes multiples. Le capitaine, préposé du fréteur, sera conduit à signer des connaissements couvrant les marchandises mises à bord, alors que les contrats de transport auront été conclus par l'affréteur. C'est aussi le capitaine, qui, dans tel port lointain, passera commande du combustible, alors que la fourniture dudit combustible incombe normalement à l'affréteur. Parfois cette coopération sera plus structurée.

Souvent fréteur et affréteur désigneront en commun un consignataire dans les ports que fréquente le navire. Ce dernier sera tout à la fois le représentant de l'affréteur pour la gestion commerciale du navire (recevant les marchandises avant le chargement, et en assurant la garde et la livraison au déchargement), et le consignataire du navire, agissant ici pour le compte du fréteur, prenant en charge le bien-être de l'équipage durant l'escale et faisant procéder aux réparations d'entretien.

Dans la tradition classique, l'affréteur désignait par ailleurs un *subrécargue*, qui le représentait à bord du navire, et vérifiait que des soins appropriés soient apportés aux marchandises. Cette tradition s'est affaiblie, sans avoir complètement disparue.

La coopération constante qu'implique l'affrètement à temps n'est pas sans poser de nombreux problèmes, problèmes juridiques, mais aussi parfois problèmes humains. Des différends pourront naître entre le capitaine et l'affréteur au voyage, ou ses représentants. La plupart des chartes prévoient ici que si l'affréteur n'est pas satisfait du capitaine, il peut demander au fréteur son changement.

824. Conclusion du contrat. Chartes types. — Plus encore que celle d'un affrètement au voyage, la conclusion d'un affrètement à temps, eu égard à l'importance du contrat, est précédée de longues négociations, et requiert presque toujours l'intervention d'un courtier. Elle se matérialise elle aussi par la rédaction d'une charte-partie, à partir d'une charte type. Deux types principaux de chartes sont ici utilisés, d'une part la *Baltime*, créée en 1909 par la BIMCO et maintes fois révisée depuis (la dernière édition étant de 1974), d'autre part la *New York Produce,* type de charte mise en place aux États-Unis en 1913, largement utilisée par le gouvernement américain lors de la Première Guerre mondiale, modifiée une dernière fois en 1993 et souvent désignée sous le nom d'*Asbatime*.

825. Plan. — Comme il a été fait pour l'affrètement au voyage, nous étudierons successivement les obligations et responsabilités du fréteur, puis celles de l'affréteur. Mais, avec l'affrètement à temps apparaît une troisième catégorie d'intéressés à l'exploitation du navire, celle des *tiers*, ceux qui mettent leur marchandise à bord du navire, mais aussi ceux qui contractent avec le fréteur ou l'affréteur pour l'exploitation du navire, voire ceux qui subissent un dommage du fait de celui-ci. C'est pourquoi nous consacrerons un troisième chapitre aux conséquences de l'affrètement à temps à l'égard de ces tiers.

CHAPITRE 1

LE FRÉTEUR DANS L'AFFRÈTEMENT À TEMPS. OBLIGATIONS ET RESPONSABILITÉ

Section 1

Les obligations du fréteur

826. Plan. — Ici aussi, on peut distinguer les obligations du fréteur quant au navire et ses obligations, non pas lors du voyage mais après la délivrance du navire.

§ 1. — *Le fréteur et le navire*

827. Délivrance du navire désigné. Qualités du navire. — S'agissant du navire, le fréteur a d'abord l'obligation de fournir le navire désigné tel que décrit au contrat. Les chartes-parties à temps sont ici assez précises. Elles indiquent non seulement le nom, pavillon, tonnage, port en lourd du navire, mais aussi sa capacité de transport exprimée soit en volume, soit en port en lourd, soit, pour les porte-conteneurs en nombre de conteneurs, la vitesse moyenne du navire, et, point devenu très important, sa consommation en combustible (1).

Les indications fournies par la charte (capacité, vitesse, consommation) sont le plus souvent affectées par l'expression *about* (environ, approximativement), ou toute autre expression analogue (2). La pratique considère que, dans ce cas, une différence de 5 % est acceptable. Par ailleurs, la vitesse est souvent indiquée « par beau temps » (*under good weather*), et les tribunaux interprètent l'expression comme se référant à un temps affecté par des vents de force 4 au maximum (3). La même différence de 5 % est admise pour la consommation,

(1) Le coût des soutes peut atteindre 40 % du coût d'exploitation du navire, coût qui incombe à l'affréteur.

(2) Voir aussi, pour un cas où la capacité de transport exprimée par la charte était nuancée par la mention, ajoutée entre parenthèses, (*not more than she can reasonably stow and carry*), *Queen's Bench*, 17 févr. 1994, *The Roman Karmen, LLR* 1994.1.644.

(3) CAMP, 15 avr. 1987, sentence n° 655, *DMF* 1988.50 ; 15 mars 1987, sentence n° 703, *DMF* 1988.257.

comme pour la référence aux conditions de *good weather* (4). En cas de dépassement minime de la tolérance de 5 %, les tribunaux appliquent souvent une réduction proportionnelle du fret — une telle réduction étant parfois prévue par la charte (5).

Livré tel que décrit à la charte, le navire doit aussi être livré en bon état de navigabilité, la notion de navigabilité étant identique à celle qui prévaut dans l'affrètement au voyage (*supra*, n° 764). L'obligation du fréteur est, ici aussi, une obligation de résultat. Et cette obligation apparaissant comme l'obligation fondamentale du fréteur ne peut normalement pas être atténuée par les stipulations contractuelles (6).

828. Sanction. Résolution du contrat. — Sauf pour ce qui est des dépassements minimes évoqués ci-dessus (*supra*, n° 827), la sanction de la méconnaissance par le fréteur de ses obligations est celle de la résolution du contrat, cette résolution étant le plus souvent unilatéralement affirmée par l'affréteur.

Toutefois, ainsi que nous l'avons relevé à propos de l'affrètement au voyage (*supra,* n° 765), la résolution ne peut jouer qu'en cas de manquement grave du fréteur. En droit français, c'est l'article 1134 du Code civil qui impose la mesure tant à l'affréteur qu'au juge. En droit anglais, on se souviendra que l'arrêt *HongKong Fir*, qui pose les principes en la matière, a été rendu précisément en matière d'affrètement à temps. En pratique, les juges veillent avec soin à ce que les affréteurs n'abusent pas de la résiliation (7).

829. Date et lieu de la délivrance. — Tout naturellement, la charte précise le jour et le lieu où le navire devra être mis à la disposition de l'affréteur, étant parfois prévu non un port précis mais un *range* (8). Et, comme les chartes au voyage (*supra*, n° 767) les chartes à temps contiennent pour la plupart une clause de résiliation (clause 22 de la *Baltime* ; clause 16 de la *New York Produce*) : si le navire n'est pas délivré à la date fixée par le contrat (*cancelling date*), l'affréteur a le droit de résilier la charte. Souvent aussi, il est prévu que le fréteur pourra proposer une nouvelle date, l'affréteur devant, dans un délai bref, accepter ou refuser cette date.

La date et le lieu de mise à disposition sont particulièrement importants, car c'est de leur combinaison que dépend le début de l'obligation du fréteur de payer

(4) Voir, particulièrement précise, la sentence n° 703 de la CAMP, citée *supra,* note 3.

(5) Pour une espèce où la charte prévoyait une telle modification du fret, mais qui devait jouer dans les deux sens, le fret étant augmenté au cas de performances du navire meilleures que prévues, voir la décision *The Didymi, Court of Appeal* 23 oct. 1987, *LLR* 1987.12.108.

(6) Voir, en ce sens, une décision très ferme de la Chambre des Lords, 15 déc. 1983, *The TFL Prosperity, LLR* 1984.1.123, où, le fréteur ayant livré un navire dont la hauteur entre les ponts était inexacte, ce qui interdisait à l'affréteur de charger le nombre de remorques espéré par lui, les juges refusant audit fréteur le droit de se prévaloir de la large clause de non-responsabilité figurant à la charte. À admettre la prétention du fréteur, observent-ils, la charte ne serait rien de plus qu'une affirmation par le fréteur d'une intention, en contrepartie de laquelle les affréteurs seraient tenus au paiement du fret alors même que le fréteur manquerait à sa promesse quant à la description du navire, l'observation étant très proche de celle que ferait un juge français constatant la violation par le fréteur de son obligation fondamentale.

(7) Voir, entre autres, CAMP, 21 juin 2002, sentence n° 2002, *DMF* 2003.173 ; *Queen's Bench*, 7 avr. 1982, *The Ymnos, LLR* 1982.2.574 ; 21 mai 1987, *The Ariana, LLR* 1987.2.376.

(8) Voir la décision *Ailsa Craig* du Juge Clarke (*Queen's Bench*, 9 juin 2008, *Lloyd's Law Reports* 2008.2.384), où le navire devait être délivré « *at a port in WAF – Ghana/Nigeria*).

le fret. Aussi les chartes sont-elles souvent très précises sur les modalités de livraison. Elles indiquent, par exemple, que le navire sera livré à l'embarquement du pilote à bord, ou à l'arrivée à la station de pilotage au mouillage habituel, les risques d'attente éventuelle étant supportés par le fréteur dans le premier cas, par l'affréteur dans le second.

830. Maintien du navire en état de navigabilité. — Il y a là une obligation spécifique de l'affrètement à temps. Dans l'affrètement au voyage, le fréteur n'a qu'une obligation assez théorique de maintenir le navire en état de navigabilité. Simplement, il supporte les conséquences de la perte de navigabilité par le navire en cours de voyage, si cette perte est la conséquence d'une faute qui lui est imputable (et non la conséquence, par exemple, d'une faute de navigation). Dans l'affrètement à temps le fréteur a, au contraire, l'obligation précise de maintenir la navigabilité du navire pendant toute la durée du contrat. Cette obligation, rappelée par l'article 19 du décret du 31 décembre 1966, est inscrite dans toutes les chartes, par exemple dans la clause 3 de la *Baltime* ou dans la clause 6 de la *New York Produce* (9).

L'obligation du fréteur est ici aussi une obligation de résultat. Dans une décision du 23 mai 2008, la *Court of Appeal* décide ainsi qu'elle impose au fréteur d'apporter au navire les modifications prévues par un changement dans les règles de la Convention MARPOL (navire *the Helli, Lloyd's Law Reports* 2008.2.119).

Si la navigabilité du navire est fortement atteinte, l'affréteur a certainement le droit d'affirmer la résiliation de la charte. Si l'atteinte à la navigabilité n'est pas fondamentale, l'affréteur peut obtenir une réduction du fret (10). Mais il abuserait incontestablement de son droit s'il prononçait la résiliation du contrat, voire même s'il exigeait trop brutalement une réparation immédiate de tout défaut n'affectant pas véritablement l'exploitation du navire.

§ 2. — *Le fréteur et l'exploitation du navire*

831. Principe. Règlement des charges d'exploitation. Coûts engendrés par les marins. — Même si l'exploitation commerciale du navire ressortit à la responsabilité de l'affréteur, son exploitation technique demeure de la compétence du fréteur. À ce titre, diverses obligations lui incombent, et d'abord le règlement des charges liées non à l'exploitation commerciale du navire, lesquelles sont dues par l'affréteur (*infra*, n° 851), mais à son exploitation technique.

Il faut entendre par là d'abord les salaires des marins, y inclus tous leurs accessoires (charges sociales ; frais de rapatriement selon les modalités des

(9) Ces deux chartes énonçant, en termes équivalents, que le fréteur a l'obligation de maintenir le navire dans un état foncièrement efficace en ce qui concerne coque et machine durant son service (*to maintain her in a thoroughly efficient state in hull and machinery during service*).

(10) Pour un exemple de pareille réduction, d'ailleurs expressément prévue par la charte, voir l'arrêt *The Fina Samco, Court of Appeal*, 22 juin 1995, *LLR* 1995.2.344.

conventions collectives, etc.). Ce qui est dû ici, c'est le salaire normal des marins. Le sort des heures supplémentaires est en général prévu par les chartes, lesquelles prévoient souvent leur forfaitisation (*Baltime*, article 17 ; *New York Produce*, article 29).

Sont aussi assumés par le fréteur les frais d'entretien des marins, coût de la nourriture, coût du chauffage, entretien des cabines, etc.

832. Coûts techniques liés au navire. Assurance. — C'est le fréteur qui, tout normalement, assume les coûts techniques liés au navire, coût des réparations pour maintenir le navire en bon état de navigabilité, mais aussi coût des visites annuelles ou exceptionnelles liées à la classification, coût du renouvellement des certificats de navigabilité nécessaires à l'exploitation du navire.

Un point important est celui de *l'assurance* du *navire*. Les primes d'assurance corps (*infra,* n°s 1286 et s.) sont assumées par le fréteur, comme celles de l'assurance de responsabilité, ou les cotisations dues par lui à son club de protection. Mais un problème particulier se pose pour les primes d'assurance contre les *risques de guerre*, assurance devenue aujourd'hui indispensable dans nombre de trafics.

La pratique classique mettait ces primes à la charge du fréteur, l'assurance contre les risques de guerre, d'un taux minime, étant considérée comme une charge normale d'exploitation du navire. Mais avec l'aggravation de ces risques, avec l'augmentation des taux, les choses ont changé. La plupart des chartes prévoient que le navire ne pourra se rendre dans des lieux exposés aux risques de guerre, émeutes, etc., qu'avec l'accord du fréteur. Celui-ci pourra alors contracter une assurance risques de guerre, aux frais de l'affréteur.

À l'occasion de la première crise du Golfe (1980), certains affréteurs ont contesté le droit des fréteurs de leur demander le remboursement de primes afférentes non à une couverture classique des risques de guerre (dommages au navire et à sa cargaison), mais à une couverture élargie aux dépenses liées à la saisie du navire, à son déroutement, voire à la responsabilité de l'équipage. La jurisprudence britannique a rejeté la prétention des affréteurs, interprétant de la manière la plus large les termes de la charte autorisant le fréteur à prendre une *war risks insurance* (*Queen's Bench*, 27 oct. 1983, *The Agathon, LLR* 1984.1.184).

833. Coopération du fréteur à la réalisation du voyage. — Le fréteur à temps n'assume pas les nombreuses obligations qui pèsent sur le fréteur au voyage quant à la réalisation du voyage (*supra*, n° 769). Il n'en reste pas moins qu'il est tenu de coopérer à cette réalisation. Ses obligations à cet égard sont précisées par les dispositions des chartes-parties. Par exemple la *Baltime* énonce dans son article 3 que le fréteur devra fournir un treuilliste par panneau de cale.

Plus généralement, les chartes stipulent presque toujours « *le capitaine devra réaliser tous les voyages avec la plus grande célérité et rendre l'assistance habituelle avec l'équipage du navire* » (*Baltime*, article 8). Mais l'obligation du capitaine doit ici se combiner avec son obligation primordiale, laquelle est d'assurer la sécurité du navire. On ne peut donc reprocher au fréteur le fait que son capitaine ait dérouté le navire pour échapper à la tempête (11).

Section 2

La responsabilité du fréteur

834. Principes. Plan. — Lorsque les marchandises mises à bord du navire affrété à temps sont endommagées ou perdues, la responsabilité du fréteur pourra être mise en cause directement ou indirectement. Elle sera mise en cause directement quand les marchandises endommagées appartiennent à l'affréteur. C'est là chose assez rare, la plupart des marchandises mises à bord d'un navire affrété faisant l'objet d'une vente CAF ou d'une vente FOB, et le fréteur étant alors fondé à opposer à l'affréteur son défaut de qualité (12). Mais la responsabilité du fréteur peut aussi être mise en cause indirectement, si les marchandises endommagées appartiennent à des tiers porteurs d'un connaissement émis par l'affréteur. Mis lui-même en cause par le tiers destinataire, l'affréteur exercera alors un recours en garantie contre le fréteur (13).

Par ailleurs, comme il en est dans l'affrètement au voyage, la responsabilité du fréteur est le plus souvent commandée par les stipulations de la charte concernée. Le législateur de 1966 a toutefois prévu, pour le droit français, un modèle de responsabilité légale dont il importe de préciser d'abord les traits.

§ 1. — *La responsabilité légale*

835. Modalités. Faute nautique. Manquement aux obligations légales. — Les modalités de la responsabilité du fréteur à temps sont précisées par l'article 8 de la loi du 18 juin 1966. Aux termes de ce texte, « *le fréteur est responsable des dommages subis par la marchandise s'il est établi qu'ils sont dus à un manquement à ses obligations de fréteur précisées par décret. Il n'est cependant pas responsable de la faute nautique du capitaine ou de ses préposés* ».

De ce texte, qui souffre des mêmes défauts formels que le texte concernant la responsabilité du fréteur au voyage (voir *supra*, n° 776), il faut d'abord retenir qu'il applique au fréteur la même règle qu'au transporteur dans les régimes de

(11) CAMP, 16 mars 1983, sentence n° 580, *DMF* 1984.359.
(12) L'affréteur conservant toutefois un droit d'action même dans l'hypothèse envisagée, s'il subit un préjudice personnel.
(13) Pour un exemple particulièrement net, voir Tribunal de commerce de Paris, 13 janv. 1978, navire *Karoo, DMF* 1979.24.

1924 ou 1966 (*infra*, n° 1094), en affirmant le principe classique de l'exonération pour faute nautique. L'absence presque totale de jurisprudence en la matière autorise à penser que la notion de *faute nautique* devrait ici s'entendre plus largement qu'en matière de transport — domaine où, nous le verrons, la *faute nautique* fait l'objet d'une grande réserve des tribunaux (*infra*, n° 1095), — ce, eu égard à l'absence, en matière d'affrètement, de règles d'ordre public.

De l'article 8, on retiendra aussi que la responsabilité du fréteur n'est pas une responsabilité de plein droit. Elle n'existe que si l'affréteur fait la double preuve, d'une part que le dommage est dû au manquement du fréteur à l'une de ses obligations, d'autre part du lien de causalité existant entre le dommage et le manquement invoqué. Quant aux obligations du fréteur, précisées par l'article 19 du décret de 1966, elles sont tant l'obligation de présenter le navire aux date et lieu convenus, que de le maintenir en bon état de navigabilité, armé et équipé convenablement. C'est évidemment cette obligation qui est la plus importante, l'obligation « *paramount* » dirait un juriste de *common law*, et c'est cette obligation qui fonderait la condamnation du fréteur, dont, exceptionnellement, la responsabilité serait recherchée sur la seule base des textes de 1966. Aussi bien est-ce cette même obligation qui fonde la condamnation du fréteur dans les régimes contractuels de responsabilité — mais avec des nuances importantes par rapport aux textes de 1966.

§ 2. — *La responsabilité contractuelle du fréteur à temps*

836. Les modèles contractuels. — Ici encore, il n'est pas possible de présenter la dizaine de chartes qui sont habituellement utilisées. Nous limiterons donc notre analyse aux dispositions de la *Baltime* et à celles de la *New York Produce*.

Le régime de responsabilité de la *Baltime* apparaît très proche de celui inscrit, pour l'affrètement au voyage, dans les termes de la *Gencon* (*supra*, n° 777). D'une part cette charte concède, dans son article 13, que le fréteur sera responsable de son manque de diligence, ou de celui de son directeur (*manager*) à mettre le navire en état de navigabilité. D'autre part, elle étend cette responsabilité au dommage résultant de tout acte personnel, omission ou oubli (*default*) du fréteur ou de son directeur. Pour le surplus, elle écarte toute responsabilité du fréteur pour dommage ou retard, quelle qu'en soit la cause, même si dommage ou retard résultent de la faute ou de la négligence de l'un de ses préposés (*servant*), terme dans lequel il faut inclure le capitaine. Enfin, elle exclut toute responsabilité pour grève, lock-out, arrêt ou restriction (*restreint*) de travail, même émanant du capitaine, officiers ou membre de l'équipage.

La *New York Produce* est beaucoup plus originale. Tout d'abord, elle prévoit que les connaissements émis à l'occasion de l'exploitation commerciale du navire devront contenir une *clause paramount* indiquant qu'ils seront soumis aux règles « classiques » du droit des transports sous connaissement, plus précisément aux règles du *Carriage of goods by sea Act* des États-Unis, lequel reproduit, à quelques nuances près, la Convention de 1924, ou encore à la Convention de 1924 elle-même (14), ou à toute autre législation similaire obligatoire en vertu dela législation du pays d'expédition ou de celle du pays de destination. Et elle ajoute que le contrat d'affrètement (*this charter party*) sera soumis à la même *clause paramount.*

Par ailleurs, dans sa clause 21, la *New York Produce* dispose que les cas exceptés habituels (*act of God*, incendie, périls de la mer, erreurs de navigation) sont « *mutuellement exceptés* » (*mutually excepted*).

Au-delà de leur complexité, pour ne pas dire de leur obscurité (15), on doit conclure que le fréteur soumis aux dispositions de la *New York Produce* sera responsable de plein droit des marchandises mises à bord, et ne pourra échapper à sa responsabilité qu'en faisant la preuve que les dommages en cause sont la conséquence de l'un des cas exceptés prévus par les textes sur le transport sous connaissement (sur ces cas, voir *infra*, n° 1072), ou, ce qui revient au même, par les stipulations de l'article 21 de la charte, tel que cité ci-dessus (péril de la mer, faute du chargeur ou vice de la marchandise, et surtout faute du capitaine dans la navigation ou l'administration du navire).

837. Jurisprudence. ***Inter-Club agreement.*** — La jurisprudence sur la responsabilité du fréteur à temps est relativement peu abondante. Elle est, par ailleurs, assez nuancée. Assez souvent, le fréteur est protégé par les clauses de non-responsabilité des chartes. Se fondant sur la clause 13 de la *Baltime,* la Chambre arbitrale maritime de Paris a ainsi exonéré le fréteur d'un navire à température contrôlée (*reefer*), l'affréteur n'ayant pas donné d'instructions particulières au capitaine. Ou encore, les juges ont retenu comme une faute de navigation — donc exonérant le fréteur — la faute commise par le capitaine dans l'appréciation du tirant d'eau du navire (16).

Malgré tout, certaines décisions se montrent sévères. S'agissant d'un affrètement sous charte *New York Produce*, la *Court of Appeal* de Londres a ainsi jugé en 1984 que les termes « *fautes de navigation* » (*errors of navigation*) de la clause 21 protégeaient le fréteur contre les erreurs non fautives (*non negligent errors*) mais n'étaient pas assez larges pour embrasser les erreurs fautives

(14) Référence étant alors faite par la charte aux *Règles de La Haye*, et aux Règles de Visby, dénomination habituelle dans les textes anglais de la Convention de 1924 et du Protocole de 1968 : voir *infra,* n° 888.

(15) Comment déterminer, dans un cas précis, la responsabilité du fréteur s'agissant de marchandises couvertes par des connaissements émis dans des pays différents, à destination de pays différents, les uns signataires de la seule Convention de 1924, les autres signataires du Protocole de 1968. Pourquoi ne pas avoir prévu que la responsabilité du fréteur serait régie par la Convention de 1924, modifiée par le Protocole de 1968, — mais pourquoi faire simple quand on peut faire compliqué.

(16) Pour le premier exemple, voir CAMP, 15 oct. 1996, sentence n° 778, *DMF* 1996.951 ; pour second, CAMP 2 août 1990, sentence n° 951, *DMF* 1991.406 ; dans le même sens, *Queen's Bench*, 2 mai 1991, navire *The Fantasy, LLR* 1991.2.391, à propos d'un chargement en pontée, la charte autorisant l'affréteur à charger en pontée, mais à ses risques.

(*negligent errors*) (17). Pareillement, les juges français appliquent à l'affrètement à temps la même solution qu'en matière d'affrètement au voyage (*supra,* n° 779) : constatant un élément d'innavigabilité du navire, ils concluent à un défaut de diligence entraînant la responsabilité du fréteur (18).

La rareté de la jurisprudence en la matière s'explique par le fait que les P & I Clubs, assureurs de la responsabilité de la plupart des fréteurs à temps comme de celle des affréteurs à temps (*infra,* n°s 1331 et s.), ont, en 1970, conclu un accord, dénommé *Inter-Club New York Produce Exchange Agreement,* répartissant forfaitairement les responsabilités en cas de dommage aux marchandises. C'est ainsi qu'il est prévu que les dommages résultant de l'innavigabilité du navire seront pris en charge à 100 % par le fréteur, l'affréteur prenant en charge, là aussi pour 100 %, les dommages dus à un mauvais arrimage ou à la manutention, les dommages résultant d'une livraison incomplète, ou de la buée de cale *(condensation damage)* étant répartis par moitié entre fréteur et affréteur.

Certaines chartes contiennent une référence expresse à l'*Inter-Club agreement.* Mais, même quand tel n'est pas le cas, l'accord est appliqué par leurs clubs respectifs.

(17) Navire *The Satyah Keylash, LLR* 1984.1.588. La même rigueur se retrouve dans une décision du *Queen's Bench* du 27 janv. 2000 (navire *The Goodpal, LLR* 2000.1.640) à propos de la faute commise par un capitaine qui avait accepté, contre remise d'une lettre de garantie, de décharger une quantité de graines de soja plus importante que la quantité connaissementée.

(18) Tribunal de commerce de Paris 11 janv. 1978, *DMF* 1979.24.

CHAPITRE 2

L'AFFRÉTEUR DANS L'AFFRÈTEMENT À TEMPS. OBLIGATIONS ET RESPONSABILITÉ

Section 1

Les obligations de l'affréteur

838. Généralités. Plan. — L'affréteur à temps est d'abord tenu d'obligations d'ordre matériel, dont la principale est de respecter les limites qui lui sont fixées par la charte dans l'exploitation commerciale du navire. Il est aussi tenu, tout au long de la charte, d'obligations d'ordre financier, dont la plus importante, encore que non exclusive, est de payer le fret prévu par le contrat.

§ 1. — *L'affréteur et l'exploitation commerciale du navire*

839. Principes. Gestion commerciale et gestion nautique. — En principe, l'affréteur n'intervient que pour ce qui est de la gestion commerciale du navire, laquelle lui « appartient » (art. 21 du décret du 31 déc. 1966). Il joue cependant un rôle dans la gestion nautique, dans la mesure où c'est à lui qu'il incombe de fournir les soutes nécessaires à l'exploitation commerciale (hydrocarbures, mais aussi lubrifiants, dont les navires font une grande consommation). Il doit ici veiller à ce que les carburants utilisés soient de bonne qualité. Souvent la charte prévoit d'ailleurs le type de carburant et de lubrifiant qui doit être utilisé, et ce avec une précision suffisante pour éviter tout litige (1). S'agissant de la gestion commerciale du navire, il n'est pas entièrement libre de ses choix et décisions. Certes, c'est lui qui détermine le mode d'emploi du navire — transport de marchandises ou *tramping,* c'est pareillement lui qui détermine les ports entre lesquels le navire va exercer son trafic. Il reste qu'il doit exploiter le navire en

(1) Pour un litige né, précisément, de l'imprécision de la charte, voir CAMP, 4 mai 1983, sentence n° 490, *DMF* 1984.366.

respectant les dispositions de la charte. Il doit aussi, en fin de charte, re-délivrer le navire au fréteur.

840. Respect des limites de la charte. — L'affréteur ne doit ainsi mettre à bord que des marchandises licites et non interdites par la charte. La plupart des chartes prohibent le chargement d'animaux vivants, ou de toute marchandise inflammable ou dangereuse (2). L'affréteur doit aussi respecter les limites géographiques qui lui sont assignées par la charte (par exemple, interdiction de naviguer au-delà du 55e parallèle de latitude nord). Enfin, il ne doit envoyer le navire, à l'occasion des voyages qu'il ordonne au capitaine, que dans des *ports sûrs*.

841. Notion de port sûr (*safe port*). — La quasi-totalité des chartes prévoient que le navire ne devra être employé qu'entre des ports sûrs, étant de surcroît ajouté par certaines chartes, qu'il devra toujours demeurer « à flot » (*always afloat*).

La définition habituellement reçue du port sûr est celle qui a été donnée en 1958 par le juge anglais Sellers, dans un arrêt *Eastern City* (3). Pour ce magistrat, un port sûr est « *le port que le navire en cause peut atteindre, utiliser et quitter, sans être exposé, sauf événement extraordinaire, à un danger qui ne pourrait être surmonté par une bonne pratique maritime* » (*good navigation and seamanship*). Cette définition réserve justement le cas de l'équipage incompétent. Un navire peut subir des dommages dans un port, mais si ces dommages sont la conséquence de l'incompétence de son capitaine, l'affréteur n'aura pas violé son obligation de n'envoyer le navire que dans un port sûr. Par ailleurs, est aussi réservé le cas de l'événement extraordinaire (typhon ou événement politique grave) qui rend « non sûr » (*unsafe*) un port habituellement sûr.

Sur ce point cependant, certaines décisions anglaises s'étaient écartées de l'arrêt *Eastern City* en voyant dans la clause de port sûr un engagement « continu » de l'affréteur de ne pas envoyer le navire dans un port non sûr, alors même que la « sûreté » initiale du port avait été atteinte par un événement imprévu. C'est ainsi que fin mai 1980, l'affréteur du navire *Evia*, chargé de ciment, l'avait envoyé à Bassorah où il arrivait le 1er juillet et, après une longue attente en rade terminait son déchargement le 22 septembre. La guerre Iran/Irak ayant éclaté à cette même date, l'*Evia* ne pouvait quitter le port. Les premiers juges saisis du litige (*Queen's Bench* et *Court of Appeal*) adoptaient alors l'approche nouvelle évoquée ci-dessus, et décidaient que l'affréteur avait violé son obligation de « port sûr ». La Chambre des Lords, le 29 juillet 1982, infirmait leur décision (4).

842. L'arrêt *Evia*. — Pour cette juridiction, l'affréteur qui désigne un port ne promet pas une sécurité absolue et continue durant tout le séjour du navire. La

(2) Longtemps les chartes ont ici prévu l'interdiction spécifique de charger à bord du navire affrété du *guano*, en raison de l'odeur aussi forte que persistante de cet engrais.
(3) *Queen's Bench*, 30 juill. 1958, *LLR* 1958.2.17.
(4) *LLR* 1982.2.307 ; sur cet arrêt, voir obs. de J.-C. BUHLER, *DMF* 1985.245.

promesse qu'il fait quant à la sécurité du port désigné, concerne la sécurité « prospective » du navire appréciée au moment où le port est désigné. En cas de survenance d'un événement imprévu, on ne peut considérer que l'affréteur est en faute. On peut seulement exiger de lui qu'il annule la désignation s'il est encore temps, et qu'il donne au navire l'ordre de quitter le port, là encore s'il en est temps.

Les décisions britanniques postérieures ont suivi la leçon de l'arrêt *Evia*, telle une décision de la *Court of Appeal* du 26 juillet 1992, où les juges ont conclu que l'affréteur n'avait pas méconnu son obligation en envoyant, le 26 août 1988, le navire *Saga Cob* au port de Massaoua (Érythrée), alors même qu'il avait été attaqué, le 7 septembre 1988, par des éléments du Front Érythréen de Libération (5). En effet, une telle attaque était très peu prévisible en juillet 1988. À cette époque Massaoua était *prospectively safe* (6).

843. Jurisprudence française. — Quant à la jurisprudence française, elle semble adhérer à l'analyse des juges britanniques, dont les décisions sont exactement connues par elle. Elle y apporte toutefois un complément d'un grand intérêt. De nombreuses décisions mettent en lumière l'importance, dans l'application de la notion de port sûr, des *aides* apportées aux navires par les moyens locaux. Si le système d'alerte du port est déficient, si un navire ne trouve pas de remorqueurs en nombre suffisant pour lui permettre de sortir du port quand approche le mauvais temps, le port n'est pas sûr (7).

Cette jurisprudence témoigne d'un élément important. Elle met en lumière l'idée que la notion de port sûr ne concerne que la sécurité physique du navire et de son équipage. Elle ne concerne pas ce que l'on pourrait appeler l'*aptitude commerciale* d'un port à accueillir des navires, sa *sûreté commerciale*. Si un port connaît des périodes de mauvais temps fréquentes, interdisant de manière répétitive l'exploitation commerciale du navire, il n'en reste pas moins un *port sûr* — dès lors que la sécurité des navires qui y opèrent n'est pas en danger.

La solution n'appelle aucune observation pour ce qui est de l'affrètement à temps. Alors même que le navire est entravé dans son exploitation commerciale, le fréteur n'en percevra pas moins le fret dans son intégralité. Elle se justifie beaucoup moins dans l'affrètement au voyage où, les jours de planche n'étant pas décomptés en cas de mauvais temps (*supra*, n° 796), c'est le fréteur, qui n'a pas choisi le port, qui supporte en définitive le poids de ce mauvais temps.

844. Notion de port sûr et Code ISPS. — À la suite de la promulgation et de l'entrée en vigueur du Code ISPS (*supra*, n° 33), la BIMCO a suggéré que soit insérée dans les chartes une clause stipulant que tout port ou installation

(5) *LLR* 1992.2.545.

(6) Une décision du *Queen's Bench* du 29 juill. 2003, navire *The Marinicki, LLR* 2003.2.655 paraît cependant aller un peu à contre-courant. Mais cette décision, rendue en fait plus qu'en droit (l'arrêt *Evia* n'est même pas cité), et non par un juge mais par un avocat substituant le juge, n'est sans doute pas décisive.

(7) Voir ici, pour le port de Safi, CAMP, 20 oct. 1989, sentence n° 751, *DMF* 1990.574, « confirmée » par la sentence n° 827 du 10 déc. 1991, *DMF* 1993.59 ; même sens, pour le port de Beyrouth, sentence n° 997 du 31 déc. 1998, *DMF* 1999.630.

portuaire opérant au niveau de sécurité 3 (le plus élevé, témoignant de la dangerosité la plus grave) serait considéré comme non sûr (*unsafe*). Le fréteur aurait alors le droit de demander à l'affréteur de désigner un autre port, opérant au niveau de sécurité 2 ou moindre, pouvant, en cas de refus de l'affréteur, décharger la marchandise au port le plus proche de niveau 2.

845. Sanction. — La sanction normale d'une violation par l'affréteur de la clause de port sûr sera sa condamnation à réparer le dommage subi par le fréteur (dommages au navire ; immobilisation, etc.). Il est plus difficile de répondre à la question de savoir si le fréteur ou le capitaine pourront refuser d'envoyer le navire dans un port non sûr. Un tel droit n'est pas prévu par les chartes, sauf, comme vu ci-dessus pour ce qui est des ports affectés par la réglementation ISPS. Même les chartes les plus élaborées et qui évoquent le problème du port affecté par la guerre sont en effet fort confuses sur le problème. Certaines chartes pétrolières prévoient cependant que, si le fréteur ou le capitaine considère comme dangereux ou impossible pour le navire d'atteindre le port désigné, l'affréteur pourra ordonner que le navire soit chargé ou déchargé dans un autre port inclus dans la zone de chargement/déchargement envisagée (8). Pareille formulation paraît bien impliquer le droit pour le fréteur ou le capitaine de refuser d'envoyer le navire dans le port affecté par la guerre. Mais peut-on étendre la solution à un port non sûr ?

En droit français, une réponse positive paraît possible, le refus du fréteur apparaissant comme la mise en œuvre de la théorie de *l'exception d'inexécution*. Mais un tel droit ne peut être admis que dans des situations extrêmes. C'est d'ailleurs en ce sens qu'a statué une décision arbitrale française du 7 juin 1993, à propos d'une clause de guerre (9). Alors que l'Irak envahissait le Koweït, un fréteur avait donné ordre à son navire de ne pas se rendre aux ports de Bahrein et de Dammam, cependant désignés par l'affréteur, mais seulement à celui d'Abu Dhabi (10). Eu égard à la protection accordée dans tout le secteur par les forces alliées, le tribunal a jugé l'ordre donné abusif, et reconnu à l'affréteur le droit de résilier la charte. Nul doute que la même rigueur ne se serait appliquée dans le cas de la clause de port sûr.

846. Clause de guerre. Clause de glace. — La clause de port sûr n'est pas la seule clause interdisant à l'affréteur d'envoyer le navire affrété dans certains ports. Nombre de chartes contiennent une clause analogue concernant les ports affectés ou susceptibles d'être affectés par la guerre (*war clause*) ou par la glace. Rédigées d'une manière confuse, elles posent les mêmes problèmes de sanction que la clause de port sûr.

847. Restitution du navire. — À la fin de l'affrètement, l'affréteur doit restituer le navire au fréteur — la pratique parlant de *délivraison* ou de

(8) Voir la charte qui a donné lieu à une décision du *Queen's Bench,* 17 juin 1991, navire *The Product Star, LLR* 1991.2.468.
(9) CAMP, 7 juin 1993, sentence n° 866, *DMF* 1994.57.
(10) Pour la même rigueur, voir la décision *The Product Star*, citée *supra*, note 8.

re-délivraison. Le navire doit être restitué au lieu prévu, principe qui n'a jamais donné lieu à débats. En revanche, un contentieux important s'est élevé sur le moment de la restitution. Ce contentieux s'explique par le fait que, si les taux du fret dans le domaine de l'affrètement à temps ont augmenté — et des augmentations sensibles peuvent se produire rapidement en temps de crise —, l'affréteur sera tenté de prolonger la durée de la charte pour un ultime voyage, plutôt que de conclure un nouveau contrat. Si, à l'inverse, les taux ont baissé, l'affréteur sera tenté de mettre fin le plus tôt possible à son contrat.

Les tribunaux ne font pas toujours preuve en la matière de rigueur à l'égard de l'affréteur. Quand la charte prévoit la re-délivraison à jour fixe (le 30 juin 2005, par exemple), ils accordent presque toujours à l'affréteur le droit de terminer le dernier voyage en cours, sauf à sanctionner l'abus de l'affréteur qui, quatre jours avant la date de re-délivraison aurait donné des ordres pour un voyage d'un mois. Ils sont un peu plus sévères quand la charte prévoit une « fourchette » pour la restitution du navire.

De nombreuses chartes prévoient ainsi que le navire est affrété « *pour une période de 11 mois, 15 jours plus ou moins au choix de l'affréteur* ». Ou encore, le contrat est conclu « *pour une durée minimum de 10 mois, durée maximum de 12 mois* ». Dans une telle situation, sans que l'on puisse parler de rigueur excessive, les tribunaux interprètent les termes de la charte avec fermeté (11). Et, quand la charte prévoit que, si le navire est en cours de voyage au jour prévu pour la re-délivraison, l'affréteur bénéficiera du temps nécessaire pour compléter le voyage commencé, ils sanctionnent l'affréteur qui se serait engagé dans un voyage dont la durée serait nécessairement excessive (12).

Quand il y a ainsi re-délivraison tardive, l'affréteur doit indemniser le fréteur de la perte subie par celui-ci. Cette perte est normalement évaluée à la différence entre le taux contractuel (10 000 dollars par jour, par exemple) et le taux du marché le jour où le navire aurait dû être re-délivré (12 000 dollars/jour, par exemple). Dans un important arrêt du 9 mai 2008, la Chambre des Lords a rejeté la prétention du fréteur d'obtenir des dommages-intérêts compensant aussi le fait qu'il n'avait pu conclure un nouvel affrètement, du fait du retard de l'affréteur (*The Achilleas, Lloyd's Law Reports* 2008.2.275).

§ 2. — *Obligations financières de l'affréteur*

848. Plan. — La principale obligation financière de l'affréteur est de payer le fret comme les charges d'exploitation qui lui incombent. Mais l'affréteur doit

(11) Voir, en ce sens, un arrêt du 27 oct. 1994 de la Chambre des Lords, à propos d'un retard de huit jours, *The Gregos, LLR* 1995.1.1.

(12) En revanche, dans un arrêt du 20 févr. 2004, la *Court of Appeal* a interprété dans un sens favorable à l'affréteur les termes de la charte stipulant que si le navire était dans un voyage à l'expiration de la période d'affrètement (*at the expiry of the period of this charter*), l'affréteur aurait la disposition du navire, aux conditions de la charte, jusqu'à achèvement du voyage et retour au port de re-délivraison (*The Kriti Atki, LLR* 2004.1.712). Pour les juges, la « *période d'affrètement* » ici visée devait inclure le temps supplémentaire accordé à l'affréteur au cas de suspension de l'activité du navire entraînant suspension du fret (clause *off hire*, *infra*, n° 849).

aussi indemniser le fréteur du préjudice financier né, en dehors de la faute de ce dernier, de l'exploitation du navire.

849. Montant du fret. « *Off hire* ». Perte du navire. — L'affréteur a d'abord l'obligation de payer le fret prévu au contrat. En matière d'affrètement à temps, le fret est en général fixé à la journée (3 000, 8 000, ou 20 000 dollars par jour).

Le fret dû par l'affréteur n'est cependant pas toujours égal au produit du nombre de jours d'affrètement par le taux journalier. Certains jours sont soustraits, ne donnant pas droit à paiement. C'est la règle qu'énonce l'article 24 du décret du 31 décembre 1966 : « *le fret n'est pas dû pour les périodes durant lesquelles le navire est commercialement inutilisable, si du moins l'immobilisation du navire dépasse vingt-quatre heures* ». Dans la pratique, on dit que le navire est alors *off hire*.

Les chartes prévoient d'une manière précise les jours où le navire sera placé *off hire*. C'est ainsi que l'article 11 de la *Baltime* énonce qu'aucun fret ne sera dû, ou le fret payé remboursé, au cas où le navire est immobilisé pour plus de vingt-quatre heures par son passage en cale sèche ou autre réparation nécessaire, par une panne de la machine, un dommage à sa coque ou tout autre accident affectant ou empêchant son utilisation, le délai de vingt-quatre heures étant porté à deux jours pour le nettoyage des chaudières (13). La clause de la *New York Produce* est beaucoup plus large, évoquant la grève de l'équipage, l'échouement du navire, sa saisie — sauf au cas où elle est la conséquence d'une faute de l'affréteur — et toute autre cause empêchant le plein fonctionnement du navire.

La jurisprudence reconnaît un domaine assez large à la clause *off hire,* l'appliquant au-delà de tout accident matériel chaque fois que le navire est immobilisé, notamment par des exigences administratives ou douanières (14). Mais elle l'applique aussi d'une manière nuancée. Dans le principe, la clause joue du seul fait de l'immobilisation du navire, même si aucune faute ne peut être reprochée au fréteur (15). Encore faut-il que le navire soit véritablement incapable d'assurer son service, et sur ce point les tribunaux sont assez favorables au fréteur (16). Par ailleurs, la clause ne joue pas quand l'immobilisation du navire est la conséquence d'une faute, ou du fait de l'affréteur (17).

(13) La *Baltime* ajoute à cette clause générale des dispositions particulières (art. 11, B) concernant le cas où le navire est appelé à naviguer dans des ports à eaux peu profondes ou dans des rivières avec barre. Dans ce cas il n'y a pas de suspension du fret si le navire est accidenté, et ce même si la faute de l'équipage a contribué à l'accident — la règle s'expliquant par le fait que c'est l'affréteur qui a dirigé le navire vers des lieux dangereux. Pour un cas d'application de la règle, voir sentence du 14 mai 1974, *DMF* 1975.653.

(14) Voir, sur le principe, CAMP, sentence n° 458, 2 nov. 1982, *DMF* 1983.246 ; *Queen's Bench*, 9 oct. 1996, *The Laconian Confidence, LLR* 1997.1.139.

(15) Voir, en ce sens, une décision du *Queen's Bench,* 19 déc. 1991, s'agissant d'un navire dont les citernes avaient dû faire l'objet d'un long nettoyage avant d'être autorisé à charger, l'origine des produits les ayant contaminées étant demeurée inconnue (*The Berge Sund, LLR* 1992.1.460).

(16) CAMP, sentence n° 811, 5 avr. 1991, *DMF* 1992.443 ; *Queen's Bench*, 1986, *The Roachbank, LLR* 1987.2.488, à propos d'un navire simplement « gêné » dans son exploitation parce qu'il avait recueilli à son bord des *boat peoples*, « *in accordance with the centuries-old tradition of seafarers* ».

(17) *Court of Appeal*, 21 juill. 1994, *The Houda, LLR* 1994.2.581, à propos d'un navire retardé par le refus — légitime selon les juges — du capitaine de livrer la cargaison en l'absence d'un connaissement ; *Queen's Bench*, 31 juill. 2003, *The Dynamic, LLR* 2003.2.693, pour un navire immobilisé par la saisie effectuée par l'affréteur lui-même.

En cas de perte du navire, les chartes prévoient en règle générale que le fret cessera d'être dû au jour de la perte, le fret payé à l'avance étant restitué. Si toutefois la perte est due à la faute de l'une ou l'autre des parties, ce sont les règles de responsabilité qui joueront.

850. Modalités de paiement du fret. Garanties. — Dans l'affrètement à temps, le fret du premier mois est normalement payable au départ, puis mensuellement. Et l'obligation de l'affréteur est ici une obligation extrêmement stricte. Les tribunaux anglais en particulier considèrent que tout manquement de l'affréteur à son obligation, même minime, voire insignifiant, justifie la résiliation de la charte par le fréteur (résiliation fréquente quand le taux des affrètements a augmenté depuis la conclusion de la charte). Par exemple, dans un arrêt du 25 mars 1974, la *Court of Appeal* a considéré comme tardif le paiement reçu par la banque du fréteur au jour et à l'heure fixée, le 1er avril avant midi, mais inscrit au compte dudit fréteur l'après-midi seulement (18). Il n'est pas sûr qu'un tribunal français, tribunal arbitral ou tribunal de commerce, se montre aussi rigoureux, les dispositions de l'article 1134 du Code civil imposant au fréteur un minimum de compréhension.

S'agissant des garanties du paiement, le privilège sur les marchandises accordé par l'article 2 de la loi du 18 juin 1966 bénéficie au fréteur à temps, comme il bénéficie au fréteur au voyage (19). À l'opposé, les droits de *common law*, et le droit anglais en particulier — droit d'une particulière importance car il régit nombre de chartes à temps —, ne reconnaissent aucun privilège légal au fréteur. Mais les chartes lui accordent un privilège contractuel (*lien clause*) — en conférant d'ailleurs un privilège réciproque sur le navire à l'affréteur pour les sommes à lui dues. La validité de ce privilège contractuel est admise par les tribunaux français. Son application de principe à des marchandises saisies dans un port français ne pose aucun problème, en raison du privilège légal affirmé par le droit français au bénéfice du fréteur (article 2 de la loi du 18 juin 1966).

851. Charges d'exploitation. — L'affréteur, au-delà du fret, doit assumer les charges liées à l'exploitation du navire : frais de carburant et de lubrifiant (certaines chartes prévoyant le transfert sur le fréteur de tels frais en cas de navire *off hire*) ; frais de chargement et de déchargement ; droits de pilotage et lamanage ; droits de port, y inclus le coût des mesures de sécurité prises dans le cadre du Code ISPS (20).

852. Indemnisation du fréteur. — L'obligation au paiement du fret et des charges commerciales n'est pas la seule obligation financière de l'affréteur.

(18) *The Brimness, LLR* 1974.2.241. Voir aussi Chambre des Lords, 30 janv. 1981, *The Hikuma, LLR* 1981.1.371, concernant un paiement jugé tardif, encore qu'arrivé à la banque du fréteur le jour prévu, parce que, tandis que le paiement était prévu *in cash*, la banque l'avait affecté d'une date de valeur décalée de quatre jours — ce qui était susceptible d'entraîner pour le fréteur une perte d'intérêts ; *The Jotunheim, Queen's Bench*, 12 mars 2004, *LLR* 2005.1.181, pour un retard de deux jours, alors qu'un retard de même durée avait été auparavant à deux reprises accepté par le fréteur.

(19) Le problème de savoir dans quelle mesure ce privilège peut être opposé aux tiers propriétaires des marchandises mises à bord du navire affrété sera étudié dans le chapitre relatif à la situation des tiers (*infra*, nos 856 et s.).

(20) Sentence arbitrale britannique du 17 mars 2004, *DMF* 2005.80.

Celui-ci doit aussi indemniser le fréteur des pertes financières subies par ce dernier en raison des responsabilités qu'il a pu encourir à l'égard de tiers, du fait de l'exploitation commerciale du navire.

Lorsque le navire — cas des plus fréquents — est affecté à des opérations de transport maritime, les connaissements sont normalement émis au nom de l'affréteur, et, tout au moins en droit français, le fréteur n'est pas responsable vis-à-vis des chargeurs ou destinataires. Il reste que cette solution n'est pas admise dans tous les droits et que, souvent, le fréteur est considéré au moins comme co-transporteur. Par ailleurs, même en droit français, le fréteur peut être exposé à un recours extra-contractuel des destinataires (*infra*, n° 858). Il peut être ainsi conduit à supporter les conséquences financières de dommages, dont cependant les dispositions de la charte l'exonèrent. Pour éviter un tel résultat, propre à affecter les équilibres financiers des relations fréteur-affréteur, les chartes-parties prévoient le plus souvent l'obligation pour l'affréteur d'indemniser le fréteur condamné au bénéfice de tiers.

Ainsi, l'article 9 de la *Baltime* énonce que l'affréteur devra indemniser le fréteur contre toutes les conséquences ou responsabilités découlant de la signature par le capitaine ou les agents des connaissements, ou de tout autre document, ou pour avoir autrement exécuté les ordres dudit affréteur. Cette clause fonde le droit du fréteur d'agir en garantie contre l'affréteur après avoir indemnisé le destinataire des marchandises chargées à bord du navire (21). La charte *New York Produce* ne prévoit pas expressément de droit de recours pour le fréteur. Mais la jurisprudence considère qu'en reconnaissant à l'affréteur le droit de donner des ordres au capitaine pour l'exploitation commerciale du navire, la charte implique le droit pour le fréteur d'être indemnisé du préjudice résultant pour lui d'une telle exploitation (22). En droit français, le recours du fréteur pourrait, dans la plupart des cas, se fonder sur le jeu de la subrogation personnelle.

Quand le fréteur exerce un recours en indemnisation contre l'affréteur, la question peut se poser — et s'est en fait posée (23) — de la possibilité pour l'affréteur de bénéficier de la limitation de responsabilité de la Convention de 1976. La réponse ne paraît pas faire de doute. La Convention assimile l'affréteur au propriétaire du navire, tandis que l'action du fréteur est bien une *créance pour dommages survenus à bord du navire*, tels que visés par l'article 2.1 (a) de la Convention (24). Mais il en est différemment, nous allons le voir, pour ce qui est de la responsabilité de l'affréteur pour dommages au navire.

(21) Voir en ce sens, à propos d'une charte *Beepeetime* contenant une clause identique à la clause 9 de la *Baltime*, un jugement du *Queen's Bench* du 3 novembre 1983 déclarant recevable le recours du fréteur, tenu d'indemniser le destinataire d'une cargaison d'hydrocarbures après déchargement de celle-ci dans les installations d'une entreprise qui n'était pas le véritable destinataire : *The Sagona, LLR* 1984.1.194.

(22) *Court of Appeal*, 15 juin 1994, *The Island Archon, LLR* 1994.1.230.

(23) Affaire du *Djakarta, Court of Appeal*, 12 févr. 2004, *LLR* 2004.1 et *supra*, n° 422.

(24) En ce sens, l'arrêt *Djakarta*, cité *supra*, note 23.

Section 2

La responsabilité de l'affréteur

853. Principe de responsabilité. — Le principe est ici posé clairement par l'article 9 de la loi du 18 juin 1966 : « *l'affréteur est responsable des dommages causés au navire du fait de son exploitation commerciale* ». Si une marchandise a ainsi endommagé le navire, l'affréteur en est responsable à l'égard du fréteur (25). Sans exprimer aussi nettement la règle, la plupart des chartes l'impliquent, en énonçant que l'affréteur devra restituer le navire dans l'état où il l'a reçu, usure normale exceptée (*ordinary wear and tear excepted*).

Un problème se pose cependant pour les dommages occasionnés par le chargement et l'arrimage de la marchandise. Ces dommages sont bien le fait de l'exploitation commerciale du navire. Mais, dans l'affrètement à temps, comme dans l'affrètement au voyage (*supra*, n° 769), le capitaine reste responsable de l'arrimage en tant qu'il met en jeu la sécurité du navire. Par ailleurs, certaines chartes (en particulier la *New York Produce*, art. 8) disposent que les affréteurs ont l'obligation de charger et d'arrimer la marchandise à leurs frais, mais sous la direction du capitaine (*under the supervision of the captain*). Il faut donc distinguer entre les dommages causés au navire par une erreur d'arrimage mettant en jeu la sécurité de celui-ci, qui incombent au fréteur (26), et les dommages résultant d'une opération de manutention, dont l'affréteur doit indemniser le fréteur (27).

854. Limitation de responsabilité. — Quand l'affréteur est ainsi déclaré responsable du dommage subi par le navire, la question se pose de savoir s'il peut invoquer la limitation de responsabilité de la Convention de 1976. Comme nous l'avons vu ci-dessus (*supra*, n° 422), ce droit lui est refusé par la jurisprudence anglaise récente, laquelle considère justement que le dommage subi par le navire ne peut être assimilé aux « *dommages survenus à bord du navire* », seuls visés par la Convention de 1976.

Pour les affrètements soumis à une charte qui, comme la *Baltime* ou la *New York Produce*, prévoit que le navire devra être restitué dans l'état où il a été remis à l'affréteur — usure habituelle exceptée —, une seconde raison fonde le refus du bénéfice de la limitation à l'affréteur. L'obligation de l'affréteur est une *obligation de faire*. À une telle obligation, dont le fréteur pourrait exiger — dans certains cas tout au moins, et dans certains droits tel le droit français — qu'elle soit exécutée en nature et sous astreinte, la limitation ne peut être opposée.

(25) Voir CAMP, sentence n° 539 du 15 mai 1984, pour le dommage causé au navire par une cargaison de soufre en vrac mouillée avant l'embarquement, *DMF* 1985.119.

(26) En ce sens, *Queen's Bench*, 2 mai 1985, *The Argonaut, LLR* 1985.2.216, pour le dommage résultant du ripage d'une cargaison de blocs de granit.

(27) Voir, en ce sens, Cass. 24 févr. 1982, navire *Achaios, DMF* 1983. 84, pour le dommage résultant d'une erreur d'appréciation du poids de la marchandise qui était à l'origine de l'avarie au navire (rupture d'un mât de charge).

CHAPITRE 3

AFFRÈTEMENT À TEMPS ET TIERS

855. Plan. — Il faut ici distinguer trois catégories de personnes susceptibles d'être affectées par un affrètement à temps. D'une part, les chargeurs qui ont mis à bord du navire affrété des marchandises, ainsi que leurs ayants droit, les destinataires. D'autre part, les fournisseurs du navire qui lui ont livré soutes ou autre avitaillement. Enfin, les tiers complètement étrangers à l'exploitation commerciale du navire, tel le propriétaire du navire abordé par le navire affrété, ou encore le pompier blessé à l'occasion d'un incendie. Ce sont ces trois catégories qui guideront notre plan.

§ 1. — *Affrètement à temps, chargeurs et destinataires*

Deux questions se posent quant à la situation des chargeurs et destinataires en présence d'un affrètement à temps : peuvent-ils agir contre le fréteur en cas de dommage à la marchandise ; quels droits le fréteur impayé de son fret a-t-il contre les chargeurs et destinataires ?

856. Droit d'action des chargeurs/destinataires. Action contractuelle. — La solution n'est pas douteuse quand le connaissement couvrant la marchandise a été émis sur un titre à l'en-tête du fréteur — hypothèse d'ailleurs assez peu fréquente. Même s'il est signé par le capitaine, alors que celui-ci représente l'affréteur dans la gestion commerciale du navire, la foi due au titre doit l'emporter. La seule question qui demeure est celle de savoir si l'ayant droit à la marchandise ne pourrait pas aussi agir en responsabilité contre l'affréteur. Car le principe de la relativité des contrats que lui opposerait alors ledit affréteur n'interdit pas de se prévaloir de la situation de fait née du contrat — ici l'existence du rapport de mandat existant entre le capitaine et l'affréteur. C'est en ce sens qu'a statué la Cour d'appel d'Aix-en-Provence dans un arrêt du 8 septembre 1994 (1).

(1) Navire *Jessica, DMF* 1995.52, obs. P. SIMON ; P. BONASSIES, *DMF* 1996.132.

La solution opposée s'impose quand le connaissement est émis sur un titre au nom de l'affréteur. On ne peut alors reconnaître à l'ayant droit à la marchandise aucun droit d'action contractuelle contre le fréteur, étranger au contrat de transport. Et il en est ainsi même si le connaissement contient une clause d'*identity of carrier* énonçant que c'est le propriétaire du navire (ici le fréteur) qui doit seul être considéré comme transporteur. Car, comme nous le verrons, cette clause est déclarée sans effet par la jurisprudence française, et aujourd'hui par la jurisprudence anglaise elle-même (*infra*, n° 952).

Reste le cas du connaissement en blanc. Là aussi, la jurisprudence française reconnaît à l'ayant droit le droit d'agir sur le fondement du contrat de transport contre le propriétaire du navire — qui, le plus souvent, sera le fréteur (*infra*, n° 948).

857. Droit anglais, droit américain, Règles de Hambourg. Règles de Rotterdam. — Des solutions différentes de celles du droit français sont adoptées en droit anglais et en droit américain. Le droit anglais s'attache principalement à la qualité de la personne ayant signé le connaissement. Quand le connaissement est signé par le capitaine, le fréteur est engagé, et la même règle est appliquée au cas où le connaissement est signé par l'affréteur « *for the master* » (2). C'est seulement quand le connaissement est signé par l'affréteur ou son agent, que seul l'affréteur est lié par le contrat de transport. Les solutions du droit américain sont proches de celles du droit français. Si l'affréteur utilise son connaissement, il est seul lié par le contrat de transport, même si le connaissement est signé par l'affréteur « *for the master* » (3). Mais le destinataire bénéficie d'une action *in rem* contre le navire, action qui lui permet, en fait, d'engager la responsabilité du fréteur.

Quand le contrat de transport conclu par l'affréteur à temps est soumis aux *Règles de Hambourg* (*infra,* n° 910), la qualité de « *transporteur substitué* » pourrait être reconnue au fréteur, en tant qu'il exécute le transport (art. 10 des Règles). De ce chef, le destinataire bénéficierait contre lui d'une action contractuelle, soumise aux conditions et limites prévues par les Règles.

Il en sera de même quand entreront en application les *Règles de Rotterdam.* La qualité de *partie exécutante maritime* devra être reconnue au fréteur, contre lequel le destinataire bénéficiera alors d'une action contractuelle (article 19 des Règles).

858. Action extracontractuelle. — Lorsque, ce qui est le cas général, nous venons de le voir, le contrat de transport est considéré comme conclu entre l'affréteur et le chargeur, les tribunaux français n'en reconnaissent pas moins à l'ayant droit à la marchandise le droit d'agir en responsabilité extra-contractuelle contre le fréteur.

Le principe d'une telle action, conforme aux principes généraux du droit de la responsabilité, peut se déduire de l'arrêt rendu par la Cour de cassation le

(2) WILFORD, COGHLIN et KIMBALL, *Time Charters,* 3e éd. 1989, p. 271.
(3) Cour d'appel de Boston, 30 avr. 1979, *The Yrimex, American Maritime Cases,* 1979. 1282.

16 janvier 1973, (navire *Ragnhild Brovig, DMF* 1973.337, obs. R. Achard). La Compagnie générale transatlantique, ayant affrété à temps un navire exploité par la société Miguelco, qui le tenait elle-même, dans le cadre d'un premier affrètement à temps, de la société Brovig Rederi, avait agi en garantie contre cette dernière société, fréteur initial du navire, après avoir indemnisé le chargeur qui lui avait confié sa marchandise. La Cour de cassation a approuvé les juges du fond d'avoir déclaré l'action de la Compagnie générale transatlantique recevable. Pour elle, aucun texte ne faisait obstacle en la matière à l'application du principe selon lequel un même fait, susceptible de constituer un manquement à une obligation existant entre deux parties liées par un contrat, pouvait être, au regard des tiers étrangers au contrat, une faute quasi-délictuelle. Le raisonnement développé par la Cour suprême dans le cadre d'une relation de sous-affrètement peut l'être dans le cadre d'une relation de transport : rien ne s'oppose à ce que l'ayant droit à la marchandise, étranger au contrat d'affrètement, intente une action extra-contractuelle contre le fréteur.

C'est là, en tout cas, la solution admise par la Cour d'appel de Rouen dans un arrêt du 6 février 1982 (navire *Kenosha, DMF* 1982.669, note R. Achard). Tout en écartant la responsabilité du transporteur maritime, affréteur à temps du navire, en raison du cas excepté de faute nautique, la Cour a condamné le fréteur, responsable selon le droit commun de toute faute, nautique ou non, commise par son personnel. C'est la même solution qui est affirmée par la Cour de cassation dans un arrêt du 20 janvier 2009, arrêt qui se prononce aussi sur le régime applicable à l'action extra-contractuelle (navire *Victor Kurnatovskiy, DMF* 2009.234, rapport A. Potocki et obs. P. Bonassies).

859. Modalités de l'action extracontractuelle. Droit actuel. Règles de Rotterdam. — Dans le principe, l'arrêt *Kenosha* n'est pas critiquable. Il est certainement fondé de reconnaître ainsi au tiers destinataire d'une marchandise transportée sur un navire affrété à temps une action en responsabilité extra-contractuelle contre le fréteur. En revanche, ce qui faisait question, c'était le problème des modalités de l'action reconnue au tiers destinataire. Pour la Cour de Rennes, laquelle appliquait ici avec rigueur le principe de la relativité des contrats, le fréteur ne pouvait opposer au destinataire l'exception de faute nautique, alors que cette exception est un élément du régime de responsabilité du contrat d'affrètement qui le lie avec l'affréteur, et qu'elle est aussi un élément du régime de responsabilité du contrat de transport qui lie l'affréteur audit tiers. Le fréteur a été ainsi déclaré responsable du dommage causé par la faute nautique du capitaine, alors que cette faute exclut pareillement toute responsabilité de sa part à l'égard de l'affréteur, et qu'elle exclut aussi toute responsabilité de l'affréteur à l'égard du destinataire (4).

(4) Pareillement, le fréteur ne peut invoquer ni la limitation de responsabilité qui serait éventuellement prévue par le contrat d'affrètement à temps (par exemple par renvoi au régime de la loi américaine sur le transport de marchandises (*COGSA*), comme il en est dans la charte *New York Produce*, ni celle qui figurerait dans le régime applicable dans les relations entre affréteur et chargeur-destinataire, *COGSA* ou Convention de 1924.

Toutefois, les textes sur le transport maritime (art. 4 *bis* de la Convention de 1924, modifiée par le Protocole de 1968 ; art. 32 de la loi du 18 juin 1966, modifié par la loi du 23 déc. 1986), énoncent que les conditions et limites qu'ils instituent sont applicables à l'action en responsabilité contre le transporteur, « *quel que soit son fondement* ». La question se pose donc de savoir si ces textes ne doivent pas régir l'action du tiers destinataire de la marchandise contre le fréteur. La réponse est difficile. D'une part, le souci du législateur international a manifestement été d'étendre au maximum la protection offerte aux opérateurs maritimes par les exceptions et limitations du texte sur le transport. Mais, d'autre part, on peut rétorquer que ce n'est pas en tant que transporteur que le fréteur est assigné, mais en tant qu'*armateur* responsable tant de ses fautes que des fautes de ses préposés, comme aussi du fait du navire. Et la position critique adoptée par l'Assemblée plénière de la Cour de cassation à l'égard de la notion de *groupe de contrats* (5) n'incitait pas à interpréter d'une manière extensive les dispositions ici concernées. L'hésitation était donc permise. Mais tout doute est levé par l'arrêt de la Cour de cassation du 20 janvier 2009 (*supra*, n° 858). Dans cet arrêt, où était en cause la possibilité pour le fréteur, assigné par le destinataire sur le fondement de la responsabilité extra-contractuelle, d'invoquer la prescription d'un an de la Convention de Bruxelles sur le transport maritime (voir *infra*, n° 1177 et s.), la Cour répond par la négative. Pour elle, le fréteur « *n'était pas partie au contrat de transport avec le chargeur, de sorte que la prescription annale n'était pas applicable à l'action engagée contre lui* ».

Demain, l'entrée en vigueur des *Règles de Rotterdam* va changer les données du problème. L'action intentée contre le fréteur devenant une action contractuelle (*supra*, n° 857), le dit fréteur bénéficiera de toutes les exceptions, limitations et prescriptions du contrat de transport. Si, en tant que *partie exécutante*, il est soumis aux obligations et responsabilités imposées au transporteur, il bénéficie en effet « *des moyens de défense et des limites de responsabilité reconnus au transporteur* » (article 19.1 des Règles de Rotterdam).

860. Droits du fréteur impayé. — S'agissant des droits du fréteur à l'encontre des chargeurs et destinataires, il apparaît difficile de lui reconnaître un droit direct au paiement du fret encore dû par le chargeur. Un tel droit a été expressément prévu par l'article 14 de la loi du 18 juin 1966 à l'encontre du sous-affréteur (*infra*, n° 870). Mais ce texte ne vise que les *sous-affréteurs* et ne peut être étendu aux chargeurs ou destinataires. En revanche, les dispositions de l'article 2 de la loi de 1966 énonçant que « *le fréteur a un privilège sur les marchandises pour le paiement de son fret* » s'appliquent aux marchandises mises à bord par le chargeur qui a contracté avec l'affréteur à temps. L'étendue précise des droits du fréteur a cependant un temps suscité des difficultés.

Certes, nul n'a contesté que le fréteur ne puisse exercer son privilège dans la limite des sommes obérant encore la marchandise, en tant que dues à l'affréteur

(5) Arrêt *Besse*, 12 juill. 1991, *D.* 1991.549, n. LARROUMET ; *JCP* 1991.II.21743, n. G. VINEY.

par le chargeur ou le porteur du connaissement (6). En revanche, la question de savoir s'il peut exercer son privilège au-delà de ces sommes, dans la seule limite du fret à lui dû par l'affréteur, a été discutée. Par exemple, soit un affréteur devant au fréteur 500 000 dollars, tandis que le fret dû par le chargeur audit affréteur n'est que de 60 000 dollars. Le fréteur peut-il prétendre exercer son privilège à hauteur de 500 000 dollars sur la marchandise chargée à bord, dont la valeur dépasse 5 millions de dollars ?

Les textes, il faut le reconnaître, n'interdisent pas une telle solution, l'article 2 de la loi de 1966 conférant au fréteur un privilège « *sur les marchandises* », sans faire aucune distinction. Mais c'est la solution opposée qui, très justement, a été adoptée par la Cour de cassation.

La règle que le privilège du fréteur ne peut être exercé à l'encontre du propriétaire des marchandises que dans la mesure où celui-ci est encore redevable de son propre fret a d'abord été affirmée en 1991 par la Cour suprême à propos des marchandises mises à bord du navire par un sous-affréteur (*infra*, n°s 870 et s.), dans un arrêt *Vega* (7). Elle a été réaffirmée par la même juridiction en 1997, en termes de principe, dans un arrêt *Nobility*, et généralisée à toute personne propriétaire des marchandises chargées à bord — ce qui inclut le chargeur ou le destinataire ayant mis des marchandises à bord en conséquence d'un contrat de transport (8).

L'arrêt *Nobility* est des plus fondés. Le privilège du fréteur sur les marchandises ne peut se justifier, en équité, que par l'idée que les marchandises ont profité des services du navire. Mais elles n'ont profité de ces services que pour le seul voyage effectué par elles. Rien ne justifierait qu'on les grevât au-delà du coût réel de ce voyage, pour des sommes qui n'ont aucune commune mesure avec ce coût. Le fret étant toujours payé à l'avance dans les affrètements à temps, le fréteur ne peut, par ailleurs, s'en prendre qu'à lui-même de ne pas l'avoir recouvré plus tôt.

De surcroît, il faut bien voir que c'est avec le consentement du fréteur que les marchandises sur lesquelles il prétend exercer son privilège ont été mises à bord du navire, et ce même si le connaissement n'a pas été signé par le capitaine. Or, le fréteur ne peut ignorer que le connaissement délivré au chargeur porte mention du fret dû par la marchandise, voire même que le fret a été payé. Ce connaissement confère à celui qui en est porteur le droit strict de demander la délivrance des marchandises, contre paiement du fret dû, voire sans fret s'il est « *fret payé* ». Accepter que les marchandises soient mises à bord du navire, avec

(6) Il faut cependant réserver le cas où le connaissement remis au chargeur porterait la mention « *fret payé* » (*freight prepaid*). Car cette mention est certainement opposable au fréteur, que le connaissement ait été signé par le capitaine ou par un agent de l'affréteur. Même s'il agit pour l'affréteur dans la gestion commerciale du navire (et donc dans l'émission des connaissements), le capitaine n'en demeure pas moins, en effet, un préposé du fréteur. La connaissance qu'il a des éléments affectant les marchandises transportées sur le navire « rejaillit » sur le fréteur.

(7) Cass. 17 mars 1991, *DMF* 1991.428, n. A. VIALARD ; *DMF* 1992.172, obs. P. BONASSIES.

(8) Cass. 26 mai 1997, *DMF* 1997, rapp. RÉMERY et obs. M. RÉMOND-GOUILLOUD ; obs. P. BONASSIES, *DMF* 1998, Hors-série n° 2, au n° 131. « *En termes de principe* », écrivons-nous, la Cour s'étant saisie du problème, alors que, censurant la décision de la Cour de Douai pour une autre raison (la méconnaissance par le juge des règles de conflits de lois régissant les privilèges maritimes : voir *supra*, n° 815), elle aurait pu ne pas prendre parti : voir obs. M. le conseiller RÉMERY, citées *supra*. Dans le même sens, Cass. 3 mars 1998, *BTL* 1998.304.

l'intention de les saisir à l'arrivée de celui-ci pour le règlement des sommes qui lui sont dues par l'affréteur, serait pour le fréteur, agir contrairement à toute bonne foi.

§ 2. — *Affrètement à temps et fournisseurs*

861. Principes. Gestion commerciale/gestion nautique. — Dans un grand nombre de cas, le fait que le navire soit exploité sous le régime de l'affrètement à temps ne posera aucun problème, les fournisseurs contractant avec celle des parties à l'affrètement qui assume les responsabilités financières de l'opération en cause. L'entrepreneur de réparations aura contracté avec le fréteur (ou le consignataire ou agent le représentant) et aura un droit d'action contre lui. Le fournisseur d'hydrocarbures aura contracté avec l'affréteur (ou le consignataire ou agent le représentant), et agira contre lui. Il reste que le fournisseur d'hydrocarbures peut livrer des soutes à la demande d'un consignataire de navire dont le mandant (fréteur ou affréteur) est mal identifié. La question se pose alors de savoir contre qui il peut agir en paiement.

En principe, on devrait appliquer ici les règles du droit commun, et décider que le contrat d'affrètement ne peut être opposé au fournisseur auquel il est étranger. Celui-ci devrait donc pouvoir agir contre le fréteur. Telle n'est pas, cependant, la solution adoptée par la Cour de cassation. Ainsi que nous l'avons vu (*supra,* n° 650), la Cour, se fondant sur les dispositions des articles 20 et 21 du décret du 31 décembre 1966, lesquelles attribuent la gestion nautique du navire au fréteur et sa gestion commerciale à l'affréteur, a posé le principe que le consignataire qui a traité avec un fournisseur pour des dépenses ressortissant à la gestion commerciale (frais de soute) ne peut agir que contre l'affréteur pour le recouvrement de ses avances (9).

La solution, même si elle suscite des réserves (10), paraît devoir être généralisée aux fournisseurs qui ont traité avec le capitaine — étant seuls exclus les cas où un fournisseur a traité directement avec le fréteur ou l'affréteur et où, comme noté ci-dessus, il n'a d'action que contre son cocontractant. Cette solution devrait toutefois être écartée si l'existence du contrat d'affrètement avait été expressément portée à la connaissance du tiers, le capitaine ou le consignataire ayant avisé ce dernier qu'ils agissaient pour le compte de l'affréteur.

Par ailleurs, il existe une exception certaine à la règle évoquée ci-dessus, c'est celle des *navires affrétés pour une durée de plus d'un an.* Il résulte en effet des dispositions combinées de l'article 10 de la loi du 3 janvier 1967 et de celles de l'article 93 du décret du 27 octobre 1967 que le contrat d'affrètement à temps conclu pour plus d'un an est *inopposable aux tiers.* De ce fait, le propriétaire du

(9) Cass. 4 févr. 1997, navire *Kyzicos, DMF* 1997.1091 obs. L. JANBON ; 14 oct. 1997, navire *Georgios, DMF* 1997.1094, obs. P. BONASSIES.

(10) Les règles des articles 20 et 21 du décret du 31 décembre 1966 n'ont en effet qu'un caractère supplétif, comme toutes les règles concernant l'affrètement (art. 1, loi du 18 juin 1966). Aucune raison n'existe justifiant la transformation d'un régime *contractuel*, inopposable aux tiers, en un régime *statutaire* : voir *supra,* n° 650.

navire, s'il n'a pas publié le contrat d'affrétement, demeure personnellement responsable des fournitures de carburant commandées par le capitaine — encore que ressortissant à la gestion commerciale du navire (11).

Enfin, il y a lieu d'observer que, même s'agissant de fournitures destinées à l'exploitation commerciale du navire (frais de soute), le fournisseur, qui a traité avec le capitaine (ou, en droit français, avec l'agent consignataire du navire), bénéficie d'un *privilège* sur le navire, affectant fortement les intérêts du fréteur en tant qu'armateur. Les textes accordent en effet expressément un tel privilège même pour les fournitures faites au bénéfice d'un navire exploité par un « *affréteur principal* », disposition qui paraît pouvoir inclure l'affréteur à temps, pour ce qui est de la gestion commerciale du navire (Convention de 1926, art. 13 ; art. 42 de la loi du 3 janv. 1967).

862. Assistants. — Des fournisseurs, on peut rapprocher les assistants. L'assistance étant d'abord un service rendu au navire, l'assistant ne peut agir en paiement de l'indemnité d'assistance que contre le fréteur. L'affréteur à temps ne voit ses intérêts mis en jeu qu'à travers la contribution due par les marchandises, si toutefois celles-ci lui appartiennent.

S'agissant, à l'opposé, de l'assistance apportée à un navire tiers par un navire affrété, le problème est réglé par les chartes-parties. La plupart des chartes stipulent ici que l'indemnité d'assistance sera partagée par moitié entre le fréteur et l'affréteur, une fois déduite la part du capitaine et de l'équipage et les frais engagés par le navire (*Baltime*, clause 19 ; *New York Produce*, clause 19). Au cas, très improbable, d'absence de stipulations contractuelles, l'indemnité d'assistance devrait être versée au seul fréteur, sauf à compenser l'affréteur pour la perte d'utilisation du navire durant le temps employé pour l'assistance (12).

§ 3. — *Affréteur à temps et « victimes » du navire*

863. Principe. Responsabilité du fréteur. — Les accidents causés à des tiers par un navire ne peuvent être la conséquence que d'un vice du navire, d'un élément d'innavigabilité, d'une faute du fréteur ou de son équipage dans l'exploitation du navire, voire du fait du navire. Personnellement obligé, en tant qu'armateur, de veiller à la navigabilité du navire, le fréteur est certainement responsable de tout accident causé aux tiers par un défaut dudit navire résultant de son manque de diligence — et nous savons la rigueur des tribunaux en la matière. Il l'est aussi en tant que commettant des accidents résultant d'une faute du capitaine ou d'un membre de l'équipage, ou, en tant que gardien, des accidents résultant du fait du navire.

(11) Cass. 28 avr. 1998, navire *Trident*, *DMF* 1998.680.

(12) La solution pourrait se fonder sur les dispositions de la clause *off hire* (*supra*, n° 849), qui, en général, vise, au-delà des pannes affectant le navire, de l'échouement, etc., « *toute autre cause empêchant le plein fonctionnement du navire (any other cause preventing the full working of the vessel)* ». En droit français, référence pourrait aussi être faite aux dispositions des articles 1134 et 1135 du Code civil.

Le propriétaire du navire abordé fautivement par un navire affrété à temps, le pompier blessé lors de l'incendie à la suite d'une erreur grave dans l'arrimage des marchandises, auront donc un droit d'action en responsabilité contre le fréteur et non contre l'affréteur.

Il a toutefois été argué ici que c'était l'affréteur et non le fréteur qui devait être responsable à l'égard des tiers des conséquences de toute faute commise dans l'exploitation commerciale du navire, telle une faute d'arrimage. Mais nous avons vu qu'une telle thèse était sujette à critique. Le fréteur doit conserver, en tant qu'armateur, la responsabilité entière de tout ce qui ressortit à la sécurité du navire et de son exploitation (*supra*, n° 278).

864. Accidents de manutention. — Il en est cependant différemment pour certains accidents de manutention. Le chargement et le déchargement des marchandises incombant à l'affréteur, on peut ici, admettre que le tiers blessé à l'occasion d'un accident de manutention ne peut agir en responsabilité que contre l'affréteur, si toutefois celui-ci a commis une faute personnelle dans l'organisation du chargement. Toutefois, certains droits étrangers, tel le droit américain, admettent que, même ici, le tiers peut agir contre le fréteur, au moins pour ce qui est de tout accident survenu sur le navire, ce parce qu'ils imposent à tout armateur l'obligation stricte de garantir la sécurité du navire à l'égard de toute personne présente à bord. En droit français, une telle solution ne serait admissible que pour des accidents de chargement et de déchargement dus aussi à une faute imputable au capitaine ou à un préposé du fréteur.

SOUS-TITRE 3

L'AFFRÈTEMENT COQUE-NUE

865. Principes. — Espèce du genre affrètement à temps, l'affrètement coque-nue est le contrat par lequel un fréteur s'engage, contre paiement d'un loyer, à mettre pour un temps défini à la disposition d'un affréteur, un navire déterminé sans armement ni équipement, ou avec un armement et un équipement incomplets (loi du 18 juin 1966, article 10). Il existe une charte spécifique de l'affrètement coque-nue, la charte *Barecon*.

En pratique, l'affrètement coque-nue est conclu pour une durée longue, cinq ans, voire dix ou vingt ans. Il concerne un navire qui est livré à l'affréteur tel quel, sans équipage.

Sa caractéristique fondamentale réside dans le fait que l'affréteur y assume non seulement l'exploitation commerciale, mais aussi l'exploitation nautique du navire affrété. Il devient ainsi un véritable armateur, la chose imposant, pour les navires de pavillon français, la publication de l'affrètement coque-nue, dès lors qu'il est conclu pour une durée de plus de un an (art. 92 du décret du 27 oct. 1967).

866. Obligations du fréteur. Responsabilité. — Dans un tel type d'affrètement, les obligations du *fréteur* se limitent à la fourniture à l'affréteur d'un navire en bon état de navigabilité nautique et commerciale, au lieu et au jour prévu par la charte, la charte *Barecon* contenant ici une *cancelling clause* classique (1). Toutefois, le fréteur, parce qu'il est garant de la navigabilité du navire, doit assumer les réparations dues aux vices propres de celui-ci, alors même que le vice en cause ne se révèle que postérieurement à la délivrance du navire. La charte *Barecon* limite cependant ici les obligations du fréteur aux vices révélés dans les 18 mois de la délivrance du navire (clause 2). Une telle clause est certainement valable, sauf *faute lourde* du fréteur.

S'agissant des relations avec les tiers, en principe c'est l'affréteur qui est seul responsable des contrats conclus avec eux, comme il est responsable de tout accident causé par le navire. Toutefois, en cas de dommage dû à un vice originaire du navire, la responsabilité du fréteur pourrait être mise en cause par

(1) Sur la *cancelling clause*, voir *supra*, n° 767.

les tiers (2). Et cette mise en cause demeure possible même sous le régime de la *Barecon,* pour un vice décelé plus de 18 mois après la livraison du navire. Car les stipulations particulières de la charte sont inopposables aux tiers. Par ailleurs, les intérêts du fréteur sont susceptibles d'être affectés par les actes de l'affréteur, dans la mesure où toute personne ayant subi un dommage du fait du navire bénéficie d'un privilège sur celui-ci, comme si le navire était exploité par son propriétaire.

Enfin, le fréteur coque-nue d'un *pétrolier* reste tenu d'une lourde responsabilité, la Convention de 1969 / 1992 le déclarant seul responsable des dommages de pollution (*supra*, n° 462).

867. Obligations de l'affréteur. — L'*affréteur* doit, quant à lui, d'abord payer le fret, souvent fixé au mois. L'article 26 du décret du 31 décembre 1966 prévoit ici une suspension du fret si le navire est immobilisé par suite d'un vice propre plus de 24 heures. Mais la *Barecon* adopte une position très différente : même le temps utilisé pour remédier à un vice caché découvert dans les 18 mois de la délivrance du navire n'entraîne pas suspension de l'obligation pour l'affréteur de payer le fret (clause 12). Pour cette charte, aucun *off hire* n'existe — là encore devant être réservé, en droit français, le cas de la faute lourde. En revanche, moins rigoureuse que le droit commun des chartes à temps (*supra*, n° 850), la charte *Barecon* n'autorise le fréteur à résilier la charte sans préavis, qu'après un retard de paiement de 7 jours (clause 10).

L'affréteur doit ensuite utiliser le navire dans les conditions prévues à la charte, ses obligations étant très proches ici de celles de l'affréteur à temps (*supra*, n°s 839 et s.). Il assume enfin l'intégralité des frais d'exploitation, salaire de l'équipage, coût des approvisionnements, réparations, entretien et assurance.

S'agissant des réparations, la charte *Barecon* contient une disposition d'un intérêt évident, eu égard à la durée que peut présenter une charte coque-nue. Dans sa clause 9, elle prévoit que si des modifications importantes sont rendues nécessaires par une nouvelle réglementation, ou par un changement des règles de classification, le taux du fret devra être renégocié, ou renvoyé à arbitrage, si le montant des dépenses engagées dépasse 5 % de la valeur d'assurance du navire.

C'est pareillement l'affréteur qui conclut tous les contrats d'exploitation du navire, contrat de transport, d'affrètement au voyage ou affrètement à temps. C'est lui qui va recruter l'équipage, et aura autorité sur lui. C'est lui qui, à partir du moment où le navire lui est remis, doit veiller à sa navigabilité. En bref, il devient un véritable armateur, pleinement responsable à l'égard des tiers, sauf pour ce qui est des dommages de pollution (*supra*, n° 866).

868. Redélivraison du navire. — À l'expiration du contrat, l'affréteur devra restituer le navire en bon état, sauf à tenir compte de l'usure normale. Il suit de

(2) Dans l'affaire de l'*Amoco Cadiz,* la responsabilité du propriétaire du navire, lequel avait fait l'objet d'une série d'affrètements et sous-affrètements successifs, a été ainsi retenue par le juge Mc Garr, à la fois sur le fondement du droit américain et de la Convention de 1969 : voir P. BONASSIES, « La décision *Amoco Cadiz* », *DMF* 1984.688.

là qu'il est responsable envers le fréteur de tout dommage causé au navire par son exploitation. Et sans doute doit-on lui refuser ici la possibilité de bénéficier de la limitation de responsabilité de la Convention de 1976, de même qu'on doit la refuser à tout affréteur (*supra*, n° 852).

SOUS-TITRE 4

LES SOUS-AFFRÈTEMENTS

869. Principes. — Il est relativement fréquent qu'un navire qui a fait l'objet d'un premier affrètement à temps, fasse l'objet d'un second affrètement par celui-là même qui l'a d'abord affrété. Agissant alors en qualité de fréteur, ce dernier conclut un second contrat d'affrètement à temps, ou un affrètement au voyage. Il est plus rare, mais nullement exclu qu'un navire affrété au voyage fasse pareillement l'objet d'un second affrètement au voyage conclu par le premier affréteur. Dans ces différentes situations, on qualifiera le second affrètement de *sous-affrètement*. Et le législateur de 1966 a tenu à réglementer, non pas le second contrat d'affrètement, lequel reste soumis aux règles de droit commun, mais les conséquences de la relation triangulaire qui naît de la succession des deux contrats d'affrètement.

L'article 12 de la loi du 18 juin 1966 pose d'abord la règle que l'affréteur peut sous-affréter le navire. Cette règle n'est toutefois que supplétive comme il en est de toutes les dispositions concernant le contrat d'affrètement. Une clause interdisant, dans une charte-partie, le sous-affrètement, clause d'ailleurs très rare, serait parfaitement licite.

La loi de 1966 ajoute ensuite que le sous-affrètement laisse l'affréteur tenu envers le fréteur des obligations résultant du contrat d'affrètement. La règle n'est que la traduction des principes généraux du droit des contrats. Étranger au contrat de sous-affrètement, le fréteur principal ne peut s'en voir opposer les stipulations.

870. Paiement du fret. — Mais les dispositions les plus importantes de la loi de 1966 sont certainement celles de l'article 14 énonçant que le fréteur peut agir contre le sous-affréteur en paiement du fret encore dû par celui-ci, dans la mesure de ce qui lui est dû par l'affréteur. La règle, qui s'inspire de l'article 1753 du Code civil sur la sous-location d'immeuble, texte que les tribunaux appliquaient au sous-affrètement avant la loi de 1966, respecte les intérêts des deux parties. Le fréteur qui ne s'est pas opposé au sous-affrètement se voit ainsi accorder une garantie importante. Le sous-affréteur, toutefois, n'est jamais tenu à l'égard du fréteur au-delà de sa propre dette. Le texte maritime est même sur un point plus équitable que les dispositions du Code civil. Il ne pénalise pas le sous-affréteur qui a effectué des paiements anticipés, alors que le sous-locataire du Code civil ne peut opposer de tels paiements au propriétaire.

La garantie de l'article 14 n'est pas, d'ailleurs, la seule accordée au fréteur. En application des dispositions de l'article 2 de la loi de 1966, celui-ci peut exercer son privilège pour le paiement du fret sur les marchandises mises à bord par le sous-affréteur. Mais, ici aussi, le problème se pose de savoir quelle est l'étendue de son privilège. Dans la mesure où la charte-partie n'interdit pas le sous-affrètement, il paraît raisonnable de limiter ce privilège au montant des sommes qui sont dues par le sous-affréteur à l'affréteur principal, comme l'impose d'ailleurs la jurisprudence *Nobility* (1).

871. Conclusion. Nature juridique du contrat d'affrètement. — La question de la nature juridique du contrat est une question classique pour la doctrine, mais assez largement ignorée par la jurisprudence, peut-être parce que ses incidences concrètes sont malaisées à apprécier. Plutôt d'ailleurs que de nature juridique *du contrat d'affrètement*, faut-il parler de la nature juridique *des contrats d'affrètement*. Car il y a une grande distance entre un contrat d'affrètement au voyage et un contrat d'affrètement coque-nue. Les préoccupations d'un négociant international qui veut acheminer une cargaison de riz de Saïgon vers tel port africain sont fondamentalement différentes de celle d'un opérateur pétrolier qui veut affréter coque-nue un pétrolier pour une durée de dix ans.

Il semble bien qu'il faille opposer ici, d'une part les affrètements à temps (affrètement à temps *stricto sensu* et affrètement coque-nue), d'autre part les affrètements au voyage — sans nier que des situations intermédiaires puissent exister, telle celle des *trip charters*, affrètements à temps pour un voyage (*supra*, n° 752).

S'agissant des affrètements à temps, ils apparaissent comme des modalités du contrat de location de meuble — étant seulement marqués par le particularisme maritime, fortement pour l'affrètement à temps, moins fortement pour l'affrètement coque-nue. Contrats bipartites, unissant fréteur et affréteur, ils n'ont aucun rapport avec le contrat de transport, dont nous verrons (*infra*, n° 931) qu'il est, par essence, un contrat tripartite (2).

S'agissant de l'affrètement au voyage, il est habituel d'observer qu'il est, lui aussi, foncièrement différent du contrat de transport maritime, le contrat de transport portant sur une marchandise, le contrat d'affrètement (au voyage) sur un navire — contenant et contenu, selon l'expression de Martine Rémond-Gouilloud (*Traité*, n° 461). Si l'observation est en théorie exacte, « *la réalité est cependant différente* » (3). Revenant à l'exemple pris ci-dessus, celui d'un négociant international désireux d'acheminer une cargaison de riz de Saïgon en

(1) *Supra*, n° 860.
(2) En ce sens, sur l'opposition de principe entre ces deux types de contrats, RODIÈRE, *Traité*, n° 139.
(3) Ph. DELEBECQUE, « Le particularisme des contrats maritimes », *Mélanges P. Bonassies*, n°s 127 et s., p. 142.

Afrique, sa préoccupation première n'est sans doute pas que tel ou tel navire soit mis à sa disposition. Elle est plutôt que sa marchandise soit « transportée » jusqu'au port choisi par lui. Et sans doute serait-il très étonné si on lui disait que le contrat conclu par lui porte d'abord sur un navire.

Que conclure alors ? Là aussi comme Philippe Delebecque (*op. cit., loc. cit.*), nous dirons que l'affrètement au voyage « *confine au transport maritime* ». Il ne s'en distingue que par le fait que, pour des raisons diverses, où la force des usages (la force de l'habitude) a son rôle, le législateur et la coutume maritime ont maintenu à peu près intacte la liberté contractuelle dans l'affrètement au voyage. Mais il ne faut pas oublier que, en droit français en tout cas, jusqu'en 1936-1937 (4) la même liberté s'appliquait au contrat de transport maritime (*infra*, n°s 883 et s.), comme aussi elle est réapparue dans les *Règles de Rotterdam* pour les *contrats de volume* (*infra*, n° 923 *bis*).

N°s 872 à 879 : réservés.

(4) 1936, c'est l'adoption en France de la première loi sur le transport maritime, la loi du 2 avril 1936. Le 4 janvier 1937, c'est l'entrée en vigueur pour la France de la Convention de 1924, premier texte international en la matière.

TITRE 2

LES CONTRATS DE TRANSPORT

Ce titre sera consacré au contrat de transport de marchandises par mer, au transport multimodal transmaritime puis au contrat de transport de passagers.

SOUS-TITRE 1

LE CONTRAT DE TRANSPORT DE MARCHANDISES

880. Plan. — Seront abordés successivement le cadre du transport maritime (chapitre 1), puis la conclusion du contrat (chapitre 2), les obligations des parties (chapitre 3), la responsabilité du transporteur (chapitre 4) et l'action en responsabilité (chapitre 5).

CHAPITRE 1

LE CADRE DU TRANSPORT MARITIME DE MARCHANDISES

881. Plan. — Le transport maritime de marchandises est souvent appelé *transport sous connaissement*, par référence au connaissement, titre de transport le plus couramment émis dans ce mode de transport. Ce transport s'inscrit dans un cadre strictement délimité par de nombreux textes présentant un caractère impératif. Il est donc nécessaire de déterminer les textes, internationaux et internes, applicables au transport maritime de marchandises (section 1), puis de s'interroger sur le régime applicable à un transport particulier (section 2), sur les opérations qu'il régit (section 3), puis de distinguer certains transports soumis à des régimes spéciaux (section 4).

Section 1

Les textes applicables

§ 1. — *Historique*

882. Observations préliminaires. — La législation contemporaine applicable en droit français au transport maritime de marchandises a directement succédé à deux grands textes : l'Ordonnance de la Marine d'août 1681 et les dispositions du Code de commerce de 1807 (1). Mais ce dernier texte, comme aussi bien l'Ordonnance, ne distinguait pas le transport de l'affrètement, ne traitant que de l'affrètement. Son apport en matière de transport maritime de marchandises est donc demeuré fort modeste. Par ailleurs, comme le relève le Doyen Ripert dans son *traité*, « *Les règles légales* (avaient) *été écrites pour une*

(1) Le rayonnement mondial de ces textes fondateurs se révèle à l'épreuve du temps : le Professeur LEE SIK CHAI, Doyen de la Faculté de Droit de Séoul, a traduit en coréen, en 2005, l'Ordonnance de la Marine et le Livre II du Code de Commerce de 1807, éd. Korea University Press, 2005.

navigation à voiles » (2). Et le savant auteur ajoute : « *La transformation de l'exploitation les ont rendues inutiles ou surannées. Si elles ont pourtant été maintenues, c'est à raison de leur caractère facultatif. Il a été facile de les remplacer par la convention des parties et (..) des clauses de style ont pris la place des règles légales* ». Les principales de ces clauses de style, empruntées à la pratique britannique, ont été universellement utilisées sous le nom de « *negligence clauses* ».

883. « *Negligence clauses* ». — Ces clauses avaient pour objet d'exonérer le transporteur maritime de toute responsabilité. On peut en donner pour exemple la clause invoquée dans un litige né en 1861 à propos de l'article 1er du connaissement de la Compagnie des services maritimes des Messageries impériales (3). Ce litige opposait cette compagnie aux destinataires marseillais d'un certain nombre de balles de soie, transportées en 1865 par le navire *La Bourdonnais*, au départ de Shanghai à destination de Marseille. Ces balles avaient été endommagées, en cours de transport, par de l'eau chaude supposée provenir de la rupture d'un tuyau de la machine. Le connaissement contenait la clause suivante — *negligence clause* type : « *La compagnie ne sera pas responsable des suites quelconques résultant d'accidents de mer ou de rivière ; ni pour perte, dommages ou retard occasionnés par le feu, les machines, les chaudières ou la vermine ; l'arrêt de princes ou puissances ; les actes de pirates ou voleurs sur mer ou terre ; jet, baraterie, collision ; ni pour négligence ou faute quelconque de la part du pilote, du capitaine, des matelots ou autres agents employés par la compagnie dans la navigation de ses paquebots* ».

Les dommages ainsi subis par les balles de soie chinoise allaient fournir à la Cour d'appel d'Aix-en-Provence, puis à la Cour de cassation, l'occasion de se prononcer sur la validité des *negligence clauses*.

La Cour d'appel d'Aix-en-Provence, par un arrêt en date du 11 février 1867 (*D*. 1869.I, p. 94) a d'abord refusé d'accorder le bénéfice de la « *negligence clause* » au transporteur. Sans se prononcer sur la licéité de cette clause, elle a considéré que le transporteur supportait la charge de prouver que l'avarie avait pour cause l'une des fautes visées par la clause — charge qu'il n'assumait pas (4). Sur pourvoi de la Compagnie des Messageries impériales, la Cour de cassation, cassant l'arrêt aixois, allait trancher la question de principe de la validité de la clause, question déterminante pour apprécier la responsabilité du transporteur maritime.

884. Validité des clauses. — Dans ses conclusions, le premier avocat général de Raynal se prononça pour la cassation de l'arrêt aixois. Il releva, notamment, que « *les marchandises, une fois chargées sur un navire dont la conduite*

(2) RIPERT, *Traité*, nº 1345.
(3) Aix, 11 févr. 1867, *D*. 1869.I, p. 96.
(4) « *Attendu, en effet, que sans qu'il soit besoin d'examiner si cette clause est licite, il est certain que la compagnie, demanderesse dans cette exception, devrait avant tout prouver que l'avarie est due à l'une des fautes dont elle a décliné la responsabilité, preuve qu'elle ne rapporte pas, bien qu'elle soit évidemment à sa charge ; confirme le jugement rendu par le Tribunal de commerce de Marseille en date du 28 janvier 1866...* » (Aix, 11 févr. 1867, *D*. 1869.I, p. 94).

n'appartient pas à l'armateur, sa personnalité s'efface devant celle du capitaine, son préposé, auquel il ne peut se dispenser de confier l'exécution » (5). La clause du connaissement exemptant le transporteur de toute responsabilité pour faute du capitaine, il s'étonna que la Cour d'Aix ait pu envisager qu'il existât des fautes dont la compagnie n'avait pas décliné la responsabilité et qui pourraient justifier la condamnation prononcée.

L'argument emporta la conviction de la Cour suprême. Au visa des articles 1384 du Code civil et 216 du Code de commerce, elle jugea « *qu'en dehors des causes d'avaries de toute nature que l'article 1er du connaissement a comprises dans sa formule générale et dont la compagnie est ainsi exonérée sans avoir aucune preuve à faire, la Cour impériale n'allègue l'existence d'aucun cas de responsabilité à mettre à la charge des Messageries maritimes...* », censurant en conséquence l'arrêt de la Cour d'Aix (6).

Après cette décision de principe, la situation était claire. La « *negligence clause* », déclarée valable, couvrait bien toutes les causes d'avaries possibles. Elle ne supposait pas que le transporteur rapportât la preuve de la cause de l'avarie, puisque toutes les causes d'avaries possibles étaient incluses dans le champ de la clause. La précision était d'importance considérable. En effet, nombre d'avaries subies par les marchandises en cours de transport demeurent de cause inconnue. L'arrêt de la Cour d'Aix avait pour effet de faire supporter au transporteur la charge de ces avaries d'origine inconnue. La Cour de cassation, par son arrêt du 20 janvier 1869 inversait la solution : il n'était pas nécessaire que le transporteur rapportât la preuve de la cause de l'avarie puisque, par définition, quelle qu'en soit la cause, il s'en était valablement exonéré par le jeu de la « *negligence clause* » (7).

Mais les armateurs, en situation de force du fait de la révolution industrielle, laquelle, au milieu du XIXe siècle, leur avait permis de se libérer des caprices des vents, d'augmenter les capacités, les distances, la vitesse des navires, étaient allés trop loin. La réaction n'allait pas tarder.

885. La réaction. Le *Harter Act*. — La réaction est venue d'un pays de chargeurs, les États-Unis. Cette ancienne colonie britannique a refusé de subir plus longtemps la loi des armateurs anglais (voire aussi norvégiens). Le 13 février 1893, était voté par le Congrès sous la pression des milieux économiques, un texte fondamental, le *Harter Act*. Ce texte, qui ne concerne que les seuls transports sous connaissement, à l'exclusion des affrètements (*supra*,

(5) Conclusions de RAYNAL, sous Aix, 11 févr. 1867, *D.* 1869.I, p. 96.

(6) Cass. civ. 20 janv. 1869, *D.* 1869.I, p. 98, à la suite de l'arrêt de la Cour d'appel d'Aix-en-Provence ; la Cour de cassation confirma cette position de principe trois mois plus tard, par quatre arrêts semblables rendus le 10 mars 1869, cassant, là aussi, quatre arrêts de la Cour d'Aix du 11 févr. 1867, *D.* 1869.I, p. 98.

(7) Une telle situation — laquelle se retrouvait en droit anglais — était résumée avec humour par un juge à la Cour de l'Amirauté anglaise, M. C. PARKER BUT : « *Vous me paierez le fret et me remettrez votre marchandise, quant à moi, je vous la rendrai si je veux* » (cité par Paul SCAPEL, *La nouvelle législation sur les transports de marchandises par mer*, éd. Sirey, 1936, p. 14). — Malgré l'évolution des textes, et la condamnation par eux de la *negligence clause*, des clauses analogues à celle citée au texte se retrouvent dans les connaissements les plus récents : voir l'affaire du *Irbenskii Proliv*, jugée par le *Queen's Bench* le 15 décembre 2004, où le connaissement exonérait le transporteur de tout dommage causé aux marchandises ou les concernant, quelle qu'en soit la cause — innavigabilité ou inaptitude du navire, fautes, erreurs ou négligence de quelque manière qu'elle intervienne (LLRI.2005.383).

n° 742) est impératif et s'impose non seulement en droit interne mais également à tout transport international au départ ou à destination des États-Unis. Il pose une double règle.

En premier lieu, le *Harter Act* interdit toute clause de non-responsabilité s'appliquant à ce que l'on qualifie aujourd'hui de « faute commerciale » (*negligence, fault of failure in proper loading, stowage, custody, care or proper delivery of any merchandise committed to its charge*), comme toute clause allégeant l'obligation de l'armateur d'exercer la stricte diligence due par lui (*due diligence*) (8) pour assurer en tous points (équipage, avitaillement et apparaux) la navigabilité de son navire, et son aptitude à assurer le voyage prévu. En second lieu, l'*Act* prévoit que le transporteur qui exercera la diligence ainsi prévue — et la jurisprudence a très vite décidé que c'est sur le transporteur que pesait la charge de prouver sa diligence — sera exonéré de toute responsabilité pour les fautes du capitaine ou de l'équipage concernant la navigation ou l'administration du navire (*faults or errors in navigation or administration of the vessel*).

Très vite, la doctrine du *Harter Act* se répandit dans le monde maritime. Les dominions britanniques en particulier adoptèrent des textes similaires, comme aussi bien le Maroc, dans le Dahir portant Code de commerce maritime du 31 mars 1919 (9). Cependant, les armateurs tentèrent, une dernière fois, d'échapper à une réglementation internationale impérative, en suscitant la rédaction de règles contractuelles — d'ailleurs beaucoup moins généreuses pour eux que les *negligence clauses* classiques — les Règles de La Haye.

886. Les Règles de La Haye de 1921. — Prenant argument du succès des Règles d'York et d'Anvers qui, depuis 1890, régissaient le règlement des avaries communes par le moyen d'un « *usage conventionnel substitué aux législations nationales* » (10), l'*International Law Association*, avec le concours du CMI, adopta lors de sa conférence de septembre 1921 à La Haye, les *Règles de La Haye 1921*. Celles-ci, sur le modèle des Règles d'York et d'Anvers, ne constituaient pas un texte impératif, mais un connaissement type qui ne pouvait tirer sa force que d'une référence contractuelle — et qui pouvait être écarté au bénéfice d'une *negligence clause* classique. Le préambule des Règles invitait toutefois les associations nationales participant à la conférence à tenter de faire adopter les Règles comme loi nationale dans leur pays respectif. Mais ce vœu ne fut pas exaucé. Alors que les Règles avaient reçu l'approbation des assureurs et des banquiers, « *chaque pays hésitant à les adopter avant les autres* », il devint clair « *qu'il faudrait recourir à une convention internationale* » (11). Ce fut la Convention de Bruxelles du 25 août 1924.

(8) Les termes de *due diligence* sont habituellement traduits, y compris dans la Convention de 1924, par ceux de « diligence raisonnable ». Nous ne sommes pas sûrs qu'une telle traduction soit exacte (sauf à mettre une très forte exigence derrière le mot « raisonnable » : voir *infra*, n° 1003). D'où notre préférence pour le terme « *due* ».

(9) Texte rédigé avec la collaboration de juristes français.

(10) Ripert, *Traité*, n° 2331.

(11) Ripert, *ibidem*.

§ 2. — *La Convention de Bruxelles du 25 août 1924*

887. Le projet. — Le Doyen Ripert faisait partie de la délégation française à la conférence diplomatique de Bruxelles qui s'est tenue en 1922 pour mettre au point les projets de convention sur la responsabilité des propriétaires de navires et les privilèges maritimes. Il rapporte que la conférence fut saisie, « *à la dernière heure d'un projet de convention sur les transports maritimes par connaissement* » (12). Le texte qui fut proposé reprenait, purement et simplement, les Règles de La Haye de 1921, c'est-à-dire non pas un texte de convention internationale, mais le texte d'un contrat type. Malgré les objections techniques présentées, notamment, par le représentant du gouvernement français, « *il parut impossible de modifier un projet qui avait déjà réuni tant d'assentiments et qui était sur le point de passer dans la législation anglaise. Seules quelques modifications de détail furent apportées au projet de convention* » (13).

888. La Convention. — Le texte adopté le 25 août 1924 est souvent dénommé, particulièrement par les anglophones, *Règles de La Haye* (*Hague Rules 1924*). C'est une expression doublement inexacte, puisqu'il s'agit d'une convention internationale et non de règles conventionnelles, et d'un texte adopté à Bruxelles, et non à La Haye. Qu'importe, l'erreur est, de longue date, consacrée par l'usage.

Formellement, la Convention a été établie à partir d'un texte rédigé en anglais (les *Hague Rules*), et sa rédaction n'est pas sans s'en ressentir. Mais, en droit, le seul texte qui a été approuvé par la Conférence de Bruxelles est le *texte français*, lequel seul fait ainsi foi (14). Le texte anglais qui accompagne le texte français dans certaines publications semi-officielles (les actes du CMI) s'intitule d'ailleurs « *translation* ».

Techniquement, la Convention de 1924 est une convention internationale classique de droit substantiel, dotée d'un caractère impératif. Elle devrait donc supprimer les conflits de lois entre les Hautes Parties contractantes. Mais, même si l'unification réalisée est fondamentale, des conflits subsistent, ou en tout cas des disharmonies, soit dans les domaines dont la Convention ne traite pas, soit en raison de l'interprétation différente qui a été donnée par les juridictions nationales de certaines de ses dispositions (15).

Quant au fond, la Convention consacre un compromis habile entre les intérêts des armateurs et les intérêts des chargeurs : le transporteur supporte une responsabilité de plein droit (ou « responsabilité présumée » : voir *infra*, n° 1062) qu'il ne peut alléger du fait du caractère d'ordre public du texte. Il était apparu, en effet, que le système de responsabilité de droit commun, pour faute

(12) RIPERT, *Traité*, T. II, p. 259, n° 1350.
(13) *Ibidem.*
(14) En 1924, on était encore à l'époque où le français était la seule langue diplomatique, et les instruments internationaux tous rédigés en français. Les choses ont changé, et en 1968, le texte du Protocole de Visby modifiant la Convention de 1924 (*infra*, n° 890) a été établi en français et en anglais, les deux textes « faisant également foi ».
(15) Voir par exemple à propos de l'obligation du transporteur de procéder au chargement/déchargement des marchandises, *infra*, n° 1010.

prouvée, se révélerait inopérant en matière de transport maritime. La charge de la preuve d'une faute du transporteur ou de ses préposés serait, la plupart du temps, insurmontable, et tout particulièrement s'agissant des dommages de cause inconnue, fréquents en matière maritime. En contrepartie, le transporteur maritime se voit accorder des possibilités d'exonération de cette responsabilité beaucoup plus larges qu'en droit commun, la Convention utilisant la technique énumérative des pays de *common law* détaille dix-sept cas exceptés, dont les « *actes, négligence ou défaut du capitaine, marin, pilote ou des préposés du transporteur dans la navigation ou dans l'administration du navire* » (art. 4 § 2, a). Surtout, le transporteur maritime se voit consentir le bénéfice d'une contrepartie concrètement considérable : une limitation légale de responsabilité plafonnant la réparation des dommages à un seuil, dans bien des cas tout à fait modeste.

889. Ratification. — La Convention fut signée en 1924 par dix États, représentant deux tiers du tonnage mondial (16). Sa ratification et son entrée en vigueur se révélèrent néanmoins laborieuses. En effet, la Convention n'est entrée en vigueur que le 2 juin 1931. Elle n'a été ratifiée par la France que par la loi du 9 avril 1936 (décret de publication du 25 mars 1937), quelques jours après la promulgation de la loi interne du 2 avril 1936 (*infra*, n° 893). À ce jour, la Convention a fait l'objet, progressivement, d'une large ratification : plus de cent États l'ont ratifiée, parmi lesquels toutes les grandes puissances maritimes. Elle connaît, de plus, un rayonnement considérable du fait de son incorporation ou de sa transposition dans de nombreux textes nationaux, édictés par les États qui, pour une raison ou une autre, ne l'ont pas expressément ratifiée (Canada, Inde, Australie). Comme nous le verrons (*infra*, n° 903) elle fait aussi souvent l'objet d'un choix contractuel par les parties à un transport maritime, ce par le jeu d'une clause dite *paramount clause*. On est, ainsi, certainement en droit de considérer que la Convention de Bruxelles de 1924 constitue le droit commun du transport maritime international, et, malgré l'adoption des *Règles de Hambourg* (*infra*, n° 895), le demeurera sans doute longtemps (17). Ce n'est que dans de longues années qu'il sera possible de dire si la nouvelle *« Convention des États-Unis sur le contrat de transport international de marchandises effectué entièrement ou partiellement par mer »*, signée le 23 septembre 2009, sous le nom de « Règles de Rotterdam », pourra lui disputer cette place.

890. Protocoles modificatifs. Le Protocole du 23 février 1968. — Du fait de l'évolution des données économiques (modification des valeurs monétaires ; apparition des conteneurs), la Convention de 1924 a fait l'objet de protocoles

(16) RIPERT, *Traité*, T. II, p. 260, n° 1351.

(17) On peut en trouver un signe, dans l'adoption récente du Code maritime de la République populaire de Chine (promulgué le 7 novembre 1992, entré en vigueur le 1er juillet 1993). Ce texte est, en effet, directement inspiré des principes tirés de la Convention de 1924 (voir sur le projet de code, auquel le texte final est tout à fait fidèle, LUY-ZHANG, *Le projet de Code maritime chinois*, Thèse, Aix-Marseille III, 1988, dactyl.). Le droit maritime coréen, tout comme le droit japonais, s'inspire également des principes de la Convention (voir LEE SIK-CHAÏ, *Korean Maritime Law,* Presses de l'Université de Séoul, 2001, trad. en français, Biblio. du CDMT, PUAM, 2006).

modificatifs, adoptés en 1968 et en 1979. Le premier de ces protocoles est le Protocole du 23 février 1968.

Ce protocole, également désigné sous le nom de *Règles de Visby*, du nom du port de Suède où il fut élaboré, n'emporte aucune révision d'ensemble de la Convention de 1924 dont il se borne à actualiser certaines dispositions, principalement relatives à la limitation de réparation (*infra*, n° 1105), afin de relever le montant de celle-ci et d'intégrer les conséquences de la conteneurisation croissante des marchandises. Le Protocole est entré en vigueur le 23 juin 1977. La France l'a ratifié le 10 juillet 1977. Cependant, il faut noter que le Protocole n'a pas fait l'objet d'une ratification massive. En effet, seule une trentaine d'États ont adhéré au texte de 1968. Ainsi, près de deux tiers des États liés par la Convention de 1924 n'ont pas jugé bon d'y intégrer la réforme de 1968, pourtant techniquement tout à fait opportune (18). Cela crée, inévitablement, de délicats problèmes quant aux champs d'application respectifs du texte d'origine et du texte révisé (*infra*, n° 904).

891. Le Protocole du 21 décembre 1979. — Ce second protocole modificatif a été rendu indispensable par la réforme du système monétaire international survenue le 1er avril 1978. Du fait de cette réforme, il n'était plus possible aux pays membres du Fonds monétaire international de faire référence à l'or. Ainsi, les unités de compte retenues dans la Convention de 1924, livre-or, et dans le Protocole de 1968, franc Poincaré, suscitaient de sérieuses difficultés de conversion dans les monnaies nationales. Le Protocole du 21 décembre 1979 substitue le *droit de tirage spécial* (DTS) à l'unité de compte d'origine (19). Le Protocole est entré en vigueur le 14 février 1984. Il a été ratifié par la France le 18 novembre 1986, mais n'a été ratifié, au total, que par une vingtaine d'États.

§ 3. — *La loi française*

892. Historique. — L'Ordonnance sur la Marine de 1681 et le Code de commerce de 1807 qui en est la reprise, ne saisissaient pas le contrat de transport maritime, en tant que tel, de façon distincte de l'affrètement. De plus, les textes étaient en la matière dépourvus d'effet impératif. De ce fait, ainsi que nous l'avons relevé (*supra*, n° 883), la pratique contractuelle avait consacré, en droit français, comme en droit international, les « *negligence clauses* » (20). Aussi, fallut-il attendre que la France mît son droit interne en harmonie avec la Convention de Bruxelles de 1924 pour que le droit français connût une véritable législation propre au transport maritime de marchandises, distincte de la réglementation de l'affrètement (*supra*, nos 750 et s.). Ce fut le fait de la loi du 2 avril 1936.

(18) Il en est ainsi, par exemple, des États-Unis et du Japon, de même que du Panama, du Libéria, de Malte et de Chypre, dont les pavillons sont parmi les premiers de la flotte mondiale.
(19) Sur le nouveau DTS, voir *supra*, n° 436.
(20) *Supra*, nos 883 et s.

893. La loi du 2 avril 1936. — Ce texte n'a toutefois pas fidèlement rempli l'objet qui lui avait été assigné. Il ne transpose qu'inexactement les dispositions de la Convention internationale. Cela n'est sans doute pas fortuit, traduisant la « résistance » du système juridique français à la Convention de 1924. Cette résistance résultait, d'une part, d'une réticence technique à l'égard d'un texte qui était, en fait, « *la traduction d'un connaissement type anglais* » (21), et, d'autre part et surtout, d'un conflit d'intérêts entre armateurs français et « *les intérêts des chargeurs et notamment des chargeurs algériens* » (22).

De plus, les dispositions de la loi de 1936 définissant son champ d'application ont donné lieu à de sérieuses difficultés d'interprétation (23). Insuffisamment fidèle à la Convention, le texte était aussi imparfait. Sa réforme s'imposait.

894. La loi du 18 juin 1966. — Le premier texte adopté dans le cadre de la réforme d'ensemble du droit maritime français opérée entre 1966 et 1969 (*supra*, n° 21), est précisément consacré « *aux contrats d'affrètement et de transport maritimes* », (loi n° 66-420 du 18 juin 1966, *JO* 24 juin 1966). La loi est complétée par les décrets du 31 décembre 1966 (décret n° 66-1078, *JO* 11 janv. 1967) et 23 mars 1967 (décret n° 67-268, *JO* 27 mars 1967).

Le texte nouveau, issu du projet élaboré par le Doyen Rodière, a été très favorablement accueilli. Il met, effectivement cette fois, le droit interne en harmonie — pour l'essentiel tout au moins — avec le droit international. Allant au-delà, mais sans créer pour autant de conflit avec la Convention de 1924, son domaine est détaché de l'émission d'un connaissement pour inclure tout contrat de transport maritime.

La mise en harmonie de la loi française s'est poursuivie avec les modifications apportées à la loi du 18 juin 1966 par les lois des 21 décembre 1979 et 23 décembre 1986, intégrant respectivement les dispositions des protocoles des 23 février 1968 et 21 décembre 1979. Le décret du 31 décembre 1966 a été, de même, modifié par le décret du 12 novembre 1987.

§ 4. — *Les Règles de Hambourg*

895. Adoption des Règles de Hambourg. — Nous avons déjà relevé le profond changement qui s'est opéré, au cours du dernier tiers du XXe siècle dans les structures d'élaboration du droit maritime international (*supra*, n° 14). Au Comité maritime international, se sont substitués, dans la préparation et la rédaction des conventions internationales maritimes, les organes et institutions des Nations Unies. S'agissant du transport maritime de marchandises, il est assez rapidement apparu qu'il constituait un élément significatif du développement économique affectant les termes de l'échange et donc déterminant pour les pays

(21) RIPERT, *Traité*, T. II, p. 252, n° 1346.
(22) *Ibidem*, p. 253, n° 1346.
(23) P. SCAPEL, « La nouvelle législation sur les transports des marchandises par mer », *Recueil Sirey*, 1936, p. 108.

en voie de développement — tous principalement pays de chargeurs et considérant que la Convention de 1924 était trop favorable aux armateurs — donc aux transporteurs. Dès 1970, la CNUCED et la CNUDCI prirent le problème en charge. Une conférence diplomatique réunie à Hambourg, en mars 1978, aboutit à l'adoption de la Convention des Nations Unies sur le transport de marchandises par mer, le 30 mars 1978, dite *Règles de Hambourg* (24).

Conformément aux objectifs qui avaient été fixés, la convention nouvelle consacre un renforcement de la responsabilité du transporteur (25). Celle-ci demeure fondée, sur une responsabilité de plein droit, ainsi qu'il résulte de son article 5, le transporteur perdant le bénéfice de nombreux cas exceptés qui allègent sa responsabilité dans la Convention de 1924 et, notamment, de la très contestée exonération pour faute nautique. N'ont été retenus que les cas exceptés d'incendie (art. 5 § 4), d'assistance (art. 5 § 6) et un cas excepté de formulation générale inspiré directement par l'article 20 de la Convention de Varsovie du 12 octobre 1929 (26).

Le texte nouveau accroît, d'autre part, de façon indirecte mais certaine, la charge du transporteur : prescription de deux ans, délai de prise de réserves par le destinataire de quinze jours, règles de compétence territoriale, notamment. Enfin, le texte étend son domaine d'application aux animaux vivants et, surtout, aux transports en pontée.

896. Ratification. — Malgré leur caractère novateur sur bien des points (27), les Règles de Hambourg n'ont pas suscité la vague de ratifications que pouvaient laisser attendre les conditions de leur rédaction. Faut-il attribuer le phénomène au fait que « *dans tout pays chargeur sommeillant un armateur potentiel, les pays en développement ont cherché à réserver l'avenir* » (28) ? Les vingt ratifications nécessaires pour l'entrée en vigueur de la convention se sont fait attendre quatorze ans. Les Règles de Hambourg sont finalement entrées en vigueur le 1er novembre 1992. Mais cette entrée en vigueur n'a guère suscité de nouvelles ratifications.

Seuls quatorze autres États ont, depuis 1992, ratifié la Convention (29). Ces trente-quatre États ne représentent, au total, qu'environ un demi pour cent du tonnage de la flotte mondiale, et ne comptent parmi eux aucune grande puissance

(24) Intitulé qui n'est pas — à l'inverse de celui de Règles de La Haye — le fait de la pratique, mais un intitulé « officiel », résultant d'une décision prise par la conférence au terme de ses débats, en hommage à l'accueil de la ville hanséatique de Hambourg. Sur ces débats, voir N. SORENSEN, *Les Règles de Hambourg : commentaire analytique de la Convention des Nations Unies sur le transport de marchandises par mer de 1978*, Thèse, Aix, 1981. Sur la Convention de Hambourg, voir aussi, « Les Règles de Hambourg », actes du Colloque IMTM, 1er nov. 1992 ; P. BONASSIES, « Règles de La Haye, Règles de Hambourg, Règles de Marseille », Annales IMTM 1989, p. 105 s. ; R. RODIÈRE, « Les Règles de Hambourg, le point de vue d'un juriste latin », *DMF*, 1978.451, G. SWEENEY, « Les Règles de Hambourg, point de vue d'un juriste anglo-saxon », *DMF* 1979.323.

(25) C. SCAPEL, « Les réformes apportées par les Règles de Hambourg à la responsabilité du transporteur maritime », actes du Colloque IMTM du 25 novembre 1992, Aix-en-Provence, p. 51 s.

(26) Voir *infra*, nº 1064.

(27) Mais aussi quelques effets pervers provenant d'une maladresse de rédaction de l'acte 4 relatif aux phases de chargement et de déchargement, voir *infra* nº 919.

(28) M. RÉMOND-GOUILLOUD, *Droit Maritime*, nº 512.

(29) Ont ratifié les Règles de Hambourg, 34 pays : Autriche, Barbade, Bostwana, Burkina Faso, Burundi, Cameroun, Chili, Égypte, Gambie, Géorgie, Guinée, Hongrie, Jordanie, Kenya, Lesotho, Liban, Malawi, Maroc, Nigéria, Ouganda, République arabe syrienne, République tchèque, République unie de Tanzanie, Roumanie, Saint-Vincent et les Grenadines, Sénégal, Sierra Leone, Tunisie, Zambie, et, en 2005, le Libéria et le Paraguay, en 2006 l'Albanie, en 2007 la République dominicaine, en 2008 le Kazakhstan.

maritime, mais au contraire sept pays enclavés. Les Règles de Hambourg, à ce jour, n'ont manifestement pas atteint l'objet qui leur était assigné : instituer un nouveau régime juridique du transport maritime international se substituant, à l'échelle universelle, au système fondé sur la Convention de Bruxelles de 1924.

Faut-il en déduire que ce texte nouveau peut être négligé ? Une réponse négative s'impose, pour plusieurs raisons. Des projets de modification du texte ont été lancés, l'un d'entre eux peut toujours aboutir (30). Par ailleurs, pour les juristes français, il faut relever que si les Règles de Hambourg n'ont pas atteint leur objectif universel, elles ont, curieusement, pris un poids non négligeable à l'échelle régionale. En effet, un examen plus attentif révèle que sur les 34 États qui ont ratifié les Règles, 18 sont des États africains, aussi bien de la côte ouest que de la côte est, de tradition francophone et anglophone, et 6 sont des États méditerranéens, dont cinq sont d'une importance régionale significative (31). Du fait de sa position géographique et de ses intérêts économiques traditionnels, la France se trouve donc en contact constant avec les pays qui ont ratifié les Règles de Hambourg. Ces Règles ayant déterminé de façon extrêmement large leur domaine d'application, les conflits de conventions sont devenus inévitables, particulièrement devant les juridictions françaises (*infra*, n° 910).

§ 5. — *Les Règles de Rotterdam*

897. Adoption des Règles de Rotterdam. — Les Règles de Hambourg ne sont pas le dernier avatar du droit international du transport maritime. Dès 1996, la CNUDCI, consciente de l'échec des Règles de Hambourg, a engagé un travail de concertation avec le CMI et un certain nombre d'organismes professionnels pour étudier un nouveau texte (32). Un groupe de travail a été constitué, dont était membre le professeur Philippe Delebecque. Depuis avril 2002, ce groupe a élaboré, à raison de deux sessions par an, le texte d'un « *instrument sur le transport de marchandises par mer* », devenu, la « *Convention des Nations Unies sur le contrat de transport international de marchandises effectué entièrement ou partiellement par mer* » (33). Ce texte est ambitieux, car il se place dans une perspective multimodale, ce qui est heureux (34). Le texte

(30) F. BERLINGIERI, « Uniformité de la loi sur le transport maritime : perspectives de succès », *Mélanges Pierre Bonassies*, éd. Moreux, 2001, p. 57 s.

(31) Égypte, Liban, Tunisie, Maroc, Syrie.

(32) Voir F. BERLINGIERI, « Uniformité de la loi sur le transport maritime ; perspective de succès », *Mélanges P. Bonassies*, p. 57.

(33) En l'état actuel du texte, une anomalie peut être relevée : le titre français vise « *le contrat de transport* », alors que le titre anglais vise les « *contracts* ». S'agissant d'un texte émanant des Nations Unies, il est « *fait en un seul original, dont les textes anglais, arabe, chinois, espagnol, français et russe, font également foi* », ainsi que le rappelle la disposition finale de la Convention. C'est le pluriel qui doit probablement être retenu en définitive.

(34) Voir les comptes rendus des progrès de l'instrument par Ph. DELEBECQUE, *DMF* 2003.915 ; *DMF* 2004.820 ; *DMF* 2005.738 ; *DMF* 2006.691 ; *DMF* 2007.291 ; *DMF* 2007.771 ; *DMF* 2008.211 ; *DMF* 2008, Hors-série n° 12, n° 68 ; *DMF* 2009, Hors-série n° 13, n°. Voir également du même auteur, *L'évolution du transport maritime*, Brèves remarques, *DMF* 2009.16 ; *The liability of the sea carrier in the UN CITRAL draft convention on contracts for the international carriage of goods wholly of partly by sea* ; L. FEDI, « Présentation de la Convention des Nations Unies sur le contrat de transport international entièrement ou partiellement par mer », *RD Transports* 2009, n° 7.8, p. 15.

définitif de la convention a été adopté par la CNUDCI le 3 juillet 2008. Le 11 décembre 2008 l'Assemblée générale des Nations Unies a adopté la Convention et a autorisé la tenue d'une cérémonie d'ouverture à la signature de celle-ci, tenue à Rotterdam, le 23 septembre 2009. Elle a, de plus, recommandé que les règles qui y sont énoncées soient appelées *« Règles de Rotterdam »*. Aux termes de l'article 94, la Convention entrera en vigueur le premier jour du mois suivant l'expiration d'un délai d'un an à compter de la date du dépôt du vingtième instrument de ratification. Plusieurs années seront certainement nécessaires pour que le texte nouveau entre en vigueur à une échelle significative. Nous l'avons, néanmoins, intégré à nos développements. Cependant, dans l'attente de l'entrée en vigueur de la nouvelle convention, le désordre mondial perdure.

898. Conclusion. Le désordre mondial. — Ce désordre résulte de l'évolution dont les étapes ont été rappelées. Le commerce maritime mondial a, plus que jamais, besoin d'une unité de normes. C'était le but visé, au début du XXe siècle, par la mise en place d'une convention à vocation universelle déterminant un régime substantiel unique, la Convention de Bruxelles de 1924. Mais au fil des décennies, le souci d'amélioration du système — protocoles de 1968 et de 1979 — ou de rénovation de celui-ci — Règles de Hambourg puis Règles de Rotterdam — combiné avec la rigidité du système conventionnel international qui ne repose que sur l'adhésion spontanée d'États souverains, a créé, petit à petit, une véritable mosaïque de textes instituant autant de régimes subtilement différents les uns des autres, et dont la combinaison pourrait bien, dans l'avenir, devenir presque inextricable si un consensus nouveau n'était pas réalisé. À court terme, l'avenir est porteur de conflits de conventions internationales, conflits plus difficiles encore à trancher que les conflits de lois (35).

Section 2

Le régime applicable à un transport maritime donné

899. Principes. Difficulté de l'analyse. — Déterminer le régime précis applicable à un transport donné n'est pas chose aisée, en raison notamment de la diversité des situations concrètes comme de la diversité et de la complexité des textes. Diversité des situations : du point de vue des tribunaux français, un transport peut présenter un caractère strictement national, étant effectué entre deux ports français. Il peut aussi avoir un caractère international, s'agissant d'un transport au départ d'un port français vers un port étranger ou, réciproquement,

(35) Voir A. Malan, *Les conflits de conventions maritimes et le droit international privé*, préface B. Audit, 2002 ; P.-Y. Nicolas, « Les conflits de conventions internationales », *Mélanges Bonassies*, éd. Moreux, 2001, p. 265 ; J.-L. Bergel, « Méthodes de coordination des textes et droit des transports », *Revue Scapel*, 1994, p. 13.

au départ d'un port étranger à destination d'un port français, ou encore d'un transport effectué entre deux ports étrangers. Diversité des textes, étant susceptibles de régir le transport en cause : la loi française, la Convention de 1924 dans ses divers avatars, les Règles de Hambourg ou tel droit étranger, dans le futur les Règles de Rotterdam — la situation étant compliquée par le fait que ces divers textes n'ont pas la même appréhension du domaine spatial du régime du transport, les uns limitant ce domaine à la partie strictement « maritime » du transport, les autres l'étendant au-delà.

De surcroît, susceptible d'être affectée demain par l'entrée en vigueur des *Règles de Rotterdam*, la question de la loi applicable à un transport maritime donné est déjà commandée, aujourd'hui, non seulement par les dispositions de la Convention de 1924, par celles de la loi du 18 juin 1966 ou par celles des Règles de Hambourg, mais aussi par les dispositions des textes communautaires sur la loi applicable aux obligations contractuelles : Convention de Rome du 19 juin 1980 ou Règlement Rome I du 17 juin 2008 (36).

900. Transports entre deux ports français. Loi du 18 juin 1966. Autres transports. Plan. — Dans cette situation complexe, une seule certitude. À la lecture de certaines dispositions de la Convention de 1924, et notamment de son protocole de signature, on avait un temps pensé que ce texte couvrait même les transports entre ports d'un même État (transports nationaux) (37). Mais cette idée, cependant reçue par certaines législations (loi portugaise, par exemple), n'a jamais recueilli le moindre écho devant les tribunaux français. Aujourd'hui, en tout cas, il est acquis que les transports entre ports français sont exclusivement soumis au régime de la loi du 18 juin 1966.

Pour les autres transports (transports internationaux), l'analyse ne peut partir que de la Convention de 1924, eu égard à la prééminence de ce texte sur le droit français (article 55 de la Constitution). C'est pourquoi nous présenterons d'abord les transports soumis à la Convention de 1924, avant de nous interroger sur le régime des transports non inclus dans le domaine de la Convention.

§ 1. — *Les transports internationaux soumis à la Convention de 1924*

901. L'article 10 originaire de la Convention. — Les rédacteurs de la Convention avaient tenté de définir le domaine d'application de leur texte. Aux termes de son article 10, « *Les dispositions de la Convention s'appliquent à tout connaissement créé dans un des États contractants* ». Mais, même une fois

(36) La présente édition tient compte de l'apport du Règlement Rome I. Toutefois, en tant que concernant la matière contractuelle, ce texte ne pourra régir que les contrats de transports conclus après le 17 décembre 2009, date de son entrée en application. Il est donc apparu indispensable de maintenir dans notre ouvrage les développements concernant la Convention de Rome, laquelle sera encore longtemps invoquée devant les tribunaux français.

(37) Le Protocole prévoit que les États membres pourront se réserver de ne pas appliquer certaines des dispositions de l'article 6 de la Convention (dernier alinéa de cet article) au cabotage national (transport entre deux ports d'un même État). D'où l'observation du Doyen RIPERT que la Convention s'appliquait à ce cabotage national (*Traité*, n° 1352).

acquis que la Convention ne couvrait pas les transports nationaux, mais seulement les transports internationaux, la portée de l'article 10 avait été discutée. Pour certains, prônant un critère subjectif, la Convention ne pouvait s'appliquer quand toutes les parties à un transport (transporteur, chargeur, destinataire) avaient la même nationalité, même si ce transport avait un caractère international (France-Grande-Bretagne, par exemple). Pour d'autres, il fallait appliquer un critère objectif, géographique. Un transport était international dès lors qu'il était effectué entre deux pays différents. La Convention était alors applicable, sous la seule condition que le connaissement couvrant le transport en cause ait été émis dans un État contractant.

C'est cette seconde approche qui avait été adoptée par la jurisprudence française, et notamment par la Cour de cassation dans un arrêt du 15 juin 1959, appliquant la Convention de 1924 au transport de marchandises expédiées par un chargeur français de Lagos (Nigéria) à Marseille sur un navire français, à destination d'un réceptionnaire français (38).

Les solutions allaient devenir plus claires avec le Protocole de 1968.

902. Le Protocole de 1968. — Rejetant toute référence à un critère subjectif, l'article 10 nouveau, tel que modifié par le Protocole de 1968 (Règles de Visby), prévoit désormais dans son alinéa premier, que les dispositions de la Convention s'appliquent « *à tout connaissement relatif à un transport de marchandises entre ports relevant de deux États différents* », précisant au même alinéa premier, *in fine*, qu'il en est ainsi « *quelle que soit la nationalité du navire, du transporteur, du chargeur, du destinataire ou de toute autre personne intéressée* ».

Mais ce ne sont pas tous les transports répondant à ce premier critère, d'ordre géographique, qui sont régis par la Convention. En effet, l'article 10 assortit ce critère d'autres exigences, d'ordre alternatif. La Convention ne sera ainsi applicable que si le connaissement a été émis dans un État contractant (même si le transport a lieu au départ d'un État non contractant), ou encore si le transport a lieu au départ d'un État contractant (même si le connaissement a été émis dans un État non contractant). Par ailleurs, la Convention s'appliquera même si le transport ne répond à aucune des deux conditions énoncées ci-dessus, dès lors que « *le connaissement prévoit que les dispositions de la présente Convention ou de toute autre législation les appliquant ou leur donnant effet régiront le contrat* » (art. 10, c.) — la stipulation ici envisagée étant traditionnellement qualifiée de *clause paramount*.

903. La clause *paramount*. — La clause *paramount* (« clause suprême ») est d'une importance pratique considérable. Elle est d'ailleurs antérieure au Protocole de 1968. Dès les années 1930, elle figurait dans nombre de connaissements, les tribunaux la lisant alors comme une adhésion contractuelle à la Convention. Aujourd'hui, promue par la BIMCO, puissante organisation professionnelle internationale sise à Londres, elle figure dans tous les connaissements rédigés en

(38) Navire *Canada*, *DMF* 1959.656, n. P.L.

anglais et dans nombre de connaissements rédigés en français. Son développement, et le fait qu'elle entraîne application de la Convention, non seulement lorsqu'elle se réfère à ce texte, mais aussi lorsqu'elle se réfère à une législation qui « *donne effet* » aux dispositions de la Convention de 1924, telle la législation canadienne originaire ou la législation indienne, ont fait que la presque totalité des transports maritimes internationaux de marchandises sont aujourd'hui régis par la Convention de 1924 (39). Les Règles de Hambourg visent expressément les clauses Paramount (art. 2, e). Les Règles de Rotterdam adoptent un régime différent : aux termes de l'article 5, la Convention s'applique, qu'un connaissement ait été, ou non, émis dès lors que le transport est international, au moins dans sa partie maritime, à la seule condition que se trouve dans un État contractant le lieu de réception des marchandises (c'est-à-dire de prise en charge), ou le port de déchargement. Le champ d'application du texte est, ainsi, défini de façon si large que « *la clause Paramount n'aura, ici, plus aucune pertinence* », ainsi que l'observe Philippe Delebecque (40).

Dans le droit des transports maritimes, la clause *paramount* a des effets considérables : elle entraîne impérativement application de toutes les dispositions de la Convention. Dans un arrêt *Hilaire-Maurel* du 4 février 1992, la Cour de cassation a décidé que les parties qui se sont référées à la Convention de 1924, ne peuvent écarter telle ou telle disposition de ce texte, réduisant, par exemple, le montant de la responsabilité du transporteur (41).

La clause *paramount* a cependant posé un problème, né du fait que, comme nous l'avons indiqué, nombre d'États, qui avaient ratifié la Convention de 1924 n'ont pas ratifié le Protocole de 1968. En effet, quel texte alors appliquer, la Convention de 1924 ou le texte amendé ? Les praticiens ont résolu le problème : la clause *paramount* prévoit habituellement que la Convention de 1924 s'appliquera « *telle qu'adoptée dans le pays d'expédition de la marchandise* » (*as enacted in the country of shipment*) (42).

Mais le problème de l'existence de *deux textes* de la Convention de 1924 présente un caractère plus général, entraînant des conflits difficiles à résoudre.

904. Conflit entre la Convention de 1924 originaire et la Convention modifiée. — Un tel conflit est relativement fréquent. Il se produit, par exemple, pour tous les transports entre la France et l'Algérie, la France ayant ratifié le Protocole de 1968, mais non l'Algérie. Concrètement, le choix que fera le juge a des conséquences considérables, le taux de la limitation de responsabilité étant fortement différent (surtout en matière de transport de colis en conteneurs) selon que l'on applique la Convention originaire ou son texte modifié (*infra*, n° 1109).

(39) V. récemment, Rouen, 25 sept. 2008, *DMF* 2008.1011, obs. P. BONASSIES ; *DMF* 2009, Hors-série n° 13, n° 74, obs. Ph. DELEBECQUE.

(40) *DMF* 2008, Hors-série n° 12, n° 69.

(41) *DMF* 1992.289, n. P. LEMAÎTRE. — Sur l'application différente de la clause paramount dans les affrètements, voir *supra*, n° 775, la différence de traitement étant justifiée par l'observation que les règles concernant le transport sont d'ordre public ; ce qui n'est en rien le cas pour le contrat d'affrètement.

(42) Depuis quelques années, la rédaction des *paramount clauses* est souvent devenue plus complexe, mettant la sagacité des juges français à rude épreuve. Pour un exemple d'une telle complexité, voir Cass. 28 mai 2002, navire *World Appolo*, *DMF* 1992.613, rapp. de MONTEYNARD, obs. P.-Y. NICOLAS, et obs. P. BONASSIES *DMF* 2003, Hors-série n° 7, au n° 68.

Mais la question que pose ce choix est délicate, faute d'éléments de solution résultant des textes eux-mêmes : ni l'un, ni l'autre des protocoles n'envisagent cette difficulté (43). De prime abord, on est tenté de penser que, pour un juge français, c'est le texte de la Convention modifiée par le Protocole qui doit l'emporter. Pour un tel juge, c'est ce texte qui, seul, subsiste dans les dispositions qu'il a, constitutionnellement, mission d'appliquer. Par ailleurs, l'article 10 nouveau prévoit qu'il n'est pas porté atteinte au « *droit d'un État contractant d'appliquer les dispositions de la présente convention aux connaissements non visés par les alinéas précédents* » invitant — sinon incitant — les États à une application large du nouveau texte. Mais la jurisprudence n'adhère pas à la solution ici proposée.

La tendance de la jurisprudence est en effet de se référer au texte de la Convention tel qu'en vigueur dans le *pays d'expédition* de la marchandise (44). Un transport France-Arabie Saoudite sera soumis à la Convention amendée, alors même que l'Arabie n'a pas ratifié ce texte. Un transport Algérie-France sera soumis à la Convention dans son texte originaire, l'Algérie n'ayant pas ratifié le Protocole (45). La solution peut se fonder sur l'idée que, au plan du droit international, les pays qui n'ont pas ratifié le Protocole de 1968 ont un « droit » à ce que leur adhésion à la Convention de 1924 soit respectée (46), ou sur l'importance donnée par le Protocole lui-même au droit du pays du port d'expédition.

905. Transports sous connaissement et transports sans connaissement. — La détermination des transports soumis à la Convention de 1924 pose un dernier problème, celui de l'application éventuelle de ce texte aux transports maritimes qui ne sont pas couverts par un connaissement, mais, comme cela est fréquent, par un autre titre de transport — lettre de voiture, document électronique ou autre (sur ces titres, voir *infra*, n° 990). Il convient de noter, dès à présent, qu'une telle question ne se posera plus sous l'empire des Règles de Rotterdam. Celles-ci, en effet, ignorent purement et simplement le connaissement. Elles s'appliquent (art. 1, § 1) à tout « *contrat de transport... qui prévoit le transport par mer et peut prévoir, en outre, le transport par d'autres modes* », un tel contrat donnant lieu à l'émission d'un « *document de transport* », négociable ou non, écrit ou électronique.

À l'inverse, l'intitulé même de la Convention de 1924, *Convention internationale pour l'unification de certaines règles en matière de connaissement*, paraît postuler que son domaine ne s'étend pas au-delà des transports couverts par un connaissement. Mais, déjà, pareille conclusion doit être nuancée. L'article

(43) L'article 12 du Protocole du 23 février 1969 et l'article 7 du Protocole du 29 décembre 1979 prévoient seulement, dans les mêmes termes, que « *l'adhésion au présent protocole emporte adhésion à la Convention* ».

(44) V. en ce sens, Aix-en-Provence, 7 sept. 2007, *BTL* 2007, *DMF* 2008, Hors-série n° 12, n° 70, obs. Ph. DELEBECQUE.

(45) Montpellier, 1er déc. 1987, navire *Mercandia Transporter*, *DMF* 1988.250 ; Aix-en-Provence, 6 juill. 1987, navire *Export-Freedom*, *DMF* 1988.390.

(46) La France, à l'inverse de nombre d'autres États, n'ayant pas (inattention ou carence des fonctionnaires responsables ?) dénoncé la Convention de 1924 originaire, cette thèse du « droit » des États qui n'ont pas ratifié le Protocole de 1968 à exiger l'application de la Convention originaire peut être plus aisément défendue devant les juges français.

premier du texte précise en effet, sous la lettre (b), que la notion de contrat de transport doit s'entendre comme s'appliquant « *uniquement au contrat de transport constaté par un connaissement ou par tout document similaire formant titre pour le transport de marchandises par mer* » (*any similar document of title* dans la traduction anglaise). Même si la notion de *document similaire*, traduction sans doute maladroite de l'anglais *similar document of title*, reste sibylline pour un juriste français, il est clair qu'elle ne vise pas seulement les documents incorporant la marchandise, puisqu'elle se réfère aux documents formant *titre pour le transport par mer* (47).

Elle doit donc être entendue très largement, et être appliquée à tout le moins à tout écrit par lequel le transporteur s'engage à transporter la marchandise (48). De fait, en droit français elle a été appliquée à la *note de chargement* (aujourd'hui *ordre de mise à quai*), document établi avant le chargement et qui, en droit, constate l'engagement du transporteur à charger et transporter la marchandise (49). Mais, dans notre opinion, il faut l'élargir aux documents qui, aujourd'hui, remplacent souvent dans la pratique le connaissement, et notamment aux lettres de transport maritime (*infra*, n° 990). Et sans doute faut-il conclure que la Convention de 1924, convention sur le transport *sous connaissement* s'applique également à tout transport maritime de marchandises *sans connaissement*.

On doit reconnaître, toutefois, que telle n'est pas, ou, encore récemment, n'était pas, l'opinion dominante dans les pays de *common law* (50). Pour les tribunaux et la majorité des juristes de *common law*, en effet, pour que la Convention de 1924 s'applique il faut, à tout le moins, que l'émission d'un connaissement ait été envisagée par les parties (51). Nous ne pensons pas que la restriction ici faite soit justifiée. Elle n'apparaît conforme ni à l'intention des rédacteurs de la Convention, ni au texte de celle-ci.

Comme l'observe William Tetley, certainement l'un des meilleurs connaisseurs du droit international des transports maritimes, l'intention des rédacteurs de la Convention était d'établir une série de règles impératives gouvernant le comportement et la responsabilité des transporteurs maritimes (52), intention qui était aussi celle des rédacteurs du *Harter Act*, texte dont la Convention s'inspire assez largement. Certes, les rédacteurs de la Convention n'ont pas fait référence aux lettres de transport maritime (*seaway bills*) lorsqu'ils ont évoqué les titres analogues aux connaissements. Mais c'est, tout simplement, parce que ce type de

(47) La traduction anglaise ne reprend pas l'incise « pour le transport par mer ». Mais seul le texte français de la Convention fait foi, le texte anglais n'étant qu'une traduction (voir *supra*, note 14).

(48) Étant seulement exclue une convention verbale, encore que la question se pose de savoir si le principe du consensualisme (à valeur constitutionnelle ?) n'impose pas l'extension de la notion ici concernée même à un engagement verbal.

(49) Aix-en-Provence, 16 mars 1982, navire *Muncaster Castle*, *DMF* 1984.291, obs. P. BONASSIES ; Aix-en-Provence, 6 nov. 1989, *DMF* 1991.641, n. R. ACHARD.

(50) Aussi bien, le Comité maritime international, persuadé que la Convention de 1924 ne s'appliquait pas aux transports couverts par une lettre de voiture, a-t-il envisagé la rédaction d'un texte propre à ces transports : les Règles uniformes du CMI relatives aux lettres de transport maritime, règles établies à Paris en 1990 mais retombées dans l'oubli.

(51) Voir les observations, qui font encore aujourd'hui autorité, du juge Devlin dans la décision *Pyrene Co v. Scindia Navigation*, 14 avr. 1954, *LLR* 1954.1.321.

(52) W. TETLEY, *Marine cargo claims*, 4e éd., vol. 1, p. 16 et s.

documents n'était guère connu en 1924, s'étant développé surtout avec les transports par conteneurs (William Tetley, cité *supra*) — et la même observation peut être faite, de plus fort, pour les documents de transport électroniques. Ce n'est donc pas être infidèle aux « pères fondateurs » que de souhaiter donner à leur texte unificateur l'extension la plus large possible, en l'appliquant aux transports couverts par une lettre de voiture ou un connaissement électronique. Cette extension est d'ailleurs postulée par certaines des dispositions de la Convention.

Deux séries de dispositions peuvent ici être retenues. Les premières sont celles de l'article 3, alinéa 3 de la Convention, énonçant que « *après avoir reçu ou pris en charge les marchandises, le transporteur, ou le capitaine ou agent du transporteur, devra, sur demande du chargeur, délivrer au chargeur un connaissement* ». Ce texte n'a de sens que si l'on considère que la Convention s'applique aux transports couverts par un document autre qu'un connaissement. Car un texte ne peut donner un « ordre » que dans les situations où il s'applique. Par ailleurs, nous verrons que l'article 6 de la Convention prévoit la possibilité de soumettre un transport maritime à des « *conditions quelconques* » concernant la responsabilité et les obligations du transporteur, mais à des conditions précises (cargaisons non commerciales et opérations non commerciales : voir *infra*, n° 924), et surtout à la condition que « *aucun connaissement n'ait été ou ne soit émis* ». En édictant des conditions strictes pour une situation où aucun connaissement ne doit être émis, l'article 6 postule, plus fortement encore que l'article 3, que la Convention de 1924 s'applique aux *transports sans connaissement* (53).

Aussi bien, le droit anglais lui-même paraît-il avoir très récemment rejoint pour l'essentiel l'analyse ci-dessus proposée. Dans son arrêt *The Rafaela S.* du 1er mars 2005, la Chambre des Lords, renversant la position antérieure du droit anglais, décide que le transport couvert par un connaissement nominatif (*straight bill of lading*) entraînait application de la Convention de 1924 (54). Mais, entre semblable connaissement et une lettre de transport maritime, la proximité est grande.

906. Conclusion. Application de la loi française à titre subsidiaire. — La Convention de 1924 n'est toutefois pas un texte complet, qui réglerait tous les problèmes juridiques que peut susciter un transport maritime. Aussi bien, est-elle intitulée « Convention portant unification de *certaines règles* en matière de connaissement ». Et, par exemple, elle ne dit rien de la question des *lettres de garantie au chargement* (*infra*, n° 976). La question se pose donc de savoir si, devant un tribunal français, il n'est pas possible de faire appel à la loi française, à titre de *lex fori*, ou, plus généralement, de loi subsidiaire, pour régler les questions laissées sans réponse par la Convention.

On pourrait être tenté d'invoquer en ce sens les dispositions de l'article 16 de la loi de 1966, énonçant que ce texte régit les « *opérations de transport qui sont*

(53) L'argument ici développé est fortement soutenu par William Tetley.

(54) *Lloyd's Law Reports* 2005.1345 ; Y. Tassel, *DMF* 2005.795. V. également W. Tetley, *Marine Cargo claims*, 4e éd. vol. 1, p. 19 et 20.

hors du champ d'application (de la) Convention ». Mais outre que la notion d'opérations hors du champ d'application de la Convention n'a jamais visé que le transport d'animaux vivants ou le transport régulier en pontée (*infra*, n° 921 et n° 922), on ne peut plus aujourd'hui reconnaître à la loi française une vocation *générale* de loi subsidiaire. Car, si la nécessité demeure d'une loi subsidiaire pour les transports soumis à la Convention de 1924, cette loi ne peut être que la loi déterminée par les règles normales de conflits de lois, c'est-à-dire aujourd'hui les dispositions du Règlement Rome I. C'est seulement si la loi française est désignée par ces dispositions comme loi du contrat de transport (voir *infra*, n° 908) que la loi française pourra jouer le rôle de loi subsidiaire, ou encore si la loi étrangère à laquelle renvoie le dit Règlement est muette sur le problème (55).

Toutefois, le Règlement Rome I lui-même ne couvre pas tous les aspects du droit des contrats. En particulier, il ne règle pas les problèmes de procédure, et notamment de compétence. Dans ce domaine particulier, la loi française pourra donc continuer à être considérée, d'une manière générale, comme *loi subsidiaire*, avec le problème difficile de savoir s'il faut appliquer ici les règles de droit commun (article 46 du Code de procédure civile) ou les règles spécifiques de la législation de 1966 (article 54 du décret du 31 décembre 1966) (56).

§ 2. — *Les transports internationaux non couverts par la Convention de 1924*

907. Principes. Article 16 de la loi de 1966. Convention de Rome. — Les transports non couverts par la Convention de 1924, ce sont aujourd'hui les transports entre deux États dont aucun n'a ratifié la Convention (Brésil-Inde, par exemple), ou les transports à destination d'un pays signataire, mais au départ d'un État non signataire (Brésil-France), si ces transports ne sont pas couverts par une clause *paramount*.

S'agissant des contrats ainsi « hors Convention », longtemps les tribunaux français déterminaient le régime qui leur était applicable, soit en se référant, pour les transports entre États tiers, aux règles classiques de conflits de lois, privilégiant souvent le droit du pays d'expédition (57), soit en se référant pour les transports à destination de la France, à la loi de 1966, ce sur le fondement de l'article 16 de ce texte.

L'article 16 de la loi de 1966 énonce que les dispositions de cette loi sont applicables « *aux transports effectués au départ ou à destination d'un port français, qui ne sont pas soumis à une convention internationale à laquelle la*

(55) En ce sens, Cass. 2 mars 1993, *DMF* 1993.287 ; *Rev. cr. dr. int. privé* 1993.632, n. H. MUIR-WATT.

(56) Voir, en faveur de l'application des règles de l'article 46 du CPC, Aix-en-Provence, 14 déc. 2004, navire *Metinh Ka*, *DMF* 2005.203, obs. S. SANA-CHAILLÉ DE NÉRÉ, décision qui n'emporte pas pleinement la conviction, notamment dans la mesure où la Cour voit dans l'affaire un « dossier simple », alors qu'il s'agit de l'un des problèmes les plus « pointus » du droit des conflits de lois — droit déjà fort complexe.

(57) Voir cependant, en faveur du pays de destination, Paris, 2 déc. 1998, navire *Lucy*, *DMF* 1999.732, obs. P.-Y. NICOLAS.

France est partie... ». Et c'était là précisément le cas pour un transport à destination d'un port français, au départ d'un pays non signataire de la Convention (Brésil-France, par exemple) Mais la situation a été fortement modifiée depuis le 1er avril 1991, date d'entrée en vigueur de la Convention conclue à Rome en 1980 entre les États de la Communauté européenne, convention régissant la loi applicable aux obligations contractuelles et s'imposant impérativement aux juridictions françaises.

Classiquement, l'article 3, alinéa 1er de la Convention de Rome se réfère, comme premier critère, à la loi d'autonomie choisie par les parties. À défaut d'un tel choix, elle engage à rechercher la « *prestation caractéristique* » afin de localiser le contrat. S'agissant du contrat de transport, elle assortit cependant ce critère général de critères particuliers. Écartant la présomption s'appliquant à la « *résidence habituelle* » du débiteur ou à « *l'administration centrale* » d'une société, édictée en son alinéa 2, l'article 4 de la Convention dispose, dans son alinéa 4, que, dans le contrat de transport de marchandises, « *si le pays dans lequel le transporteur a son établissement principal au moment de la conclusion du contrat est aussi celui dans lequel est situé le lieu de chargement ou de déchargement ou l'établissement principal de l'expéditeur, il est présumé que le contrat a les liens les plus étroits avec ce pays* ».

Cependant, le jeu de ces présomptions est écarté par l'alinéa 5 de l'article 4 « *lorsqu'il résulte de l'ensemble des circonstances que le contrat présente des liens plus étroits avec un autre pays* ». En outre, aux termes de l'alinéa 1 de l'article 4, « *si une partie du contrat est séparable du reste du contrat et présente un lien plus étroit avec un autre pays, il pourra être fait application, à titre exceptionnel, à cette partie du contrat de la loi de cet autre pays* » (58).

À partir des dispositions de la Convention de Rome, deux situations doivent être distinguées.

Dans la situation, peu fréquente d'ailleurs, où le connaissement ne contient aucune clause de choix de la loi applicable, il faudra appliquer les critères de l'article 4. En fait, il sera rare que les conditions prévues par l'alinéa 4 (identité du siège du transporteur et de l'établissement principal de l'expéditeur, ou du port de chargement/déchargement) soient réunies. Il faudra donc se référer au critère subsidiaire de l'alinéa 5, à savoir rechercher le pays avec lequel le transport a les liens les plus étroits. On peut penser que les tribunaux français utiliseront la souplesse du texte pour favoriser l'application du droit français — en définitive celui qu'ils connaissent le mieux. C'est en tout cas ce qu'a fait la Cour de cassation dans un arrêt *Houston Express* du 4 mars 2003, la Cour approuvant la Cour de Paris d'avoir appliqué la loi française au motif que le contrat présentait les liens les plus étroits avec la France, pays de destination

(58) Encore que les dispositions ici citées — dispositions que ne reprend pas, à bon droit, le Règlement Rome I — n'aient jamais été appliquées, on pourrait imaginer que la question de la responsabilité du transporteur pour un accident de manutention soit soumise à la loi du port de manutention.

finale de la marchandise transportée du Mexique à Rungis, *via* le port d'Anvers (59).

Si le connaissement, en revanche, comporte une clause de choix, le juge devra faire application de la loi choisie. Si la clause renvoie, par exemple, au droit de Singapour, le juge appliquera le droit de cet État (voir Cass. 12 juillet 2001, navire *Bonastar II*, *DMF* 2001.994, obs. Ph. Delebecque).

Quand les dispositions de la Convention de Rome ou du Règlement Rome I, ou celles du connaissement, postulent ainsi l'application d'une loi étrangère, le juge devra appliquer cette loi alors même que les parties ne lui fournissent que des éléments insuffisants quant à son contenu. La jurisprudence la plus récente lui impose en effet d'en rechercher alors lui-même la teneur (60).

908. Application de la loi française à titre de loi de police / loi d'ordre public. — Le système de la Convention de Rome n'est pas toutefois un système « fermé ». Même si, en application de l'article 4 de ce texte, il est déterminé que c'est la loi d'un pays A qui doit régir un contrat, la loi d'un autre pays peut être appliquée par le juge, soit au titre de *loi de police* (art. 7 de la Convention), soit au titre de *loi d'ordre public* (art. 16). La question se pose donc de savoir si le juge français, en matière de transport maritime international, ne pourrait pas écarter telle loi étrangère, sur le fondement des textes ici cités.

S'agissant de l'application de la loi de 1966 à titre de *loi de police*, l'article 7 de la Convention de Rome dispose que la notion s'applique « *aux dispositions impératives de la loi d'un autre pays avec lequel la situation présente un lien étroit, si et dans la mesure où, selon le droit de ce dernier pays, ces dispositions sont applicables quelle que soit la loi régissant le contrat* ». Et l'alinéa 2 du même article ajoute que « *les dispositions de la présente convention ne pourront porter atteinte à l'application des règles de la loi du pays du juge qui régissent impérativement la situation quelle que soit la loi applicable au contrat* ». La Convention de Rome ne précisant pas la notion de *loi de police*, elle ouvrait la voie à une application assez large de cette notion. C'est en tout cas dans cette voie que s'est engagée la Cour d'appel de Rouen dans un arrêt du 9 septembre 2004 (61).

En la cause, il s'agissait d'un dommage survenu à quai, en fin d'un transport de Colombie (État non signataire de la Convention de 1924) en France, transport couvert par un connaissement renvoyant à la loi allemande. Observant que l'article 16 de la loi de 1966 prévoit que cette loi régit impérativement les opérations de chargement/déchargement de tout transport au départ ou à destination d'un port français, lorsqu'elles ne sont pas soumises à une convention internationale, la Cour de Rouen a apprécié la responsabilité du transporteur au regard des seules dispositions de la loi de 1966.

(59) *DMF* 2003, 556, obs. Ph. Delebecque ; *Rev. Scapel* 2003, 20, *Rev. cr. dr. int. privé* 2003, 285 n. P. Lagarde, *Sem. jur.* 2004, II, 10071, n. A. Sinay-Cytermann ; Ph. Delebecque *DMF* 2004, Hors-série n° 8, n° 78.

(60) En ce sens, Cass. 1re ch. civ. 28 juin 2005 et ch. comm. ; voir aussi, même date — la chose est significative —, navire *Chang Er*, *Rev. cr. dr. int. privé* 2005.645, n. B. Ancel et H. Muir-Watt.

(61) Navire *Hornsea*, *DMF* 2005.851, obs. S. Sana-Chaillé de Néré.

Même si l'on peut estimer que la Cour de Rouen a fait preuve d'un certain nationalisme en faisant prévaloir le droit français, on ne peut lui reprocher d'avoir appliqué les dispositions de l'article 7 telles qu'elles sont écrites — renvoyant au seul droit du juge saisi la détermination des « *lois d'application immédiate* », autre terme désignant les *lois de police* (62).

S'agissant de l'*ordre public*, l'article 16 de la Convention de Rome énonce que « *l'application d'une disposition de la loi désignée par la présente convention ne peut être écartée que si cette application est manifestement incompatible avec l'ordre public du for* ». Par *ordre public* il faut entendre un ordre public particulièrement fort, ce que le droit international privé qualifie *d'ordre public au sens du droit international*. Pour nous, malgré cette restriction, un juge français pourrait certainement écarter telle règle d'une loi étrangère comme contraire à l'ordre public. Nous songeons en particulier, mais non exclusivement, aux règles concernant la *limitation de responsabilité* du transporteur. Certains États, non signataires du Protocole de Visby, telle la Turquie, ont maintenu dans leur loi les dispositions originaires de la Convention de 1924, instituant des montants très faibles de limitation, notamment en matière de transport de colis conteneurisés (la limitation étant calculée au poids du conteneur, et non colis par colis). Ces dispositions pourraient être écartées comme contraires à l'ordre public international, tel qu'exprimé par les Règles de Visby ou les Règles de Hambourg (lesquelles, si elles ne lient pas directement le juge français, conservent leur valeur comme exprimant l'ordre public international) (63).

909. Règlement Rome I. Détermination de la loi applicable. Ordre public et lois de police. — Le Règlement Rome I, lequel sera applicable aux contrats de transport conclus après le 17 décembre 2009 (*supra* n° 899 et note 36), a légèrement modifié les dispositions de principe concernant la loi applicable en matière de contrats de transport. Comme la Convention de Rome, il pose le principe que tout contrat est régi par la loi choisie par les parties (article 3, alinéa 1), et la règle s'applique aux contrats de transport maritime de marchandises. Puis, là aussi comme la Convention de Rome, il institue une série de critères complémentaires, spécifiques au contrat de transport. En des termes très proches de ceux de la Convention, il énonce ainsi que, à défaut de choix, le contrat de transport sera soumis à la loi du pays de la résidence habituelle du transporteur, sous la réserve que ce lieu soit aussi le lieu de chargement ou le lieu de livraison, ou encore celui de la résidence habituelle de l'expéditeur (article 5, alinéa 1) (64). Mais, tenant compte du fait que les conditions ici énoncées seront rarement remplies, il ajoute que, si ces conditions ne sont pas satisfaites, c'est la loi du pays dans lequel le lieu de livraison se situe qui prévaudra. La règle est

(62) Voir, plus réservée sur la solution, S. CHANA CHAILLE DE NÉRÉ, citée *supra*, note 61 et, plus généralement, J.-P. REMERY, « Remarques sur le droit applicable au contrat international de transport maritime de marchandises », *Mélanges Pierre Bonassies*. 277.

(63) On pourra rétorquer que le droit de l'État en cause — ici le droit turc — ne fait qu'appliquer les montants prévus par le droit international, tel qu'exprimé par la Convention de 1924 dans son texte originaire. L'argument, pour nous, ne vaut pas : l'ordre public international du XXIe siècle n'est pas celui de 1924.

(64) La seule différence étant que le Règlement parle de « résidence habituelle », au lieu de « établissement principal », termes utilisés par la Convention de Rome.

intéressante, qui rejoint une jurisprudence traditionnelle faisant également référence à la loi du lieu de livraison — le lieu où s'achève le contrat de transport et où se manifeste le contentieux. Enfin, reprenant pour ce qui est du transport une règle qui figure tout au long de ses dispositions, comme d'ailleurs au long des dispositions du Règlement Rome II, il conclut que s'il résulte des circonstances de la cause que le contrat présente des liens manifestement plus étroits avec un autre pays que celui visé par ses dispositions antérieures (pays de la résidence du transporteur, s'il est aussi le pays du chargement/déchargement ou de la résidence de l'expéditeur, ou pays du lieu de livraison), c'est la loi de cet autre pays qui s'appliquera. — En bref, et pour nous c'est là chose heureuse, en l'absence de choix par les parties de la loi applicable à un transport maritime de marchandises, le juge disposera de la plus grande liberté de choix pour déterminer cette loi.

En revanche, le Règlement Rome I n'a pas modifié les dispositions consacrées par la Convention de Rome à l'*ordre public*. Remplaçant l'article 16 de la Convention, l'article 21 du Règlement énonce, comme cet article, que « *l'application d'une disposition de la loi désignée par le présent règlement ne peut être écartée que si cette application est manifestement incompatible avec l'ordre public du for* ». Les observations faites ci-dessus (n° 908) sur les effets de l'ordre public sur la loi applicable à un transport maritime donné demeurent donc valables. Il n'en est pas de même du problème des *lois de police*.

Tandis que la Convention de Rome, nous l'avons relevé ci-dessus (au n° 908), ne donnait aucune définition de la notion de loi de police, ce qui autorisait des interprétations différentes, le Règlement Rome I précise dans son article 9 qu'une loi de police « *est une disposition impérative dont le respect est jugé crucial par un pays pour la sauvegarde de ses intérêts publics, tels que son organisation politique, sociale ou économique, au point d'en exiger l'application à toute situation entrant dans son champ d'application, quelle que soit par ailleurs la loi applicable au contrat d'après le présent règlement* ». Il est assurément malaisé de faire entrer les dispositions de l'article 16 de la loi de 1966 dans les exigences ainsi affirmées par le Règlement Rome I.

Même si les intérêts particuliers mis en jeu par un transport maritime à destination de la France sont importants, il serait certainement excessif de dire que le respect de ces intérêts est *crucial* pour la sauvegarde de l'organisation politique, sociale ou économique de l'État français. Par ailleurs, si une disposition de la loi désignée par le Règlement Rome I était véritablement par trop contraire aux principes fondamentaux du droit maritime international (admettant, par exemple, une limitation de responsabilité même en cas de faute volontaire), le recours à la notion d'ordre public suffirait à l'écarter. Il faut donc conclure que l'article 16 est devenu un texte inapplicable, en tant que heurtant trop directement les exigences du droit communautaire. Il serait heureux qu'il soit abrogé.

910. Problème des transports soumis aux Règles de Hambourg. — Animés par une volonté universaliste, les auteurs des Règles de Hambourg ont attribué à celles-ci un champ beaucoup plus vaste que celui de la Convention de Bruxelles, même révisée. Ainsi, aux termes de l'article 2, les Règles de Hambourg s'appliquent dans cinq cas : port de chargement, de déchargement ou port optionnel de déchargement situé dans un État contractant, connaissement émis dans un État contractant ou clause *paramount* renvoyant aux Règles ou à une législation nationale leur donnant effet. Il suit de là que ce texte devrait dans l'avenir connaître une large application devant les tribunaux des États qui l'ont ratifié (65). Leur application par une juridiction française sera moins fréquente.

911. Application des Règles de Hambourg par une juridiction française. — Dans le débat qui s'ouvre devant une juridiction française quand un transport apparaît susceptible d'être régi par les Règles de Hambourg, une chose est d'abord certaine. C'est que, si le transport concerné est aussi soumis à la Convention de 1924 (cas d'un transport France-Maroc, par exemple, le Maroc ayant ratifié les Règles de Hambourg, mais le transport étant soumis à la Convention de 1924 comme ayant été effectué au départ d'un port d'un État contractant), le juge français, lié par la seule Convention de Bruxelles, doit, impérativement, appliquer celle-ci (66). S'il s'agit d'un transport non soumis à la Convention de 1924 (transport Maroc-France par exemple, le Maroc n'ayant jamais ratifié la Convention de 1924), et n'étant pas non plus couvert par une clause *paramount*, ce qui rendrait la Convention à nouveau impérativement applicable, le juge français n'est pas non plus, de prime abord, tenu d'appliquer les Règles de Hambourg. Comme l'a justement relevé la Cour de cassation dans son arrêt *Teesta*, « *la France n'étant pas partie à la Convention de Hambourg, celle-ci n'est pas applicable par les juges français en tant que convention internationale* » (67). Il reste que les Règles peuvent être appliquées par le juge français, sur le fondement même des règles du droit communautaire (Convention de Rome, puis Règlement Rome I).

Il en sera ainsi, tout d'abord si le connaissement contient une clause *paramount* renvoyant aux Règles de Hambourg. Car, même si ces Règles ne sont pas applicables par un juge français en tant que convention internationale, on ne peut contester qu'elles définissent un régime juridique, pouvant se prévaloir de la qualité de « *loi choisie par les parties* ». En théorie, la situation ici envisagée devrait d'ailleurs être fréquente, la Convention de Hambourg, dans son article 23, imposant aux États contractants d'exiger de leurs armateurs qu'ils insèrent dans les connaissements émis par eux une clause stipulant que le transport est soumis à son texte (donc une *paramount clause* renvoyant aux Règles). Mais peu d'États signataires ont agi en ce sens. Et la Convention de Hambourg n'étant pas perçue par eux comme leur étant favorable, les armateurs

(65) Voir P. BONASSIES, « Le domaine d'application des Règles de Hambourg », dans *L'entrée en vigueur des Règles de Hambourg*, Actes du colloque IMTM, Marseille 1993, p. 15.

(66) Voir Cass. com. 28 mai 2002, *World Apollo*, *Bull.* IV, n° 95, p. 103, 13 juin 1989, *Zambezy*, *Bull.* IV, n° 191, p. 127.

(67) Cass. 28 mars 2000, navire *Teesta*, *DMF* 2000.920, obs. P. BONASSIES et *DMF* 2001, Hors-série n° 5, au n° 70.

hésitent à se placer volontairement sous son empire, en étant de surcroît fermement dissuadés par leurs P & I Clubs.

En présence d'une clause renvoyant, directement ou indirectement, aux Règles de Hambourg, un problème d'interprétation pourra d'ailleurs se poser. Sa résolution ne sera pas toujours chose aisée, eu égard à la complexité que les juristes de *common law* ont su donner aux clauses *paramount* — les connaissements des transporteurs français utilisant souvent les mêmes formules.

Particulièrement topique est ici le cas du navire *Klim Voroshilov* concernant un transport de Kandla (Inde) à Freetown (Sierra Leone). Le connaissement contenait une clause renvoyant soit à la Convention de 1924, soit, au cas où cette convention ne serait pas en vigueur au pays de chargement, à la législation impérative du pays de destination. Considérant que la Sierra Leone avait ratifié les Règles de Hambourg, lesquelles constituaient donc sa *législation impérative*, la Cour d'appel d'Aix-en-Provence a lu la clause *paramount*, laquelle se référait alternativement à la Convention de 1924, si celle-ci était en vigueur au pays de chargement (ce qui n'était pas le cas), ou à la législation correspondante impérativement applicable au pays de destination, comme renvoyant aux Règles de Hambourg. La solution, contestable si l'on se rappelle que la clause *paramount* a été élaborée par la BIMCO dans les années 1930 dans le seul but d'étendre l'application de la Convention de Bruxelles aux situations où elle n'était pas directement applicable, alors qu'en l'espèce les Règles de Hambourg n'étaient pas expressément visées par la clause, a cependant été approuvée par la Cour de cassation. Dans un arrêt du 28 mars 2002, cette dernière a considéré que les Règles de Hambourg avaient pu être appliquées par la Cour d'Aix « *comme faisant partie de la législation maritime choisie par les parties au moyen de la clause paramount* » (68).

En revanche — mais sans aucune contradiction — la Cour de cassation a décidé, deux ans plus tard, que la même Cour d'Aix avait pu déclarer que les Règles de Hambourg ne trouvaient pas à s'appliquer à un transport de Thaïlande au Sénégal, cependant couvert par une *paramount clause* identique, le Sénégal n'ayant pas encore mis complètement en vigueur lesdites Règles — la clause ne pouvant dès lors être lue que comme renvoyant à la Convention de 1924 (69).

En l'absence de clause *paramount* renvoyant aux Règles, il est sans doute également possible à un juge français d'appliquer les Règles de Hambourg, en se fondant sur les dispositions de l'alinéa 5 de l'article 4 de la Convention de Rome, ou, demain, sur celles de l'alinéa 4 de l'article 4 du Règlement Rome I, en considérant que le transport en cause a « *les liens les plus étroits* » avec un État où les Règles de Hambourg sont applicables, s'agissant, par exemple, d'un transport d'Inde en Tunisie (l'Inde n'ayant pas ratifié la Convention de 1924, tandis que la Tunisie a ratifié les Règles de Hambourg). Semblable solution satisferait à la fois — chose souhaitable — les exigences des Règles et celles de

(68) Aix-en-Provence, 7 mai 1997, navire *Klim Voroshilov*, *DMF* 1998.29, obs. P.-Y. NICOLAS ; Cass. com. 7 déc. 1999, *DMF* 2000.903, n. F. LE LOUER ; P. BONASSIES, *DMF* 2001, Hors-série n° 5, n° 70.
(69) Cass. 28 mai 2002, navire *World Apollo*, *DMF* 2002.613, rapp. J.-P. RÉMERY, obs. P.-Y. NICOLAS.

la Convention de Rome. Mais, à notre connaissance, il n'existe encore aucune jurisprudence en ce sens.

912. Règles de Hambourg et ordre public international. — Quand les Règles de Hambourg sont appliquées par une juridiction d'un État qui les a ratifiées, le problème de leur conformité à l'ordre public international ne se pose pas. Pour une telle juridiction, les Règles *sont* l'ordre public international. Il n'en est pas nécessairement de même quand les Règles sont invoquées devant un juge français.

N'ayant pas, pour un tel juge, valeur internationale, et n'étant par lui appliquées qu'à titre de législation choisie par les parties au moyen d'une clause *paramount* (Cass. 28 mars 2002, *supra*, n° 911), ou perçue comme loi d'un pays ayant les liens les plus étroits avec le transport concerné, les Règles de Hambourg sont ouvertes au contrôle de l'ordre public international. En particulier, on peut se demander si le fait pour elles d'autoriser le contrat de transport à prévoir que la livraison de la marchandise pourra se faire — cessant alors la responsabilité du transporteur — avant le début des opérations de déchargement (clause autorisée par l'*article 2*, b, ii des Règles ; voir *infra,* n° 919), n'est pas contraire à l'ordre public international. Mais, ici encore, l'entrée en vigueur des *Règles de Rotterdam* modifiera les données du problème, ce texte autorisant les parties à convenir que chargement, manutention et déchargement pourront être exécutés par le chargeur (article 13, alinéa 2 : voir *infra*, n° 1034).

912 *bis*. Transports soumis aux Règles de Rotterdam. — Les rédacteurs de la nouvelle convention internationale ont prévu pour elle un large domaine d'application. En premier lieu, les Règles de Rotterdam ne régiront pas seulement les *transports maritimes.* Encore que la chose ne soit pas dite avec une suffisante netteté, sinon dans le titre officiel de la Convention (*Convention sur les contrats internationaux de transport de marchandises par mer effectués entièrement ou partiellement par mer*), ou encore dans les « considérants » précédant le texte, elles régiront aussi les contrats de transport prévoyant un autre mode de transport (transports multimodaux), et, par exemple (à supposer que la France les ratifie), un transport Marseille – Marrakech, ou un transport New York – Orléans.

S'agissant des transports ainsi effectués « *entièrement ou partiellement par mer* », demeureront exclus du domaine de la nouvelle Convention les transports purement « nationaux » (transports Marseille/Bastia, ou Le Havre/Pointe-à-Pitre par exemple), ceux où lieu de réception (lieu de prise en charge par le transporteur) et lieu de livraison, port de chargement et port de déchargement ressortissent à un seul État (article 5, alinéa 1). En revanche, seront soumis à la Convention les transports non nationaux, dès que se trouve dans un État contractant soit le lieu de réception (lieu de prise en charge de la marchandise), soit le port de chargement, le port de déchargement ou le lieu de livraison. Et la Convention s'appliquera alors, « *quelle que soit la nationalité du bâtiment, du transporteur, des parties exécutantes, du chargeur, du destinataire ou de toute autre partie intéressée* » — les rédacteurs du texte ayant repris ici les dispositions de l'article 10 de la Convention de 1924, telles que modifiées par le Protocole de 1968 (*supra*, n° 902).

Pour concrétiser les choses, nous dirons que sera soumis aux Règles, non seulement un transport entre deux États contractants, ou au départ d'un État contractant, comme il en est dans le régime de la Convention de 1924 modifiée par le Protocole de 1968, mais aussi, comme il en est dans les Règles de Hambourg, un transport à partir d'un État non contractant, mais à destination d'un État contractant. Mais les Règles de Rotterdam vont ici plus loin même que les Règles de Hambourg, puisqu'il suffira que le lieu de livraison final soit situé dans un État contractant (par exemple un transport du port d'un État X, non contractant, à destination de Lyon (à supposer, ici aussi, que le France ratifie les Règles)) pour qu'elles s'appliquent.

Section 3

Les opérations relevant du transport maritime

913. Les bornes du transport maritime. Plan. — Les textes maritimes (Convention de 1924, loi de 1966, Règles de Hambourg) instituent un régime impératif de responsabilité qui s'impose pour l'ensemble des opérations composant le transport maritime, mais seulement pour celles-ci. Ce régime est spécifique et se distingue des régimes de responsabilité qui s'appliquent aux opérations qui précèdent ou suivent les opérations de transport. Il est donc indispensable que les bornes qui marquent le début et la fin du transport maritime soient placées de façon précise, car la détermination des responsabilités en dépend.

La Convention de Bruxelles se réfère ici à des critères matériels concrets : le chargement et le déchargement. La loi française s'en est démarquée, tout au moins sur le plan de la méthode, en se référant à des critères abstraits, la prise en charge et la livraison, solution qui a été reprise par les Règles de Hambourg ainsi que par les Règles de Rotterdam (70).

914. Convention de Bruxelles du 25 août 1924 : chargement/ déchargement. — La Convention trace les frontières du transport maritime depuis les opérations matérielles de chargement jusqu'aux opérations matérielles de déchargement du navire. Ces frontières résultent des dispositions de l'article 1 (e), selon lequel « *le transport de marchandises couvre le temps écoulé depuis le chargement des marchandises à bord du navire jusqu'à leur déchargement du navire* ». Ce texte est complété par l'article 3 § 2, selon lequel « *le*

(70) La problématique retenue par les Règles de Rotterdam est plus complexe puisqu'elle ne couvre pas seulement le transport maritime, mais aussi, éventuellement, le pré-acheminement et le post-acheminement (art. 12). Elles instruisent un concept nouveau, celui de « *partie exécutante* » (art. 6) (voir *infra* n° 953).

transporteur procédera de façon appropriée et soigneuse au chargement, à la manutention, à l'arrimage, au transport, à la garde, aux soins et au déchargement des marchandises transportées ». Les notions de chargement et de déchargement ont le mérite d'une extrême souplesse. Elles permettent au juge, au cas par cas, de fixer avec toute la précision nécessaire le début et la fin des opérations de transport maritime.

915. Loi du 2 avril 1936 : prise sous palan/remise sous palan. — Dans le but de préciser la formulation de la Convention de Bruxelles, l'article 1er de la loi de 1936 disposait que ladite loi s'appliquerait « *seulement depuis la prise en charge des marchandises sous palan jusqu'à leur remise sous palan au destinataire* ». Mais ce texte s'est immédiatement révélé obsolète. Déjà en 1936, de nombreux chargements de navire ne s'effectuaient plus par palan. Cette tendance n'a fait que se renforcer : navires *Ro-Ro*, porte-conteneurs, vracs liquides, vracs solides chargés par aspiration, par exemple. L'apparente précision de la loi de 1936 était illusoire. La loi de 1966 met donc justement en œuvre de nouveaux concepts.

916. Loi du 18 juin 1966 : prise en charge/livraison. — L'article 15 de cette loi précise que les dispositions du titre II, consacrées au transport de marchandises, s'appliquent « *depuis la prise en charge jusqu'à la livraison* ». Cette nouvelle terminologie rompt d'abord avec la formulation techniquement inadéquate de la loi du 2 avril 1936. Mais, dans une perspective plus large, ce changement de méthodologie, substituant des critères abstraits à des critères matériels, avait aussi pour objectif d'instituer « *l'unité du contrat de transport* », afin de mettre un terme à la situation chaotique résultant de la mise en œuvre de la théorie dite du « *sectionnement du transport maritime* » (71).

Cette théorie avait engendré des débats passionnés entre 1936 et 1966 quant au régime qui devait être attribué aux phases du transport dites « *ante-palan* » et « *post-palan* », phases qu'il fallait soumettre pour certains au régime du transport maritime, pour d'autres au régime du contrat d'entreprise, pour d'autres enfin au régime du transport terrestre (72).

Le Doyen Rodière, auteur de l'avant-projet de la loi du 18 juin 1966, avait nettement pris parti : il considérait, à juste titre, que « *le sectionnement était déraisonnable* » et que « *l'unité juridique [devait] prévaloir* » (73), afin que la condition de la marchandise soit la même, dès lors qu'elle était sous la garde du transporteur, qu'elle se trouve avant ou après palan, dans les entrepôts à quai de l'armateur, ou dans les cales du navire. D'où la règle que le régime du transport maritime s'appliquerait depuis la prise en charge jusqu'à la livraison.

917. Portée de la réforme. Liberté du transporteur. — Le recours aux notions abstraites de prise en charge et de livraison avait pour objet de découpler

(71) Voir R. RODIÈRE, *Traité* nos 393 et s., spéc. no 394, « sectionnement juridique », no 395 « retour à l'unité ». Le terme de « sectionnement » est celui du Doyen RIPERT, *DMF* 1950.471.

(72) Voir A. CHAO, *Acconiers et destinataires*, préf. R. Rodière, 1971, qui fait un point exhaustif à la fois des controverses doctrinales et des incertitudes jurisprudentielles.

(73) R. RODIÈRE, *Traité*, no 395.

le début et la fin de la phase de responsabilité du transporteur maritime des opérations de chargement et de déchargement, en permettant d'inclure les phases de séjour à quai des marchandises antérieures et postérieures au séjour en cale du navire dans le régime du transport maritime. Mais le législateur n'a pas donné de définition précise des notions de prise en charge et de livraison. De ce fait, le transporteur maritime, dans le cadre de l'article 15 de la loi du 18 juin 1966, dispose de la liberté de fixer contractuellement le moment de la prise en charge.

Il peut fixer le début de la prise en charge au moment où lui-même, ou encore son agent prend réception de la marchandise à quai, à l'issue du préacheminement terrestre. Il peut aussi prévoir que la livraison prendra place au moment où la marchandise sera, à quai, prise en charge par le destinataire dûment averti. S'il en est ainsi, l'unité juridique souhaitée par le Doyen Rodière est pleinement réalisée. Mais, il faut prendre garde que, dans le souci constant de réduire leur responsabilité au minimum possible, les transporteurs ne retardent contractuellement la prise en charge, et n'anticipent la livraison (74), le risque étant de revenir aux clauses du XIXe siècle, dites de « *déchargement en cale* » par lesquelles les transporteurs s'exonéraient de toute responsabilité relative aux opérations de déchargement.

L'article 38 du décret du 31 décembre 1966 a pour objet de pallier ce risque. Ce texte, reprenant les termes des dispositions de l'article 3 § 2 de la Convention de Bruxelles, dispose, en effet, que « *nonobstant toute clause contraire, le transporteur procède de façon appropriée et soigneuse au chargement... et au déchargement de la marchandise* ».

Il reste que, même ainsi limitée la liberté du transporteur, certaines opérations à quai, antérieures à la prise en charge contractuelle ou postérieures à la livraison contractuelle, échapperont au régime du transport maritime. On ne se retrouvera pas cependant dans la situation antérieure du *sectionnement du contrat de transport*. En effet, comme nous l'avons vu (*supra*, n° 645), le législateur de 1966 a sagement mis en place un régime applicable aux opérateurs qui interviennent à quai, à côté du transporteur (entrepreneurs de manutention, consignataires), régime qui leur fait application, *mutatis mutandis*, de règles identiques à celles qui s'appliquent au transporteur.

918. Problème de l'interface. Convention de Bruxelles — loi de 1966. — Il résulte des observations faites ci-dessus que les limites assignées par la Convention de 1924 et la loi de 1966 ne sont pas identiques. La livraison qui marque la fin du contrat de transport dans le second de ces textes peut (et, normalement, devrait) prendre place *après* la fin du déchargement, laquelle marque la fin du contrat de transport dans le régime de la Convention. Le législateur français aurait pu laisser ouverte la question du régime applicable durant cet espace de temps, laissant aux tribunaux le soin de le déterminer. Il a préféré établir des règles précises.

(74) R. Rodière, *Traité*, n° 395.

Aux termes de l'article 16 de la loi de 1966, les dispositions de ce texte s'appliquent « *aux opérations de transport qui sont hors du champ d'application* » de la Convention. Les phases *ante-palan* et *post-palan* seront ainsi normalement régies par la loi française. Certes, on retrouve ici le sectionnement du régime du transport, mais ce n'est pas le législateur français qui en est responsable, c'est la timidité des rédacteurs de la Convention de 1924.

Appliquées à l'origine sans difficulté, les dispositions de l'article 16 soulèvent aujourd'hui le problème de leur compatibilité avec Rome I. S'agissant d'un contrat international, le problème de la détermination du droit applicable aux phases du transport maritime non prises en charge par la Convention de 1924 (phase antérieure au chargement et phase postérieure au déchargement) est nécessairement régi par le Règlement Rome I. Le juge français ne peut plus appliquer directement l'article 16. Mais nous avons vu que la Cour de Rouen, dans son arrêt du 9 septembre 2004, a fait application de la loi française aux opérations visées par l'article 16, en considérant les dispositions impératives de ce texte comme *loi de police* au sens de la Convention de Rome (*supra*, n° 909), applicable alors.

Une autre voie était d'ailleurs offerte au juge par la Convention de Rome. Aux termes de l'alinéa 1er de l'article 4 de ce texte, « *si une partie du contrat est séparable du reste du contrat et présente un lien plus étroit avec un autre pays* (dont la loi régit normalement le contrat), *il pourra être fait application, à titre exceptionnel, à cette partie du contrat de la loi de cet autre pays* ». Même si les dispositions ici citées ont été rarement appliquées, le « *dépeçage* » ainsi autorisé par la Convention de Rome aurait pu être utilisé par un juge français pour appliquer la loi de 1966 aux opérations antérieures au chargement ou postérieures au déchargement. Cette disposition a disparu de Rome I. — Pareillement, le recours à l'ordre public est certainement ici possible pour résoudre le problème évoqué.

919. Les Règles de Hambourg. — La technique de la réforme opérée par la loi du 18 juin 1966 était séduisante : les Règles de Hambourg ont repris à l'article 4 de la Convention, « *Durée de la responsabilité* », les critères abstraits de l'article 15 de la loi française. Le texte de l'article 4 y ajoute une notion supplémentaire, la garde de la marchandise : « *Dans la présente convention, la responsabilité du transporteur en ce qui concerne les marchandises couvre la période pendant laquelle les marchandises sont sous sa garde au port de chargement, durant le transport et au port de déchargement* ». Le second paragraphe définit cette période par rapport à « *la prise en charge* » (art. 4 § 2, a) et à « *la livraison* » (art. 4 § 2, b). La solution française ayant fait ses preuves, le choix technique ainsi effectué ne peut qu'être approuvé dans son principe.

Cependant, une lacune importante affecte la cohérence du système mis en place par l'article 4 des Règles de Hambourg. En effet, les rédacteurs des Règles, ont omis de reprendre dans leur texte le garde-fou mis en place dans la Convention de Bruxelles à l'article 3 § 2, comme par les textes français à l'article 38 du décret du 31 décembre 1966 (*supra*, n° 917). Ces textes encadrent, de façon indispensable, la liberté contractuelle du transporteur quant à la détermination du moment de la prise en charge et de la livraison : ces deux opérations ne peuvent intervenir qu'au plus tard avant le chargement et au plus tôt après le déchargement.

Faute de cette indispensable restriction, les vieux fantômes évoqués par le Doyen Rodière, « *les thèses les plus audacieuses* » (75), se sont fait jour aussitôt. La jurisprudence française a déjà admis que, sous l'empire de l'article 4 des Règles de Hambourg, le transporteur pouvait livrer les marchandises en cale du navire à l'entrepreneur de manutention monopolistique du port — modalité de la livraison expressément prévue par l'article 4 des Règles (article 4, b, ii) —, se libérant ainsi, en fait, des dommages considérables subis par la marchandise lors de son déchargement (76). Pour une réforme qui affichait pour objectif une meilleure protection des intérêts de la marchandise, la dysfonction est indiscutable (77).

Certes, il sera peut-être possible de faire obstacle au dysfonctionnement ici relevé en prônant une notion exigeante de garde, ou encore de faire jouer la notion d'ordre public international (*supra*, n° 912). Mais ce ne sont là que des palliatifs, de surcroît hypothétiques. Le remède ne pourrait être trouvé que dans une réécriture, bien improbable, des Règles.

919 *bis*. Règles de Rotterdam. — Les dispositions des Règles de Rotterdam ont vocation à s'appliquer largement à toutes les opérations impliquées par un transport maritime, depuis la prise en charge des marchandises jusqu'à leur livraison (article 12). Cependant, l'une des innovations majeures de ces Règles résulte des dispositions de l'article 13 § 2. En effet, aux termes de ce texte « *le transporteur et le chargeur peuvent convenir que le chargement, la manutention, l'arrimage ou le déchargement des marchandises sera exécuté par le chargeur, le chargeur documentaire ou le destinataire. Cette convention est mentionnée dans les données du contrat* ». Ainsi, les Règles de Rotterdam reprennent, mais encadrent, la voie ouverte par les Règles de Hambourg, volontairement ou pas : dès lors qu'un accord contractuel intervient entre le transporteur et le chargeur les frais, mais surtout les risques du chargement et du déchargement peuvent être transférés sur l'ayant droit à la marchandise. Les clauses FIO, FIOS et FIOST, sont ainsi pleinement validées, contrairement à la tradition établie par la Convention de Bruxelles, tout au moins selon son interprétation française, l'interprétation anglaise étant ainsi, *a posteriori*, adoptée.

Reste, nous semble-t-il, la question du destinataire. Il n'est pas partie à cet accord. Il faut cependant supposer qu'il lui sera opposable, faute de vider cette

(75) R. RODIÈRE, *préc.*, *Traité*, T. II, p. 18, n° 395.

(76) Aix, 7 mai 1997, *Klim Voroshilov*, *DMF* 1998.29, n. P.-Y. NICOLAS ; P. BONASSIES, *DMF* 1998, Hors-série n° 2, n° 95, p. 64.

(77) Le risque de cette dysfonction avait été évoqué, et critiqué, dès l'entrée en vigueur des Règles en 1992 : P. BONASSIES, « L'entrée en vigueur des Règles de Hambourg », Colloque IMTM, Aix, 25 nov. 1992, p. 15 et s., spéc., p. 25 et 26, et C. SCAPEL, « Les réformes apportées par les Règles de Hambourg à la responsabilité du transporteur maritime », *ibidem*, p. 51 et s., spéc. p. 68, n°s 36 et 37.

disposition nouvelle de l'essentiel de son contenu. Il faut, sans doute, voir le souci de l'avertir de ce risque nouveau et important mis sur ses épaules, au moins pour le déchargement — souvent siège d'importants dommages — dans la nécessité de mentionner expressément cet accord au contrat de transport, exprimée dans la dernière proposition du texte. Gageons que les transporteurs useront de toute leur persuasion pour obtenir l'accord du chargeur sur ce transfert de risques. La protection du destinataire se trouve, de ce fait, sérieusement amoindrie. La forme de cet accord pourra, néanmoins, poser problème (v. *infra*, n° 1032).

Enfin, il convient de relever que, de façon originale, les Règles nouvelles limitent, en principe, leur application au transport de ligne régulière (art. 6). Le texte prévoit, cependant, en son 2e alinéa qu'il peut s'appliquer au « *transport autre que de ligne régulière* » entre les parties qui ne sont pas liées par un affrètement, à condition qu'un connaissement (ou un document de transport) ait été émis. De plus, les « *contrats de volume* » dérogent aux règles posées par la convention (v. *infra*, n° 923 *bis*).

Section 4

Les transports soumis à régime dérogatoire

920. Régimes dérogatoires. — Le régime impératif de responsabilité mis à la charge du transporteur par la Convention de Bruxelles et les textes de 1966 qui s'en sont inspirés, a été conçu pour s'appliquer à un certain standard du transport de marchandises. Certains types de transports, certaines modalités de transports sortent des limites de ce standard, parce qu'ils engendrent plus de risques. Dès lors, il a fallu mettre en place des régimes de responsabilité dérogatoires. Chaque texte le fait selon des modalités différentes, que ce soit pour les animaux vivants, les marchandises en pontée, les marchandises dangereuses ou les transports considérés comme spéciaux.

921. Les animaux vivants. — Pour ceux-ci, la nature de la « *marchandise* » elle-même, détermine à l'évidence un risque particulier. La Convention de Bruxelles a adopté à cet égard la solution la plus simple et la plus radicale : elle exclut purement et simplement de son champ d'application, le transport des animaux vivants (article 1er, c). Le droit commun reprend ainsi son empire ; les transporteurs retrouvent leur liberté contractuelle et, en pratique, excluent ou restreignent systématiquement leur responsabilité par les clauses du connaissement (78).

(78) De telles clauses pourraient certes être prohibées par la loi alors applicable au contrat — loi déterminée, pour un tribunal français, selon les critères de la Convention de Rome (*supra*, n° 908). Mais en fait, cette situation ne se rencontre pas.

Selon une voie différente, la loi française aboutit au même résultat. En effet, si la loi du 18 juin 1966 est, *prima facie*, applicable à de tels transports, son article 30 dispose que « *toutes clauses relatives à la responsabilité ou à la réparation sont autorisées dans les transports d'animaux vivants* ». Tout naturellement, les transporteurs ne manquent pas de faire usage de cette autorisation de s'exonérer contractuellement de leur responsabilité.

En revanche, les Règles de Hambourg font échec à cette tradition. Les Règles s'appliquent au transport d'animaux vivants, comme à tout autre transport. Elles adaptent, cependant, le régime de responsabilité en énonçant, dans leur article 5, alinéa 5, que, pour ces transports « *le transporteur n'est pas responsable des pertes, dommages ou retard à la livraison qui tiennent aux risques particuliers inhérents à ce genre de transport* ». Le texte ajoute que le transporteur n'est pas non plus responsable s'il s'est conformé aux instructions du chargeur, étant alors présumé que le dommage ou le retard peut être imputé aux risques particuliers du transport en cause, sauf preuve contraire — présomption d'irresponsabilité ici empruntée au droit des transports ferroviaires (RU-CIM art. 36 et 37) ou des transports routiers (CMR article 17, 40) (79).

Les Règles de Rotterdam procèdent du même esprit. Aux termes de l'article 32, elles s'appliquent aux animaux vivants sans faire état des risques particuliers qui s'attachent à leur transport. Cependant, le résultat n'est pas très différent des solutions antérieures puisque l'article 81, autorise le transporteur de la façon la plus large à exclure ou limiter ses obligations et sa responsabilité, énonçant ici que le contrat de transport « *peut exclure ou limiter les obligations ou la responsabilité à la fois du transporteur et d'une partie exécutante maritime si (a) les marchandises sont des animaux vivants* ». Le texte fixe pourtant une limite nouvelle. Ces exclusions ou limitations cèdent devant la faute intentionnelle ou inexcusable du transporteur. Cette innovation n'est pas mal venue et présente le grand mérite de la simplicité.

922. Les marchandises arrimées en pontée. Cas des conteneurs. — Pour la Convention de Bruxelles et la loi française, le transport en pontée fait respectivement l'objet du même régime que celui du transport d'animaux vivants : exclusion pure et simple pour la Convention de Bruxelles, régime supplétif pour la loi française (*infra*, n° 1012). Cependant, le chargement en pontée irrégulier donne lieu à des sanctions à l'encontre du transporteur. De plus, il a fallu adapter les textes à un mode nouveau de transport en pontée, celui des *conteneurs*.

En effet, ceux-ci, par leurs caractéristiques, protègent la marchandise même si celle-ci est chargée en pontée, ce qui ne justifie plus d'atténuer la responsabilité du transporteur dans ce cas. De plus, les navires porte-conteneurs spécialisés, dont les capacités et le nombre ne cessent de croître, ne permettent plus toujours de faire une distinction nette entre chargement en pontée et en cale. C'est

(79) C. Scapel, *Les réformes apportées par les Règles de Hambourg à la responsabilité du transporteur maritime*, Annales IMTM 1993, p. 65, n° 31.

pourquoi la loi française du 21 décembre 1979 a institué, pour ce qui est du transport des conteneurs, un régime spécifique s'agissant de « *navires munis d'installation appropriée* » (*infra*, n° 1022). Par ailleurs, le Protocole de 1968 et la loi du 23 décembre 1986 aménagent le mode de calcul de la limitation de responsabilité pour tenir compte du groupage des marchandises réalisé dans le conteneur (*infra*, n° 1109).

Quant aux Règles de Hambourg, elles sont applicables aux transports en pontée. L'article 9 de ces Règles s'inspire toutefois, dans une certaine mesure, de la loi française (80). Il aménage un régime différencié selon que le transport en pontée est régulier (art. 9 § 2) ou irrégulier (art. 9 § 3 et § 4). Ces dispositions susciteront probablement des problèmes d'interprétation. Les Règles de Rotterdam (art. 25) visent expressément le transport des conteneurs chargés « *sur des ponts qui sont spécialement équipés pour transporter de tels conteneurs...* » (art. 25 § 1, b). Elles adaptent, également, le calcul du montant de la limitation aux conteneurs, palettes... comme le font les textes antérieurs (art. 59 § 2), (v. *infra*, n° 1021 *bis*).

923. Les marchandises dangereuses. — Les marchandises de telle nature engendrent des risques évidents. La Convention de Bruxelles, en son article 4 § 6, les soumet à un régime dérogatoire, modulé selon qu'elles ont été déclarées comme telles, et embarquées avec l'accord ou sans l'accord du transporteur. Ainsi, lorsque le chargeur a remis au transporteur, à l'insu de celui-ci, des marchandises « *de nature inflammable, explosive ou dangereuse à l'embarquement desquelles le transporteur, le capitaine ou l'agent du transporteur n'auraient pas consenti, en connaissant leur nature ou leur caractère* », non seulement le transporteur a le droit de les débarquer ou de les détruire, sans aucune indemnité, mais, de plus, le chargeur « *sera responsable de tout dommage et dépense provenant ou résultant directement ou indirectement de leur embarquement* », — dommages causés aux marchandises concernées, dommages aux autres marchandises, voire dommages au navire.

En revanche, lorsque le transporteur a embarqué de telles marchandises en pleine connaissance de cause, il en est responsable selon les termes du droit commun du transport maritime. Il n'en irait autrement que si ces marchandises « *devenaient un danger pour le navire ou pour la cargaison* ». En pareil cas, le transporteur peut également les débarquer ou les détruire, sans qu'il ait à en supporter la responsabilité, « *si ce n'est du chef d'avaries communes* », précise la Convention.

Le décret du 31 décembre 1966 reprend, en son article 44, presque littéralement, le texte des dispositions de la Convention. Les Règles de Hambourg s'en inspirent en leur article 13, encore que rédigé de façon plus détaillée. Les articles 15 et 32 des Règles de Rotterdam s'inspirent des mêmes principes, quoique de façon plus elliptique. Ces Règles imposent, en outre expressément, une obligation de marquage au chargeur (art. 32, b).

(80) Voir C. SCAPEL, préc., note 69, p. 62, n°s 26 et s.

923 *bis*. Règles de Rotterdam. Les contrats de volume. — Les Règles de Rotterdam créent une nouvelle catégorie de transports soumis à régime dérogatoire. Ainsi, l'article 80 dispose qu'il est fait exception au caractère impératif du régime de responsabilité dans le cas des « *contrats de volume* ». Ceux-ci sont définis à l'art. 1, § 2 : « *Le terme "contrat de volume" désigne le contrat de transport qui prévoit le déplacement d'une quantité déterminée de marchandises en plusieurs expéditions pendant une durée convenue. La quantité peut être exprimée sous la forme d'un minimum, d'un maximum ou d'une fourchette* ».

S'agissant de tels contrats, l'article 80 restitue au transporteur et au chargeur leur liberté contractuelle quant à leurs « *droits, obligations et responsabilités* ». C'est là l'une des innovations majeures du nouveau texte, l'une des plus controversées, également.

Cependant, cette dérogation est, opportunément, encadrée de conditions. Il faut que « *le contrat de volume énonce de manière apparente qu'il déroge à la Convention* », d'une part, et il faut, d'autre part, que le contrat ait fait l'objet d'une « *négociation individuelle* » ou « *indique de manière apparente lesquelles de ses clauses contiennent les dérogations* ».

Il faut, encore, que le chargeur ait été « *mis en mesure de conclure un contrat de transport conformément aux dispositions de la Convention* » et qu'il ait « *été informé de cette possibilité* ». Le texte précise, enfin, que *la dérogation* » ne doit être « *ni incorporée par référence, ni contenue dans un contrat d'adhésion, non soumis à négociation* ».

Au bénéfice du respect de ces quatre conditions, le contrat de volume détermine librement les relations entre le transporteur et le chargeur. Reste la question du destinataire qui, lui, n'a pas été en mesure de négocier un tel contrat. L'article 80, § 5 déclare le contrat opposable à « *une personne autre que le chargeur* » à deux conditions : il faut que le destinataire « *ait reçu des informations qui indiquent de manière apparente que le contrat déroge à la... Convention* » et qu'il « *consente expressément à être lié par ces dérogations* ». Il faut, en outre, que « *ce consentement ne soit pas exprimé uniquement dans un barème public de prix et de services d'un transporteur, un document de transport ou un document électronique de transport* ».

La dernière de ces exigences laisse pensif. Quelle forme devra revêtir ce consentement, sur quel support devra-t-il s'articuler ?

924. Conclusion. Les transports sous convention spéciale. — Dans son article 6, la Convention de Bruxelles de 1924 réserve enfin la possibilité d'écarter le régime impératif de responsabilité et de soumettre certains transports à une « *convention spéciale* » comportant des « *conditions quelconques concernant la responsabilité et les obligations du transporteur* ». Cependant, cette possibilité de dérogation obéit à deux conditions. En pareil cas, nous l'avons vu (*supra*, n° 905), aucun connaissement ne peut être émis et seul peut être établi « *un récépissé qui sera un document non négociable et portera mention de ce caractère* » (article 6, al. 1, *in fine*). Mais surtout, cette possibilité n'est pas offerte pour les « *cargaisons commerciales ordinaires, faites au cours d'opérations commerciales ordinaires* » (art. 6, al. 3), mais seulement pour « *d'autres chargements où le caractère et la condition des biens à transporter et les circonstances, les termes et les conditions auxquels le transport doit se faire sont de nature à justifier une convention spéciale* ».

Les dispositions de l'article 6 sont d'une grande imprécision. Que faut-il entendre par « *cargaisons commerciales ordinaires* » ? Quelles sont les circonstances et conditions de transport justifiant une convention spéciale ? Du fait de cette imprécision, le texte aurait pu connaître une large application (81), voire engendrer des abus. Mais, en fait, l'article 6 semble avoir été très peu utilisé par la pratique, et l'on ne peut guère citer de décision le mettant en œuvre (82). C'est peut-être ce rejet par la pratique, combiné avec le risque d'abus potentiel qui a incité à ne reprendre les dispositions de l'article 6, ni dans la loi française, ni dans les Règles de Hambourg. Ce n'est pas le cas des Règles de Rotterdam dont l'article 81, b reprend de façon presque littérale les termes de l'article 6 de la Convention de Bruxelles qui acquiert, ainsi, une nouvelle jeunesse.

N°s 925 à 929 : réservés.

(81) Et, pourquoi pas, être appliqué aux premiers transports de conteneurs, lorsque cette pratique est apparue, vers 1960.

(82) L'un des auteurs de cet ouvrage a pourtant en mémoire un arrêt rendu, à la fin des années 1950, par la Cour d'appel de Douai, décision appliquant l'article 6 au transport de wagons de voyageurs mis à bord d'un ferry trans-Manche par la SNCF.

CHAPITRE 2

LA CONCLUSION DU CONTRAT DE TRANSPORT

930. Observations préliminaires. Caractère consensuel du contrat de transport. — Lorsque l'on s'est interrogé, à la fin du XIXe siècle, sur la nature juridique du contrat de transport, la tentation a d'abord existé de voir dans le contrat de transport maritime un *contrat réel*. L'analyse, née de l'observation que le transporteur ne peut être responsable de la marchandise que lorsque celle-ci lui a été remise, était, à l'évidence, infondée, comme devait l'observer le Doyen Ripert (*Traité*, n° 1404). En droit comme en fait, le contrat de transport peut faire naître des obligations pour les parties bien avant la remise de la marchandise au transporteur ou à son mandataire. Le transporteur est lié par la réservation faite par le chargeur qui, par le jeu d'une note de réservation (*booking note*) a réservé une place sur un navire déterminé, pour un transport à effectuer un jour donné. Pareillement, le chargeur est tenu d'acheminer à quai la marchandise concernée, au jour fixé (*infra*, n° 1040).

Très vite, la conclusion s'est imposée : comme il est de règle en droit français pour tout contrat — réserve faite des rares contrats solennels —, le contrat de transport maritime de marchandises est un contrat *consensuel*. Il n'est soumis à aucun formalisme. Certes, sa conclusion s'accompagne le plus souvent de la délivrance d'un *connaissement*, titre spécifique à ce mode de transport. Mais, comme cela est d'ailleurs admis dans la quasi-totalité des systèmes juridiques, ce n'est pas le connaissement qui fait le contrat, mais la volonté des parties (1).

Un contrat de transport maritime peut donc être conclu par un échange de télex. Il pourrait même résulter d'un simple accord verbal, abstraction faite des problèmes de preuve que la chose poserait (encore que, entre commerçants ou vis-à-vis du transporteur, la preuve écrite ne soit pas nécessaire). Par ailleurs, quand un connaissement est rédigé, la preuve peut être faite par l'une des parties d'un accord extérieur au connaissement, précisant les obligations des parties,

(1) Voir entre autres, Cass. 20 oct. 1992, navire *Anzere*, *DMF* 1992.676, n. Y. TASSEL ; Paris, 22 oct. 2003, navire *Theophano*, *DMF* 2004.601, obs. Y. TASSEL ; comp. Scrutton, l'une des plus hautes autorités du droit anglais classique, qui écrit : « *the bill of lading is not the contract* » (*Scrutton on charter parties*, 20e éd., 1996, 67).

voire entraînant modification de telle ou telle clause du contrat (2). Particulièrement remarquables apparaissent ici les dispositions de l'article 116 de la Loi fédérale suisse du 14 décembre 1965 — encore qu'écartant la preuve non écrite : « *Les rapports juridiques entre le transporteur et le chargeur sont régis par les clauses du contrat de transport. Toutefois les dispositions du connaissement sont réputées exprimer la volonté des parties s'il n'existe pas de convention contraire faite par écrit* ».

Le caractère consensuel du contrat de transport maritime a récemment été confirmé par la jurisprudence concernant les bénéficiaires de l'action en responsabilité contre le transporteur. Ainsi que nous le verrons (*infra*, n° 1135), c'est à partir d'une analyse contractuelle des relations chargeur-transporteur que l'Assemblée plénière de la Cour de cassation a reconnu un droit d'action au chargeur, malgré l'émission d'un connaissement à ordre.

Les observations ici faites ont toutefois une limite. Les accords extérieurs au contrat sont en principe inopposables au destinataire.

931. Caractère tripartite du contrat de transport maritime. — Si le contrat de transport maritime ressortit au droit classique par son caractère contractuel, il n'en est pas de même de son caractère *tripartite*. Avec les autres contrats de transport (terrestre, fluvial, aérien), le contrat de transport maritime met en effet en présence non pas deux parties, mais trois parties : le chargeur (3), le transporteur et le destinataire.

Le destinataire n'apparaît pas en personne lors de la conclusion du contrat, même si le transporteur est toujours informé de son existence, et souvent de son identité. Mais c'est lui qui se présentera à l'arrivée pour prendre livraison de la marchandise, comme c'est lui qui bénéficiera d'une action en responsabilité — action *contractuelle* — contre le transporteur au cas où la marchandise est endommagée ou perdue. Comment expliquer cette intégration au contrat d'une personne qui, à l'origine, n'a pas participé à sa conclusion (4) ?

Aux premières années du XXe siècle, doctrine et jurisprudence se sont référées, pour fonder les droits du destinataire, à la *stipulation pour autrui*. Comme le relève une décision de la Cour de cassation du 20 mai 1912, à propos d'un transport maritime, « *en matière de transport, l'expéditeur stipule pour le destinataire comme condition du transport en même temps que pour lui-même* » (5). Mais, critiquée par le Doyen Ripert — comment fonder les droits reconnus au destinataire dès le XVIIe siècle sur une institution dont les traits

(2) Sur le principe, voir Cass. 18 janv. 1994, *DMF* 1994.548 ; voir aussi une décision américaine énonçant que le transporteur était lié par un engagement verbal de délivrer la marchandise à telle date, nonobstant les stipulations du connaissement le dispensant de respecter quelque date que ce soit (New York, 7 mars 1975, *DMF* 1979.610) ; Aix-en-Provence, 10 mars 1981, navire *Eleni*, *DMF* 1982.88, pour des surestaries prévues non au connaissement mais dans un accord extérieur à ce titre.

(3) Il convient de signaler que les Règles de Rotterdam mettent en œuvre un nouveau concept le « chargeur documentaire » qui, aux termes de l'article 1, § 9 « *désigne une personne autre que le chargeur, qui accepte d'être désigné comme "chargeur dans le document de transport"...* ».

(4) Voir, sur le problème, les observations très justes du Doyen RODIÈRE, *Affrètements et transports*, n° 407.

(5) Cass. 20 mai 1912, *Revue Autran* XXVIII.327.

fondamentaux n'ont été dégagés que dans la seconde partie du XIXe siècle ? (6) — cette analyse est aujourd'hui abandonnée.

Elle ne méritait sans doute pas pleinement les critiques faites par le Doyen Ripert. Même si la stipulation pour autrui n'a pris sa forme définitive qu'à la fin du XIXe siècle, son « image », au sens platonicien du terme, existait auparavant. Il reste qu'elle ne répond pas à la structure naturelle du contrat de transport maritime. Il est donc préférable, avec le Doyen Rodière (7) et la majorité de la doctrine, de considérer que c'est la *nature des choses* qui fonde les droits du destinataire. Le contrat de transport est, dès sa conclusion, dès l'origine, un contrat à trois personnes ; il « *implique, par sa nature, le droit pour le destinataire de se prévaloir de la convention intervenue entre transporteur maritime et chargeur aux fins de déplacement de la marchandise* » (*Affrètements et transports*, n° 408). Reste à préciser les modalités de l'intégration du destinataire au contrat.

932. Modalités de l'intégration du destinataire au contrat. Clauses conformes à l'économie du contrat. — Dans un système consensuel comme le système français, il n'est pas possible de considérer que le contrat de transport peut être imposé au destinataire. Il faut que celui-ci, par quelque moyen, « adhère » au contrat. Longtemps, il a été admis que le destinataire « entrait » volontairement dans ce contrat en acceptant la marchandise à lui offerte par le transporteur. En pratique, il manifestait cette acceptation en « accomplissant » le connaissement, c'est-à-dire en apposant sa signature au verso de ce titre. Mais, ces dernières années, la jurisprudence a évolué.

Aujourd'hui, on considère que le destinataire, en accomplissant le connaissement, n'adhère qu'à un contrat de transport correspondant au type normal d'un tel contrat. Plus précisément, il n'adhère qu'aux stipulations ou conditions qui sont conformes à « *l'économie générale du contrat* ». L'expression semble avoir été utilisée pour la première fois en matière de transport maritime dans l'arrêt *Monte Cervantes* de la Cour de cassation du 16 janvier 1996, à propos d'une clause de livraison sous palan, figurant dans un connaissement et considérée par la Cour de cassation comme opposable au destinataire, en tant que précisément conforme à l'économie générale du contrat (8) (v. *infra*, n° 1032). En revanche, les clauses qui ne sont pas conformes à l'économie générale du contrat doivent faire l'objet d'une acceptation particulière par le destinataire (9).

Le problème est d'établir la liste de ces clauses. Une solution seulement est certaine, qui concerne les clauses de juridiction. Celles-ci, comme nous le verrons (*infra*, n° 1161), doivent faire l'objet de l'acceptation spéciale de la part

(6) G. RIPERT, *Traité*, n°s 1583-1584.
(7) Cité *supra*, note 4.
(8) *DMF* 1996.627, obs. Ph. DELEBECQUE ; l'expression de clause qui fait partie de l'économie de la convention se trouve déjà dans un arrêt de la Première chambre civile du 25 novembre 1986 : *Rev. crit. dr. int. privé* 1987.396, n. H. GAUDEMET-TALLON.
(9) Voir, pour l'extension au transport terrestre Cass. com., 4 mars 2008, *RTD Civ.* 2008.483, obs. P. JOURDAIN.

du destinataire (10). Il en est de même de la clause stipulant que les dépenses occasionnées par l'interruption du voyage pour quelque cause que ce soit (frais de ré-acheminement des marchandises) seraient à la charge de la marchandise (Cass. 25 févr. 2004, navire *Burgas*, *DMF* 2004.735, obs. Ph. Delebecque). En revanche, on peut hésiter pour ce qui est de la clause *paramount* (*supra*, n° 903). Cette clause est étrangère à la problématique dégagée par l'arrêt *Monte Cervantes*, dans la mesure où elle tend, non à préciser un élément de l'économie générale du contrat, mais à déterminer l'ensemble de cette économie du contrat, en opérant le choix de la loi applicable. Elle correspond toutefois à un usage constant, qui, de surcroît, a reçu l'investiture du législateur international quand elle renvoie à la Convention de 1924 (*supra*, *ibidem*). Cependant, plusieurs décisions récentes l'ont déclarée inopposable au destinataire quand le connaissement n'avait pas été signé par le chargeur (11). La solution ne paraît acceptable que pour une clause renvoyant à un droit établissant des limites de responsabilité fortement inférieures au droit commun, s'écartant par là de « *l'économie générale* (normale) *du contrat* » (12).

Une autre question est de savoir comment prouver l'acceptation spéciale du destinataire. C'est là une question de fait, aujourd'hui encore peu élucidée (13).

933. Données concrètes de la conclusion du contrat de transport. Informatisation. — Si l'on s'interroge sur les modalités concrètes de la conclusion d'un contrat de transport maritime, deux éléments doivent être soulignés. Le premier, c'est le rôle important des *transitaires*. Le commerçant qui veut expédier une marchandise par voie maritime — à moins qu'il n'ait un service interne de transit — va s'adresser à un transitaire. C'est le transitaire qui préparera les documents indispensables au transport, note de mise à quai puis connaissement. Disposant de formulaires utilisés par tous les transporteurs desservant le port, il prendra le formulaire approprié et y portera toutes les mentions appropriées : nom du chargeur, nom du destinataire, nature de la marchandise, nombre de colis, etc. (sur ces mentions, voir *infra*, n°s 942 et s.). Puis il transmettra ces documents au transporteur, qui en vérifiera lui-même les données, à moins que la vérification ne soit faite par l'entreprise de manutention qui agit pour son compte. La marchandise embarquée, le transporteur retournera les documents au transitaire qui les tiendra à la disposition du chargeur.

Le second élément à retenir, c'est le rôle de plus en plus important que joue l'*informatique* dans la rédaction des documents de transport, et, par là, dans la conclusion du contrat de transport. Dans la plupart des ports du monde — et en tout cas dans les ports français — tout l'aspect documentaire est informatisé. Là aussi, c'est le transitaire qui a en charge la collecte et l'informatisation des

(10) Cass. 7 déc. 2004, navire *Jerba*, *DMF* 2005.133, obs. J.-P. RÉMERY.

(11) Aix-en-Provence, 10 janv. 2001, navire *An He*, *DMF* 2001.313, obs. Y. TASSEL, et P. BONASSIES, *DMF* 2002, Hors-série n° 6, n° 75 ; Paris, 12 sept. 2002, navire *Catharina*, *DMF* 2003.665, obs. Y. TASSEL ; Paris, 30 nov. 1993.

(12) Par exemple, s'agissant de colis en conteneur, si elle renvoyait à la Convention de 1924 dans son texte originaire.

(13) Voir cependant un arrêt de la Cour de Rouen du 14 octobre 1997, qui déclare opposable au destinataire la clause compromissoire insérée dans une charte-partie et rappelée au connaissement, au motif que, sur sa demande, la charte avait été communiquée audit destinataire (navire *Istambul Z*, *DMF* 1998.479, obs. R. ACHARD).

données. La chose permet une simplification considérable des procédures, et une accélération sensible des processus. Les mêmes données qui sont utilisées pour la rédaction des connaissements sont adressées, par liaison informatique, à tous les services concernés par le transport maritime, entreprise de manutention, services portuaires, douanes, consignataires du transporteur. Ces données sont aussi transmises aux organes compétents du port de destination (là aussi, douanes, services portuaires, etc.).

934. Plan. — L'importance que revêt le connaissement dans la conclusion du contrat de transport impose que l'analyse s'attache d'abord à ce titre spécifique, avant d'étudier les autres documents de transport qui peuvent être délivrés.

Section 1

Le connaissement

935. Émission d'un connaissement. Principe. — Lorsque le chargeur le demande, le transporteur se trouve dans l'obligation de lui délivrer un connaissement, pour les cargaisons commerciales ordinaires (*supra*, n° 770). La Convention de Bruxelles (art. 3 § 3), la loi française du 18 juin 1966 (art. 18), les Règles de Hambourg (art. 14 § 1) le lui prescrivent. À cet égard, les Règles de Rotterdam s'inscrivent en complète rupture avec cette tradition séculaire. Le terme même de connaissement ne figure pas dans les 96 articles que compte la Convention ! Seul est utilisé le concept de « *document de transport* », défini à l'article premier « *définitions* », en son quatorzième paragraphe. Ce « *document de transport* » peut se révéler négociable, ou non, prendre une forme écrite ou électronique. Rien ne fait obstacle dans la Convention nouvelle à ce que document de transport prenne la forme d'un connaissement. Cependant, le texte n'oblige plus le transporteur à émettre un connaissement à la demande de son co-contractant. Il est cependant, permis de penser que les pratiques du commerce international continueront, *de facto*, à maintenir la règle. En toute hypothèse, les Règles prévoient (art. 35) que le chargeur est en droit d'obtenir du transporteur un « *document de transport* », négociable ou non. Celui-ci pourra évidemment, prendre la forme d'un connaissement.

Le connaissement est établi par le « *transporteur ou le capitaine ou agent du transporteur* » (Convention de Bruxelles, art. 3 § 3) (14).

936. Moment de l'émission. Connaissement reçu pour embarquement. Connaissement embarqué. — La question du moment de l'émission d'un

(14) La brièveté des escales ne laisse plus au capitaine le temps matériel d'établir ou même de signer les connaissements. Ils sont délivrés soit par l'agent consignataire du navire (« *as agent only* », selon la formule universellement consacrée), soit par les services terrestres de l'armateur.

connaissement se ramène à la question de savoir si un connaissement peut être délivré *avant* que la marchandise ne soit effectivement embarquée à bord du navire. La question est aujourd'hui tranchée, après avoir partagé la doctrine.

Le connaissement peut, dans un premier temps, être émis comme « *reçu pour embarquement de la marchandise* », celle-ci ayant été prise en charge par le transporteur, à terre, mais non encore chargée à bord. Puis il peut se transformer en connaissement « *embarqué* » (*on board*) lorsque la marchandise a été effectivement chargée à bord du navire, par délivrance d'un nouveau titre ou, le plus souvent, par apposition d'un tampon *on board* sur le connaissement « *reçu pour embarquement* ».

Connaissement reçu pour embarquement et connaissement embarqué ne se distinguent que par le fait que l'un fait apparaître que la marchandise n'est pas embarquée, alors que l'autre spécifie le navire à bord duquel elle est effectivement embarquée. Mais l'un et l'autre établissent que la marchandise est sous la garde du transporteur. De ce chef, répondant aux mêmes exigences, ils remplissent les mêmes fonctions, notamment quant au caractère représentatif de la marchandise (*infra*, n° 987).

La solution résulte de la Convention de Bruxelles qui, sans aucunement se référer à une mise à bord de la marchandise, précise que le connaissement sera établi par le transporteur, « *après avoir reçu et pris en charge les marchandises* » (article 3, alinéa 3), formule reprise par l'article 33 du décret du 31 décembre 1966, « *le connaissement est délivré après réception des marchandises* » (15). Les Règles de Hambourg énoncent la même règle en leur article 15 § 2. Pour la raison évoquée ci-dessus (*supra*, n° 935), les Règles de Rotterdam ne visent pas ces deux types de connaissements, mais envisagent les deux situations à l'article 3982.

On doit noter que la pratique actuelle dans les ports français a consacré progressivement une solution différente. Ainsi que nous l'avons relevé (*supra*, n° 905), la prise en charge à quai, avant embarquement, donne lieu à l'émission d'un document dénommé auparavant « *note de chargement* », devenu actuellement « *ordre de mise à quai* » (OMQ). Le connaissement n'est signé qu'après chargement à bord du navire. Il s'agit alors, bien entendu, d'un connaissement « *embarqué* ». La « *note de chargement* », constituant un « document similaire » au connaissement, au sens de l'article 1, litt. b de la Convention de Bruxelles, justifie l'application de celle-ci alors même que le connaissement ne sera jamais émis, la marchandise ayant été perdue avant sa mise à bord (16).

937. Présentation formelle du connaissement. Historique. — Au Moyen Âge, les modalités du transport de marchandises ne justifiaient pas l'émission par le capitaine d'un reçu des marchandises. Les navires, de faible capacité, ne

(15) Le Doyen Rodière signale que son premier avant-projet précisait que le connaissement serait délivré « *après réception et embarquement* » excluant ainsi le connaissement reçu pour embarquement, mais que la référence à « l'embarquement a été supprimée lors de l'examen du projet par l'Association française de droit maritime », voir R. Rodière, *Traité*, n° 441, note 1.

(16) Aix, 16 mars 1982, *DMF* 1984, p. 291 ; Aix, 27 avr. 1988, *BTL* 1990, p. 625.

transportaient habituellement que la cargaison d'un seul négociant, et surtout l'usage voulait, alors, que le marchand voyageât à bord, avec sa marchandise (17). La nécessité d'un reçu n'existait donc pas.

Puis, avec l'établissement des comptoirs, les marchands n'eurent plus la nécessité de prendre la mer. Un écrivain faisait le voyage et tenait registre des marchandises reçues à bord du navire. Il était passible, en cas de manquement à sa mission, des sanctions les plus extrêmes (18). Des reçus étaient alors établis et délivrés notamment pour les besoins des assurances sur facultés qui apparaissent et se développent à partir du XVe siècle. En droit français, le connaissement accèdera à la vie juridique avec l'Ordonnance de la Marine de 1681. Mais il n'acquerra ses fonctions modernes qu'au milieu du XIXe siècle, lorsque la Cour de cassation lui reconnaîtra la valeur d'un titre représentatif de la marchandise, l'évolution ayant été plus rapide dans d'autres systèmes juridiques (*infra*, n° 984 et s.). Enfin, il prendra sa forme actuelle aux premières années du XXe siècle.

938. Présentation actuelle. — La forme précise du connaissement est déterminée par la loi du pays où il est émis (Rome I, article 11, texte qui renvoie aussi à la loi du contrat). En fait, la quasi-totalité des connaissements émis dans le monde se présentent plus ou moins sous la même forme, ne variant que la *langue* du connaissement. La plupart des connaissements sont toutefois rédigés en anglais, même les connaissements de pays non anglophones, tels les connaissements chinois. Les transporteurs français eux-mêmes utilisent souvent la langue anglaise. Malgré la rigueur de la loi du 4 août 1994 sur l'emploi de la langue française, la chose est parfaitement licite, à tout le moins pour les connaissements couvrant un transport international. La règle est en effet que « *dans les contrats internationaux de droit privé, les parties choisissent librement la langue dans laquelle elles rédigent leur accord* » (Cass. 17 mars 1997, *DMF* 1997.364).

Par ailleurs, les connaissements sont aujourd'hui établis sur une forme pré-imprimée, recto-verso. Pour les transports de lignes régulières, sur le recto figurent le nom et le « logo » du transporteur, le nom du chargeur, celui du destinataire et du « *notify* » (*infra*, n° 944), le nom du navire, le port de chargement et le port de déchargement, éventuellement le point de départ et le point de destination finale de la marchandise, les mentions décrivant les marchandises, la mention qu'elles ont été chargées en bon état apparent, éventuellement les réserves émises par le transporteur ou son agent (*infra*, n° 972), enfin les signatures des parties (*infra*, n° 962). Au verso figurent les conditions du contrat, le plus souvent imprimées en très petits caractères.

939. Diversité des connaissements. Connaissements *short form*. Connaissements de charte-partie. — Tous les connaissements ne sont pas de forme

(17) Sur l'historique, voir R. RODIÈRE, *Traité*, n°s 438 à 441, et les réf.

(18) Le Consulat de la Mer définit la charge et les pouvoirs de l'écrivain aux chapitres 57 à 60. Il prévoit au chapitre 57 que « *si le livre... est trouvé faux*, (l'écrivain) *doit perdre le poing droit, signé et marqué au front avec un fer chaud, et perdre tout ce qu'il a...* », « *Consulat contenant les lois, statuts et coutumes touchant les contrats, marchandises et négociation maritime* », traduit du langage espagnol et italien par Estienne David, Aix, 1635, p. 22.

identique. C'est ainsi que la pratique a connu — la chose est moins fréquente, aujourd'hui — des connaissements simplifiés dits « *short form* », au verso desquels ne figurent pas les conditions du transport, mais seulement un renvoi aux conditions générales du transporteur, que le chargeur est censé connaître. La jurisprudence française est très réservée à l'égard de tels connaissements. Pour elle, les conditions non expressément rappelées au connaissement sont inopposables au chargeur comme au destinataire (19).

Toujours très répandus sont en revanche les *connaissements de charte-partie*. Nous savons (*supra*, n° 748) que les marchandises mises à bord d'un navire affrété sont le plus souvent destinées à un tiers auquel l'affréteur les a vendues et doit les livrer. L'affréteur établit alors un connaissement simplifié sur une forme spéciale, dont l'exemple type est celui du *Congenbill* proposé par la BIMCO (édition 1994 et édition 2007). Le recto de ce connaissement ne diffère guère de celui des documents habituels — avec toutefois l'observation que le plus souvent il n'indique pas le nom du transporteur (*infra*, n° 946). Mais, au verso, il ne comporte que des indications très succinctes sur les conditions particulières du transport. En fait, il inclut une clause renvoyant aux « *terms and conditions, liberties and exceptions* » de la charte-partie identifiée sur le recto, une *general paramount clause*, une clause d'avaries communes et deux clauses spécifiques aux transports au départ ou à destination des États-Unis, les *New jason clause* et *Both to blame collission clause*.

Les tribunaux français sont pareillement très réservés à l'égard de tels connaissements. Le principe en la matière a été affirmé par la Cour de cassation dans un arrêt de censure du 4 juin 1985 concernant le navire *Aspilos*. Pour la Cour, « *le porteur du connaissement ne peut se voir opposer une clause de la charte-partie qui ne s'y trouve pas reproduite et qui n'a pas fait l'objet d'une acceptation certaine de sa part* » (20). Il est permis de se demander si, à certains égards, cette jurisprudence n'est pas en voie d'évolution (v. *infra*, n° 1168 et s.).

940. Nombre d'exemplaires. — L'Ordonnance de la Marine en 1681, en exigeait trois, un exemplaire pour le chargeur, un pour le capitaine, un pour le destinataire ; le Code de commerce en 1807, en exigea quatre, en ajoutant un exemplaire pour le transporteur. La réforme de 1966 (décret du 31 décembre 1966, article 37) n'impose plus qu'un minimum de deux originaux, un pour le chargeur et l'autre, non pour le transporteur mais pour le capitaine (21). Les Conventions — Bruxelles et Hambourg et, également, Rotterdam — demeurent muettes sur ce point. Deux exemplaires originaux constituent un minimum irréductible afin que le bord et l'ayant droit à la marchandise puissent, chacun, en disposer. En pratique, les armateurs utilisent des liasses composées généralement de trois originaux et d'un certain nombre, pouvant aller de 5 à 10, de

(19) Paris, 2 mars 1984, navire *Rhodoc*, *DMF* 1985.548 ; Marseille, 12 févr. 1985, navire *Sylvo*, *Revue Scapel* 1985.39, confirmé par Aix-en-Provence, 21 oct. 1988, *DMF* 1990.75.

(20) *DMF* 1986.106, n. R.A. ; Aix-en-Provence, 4 nov. 1999, *BTL* 2000.96 ; *DMF* 2001, Hors-série n° 5, n° 75, obs. P. BONASSIES ; Paris 27 nov. 2002, *B* 2003.371.

(21) Il est certes étonnant qu'en 1966 encore le législateur, sous le poids de la tradition, persiste à faire du capitaine — ici simple mandataire du transporteur — un acteur personnel du transport maritime.

copies non négociables destinées à l'accomplissement des diverses formalités administratives et douanières.

941. Plan. — Il convient de décrire le contenu du connaissement en déterminant les mentions qu'il doit, ou peut, comporter, avant d'en recenser les formes et, enfin, d'en analyser les fonctions.

§ 1. — *Les mentions du connaissement*

942. Textes. — Chacun des textes applicables donne une énumération différente des mentions que doit comporter le connaissement (Convention de Bruxelles, art. 3 § 3 ; loi du 18 juin 1966, art. 18, décret du 31 déc. 1966, art. 33 à 35 ; Règles de Hambourg, art. 15 ; Règles de Rotterdam, art. 36 sous l'intitulé *« Données du contrat »*). Le nombre des mentions visées est très variable, de 3 dans la Convention de Bruxelles, à 15 dans les Règles de Hambourg et 12 dans les Règles de Rotterdam. Cependant, ces dispositions diverses appellent, quelles qu'elles soient, deux observations.

Aucune de ces mentions n'est requise à peine de nullité. Le contrat de transport maritime est un contrat consensuel (*supra*, n° 930). De surcroît, aucune sanction spécifique ne vise le défaut de l'une des mentions prescrites.

D'autre part, sous des formulations diverses, les mentions reprises relèvent toujours des mêmes objectifs : déterminer les éléments du contrat de transport, donner la description de la marchandise prise en charge, et permettre au transporteur d'exprimer, le cas échéant, ses réserves.

A. — Les éléments du contrat de transport

943. Principes. — Le connaissement est, avant tout, l'*instrumentum* du contrat de transport. Il a donc pour vocation première d'en déterminer et d'en recueillir les éléments aussi précisément que possible : les parties au contrat, le navire et le voyage, la date, les signatures nécessaires, éventuellement le fret (prix du transport).

944. a) Les parties au contrat. — On est en droit d'attendre du connaissement que, comme tout contrat, il permette d'identifier avec certitude les parties. Certes, il en est souvent ainsi : nombre de connaissements désignent clairement l'identité du transporteur, celle-ci figurant habituellement dans le cadre supérieur droit des connaissements pré-imprimés de lignes régulières, alors que l'identité du chargeur et du destinataire est mentionnée dans le cadre supérieur gauche de l'imprimé. S'y ajoute, habituellement, l'indication d'un « *notify* », c'est-à-dire, normalement, de la personne que le transporteur s'engage à aviser de l'arrivée du navire et du déchargement des marchandises.

Cependant, il n'en est pas toujours ainsi, les références aux noms des parties devant souvent être interprétées.

945. Incertitude quant aux cocontractants du transporteur. — Même dans les connaissements de lignes régulières, si le nom du transporteur est, pour des raisons commerciales notamment, toujours ostensiblement indiqué, il est très fréquent que l'indication des noms des chargeurs, destinataires et « *notify* » soit sujette à caution. Cela ne résulte pas de motivations frauduleuses, mais des structures techniques du transport basées sur l'intervention quasi systématique d'intermédiaires professionnels, principalement transitaires et commissionnaires de transport. Ainsi, de façon tout à fait usuelle, le chargeur mentionné au connaissement ne sera pas le chargeur réel, mais son commissionnaire de transport, ou même son transitaire qui, pour encaisser des primes de fidélité, ne mentionnera que son identité et non celle de son mandant. Il en ira de même pour le destinataire dont l'identité sera occultée par celle d'un auxiliaire de transport, ou par la désignation du banquier qui a financé l'opération de négoce par un crédit documentaire. Curieusement, on constatera, en pareil cas, que le nom du destinataire réel apparaîtra souvent au titre de la rubrique « *notify* », celui qui est en droit d'être avisé de l'arrivée de la marchandise, n'étant pas ainsi, formellement, partie au contrat de transport.

De telles incertitudes quant à la qualité réelle des parties, fréquentes en pratique, n'affectent pas habituellement le bon déroulement du transport. Elles ont cependant pour effet de rendre complexes les règles de recevabilité de l'action en responsabilité éventuelle contre le transporteur en cas d'avaries ou manquants (*infra*, n°s 1132 et s.).

946. Incertitude quant à l'identité du transporteur. Les connaissements sans en-tête. — La pratique révèle aussi que de nombreux connaissements sont établis sans en-tête : le cadre supérieur droit de l'imprimé demeure vierge et ne comporte aucune désignation du transporteur, ou même aucune place n'est laissée pour semblable désignation En particulier, nous l'avons noté, les « *connaissements de charte-partie* », caractéristiques de nombreux trafics de vrac, comportent très rarement le nom du transporteur. Lorsque ces connaissements demeurent entre les mains de l'affréteur, aucun problème ne se pose : les relations des co-contractants demeurent régies par le seul contrat d'affrètement. En revanche, lorsque le connaissement est transmis à un destinataire, tiers à l'égard du contrat d'affrètement, cette transmission engendre des difficultés.

Le tiers porteur du connaissement n'est engagé que dans les liens du contrat de transport (art. 17, 2e al., loi du 18 juin 1966). La charte-partie, qu'il ne connaît pas, est à son égard *res inter alios acta* ; elle lui est inopposable (22). Si le transport a engendré des dommages, le tiers porteur devra donc en demander réparation au transporteur. Le seul contrat dont il dispose est le connaissement. Or, celui-ci ne donne aucune indication du nom du transporteur. De plus, il est généralement signé, de façon illisible, par un agent qui précise qu'il n'intervient

(22) Cass. 4 juin 1985, navire *Aspilos*, cité *supra*, n° 939.

que « *as agent only* ». Il faut pourtant résoudre le problème posé par un tel connaissement sans en-tête (23).

947. Évolution de la jurisprudence. — La jurisprudence française a ici évolué. En un premier temps, dans l'affaire *Julia*, la Cour de cassation a, en 1983, approuvé la Cour d'appel de Rennes, d'avoir déclaré irrecevable l'action formée par le tiers porteur du connaissement à l'encontre de l'armateur inscrit au registre d'immatriculation comme propriétaire du navire (24). Cette décision a fait l'objet de sérieuses critiques (25) et a très vite suscité la résistance des Cours d'appel d'Aix (26) et de Rouen (27) qui ont l'une et l'autre considéré qu'en l'absence de toute indication portée au connaissement et précisant l'identité du transporteur maritime, l'armateur-propriétaire, transporteur apparent, devait être réputé avoir acquis cette qualité.

Il n'est pas aisé d'arbitrer le conflit d'intérêt résultant de cette occultation du nom du transporteur maritime. L'armateur-propriétaire est bien fondé à faire observer qu'en l'état de l'affrètement intervenu, il ne doit pas être considéré comme le transporteur, seul l'affréteur ayant cette qualité. À l'opposé, le destinataire, tiers porteur du connaissement, fait justement valoir que l'anonymat du transporteur le prive de tout recours, et qu'à défaut d'admettre son action contre le propriétaire du navire, cet anonymat volontaire créerait un véritable déni de justice. On le constate, deux intérêts légitimes s'affrontent. Cependant, il faut trancher. La *ratio decidendi* peut, toutefois, être trouvée dans le fait que la situation du destinataire privé de recours est sans remède alors que l'armateur-propriétaire du navire ne demeure pas désarmé.

En effet, le destinataire, tiers porteur du connaissement se trouve irrémédiablement privé de toute alternative. Si l'affréteur, son transporteur, ne lui révèle pas spontanément son identité, il ne dispose d'aucun moyen pour déterminer celle-ci. La charte-partie n'est habituellement pas publiée (28), et si même elle est visée dans le connaissement, cette référence n'indique pas le nom de l'affréteur. De surcroît, la fréquence, dans la pratique maritime, des chaînes d'affrètements et de sous-affrètements rend encore plus difficile la détermination de l'affréteur. Le destinataire ne peut donc obtenir réparation des dommages résultant du transport.

À l'opposé, à admettre le droit d'action du destinataire contre l'armateur-propriétaire du navire, la situation de celui-ci ne serait pas réellement affectée.

(23) V. A. Kozubovskaya-Pellé, *De la qualité juridique de transporteur maritime de marchandises : notion et identification*, Thèse Nantes, 2009, à paraître, Bibliothèque CDMT, PUAM.

(24) Cass. com. 10 mai 1983, navire *Julia*, *DMF* 1984.269.

(25) Raymond Achard, « L'action directe des porteurs de connaissement contre le propriétaire du navire dans l'affrètement à temps », *DMF* 1984.259, *contra* Y. Tassel, « Le connaissement de charte-partie sans en-tête », *DMF* 1987.547.

(26) Aix, 14 févr. 1984, navire *Baïtin*, *DMF* 1985.542, n. J.-J. Ollu ; obs. P. Bonassies, *DMF* 1986.74 ; Aix, 22 oct. 1985, navire *Vomar*, *DMF* 1987.155.

(27) Rouen, 11 mai 1984, navire *Dover*, *DMF* 1985.162, n. R.A.A. ; Rouen, 14 juin 1984, navire *Ephestos*, *DMF* 1985.351, n. R.A.

(28) À l'inverse, s'agissant d'une charte-partie coque-nue, qui avait été dûment publiée, la Cour de Paris a justement interdit au destinataire de mettre en cause le fréteur : voir Paris, 29 oct. 1998, *BTL* 1999.56 et obs. P. Bonassies, *DMF* 2000, Hors-série n° 4, p. 53, n° 67.

L'armateur-propriétaire, contrairement au porteur du connaissement, n'est pas réduit à un rôle passif, et dispose de moyens et recours qui permettent de rétablir la charge des responsabilités. D'une part, il lui est possible de régler les conditions d'émission des connaissements dans la charte-partie conclue avec son affréteur, en imposant à l'affréteur l'obligation d'émettre des connaissements sous son nom. D'autre part, dans l'hypothèse où le fréteur serait effectivement conduit à indemniser le porteur du connaissement, il lui est toujours possible d'exercer un recours sur le fondement de la charte-partie afin d'être remboursé de ce qu'il aura été amené à payer au destinataire au lieu et place de l'affréteur (*supra*, n° 852) (29).

Quoi qu'il en soit, la prise de conscience de l'injustice ainsi faite au destinataire par l'arrêt *Julia*, comme la résistance des juridictions de fond, paraissent avoir convaincu la Cour de cassation.

948. L'arrêt *Vomar*. — Revenant sur sa position première, et tranchant le conflit en faveur du porteur du connaissement, la Chambre commerciale, par une décision en date du 21 juillet 1987, consacre en effet la solution retenue par les Cours d'Aix et de Rouen : « *Ayant constaté que le connaissement ne mentionnait ni le nom de l'armateur, ni celui de l'affréteur, et que la charte-partie à laquelle il se référait n'y était ni reproduite, ni annexée, la Cour d'appel a pu accueillir l'action formée contre le propriétaire du navire, quelles que soient les indications relatives à l'identité de l'affréteur ayant pu résulter d'éléments extérieurs au titre de transport et révélés postérieurement à sa délivrance.* » (30).

Cette solution n'a plus été remise en question, les cours d'appel en faisant application de façon constante (31), avec l'approbation de la doctrine (32). Elle apparaît parfaitement fondée.

Une décision rendue par la Cour de cassation le 8 janvier 2002 dans l'affaire du navire *Gemini I* a, toutefois, suscité des interrogations (33). La Cour y a approuvé la Cour de Paris d'avoir déclaré irrecevable l'action formée par les assureurs contre l'armateur propriétaire du navire, en relevant que « *le nom du navire ainsi que son port d'attache étant mentionnés sur le connaissement* », les juges du fond ayant également noté que, en outre, « *l'affrètement avait été publié*

(29) Ce contentieux qui est, de fait, exercé de façon systématique et efficace, demeure discret et n'apparaît pas dans les recueils jurisprudentiels : en effet, s'agissant d'un aspect du contentieux de l'affrètement, il fait habituellement l'objet d'une clause d'arbitrage, généralement localisé à Londres.

(30) Cass. com. 21 juill. 1987, navire *Vomar*, *DMF* 1987.573, rejetant le pourvoi contre Aix, 22 oct. 1985, *Revue Scapel* 1987.40, *DMF* 1986.155 ; obs. P. BONASSIES, « Le droit positif français en 1987 », *DMF* 1988, p. 141, n° 45. Voir également, M. RÉMOND-GOUILLOUD, *Droit Maritime*, p. 348, n° 535, R. RODIÈRE, E. DU PONTAVICE, *Précis Dalloz*, p. 367, n° 382-3.

(31) Pour des illustrations récentes, Rennes, 27 sept. 1995, navire *Euratrident*, *DMF* 1997.49, obs. Y. TASSEL et obs. P. BONASSIES, *DMF* 1998, Hors-série n° 2, p. 66, n° 97 ; Paris, 26 juin 1996, *BTL*, 1997.227 ; Rouen, 25 avr. 1996, navire *Panagiotis*, *DMF* 1998.268, obs. R. ACHARD et obs. P. BONASSIES, *DMF* 1999, Hors-série n° 3, p. 68, n° 89 ; Rouen, 20 janv. 2000, navire *Samara*, *DMF* 2000.289 et obs. P. BONASSIES, *DMF* 2001 Hors-série n° 5, p. 62, n° 72 ; Aix-en-Provence, 26 juin 2006, navire *Fortune Bay*, *DMF* 2007.531, obs. Y. TASSEL ; *DMF* 2008, Hors-série n° 12, n° 73, obs. Ph. DELEBECQUE ; *DMF* 2009, Hors-Série n° 13, n° 78, obs. Ph. DELEBECQUE.

(32) Voir cependant les réserves de N. JUGÉ, *Les connaissements sans en-tête*, Mémoire DESS Droit maritime et des transports 1997, p. 60 et s. et le jugement du T. com. Marseille, 10 juin 1997, navire *Dobreta*, inédit, reproduit en annexe du mémoire, p. 119.

(33) Cass. com. 8 janv. 2002, navire *Gemini I*, *DMF* 2002.445, rapp. DE MONTEYNARD et P.-Y. NICOLAS ; *DMF* 2005, Hors-série n° 7, obs. P. BONASSIES.

dans le port d'attache du navire ». Statuant dans des circonstances de fait très particulières, de surcroît confuses, ou en tout cas mal précisées, la Cour paraît avoir été sensible au fait que le contrat d'affrètement avait été publié. Mais la publication des chartes-parties n'est prévue que par certains systèmes juridiques, et seulement pour les chartes à temps, et non pour les affrètements au voyage, domaine où se pose principalement la question des connaissements sans en-tête. Dans ce domaine, la jurisprudence *Vomar* garde toute sa valeur (34), l'arrêt *Gemini I* n'étant qu'un arrêt d'espèce.

L'arrêt *Vomar* pose toutefois une question : le destinataire peut-il agir *à la fois* contre le propriétaire du navire, et contre le transporteur contractuel, émetteur du connaissement ? Une réponse affirmative a été implicitement donnée à cette question par la Cour d'appel d'Aix-en-Provence, dans un arrêt *Jessica* du 8 septembre 1994 (35). Malgré les critiques qu'elle a soulevées, la solution paraît fondée. Il n'est pas inhabituel en droit français qu'une action en réparation rencontre deux débiteurs (l'entrepreneur de construction et l'architecte, par exemple). De surcroît, la solution ici défendue est celle-là même qui est affirmée, expressément, par les *Règles de Hambourg* (art. 10).

Les Règles de Rotterdam traitent spécifiquement du sujet : l'article 37 est intitulé « *Identification du transporteur* ». Elles apportent à ce problème des solutions nuancées et opportunes : si le transporteur est identifié dans le « *document de transport* », toute autre indication est sans effet. Si le transporteur n'est pas identifié, le « *propriétaire inscrit du navire est présumé être le transporteur* ». L'on retrouve bien là, la solution Vomar qui se trouve ainsi confortée. Cependant, les Règles nouvelles permettent au propriétaire d'échapper à cette charge, mais il devra, alors, prouver que le navire faisait l'objet d'un affrètement coque-nue au moment du transport, qu'il identifie l'affréteur et en indique l'adresse. Le propriétaire du navire, ainsi d'ailleurs que l'affréteur coque-nue, peut aussi réfuter cette présomption en identifiant le transporteur et en indiquant son adresse.

Ces dispositions apparaissent bien inspirées, « *elles ont été conçues pour moraliser certaines pratiques et éviter que les transporteurs ne se cachent derrière des montages juridiques plus ou moins honnêtes* » (36). Il reste cependant que l'on peut anticiper quelques difficultés d'application. Ainsi, par exemple, l'article 65, b) institue un délai d'action supplémentaire de quatre-vingt-dix jours si le propriétaire du navire donne les éléments permettant d'identifier et de localiser le transporteur alors que la prescription d'un an aura fait son œuvre, situation qui ne devrait pas être exceptionnelle.

L'anonymat du transporteur ne constitue pas la seule éventualité susceptible de poser problème. Un problème peut également résulter de la pluralité de transporteurs.

(34) Voir, appliquant précisément cette jurisprudence après (ou *malgré*) l'arrêt *Gemini I*, Paris, 16 juin 2004, *DMF* 2005, Hors-série n° 8, au n° 94 ; Nanterre, 24 janv. 2003, *Revue Scapel* 2003.28.

(35) Aix-en-Provence, 8 sept. 1994, obs. crit. P. SIMON, *DMF* 1995.52 ; obs. approb. P. BONASSIES, *DMF* 1996.131.

(36) Ph. DELEBECQUE, *DMF* 2008, Hors-série n° 12, n° 73.

949. Pluralité de transporteurs. Consortiums. — De tout temps, deux ou plusieurs transporteurs maritimes se sont associés pour exploiter en commun une ligne maritime, offrant ainsi un *joint service*. Le plus souvent c'est le même connaissement qui était utilisé par chacun d'eux, leurs deux noms apparaissant sur le document. En général, les tribunaux considéraient que le contrat de transport conclu par l'un d'eux l'avait été pour le compte commun, et accordaient aux destinataires concernés un droit d'action contre chacun des deux transporteurs, déclarés solidairement responsables du transport (37).

Aujourd'hui, la multiplicité de transporteurs résulte le plus souvent de l'exploitation de lignes effectuée en *consortium* dans le cadre d'une alliance entre armateurs (38). En pareil cas, il est habituel que, pour des raisons commerciales évidentes, l'imprimé du connaissement comporte un en-tête désignant l'ensemble des compagnies membres du consortium. Le trouble de l'ayant droit résulte alors de cette multiplicité : qui est son transporteur ? En général, un tel connaissement ne permet pas de le déterminer. Or, le consortium lui-même n'a pas nécessairement la personnalité morale et, n'a pas, en tout cas, la qualité de transporteur. La Cour de Paris (39) a ainsi jugé que le consortium « *n'est pas par lui-même une compagnie de navigation maritime et n'effectue pas d'opérations de transport maritime, cette nature et cette activité revenant aux seules compagnies membres du groupement et pas au groupement lui-même* ».

Afin de faire aboutir son recours en responsabilité, il appartiendra donc au porteur du connaissement de déterminer l'identité du membre du consortium qui doit être considéré comme son transporteur. Le nom du navire étant toujours indiqué au connaissement, il pourra découvrir l'identité du transporteur par la consultation du registre d'immatriculation de celui-ci. Cela suppose, cependant, que le transporteur soit propriétaire de son navire. Si ce n'est pas le cas, comme bien souvent, et faute d'éléments fiables d'identification, l'ayant droit à la marchandise n'aura plus pour solution sûre, que d'assigner l'ensemble des membres du groupement en demandant leur condamnation *in solidum*. Il appartiendra, ensuite, à ceux-ci dans le cadre de la procédure engagée de dévoiler l'identité de celui des membres qui doit être considéré comme le transporteur.

950. Transporteur apparent. — L'expérience montre que lorsque le connaissement indique le nom du transporteur, en reproduisant son logo sur un connaissement de ligne, cette indication ne se révèle pas toujours exacte. Il peut s'agir, par exemple, d'un auxiliaire de transport, transitaire ou commissionnaire de transport, ou agent maritime qui souhaite, pour des raisons commerciales, apparaître comme un transporteur autonome. En réalité, il n'en est rien. Il n'exploite pas le navire, se bornant à « collecter » des marchandises qu'il va confier à un véritable transporteur.

(37) Bordeaux 25 févr. 1974, navire *Saint Jacques*, *DMF* 1974.403.
(38) *Supra*, n° 356.
(39) Paris, 2 déc. 1985, *DMF* 1986.551, obs. P. BONASSIES, « Le droit positif français en 1985 », *DMF* 1987, p. 13, n° 6.

C'est ici une apparence qui est créée, l'apparence d'avoir la qualité de transporteur. La jurisprudence condamne, sans hésitation, le transporteur apparent — en qualité de transporteur (40). Cela se justifie d'une part par le caractère littéral que revêtent les énonciations du connaissement — foi doit être accordée aux mentions de celui-ci que seules connaît le porteur du titre —, d'autre part par le comportement même du transporteur apparent. En prenant l'apparence d'un transporteur, il engage sa responsabilité, et la meilleure sanction de sa faute est de lui appliquer la qualification même qu'il s'est attribuée.

Les tribunaux appliquent la même solution même en l'absence de faute du transporteur apparent. Il peut ainsi arriver qu'un agent maritime, représentant plusieurs armateurs, utilise le connaissement de l'un d'eux pour un transport effectué en réalité par un autre. Dans ce cas, les tribunaux admettent que le destinataire pourra agir en responsabilité contre le transporteur apparent (41).

Du transporteur apparent, il faut rapprocher le NVOCC.

951. Transporteur contractuel — NVOCC (42). — Le NVOCC est un peu l'adaptation internationale de la notion française de commissionnaire de transport. Il s'agit d'un « *opérateur* » qui vend du transport maritime à ses clients sans être lui-même armateur ni affréteur. Il leur délivre des connaissements à son en-tête, désignant le navire qui effectuera le transport maritime. Le NVOCC, pour sa part, conclut un contrat de transport maritime avec un véritable armateur-transporteur. Celui-ci délivre au NVOCC un connaissement désignant ce dernier comme chargeur et comme destinataire, ce connaissement n'étant pas destiné à circuler (43). C'est le connaissement à l'en-tête du NVOCC qui remplira les fonctions commerciales nécessaires au négoce.

Le NVOCC peut apparaître comme un transporteur apparent. Mais, en réalité, il est plus que cela. Nouvelle figure dans le paysage du transport maritime, c'est un opérateur qui accepte d'assumer toutes les responsabilités du transport maritime, sans être lui-même transporteur. Il n'y a là rien d'illégal. Le transporteur maritime ce n'est pas, en effet, celui qui exploite un navire pour transporter des marchandises. C'est celui qui « *s'engage à acheminer une marchandise déterminée, d'un port à un autre* » (loi du 18 juin 1966, article 15). Or, c'est bien ce que fait le NVOCC.

Tout naturellement — aussi bien est-ce là ce qu'il veut — le NVOCC sera traité par le droit comme un transporteur, soumis aux obligations du transporteur maritime, y inclus celle de faire diligence pour assurer la navigabilité du navire, et pleinement responsable des dommages causés aux marchandises. Une nuance importante, toutefois : n'étant ni armateur ni affréteur, le NVOCC ne pourra

(40) Voir par ex. Paris, 26 janv. 1982, *DMF* 1982.608, note R.A.A. ; Aix, 1er févr. 1974, *DMF* 1975.272 ; Bordeaux, 28 mars 1963, *DMF* 1963.483 ; voir aussi Versailles 3 nov. 2005, *BTL* 2005.767 ; Aix-en-Provence, 26 oct. 2006, navire *San Pavlos, DMF* 2007.539 ; *BTL* 2007.639.

(41) Aix-en-Provence, 1er févr. 1974, *DMF* 1975.272.

(42) J.-M. MORINIÈRE, *Les NVOCC, Essai sur le concept de transporteur maritime contractuel*, thèse Nantes, 1997 — L'acronyme se réfère en anglais, au « *non vessel operating common carrier* ».

(43) Aix-en-Provence, 15 févr. 2007, *BTL* 2007.763 et obs. M. TILCHE 759.

prétendre bénéficier de la limitation de responsabilité en matière de créances maritimes (*supra*, n°s 402 et s.).

952. Clause *identity of carrier*. — Cette clause apparaît caractéristique des clauses forgées pour répondre aux problèmes posés, dans certains systèmes juridiques, par un état donné du droit, clauses devenues clauses de style reproduites de façon quasi mécanique dans les connaissements, alors que leur justification, voire même leur signification, se trouvent complètement perdues de vue.

Née dans la pratique anglaise, comme beaucoup de dispositions des contrats maritimes, la clause avait à l'origine pour objet de protéger l'affréteur du navire qui avait émis sous son nom un connaissement, à une époque où, contrairement aux armateurs, les affréteurs ne bénéficiaient pas encore, en droit anglais, de la limitation de responsabilité des propriétaires de navires (44). La rédaction de la clause apparaît au lecteur actuel particulièrement obscure (45). Comme l'observait le Doyen Rodière, « *elle remplit mal sa mission : contrairement à son nom, elle ne permet pas toujours d'identifier le transporteur* » (46).

Lorsque le problème de l'opposabilité de la clause au propriétaire du navire s'est posé en droit français, en 1971, il a été vite résolu par la négative, notamment sur l'observation que ledit propriétaire « *n'étant pas partie aux contrats de transport, ne pouvait se voir opposer les clauses de celui-ci* » (47). Depuis lors, la jurisprudence ne s'est pas démentie (48). En revanche, dans un arrêt du 5 novembre 2003, la Cour de cassation a approuvé la Cour d'appel d'Aix-en-Provence d'avoir refusé au transporteur, émetteur du connaissement, le droit d'invoquer l'inopposabilité de la clause pour revendiquer le droit d'agir contre le chargeur à l'occasion de dommages causés par les marchandises mises à bord (49). La solution, inhabituelle, s'explique, sans doute, par la règle de cohérence qui s'impose à tout justiciable (théorie de l'*estoppel*, justement évoquée par Philippe Delebecque — observations citées en note). Il reste qu'elle témoigne aussi de la *validité* de principe de la clause, dont la Cour de cassation

(44) Voir RODIÈRE, *Traité*, n° 698 ; A. CHAO, « Réflexions sur la "*identity of carrier clause*" », *DMF*, 1967.12 ; W. TETLEY, *Marine Cargo Claims*, 4e éd., 2008, p. 601 et s.

(45) Pour en juger, texte de la clause « *identité du transporteur* » figurant aux conditions générales du connaissement d'un grand armement français : « *Le contrat, dont le présent connaissement constitue la preuve, est passé entre le marchand et l'armateur du navire qui y est mentionné (ou son représentant) et il est de ce fait convenu que ledit armateur seul sera responsable de tout dommage ou perte dus à une rupture ou inexécution de toute obligation découlant du contrat qu'ils se rapportent ou non à l'état de navigabilité du navire. Si, malgré ce qui précède, il est démontré que quelqu'un d'autre est le transporteur et/ou dépositaire des marchandises embarquées sous ce connaissement, toutes limitations ou exonérations de responsabilité prévues par la loi ou ce connaissement, pourront être invoquées par cet autre transporteur. Il est, de plus, entendu et convenu que comme la Ligne, la Compagnie ou les agents qui ont signé ce connaissement au nom et pour le compte du Capitaine, ne sont pas parties à la convention, ces Ligne, Compagnie ou agents n'auront aucune responsabilité du fait du contrat de transport ni comme transporteur, ni comme dépositaire des marchandises* ».

(46) R. RODIÈRE, préc., p. 330, n° 698.

(47) Cour d'appel de Caen, 1er mars 1971, navire *Borée*, *DMF* 1971.349, n. P. BOULOY.

(48) Voir, entre autres, Aix-en-Provence 7 mai 1974, *DMF* 1975.395 ; Paris, 25 mars 1993, navire *Arno*, *DMF* 1993.505, obs. Y. Tassel ; voir aussi Cass. 7 avr. 2004, *DMF* 2004.1022, obs. O. CACHARD — arrêt quelque peu imprécis, mais qui, sur la question ici en débat, rejette le pourvoi formé contre une décision de la Cour de Versailles du 31 mai 2001, laquelle décision avait expressément déclaré la clause *identity of carrier* inopposable au destinataire.

(49) Navire *Oriental Knight*, *DMF* 2004.368, obs. Y. TASSEL ; Ph. DELEBECQUE, *DMF* 2004, Hors-série n° 8, au n° 81.

relève expressément qu'elle n'est contraire ni aux dispositions de la Convention de 1924, ni à celles de la loi de 1966 (50). Mais, validité n'est pas opposabilité.

La jurisprudence des différents pays maritimes ignore pareillement la clause *identity of carrier* (51). Une exception existait toutefois en droit anglais, où, sous le nom de *demise clause*, la clause a longtemps été reconnue comme pleinement valable et opposable au destinataire. Mais, dans un arrêt du 13 mars 2003, rendu dans l'affaire du navire *The Starsin*, la Chambre des Lords a infirmé la solution classique (52). Pour fonder leur décision, les juges observent d'abord — observation déjà faite par les tribunaux français — que l'on ne peut opposer au propriétaire les stipulations d'un connaissement auquel il est étranger. Puis ils relèvent que le nom du transporteur qui figure sur le recto du connaissement doit l'emporter sur la clause *identity of carrier* figurant au verso, eu égard aux pratiques commerciales, et en particulier aux *Règles et usances sur le crédit documentaire*, lesquelles invitent les banques à ne prendre en considération que le nom du transporteur figurant sur le recto (*face*) du connaissement — argument typique de la méthode très concrète et proche des données économiques des juridictions britanniques.

953. Le transporteur de fait. — À côté du transporteur contractuel tel que défini ci-dessus, le droit maritime connaît aujourd'hui un autre transporteur, le *transporteur de fait*. D'abord découvert en droit aérien par la *Convention de Guadalajara* du 18 septembre 1961, et retrouvé par les *Règles de Hambourg*, sous la qualification de *transporteur substitué* (*actual carrier* dans le texte anglais), le transporteur de fait est l'opérateur maritime auquel le transporteur contractuel (NVOCC, par exemple) a remis la marchandise pour la réalisation du transport. Le transporteur de fait n'a aucun lien avec le chargeur ; il ne lui remet aucun connaissement, le titre de transport qu'il établit et délivre au transporteur contractuel n'étant qu'un simple reçu des marchandises à lui confiées, souvent dénommé « *connaissement de service* » (53). En droit classique, sa responsabilité ne peut être mise en cause que sur une base extra-contractuelle (article 1382 ou 1384 du Code civil). En revanche, les Règles de Hambourg l'assimilent au transporteur contractuel (article 10, alinéa 2). Le chargeur et le destinataire ont donc contre lui une action contractuelle. Les Règles de Rotterdam ont suivi la leçon des Règles de Hambourg, et, dans leur article 1, § 6 (*Définitions*) adopté la notion de transporteur de fait, avec deux éléments nouveaux. D'une part, elles ne parlent pas de transporteur de fait mais de « *partie exécutante* ». D'autre part, elles étendent la notion à tout opérateur intervenant, en fait, dans le transport. Aux termes du paragraphe 6, « *le terme partie exécutante désigne une personne autre que le transporteur qui s'engage à s'acquitter de l'une quelconque des obligations incombant à ce dernier* », chargement, manutention, arrimage, transport, soins à la marchandise, déchargement ou livraison, dans la mesure où

(50) Conclusion qui souffre peut-être la discussion.
(51) Voir W. TETLEY, préc. *supra*, note 44 ; voir aussi les références données par Y. TASSEL, cité *supra*, note 48.
(52) *Lloyd's Law Reports* 2003.I.571 ; W. TETLEY, *Marine Cargo Claims*, 4e éd. 2008, p. 609 et s.
(53) Sur le régime applicable au transporteur de fait, voir *infra*, n° 1132.

cette personne agit à la demande du transporteur ou sous son contrôle. Et ces *parties exécutantes*, lorsqu'elles interviennent dans la partie maritime du transport (du chargement au déchargement), sont soumises aux obligations et responsabilités du transporteur, bénéficiant en contrepartie des moyens de défense et des limites de responsabilité reconnus à celui-ci.

954. b) Le voyage. — Le voyage est défini, d'une part, grâce à l'identification du navire qui accomplit le transport, et, d'autre part, par l'indication des ports et lieux de prise en charge et de livraison qui constituent les bornes du transport des marchandises.

955. Le navire. — C'est l'indication qui fait le plus rarement défaut sur un connaissement. À vrai dire, l'on serait peut-être en droit de se demander si un connaissement n'indiquant pas le nom du navire constituerait encore un connaissement. Certes, un connaissement « *reçu pour embarquement* » n'a pas, par définition, à comporter cette indication. Mais comment admettre qu'un connaissement « *embarqué* », attestant de la mise à bord effective du navire, ne précise pas sur quel navire cet embarquement a été effectué ? La précision est d'une extrême importance, notamment eu égard aux spécifications de la police d'assurances facultés, qui, souvent, excluront tel ou tel type de navires, trop âgés par exemple, ou encore aux spécifications de l'accréditif dont le respect conditionne la mise en œuvre du crédit documentaire finançant la vente des marchandises.

C'est, sans doute, pourquoi la pratique ne paraît pas fournir d'exemple de connaissement dépourvu de l'indication du nom du navire, ce que l'absence de jurisprudence sur ce point, semble confirmer. Aussi bien est-ce à d'autres égards que l'indication du nom du navire peut engendrer des difficultés. Cette indication peut, en effet, être fallacieuse, elle peut également, dans certains cas, se révéler incertaine, du fait notamment, de transbordements.

956. L'inexactitude du nom du navire. — Celle-ci peut, évidemment, se révéler délibérée, mais cela constitue certainement l'exception. En revanche, les transporteurs se réservaient naguère, par le libellé du connaissement, une faculté de substitution du navire initialement mentionné (54). Une telle substitution apparaît licite, mais elle suppose, nous semble-t-il, que le connaissement fasse alors l'objet d'une correction indiquant le nom du navire effectivement chargé, car le titulaire du connaissement doit pouvoir faire, sur ce point, une confiance aveugle aux énonciations du connaissement. À défaut, le transporteur engagerait certainement sa responsabilité, si l'ayant droit à la marchandise était en mesure d'établir la réalité d'un préjudice résultant directement d'une telle faute : perte du bénéfice de la police d'assurances, blocage du crédit documentaire, par exemple. Il convient de noter qu'en pareille hypothèse, le transporteur ne serait pas en

(54) Les connaissements portaient la mention « *Navire... X... (ou tout suivant)* », par exemple. Sur l'obligation, en l'absence de cette mention, pour le transporteur de charger strictement la marchandise sur le navire désigné, voir Cass. 27 mai 2003, navire *Jiffar*, *DMF* 2003.854, obs. Ph. DELEBECQUE.

droit de se prévaloir du bénéfice de la limitation légale de responsabilité car celle-ci a un champ limité aux « *pertes ou dommages subis par les marchandises* » pendant le transport (art. 28, loi du 18 juin 1966) (55).

La pratique actuelle du transport maritime international engendre par ailleurs, un autre risque d'inexactitude ou, plus souvent, d'incertitude, tendant à la multiplicité des navires et des transbordements, liés principalement au système des « *hubs* ».

957. La multiplicité de navires. — Les transports intercontinentaux se pratiquement actuellement, de façon habituelle, en regroupant le fret dans certains ports principaux. Ce regroupement est effectué à l'échelle régionale par des navires de capacité faible ou moyenne, les « *feeders* » (56). Pour assurer le transport intercontinental, voire des rotations « *tour du monde* », les navires de grande capacité « *mother ships* » (57) ne desservent que les ports principaux, dits « *hubs* » (58). Ce système est, en particulier, déjà largement généralisé pour le transport des conteneurs.

Il suppose donc la mise en œuvre, pour un transport donné, de deux, voire trois, navires (un « *mother ship* » et un ou deux « *feeders* »), la marchandise faisant alors l'objet d'un ou deux transbordements. Ces transbordements sont toujours prévus par une clause du connaissement et doivent être considérés comme licites (59). Reste la question de l'indication du nom des navires au connaissement. Nombre de connaissements modernes ont intégré l'évolution des pratiques. Leurs indications sont précises. Le connaissement distingue le navire affecté au « *pré-transport* » et le « *navire principal* ». De plus, les transports de ce type sont habituellement des transports de bout en bout, multimodaux, ce qui va également requérir des précisions nouvelles quant aux indications relatives aux ports.

958. Les ports. — Parmi les « *éléments du voyage à effectuer* » (art. 33, décret du 31 déc. 1966), l'indication des ports entre lesquels le transport doit s'effectuer, est essentielle : port de chargement et port de déchargement. Le transporteur prend, contractuellement, l'engagement d'acheminer la marchandise entre ces deux ports. S'il ne le fait pas, que ce soit au départ ou à destination, il en doit en principe compte à l'ayant droit à la marchandise. Il pourra seulement chercher, en pareil cas, à invoquer un événement de force majeure, de nature à justifier cette inexécution.

Lorsqu'il s'agit d'un transport de bout en bout, le connaissement donnera, outre l'indication du « *port de chargement* », celle du « *lieu de réception* », et

(55) Voir C. SCAPEL, *Le domaine des limitations légales de responsabilité dans le transport de marchandises par mer*, Thèse Aix, 1973, p. 103 et *infra*, n° 1111.

(56) Le terme « *feeder* », du verbe « *to feed* », nourrir, n'a pas, à ce jour d'équivalent en français.

(57) La formule correspondante « *navire-mère* », n'est pas usitée en français.

(58) Terme emprunté au transport aérien, où il désigne le « moyeu » d'un système de regroupement des passagers dit « *hub and spokes* », le moyeu et les rayons. Dans la terminologie du transport aérien, « *hub* » se traduit par plate-forme de correspondance. Le terme, adapté aux passagers, ne paraît pas transposable aux marchandises. Peut-être faudrait-il parler de plate-forme de transit.

(59) S'agissant des marchandises conteneurisées, les risques du transbordement sont limités, car il n'y a pas « rupture de charge ».

celle de la « *destination finale* », outre celle du « *port de déchargement* » (60). Le transporteur se trouve lié par ces stipulations. Il en répond selon la loi maritime pour la phase maritime d'un tel transport et selon le régime applicable au transport multimodal ou à la commission de transport pour le pré- et le post-acheminement (*infra*, n°s 1202 et s.).

959. c) Le taux du fret. — La mention du taux du fret n'est prévue que par les Règles de Hambourg (art. 15, al. 1, k), et encore seulement « *dans la mesure où il doit être payé par le destinataire* ». En pratique, le taux du fret est toutefois souvent porté sur le connaissement. Les problèmes que pose la détermination de ce taux, comme ceux concernant le paiement du fret seront étudiés dans le cadre de l'exécution du contrat de transport (*infra*, n°s 1043 et s.).

960. d) La date. Connaissement antidaté. — La date d'émission doit figurer sur le connaissement (61), et doit concorder avec celle du chargement effectif de la marchandise à bord du navire. Cette date revêt souvent une importance considérable sur les contrats périphériques au contrat de transport : le contrat de vente et le crédit documentaire. En effet, pour les ventes au départ, CIF ou FOB, les plus fréquentes, les Incoterms fixent au passage du bastingage du navire lors de son chargement, le moment de la livraison par le vendeur, moment du transfert des risques et moment où le vendeur s'acquitte de son obligation contractuelle de délivrance (62). Certains contrats pétroliers lient le prix à la date de la mise à bord de la cargaison. Pour le crédit documentaire, l'ouverture du crédit est déterminée par les conditions strictement fixées par l'accréditif. Celui-ci est limité dans le temps, la marchandise concernée devant, par exemple, être « chargée », ou « mise à bord » avant le 1er décembre 2005. Obtenir sa prolongation n'est pas toujours possible et, en tout cas, engendre des complications.

Or, il n'est pas exceptionnel que la marchandise ne soit pas mise à bord à la date prévue par l'accréditif ou par le contrat de vente : retard du vendeur dans sa fourniture ou dans l'acheminement à quai de celle-ci, ou encore retard du navire que le transporteur ne peut mettre à disposition à la date prévue. Les conséquences de ces retards peuvent être redoutables pour le chargeur menacé de perdre le bénéfice de la vente et/ou du crédit. La tentation, dès lors, est grande d'envisager l'établissement d'un *connaissement antidaté* de façon à satisfaire, tout au moins en apparence, aux obligations du chargeur ; la marchandise (exemple *supra*) étant mise à bord le 5 décembre 2005, et le connaissement daté du 30 novembre. Le transporteur se montrera réticent mais la pression commerciale, forte en période d'intense concurrence, l'incitera à répondre aux demandes insistantes du chargeur, voire à prendre l'initiative si le retard lui est imputable.

(60) En anglais, « *port of loading* », « *place of receipt* » et « *port of discharge* » et « *place of delivery* ».
(61) Art. 37 du décret du 31 déc. 1966, modifié par le décret du 19 juin 1969. Les Règles de Rotterdam (art. 39 § 2) visent la date du « *document de transport* », mais précisent que si « *les données du contrat n'en indiquent pas la signification (sic), cette date* » est réputée être soit celle du chargement de toutes les marchandises à bord du navire, soit « *si les données du contrat n'indiquent pas que les marchandises ont été chargées sur un navire* » la date à laquelle « *le transporteur ou une partie exécutante a reçu les marchandises* » (art. 39, § 2, b).
(62) V. par ex. T. com. Marseille, 20 mai 1975, *DMF* 1976.676.

La pratique du connaissement antidaté jouit d'une certaine tolérance inavouée (63). Elle est pourtant condamnable et source de graves périls pour le transporteur complaisant. Elle est condamnable car elle a pour effet de fausser l'imputabilité du dommage éventuellement dû au retard dans la mise à bord, ce qui peut être lourd de conséquences pour les cocontractants du chargeur. Elle est également dangereuse pour le transporteur, car il peut voir recherchée sa responsabilité du fait des conséquences de cette antidate, responsabilité non limitée car étrangère aux « *pertes ou dommages subis par les marchandises* ». Cette pratique est d'ailleurs condamnée par les tribunaux, ceux-ci faisant, toutefois, souvent peser la charge de la responsabilité sur le vendeur (64). Le transporteur peut, par ailleurs, faire l'objet de sanctions pénales, car cette pratique est indiscutablement constitutive de l'infraction de faux en écriture de commerce (65).

961. e) La signature du connaissement. — Ainsi que nous l'avons observé (*supra*, n° 930), le contrat de transport est un contrat consensuel et pourrait donc valablement être conclu et prouvé selon n'importe quelle forme, même non écrite. Cependant, si un connaissement est émis, ce qui est généralement le cas, la signature de ce titre obéit à des règles spécifiques ; celles-ci ne sont pas identiques selon qu'elles s'appliquent au transporteur ou au chargeur.

962. La signature du transporteur. — Faute de signature par le transporteur ou son représentant, capitaine, agent ou préposé, le connaissement ne constitue qu'un commencement de preuve. Tout au plus, peut-il être considéré comme un projet de connaissement et, à ce titre, constituer une présomption de fait, un commencement de preuve par écrit laissé à l'appréciation souveraine du juge du fond. S'il peut alors servir de preuve du contrat de transport, il ne pourra pas, cependant, remplir les fonctions spécifiques du connaissement (description de la marchandise qui devra être délivrée par le transporteur ; incorporation de la marchandise au titre). Seule la signature du transporteur, ou de son représentant, atteste en effet indiscutablement de la prise en charge de la marchandise, dans la quantité et dans l'état décrits au connaissement et de son embarquement effectif à bord de tel ou tel navire. Concrètement, la signature du connaissement peut émaner du transporteur lui-même ou de son représentant, capitaine, consignataire du navire ou agent maritime.

La Convention de 1924 est pourtant muette sur l'exigence de la signature du transporteur, tant, sans doute, celle-ci est apparue d'une irréductible nécessité.

(63) Y compris, curieusement, du Doyen Rodière qui admet que le connaissement soit daté du début des « *opérations de chargement si du moins toute la marchandise est sur les allèges du transporteur, peut-être même mise sur le quai* », alors qu'il ajoute, « *mais on ne saurait aller plus loin et on ne se dissimulera pas qu'il y a même du laxisme à aller jusque-là puisque le connaissement embarqué est un reçu de marchandises placées à bord* », R. RODIÈRE, *Traité*, n° 458. Ce laxisme, inhabituel, peut être contesté.

(64) Voir Aix-en-Provence, 22 avr. 1976, navire *Talita*, *DMF* 1977.27, n. J.-L. RENARD, mais qui condamne le chargeur à garantir le transporteur ; Aix, 27 sept. 1985, navire *Impala*, *DMF* 1986.686, n. P. PESTEL-DEBORD, qui rejette l'action du chargeur contre le transporteur ; comparer Cass. com. 5 févr. 2002, *DMF* 2002.846, obs. Y. TASSEL, où l'action de l'acheteur contre le transporteur est rejetée, ledit acheteur ayant été indemnisé par le vendeur, dans le cadre d'une décision arbitrale.

(65) Voir, en ce sens, obs. d'Aix, 27 sept. 1985, *DMF* 1986.686, évoquant le « faux » commis par le vendeur.

Mais cette exigence se retrouve dans l'article 37 du décret du 31 décembre 1966, comme dans l'article 15, j des *Règles de Hambourg* ainsi que dans l'article 38 des Règles de Rotterdam. Ce texte vise également la signature électronique du « *document électronique de transport* » (art. 38 § 2). En fait, les connaissements comportent tous un emplacement affecté à cette signature, généralement situé sur le recto du document, en bas à droite.

963. La signature du chargeur. — S'il est normal, ainsi que nous l'avons observé, que la signature du destinataire, absent au jour de l'établissement du connaissement, ne figure pas sur ce titre, il semblerait pareillement normal que la signature du chargeur (ou de son représentant) soit exigée, puisque, présent lors de la conclusion du contrat, il est aussi le co-contractant premier du transporteur. Cependant, l'usage international — et un usage immémorial qu'exprimait déjà l'Ordonnance de la Marine — ne requiert pas sa signature. Ni la Convention de Bruxelles, ni les Règles de Hambourg ne se réfèrent à celle-ci.

Dès le Code de commerce de 1807, la loi française s'était cependant singularisée en exigeant, dans l'article 232 de ce texte, la signature du chargeur. Reprenant les dispositions du Code, l'article 37 du décret du 31 décembre 1966 énonçait pareillement que le connaissement devait être signé par le chargeur, « *au plus tard dans les vingt-quatre heures après le chargement* ». Cette disposition fut très critiquée, car elle isolait le droit français sans qu'aucune justification en soit donnée, sinon qu'elle était conforme au droit commun des contrats. Cependant, l'usage international a fini par l'emporter — ce qui est, tout compte fait, préférable. Le décret du 12 novembre 1987 a supprimé, purement et simplement, l'obligation de signature du connaissement par le chargeur.

Est-ce à dire, cependant, que la signature du connaissement par le chargeur est devenue aujourd'hui inutile, dépourvue de portée ? Ce n'est pas le cas. Sous le régime du Code de commerce, la Cour de cassation, après avoir un temps refusé tout effet légal au connaissement non signé par le chargeur (2 mars 1909, *D.* 1912.1.259), avait limité les conséquences de l'absence de signature aux « *clauses dérogatoires au droit commun* » (6 mai 1941, *Gazette du Palais* 1941.1.520). Cette exigence de l'acceptation par le chargeur des clauses dérogatoires au droit commun insérées au connaissement n'a pas été remise en question par l'évolution des textes. Les tribunaux français jugent, de façon constante, que seule la signature du connaissement par le chargeur lui rend opposable les clauses dérogatoires, telles les clauses attributives de juridiction (66).

964. Signature du chargeur pour endossement. — Reste une situation spécifique, qui naît d'un usage international quelque peu étrange : lorsqu'un connaissement est émis au porteur (*infra*, n° 982), l'usage universel veut que le

(66) Pour les clauses de juridiction, l'arrêt de principe demeure l'arrêt *Nagasaki*, 29 nov. 1994, *DMF* 1995.209, obs. P. BONASSIES et *infra*, n° 1158. Pour une clause de déchargement sous palan, voir Rouen, 13 nov. 2001, navire *Nicole*, *DMF* 2002.522, obs. P. PESTEL-DEBORD ; pour une clause *paramount*, Paris 12 sept. 2002, navire *Catharina*, *DMF* 2003.665, obs. Y. TASSEL ; Aix-en-Provence, 10 janv. 2001, navire *An He*, *DMF* 2001.313, obs. Y. TASSEL ; pour la clause autorisant le chargement en pontée, Cass. 19 déc. 2000, *DMF* 2001.606.

chargeur endosse, en blanc, un tel connaissement. Cette pratique est malaisée à expliquer, car il n'est nullement besoin de l'endos du chargeur pour transmettre un titre qui, établi au porteur, se transmet par simple tradition (remise manuelle). Tout au plus, peut-on avancer une hypothèse : le connaissement au porteur ne comporte qu'exceptionnellement la mention expresse « *au porteur* ». Habituellement, il prend la forme d'un connaissement à ordre, dont le bénéficiaire n'est pas précisé, la case « *à l'ordre de...* » demeurant en blanc. C'est donc peut-être pour confirmer la qualité de connaissement au porteur du titre concerné que les négociants endossent un tel connaissement en tant que chargeurs, mais en laissant à nouveau en blanc l'indication du bénéficiaire de l'endos.

La question a été posée de savoir si une telle signature du chargeur peut être considérée comme valant acceptation des clauses dérogatoires du connaissement. La réponse est incontestablement négative. Cette signature apposée au verso du connaissement en qualité d'*endos* — alors que la signature « *d'acceptation* » du chargeur figure au recto, au côté de celle du transporteur — a une fonction limitée, même si en l'espèce, celle-ci apparaît redondante : la transmission des droits attachés au connaissement. Ainsi que la Cour de cassation en a jugé (67), un tel endos ne saurait valoir acceptation des clauses dérogatoires du connaissement. La Cour observe, à très juste titre, qu'une telle signature destinée à transmettre le titre, n'intervient pas lors de la conclusion du contrat, mais nécessairement *après* celle-ci. Le chargeur n'a donc pas adhéré, « *au plus tard lors de la conclusion du contrat* », à la clause dérogatoire que le transporteur entend lui opposer.

B. — La description des marchandises

965. Principes. Plan. — Comme tout titre de transport, le connaissement atteste de la réception des marchandises par le transporteur dans la quantité et l'état apparents indiqués au contrat. Ce reçu est appelé à jouer un rôle fondamental dans la détermination des responsabilités éventuelles : en effet, l'appréciation des conditions d'exécution du contrat de transport se fera par comparaison entre les constatations faites sur l'état de la marchandise lors de la livraison, et les énonciations du connaissement décrivant celle-ci.

Il importe de s'interroger successivement sur les mentions identifiant les marchandises, sur la force probante de ces mentions, enfin sur les réserves ouvertes au transporteur pour se protéger contre elles.

966. a) Les mentions d'identification. — Les textes nationaux et internationaux concordent, de façon presque littérale. En théorie, les mentions identifiant et décrivant la marchandise sont communiquées au transporteur par le chargeur. En pratique, c'est le chargeur, ou le transitaire, son représentant, qui remplit les

(67) Cass. com. 10 janv. 1989, *BTL* 1989.76 ; *DMF* 1989.729 ; Cass. com. 9 juill. 1991, *Bull. civ.* IV, n° 256, p. 179.

cases de l'imprimé de connaissement à lui fourni par la compagnie de navigation, puis le soumet à la signature de l'agent de celle-ci ou de son représentant (*supra*, n° 933).

Le connaissement doit indiquer, « *entre autres choses* » (art. 3 § 3, Convention de Bruxelles de 1924 ; art. 35, décret du 31 déc. 1966) :

— *a* — « *Les marques principales nécessaires à l'identification des marchandises* ». Le texte français précise : « *Les marques doivent être suffisantes pour l'identification des marchandises et être apposées de manière qu'elles restent normalement lisibles jusqu'à la fin du voyage* ».

— *b* — « *Suivant les cas, le nombre des colis et objets ou leur quantité ou leur poids, tels qu'ils sont fournis par écrit par le chargeur* ».

— *c* — « *L'état et le conditionnement apparents des marchandises* » (68).

Le libellé précis de ces mentions descriptives fixe les termes du contrat. Ainsi, il détermine, notamment, le mode de calcul de la limitation de responsabilité au cas où le transporteur aurait à réparer des dommages. Ainsi que nous le verrons (*infra*, n° 1109), l'énumération des colis inclus dans un conteneur permet d'éviter le calcul de la limitation au poids (par kilo) pour l'ensemble du conteneur, généralement très défavorable pour l'ayant droit à la marchandise. Le chargeur doit donc consacrer une attention particulièrement soutenue aux indications qu'il porte sur le connaissement. Lorsque cette tâche est confiée à son transitaire, ce qui est extrêmement fréquent, celui-ci engage sa responsabilité si, en sa qualité de professionnel, il n'a pas utilisé le libellé le plus favorable aux intérêts du chargeur. De plus, le chargeur engage sa responsabilité en cas de fausse déclaration (*infra*, n° 970).

967. Force probante des mentions du connaissement. — Les mentions du connaissement se voient attachée une force probante particulière, subtilement graduée. Le connaissement constitue un titre négociable. Il est l'un des outils fondamentaux du commerce international. Ses titulaires successifs sont les acheteurs successifs de marchandises mises à bord. Ils doivent pouvoir accorder une pleine confiance aux énonciations de ce titre. La sécurité du commerce maritime est à ce prix. Comme le relevait la Cour de cassation dès 1958, le réceptionnaire doit pouvoir se prévaloir des mentions du connaissement pour exiger que lui soit livrée la marchandise telle qu'elle y est spécifiée. « *En décider autrement serait enlever toute force probante à un titre qui constitue le contrat de transport et dont tous les intéressés à la vente peuvent faire état pour justifier tant de la qualité que de la quantité de la marchandise* » (69).

Le caractère tripartite du contrat justifie, cependant, une modulation de la force probante du titre, selon les parties concernées.

968. Distinction chargeur-destinataire. — La nature des choses l'impose, c'est le destinataire qui doit faire l'objet d'une protection renforcée. N'étant pas

(68) L'article 15, § 1, a, des Règles de Hambourg, reprend presque littéralement les mêmes termes, de même que l'article 36 des Règles de Rotterdam.

(69) Cass. 21 oct. 1958, *DMF* 1959.86.

présent lors de la conclusion du contrat et du chargement de la marchandise, il doit pouvoir accorder une confiance aveugle aux énonciations du connaissement. Souvent, il achète, et revend, la marchandise sur documents. Ceux-ci, à son égard et à l'égard de ses acquéreurs, ne doivent pas pouvoir être mis en doute. C'est pourquoi les textes instituent, à l'égard du destinataire, une présomption irréfragable d'exactitude des mentions du titre : le transporteur n'est pas admis à prouver contre le connaissement à l'égard du tiers porteur. La Convention de Bruxelles, amendée par le Protocole de 1968 consacre expressément cette règle (art. 3 § 4, al. 2), de même que la loi du 18 juin 1966, modifiée par la loi du 23 décembre 1986 (art. 18, al. 2) ainsi que les Règles de Hambourg (art. 16 § 3 litt. b), et les Règles de Rotterdam (art. 4,) tous ces textes énonçant, en termes identiques, que « *la preuve contraire* » (aux énonciations du connaissement) *n'est pas admise lorsque le connaissement a été transféré à un tiers porteur de bonne foi* ». Le respect de cette règle, parfois sévère pour le transporteur, est assuré par la jurisprudence avec une particulière vigilance (70).

En revanche, la situation du chargeur, qui est à l'origine des indications du titre, ne justifie pas une telle protection. C'est pourquoi, à l'égard du chargeur, les énonciations du connaissement ne constituent qu'une *présomption simple*. Le transporteur est admis à rapporter la preuve de l'inexactitude de telle ou telle mention. C'est le cas, en particulier, des mentions concernant la nature ou la valeur de la marchandise. Une telle preuve demeurera sans incidence sur les relations entre le transporteur et le porteur du connaissement, mais le transporteur pourra alors se faire relever et garantir par le chargeur des condamnations qu'il aura encourues au bénéfice du destinataire.

969. Mentions quantitatives. Mentions qualitatives. — Il convient également de prendre en considération une autre variable susceptible d'affecter la force probante qui s'attache à ces mentions.

La force de la présomption est entière au regard des mentions qui décrivent la marchandise d'un point de vue quantitatif, poids, nombre de colis. En l'absence de réserves du transporteur, ces mentions quantitatives auront une autorité absolue à l'égard du porteur du connaissement. Même si des éléments extrinsèques viennent ultérieurement les contredire de façon indiscutable, le transporteur devra rendre compte au destinataire des quantités connaissementées quitte à exercer alors un recours en garantie contre le chargeur. Le fondement de cette rigueur réside dans le fait que le transporteur s'est porté garant, en signant le connaissement, de l'exactitude de ces mentions.

Mais, au regard des mentions qui relèvent d'une appréciation qualitative de la marchandise, la même rigueur n'est pas acceptable. Le transporteur ne s'engage que sur l'apparence, sur l'état et le conditionnement *apparents* des marchandises. Il ne saurait, évidemment, en contrôler la qualité commerciale, voire la conformité aux spécifications de la vente. Il n'en a ni la compétence, ni les

(70) Voir par ex. Cass. com. 24 sept. 2003, navire *Eagle Cape*, *BTL* 653 ; Aix, 13 avr. 2001, *Revue Scapel* 2001.146 ; Aix, 7 déc. 2000, navire *Crète*, *DMF* 2001.585, n. R. ACHARD.

moyens, ce n'est pas son rôle. En revanche, la rigueur peut légitimement être maintenue et c'est effectivement le cas, à l'égard des constatations et vérifications que le transporteur peut exercer, *ex propriis sensibus*, sur les éléments apparents présentés par la marchandise et son emballage (71). Mais la frontière est parfois indécise entre ce qui doit être considéré comme apparent et ce qui ne l'est pas, et les tribunaux vont parfois loin dans l'obligation imposée au transporteur, le rendant, par exemple, garant du calibre des oignons transportés, tel que mentionné au connaissement (72). Le jeu des réserves que le transporteur peut être amené à prendre en est également affecté (*infra*, n° 972).

970. Nature de la marchandise. — Fausse déclaration du chargeur. — Il est également fréquent que le connaissement fasse état de la nature de la marchandise. S'agissant de la mention de cette nature, se pose un problème délicat. Reprenant des dispositions déjà inscrites dans l'article 6 de la loi du 2 avril 1936, l'article 31 de la loi de 1966 énonce que, « *lorsque le chargeur a fait une déclaration sciemment inexacte de la nature ou de la valeur des marchandises, le transporteur n'encourt aucune responsabilité pour les pertes ou dommages survenus à ces marchandises* ». S'inspirant de ce texte, le Protocole de 1968 a modifié les dispositions de l'article 4, § 5, lettre h, de la Convention de 1924, lesquelles se lisent désormais : « *ni le transporteur, ni le navire ne seront en aucun cas responsables pour perte ou dommage causé aux marchandises ou les concernant, si dans le connaissement le chargeur a fait sciemment une fausse déclaration de leur nature ou de leur valeur* ». Les Règles de Hambourg ne contiennent aucune disposition analogue, pas plus que les Règles de Rotterdam. Ces dernières régissent, globalement, « *l'obligation du chargeur de fournir des informations* » (art. 29) et mettent à sa charge, de ce fait, une responsabilité de plein droit. Il en doit compte au transporteur (art. 31 § 2).

Tandis que les fausses déclarations de la valeur des marchandises sont rares, n'étant pas de l'intérêt du chargeur, les fausses déclarations de la nature de la marchandise existent, un chargeur pouvant vouloir bénéficier d'un taux de fret plus avantageux lorsque le fret est calculé selon la nature de la marchandise, et déclarant, par exemple, des peaux de crocodiles comme « *hides* », alors que la dénomination correcte eût été celle de « *skins* », produits affectés d'un taux de fret plus élevé (73). Elles peuvent aussi résulter d'une erreur due à la complexité des tarifs de fret — devant alors en principe échapper à la sanction légale.

Le problème est de savoir si les dispositions de la loi de 1966 ou celles de la Convention de 1924 s'appliquent même à l'encontre du destinataire de bonne foi. La question est malaisée à résoudre, eu égard au principe qui veut que le

(71) Les Règles de Rotterdam sont plus précises sur ce point : aux termes de l'art. 36 § 4 « *l'état et conditionnement apparents des marchandises (...) désigne l'état et le conditionnement des marchandises établis à partir :*

a) d'une inspection externe raisonnable des marchandises telles qu'elles sont emballées au moment où le chargeur les remet au transporteur ou à une partie exécutante, et

b) de toute inspection supplémentaire que le transporteur ou une partie exécutante réalise effectivement avant d'émettre le document de transport ou le document électronique de transport ».

(72) Cass. 25 sept. 1984, *Revue Scapel* 1986.22 ; *DMF* 1987.80.

(73) Rouen, 25 nov. 1976, navire *American Alliance*, *DMF* 1977.276.

transporteur ne puisse faire la preuve de l'inexactitude des mentions du connaissement à l'encontre du tiers porteur de bonne foi (*supra,* n° 968). Cependant, la fermeté des dispositions de la Convention de 1924 concernant la matière (« *en aucun cas* » dit ce texte), le fait que les dispositions de la loi de 1966 aient été, quant à elles, insérées par le législateur, non dans le chapitre concernant le connaissement, mais dans celui concernant la responsabilité du transporteur, rendent difficile pour le juge de ne pas les appliquer telles qu'elles sont écrites, donc même à l'encontre d'un destinataire de bonne foi.

C'est en tout cas, pour l'instant, la position adoptée par les tribunaux français (74). Il reste que, si le transporteur a quelque doute sur la nature de la marchandise à lui confiée, le moyen le plus sûr pour se protéger est d'émettre des réserves.

971. Autres mentions. Portée. — Si rigoureuses que soient les règles concernant la force des mentions portées au connaissement, il ne faut pas les généraliser. Les textes, tant la Convention de 1924 (art. 3, al. 4) que la loi de 1966 (art. 35 du décret du 31 déc. 1966), n'accordent valeur absolue qu'aux mentions concernant les marques, le nombre de colis ou leur poids, enfin l'état et le conditionnement apparent des marchandises. Les autres mentions du connaissement restent soumises aux règles du droit commun. Le transporteur peut toujours prouver leur inexactitude, et ce même à l'égard du destinataire. Il en est ainsi de la mention indiquant le nom du destinataire, le nom du navire sur lequel la marchandise a été chargée, la date ou les modalités du paiement du fret (75).

972. c) Les réserves du transporteur. — S'il accepte les énonciations portées par le chargeur au connaissement en signant celui-ci sans observation, le transporteur est présumé avoir reçu une marchandise conforme à ces énonciations tant en quantité qu'à l'égard de leur état apparent. Nous venons de le constater, cette présomption est extrêmement lourde : si elle admet la preuve contraire à l'encontre du chargeur, elle est, en revanche, irréfragable à l'égard du destinataire, tiers porteur de bonne foi du connaissement. Or, les déclarations du chargeur ne sont pas toujours exactes, ou pas parfaitement. Si le transporteur se révèle négligent, ou trop confiant, il sera donc exposé à rendre compte au destinataire d'avaries et de manquants dont il n'est, en réalité, pas responsable car ils étaient préexistants au transport.

Il dispose d'un moyen de se prémunir contre ce risque : il peut, en effet, lors de son émission, insérer des *réserves* au connaissement (76).

(74) Marseille, 4 mars 1969, navire *Napoléon*, *DMF* 1969.755, pour des jambons en conserve, déclarés simplement « conserves », ce qui entraînait un fret inférieur ; Rouen, 25 nov. 1976, cité *supra* note 66 ; Paris, 8 sept. 1978, navire *Arosia*, *Revue européenne des transports* 1978.674 pour des briquets déclarés « *metal toys* », soi-disant pour éviter des vols ; Aix-en-Provence, 20 mars 1979, navire *Kueneland*, *DMF* 1979.725 pour des fûts remplis d'eau avec une mince pellicule d'essence de vétiver, et déclarés contenir semblable essence ; dans le même sens, Cour d'appel fédérale de New York, 9 nov. 1974, navire *Irish Larch*, *DMF* 1979.615, pour des rouleaux de fils d'acier, déclarés ballots de fils métalliques (*wire rods in bundles*), là aussi pour bénéficier d'un taux de fret minimum.

(75) Voir, pour le nom du destinataire, Cass. 19 mars 1990, *DMF* 1990.568 ; pour le nom du navire, Cass. 20 déc. 1988, navire *KH-Enterprise*, *DMF* 1990.699, n. R. ACHARD ; pour le fret, voir *infra*, n° 1044.

(76) Sur la possibilité pour le transporteur de se protéger également en adressant une « lettre de réserves » au *destinataire*, voir Cass. 25 mai 1993, *DMF* 1993.626, obs. R. ACHARD.

973. Les réserves efficaces. — La Convention de Bruxelles de 1924 envisage, curieusement, les réserves du transporteur sous un angle négatif. L'article 3 § 3 litt. c, autorise le transporteur à ne pas « *déclarer ou mentionner, dans le connaissement, des marques, un nombre, une quantité ou un poids dont il a une raison sérieuse de soupçonner qu'ils ne représentent pas exactement les marchandises actuellement reçues par lui, ou qu'il n'a pas eu des moyens raisonnables de vérifier* » (77). Mais cette faculté d'omission (78) offerte au transporteur ne correspond pas à la réalité des opérations documentaires qui s'effectuent au chargement des marchandises. En fait, nous l'avons noté, c'est le chargeur qui informe les rubriques de l'imprimé établi par le transporteur. Les réserves du transporteur prennent nécessairement une forme active : il s'agit d'une mention apposée sur le connaissement par le transporteur, pour, en quelque sorte, « contredire » l'indication donnée par le chargeur, indication, à en croire le transporteur, erronée ou invérifiable.

Les textes français ont été rédigés de façon plus conforme à la pratique. L'article 36 du décret du 31 décembre 1966, ajoutait « *qu'au cas où le transporteur avait des raisons de refuser l'inscription d'une déclaration du chargeur, il devait faire mention spéciale et motivée de ces raisons ou de cette impossibilité* ». La formule, opportune car synthétique, a été légèrement modifiée en la forme par le décret du 12 novembre 1987 : le transporteur « *doit faire dans le connaissement une réserve précisant les inexactitudes, la raison de ses soupçons ou l'absence de moyens de contrôle suffisant* ». Le texte français est repris littéralement à l'article 16 § 1 des Règles de Hambourg, l'article 40 des Règles de Rotterdam reprend l'esprit de ces dispositions, de façon beaucoup plus détaillée.

Sous des variations de forme, les exigences des divers textes ici cités apparaissent constantes. Pour être efficaces, les réserves doivent être spéciales, c'est-à-dire visant une spécification précisément désignée et non une observation générale dépourvue de support, et motivées, c'est-à-dire désignant précisément les causes ou les manifestations du désaccord avec les déclarations du chargeur. On trouve un exemple remarquable de réserve répondant aux exigences légales dans un arrêt de la Cour de Paris du 9 juillet 1985, où la réserve énonçait, entre autres, « *liens de bottes des poteaux insuffisamment résistants pour les manipulations de chargement/déchargement. Poteaux à nu sans protection bien que fragiles. 240 poteaux présentant déformations — cinquante-cinq poteaux avec extrémités écrasées* » (79).

Quand de telles réserves sont portées sur le connaissement, elles ont un effet important, qui se révélera souvent déterminant : elles renversent la charge de la preuve ; elles détruisent la présomption de conformité des marchandises aux

(77) Sur l'historique expliquant cette analyse, voir R. RODIÈRE, *Traité*, n°s 460 à 462.

(78) Le terme de « *réserve* », on le constate, ne figure pas à l'article 3 § 3. Le mot n'apparaît qu'à l'article 3 § 6, 3e al., visant les « *réserves écrites* » du *destinataire* prises lors de la réception des marchandises : voir *infra*, n° 1121.

(79) Navire *Cantal*, *DMF* 1986.537.

énonciations portées sur le connaissement par le chargeur. Dès lors, il appartiendra à l'ayant droit à la marchandise de démontrer la fausseté des réserves et la réalité des dommages imputables au transporteur (80).

Eu égard à la portée de telles réserves, celles-ci peuvent donner lieu à un contentieux lors de l'établissement du connaissement (81). Le chargeur peut contester le bien-fondé des réserves du transporteur, demander leur retrait, et surtout, car les réserves ne sont le plus souvent connues par le chargeur qu'après le départ du navire, demander la condamnation du transporteur à des dommages-intérêts (82). Mais, en fait, les conditions de rapidité du chargement des navires modernes et la brièveté de leurs escales expliquent que, pour des raisons pratiques, ce contentieux soit peu fréquent.

974. Réserves inefficaces. Réserves de style. — Les réserves qui ne répondent pas aux exigences légales seront considérées par les tribunaux comme inefficaces et ne détruisant pas la présomption de prise en charge des marchandises telles que décrites au connaissement. Par exemple, seront déclarées sans effet les réserves « *nombreux emballages disloqués* », ou « *tous sacs usagés* » (83). Pareillement sont écartées ce que la pratique qualifie de *réserves de style*.

Il s'agit de clauses de formulation générale, apposées de façon systématique sur les connaissements, souvent au moyen d'un timbre humide qui témoigne de la banalité du procédé. Les plus fréquentes ont été les clauses « *que dit être* » (*said to be*) ou « *poids inconnu* » (*said to weight*). Ces clauses ont été utilisées, efficacement, au XIXe siècle et au début du XXe siècle, comme de véritables clauses d'irresponsabilité (84).

Aujourd'hui, la Convention de Bruxelles de 1924 leur fait obstacle, tandis que les textes français les ont condamnées de façon expresse, en requérant des réserves qu'elles soient « *spéciales et motivées* », ce que ne sont évidemment pas les réserves de style. La jurisprudence applique strictement les textes et, de façon constante, déclare inefficaces les réserves de style (85).

975. Le problème des conteneurs. — La question des réserves de style, clairement tranchée en son principe, a toutefois connu un renouveau avec le

(80) « *La preuve des dommages incombe alors à l'expéditeur ou au réceptionnaire* » (art. 36 décret du 31 déc. 1966, modifié par le décret du 12 nov. 1987).

(81) Voir R. RODIÈRE, « Portée des réserves inscrites sur un connaissement tardivement délivré », *BTL* 1977.90.

(82) Voir par ex. Aix, 28 avr. 1983, *DMF* 1984.726, n. R.A.A., où le transporteur est sévèrement condamné pour des réserves manifestement excessives, comme l'établissait, notamment, leur comparaison avec les réserves portées par l'acconier.

(83) Aix-en-Provence, 6 déc. 1972, *DMF* 1972.613 ; Marseille, 7 sept. 1971, *DMF* 1972.813. Caractéristique de la rigueur des juges est la dernière espèce, où le tribunal, pour établir l'inexactitude des réserves, relève que certains sacs à tout le moins étaient arrivés intacts...

(84) Sur l'historique, voir R. RODIÈRE, *Traité*, n° 460.

(85) Voir par ex., Cass. com. 22 févr. 1983, *DMF* 1984.137, condamnant la clause « *said to be* ». Dans le même sens : Cass. com. 14 oct. 2008, Navire *Amazon*, D. 2008.2118, obs. X. DELPECH ; *BTL* 2008.667 ; *DMF* 2008.1034 ; *DMF* 2009, Hors-série n° 13, obs. Ph. DELEBECQUE. La chambre commerciale approuve la Cour d'Aix-en-Provence (1er mars 2007, d'avoir considéré que la clause « *sans reconnaissance de responsabilité de la part des armateurs* » ne constituait qu'une « *clause de style dépourvue de valeur juridique* ».

phénomène de conteneurisation. Les transporteurs ont tenté de justifier l'utilisation de clauses « *said to contain* », apposées de façon systématique sur tout connaissement relatif à une marchandise « *empotée* » en conteneur, en invoquant l'impossibilité où ils étaient d'en vérifier le contenu. Le risque était grand de voir ainsi détruit l'équilibre sur lequel repose le système actuel de responsabilité, d'autant que la portée concrète de telles clauses n'eût cessé de croître avec la généralisation du fret conteneurisé.

Dans certains cas, la prétention du transporteur à revendiquer son ignorance du contenu de l'engin de groupage peut ne pas être fondée en fait, tout simplement parce qu'il a procédé lui-même à l'empotage du conteneur (86) ou que celui-ci s'est effectué sous la surveillance de ses agents ou préposés (87). Mais la question reste entière lorsque le conteneur est remis déjà empoté, plein et plombé au transporteur maritime (88). Celui-ci prétend alors, comme le prévoit la Convention de Bruxelles, qu'il n'a pas eu « *des moyens raisonnables de vérifier* » l'exactitude des déclarations du chargeur concernant le contenu du conteneur, et qu'il était donc bien fondé à utiliser la clause « *said to contain* » (89). La jurisprudence s'est, toutefois, montrée extrêmement ferme sur ce point. Elle n'admet pas, même dans ce cas, la validité d'une clause aussi imprécise (90).

Cette jurisprudence paraît fondée. Le transporteur conserve en effet toujours la possibilité de contrôler la marchandise qui lui est remise ainsi que les énonciations du connaissement décrivant le contenu de l'engin (91). Que le conteneur soit plombé ne constitue pas, juridiquement, un obstacle. Le transporteur est incontestablement en droit, de déplomber, d'ouvrir le conteneur, et de le dépoter afin d'en vérifier le contenu. Par ailleurs, l'argument fondé sur l'impossibilité d'effectuer un contrôle du fait de la rapidité du chargement des navires porte-conteneurs n'est pas, non plus, pleinement convaincant. Certes, cette contrainte est incontestable ; l'escale d'un tel navire spécialisé s'effectue en quelques heures à peine et met en œuvre la manipulation de centaines, voire de milliers de conteneurs (92). Mais cette rapidité n'est pas nécessairement significative du temps de transit du conteneur dans le port. Souvent, les conteneurs destinés à telle ou telle escale sont groupés et stockés à quai, au sein d'un

(86) Il en sera souvent ainsi lorsque le conteneur est « *LCL* » (*Less than container load*), c'est-à-dire que plusieurs lots de marchandises ont été groupés par le transporteur car ils étaient, chacun, insuffisants pour remplir le conteneur.

(87) Voir par ex. Rouen, 17 nov. 1988, *DMF* 1990.327, obs. P. Bonassies.

(88) Il en est généralement ainsi lorsqu'il s'agit d'un conteneur « *FCL* » (*Full container load*).

(89) Les Règles de Rotterdam visent spécifiquement cette situation (art. 40 § 4). Le texte vise, non seulement le cas où « *il n'y avait pas de moyen matériellement applicable* » pour vérifier les informations fournies par le chargeur, mais aussi le cas où il n'y avait pas de moyen « *commercialement raisonnable* » de le faire.

(90) Voir Cass. com. 29 janv. 1980, *JCP* 1980.II.19388, n. R. Rodière, *DMF* 1981, 267, obs. R. Achard, p. 260, approuvant le juge du fond d'avoir conclu que la mention « *said to contain* » ne constituait pas une réserve suffisamment motivée ; Rouen, 14 avr. 1994, *DMF* 1995.380, pour la mention « *shiper's load and count* » ; voir aussi, particulièrement rigoureux, Rouen, 13 févr. 1996, *DMF* 1997.802, obs. Y. Tassel, où les juges refusent tout effet à une réserve indiquant que le transporteur n'avait pas eu les moyens raisonnables de vérifier les déclarations du chargeur, qui avait remis le conteneur fermé et plombé, et que le nombre de colis n'était indiqué au connaissement que « *pour des raisons douanières* ».

(91) Voir en ce sens les observations de Rouen, 29 juin 1989, *DMF* 1991.638.

(92) La dernière génération de porte-conteneurs, d'ores et déjà construits et en service, dispose d'une capacité de 10 000 à 13 500 TEU (*twentyfoot equivalent unit*). Il est fait état de projets de construction de navires dits « *Over Malacca* », c'est-à-dire excédant la profondeur du détroit de Malacca, qui seraient susceptibles de dépasser 15 000 TEU. V. le colloque « *Le gigantisme* », Rendez-vous de l'Assurance Transports, Cannes 28 et 29 avril 2009.

terminal container, plusieurs jours, voire plusieurs semaines avant l'arrivée du navire. Dans nombre de cas au moins, le temps nécessaire au contrôle existe donc bien.

Il demeure, toutefois, que de tels contrôles effectués par le transporteur sont susceptibles d'affecter la rapidité de manutention du conteneur, et par là la rentabilité de ce mode de transport. De plus, le transporteur pratiquant un tel contrôle, endosse nécessairement les risques qu'il comporte d'avaries de manutention ou de vol. Mais ces arguments tirés de la seule rentabilité économique, n'ont pas, en tant que tels, de portée juridique. C'est au transporteur qu'il appartient, compte tenu du mode de transport considéré, d'établir la balance entre les risques qu'il prend en ne contrôlant pas, et les risques contre lesquels il se prémunit.

Il reste, en définitive, une seule possibilité pour le transporteur : refuser les mentions qu'il n'a pu vérifier, celles qui décrivent les colis chargés dans le conteneur. Ce serait d'ailleurs un véritable retour au texte de la Convention de Bruxelles de 1924 : refuser d'inscrire les mentions que le transporteur ne peut vérifier. Une telle solution incontestable serait parfaitement juridique. Elle serait cependant difficile à mettre en œuvre, car nombre de chargeurs refuseraient de l'accepter pour des raisons commerciales.

En conclusion, il faut reconnaître que le système mis en place par les législateurs de 1924-1966 n'est sans doute pas pleinement adapté au transport de conteneurs, transport où, comme le relève justement Martine Rémond-Gouilloud, « *le doute est la règle* » (93). Si le Doyen Rodière était peut-être bien fondé, en 1970 à considérer que le conteneur constituait, juridiquement, un « *faux problème* » (94), la pratique actuelle révèle qu'un problème d'adaptation se pose. Aussi bien, a-t-il déjà fallu adapter le régime de la pontée à la conteneurisation et au porte-conteneurs (95) ainsi que le mode de calcul de la limitation légale de responsabilité (96). S'agissant du problème des réserves, il faudra sans doute faire preuve d'imagination. Mais une chose est claire : il ne saurait être question de revenir à un système d'irresponsabilité systématique du transporteur maritime. Cela s'inscrirait directement à contre-courant de toute l'évolution actuelle du droit des transports.

976. Les lettres de garantie au chargement. — La prise de réserves par le transporteur entraîne de lourdes conséquences pour le chargeur. Celui-ci est, généralement, le vendeur de la marchandise qui fait l'objet du transport. La vente

(93) M. RÉMOND-GOUILLOUD, *Droit maritime*, 2e éd., n° 352. À propos de la clause « *said to contain* », notre collègue écrit : « *Notre problème se pose ici de façon particulière : la réserve prévue par la loi maritime est conçue pour des situations exceptionnelles, anormales, non pour un système où le doute est la règle. Il est aussi artificiel de la valider, pour rendre justice au transporteur, que de la gommer pour protéger le destinataire : l'outil n'est pas adapté* ».

(94) R. RODIÈRE, « Un faux problème, celui des containers », *DMF* 1968.707.

(95) Loi du 21 déc. 1979, ajoutant un alinéa nouveau à l'art. 22 de la loi du 18 juin 1966, visant le « *chargement en conteneur à bord de navires munis d'installations appropriées pour ce type de transport* ». V. *infra*, n° 1022.

(96) Protocole du 23 févr. 1968, ajoutant un nouveau paragraphe à l'art. 4 § 5 de la Convention de Bruxelles, visant le cas où « *un cadre, une palette ou tout engin similaire est utilisé pour grouper des marchandises* », texte auquel renvoie la loi du 23 déc. 1986, modifiant l'art. 28 de la loi du 18 juin 1966.

documentaire, le crédit documentaire ne s'accommodent que d'un connaissement « *clean* », net de toutes réserves. C'est pourquoi la tentation peut être grande pour le chargeur de négocier un accord avec le transporteur. Celui-ci accepte de délivrer un connaissement sans réserve, mais, en contrepartie, le chargeur lui délivre une *lettre de garantie* par laquelle il le couvre des conséquences de l'absence de réserves au connaissement (lettres qui doivent être plus précisément qualifiées de *lettres de garantie au chargement*, pour les distinguer des *lettres de garantie au déchargement*, de fonction et de nature tout à fait différentes, et qui posent un tout autre problème : voir *infra*, n° 1037). En effet, le connaissement étant net de réserves, le transporteur est présumé, irréfragablement à l'égard du destinataire, avoir reçu la marchandise au complet et en bon état, et le défaut de la marchandise engage sa responsabilité à l'égard du porteur du connaissement. Le chargeur s'engage donc à le garantir en prenant à sa charge l'indemnisation du destinataire.

Cette pratique, assez courante, peut procéder de motivations diverses. Souvent, il s'agit simplement d'éviter un blocage du circuit du négoce pour une cause dérisoire ou minime : sur un lot de milliers de cartons d'eaux minérales, une palette fait l'objet d'une chute à quai, au déchargement du camion, avant la prise sous le palan du navire. Le transporteur n'en est pas responsable. Pour se dégager de sa responsabilité à l'égard du destinataire, ce manquant devrait être signalé par une réserve portée au connaissement. Mais s'il en était ainsi, le crédit documentaire, lequel se réfère expressément à un connaissement couvrant 1 000 cartons, se trouverait bloqué dans sa totalité, et ce pour l'équivalent de quelques dizaines d'euros, chose qui n'est pas raisonnable. L'émission d'une lettre de garantie constitue incontestablement une réponse adaptée à ce type de situation.

Mais, l'absence de réserves peut également procéder d'une véritable collusion frauduleuse entre chargeur et transporteur afin de tromper le destinataire de la marchandise. Un colis manquant par l'effet de la défaillance du chargeur-vendeur, passera, faute de réserves, sous la responsabilité du transporteur et non du vendeur. S'il s'agit d'un colis de grande valeur et de faible poids, sa perte, imputée à tort au transport, bénéficiera du jeu de la limitation légale de responsabilité : l'indemnisation du destinataire-acheteur se trouvera ainsi limitée, parfois à un montant très faible, alors que son action en inexécution contre le vendeur lui aurait permis d'obtenir une indemnisation intégrale.

977. Sanction des lettres de garantie. — Les textes internationaux ne visent pas expressément la pratique des lettres de garantie. La jurisprudence antérieure à 1966 s'épuisait à tenter de distinguer les lettres de garantie considérées comme bonnes, et donc admissibles, de celles qui présentaient un caractère frauduleux. À l'épreuve des faits et des informations limitées dont disposent les tribunaux, l'exercice était périlleux et ses résultats aléatoires.

C'est l'une des innovations les plus originales de la réforme opérée par la loi du 18 juin 1966 que d'avoir imaginé un nouveau mode d'appréhension de cette situation. L'article 20 de la loi du 18 juin 1966 sanctionne, non pas seulement l'émission d'une lettre de garantie, mais surtout, l'absence corrélative de réserves au connaissement. Consacrant ainsi l'obligation pour le transporteur de fournir au circuit documentaire un titre fiable, l'article 20, alinéa 2, le prive de toute possibilité de s'exonérer de sa responsabilité et de limiter sa responsabilité « *si la réserve volontairement omise concerne un défaut de la marchandise dont le transporteur avait ou devait avoir connaissance lors de la signature du connaissement* » (97).

Quant à la lettre de garantie, elle est analysée comme une *contre-lettre*, ce qu'elle est en effet, et soumise au régime institué par l'article 1321 du Code civil : elle est nulle à l'égard des tiers, « *mais ceux-ci peuvent s'en prévaloir à l'encontre du chargeur* » (loi du 18 juin 1966, art. 20, al. 1). Cela leur permettra, s'ils ont connaissance de la lettre de garantie bien qu'elle ait vocation à demeurer occulte, de demander des comptes au chargeur, en sa qualité de vendeur. Si la lettre n'est pas révélée, le destinataire est néanmoins efficacement protégé : il sera indemnisé intégralement par le transporteur puisque celui-ci est privé du bénéfice des cas exceptés ainsi que de la limitation de responsabilité du seul fait de l'absence fautive de réserves (98).

Ainsi, le destinataire n'a même pas à rechercher si une lettre de garantie a été émise, ce que, la plupart du temps, il aura grand mal à déterminer. Il lui suffit d'établir l'absence injustifiée de réserves. De la sorte, aussi — et quelque peu paradoxalement —, si le transporteur invoque, pour se défendre contre l'action en responsabilité du destinataire, un défaut de la marchandise antérieur au transport mais qui n'a pas fait l'objet d'une réserve, il s'expose lui-même aux sanctions de l'article 20 (99).

La portée exacte du texte souffre toutefois d'une ambiguïté. L'article 20, alinéa 2, vise la réserve « *volontairement omise* » par le transporteur, mais précise que l'omission sanctionnable couvre le défaut de la marchandise dont le transporteur avait, ou « *devait avoir connaissance* ». Si le transporteur avait connaissance du défaut, l'omission est indiscutablement volontaire. S'il s'agit d'un défaut dont il « *devait avoir connaissance* », les choses sont moins claires.

La jurisprudence ne s'embarrasse pas de nuances, au demeurant illusoires. Comme elle le fait en d'autres domaines du droit des transports, ou, plus généralement, de la responsabilité, elle met en œuvre une appréciation *in abstracto* du défaut de réserves : le transporteur, bon professionnel, diligent et compétent, doit avoir connaissance de tout défaut apparent de la marchandise (100). Si l'omission procède de sa négligence, on est en droit de considérer qu'elle est volontaire, et donc, fonde légitimement sa responsabilité.

(97) Pour un cas d'application particulièrement topique, voir Paris, 12 sept. 2002, navire *Catharina*, *DMF* 2003.665, obs. Y. TASSEL.

(98) V. Aix-en-Provence, 7 sept. 2007, *BTL* 2007.354 qui refuse au transporteur le bénéfice de la limitation de responsabilité, *DMF* 2008, Hors-série n° 12, n° 76, obs. Ph. DELEBECQUE.

(99) V. Cass. com. 4 avril 2006, navire *Catherina*, *BTL* 2006.247 ; *DMF* 2007.49, note S. SANA CHAILLE DE NÉRÉ ; obs. Ph. DELEBECQUE, *DMF* 2007, Hors-série n° 11, n° 84 ; la décision interprète le texte largement, elle juge que le transporteur ne peut opposer au destinataire le défaut de la marchandise antérieur au chargement, « *ce dernier eut-il eu connaissance que les avaries préexistaient à la prise en charge de la marchandise par le transporteur* ».

(100) Paris, 7 nov. 1988, *DMF* 1989.655.

Restent à régler les relations entre transporteur et chargeur. La garantie incluse dans la lettre doit-elle jouer, et le chargeur indemniser le transporteur, lui-même condamné au bénéfice du destinataire ? Le texte ne le précise pas. La jurisprudence a tendance à reprendre, sur ce point, son analyse traditionnelle : si la lettre de garantie était frauduleuse, la garantie du chargeur sera refusée au transporteur qui sera doublement sanctionné pour sa participation à la fraude (101). Il ne sera garanti par le chargeur que si la lettre n'avait pas pour objet de léser le destinataire.

On peut observer que les Règles de Hambourg, article 17, se sont, à nouveau, largement inspirées du texte français, comme aussi de la jurisprudence française. Ainsi, l'alinéa 3 de cet article dispose que la lettre de garantie délivrée par le chargeur est valable « *à l'égard du chargeur sauf lorsque le transporteur... en s'abstenant de faire les réserves..., a l'intention de léser un tiers, y compris un destinataire, qui agit en se fondant sur la description des marchandises donnée au connaissement. Si, dans ce dernier cas, la réserve omise concerne les indications fournies par le chargeur pour mention au connaissement, le transporteur n'a droit à aucune indemnisation du chargeur* ». Les Règles de Rotterdam ne traitent pas du problème. Lorsque la question se posera, à l'occasion d'un transport régi par les nouvelles règles, elle devra être réglée par la loi applicable au transport, donc éventuellement la loi française, si les conditions d'application de celle-ci sont réunies (voir *supra*, n°s 906 et s.).

978. Conclusion. Les réserves du transporteur, droit ou obligation ? — La portée qui s'attache aux réserves efficaces démontre bien qu'il s'agit d'un droit dont dispose le transporteur (102). La question a été posée de déterminer si la prise de réserves ne pouvait pas, à l'opposé, constituer une *obligation* pour le transporteur. La question peut paraître oiseuse : le transporteur a le droit de se protéger en prenant des réserves, il atténue ainsi, ou fait disparaître, le risque de voir engagée sa responsabilité. S'il ne le fait pas, « *tant pis pour lui* » (103). Mais, cependant, ne peut-on considérer que sa négligence ou sa crédulité peuvent constituer une faute, c'est-à-dire, en d'autres termes, que la prise de réserves peut constituer pour lui une obligation, dont le non-respect est susceptible d'engager sa responsabilité, notamment à l'égard d'un opérateur qui aurait acheté une marchandise à la qualité garantie par un connaissement net de réserves (104) ?

Le Doyen Rodière s'est montré extrêmement prudent à l'égard de la question ici posée, en raison, notamment, de la nécessaire indépendance entre contrat de transport et contrat de vente (105). Mais ce ne sont pas les règles du contrat de vente qui fondent l'obligation du transporteur de prendre des réserves, mais

(101) Aix, 30 juin 1978, *BTL* 1978, p. 513 ; Cass. com. 23 févr. 1983, *DMF* 1983.478 ; Paris, 7 nov. 1988, *BTL* 1990, p. 48 ; Paris 12 sept. 2002, navire *Catharina*, *DMF* 2003.665, obs. Y. TASSEL.

(102) Ni les Règles de Hambourg, ni les Règles de Rotterdam, ne prennent partie sur ce point. Pour les Règles de Rotterdam, Ph. DELEBECQUE observe : « *La question pourtant essentielle* (...) *n'a pas été touchée, les rédacteurs du projet ayant préféré, à tort ou à raison, s'en tenir à une approche casuistique et non théorique* », *DMF* 2007, Hors-série n° 11, n° 84.

(103) R. RODIÈRE, *Traité*, n° 468.

(104) En ce sens, Rouen, 10 oct. 1991, *DMF* 1993.1080.

(105) *Ibidem*, n° 468 : « *C'est dans son intérêt que le transporteur est autorisé, dans deux cas, à prendre des réserves. Aucun texte ne l'oblige à en prendre* ».

celles, seules, du contrat de transport. L'indépendance de chacun des contrats, qui doit être maintenue et qui a été récemment réaffirmée de la façon la plus solennelle (106), peut jouer quand il s'agira d'apprécier l'intérêt à agir (*infra*, n° 1130). Elle n'a pas sa place quand il s'agit d'apprécier les obligations du transporteur.

On peut, d'ailleurs, observer que, *volens nolens*, le Doyen Rodière a lui-même consacré la thèse de l'obligation pour le transporteur de prendre des réserves, en sanctionnant par l'article 20 de la loi du 18 juin 1966 l'absence de réserves fautive du transporteur, à tout le moins quand elle s'accompagne de la rédaction d'une lettre de garantie (*supra*, n° 977).

979. Post-scriptum. Réserves et cas exceptés. — Pour se dégager de sa responsabilité, le transporteur peut normalement invoquer l'un des *cas exceptés* prévus par les textes. Certains de ces cas concernent directement la marchandise qu'il a prise en charge (vice de la marchandise, faute du chargeur dans le conditionnement ou l'emballage de la loi de 1966 ; insuffisance d'emballage de la Convention de 1924). La question se pose de savoir si le transporteur qui n'a pas fait de réserves peut invoquer un cas excepté de ce type (107).

La réponse à cette question dépend pour partie du cas excepté invoqué. C'est donc dans le cadre de la théorie des cas exceptés qu'elle sera développée (108).

§ 2. — *Les formes du connaissement*

980. Principes. — Curieusement, rien dans la Convention de Bruxelles de 1924, ni dans les textes du droit français, pas plus que dans les Règles de Hambourg, ne précise quelles sont les formes que peut revêtir le connaissement. L'article 49 du décret du 31 décembre 1966 n'évoque les formes du connaissement qu'à propos de la livraison de la marchandise. Il faut donc s'en remettre à la théorie générale des titres du droit commercial pour déterminer ces formes. Nous dirons ainsi que le connaissement peut être émis à ordre, au porteur ou sous forme nominative.

981. Le connaissement à ordre. — C'est le plus utilisé. Il suffit d'assortir l'indication du nom du destinataire de la mention « *à ordre* » pour que le connaissement puisse se transmettre, comme les effets de commerce, par simple *endos* (signature portée au verso du titre). Le Doyen Rodière pensait même qu'un connaissement ne portant pas la mention à ordre pouvait se voir reconnaître cette qualité, au moins tant qu'il ne porte pas la mention « *non à ordre* » (*not to order*). La pratique paraît en ce sens, mais aucune jurisprudence ne peut être citée à l'appui de la thèse ainsi proposée, même si, sans doute, elle mérite l'approbation.

(106) Cass. ass. pl. 22 déc. 1989, navire *Mercandia Transporter II, DMF* 1990.29, n. P. BONASSIES.

(107) Dans le principe, les tribunaux admettent que l'absence de réserve n'interdit pas au transporteur d'évoquer un cas excepté, Cass. com. 3 mai 2006, *DMF* 2007.49, note S. SANA CHAILLE DE NÉRÉ, *BTL* 2006.351, *Rev. Scapel* 2006.147, obs. Ph. DELEBECQUE, *DMF* 2007, Hors-série n° 11, n° 84.

(108) Voir *infra*, n° 1088.

Le connaissement à ordre est indispensable dans nombre d'opérations du commerce international. Certaines marchandises se vendent couramment en filière, par endos successifs, les hydrocarbures par exemple. Le connaissement, outil indispensable à leur négoce, portera alors une chaîne d'endos. Le destinataire, titulaire des droits que confère le connaissement et principalement du droit à la livraison, sera le dernier endossataire (art. 49, décret du 31 déc. 1966).

Longtemps, on a aussi considéré que c'était le dernier endossataire qui était aussi seul titulaire de l'action en responsabilité éventuelle contre le transporteur. Mais nous verrons qu'aujourd'hui il partage cette qualité avec le chargeur, lorsque celui-ci supporte un préjudice de l'exécution fautive du transport (109).

982. Le connaissement au porteur. — Dans le principe, c'est celui qui porte la mention « *au porteur* ». Cela n'est pas cependant la pratique habituelle. Plus souvent, le connaissement au porteur prend la forme d'un connaissement à ordre, mais dans lequel ne figure aucune désignation du destinataire (110). On parle de « *connaissement à ordre en blanc* » (111). Un véritable connaissement à ordre, désignant un bénéficiaire, peut d'ailleurs être transformé en connaissement au porteur : il suffit de l'endosser sans indiquer aucun nom d'endossataire.

Le connaissement au porteur se transmet par simple tradition (remise de la main à la main). Le porteur de l'un des originaux du connaissement est le titulaire des droits que confère le titre (art. 49 du décret du 31 déc. 1966).

983. Le connaissement nominatif. — Lorsque l'indication du nom du destinataire n'est pas assortie de la mention à ordre, ou que celle-ci a été raturée, le connaissement devient un titre nominatif. Ce terme ne se retrouve pas, cependant, dans les textes de 1966 qui n'évoquent que le connaissement « *à personne dénommée* » (art. 49, décret du 31 déc. 1966). Ce connaissement à personne dénommée perd toute souplesse de transmission. Il n'est plus *transmissible*, c'est-à-dire transférable par simple signature. Certes, comme tout droit, il demeure *cessible*. Mais il faut pour le céder, répondre aux exigences du droit commun et, particulièrement, respecter les formalités édictées par l'article 1690 du Code civil. À défaut, la cession ne serait pas opposable au transporteur.

Cette forme de connaissement est bien adaptée à l'envoi qu'un chargeur se fait à lui-même, s'agissant d'une marchandise, qui en principe, n'est pas destinée à la vente. Le destinataire dénommé devra, évidemment, justifier de son identité pour obtenir livraison de la marchandise. Il n'en reste pas moins qu'il s'agit d'un connaissement véritable (article 49 du décret du 31 décembre 1966) et non d'une

(109) Il en est, ainsi, depuis la jurisprudence *Mercandia*, Cass., ass. pl. 2 déc. 1989, *DMF* 1990.29, n. P. BONASSIES, voir *infra*, n° 1135.

(110) Les Règles de Rotterdam consacrent expressément cet usage, en définissant le terme de porteur (art. 1 § 10, b) comme le « *détenteur (...) d'un document à ordre endossé en blanc ou d'un document au porteur* ».

(111) Cass. com. 18 nov. 1974, *BTL* 1975.130 ; 22 févr. 1983, navire *Bordabekoa*, *DMF* 1983.660 ; 16 janv. 1990, *DMF* 1991.33. Aix-en-Provence, 16 mars 2006, navire *Fulvia*, *DMF* 2007, Hors-série n° 11, n° 83. Dans le même sens, W. TETLEY, *Marine Cargo Claims*, 4e éd., 2008.450.

lettre de voiture (112). Le transporteur ne doit donc remettre la marchandise que sur présentation d'un original du connaissement. Il engage sa responsabilité, même en ce cas, s'il délivre la marchandise sans connaissement, sur remise d'une lettre de garantie (113). Par ailleurs, le connaissement nominatif remplit toutes les fonctions d'un connaissement, et notamment on doit considérer qu'il représente la marchandise (*infra*, n° 987).

L'analyse du connaissement nominatif — dit *straight bill of lading* — comme un véritable connaissement a longtemps été rejetée par le droit anglais, voyant dans ce type de connaissement une sorte de lettre de voiture (*a non negociable seaway bill*), document en principe non soumis en droit anglais à la Convention de 1924 (114). Mais, dans un arrêt du 5 juin 2005, la Chambre des Lords, statuant dans l'affaire du navire *Rafaela S.* et revenant sur la jurisprudence antérieure des tribunaux britanniques, a jugé qu'un *straight bill of lading* était bien un connaissement, qu'il était soumis à la Convention de Bruxelles et qu'il devait être présenté au transporteur pour obtenir livraison de la marchandise (115). La Cour de cassation a adopté la même position (116) (v. *infra*, n° 1036).

§ 3. — *Les fonctions du connaissement*

984. Plan. — Les fonctions du connaissement se sont développées et précisées au fil des siècles au point que ce titre occupe, aujourd'hui, une place tout à fait originale au sein du droit des transports. Elles sont au nombre de trois : le connaissement constitue, tout d'abord, le reçu des marchandises, il établit, d'autre part, la preuve des modalités du contrat de transport, il a acquis, enfin, la qualité de titre représentatif de la marchandise.

985. Reçu des marchandises. — La délivrance du connaissement signé par le transporteur établit la quantité et l'état des marchandises qu'il a reçues pour embarquement sur son navire (connaissement reçu pour embarquement) ou effectivement embarquées sur tel de ses navires (connaissement embarqué ; voir *supra*, n° 936). Ainsi que nous l'avons observé, une force probante renforcée assure la sécurité littérale du titre, particulièrement pour le destinataire, tiers

(112) Ainsi que le précise la Cour de cassation : « *Dans le connaissement à personne dénommée, le destinataire inscrit au connaissement dispose d'un droit d'action à l'encontre du transporteur maritime* », Cass. com. 21 fév. 2006, *BTL* 2006.147. Le Tribunal de grande instance de Marseille consacre également ce principe qu'il qualifie de naturel : *Le droit d'action contre le transporteur maritime appartient naturellement au destinataire inscrit au connaissement à personne dénommée* (...). *Il est dès lors indifférent que* [ce dernier] *ait la qualité* (...) *de commissionnaire de transport* ». TGI Marseille, 7 mars 2008, navire *MSC Jeanne*, *DMF* 2008.1021, obs. S. MIRIBEL. Sur le droit d'action, v. *infra*, n°s 1127 s.

(113) La jurisprudence est parfois hésitante sur ce point, mais les principes doivent être fermement maintenus. Si les parties veulent être dispensées de la production matérielle du titre à la livraison, il leur appartient de recourir à un autre type de document que le connaissement, la lettre de transport maritime (*seaway bill*), par exemple. Voir en ce sens, Rennes, 16 mai 2002, *DMF* 2002.953, n. Y. TASSEL.

(114) Sur le problème de l'application de la Convention de 1924 aux lettres de voiture, voir *supra*, n° 905.

(115) *Loyd's Law Reports* 2005.I.347 : Y. TASSEL, « Le cas du *Rafaela S.* ou l'indélicat connaissement nominatif », *DMF* 2005.785.

(116) Cass. com. 19 juin 2007, Rapport POTOCKI, *DMF* 2007.536, obs. TASSEL ; *BTL* 2007.415 ; D. 2007.1870, obs. X. DELPECH ; *JCP* 2007.II.10165, note H. KENFACK ; *Rev. Scapel* 2007.78 et 120 ; *DMF* 2008, Hors-série n° 12, n° 75 et n° 80, obs. P. DELEBECQUE.

porteur du connaissement (*supra*, n° 967). Celle-ci ne peut être amoindrie que de façon intrinsèque au titre lui-même, par l'apposition éventuelle de réserves par le transporteur. À l'égard du porteur du connaissement, aucun élément extrinsèque ne peut porter atteinte à la sécurité du titre qu'il détient et dont le transporteur assume la responsabilité.

986. Preuve du contenu du contrat de transport. — Les clauses du connaissement définissent les conditions du contrat de transport. Curieusement, cet *instrumentum* d'un contrat tripartite ne comporte qu'une seule signature, celle du transporteur. Il est donc naturel que la question de l'opposabilité des conditions générales du chargement au chargeur, d'une part, et au tiers porteur du connaissement, d'autre part, suscite des interrogations et des difficultés. On admet actuellement, on l'a vu (*supra*, n° 963) que, faute de signature, les conditions générales du connaissement sont opposables néanmoins aux co-contractants du transporteur, mais seulement en ce qu'elles sont conformes au droit commun du transport maritime et s'intègrent dans l'économie générale du contrat en se contentant de préciser telle ou telle obligation, telles les clauses de livraison sous palan par exemple. En revanche, s'il s'agit de clauses dérogatoires au droit commun, telles les clauses attributives de compétence territoriale par exemple, ou encore les clauses d'arbitrage, l'accord des co-contractants du transporteur doit se manifester de façon expresse, chacun pour sa part.

987. Titre représentatif de la marchandise. — C'est la fonction la plus originale du connaissement. Ses deux autres fonctions sont également assurées, plus ou moins complètement, par les autres titres de transport ; en revanche, la fonction de représentation de la marchandise n'est assurée que par le connaissement maritime (117). Cette fonction, la plus complexe, la plus élaborée techniquement, est aussi la plus récente. En droit anglais, elle s'est affirmée dès 1787, dans l'arrêt *Lickbarrow v. Mason*. En droit français, encore en 1783, Emerigon, contre l'opinion de Valin, refusait de voir dans le connaissement un « *papier négociable* » (*Traité des assurances*, ch. IX, section II, n° 8). Et même si la valeur documentaire du connaissement a été reconnue par les praticiens dès le début du XIXe siècle, ce n'est qu'en 1859 que la Cour de cassation posait le principe que « *la propriété des marchandises voyageant par mer est représentée par le connaissement* », la Cour ajoutant que « *le connaissement, ainsi que les marchandises dont il est la représentation, se transmet par la voie de l'endossement* » (118).

Il en résulte que, d'un point de vue pratique, le connaissement « est » la marchandise ou que, plus exactement, tout se passe comme si le connaissement

(117) Certes, la Convention de Varsovie, amendée par le Protocole de La Haye du 28 sept. 1955, prévoit en son article 15 la possibilité « *d'établir une lettre de transport aérien négociable* ». Cependant cette faculté est systématiquement délaissée par la pratique. La rapidité du transport aérien jointe au haut degré d'informatisation du fret aérien n'ont pas rendu utile une telle négociabilité : le protocole de Montréal n° 4 du 25 sept. 1975, entré en vigueur en 1998, a, d'ailleurs, supprimé cette possibilité, ce qui s'explique par la création par ce texte d'un titre de transport électronique : le titre de transport peut être dématérialisé et résulter d'un échange de données informatiques (EDI). Or, la fonction de négociabilité est pratiquement incompatible avec une telle dématérialisation.

(118) Cass. 17 août 1859, *D.* 1859.I.347.

était la marchandise (119). L'utilité de cette incorporation du droit au titre est considérable. Elle participe à la sécurité des deux circuits documentaires, vente et crédit, qui constituent la structure du négoce international. Elle établit un principe simple, à caractère quasi physique, qui doit servir d'unique référence au transporteur maritime dans les méandres souvent complexes des contrats internationaux auxquels servent d'aliments les marchandises transportées par mer de par le monde : le transporteur ne doit livrer la marchandise, sans jamais avoir à se préoccuper de la propriété de celle-ci, qu'au titulaire du connaissement qui lui présente, effectivement, un exemplaire original de celui-ci. Nul autre n'est en droit d'en exiger la livraison (pour le cas de livraison sans connaissement, voir *infra*, n° 1036).

La fonction du connaissement comme titre représentant la marchandise doit être reconnue, autant qu'au connaissement à ordre, au connaissement au porteur et au connaissement nominatif (*supra*, n° 983). Les textes ne font en effet aucune différence quant à ces trois titres, et il en est de même des *Règles et usances uniformes de la CCI* relatives au crédit documentaire (120). Il faut cependant concéder que la règle n'a jamais été expressément affirmée en jurisprudence.

La force du principe représentatif est telle qu'elle permet la mise en gage de la marchandise, même flottante et se trouvant sur les mers lointaines. La sécurité du banquier qui finance l'opération de négoce suppose souvent qu'il obtienne une garantie. La plus directement envisageable est, bien sûr, la marchandise elle-même. Le connaissement permet la mise en gage de celle-ci : un endos pignoratif permet au banquier de « stocker » en quelque sorte, sous forme documentaire, cinq mille tonnes de blé dans son coffre, plutôt que sous un hangar, alors même que cette cargaison se trouve à plusieurs jours de mer du port le plus proche. Plus simplement encore, le banquier fait établir le connaissement à son ordre, et se trouve, là aussi, dans la même situation que s'il détenait corporellement la marchandise (121).

Le titulaire du connaissement dispose de la possession de la marchandise. Les principes du droit des meubles, posés par les articles 2279 et 1141 du Code civil, trouvent ainsi exception en dissociant la marchandise du titre. La marchandise, en cale du navire, est détenue par le transporteur, *corpore alieno*, pour le compte du titulaire du connaissement. De là suit que la marchandise ne pourra être saisie à bord que par les créanciers du titulaire du connaissement — créanciers du vendeur tant que celui-ci retient le connaissement (122), créanciers de l'acheteur dès que le connaissement lui aura été transmis. Pareillement, à l'arrivée, celui qui se prétend véritable propriétaire de la marchandise ne pourra faire prévaloir son droit sur le porteur du connaissement.

(119) Les praticiens ne s'y trompent pas qui, souvent, disent qu'ils ont « acheté un connaissement de 1 000 tonnes de blé », et non 1 000 tonnes de blé.

(120) Voir ces Règles, révision 1993, art. 23.

(121) Lorsqu'il aura obtenu son paiement, ou d'autres garanties, le banquier endossera le connaissement au profit du destinataire réel, acquéreur de la marchandise. La pratique ici présentée repose certes sur la bonne foi du banquier. Titulaire du connaissement, le banquier indélicat pourrait disposer de la marchandise pour son compte — ce que ne peut faire le banquier gagiste bénéficiaire d'un simple endossement pignoratif. Mais ce type de problème ne paraît pas s'être posé à ce jour.

(122) Cass. 30 oct. 1989, *DMF* 1991.423, n. G. TANTIN.

Un conflit peut cependant se produire entre porteurs du connaissement : les connaissements sont, en effet, généralement émis en plusieurs exemplaires originaux (de deux à quatre). Cependant, ces conflits apparaissent, en fait, très rares. La règle selon laquelle l'un des connaissements ayant été *accompli* (remis au transporteur en échange de la marchandise), les autres exemplaires deviennent sans valeur, assure, en effet, un mode de solution efficace des conflits éventuels. De plus, la vente documentaire de la marchandise s'entend de la remise de l'ensemble des exemplaires originaux négociables du connaissement.

988. Nature juridique du connaissement. — Titre abstrait, ou titre causé, quelle est la nature du connaissement ? La question a, longtemps, fait débat (123) ; elle a connu un rebondissement récent. La théorie de l'assimilation du connaissement à un titre cambiaire, titre abstrait détaché du rapport fondamental, a été condamnée aussi bien par la doctrine cambiaire (124) que par la doctrine maritime (125). Elle est tranchée : il s'agit bien d'un titre littéral qui entraîne inopposabilité des exceptions au tiers porteur du connaissement, mais il n'en reste pas moins que les droits conférés par le titre s'attachent à l'accomplissement du transport d'une marchandise « *dont la délivrance doit se faire à des centaines ou des milliers de milles marins et qui dépend de la fortune de mer* » (126), et que l'abstraction de l'opération n'est pas sérieusement concevable.

C'est cependant, sans doute séduite par la théorie de l'abstraction, que la Chambre commerciale de la Cour de cassation, par son premier arrêt *Mercandia* (127), avait en 1985 privé le chargeur de tout droit d'action contre le transporteur, malgré le préjudice effectivement subi par lui. Pour elle, tous les droits nés du transport s'incorporaient dans le titre. Ces droits se trouvaient donc exclusivement réservés au seul titulaire de ce titre, le dernier endossataire d'un connaissement à ordre, en l'espèce. Sous une apparence séduisante, cette construction était directement contraire aux principes régissant l'intérêt à agir et attentatoire à l'équité. Objet de vives critiques, elle a été condamnée en 1989 par l'Assemblée plénière de la Cour de cassation consacrant ainsi le retour à *la conception contractuelle du connaissement* (*infra*, n° 1135).

Section 2

Les titres de transport non négociables

989. Utilité des titres de transport non négociables. — C'est, paradoxalement, le haut degré de sophistication atteint par le connaissement qui justifie

(123) Voir R. Rodière, *Traité*, n° 480.
(124) Lescot et Roblot, *Les effets de commerce*, 1953, T. I., n° 6.
(125) R. Rodière, *Traité*, n° 480 : « *c'est une erreur fondamentale* ».
(126) R. Rodière, *ibidem*.
(127) Voir *infra*, n° 1133.

parfois l'utilité d'autres supports pour le contrat de transport maritime. La fonction de représentation de la marchandise emporte des servitudes. S'en suit, en effet, le caractère littéral du titre et une force probante renforcée que ne justifient pas nécessairement toutes les opérations commerciales. De plus, s'ajoute souvent un problème curieux, en tout cas surprenant : il n'est pas rare que le connaissement voyage plus lentement que la marchandise, même si le transport maritime n'est pas réputé pour sa célérité. Or, la présentation physique d'un exemplaire original du connaissement est indispensable pour obtenir la livraison de la marchandise à destination (128). Si le connaissement, du fait des retards administratifs, postaux, voire bancaires, n'est pas parvenu entre les mains du destinataire, celui-ci ne peut, en principe, prendre livraison de sa marchandise, alors que celle-ci est pourtant disponible. Certes, des accommodements ont été imaginés par les professionnels, avec la pratique des *lettres de garantie*. Mais cette pratique demeure critiquable, aléatoire et contraire aux principes qui fondent la structure juridique du connaissement (129). Il demeure à la fois plus sûr et plus orthodoxe de prévenir ce problème, lorsque la fonction de représentation de la marchandise n'est pas utile aux ayants droit à la marchandise. Il convient alors pour les parties d'utiliser un autre type de document de transport, la lettre de transport maritime (LTM) ou l'un de ses avatars.

990. La lettre de transport maritime — Le *data freight receipt*. — En la forme, la lettre de transport maritime (LTM) est très proche d'un connaissement. Simplement, elle ne porte pas en titre la mention « connaissement », mais la mention « lettre de transport maritime ». Au fond, elle remplit les deux fonctions irréductibles du connaissement : elle établit la preuve du contrat de transport et constitue le reçu des marchandises prises en charge par le transporteur. Cependant, ce n'est pas un titre représentatif de la marchandise, elle n'est pas négociable. De création récente (130), ce titre de transport est principalement utilisé dans le cadre de relations d'affaires et d'échanges habituels et réguliers qui ne supposent pas de revente en filière.

L'utilisation de la LTM fait disparaître les problèmes de livraison sans connaissement. Le destinataire a pour seule obligation, afin d'obtenir livraison de la marchandise, de justifier de l'identité mentionnée à la LTM. La LTM n'est pas incompatible avec le crédit documentaire car les *Règles et usances uniformes* l'intègrent comme document utilisable pour un tel crédit (131). Un inconvénient cependant : la LTM ne permet pas d'offrir au banquier la qualité de gagiste.

Une informatisation de la LTM a été réalisée : c'est le *Data Freight Receipt* (DFR) utilisé par le consortium Atlantic Container Line, dès 1971.

(128) Voir *infra*, n°s 1036 et s.

(129) Ces lettres de garantie utilisées pour tenter de pallier l'absence de connaissement à la livraison, ne peuvent pas être considérées comme des titres de transport, bien que certains auteurs les assimilent à ceux-ci dans leur présentation de la matière. Elles seront traitées, *infra*, n° 1037, au titre de la livraison.

(130) Créée empiriquement à la fin des années soixante, un modèle a été établi par les Britanniques en 1977 puis en France par l'AFDM et Simprofrance. Le CMI a établi, en 1990, des « *Règles uniformes relatives aux lettres de transport maritime* », Conférence de Paris, 29 juin 1990.

(131) Voir *Règles et usances uniformes*, art. 24 a, révision 1993.

991. Informatisation. — La pression informatique s'est manifestée de façon forte à l'égard des titres de transport. Le transport aérien a ouvert la voie. Dès 1975, le protocole de Montréal n° 4, admet que la Lettre de Transport Aérien (LTA), puisse se voir remplacée par une EDI, émission de données informatiques (132). Afin de réduire leurs frais (133), les transporteurs aériens utilisent aussi, de plus en plus largement pour leurs passagers, les billets dits « électroniques » qui constituent des titres de transports dématérialisés.

Dans le transport maritime, c'est dès la fin des années 1970 que des tentatives ont été faites pour informatiser le connaissement, et mettre en place le connaissement dit « *électronique* » (134). Le mot est d'ailleurs paradoxal puisque contrairement à la mise en place de la LTM, dont la vertu est au fond d'être non négociable, la mise en place du « *connaissement électronique* » a pour objectif de mettre en place un document dématérialisé (135) mais négociable. C'est, précisément, sur cet aspect que l'entreprise paraît sujette à caution.

992. Le « connaissement électronique ». — La création et l'utilisation du connaissement électronique par certains des plus grands armateurs mondiaux, s'intègrent dans le champ plus vaste du commerce électronique (136) qu'il n'est pas ici le lieu d'inventorier dans le détail. Pour s'en tenir à l'essentiel et à la pratique maritime, il peut être constaté à ce jour que le connaissement électronique est largement utilisé par certains transporteurs maritimes et que ce type de document peut emplir efficacement les fonctions de base qui sont celles de la LTM : preuve du contrat de transport, reçu des marchandises (137). En revanche, malgré les subtils processus imaginés par les praticiens (138), il ne paraît pas possible, en l'état, d'instituer une véritable négociabilité d'un tel titre. Un système de type contractuel, tel que BOLERO par exemple, peut organiser les relations entre les parties initiales, et y intégrer la négociabilité, mais il sera toujours impuissant à régir les relations avec les tiers, tiers porteur du connaissement, banquier, créanciers. Le « *connaissement électronique* » au plein sens du terme, paraît donc toujours procéder, actuellement, de la théorie.

993. Règles de Rotterdam. Le document électronique de transport. — L'entrée en vigueur des Règles de Rotterdam permettra de franchir une nouvelle étape. En effet, les Règles institutionnalisent à côté du « *document de transport* »

(132) Protocole de Montréal, n° 4, 25 sept. 1975, modifiant l'article 5 de la Convention de Varsovie. Ce texte demeuré en sommeil pendant de longues années, a finalement été ratifié, notamment par les États-Unis, principalement pour bénéficier de cette possibilité. Il est entré en vigueur le 14 juin 1998. Il est désormais intégré dans la Convention de Montréal du 28 mai 1999, entrée en vigueur le 4 nov. 2003.

(133) L'économie réalisée est estimée à environ 10 %, ce qui est considérable dans un secteur à faibles marges.

(134) Voir E. CHELLEY, *Le connaissement électronique*, mémoire de DESS, Aix-en-Provence, 1999.

(135) L'expression anglaise fait image : « *paperless* ».

(136) Voir notamment, *Règles de conduite uniformes pour l'échange de données commerciales par télétransmission*, CCI, 22 sept. 1987 ; CNUDCI, *Loi type sur le commerce électronique*, 1996 ; CMI, *Règles du CMI pour le connaissement électronique*, 29 juin 1990. V. O. CACHARD, *La régulation internationale du marché électronique*, préface P. Fouchard, LGDJ, 2002.

(137) En droit français, la valeur juridique des documents électroniques est affirmée par les lois du 13 mars 2000 et du 21 juin 2004, complétées par une ordonnance du 16 juin 2005 (*Rev. trim. de dr. civ.* 2005.843).

(138) Voir notamment le système BOLERO, construit principalement par les P and I Clubs qui tente de résoudre le problème par un fonctionnement contractuel dont la charte est le Rulebook. Ces règles sont exposées sur le site web : www.bolero.net.

écrit — papier — le document électronique de transport auquel elles consacrent leur chapitre 3 (article 8 et suivants). Bien plus, elles mettent en place un document électronique de transport négociable (art. 9) et prévoient même la possibilité de substituer un tel document électronique de transport négociable (art. 9) à un document de transport négociable classique — papier — (art. 10 § 1) et vice-versa (art. 10 § 2). Seule la pratique sera à même de démontrer si un tel document électronique négociable pourra véritablement exercer la fonction de titre représentatif de la marchandise.

N°s 995 à 999 : réservés.

CHAPITRE 3

L'EXÉCUTION DU CONTRAT DE TRANSPORT

1000. Plan. — L'étude des modalités d'exécution du contrat de transport implique que soient précisées, d'une part, les obligations du transporteur maritime, d'autre part, les obligations des ayants droit à la marchandise, chargeur mais aussi destinataire.

Section 1

Les obligations du transporteur

1001. Principes. Obligation d'acheminer la marchandise. Autres obligations. — Le transporteur a d'abord l'obligation d'acheminer au port convenu les marchandises mises à bord par le chargeur. Par le contrat de transport, il s'oblige en effet à « *acheminer une marchandise déterminée, d'un port à un autre* » (loi du 18 juin 1966, art. 15). S'il ne réalise pas le transport, le chargeur peut demander la résolution du contrat (art. 32 du décret du 31 déc. 1966). Il peut aussi demander des dommages-intérêts, et par exemple le remboursement du coût du transport aérien auquel il a dû procéder (1).

Au-delà de cette obligation d'évidence, les textes (Convention de 1924 et loi de 1966) font peser sur le transporteur, en des termes identiques, des obligations successives. Le transporteur a d'abord, avant et au début du voyage, l'obligation de faire diligence pour mettre le navire en état de navigabilité dans tous ses éléments (Convention, art. 3 § 1 ; loi de 1966, art. 21). Il doit ensuite procéder de façon appropriée et soigneuse au chargement, à la manutention, à l'arrimage, au

(1) Cass. 27 mai 2003, navire *Jiffar*, *DMF* 2003.854, obs. Ph. DELEBECQUE.

transport, à la garde, aux soins et au déchargement des marchandises transportées (Convention, art. 3 § 2 ; décret du 31 déc. 1966, art. 38) (2).

La lecture des textes suggère que des obligations de deux ordres pèsent sur le transporteur. Les unes sont des obligations d'ordre général, obligation de diligence et obligation de soins appropriés (§ 1). Les autres sont des obligations spécifiques à chacun des moments successifs du transport, obligation de prendre en charge la marchandise et de procéder à son chargement et à son arrimage (§ 2), puis de réaliser le voyage prévu au contrat (§ 3), enfin, à destination, de décharger et livrer la marchandise à son destinataire (§ 4).

§ 1. — *Obligations générales du transporteur*

1002. Obligation de diligence. Domaine. — C'est la première obligation qui pèse sur le transporteur maritime. Aux termes de l'article 3 § 1 de la Convention de Bruxelles : « *Le transporteur sera tenu avant et au début du voyage d'exercer une diligence raisonnable pour a) mettre le navire en état de navigabilité, b) convenablement armer, équiper et approvisionner le navire, c) approprier et mettre en bon état les cales, chambres froides et frigorifiques et toutes autres parties du navire où des marchandises sont chargées, pour leur réception, transport et conservation.* »

L'article 21 de la loi du 18 juin 1966 dispose, quant à lui : « *Nonobstant toute stipulation contraire, le transporteur sera tenu, avant et au début du voyage, de faire diligence pour :*

a) Mettre le navire en état de navigabilité, compte tenu du voyage qu'il doit effectuer et des marchandises qu'il doit transporter ;

b) Convenablement armer, équiper et approvisionner le navire ;

c) Approprier et mettre en bon état toutes parties du navire où les marchandises doivent être chargées ».

Les Règles de Rotterdam innovent sur ce point : si elles reprennent littéralement les termes de l'article 3 § 1 de la Convention de Bruxelles, elles étendent notablement le champ de cette obligation : En effet, le transporteur n'est plus seulement astreint à exercer cette diligence « *avant et au début du voyage* », comme le font les textes actuels (v. *infra*, n° 1005), il devra, sous l'empire du nouveau texte « *maintenir le navire en état de navigabilité* (...) *tout au long du voyage* » (art. 14).

L'obligation de diligence du transporteur a un domaine très large, concernant tout ce qui touche à la navigabilité du navire, la notion de navigabilité devant s'entendre d'une manière extensive. Non seulement, le navire doit-il être apte à affronter les périls de la mer, mais encore être armé par un capitaine et un

(2) Les Règles de Rotterdam disposent que « *le transporteur, dans les conditions prévues par la présente convention et conformément aux clauses du contrat de transport, déplace les marchandises jusqu'au lieu de destination et les livre au destinataire* ». V. les obs. de Ph. DELEBECQUE, *DMF* 2009, Hors-série n° 13, n° 83.

équipage compétents, et tous ses agrès et apparaux doivent-ils être en bon état de fonctionnement, y compris ceux qui ne sont destinés qu'au soin de la marchandise, sans qu'il soit nécessaire que soit mise en cause la sécurité du navire, simple panneau de cale ou installation frigorifique par exemple. Aujourd'hui, la notion de navigabilité doit être étendue au domaine administratif : le navire doit être en possession de tous les certificats exigés par les réglementations nationale et internationale.

1003. Contenu de l'obligation de diligence. — Caractère exigeant. Caractère personnel. — Le contenu précis de l'obligation de diligence peut donner lieu à débat. La Convention de 1924 parle d'une obligation de *diligence raisonnable*. On peut être tenté d'entendre par là une diligence d'ordre moyen, ne dépassant pas ce qu'un homme « raisonnable » peut exiger. Ce serait là, tout au moins dans l'opinion des rédacteurs de cet ouvrage, une erreur. L'expression *diligence raisonnable*, n'est qu'une traduction maladroite, et sans doute inexacte, de l'expression *due diligence* employée par le *Harter Act* américain, dont les dispositions sont, sur ce point précis, à l'origine de la Convention de 1924 (*supra*, n° 885). Mais, en droit américain, la notion de *due diligence* est une notion exigeante : la *due diligence* c'est la diligence due par le bon professionnel, le professionnel compétent (on songe à l'adage de Pothier : *peritus debet esse unisquisque artis suae*). Plus que de diligence raisonnable, la Convention de 1924 (3) aurait dû parler de diligence requise — ou autre expression analogue.

Il faut donc louer le législateur français d'avoir, en 1966, écarté les termes de diligence raisonnable, pour parler seulement de *diligence*. Il faut aussi, et de plus fort, le louer d'avoir, pour ce qui est du cas excepté de vice caché du navire (*infra*, n° 1092), remplacé, dans l'article 27 (h) de la loi de 1966, les termes de diligence raisonnable qui figurent dans le texte correspondant de la Convention de 1924 (art. 4 § 2, p) par les termes *d'examen vigilant*. Car, c'est bien cela la diligence raisonnable. C'est l'examen vigilant que doit tout professionnel compétent à ses co-contractants (4). Et c'est bien en ce sens que les tribunaux lisent les textes. Ils se montrent en effet très rigoureux à l'égard du transporteur maritime. Ils lui refusent, notamment, la faculté de se décharger de son obligation sur un sous-traitant, même de qualité, et donc choisi avec une « *diligence raisonnable* », voyant ainsi dans l'obligation de diligence une obligation *personnelle du transporteur*.

Le problème du *caractère personnel* de l'obligation de diligence s'est posé à la même époque, à quelques jours près, aux tribunaux français et aux tribunaux anglais. Dans un arrêt du 20 février 1962, la Cour de cassation a approuvé la Cour d'appel de Paris d'avoir retenu la responsabilité d'un transporteur maritime pour le dommage causé par des voies d'eau dues au mauvais fonctionnement de « *boîtes à clapet* » d'un navire, navire neuf, sortant du chantier naval où il avait

(3) Dont on rappellera que, seul, le texte français fait foi — ce qui n'interdit pas, pour l'interpréter, de se référer au texte en anglais, à partir duquel il a été établi.

(4) Le Doyen Rodière évoquait le « *personnage moyennement bon* » (*Traité*, n° 619). Les auteurs de cet ouvrage avouent ne pas pouvoir partager ici l'opinion de leur maître. Pour eux, la diligence requise est celle du professionnel vigilant (loi de 1966, art. 27, lettre h), le professionnel *peritus artis suae* cité au texte.

été construit (5). Pour la Cour suprême, les essais auxquels avait procédé le Bureau Veritas à l'occasion de la livraison n'avaient pas été suffisants (contrôle des boîtes à une pression trop faible), et le transporteur était responsable de la négligence de la société de classification, alors même (ajouterons-nous) qu'aucun reproche ne pouvait lui être fait quant au choix de cette société. Quelques jours plus tôt, le 7 décembre 1961, c'est la Chambre des Lords qui avait adopté une solution identique dans l'affaire du *Muncaster Castle* (6). Le navire avait été confié pour sa visite annuelle à un chantier naval de la plus haute réputation. Mais ce chantier n'avait pas parfaitement exécuté son travail, et, là aussi, des couvercles de boîtes à clapet s'étaient révélés déficients. Considérant, en se fondant sur des précédents américains, que l'obligation de diligence qui pèse sur le transporteur ne se délègue pas, les juges ont conclu que ce dernier n'avait pas assumé son obligation de diligence. Ces deux décisions témoignent de la rigueur de cette obligation, comme du fait que le transporteur, s'il a la faculté de s'en remettre à un tiers pour l'exécuter, demeure personnellement responsable de tout manquement commis par ce tiers : *l'obligation de diligence ne se délègue pas* (7).

Pour conclure, nous observerons que, tandis que les Règles de Hambourg n'imposent expressément aucune obligation générale de diligence au transporteur, exigeant de lui toutefois qu'il fasse la preuve qu'il a pris « *toutes les mesures qui pouvaient raisonnablement être exigées* » s'il entend s'exonérer de sa responsabilité, les Règles de Rotterdam reprennent les dispositions de la Convention de 1924. Aux termes de leur article 14, le transporteur est ainsi tenu « *d'exercer une diligence raisonnable* », notamment pour mettre le navire en état de navigabilité. Cependant, comme relevé ci-dessus (n° 1002), cette obligation pèse sur lui tout au long du voyage (article 14).

1004. L'obligation de diligence, condition d'accès aux cas exceptés ? — Le *Harter Act* fait de l'obligation de diligence une condition d'accès aux cas exceptés. Seul le transporteur qui a satisfait à son obligation de diligence, et le prouve, peut bénéficier d'un cas excepté, par exemple le cas excepté de faute du capitaine dans la navigation. La règle ne se retrouve pas dans la Convention de 1924, ni dans la loi de 1966. Il faut donc décider, et c'est là la solution qui a prévalu après quelques hésitations, que le transporteur soumis à l'un de ces régimes n'a pas à faire la preuve qu'il a rempli son obligation de diligence.

Il en est autrement, toutefois, dans deux cas. Le premier est celui du cas excepté d'innavigabilité. Comme nous le verrons (*infra*, n° 1092), l'innavigabilité du navire — faute suprême du transporteur, quand elle est due à sa carence — est aussi un cas excepté. Mais ici, les textes prévoient expressément que le transporteur, pour bénéficier de ce cas excepté, devra *d'abord* faire la preuve de sa diligence. Il en est de même du cas excepté de vice du navire qui n'exonère

(5) Navire *Calédonien*, *DMF* 1962.335, n. R. RODIÈRE.
(6) *Lloyd's Law Reports* 1961.1.57 ; *DMF* 1963.246, n. P. BONASSIES.
(7) Voir aussi, illustrant la règle, Aix-en-Provence, 8 nov. 1988, navire *Hakkp-Minerva*, *DMF* 1990.704, observant que l'obligation du transporteur subsiste alors même que le chargeur a fait inspecter les cuves du navire.

le transporteur que s'il a échappé à sa « *diligence raisonnable* » (Convention, art. 4 § 2, p), ou à son « *examen vigilant* » (loi de 1966, art. 27, h), — examen vigilant dont il doit faire la preuve.

Par ailleurs, la différence qui apparaît ici entre *Harter Act* et droit français (loi de 1966, mais aussi Convention de 1924 telle qu'appliquée par les tribunaux français) est moindre qu'il ne paraît. Comme nous le verrons (*infra*, n° 1102), chaque fois que le dommage résulte d'un cas excepté — gros temps exceptionnel, par exemple (péril de la mer retenu par la Convention de 1924 comme cas excepté et par la loi de 1966 comme « *fait constituant un événement non imputable au transporteur* ») — mais que l'ayant droit à la marchandise fait la preuve qu'il résulte aussi d'un défaut dans la navigabilité du navire (panneaux de cale non parfaitement étanches), le problème se pose de savoir s'il ne faut pas prendre en considération ce défaut pour attribuer au transporteur une part au moins de responsabilité. Il demeure que, tandis que, dans le régime du *Harter Act*, c'est au transporteur de faire *d'abord* la preuve de sa diligence à assurer la navigabilité de son bâtiment, dans le régime de la Convention ou dans celui du droit français, la charge de prouver l'innavigabilité fautive pèse alors sur l'ayant droit. Mais, là aussi, la différence s'estompe. En fait, le transporteur qui invoque un cas excepté a grand intérêt à faire aussi la preuve de sa diligence, ne serait-ce que pour anticiper la critique du chargeur, ou pour convaincre le juge que c'est bien le cas excepté invoqué par lui, et ce cas excepté seul, qui est la cause du dommage (8).

1005. Domaine dans le temps de l'obligation de diligence. — Tels que cités ci-dessus, les textes, tant de la Convention de 1924 que de la loi française, disposent que le transporteur devra faire diligence « *avant et au début du voyage* ». S'inspirant sans doute — là aussi à travers l'expérience du droit américain — du temps où le capitaine assumait des responsabilités personnelles considérables dans la mise en état du navire et la réalisation de l'expédition maritime (temps aujourd'hui révolu, même si le capitaine conserve un rôle essentiel (*supra*, n° 285), se substituant en quelque sorte au transporteur dans son obligation de veiller à la navigabilité du navire, une fois ce dernier en mer, les textes paraissent ainsi limiter dans le temps l'obligation du transporteur (9).

On serait toutefois gravement dans l'erreur, si l'on pensait que le transporteur peut se désintéresser du navire dès que le voyage a débuté, et abandonner son bâtiment à la seule diligence du capitaine. On comprendrait mal, d'ailleurs, que le droit se fasse moins sévère dans le contrat de transport que dans le contrat d'affrètement, où le fréteur est tenu de maintenir la navigabilité du navire tout au long du voyage (*supra*, n° 772). Mais surtout, ce serait là oublier la seconde obligation générale qui s'impose au transporteur, celle de procéder de façon

(8) Voir A. SÉRIAUX, *La faute du transporteur*, 2e éd., nos 72 et s.

(9) C'est, sans doute, en se fondant sur l'évolution technique que les Règles de Rotterdam (art. 14) étendent cette obligation à toute la durée du voyage (v. *supra*, n° 1002). L'innovation est notable, et louable, sur le plan des principes. De fait, la large acception de cette obligation par les tribunaux permet de penser que l'application du texte nouveau ne modifiera pas sensiblement la situation du transporteur sur ce point.

appropriée et soigneuse à chacune des opérations qu'implique le transport concerné, y incluse la phase du transport en mer.

1006. Obligation de procéder de façon appropriée et soigneuse. — Aux termes du paragraphe 2 de l'article 3 de la Convention de 1924, le transporteur, après avoir fait diligence pour assurer la navigabilité et l'appropriation de son navire, doit procéder « *de façon appropriée et soigneuse au chargement, à la manutention, à l'arrimage, au transport, à la garde, aux soins et au déchargement des marchandises transportées* ». Cette obligation est ainsi mise sur le même plan par la Convention de 1924 que l'obligation du transporteur de faire diligence pour assurer la navigabilité du navire. Il n'en est pas de même — au moins formellement — en droit français (10).

Contrairement à ce que souhaitait le Doyen Rodière, l'obligation du transporteur quant au chargement, manutention, arrimage, etc., même si elle doit être remplie, comme dans le régime de la Convention de 1924, « *de façon appropriée et soigneuse* », ne figure pas dans la *loi* du 18 juin 1966, ayant été reléguée dans le texte du *décret* du 31 décembre 1966 (art. 38), ce dans le souci du respect excessif de la Constitution de 1958 imposé par le Conseil d'État, souci que nous avons déjà relevé. On ne peut que regretter la chose, eu égard à l'importance de cette obligation. Par là, en effet, cette obligation, au moins formellement, « constitutionnellement », apparaît un peu comme secondaire par rapport à l'obligation de diligence, affirmée elle dans un texte à valeur législative pleine, l'article 27, (h) de la loi du 18 juin 1966.

L'importance de cette obligation est toutefois rappelée par le fait qu'elle a un caractère d'ordre public, et ne peut être allégée par une stipulation contractuelle. La règle est expressément affirmée dans le régime de 1966, l'article 38 du décret du 31 décembre énonçant qu'elle s'impose au transporteur « *nonobstant toute clause contraire* ». Moins nettement, mais nécessairement, dans le régime de la Convention de 1924, ce caractère d'ordre public découle — tout au moins aux yeux d'un lecteur de *civil law* (11)— des termes de l'alinéa 8 de l'article 3 de ce texte, proclamant la nullité de toute clause allégeant la responsabilité du transporteur, notamment « *pour faute ou manquement aux devoirs ou obligations édictées* » par cet article.

Ainsi fondamentale, l'obligation de soins appropriés, vient d'abord relayer l'obligation de diligence. Dans la mesure où elle vise notamment le *transport* de la marchandise envisagé dans sa totalité, elle implique en effet — au-delà des dispositions limitant en apparence l'obligation du transporteur quant à la navigabilité « *avant et au début du voyage* » —, le devoir permanent pour ledit transporteur de maintenir la navigabilité de son bâtiment tout au long du voyage. Il appartient donc à celui-ci de rester en contact permanent avec son capitaine

(10) Les Règles de Rotterdam (art. 13 § 1) reprennent, là encore littéralement, les termes de la Convention de Bruxelles, quant au principe du moins, car elles en limitent considérablement par ailleurs le champ, au paragraphe 2 du même texte !

(11) Pour une lecture différente, voir l'exemple du droit anglais, *infra*, n° 1010.

(chose aisée, eu égard aux moyens de communication modernes), et de prendre à tout moment toute mesure propre à rétablir la navigabilité du navire (12).

L'obligation de soins appropriés s'applique ensuite à chacun des moments du transport. Elle doit ainsi guider le comportement du transporteur non seulement dans la réalisation globale du transport, mais aussi dans la garde de la marchandise tant qu'elle n'a pas été délivrée, comme aussi dans chacune des opérations successives du transport, chargement, manutention, déchargement, livraison. C'est le point sur lequel les Règles de Rotterdam apportent leur innovation majeure, selon nous. En effet, les Règles nouvelles (art. 13 § 2) excluent cette obligation du champ impératif : elles autorisent « *le transporteur et le chargeur à convenir que le chargement, la manutention, l'arrimage ou le déchargement sera exécuté par le chargeur, le chargeur documentaire ou le destinataire* ». (v. *infra*, n° 1010). Le texte prévoit expressément que « *cette convention est mentionnée dans les données du contrat* ». Il faut comprendre, semble-t-il, qu'une simple clause insérée au connaissement, sans acceptation particulière, aura pour effet de rendre cette convention opposable au destinataire. Il en sera donc ainsi des clauses FIO, FIOS et FIOST insérées dans les conditions générales du connaissement : elles transféreront les risques de chargement et de déchargement aux ayants droit à la marchandise, et particulièrement au destinataire, même en l'absence de tout accord exprès de sa part sur ce transfert. Sa situation s'en trouvera, ainsi, sensiblement modifiée (v. cependant *infra*, n° 1034, *in fine*).

Dans le droit positif actuel, l'obligation de soins appropriés a même des aspects proprement juridiques : c'est ainsi que, en cas d'incident grave ayant suscité le sacrifice d'une partie de la cargaison — un sacrifice qui n'engage pas nécessairement la responsabilité du transporteur, celui-ci a l'obligation de déclarer le navire en *avaries communes* (*supra*, n°s 530 et s.), ce pour protéger les intérêts des « sacrifiés » (13).

1007. Obligation de bonne foi. — Pour les transports soumis au droit français, le transporteur, au-delà de son obligation de soins appropriés spécifique au droit maritime, est tenu, comme tout contractant, de l'obligation d'agir de bonne foi inscrite dans l'article 1134 du Code civil (14). Cette obligation fait sentir ses effets principalement dans le domaine des *liberty clauses* autorisant le transporteur, par exemple, à dérouter le navire ou à procéder s'il le juge opportun à un transbordement de la marchandise (15).

Un juge français peut hésiter à faire référence à l'obligation de bonne foi dans un transport soumis à la Convention de 1924, à tout le moins si la loi française

(12) De surcroît, même en l'absence de toute instruction de sa part, le transporteur, en raison des principes généraux de la responsabilité, demeure responsable de toute faute contre la navigabilité du navire commise par le capitaine ou autre préposé.

(13) Rouen, 19 nov. 1998, navire *Neptune Amazone*, *DMF* 1999.431, obs. J.-F. TANTIN.

(14) Sur ce point, voir les obs. de Ph. DELEBECQUE, *DMF* 2008, Hors-série n° 12, n° 77 et la référence à Cass. com. 10 juill. 2007, *D.* 2007.2839, note P. STOFFEL-MUNCK.

(15) Voir, pour un cas de déroutement, Aix-en-Provence, 25 nov. 1985, navire *Douce France III*, *DMF* 1987.298, n. M. GUÉRIN et P. RIOTE, où le juge relève expressément la *bonne foi* du transporteur dans l'utilisation d'une clause de déroutement en cas de grève ; pour un cas de transbordement abusif, sanctionné par le juge, voir Rouen, 6 juin 2002, *BTL* 2002.620 et obs. P. BONASSIES, *DMF* 2003, Hors-série n° 7, au n° 77.

n'est pas la loi applicable « à titre subsidiaire » (*supra*, n° 906). Mais la chose a peu d'importance, l'obligation de bonne foi se confondant le plus souvent avec l'obligation du transporteur d'apporter des soins appropriés à tous les moments du voyage.

§ 2. — *Chargement, manutention et arrimage*

1008. Principes et plan. — La loi française, en son article 15, fixe à la prise en charge de la marchandise par le transporteur, le début de l'exécution du contrat de transport maritime. La Convention de Bruxelles, pour sa part, se réfère sur ce point, en son article 1, (e), au temps du « *chargement* ». Nous savons d'ailleurs (*supra*, n° 917) que les armateurs français usent systématiquement de la latitude que leur laisse l'article 38 du décret du 31 décembre 1966 pour fixer au plus tard juridiquement possible le moment de la prise en charge de la marchandise, c'est-à-dire, au début du chargement, ainsi que le fait le texte international.

Il n'en demeure pas moins que même si les deux opérations de prise en charge et de chargement concordent ainsi chronologiquement, il s'agit cependant de deux opérations distinctes qui doivent être présentées séparément. Le chargement, par ailleurs, trouve son achèvement dans l'opération d'arrimage de la marchandise à bord du navire. Il a aussi un préliminaire, la *prise en charge*.

1009. La prise en charge. — C'est « *l'acte juridique par lequel le transporteur accepte la marchandise au transport* » (16). Elle n'est réglementée ni par la Convention de 1924, ni par la loi de 1966. Elle intervient donc au moment défini par le contrat de transport, mais, en tout cas, avant le début des opérations de chargement. Non réglementée, elle n'en est pas moins indispensable. On ne conçoit pas un contrat de transport sans prise en charge.

En particulier, elle détermine le moment à partir duquel le transporteur répond des pertes et avaries que peut subir la marchandise. Elle est aussi l'occasion pour lui, ou son représentant, de procéder à la reconnaissance de la marchandise et de vérifier l'exactitude des déclarations portées par le chargeur sur le connaissement. Elle est également l'occasion pour le transporteur d'inscrire, le cas échéant, des réserves au connaissement, avec la portée que l'on sait (*supra*, n° 972).

Elle se matérialise quand la marchandise est reçue, à quai, par le transporteur ou le représentant de celui-ci, consignataire de navire, voire entreprise de manutention agissant pour le compte du transporteur (17).

1010. Le chargement. — C'est l'opération matérielle qui consiste à mettre la marchandise à bord du navire. Au gré de la spécialisation croissante des navires,

(16) R. Rodière, *Traité*, n° 504.

(17) Pour ce dernier cas, voir Paris, 3 mars 2004, navire *Le Lesseps*, *DMF* 2005.555 et obs. Ph. Delebecque, *DMF* 2005, Hors-série n° 9, au n° 103 — pour un cas où le conteneur avait été fourni par le transporteur, la règle de la prise en charge à quai étant maintenue, Aix-en-Provence, 9 déc. 1999, navire *Joly Rubino*, *DMF* 2000.914, obs. Y. Tassel.

cette opération a pris des formes diverses. Si pour les navires de charge conventionnels, le début du chargement se fait toujours par la prise sous palan de la marchandise à quai le long du navire, pour les rouliers (ro-ro) il se fait par l'accès de l'engin roulant sur la rampe permettant d'entrer dans la cale garage du navire, pour les vracs liquides dès que le liquide concerné (hydrocarbure, vin) est pris en charge par le flexible du navire connecté au flexible du terminal terrestre (18), pour les porte-conteneurs par le « *clipage* » du « *spreader* » du portique sur le conteneur, etc.

Du point de vue juridique, l'opération de chargement est placée impérativement à la charge et sous la responsabilité du transporteur maritime (19). Celui-ci doit, nous l'avons vu (*supra*, n° 1006) l'accomplir, de surcroît, de façon « *appropriée et soigneuse* ». La plupart du temps, il confie d'ailleurs la sous-traitance de ces opérations à un entrepreneur de manutention. Si celui-ci est responsable de sa faute (*supra*, n° 689), le transporteur maritime demeure cependant responsable en première ligne à l'égard de ses co-contractants (20). C'est également l'entrepreneur de manutention qui procède à l'arrimage de la marchandise sous le contrôle du capitaine, ou plus souvent, du second de celui-ci, à qui, traditionnellement, le commandant délègue cette tâche astreignante, encore qu'essentielle à la sécurité du navire.

Cependant, le texte de la Convention de 1924 est ici moins net que celui de la loi de 1966. Cette dernière — ou plutôt l'article 38 du décret du 31 décembre 1966, énonce que le transporteur procède au chargement « *nonobstant toute clause contraire* ». Cette précision ne se retrouve pas dans la Convention de 1924, même si celle-ci est interprétée par les tribunaux français comme imposant ici pareillement une obligation d'ordre public au transporteur (21). Mais c'est une interprétation différente qui, encore aujourd'hui, prévaut en Grande-Bretagne.

Dès 1954, dans une décision *Pyrene v. Scindia*, le juge Devlin, magistrat britannique de haute renommée, énonçait que le transporteur, s'il procède effectivement aux opérations de chargement, doit le faire dans les termes de la Convention, c'est-à-dire « *de façon appropriée et soigneuse* ». En revanche, pour ce magistrat, rien n'interdit aux parties, dans la Convention de 1924, de confier ces opérations aux ayants droit à la marchandise (chargeur, destinataire), ou à l'entreprise de manutention choisie par eux. Et, dans ce cas, le transporteur n'assume pas les risques du chargement (22). L'analyse du juge Devlin devait être approuvée par la Chambre des Lords le 5 décembre 1956, dans un arrêt

(18) Voir, pour une cargaison de vin, Montpellier, 1er avr. 1971, navire *Chergui*, *DMF* 1971.590.

(19) Art. 3 § 2 de la Convention de 1924 : « *le transporteur procèdera... au chargement... des marchandises transportées* » ; art. 38 du décret du 31 déc. 1966 : « *nonobstant toute clause contraire, le transporteur procède de façon appropriée et soigneuse au chargement* ».

(20) Pour un cas d'application de la règle, voir Cass. 27 oct. 1998, navire *Girolata*, *DMF* 1998.1129, rapp. RÉMERY, obs. P. BONASSIES.

(21) Cass. 19 mars 1985, navire *Valais*, *DMF* 1986.20 ; Cass. 2 oct. 1990, *DMF* 1991.504 ; Cass. 27 fév. 1996, *BTL* 1996.217 ; Rouen, 1er avr. 2004, *BTL* 2004.317.

(22) *Pyrene v. Scindia*, 14 avr. 1954, *Lloyd's Law Reports*, 1954.1.321.

Renton v. Palmyra (23). Elle a été confirmée à nouveau par la même juridiction dans un arrêt du 25 novembre 2004, concernant le navire *The Jordan II* (24). Lord Steyn, qui exprime l'opinion de la Cour, observe d'abord que, dans le droit anglais antérieur à la Convention de 1924, la règle était que le transporteur devait assumer chargement et déchargement, mais qu'il était possible de transférer la charge de ces opérations sur les ayants droit à la cargaison (*cargo interests*). Il ajoute que la doctrine de l'arrêt *Renton* a inspiré les professionnels depuis 1960, et qu'il n'est pas opportun d'aller contre la pratique, que cette doctrine, même si elle a été rejetée aux États-Unis, a aussi été adoptée par les tribunaux de nombreux pays de *common law* (Australie, Nouvelle-Zélande, Pakistan, Inde), qu'enfin le fait que des travaux de rénovation du droit maritime des transports soient actuellement en cours devant la CNUDCI rend peu approprié un nouvel examen de la doctrine *Renton*. L'analyse est élégante, mais guère convaincante pour un juriste français (25). L'entrée en vigueur, éventuelle, des Règles de Rotterdam, mettra un terme, de façon expresse, à cette divergence. En effet, la Convention nouvelle consacre l'analyse du juge Devlin (v. *supra*, n° 1008). Il en va de même pour l'arrimage.

1011. L'arrimage. — L'arrimage peut se définir comme l'opération consistant à disposer méthodiquement les marchandises et à assurer solidement le chargement d'un navire en assujettissant chaque marchandise par le jeu de câbles, cordages ou étais divers. Cette opération présente une grande importance du point de vue technique : elle conditionne la stabilité et donc la sécurité du navire. Un désarrimage important est bien souvent le prélude d'un naufrage (26). Cependant, l'arrimage obéit également à des considérations commerciales ; celles-ci peuvent se ramener à une idée simple : il faut charger à bord du navire le maximum de ce qui est possible. La rentabilité du voyage est à ce prix. Mais le transporteur doit toujours respecter son obligation d'agir de façon appropriée et soigneuse (27).

Le principal problème que pose l'arrimage est toutefois celui de la mise de certaines marchandises sur le pont même du navire, *l'arrimage en pontée*.

1012. L'arrimage en pontée. Principes. Plan. — Semblable arrimage, qui peut être dangereux pour le navire, dont il encombre le pont et modifie la stabilité, fait surtout encourir des risques supplémentaires à la marchandise, dépourvue de protection contre les éléments, vent, vagues, embruns, froid ou canicule, alors que les marchandises chargées en cale s'en trouvent,

(23) *GH Renton and Co Ltd v. Palmyra Trading Corporation of Panama Lloyd's Law Reports*, 1956.2.379.

(24) Chambre des Lords, *Jindal Iron v. Islamic Solidarity*, *Lloyd's Law Reports* 2005.1.57.

(25) Notamment dans la mesure où la Convention de 1924 est interprétée principalement à la lumière du droit anglais antérieur.

(26) S'agissant en particulier de cargaisons en vrac : si de telles cargaisons ne sont pas correctement réparties et cloisonnées, elles peuvent, en cas de gros temps, créer un phénomène dit « *de carène liquide* », fatal au navire. Une charge lourde mal arrimée peut, elle, causer des dégâts considérables non seulement aux autres marchandises, mais aussi au bordé du navire.

(27) Un exemple de comportement soigneux : le transporteur, sauf en cas de nécessité, ne peut modifier le conditionnement de la marchandise : Cass. 11 mars 1975, *DMF* 1975.598 ; pour un cas de nécessité, Cass. 18 oct. 1988, *BTL* 1989.30 (recerclage de colis mal emballés).

normalement, protégées. Il a donc, de tout temps, suscité la réserve du législateur, l'Ordonnance de la Marine l'interdisait au capitaine (art. XII du titre II du Livre I), tandis que le Code de commerce rendait ce dernier responsable des marchandises « *chargées sur le tillac sans le consentement par écrit du chargeur* » (art. 229).

Les textes aujourd'hui applicables (Convention de 1924 ; loi de 1966), il faut bien en convenir, ne règlent ces questions, pourtant d'une importance quotidienne, que de façon confuse. La Convention de Bruxelles exclut le transport en pontée de son champ d'application (art. 1, litt. c), mais à la condition que la marchandise soit déclarée comme mise sur le pont « *et, en fait, ainsi transportée* ». Mais elle ne dit pas expressément que tout transport en pontée ne répondant pas à ces conditions doit être présumé irrégulier. La loi française fixe, elle, d'une manière plus précise les conditions d'un transport en pontée régulier. Par ailleurs, n'excluant en rien le transport en pontée de son domaine, elle autorise seulement le transporteur, lorsque la pontée est régulière, à insérer au connaissement « *toutes clauses relatives à la responsabilité ou à la réparation* ».

La distance qui existe entre les textes, et surtout la complexité des situations que la pratique a engendrées interdisent ici toute étude synthétique. Et, parce que le droit français est le plus clair, parce que, aussi, il s'applique à de nombreux transports internationaux en raison de la règle d'exclusion inscrite dans la Convention de 1924, nous étudierons d'abord le régime de la mise en pontée sous la loi de 1966, avant de nous interroger sur le contenu, en la matière, de la Convention de 1924, puis sur le cas particulier de l'arrimage en pontée des conteneurs.

1013. La loi de 1966. Arrimage en pontée régulier. — Il résulte de l'article 22 de la loi de 1966 que l'arrimage en pontée peut être considéré comme régulier dans trois cas : petit cabotage ; dispositions réglementaires impératives ; consentement du chargeur.

Le *petit cabotage* constitue une dérogation traditionnelle à la rigueur des principes. Imposée par la pratique dès le XVIIIe siècle, malgré le silence de l'Ordonnance de la Marine, cette dérogation est affirmée dans l'article 229 du Code de commerce. Aussi bien, souvent la taille et la structure des petits caboteurs n'autorisent pas pour certains colis d'autre mode de chargement.

Dans le petit cabotage, l'autorisation par le chargeur de la pontée n'est ainsi pas nécessaire. Le seul problème est de savoir ce qu'il faut entendre par *petit cabotage*. La notion est assez large, conformément aux textes administratifs (Ripert, *Traité*, n° 162). Elle a été, par exemple, appliquée à un transport du Havre à Southampton (28).

Les dispositions réglementaires impératives s'appliquent à certains types de marchandises dangereuses faisant courir, notamment, des risques d'incendie ou d'explosion. Le code IMDG de l'OMI spécifie très précisément ce type de

(28) T. com. Paris, 12 déc. 1975, navire *Saint-Christophe*, *DMF* 1976.244.

contraintes. Là aussi, l'accord du chargeur, censé connaître la réglementation applicable, n'est pas exigé. Il en est différemment du troisième cas de pontée licite, où, seul, le consentement du chargeur du chargeur fonde la régularité de la pontée.

1014. Consentement du chargeur. Principes. Signature du chargeur. — La loi de 1966 dispose que ce consentement doit être « *mentionné sur le connaissement* ». Mais elle ne précise pas quelle forme il doit prendre. C'est là la source d'une dérive qui, de fait, tendait à vider cette disposition rigoureuse de tout contenu réel. En effet, la jurisprudence n'a pas exigé que ce consentement soit spécial, qu'il fasse l'objet d'une mention particulière émanant du chargeur et signée par lui. Dès lors, les transporteurs ont contourné la rigueur de la règle en insérant systématiquement dans leurs connaissements une clause stipulant que, par avance, le chargeur autorise le chargement de sa marchandise sur la pontée du navire, ou encore que le chargement sur le pont du navire sera considéré comme fait avec l'assentiment du chargeur.

Ces clauses ont été considérées comme licites et efficaces. Si le chargeur, en présence d'une telle clause veut s'opposer à l'arrimage de sa marchandise en pontée, c'est à lui — par une sorte de renversement de l'ordre des choses — qu'il appartiendra d'apposer sur le connaissement une mention spéciale par laquelle il précise : « *chargement en pontée interdit* ». Le transporteur devra alors respecter cette interdiction, sauf à commettre une faute engageant sa responsabilité (29). En revanche, en l'absence d'une mention spéciale de ce type, le chargement en pontée est considéré comme autorisé par avance.

Mais aujourd'hui, le laxisme originaire est atténué par la jurisprudence exigeant la signature du chargeur pour les clauses dérogatoires au droit commun (*supra*, n° 963). On voit mal plaider que la clause de chargement en pontée n'est pas dérogatoire au droit commun, et qu'elle correspond tout au contraire à l'économie normale du contrat. D'une part, une telle clause vise à imposer un mode d'arrimage stigmatisé par le législateur. D'autre part, comme nous le verrons ci-dessous, elle tend à autoriser toutes clauses allégeant la responsabilité du transporteur et ainsi à faire sortir la responsabilité du transporteur du champ fixé impérativement par les textes. Il convient alors, comme pour les clauses attributives de compétence territoriale (*infra*, n° 1158), de ne la déclarer opposable au chargeur que s'il l'a expressément acceptée en signant le connaissement. Et telle paraît bien être la jurisprudence dominante (30).

1015. Notification de la pontée au chargeur. — Le chargement de la marchandise en pontée a par ailleurs des conséquences indirectes graves sur les intérêts des ayants droit. En effet, si le chargement est régulier, le transporteur s'exonère valablement par le connaissement des dommages dus à la pontée

(29) Sur la nature et les conséquences de cette faute, voir *infra*, n° 1018.

(30) En ce sens, Cass. 19 déc. 2000, arrêt 98-13708 ; *adde* les décisions citées *Lamy Transport* 2006, tome 2, n° 624. En se fondant sur la jurisprudence *Nagasaki*, (*infra*, n° 1158), il faut sans doute appliquer une règle analogue au destinataire. La clause autorisant la pontée doit faire l'objet d'une autorisation spécifique de sa part.

(*infra*, n° 1016). Il ne reste plus à l'ayant droit que le recours à son *assureur-facultés*. Or, les polices d'assurance excluent souvent de leur couverture les marchandises chargées en pontée. Pour que la marchandise soit couverte, il est nécessaire que le chargeur avise l'assureur du chargement en pontée et paie une surprime. Le chargeur prudent ne manquera pas de procéder ainsi. Mais il ne pourra le faire s'il n'a pas été avisé par le transporteur que celui-ci usait de la faculté de charger en pontée que lui offrait la clause d'autorisation et chargeait donc effectivement ainsi la marchandise. N'ayant pu faire le nécessaire, il supportera alors seul le risque.

C'est pourquoi, de nombreuses décisions ont considéré que le transporteur devait être considéré comme fautif s'il omettait, en pareil cas, d'aviser le chargeur du chargement de sa marchandise en pontée (31). Les transporteurs n'ont pas pour autant désarmé. Ils ont perfectionné la rédaction de leur clause en stipulant que le chargeur dispensait expressément le transporteur de lui donner avis du chargement en pontée. La jurisprudence apparaît incertaine sur la validité de cette clause, mais la tendance dominante lui est défavorable (32).

1016. Régime de la pontée régulière. Clauses de non-responsabilité. — Lorsque la pontée est régulière, le consentement du chargeur n'étant pas contesté, le transporteur, que l'article 30 de la loi de 1966 autorise alors à insérer dans le contrat « *toutes clauses relatives à la responsabilité ou à la réparation* », peut bénéficier en particulier de la clause qui l'exonère de toute responsabilité pour les dommages dus à la pontée (mouille ; jet à la mer). De surcroît, il continue à bénéficier des cas exceptés prévus par la loi (faute de navigation du capitaine, incendie, grève, etc.). La clause d'autorisation de charger en pontée lui confère ainsi, en fait, une sorte de « blanc-seing ».

1017. Incidence de l'obligation d'arrimer « de façon appropriée et soigneuse ». — La jurisprudence française a, néanmoins, trouvé un moyen, des plus judicieux, pour limiter les excès pouvant résulter d'un tel blanc-seing. Dans chaque espèce, au cas par cas, les tribunaux se réservent la possibilité de contrôler si le chargement en pontée, même régulier car autorisé, est bien conforme à l'obligation primordiale du transporteur : procéder « *de façon appropriée et soigneuse au chargement, à la manutention, à l'arrimage, au transport...* » des marchandises transportées (art. 38, décret du 31 déc. 1966 ; voir *supra*, n° 1006). Le juge recherchera donc si, compte tenu des circonstances de temps et de lieu, le transporteur pouvait user de la faculté de charger en pontée, tout en respectant son obligation d'assurer à la marchandise un arrimage et un transport « *appropriés et soigneux.* »

(31) Voir, sur le principe, Cass. 18 janv. 1994, *DMF* 1994.551 ; Cass. 19 déc. 2000, cité *supra*, note 26.
(32) Pour la validité, voir Cass. com. 16 déc. 1965, *DMF* 1966.718 ; Paris, 17 févr. 1977, *DMF* 1977.535 ; *contra*, Aix, 18 juin 1985, *DMF* 1986.740, *Revue Scapel*, 1986, p. 6. Voir, J. BONNAUD, « Le défaut d'avis est-il de nature à faire perdre au transporteur le bénéfice de sa clause d'irresponsabilité ? », *Revue Scapel*, 1986, p. 2.

La solution a été affirmée pour la première fois par la Cour d'appel d'Aix-en-Provence, dans une affaire *Al Hoceima* (33). Confirmant la décision du Tribunal de commerce de Marseille, la Cour a considéré que le transporteur bénéficiant de la clause d'autorisation de charger en pontée, avait pourtant commis une faute en procédant à un tel chargement, s'agissant d'une remorque simplement bâchée qui avait été arrimée sur le pont du navire, à l'extrême proue de celui-ci. Elle était ainsi directement exposée à la violence des éléments alors que le transport (Marseille-Alger) était effectué en plein hiver, période de mauvais temps habituel en Méditerranée. La Cour a conclu qu'il y avait là « *transgression d'une obligation fondamentale du transporteur* ».

1018. L'arrimage en pontée irrégulier. « Faute inexcusable » ? — Lorsque l'arrimage en pontée est effectué en l'absence du consentement du chargeur — et en dehors des cas de pontée licite admis par l'article 22 de la loi de 1966 —, le transporteur, aux termes du même article 22, « *commet une faute* ». Il en est de même, de plus fort, si le chargeur a interdit la pontée, en apposant sur le connaissement la mention « *under deck stowage* » (34). Le transporteur ne peut plus, dès lors, invoquer la clause l'exonérant de toute responsabilité du fait des risques de la pontée. En revanche, il peut toujours invoquer les autres cas exceptés, faute de navigation du capitaine, incendie ou autre. Lui retirer le droit à ces cas exceptés serait, en effet, lui appliquer une *peine privée*, chose interdite par le droit français. Toutefois, si le dommage subi par la marchandise a été causé ou aggravé par le chargement en pontée, l'irrégularité de celui-ci fait que le transporteur, dans la mesure de l'aggravation, est privé du bénéfice du cas excepté concerné (35).

La question se pose aussi de savoir si la faute du transporteur ne constitue pas une *faute inexcusable*, le privant alors du bénéfice de la limitation de responsabilité. Comme nous le verrons, à l'occasion de l'étude de ce type de faute (*infra*, n° 1114), la jurisprudence, avec les nuances nécessaires, tend effectivement, au moins dans les cas d'imprudence grave du transporteur, à voir dans la pontée irrégulière une faute inexcusable (36).

1019. Convention de 1924. Principes. Transports en pontée exclus de la Convention. — À l'inverse de la loi de 1966, le traitement du transport en pontée par la Convention de 1924 n'est pas fondé sur la distinction entre pontée régulière et pontée irrégulière, mais sur une référence aux mentions du connaissement, et sur l'*exclusion* de principe des transports en pontée des préoccupations du législateur international. Aux termes de l'article 1 (c) de la Convention, la notion de *marchandises*, terme qui commande l'application du

(33) Aix, 10 janv. 1991, navire *Al Hoceima*, *DMF* 1992.147, n. P. Bonassies ; *BTL* 1991, p. 716, *Revue Scapel*, 1991, p. 36 ; voir déjà, observant que le transporteur, autorisé à charger en pontée, ne doit pas user de cette autorisation quand la tempête menace, Paris, 21 juin 1972, navire *Container Forwarder*, *DMF* 1972.676.

(34) Cass. 22 janv. 2002, navire *Düsseldorf Express*, *DMF* 2002.528, obs. R. Achard.

(35) Cass. 18 janv. 1994, *DMF* 1994.551.

(36) Il en a été jugé ainsi du chargement en pontée d'un conteneur « *flat* », au bord du bastingage alors qu'il contenait des matériels électriques et électroniques, donc fragiles et sensibles à l'humidité. (Aix-en-Provence, 30 nov. 2006, *BTL* 2007.60, obs. M. Tilche ; obs. Ph. Delebecque, *DMF* 2008, Hors-série n° 12, n° 71.

texte, lequel, aux termes de son article 2, s'applique « *à tous les contrats de transport de marchandises par mer* », « *comprend biens, objets, (...) à l'exception (...) de la cargaison qui, par le contrat de transport, est déclarée comme mise sur le pont et, en fait, est ainsi transportée* ».

Il suit de ce texte que les transports en pontée qui répondent aux conditions prévues — et notamment à la condition que la marchandise en cause soit effectivement mise en pontée (37) — sont exclus des préoccupations du législateur international, étant, en quelque sorte « abandonnés » à qui veut les régir. Pareille exclusion soulève immédiatement deux questions.

La première est de savoir ce qu'il faut entendre par cargaison déclarée par le contrat de transport comme mise sur le pont. Il en est certainement ainsi pour une cargaison couverte par un connaissement qui autorise le transport en pontée, et qui porte sur son recto la mention « *en pontée* ». En revanche, la Cour de cassation, dans un arrêt du 7 juillet 1998, a décidé que ne répondait pas aux exigences de l'article 1 (c) de la Convention un connaissement qui portait bien, sur son verso, une clause classique d'autorisation de chargement en pontée sans avis au chargeur, mais qui ne comportait pas, sur son recto, la mention *en pontée* (38). Pour la Cour, une telle clause, laissant au transporteur la faculté de charger les conteneurs soit en cale soit en pontée, « *ne pouvait tenir lieu de déclaration de mise sur le pont de la marchandise* ».

Reste un dernier cas qui, à notre connaissance, n'a pas été tranché, celui de savoir si un connaissement, qui porte seulement la mention « *en pontée* » sur son recto, répond aux exigences de la Convention. La réponse est malaisée. Le souci de la jurisprudence française que soit respecté le consentement du chargeur en matière de chargement en pontée, nous incite à penser qu'un tribunal français conclurait que, dans ce cas, la pontée n'est pas expressément *autorisé (e) par le contrat*, la mention en cause étant dès lors insuffisante. Ce souci s'exprime, de façon particulièrement ferme, trop peut-être, en matière de transport de conteneurs en pontée dans la jurisprudence *Ville de Tanya* (v. *infra*, n° 1023 *bis*).

La seconde question est de savoir quel sera le régime applicable aux transports ainsi « exclus » par la Convention. À cette question, la Convention ne répond pas. C'est au juge saisi du litige qu'il appartiendra, à partir de ses propres règles de conflit, de déterminer le régime applicable. C'est là un problème que nous avons déjà rencontré (*supra*, n°s 907 et s.) et dont nous rappellerons seulement les données fondamentales, en tant qu'elles commandent le problème du transport en pontée.

C'est à partir de la Convention de Rome, et plus précisément de son article 5, que le juge français devra choisir le régime applicable, les dispositions de l'article 16 de la loi de 1966 ne pouvant plus aujourd'hui être prises en considération. C'est donc, dans le principe, seulement si la loi française apparaît au juge comme celle du pays avec lequel le transport concerné présente les liens

(37) La règle est bizarre, qui fait que le transporteur qui charge en cale une marchandise destinée à être mise en pontée, va perdre le bénéfice de l'irresponsabilité à peu près totale dont il bénéficierait s'il chargeait en pontée.

(38) Navire *Atlantic Island*, *DMF* 1998, rapp. RÉMERY et obs. P. BONASSIES.

les plus étroits, qu'il soumettra la pontée en cause à cette loi. Dans la pratique, on peut penser que le juge se référera systématiquement, comme loi appropriée, à la loi de 1966 pour les transports au départ ou à destination d'un port français — solution qui était naguère celle de l'article 16, mais qui serait aujourd'hui atteinte à partir de la Convention de Rome. Le juge français pourra aussi se référer à la même loi française en tant que loi d'ordre public, notamment pour appliquer à la cause les exigences du droit français quant au consentement du chargeur au transport en pontée (39).

1020. Transport en pontée soumis à la Convention. Régime applicable. — Un dernier problème se pose, celui du transport en pontée soumis à la Convention, parce qu'il ne répond pas aux conditions *d'exclusion* de l'article 1 (c) (absence de mention de la pontée), et qu'il concerne un contrat de transport régi par ce texte (connaissement émis dans un État signataire ; transport au départ d'un État signataire ; clause *paramount*). La question qui se pose alors est de savoir quel est le régime précis applicable, étant observé que, par hypothèse, le transporteur ne pourra se protéger par une clause de non-responsabilité spécifique, la pontée n'étant pas *mentionnée au contrat*.

La réponse ne fait aucun doute ; ce régime est celui du « droit commun » de la Convention. Celle-ci, à la différence du droit français, n'interdit pas toutefois dans le principe le transport en pontée. Dans notre opinion, on ne pourra donc considérer comme fautif tout transport en pontée. Il faudra apprécier, cas par cas, le comportement du transporteur. Le plus souvent, toutefois, le transport en pontée constituera une faute, dans la mesure où il apparaîtra contraire à l'obligation du transporteur de procéder de façon appropriée et soigneuse à l'arrimage de la marchandise et à son transport (40). La jurisprudence est cependant plus sévère. Dans un arrêt du 29 avril 2002, la Cour de cassation a ainsi approuvé la Cour d'appel de Rouen d'avoir, sous le régime de la Convention de 1924, considéré comme en principe fautif un transport en pontée non autorisé (41). Mais il pourrait en être différemment, par exemple si ce mode de transport est prévu par un texte international (explosifs ou autre marchandise dangereuse), ou encore s'il est conforme à un *usage* incontestable (cas de certaines cargaisons de bois, voire du petit cabotage).

1021. Règles de Hambourg. — À la différence de la Convention de 1924, les Règles de Hambourg, s'inspirant là aussi du droit français, n'excluent pas leur application aux transports en pontée (42). Selon leur article 9 § 1, cet arrimage est considéré comme régulier en cas d'accord du chargeur, ou, en l'absence de cet accord, lorsqu'il est « *exigé par la réglementation* » ou effectué « *conformément aux usages du commerce considéré* ».

(39) La solution demeure toutefois ouverte à débat, les exigences du droit français pouvant apparaître ici comme plus sévères que celles de l'ordre public international.

(40) Cette faute, tout comme en droit français, pouvant constituer une faute inexcusable ; voir *infra*, n° 1114.

(41) Navire *Cam Iroko Express*, *DMF* 2003.377, obs. R. ACHARD.

(42) Voir C. SCAPEL, *Les réformes apportées par les Règles de Hambourg à la responsabilité du transporteur maritime*, Actes du colloque IMTM Aix, 25 nov. 1992, p. 62, n°s 26 et s.

En cas de chargement en pontée irrégulier parce que non autorisé, les Règles énoncent que le transporteur demeure responsable des pertes ou retard (?) qui résultent uniquement du transport en pontée, pouvant éventuellement être déchu de son droit à limitation en cas de faute *inexcusable*. De surcroît, l'article 9 § 4 dispose qu'un « *transport de marchandises effectué en pontée contrairement à un accord stipulant expressément que le transport doit être effectué en cale est considéré comme un acte ou une omission du transporteur au sens de l'article 8* », c'est-à-dire qu'il est traité comme emportant une *faute inexcusable*, privant le transporteur du bénéfice de la limitation légale de responsabilité.

Paradoxalement, c'est le transport en pontée régulier qui suscite les interrogations. Le texte ne donne aucune précision sur le régime de responsabilité applicable à un tel transport. En l'état de ce silence, le Doyen Rodière s'est demandé si le transporteur n'aurait pas la possibilité de s'exonérer des risques propres à la pontée (43), mais la doctrine actuelle n'est pas favorable à cette idée (44). En effet, une telle solution irait à l'encontre du choix effectué par le texte nouveau. Le transport en pontée s'est banalisé, notamment du fait des conteneurs ; il ne justifie plus, sauf exception, un régime de responsabilité dérogatoire favorisant le transporteur. On revanche, on peut penser que le chargeur assumera les risques normaux de la pontée (mouille, voire jet à la mer). Dans le régime de Hambourg, le transporteur s'exonère en effet de sa responsabilité s'il prouve qu'il a pris toutes les mesures qui pouvaient raisonnablement être exigées pour éviter le dommage (*infra*, n° 1064). Quand la pontée est autorisée, on ne pourrait — en principe — raisonnablement exiger de lui qu'il ne charge pas en pontée.

Les Règles de Hambourg apportent, d'autre part, une règle tout à fait nouvelle (art. 9 § 2) : le transporteur a l'obligation de faire mention au connaissement du chargement en pontée régulier. Le texte précise que s'il ne l'a pas fait, il lui est toujours possible d'établir que le chargeur avait donné son accord. Il aura la possibilité de rapporter cette preuve par tous moyens mais celle-ci, précise le texte, sera inopposable aux tiers porteurs du connaissement, « *y compris à un destinataire* » (art. 9 § 2). Il s'ensuit que, faute d'une mention au connaissement, un tel chargement en pontée prendra un caractère irrégulier à l'égard du destinataire de la marchandise, fondé à considérer que la marchandise voyage en cale. Si elle a été mise en pontée, c'est alors au transporteur d'en supporter les risques, ce qui apparaît d'autant plus justifié que, le destinataire n'ayant pas été avisé, il n'a pu souscrire l'assurance nécessaire pour couvrir ce risque supplémentaire.

1021 *bis*. Règles de Rotterdam. — Les Règles de Rotterdam s'inscrivent dans la trace ouverte par les Règles de Hambourg. Dans le principe, tout comme ces dernières, les règles nouvelles s'appliquent sans distinction à toutes les marchandises transportées. Le régime mis en place est toutefois nuancé, bien adapté aux différents cas de figure, encore qu'un peu complexe.

(43) R. Rodière, « Règles de Hambourg, le point de vue d'un juriste latin », *DMF* 1978.460.

(44) Voir E. du Pontavice et P. Cordier, *Transport maritime et Affrètement*, *op. cit.*, H 10 ; P. Bonassies, *Règles de Hambourg, analyse critique*, Cahiers de documentation CCIM 1990, p. 13, n° 27 ; C. Scapel, *Actes du Colloque IMTM sur l'entrée en vigueur des Règles de Hambourg*, 1993, n° 28.

S'agissant des marchandises en pontée, les Règles nouvelles déterminent tout d'abord les cas dans lesquels le transport en pontée sera considéré comme régulier, non fautif : l'article 25 § 1 en énumère trois, qui en réalité, se ramènent à quatre : la pontée sera régulière si elle est « *exigée par la loi* » (art. 25 § 1 a) ou encore si elle est conforme aux « *coutumes, usages ou pratiques du commerce en question* » (art. 25 § 1 c, *in fine*). On retrouve l'article 9 § 1, *in fine*, des Règles de Hambourg, tout comme l'article 22 de la loi française. Comme dans ces deux textes, l'article 25 vise également le cas dans lequel la pontée intervient en accord avec le chargeur. Les Règles de Rotterdam ne se réfèrent pas, littéralement, à cet accord du chargeur mais retiennent le cas où le transport en pontée « *est conforme au contrat de transport* » (art. 25 § 1, c). Il semble bien qu'il faille ainsi entendre cette formule. Cependant, la formule est large : elle paraît donc valider également les clauses préétablies qui prévoient, au connaissement, que par avance le chargeur donne son autorisation à un tel chargement en pontée.

Le quatrième cas de chargement en pontée régulier vise de façon particulièrement opportune le transport de conteneurs ou de véhicules chargés « *sur des ponts qui sont spécialement équipés pour transporter de tels conteneurs ou véhicules* » (art. 25 § 1, b). Cette précision est très heureuse. Les Règles de Hambourg étaient lacunaires sur ce point, alors que ces transports ont fait apparaître de sérieuses difficultés d'application de la Convention de Bruxelles (v. *infra*, n°s 1022 et s.).

Pour en revenir aux marchandises ordinaires, non conteneurisées, le régime de responsabilité applicable distingue selon que la pontée est régulière, ou non.

Ainsi, tout d'abord, lorsque le chargement en pontée est régulier, c'est-à-dire effectué dans les cas prévus à l'article 25 § 1, a et b (le cas des conteneurs visés à l'article 25 § 1, c, est traité différemment), le transporteur est responsable selon le régime général édicté par la Convention. Il existe, cependant, une restriction : en effet « *le transporteur n'est pas responsable de la perte, du dommage ou du retard des risques particuliers que comporte ce transport* » (art. 25 § 2). Il en résulte que, dans ce cadre, le transporteur est tenu dans les mêmes conditions que si la marchandise était transportée en cale, à cela près qu'il est exonéré des dommages imputables aux risques particuliers qu'entraîne la pontée : mouille, chute à la mer, par exemple. Les conteneurs échappent à cette exclusion (v. *infra*, n°s 1022 et s).

Dans les autres cas, c'est-à-dire si le transport en pontée ne doit pas être considéré comme régulier faute d'accord du chargeur, d'exigence légale ou coutumière, le transporteur sera alors sanctionné : il ne pourra se prévaloir d'aucun des cas exceptés énumérés à l'article 17 de la Convention. Il bénéficiera néanmoins, dans ce cas, de la limitation de sa responsabilité régie par les articles 59 et suivants. Ce bénéfice même pourra, cependant, lui être retiré dans les cas les plus graves : l'article 25 § 5 dispose qu'il en ira ainsi, si le transporteur charge les marchandises en pontée alors qu'il avait « *expressément convenu avec le chargeur que les marchandises seraient transportées en cale* ». Ce n'est que justice !

Au total, le régime mis en place apparaît particulièrement bien conçu : complet, clair et équilibré.

Tout au plus peut-on s'interroger sur la formulation du 4e paragraphe de l'article 25 : celui-ci vise les conditions d'opposabilité du consentement du chargeur à la pontée lorsque le « *document de transport* » électronique ou non, est négociable. Le texte dispose que le transporteur ne peut se prévaloir de cet accord à l'encontre du « *tiers qui a obtenu* [un tel document de transport] *de bonne foi, à moins que, cependant, les données du contrat indiquent que les marchandises peuvent être transportées en pontée* ». Si l'on se réfère au seul accord du chargeur, la précision est redondante puisque cet accord doit résulter des termes du contrat. Il semble qu'il faille donc en conclure que cette disposition ne vise que l'autre cas prévu par l'article 25 § 1, c, *in fine* : « *les coutumes, usages, pratiques du commerce en question* ». Le champ de la disposition apparaît extrêmement résiduel.

Ce n'est pas le cas du transport par conteneur.

1022. Un problème particulier : l'arrimage en pontée des conteneurs. — La pratique des conteneurs ne s'étant développée qu'après leur entrée en application, les textes d'origine, Convention de Bruxelles, mais également loi française du 18 juin 1966, n'envisageaient pas de réserver, en la matière, un aménagement particulier au transport des marchandises en conteneurs. Celui-ci s'est pourtant révélé nécessaire, notamment du point de vue de l'arrimage. En effet, les règles d'arrimage de droit commun, particulièrement en ce qu'elles visent le transport en pontée, ne sont plus adaptées du fait de la mise en ligne de navires spécialisés, les porte-conteneurs. Ceux-ci sont construits pour permettre, en principe en toute sécurité, le transport en pontée. Certains se caractérisent même par le fait qu'à l'inverse des navires conventionnels, ils ne comportent plus véritablement de pont (navires dits « cellulaires »). Habituellement sur ces navires, les conteneurs sont chargés depuis le fond du navire, puis « *gerbés* », sur huit, dix hauteurs, sans solution de continuité, certains conteneurs étant chargés en dessous de la lisse du navire, d'autres, en dessus. Par ailleurs, la position des conteneurs ne se détermine pas en fonction de la notion de pontée. Elle est déterminée par un plan d'arrimage, établi de façon informatique du fait de sa grande complexité. Les paramètres dont il est tenu compte sont, principalement, le poids, car celui-ci conditionne toujours la stabilité du navire, l'ordre du chargement et du déchargement à l'escale qui doit réduire, autant que possible, le nombre de mouvements des « boîtes », et les règles d'arrimage propres aux marchandises dangereuses telles qu'elles sont prescrites par le Code IMDG. L'importance de cette situation est naturellement accrue par le gigantisme qui se manifeste dans la flotte moderne de porte-conteneurs (45).

1023. Droit français. — La loi française a, opportunément, intégré ces réalités techniques nouvelles. En effet, la loi du 21 décembre 1979, a modifié

(45) V. le colloque « *Le gigantisme* », Rendez-vous de l'Assurance Transports, Cannes, 28, 29 avril 2009.

l'article 22 de la loi du 18 juin 1966 en lui ajoutant un deuxième alinéa : celui-ci s'applique « *en cas de chargement en conteneur à bord de navires munis d'installations appropriées pour ce type de transport* ». En pareil cas, le transporteur peut, sans commettre de faute, arrimer le conteneur sur le pont du navire, car « *le consentement du chargeur est supposé donné* ». Le chargement en pontée est donc, automatiquement, régulier (46).

Malgré sa formulation curieuse et embarrassée (qu'est-ce qu'une « *supposition* » de consentement ?), la solution est bonne. S'agissant d'un navire muni d'installations appropriées au transport des conteneurs, la notion de pontée n'est plus pertinente. Mais elle reprend tout son sens pour le cas des *conteneurs ouverts*, lesquels ne protègent en rien la marchandise contre les dangers d'un transport en pontée. Il est donc heureux que la Cour de cassation, dans un arrêt du 7 février 2006, ait jugé que la présomption inscrite dans l'article 22 ne s'applique pas au chargement de tels conteneurs (*BTL* 2006.111 ; *DMF* 2006.499, n. Y. Tassel ; obs. Ph. Delebecque, *DMF* 2007, Hors-série n° 11, n° 81).

Il s'ensuit deux conséquences de la règle énoncée par l'article 22 : quel que soit l'emplacement du conteneur, le transporteur n'est pas en faute du seul fait du chargement en pontée, il n'a pas à rechercher l'accord du chargeur, ni à l'aviser. Mais par ailleurs, en contrepartie, le régime de responsabilité applicable au conteneur est banalisé (47). La loi du 21 décembre 1979 a modifié le texte de l'article 30 : le transporteur n'est plus autorisé à se décharger contractuellement de sa responsabilité malgré le chargement en pontée « *en ce qui concerne les conteneurs chargés à bord de navires munis d'installations appropriées* ». Ceux-ci sont donc désormais, dans ce cas, soumis au régime de responsabilité du transport de droit commun : responsabilité de plein droit, sauf au transporteur à faire la preuve d'un cas excepté (*infra* n°s 1062 et s.).

Les Règles de Hambourg paraissent aller dans le même sens. Elles ne visent pas, *expressis verbis*, les transports en conteneurs, mais la référence générale qu'elles font aux « *usages du commerce considéré* » (art. 9 § 1) légitime certainement, comme régulier, un transport de conteneurs à bord d'un porte-conteneurs. Un tel transport sera donc soumis au régime de droit commun de la responsabilité du transporteur.

Les Règles de Rotterdam sont beaucoup plus précises : elles visent expressément (art. 25 § 1, b) les transports en pontée effectués en conteneurs. Elles y assimilent une autre situation, non visée à ce jour par les textes : le transport « *sur des véhicules adaptés au transport en pontée* ». Dans ces deux cas, conteneurs et véhicules, les règles de responsabilité de la Convention s'appliquent à ces marchandises, comme à toutes autres, à la condition que ces

(46) Une question difficile est de savoir si un chargeur ne peut pas exiger, pour son conteneur, un chargement en cale. Dans un arrêt du 19 avril 1976, la Cour d'appel fédérale de New York a refusé cette possibilité à un chargeur, mais, notamment parce que les tarifs de fret, connus de celui-ci, interdisaient la mention *under deck only* : *Rossebruch v. American Export Lines, DMF* 1979.619. — La solution paraît raisonnable, et difficile à écarter pour les navires cellulaires.

(47) Sur la responsabilité du transporteur à l'égard des tiers pour dommages causés par les conteneurs tombés à la mer, voir *supra*, n° 377 *bis*.

conteneurs ou véhicules soient transportés « *sur des ponts qui sont spécialement équipés pour transporter de tels conteneurs ou véhicules* ». La Convention nouvelle vise donc, outre les porte-conteneurs, implicitement, les navires mixtes affectés pour partie au transport conventionnel, pour partie au transport de conteneurs ou de véhicules. L'on se souvient du *Rokia Delmas* qui a défrayé la chronique en s'échouant devant l'Île de Ré. Il s'agissait d'un navire de ce type.

Dans cette hypothèse, le transporteur subit la responsabilité de plein droit, mais il peut s'exonérer selon les termes de l'article 17 et bénéficier de la limitation légale de sa responsabilité sans qu'il y ait lieu de rechercher si cet engin était chargé sous le pont ou au-dessous du pont, et sans que le connaissement n'ait à comporter de mention spéciale.

La Convention de Bruxelles de 1924 n'était pas ainsi aménagée et le Protocole de Visby qui, en 1968, a tenu compte de la conteneurisation pour moduler le calcul de la limitation de responsabilité, n'a pas modernisé la Convention sur le cas du chargement des conteneurs à bord de navires spécialisés. Cette lacune a suscité, devant les juridictions françaises, une très sérieuse difficulté.

1023 *bis*. La jurisprudence « *Ville de Tanya* ». — À l'occasion du transport parfaitement banal d'un conteneur chargé au-dessus du pont du porte-conteneurs « *Ville de Tanya* » de la CMA-CGM, la jurisprudence française a créé pour les transporteurs maritimes de conteneurs une situation de grave insécurité.

Le transport était régi non par la loi française mais par la Convention de Bruxelles. La Cour d'appel d'Aix-en-Provence, dans un premier temps, réformant le jugement du Tribunal de commerce de Marseille, a jugé que, même dans le cas du transport d'un conteneur à bord d'un « *navire muni d'installations appropriées* » le consentement du chargeur était requis et considérait qu'une déclaration unilatérale du transporteur n'y pouvait suppléer. Elle en déduit que, s'agissant d'un chargement en pontée irrégulier, le transporteur se trouvant en faute, de ce fait, ne pouvait se prévaloir du cas excepté de périls de la mer et devait supporter l'entière responsabilité des dommages (Aix-en-Provence, 16 nov. 2006, *Ville de Tanya, DMF* 2007.1002, dans le même sens Aix-en-Provence, 30 nov. 2006, *BTL* 2007.160, obs. M. Tilche).

Malgré les critiques dont cette décision avait fait l'objet et l'inquiétude des praticiens, la Cour de cassation a considéré qu'il convenait de rejeter le pourvoi, maintenant ainsi la position arrêtée par la Cour d'appel (48). Cette solution apparaît fâcheuse à un double titre : en premier lieu, les juridictions françaises paraissent ajouter au texte. En effet, le siège de la matière est l'article 1, c) de la Convention de Bruxelles. Ce texte exclut du domaine de la Convention, autorisant, du même coup, les clauses allégeant la responsabilité du transporteur, la marchandise chargée en pontée « *qui, par le contrat de transport est déclarée comme mise sur le pont et, en fait, est ainsi transportée* ». De cette obligation de

(48) Cass. com. 18 mars 2008, *Ville de Tanya, DMF* 2008.538, obs. crit. Y. TASSEL ; *DMF* 2009, Hors-série n° 13, n° 76, obs. crit. P. DELEBECQUE.

déclaration par le transporteur, les cours françaises ont extrapolé un consentement du chargeur qui n'est pas prescrit par le texte. Elles sont allées, semble-t-il, au-delà des exigences du texte, ce qui est fâcheux au plan des principes.

C'est, en deuxième lieu, fâcheux car l'exigence ainsi posée ne paraît pas compatible avec les réalités du transport moderne par ces navires ultra-spécialisés que sont les porte-conteneurs, de plus en plus souvent de très grande taille (49). En effet, le chargement à bord de ces navires est complètement informatisé (50). Comment pourrait-il en être autrement pour un navire de 13 000 TEU qui, à chaque escale, va avoir un « *schift* » de centaines de conteneurs ? S'agissant de l'arrimage de ces conteneurs, les critères pertinents sont exclusivement le poids, pour des raisons de stabilité, le destinataire et les escales, pour limiter autant que possible les mouvements, et enfin, la nature des marchandises dangereuses soumises aux règles de chargement et d'arrimage prescrites par le code IMDG. Il n'est donc pas prévisible de savoir si un conteneur sera arrimé en bas d'une « *bay* », dans les fonds du navire ou, au contraire, tout en haut, à 10, 20 ou 30 mètres au-dessus du pont.

Dans ces conditions, il n'est absolument pas possible de requérir l'accord du chargeur pour les milliers de conteneurs qui se trouveront finalement chargés au-dessus de la lisse du navire. De surcroît, un tel accord serait, en pareil cas, privé de toute consistance : le postulat qui fonde le transport par conteneur réside dans l'idée que c'est le conteneur qui protège la marchandise... et non plus les murailles du navire. L'exigence de l'accord du chargeur ne serait plus pertinente.

En définitive, il n'est sans doute pas nécessaire de mener aussi loin la réflexion. La Convention de Bruxelles dans son texte de 1924, bien avant l'heure donc, n'impose pas l'exigence consacrée par les juridictions françaises. Le texte ne requiert qu'une exigence : que cette marchandise soit « *par le contrat de transport* (...) *déclarée comme mise sur le pont* ». La raison commande donc, en accord avec le texte, de considérer comme valables et suffisantes, pour de tels transports (51) une clause du connaissement déclarant que la marchandise sera, éventuellement, « *mise sur le pont* » du navire (52). Ainsi que l'observe Ph. Delebecque : « *autant de bonnes raisons pour adopter sans tarder les Règles de Rotterdam qui modernisent enfin le droit des transports maritimes et tiennent compte des nécessités pratiques* » (53). Incontestablement, sur ce point, une modernisation de la Convention de 1924 s'impose. Dans cette attente, quelle qu'en soit la forme, il serait souhaitable que les juridictions françaises ne rendent pas ingérables les dispositions obsolètes du texte.

(49) Les praticiens traitent maintenant de Very Large Container Carrier (VLCC) ou même de Ultra Large Container Carrier (ULCC).

(50) V. également, P. BONASSIES, « Le droit du transport de conteneurs à l'orée du XXIe siècle », *DMF* 2009.7 et s.

(51) Ce n'est pas, en l'état, la position de la Cour de cassation : Cass. com. 7 juill. 1998, navire *Atlantic Island*, *DMF* 1998, rap. RÉMERY et obs. P. BONASSIES, v. *supra*, n° 1019.

(52) P. BONASSIES, cité *supra* note 50, relève en outre une incohérence qui peut fréquemment subvenir : sur un même navire, et dans un même voyage, peuvent coexister un transport soumis à la loi française, qui présume l'accord du chargeur, et un transport soumis à la Convention de 1924 qui exige — pour la Cour de cassation — un consentement exprès.

(53) Ph. DELEBECQUE, *DMF* 2009, Hors-série n° 13, n° 76.

§ 3. — *L'accomplissement du voyage*

1024. Principes. — L'accomplissement du voyage est l'objet essentiel du contrat de transport maritime : le transporteur s'engage, en effet, « *à acheminer une marchandise déterminée, d'un port à un autre* » (art. 15, loi du 18 juin 1966). Une fois réalisée la prise en charge, le chargement et l'arrimage, le transporteur doit donc procéder à l'acheminement de la marchandise. Le législateur n'a, en ce domaine, établi aucune règle précise. Le transporteur est cependant tenu de respecter son obligation d'agir, en tous points, « *de façon appropriée et soigneuse* » (art. 3 § 2, Convention de Bruxelles, art. 38, décret du 31 déc. 1966). De là se déduisent quelques obligations traditionnelles.

C'est ainsi que le transporteur doit accomplir, en principe, le voyage « *en droiture* », c'est-à-dire par la route directe et sans escales. C'est, cependant l'un des points sur lesquels le transporteur conserve une large marge d'initiative afin d'être en mesure de prendre en compte les aléas de la navigation maritime. Les connaissements comportent d'ailleurs systématiquement des clauses accordant toute liberté au transporteur quant à la détermination de la route du navire, ou pour se dérouter de la route normale.

1025. Déroutement du navire. Principes. Clauses de liberté. — Tout déroutement, méconnaissant le principe du voyage en droiture, est fautif, et expose le transporteur à indemniser les ayants droit à la marchandise s'ils subissent, de ce fait, un dommage. Les droits de *common law*, et en particulier le droit américain, sont particulièrement sévères à l'égard du déroutement (*deviation*). Ils considèrent que toute *deviation* fait, en quelque sorte, « sortir » le navire du voyage prévu par le contrat, le transporteur étant alors privé des avantages contractuels, principalement de la possibilité d'invoquer un cas excepté ou la limitation de responsabilité (54). Il reste que le transporteur peut être conduit à faire dévier le navire de la route prévue, à effectuer un *déroutement* pendant le voyage, pour des motifs légitimes, par exemple pour porter assistance à un autre navire, ou en fin de voyage, pour se diriger vers un autre port, le port de destination étant bloqué par les glaces ou par la grève. Le droit ne peut, à l'évidence, lui interdire un tel comportement.

La Convention de 1924 prévoit donc, dans son article 4 § 4, que « *aucun déroutement pour sauver ou tenter de sauver des vies ou des biens en mer, ni aucun déroutement raisonnable ne sera considéré comme une infraction à la présente convention ou au contrat de transport, et le transporteur ne sera responsable d'aucune perte ou dommage en résultant* ». La loi de 1966 ne contient aucune disposition identique. Elle n'envisage le déroutement que comme un cas excepté à la responsabilité du transporteur, mais s'agissant

(54) Sur le principe, voir W. Tetley, *Marine Cargo Claims*, p. 737 et s. La règle s'explique par référence à l'assurance. En droit classique, l'assurance maritime ne couvrait un armateur que s'il suivait strictement la route géographique prévue. S'en écarter signifiait en effet s'aventurer dans des mers ouvertes aux pirates comme aux corsaires ennemis (... de l'apport de Surcouf au droit maritime !). N'étant plus garanti par son assureur, le transporteur ne pouvait plus exécuter l'obligation d'assurance qu'il avait à l'égard de ses chargeurs.

seulement du déroutement à fin de sauvetage de vies ou de biens (article 27, i), omettant toute référence au « *déroutement raisonnable* ».

S'agissant des transports soumis à la Convention de 1924, les tribunaux français ont dû appliquer la notion de déroutement raisonnable. Ils ont ainsi vu un déroutement raisonnable dans le fait pour le transporteur de dérouter une marchandise du port de Degrad-des-Cannes (Guyane), bloqué par la grève, vers l'île de Trinidad (55), mais un déroutement déraisonnable dans le fait pour un transporteur de faire « voyager » une marchandise, à destination du Libéria, de Dakar — escale raisonnable, car justifiée par le blocage des ports du Libéria —, à Marseille, ce alors que la marchandise était pleinement en sécurité à Dakar (56).

S'agissant des transports soumis à la loi de 1966, le problème du déroutement, si déroutement il y a, doit être réglé sur d'autres bases. Le déroutement qui n'a engendré qu'un retard minime sera sans conséquence, la question du retard étant traitée avec beaucoup de souplesse par le droit français (*infra*, n° 1027). Si le déroutement a causé des dommages à la cargaison, la responsabilité du transporteur sera engagée, à moins qu'il ne prouve que le dommage est la conséquence d'un *cas excepté* — grève, blocus du port par la glace, ou autre fait non imputable au transporteur. En pratique toutefois, le problème du déroutement sera le plus souvent réglé sur la base des clauses du connaissement.

Ces clauses prévoient très largement que, par exemple, le navire aura la faculté de faire relâche dans les ports se trouvant sur ou en dehors de sa route, pour y charger ou décharger des marchandises, ou pour quelque cause que ce soit, qu'il aura la liberté de décharger les marchandises dans tout port qui lui paraîtra convenable si le port de destination est affecté par blocus, mauvais temps, grève, quarantaine ou toute autre circonstance. Ne visant pas à alléger la responsabilité du transporteur, mais seulement à aménager ses obligations (57), semblables clauses sont en principe licites. Mais les tribunaux veillent avec soin à ce que le transporteur n'en abuse pas, à ce qu'elles soient utilisées conformément à l'obligation du transporteur d'agir de façon appropriée et soigneuse — ou encore imposent au transporteur d'agir de bonne foi (58).

1026. Transbordement. — Nous l'avons observé, il est de plus en plus fréquent que les marchandises, en particulier les conteneurs, ne soient pas transportées en droiture, faisant l'objet d'un transbordement dans un port intermédiaire. Les connaissements les plus récents accordent tous au transporteur la liberté de transborder la marchandise. Les clauses de transbordement sont certainement licites, comme l'implique un arrêt de la Cour de cassation du

(55) Arrêt *Douce France*, *supra*, note 15.

(56) Cass. 3 févr. 1998, *DMF* 1998.594, rapp. RÉMERY et obs. Ph. DELEBECQUE. Voir aussi la jurisprudence de *common law* citée par W. TETLEY, *Marine Cargo Claims*, 3e éd., p. 737 et s.

(57) Sur le principe, voir Ph. DELEBECQUE, *Les clauses allégeant les obligations dans les contrats*, thèse, Aix-en-Provence, 1981.

(58) Voir l'arrêt *Douce France*, *supra*, note 15, où le juge observe toutefois que la clause de liberté est « *une stipulation licite mais à interpréter restrictivement* » ; Aix-en-Provence, 20 sept. 2005, *BTL* 2005.702, où le juge refuse au transporteur, qui connaissait l'imminence de la grève dans les ports des Antilles, le droit d'invoquer la clause de liberté.

25 février 2004, où la Cour, validant semblable clause, énonce que ne pouvait constituer une faute du transporteur un transbordement effectué à Singapour d'un conteneur à destination d'Haïphong, alors que n'existait aucune ligne régulière entre Le Havre, port de chargement, et ce dernier port (59).

Les Règles de Rotterdam visent expressément le déroutement (art. 24). Aux termes de ce texte, si la loi applicable considère le déroutement comme fautif, il ne prive pas pour autant le transporteur, ou une « *partie exécutante maritime* », des moyens de défense et des limitations institués par la Convention. Il n'en irait autrement qu'en cas de faut intentionnelle ou inexcusable, telle que définie par l'article 61 de la Convention.

1027. Délai du transport. — Là aussi, la loi n'impose au transporteur aucun délai précis pour l'accomplissement du voyage, et ce n'est qu'assez exceptionnellement que le contrat de transport maritime prévoit une date de livraison que le transporteur doit alors respecter (60). Mais même en dehors de tout délai contractuel, il doit effectuer le voyage dans un délai raisonnable. Comme observé ci-dessus, son obligation se fonde ici sur les textes énonçant qu'il doit procéder de façon appropriée et soigneuse. Certes, l'accord est unanime pour considérer que la notion de délai doit être envisagée en matière maritime, de façon particulièrement compréhensive. « *Le transporteur maritime ne s'engage pas à transporter la cargaison dans un délai donné* » (61). Cela ne revient pas à considérer que le transporteur est dispensé de toute contrainte.

En cas de retard excessif et non justifiable, il engage sa responsabilité et devra indemniser l'ayant droit des dommages qui résultent du délai anormal d'accomplissement du voyage (62). A été ainsi considéré comme anormal un délai de neuf jours pour acheminer une marchandise de Marseille à Alger, ou un délai de six mois pour effectuer un transport du Havre à Vera Cruz (63).

Il convient de noter que les Règles de Hambourg (art. 5 § 1) tout comme les Règles de Rotterdam (art. 17 § 1) retiennent la responsabilité de principe du transporteur en cas de retard, tout comme en cas de perte ou dommage. Les deux conventions définissent celui-ci (Règles de Hambourg, art. 5 § 2 ; Règles de Rotterdam, art. 21) (v. *infra*, n° 1070).

1028. Interruption du voyage. — Ignorée par la Convention de 1924, *l'interruption du voyage* a été réglementée dans le détail par le législateur de 1966, ce dans le décret du 31 décembre 1966. Aux termes de l'article 40 de ce texte, « *en cas d'interruption de voyage, le transporteur ou son représentant* (le

(59) Navire *Vosa Carrier*, *DMF* 2005, Hors-série n° 9, obs. Ph. DELEBECQUE ; *adde* Aix-en-Provence, 11 mars 2004, *BTL* 2004.703.

(60) Il pourra en être toutefois ainsi, pour un chargeur prudent qui veut participer à d'une foire exposition ou autre événement prévu à date fixe.

(61) R. RODIÈRE, *Traité*, n° 607.

(62) Voir J.-B. RACINE, « Le retard dans le transport maritime de marchandises », *RTD Com.* 2003, 223, spéc. n°s 42 et s. Pour un cas, assez inhabituel, où le destinataire a obtenu la condamnation sous astreinte du transporteur à lui délivrer la marchandise, voir Cass. 25 mai 1993, *DMF* 1993.458, obs. G. BRAJEUX.

(63) Aix-en-Provence, 2 déc. 1999, *Revue Scapel* 2000.19 ; Cass. 25 oct. 1982, *BTL* 1983.13, comparer Aix-en-Provence, 22 avr. 1982, où aucun reproche n'est fait au transporteur pour le transport d'un bateau de plaisance de La Nouvelle Orléans à Saint-Tropez, alors que le transport avait duré plus de deux mois.

capitaine étant ici visé) *doit... faire diligence pour assurer le transbordement de la marchandise et son déplacement jusqu'au port de destination prévu* ». L'article 47 du même décret ajoute que, dans ce cas, les frais du transbordement et le fret dû pour achever le déplacement de la marchandise sont à la charge de cette dernière, « *lorsque l'interruption était due à des cas d'exonération de responsabilité énumérés à l'article* 27 » de la loi de 1966 — faute nautique, faute du chargeur ou autre (*infra*, n°s 1072 et s.). Dans les autres cas, et notamment quand l'interruption est due à sa faute, les frais sont à la charge du transporteur. Ici aussi, le connaissement peut prévoir que les frais de transbordement seront à la charge de la marchandise — étant en jeu non la responsabilité du transporteur mais l'aménagement de ses obligations. Mais, dans un arrêt du 25 février 2004, la Cour de cassation relève que cette clause dérogatoire doit être acceptée par le destinataire, et que, de surcroît, elle ne saurait jouer quand le déroutement est la conséquence d'une faute du transporteur (64).

Les textes ici cités ne s'appliquent qu'aux transports soumis à la loi de 1966 (65). Mais ils s'appliquent quelle que soit la cause de l'interruption du voyage. Par ailleurs, ne concernant pas la responsabilité du transporteur, mais la répartition financière des frais de transport, ils n'ont pas le caractère de dispositions d'ordre public. Ils peuvent donc, comme indiqué ci-dessus, être écartés par les parties, et, de fait, les clauses des connaissements prévoient souvent que les frais visés par l'article 47 incomberont dans tous les cas à la marchandise. De telles clauses devraient cependant être écartées en cas de *faute lourde* du transporteur (66).

1029. Conclusion — Résolution du contrat. — Le voyage peut se trouver empêché du fait de l'une ou l'autre des parties ou du fait des événements. Les textes français envisagent les diverses hypothèses. « *Si, par cas de force majeure, le départ du navire qui devait effectuer le transport est empêché ou retardé d'une manière telle que le transport ne puisse plus se faire utilement pour le chargeur et sans risque d'engager sa responsabilité pour le transporteur* », l'article 31 du décret du 31 décembre 1966 déclare le contrat résolu « *sans dommages-intérêts, de part ni d'autre* ». Si, au contraire, le départ du navire est empêché par la faute du transporteur, le chargeur ou son ayant droit peut en obtenir résolution et prétendre à des dommages-intérêts. L'article 32 du décret fait toutefois bénéficier le transporteur, en pareille hypothèse, de la limitation légale de responsabilité dont il jouit pour les pertes ou dommages subis par la marchandise.

Les textes internationaux ne comportent pas de dispositions réglant expressément la résolution du contrat en cas de force majeure. Les principes ainsi dégagés pourront cependant être également appliqués aux transports qui leur sont soumis,

(64) Cass. 25 févr. 2004, navire *Burgas*, *DMF* 2004.735, obs. Ph. DELEBECQUE, le transbordement étant dû au fait que le transporteur avait sciemment envoyé le navire dans un port bloqué par la grève.

(65) Voir, à l'appui de l'opinion exprimée, Cass. 15 oct. 1974, navire *Méjean II*, *Semaine juridique* 1975.228, décision où la Cour de cassation, pour appliquer les textes en cause à un transport France-Algérie — en principe soumis à la Convention de 1924 —, prend soin de relever que cette application n'avait pas été contestée par les parties.

(66) Faute lourde écrivons-nous, et non pas seulement faute inexcusable, la faute inexcusable ne jouant que dans le domaine de la réparation due par le transporteur — réparation qui n'est pas en cause ici.

en ce qu'ils reflètent fidèlement le droit commun des contrats, sous la réserve, évidemment, des limitations de réparation édictées par les seuls textes français — ces limitations devant être régies par la loi appropriée.

§ 4. — *Déchargement, délivrance et livraison*

1030. Livraison au port de destination. — « Droit de disposition ». — Le transporteur doit en principe acheminer la marchandise au port prévu au contrat. La règle est rappelée par un arrêt de la Cour de cassation du 13 novembre 2001 (67). Un transporteur, pour des raisons techniques, s'était vu refuser l'autorisation de décharger un ensemble routier dans le port de Tanger, et l'avait acheminé vers le port de Casablanca. La Cour d'appel d'Aix-en-Provence ayant refusé de voir là une faute, sa décision est censurée. Pour la Cour suprême, le transporteur était tenu de livrer la marchandise « *au port de destination convenu, à moins de prouver qu'il ne pouvait le faire à raison d'un événement qui ne lui était pas imputable* ».

Un autre problème est de savoir si le *chargeur* peut, en cours de transport modifier la destination de la marchandise, demander qu'elle soit délivrée à une autre personne que le destinataire indiqué au connaissement, voire la retirer avant le début du voyage. C'est ce que l'on appelle le problème du *droit de disposition* (68). Aucun texte ne régit la question en droit contemporain, alors que le Code de commerce, encore que très indirectement, l'évoquait dans son article 293. La rareté de la jurisprudence témoigne par ailleurs du rôle exceptionnel du droit de disposition en matière maritime. Il n'y a, cependant, aucune raison de refuser au chargeur maritime ce droit, largement admis dans le transport terrestre au bénéfice de l'expéditeur. Il reste qu'il doit être soumis à certaines conditions.

C'est ainsi que le chargeur perd tout droit quand le transport est couvert par un connaissement à ordre ou au porteur, et qu'il s'est dessaisi de ce connaissement (69). Dans ce cas, le droit de disposition est transmis au dernier porteur du connaissement. Si aucun titre endossable n'a été émis, mais seulement un connaissement nominatif, on peut reconnaître le droit de disposition au chargeur tant qu'il reste en possession de tous les exemplaires du connaissement (ou de l'exemplaire unique) qui lui ont été remis, ledit destinataire acquérant le droit quand il entre en possession de ces exemplaires. Par ailleurs, le chargeur reste tenu au paiement du fret, même en cas de retrait de la marchandise, et, si des frais

(67) *DMF* 2002.242, obs. R. ACHARD.

(68) M. RÉMOND-GOUILLOUD, *Du droit de disposition*, *DMF* 1990.587 ; P. BONASSIES, *Le droit de disposer de la marchandise en droit français*, Travaux de la table ronde de Gênes, 2-3 février 2001 (éd. *Il Diritto Maritimo*).

(69) Voir, en ce sens, Aix-en-Provence, 8 janv. 1998, *DMF* 1998.1026, obs. Y. TASSEL et *DMF* 1999 Hors-série n° 3, n° 92, obs. P. BONASSIES, refusant au chargeur le droit de se faire réexpédier la marchandise, alors qu'il avait endossé le connaissement au profit de la banque. L'arrêt aixois a, sur ce point, été approuvé par la Cour suprême, la décision étant cependant censurée sur un autre point : Cass. 3 févr. 2001, *DMF* 2002.38, obs. Ph. DELEBECQUE.

supplémentaires découlent de l'exercice du droit de disposition, ils doivent à l'évidence être pris en charge par le donneur d'ordre (70).

En l'état de cette situation, il est curieux de constater que les Règles de Rotterdam consacrent au droit de disposition un long chapitre intitulé « Droits de la partie contrôlante » (ch. 10, art. 50 à 56), alors que les Règles de Hambourg ignorent le sujet. La partie contrôlante est le chargeur (art. 51) à moins qu'il ne désigne le destinataire, le chargeur documentaire, ou même une autre personne.

Le transporteur doit exécuter ses instructions (art. 50) en vérifiant, toutefois, que la personne est fondée à exercer ce pouvoir, que ces instructions peuvent être raisonnablement exécutées et qu'elles n'affecteront pas les opérations normales du transporteur ni, ce que l'article 52 appelle ses « *pratiques de livraison* ». La partie contrôlante supporte les frais éventuels et le transporteur peut obtenir une garantie. Si le transporteur manque à l'exécution de ses instructions, il en supporte la responsabilité.

1031. Déchargement. Livraison. ***Delivery order*****.** — Une fois le navire arrivé au port de destination, il y a d'abord lieu de procéder au déchargement « physique » de la marchandise. Ici s'appliquent des règles parallèles à celles qui régissent le chargement (*supra*, n° 1010). Les opérations de déchargement incombent impérativement au transporteur (art. 3 § 2 de la Convention de Bruxelles ; art. 38 du décret du 31 déc. 1966). Une fois la marchandise à quai, il y a lieu de procéder à sa *livraison*.

Une observation préliminaire : il résulte des textes cités ci-dessus que ce n'est qu'une fois la marchandise à quai que peut s'effectuer la livraison. Une clause de livraison en cale, ayant pour objet de mettre fin à la responsabilité du transporteur dès l'ouverture des panneaux de cale et de transférer ainsi au destinataire les dommages de manutention au déchargement, ne peut être validée (71).

En fait, la livraison (ou délivrance) se déroule assez souvent en deux temps. Informé de l'arrivée du navire, le destinataire se présente à l'agent du transporteur (consignataire) qui, après avoir vérifié le connaissement lui délivre, en échange de ce titre un bon d'enlèvement, ou *delivery order*. Dans un second temps, le destinataire présente ce *delivery order* à quai, ou dans les entrepôts de l'entreprise de manutention pour obtenir la livraison de la marchandise. Normalement le *delivery order* n'est qu'un document d'ordre administratif, qui n'a pas de valeur juridique particulière (72). Il ne peut être assimilé au connaissement, ni même être considéré comme un « *document similaire* » au sens de la Convention de 1924. En droit, la livraison est l'opération par laquelle le transporteur met fin à ses obligations et transfère les risques au destinataire.

(70) Un problème peut se poser si des incidents se produisent à l'occasion des opérations induites par les nouvelles dispositions du contrat. Pour nous, la responsabilité de ces incidents doit demeurer à la charge du transporteur.

(71) Voir par ex. Versailles, 2 juill. 1998, *BTL* 1999.727, requalifiant une clause de livraison « *bord navire* ».

(72) Le qualificatif de *delivery order* peut toutefois être appliqué à des documents divers, et notamment à des sortes de sous-connaissements émis par le vendeur d'une marchandise transportée en vrac, et revendue à divers acquéreurs pour identifier la marchandise que chacun pourra réclamer à l'arrivée du navire. La valeur juridique de ces titres est très variable : voir RODIÈRE, *Traité*, n° 550 ; pour un cas particulier, voir Rennes, 21 juin 1985, navire *Monrovia*, *DMF* 1986.675.

Aux termes de l'article 15 de la loi du 18 juin 1966, c'est la livraison qui constitue le point de référence quant à la fin de l'exécution du contrat de transport. La Convention de Bruxelles, quant à elle, se réfère au « *déchargement des marchandises* » comme terme du transport, en son article 1er. Elle fixe le délai de prise de réserves à partir de la « *délivrance de la marchandise* » (art. 3 § 6, al. 1), ainsi que le point de départ de la prescription (même texte, alinéa 4).

Il est indispensable de déterminer avec une grande précision le moment de la livraison. En effet, les phases de déchargement et de séjour à quai des marchandises (73) sont, pour la marchandise, des phases à haut risque : aux risques résultant de manutentions complexes et souvent brutales, s'ajoutent les risques de perte et de vol. La livraison constitue donc un point particulièrement sensible. Mais la détermination de ce moment, et corrélativement du lieu de la livraison, dépend de la conception de la livraison que l'on retient.

1032. Notion juridique de livraison. Moment de la livraison. — La livraison s'analyse toujours comme une opération juridique. Il a été considéré, un temps, que cette opération juridique pouvait être conçue de façon abstraite, distincte des opérations matérielles de remise de la marchandise au destinataire. Terminologiquement, on opposait alors la livraison juridique à la livraison matérielle. Ces deux opérations étaient considérées comme distinctes, et n'étaient pas réputées s'opérer au même moment.

La Cour d'appel d'Aix-en-Provence a illustré cette conception « documentaire » de la livraison. Elle a considéré que la livraison juridique s'opérait par la remise au destinataire du bon à délivrer (*delivery order*) en échange du connaissement, remise effectuée dans les bureaux de ville de l'agent de l'armateur (74). Cette conception abstraite, dématérialisée, de la livraison a suscité une vive opposition. Il est, en effet, apparu qu'il était difficile d'admettre que la livraison puisse s'opérer en dehors de tout contrôle par le destinataire de l'état de la marchandise, voire même de son existence. On aboutissait au résultat que la livraison, du fait de son caractère exclusivement documentaire, pouvait valablement se réaliser alors même que la marchandise avait été volée, ou avait fait l'objet d'une perte totale, le transporteur se trouvant donc dans l'impossibilité physique de la remettre au destinataire.

Mais, après de vifs affrontements jurisprudentiels, c'est la conception dite *matérielle* de la livraison qui fut consacrée par la Cour de cassation. Par son arrêt du 17 novembre 1992 (75), la Cour a jugé que la livraison se définit comme l'opération par laquelle le transporteur remet *matériellement* la marchandise à l'ayant droit, celui-ci étant en mesure d'en prendre possession, de vérifier son état et, le cas échéant, de prendre toutes réserves utiles. Cette définition n'a plus

(73) Voir pour le régime de la loi du 2 avr. 1936, P. Scapel, *Chargement, déchargement, séjour à quai des marchandises*, éd. SMEI, 1952.

(74) Aix, 13 mars 1987, *DMF* 1989.123, n. P. Bonassies, voir sur le conflit entre le Tribunal de commerce de Marseille et la Cour d'appel d'Aix à propos du particularisme local, lié à l'émission de la « *billette* », M. Rémond-Gouilloud, n° 568, p. 368.

(75) Cass. com. 17 nov. 1992, navire *Rolline*, *DMF* 1993.563, n. P. Bonassies.

été remise en question (76) et couvre aussi bien les transports régis par la Convention de Bruxelles que par la loi française.

Le moment de la livraison sera donc déterminé, au cas par cas, en fonction des caractéristiques de chaque transport et des spécificités techniques résultant du déchargement des navires spécialisés, de la nature de la marchandise déchargée (77) ainsi que des particularités géographiques et administratives, résultant de l'aménagement de chaque port (78). Mais le moment de la livraison est aussi asservi aux dispositions du contrat de transport.

Ainsi, les connaissements comportent-ils souvent la clause dite de « *livraison sous palan* » (79), clause prévoyant que la responsabilité du transporteur cesse dès que la marchandise, à l'issue du déchargement, touche le quai, « *sous le palan* » du navire. De telles clauses sont pleinement valables. Elles doivent cependant « *être expressément stipulées* » (80). La Cour de cassation a même jugé qu'il s'agissait d'une clause qui s'intégrait à « *l'économie du contrat de transport* », n'exigeant pas une acception expresse de l'ayant droit (*supra*, n°s 932 et s.). Encore faudra-t-il vérifier concrètement si la réalité des opérations intervenues correspond bien aux stipulations contractuelles : la marchandise a-t-elle été, ou non, effectivement remise, ou au moins offerte, au destinataire sous le palan du navire afin de le mettre en mesure de contrôler celle-ci ? La clause sous palan « *n'a pas pour effet d'établir une présomption de livraison conforme dès le déchargement* » (81). Si ce n'est pas le cas, la stipulation contractuelle ne prendra pas effet et la livraison sera fixée au moment du transfert effectif de la marchandise au destinataire (82). Par ailleurs, la clause ne dispense pas le transporteur de procéder de manière appropriée et soigneuse (83).

La pratique a rencontré ici de nombreux problèmes, s'agissant notamment de conteneurs. Ainsi, au cas où la livraison doit se faire « *CY* » (*Container Yard*), la Cour de cassation a jugé que la livraison n'intervient que lors du dépotage effectif du conteneur, et non à la simple arrivée de celui-ci sur le terminal à conteneurs (84). S'agissant de la livraison d'un conteneur *FCL* (*Full Container*

(76) Voir par ex. Cass. com. 19 mars 1996, qui évoque « *la possibilité matérielle d'appréhender la* (marchandise), *caractéristique de la livraison* » : *DMF* 1996.636, rapp. RÉMERY, n. H. HAZON ; *BTL* 1996.289 ; *Revue Scapel* 1996.92 ; P. BONASSIES, *DMF* 1997, Hors-série n° 1, n° 6, p. 51. Dans le même sens, Aix-en-Provence, 21 fév. 2008, *DMF* 2009, Hors-série n° 13, n° 80, obs. Ph. DELEBECQUE ; TGI Marseille, 7 mars 2008, *DMF* 2008.1021, obs. S. MIRIBEL.

(77) Voir, pour un engin ferroviaire, la livraison n'intervenant que lorsque cet engin est placé sur les rails, Aix-en-Provence, 24 nov. 1994, *Revue Scapel* 1994.16, n. J. BONNAUD ; *DMF* 1996, n. Y. TASSEL.

(78) Cass. com. 13 nov. 2002, *BTL* 2002.772.

(79) Souvenir de l'époque où la loi du 2 avril 1936 bornait le transport à la « *remise sous palan* » de la marchandise.

(80) Aix-en-Provence, 28 nov. 2005, *Kumasi*, *BTL* 2006.60.

(81) Versailles, 26 oct. 2006, *Bohème*, *BTL* 2006.713 ; *DMF* 2007, Hors-série n° 11, n° 85, obs. P. DELEBECQUE. Sur la validité de la clause, Cass. com. 22 mai 2007, *DMF* 2007.811, rapport POTOCKI et les obs. ; *Rev. Scapel*, 2007.77 ; *Rev. Dr. Transports* 2007, n° 167, note M. NDENDE ; *D.* 2007, p. 1659, obs. X. DELPECH.

(82) Voir par ex. Paris, 9 nov. 1995, *Nathalie Delmas*, exigeant que le transporteur avise le destinataire : *DMF* 1996.739, n. R. ACHARD ; Rouen, 15 déc. 1994, *DMF* 1996.734, n. Y. TASSEL ; Aix, 13 nov. 1991, *BTL* 1992.399 ; Paris, 24 mai 1989, *DMF* 1990.166.

(83) Ainsi, dans un port affecté par le ramadan, le transporteur doit coopérer avec le destinataire pour trouver la solution appropriée : Cass. 14 mai 1991, *BTL* 1992.656.

(84) Cass. com. 2 févr. 1999, *London Express*, *Revue Scapel*, 1999.74 ; P. BONASSIES, *DMF* 2000, Hors-série n° 4, n° 73, p. 55 ; Paris, 24 oct. 2001, obs. P. BONASSIES, *DMF* 2002, Hors-série n° 6, n° 73, p. 63. Dans le même sens, Cass. com. 27 juin 2006, *DMF* 2007.536, obs. Y. TASSEL, *Rev. Scapel* 2006.98.

Load), en principe empoté et plombé par le chargeur, on admettra que la livraison a pu se faire sous palan (85).

1033. Conclusion. Livraison à une entreprise monopolistique. — Un problème particulier se pose quand le transporteur est obligé par la réglementation locale d'avoir recours à une entreprise disposant du monopole de la manutention (86). Les armateurs, observant qu'ils ne sauraient être tenus des dommages causés par un intervenant à eux imposé, revendiquent d'être exonérés de leur responsabilité dès le début de l'intervention d'une telle entreprise, et par exemple, dès que l'entreprise monopolistique prend en charge, en cale, la marchandise, une clause en ce sens étant souvent insérée au connaissement. Dans le principe, une telle prétention devrait être rejetée lorsque le transport est régi par la Convention de Bruxelles ou par la loi française. Ces textes imposent au transporteur de supporter la responsabilité de la marchandise jusqu'à la fin du déchargement, et ne prévoient aucune dérogation à cette disposition impérative. La responsabilité du transporteur ne peut cesser qu'à partir de la remise à quai de la marchandise, sous le palan du navire. Le transporteur ne peut non plus invoquer le cas excepté de *fait du prince* (*infra*, n° 1078), l'intervention de l'entreprise monopolistique étant parfaitement prévisible. La jurisprudence est cependant plus nuancée.

Elle n'a jamais expressément affirmé que la responsabilité du transporteur cessait dès l'appréhension de la marchandise *à bord* par l'entreprise monopolistique. Se prononçant seulement sur des cas où la marchandise avait été endommagée ou affectée de manquants, à quai ou dans les entrepôts de l'entreprise monopolistique, alors que, d'ailleurs, le connaissement contenait une clause *sous palan*, elle a seulement conclu que la « *livraison conforme faite sous palan avait fait cesser la responsabilité du transporteur maritime* » (87). Pour les auteurs de cet ouvrage, le principe de la responsabilité du transporteur pour les dommages *antérieurs* à la remise sous palan demeure donc entier, et doit être appliqué même quand la marchandise est prise en charge par une entreprise monopolistique. Moins sûre est la solution qui résulte des Règles de Hambourg.

1034. Règles de Hambourg — Règles de Rotterdam. — Les Règles de Hambourg, à la différence de la Convention de 1924, n'imposent pas au transporteur de procéder au déchargement du navire (88). Elles prévoient ici que la marchandise pourra être remise à la disposition du destinataire « *conformément au contrat* » (art. 4 § 2, b, ii). Et la jurisprudence a considéré que ces

(85) Versailles, 5 avr. 2001, *BTL* 2001.570. — Pour la règle que la remise sous douane ne vaut pas livraison, voir Cass. 13 mai 2002, *BTL* 2002.772 ; *contra*, Rouen, 31 mars 2005, navire *Neddloyd Pernambuco*, *DMF* 2006.57, obs. Y. TASSEL.

(86) Il en était ainsi, notamment, de nombreux ports africains. La situation a évolué sous la pression exercée par le FMI pour la libéralisation de cette activité. Ainsi, par exemple, la réforme du Code maritime algérien met-elle un terme à ce monopole de la manutention.

(87) Cass. com. 13 juin 1989, *Lagada Bay*, *DMF* 1990.228, qui fixe le transfert de risque à la remise à quai ; dans le même sens, Aix, 16 févr. 2001, *Aknoul*, *Revue Scapel*, 2001.86 ; Paris, 9 févr. 2000, *Paraguay Carrier*, *DMF* 2001.392, n. Y. TASSEL ; T. Com. Le Havre, 9 sept. 2005, *BTL* 2006.95.

(88) Il ne semble pas que cette omission soit délibérée. Elle va, en effet, à l'encontre de l'esprit de la Convention, voir C. SCAPEL, « *Les réformes apportées par les Règles de Hambourg à la responsabilité du transporteur maritime* », Actes du colloque IMTM, 25 nov. 1992, p. 51.

dispositions permettaient au transporteur de mettre licitement un terme à sa responsabilité, dès la remise de la marchandise à une entreprise monopolistique de manutention (89). Mais la solution peut apparaître discutable.

En premier lieu, elle a pour effet d'alléger la responsabilité du transporteur maritime, ce qui est directement contraire à l'esprit des Règles, lesquelles ont, au contraire, voulu aggraver cette responsabilité du transporteur. Par ailleurs, le texte de l'article 4 des Règles, lorsqu'il entend préciser la *durée* de la responsabilité du transporteur, se réfère à la période « *pendant laquelle les marchandises sont sous la garde (du transporteur)... au port de déchargement* ». Mais que la manutention soit effectuée par une entreprise tierce, monopolistique ou non, ne fait pas échapper la marchandise à la *garde* du transporteur, tant qu'elle est à bord de son navire. Car, le capitaine et son équipage demeurent certainement maîtres des manœuvres de chargement et de déchargement, ne serait-ce que du fait des risques techniques que ces opérations font courir à la stabilité du navire et donc à la sécurité de celui-ci. On peut donc défendre la thèse que la marchandise reste, par l'intermédiaire du capitaine, sous la *garde* du transporteur — critère de la responsabilité de ce dernier —, jusqu'à sa remise à quai, les clauses de non-responsabilité étant alors prohibées, jusqu'à cette remise à quai. Une telle interprétation paraît plus fidèle à l'esprit de la Convention que l'interprétation jurisprudentielle telle que citée, tout en se révélant parfaitement compatible avec la lettre de l'article 4 (90).

Les Règles de Rotterdam vont dans le même sens que les Règles de Hambourg, mais elles le font de manière expresse : l'article 13 § 2 valide l'accord entre le transporteur et le chargeur convenant « *que le chargement, la manutention, l'arrimage ou le déchargement des marchandises sera exécuté par le chargeur, le chargeur documentaire ou le destinataire* ». Le texte précise : « *Cette convention est mentionnée dans les données du contrat* ». Il faut certainement en déduire qu'un tel accord est opposable au destinataire. Les clauses FIO, FIOS, FIOST sont, ainsi, pleinement validées, sous l'empire de ce texte nouveau (*supra*, n° 1006).

Par ailleurs, les Règles de Rotterdam font peser sur le transporteur une obligation de livraison (art. 45), considérée comme principale mais non fondamentale (91). Les Règles font également obligation au destinataire de prendre livraison (art. 43), « *dans le délai ou le lieu convenus dans le contrat de transport ou, à défaut d'une telle convention, au moment et au lieu auxquels, eu égard aux clauses du contrat, aux coutumes, usages ou pratiques du commerce et aux circonstances du transport, on pourrait raisonnablement s'attendre qu'elles soient livrées* ».

Cependant, il semble qu'un problème d'interprétation se pose : en effet, le transporteur peut ainsi avec l'accord du chargeur, transférer aux ayants droit la

(89) Cass. com. 7 déc. 1999, 2 arrêts, *Vasili Klochkov*, *Klim Voroshilov*, *DMF* 2000.903, P. BONASSIES, *DMF* 2001, Hors-série n° 5, n° 84, p. 67.

(90) La même analyse conduit à condamner les clauses de « *livraison bord* » qui pourraient figurer sur un connaissement. Car, tant que la marchandise reste à bord, elle demeure sous la garde du transporteur.

(91) Obs. Ph. DELEBECQUE, *DMF* 2008, Hors-série n° 12, n° 79 ; *DMF* 2009, Hors-série n° 13, n° 82.

responsabilité du chargement et du déchargement des marchandises (art. 13 § 2). Par ailleurs, l'article 12 dispose que « *les parties peuvent convenir du moment et du lieu de la réception et de la livraison* » (art. 12 § 3), mais le texte fixe à cette liberté contractuelle une borne infranchissable : en effet, le texte dispose que « *toute clause d'un contrat de transport est réputée non écrite dans la mesure où elle prévoit a) Que la réception des marchandises est postérieure au moment où débute leur chargement initial conformément au contrat ; ou b) Que la livraison des marchandises est antérieure au moment où s'achève leur déchargement final conformément au contrat* ».

Ainsi, s'agissant de la livraison, il faut combiner les dispositions de cet article 12 § 3 avec les dispositions de l'article 13 § 2. Comment analyser la situation ? S'il a été convenu que le chargeur ou le destinataire procéderait au déchargement des marchandises, conformément à l'article 13 § 2, à quel moment faut-il placer la livraison ? Après le « *déchargement final* », comme y contraint l'article 12 § 3, b), mais il faudrait alors admettre que le transporteur livre après que le déchargement ait été fait par le destinataire ! Curieuse situation, montage inconfortable !

Ou bien, faut-il comprendre que les derniers mots de l'article 15 § 3 b) l'emportent sur les précédents : « *déchargement final conformément au contrat* » signifierait alors qu'en présence d'une telle convention de l'article 13 § 2, la livraison interviendrait, « *conformément au contrat* », avant le déchargement, ce qui, dans l'esprit du texte, paraîtrait plus logique et plus fonctionnel. Il s'agirait ainsi, de valider, bien des décennies plus tard, les trop fameuses « *clauses de livraison en cale* »... Mais en ce cas, quelle serait l'utilité des dispositions impératives de l'article 12 ? Autrement dit, toute clause du contrat de transport serait nulle si elle prévoyait que la livraison est antérieure au « *déchargement final* »... à moins que les parties aient convenu d'une telle clause ! Il faut bien avouer que la cohérence de ces deux textes laisse songeur...

1035. Bénéficiaire de la livraison. — Reste à déterminer le bénéficiaire de la livraison. Seul celui qui est titulaire du connaissement et qui se trouve en mesure de le remettre au transporteur peut prétendre à la livraison. L'article 49 du décret du 31 décembre 1966, dispose ainsi que la marchandise doit être livrée au destinataire ou à son représentant et énumère précisément ceux qui ont cette qualité : celui dont le nom est indiqué dans le connaissement, lorsque le connaissement est à personne dénommée, celui qui présente le connaissement à l'arrivée, lorsque le connaissement est au porteur, le dernier endossataire, lorsque le connaissement est à ordre. Quant à l'article 50 du même texte, il rappelle que c'est la remise du connaissement qui établit la livraison, ajoutant que lorsque l'un des originaux du connaissement a été accompli, « *les autres originaux sont sans valeur* ». Quelle que soit la forme du connaissement, la livraison effectuée sans présentation du connaissement est donc contraire aux textes.

Cela est indiscutable s'agissant des connaissements à ordre et au porteur. En effet, le transporteur n'a pas la possibilité de connaître l'identité du porteur ou du dernier endossataire. Seule, la remise du connaissement lui permet de vérifier cette qualité. La question est plus controversée s'agissant du connaissement à personne dénommée. Certes, dans ce cas, l'identité du destinataire est connue avec certitude (92) ce qui limite les risques d'erreur ou de fraude. Cependant, admettre une telle pratique reviendrait à oublier que le connaissement à personne dénommée demeure un véritable connaissement et qu'à ce titre, il en assure toutes les fonctions (*supra*, n° 983). Il est, notamment, représentatif de la marchandise. Ainsi, le vendeur-chargeur peut l'utiliser à diverses fins ; il peut, par exemple, retenir le connaissement jusqu'au paiement, étant ainsi garanti que l'acheteur destinataire sera dans l'obligation de payer pour obtenir remise du connaissement et donc de la marchandise. Un tel calcul est légitime, et ne doit pas être déjoué par une remise de la marchandise sans présentation du connaissement.

1036. Livraison sans connaissement. — Il reste que, dans nombre de cas, le transporteur est conduit à livrer la marchandise sans que lui soit présenté le connaissement (93). Cela résulte d'une situation surprenante, mais courante : souvent le connaissement ne voyage pas aussi vite que la marchandise, et ce quels que soient les progrès des transports postaux (94). S'y ajoutent les délais bancaires en cas de crédit documentaire, et les situations de perte pure et simple.

Ainsi, le transporteur peut se trouver en état de livrer la marchandise, mais sans que le réclamant soit en mesure de produire le connaissement. De fortes contraintes vont alors l'inciter, voire l'obliger à livrer malgré tout : pression commerciale du destinataire, voire du vendeur impayé, risques subis par la marchandise si celle-ci est de nature périssable, frais de stationnement à quai, voire injonction des autorités portuaires d'avoir à libérer les terre-pleins du port (95).

La livraison sans remise du connaissement constitue certainement une faute (96). La question demeurait débattue dans le cas où un transport était effectué sous le couvert d'un connaissement à personne dénommée : en pareil cas, soutenaient certains, il suffisait au transporteur de vérifier l'identité du destinataire dénommé, puisque le connaissement, non négociable, ne pouvait circuler. C'était oublier que d'autres intérêts peuvent s'attacher à la détention

(92) Le connaissement à personne dénommée n'est pas négociable. Sans doute est-il cessible, mais une telle cession, soumise aux conditions du droit commun, ne serait opposable au transporteur qu'après signification conforme aux règles de l'article 1690 du Code civil.

(93) Voir J. BONNAUD, « Un incident à la livraison : le défaut de présentation du connaissement », *Revue Scapel* 2002, p. 133.

(94) Cela est constant sur les trafics de courte distance, Algérie-France par exemple, où une marchandise chargée à Alger le lundi matin sera à Marseille le mardi, tandis que le connaissement posté le lundi en fin de journée pourra n'atteindre le destinataire que le jeudi ou le vendredi. Mais la chose se rencontre aussi même pour les trafics transatlantiques, en raison de la lenteur du circuit bancaire parcouru par le connaissement.

(95) Cette situation paraît se révéler de façon relativement fréquente dans les ports chinois. On peut en voir un signe dans le remarquable ouvrage consacré à l'analyse d'une sélection de cas soumis à la Cour maritime de Shanghai. L'édition bilingue chinois-anglais, de ce « *case book* » permet de constater que sur les 16 cas relevant du contrat de transport maritime sélectionnés par les éditeurs de l'ouvrage, 6 sont relatifs à des livraisons sans connaissement : cas n° 7, p. 235 ; cas n° 8, p. 241 ; cas n° 9, p. 248 ; cas n° 10, p. 256 ; cas n° 11, p. 264 ; cas n° 12, p. 272. L'ouvrage indique le nom des parties mais ne donne pas la date des décisions rendues par la Cour maritime de Shanghai : au-delà des solutions très diverses, s'attachant à ces six cas, il apparaît clairement que cette livraison est considérée comme une faute, engageant, en principe, la responsabilité du transporteur maritime. *Selected cases of Maritime International*, compiled by Shanghai Maritime Court ; Chief Editor ZHENGZHAOFRANG ; 2003.

(96) Cass. 29 janv. 1991, navire *Diana*, *DMF* 1991.357, n. R. ACHARD ; 9 juill. 1991, navire *Gina's*, *DMF* 1992.665.

matérielle du connaissement, la protection du vendeur impayé, par exemple. La question est maintenant tranchée : par un arrêt de principe, en date du 19 juin 2007, la Chambre commerciale de la Cour de cassation, statuant au visa de l'article 1147 du Code civil et des articles 49 et 50 du décret du 31 décembre 1966, a jugé que « *sauf convention contraire, le transporteur maritime ne peut livrer la marchandise que sur présentation de l'original du connaissement, même lorsque celui-ci est à personne dénommée et dépourvu de mention à ordre* (97) ». Cette décision s'inscrit dans la ligne de la jurisprudence récente qui reconnaît pleine valeur au connaissement à personne dénommée (v. *supra*, n° 983).

Le transporteur, bien que conscient de la faute ainsi commise en livrant la marchandise sans remise du connaissement, se résoudra cependant, parfois, à livrer, mais il se prémunira des conséquences de cette livraison fautive en se faisant délivrer une *lettre de garantie* (98).

1037. Lettre de garantie au déchargement. Règles de Rotterdam. — Le transporteur qui livre sans remise du connaissement est exposé à subir l'action du titulaire du connaissement. Celui-ci lui reprochera, légitimement, la livraison effectuée entre les mains d'un tiers sans qualité. Si la marchandise ne lui est pas effectivement remise — ce qui sera assez souvent le cas —, il sera en droit d'obtenir, outre le paiement de la valeur de cette marchandise, l'indemnisation de toutes les conséquences directes et indirectes de la faute ainsi commise à la livraison (99). Le transporteur, pour se prémunir efficacement contre une éventuelle action du destinataire, demandera une garantie qu'il exigera normalement d'une banque, d'un montant et d'une durée non limités (100). Il faut noter que la situation serait bien différente sous l'empire des Règles de Rotterdam. Celles-ci innovent, par rapport à tous les textes antérieurs, en étendant le bénéfice de la limitation de responsabilité qu'elles édictent à tout « *manquement aux obligations* » qui incombent au transporteur (art. 59) et non pas seulement, selon la tradition, aux seuls « *pertes et dommages subis par la marchandise* ». Il en résulte, dans le cas précis, que le transporteur pourra invoquer la limitation, même en cas de « *misdelivery* » (101). Il convient de noter, de plus, que les Règles de Rotterdam aménagent de façon très précise, la livraison « *en l'absence de document de transport* » (art. 45) et cela même dans le cas où celui-ci est négociable (art. 46 et 47).

La *lettre de garantie au déchargement* doit être nettement distinguée de la *lettre de garantie au chargement* (*supra*, n° 976). Cette dernière a souvent un caractère frauduleux, et est fortement déconseillée par les praticiens, et notamment par les clubs. La première, même si elle est sans doute fautive, ou en tout

(97) Cass. com. 19 juin 2007, *Bull. civ.* IV, n° 171 ; *DMF* 2007.536, rapport POTOCKI, obs. Y. TASSEL, D. 2007.1870, obs. X. DELPECH ; *JCP* 2007, II, 10165, obs. H. KENFACK ; *BTL* 2007.415 ; *DMF* 2008, Hors-série n° 12, n° 80, obs. Ph. DELEBECQUE.

(98) Voir P. EMO, *La lettre de garantie pour absence de connaissement*, Annales de l'IMTM 1986.145.

(99) Les conséquences peuvent être extrêmement lourdes, voir par ex. l'affaire *Chawafaty* rappelée par J. BONNAUD, « Un incident à la livraison », *Revue Scapel*, 2002, p. 136.

(100) Montant non limité, mais déterminable puisque résultant de la seule réclamation effective du titulaire du connaissement, sur ce point, voir J. BONNAUD, préc. et les réf.

(101) V. Ph. DELEBECQUE, *DMF* 2009, Hors-série n° 13, n° 82.

cas irrégulière, constitue un mal inévitable, étant seule susceptible de remédier à la situation de fait dans laquelle elle intervient. Aussi la pratique ne lui est-elle pas automatiquement hostile (102). Elle est même, parfois, qualifiée de « *tolérance institutionnalisée* » (103).

En droit, la lettre de garantie au déchargement est considérée comme une garantie à première demande et une garantie autonome. Elle échappe à la prescription annale du contrat de transport, car elle a pour cause l'engagement de payer pris par la banque (104). En revanche, le transporteur qui livre la marchandise sans se faire remettre la lettre de garantie requise par le chargeur, commet une faute contractuelle (105).

1038. Conclusion. Livraison et obligations générales du transporteur. — Comme en tout autre moment du transport, le transporteur devra, tout au long de la livraison, respecter son obligation générale de soins. Ainsi, il doit suspendre les opérations si le destinataire est empêché de prendre livraison par un fait pour lui insurmontable (106). Le droit français rejoint ici pleinement le droit américain, lequel impose au transporteur de procéder à une livraison appropriée (*proper delivery : Harter Act*, section 1).

Section 2

Les obligations des ayants droit à la marchandise

1039. Observations générales. Plan. — Par « ayant droit » à la marchandise, il faut entendre principalement le chargeur. Mais le destinataire encourt lui aussi des obligations, dès lors qu'il s'intègre au contrat de transport (*supra*, nº 932) (107). Allant à l'extrême, on pourrait presque parler ici des « *obligations de la marchandise* ».

(102) Cette pratique est, dans certains ports, plus ou moins institutionnalisée. Ainsi, à Anvers, par ex., un modèle de lettre de garantie a été établi : pareillement, certains P & I Clubs fournissent à leurs membres des modèles de lettre de garantie.

(103) M. REMOND-GOUILLOUD : « La lettre de garantie pour absence de connaissement : une tolérance institutionnalisée », *Gaz. CAMP* nº 15, hiver 2007-2008, p. 3.

(104) Cass. com. 17 juin 1997, *Happy Buccaneer*, *DMF* 1997.725, rapp. RÉMERY : « *La lettre de garantie consacre un engagement indépendant du contrat de transport. Il en résulte que l'action exercée sur le fondement exclusif d'une lettre de garantie... est soumise non à la prescription annale du contrat de transport mais à la prescription commerciale de droit commun* ». Dans un arrêt du 9 avril 1996, la Cour de cassation a toutefois appliqué la prescription d'un an à l'action intentée par le transporteur contre le consignataire de la marchandise, fournisseur de la lettre de garantie, mais parce que l'article 16 de la loi du 3 janvier 1969 précise que la prescription annale s'applique à « *toutes actions contre les consignataires* », navire *CMB Esprit*, *DMF* 1996.1030, obs. J.-F. TANTIN.

(105) Aix-en-Provence, 22 nov. 2005, *BTL* 2006.367 ; Cass. com. 22 mai 2007, *DMF* 2007... rejette le pourvoi. Voir sur les deux arrêts, obs. Ph. DELEBECQUE, *DMF* 2007, Hors-série nº 11, nº 88.

(106) Paris 24 mai 1989, *DMF* 1991.166.

(107) Il faut signaler, ici, une innovation résultant des Règles de Rotterdam. Alors que les conventions maritimes sont, toutes, muettes sur ce que l'on qualifie dans le transport terrestre de « droit de disposition », les Règles de Rotterdam organisent l'exercice de ce droit de modifier l'exécution du contrat de transport initial, de façon détaillée, voire méticuleuse. Elles créent, pour cela, un nouveau personnage, ou plus précisément une nouvelle qualification : « *La partie contrôlante* », à laquelle les Règles consacrent les sept articles de leur chapitre 10. La « *partie contrôlante* » est le chargeur (art. 50), ou le porteur si le document de transport est négociable (art. 51 § 3), mais ceux-ci peuvent transmettre le contrôle du transport au chargeur documentaire, au destinataire, ou à toute autre personne.

Plus précisément, les ayants droit à la marchandise supportent quatre obligations. Ils doivent présenter la marchandise à l'embarquement, ils doivent faire preuve de sincérité dans la déclaration de la nature de la marchandise ; ils doivent procéder au retirement de la marchandise. Ces trois obligations successives seront analysées en premier. Puis nous étudierons ce qui est l'obligation principale pesant sur la marchandise : le paiement du fret.

§ 1. — *Les obligations successives des ayants droit à la marchandise*

1040. Présentation de la marchandise. Règles de Rotterdam. — Aux termes de l'article 39 du décret du 31 décembre 1966, le chargeur doit présenter la marchandise pour embarquement à bord du navire « *aux temps et lieu fixés par la convention des parties ou l'usage du port de chargement* ». L'article 43 du même texte aménage la sanction : si le chargeur ne « *présente pas sa marchandise en temps et lieu* », il devra indemniser le transporteur du préjudice qu'il lui aura fait subir, mais cette indemnisation « *sera au plus égale au montant du fret convenu* ». Celui-ci constitue, en effet, la mesure naturelle du préjudice subi par le transporteur. Le paiement du « *dead freight* », correspondant au volume réservé alors que la marchandise n'a pas été remise au transporteur, est dû dans la mesure où son paiement a été convenu, (Papeete, 28 fév. 2008, *BTL* 2008.589).

Les marchandises doivent être présentées au transporteur convenablement emballées et marquées. Le conditionnement doit respecter les usages du commerce, les règles de l'art, voire les prescriptions légales applicables en pareille matière et, en particulier, les dispositions très détaillées du Code IMDG (*International maritime dangerous goods* : voir R. Cuisigniez, cité *supra*, n° 31). Un marquage correct, quant à lui, est fondamental en matière de transport maritime, une marque insuffisante s'effaçant avec les conditions du transport, rendant par là impossible au transporteur d'identifier le destinataire de chaque colis.

Les textes actuellement applicables ne prescrivent pas directement au chargeur ces obligations, mais elles résultent indiscutablement de l'économie du système de responsabilité propre au transport maritime. En effet, les textes, que ce soit la Convention de Bruxelles (art. 4 § 2, n et o) ou la loi française du 18 juin 1966 (art. 27, g), exonèrent le transporteur de toute responsabilité pour le dommage résultant des insuffisances et des fautes d'emballage, ainsi que de l'insuffisance ou de l'imperfection des marques apposées par le chargeur (*infra*, n° 1082).

Si les Règles de Hambourg demeurent muettes sur ce point, en revanche, les Règles de Rotterdam régissent expressément la remise des marchandises au transporteur par le chargeur (art. 27). Le texte impose à celui-ci de les remettre « *dans un état tel qu'elles résisteront au transport prévu* (...) *et ne causeront pas de dommages aux personnes ou aux biens* ». Le texte vise même l'empotage d'un conteneur par le chargeur, ou le chargement d'un véhicule. Il doit s'en acquitter de façon « *appropriée et soigneuse* » (art. 27 § 3).

1041. Obligation de sincérité. Responsabilité du chargeur. — Le chargeur a l'obligation de déclarer avec sincérité la nature et la valeur de la marchandise. Il s'agit bien d'une obligation de sincérité et non de *véracité* de la déclaration. En effet, l'article 31 de la loi du 18 juin 1966, sanctionne la « *déclaration sciemment inexacte de la nature ou de la valeur des marchandises* ». Ainsi, la fausse déclaration résultant d'une erreur ne doit pas donner lieu à sanction (108).

La sanction, quand elle intervient, est sévère pour l'ayant droit à la marchandise : le transporteur est exonéré de toute responsabilité pour les pertes survenues à ces marchandises (art. 31, loi du 18 juin 1966 ; voir *supra*, n° 970). Il s'agit ici d'une peine privée, le transporteur n'a pas à établir que la fausseté de la déclaration constitue la cause du dommage ; bien plus, il faut admettre que la preuve d'une absence de lien de causalité doit être considérée comme indifférente (109).

Une telle sévérité repose sur un double fondement : la méconnaissance de la nature de la marchandise peut être source de danger pour le navire et l'expédition maritime. Elle peut, d'autre part, être source d'un préjudice économique pour le transporteur.

Le péril peut ici résulter de l'embarquement de marchandises dangereuses à bord du navire, sans que les mesures de sécurité nécessaires aient pu être prises. L'obligation de sincérité concernant de telles marchandises, « *de nature inflammable, explosive ou dangereuse* », est d'ailleurs renforcée par des textes spécifiques, l'article 4 § 6 de la Convention de Bruxelles, l'article 44 du décret du 31 décembre 1966, qui modulent les sanctions selon que la nature de ces marchandises a été déclarée au capitaine, qui les a acceptées en connaissance de cause, ou qu'au contraire, elle lui a été dissimulée (*supra*, n° 923).

Quant au préjudice économique résultant de la fausse déclaration de la nature de la marchandise, il est susceptible de se produire chaque fois que le fret est fixé en fonction de la nature de la marchandise et non pas seulement au poids, au volume, ou au conteneur (*infra*, n° 1043). Le chargeur aura, alors, la tentation de rechercher dans la nomenclature tarifaire une rubrique faiblement tarifée plutôt que celle qui correspond exactement à la nature de la marchandise embarquée : « *ferraille* », par exemple, plutôt que « *pièces de rechange automobile* » (110). Une telle tentation est pourtant lourde de risque. Pour réaliser une économie, nécessairement limitée, le chargeur s'expose à se voir privé de tout recours en indemnisation à l'encontre du transporteur si ses marchandises font l'objet d'avaries ou de manquants. Sa faute est d'autant plus dangereuse pour lui qu'il est admis que le transporteur pourra opposer la fausse déclaration au destinataire (*supra*, n° 970), et que ce dernier, privé de toute action contre le transporteur, se retournera alors contre lui.

Par ailleurs, le chargeur est responsable des dommages résultant de la fausse déclaration de la nature des marchandises (voir *supra*, n° 923), comme de ceux

(108) T. com. Le Havre, 9 nov. 1948, *DMF* 1949.514 ; T. com. Marseille, 14 juin 1950, *Revue Scapel*, 1950.48 ; T. com. Marseille, 4 mars 1969, *DMF* 1969.755.
(109) Paris, 20 mars 1969, *DMF* 1969.735.
(110) Voir par ex. Paris, 7 juill. 1978, *BTL* 78.431.

qui résultent d'un conditionnement incorrect. Cette responsabilité est une responsabilité contractuelle à l'égard du transporteur, soumise à la clause de juridiction du connaissement (*comp.* Cass. 24 septembre 2003, *DMF* 2004.10, obs. Ph. Delebecque), comme à la prescription d'un an (*infra*, n° 1048). Elle est une responsabilité extra-contractuelle à l'égard des tiers (notamment à l'égard des propriétaires des autres marchandises chargées à bord). Ceux-ci peuvent fonder leur action contre le chargeur sur les dispositions de l'article 1382 du Code civil, voire sur celles de l'article 1384, alinéa 1er (sauf à prouver la faute du chargeur en cas d'incendie né dans les marchandises en cause : article 1384, alinéa 2 du Code). Ni contre le transporteur, ni contre les tiers, le chargeur ne peut invoquer de *limitation*.

La question de la limitation de la responsabilité du chargeur a donné lieu à controverses. Il a été ainsi relevé que le chargeur, seul, ne bénéficiait pas d'une limitation contrairement au transporteur, à l'armateur, au transporteur d'hydrocarbures, à l'exploitant de navire à propulsion nucléaire, etc. Or, les responsabilités qui sont susceptibles de lui incomber peuvent se révéler considérables, voire écrasantes (111). La question a été débattue à la CNUDCI, mais la Convention nouvelle n'a pas retenu le principe de cette limitation. C'est d'autant plus remarquable que la Convention développe, de façon inédite, les obligations du chargeur : celles-ci font l'objet d'un entier chapitre de la Convention (ch. VII), qui lui consacre huit articles. L'obligation de sincérité du chargeur est sanctionnée par une responsabilité de plein droit (art. 31).

1042. Obligation de retirement de la marchandise. — Normalement, c'est au destinataire qu'il appartient de retirer la marchandise. Ici se pose la question de savoir si le transporteur ne doit pas adresser au destinataire un *avis d'arrivée* (112). La chose est à l'évidence impossible si la marchandise a fait l'objet d'un connaissement à ordre ou d'un connaissement au porteur, le transporteur ne connaissant pas le nom du destinataire. Celui-ci doit alors surveiller les avis d'arrivée de navires publiés dans la presse professionnelle, et prendre contact avec le transporteur. Si le connaissement est à personne dénommée, le transporteur connaît au contraire le nom du destinataire. Il serait alors normal qu'il avisât le destinataire — comme l'ultime obligation du transporteur qui agit de façon appropriée et soigneuse, ou sur le fondement des articles 1134 et 1135 du Code civil (113). En revanche, lorsque le connaissement fait apparaître un « *notify* » le transporteur a, bien entendu, l'obligation de lui « *notifier* » l'arrivée de la marchandise.

Les Règles de Rotterdam traitent également la matière avec un grand luxe de détails (art. 48). Le texte accorde au transporteur le droit de prendre toutes les

(111) Voir sur ce point le Colloque franco-belge AFDM-ABDM, « La responsabilité du chargeur », Marseille 18, 19 oct. 2007, dont les Actes ont été publiés dans un numéro spécial du *DMF*, n° 689, février 2008.
(112) En ce sens, Cass. com. 27 juin 2006, *DMF* 2007.536, obs. Y. TASSEL.
(113) Voir en ce sens, RODIÈRE, *Traité*, n° 547 (l'arrêt cité par l'auteur ne concernant toutefois pas la question).

mesures qui s'imposent dans l'intérêt de toutes les parties, à l'égard de ces « *marchandises en souffrance* » (114).

Si le destinataire ne retire pas la marchandise, le transporteur est fondé à sommer le chargeur de le faire. Peut-être même y a-t-il là pour lui une obligation, pareillement fondée sur les textes généraux cités ci-dessus. En cas de silence ou de refus, tant du destinataire dûment avisé que du chargeur, l'article 53 du décret du 31 décembre 1966 donne le droit au transporteur de faire vendre la marchandise, par autorité de justice, pour s'assurer le paiement de son fret, étant ordonné le dépôt du surplus (115).

§ 2. — *Le paiement du fret*

1043. Le montant du fret. — Dans le principe, le montant du fret est aujourd'hui fixé librement par les parties (116). En pratique, il est déterminé par le tarif du transporteur, lui-même établi sur la base d'un calcul économique visant à la meilleure rentabilité du navire. Le transporteur membre d'une conférence (*supra*, n° 336) devait toutefois respecter le tarif établi par la conférence. Mais l'accord de conférence ne s'imposait pas aux chargeurs, et le tarif conférence ne leur était opposable que s'il avait été repris dans le tarif du transporteur, tel qu'il leur avait été communiqué — le transporteur pouvant convenir, à ses risques et périls, d'un fret inférieur au fret conférence (117).

Le tarif de fret d'un transporteur met en œuvre une multitude de paramètres, et son application à un transport donné est chose fort complexe. Le taux de fret pourra, ainsi, être calculé au poids, au volume (le fret le plus élevé du binôme poids-volume étant souvent retenu), à l'unité, variant ou non selon la nature de la marchandise et/ou sa valeur. Par exemple, pour les conteneurs, il pourra être calculé au forfait, au conteneur, par type de marchandise (taux dit *CBR*, *commodity box rate*), ou au conteneur, quel que soit le type de la marchandise (taux dit *FAK, freight all kinds*). Par ailleurs, il pourra couvrir le transport depuis la prise de la marchandise à quai par le transporteur, jusqu'à sa remise à quai au destinataire (fret *de quai à quai*). Il pourra, à l'opposé, ne couvrir que la partie maritime du transport, les frais de manutention restant à la charge de la marchandise, à l'exception des frais d'arrimage et de désarrimage qui restent — sauf exception — à la charge du transporteur (fret *de bord à bord*), — de nombreuses variantes étant possibles.

Le taux de base du fret peut aussi être affecté de charges complémentaires. La plus célèbre fut jadis la taxe dénommée « *chapeau du capitaine* » (en anglais *hat money*), pratiquée sur toutes les mers du monde et considérée comme un salaire

(114) V. obs. Ph. Delebecque, *DMF* 2007, Hors-série n° 11, n° 87.

(115) La marchandise peut même être juridiquement livrée au destinataire mais placée en dépôt d'office dans le cas où elle n'a pas été dédouanée, voir, pour un exemple Rouen, 31 mars 2006, *Nedlloyd PernambucoDMF* 2007.5, obs. Y. Tassel ; *DMF* 2007, Hors-série n° 11, n° 87, obs. P. Delebecque.

(116) Aujourd'hui écrivons-nous, car, à certaines époques, l'administration contrôlait les taux de fret, au moins sur les trafics nationaux.

(117) T. com. Marseille, 22 avr. 1975, *BTL* 1975.324.

dû au capitaine pour les soins apportés à la marchandise (118). Aujourd'hui, les surcharges les plus importantes, plus ou moins temporaires, sont la *BAF* (*bunker adjustment factor*) qui vise à ajuster le taux de fret à l'augmentation du prix des soutes, et la *CAF* (*currency adjustement factor*) qui tend à prendre en compte les évolutions du dollar, la plupart des frets étant fixés en dollars (119). Enfin, le connaissement peut prévoir le paiement par le destinataire de *surestaries*. Rares dans le contrat de transport, à l'inverse de son utilisation générale en matière d'affrètement au voyage (*supra*, n° 801), une telle clause est licite. Elle ne semble pas, cependant, ressortir à l'*économie générale du contrat*, et n'est donc opposable au destinataire que si celui-ci l'a spécialement acceptée.

La complexité du calcul d'un fret est telle qu'il n'est pas possible d'aller ici plus avant dans l'exposé de la matière — le lecteur devant être renvoyé aux ouvrages de la pratique (120). Nous retiendrons seulement que le mode de calcul du fret n'affecte ni les obligations, ni la responsabilité du transporteur. Ainsi, quand le fret est établi *FIOST* (*free in and out, stowed and trimmed*), il n'inclut pas les frais de manutention, d'arrimage, de saisissage ou de choulage (action de répartir et d'égaliser un chargement en vrac) (121). La responsabilité du transporteur n'en demeure pas moins entière quant à ces opérations : il est tenu de supporter les risques du chargement ou du déchargement (122).

1044. Le débiteur du fret. Obligation du chargeur au paiement. Mention fret payé. — Aux termes de l'article 41 du décret du 31 décembre 1966, « *le chargeur doit le prix du transport ou fret* ». Souvent, le paiement du fret est attesté par la mention « *fret payé* » apposée sur le connaissement. Le transporteur doit alors livrer la marchandise au destinataire sans lui réclamer aucun paiement autre que les frais non inclus dans le fret convenu avec le chargeur, tels que par exemple les diverses surcharges portuaires, ou la BAF dont le fret est, périodiquement, augmenté.

La question qui se pose est de savoir quelle est la portée exacte de cette mention, lorsque le transporteur, en fait, n'a pas été payé du fret (123). Elle n'est pas aisée à résoudre, la mention du prix du fret ne figurant pas dans les mentions dont les textes précisent le régime (*supra*, n° 971). Elle est cependant aujourd'hui réglée dans les rapports entre transporteur et chargeur.

Dans un arrêt du 2 mars 1999, la Cour de cassation, visant non les textes maritimes mais l'article 1341 du Code civil — texte fondateur du droit de la preuve — énonce que la mention « *fret prépayé* » portée dans un connaissement signé par le transporteur, fait foi du paiement effectif, « *sauf au transporteur à*

(118) Ripert, *Traité*, n° 1604 ; cette taxe était en général fixée à un pourcentage du fret.

(119) Existent aussi des surcharges portuaires, au cas d'encombrement d'un port, de nouvelles surcharges étant toujours possibles : voir *Lamy Transport*, 2005, T. II, n° 677.

(120) Voir en particulier, les développements, très complets, présentés dans le *Lamy Transport* 2009, T. II, n°s 751 et s.

(121) On notera l'ambiguïté de la dénomination qui peut donner au chargeur non initié l'idée qu'il sera libéré des frais de manutention et d'arrimage, alors que c'est le transporteur qui en est « *free* ».

(122) Aix-en-Provence, 6 mars 1980, *BTL* 1980.451 ; Aix-en-Provence, 6 mai 2004, *Revue Scapel* 2004.179.

(123) Il peut en être ainsi, notamment, lorsque le chargeur a remis le montant du fret à son transitaire qui, infidèle, ne l'a pas réglé au transporteur, alors qu'il a joué de ses relations commerciales avec le transporteur pour que celui-ci lui fasse confiance, et déclare, cependant, le fret « *prepaid* ».

établir que cette quittance du fret n'avait pas la valeur libératoire qu'impliquait son libellé » (124). Les choses sont moins sûres pour ce qui est des rapports entre transporteur et tiers destinataire.

La doctrine dans sa quasi-unanimité considère que l'on doit appliquer ici la distinction classique entre les rapports transporteur-chargeur et les rapports transporteur-destinataire, et décider que le transporteur ne peut prouver l'inexactitude la mention *fret payé* à l'égard du destinataire (125). Mais telle ne paraît pas avoir été l'opinion de la Cour de cassation dans un arrêt du 15 décembre 1986 (126). Le destinataire ayant invoqué, pour refuser le paiement du fret, déjà réglé par lui à son transitaire et détourné par celui-ci, la mention « *fret payable d'avance* », la Cour d'appel d'Aix-en-Provence a estimé que cette mention ne faisait pas la preuve du paiement, et la Cour suprême l'a approuvée, en observant que « *l'article 19 de la loi du 18 juin 1966 n'est applicable qu'aux mentions relatives à la marchandise* ». Le destinataire a donc ainsi dû régler le fret une seconde fois (127). Certes, l'arrêt ne concerne pas la mention *fret payé*, mais la mention *fret payable d'avance*, à la valeur probatoire beaucoup moins forte. Mais la référence, de caractère général, que la Cour de cassation fait à l'article 19 et à sa portée exacte, conserve cependant sa pleine valeur pour la mention *fret payé*. Cette mention n'est pas une mention « *relative à la marchandise* », et elle ne ressortit pas aux dispositions de l'article 19 de la loi de 1966, mais au droit commun (128), lequel ne reconnaît pas valeur absolue à une mention écrite, quelle qu'elle soit. La question de la valeur de la mention *fret payé* n'est donc pas définitivement réglée.

1045. Fret payable à destination. — L'article 41 du décret du 31 décembre 1966 ne se limite pas à édicter la règle que c'est le chargeur qui doit en principe payer le fret. Il envisage aussi le cas où le fret est stipulé dans le connaissement payable à destination, observant ici que, « *en cas de fret payable à destination, le réceptionnaire en est également débiteur s'il accepte la livraison de la marchandise* ». Si le destinataire refuse la marchandise, ou n'acquitte pas le fret dont il est redevable, le chargeur en demeure débiteur.

En pratique, les dispositions de l'article 41 suscitent rarement des problèmes, car, habituellement, le transporteur n'accepte de livrer la marchandise que lorsqu'il a reçu paiement du fret (129).

(124) *DMF* 1999.551, rapp. RÉMERY, obs. Ph. DELEBECQUE.
(125) Voir le rapp. RÉMERY, *supra* note 73 et réf.
(126) *DMF* 1988.493 et *DMF* 1989.163, obs. P. BONASSIES, l'auteur ayant pu avoir connaissance du texte intégral de la décision, publiée seulement en sommaire au *DMF* 1988.
(127) Voir cependant, plus généreux pour le destinataire, Cass. 8 déc. 1998, *DMF* 1999.152, obs. Ph. DELEBECQUE, les juges du fond ayant pu valablement considérer, eu égard aux circonstances, que le transitaire infidèle était le *mandataire* du transporteur.
(128) Le droit commun précisément visé par la Cour de cassation dans son arrêt du 2 mars 1999, *supra* au texte et note 98.
(129) Voir, toutefois, Rouen 20 janv. 1999, où la marchandise avait été délivrée à un *notify* — sans paiement du fret — le *notify* contestant ultérieurement sa qualité de destinataire (*BTL* 1999.319). Voir, également, Rouen, 11 oct. 2007, *DMF* 2008.1003, obs. Y. TASSEL ; *BTL* 2008.500 ; *DMF* 2009, Hors-série n° 13, n° 84, obs. Ph. DELEBECQUE.

1046. Incidence des événements du voyage sur le fret. — Le Code de commerce contenait des dispositions nombreuses sur l'incidence des événements du voyage sur le fret (130). Les textes actuels sont moins nombreux. La Convention de 1924 ne dit rien de la question. Le législateur de 1966, en revanche, lui a consacré les articles 43 à 47 du décret du 31 décembre 1966.

L'article 43 prévoit le cas du chargeur qui ne présente pas la marchandise (*supra*, n° 1040). En théorie, il ne doit pas le fret — contrepartie du transport (cause) —, mais il devra indemniser le transporteur du préjudice qu'il lui aura fait subir, l'indemnité, que la pratique qualifie de *faux fret*, étant « *au plus égale au montant du fret convenu* ». Le faux fret n'est toutefois pas dû si la non-présentation de la marchandise est la conséquence d'une faute du transporteur.

L'article 45 concerne la question des *avaries communes* (*supra*, n°s 530 et s.). Il énonce que « *le transporteur est payé du fret des marchandises jetées à la mer pour le salut commun, à charge de contribution* ». L'article 46 a un caractère plus général. Il énonce que le fret n'est pas dû si la marchandise vient à périr, en cours de voyage par fortune de mer ou par suite de la négligence du transporteur à mettre le navire en bon état de navigabilité, ou encore du fait d'un chargement en pontée irrégulier.

Ce dernier texte pose deux questions. La première est de savoir s'il faut limiter la notion de « *fortune de mer* » — notion très floue, même si la jurisprudence y fait souvent référence (131) — aux seuls incidents maritimes affectant le navire. Par exemple, un incendie survenu à quai est-il une « fortune de mer » ? L'article 46 appliquant au transport maritime la théorie de la *cause*, il faut opter pour une interprétation extensive de la notion.

La seconde question est celle du caractère impératif ou supplétif de la règle. En pratique, les transporteurs insèrent presque toujours dans leurs connaissements une clause dite de « *fret acquis à tout événement* », laquelle tend à maintenir leur droit au fret quel que soit le sort de la marchandise (132). Et, traditionnellement, les tribunaux reconnaissent la validité de la clause (133). On peut cependant penser que la clause ne peut jouer quand l'incident en cause est la conséquence d'une faute du transporteur engageant sa responsabilité (le cas de la faute de navigation étant exclu), et en particulier d'une faute contre la navigabilité (134).

Pareillement, il est acquis que le fret reste dû même si la marchandise est délivrée en état d'avaries. Car le transporteur a exécuté le transport, contrepartie

(130) Art. 297 à 304. Voir le *Traité* du Doyen RIPERT, où plus de trente pages sont consacrées à la matière.

(131) Et souvent à tort, comme lorsque les tribunaux, pour évoquer le cas excepté de *péril de la mer*, parlent de *fortune de mer*.

(132) Clause de fret acquis à tout événement : « *Le fret, qu'il ait été payé d'avance ou soit payé à destination, est toujours acquis ou dû, que le navire ou la marchandise arrive à bon port ou se perde en totalité ou en partie pendant le voyage, ainsi qu'en cas d'interruption forcée du voyage, quelle qu'en soit la cause, par fortune de mer ou autrement.* »

(133) Voir, pour le droit classique, les nombreuses références données par RIPERT, *Traité*, n° 1650 ; dans le même sens, Aix-en-Provence, 3 mars 1992, navire *Birthe Boya*, *DMF* 1993.112. Dans le même sens, Versailles, 28 fév. 2008, *BTL* 2008.237.

(134) En ce sens, R. RODIÈRE, *Traité*, n° 558 ; voir aussi un jugement du 26 janv. 1979 du Tribunal fédéral de Columbia, *DMF* 1984.757.

du fret. Simplement, le montant du fret pourra être inclus dans le dommage invoqué par l'ayant droit à la marchandise (135).

1047. Garanties de paiement du fret. — Les textes protègent efficacement le transporteur. Sans doute, depuis l'Ordonnance de la Marine, le capitaine ne peut-il user de ce qui serait la protection absolue : la rétention des marchandises dans le navire — règle reprise par l'article 48 du décret de 1966 énonçant que « *le capitaine ne peut retenir les marchandises dans son navire faute de paiement de son* (*sic*) *fret* ». Cette règle, inconnue de certains droits (et notamment des droits de *common law*) s'explique sans doute par la crainte du législateur de voir la marchandise repartir pour des ports lointains, avec tous les risques que cela emporterait (136). Concernant une mesure conservatoire, voire une « *voie* d'exécution », elle s'applique à tout navire en escale dans un port français (137). Mais le transporteur peut exercer son droit de rétention à terre, en se refusant à livrer la marchandise tant qu'il n'est pas payé : c'est le « *donnant-donnant* » (Rodière, *Traité*, n° 562). En pratique, le plus souvent il demandera au tribunal de commerce (président, saisi par voie de référé) d'autoriser la consignation de la marchandise, puis, s'il n'est toujours pas payé, le droit de la faire vendre pour se payer sur le prix.

De plus, le transporteur dispose d'un *privilège* sur les marchandises transportées : l'article 23 de la loi du 18 juin 1966 lui accorde celui-ci (138), pour une « *quinzaine après leur délivrance si elles n'ont* (pas) *passé en mains tierces* ». S'il exerce ce privilège, il disposera d'une préférence « *sur tous les créanciers, en cas de faillite ou d'admission au règlement judiciaire des chargeurs ou réclamateurs* » (art. 24, loi du 18 juin 1966). Ce privilège est, par ailleurs, très large, s'appliquant au fret dû mais aussi aux « *avaries* » dues au transporteur (139).

1048. Prescription. — Aux termes de l'article 26 de la loi du 18 juin 1966, l'action en paiement du fret, comme toutes actions contre le chargeur ou le destinataire est prescrite par le délai d'un an (140). La règle s'applique tant aux actions en paiement du fret qu'aux actions en dommages-intérêts pour dommages causés par le chargeur.

1049. Conclusion. Responsabilité du chargeur. (141) — Comme tout acteur du transport maritime, le chargeur a, certes, toujours été responsable des

(135) Sur la question de savoir si le jeu de la limitation affectera ici ses droits, voir *infra*, n° 1104. Si le montant des avaries dépasse, à lui seul, le seuil de la limitation, il ne servira à rien pour l'ayant droit d'ajouter à ce montant celui du fret payé par lui.

(136) L'explication de la règle donnée par Valin, et reprise par le Doyen Ripert (*Traité*, n° 1668), par l'observation que le destinataire doit, avant de payer, pouvoir vérifier la marchandise, n'est guère convaincante, la règle jouant même si le destinataire a vérifié la marchandise.

(137) En ce sens Ph. DELEBECQUE, obs. sous Cass. 2 mars 1999, *DMF* 1999.245, auteur de la qualification ici citée. — L'arrêt du 2 mars 1999, à l'encontre de ce qui a parfois été écrit, ne prend pas parti sur le problème.

(138) En visant d'ailleurs « *le capitaine* », telle est forte la tradition en droit maritime.

(139) Sur les difficultés que ce texte « *mal rédigé* » soulève, voir RODIÈRE, *Traité*, n° 654.

(140) Pour une application contestable du décompte du délai, Rouen, 5 nov. 1998, *DMF* 1999.926, n. R. ACHARD, obs. P. BONASSIES, *DMF* 2000, Hors-série n° 4, n° 70, p. 54.

(141) V. Actes du Colloque franco-belge AFDM/ABDM, Marseille, 18, 19 octobre 2007, *La responsabilité du chargeur, DMF* 2008, n° 689, dont les nombreuses communications éclairent l'ensemble des aspects de la responsabilité du chargeur.

dommages que son fait peut provoquer, ou le fait de sa marchandise (142). Il est responsable envers le transporteur (*supra*, n° 1041), mais aussi envers les autres chargeurs et de façon plus large, envers les tiers, les *penitus extranei* (143).

N°s 1050 à 1059 : réservés.

(142) L'action extra-contractuelle formée par un autre chargeur pour les dommages provoqués par le camion du chargeur qui a pris feu est soumise à la prescription éditée par l'article 26 de la loi du 18 juin 1966, ce texte visant *« toutes actions contre le chargeur ou le destinataire »*, Paris 16 janv. *DMF* 2007.756, navire *Panther,* obs. Ph. DELEBECQUE ; *BTL* 2007.311, obs. M. TILCHE.

(143) V. spécialement *in* Actes du Colloque franco-belge AFDM/ABDM cité *supra La responsabilité du chargeur envers le spenitus extranei,* le point de vue belge R. DEWIT, *DMF* 2008.140, le point de vue français, C. SCAPEL, *DMF* 2008.147. V. également sur ce point, C. SCAPEL, « Grandeur et servitude du chargeur de conteneur », *Rev. Scapel* 2007.5.

CHAPITRE 4

LA RESPONSABILITÉ DU TRANSPORTEUR

1060. Observations générales. Plan. — Le compromis établi entre armateurs et chargeurs après la Première Guerre mondiale demeure encore, au début du XXIe siècle, l'objet d'un consensus quasi mondial. La Convention de Bruxelles du 25 août 1924, révisée en 1968, adaptée à l'évolution du système monétaire international en 1979, intégrée dans nombre de lois maritimes nationales, contractuellement élue par les clauses *paramount*, constitue, d'une certaine manière, le droit commun du transport maritime international. La tentative de substitution qui faisait l'objet de la mise en place des Règles de Hambourg, en 1978, n'a guère eu de succès. Ratifiées par 25 pays seulement, elles ne régissent, nous l'avons noté, qu'un demi pour cent de la flotte mondiale et n'ont pas franchi les limites d'un accord d'échelle régionale centré sur l'Afrique et la Méditerranée.

Nous étudierons successivement le principe de responsabilité appliqué au transporteur, les cas exceptés à cette responsabilité, enfin les modalités de la réparation du dommage à lui imputable.

Section 1

Principes et domaine de la responsabilité du transporteur

Le transporteur maritime supporte aujourd'hui une responsabilité de plein droit — souvent dénommée aussi « *présomption de responsabilité* » — dès lors que la marchandise à lui confiée est l'objet de pertes ou d'avaries imputables au transport. Il importe de préciser les éléments et la portée de cette responsabilité de plein droit, avant d'en définir le domaine.

§ 1. — *Principes : responsabilité de plein droit, cas exceptés, limitation légale*

1061. Plan. — En l'état, les éléments du compromis réalisé à Bruxelles en 1924 demeurent la norme. Les concessions réciproques des protagonistes du transport maritime s'organisent sur la base de trois éléments. Les transporteurs subissent une responsabilité de plein droit qu'ils ne peuvent écarter ou alléger, le texte étant d'ordre public. En contrepartie, dans certaines situations, ils sont admis à s'exonérer de cette responsabilité de façon notablement plus large qu'en droit commun contractuel et, surtout, ils bénéficient d'une limitation légale de responsabilité, généreuse à leur égard dans la mesure où elle fixe le plafond de réparation à un niveau assez bas. Il convient de préciser, successivement, la structure de ces trois éléments.

A. — Responsabilité de plein droit

1062. Nature de la responsabilité. — Au-delà des apparences et de la lecture qui en a parfois été faite, la Convention de Bruxelles de 1924, aux articles 3 et 4, institue bien une « *responsabilité de plein droit* » à la charge du transporteur maritime. Elle fait de cette responsabilité un principe, encore qu'exprimé de manière négative (« *ni le transporteur, ni le navire ne seront responsables...* », article 4, *in limine*), et assorti d'un certain nombre d'exceptions. Le principe de responsabilité de plein droit est formulé plus nettement, et de manière positive, dans la loi du 18 juin 1966, en son article 27 : « *Le transporteur est responsable des pertes ou dommages subis par la marchandise depuis la prise en charge jusqu'à la livraison, à moins qu'il ne prouve...* ». Le texte est clair : si le transporteur ne fait pas la preuve d'un cas excepté, il demeure responsable (1).

Assez souvent, la responsabilité de plein droit du transporteur maritime est qualifiée de *présomption de responsabilité* par la doctrine, mais aussi par la jurisprudence (2). Les auteurs du présent ouvrage préfèrent cependant parler de *responsabilité de plein droit*, expression plus directe, plus « parlante » (3). En tout état de cause, au-delà de cette nuance terminologique, l'idée est la même : le transporteur maritime est de plein droit responsable du dommage subi par la marchandise. La règle est conforme à l'histoire ; elle est pleinement justifiée ; elle est appliquée fermement par les tribunaux.

La règle est conforme à l'histoire. En droit français, il a toujours été admis que le transporteur était tenu d'une obligation de résultat, ce qui entraînait inéluctablement une responsabilité de plein droit. L'application de cette responsabilité au

(1) C'est le « *principe fondamental des transports maritimes : à savoir que le transporteur maritime est responsable de plein droit du dommage subi par la marchandise, sauf à lui à faire la preuve du cas excepté précis qui a été la cause du dommage, ce qui laisse nécessairement à sa charge tout dommage d'origine indéterminée* », P. Bonassies, *DMF* 1998, Hors-série n° 2, n° 109, p. 71.

(2) Pour la défense de cette terminologie, voir M. Rémond-Gouilloud, *Droit maritime*, n° 579, n° 27 ; en jurisprudence, voir en dernier Cass. 4 mars 2003, navire *NL Crète*, *DMF* 2003.1096.

(3) Voir aussi, se référant pareillement à la responsabilité de plein droit du transporteur maritime, Ph. Delebecque, *DMF* 2003, Hors-série n° 8, n° 88.

transporteur maritime a longtemps été occultée, d'une part par la confusion faite entre transport et affrètement (*supra*, n°s 741 et s.), d'autre part par le fait que le Code de commerce, fidèle là aussi à l'Ordonnance de la Marine, avait détourné sur le capitaine la responsabilité des marchandises (art. 22 du Code ; article IX du titre II du livre I de l'Ordonnance). Mais, dans la mesure où l'armateur était responsable des faits et fautes du capitaine, il ne faisait guère de doute que l'armateur-transporteur était responsable de plein droit des manquants, avaries et retards, même si cette responsabilité était, en pratique, réduite à néant par les clauses de non-responsabilité (4).

La règle est aussi justifiée, en particulier dans la mesure où elle fait peser sur le transporteur maritime la responsabilité des dommages d'origine inconnue. Dans le transport maritime, il en est ainsi de nombreux dommages. En pratique, les ayants droit à la marchandise ne disposent que très rarement de la possibilité de déterminer, lors de la constatation des dommages à la livraison, quelle a été la cause précise des dommages qui ont pu survenir, des semaines auparavant, tout au long du voyage maritime dans des mers lointaines. La nature des dommages est, sans doute, généralement apparente : mouille, choc, pillage, mais la séquence des événements ne peut que rarement être reconstituée. Seul le transporteur maritime peut, éventuellement, y parvenir, s'il le souhaite — ce qui n'est pas toujours le cas. Les experts eux-mêmes en sont bien souvent réduits à des hypothèses ou des suppositions. C'est ce qui justifie le choix d'une responsabilité de plein droit. Le régime de responsabilité fondé sur la preuve de la faute du transporteur serait inopérant (5). Il faut donc inverser la charge de la preuve, et, tant que la preuve n'est pas faite, présumer que le transporteur a mal exécuté son obligation de transport.

Et tel est bien le sens de la jurisprudence, une jurisprudence relativement abondante, dans laquelle nous ne retiendrons que deux décisions récentes de la Cour de cassation. Dans la première espèce, où il s'agissait d'une cargaison d'ail, la Cour de Rouen avait rejeté l'action du destinataire contre le transporteur, au motif que les conclusions du rapport d'expertise, contredites par d'autres éléments ne permettaient pas de retenir la responsabilité du transporteur. La décision est cassée, la Cour de cassation observant que « *le transporteur maritime s'exonère de la responsabilité qui est présumée à son encontre quant aux pertes et avaries aux marchandises transportées, s'il démontre l'existence de l'un des cas d'exonération admis par l'article 4, 2 de la Convention de Bruxelles* » (6). Dans la seconde espèce, la Cour rejette le pourvoi formé par le transporteur, au motif que ce dernier « *ne pouvant établir l'existence d'un cas*

(4) En ce sens, les observations très fermes de BONNECASE, *Droit commercial maritime*, 1923.578.

(5) Pour reprendre une analyse du Doyen Carbonnier, une telle responsabilité, même inscrite dans les textes, demeurerait *ineffective*.

(6) Cass. 10 juill. 2001, navire *Lloyd Pacifica*, *DMF* 2002.247, obs. P.-Y. NICOLAS.

excepté (doit) *subir la présomption de responsabilité instaurée contre tout transporteur maritime par la Convention de Bruxelles* » (7).

1063. La faute du transporteur. — Il reste que, malgré le principe de responsabilité de plein droit, la *faute du transporteur* continue à jouer un rôle important dans le transport maritime — comme la chose a été remarquablement démontrée par Alain Sériaux (*La faute du transporteur*, thèse, Aix-en-Provence, 1984, 2e éd., 1997). D'une part, elle a une « valeur sociologique », le juge du fond étant porté à la relever chaque fois qu'il la constate, plutôt que de s'en tenir à l'application de la règle abstraite de la responsabilité de plein droit, comme l'avocat de l'ayant droit à la marchandise cherche à la prouver pour mieux convaincre le juge — alors même que, en droit, la preuve de la faute est inutile.

D'autre part, la faute du transporteur joue un rôle cardinal dans la théorie des cas exceptés. Alors même que le transporteur invoque — et prouve — tel ou tel cas excepté, le *péril de la mer* par exemple, la preuve de la faute du transporteur pourra conduire le juge à « neutraliser », en tout ou en partie le cas invoqué, voire à entraîner la responsabilité du transporteur en dehors de ses limites normales, l'élément déterminant de la décision étant alors la faute même du transporteur (8).

Enfin, lorsqu'elle est particulièrement grave, la faute du transporteur — devenue *faute inexcusable* — lui interdira de bénéficier de la limitation de responsabilité.

1064. Règles de Hambourg. — Les Règles de Hambourg ne sont pas aussi nettes que la Convention de 1924 quant au fondement de la responsabilité instituée par elles. Leur article 5, par sa formulation indicative, est caractéristique d'une responsabilité de plein droit. « *Le transporteur est responsable du préjudice résultant des pertes ou dommages subis par les marchandises ainsi que du retard à la livraison...* ». Cependant, le même texte, dans le même élan, fait exception à cette responsabilité en se référant à ce qui ressemble bien à la preuve de l'absence de faute du transporteur. Celui-ci est dit responsable, « *à moins qu'il ne prouve que lui-même, ses préposés ou mandataires ont pris toutes les mesures qui pouvaient raisonnablement être exigées pour éviter l'événement et ses conséquences* ». On reconnaît là le concept, sinon la formulation littérale, introduit en droit aérien par l'article 20 de la Convention de Varsovie du 12 octobre 1929.

Certains auteurs déduisent de ce dernier texte que le régime de responsabilité qui est institué par les *Règles de Hambourg* serait fondé sur une présomption de faute, et non de responsabilité (9). Ce n'est pourtant pas en ce sens qu'a évolué l'interprétation de la Convention de Varsovie. L'étude de la jurisprudence rendue

(7) Cass. 4 mars 2003, navire *NL Crète*, *DMF* 2003.1096, obs. Ph. DELEBECQUE, *DMF* 2004, Hors-série n° 8, au n° 88. Pour la jurisprudence antérieure, le lecteur voudra bien se reporter à la chronique annuelle du *Droit Maritime Français*, numéros Hors-série 1 à 10, *verbis* « Transport maritime — responsabilité de plein droit » de la table des matières.

(8) Voir, en ce sens, les obs. de Ph. DELEBECQUE, *DMF* 2004, Hors-série n° 8, au n° 89, *in fine*.

(9) Voir M. RÉMOND-GOUILLOUD, n° 592, p. 382.

sous l'empire de l'article 20 de ce texte démontre, en effet, que les juges, au-delà de l'apparence des textes, ont rétabli une véritable responsabilité de plein droit (ou présomption de responsabilité). Le transporteur aérien n'est admis à prouver son absence de faute que dans la mesure où il parvient à apporter la preuve de la cause du dommage, et du fait que celle-ci ne lui est pas imputable. En revanche, il n'est pas admis à s'exonérer si la cause du dommage demeure inconnue. En particulier, la preuve par lui de l'application rigoureuse des textes, règles, normes et obligations techniques, ne lui permet pas de s'exonérer (10). Du fait de cette interprétation de l'article 20, la responsabilité du transporteur aérien apparaît bien comme une responsabilité de plein droit. Il est responsable du seul fait de l'inexécution. Il ne peut y échapper que par la preuve d'une cause étrangère déterminée et non à lui imputable et non pas par la seule preuve d'une « *due diligence* » (11).

La jurisprudence maritime devra sans doute effectuer le travail d'interprétation de l'article 5 des Règles de Hambourg dans le même sens. C'est la seule interprétation conforme aux intentions des auteurs de la Convention de 1978, comme en témoigne la quasi-disparition des nombreux « *cas exceptés* » caractéristiques de la Convention de Bruxelles et particulièrement du plus emblématique, et contesté, d'entre eux, la *faute nautique*. Les rédacteurs des Règles entendaient clairement alourdir la responsabilité du transporteur maritime, en aucun cas alléger celle-ci (12). Toute autre interprétation dénaturerait gravement l'économie générale du texte nouveau (13).

1065. Les Règles de Rotterdam (14). — Sur le principe de responsabilité du transporteur, les Règles de Rotterdam s'inspirent nettement des *Règles de Hambourg*. Elles énoncent que le transporteur est responsable de tout dommage subi par la marchandise pendant la période où celle-ci est sous sa responsabilité, à moins qu'il ne prouve que ni sa faute, ni celle de l'un de ses préposés n'a causé le dommage ou contribué à celui-ci. En revanche, le texte se sépare de celui des *Règles de Hambourg* en ce qu'il énumère un nombre important de cas exceptés (article 17) — le transporteur étant alors exonéré de responsabilité s'il prouve que le dommage résulte de l'un de ces cas. Et l'on trouve dans la liste de l'article 17 nombre des cas retenus par la Convention de 1924 (*infra*, n°s 1072 et s.) : guerre, quarantaine ou contrainte de l'État, grève, insuffisance de

(10) Voir l'analyse de cette jurisprudence complexe par A. SÉRIAUX, *La faute du transporteur*, 2e éd. 1998, n°s 52 et s.

(11) Voir Ch. SCAPEL, « *Les réformes apportées par les Règles de Hambourg à la responsabilité du transporteur maritime* », Actes du colloque IMTM du 25 nov. 1992, p. 61, n° 21.

(12) Voir Ch. SCAPEL, cité *supra*, n° 22, p. 61.

(13) Certes, un « consensus » annexé à la Convention — en fait, pièce rapportée, peut-être dans l'euphorie de la fin d'un repas — énonce-t-il que la « *responsabilité du transporteur en vertu de la présente Convention est fondée sur le principe de la faute ou de la négligence présumée* ». Outre que la valeur juridique de cet appendice est nulle en contemplation de l'article 5 de la Convention, intitulé « *fondement de la responsabilité* », il s'agit sans doute là d'une concession maladroite faite *in extremis* pour calmer les appréhensions des juristes de *common law* à l'égard de la « *strict liability* » instaurée par le texte nouveau.

(14) Voir Ph. DELEBECQUE, Le projet CNUDCI suite et fin *DMF* 2008.211 ; « La Convention... dernières précisions », *DMF* 2008.787 ; « La Convention CNUDCI et la liberté contractuelle », Études BEURIER et TASSEL, Nantes 2008, p. 485. *Adde Rotterdam Rules, general commentary*, éd. Kluwer 2009, à paraître : commentaire article par article de la nouvelle Convention réalisé par le groupe d'experts réunis par la CNUDCI. *Adde DMF* 2009, Hors-série, n° 13, n° 73, obs. Ph. DELEBECQUE.

l'emballage, vice caché du navire échappant à la diligence du transporteur. Avec une différence notable cependant, le projet n'a pas retenu le cas excepté de faute de navigation (*infra*, n° 1097), déjà écarté par les *Règles de Hambourg*.

Il est malaisé d'apprécier la nature de la responsabilité résultant des Règles nouvelles. On peut lire celles-ci comme instituant une *présomption de faute*, dans la mesure où le transporteur pourra dégager sa responsabilité en faisant la preuve qu'aucune faute de sa part n'a contribué au dommage. Mais, en observant que la preuve exigée de lui est plus forte que la preuve exigée par les *Règles de Hambourg*, où il avait seulement à prouver (preuve sans doute plus générale et plus aisée) qu'il avait pris « *toutes les mesures qui pouvaient raisonnablement être exigées pour éviter l'événement et ses conséquences* », on peut aussi bien y voir une *responsabilité de plein droit*. — Seul l'avenir dira dans quel sens pencheront les tribunaux, et notamment les tribunaux français.

Il faut noter, enfin, que les Règles de Rotterdam innovent en introduisant une part de liberté contractuelle dans le régime de responsabilité du transporteur : ainsi, d'une part, si un accord intervient avec le chargeur, les opérations de chargement, manutention et déchargement peuvent être transférées au chargeur ou au destinataire, sous leur responsabilité (art. 13 § 2) (v. *supra*, n° 1006).

D'autre part, et surtout, les Règles nouvelles autorisent (article 80) les parties à réaménager complètement leurs droits, obligations et responsabilités, à la condition toutefois de se placer dans le cadre d'un « *contrat de volume* », soumis à de strictes exigences (v. *supra*, n° 923 *bis*).

Ces innovations font l'objet de vives controverses.

B. — La contrepartie à la responsabilité de plein droit.
Cas exceptés et limitation

1066. Les cas exceptés (ou « la présomption non irréfragable »). — Il serait erroné de conclure que le transporteur, en raison de la responsabilité de plein droit qui pèse sur lui, demeure dans tous les cas responsable du dommage causé à la marchandise, comme il le serait dans un système de stricte responsabilité objective, telle la responsabilité de l'exploitant d'un navire à propulsion nucléaire (15). Si on imagine la responsabilité de plein droit édictée par la Convention comme un mur, ce mur présente ce que l'on pourrait appeler des « zones de franchissement », ou, plus prosaïquement, des « trous », de forme diverse, un peu comme ceux de certains jouets pour jeunes enfants. Si le transporteur peut invoquer un cas excepté correspondant exactement au dessin de tel ou tel « trou », il passera à travers le mur de la responsabilité. Ou encore, recourant à l'expression *présomption de responsabilité*, nous dirons que la Convention de Bruxelles met à la charge du transporteur une présomption de responsabilité, mais que celle-ci n'est pas irréfragable.

(15) Qui, lui, demeure toujours responsable, sauf circonstances véritablement exceptionnelles (dommages résultant directement d'événements de guerre) : *supra*, n° 456.

Dans le souci d'atténuer la rigueur de la responsabilité mise en place par elle, la Convention a en effet prévu des situations d'exonération de la responsabilité du transporteur : c'est le mécanisme des *cas exceptés*. Si, par exemple, le transporteur fait la preuve que le dommage provient d'un *cas excepté* précis (péril de la mer, faute du chargeur, etc.), il sera exonéré de toute responsabilité. Et le mécanisme des cas exceptés est assez favorable au transporteur, la Convention en ayant énuméré dix-huit, qui procèdent soit d'événements naturels ou politiques, soit du fait du chargeur, soit de circonstances liées à l'exploitation du navire. Ils assurent au transporteur des possibilités d'exonération de sa responsabilité notablement plus larges que le droit commun, notamment du fait de l'exonération par la faute nautique du capitaine ou de l'équipage, rémanence des « *negligence clauses* » du XIXe siècle.

Un autre allègement à la responsabilité de plein droit qui pèse sur lui résultera pour le transporteur de la *limitation légale de responsabilité*.

1067. La limitation légale de responsabilité. — Dans le même souci d'équilibre du compromis nécessaire entre les intérêts du chargeur et ceux du transporteur, la Convention de Bruxelles accorde au transporteur le bénéfice d'une limitation de responsabilité. Cette limitation lui permet de ne pas réparer les dommages dont il est reconnu responsable, lorsque ceux-ci dépassent un certain montant. Cette dérogation au principe du droit commun qui veut que le responsable d'un dommage en assure la réparation intégrale (16), se révèle précieuse pour le transporteur, dans la mesure où le plafond de réparation établi par la Convention, dont les dispositions sont ici strictement « copiées » par la loi de 1966, est fixé à un seuil bas, le plus bas de l'ensemble des autres transports modaux, au moins pour ce qui est de la limitation au *kilo*. La limitation du droit maritime au *kilo* étant fixée à deux droits de tirage spéciaux, alors que, pour la plupart des autres modes de transport elle a été élevée par des textes récents à 17 DTS par kilo. Le transporteur — nous l'avons déjà relevé — peut toutefois être privé du bénéfice de cette limitation en cas de faute très grave, la *faute inexcusable*.

§ 2. — *Le domaine de la responsabilité de plein droit*

1068. Le domaine dans le temps de la responsabilité du transporteur. — Malgré le principe de responsabilité de plein droit, le transporteur n'est pas nécessairement responsable lorsqu'une marchandise est reçue endommagée par le destinataire. Il ne l'est que si le dommage est survenu pendant que la marchandise était sous sa garde. On sait qu'il en est ainsi dans les transports internationaux du début du chargement à la fin du déchargement, et, dans les transports soumis à la loi de 1966, depuis la prise en charge jusqu'à la

(16) Sans que ce principe ait toutefois valeur constitutionnelle, au moins tant qu'il est possible aux parties d'écarter la limitation par une déclaration de valeur (*infra*, n° 1112). Comparer, pour la limitation du contrat type de transport routier, Conseil d'État, 6 juill. 2005, *D.* 2005.2094, n. Ph. DELEBECQUE.

livraison. C'est ainsi que le transporteur n'est pas responsable de la mouille affectant des conteneurs, mais antérieure à la prise en charge (17). En revanche, le transporteur reste responsable du dommage subi par la marchandise dès sa prise en charge à quai par l'entreprise de manutention, lorsque celle-ci agit pour son compte, comme du dommage subi à destination après la mise à quai, la marchandise n'ayant pas encore été délivrée au destinataire par l'entreprise de manutention, son sous-traitant (18).

Toutefois, il peut arriver que des marchandises non encore prises en charge par le transporteur, ou après leur livraison au destinataire, soient endommagées par le fait du transporteur ou de l'un de ses préposés, ayant, par exemple, été heurtées par un engin du transporteur. Dans une telle situation, le transporteur ne sera responsable que selon les dispositions du droit commun, l'ayant droit à la marchandise devant faire la preuve soit d'une faute du transporteur, soit du fait d'une chose sous sa garde.

1069. Le domaine dans l'espace de la responsabilité de plein droit : les dommages couverts. La Convention de Bruxelles. — Le domaine de la responsabilité de plein droit (*présomption de responsabilité*) du transporteur n'est pas défini de façon identique dans la loi française et dans la Convention de Bruxelles.

En droit français, cette responsabilité ne couvre que « *les pertes ou dommages subis par la marchandise* » (loi du 18 juin 1966, art. 27). La formule implique que les dommages résultant du transport, mais n'affectant pas la marchandise elle-même, n'entrent pas dans ce régime légal (19). Il ne faut pas en déduire, pour autant, que le transporteur n'est pas responsable de tels dommages. Il peut en être tenu, mais hors du cadre de la responsabilité pour pertes ou dommages, telle que régie par la loi de 1966. Cela impliquera, certes, que, échappant à la responsabilité de plein droit, sa faute devra être prouvée, mais cela aura aussi comme conséquence qu'il ne pourra bénéficier ni des cas exceptés prévus par la loi de 1966, ni de la limitation légale de responsabilité.

Il en est ainsi, par exemple, de l'absence fautive de réserves lors de la prise en charge de la marchandise par le transporteur (*supra*, n° 977). Cette faute du transporteur fait subir un dommage au destinataire en lui dissimulant le défaut de la marchandise préalable au transport, l'incitant à acheter une marchandise endommagée ou incomplète. L'article 20 de la loi de 1966 sanctionne, spécifiquement, cette faute. L'abstention du transporteur le prive de la possibilité de s'exonérer en invoquant le défaut de la marchandise, comme elle le prive du bénéfice de la limitation instituée par l'article 28 (20).

(17) Cass. 20 mai 1986, *DMF* 1986.665. Réserve doit cependant être faite du cas où la mouille eût été apparente, le transporteur n'ayant pas fait de réserves à l'encontre du manutentionnaire.

(18) Voir, pour la première hypothèse, Aix-en-Provence, 12 mai 1989, *DMF* 1991.451 ; Paris, 3 mars 2004, navire *Le Lesseps*, *DMF* 2005.255 et obs. Ph. DELEBECQUE, *DMF* 2005, Hors-série n° 9, au n° 103 ; pour la seconde, Aix-en-Provence, 10 nov. 1988, *DMF* 1991.249.

(19) Sur les dommages non subis par la marchandise, voir Ch. SCAPEL, *Le domaine de la limitation légale de responsabilité du transporteur maritime*, thèse Aix, 1973, p. 109 et s.

(20) Voir Ch. SCAPEL, thèse citée *supra*, note 19, p. 111, n°s 86 et s.

La jurisprudence adopte la même solution s'agissant des dommages résultant, pour le destinataire, d'une livraison effectuée entre les mains d'un tiers, non titulaire du connaissement (21). Sur le fondement de l'article 49 du décret du 31 décembre 1966 qui réserve le droit à la livraison au titulaire du connaissement, les tribunaux condamnent, en pareil cas, le transporteur, et sans limitation, à une indemnisation intégrale du destinataire : préjudice commercial, perte de marché, etc. Ces solutions antérieures à la révision de la loi du 18 juin 1966 opérée par la loi du 23 décembre 1986 ne devraient pas être remises en question. Cette révision avait pour objet de mettre en harmonie la loi nationale avec le Protocole de Bruxelles du 23 février 1968, les Règles de Visby. L'article 32 de la loi de 1966, ainsi mis en conformité avec l'article 4 *bis* nouveau de la Convention, dispose que « *quel que soit son fondement, l'action en responsabilité contre le transporteur à raison de pertes ou dommages ne peut être exercée que dans les conditions et limites fixées au présent chapitre* ». Les « limites fixées au présent chapitre » ne concernent — le législateur le dit expressément (article 28) — que les « *pertes ou dommages subis par les marchandises* ». Les dommages immatériels ne sont donc pas affectés par le texte nouveau de l'article 32.

Le champ de la responsabilité est défini plus largement par la Convention de Bruxelles. L'article 4 de la Convention, texte qui pose le principe de la responsabilité du transporteur, étend celle-ci aux « *pertes ou dommages* » — sans autre précision (§ 1 et § 2). Le paragraphe 5 du même article, qui détermine le montant de la limitation de responsabilité, est plus précis, visant les « *pertes ou dommages des marchandises, ou concernant celles-ci* ». La question est de déterminer jusqu'où cette extension aux dommages n'affectant pas matériellement les marchandises, mais les *concernant*, peut aller.

Le préjudice commercial, la perte de marché, la différence de cours, paraissent devoir être inclus dans ce périmètre. En pareilles hypothèses, le jeu de la limitation légale de responsabilité doit être respecté en incluant la réparation de ces préjudices car, par définition, ceux-ci « *concernent* » les marchandises. Ils entrent donc dans le champ de l'article 4 de la Convention de Bruxelles. Il faut, cependant, noter que les juridictions françaises, sous l'empire de l'habitude résultant des textes français probablement, ne paraissent pas disposées à pratiquer cette extension quand elles appliquent le texte international et non le droit interne, malgré la divergence des textes sur ce point.

Les juridictions de *common law*, en revanche, prennent en compte l'indemnisation de tels préjudices. Elles soumettent, cependant, celle-ci à la condition qu'un tel préjudice ait pu être prévisible pour le transporteur (22), ce qui sera loin d'être toujours le cas.

(21) Voir Cass. com. 24 nov. 1982, *Bull. civ.* IV, n° 368 ; Aix, 16 sept. 1980, *DMF* 1981.91, n. R.A., le pourvoi a été rejeté par Cass. com. 24 nov. 1982, *DMF* 1983.472 ; Aix, 27 avr. 1984, *Rev. Scapel* 1985.6.

(22) Voir W. TETLEY, *Marine Cargo Claims*, 4e éd., p. 789 et 797.

1070. Le retard. Les Règles de Hambourg. Les Règles de Rotterdam. — Reste le problème du retard (23). Lorsque le préjudice résultant du retard s'analyse en dommages subis par la marchandise (avaries à une marchandise fragile), la responsabilité du transporteur ne présente aucune spécificité. C'est le régime impératif de droit commun de la Convention ou de la loi française de 1966 qui s'applique (24).

Le retard ne suscite un problème spécifique que dans l'hypothèse où n'affectant pas l'état physique de la marchandise, il fait pourtant subir un préjudice au destinataire, par exemple, dans le cas où un industriel est privé de la possibilité de participer à une foire internationale du fait du retard subi par le transport de son matériel. Le transporteur peut-il être déclaré responsable d'un tel type de préjudice, quand un délai a été fixé, ou que le délai normal est dépassé (25) ? La Convention aussi bien que la loi française sont muettes sur ce point. Elles ne visent, ni l'une, ni l'autre expressément, le retard. S'agissant de ce type de préjudice immatériel, la doctrine considère que le droit commun contractuel terrestre, reprend son empire, et notamment les dispositions des articles 1147 et suivants du Code civil : il faut démontrer la faute du transporteur (26).

Mais, dès lors, pourrait-on admettre que le transporteur tenu sur le terrain du droit commun contractuel de l'article 1147, retrouve sa liberté contractuelle et puisse, valablement, s'exonérer de cette responsabilité par une clause insérée au connaissement (27) ?

On peut en douter. En effet, si la responsabilité d'un tel préjudice n'entre pas dans le champ de l'article 4 de la Convention ou de l'article 27 de la loi française, elle est cependant fondée sur un texte également impératif : l'obligation instituée par l'article 3 § 2 (et sa transposition en droit interne par l'article 38 du décret du 31 décembre 1966) mise à la charge du transporteur de procéder « *de façon appropriée et soigneuse* » au transport de la marchandise. Or, il n'en va pas ainsi lorsque le transporteur fait subir à la marchandise un retard déraisonnable. Ce type de responsabilité se situe hors du champ de la présomption de responsabilité mais présente néanmoins un caractère impératif. Elle ne peut être contractuellement écartée, ressortissant au caractère d'ordre public de la responsabilité du transporteur (*infra*, n° 1071).

Les solutions concernant le *retard* sont plus claires sous l'empire des Règles nouvelles. En effet, rappelons que les Règles de Hambourg dérogent sur ce point à la tradition maritime. L'article 5 vise expressément la responsabilité pour retard. S'alignant ainsi avec le transport aérien et le transport terrestre, le texte déclare le transporteur responsable du retard lorsque les marchandises n'ont pas été livrées « *dans le délai expressément convenu ou, à défaut d'un tel accord,*

(23) Voir l'importante étude de J.-B. Racine, « Le retard dans le transport maritime de marchandises », *RTD com.* 2003, 223.

(24) Voir Rodière, *Traité*, n° 608. Voir aussi Cass. com. 19 mars 2002, *Kwang Tung*, *DMF* 2004.363.

(25) *Supra*, n° 1027.

(26) Voir M. Rémond-Gouilloud, n° 600, p. 388.

(27) Voir M. Rémond-Gouilloud, n° 600, p. 389.

dans le délai qu'il serait raisonnable d'exiger d'un transporteur diligent compte tenu des circonstances de fait ». Mais, en pareil cas, la responsabilité du transporteur est limitée à un montant égal à deux fois et demi le fret convenu (art. 6 § 1, b).

Les Règles de Rotterdam font de même : aux termes de l'article 17, le transporteur est tenu pour responsable, non seulement des pertes et dommages subis par les marchandises, mais aussi, au même titre du « *retard de livraison subi par les marchandises* ». L'article 21 définissant, d'autre part, le retard : « *Il y a retard de livraison lorsque les marchandises ne sont pas livrées au lieu de destination prévu dans le contrat de transport dans le délai convenu* ». Cette définition risque d'engendrer plus de difficultés d'interprétation qu'elle n'en résoudra. En effet, le texte vise exclusivement la situation simple qui n'appelle aucun débat, c'est-à-dire le cas où un délai a été expressément fixé au connaissement. Mais les praticiens savent bien que ce n'est très généralement pas le cas (28)...

La nouvelle Convention édicte une forclusion, s'agissant du retard (art. 23 § 4) : aucune réparation n'est due à défaut d'un « *avis de préjudice résultant d'un retard* », effectué dans les 21 jours suivant la livraison. De plus, le texte détermine des règles de limitation de la réparation, propres au retard (art. 60). Celle-ci est calculée sur un montant équivalent à deux fois et demi le fret, sans qu'elle puisse dépasser la limite qui serait applicable à la perte totale de la marchandise.

1071. Caractère d'ordre public du régime de responsabilité. — Le principe du caractère d'ordre public des règles concernant la responsabilité du transporteur est clairement affirmé par la Convention de 1924. Aux termes du paragraphe 8 de l'article 3 de la Convention, « *toute clause, convention ou accord dans un contrat de transport exonérant le transporteur ou le navire de responsabilité pour perte ou dommage concernant des marchandises provenant de négligence, faute ou manquement aux devoirs ou obligations édictées dans cet article ou atténuant cette responsabilité autrement que ne le prescrit la présente Convention sera nulle, non avenue et sans effet* », étant précisé qu'une clause « *cédant le bénéfice de l'assurance au transporteur ou toute clause semblable sera considérée comme exonérant le transporteur de sa responsabilité* ». La loi de 1966 fulmine la même interdiction à l'encontre de toute clause ayant directement ou indirectement pour objet ou pour effet « *(a) de soustraire le transporteur à la responsabilité définie à l'article 27 ; (b) ou de renverser le fardeau de la preuve qui lui incombe tel qu'il résulte de la présente loi ; (c) ou de limiter sa responsabilité à une somme inférieure à celle fixée en application de l'article 28 ; (d) ou de céder au transporteur le bénéfice de l'assurance de la marchandise* ».

La jurisprudence a fidèlement appliqué la condamnation prononcée par le législateur, sanctionnant, par exemple, la clause de non-responsabilité pour les

(28) V. par ex. Rouen, 7 mars 2007, *BTL* 2007.466 ; *DMF* 2008, Hors-série n° 12, n° 86, obs. Ph. DELEBECQUE.

opérations de chargement/déchargement, la clause de non-responsabilité en cas de défaillance du système de réfrigération des conteneurs, la clause par laquelle le chargeur renonçait à mettre en cause la responsabilité du transporteur pour le dommage résultant d'un chargement au-delà des normes de densité, la clause réduisant à six mois le délai de saisine par l'ayant droit à la marchandise de la Chambre arbitrale maritime de Paris (29). En revanche, la Cour de Paris, dans un arrêt du 11 juillet 1979, a déclaré licite l'assurance de marchandises souscrite par un transporteur à la fois pour son compte et pour le compte de la marchandise — solution tout à fait fondée, une telle assurance n'étant rien d'autre, pour le transporteur, qu'une assurance de responsabilité, parfaitement licite (30).

Le même principe du caractère d'ordre public des règles régissant la responsabilité du transporteur est inscrit dans l'article 23 des *Règles de Hambourg*, ce texte déclarant nulle toute stipulation dérogeant directement ou indirectement aux dispositions des *Règles*.

On le retrouve aussi dans l'article 79 des Règles de Rotterdam, texte qui déclare non écrite — sauf disposition contraire de la Convention — toute clause écartant ou limitant les obligations ou la responsabilité du transporteur (ou d'une partie exécutante maritime), ou encore cédant au transporteur le bénéfice de l'assurance des marchandises. Le même texte prohibe pareillement les clauses limitant obligations et responsabilité du chargeur, du destinataire ou de la « partie contrôlante », la prohibition s'étendant ici aux clauses *aggravant* obligations ou responsabilité du chargeur.

Section 2

Les cas exceptés

1072. Principes. — Nous l'avons observé, le transporteur maritime bénéficie de la possibilité de s'exonérer de sa responsabilité plus largement que le débiteur d'une obligation contractuelle de droit commun. Alors que celui-ci ne peut se libérer que par la preuve de la force majeure, du fait d'un tiers ou du fait de la victime, le transporteur maritime se voit accorder par la Convention de Bruxelles dix-huit cas d'exonération, dits *cas exceptés*, et neuf par la loi française. Cette relation, du simple au double, ne doit pas faire illusion. En réalité, l'harmonisation de la loi interne avec le texte international est, sur ce point, fidèle. Simplement, la disparité des textes est une illustration, remarquable, de l'opposition de la méthode, et des styles législatifs français et anglais. En droit français,

(29) Voir, dans l'ordre, Aix-en-Provence, 29 oct. 1980, navire *Italica*, *DMF* 1981.544 ; Aix-en-Provence, 21 sept. 2000, *Revue Scapel* 2000.161 ; Cass. 22 juin 1981, navire *Artico*, *Bull.* IV, n° 288 ; Cass. 3 mars 1992, navire *Tamar*, *DMF* 1992.569.

(30) Navire *Gemurah*, *BTL* 1979.559.

c'est la concision qui est recherchée (31). Au contraire, le style anglais met l'accent sur la précision plutôt que la concision. L'âme de ce style est « *d'inclure chaque détail possible dans le but d'informer pleinement le citoyen de la loi et de ses droits* ». Ce souci de précision est aussi la conséquence du fait que, en droit anglais, la *common law* demeure la source fondamentale du droit et qu'aucun de ses préceptes ne peut être écarté, sinon par un texte législatif absolument précis — et donc nécessairement détaillé.

Ainsi, le rédacteur de la loi de 1966 a atteint l'objectif qu'il s'était assigné : sous une forme différente, la transposition effectuée à l'article 27 est exacte. On ne note pas de divergences, de distorsion d'un texte à l'autre. Aussi bien est-il donc possible de présenter les cas exceptés de la Convention et ceux de la loi française de concert. C'est ce que nous ferons en les classant en trois catégories, ceux qui correspondent à une notion élargie d'événement non imputable au transporteur, ceux qui correspondent à la faute ou au fait du chargeur ou de la marchandise, ceux enfin, les plus originaux, qui concernent des événements intérieurs à l'entreprise maritime (32).

Auparavant, il faut toutefois insister sur une règle commune à tous les cas exceptés. C'est au transporteur qu'il appartient de faire la preuve tant de l'existence du cas excepté qu'il invoque (péril de la mer, grève) que du fait que ce cas excepté a bien été la *cause* du dommage (33).

§ 1. — *Les événements extérieurs non imputables au transporteur*

1073. Synthèse. — La Convention distingue ici sept cas exceptés qui relèvent de la catégorie des événements extérieurs, à savoir, incendie, périls de la mer, acte de Dieu, fait de guerre, fait d'ennemi public, arrêt ou contrainte de prince, restriction de quarantaine, grève ou lock-out, émeute ou trouble civil, sauvetage ou tentative de sauvetage. La loi de 1966 ne se réfère qu'à trois cas exceptés spécifiques, incendie, grève, acte ou tentative de sauvetage, renvoyant pour le surplus à une formule générale visant les « *faits constituant un événement non imputable au transporteur* » (art. 27, d). Cette référence implicite à la notion de *force majeure* (34), cause étrangère échappant totalement à l'action du débiteur, va impliquer des nuances dans la mise en œuvre entre le texte interne et la Convention. Quand le transporteur, pour un transport soumis à la loi de 1966, invoque un fait extérieur (grève ou péril de la mer, par exemple), il doit prouver

(31) Rappelons ici PORTALIS : « *L'office de la loi est de fixer, par de grandes vues, les maximes générales du droit ; d'établir des principes féconds en conséquence, et non de descendre dans le détail des questions qui peuvent naître sur chaque matière* », *Discours préliminaire sur le Code civil*, éditions PUAM, 1986, p. 26.

(32) Pour une présentation synthétique des cas exceptés de la Convention de 1924, voir les travaux d'un groupe d'étudiants de l'Université de Bretagne occidentale, *DMF* 2005.908.

(33) Pour un exemple remarquable de la règle, voir Cass. 5 juill. 1994, navire *Al Hoceima*, *DMF* 1994.760 : alors même qu'une grève avait affecté la société de surveillance, le transporteur ne peut invoquer le cas excepté, alors qu'il n'y avait pas coïncidence entre la période où le vol avait été commis et la durée de la grève ; voir aussi, pour cas de *fait de guere*, Cass. 24 mars 1992, *Revue Scapel* 1992.43.

(34) En ce sens que le terme « *événement non imputable* » renvoit à la force majeure, R. RODIÈRE, *Traité*, n° 630.

que ce fait ne lui est pas imputable, étant pour lui non seulement extérieur mais aussi imprévisible et insurmontable. Il n'a pas à apporter cette preuve si, le transport étant soumis à la Convention de 1924, il invoque un des cas exceptés prévus par ce texte, mais seulement à prouver que les circonstances dont il fait état répondent bien à la qualification de grève, ou de péril de la mer (35). — Il faut d'ailleurs, sans doute, appliquer la même règle pour les cas exceptés spécifiques visés par la loi de 1966 (incendie, grève, sauvetage).

La différence qui existe ainsi entre régime de la Convention et régime de la loi de 1966 est toutefois atténuée par deux phénomènes. Le premier est l'évolution jurisprudentielle récente relative à la force majeure. En matière de transport terrestre, la Cour de cassation a ainsi jugé que « *l'irrésistibilité de l'événement est, à elle seule, constitutive de force majeure lorsque sa prévision ne saurait permettre d'en empêcher les effets, sous réserve que le débiteur ait pris toutes les mesures requises pour éviter la réalisation de l'événement* » (36). Cette évolution doit certainement être transposée au transport maritime. Par ailleurs, on doit noter qu'une certaine contagion, une certaine contamination, s'est produite entre les deux régimes du transport maritime appliqués (gérés) par les tribunaux français, Convention internationale et loi de 1966. La jurisprudence récente s'est engagée dans une appréciation plus sévère des cas exceptés de la Convention de 1924. Certes, la Cour de cassation veille à ce que le juge n'exige pas qu'ils soient imprévisibles et irrésistibles. Mais, dans l'appréciation concrète qu'en font les tribunaux, on n'est pas très loin de la notion rénovée de la force majeure (37).

S'agissant de cette catégorie de cas exceptés (événements extérieurs), le texte de la Convention est beaucoup plus détaillé que celui de la loi de 1966. C'est donc à partir des dispositions de la Convention que sera conduite notre analyse, étant rappelé que tel cas excepté particulier de la Convention (le *péril de la mer*, par exemple) sera, dans un transport soumis à la loi de 1966, retenu par le juge comme emportant exception à la responsabilité du transporteur en tant qu'événement non imputable — sous la condition, toutefois d'imprévisibilité et d'insurmontabilité, condition souvent purement formelle.

1074. Cas exceptés spécifiques. Périls de la mer. — La Convention exclut de la responsabilité du transporteur les « *périls, dangers ou accidents de la mer ou d'autres eaux navigables* » (art. 4 § 2 c) (38). La notion est très large et n'inclut pas seulement le mauvais temps (39), ayant été ainsi appliquée au heurt d'une épave flottante (40). S'agissant du mauvais temps, souvent invoqués, les

(35) Voir, pour le fait du prince, mais la règle a valeur générale, Cass. 20 févr. 1990, *BTL* 1990.563.

(36) Cass. 1er oct. 1997, *BTL* 1997.708 ; obs. P. BONASSIES, *DMF* 1998, Hors-série n° 2, n° 112. Les arrêts rendus par l'Assemblée plénière de la Cour de cassation le 14 avril 2006 (*D.* 2006.1577, n. P. JOURDAIN) laissent incertains sur la position actuelle de la Cour de cassation.

(37) En ce sens, RODIÈRE, *Traité*, n° 630.

(38) La formule « *fortune de mer* » est souvent utilisée au lieu et place de cette énumération lourde et peu évocatrice (voir, notamment, RODIÈRE, *Traité*, n° 759 ; obs. Ph. DELEBECQUE, *DMF* 2005, Hors-série n° 9, au n° 106). Il faut cependant rappeler que ces termes « *ne figurent pas dans la Convention de 1924 (...), étant concédé qu'ils se retrouvent sous les meilleures plumes* », P. BONASSIES, *DMF* 1999, Hors-série n° 3, n° 105, p. 77.

(39) V. par ex. Reims, 22 janv. 2007, *Rev. dr. Transports* 2007, n° 10, note M. NDENDE ; Aix-en-Provence, 10 oct. 2005, *BTL* 2006.431.

(40) Aix-en-Provence, 1er févr. 1986, navire *Tropical Queen*, *DMF* 1988.330.

périls de la mer ne sont qu'exceptionnellement retenus, les tribunaux considérant que les navires modernes sont aptes à surmonter le mauvais temps et la tempête. Conrad le disait déjà en 1902, par la bouche du capitaine Mac Whirr, « *a gale is a gale and a steam-powered steamship has got to face it* » (41)— formule dont on retrouve l'écho dans une décision de 1995 du Tribunal de commerce de Marseille : « *le mauvais temps et la tempête sont des éléments prévisibles en matière maritime. Les navires sont construits et doivent être gouvernés pour y faire face* » (42).

Concrètement, les tribunaux répugnent tout particulièrement à exonérer le transporteur lorsque le mauvais temps était prévisible, compte tenu de la saison et de la région, voire prévu par les bulletins météorologiques, et ce alors même que le navire a rencontré des vents de force 9, voire de force 10 (43). Seules des conditions à la fois tout à fait exceptionnelles et brutales permettent de penser qu'en réalité les problèmes rencontrés par le navire ne résultent pas de l'innavigabilité fautive du navire. Il en sera ainsi en présence de conditions météorologiques particulièrement sévères, vents de force 10-12, avec vagues de 6-8 mètres, ou encore d'une vague exceptionnelle, proche de ce que les marins appellent aujourd'hui une « vague monstrueuse » (ou *freak wave*) (44).

1075. « Acte de Dieu ». — L'acte de Dieu, vieille notion de *common law*, n'a fait l'objet d'aucune définition précise, et la jurisprudence n'en donne, à notre connaissance, aucun exemple, ni en droit français ni dans les droits de *common law* (45). Le Doyen Rodière évoque, à titre d'exemple, la foudre (46). Il est sûr que, du point de vue du droit français le caractère divin de l'*acte de Dieu,* s'il s'en trouvait, en fait nécessairement un événement de force majeure, non imputable au transporteur.

1076. Fait de guerre. Émeutes ou troubles civils (art. 4 § 2, e et k). — La distinction se fonde sur une gradation de l'intensité. Contrairement à ce que l'actualité internationale pourrait laisser supposer, ces cas ne sont, à ce jour, qu'assez rarement invoqués devant les tribunaux français. Le *fait de guerre* a

(41) *Typhon*, ce que Gide traduisait, d'une manière un peu affadie, « *un grain est un grain et un navire en pleine puissance n'a qu'à y faire face* » (traduction française), Hachette, 1924, p. 63.

(42) Marseille, 3 mars 1995, navire *Jolly Griggio*, *DMF* 1996.250.

(43) Voir p. ex., très caractéristique, l'arrêt de la Cour d'appel d'Aix-en-Provence du 7 septembre 1995 qui refuse le bénéfice du cas excepté du fait que le capitaine était averti des mauvaises conditions météorologiques avant l'appareillage du navire et que le transporteur devait s'attendre à un tel temps en décembre, en Méditerranée, *BTL* 1996.193, obs. P. BONASSIES, *DMF* 1997, Hors-série n° 1, n° 72, p. 56. Voir dans le même sens, Aix, 30 oct. 1997, navire *Aydan*, *Revue Scapel* 1998.23, et rejetant le pourvoi Cass. com. 7 déc. 1999, *Revue Scapel* 2000, p. 13 ; T. com. Marseille, 3 oct. 1997, navire *Gino*, *Revue Scapel*, 1997.191 ; Aix, 7 sept. 1995, *BTL* 1996.193 ; Aix, 19 janv. 2001, navire *Ras Mohamed*, *DMF* 2001.820 et obs. P. BONASSIES, *DMF* 2002, Hors-série n° 6, n° 94, p. 73 ; Versailles, 30 mars 2000, *BTL* 2000.541 ; Paris, 8 sept. 1999, navire *Magda*, *BTL* 2000.800 ; Marseille, 5 oct. 2004, navire *Cap Canaille*, *DMF* 2005.894, obs. Y. TASSEL, pour un temps avec des vents de force 6 à 11, et des creux de 6 à 8 mètres.

(44) Pour une telle vague, voir Cass. 25 juin 1991, *DMF* 1992.627 ; pour une situation avec vents de force 10-11, voir Rouen, 8 sept. 1988, navire *Saints Paul*, *DMF* 1991.360.

(45) Caractéristique est le traitement de ce cas par William TETLEY (*Marine Cargo Claims*, 4e éd. 2008). Si on trouve le terme de *Act of God* dans l'index de son ouvrage (p. 3181) — ouvrage sans doute le plus complet au monde en la matière —, la seule référence vise non pas le cas excepté de la Convention de 1924, mais l'exception à la responsabilité du « *common carrier* » dans la *common law* classique.

(46) RODIÈRE, *Traité*, n° 760.

toutefois été admis par les tribunaux français à propos des événements d'Angola en 1976 (47).

1077. Fait d'ennemis publics (art. 4 § 2, f). — La formule prête à discussion. Dans la tradition britannique, tradition qui remonte au milieu du XIXe siècle, la notion d'ennemis publics visait les actes de piraterie, normalement commis en haute mer. Aucune raison n'existait pour que les dispositions de la Convention fussent ici interprétées à la seule lumière de cette tradition (48). C'est cependant ce qui a été fait. Dans un arrêt du 14 février 1989, la Cour de cassation a approuvé la Cour de Paris d'avoir refusé de voir dans une attaque de navire, commise « *en bande et à force ouverte* » dans la rade de Lagos (Nigéria) un *fait d'ennemis publics*, cette attaque ayant été commise dans les eaux territoriales d'un État souverain, et relevant en conséquence de l'autorité de cet État (49). À une époque où les agressions contre les navires se multiplient, et notamment dans les eaux archipélagiques, devenues eaux de souveraineté étatique (50) — donc échappant aux « ennemis publics » comme les entend la Cour de cassation —, la décision de cette juridiction se comprend mal. Et ce d'autant que ce cas d'exonération est particulièrement légitime, les hommes de la marine marchande n'étant ni équipés, ni entraînés pour faire face à des attaques à main armée, menées par des bandes organisées et déterminées (51).

Pour les transports soumis à la loi de 1966, la question de la notion d'ennemis publics ne se pose pas. Une attaque commise dans des eaux territoriales aussi bien qu'une attaque en haute mer serait aisément considérée comme un *événement non imputable*, une fois établi son caractère imprévisible et insurmontable.

1078. Fait du prince. Restriction de quarantaine (art. 4 § 2, g et h). — Les décisions autoritaires étatiques s'imposent au transporteur. Elles exonèrent celui-ci de sa responsabilité, s'agissant en particulier de saisie ou confiscation de marchandises non fondée (52). Cependant, les tribunaux se montrent, ici aussi, vigilants. Ils scrutent les données de fait de façon à déterminer si le transporteur n'était pas en mesure de connaître et de prévoir ce type de risque et, en ce cas,

(47) Paris, 13 juin 1979, *DMF* 1980.483 ; en revanche, dans une décision du 16 mars 1982, la Cour d'Aix-en-Provence rejette l'exception de fait de guerre à propos des événements du Liban de 1978, la marchandise ayant été endommagée non du fait de la guerre, mais en raison de sa manipulation brutale par les dockers de Beyrouth (navire *Dina Re*, *DMF* 1983.540, n. R. ACHARD).

(48) La confusion qui existait dans l'esprit de rédacteurs de la Convention de 1924 sur ce point précis ressort à l'évidence de la sténographie de la discussion survenue à Bruxelles — malicieusement citée par le Doyen Rodière — entre Lord Phillimore et Sir Norman Hill : RODIÈRE *Traité*, n° 760, note 2.

(49) Cass. 14 févr. 1989, navire *Sunny Arabella*, *DMF* 1989.419, obs. crit. P. BONASSIES ; dans le même sens, Rouen, 23 mai 2001, navire *Vosa Carrier*, *DMF* 2002.44 ; *BTL* 2001.523.

(50) Voir art. 49 de la Convention sur le droit de la mer (Convention de Montego Bay).

(51) S'agissant de la preuve d'un acte de piraterie, la Cour de cassation s'est toutefois montrée moins rigoureuse que dans sa décision de 1989 : Cass. 2 juill. 1996, navire *Medipas Star DMF* 1996, obs. Ph. DELEBECQUE ; P. BONASSIES, *DMF*, Hors-série n° 1, n° 20.

(52) Voir par ex. Aix, 11 mars 2004, *BTL* 2004.703 ; Paris, 20 mars 2002, navire *Vossa Carrier*, *DMF* 2004.149, n. LE LOUER ; Nîmes, 30 oct. 2003, navire *Aknoul*, *BTL* 2004, 393 ; obs. Ph. DELEBECQUE, *DMF* 2005, Hors-série n° 9, n° 106, p. 85.

le privent du bénéfice du cas excepté (53). La saisie fondée sur une faute du transporteur (défaut de mention de la marchandise sur le manifeste du navire, par exemple) a les mêmes conséquences.

1079. Grève ou lock-out. — Les mouvements sociaux, on le sait, constituent une sorte de tradition en matière maritime, particulièrement en matière portuaire. Le transporteur est déchargé de ce risque, qu'il s'agisse d'une grève des salariés d'une entreprise portuaire, ou d'une grève de l'équipage de son navire. Tant dans la Convention de 1924 (art. 4 § 2, j) que dans la loi de 1966 (art. 27, e), l'exonération est généreuse : le transporteur n'est pas responsable du dommage qui provient « *de grèves ou lock-out ou d'arrêts ou entraves apportés au travail pour quelque cause que ce soit, partiellement ou complètement* ». Les termes utilisés par le législateur impliquent clairement que, même pour les transports soumis au droit français, le transporteur — à l'inverse de ce qui est en droit commun — n'a pas à faire la preuve que la grève ou le lock-out répond aux exigences de la force majeure. De plus, le transporteur est en droit d'insérer au connaissement une clause de grève par laquelle il est prévu que si le port de destination est perturbé par une grève, le transporteur pourra décharger la marchandise au port le plus proche. Les juridictions françaises considèrent ces clauses comme valables (54).

Il reste qu'une grève provoquée par la faute du transporteur lui fermerait la porte du cas excepté, tandis que les tribunaux veillent à vérifier le caractère effectivement causal de la grève dans la survenance des dommages (55). Pareillement, une grève prévisible n'exonère pas le transporteur (56).

Le cas excepté de lock-out s'applique certainement au lock-out affectant une entreprise portuaire — encore que l'on n'en ait aucun exemple en jurisprudence. On sera plus hésitant devant le lock-out décidé par le transporteur lui-même. Dans notre opinion, le transporteur ne pourrait être exonéré que s'il démontrait que l'arrêt de son activité lui a été imposé par les événements extérieurs. On hésite, en effet, à admettre qu'il puisse s'exonérer des conséquences d'un fait volontaire (57).

1080. Le cas excepté « fourre-tout » de la lettre (q) de l'article 4, paragraphe 2 de la Convention. — En visant comme cas excepté les « *faits constituant un événement non imputable au transporteur* », la loi de 1966 offre aux tribunaux la possibilité d'exonérer le transporteur dans les divers cas

(53) Voir par ex. Paris, 15 janv. 1997, *BTL* 1997.200, à propos d'une saisie effectuée par une société algérienne d'État, jugée prévisible par le transporteur, débiteur de sommes importantes, obs. P. BONASSIES, *DMF* 1998, Hors-série n° 2, n° 113, p. 73. En revanche, a bien été jugée exonératoire, la saisie et confiscation administrative de la marchandise, effectuée à bord du navire par le Bureau de la sécurité publique de Jieyang, en Chine, Rouen, 23 mai 2001, *BTL* 2001.523, obs. P. BONASSIES, *DMF* 2002, Hors-série n° 6, n° 93, p. 73.

(54) Paris, 18 sept. 2008, *BTL* 2008.683 ; *DMF* 2009, Hors-série n° 13, n° 81, obs. Ph. DELEBECQUE.

(55) Voir par ex. Aix, 12 nov. 1998, *BTL* 2000.52, obs. P. BONASSIES, *DMF* 2001, n° 91, p. 70 ; Versailles, 29 avr. 2004, *BTL* 2004.357.

(56) Versailles, 8 avr. 2004, *BTL* 2004.357. Paris, 18 sept. 2008, *BTL* 2008.683 ; *DMF* 2009, Hors-série n° 13, n° 89, obs. Ph. DELEBECQUE.

(57) C'est là, sans doute, ce qui explique la réserve de la seule décision qui se soit prononcée sur le lock-out, un arrêt de la Cour de Paris du 3 mai 1995, *DMF* 1996.251, obs. P. BONASSIES, où le juge rejette la prétention du transporteur.

énumérés par la Convention de 1924 (péril de la mer, acte de Dieu, fait de guerre, etc.). Mais elle laisse aussi au juge la possibilité de retenir un cas ne figurant pas dans l'énumération de la Convention. Les rédacteurs de ce dernier texte ont perçu, eux aussi, qu'il fallait laisser cette même possibilité au juge (58). D'où la clause (q) du paragraphe 2 de l'article 4 de la Convention, clause où nous voyons une clause « *fourre-tout* », et les juristes de *common law* une clause *attrape-tout* (*a catch-all clause*) (59). Ce texte exonère le transporteur des dommages ayant « *toute autre cause ne provenant pas du fait ou de la faute du transporteur* » ou de ses agents et préposés.

Au-delà d'une formulation différente (60), la Convention de 1924 et la loi de 1966 conduisent au même résultat : le transporteur qui veut invoquer le cas excepté ici concerné doit faire la preuve de l'absence de toute faute de sa part (et de celle de ses préposés). La Convention le dit expressément ; la loi de 1966 l'impose implicitement. Car, pour le transporteur, démontrer que l'événement invoqué lui est « *non imputable* » c'est démontrer qu'aucune faute, de lui ou de l'un de ses préposés, n'y a aucune part, quelle qu'elle soit.

Eu égard au vaste champ des exonérations incluses dans les cas exceptés visés par le paragraphe 2 de l'article 4 de la Convention, le cas visé à la lettre (q) de ce texte n'occupe qu'une place réduite (61). En raison de la conception très étroite qu'a adoptée la Cour de cassation de la notion de *fait d'ennemis publics* dans son arrêt *Sunny Arabella* (*supra*, n° 1077), on aurait pu en particulier penser que le cas excepté de la lettre (q) avait ici un champ normal d'application. Mais, dans cette même affaire, la Cour de cassation n'en a pas jugé ainsi, semblant même exclure la possibilité pour le transporteur d'invoquer alternativement le fait d'ennemis publics et l'autre cause de la lettre (q) (62) — analyse peu compréhensible.

§ 2. — *La faute du chargeur, le fait de la marchandise, cas exceptés*

1081. Principes. — C'est un principe général du droit contractuel que la faute du créancier (ici l'ayant droit à la marchandise) le prive du droit à réparation. Dans le droit des transports, il en est de même pour le vice ou défaut de la marchandise. Aux termes de l'article 103 du Code de commerce de 1807 (art. L. 133-1 du nouveau Code de commerce), « *le voiturier est garant des avaries autres que celles qui proviennent du vice propre de la chose* » (ou de la force

(58) La vie, dirons-nous, est toujours plus riche que la vision qu'en a le législateur — d'où la nécessité pour le législateur prudent d'accompagner toute énumération d'une formule générale.

(59) Voir W. TETLEY qui parle de « *catch-all exception* », *Marine Cargo Claims*, p. 515.

(60) Pour le Doyen RODIÈRE, « *c'est encore là un monstre juridique troublant nos esprits latins !* ».

(61) Voir pourtant Paris, 22 nov. 1996, *BTL* 1996.157, obs. P. BONASSIES, *DMF* 1997, Hors-série n° 1, n° 78, pour un cas où le transporteur avait remis la marchandise contre un faux connaissement, si habilement établi qu'aucune faute ne pouvait lui être reprochée. Voir aussi Paris, 28 mars 2001, *BTL* 2001.643, obs. P. BONASSIES, *DMF* 2002, Hors-série n° 6, n° 95, où la Cour de Paris, exonère peut-être un peu généreusement un transporteur pour le dommage causé par la mouille à une cargaison de fèves de cacao, au motif que ce dommage était la conséquence du mauvais temps rencontré — aucun reproche n'ayant été fait au navire quant à sa ventilation.

(62) Cass. 14 févr. 1989, navire *Sunny Arabella*, *DMF* 1989.419, obs. P. BONASSIES.

majeure). C'est cette double règle qui est exprimée, mais de façon assez complexe, par le paragraphe 2 de la Convention de 1924, sous les lettres (i), (m), (n) ou (o), et, d'une manière moins complexe par les alinéas (f) et (g) de l'article 27 de la loi de 1966.

La Convention de 1924 énonce ainsi que, ni le transporteur ni le navire ne sont responsables pour pertes ou dommages résultant « *(i) d'un acte ou d'une omission du chargeur ou propriétaire des marchandises, de son agent ou représentant ; (m) de la freinte en volume ou en poids ou de toute autre perte ou dommage résultant de vice caché, nature spéciale ou vice propre de la marchandise ; (n) d'une insuffisance d'emballage ; (o) d'une insuffisance ou imperfection de marques* ». L'article 27 de la loi de 1966 dispose que le transporteur n'est pas responsable du dommage provenant « *(f) du vice propre de la marchandise ou de freintes de route dans la mesure des tolérances d'usage au port de destination ; (g) des fautes du chargeur, notamment dans l'emballage, le conditionnement ou le marquage des marchandises* ».

Ce sont ces divers cas exceptés qu'il importe d'analyser.

1082. Faute du chargeur. Faute d'emballage. — Des textes cités ci-dessus, il apparaît que la principale faute du chargeur est la faute dans l'emballage, le conditionnement et le marquage des marchandises. Les exemples de faute du chargeur sont ici multiples. On n'en retiendra, parmi les plus récents, qu'un ou deux, particulièrement marquants. C'est ainsi qu'ont été retenus comme fautifs, l'absence de pré-réfrigération de produits de la mer placés par le chargeur lui-même dans un conteneur réfrigéré, un arrimage défectueux ayant entraîné un dysfonctionnement du système de circulation d'air, un mauvais saisissage de meubles divers à l'intérieur d'un conteneur (63).

S'agissant des fautes d'emballage, un débat s'était élevé quant à l'absence totale d'emballage de la marchandise, situation non visée par les textes (64). Il est aujourd'hui clos. La seule question que se posent les juges est de savoir si les modalités d'emballage, ou l'absence totale d'emballage, sont conformes aux règles de l'art. Il est jugé conforme à ces règles que certaines marchandises voyagent à nu ; encore faut-il toutefois, en pareil cas, que le chargeur prenne les mesures adaptées à cette situation (65).

1083. Autre faute du chargeur. Faute du destinataire. — Ce ne sont pas les seules fautes du chargeur dans l'emballage de la marchandise qui sont retenues comme cas exceptés, mais aussi toute autre faute cause totale ou partielle du dommage. « *Acte ou omission du chargeur ou du propriétaire des marchandises,*

(63) Dans l'ordre, Aix-en-Provence 16 janv. 2003, *DMF* 2003.588 ; Paris, 23 oct. 2002, *BTL* 2002.830 ; Montpellier, 23 janv. 2001, *BTL* 2001.93. En revanche, le mauvais positionnement du volet de renouvellement d'air d'un conteneur *reefer* « *ne constitue pas une modalité de conditionnement de la marchandise, mais participe à l'opération de transport* », Aix, 22 nov. 2007, *BTL* 2008.525 ; *DMF* 2009, Hors-série n° 12, n° 89, obs. Ph. DELEBECQUE. Dans le même sens, Aix, 13 avril 2006, *DMF* 2007.1008, obs. Y. TASSEL ; Aix, 18 janv. 2007, *Rev. Scapel* 2007.72 ; *BTL* 2007.556 et obs. Ph. DELEBECQUE, *DMF* 2008, Hors-série n° 12, n° 89.

(64) RODIÈRE, *Traité*, n° 643.

(65) Voir Paris, 12 janv. 1984, *DMF* 1984.423, obs. POUPARD (escalators voyageant à nu qui auraient dû être graissés pour éviter la rouille).

de son agent ou représentant », nous dit la Convention de 1924 ; « *fautes du chargeur* » nous dit la loi de 1966, avant de viser plus spécifiquement les fautes d'emballage.

Ont été ici retenus — là encore dans une jurisprudence abondante —, notamment la mauvaise rédaction du connaissement par le chargeur ; le choix par le chargeur d'un navire inadapté — navire conventionnel, et non navire réfrigéré (66).

En revanche, ni la Convention de 1924, ni la loi de 1966 ne retiennent comme cas excepté la *faute du destinataire*. Visant la loi de 1966, la Cour de cassation en a récemment conclu que cette faute ne constituait pas une cause d'exonération de responsabilité du transporteur (67). Il reste que, dans nombre de cas, le transporteur pourra invoquer un autre cas excepté — et par exemple, le *fait non imputable* de la loi française, ou l'*autre cause* de la Convention de 1924.

1084. Vice propre, vice caché de la marchandise. — Le *vice propre* de la marchandise, appelé aussi *vice caché* par la Convention de 1924 est une notion classique du droit des transports, que l'on trouve déjà — nous l'avons noté — dans le Code de commerce (*supra*, n° 1081). Il vise le défaut affectant une marchandise, bananes chargées en état de maturité trop avancée, céréales chargées trop humides. Normalement, le vice propre dégage le transporteur de toute responsabilité, à condition toutefois que ledit transporteur fasse la preuve qu'il constitue bien la cause du dommage (68). Le seul problème est de savoir si le transporteur n'aurait pas dû faire des réserves. Il en sera traité ci-dessous (*infra*, n° 1088).

1085. Vice propre et faute du transporteur. Buée de cale. — Comme nous le verrons (*infra*, n° 1102), c'est d'une manière générale que, lorsque le transporteur invoque un cas excepté, l'ayant droit à la marchandise peut faire la preuve que le dommage est dû, en tout ou en partie, à une faute du transporteur. Mais la chose est particulièrement fréquente en matière de vice propre. Le vice propre de la marchandise, marchandise fragile, difficile à transporter du fait de son caractère hygroscopique par exemple, aura été aggravé par la faute du transporteur qui ne lui a pas apporté les soins nécessaires, particulièrement indispensables du fait de la nature même de cette marchandise.

L'exemple fréquemment rencontré de cette situation est celui de la *buée de cale* (69) : dans certaines circonstances, il se produit une condensation sur les

(66) Dijon, 1er déc. 1987, *BTL* 1988.605 ; Rouen 30 juin 1994, *DMF* 1995.40, obs. P.-Y. NICOLAS.

(67) Cass. 15 nov. 2005, *BTL* 2005.789, obs. M. TILCHE. En fait, alerté sur les problèmes qu'allait rencontrer le transporteur, obligé par la grève au port de destination de dérouter le navire vers un port moins bien équipé, le destinataire n'avait pas réagi.

(68) Voir Rouen, 24 juin 1998, *DMF* 1999.351 ; Paris, 2 déc. 1998, navire *Lucy*, *DMF* 1999.732, n. P.-Y. NICOLAS ; Paris, 9 avril 2008, *BTL* 2008.352 ; *DMF* 2009, Hors-série n° 13, n° 89, obs. Ph. DELEBECQUE.

(69) « *Sweat damage* », voir W. TETLEY, « La buée de cale », *DMF* 1964.323 ; L. DOR, « Les dommages résultant de la buée de cale », *DMF* 1954.575. La buée peut également se produire à l'intérieur d'un conteneur de fèves de cacao du fait de la mise en place par le transporteur d'un dispositif inadapté, alors que le taux d'humidité des fèves n'était pas supérieur à la norme admise, aucun vice propre n'étant donc établi ; Aix, 21 fév. 2008, *DMF* 2009, Hors-série n° 13, n° 89, obs. Ph. DELEBECQUE ; dans le même sens Rouen, 19 mai 2008, *ibidem*.

parois des cales. Celle-ci est susceptible de revêtir une ampleur considérable (70) et d'entraîner de sérieux dommages à la marchandise, en particulier par moisissure (*mould*). La nature de certaines marchandises, particulièrement hygroscopiques, favorise ce phénomène. Mais des soins « *appropriés* » permettent normalement de l'éviter : « *vaigrage* » des parois des cales, arrimage permettant la circulation de l'air, ventilation menée selon les règles de l'art (ventilation « *au point de rosée* », — *dew-point*). Si la buée de cale s'explique exclusivement par l'excès d'humidité de la marchandise, le vice propre exonère le transporteur maritime de sa responsabilité (71). Si la buée résulte, au contraire, de l'absence de soins du transporteur, les dommages sont dus à sa faute et il en est responsable. Un transporteur qui prend en charge une marchandise fragile, doit mettre en œuvre les soins appropriés à son transport (72).

1086. Nature propre de la marchandise. — Ce n'est pas seulement le vice de la marchandise qui constitue un cas excepté, ce peut être aussi la *nature propre* de celle-ci, — tout au moins dans les transports régis par la Convention de 1924, la loi de 1966 ne mentionnant pas ce cas particulier. La notion de *nature propre* traduit l'idée que certaines marchandises, encore que non affectées d'un vice ou défaut, sont, du fait même de leur nature, particulièrement exposées aux risques qui naissent d'un transport maritime, même exécuté d'une manière appropriée. Il y a assez peu d'exemples de cas excepté de nature propre dans la jurisprudence française, ce qu'explique peut-être le fait que la loi de 1966 ne connaît pas ce cas. On peut toutefois citer le café, dont « *l'humidité est une tare résultant de sa nature* », ou encore le tabac, qui a une propension naturelle à la combustion interne (73). En fait, la théorie de la nature propre trouve sa principale application dans le cas de *freinte de route*.

1087. Freinte de route. — La *freinte de route* peut être définie comme le fait pour une marchandise de perdre du poids ou du volume du fait de la dessiccation, évaporation ou dispersion due à sa nature. Le café, les fèves de cacao se dessèchent et perdent du poids ; le vin s'évapore, perdant volume et poids ; le ciment transporté en vrac se disperse au vent lors du chargement/déchargement par benne. Ces pertes ne sont, en aucune manière, imputables au transporteur. Il ne peut être rendu responsable d'un phénomène purement naturel qui ne peut être évité. C'est donc très justement que l'article 4 § 2, m, de la Convention de 1924 décharge le transporteur « *de la freinte en volume ou en poids* ». Plus précis est l'article 27, f, de la loi de 1966, qui exonère le transporteur de sa responsabilité pour les pertes ou dommages provenant « *de freintes de route dans la mesure des tolérances d'usage au port de destination* ».

(70) Il en est ainsi lorsque le navire passe d'une zone froide à une zone tempérée, voire tropicale ou inversement. Le phénomène est aggravé, ainsi que les dommages, par la durée du voyage.

(71) Voir Aix, 1er mars 1974, *DMF* 1974.610.

(72) Voir par ex. T. com. Marseille, 23 juin 1992, *Revue Scapel* 1992, p. 92 ; Marseille, 11 sept. 1998, *Revue Scapel* 1998.162.

(73) Pour le café, voir Rouen, 8 sept. 1994, *DMF* 1995.883 ; pour le tabac, voir *American Tobacco v. Goulandris*, Cour d'appel de New York, 1960, *AMC* 1962.2655.

Le taux des pertes dues à la freinte de route est variable et tient compte de la nature de la marchandise et des zones géographiques traversées par le navire (74). C'est, ce qui explique le renvoi fait par la loi française aux usages du port de destination, car c'est dans ce port qu'opèrent les spécialistes les mieux aptes à connaître le taux de freinte affectant les marchandises en provenance de tous les points du globe (75). Il est d'ailleurs à remarquer que, sans doute en raison des progrès du transport maritime et des conditionnements, la freinte de route est de moins en moins invoquée par les transporteurs.

Une question, classique, demeure toutefois — laquelle est de déterminer si le transporteur peut invoquer la freinte de route alors qu'au déchargement, il existe un manquant supérieur à la freinte. Cela implique, en effet, qu'un autre événement, non connu, a provoqué une perte de marchandise dont le transporteur est responsable. Tenu de réparer, sera-t-il en droit de déduire, en quelque sorte comme une *franchise*, le montant de la freinte du montant total de la perte ? La doctrine est indécise (76) et la jurisprudence majoritaire hostile (77). On peut toutefois penser que la freinte est déductible des manquants. En effet, le transporteur n'est tenu de réparer que les dommages imputables au transport. Or, la perte de poids ou de volume se serait produite en toute hypothèse. Que la perte fautive, imputable au transporteur, se soit produite après, avant, ou pendant que la freinte faisait son œuvre, est, en réalité, indifférent. Si le transporteur s'était parfaitement acquitté de ses obligations, il aurait, malgré tout, livré une marchandise diminuée de la freinte. Qu'une cause de perte différente, et fautive, se soit ajoutée, ne change rien au sort du destinataire. Il n'aurait reçu, en tout état de cause, qu'une quantité de blé diminuée de 1 % par la freinte. Dans cette limite, il ne subit pas, à proprement parler, de dommages et ne devrait pas avoir droit à réparation, quels que soient les avatars subis par la marchandise au cours du voyage maritime.

1088. Cas exceptés tenant à la marchandise et réserves du transporteur. — S'agissant des cas exceptés tenant à la marchandise (vice propre, nature propre, voire insuffisance d'emballage), les règles régissant la responsabilité du transporteur doivent se combiner avec les règles concernant la valeur probatoire des mentions du connaissement (*supra*, n°s 967 et s.). Aucun problème ne se pose si le transporteur a porté au connaissement une réserve indiquant le défaut de la marchandise : il pourra invoquer le cas excepté de vice de la marchandise. Les choses deviennent plus difficiles pour lui en l'absence de réserves.

(74) Voir par ex. 0,25 % pour un transport d'engrais, Paris, 14 févr. 1974, *DMF* 1974.352 ; pour un transport de riz, 1 % ; Paris, 21 mars 1975, *DMF* 1975.467 ; pour un transport de café, 0,3 %, Paris, 25 juin 1975, *DMF* 1975.748.

(75) Voir Paris, 5 mai 1999, *BTL* 1999.618, obs. P. BONASSIES, *DMF* 2000, Hors-série n° 4, n° 79, p. 60. La Cour fixe la freinte, pour un transport de blé depuis les États-Unis jusqu'en Égypte à 1 %, « *selon les usages d'Alexandrie, port de destination* ». Assez exceptionnel est un arrêt de la Cour d'appel de Rouen qui, pour une cargaison de marmites en fonte, admet un taux de « *casse* » de 10 % : 30 oct. 1959, *DMF* 1960.30.

(76) RODIÈRE, *Traité*, n° 640, est opposé, non sans hésitation, à l'idée de franchise ; M. RÉMOND-GOUILLOUD, n° 588, p. 380, 381, se demande « pourquoi... si le transporteur bénéficie de la freinte en situation normale, ce bénéfice lui serait-il refusé en cas de difficulté ? » Elle considère que « *la freinte pourrait, semble-t-il, être reçue en toute hypothèse, dès lors que l'usage du port est solide.* » A. VIALARD, n° 486, p. 415 ne prend pas parti.

(77) Cass. 16 juin 1987, navire *Gurzuf*, *DMF* 1988.2326 ; Rouen 24 nov. 1988, *DMF* 1991.365.

Dans le principe, le transporteur conserve le droit d'invoquer le défaut de la marchandise malgré l'absence de réserves. Suivant en cela l'opinion du Doyen Rodière (*Traité*, n° 468), la Cour de cassation a récemment réaffirmé la règle : « *l'absence de réserves lors de la prise en charge de la marchandise n'interdit pas au transporteur d'établir que le dommage résulte d'une cause de nature à l'exonérer totalement ou partiellement de sa responsabilité* », s'agissant en la cause d'avaries résultant de la température trop élevée d'un conteneur (78). Mais c'est une réponse plus nuancée qui s'impose.

Nous savons que, pour les transports soumis à la loi de 1966, si le défaut de la marchandise était connu du transporteur (défaut apparent), ou même s'il était tel qu'il *devait* en avoir connaissance, l'article 20 de ce texte énonce ici qu'il ne pourra se prévaloir de ce défaut pour éluder sa responsabilité — étant de surcroît privé de la limitation de responsabilité (*supra*, n° 977). La sévérité du texte est grande : le transporteur sera sanctionné même à l'égard des défauts dont il « *devait* » avoir connaissance, sans que l'on établisse qu'il en avait effectivement eu connaissance, cette sévérité s'expliquant par la protection de la sécurité du connaissement (79).

Même si le défaut invoqué est mineur, n'exposant pas le transporteur à la sanction de l'article 20, l'absence de réserves pourra rendra la preuve de ce défaut inopposable au tiers porteur de bonne foi du connaissement, la présomption de bon état de la marchandise étant irréfragable à l'égard de ce dernier — la preuve du vice propre demeurant toutefois possible à l'égard du chargeur (*supra,* n° 979).

Reste le cas où le défaut de la marchandise n'était pas apparent (défaut qui ne se révélera qu'après expertise). Dans ce cas, même en l'absence de toute réserve, la règle posée par la Cour de cassation jouera : le transporteur pourra invoquer le cas excepté. Car, même s'il a porté au connaissement la mention classique « *marchandises chargées en bon état apparent* », cette mention ne lui interdit pas de prouver, même à l'égard du destinataire, qu'il existait un vice, au-delà de l'apparence.

Aucune disposition analogue à celles de l'article 20 ne se retrouve dans la Convention de 1924. Mais, dans la mesure où le connaissement couvrant un transport soumis à la Convention porte la mention — ce qui est toujours le cas — que les marchandises ont été chargées en bon état apparent, le transporteur ne peut certainement pas invoquer, pour se dégager de sa responsabilité, un défaut qui était apparent au chargement. Car, depuis l'entrée en vigueur du Protocole de 1968, dans la Convention comme dans le droit français, le transporteur ne peut prouver contre les mentions du connaissement « *lorsque le connaissement a été transféré à un tiers porteur de bonne foi* » (article 1er du Protocole, modifiant l'article 3, paragraphe 4 de la Convention).

(78) Cass. 15 mai 2001, *DMF* 2001.703, obs. C. NAVARRE-LAROCHE ; dans le même sens déjà, Cass. 2 févr. 1983, navire *Bordabeoka, DMF* 1983.600 ; Cass. 27 oct. 1998, navire *Bo Johnson*, *DMF* 1999.608, rapp. RÉMERY, obs. P. PESTEL-DEBORD ; Aix-en-Provence, 16 déc. 1999, *BTL* 2000.119.

(79) Sans doute aussi par l'idée que, souvent, l'absence de réserves est motivée par la lettre de garantie délivrée par le chargeur — et gardée secrète par le transporteur (*supra*, n° 977).

À l'inverse de ce qui est pour le vice de la marchandise, le problème des réserves ne paraît pas devoir se poser en matière de *nature propre*. Car c'est d'abord au chargeur qu'il appartient de connaître la nature de sa marchandise, et, par là, sa fragilité particulière au transport maritime. Et la même chose peut être dite du destinataire qui s'est porté acquéreur d'une marchandise fragile. La preuve que le dommage résulte de la nature propre pourra donc être rapportée par le transporteur, même s'il n'a pas fait de réserves, et ce aussi bien contre le destinataire que contre le chargeur. Ce n'est pas le mauvais état de la marchandise qui est alors incriminé, mais son inadaptation au transport maritime et à la rudesse des conditions de ce mode de transport. Tout au plus, pourra-t-on reprocher au transporteur maritime un manquement à une obligation de conseil, pour ne pas avoir mis en garde son client contre les risques résultant de cette inadaptation. Encore faudrait-il, pour retenir une telle faute, que son client soit un profane et non un professionnel.

§ 3. — *Cas exceptés tenant à des circonstances liées à l'exploitation du navire*

1089. Principes. — Diversité. — C'est ici que se marque le plus fortement l'originalité du droit maritime. En droit commun, tout industriel, artisan ou transporteur (non maritime) est responsable du dommage causé par le vice de son matériel ou la faute de son préposé. Il ne viendrait pas à l'idée d'un industriel d'invoquer l'incendie de ses installations pour s'exonérer de sa responsabilité contractuelle (80), de même qu'il ne viendrait pas à l'idée du teinturier d'invoquer la défaillance de sa machine à laver, ou à l'idée du transporteur routier d'invoquer la faute de conduite du conducteur de son camion (non-respect de feu de signalisation ou des règles de priorité) pour se dégager de sa responsabilité. D'une manière générale, chacun est responsable de tout ce qui se passe dans son exploitation. En droit maritime, il en est différemment.

Le transporteur maritime pourra ainsi invoquer comme cas excepté le dégageant de toute responsabilité divers événements tenant à des circonstances liées à l'exploitation du navire, c'est-à-dire — en définitive — à l'exploitation de son entreprise. Il en sera ainsi non seulement du fait que le dommage invoqué par l'ayant droit à la marchandise est la conséquence d'un sauvetage ou tentative de sauvetage — chose tout à fait normale eu égard au rôle que joue l'assistance en matière maritime —, mais aussi du fait que le dommage est la conséquence de l'incendie, du vice caché du navire ou de son innavigabilité, ou qu'il est la conséquence de la faute commise par le capitaine ou un autre préposé dans la navigation ou l'administration du navire.

(80) Il en est différemment de la responsabilité *délictuelle*, où, depuis la loi du 7 novembre 1922 modifiant l'article 1384 du Code civil, la victime doit, en cas d'incendie, faire la preuve de la faute du détenteur du bien où l'incendie a pris naissance.

1090. Sauvetage ou tentative de sauvetage. Déroutement raisonnable. — Parce que c'est ici le cas excepté le plus justifié — voire le seul justifié — nous mettrons en exergue de notre analyse le cas visé à l'article 4 § 2 (l) de la Convention de 1924 ou à l'article 27 (i) de la loi du 18 juin 1966. La sauvegarde de la vie en mer impose une stricte solidarité. En pleine mer, en circonstance de danger, il n'est pas facile, pas possible de faire des nuances, c'est pourquoi les textes dessinent de façon très large les contours de ce cas d'irresponsabilité : sauvetage non seulement des vies mais aussi des biens, acte de sauvetage ou simple tentative de sauvetage, ce à quoi la loi de 1966 ajoute le « *déroutement à cette fin* ».

En droit, le cas excepté de sauvetage ne pose qu'une question : celle de savoir si la faute dans la décision d'assistance — que cette décision émane du transporteur ou du capitaine — n'affecte pas le droit pour le transporteur d'invoquer ce cas. Dans notre opinion, la réponse est certainement négative pour une assistance aux personnes (ou une assistance « mixte », aux personnes et aux biens). L'assistance aux personnes est un devoir absolu à la mer (*supra*, n° 479), et l'on ne conçoit pas quelque discussion que ce soit sur ce point. On peut hésiter pour ce qui est d'une assistance aux seuls biens (si le cas se présentait — ce qui est rare). Quand l'assistance « tourne mal », entraînant des dommages à la cargaison, l'ayant droit à la marchandise ne peut-il pas la reprocher au transporteur ? Mais, même ici, la Convention de 1924 paraît exclure tout débat. Aux termes de son article 4, paragraphe 4, « *aucun déroutement pour sauver ou tenter de sauver des vies* ou des biens *en mer... ne sera considéré comme une infraction à la présente Convention, et le transporteur ne sera responsable d'aucune perte ou dommage en résultant* ». La règle est claire. On peut penser qu'un juge français s'en inspirerait pour un transport soumis à la loi de 1966, même si la loi de 1966 est moins nette sur ce point.

En fait, aucune jurisprudence n'existe en la matière, à notre connaissance au moins, peut-être parce que, dans une situation de cet ordre, les assureurs-facultés respectent pleinement le principe de solidarité à la mer, et se refusent à mettre en jeu la responsabilité du transporteur. On ne peut donc que se référer à un exemple historique, celui du *Lamoricière* disparu en Méditerranée le 9 janvier 1942 en portant assistance à un autre navire (*supra*, n° 292 et n° 377). Des intérêts cargaisons ont certainement été affectés par le naufrage. Ils n'auraient pu obtenir de la Compagnie Générale Transatlantique (le transporteur) réparation du dommage subi (81).

Au déroutement pour assister un autre navire, la Convention de 1924, dans le paragraphe 4 de son article 4, assimile tout « *déroutement raisonnable* », énonçant que le transporteur « *ne sera responsable d'aucune perte ou dommage en résultant* ». Mais les tribunaux sont très rigoureux dans l'appréciation du caractère raisonnable d'un déroutement (82).

(81) La loi du 2 avril 1936, applicable à l'époque, contenait des dispositions analogues en la matière à celles de la Convention de 1924 ou de la loi du 18 juin 1966 (art. 4, 6°).

(82) Voir la jurisprudence citée *supra*, n° 1025.

Le cas excepté de *déroutement raisonnable* n'est pas reconnu dans la loi de 1966. Il reste que le blocus d'un port par la guerre ou la grève persistante justifierait le déchargement du navire dans un autre port, et ce même en l'absence de clause du connaissement, le transporteur pouvant alors invoquer le cas excepté d'*événement non imputable*, si le déroutement avait entraîné perte ou dommage.

1091. Incendie. — L'incendie constitue toujours, à bord d'un navire, un événement d'une particulière gravité. La lutte par les seuls moyens du bord est difficile. Il est donc naturel d'en faire un cas excepté. C'est dès 1789 que le droit anglais avait adopté en la matière un texte spécifique, le *Fire statute*, exonérant le transporteur de toute responsabilité en cas d'incendie, un texte très proche étant adopté en 1851 aux États-Unis. La Convention de 1924 énonce, quant à elle, dans son article 4, paragraphe 2, (b) que le transporteur ne répond pas du dommage résultant « *d'un incendie, à moins qu'il ne soit causé par le fait ou la faute du transporteur* ». Plus brève, la loi de 1966 se borne à dire que le transporteur n'est pas responsable s'il prouve que le dommage provient « *d'un incendie* » (art. 27, c). Mais le cas excepté d'incendie reste soumis à la règle générale inscrite dans le dernier alinéa de l'article 27 : dans tous les cas exceptés, le chargeur peut faire la preuve que les pertes ou dommages sont dus, en tout ou en partie, à la faute du transporteur ou de ses préposés.

Le rapprochement des textes fait apparaître la différence, sensible, qui les sépare. La Convention de 1924 ne parle pas de la faute des préposés, mais seulement de la faute du transporteur, comme faisant perdre à l'incendie son caractère libératoire, mais elle vise aussi, avec le même effet, le simple *fait du transporteur*. Ce fait n'est pas visé par la loi de 1966, mais cette dernière vise expressément la faute des préposés dans la formule générale qui clôt l'article 27.

L'absence de référence au *fait du transporteur* dans la loi française ne semble pas faire problème. En matière d'incendie, on conçoit mal un *fait* qui aurait un caractère causal, mais qui ne serait pas constitutif d'une faute (arrimage d'une cargaison sujette à incendie dans un lieu inadéquat, par exemple). La notion de fait est ici absorbée par la notion de fait fautif, c'est-à-dire par la notion de faute. La question du silence de la Convention de 1924 sur la faute du préposé est, en revanche, source de difficultés.

Pour un tribunal français appliquant la Convention de 1924, la question ne paraît pas, cependant, faire de doute. Le droit contractuel français a toujours assimilé la faute du préposé à la faute de l'entreprise. Il n'existe aucune raison pour écarter ce principe au cas où le dommage résulte d'un incendie. Et, de fait, la faute du préposé a été retenue — souvent sans même que la question soit discutée — pour priver le transporteur du bénéfice du cas excepté d'incendie.

C'est une interprétation différente qui est donnée de la Convention par les juridictions de *common law*. Cette interprétation se fonde sur la traduction anglaise de la Convention de 1924 (nonobstant le fait que cette traduction, nous le savons, n'a aucun caractère impératif), laquelle se lit ainsi : « *neither the carrier nor the ship shall be responsible for loss or damage arising or resulting from... (b) fire, unless caused by the actual fault or privity of the carrier* ». Or, les juridictions de *common law* ont toujours interprété les termes *actual fault or privity* des *Fire statutes* comme renvoyant à la faute *personnelle* du transporteur (83).

Dans l'opinion des rédacteurs de cet ouvrage, c'est l'interprétation française de la Convention de 1924 qui est préférable. Il n'y a pas lieu, pour les juridictions françaises, de l'écarter pour lui préférer une interprétation fondée sur un texte repris d'une législation particulière (les *Fire statutes*), législation que les rédacteurs de la Convention se sont gardés d'inscrire dans les dispositions adoptées par eux.

Pour conclure, deux notations, ici favorables au transporteur. Nous dirons d'abord que c'est sur l'ayant droit à la marchandise que pèse la charge de prouver la faute du transporteur, et non à celui-ci de prouver l'absence de faute de sa part. Nous observerons ensuite que la notion d'incendie est assez largement interprétée. Par exemple, quand la marchandise placée dans une cale est endommagée par la chaleur provenant de l'incendie survenu dans une cale voisine, le transporteur pourra invoquer le cas excepté d'incendie (84).

1092. Innavigabilité et vice caché du navire. Principes. — Ici aussi, le droit maritime se fait original. Le transporteur, pour échapper à sa responsabilité, peut en effet invoquer un *défaut* de son navire. L'article 4, paragraphe 1er de la Convention de Bruxelles énonce en ce sens que, « *ni le transporteur ni le navire ne seront responsables des pertes ou dommages provenant ou résultant de l'innavigabilité du navire, à moins qu'il ne soit imputable à un manque de diligence raisonnable, de la part du transporteur* », étant ajouté que, dans ce cas, « *le fardeau de la preuve tombera sur le transporteur* ». En des termes très proches, l'article 27 (a) de la loi du 18 juin 1966 exonère le transporteur de la responsabilité des pertes ou dommages subis par la marchandise qui proviennent « *de l'innavigabilité du navire sauf au transporteur à établir qu'il a satisfait aux obligations énoncées à l'article* 21 » — c'est-à-dire à son obligation de faire diligence pour assurer la navigabilité du navire. Le même article 4 § 2 de la Convention de Bruxelles prévoit, sous la lettre p, l'exonération du transporteur pour perte ou dommages résultant « *de vices cachés échappant à une diligence raisonnable* ». Là encore en termes proches, la loi de 1966, dans son article 27 (h) vise le cas excepté de pertes ou dommages qui proviennent « *des vices cachés du navire échappant à un examen vigilant* ».

Sans aucunement se confondre, innavigabilité et vice caché sont deux notions voisines, et qui souvent se superposent. Un navire dont un sabord n'est pas étanche est affecté par l'innavigabilité. Mais il est aussi affecté d'un vice caché,

(83) Voir sur ce point les observations très fermes de W. TETLEY, *Marine Cargo Claims*, p. 417, qui attire aussi l'attention sur le fait que, à la différence du texte sur l'incendie, l'art. 4 § 2 (q) de la Convention (*supra*, n° 1080) fait référence, à côté de l'*actual fault or privity of the carrier*, à l'*actual fault or neglect of the agents or servants of the carrier*.

(84) Paris, 9 mars 1977, *BTL* 1977.199.

comme en témoignent les décisions analysées ci-dessus (*supra*, n° 1003), où la Chambre des Lords a traité du problème de boîtes à clapet déficientes sous l'intitulé d'innavigabilité, tandis que la Cour de cassation a traité du même problème sous l'intitulé de vice caché. Toutefois, si on ne peut trouver de cas de vice caché où le navire ne soit en même temps affecté d'innavigabilité, la réciproque n'est pas exacte. La notion d'innavigabilité est plus large que la notion de vice caché. Un navire affecté dès le départ par un défaut d'arrimage est innavigable, et l'on ne peut, cependant, parler à son égard de vice caché. Il en est de même du navire armé par un équipage incompétent : il y a innavigabilité, mais pas vice caché. Ce qui justifie cependant que l'on traite ensemble les deux notions, c'est l'identité du régime juridique qui leur est applicable.

Le trait essentiel de ce régime est l'obligation qui pèse sur le transporteur de prouver sa diligence à mettre son navire en état de navigabilité, s'agissant — nous le savons — d'une diligence au « niveau » élevé (*supra*, n° 1003). Le plus souvent, pour satisfaire à l'exigence de preuve qui pèse sur lui, le transporteur se fondera sur les certificats de visite à lui délivrés par la société de classification en charge du navire. Les tribunaux sont assez réservés quant à la valeur probatoire de tels certificats et, dans nombre de cas, ils les écartent. Toutefois, la Cour de Paris, dans une des dernières décisions rendues en la matière, a admis que divers certificats, établis un mois avant la dernière traversée au cours de laquelle le navire avait brutalement coulé, répondaient aux exigences de la Convention de 1924 quant à la preuve par le transporteur de sa diligence. Dans un arrêt du 27 juin 1995, la Cour de cassation a rejeté le pourvoi formé contre la décision de la Cour de Paris (85).

1093. Application concrète. Innavigabilité soudaine. — La rigueur des tribunaux dans l'appréciation de la diligence due par le transporteur explique que le cas excepté d'innavigabilité, comme celui de vice caché, soit assez rarement admis. Nous avons déjà cité les décisions rendues en 1961 et 1962 par la Cour de cassation et la Chambre des Lords à propos de défauts affectant le couvercle d'une boîte à clapet, et dans lesquelles ces juridictions ont refusé de voir, soit le cas excepté de vice caché du navire de la loi de 1936, soit celui d'innavigabilité de la Convention de 1924 (86). Dans la jurisprudence récente, la grande majorité des décisions sont des décisions de refus Dans un arrêt du 20 décembre 2001, la Cour de Versailles rejette ainsi la prétention du transporteur à voir un cas excepté d'innavigabilité dans le mauvais serrage du couvercle d'un trou d'homme. Pareillement, la Cour dc Douai, dans un arrêt du 31 janvier 2002, refuse d'exonérer le transporteur dont le navire avait connu une voie d'eau subite, comme la Cour de Rouen dans un arrêt du 15 novembre 2001 écarte la défense

(85) Navire *Arno*, Paris, 25 mars 1993, *DMF* 1994.503, obs. Y.T. ; Cass. 27 juin 1995, *DMF* 1996.302, obs. F. RÉGNIER ; dans le même sens, sentence arbitrale du 24 oct. 1997, *DMF* 1998.710, et déjà Paris, 29 nov. 1978, navire *Maori*, *DMF* 1979.80.

(86) Arrêts *Calédonien* et *Muncaster Castle*, *supra* n° 1092 et n° 1003.

d'innavigabilité qui, selon le transporteur, résultait de l'avarie ayant affecté, en mer, la machine du navire du fait de la perte d'un bouchon de carter (87).

La position des tribunaux n'est pas, toutefois, univoque. À plusieurs reprises en particulier, dans des situations où un navire avait brutalement sombré, sans que l'on puisse déterminer la raison du sinistre, les juges ont admis que le transporteur pouvait bénéficier du cas excepté d'innavigabilité — dès lors qu'il établissait qu'il avait fait diligence pour assurer la navigabilité générale de son bâtiment. Le premier arrêt intervenu en ce sens est un arrêt de la Cour de Paris du 29 novembre 1978 concernant le navire *Maori* (88). Le navire s'étant perdu corps et biens, le 9 novembre 1971, au large du cap Finisterre, alors qu'il ramenait en France une cargaison de lingots de nickel, diverses hypothèses avaient été émises sur la cause du naufrage (notamment celle d'un désarrimage de la cargaison), mais sans convaincre les juges. Ceux-ci ont alors conclu que le navire était devenu soudainement innavigable, et que, le transporteur établissant qu'il avait justifié des diligences exigées par l'article 21 de la loi de 1966, notamment par la production des certificats de sécurité et de visite du navire, il devait être exonéré de toute responsabilité (89).

C'est la même théorie de l'innavigabilité soudaine que l'on retrouve dans l'arrêt *Arno* rendu par la Cour de cassation le 27 juin 1995 (90). Là aussi, le navire *Arno* avait sombré en moins d'une demi-heure au large de l'Italie, une importante voie d'eau s'étant déclarée dans la coque, sans qu'en apparût la raison. La Cour de cassation a approuvé la Cour de Paris d'avoir conclu que le navire était soudainement devenu innavigable, la chose libérant le transporteur, l'innavigabilité n'étant pas imputable à un manque de diligence de sa part eu égard aux documents fournis par lui (91).

La théorie de l'innavigabilité soudaine est peut-être un peu trop généreuse pour le transporteur. En fait, elle est utilisée par le juge quand la preuve précise de l'origine du dommage n'a pas été établie. Dans l'affaire du *Maori*, le juge n'a pu retenir que des hypothèses (92). Dans l'affaire de l'*Arno*, la voie d'eau était certaine, mais nul n'en connaissait la cause. Mais, précisément, c'est la « règle du jeu » en matière de transport maritime. Le transporteur n'est exonéré que s'il établit la cause du dommage, et démontre que cette cause rentre dans l'un des cas exceptés prévus par le régime applicable (93).

(87) Voir, dans l'ordre, *DMF* 2002.251, obs. Y. TASSEL ; *DMF* 2002.586, obs. Y. TASSEL ; *BTL* 2002.257 ; *adde*, pour l'innavigabilité d'un conteneur — là aussi écartée — Rouen 28 févr. 2002, *DMF* 2002.965.

(88) *DMF* 1979.80, n. R. RODIÈRE et J. VILLENEAU.

(89) Subsidiairement, la Cour s'interroge sur le point de savoir si le naufrage ne résultait pas d'une erreur dans l'arrimage de la cargaison — hypothèse des plus vraisemblables. Mais elle conclut que si une telle erreur avait été commise, elle eût constitué une faute nautique, elle aussi exonératoire de toute responsabilité du transporteur — conclusion des plus contestables, comme nous le verrons (*infra*, n° 1099).

(90) *DMF* 1996.302, obs. F. RÉGNIER ; dans le même sens, Cass. 13 juin 1989, navire *Scopi*, *DMF* 1990.467, à propos d'un navire dont la coque avait été brutalement affectée d'une fissure.

(91) Voir aussi, dans le même sens, Chambre arbitrale maritime de Paris 27 nov. 1997, *DMF* 1998.710.

(92) « *seule une importante voie d'eau a pu provoquer la gîte du navire* » observe le juge. Mais, comme le relève le Doyen RODIÈRE (obs. citées *supra*, note 88), ce « a pu » relève de l'hypothèse.

(93) Voir dans le même sens, mais dans un contexte d'assurance corps, l'arrêt dit du *yellow submarine* cité par W. TETLEY, *Marine Cargo Claims*, p. 364 où la Chambre des Lords a rejeté l'hypothèse, cependant admise par les premiers juges, que la seule manière d'expliquer le naufrage d'un navire était de supposer qu'il avait heurté un sous-marin : *Loyd's Law Reports* 1985.1.6.

1094. Faute nautique. Observations préliminaires (94). — La *faute nautique*, rémanence de la « *negligence clause* » du XIXe siècle, est assurément la singularité la plus étonnante du régime de responsabilité du transporteur maritime. Aux termes de l'article 4 § 2, lettre (a) de la Convention de 1924, le transporteur n'est pas responsable pour perte ou dommage résultant « *des actes, négligence ou défaut du capitaine, marin, pilote ou des préposés du transporteur dans la navigation ou dans l'administration du navire* ». De façon plus concise, la loi du 18 juin 1966 libère le transporteur de la responsabilité des pertes ou dommages résultant des « *fautes nautiques du capitaine, du pilote ou d'autres préposés* ». Il est toutefois admis qu'aucune différence ne peut être faite entre les deux textes quant à leur contenu (95).

En droit commun, toute entreprise est responsable des conséquences des fautes de ses préposés. La règle est affirmée par le Code civil dans l'article 1184, pour ce qui est de la responsabilité extra-contractuelle. Elle doit être étendue à la responsabilité contractuelle, où elle apparaît comme un principe général, même si elle n'est exprimée par l'article 1797 que pour l'*entrepreneur* (96). Mais, en droit maritime, contrairement au droit commun, le transporteur de marchandises n'est pas responsable de la faute nautique de son capitaine, ou de celle de ses préposés. Bien plus, c'est en faisant lui-même la preuve de cette faute qu'il se libérera (97).

Les tentatives de justification de cette étonnante dérogation n'apparaissent guère convaincantes. En mer, a-t-on observé, le capitaine échapperait à tout contrôle de l'armateur. Ce n'était pas faux, avant le développement des télécommunications, mais cela ne justifiait pas l'irresponsabilité. La faute nautique, observait-on aussi, mettant toujours en jeu la vie de l'équipage, même potentiellement, ne pouvait être volontaire, mais seulement attribuable à une erreur involontaire. Mais n'est-on pas responsable, en principe, de ses fautes involontaires ? De plus, si l'argument était de nature à justifier la faute de navigation, pourquoi l'étendre à l'administration du navire ?

En réalité, la règle est le reflet du rapport de forces qui s'était établi au XIXe siècle au bénéfice des armateurs, et qui s'exprimait dans la *negligence clause*. Lorsque le compromis s'est imposé avec les chargeurs, les armateurs ont sauvé la faute nautique. Le *Harter Act* l'avait admise ; la Convention de 1924 l'a conservée, comme l'ont fait les lois nationales parmi lesquelles la loi de 1966.

1095. Attitude générale des tribunaux. — Pour les tribunaux — les tribunaux français en tout cas — la faute nautique est une institution dérangeante.

(94) Pour une étude récente et exhaustive de la faute nautique, voir N. MOLFESSIS, « Requiem pour la faute nautique », *in Mélanges Bonassies*, éd. Moreux, 2001, p. 207 et s. ; voir aussi obs. d'I. CORBIER, *DMF* 2004.635.

(95) RODIÈRE, *Traité*, n° 621 ; *contra* A. TINAYRE, « Notion restrictive de la faute nautique en droit maritime français », *Gaz. Pal.* 1958.II.36.

(96) Sur le principe de la responsabilité contractuelle du fait d'autrui, voir les observations de G. VINEY, *Sem. jur.* 1996.1.3944 ; Cass. 10 oct. 1995, *Bull. civ.* IV, n° 346 ; *Rev. trim. dr. civ.* 1996.183, obs. P. JOURDAIN et les réf.

(97) D'où la pratique connue, jadis, dans certaines compagnies maritimes, où les capitaines avaient instruction de n'établir leur rapport de mer, après un incident, qu'après avoir pris contact avec leur armateur — lequel, avec le conseil du juriste de la compagnie, leur indiquait la meilleure façon, non pas de dissimuler leur faute, mais, au contraire, de reconnaître cette faute, laquelle libérerait le transporteur.

Pour utiliser une expression chère aux juristes du Moyen Âge, les magistrats français, habitués qu'ils sont à sanctionner tout entrepreneur pour la faute de ses préposés, voient un peu en elle un « *statut odieux* », qu'il faut appliquer de la manière la plus rigoureuse, la plus étroite que possible (*odiosa sunt restringenda*, disait-on jadis). De fait, la plupart des décisions récentes rejettent la demande du transporteur de bénéficier du cas excepté de faute nautique. La chose est particulièrement nette pour ce qui est de la faute *dans l'administration du navire*, mais elle se retrouve même pour ce qui est de la faute *dans la navigation*, la faute dans la conduite du navire.

Pour restreindre le domaine de cette dernière faute, les tribunaux reconnaissent l'existence d'une faute dans la navigation, mais ils en neutralisent les effets en recherchant dans le comportement du transporteur un manquement — lequel, ici, peut être le manquement de l'un des préposés de l'armateur, voire du capitaine — à l'obligation fondamentale de diligence dudit armateur pour assurer la navigabilité du navire, ou à son obligation de procéder, de façon appropriée et soigneuse au chargement, manutention, arrimage, garde, transport et déchargement de la marchandise. La décision rendue le 31 mai 2005 par la Cour d'appel de Bordeaux dans l'affaire du navire *Heidberg* est un exemple remarquable de l'attitude en la matière des juges français (98).

Les lecteurs de cet ouvrage se souviennent des faits (*supra*, n° 431) : alors que le navire *Heidberg* naviguait dans la Gironde, le capitaine avait quitté la barre pour descendre à la salle des machines et y effectuer une opération de ballastage, laissant seul le pilote à la passerelle — faute évidente autant que grave dans la conduite du navire. La cargaison ayant été gravement endommagée par la collision qui s'en était suivie, les assureurs-facultés ont agi en responsabilité contre le transporteur-armateur du navire, lequel a invoqué le cas excepté de faute nautique. La Cour de Bordeaux a admis l'existence d'une telle faute. Mais, observant que cette faute « *a elle-même été la suite et le résultat des fautes de l'armateur qui ne s'était pas assuré de la cohésion de l'équipage* », elle a refusé au transporteur le bénéfice du cas excepté de faute nautique.

1096. Critère d'identification de la faute nautique. — Faute nautique et faute commerciale. — Assez vite, l'habitude s'est prise, non pas d'identifier directement la faute nautique, mais plutôt d'opposer à la faute nautique une faute dite *commerciale*. Non visée par les textes, on définit généralement cette dernière comme la faute dans l'administration (*management*) de la cargaison. Commerciale, la faute ne libère pas le transporteur. Ainsi que le fait observer le Doyen Rodière, une telle approche est « *tendancieuse* » (99), car les deux fautes ne doivent pas être mises sur le même pied. L'une libère le transporteur ; l'autre est sans effet de droit aucun. Le transporteur qui invoque une *faute commerciale* ou fait la preuve d'une telle faute, ne modifie en rien sa situation juridique, et reste asservi à la responsabilité de plein droit qui est la sienne. En toute rigueur, il

(98) Bordeaux, 31 mai 2005, *DMF* 2005.839.
(99) RODIÈRE, *Traité*, n° 263.

conviendrait donc de parler de « non-faute nautique » plutôt que de faute commerciale, car, lorsque l'on parle de faute commerciale, on veut en réalité dire que le transporteur n'a pu faire la preuve d'une faute nautique. Cependant, l'habitude est établie, la notion de faute commerciale garde un intérêt pratique au plan de l'expression. Nous conserverons donc le terme. Reste à définir le critère de distinction permettant d'identifier la faute nautique, et d'abord la faute de navigation, la plus aisée à délimiter.

1097. La faute de navigation. — La faute de navigation, c'est la faute dans la conduite du navire à la mer, la faute dans la lecture des cartes, dans le respect des règles de priorité à la mer, dans une fausse manœuvre lors de l'accostage du navire. Mais, déjà, l'incertitude apparaît, le fait pour un capitaine d'appareiller dans des conditions prévues de très mauvais temps a ainsi été considéré comme une faute commerciale (100), alors pourtant que la décision d'appareillage ressortissait à sa compétence fondamentale, et exclusive, d'assurer la sécurité de l'expédition. Et nous avons vu que la faute dans la conduite du navire la plus évidente peut être « neutralisée » par la preuve de l'absence de diligence du transporteur, comme il en est dans l'arrêt *Heidberg*, évoqué ci-dessus (*supra*, n° 1095), ou dans une décision tout aussi remarquable, rendue en 1981 par le Tribunal fédéral de la Nouvelle Orléans dans l'affaire du navire *Eurybates* (101).

Dans cette dernière espèce, le capitaine du navire n'avait pas modifié sa route, croyant voir dans les feux qu'il apercevait à l'horizon ceux d'une flottille de navires de pêche s'approchant lentement. En fait, il s'agissait de bâtiments de la marine de guerre américaine qui furent sur lui en quelques minutes. Le juge a constaté la faute évidente dans la navigation commise par le capitaine — pour relever ensuite qu'une telle faute témoignait de son incompétence foncière, et, par là, du fait que le transporteur n'avait pas exercé une diligence raisonnable pour convenablement armer le navire. Exemple surprenant du fait que, plus la faute du capitaine est grave, plus le transporteur pourra s'en prévaloir — jusqu'au moment, toutefois, où la gravité de cette faute établira sa propre faute personnelle...

Les tribunaux ne sont pas, toutefois, toujours aussi rigoureux. Dans un arrêt du 14 mai 2004, la Cour d'appel d'Aix-en-Provence voit une faute nautique — exonérant le transporteur de toute responsabilité — dans le fait pour un capitaine, qui avait d'abord mis son navire en sécurité dans la rade du port de Vilaroz (Espagne), d'avoir repris son voyage, malgré des conditions météorologiques très mauvaises (102).

(100) Aix-en-Provence, 19 mars 1992, *BTL* 1992.798 ; obs. P. Bonassies, *DMF* 1994.167, où les juges observent que « la décision du capitaine d'appareiller en dépit d'un avis de tempête ne caractérise pas une faute nautique dans la mesure où les navires rouliers sont conçus pour affronter une telle circonstance qui, compte tenu de la saison, ne revêtait aucun caractère exceptionnel » ; voir aussi Rouen, *MSC Regina*, *DMF* 2004.622, obs. I. Corbier, où le juge, retenant la responsabilité du transporteur, rejette toute référence à la faute nautique, alors que ledit transporteur invoquait les erreurs du capitaine dans le choix de la route et la vitesse du navire.

(101) *DMF* 1984.370, obs. P. Bonassies.

(102) Navire *Al Hoceima*, *DMF* 2005.322, obs. O. Cachard. Dans le même sens, Paris, 26 nov. 2008, navire *Windsong*, *BTL* 2008.779, *DMF* 2009, Hors-série n° 13, n° 89, obs. Ph. Delebecque considère que constitue une faute nautique de l'équipage exonérant le transporteur de sa responsabilité la non-fermeture, pendant 36 heures, par gros temps, d'une cale étanche, seule cause du sinistre.

La faute dans l'administration du navire ne pose pas moins de problèmes.

1098. La faute dans l'administration du navire. — Pour identifier la faute dans l'administration du navire et la distinguer de fautes voisines, que l'on a parfois qualifiées de fautes dans l'administration de la cargaison, un critère a été d'abord privilégié, celui de la *destination* de l'acte fautif : cet acte intéressait-il le navire — impliquant alors une faute nautique — ou, au contraire, la cargaison — impliquant alors une faute commerciale (103) ? Mais administration du navire et administration de la cargaison s'enchevêtrent de façon irrémédiable. Tout se tient dans un univers aussi restreint et aussi intégré que celui d'un navire (104). Aussi bien ce critère est-il loin d'être concluant. Comme nous le verrons ci-dessous, la tendance de la jurisprudence contemporaine est ainsi de refuser la qualification de faute nautique à la faute de ballastage, alors que cette faute concerne au premier chef le navire, et non la marchandise.

Un second critère a été plus récemment avancé, celui de la *sécurité* du navire. L'acte fautif mettait-il en danger la sécurité du navire ? Si oui, il était nautique, si non, il était commercial (105). Mais ce second critère n'est guère plus sûr que le premier. Dans son arrêt *Aude* du 26 février 1991, la Cour de cassation approuve la Cour d'appel d'Aix d'avoir vu une faute commerciale dans l'erreur commise lors du désarrimage des remorques chargées sur un navire, alors même que, ayant entraîné une gîte de 45 %, cette faute avait nécessairement mis en cause la sécurité du navire (106).

Devant les hésitations de la jurisprudence, il n'est guère possible d'aller au-delà d'une présentation casuistique des décisions concernant la matière. Nous nous limiterons dans cet ouvrage à deux aspects concernant les fautes qui ont donné lieu à la jurisprudence la plus abondante : fautes d'arrimage et fautes de ballastage (107).

1099. Faute d'arrimage. — La faute d'arrimage est l'exemple type d'une faute située à la frontière. L'arrimage est évidemment « *destiné* », à la cargaison, qu'il met en place et en sécurité en l'immobilisant. Cependant, l'arrimage « *intéresse* » fortement aussi le navire dont il assure la stabilité. De plus, un désarrimage accidentel en mer est lourd de danger pour la sécurité du navire. Dans une première analyse, l'hésitation est donc permise.

Le Doyen Rodière, lui-même, a hésité. Après avoir considéré, un temps, qu'il convenait de distinguer arrimage nautique et arrimage commercial, il a,

(103) Voir les exemples pris par Martine RÉMOND-GOUILLOUD, opposant l'erreur de branchement d'un circuit électrique destiné au fonctionnement du navire — faute nautique — et l'erreur commise sur un circuit de réfrigération des marchandises — faute commerciale (*Droit maritime*, n° 582).

(104) On serait ici tenté d'appliquer au navire le « principe du papillon ». Le simple desserrage d'un écrou en quelque endroit que ce soit du navire peut avoir sur le navire tout entier les conséquences les plus graves.

(105) Voir, déjà en ce sens, Cass. 17 juillet 1980, censurant la Cour de Paris qui avait vu une faute nautique dans une erreur de ballastage, les juges d'appel n'ayant pas précisé en quoi la faute avait intéressé l'équilibre et la sécurité du navire (navire *Kenosha*, *DMF* 1981.209, n. R. ACHARD). L'analyse de l'arrêt de 1980 se retrouve dans une décision de la Cour de cassation du 20 février 2001, *DMF* 2001.010, obs. N. MOLFESSIS.

(106) *DMF* 1991.358 et *DMF* 1992.158 obs. P. BONASSIES.

(107) Pour une présentation plus exhaustive, voir N. MOLFESSIS, cité *supra*, note 94 ; I. CORBIER, « La faute nautique, une notion à préserver », *Liber amicorum Roger Rolland* 2003, p. 87 et s. ; *adde*, du même auteur, obs. *DMF* 2004.635.

finalement, pris parti en se référant aux obligations imposées au transporteur par l'article 3 § 2 de la Convention, reprises à l'article 38 du décret du 31 décembre 1966. Le transporteur, précisent ces textes, doit procéder « *de façon appropriée et soigneuse au chargement, à la manutention, à l'arrimage... des marchandises transportées* ». « *Il faut en conclure* écrit alors le savant auteur, *que les fautes en la matière sont d'ordre tel que la responsabilité du transporteur en est engagée, faute de quoi, comme ces fautes ne sont jamais le fait du transporteur lui-même mais celui de préposés, l'affirmation que le transporteur est tenu de l'arrimage serait effacée complètement par la règle que les fautes d'arrimage le libèrent comme faute nautique* » (108).

La jurisprudence a pareillement hésité. C'est ainsi que, dans une espèce soumise à la Cour de cassation le 4 juillet 1972 (navire *Hildegard Doerenkamp*), un camion lance-fusées, engin très lourd, avait été arrimé en travers de la cale et que, s'étant désarrimé, il avait causé une importante voie d'eau. La Cour a vu dans la faute commise par le capitaine une *faute nautique*, en tant que l'opération d'arrimage relevait ici des attributions du capitaine en vue d'assurer la sécurité du navire (109). Mais dans un autre arrêt du 12 avril 1976, la Cour de cassation a vu dans une faute d'arrimage une faute commerciale engageant la responsabilité du transporteur (110). En fait, une cargaison de farine de soja en vrac avait été chargée dans une cale traversée par des tuyaux où circulait de la vapeur destinée à réchauffer le combustible, avec les conséquences que l'on pouvait prévoir. La Cour de Rennes avait exonéré le transporteur, observant que la faute du capitaine, commise dans la conduite du navire, était une faute nautique. La Cour suprême censure la décision, le juge ne s'étant pas expliqué sur la faute d'arrimage n'intéressant ni la conduite ni la sécurité du navire, donc purement commerciale, alléguée par le demandeur.

Au-delà des indécisions de la jurisprudence, on peut se demander si, en définitive, la question du caractère nautique ou commercial de la faute d'arrimage a lieu de se poser. Les dispositions, tant de la Convention de 1924 que de la loi de 1966, imposent au transporteur de faire diligence pour mettre le navire en état de navigabilité. Par ailleurs, elles lui imposent l'obligation de procéder de façon appropriée et soigneuse au chargement, à l'arrimage et au transport des marchandises. Quand un transporteur, comme dans l'affaire du navire *Hildegard Doerenkamp* arrime incorrectement une marchandise, chose qui entraînera des dommages tant pour cette marchandise que pour les autres cargaisons transportées, il manque doublement à ses obligations. D'une part, il n'assure pas la navigabilité de son bâtiment « *avant et au début du voyage* » (111) ; d'autre part, il ne respecte pas son obligation d'arrimer de façon appropriée la marchandise à lui confiée. Que l'on parle de faute commerciale ou non, une chose est certaine : doublement fautif, le transporteur ne peut invoquer le cas excepté de faute dans

(108) RODIÈRE, *Traité*, n° 623 et mise à jour 1978, même numéro.
(109) Cass. 4 juill. 1972, navire *Hildegard Doerenkamp*, *DMF* 1972.717, n. R. ACHARD.
(110) Navire *Massinia*, *DMF* 1976.687.
(111) En ce sens, Tribunal fédéral de New York, navire *Farida*, *DMF* 1980.688.

l'administration du navire (ou, dans la terminologie de la loi de 1966, le cas excepté de faute nautique).

Reste un problème, celui de la faute d'arrimage commise *après le début du voyage*, par exemple le réarrimage incorrect d'une marchandise après un incident de navigation. Dans l'opinion des auteurs de cet ouvrage, les données du problème ne sont pas modifiées. L'obligation du transporteur d'assurer de façon appropriée chargement, arrimage et transport, se prolonge tout au long du voyage. Un mauvais arrimage en cours de voyage est, pour le transporteur, une infraction à son obligation de soigner arrimage et transport. Le transporteur ne peut invoquer le cas excepté de faute dans l'administration du navire.

De la faute d'arrimage, on peut rapprocher la faute commise lors du désarrimage de la marchandise. Mais nous savons que, là aussi, la jurisprudence est très hostile à l'insertion de la faute nautique dans le débat, et ce alors même que la faute en cause a affecté la sécurité du navire, ainsi que le montre la jurisprudence *Aude* (*supra*, n° 1098).

1100. Faute de ballastage. — Le ballastage est l'opération qui consiste à utiliser de l'eau de mer pour stabiliser le navire, en pompant celle-ci dans des réservoirs affectés à cet usage, les ballasts, ou en la rejetant des ballasts. Lors des opérations de pompage destinées à aspirer ou rejeter de l'eau de mer, des erreurs de vanne peuvent être commises, le marin chargé de l'opération envoyant de l'eau de mer dans une citerne affectée au transport d'une marchandise, pétrole ou vin par exemple, ou au contraire, rejetant à la mer cette marchandise, au lieu de l'eau de mer du ballast.

L'opération de ballastage concerne directement l'un des éléments du navire ; elle intéresse aussi nécessairement la sécurité du navire puisqu'elle affecte sa stabilité ; elle pourrait donc être considérée comme une faute nautique. La jurisprudence française se montre toutefois réservée à l'égard de cette qualification. Dès 1965, la Cour de cassation retenait que l'opération intéresse aussi la cargaison parce que les dommages résultent de l'introduction d'eau de mer dans une citerne, c'est-à-dire une partie du navire destinée à la cargaison (112). Elle réaffirmait la solution en 1980, sur l'observation, quelque peu sibylline, que le caractère nautique de l'opération de ballastage « *n'entraîne pas nécessairement le caractère nautique de la faute* » (113). Dans un arrêt du 20 février 2001, elle censure la Cour de Paris qui avait admis le caractère nautique d'une faute de ballastage, pour ne pas avoir précisé en quoi cette faute avait intéressé l'équilibre et la sécurité du navire (114). Adhérant à l'analyse de la Cour de cassation, la Cour d'appel de Versailles refusait, quelques mois plus tard, la qualification de faute nautique à une faute de ballastage, au double motif que, d'une part s'agissant d'un ballastage effectué avant le départ du navire, le transporteur n'avait pas satisfait à son obligation d'assurer la navigabilité de son bâtiment,

(112) Cass. com. 11 mars 1965, navire *Phryné*, *DMF* 1965.408, n. CALAIS-AULOY.
(113) Cass. 17 juill. 1980, navire *Kenosha*, *DMF* 1981.209, obs. R. ACHARD.
(114) *DMF* 2001.919, obs. N. MOLFESSIS.

que, d'autre part, le navire étant à quai, il n'était pas démontré que la faute aurait eu une incidence sur la sécurité du navire. La Cour de cassation a rejeté le pourvoi formé par le transporteur (115).

1101. Observations finales. — L'avenir de la faute nautique. — Cet avenir est assurément bien sombre. Jamais véritablement acceptée par le droit français, la notion de faute nautique est en net déclin. Son domaine d'application tend à se réduire, plusieurs décisions récentes donnant même à penser — justement sans doute — qu'elle n'a plus sa place pour les fautes commises à quai (116). Les tribunaux ne l'acceptent plus que dans des circonstances exceptionnelles, quand ils ne la « neutralisent » pas. La doctrine récente est de plus en plus réservée à son égard (117). Elle a même, déjà, fait l'objet d'un *requiem* (118).

Il reste que la faute nautique demeure un élément du droit français, et que les tribunaux doivent l'appliquer. Mais l'évolution est en marche. Les Règles de Hambourg l'ont écartée de la liste, très brève, des cas exceptés retenus par elles (incendie et assistance). Les Règles sont cependant assez rarement appliquées par les tribunaux français (*supra*, n° 911). Le pas définitif ne sera franchi que le jour où entrera en vigueur la nouvelle Convention internationale sur les transports maritimes de la CNUDCI, les Règles de Rotterdam (119). Non sans difficulté d'ailleurs, les rédacteurs de ce projet se sont mis d'accord pour abolir le cas excepté de faute dans la navigation et dans l'administration du navire. Mais, pour que ce texte, signé le 23 septembre 2009, entre en vigueur, il faudra encore attendre, probablement, plus d'une décennie. Entre-temps, les débats sur la faute nautique continueront, comme aussi, sans doute, le déclin de la notion.

1102. Conclusion. La neutralisation d'un cas excepté. — Même prouvé et admis comme tel par le juge, tout cas excepté peut être neutralisé par la preuve de la faute du transporteur ayant concouru au dommage. La loi de 1966 énonce expressément la règle à l'article 27, dernier alinéa. Le chargeur peut toujours détruire le cas excepté en établissant qu'il est dû, en réalité, en tout ou en partie, à une faute du transporteur ou de ses préposés. Toutefois, très logiquement, l'article 27 réserve le cas de la *faute nautique*, laquelle, elle-même cas excepté, ne peut être utilisée pour « neutraliser » un autre cas excepté — étant toutefois possible aux ayants droit à la marchandise d'établir que le dommage est dû, à la fois à la faute nautique et à une faute commerciale (120).

La Convention ne réserve, expressément, la possibilité de prouver la faute du transporteur malgré le cas excepté, que pour le cas excepté d'incendie. Mais la faute du transporteur lui interdit aussi d'invoquer deux autres cas exceptés, celui

(115) Versailles 20 déc. 2001, navire *Fort Fleur d'Epée*, *DMF* 2002.251 ; Cass. 3 déc. 2003, *DMF* 2004.626. Dans le même sens, Rouen, 12 sept. 2006, *DMF* 2007. Somm. 247, *DMF* 2008, Hors-série n° 12, n° 91, obs. Ph. DELEBECQUE.

(116) Voir ici l'arrêt *Aude* analysé *supra*, note 104 ; l'arrêt *Fort Fleur d'Epée*, cité *supra*, note 115. Dans le même sens, N. MOLFESSIS, cité *supra* n° 92, p. 225.

(117) Pour un plaidoyer en faveur du maintien de la notion, voir cependant obs. I. CORBIER, citée *supra*, note 107.

(118) Voir N. MOLFESSIS, *Requiem pour la faute nautique*, cité *supra*, note 94.

(119) Sur ce point, voir Ph. DELEBECQUE, *DMF* 2008, Hors-série n° 12, n° 91.

(120) En ce sens, Aix-en-Provence, 23 sept. 1999, *BTL* 2000.517 ; *DMF* 2001, Hors-série n° 5, au n° 92.

d'innavigabilité et celui de l'*autre cause* de la lettre (q) (121), puisque, dans ces deux cas, il lui faut prouver l'absence de faute de sa part. Au-delà de ces situations particulières, la Convention ne contient toutefois aucune disposition analogue à celle de l'article 27 de la loi de 1966. Ce n'est pas que les rédacteurs du texte aient ignoré la question, mais ils ne l'ont traitée que dans le protocole de signature.

Aux termes de ce protocole, les États signataires se sont réservés « *le droit de préciser que, dans les cas prévus par l'article 4, alinéa 2, de (c) à (p), le porteur du connaissement peut établir la faute personnelle du transporteur ou la faute de ses préposés non couverte par le paragraphe (a)* » (122). La France, si elle a repris, presque mot à mot, les dispositions du protocole dans l'article 27, n'a pas formellement usé de la réserve prévue par ce texte, — comme d'ailleurs il en est des autres États signataires, à l'exclusion des Pays-Bas. La chose aurait pu faire problème, mais, très vite, les tribunaux ont admis que la possibilité ouverte au chargeur par l'article 27 de la loi de 1966 devait lui être pareillement reconnue pour les transports soumis à la Convention de 1924 (123).

Aussi bien, la solution ne fait-elle aucun doute si on aborde le problème en termes de *causalité*. Le transporteur est en effet exonéré de sa responsabilité pour le dommage « *résultant ou provenant* » de tel ou tel cas excepté (article 4 de la Convention). Si le chargeur fait la preuve que le dommage provient ou résulte de la faute du transporteur, les dispositions exonératoires de la Convention de 1924 n'ont plus lieu d'être appliquées.

Les cas où les juges ont ainsi reconnu que la faute du transporteur neutralisait un cas excepté sont nombreux, et nous en avons déjà rencontrés. Dans la plupart des cas, la faute du transporteur neutralise complètement le cas excepté, et ledit transporteur est déclaré totalement responsable du dommage. Mais la loi de 1966 prévoit le cas où le dommage n'est dû qu'*en partie* à une faute du transporteur, comme, dans les transports soumis à la Convention, la faute du transporteur peut n'avoir eu qu'un effet causal partiel (124). Dans cette situation, le juge pourra procéder à un partage de responsabilité, comme tel arrêt imputant seulement 20 % de la responsabilité à la faute du chargeur, et 80 % à celle du transporteur (125). Un tel partage peut toutefois être trompeur, au détriment du transporteur, si le montant du dommage mis à la charge de ce dernier après « partage » des responsabilités, est supérieur — ou égal — au montant de la limitation de responsabilité dont il peut bénéficier (126). Car le « match de

(121) Voir n° 1080.

(122) Le cas ici visé est celui de la faute dans la navigation ou l'administration du navire.

(123) R. RODIÈRE, *Traité*, n° 768 ; le Doyen RIPERT, eu égard à l'absence de réserves de la France, était cependant plus hésitant (*Traité*, n° 1804).

(124) Sur le problème de savoir si, dans certaines situations, la « neutralisation » du cas excepté ne doit pas être écartée, la faute, même à effet « partiel » du transporteur entraînant sa responsabilité totale, voir obs. P. BONASSIES, *DMF* 1999, Hors-série n° 3, au n° 104.

(125) Aix-en-Provence, 31 oct. 1978, navire *Frubal Africa*, *DMF* 1979.154 ; comparer Montpellier, 28 juin 1984, navire *Hadj Abul Satar*, *DMF* 1985.625, attribuant 80 % du dommage aux insuffisances de l'emballage et 20 % à la faute du transporteur ; voir aussi, Aix-en-Provence, 23 sept. 1999, navire *Ville d'Aurore*, *DMF* 2001.598, obs. P.-Y. NICOLAS. Pour un partage 50/50, voir Rouen, 15 sept. 2005, *BTL* 2005.720.

(126) À quoi sert de concéder au transporteur qu'il n'est responsable que pour 50 % du dommage subi par la marchandise si le montant théoriquement laissé à sa charge est supérieur à la limitation ?

tennis » (127) qui oppose l'ayant droit à la marchandise au transporteur et qui se déroule normalement en quatre sets (preuve des dommages, jeu de la présomption de responsabilité, preuve d'un cas excepté, neutralisation du cas excepté par la preuve de la faute du transporteur), s'enrichit le plus souvent d'un cinquième set, le transporteur invoquant la limitation de responsabilité — cinquième set qui peut d'ailleurs ne pas être final, si l'ayant droit fait la preuve de la « *faute inexcusable* » du transporteur.

Section 3

La réparation

1103. Préliminaire. L'évaluation du dommage. — L'ayant droit à la marchandise ne peut obtenir du transporteur réparation que du seul dommage effectivement subi. Avant de s'interroger sur la limitation de la réparation, il faut donc évaluer le dommage. Modifiant le paragraphe 5 de l'article 4 de la Convention de 1924, le Protocole de 1968 pose en la matière quelques règles simples, reprises par la loi du 23 décembre 1986 modifiant l'article 28 de la loi de 1966. Ces dispositions ne paraissent pas avoir suscité de réel problème.

Aux termes des textes nouveaux, la valeur de la marchandise que les tribunaux devront prendre en considération sera calculée par référence à sa valeur au lieu et au jour où elle est déchargée conformément au contrat, ou au jour et au lieu où elle aurait dû être déchargée. Cette valeur sera déterminée d'après le cours en Bourse — règle applicable aux seules marchandises en vrac qui font l'objet d'une cotation en Bourse —, ou, à défaut, d'après le prix courant sur le marché, ou à défaut de l'un et de l'autre, d'après la valeur usuelle des marchandises de mêmes nature et qualité. Ce sont les principes que reprend l'article 22 des Règles de Rotterdam, intitulé « Calcul de la réparation ».

En fait, les tribunaux prennent normalement en considération les factures produites par l'ayant droit, en ajoutant éventuellement au montant qui y est porté le fret et accessoires payés (128).

1104. Limitation de responsabilité. — Structure générale (129). **Plan.** — La limitation de responsabilité apparaît comme le troisième volet — inconnu d'ailleurs du *Harter Act* originaire — du compromis atteint à La Haye en 1921 et mis définitivement en place à Bruxelles en 1924. Les armateurs ont dû consentir des sacrifices. Ils ne peuvent plus stipuler de « *negligence clause* ».

(127) E. DU PONTAVICE, *Transports et affrètements maritimes* I, 12.

(128) Sur les difficultés ici suscitées par les règles légales, voir obs. R. ACHARD, sous Cass. 28 nov. 1995, *DMF* 1996.1025. Voir également Cass. com. 8 janv. 2008, *DMF* 2008.445, obs. Y. TASSEL ; *DMF* 2009, Hors-série n° 13, n° 91, obs. Ph. DELEBECQUE ; voir également, Aix, 13 avril 2006, *DMF* 2007.1008, obs. Y. TASSEL ; Aix, 25 oct. 2008, *BTL* 2007.684 ; *DMF* 2008, Hors-série n° 12, n° 92, obs. Ph. DELEBECQUE.

(129) Voir C. SCAPEL, *Le domaine des limitations légales de responsabilité dans le transport de marchandises par mer*, thèse, Aix, 1973.

Bien au contraire, ils supportent une responsabilité de plein droit qu'ils ne peuvent ni écarter, ni alléger. Le système est impératif, au profit des chargeurs. En contrepartie, les transporteurs peuvent s'exonérer plus largement qu'en droit commun, ils bénéficient de nombreux cas exceptés. Mais de plus, ils se voient accorder une limitation légale de responsabilité (130).

Cette limitation doit être distinguée de la limitation de responsabilité dont bénéficie l'armateur (*supra*, n°s 402 et s.). Cette dernière limitation a un caractère global, jouant « par navire » et par événement. La limitation dont bénéficie le transporteur joue par contrat, ou plutôt par élément transporté. Pour un colis donné, le transporteur maritime ne réparera les dommages dont il supporte la responsabilité qu'à hauteur d'un certain plafond. La limitation ne constitue pas en effet un forfait, mais un plafond. Si le dommage est inférieur au montant de la limitation, l'ayant droit ne percevra pas plus que le montant du dommage, mais il percevra une réparation intégrale. Si le montant du dommage dépasse le plafond, le transporteur n'indemnisera l'ayant droit qu'à hauteur de ce plafond.

Toutefois, fondamentalement distinctes, limitation de responsabilité du transporteur et limitation de l'armateur peuvent se combiner. Le transporteur qui se rend compte qu'il est exposé à indemniser, par exemple trois cents chargeurs ou ayants droit, avec pour chacun un plafond de limitation de 10 000 euros (soit trois millions d'euros en tout), alors qu'en qualité d'armateur il peut demander à bénéficier d'une limitation de deux millions d'euros, constituera un fonds de limitation, et chaque chargeur ne recevra que les deux tiers des 10 000 euros auxquels il pouvait prétendre par application des règles du contrat de transport (et ce, alors que le dommage réel subi par chacun d'eux peut dépasser notablement les 10 000 euros) (131).

La limitation de responsabilité du transporteur maritime, même si son principe se retrouve dans les autres modes de transport (132), déroge incontestablement au droit commun qui veut que l'auteur d'un dommage en assure la réparation intégrale (133). Et l'avantage consenti au transporteur est d'autant plus sensible que le montant de la limitation est fixé à un seuil relativement bas. Ce seuil était très bas en 1924, descendant dans certains cas jusqu'à des montants dérisoires. Le Protocole de 1968, en modifiant le mode de calcul, a revalorisé assez fortement la limitation, notamment pour ce qui est des conteneurs, si toutefois

(130) La formule, « *limitation de responsabilité* », est inexacte. Ce n'est pas la responsabilité qui est limitée — le transporteur est responsable ou il est exonéré — mais la réparation du dommage. Cependant, cette formulation est fixée par l'usage...

(131) Voir l'exemple remarquable que donne un arrêt très récent de la Cour suprême des États-Unis, où un chargeur n'a pu recouvrer que 0,33 % du dommage subi par lui : *Norfolk Southern Railway v. Kirby, Il diritto maritimo* 2005.650.

(132) La seule exception à la limitation est apparue en matière aérienne. Le Règlement communautaire n° 2027/97 du 9 oct. 1997 a, pour la première fois, supprimé la limitation de responsabilité, mais en ce qui concerne les seuls accidents corporels subis par les passagers. La Convention de Montréal du 28 mai 1999 et le Règlement 889/2002 pérennisent cette suppression en se substituant à la Convention de Varsovie du 12 oct. 1929. Cette évolution, qui se fonde sur le caractère corporel des dommages concernés ne paraît pas, à ce jour, comporter d'écho en matière de transport de marchandises où, de plus l'assurance systématique des ayants droit joue un rôle correcteur, qui n'existe pas en matière de passagers.

(133) Même si la règle de la réparation intégrale n'a pas, en droit français, valeur constitutionnelle : Conseil d'État, 6 juill. 2005, *D.* 2005.2094, n. Ph. DELEBECQUE, à propos des limitations du contrat type de transport routier.

chaque colis contenu dans un tel engin est « individualisé ». Mais la limitation maritime demeure le plus bas de tous les modes de transport (134).

Comme c'est le cas dans les autres conventions de transport, la limitation dont bénéficie le transporteur ne peut être abaissée contractuellement. Il est possible, en revanche, mais le cas est rare, de l'élever. L'ordre public du système jouant de façon unilatérale, au seul profit de l'ayant droit à la marchandise, elle peut même être exclue contractuellement, par accord entre le chargeur et le transporteur. Comme toutes les limitations légales, elle est aussi exclue, en cas de faute très grave du transporteur — la faute dite *inexcusable*.

Nous étudierons d'abord le montant de la limitation, avant de préciser son domaine d'application.

§ 1. — *Montant de la limitation*

1105. Évolution des textes. — La limitation de responsabilité est l'un des domaines où la Convention de 1924 a subi les modifications les plus profondes, ces modifications réagissant sur les textes français. Dans son texte originaire, la Convention de 1924 avait fixé le montant de la limitation à 100 livres sterling par *colis* ou par *unité* (art. 4 § 5, étant précisé par l'art. 9 qu'il s'agissait de valeur-or). La loi du 2 avril 1936 avait adopté la même limitation par colis ou unité, avec un montant unitaire de 8 000 francs, ultérieurement portés à 50 000 (1948) puis à 100 000 francs (1953). La Convention de 1924 n'ayant à l'époque subi aucune modification, le législateur de 1966 avait simplement modifié le montant de 100 000 francs, pour le porter à 2 000 francs (nouveaux francs, équivalents de 200 000 « anciens francs »). Le développement des transports par conteneurs ayant posé de graves problèmes, notamment quant à la notion de colis pour les envois conteneurisés, l'un des objets du Protocole de 1968 fut de réviser les bases de référence de la limitation, en ajoutant au colis et à l'unité le *kilo*, et en précisant les règles à appliquer aux engins de groupage — dont le conteneur, encore que non nommément visé. Mais le Protocole de 1968 avait maintenu des montants de limitation calculés en francs définis par rapport à la valeur de l'or (« franc Poincaré » valant 65,5 milligrammes d'or, au titre de 900 millièmes d'or fin). Il apparut ultérieurement qu'un tel mode de calcul était devenu incompatible avec les nouvelles règles établies en 1978 par le Fonds monétaire international, lesquelles détachaient les monnaies nationales de l'or. Comme nous l'avons vu (*supra*, n° 891), un second Protocole fut donc signé en 1979, adoptant des montants de la limitation dans la nouvelle unité monétaire, le droit de tirage

(134) Par exemple, la limitation au kilo, qui est de 2 DTS en maritime, est de 8,33 DTS en transport terrestre (régime CMR) et de 8,5837 DTS en aérien.

spécial, DTS, ce qui permet une conversion immédiate dans toutes les monnaies nationales (135).

La loi française, quant à elle, après avoir un temps tenté d'harmoniser le montant de la limitation applicable aux transports régis par le droit français avec le régime international, a sagement renoncé à cette tâche. Depuis la loi du 23 décembre 1986, l'article 28 de la loi du 18 juin 1966 nous dit que la responsabilité du transporteur est limitée au montant fixé par la Convention internationale de 1924, telle que modifiée par le Protocole de 1979.

1106. Montant de base. — Le montant de base de la limitation est aujourd'hui, pour les transports soumis à la Convention de 1924 comme pour les transports soumis à la loi de 1966, de 666,67 DTS par colis ou unité ou de 2 DTS par kilo, *la limite la plus élevée étant applicable* (136).

Pour les rares cas où la Convention de Bruxelles demeure applicable en son état du 25 août 1924, il faudra appliquer le texte d'origine, fixant le montant de la limitation à 100 livres sterling par colis ou unité. La conversion a donné lieu à bien des difficultés. En effet, il s'agissait de livres valeur-or, alors que la livre a été détachée de l'or (137). L'équivalence pour la France a été fixée à 4 576,50 francs par colis ou unité, ce qui correspond désormais à 697,68 euros (138).

Les *Règles de Hambourg* n'ont revalorisé les montants de la limitation que de façon très médiocre (139) : 835 DTS par colis ou unité, 2,5 DTS par kilo. Les Règles de Rotterdam n'ont pas fait mieux en portant la limitation à 875 DTS par colis ou unité et à 3 DTS par kilo.

1107. Mode de calcul. Kilo. — La limitation s'applique aujourd'hui selon deux modes de calcul, soit par colis ou unité, soit par kilo de marchandise perdue ou endommagée, le montant le plus élevé étant appliqué.

S'agissant du calcul au *kilo*, qui sera retenu pour les charges lourdes, par exemple une locomotive, mais aussi pour les chargements en vrac, l'élément de base en est le kilo *brut* ; y inclus le poids du conditionnement (140). Par ailleurs, le législateur français a voulu régler le problème des marchandises partiellement endommagées — ignoré par le Protocole de 1968. Aux termes du décret du 12 novembre 1987, texte qui a introduit la réforme de 1968 dans le droit français,

(135) Tout au moins pour tous les pays membres du FMI. Pour les autres, l'unité de compte demeure le franc Poincaré. Par décision gouvernementale du 10 août 1969, il est considéré, en France, correspondre à 0,36 franc soit à 5 centimes d'euros.

(136) Le DTS fait l'objet d'une cotation quotidienne par rapport à chacune des monnaies nationales. Au 31 décembre 2005, il représentait 1,21 euro.

(137) Voir RODIÈRE, *Traité*, n° 775. Un « *Gentlemen's Agreement* », entre armateurs, chargeurs et assureurs avait arrêté qu'une livre-or vaudrait deux livres sterling courantes.

(138) Voir J. BONNAUD, *La limitation d'indemnisation du transporteur maritime*, Annales IMTM, 1986, p. 181.

(139) 25 % seulement en 1978 par rapport aux chiffres de 1968, alors que ces derniers remontaient à des calculs faits en 1962 (lors de la Conférence de Visby), et que, de 1962 à 1978, l'unité monétaire internationale a subi une érosion dépassant largement 50 %. — Pour que les montants fixés par les Règles soient, au jour de l'entrée en vigueur de celle-ci (1992) au même niveau que les montants de la Convention de 1924 modifiée en 1968, une augmentation de 100 % au moins — et non de 25 % — eût été nécessaire.

(140) Dans un arrêt du 5 déc. 1984, la Cour d'Aix-en-Provence fait application, pour le calcul de la limitation, non du poids réel, mais du poids déclaré (navire *Monte Stello*, *DMF* 1986.38 et obs. P. BONASSIES, *DMF* 1987.137).

« la limite par kilogramme... ne s'applique qu'au poids de la partie endommagée ou perdue (de ce) colis ou (de cette) unité, à moins que la perte ou le dommage n'affecte la valeur du colis ou de l'unité dans son ensemble ou ne le rende inutilisable en l'état ».

Il ne semble pas que ce dernier texte puisse être appliqué à un transport soumis à la Convention de 1924. Mais peut-être les tribunaux pourraient-ils s'en inspirer, eu égard au bon sens qui le marque (141).

1108. Colis ou unité. — Sous le régime antérieur au Protocole de 1968, les notions de colis et d'unité avaient donné lieu à une jurisprudence importante. Lorsque le fret concernant un colis lourd avait été calculé à la tonne, certains tribunaux — d'ailleurs minoritaires — tentaient parfois de faire prévaloir, comme base de calcul de la limitation, l'unité de fret sur la notion de colis (142). Le débat s'est beaucoup apaisé depuis l'instauration du calcul au kilo : s'agissant d'une locomotive de 10 tonnes, toute référence à la notion d'unité (qui entraînerait un montant de limitation de 666, 67 DTS) ou à celle de fret (qui, pour un fret calculé à la tonne, entraînerait une limitation de 6666,7 DTS) perd son intérêt, la limitation calculée au kilo permettant à l'ayant droit d'obtenir une réparation à hauteur de 20 000 DTS. Il faut cependant préciser le contenu des notions ici concernées.

Aucun doute n'est permis pour la notion de *colis*. Le colis correspond à toute unité de charge individualisée. La notion ne comporte pas d'aspect quantitatif (143). Ainsi, une locomotive constitue un colis, tout comme une caisse de champagne.

La notion d'unité est plus incertaine (144). On peut voir en elle l'unité matérielle utilisée au connaissement (*deux* caisses, *trois* tourets de câbles), mais elle se confond alors le plus souvent avec la notion de colis. Peut-être est-il préférable de se référer à l'unité de fret (145), au moins si elle est mentionnée au connaissement. À la vérité, là aussi le problème a perdu de son actualité avec la réforme de 1968, et en particulier le traitement par le Protocole des chargements en conteneurs.

1109. Conteneurs — Palettes. — La conteneurisation croissante a justifié un aménagement spécifique du système de calcul du montant de la limitation. Il a fallu déterminer quel était le colis de référence lorsque les colis de marchandises étaient groupés dans un grand colis, conteneur ou autre engin équivalent : chaque colis inclus, ou le conteneur lui-même ?

(141) Pour un cas d'application, voir Aix-en-Provence, 5 oct. 1989, *DMF* 1991.41, s'agissant d'un véhicule de 10 tonnes gravement endommagé, et les juges appliquant la limitation au poids total, les parties endommagées faisant corps avec les parties intactes, la chose affectant ainsi le « colis » dans son ensemble ; voir aussi Cour d'appel de Nouméa, 17 juill. 1997, *BTL* 1998.520.

(142) Voir, en ce sens, Le Havre, 18 sept. 1970, *DMF* 1971.293 ; *contra*, Paris, 24 oct. 1966, *DMF* 1967.23.

(143) Voir Paris, 25 mai 1984, *BTL* 1985.43.

(144) Voir R. RODIÈRE, *Traité*, n° 670.

(145) En ce sens, le droit américain, le *Carriage of goods by sea Act* de 1936 visant la *customary freight unit*.

Le Protocole du 23 février 1968 ajoute à l'article 4 § 5 de la Convention les dispositions suivantes (146) : « *Lorsqu'un cadre* (147), *une palette ou tout engin similaire est utilisé pour grouper des marchandises, tout colis ou unité énuméré au connaissement comme étant inclus dans cet engin sera considéré comme un colis ou unité...* » pour le calcul de la limitation (148). Hors ce cas, c'est le conteneur lui-même qui sera considéré comme un colis unique (149).

Cette disposition, qui est d'ordre public strict (150), confère une importance particulière à la rédaction du connaissement, car le montant de la limitation applicable peut varier dans des proportions considérables, selon que les colis inclus sont énumérés ou non au connaissement (151). Il peut en résulter, en conséquence, une lourde responsabilité à la charge du transitaire qui, pratiquement, est bien souvent chargé de rédiger le titre de transport (*supra*, n° 933).

Les *Règles de Hambourg* contiennent des dispositions identiques (article 6, paragraphe 2). Il en va de même des Règles de Rotterdam (art. 59 § 2).

§ 2. — *Domaine de la limitation*

1110. Principes. Plan. — La limitation, institution exceptionnelle, ne couvre pas nécessairement tous les dommages qu'un transport maritime peut entraîner ; elle ne bénéficie pas nécessairement non plus à toutes les personnes concernées par le transport. Il y a donc lieu de s'interroger sur son domaine précis. Par ailleurs, si la limitation ne peut être abaissée dans son montant (art. 3 § 8 de la Convention de 1924 ; art. 29 de la loi du 18 juin 1966), elle peut être exclue dans deux types de cas bien différents : soit par accord entre les parties par la voie contractuelle, soit à titre de déchéance, pour sanctionner la mauvaise exécution du contrat par le transporteur.

1111. Dommages et personnes couverts par la limitation. — S'agissant des *dommages* couverts par la limitation, il faut relever une différence dans les textes. La Convention de 1924 applique la limitation aux « *pertes ou dommages causés aux marchandises ou les concernant* » (art. 4 § 5). La loi de 1966 la restreint aux « *pertes ou dommages subis par la marchandise* » (art. 28). Il suit de là que, pour les transports soumis à la Convention, la limitation s'appliquera au dommage résultant du retard. Ce dommage n'est pas *subi* par la marchandise,

(146) La règle a été introduite dans les textes français par le décret du 21 décembre 1979, art. 1 al. 2, reprenant les termes de l'art. 4, § 5 litt. c, de la Convention amendée.

(147) Le terme de « *cadre* » — aujourd'hui vieilli — était utilisé pour désigner les conteneurs à l'époque (fin des années cinquante) où leur usage s'est développé.

(148) La notion de colis *énuméré* est appliquée avec souplesse par la Cour d'Amiens dans un arrêt du 19 novembre 2001, le juge n'exigeant pas que les numéros de chaque carton soient rappelés au connaissement (navire *Kwangtung*, *DMF* 2003.840, obs. Y. TASSEL).

(149) La règle nouvelle ne vaut que pour les transports soumis au Protocole de 1968 — ou à la loi de 1966, laquelle renvoie à ce texte (*supra*, n° 902). Dans un arrêt du 24 avril 2000, la Cour de Versailles en applique toutefois — fort justement — l'esprit à un transport soumis à la Convention de 1924 dans son texte originaire : *BTL* 2000.425.

(150) Cass. 18 avr. 1989, *BTL* 1989.498, censurant un arrêt de la Cour de Rennes qui avait appliqué la clause d'un connaissement définissant l'unité « *comme étant le conteneur* ».

(151) La limitation au colis est en effet considérablement plus avantageuse que la limitation au kilo pour tous les colis de faible poids (jusqu'à 333 kilos). Or, les colis peuvent se compter par centaines dans un conteneur de 40 pieds.

mais il la *concerne* incontestablement, comme le relève la Cour de cassation dans un arrêt du 29 mai 1990 (152). Il en est différemment pour un transport soumis à la loi de 1966. Le dommage résultant du seul retard n'est pas couvert par la limitation. Il convient de noter que les Règles de Rotterdam innovent dans ce domaine. En effet, l'article 59 § 1 détermine le domaine de la limitation de responsabilité non plus par référence aux pertes ou dommages subis par la marchandise, mais par rapport aux « *manquements aux obligations incombant* » au transporteur en vertu de la Convention. Le champ ainsi défini est incontestablement plus large : cette limitation couvrira donc, par exemple, les dommages résultant d'une livraison fautive faite sans présentation du connaissement, contrairement au régime actuel. Les Règles de Rotterdam mettent également en place une limitation s'appliquant au préjudice causé par le retard (art. 60), sur la base de deux fois et demi le montant du fret, sans pouvoir dépasser le montant de limitation qui résulterait de la perte totale.

S'agissant des *personnes* protégées par la limitation, ni la Convention de 1924 dans son texte originaire, ni la loi du 2 avril 1936, ni même la loi de 1966 ne prévoyaient que d'autres personnes que le transporteur puissent bénéficier de la limitation de responsabilité. Or, à la suite d'un dommage causé à une marchandise, l'une de ces autres personnes peut voir sa responsabilité engagée, par exemple le capitaine, le consignataire de la cargaison, voire l'entrepreneur de manutention. La situation de ces différentes personnes a suscité un contentieux important, les tribunaux considérant en général que la limitation bénéficiant au transporteur ne pouvait leur être appliquée. Le législateur international a réagi, et le Protocole de 1968, insérant dans la Convention de 1924 un article 4 *bis*, prévoit que si une action pour pertes ou dommages à des marchandises est intentée contre un *préposé* du transporteur, « *ce préposé pourra se prévaloir des exonérations et des limitations de responsabilité que le transporteur peut invoquer* », ce sauf en cas de faute volontaire ou « *inexcusable* » — étant de surcroît précisé que le montant des réparations mises à la charge du transporteur et de ses préposés ne pourra dépasser les limites prévues par la Convention (soit un seul montant de limitation). La loi du 23 décembre 1986 a introduit dans l'article 28 de la loi de 1966 des dispositions analogues, dispositions que l'on retrouve dans les *Règles de Hambourg* (art. 7 § 3).

Les textes ici cités ne concernent toutefois que les préposés du transporteur, au premier rang desquels il faut placer le *capitaine*. Ils ne protègent pas les entrepreneurs indépendants qui peuvent collaborer au transport, entrepreneurs de manutention, consignataires ou autres. Même aujourd'hui, après le Protocole, ceux-ci ne peuvent bénéficier de la limitation accordée au transporteur. En droit français, le législateur de 1966 a, cependant, su les protéger en prévoyant dans le régime à eux applicable la même limitation que celle accordée au transporteur (*supra*, n°s 643 et s.). La pratique internationale a, elle, réagi en insérant dans les

(152) Navire *Tillia*, *DMF* 1990.683 ; voir cependant, beaucoup plus restrictif, Cass. 15 févr. 1994, *DMF* 1994.700, obs. Y. TASSEL, où la Cour écarte la limitation pour le dommage financier résultant de l'obligation du destinataire de reconditionner la marchandise, solution justement critiquée par l'annotateur — comment, en effet, prétendre que ces dommages ne « concernaient » pas la marchandise ?

connaissements une clause dite *Hymalaya clause*, ce parce que le problème s'était révélé en particulier dans une affaire intéressant le navire *Hymalaya* (153), clause stipulant que tout préposé, agent ou entrepreneur indépendant employé par le transporteur bénéficierait des mêmes immunités et limitations que le transporteur (154).

1112. Exclusion de la limitation. Déclaration de valeur. — En principe, il est possible aux parties au contrat de transport de convenir de l'exclusion de la limitation, ou de fixer celle-ci à un montant supérieur au montant légal, que leur convention soit ou non mentionnée au connaissement. Une telle exclusion ou augmentation est licite dans la mesure où elle n'a pas pour effet d'alléger la responsabilité du transporteur. Elle prend généralement la forme d'une *déclaration de valeur*.

Le paragraphe 5 de l'article 4 de la Convention de 1924 prévoit ici que ni le transporteur ni le navire ne seront tenus au-delà du montant de la limitation « *à moins que la nature et la valeur de ces marchandises n'aient été déclarées par le chargeur avant leur embarquement et que cette déclaration ait été insérée dans le connaissement* ». La loi de 1966 écarte pareillement la limitation « *en cas de déclaration de valeur par le chargeur, insérée dans le connaissement et acceptée par le transporteur* » (art. 28, al. 5, b).

La déclaration doit donc être acceptée par le transporteur. Celui-ci, en contre-partie, se fera régler un fret majoré *ad valorem*. Quant à l'exigence d'insertion au connaissement, elle est doublement fondée : d'une part, elle évite des controverses, des litiges possibles, sur une valeur d'assurance, par exemple. D'autre part, elle conforte la valeur informative du connaissement à l'égard du destinataire.

Si la valeur déclarée ne correspond pas à la valeur réelle de la marchandise, le transporteur est expressément autorisé par les textes à en rapporter la preuve. Il y aura alors application de la règle proportionnelle, sauf l'hypothèse où le transporteur rapporterait également la preuve du caractère frauduleux de cette fausse déclaration de la valeur de la marchandise. Les textes édictent en ce cas, comme au cas de fausse déclaration de la nature de la marchandise, une véritable peine privée (art. 4, § 5, dernier al. de la Convention, art. 31 de la loi française) (*supra*, n° 1041) : le transporteur n'encourt plus aucune responsabilité à l'égard de ces marchandises, même si la fausse déclaration est sans incidence sur le dommage, ce qui est, évidemment, le cas s'agissant de la seule valeur de la marchandise.

(153) Chambre des Lords 29 oct. 1954, navire *Hymalaya*, *Lloyd's Law Reports* 1954.2.267. Dans cette affaire, c'est le capitaine d'un navire de passagers qui avait fait l'objet de l'action d'une passagère irascible, blessée lors d'un débarquement en rade — les juges lui ayant refusé le bénéfice des exclusions et limitation portées sur le billet de passage.

(154) L'*Hymalaya clause* a longtemps fait l'objet, en droit américain tout au moins, d'une interprétation restrictive, les tribunaux — ou certains d'entre eux — excluant par exemple les entreprises de manutention (*stevedores*) du bénéfice de la clause quand ils ne figuraient pas expressément sur la liste des personnes ou entreprises visées. Dans un arrêt du 9 novembre 2004, la Cour suprême s'est montrée favorable à une application beaucoup plus ouverte de la clause, l'appliquant même à un transporteur terrestre, sous-traitant du transporteur maritime qui avait émis le connaissement couvrant un transport multimodal (*Norfolk Southern Railway c. Kirby, Il Dititto Maritimo* 2005.650).

La pratique de la déclaration de valeur n'est pas habituelle. En effet, le chargeur d'une marchandise de grande valeur, très supérieure à la limitation, aura à payer un fret *ad valorem* élevé, et demeurera exposé au risque de voir le transporteur exonéré de sa responsabilité par la preuve d'un cas excepté. Il est plus efficace, et moins onéreux, de souscrire une solide assurance facultés.

1113. Déchéance du droit à la limitation. Du dol à la faute « inexcusable ». — Le bénéfice d'une limitation très favorable au transporteur, dérogatoire au droit commun, doit être associé à un certain standard de bonne exécution de ses obligations par celui-ci. Le choix de ce standard a évolué.

La Convention de 1924 se montrait très favorable au transporteur en énonçant : « *le transporteur comme le navire ne seront tenus en aucun cas* » au-delà de la limitation, et la loi du 2 avril 1936 avait repris la règle. Dans un arrêt du 11 mars 1960, la Cour de cassation, statuant en Chambres réunies pour briser la jurisprudence des juges du fond qui avaient appliqué à la matière l'adage que la faute lourde est équipollente au dol, décidait que seul le dol — qui échappe à toutes les règles — mais non la faute lourde, faisait échec à la limitation (155). Adhérant clairement à la jurisprudence des Chambres réunies, la loi du 18 juin 1966 avait conservé la formule « *en aucun cas* », en précisant toutefois qu'il en était autrement « *en cas de dol du transporteur* » (156). — Au dol, le Protocole de 1968 a, tout en le maintenant comme cause de déchéance (c'est la « *faute commise avec intention de provoquer un dommage* »), ajouté la faute commise « *témérairement et avec conscience qu'un dommage en résulterait probablement* », faute où chacun reconnaît la *faute inexcusable* (*supra*, n° 429 et n° 430). La loi du 23 décembre 1986, modifiant l'article 28 de la loi de 1966, a harmonisé les dispositions de ce dernier texte avec celui du Protocole. Toutefois le législateur français limite la faute entraînant déchéance au « *fait ou à l'omission personnels* » du transporteur — ce qui n'est pas, ainsi que nous allons le voir, sans poser problème.

1114. Notion de faute inexcusable. — La notion de faute inexcusable est appliquée non seulement à la limitation de responsabilité de l'armateur mais aussi à la limitation de responsabilité en matière de créances maritimes (*supra*, n°s 430 et s.). Et les lecteurs de cet ouvrage savent qu'en ce domaine les tribunaux français ont consacré une conception très large de la notion de faute inexcusable, appréciant notamment cette faute *in abstracto*, comme en droit aérien. Si, à ce jour, on ne peut citer, quant à la responsabilité du transporteur, de décision se référant clairement à semblable mode d'appréciation, c'est la même acception très ouverte dont témoigne la jurisprudence dans quelques décisions, parmi les plus récentes.

(155) Cass., ch. réunies 11 mars 1960, *DMF* 1960.331, n. Rodière ; dans le même sens, à propos de la loi de 1966 dans son texte originaire, Cass. 18 mars 1986, *DMF* 1987.137.

(156) L'évolution des textes postérieurs a condamné à l'oubli la construction subtile mise en œuvre par la jurisprudence pour étendre la notion de « dol contractuel », défini comme caractérisé par toute inexécution délibérée d'une de ses obligations par le transporteur sans que l'intention de provoquer le dommage, inhérente à la faute intentionnelle, ait à être établie. C'était déjà anticiper sur la faute inexcusable.

Dans un arrêt du 7 janvier 1997, la Cour de cassation approuve la Cour d'appel d'Aix-en-Provence d'avoir vu une faute inexcusable dans le fait pour un transporteur d'avoir chargé une remorque en pontée, alors que la météorologie prévoyait des vents de force 11 et que le matériel de saisissage n'excluait la possibilité de désarrimage que pour des vents de force 8 à 9 (157). Dans un arrêt du 4 janvier 2000, c'est un arrêt de la Cour d'appel de Rouen qui est approuvé par la Cour suprême, alors qu'il avait considéré que la seule perte d'un colis, dont aucune trace n'avait été retrouvée par le transporteur, constituait une faute inexcusable pour ce dernier (158).

Dans une décision récente, l'arrêt *Ethnos*, la Cour de cassation appelle toutefois les juges du fond à plus de rigueur (159). La Cour de cassation y censure la Cour d'appel de Paris pour ne pas avoir suffisamment caractérisé la faute inexcusable commise, selon elle, par un transporteur ayant procédé irrégulièrement au chargement en pontée d'un matériel sensible à l'eau. Mais la Cour d'appel d'Orléans, Cour de renvoi, a maintenu l'appréciation de la Cour de Paris, simplement avec une argumentation beaucoup plus précise et développée (160).

La rigueur de cette jurisprudence est d'autant plus remarquable que les juges ne font jamais référence au caractère *personnel* que devrait avoir la faute du transporteur (161). La chose est normale pour les transports soumis à la Convention de 1924, comme dans l'affaire de l'*Ethnos* (transport Anvers-Inde), le Protocole de 1968 se référant seulement à l'acte ou omission « *du transporteur* », ce qui, au moins dans la tradition juridique française, peut être interprété comme incluant la faute inexcusable du préposé (162). Elle l'est moins pour les transports soumis à la loi de 1966, comme c'était le cas dans l'arrêt rendu par la Cour de cassation le 7 janvier 1997 (cité *supra* au texte et note 155), ou dans un arrêt du 27 octobre 1998 (163). Car l'article 28 de la loi de 1966 se réfère expressément, comme entraînant la déchéance du transporteur, au seul fait ou omission *personnels* à celui-ci. Plus qu'un oubli des juges, il faut sans doute voir là une autre manifestation de la rigueur de la jurisprudence.

L'on a pu se demander si cette rigueur serait finale. Dans un arrêt du 22 mars 2006, la Chambre commerciale de la Cour de cassation rejette le pourvoi formé

(157) Navire *Teleghma*, *DMF* 1997.397, obs. Ph. DELEBECQUE ; *DMF* 1998, Hors-série n° 2, obs. P. BONASSIES ; même solution dans Rouen 18 février 1999, navire *Düsseldorf Express*, *DMF* 2000, obs. R. ACHARD, pour une presse placée dans un conteneur ouvert (*open top*), placé en pontée pour un voyage hivernal de La Nouvelle Orléans au Havre. Dans le même sens, Cass. com. 5 déc. 2006, *BTL* 2007.770, pour avoir laissé stationner à quai pendant 6 jours un conteneur chargé de marchandises sensibles, sans l'avoir positionné porte à porte, *DMF* 2008, Hors-série n° 12, n° 93, obs. Ph. DELEBECQUE. V. également Aix, 30 nov. 2006, *ibidem* ; Paris, 17 octobre 2007, ibidem.

(158) Navire *Woermann Banniere*, *DMF* 2000.466, obs. Ph. DELEBECQUE.

(159) Cass. 14 mai 2002, navire *Ethnos*, *DMF* 2002.620, obs. Ph. DELEBECQUE et *DMF* 2003, Hors-série n° 7, obs. P. BONASSIES.

(160) Orléans, ch. soc., 2 avr. 2004, *DMF* 2004.549, obs. A. VIALARD ; *DMF* 2005, Hors-série n° 8, n° 9, obs. Ph. DELEBECQUE.

(161) Voir en dernier, Rouen, 9 avr. 2004, navire *Marine Ace*, *DMF* 2005.58, obs. I. CORBIER, où sont sanctionnées comme inexcusables les fautes du transporteur dans l'arrimage de véhicules — alors que n'était certainement pas en cause le fait *personnel du transporteur*.

(162) En droit français, la qualité de la faute du préposé (qualité de faute lourde notamment) « colore » la responsabilité de l'entreprise : Cass. 17 nov. 1981, *BTL* 1982.24 ; pour une conception différente en droit anglais, voir les obs. du juge (Lord) STEYN, *The European Enterprise, Queen's Bench*, 7 avr. 1989, *Lloyd's Law reports* 1989.2.185.

(163) Navire *Girolata*, *DMF* 1998.1129, rapp. J.-P. RÉMERY et obs. P. BONASSIES. Voir aussi, Rouen, 9 avr. 2004, navire *Marine Ace*, *DMF* 2005.58, obs. I. CORBIER.

contre une décision de la Cour d'appel de Paris qui avait refusé de voir une *faute inexcusable* de l'article 25 de la Convention de Varsovie dans le fait, pour un transporteur de courrier (DHL), de n'avoir pas respecté la date ferme de livraison prévue au contrat, interdisant ainsi à l'expéditeur de souscrire à temps à un appel d'offres (*Sem. jur.* 2006.II.10090, n. M. Mekki). Pour la Cour suprême, ayant retenu qu'il n'était pas prouvé que le transporteur savait qu'un retard de livraison priverait l'expéditeur de participer à l'appel d'offres, le juge d'appel avait pu en déduire que ledit transporteur n'avait pas eu conscience de la probabilité du dommage que sa faute pouvait provoquer, ayant ainsi fait une exacte application de la loi.

L'arrêt du 22 mars 2006 peut, certes, marquer un revirement de la Chambre commerciale et l'abandon de la conception objective de la faute inexcusable développée en droit français par quarante années de jurisprudence, un tel abandon apparaissant comme fortement dommageable aux intérêts des destinataires. Ce revirement serait tel, et, dans l'opinion des rédacteurs de cet ouvrage, sans justification évidente, que, provisoirement au moins et dans l'attente de sa confirmation tant par la Cour de cassation elle-même que par les juges du fond, nous préférons rattacher l'arrêt à la règle que le débiteur contractuel n'est tenu que du dommage prévisible (art. 1150 du Code civil). La Cour de cassation elle-même n'observe-t-elle pas que les juges du fond avaient retenu qu'il n'était pas prouvé que le transporteur savait que les conséquences de son retard seraient dommageables comme elles l'ont été — observation qui pourrait justifier l'interprétation ici suggérée.

Le débat s'est enrichi de deux nouvelles décisions rendues en matière d'accident corporel lors d'un vol domestique (164). La Cour de cassation, dans ces deux décisions, retient l'appréciation « *in abstracto* » de la faute du pilote. Peut-être, faut-il, dès lors, ainsi que le suggère Philippe Delebecque, se demander « *si la ligne de partage entre les deux interprétations possibles passe par la distinction entre le transport de passagers et le transport de marchandises. Il ne manque pas d'arguments en ce sens* », observe-t-il, « *si l'on veut bien admettre que le droit des passagers relève de plus en plus d'une logique consumériste* » (165). Il est même possible de se demander si un argument supplémentaire n'inciterait pas à pencher en ce sens. Le transport aérien accentue à l'extrême cette distinction entre le transport de passagers et le transport de marchandises dans la Convention de Montréal du 28 mai 1999 : en effet, cette Convention nouvelle, d'une part, supprime toute limitation dans l'indemnisation des accidents corporels des passagers, mais, d'autre part, maintient, pour le transport de marchandises, le principe de la limitation et le renforce même considérablement en rendant cette limitation infranchissable. En effet, la faute inexcusable du transporteur de marchandises disparaît du régime nouveau.

(164) Cass. 1re civ. 2 oct. 2007, *JCP* 2007.II.10190, note Ph. DELEBECQUE, *Rev. dr. transports* 2007, n° 247 ; *DMF* 2008, Hors-série n° 12, n° 93, obs. Ph. DELEBECQUE.

(165) Obs. préc. *DMF* 2008, Hors-série n° 12, n° 93.

En conclusion, nous observerons que les textes maritimes prévoient pour les préposés dont la responsabilité serait mise en jeu la même sanction. En cas de *faute inexcusable* de leur part, ils sont déchus du droit à limitation que leur accordent tant l'article 4 *bis* de la Convention de 1924 que l'article 28 de la loi française.

Les Règles nouvelles n'innovent ni sur la définition (Règles de Hambourg, art. 8 ; Règles de Rotterdam, art. 61), ni sur le régime de la faute dite inexcusable.

1115. La « faute lucrative ». — Sous le régime de la loi de 1936, la jurisprudence, pour échapper à la rigueur des textes énonçant que le transporteur ne serait responsable *en aucun cas* (*supra*, n° 1113), avait créé la notion de *faute lucrative.* La faute lucrative, c'était la faute qui avait rapporté un avantage financier direct au transporteur — par exemple le fait de charger un colis lourd en pontée, alors qu'il avait perçu un fret pour chargement en cale, plus élevé que le fret en pontée (166). Et cette stratégie avait recueilli l'approbation du Doyen Rodière, qui avait même proposé que la notion de faute lucrative fût intégrée dans la future loi de 1966 (167). Mais sa proposition fut écartée, en raison de la difficulté de définir exactement une telle faute — ce dont le savant maître convint volontiers. En tout état de cause, aujourd'hui, la faute lucrative ne peut avoir aucune place à côté de la faute intentionnelle et de la faute « inexcusable », seules retenues par le législateur. On ne saurait donc que s'étonner de voir que le Tribunal de commerce de Marseille fasse encore référence à la notion de faute lucrative dans une décision du 5 octobre 2004, même si c'est, en définitive, pour en exonérer le transporteur (168).

1116. Conclusion. La responsabilité extra-contractuelle du transporteur. — Partie au contrat de transport, le destinataire ne peut prétendre intenter contre le transporteur — pour échapper aux cas exceptés ou à la limitation de responsabilité — une action extra-contractuelle (169). En revanche, dans le cadre de l'exécution du contrat de transport, le transporteur peut causer un dommage à une personne qui n'est pas partie au contrat — un *tiers* au contrat. Mais deux situations doivent être ici distinguées. La première est celle du tiers complètement extérieur au transport, le *penitus extraneus*, par exemple la personne victime de la chute d'une marchandise à l'occasion du déchargement du navire. Les règles à appliquer sont très simples : ce sont celles du droit commun

(166) Aix-en-Provence, 29 sept. 1959, *DMF* 1960.90.
(167) R. Rodière, *Traité*, n° 675.
(168) Navire *Cap Canaille*, *DMF* 2005.895, obs. Y. Tassel. Il est cependant possible que la notion de *faute lucrative* ne soit un jour consacrée par le droit positif : un avant-projet de réforme du droit des obligations prévoit l'insertion dans le Code civil d'un nouveau texte aux termes duquel, « *l'auteur d'une faute manifestement délibérée, et notamment d'une faute lucrative, peut être condamné, outre les dommages-intérêts compensatoires, à des dommages-intérêts punitifs* » : voir étude M. Chagny, « La notion de dommages-intérêts punitifs », *Sem. jur.* 2006.I.149.
(169) Cass. 18 oct. 1994, navire *Saint Killian*, *DMF* 1995.280, obs. Y. Tassel.

de la responsabilité. Le tiers devra prouver la faute du transporteur, ou le fait de la chose (navire, élément de la cargaison) dont le transporteur a la garde (170).

La seconde situation est celle du tiers qui, sans être partie au contrat de transport, n'en est pas moins concerné par celui-ci. Il s'agit, par exemple, de la personne qui a acheté une marchandise en cours de transport et, sans aucunement exiger que le connaissement lui soit transféré ou remis, a payé cette marchandise au destinataire porteur du connaissement — lequel, dépourvu de tout intérêt à agir ne peut exercer aucune action contre le transporteur. Ou encore, il s'agit d'une personne qui a conclu un contrat de transport avec un *NVOCC* (*supra*, n° 951), lequel a confié le transport à un autre opérateur, transporteur contractuel pour lui, transporteur de fait pour le chargeur initial. Dans une telle situation, l'action en responsabilité contractuelle n'est normalement pas ouverte à ce chargeur. Seule une action extra-contractuelle peut être intentée par lui (171). Mais, quelle que soit la qualification qui lui est appliquée, cette action ne peut être exercée que dans les conditions et limites prévues par le régime du contrat de transport.

Le Protocole de 1968 prévoit en effet, dans l'article 4 *bis* qu'il ajoute à la Convention de Bruxelles, que « *les exonérations et limitations prévues par la présente Convention sont applicables à toute action contre le transporteur en réparation de pertes ou dommages à des marchandises faisant l'objet d'un contrat de transport, que l'action soit fondée sur la responsabilité contractuelle ou sur une responsabilité extra-contractuelle* ». Et la loi du 23 décembre 1986, modifiant l'article 32 de la loi de 1966, a introduit dans le droit français des dispositions analogues.

L'article 32 a été appliqué par la Cour de cassation dans un arrêt *Al Hoceima* du 9 janvier 2001. Des remorques s'étant perdues en mer, leur propriétaire, qui les avait louées à un chargeur et était sans lien avec le transporteur maritime, avait agi contre ce dernier sur le fondement de l'article 1384 du Code civil (172), et la Cour d'appel de Montpellier avait accueilli son action. Sur le visa de l'article 32, la Cour de cassation a censuré la Cour d'appel (173).

1117. Post-scriptum. Transport maritime et responsabilité « personnelle » du navire. — Quand un dommage est causé à une marchandise transportée par mer, ce n'est pas seulement la responsabilité du transporteur qui en est affectée, comme il en est en transport terrestre, mais aussi, dans une certaine mesure, le sort du navire lui-même, ce que l'on pourrait appeler la

(170) Un cas particulier : en matière de pollution par hydrocarbures, toute tentation des victimes d'agir contre le transporteur, soit en raison de sa faute, soit en sa qualité de gardien de la cargaison est aujourd'hui écartée par la Convention de 1969-1992 : voir *supra*, n° 465.

(171) Pour une telle qualification, voir CJCE, 27 oct. 1998, navire *Ablasgracht*, *DMF* 1999.9, concl. COSMAS et obs. Ph. DELEBECQUE.

(172) Sur la possibilité d'appliquer l'article 1384 (responsabilité du fait des choses) à un navire, voir *supra*, n° 377.

(173) Navire *Al Hoceima*, *DMF* 2001.609. La Cour d'appel d'Aix, sur renvoi, a suivi la Cour suprême : Aix-en-Provence, 14 mai 2004, *DMF* 2005.322, obs. O. CACHARD. Ce sont toutefois les règles de compétence extra-contractuelle qui s'appliqueront dans le cadre européen : voir l'arrêt *Ablasgracht* de la CJCE, cité *supra*, note 167.

« *responsabilité personnelle* » du navire (174). En droit français, la chose se traduit par le *privilège maritime* dont bénéficie le créancier d'indemnité pour « *pertes ou avaries de cargaison* » (article 31, 5° de la loi de 3 janvier 1967 ; voir *supra*, n° 570). Ce privilège lui permet de saisir le navire, de le faire vendre et d'exercer alors son droit de préférence sur le prix — chose qu'il ne pourrait faire à l'encontre du camion qui aurait causé un dommage à la marchandise mise à bord. Dans les droits de *common law*, l'idée de la responsabilité du navire se traduit plus fortement encore par la possibilité donnée à la victime du dommage causé par le navire d'exercer à l'encontre de celui-ci une *action in rem*, indépendante de l'action *in personam* qu'elle a contre le transporteur (175).

La Convention de 1924 a pris en considération cette possibilité de mettre *personnellement* en cause le navire. C'est ainsi que, dans les premiers mots de son article 4, elle précise bien que « *ni le transporteur* ***ni le navire*** (souligné par nous) *ne seront responsables des pertes ou dommages provenant...* » (ici suit la liste des cas exceptés). Pareillement, dans le paragraphe 5 du même article, elle énonce que « *le transporteur* ***comme le navire*** *ne seront en aucun cas responsables des pertes ou dommages des marchandises ou concernant celles-ci* » au-delà de... (ici suit le montant de la limitation). La loi de 1966, comme aussi les Règles de Hambourg et les Règles de Rotterdam, ne contiennent aucune disposition analogue, leur texte ne visant que le seul transporteur. Mais le silence des textes est, en droit français, sans conséquence, le privilège dont bénéficie l'ayant droit à la marchandise n'existant que dans la mesure de sa créance contre le transporteur — laquelle, elle, est affectée tant par les cas exceptés que par la limitation de responsabilité.

N°s 1118 à 1119 : réservés.

(174) Sur ce thème, voir *supra*, n° 158.
(175) Sur l'action *in rem*, voir W. TETLEY, *Maritime liens and claims*, chapitre 24.

CHAPITRE 5

L'ACTION EN RESPONSABILITÉ

1120. Principes. — Lorsque l'on évoque l'action en responsabilité dans le transport maritime de marchandises, c'est à l'action formée contre le transporteur que l'on se réfère. En la matière, le contentieux se limite en effet presque exclusivement aux actions en justice formées par les ayants droit à la marchandise contre le transporteur maritime. Certes, c'est parfois le transporteur qui se trouve contraint d'agir contre le chargeur ou le destinataire, soit en paiement du fret, soit en réparation de dommages causés au navire par la marchandise. Mais il y a là une situation assez rare, et dont il a, d'ailleurs, déjà été traité (1).

S'agissant de l'action en responsabilité contre le transporteur, il faut d'abord observer qu'elle est, dans le principe, soumise à une condition préalable : *la prise de réserves par le réceptionnaire de la marchandise.*

1121. Réserves. — La théorie des réserves ressortit d'abord à la théorie générale du droit des transports. Comme une sorte de contrepartie à la lourde responsabilité du transporteur, le droit impose au destinataire qui prend livraison d'une marchandise endommagée l'obligation de faire des réserves (ou protestations), sous peine d'être déchu de son droit d'action.

En droit terrestre, l'obligation de faire des réserves à la livraison est, pour le destinataire, une obligation absolue. L'absence de réserves, ou l'irrégularité de celles-ci, entraîne une fin de non-recevoir brutale à l'action en responsabilité (art. L. 133-3 du Code de commerce, ancien article 105). Et la jurisprudence, encore aujourd'hui, applique les textes avec la plus grande rigueur.

Le droit maritime s'est d'abord montré aussi rigoureux que le droit terrestre. L'article 435 du Code de commerce énonçait ainsi que « *sont non recevables toutes actions contre le capitaine et les assureurs pour dommage arrivé à la marchandise, si elle a été reçue sans protestation* ». Mais cette rigueur première a été fortement atténuée par la Convention de 1924, dont les règles ont été reprises par le législateur français dès 1936. Les textes nouveaux n'ont pas aboli l'obligation pour le destinataire de faire des réserves, mais ils ont nuancé la sanction de cette obligation.

(1) Voir *supra*, n° 923 et n° 1044.

Aux termes de l'article 3, alinéa 6 de la Convention de 1924 et de l'article 57 du décret du 31 décembre 1966, l'absence de réserves n'entraîne plus une fin de non-recevoir automatique. Elle entraîne seulement présomption que les marchandises ont été reçues par le destinataire telles qu'elles ont été décrites au connaissement, ce que les praticiens appellent la *présomption de livraison conforme*. Les Règles de Hambourg et de Rotterdam mettent en œuvre les mêmes principes. Il reste que le destinataire qui veut protéger ses intérêts doit faire des réserves (2). C'est pourquoi il importe de préciser, d'une part quels sont les conditions et les effets des réserves, d'autre part quelles sont les conséquences de l'absence de réserves.

1122. Conditions de réserves valables. — Pour être valables, les réserves doivent répondre à des conditions de délai et de forme.

Les conditions de délai sont différentes selon qu'il s'agit de dommages apparents ou de dommages non apparents. En cas de dommages apparents (cas du colis dont le conditionnement est détérioré), le réceptionnaire doit faire ses réserves avant ou au moment de la livraison (de l'enlèvement de la marchandise, dit la Convention de 1924). En cas de pertes ou de dommages non apparents (cas du colis intact mais dont le contenu est avarié), les réserves doivent être faites dans un délai de trois jours, jours fériés non compris (art. 57 du décret du 31 déc. 1966, dont les dispositions, en tant que dispositions de procédure, doivent être étendues aux transports soumis à la Convention de 1924). Quant aux délais, les règles nouvelles se révèlent plus généreuses pour le destinataire. S'agissant des pertes et dommages non apparents, les Règles de Hambourg (art. 19 § 2) accordent un délai de 15 jours à compter de la remise au destinataire. Ce délai a généralement été considéré comme excessif. C'est sans doute pourquoi les Règles de Rotterdam (art. 23 § 1) le ramènent à 7 jours, ce qui demeure considérable. L'inspiration doit peut-être être cherchée dans les textes aériens. Les conventions de Varsovie et de Montréal accordent également au destinataire un délai de 7 jours, mais ce délai, contrairement aux textes maritimes, est un délai de forclusion, de même nature qu'en transport terrestre. Les règles nouvelles régissent également les réserves en cas de retard. Le délai institué par les Règles de Hambourg est, alors, de 60 jours, ce qui n'apparaît pas raisonnable. Il a été ramené à 21 jours par l'article 23 § 4 des Règles de Rotterdam, à l'image, à nouveau, du transport aérien.

En la forme, les textes exigent seulement que les réserves soient écrites, ce qui valide les réserves faites par lettre simple, ou apposées par le destinataire sur le bon à délivrer qu'il restitue au transporteur. Mais la jurisprudence a ajouté une condition complémentaire à l'exigence de l'écrit. Pour être efficaces, les réserves doivent être suffisamment précises, ce afin que le transporteur puisse protéger ses intérêts. Sont donc sans valeur les réserves générales parfois faites par un transitaire avant même l'arrivée du navire, comme aussi les réserves du style

(2) Faisant application de la présomption de livraison conforme : Aix-en-Provence, 15 févr. 2007, *DMF* 2008, Hors-série n° 12, n° 96, obs. Ph. DELEBECQUE.

« *signes évidents d'avaries* », « *nous constatons des* avaries », ou « *planches déclouées, sans garantie du contenu* » (3).

Il convient d'observer que sur ce point les règles nouvelles, tant celles de Hambourg que celles de Rotterdam, apparaissent légèrement en retrait. Un changement de terminologie est opéré : l'article 19 des Règles de Hambourg, tout comme l'article 23 des Règles de Rotterdam, visent les « *avis de perte, de dommage ou de retard* », mais ce changement ne paraît pas significatif. En revanche, les deux textes visés, dans des termes identiques, requièrent que ces avis « *indiquent* la nature générale *de la perte ou du dommage* ». L'on paraît ainsi s'éloigner de l'exigence de précision requise par la jurisprudence. Le risque existe de voir évoluer l'indication de cette « nature générale » du dommage vers des clauses tout à fait générales, voire des clauses de style.

Enfin, les réserves doivent être adressées au transporteur, ou, conformément aux principes généraux, à son mandataire. De ce point de vue, la validité de la réserve adressée au capitaine ou au consignataire du navire ne fait pas de doute. Les choses sont moins nettes pour les réserves adressées à l'entrepreneur de manutention. Elles ne sont valables que s'il peut être considéré comme le mandataire du transporteur, ce qui n'est pas le cas si le connaissement contient une clause stipulant que le transporteur désignera l'acconier pour le compte du destinataire.

Pour conclure, nous observerons que tant la Convention de 1924 que la loi française énoncent que les réserves sont inutiles si l'état de la marchandise a été constaté contradictoirement au moment de sa réception. C'est également le cas des Règles de Hambourg (art. 19 § 3) et des Règles de Rotterdam (art. 23 § 3).

1123. Effets des réserves. — L'effet des réserves, même valablement faites, est limité. En droit, elles n'établissent ni la preuve de la responsabilité du transporteur, ni même celle du dommage. Elles n'ont qu'un rôle quasi procédural, interdisant au transporteur de se prévaloir de la présomption de livraison conforme.

En pratique, elles ont toutefois un rôle important dans le débat judiciaire, emportant au moins une présomption que le dommage allégué a été subi pendant le transport maritime, et pouvant avoir, selon leurs précisions et les circonstances, un rôle probatoire.

1124. Absence de réserves. — L'absence de réserves, quant à elle, fait seulement présumer, comme nous l'avons relevé, que les marchandises ont été remises au destinataire telles que décrites au connaissement. Mais il y a là une *présomption simple* qui ne vaut, selon les textes mêmes, que sauf preuve contraire. C'est toutefois une présomption à laquelle les tribunaux attachent une force incontestable. Dans la grande majorité des espèces, ils rejettent la prétention du destinataire d'apporter la preuve que, malgré l'absence de réserves,

(3) Paris, 5 nov. 1993, sous Cass. 24 janv. 1995, *DMF* 1996.44, rapp. Rémery ; Cass. 5 janv. 1999, *BTL* 1999.100 ; Paris, 10 janv. 2001, *DMF* 2002.27, obs. Y. Tassel.

les dommages ont été causés pendant le transport maritime. Il reste que si les éléments proposés par le destinataire sont suffisamment probants, le juge écartera la présomption de livraison conforme.

On peut citer ici un exemple qui, encore qu'assez ancien, conserve sa valeur. Au déballage d'une caisse de matériel électrique, quatre jours après sa réception sans réserves, il avait été constaté que ce matériel avait été endommagé par de fortes oxydations, assez caractéristiques. La Cour d'appel d'Aix-en-Provence, confirmant le premier juge, a déclaré recevable l'action du destinataire, aux motifs que le plan de chargement du navire établissait que le matériel en cause avait été arrimé dans la même cale que des sacs d'engrais, et que, eu égard à l'atmosphère humide de la cale, la contamination de ce matériel par les engrais n'était pas contestable (4).

1125. Condition complémentaire. La preuve du dommage. — Une fois franchi l'obstacle des réserves, le succès de l'action en responsabilité suppose aussi faite la *preuve* du dommage. Ce sont ici les règles du droit commun qui s'appliquent. S'agissant de prouver une circonstance de fait, tous les moyens de preuve sont admissibles, appartenant au seul juge du fond d'apprécier souverainement leur valeur et leur portée, sous la seule réserve qu'ils aient été soumis à la libre discussion des parties.

La preuve idéale est celle qui découle d'une expertise contradictoire, souvent pratiquée dès que le destinataire constate les avaries affectant la marchandise qui lui est délivrée. Mais les tribunaux attachent aussi une grande valeur aux constatations du *commissaire d'avaries*. Il s'agit d'un spécialiste, désigné par la compagnie d'assurance de la marchandise. Bien qu'il soit ainsi le représentant d'une partie intéressée au litige, ses constatations sont souvent retenues par le juge, eu égard à sa compétence, à son intégrité, mais aussi au fait que, mandaté précisément par l'assureur de la marchandise, il ne sera pas enclin à exagérer le dommage constaté par lui (5).

1126. Plan. — Une fois les conditions de réserves et de preuve du dommage satisfaites, l'exercice du recours de l'ayant droit à la marchandise suppose que trois questions soient résolues : qui dispose du droit d'agir ? devant quel juge l'action doit-elle être portée ? dans quel délai (prescription) l'action est-elle possible ?

(4) Aix-en-Provence, 3 déc. 1957, navire *Servannaise, DMF* 1959.41 ; voir aussi Cass. 12 nov. 1997, navire *Steir, DMF* 1998.40, rapp. RÉMERY et obs. P. BONASSIES (contrat non contradictoire du commissaire d'avaries suppléant l'absence de réserves) ; mais, *contra*, Rouen 16 déc. 2004, navire *Sentinel, DMF* 2005.872, obs. I. BON-GARCIN ; *adde* les exemples donnés par Ph. DELEBECQUE, *DMF* 2005, Hors-série n° 9 au n° 110.

(5) Voir sur le principe l'arrêt *Steir*, cité *supra*, note 3, avec les références données par M. le Conseiller RÉMERY.

Section 1

Le droit d'agir

1127. Intérêt. Qualité. — L'article 31 du nouveau Code de procédure civile, ouvre l'action en justice « *à tous ceux qui ont un intérêt légitime au succès... d'une prétention...* ». L'ouverture ainsi définie très largement de l'action en justice fait, cependant, l'objet d'une restriction. En effet, l'article 31 dispose qu'il en est ainsi « *sous réserve des cas dans lesquels la loi attribue le droit d'agir aux seules personnes qu'elle qualifie pour élever ou combattre une prétention, ou pour défendre un intérêt déterminé* ». C'est ce que l'on a coutume de désigner par le terme de « *qualité pour agir* », c'est-à-dire « *le droit de solliciter du juge l'examen de sa prétention* » (6).

Ainsi, pour disposer du droit d'agir contre le transporteur maritime, le demandeur doit justifier, à la fois, de son intérêt et de sa qualité à agir.

Il est, toutefois, possible au cocontractant du transporteur, de transmettre ce droit d'action ou l'un de ses éléments. Cette transmission du droit d'agir se fera généralement au profit de l'assureur-facultés qui couvrait les risques subis par la marchandise pendant le transport. Un tiers peut également disposer de ce droit par le bénéfice d'une cession.

La réponse à la question « *qui dispose du droit d'agir en responsabilité contre le transporteur* ? » doit donc se déterminer en deux temps : qui dispose de l'intérêt et de la qualité pour agir ? le titulaire du droit d'action a-t-il transmis ce droit, et l'a-t-il fait valablement ?

§ 1. — *Le titulaire initial du droit d'agir*

1128. Principes. — S'agissant d'une action en responsabilité contractuelle, l'application des règles du droit commun attribue le droit d'action aux parties au contrat. Cette règle, simple en son principe, n'est pourtant pas d'application facile au contrat de transport maritime. Si elle n'entraîne pas de difficulté spécifique à l'égard de la détermination de l'intérêt à agir, il n'en est pas de même à l'égard de la détermination de la qualité pour agir.

A. — L'intérêt à agir

1129. Principes. — Dispose de l'intérêt à agir, le cocontractant du transporteur, ou son ayant droit (le destinataire), qui a subi un préjudice résultant du transport. La question complémentaire du caractère « *légitime* », pour reprendre

(6) VINCENT et GUINCHARD, *Procédure civile,* Dalloz, 23e éd., p. 94, n° 107.

le terme de l'article 31 du Code de procédure civile, de l'intérêt à agir (7), ne se pose pas, de fait, dans le contentieux du transport maritime. Sans doute faudrait-il réserver l'hypothèse de l'ayant droit à des marchandises dont le transport est illicite (drogue, tabac, alcool transportés en contrebande...). La pratique ne fournit pas d'exemples de contentieux en pareille hypothèse, les ayants droit, dans semblable hypothèse, ne paraissant pas très enclins à former des réclamations en justice. Au demeurant, les textes maritimes permettraient, à un autre titre, de faire obstacle à ce type de réclamation. En effet, la fausse déclaration de la nature de la marchandise, indispensable en pareille hypothèse, est sanctionnée par la perte de tout recours à l'encontre du transporteur maritime (8).

1130. Incidence du contrat de vente des marchandises. — En revanche, a posé problème la question des droits du vendeur de marchandises résultant d'un contrat de vente au départ, vente FOB ou CIF. Les *Incoterms* font peser les risques du transport dans un tel type de contrat sur le seul acheteur. Celui-ci supporte ces risques dès l'instant où la marchandise a franchi la lisse du navire. Ainsi, lorsque la marchandise subit des pertes ou dommages au cours du transport maritime, la logique commanderait que seul le destinataire, l'acheteur FOB ou CIF, se voit investi du droit d'agir contre le transporteur maritime. En effet, en principe, il devrait être seul à avoir intérêt à agir contre le transporteur puisqu'il devrait, seul, aux termes de la vente, subir le préjudice dû au transport.

Cependant, il n'en est pas toujours ainsi. En effet, ce schéma théorique n'est pas toujours, dans les faits, suivi d'application. Il n'est pas rare que l'acheteur FOB ou CIF dont la marchandise est perdue ou détruite en cours de transport, refuse d'acquitter le prix de la vente, au mépris des obligations résultant du contrat FOB ou CIF. Il est clair qu'en pareille hypothèse, l'acheteur-destinataire qui devrait disposer de l'intérêt à agir perd celui-ci en refusant d'honorer ses obligations d'acheteur. Il revient donc, tout naturellement, au vendeur-chargeur — co-contractant initial du transporteur — de disposer du droit à réparation puisque, du fait de la défaillance de l'acheteur, c'est bien lui qui subit le préjudice imputable au transport. C'est donc bien lui qui justifie de l'intérêt à agir. L'incidence du contrat de vente doit être écartée. C'est ce qu'a décidé la Cour de cassation, statuant, en Assemblée plénière, sur le cas de figure envisagé (9).

La Cour a rappelé pertinemment, à cette occasion, la nécessaire indépendance qui doit être maintenue entre le contrat de transport et le contrat de vente : le transporteur maritime qui n'est pas partie au contrat de vente ne peut s'en

(7) Voir J. VINCENT, S. GUINCHARD, *Procédure civile*, Dalloz, 23e éd., p. 91, nos 103 et s.
(8) Convention de Bruxelles art. 4 § 5, h ; loi du 18 juin 1966, art. 31 : voir *supra*, no 970.
(9) Cass. 22 déc. 1989, navire *Mercandia Transporter II*, *DMF* 1990.32 n. P. BONASSIES. La Cour considère que le transporteur maritime « *n'étant pas partie au contrat de vente... ne peut se prévaloir des effets de cette vente FOB quant aux droits et obligations de la venderesse, pour soutenir que celle-ci serait dépourvue d'intérêt à agir contre lui* » ; dans le même sens, Cass. 30 mai 1995, *DMF* 1996.193, obs. Y. TASSEL ; Cass. 21 févr. 2006, *BTL* 2006.147.

prévaloir pour tenter d'échapper à ses responsabilités (10). Seule doit être prise en considération la charge du préjudice qui, seule, détermine l'intérêt à agir. En décider autrement, engendrerait d'ailleurs une situation absurde. Si l'acheteur-destinataire était seul titulaire du droit d'action, il serait facile au transporteur de faire écarter sa réclamation en démontrant son absence d'intérêt à agir, en l'absence de tout préjudice subi par lui puisqu'il refuse de payer la marchandise. Ainsi, le transporteur échapperait-il à toute action en responsabilité. Il ne peut, à l'évidence, en aller ainsi.

B. — La qualité pour agir

1131. Principe. — Le droit d'action du destinataire. — Une fois écarté le problème des incidences de la vente, une personne au moins n'a jamais vu son droit d'action contesté, c'est le *destinataire*, destinataire mentionné au connaissement à personne dénommée (11), ou encore porteur d'un connaissement à ordre ou d'un connaissement au porteur. Dans le principe, eu égard au caractère tripartite du contrat de transport (*supra*, n° 931), le droit du destinataire ne pouvait être discuté. Et le titre sur lequel il fondait son action établissait en lui-même sa qualité. La règle, évidente, est d'ailleurs rappelée par la Cour de cassation dans une décision récente, à propos du destinataire inscrit sur un connaissement à personne dénommée (12).

Mais au-delà de ce principe du droit d'action du destinataire, les problèmes sont vite apparus. Ils se sont développés dans deux directions. La première est celle de l'action du destinataire réel, *non mentionné au connaissement*. La seconde est celle du droit d'action du *chargeur*.

1132. Le destinataire non mentionné au connaissement. — Comme nous l'avons relevé (*supra*, n° 945), les véritables intéressés au transport, le chargeur et le destinataire, bien souvent, n'apparaissent pas comme tels dans le libellé du titre de transport qu'est le connaissement, y figurant plutôt l'un des nombreux intermédiaires, transitaires, commissionnaires de transport, NVOCC, opérateurs de transport multimodal qui, à des degrés divers, prennent en charge la mise en place du contrat de transport maritime. Il s'ensuivra que, bien souvent, ce sont les noms de ces professionnels qui apparaîtront au connaissement plutôt que ceux des chargeur ou destinataire réels. La question s'est alors posée de déterminer à qui appartenait, en pareil cas, la qualité pour agir contre le transporteur maritime. La doctrine classique lui a apporté une réponse restrictive,

(10) V. Cass. com. 16 juin 2009, *BTL* 2009.415, rendu au visa de l'art. 1165 C. civ. ; Dans le même sens, pour une vente CIP, Paris, 4 mars 2009, n° 07/02992, *OTEC et al. c/Aig Europe* ; jugeant que l'acheteur peut agir, quelque soient les termes de la vente Aix-en-Provence, 30 avril 2007, *DMF* 2008.233 obs. C. HUMANN ; TGI Marseille, 7 mars 2008, *DMF* 2008.1021, obs. S. MIRIBEL ; Aix-en-Provence, 6 sept. 2007, *Rev. Scapel* 2007.124, *DMF* 2009, Hors-série n° 13, n° 93, obs. Ph. DELEBECQUE.

(11) « *Dans le connaissement à personne dénommée, le destinataire inscrit au connaissement dispose d'un droit d'action à l'encontre du transporteur maritime* » Cass. com. 21 févr. 2006, *DMF* 2006.601, rapport G. DE MONTEYNARD, obs. Y. TASSEL ; *BTL* 2006.147 ; *Rev. Scapel* n° 94, obs. Ph. DELEBECQUE.

(12) Voir *supra*, note 11.

consacrée par jurisprudence de l'époque, et fondée sur le formalisme du connaissement, envisagé comme proche d'un titre cambiaire.

Ainsi, pour le Doyen Rodière, à la question « *faut-il admettre l'action du destinataire réel ?* », la réponse était claire : il fallait en principe répondre par la négative (13). Le Doyen Rodière considérait ainsi que « *le destinataire, dont le nom figure dans le connaissement à personne dénommée ou qui est le porteur légitime du connaissement à ordre, a le droit d'agir, du fait même de son titre ; si on le lui contestait, on ruinerait la valeur donnée au connaissement* », ajoutant que ce titre « *est autrement sûr qu'une lettre de voiture et il doit servir de base à des opérations dont la sécurité commerciale ne soit pas contestable... Comme pour une lettre de change, il faut que personne ne puisse se méprendre sur les qualités et les droits du porteur* ».

Allant dans le même sens, la jurisprudence du milieu du siècle dernier se fondait de façon expresse sur les seules mentions du connaissement. La Cour de cassation jugeait de la qualité des parties en considération de la rédaction de ce titre, se référant aux seules « *énonciations mêmes du connaissement* » (14).

L'analyse avait le mérite de mettre en place un système simple : la seule lecture du connaissement permettait de déterminer la qualité pour agir. Cependant, elle engendrait lourdeur, complexité et souvent injustice. Le professionnel du transport apparaissant au connaissement comme chargeur ou destinataire apparent, ne pouvait pas, en fait ni même en droit, agir en responsabilité contre le transporteur maritime, car, n'ayant pas subi de préjudice, il était dépourvu d'intérêt à agir. Il fallait donc recourir de façon systématique à la cession de son droit d'action au profit du chargeur ou destinataire réel, ayant seul intérêt à agir. En l'absence d'une telle cession — que le destinataire apparent pouvait parfaitement refuser — le destinataire réel n'obtenait aucune réparation.

1133. Le droit d'action du chargeur. L'affaire *Mercandia*. L'arrêt de 1985. — La question du droit d'action du chargeur, partie première au contrat, n'aurait, elle, jamais dû faire discussion. Ce droit fut cependant d'abord contesté dans l'affaire du « *Mercandia Transporter II* » (15). Dans cette affaire, deux grues, vendues FOB au départ de Marseille à destination de Dammam en Arabie Saoudite, avaient été chargées sur le navire. À l'arrivée, furent constatés des dommages tels que les autorités saoudiennes interdirent le déchargement des grues. Le vendeur dut faire revenir la marchandise en France à ses frais, afin de la faire remettre en état par le fabricant et la réexpédier à Dammam, à ses frais toujours. L'acquéreur, non livré, ne s'était pas acquitté du prix de la marchandise.

Les assureurs du chargeur, subrogés dans les droits de celui-ci après l'avoir indemnisé, obtinrent de la Cour d'appel d'Aix-en-Provence (16) la condamnation du transporteur maritime. La Chambre commerciale de la Cour de cassation, au visa de l'article 49 du décret du 31 décembre 1966, cassa et jugea l'action du

(13) RODIÈRE, *Traité*, n° 693.
(14) Cass. com. 20 oct. 1954, *DMF* 1955.76 n. B. DE LA GRASSIÈRE.
(15) Cass. com. 25 juin 1985, *DMF* 1985.660, n. P. BONASSIES.
(16) Aix, 10 mai 1983, *Revue Scapel* 1983.29.

chargeur irrecevable par un arrêt du 25 juin 1985. Elle considéra « *que l'action en réparation du préjudice résultant des avaries causées à la marchandise par la mauvaise exécution du contrat de transport ne peut être exercée, en cas d'émission d'un connaissement à ordre, que par le dernier endossataire ou le cessionnaire de sa créance* ».

1134. Critique. — La décision rendue dans cette affaire fut l'objet de critiques unanimes (17). Les commentateurs firent principalement valoir que ce pas ultime dans l'évolution de la théorie du connaissement était injustifié autant qu'inopportun. Formellement, le rejet de l'action du chargeur n'était fondé par la Cour de cassation que sur l'article 49 du décret du 31 décembre 1966, texte réglementaire qui se borne à déterminer les bénéficiaires du droit à obtenir *livraison* de la marchandise. Il était aventureux d'en déduire que le chargeur ayant transmis le droit à la livraison avec le connaissement, s'était également dépouillé du droit d'agir en réparation contre le transporteur, même dans le cas où il serait le seul à avoir subi le dommage. Il était inopportun de créer ainsi une situation dans laquelle une dissociation artificielle de l'intérêt et de la qualité pour agir entraînait un véritable déni de justice. En effet, dans le cas de figure considéré, « *le chargeur a bien intérêt à agir puisqu'il subit le préjudice, mais il n'a pas qualité pour le faire n'étant pas dernier endossataire. Le destinataire a bien qualité pour agir, mais il est, quant à lui, dépourvu d'intérêt puisqu'il n'a subi aucun préjudice* » (18).

Outre l'entorse au principe fondamental du droit à réparation de la victime d'un dommage, cette analyse aboutissait à conférer au transporteur maritime une immunité que rien ne justifiait et qui, d'évidence, était en contradiction avec l'esprit, voire la lettre, des principes posés par la Convention de Bruxelles et les textes qui en sont issus. Un tel choix théorique ne justifiait guère de « *sacrifier le chargeur sur l'autel du connaissement* » (19).

1135. L'arrêt de l'Assemblée plénière du 22 décembre 1989. — Ces critiques furent entendues. Tout d'abord, la Cour de Montpellier, cour de renvoi, refusa de s'incliner devant la position prise par la Chambre commerciale (20), tout comme bon nombre de juridictions du fond (21). Sur nouveau pourvoi, l'Assemblée plénière, par un arrêt du 22 décembre 1989, (*DMF* 1990.29, n. P. Bonassies) restaura le chargeur dans son droit d'action. Pour l'Assemblée plénière, l'action en responsabilité contre le transporteur « *est ouverte au chargeur lorsque celui-ci est seul à avoir supporté le préjudice résultant du transport* » (22).

(17) *DMF* 1987, obs. P. Bonassies ; *D.* 1987.36, n. C. Scapel ; *Revue Scapel*, 1985.65 n. J. Bonnaud, *JCP* 1986.II.20592, n. P. Pestel-Debord ; *BTL* 1985.513, M. Rémond-Gouilloud « *Le chargeur sacrifié sur l'autel du connaissement* ».

(18) C. Scapel, note sous l'arrêt, *D.* 1987.36.

(19) Pour reprendre la belle formule de M. Rémond-Gouilloud, *BTL* 1985.513.

(20) Montpellier, 1er déc. 1987, *DMF* 1988.13, n. R. Achard.

(21) Voir par ex. Aix, 11 déc. 1986, *Revue Scapel* 1986.56 ; Aix, 10 févr. 1988, *BTL* 1988.379, n. M. Rémond-Gouilloud, Aix, 27 mai 1988, *Revue Scapel* 1988.29.

(22) Ass. pl. 22 déc. 1989, navire *Mercandia Transporter II, DMF* 1990.29, n. P. Bonassies.

Implicitement, mais nécessairement, ce n'est plus la qualité de détenteur du connaissement qui est privilégiée, comme cela avait été le cas en 1985. Le chargeur n'étant plus porteur du connaissement, c'est en sa seule qualité de partie au contrat de transport qu'il peut agir en responsabilité contre le transporteur. L'arrêt de 1989 « *exprime, ainsi, pour ce qui est des relations chargeur-transporteur, la primauté de la théorie contractuelle sur la théorie formaliste du connaissement* » (23).

Était ainsi close la parenthèse, de 1960 à 1989, du sacrifice des chargeurs. Et le choix de l'équité et de la cohérence opéré par l'Assemblée plénière, n'a plus été remis en question, ni par la jurisprudence, ni par la doctrine. Bien au contraire, sur le fondement de la théorie contractuelle du connaissement ainsi restaurée, le droit d'action contre le transporteur maritime a fait l'objet de nouveaux assouplissements.

1136. L'ouverture du droit d'action. — La consécration solennelle effectuée par l'Assemblée plénière a, naturellement, conduit à remettre en question les restrictions au droit d'action en réparation fondée sur le formalisme du connaissement.

Par une première extension, la jurisprudence a admis le droit d'action de celui qui apparaît au connaissement en qualité de « *notify* » (24), tout au moins lorsque, de façon extrinsèque, il peut établir qu'il est également le destinataire réel de la marchandise, ce qui est bien souvent le cas. Bien entendu, il ne sera recevable que dans la mesure où il justifie avoir supporté les dommages.

Cette extension du droit d'agir au « *notify* » pouvait encore, toutefois, se fonder dans une certaine mesure sur le connaissement : le destinataire réel y figurait, bien qu'il n'y fut pas mentionné en sa véritable qualité. Cependant, le pas suivant ne devait pas tarder à être franchi, le destinataire réel se voit désormais reconnaître un droit d'action alors qu'il n'apparaît nullement au connaissement, pas même comme « *notify* », mais justifie avoir « *exclusivement subi le dommage* » (25). La généralisation du principe s'imposait. Le chargeur réel, à son tour, allait bénéficier de l'ouverture de son droit d'action (26), le même droit lui étant accordé même s'il était vendeur CAF (27). Ainsi que le notait alors Raymond Achard, désormais « *n'importe qui, dès lors qu'il a souffert d'un préjudice en raison de la mauvaise exécution d'un contrat de transport*

(23) P. Bonassies, note sous l'arrêt, *DMF* 1990.34.

(24) Voir Aix, 2 mai 1991, 28 mai 1991, rapportés *in* « *Droit d'action du destinataire réel* », A. Chao, *BTL* 1992.359 ; Cass. com. 7 juill. 1992, *BTL* 1992.359.

(25) Voir Cass. 7 juill. 1992, navire *Renée Delmas, DMF* 1992.672, obs. P. Bonassies ; Cass. com. 29 nov. 1994, *BTL* 1994.910 ; Cass. com. 27 oct. 1998, *DMF* 1999.614, rapp. Rémery ; Aix, 19 janv. 2001, *DMF* 2001.820. *Adde* Rouen, 29 mai 2008, Navire *Réjane Delmas, DMF* 2009.439, obs. F. Le Louer.

(26) Cass. com. 13 déc. 1994, *DMF* 1995.293, n. R. Achard. Aix, 16 févr. 2001, *Revue Scapel* 2001.86 ; Rouen, 23 mai 2000, *DMF* 2002.44 ; Paris, 9 nov. 2001, *DMF* 2002.270 ; Aix-en-Provence, 30 nov. 2006, *BTL* 2007.60, obs. M. Tilche, *DMF* 2009, Hors-série nº 12, nº 94, obs. Ph. Delebecque.

(27) Cass. 30 mai 1995, *DMF* 1996.193, obs. Y. Tassel et P. Bonassies, *DMF* 1997, Hors-série nº 1, nº 80.

maritime, peut tenter le combat judiciaire » (28). La jurisprudence ne s'est pas, depuis, démentie (29).

Elle n'a apporté qu'une limite à cette généralisation du droit d'action contre le transporteur. Dans un arrêt *Ramona* du 17 décembre 1995, la Cour de cassation refuse le droit d'action au « porteur intermédiaire » d'un connaissement, personne qui a acquis le connaissement du chargeur, puis l'a endossé à un nouveau porteur (30). La solution était pleinement fondée, le « porteur intermédiaire » n'ayant pas contracté avec le transporteur ne pouvait invoquer le contrat de transport ; s'étant dessaisi de son titre, il ne pouvait non plus invoquer les droits que lui avait conférés le connaissement.

Un dernier ajustement devait cependant intervenir. La jurisprudence *Mercandia* se référait à un préjudice exclusif, le chargeur n'était recevable à agir que dans la mesure où il était « *seul à avoir subi un préjudice* ». Cette condition s'autorisait d'une référence au Doyen Rodière (31), mais ne disposait pas d'un fondement textuel. Il était donc opportun de faire disparaître cette restriction artificielle. Dans son arrêt *Norberg* du 19 décembre 2000, la Cour de cassation parachève, sur ce point, l'évolution à l'œuvre depuis 1989. Elle reconnaît le droit d'action du chargeur réel, à la seule condition de démontrer qu'il a subi un préjudice résultant du transport, et ce, sans avoir aucunement à établir qu'il a été *le seul* à subir un préjudice (32). « *Au-delà des dérives formalistes ou cambiaires qu'il a pu connaître, le contrat de transport maritime de marchandises est bien redevenu un véritable contrat* » (33).

Le droit d'agir ainsi considérablement assoupli peut, en outre, faire l'objet d'une transmission.

§ 2. — *La transmission du droit d'agir*

1137. Principes. — Les marchandises transportées par mer font habituellement l'objet d'une assurance facultés. Ainsi, lorsqu'un sinistre résultant de risques transport se produit, c'est normalement l'assureur-facultés qui va indemniser l'ayant droit aux marchandises. Il bénéficiera, en contrepartie, de la transmission du droit d'agir par le mécanisme de la *subrogation* (34). Celui-ci peut également jouer au profit de tiers, commissionnaires de transport, par exemple. Il peut également se combiner, ou être remplacé par la *cession de droit*, mécanisme de transmission des droits opérants selon les règles du droit commun.

(28) Note précitée, sous Cass. com. 13 déc. 1994, *DMF* 1995.293.

(29) Voir par ex. Paris, 20 mars 1996, *DMF* 1996.1128, n. Y. TASSEL ; Paris, 1er nov. 1996, *DMF* 1997.1116 ; Cass. com. 19 nov. 1996, *DMF* 1997.402, rapp. RÉMERY.

(30) Cass. 17 déc. 1995, *DMF* 1996, obs. P. BONASSIES.

(31) RODIÈRE, *Traité*, n° 692.

(32) Cass. com. 19 déc. 2000, *DMF* 2001.222, rapp. G. DE MONTEYNARD, obs. P. BONASSIES. Le rapporteur, M. DE MONTEYNARD, écrit : « il ne convient pas de compliquer inutilement la matière, en obligeant — sans véritable obligation légale — une juridiction à rechercher si la victime contractuelle d'une inexécution de ses obligations par le débiteur "a supporté seule" le préjudice qu'elle allègue ».

(33) P. BONASSIES, *DMF* 2001, Hors-série n° 5, n° 98.

(34) Jacques MESTRE, *La subrogation personnelle*, préface P. Kayser, LGDJ, 1979. Sur la loi applicable à la subrogation de l'assureur, v. A. GRUBER, colloque Idit, Paris, 18 juin 2009, compte rendu S. MIRIBEL, *DMF* 2009.637 ; M. TILCHE, *BTL* 2009.410.

A. — La transmission par subrogation

1138. Assureur-facultés. Subrogation légale. — Lorsque l'assureur-facultés indemnise l'assuré dans le cadre de l'exécution du contrat d'assurance, il « *acquiert, à concurrence de son paiement, tous les droits de l'assuré...* », aux termes de la loi régissant les assurances maritimes (35). Sa situation se trouve, à cet égard semblable à celle de l'assureur terrestre. Une nuance terminologique doit cependant être observée : le texte maritime, la loi du 3 juillet 1967, ne se réfère pas expressément à la subrogation, contrairement au texte terrestre (36). Il vise une *acquisition* par l'assureur des droits de l'assuré. Dès lors, la question se pose de savoir si cette acquisition procède d'une subrogation légale ou d'une cession légale des droits de l'assuré. La question est généralement tranchée en faveur de la subrogation. Sinon les travaux préparatoires, du moins les écrits de l'auteur du texte (37) confirment qu'il entendait bien se référer à la subrogation. De plus, la codification a pris parti en ce sens : en effet, si l'article L. 172-29 du Code des assurances reprend littéralement l'article 33 de la loi du 3 juillet 1967, le codificateur a pourvu cet article d'un titre explicite : « *Subrogation* » (38).

À vrai dire, le véritable enjeu du débat est mince. Il se ramène, en définitive, à l'application de la règle « *nemo contra se subrogasse censetur* » (39) inscrite dans l'article 1252 du Code civil. Cette règle assure la prééminence du droit du subrogeant, l'assuré, sur le subrogé, l'assureur. Un conflit entre leurs droits respectifs peut en effet parfois se révéler. Il en sera ainsi lorsque la police d'assurances laisse une franchise à la charge de l'assuré ou que l'assuré n'a couvert que partiellement la valeur de la marchandise. Si, en pareil cas, l'indemnité versée par le transporteur ne couvre pas la totalité du dommage, du fait du jeu de la limitation légale, par exemple, l'assuré sera payé en premier lieu sans qu'intervienne un partage au marc le franc entre assureur et assuré (40). Un tel conflit se révèle rare, en pratique. La jurisprudence connue n'en donne pas d'exemple notable.

1139. Subrogation conventionnelle. — Si l'assureur fait bénéficier l'assuré d'un règlement dit « commercial », c'est-à-dire au-delà des « *dommages qui ont donné lieu à garantie* » pour reprendre la formule du texte, il ne bénéficie plus de la subrogation légale. Néanmoins, conformément aux règles du droit commun, il peut, en pareille hypothèse, revendiquer le bénéfice d'une subrogation conventionnelle, au titre de l'article 1250 du Code civil et ce pour la totalité

(35) Loi 3 juill. 1967, art. 33, devenu l'art. L. 172-29 du Code des assurances, et voir *infra*, n° 1309. V. C. SCAPEL, « La subrogation de l'assureur maritime », 6th International Conference on Maritime Law, Piraeus Bar Association, Le Pirée 4-6 octobre 2007.

(36) Art. L. 121-12 du Code des assurances.

(37) Voir R. RODIÈRE, *Assurances maritimes*, p. 198, n° 189, le Doyen RODIÈRE écrit : « *Je ne suis pas certain d'avoir bien fait en refusant toute prise de position doctrinale, car on aurait évité des difficultés en précisant si cette acquisition était l'effet d'une subrogation ou d'une cession de créance* ». *Il ajoute : « Si le rédacteur du texte qui devait devenir la loi du 3 juillet 1967 a voulu éviter le reproche de faire du "professorenrecht" et toute précision doctrinale, je puis bien affirmer qu'il avait en tête la subrogation, et que seule une pudeur déplacée finalement l'a dissuadé d'employer le mot* ».

(38) On peut néanmoins, s'interroger sur le bien-fondé de cette initiative s'agissant en l'occurrence d'une codification dite « à droit constant » !

(39) R. RODIÈRE, *Assurances Maritimes*, n° 189.

(40) Voir l'exemple chiffré donné par R. RODIÈRE, *ibidem*.

des sommes versées par lui, si, toutefois, cette subrogation intervient avant l'expiration du délai de prescription d'un an (41). Cependant, une condition supplémentaire est alors imposée par l'article 1250, 1° : la concomitance de la subrogation et du paiement. Cette concomitance devra être établie par l'assureur pour bénéficier de la transmission du droit d'agir. La preuve de celle-ci peut se révéler difficile (42).

1140. Commissionnaire de transport. — Il peut se faire que d'autres que l'assureur soient amenés à indemniser l'ayant droit des dommages résultant du transport. Il en sera ainsi, principalement, du commissionnaire de transport. En effet, celui-ci est, à l'égard de son commettant, tenu en première ligne (*supra*, n° 665). S'il exécute spontanément son obligation contractuelle, réglant sans plus attendre son cocontractant, il bénéficiera d'un recours contre le transporteur. En effet, en pareil cas, il pourra invoquer le bénéfice de la *subrogation légale*, subrogation fondée sur l'article 1251, 3° du Code civil et qui opère au profit de celui qui, étant tenu avec d'autres ou pour d'autres au paiement de la dette, avait intérêt de l'acquitter.

La jurisprudence a même parfois admis que le commissionnaire est recevable contre le transporteur dès lors qu'il aurait seulement pris l'engagement exprès d'indemniser son commettant (43). À vrai dire, une telle extension, si elle est excellente en termes de pratique commerciale, paraît difficile à fonder juridiquement. On peut toutefois admettre que la concomitance de la subrogation nécessaire à la subrogation conventionnelle au paiement puisse être, en quelque sorte, différée ou plus exactement, qu'une promesse de paiement puisse se substituer au paiement lui-même. Ainsi, la Cour de cassation a jugé que « *la concomitance de la subrogation au paiement exigée par l'article 1250-1° du Code civil, peut être remplie lorsque le subrogeant a manifesté expressément, fût-ce dans un document antérieur, sa volonté de subroger son co-contractant dans ses créances à l'instant même du paiement* » (44). Cette conception large de la concomitance doit être approuvée. Elle tranche un peu, toutefois, avec le contrôle, assez strict, exercé par les tribunaux sur la transmission du droit d'action.

1141. Le contrôle de la transmission du droit d'action. — Ce contrôle est exercé de façon systématique par la jurisprudence contemporaine et la sévérité mise en œuvre sur certains points a donné lieu à critiques (45). Il s'articule sur

(41) Cass. 14 oct. 2004, navire *Hornwind, DMF* 2005.247, obs. O. Cachard.

(42) La Cour de cassation fait, cependant, preuve d'une certaine souplesse dans l'appréciation de cette concomitance. Elle considère, par exemple, s'agissant d'un délai de 23 jours entre le paiement et la subrogation qu'il « *s'agissait de délais administratifs normaux, ce dont il résultait que le paiement avait été concomitant à la subrogation* », Cass. com. 11 déc. 2007, *BTL* 2008-11.

(43) Voir par ex. Cass. com. 4 mai 1982, *Bull. civ.* IV, n° 151, *BTL* 1982.332.

(44) Cass. civ. 1re, 28 mai 2002, *Bull. civ.* I, n° 154.

(45) Voir par ex. J.-F. Tantin, « *Le droit d'action de l'assureur subrogé : pièges et paroles* », *DMF* 2002.803 ; H. Groutel, « Subrogation légale de l'assureur et subrogation conventionnelle », *Responsabilité civile et assurances*, mars 1998, p. 4 ; P. Bonassies, obs. au *DMF* 2003, Hors-série n° 7 au n° 101 ; du même auteur, « La jurisprudence des tribunaux de l'ordre judiciaire et la jurisprudence arbitrale en matière d'actions assureurs-facultés contre le transporteur », *Gazette de la Chambre arbitrale maritime de Paris*, 2003, n° 1, p. 2 (en ligne, sur le site web de la CAMP, www.arbitrage-maritime.org.). *Adde* J.-F. Tantin, « La subrogation : 7 ans de réflexion », *DMF* 2009.117, qui prône, plutôt que la subrogation légale de l'assureur fondée sur les articles L. 121-12 et L. 172-29 du Code des assurances, le retour à la subrogation légale de droit commun de l'article 1251, al. 3 du Code civil.

deux points. Le caractère obligé du règlement de l'indemnité et la preuve du paiement.

1142. Le caractère obligé du règlement de l'indemnité. — L'article L. 172-29 du Code des assurances, reprenant l'article 33 de la loi du 3 juillet 1967, lie le bénéfice de la subrogation légale qu'il accorde à l'assureur à un règlement « *des dommages qui ont donné lieu à garantie* », c'est-à-dire un règlement strictement effectué dans le cadre de la couverture résultant de la police. Ainsi, un règlement effectué au-delà ou en dehors de ces conditions, règlement dit « commercial », ou même effectué par erreur, ne bénéficie pas de la subrogation légale. Les tribunaux recherchent donc le caractère obligé du paiement pour vérifier que l'action de l'assureur s'inscrit bien dans le cadre de la subrogation légale, et leurs exigences vont parfois très loin.

C'est ainsi que la Cour d'appel d'Aix-en-Provence, par un arrêt en date du 13 avril 2001 (46), exigeait la production de la police d'assurance faculté et, faute de cette production, rejetait l'action de l'assureur qui ne produisait qu'un acte de subrogation comportant référence au numéro de la police. Cette exigence s'est généralisée (47). Une telle exigence paraît, de prime abord, raisonnable et légitime. En fait, elle suscite de sérieuses difficultés. La production des polices d'assurances n'est pas conforme aux usages internationaux, et les compagnies étrangères manifestent une extrême réserve à satisfaire l'exigence du juge français, justifiant cette réserve par la nécessité du secret commercial, ne voulant pas dévoiler le texte de leurs polices, perfectionné par de longues années de pratique et d'expérience (48).

De surcroît, outre les frais importants qu'elle entraîne, la communication intégrale de la police d'assurance se révèle à l'expérience sans intérêt réel. Les stipulations particulières de ces polices ne manifestent pas d'originalité, ou tout à fait exceptionnellement, dans la définition des risques transport couverts. Ceux-ci sont pour l'essentiel standards et définis par les polices types d'assurances facultés telles que l'imprimé de la *Police française d'assurances maritimes sur facultés* ou les *Institute Cargo Clauses* britanniques, par exemple. Les stipulations particulières de ces polices ont, en général, seulement pour objet les modalités financières de calcul et de règlement des primes, l'étendue de la couverture relativement aux diverses sociétés d'un groupe, les conditions de déclarations d'aliment, etc. toutes questions étrangères au litige relatif au transport maritime.

Par ailleurs, le juge, en s'engageant dans une analyse exégétique autant qu'exhaustive des documents de la cause, se prive lui-même d'un élément essentiel de sa mission : l'appréciation souveraine des preuves. Dans la plupart des cas suffirait à cette appréciation la production d'un certificat d'assurance

(46) Aix, 13 avr. 2001, navire *Océan*, *DMF* 2002.815.
(47) Par exemple Cass. civ. 2e, 7 déc. 2006, no 04-14.096, *SDV LI c/ Axa Corporate et autres*.
(48) À ces réserves, s'ajoute un obstacle pratique. Les polices des « *grands comptes* » sont longues, très techniques et, pour la plupart, rédigées en anglais. Or, les cours d'appel tendent à réclamer traduction en français du texte anglais, alors que rares sont les traducteurs compétents en la matière.

assorti d'un acte de subrogation et éventuellement d'une dispache. Ces documents, dont les références mutuelles, quand elles concordent les unes avec les autres de façon cohérente, établissent la réalité de la couverture des risques relatifs au transport maritime, permettent suffisamment au juge de vérifier que le sinistre a bien pour origine un risque résultant du transport, et normalement couvert par l'assurance facultés (49).

1143. La preuve du paiement. — Le mécanisme de la subrogation est fondé sur le paiement (50). Contrairement aux exigences de concomitance de la subrogation au paiement résultant des dispositions de l'article 1250 du Code civil, la subrogation légale de l'assureur maritime s'effectue, au regard du paiement, en toute liberté, hors de tout formalisme. Certes, la réalité du paiement doit-elle être établie, mais il ne s'agit, là encore, que d'un problème de preuve. Celle-ci doit être rapportée, mais peut l'être par tous moyens. Cette preuve se fait habituellement, selon un mode privilégié : la production d'une quittance subrogative, reçu du paiement régularisé par l'assuré. Sauf à imaginer un faux en écritures de commerce, la production nécessaire de cette quittance devrait se révéler suffisante à établir la réalité du paiement.

Et cependant, le mouvement de méfiance évoqué ci-dessus s'est également exprimé sur ce terrain. Ainsi — cas extrême — la Cour d'appel de Rouen (51) a jugé récemment que la production aux débats de la photocopie du chèque de règlement signé par l'assureur « *ne prouvait pas que le chèque ait été effectivement remis à son bénéficiaire et encaissé par celui-ci* ». Une telle observation, même si elle n'est pas inexacte dans l'absolu, relève d'un « vertige probatoire » qui, s'il faisait école, paralyserait tout le contentieux commercial.

Les excès dans lesquels, parfois, tombent ainsi certains tribunaux nous paraissent encourir une double critique. En premier lieu, ils risquent, en fragilisant les recours des assureurs, de déséquilibrer les conditions d'assurance en détériorant le rapport sinistres-primes (52). Mais surtout, ils méconnaissent la place qui, même dans les relations entre professionnels, doit être reconnue à la *bonne foi*. Car le transporteur, qui sait qu'il est responsable du dommage subi par la marchandise et tente, cependant, de faire rejeter l'action de l'assureur, dont il sait parfaitement qu'il a réglé le dommage en cause, n'agit pas véritablement de bonne foi (53).

Reste à envisager le moment du paiement effectué par l'assureur à son assuré.

1144. Le moment du paiement. — De façon constante, la jurisprudence admet que l'assureur peut préserver le recours en agissant contre le transporteur

(49) En revanche, « *la circonstance que la police versée aux débats ne soit pas signée est sans influence sur son applicabilité dès lors que le contrat d'assurance est lui-même un engagement consensuel, qu'en matière commerciale la preuve peut être rapportée par tous moyens* », Paris, 8 avril 2009, *BTL* 2009.355.

(50) J. Mestre, *op. cit. supra*, note 34, n° 315.

(51) Rouen, 13 sept. 2001, navire *Maya*, *DMF* 2002.819.

(52) Ce rapport détermine, pour chaque assuré, le montant des primes demandées et l'adapte en fonction des résultats. Il favorise le bon assuré, ce qui relève d'une bonne politique juridique.

(53) Sur le rôle que peut, et doit, jouer la bonne foi dans l'appréciation du recours des assureurs, voir P. Bonassies, cité *supra*, note 45.

maritime avant même d'avoir effectué le règlement à son assuré. La justification d'ordre pratique d'une telle anticipation résulte de la combinaison du bref délai de prescription et des fréquentes lenteurs dues aux expertises indispensables notamment pour déterminer le montant des dommages et, par suite, de l'indemnité.

La jurisprudence dominante, se fondant sur les dispositions de l'article 126 du Code de procédure civile (54), admettait qu'une telle action interrompait la prescription (55). Bien évidemment, l'exigence de la réalité du paiement demeurait. L'action formée par l'assureur ne pouvait être jugée recevable que dans la mesure où le paiement avait été effectivement réalisé avant le jour où le tribunal était amené à statuer (56). Cette jurisprudence semble avoir été remise en question par un arrêt de la Chambre commerciale du 12 octobre 2004 (57).

Dans cet arrêt, la Cour justifie le rejet du pourvoi formé par les assureurs dont l'action avait été déclarée irrecevable par l'observation que « *l'action engagée dans le délai de prescription par une personne n'ayant pas qualité pour agir ne (peut) être régularisée postérieurement à l'expiration du délai de prescription et ce même si cette personne acquiert qualité pour agir après la forclusion* ». Même si l'arrêt, lequel méconnaît par trop les dispositions de l'article 126 du Code de procédure civile, peut s'expliquer par les circonstances de l'espèce (58), le doute subsiste — et l'on ne peut que conseiller aux assureurs de régulariser leur situation avant l'expiration du délai de prescription.

B. — La transmission par cession

1145. La cession partielle. — La cession des droits de l'un des intervenants dans la chaîne du transport peut se révéler indispensable à la mise en œuvre du recours, qu'elle soit partielle ou globale.

La *cession partielle*, portant sur la seule *qualité* pour agir, était fréquente avant l'arrêt de l'Assemblée plénière du 22 décembre 1989 dans l'affaire *Mercandia.* Lorsque l'ayant droit réel à la marchandise n'était pas mentionné dans le connaissement, la jurisprudence formaliste antérieure à cet arrêt (*supra,* n° 1132) contraignait à la mise en place d'une cession de droit du transitaire ou du commissionnaire de transport, figurant au connaissement comme chargeur ou destinataire, au profit de l'ayant droit réel, seul titulaire de l'intérêt à agir. Par l'effet de cette cession partielle, le chargeur réel ou le destinataire réel pouvait ainsi justifier de la recevabilité de son action (59) en réunissant sur sa tête intérêt et qualité pour agir.

(54) « *Dans le cas où la situation donnant lieu à la fin de non-recevoir est susceptible d'être régularisée, l'irrecevabilité sera écartée si la cause a disparu au moment où le juge statue* ».

(55) Voir par ex. Cass. civ. 1re, 18 juin 1985, *BTL* 1095.520 ; 9 oct. 2000, *RGDA* 2002.94, n. P. RÉMERY.

(56) Voir par ex. Lyon, 5 mars 1999, *BTL* 1999.366, Cass. civ. 1re 18 juin 1985, *BTL* 1985.520.

(57) Navire *Hornwind, DMF* 2005.245, obs. O. CACHARD.

(58) En ce sens, P.-O. LEBLANC, « La régularisation du droit d'action des assureurs en cours de procédure », *DMF* 2005.979, l'auteur relevant que l'assureur concerné avait d'abord agi en tant que subrogé aux droits du chargeur, avant de rectifier sa qualité pour préciser qu'il avait agi en tant que subrogé aux droits du destinataire.

(59) Voir cependant, sur la nécessité que la cession intervienne avant l'expiration du délai de prescription même si l'assureur a réglé dans ce délai, Paris, 20 févr. 2002, *BTL* 2002.339.

Depuis l'ouverture du champ du droit d'action en responsabilité contre le transporteur qui a suivi l'arrêt de l'Assemblée plénière, de telles cessions ne devraient plus apparaître indispensables. Cependant, les effets conjugués de l'habitude et de la prudence ont maintenu cette pratique. Il est vrai que le réalisme des affaires ne perd jamais de vue que ce qu'un revirement de jurisprudence a institué peut parfaitement disparaître du fait d'un nouveau revirement et que celui-ci serait d'application immédiate et donc, en quelque sorte, rétroactive. De plus, la complexité des relations d'affaires engendre des cas dans lesquels une telle cession peut toujours manifester son utilité (60).

1146. La cession globale. — La cession globale constitue le palliatif naturel des difficultés liées aux deux formes de subrogation évoquées ci-dessus. En effet, hors de toute subrogation, les parties au contrat d'assurance peuvent se placer sur le terrain du droit commun (61). L'assuré, titulaire de l'intérêt et de la qualité pour agir peut céder son droit d'agir en responsabilité contre le transporteur à quiconque, et donc, notamment, à son assureur.

Le formalisme de la cession de créance institué par l'article 1690 du Code civil (signification au débiteur cédé) doit, toutefois, être alors respecté. Cependant, la jurisprudence fait preuve de souplesse dans le respect de ce formalisme : elle considère ainsi que la signification de l'assignation, voire de conclusions, dès lors qu'elles visent la cession de droits, répondent aux exigences de l'article 1690 (62). Ainsi, à n'importe quel moment, sous cette seule contrainte procédurale, une cession des droits du titulaire de l'action peut parfaitement assurer la transmission du droit d'action.

1147. Cumul de la subrogation et de la cession de droits. — Normalement, les assureurs de la marchandise sont investis des droits du destinataire assuré, soit par le jeu d'une subrogation, soit par celui d'une cession de droits. Mais ces deux mécanismes peuvent être utilisés cumulativement, ce qui n'est pas sans soulever quelque problème, comme en témoigne le conflit récemment survenu entre la Première chambre civile et la Chambre commerciale de la Cour de cassation.

Le destinataire d'une marchandise transportée sur un navire affrété sous charte au voyage avait cédé ses droits non pas à l'assureur de la marchandise, mais à l'*affréteur* qui l'avait indemnisé — cet affréteur obtenant ensuite le règlement du préjudice subi par la marchandise de l'assureur, qu'il subrogeait alors à ses droits. L'assureur ayant agi en responsabilité contre le fréteur sur la base du connaissement couvrant le transport, ledit fréteur a contesté la compétence du juge saisi, en arguant de la clause compromissoire figurant dans la charte-partie, clause pour lui opposable aux assureurs, subrogés par l'affréteur. La Chambre

(60) Voir par exemple, Cass. com. 8 oct. 2003, navire *Jhelum, Rev. arb.* 2004.77, n. O. CACHARD.

(61) J. MESTRE relève à propos de la cession de créance : « ici encore, le transfert des droits s'effectue automatiquement, sans qu'il soit nécessaire d'énumérer les droits transmis » (*op. cit. supra*, note 34, n° 315).

(62) Voir Cass. com. 29 févr. 2000, *Bull. civ.* IV, n° 41.

commerciale a approuvé la Cour de Paris d'avoir rejeté l'exception d'incompétence. Pour la Cour suprême, la clause compromissoire n'avait pas à s'appliquer, les assureurs ayant certes été subrogés par l'affréteur, mais ledit affréteur agissant, lui, en qualité de cessionnaire du destinataire (63). C'est la solution opposée qui a été retenue, dans des circonstances analogues, par la Première chambre civile. Pour elle, le juge avait à bon droit constaté l'incompétence du tribunal saisi. L'affréteur, qui était seul à avoir subi le préjudice comme cessionnaire des droits du destinataire, avait bien un recours contre le transporteur, « *mais dans le cadre de la charte-partie initialement convenue dont il ne pouvait ignorer les termes* » (64).

Pour les auteurs du présent ouvrage, c'est la position de la Chambre commerciale qui paraît la mieux fondée (65). Le destinataire ayant cédé ses droits à l'affréteur, celui-ci avait acquis la qualité même du cédant, celle de destinataire. Pour utiliser une expression chère aux juristes de *common law,* il se présentait « dans les chaussures » (*in the shoes*) du destinataire. Et ce sont les droits du destinataire, droits qu'il avait acquis par cession, que l'affréteur avait à son tour transmis aux assureurs par subrogation. La clause compromissoire, inopposable au destinataire, l'était aux assureurs, qui, du fait du jeu successif de la cession puis de la subrogation intervenues, ne tenaient juridiquement leurs droits que de ce destinataire (66).

Quant à l'analyse de la Chambre civile elle nous paraît méconnaître les principes régissant la cession de créance, et notamment le principe que la créance cédée l'est avec tous les droits et actions qui en sont l'accessoire (article 1692 du Code civil). Aussi bien, est ce la Première chambre civile elle-même qui le rappelle dans un arrêt du 10 janvier 2006 : « *la cession de créance (a) pour effet d'emporter de plein droit transfert de tous les accessoires de ladite créance, et notamment les actions en justice qui lui (sont) attachés* » (67).

1148. Conclusion : Droit d'action et responsabilité du transporteur. — Au-delà de ces péripéties procédurales, il convient de replacer la question de la recevabilité de l'action de l'ayant droit contre le transporteur dans une perspective plus large. Depuis 1924, a été mis en place un système destiné à obliger le

(63) Cass. com. 8 oct. 2003, navire *Jhelum, DMF* 2004.339, obs. M. RÉMOND-GOUILLOUD.

(64) Cass. civ. 1re, 16 mars 2004, navire *Avila, DMF* 2004.423, obs. M. RÉMOND-GOUILLOUD ; O. CACHARD, « Honni soit qui mal y pense. L'opposabilité de la clause compromissoire au cessionnaire du tiers porteur », *Revue Scapel* 2004.156. Voir également l'analyse des deux arrêts par A.-S. BARTHEZ, « l'opposabilité d'une clause compromissoire prévue par la charte-partie d'un contrat d'affrètement », *Sem. jur. JCP* 2004.I.149.

(65) Dans le même sens, O. CACHARD, cité *supra*, note 60.

(66) L'appel à la bonne foi pour fonder la décision du 16 mars 2004 (voir M. RÉMOND-GOUILLOUD, citée *supra*, note 64), n'emporte pas non plus la conviction. Certes, dans la cause, destinataire et affréteur ont utilisé avec intelligence les mécanismes juridiques — outils neutres mis à leur disposition par le droit. Mais, en l'absence de fraude, on ne peut leur en faire grief. Et la « bonne foi » du fréteur n'est pas, elle non plus, indiscutable, si l'on relève qu'en émettant des connaissements pour couvrir la marchandise mise à bord, le fréteur savait, ou devait savoir, que sa responsabilité pourrait être mise en cause — en tant que *transporteur* (*supra*, no 749). — À la vérité, ce qui fonde l'arrêt de la Chambre civile, c'est le principe *compétence-compétence*, expressément visé par la Cour de cassation, et ici appliqué à l'extrême, voire à l'excès : dès qu'apparaît, même dans le lointain, une clause compromissoire, le juge doit abdiquer tout pouvoir, s'en remettant au seul tribunal arbitral pour décider de sa compétence (sur la critique de ce principe, voir *infra*, no 1168).

(67) Cass. 1re civ. 10 janv. 2006, *D.* 2006.365, n. X. DELPECH.

transporteur maritime à supporter dans le principe la responsabilité des dommages subis par les marchandises à l'occasion du transport maritime. Il faut veiller à ce qu'une confusion ne s'instaure pas entre recevabilité et bien-fondé de l'action. La question de la recevabilité est un préalable nécessaire, mais elle ne présente qu'un caractère second. En effet, l'important est de déterminer si le transporteur est responsable et de chiffrer le montant de la réparation due, du fait de la mauvaise exécution du contrat de transport. Cette responsabilité établie, le transporteur doit s'acquitter. Il ne faut pas que les « technicalités » procédurales fassent obstacle à cette réparation, assurant au transporteur une immunité que rien ne justifie. Tout au plus, faut-il s'assurer que le transporteur n'est pas exposé à une double réparation, ce qui, à ce jour, n'a jamais posé problème.

En décider autrement, expose, contrairement aux principes fondamentaux du droit commun, à assurer un enrichissement sans cause à l'un des contractants, le transporteur maritime. La Cour de cassation ne s'y trompe pas qui, dans un autre domaine, lequel présente des analogies certaines avec le monde maritime — celui de la construction —, rappelle qu'« *en application du principe général du droit selon lequel nul ne peut s'enrichir injustement aux dépens d'autrui, celui qui, par erreur, a payé la dette d'autrui de ses propres deniers a, bien que non subrogé aux droits du créancier, un recours contre le débiteur* » (68).

Section 2

Le juge de l'action en responsabilité

1149. Principes. Transports internationaux. Transports nationaux. — Dans le principe, s'agissant de déterminer le juge compétent, il n'y a pas lieu de distinguer ici entre transports (ou litiges) internationaux et transports (ou litiges) nationaux. En l'absence en droit français de règles de compétence propres à la matière internationale, la jurisprudence — réserve faite de l'incidence éventuelle du droit communautaire (*infra*, n° 1150) applique à cette matière les règles de compétence territoriale interne (69).

Si c'est une juridiction étrangère que désignent ces règles, il faut évidemment que la règle de droit étrangère « accepte » cette compétence, le juge français ne pouvant écarter cette compétence, même pour des raisons d'ordre public international, et, par exemple, que la décision du juge étranger conduirait à une véritable spoliation (70). Si le droit étranger rejette toute compétence, et que l'on risque alors un déni de justice, c'est le tribunal français « approprié » qui sera compétent (71).

(68) Cass. civ. 1re, 4 avr. 2001, *D.* 2001.1824, n. M. BILLIAU.
(69) Cass. 19 oct. 1959, *Pelassa, Rev. cr. dr. int. pr.* 1960, n. Y. LOUSSOUARN.
(70) Cass. 11 juin 2002, navire *Babor, DMF* 2002.919, obs. L. RAISON-REBUFAT et O. RAISON.
(71) P. MAYER, V. HEUZÉ, *Droit international privé,* 8e éd., n° 288.

Quant aux règles françaises de compétence, on les trouve d'abord dans l'article 54 du décret du 31 décembre 1966, aux termes duquel « *les actions nées du contrat de transport de marchandises sont portées devant les juridictions compétentes selon les règles du doit commun* ». Par application des articles 42 et suivants du Code de procédure civile, sont donc compétents le tribunal du domicile du défendeur (art. 42), ainsi que, parce que l'on est ici en matière contractuelle, « *la juridiction du lieu de la livraison effective de la chose ou du lieu de l'exécution de la prestation de service* » (art. 46). Mais le décret du 31 décembre 1966 dispose, en outre, que sont également compétents le tribunal du port de chargement ou de déchargement, s'ils sont situés sur le territoire français. Il y a là une règle de grande importance, en tant qu'elle donne compétence à un juge qui peut apparaître — surtout pour ce qui est du tribunal du port de déchargement — comme le *juge naturel* du litige. C'est en effet dans ce port que tout s'achève et que tout se noue, la découverte par le destinataire d'une marchandise endommagée, comme la recherche des preuves de la cause du dommage.

Par ailleurs, le renvoi au droit commun de la compétence territoriale, inclut nécessairement l'application au contentieux maritime des articles 14 et 15 du Code civil, et, plus particulièrement de l'article 14, aux termes duquel « *un étranger pourra être traduit devant les tribunaux de France pour les obligations par lui contractées en pays étranger envers des Français* ». Ce privilège de juridiction se révèle particulièrement précieux pour les plaideurs français en une période de déclin du pavillon français. Les assureurs-facultés y ont souvent recours, mêmes lorsqu'ils sont subrogés aux droits d'un assuré étranger (72), pour éviter la compétence de juridictions « exotiques ».

Ce privilège de juridiction, vivement critiqué à l'étranger, encore qu'il se retrouve dans de nombreux droits, a toutefois été restreint par les règles communautaires. Aujourd'hui, en application des dispositions de l'article 3 du Règlement du 22 décembre 2000, il ne peut plus être invoqué contre une personne domiciliée sur le territoire d'un État membre de la Communauté européenne. En revanche, on peut penser que le privilège de l'article 15 devrait aujourd'hui être étendu à tous les ressortissants de l'Union européenne, ce en vertu du principe de non-discrimination, fondamental au droit communautaire.

Les règles normales de compétence territoriale peuvent toutefois être altérées en cas de litispendance ou de connexité. Le tribunal compétent sera alors déterminé par application des dispositions des articles 100 et 101 du Code de procédure civile, la règle étant que la juridiction saisie en second lieu doit se dessaisir en cas de connexité, tandis que l'une ou l'autre des juridictions saisies peuvent se dessaisir en cas de connexité. Il est à noter que les articles 100 et 101 peuvent être invoqués même dans un contexte international, un tribunal français

(72) V. J. MESTRE, cité *supra*, note 31, n°s 397 et s. ; Cass. 14 déc. 2004, navire *Rhodos III*, *DMF* 2005.423, obs. Ph. DELEBECQUE, la Cour réservant toutefois le cas de la fraude procédurale.

pouvant se dessaisir au bénéfice d'une juridiction étrangère. Mais les décisions de dessaisissement sont exceptionnelles, notamment en matière maritime (73).

Sur le plan matériel, la compétence est, de façon quasi exclusive, celle des *tribunaux de commerce*. Le transport maritime est toujours un acte de commerce pour le transporteur (74). Il peut s'analyser en acte mixte si l'ayant droit à la marchandise ne fait pas acte de commerce, ce qui est rare. Ainsi, en pratique, seul le transport de passagers donne-t-il lieu à une compétence des tribunaux civils, peu fréquente, au demeurant.

1150. Droit communautaire. — Nous l'avons relevé ci-dessus, les textes communautaires interdisent à un demandeur français de se prévaloir des dispositions de l'article 15 du Code civil contre un défendeur domicilié en Communauté. Mais c'est d'une manière plus générale que les règles du droit français doivent être coordonnées avec celles du droit communautaire, tel qu'il s'exprime aujourd'hui dans le Règlement du 22 décembre 2000, remplaçant la Convention de Bruxelles du 27 septembre 1968 (75).

Il résulte de ce texte que le défendeur domicilié dans un État de la Communauté peut d'abord être assigné devant les juridictions de cet État (article 2). Mais il peut aussi « *en matière contractuelle* » — ce qui inclut les actions contre le transporteur maritime — être également assigné « *devant le tribunal du lieu où l'obligation qui sert de base à la demande a été ou doit être exécutée* ». La Convention de Bruxelles ne précisait pas comment ce lieu devait être déterminé, ce qui avait posé problème. Dans un arrêt du 28 septembre 1999, la Cour de justice des Communautés européennes avait décidé que ce lieu devait être déterminé « *conformément à la loi qui régit l'obligation selon les règles de conflit de la juridiction saisie* » (76). La solution adoptée imposait un processus complexe : le juge saisi devait d'abord déterminer la loi applicable au contrat de transport, chose, nous le savons peu aisée (*supra*, n° 906 et n°s 907 et s.). Puis il devait déterminer, à partir de cette loi, le lieu d'exécution du contrat. La tâche était le plus souvent divinatoire, car de nombreux droits ne se préoccupent guère de définir le lieu d'exécution (et d'abord la loi française elle-même) (77). Il est donc heureux que le Règlement du 22 septembre 2000 soit venu préciser le texte de la Convention de 1968.

Aux termes des dispositions nouvelles de l'article 5, « *sauf convention contraire, le lieu de d'exécution de l'obligation qui sert de base à la demande*

(73) Voir Aix-en-Provence, 27 juin 2000, *Revue Scapel* 2000.122 et *DMF* 2001, Hors-série n° 5 au n° 100.
(74) Art. L. 110.2 nouveau Code de commerce, ancien art. 633.
(75) Règlement 44-2001 ; *JOCE* L. 12 du 16 janv. 2001.1 ; *D.* 2000.440 ; *DMF* 2001, Hors-série n° 5 au n° 4, obs. P. BONASSIES.
(76) *Bull. des arrêts* 1999.6307 ; *Rev. cr. dr. int. pr.* 2000.253, n. B. AUDIT ; *DMF* 2001, Hors-série n° 5, obs. P. BONASSIES.
(77) Voir, sur ce point, les très justes observations de Ph. DELEBECQUE sous Cass. 20 juin 2000, arrêt rendu en application de la décision de la Cour de justice citée au texte, et où l'on pouvait penser que c'est la loi brésilienne qui était la loi du contrat de transport — avec les difficultés pour un juge français de savoir ce que « pense » cette loi : *DMF* 2000.794. Voir cependant, pour un cas exceptionnel où la loi applicable, loi suisse, donne des précisions sur le lieu d'exécution (article 74 du Code des obligations), Paris, 13 oct. 1999, *Revue Scapel* 2000.170 et P. BONASSIES, obs. au *DMF* 2001, Hors-série n° 5 au n° 101.

est : — pour la fourniture de services le lieu d'un État membre où, en vertu du contrat, les services ont été ou auraient dû être livrés ». Ces dispositions permettent de « sauter » le passage imposé par la Cour de justice de la détermination de la loi du contrat. Elles fournissent une définition « communautaire » du lieu d'exécution, directement applicable par le juge. Et il est sans doute raisonnable de penser que, s'agissant du contrat de transport maritime — contrat qui doit être considéré comme un contrat pour la fourniture de services —, le lieu « *où les services ont été ou auraient dû être livrés* » ne peut être que le port de livraison de la marchandise — le tribunal de ce port pouvant de surcroît apparaître, nous l'avons relevé, comme le juge naturel du destinataire.

Au-delà de son article 5 sur le tribunal compétent, le Règlement du 22 septembre 2000 a repris dans ses articles 27 à 30 les dispositions de la Convention de 1968 sur la litispendance et la connexité. Ces dispositions, proches de celles du droit français, sont applicables aux litiges maritimes — et notamment même en présence d'une clause d'élection de for (78).

1151. Élection de for. — Le seul rappel de ces règles de droit commun ne donnerait pas une image exacte du contentieux relatif à la compétence en matière de transport maritime. En effet, de façon systématique, les connaissements comportent une clause attributive de compétence territoriale à tel ou tel tribunal (79), plus rarement une clause d'arbitrage renvoyant la connaissance de tout litige né du contrat en cause à telle juridiction arbitrale (80). La question de la détermination de la juridiction compétente se ramène donc, souvent, à l'appréciation de la validité ou de l'opposabilité de ces clauses d'élection de for. Tant la Convention de 1924 que la loi du 18 juin 1966 sont muettes à leur égard. Cela doit être regretté, car le contentieux relatif à la compétence territoriale présente une véritable spécificité en matière de transport maritime.

En raison d'une jurisprudence toute récente de la Cour de cassation (Première chambre civile et Chambre commerciale : voir *infra*, n°s 1162 et 1168), les questions posées par les clauses de juridiction, et les problèmes posés par les clauses compromissoires, doivent être distingués, et seront donc présentés séparément (81).

(78) En ce sens, CJCE, 9 déc. 2003, *Revue Scapel* 2004.5 ; *DMF* 2005, Hors-série n° 9, obs. Ph. DELEBECQUE au n° 114.

(79) Voir sur la question A. KPOHAOUM AMOUSSOU, *Les clauses attributives de compétence dans le transport maritime de marchandises*, préface P. Bonassies, Biblio. CDMT, PUAM 2002. La pratique des clauses de juridiction est absolument constante dans les connaissements de ligne régulière, seuls les connaissements dits de charte-partie ne comportent pas habituellement, de telles clauses (voir Congencon bill, par exemple).

(80) De fait, les clauses compromissoires sont inhabituelles dans les connaissements. N'y figure, dans certains, qu'une clause renvoyant, et souvent d'une manière imprécise, à la clause d'arbitrage insérée dans la charte-partie qui a donné lieu à l'émission du connaissement (voir *infra*, n° 1166).

(81) Sur l'ensemble de la question, voir A. MALAN, « Le rayonnement de la clause compromissoire et de la clause attributive de juridiction dans les opérations de transport maritime », *DMF* 2006.3.

§ 1. — *Les clauses de juridiction*

1152. Principes. — La clause de juridiction, comme indiqué ci-dessus, est la clause figurant au connaissement et par laquelle les parties au transport désignent une juridiction particulière pour juger de leurs différends — les tribunaux britanniques, ou le Tribunal de Shangai par exemple.

Dans un domaine au caractère international aussi fortement prononcé, les transporteurs maritimes, de longue date, font une utilisation offensive de ces clauses. Les clauses de juridiction constituent souvent leur première ligne de défense. En effet, il leur est facile d'insérer dans leurs connaissements des clauses attribuant compétence aux tribunaux du lieu de leur siège social, tribunaux qui, pour les ayants droit à la marchandise, peuvent être lointains ou d'accès difficile (que l'on songe ici aux juridictions chinoises, auxquelles renvoient les connaissements de la COSCO, la compagnie nationale chinoise). À l'extrême, la juridiction élue peut être soupçonnée de complaisance à l'égard du transporteur, au titre, notamment, de la protection d'un armement national.

Certes, il n'en va pas toujours ainsi, mais, en toute hypothèse, le renvoi à une juridiction étrangère constitue un élément de complexité supplémentaire que doit gérer l'ayant droit à la marchandise. En matière maritime plus peut-être qu'en d'autres domaines, le droit traverse mal les frontières (82). Malgré l'unification du droit matériel opérée par les conventions internationales, les difficultés d'interprétation et d'application subsistent. En particulier, les tribunaux français, sur le fondement d'un même texte, la Convention de 1924, se montrent plus sévères à l'égard des transporteurs maritimes que les juridictions britanniques (83). D'où la tentation, pour les transporteurs, des clauses de juridiction.

1153. Consentement des parties. — Les clauses de juridiction font partie des clauses qui figurent habituellement en caractères minuscules, noyées dans les conditions générales imprimées au dos des connaissements. En pratique, il est facile de constater que personne ne se préoccupe véritablement de ces clauses au moment de la formation du contrat. Le chargeur y est indifférent car il considère, parfois à tort, qu'elles ne le concernent pas. Le destinataire, quant à lui, n'est pas présent, et ne peut donc, au moment de l'émission du connaissement, accepter ou refuser la clause. Au demeurant, il n'est pas certain que les parties évaluent véritablement l'importance de ces clauses de compétence. Ces clauses n'ont que rarement l'occasion de trouver application. Seul un contentieux portant sur des sommes importantes, chose exceptionnelle en pratique en considération des transports innombrables qui s'accomplissent quotidiennement sans problème, sera de nature à en révéler le caractère déterminant.

Dès lors, toute la problématique classique du contrôle de l'efficacité des clauses de juridiction se trouve faussée. Dans le principe, le droit commun,

(82) C. Scapel, « L'insécurité maritime, l'exemple de la pollution par les hydrocarbures », *Revue Scapel*, 2001.122.

(83) Voir, entre autres, l'exemple donné au texte du traitement de l'obligation du transporteur de chargement/déchargement, *supra*, n° 1010. Pareillement, la conception française et la conception britannique de la faute inexcusable ne sont pas identiques.

applicable en l'absence de texte spécifique, commande de rechercher si une telle clause a été connue et acceptée du co-contractant à qui elle est opposée. Mais cette recherche est malaisée dans un contrat qui met en cause trois personnes — transporteur, chargeur et destinataire —, et les tribunaux sont parfois réduits à rechercher et à accorder de la portée à des signes souvent artificiels, auxquels peut être prêté un sens qu'ils ne revêtent pas nécessairement.

1153 *bis*. Règles de Hambourg. Règles de Rotterdam. — Il faut regretter que les transports maritimes n'aient pas ici suivi la même voie que le transport aérien en réglant par des textes spécifiques la question de la compétence territoriale. C'est ce qu'ont fait la Convention de Varsovie de 1929 (84), puis la Convention de Montréal du 30 mai 1999 instituant la controversée 5e juridiction (85), en matière de transport de passagers toutefois. Les Règles de Hambourg ont repris ce précédent, de façon opportune (86).

Quant aux Règles de Rotterdam, elles consacrent un chapitre entier (ch. 14) à la compétence et mettent en place un dispositif complexe. Il faut noter, tout d'abord, que ce dispositif ne présente pas forcément un caractère obligatoire. En effet, l'article 92 des Règles dispose que les États contractants ne seront liés par ces règles de compétence que dans la mesure où ils déclarent s'y soumettre (art. 74). Un État silencieux sur ce point ne sera donc pas lié par ces dispositions (système dit de l'*opting-in*).

Ainsi, si le chapitre 10 s'applique, le demandeur a le choix entre les juridictions énumérées à l'article 66, a) des Règles, à l'initiation du système de la Convention de Varsovie, repris par les Règles de Hambourg (87). Il faut y ajouter le tribunal désigné par un « *accord entre le chargeur et le transporteur* » (art. 66 b). Cette élection de for paraît donc, tout comme dans les Règles de Hambourg, être valable mais simplement à titre supplétif, en tant qu'option supplémentaire offerte au demandeur.

Il n'en va pas de même des accords d'élection de for figurant dans un *contrat de volume*. Ceux-ci, au bénéfice de conditions de forme et de précision, peuvent alors revêtir un caractère « exclusif » (art. 67), entre le chargeur et le transporteur. Pour le chargeur, les options disparaissent alors, le tribunal désigné est seul compétent. Le texte permet d'étendre le caractère obligatoire de la clause de compétence à « une personne qui n'est pas partie au contrat de volume (art. 67 § 2). Il est mis des conditions à cette extension : le tribunal désigné doit être l'un

(84) L'article 28 de la Convention de Varsovie offre au demandeur le choix entre quatre juridictions qui doivent lui permettre d'accéder à un tribunal qui lui soit accessible dans des conditions satisfaisantes.

(85) La 5e juridiction est celle du domicile du demandeur.

(86) Dans les Règles de Hambourg, l'article 21 donne compétence, au choix du demandeur, à quatre juridictions selon que se trouve dans leur ressort : « *a) l'établissement principal du défendeur ou, à défaut, sa résidence habituelle, b) le lieu où le contrat a été conclu, à condition que le défendeur y ait un établissement, une succursale ou une agence par l'intermédiaire duquel le contrat a été conclu, c) le port de chargement ou le port de déchargement, d) tout autre lieu désigné à cette fin dans le contrat de transport par mer* ».

(87) Art. 66 a) « *Le tribunal dans le ressort duquel se trouve l'un des lieux ci-après : i) le domicile du transporteur, ii) le lieu de réception convenu dans le contrat de transport, iii) le lieu de livraison convenu dans le contrat de transport, iv) le port où les marchandises sont initialement chargées sur un navire ou le port où elles sont finalement déchargées d'un navire* ». On peut observer qu'il est fait référence au lieu de réception, au lieu de livraison et au port de déchargement !

des 4 énumérés à l'article 66, a), la clause doit être « *contenue dans le document de transport* » (*sic*), cette personne doit être « *dûment avisée en temps utile* » — ce qui laisse perplexe — et la loi du tribunal saisi doit admettre la validité d'un tel accord.

Il est permis de supposer qu'une telle clause exclusive désignera souvent le tribunal du domicile du transporteur qui figure bien dans l'énumération de l'article 66.

Pour revenir au droit positif, d'une manière générale, on observe que les tribunaux français se montrent rigoureux dans leur contrôle du consentement des parties, faisant porter leur analyse tant sur l'opposabilité des clauses de juridiction que — et d'abord — sur leur validité.

La *validité* des clauses de juridiction donne lieu à un premier examen. Si la clause est valable, il faut ensuite déterminer dans quelles conditions son *opposabilité* peut être acquise. Ce sont ces deux thèmes qui seront développés ci-dessous, avant de présenter un nouveau type de clauses de compétence, les clauses insérées dans les *lettres de garantie*.

A. — Validité des clauses de juridiction

1154. Principe de validité. — La validité de principe des clauses attributives de compétence territoriale, tout comme celle des clauses compromissoires, ne peut être mise en doute. Le droit français n'y fait pas obstacle, pas plus que le droit communautaire. Celui-ci valide ces clauses très largement par l'article 17 de la Convention de Bruxelles, devenu l'article 23 du règlement n° 44-2001 du 22 décembre 2000. La plupart des lois étrangères admettent également ces clauses de style insérées systématiquement dans les connaissements (88). Cependant, la jurisprudence a toujours considéré que ces clauses devaient, à peine de nullité, répondre à certaines conditions.

La nullité des clauses peut être prononcée principalement pour sanctionner un défaut de forme ou un défaut de rédaction.

1155. Défaut de forme. — L'article 48 du nouveau Code de procédure civile conditionne la validité des clauses relatives à la compétence territoriale à deux conditions : elles doivent être limitées aux relations entre commerçants d'une part, et, d'autre part, toute clause doit être « *spécifiée de façon très apparente dans l'engagement de la partie à qui elle est opposée* ».

Si la première condition ne saurait susciter de difficulté en matière de transport maritime de marchandises, il n'en va pas de même de la seconde. Les clauses de juridiction figurent habituellement dans les conditions générales du transport en caractères minuscules, souvent très difficilement lisibles. Ainsi, de nombreuses décisions, ont-elles, dans un premier temps, prononcé la nullité de ces clauses

(88) Longtemps hostile à ces clauses, le droit américain les admet aujourd'hui. Seul leur demeure opposé le droit marocain qui les frappe de nullité dans l'article 264 du Code commerce maritime de 1919.

pour non-respect des exigences de l'article 48 du nouveau Code de procédure civile (89). Cependant, la Cour de cassation a finalement mis un terme à cette analyse pour ce qui est des transports internationaux. Ayant considéré que, d'une manière générale, l'article 48, disposition de droit interne, n'avait pas vocation à régir un contrat international, elle a appliqué la règle aux connaissements (90). La référence à l'article 48 du nouveau Code de procédure civile a ainsi été abandonnée dans lesdits transports — les seuls, d'ailleurs, où les clauses de juridiction font vraiment problème.

S'il n'est ainsi plus possible d'invoquer les dispositions de l'article 48 du Code de procédure civile à l'encontre de la clause de juridiction d'un connaissement couvrant un transport international, rien n'interdit au juge de constater, dans un cas concret, qu'une clause de juridiction imprimée en caractères minuscules, est illisible, et par là inopposable tant au chargeur qu'au destinataire (91).

1156. Imprécision de la clause. — Les tribunaux ont aussi longtemps exigé des clauses attributives de compétence qu'elles désignent, avec précision, la juridiction élue. À défaut d'une désignation nominale, la clause considérée comme imprécise était annulée. Une telle exigence était justifiée par le souci de protéger l'ayant droit à la marchandise. Celui-ci ne devait pas se trouver exposé au risque d'erreur dans l'application de la clause, ni au risque de manœuvres dilatoires du transporteur maritime.

Cette jurisprudence, appliquée avec une rigueur variable selon les cours d'appel, a évolué. Désormais, les juridictions françaises considèrent que « *la désignation générale des juridictions d'un État étranger est licite si le droit interne de cet État permet de déterminer le tribunal spécialement compétent* » (92). En dehors de toute controverse relative à l'opportunité de cette évolution, il est possible de se demander si une telle motivation a véritablement un sens. Comment, en effet, imaginer un système juridique qui ne permettrait pas de déterminer la compétence territoriale de ses propres juridictions ?

La jurisprudence communautaire, se prononçant sur l'application de l'article 17 de la Convention de Bruxelles-Lugano, va dans le même sens, mais avec une formulation plus explicite : selon la CJCE, l'article 17 n'exige pas qu'une « *clause attributive de juridiction soit formulée de telle façon qu'il soit possible d'identifier la juridiction compétente par son seul libellé. Il suffit que la clause identifie les éléments objectifs sur lesquels les parties se sont mises d'accord*

(89) Voir par ex. Rouen, 8 févr. 1974, *BTL* 1974. 261 ; Aix, 20 mars 1979, *BTL* 1979. 364.

(90) Sur le principe, Cass. 17 déc. 1985, *Rev. crit. dr. int. privé* 1986.537, n. H. GAUDEMET-TALLON ; pour les connaissements, 25 nov. 1986, *DMF* 1987.706.

(91) Comparer Rouen, 5 févr. 2009 et 26 févr. 2009 (navires *You King* et *M/V Arubank, DMF* sept. 2009, observations A. AMOUSSOU), où le juge prend en considération le caractère peu lisible du connaissement produit pour écarter la clause de juridiction.

(92) Cass. civ. 1re, 17 déc. 1985, cité *supra*, n° 83 ; Cass. com. 19 mars 1991, *DMF* 1991.507 ; Cass. com. 3 mars 1998, *DMF* 1998.439.

pour choisir le tribunal ou les tribunaux auxquels elles entendent soumettre leurs différends nés ou à naître » (93).

La question de la rédaction de ces clauses ayant été ainsi tranchée, le contentieux s'est focalisé sur le terrain de *l'opposabilité* des clauses valables aux différents cocontractants, parties au contrat de transport maritime (94).

B. — Opposabilité de la clause

1157. Principes. Distinction chargeur/destinataire. — Naguère, la question de l'opposabilité des clauses de juridiction était résolue de façon simple. La clause était opposable si le chargeur avait signé le connaissement. Elle lui était opposable, mais elle l'était également au destinataire, soit comme ayant été représenté par le chargeur, soit étant considéré comme ayant accepté la clause en prenant livraison de la marchandise. L'analyse est devenue plus nuancée. Elle s'est renouvelée depuis deux décisions de principe, l'une interne, l'arrêt *Nagasaki*, l'autre communautaire, l'arrêt *Castelleti.* Il faut donc aujourd'hui distinguer l'opposabilité au chargeur de l'opposabilité au destinataire.

1158. Opposabilité au chargeur. La jurisprudence française. — Elle a été fixée par l'arrêt *Nagasaki* rendu par la Cour de cassation le 29 novembre 1994 (95). Confirmant la solution antérieurement admise, la Cour y affirme que, s'agissant du chargeur, « *la clause doit avoir été acceptée au plus tard au moment de la conclusion du contrat* ».

La question des modalités de l'acceptation du chargeur n'a jamais donné lieu à débats. Cette acceptation se manifeste normalement par la signature du chargeur apposée sur le connaissement (96).

1159. La jurisprudence communautaire. — En droit communautaire, le problème des clauses de juridiction est régi, pour ce qui est des clauses mettant en cause une entreprise domiciliée en Communauté ou dans un État de l'Espace économique européen, par les dispositions de l'article 17 de la Convention de Bruxelles-Lugano, devenu, sans changement notable, l'article 23 du règlement du 22 décembre 2000. Aux termes de ce texte, ces clauses sont valables, dès lors qu'elles sont conclues, « *dans le commerce international, sous une forme qui soit conforme à un usage dont les parties avaient connaissance ou étaient censées avoir connaissance et qui est largement connu et régulièrement observé dans ce*

(93) CJCE, 9 nov. 2000, *Coreck, Recueil des arrêts,* 2000.9337 ; *DMF* 2001.187, n. Ph. DELEBECQUE, observant que « *l'exigence de la CJCE n'est au fond, que la transposition de la théorie de l'objet, objet dont on sait qu'il doit être déterminé ou à tout le moins déterminable* ».

(94) Pour le domaine d'application des clauses de juridiction, voir Cass. 24 sept. 2003, navire *Victor Dubrovski, DMF* 2004.10 obs. Ph. DELEBECQUE, appliquant la clause du connaissement à l'action du destinataire en réparation du dommage causé à son quai par le navire.

(95) Cass. com. 29 nov. 1994, navire *Nagasaki*, *DMF* 1995.209, n. P. BONASSIES ; C. SCAPEL, « Une bombe dans le contentieux maritime : la jurisprudence *Nagasaki* », *Revue Scapel* 1995.39. Le même jour, par l'arrêt *Stolt Osprey* la Cour de cassation appliquait la même analyse aux clauses d'arbitrage : voir *infra*, n° 1167.

(96) V. en ce sens, Rouen, 25 septembre 2008, *DMF* 2008.1011, obs. P. BONASSIES.

type de commerce par les parties à des contrats du même type dans la branche commerciale considérée » (97).

La portée de ce texte a été précisée par la Cour de justice des Communautés dans un arrêt *Castelleti* du 16 mars 1999 (98). La Cour observe que « *le consentement des parties contractantes à la clause attributive de juridiction est présumé exister dès lors que leur comportement correspond à un usage régissant le domaine du commerce international dans lequel elles opèrent et dont elles ont ou sont censées avoir connaissance* ». Or, l'usage international est, nous le savons, que la signature du connaissement ne soit pas exigée du chargeur, et cet usage est reconnu par le droit français depuis la modification de l'article 37 du décret du 31 décembre 1966 par le décret du 19 juin 1969.

Il résulte donc du droit communautaire que, pour les litiges soumis à ce droit, une clause de juridiction sera toujours opposable au chargeur. Celui-ci est, en effet, nécessairement censé avoir connu la pratique systématique des clauses de juridiction dans les connaissements, même si, de fait, il ne leur a jamais prêté la moindre attention.

S'agissant du chargeur, les juridictions françaises se trouvent donc ainsi dans l'obligation de modifier la règle traditionnelle. Cependant, la règle communautaire n'affecte pas la position du droit français pour ce qui est des transports internes, ou des litiges internationaux non soumis au droit communautaire.

Mais c'est principalement à l'égard de la situation du destinataire que la jurisprudence a fait l'objet d'une notable évolution.

1160. Opposabilité au destinataire. Droit français. — L'analyse traditionnelle reposait sur un mandat implicite du destinataire au chargeur, censé le représenter lors de la conclusion du contrat. Dès lors que le chargeur acceptait la clause, ou était réputé le faire, le destinataire était également réputé l'avoir acceptée. Le principe d'une telle représentation était discutable, particulièrement s'agissant de telles clauses. Il a été abandonné par les tribunaux français. La jurisprudence communautaire est cependant différente de la solution française.

1161. Le premier revirement de la jurisprudence française. — Par l'arrêt *Nagasaki, en 1994,* (*supra*, n° 1158), la Cour de cassation a complètement modifié son analyse. Elle y juge que, s'agissant du destinataire, la clause de juridiction « *doit avoir été acceptée, au plus tard, au moment où, recevant la livraison de la marchandise, il a adhéré au contrat de transport* ». Ainsi, la Cour dissocie-t-elle le consentement du destinataire de celui du chargeur, qui n'est plus censé le représenter, du moins à cet égard.

Aussitôt, s'est posée la question de la portée qu'il fallait attribuer à cette décision. Certains interprètes suggéraient que le simple « *accomplissement* » du connaissement par le destinataire — remise du document au transporteur ou à

(97) Sur le sens des termes « *dans le commerce international* », voir les obs. d'O. CACHARD, sous Cass. 14 nov. 2004, *DMF* 2005.247.

(98) *Recueil des arrêts* 1999.1597 ; *DMF* 2000.7, obs. Ph. DELEBECQUE.

son agent afin de retirer la marchandise — devait être considéré comme exprimant l'acceptation de la clause par le destinataire (99). Mais la Chambre commerciale devait rapidement écarter cette interprétation. Par son arrêt *Chang Ping* du 16 janvier 1996 (100), elle observait « *qu'une clause attributive de compétence territoriale n'est opposable au destinataire de la marchandise que s'il l'avait expressément acceptée, que la seule détention du connaissement ne constitue pas la preuve d'une pareille acceptation* ». La solution est reprise et précisée dans un arrêt du 8 décembre 1998, concernant un destinataire qui avait porté sur le connaissement, avant de le remettre au transporteur, la mention « *accompli* ». Pour la Cour de cassation, la clause de compétence « *doit faire l'objet d'une acceptation spéciale de la part du destinataire, laquelle ne résulte pas de l'accomplissement du connaissement* » (101).

Les juridictions du fond, dans leur ensemble, se sont ralliées à cette analyse nouvelle des relations des parties au contrat de transport (102). Cette analyse n'est pourtant pas partagée par la Première chambre civile de la Cour de cassation.

1162. L'arrêt *Bonastar II*. — La Première chambre civile de la Cour de cassation connaît de certaines procédures maritimes. Lorsque celles-ci mettent principalement en jeu les règles du droit international privé, elles sont dévolues à l'examen de cette chambre, au titre de son « portefeuille » internationaliste. Il en fut ainsi de l'affaire du *Bonastar II* (103). Le connaissement comportait une clause stipulant l'application du droit de Singapour (clause *paramount*), comme la compétence du Tribunal de Singapour. La Première chambre civile a jugé que la clause *paramount* était valable : la détermination des effets du connaissement (dont l'opposabilité de la clause de compétence au tiers porteur) devait dès lors s'effectuer selon la loi applicable au contrat, la loi de Singapour, très favorable aux clauses de juridiction (104). De plus, la Cour juge que « *l'insertion d'une clause de juridiction étrangère dans un contrat international fait partie de l'économie de celui-ci, de sorte qu'elle s'impose à l'assureur subrogé* » aux droits du destinataire.

L'analyse est contestable, car, à la différence de la clause de livraison sous palan, la clause de juridiction n'est pas une clause qui précise l'étendue des obligations du transporteur, sans déroger à aucun principe général. Elle est extérieure au contrat, comme l'observait en 1989 le juge britannique Bingham

(99) L'accomplissement du connaissement, par la remise de celui-ci au transporteur effectuée par le destinataire à fin d'obtenir la livraison de la marchandise.

(100) Cass. com. 16 janv. 1996, *Chang Ping, DMF* 1996.393, n. P. Bonassies ; dans le même sens, Cass. com. 15 oct. 1996, *Köln Atlantic, DMF* 1997.705, n. P.-Y. Nicolas ; obs. P. Bonassies, *DMF* 1997, Hors-série n° 1, n° 84, p. 61.

(101) Navire *Silver Sky, DMF* 1999.1007, rapp. Rémery, obs. P.-Y. Nicolas. Dans le même sens, Cass. 25 févr. 2002, navire *Apt Mariner, DMF* 2003.41, obs. Ph. Delebecque ; Cass. 7 déc. 2004, navire *Jerba, DMF* 2005.133, obs. J.-P. Rémery.

(102) Voir par ex. Caen, 20 mars 1997, *West Westfield, DMF* 1997.714, n. M. Rémond-Gouilloud ; Paris, 2 avr. 1997, *City of Durban, BTL* 1997.572 ; Rouen, 14 nov. 1996, *Fiona, DMF* 1997.154, n. P.-Y. Nicolas ; T. com. Marseille, 27 juin 1997, *Revue Scapel* 1997.146 ; Rouen, 25 mars 2004, navire *Santiago Express, DMF* 2005.540.

(103) Cass. civ. 1re, 12 juill. 2001, *Bonastar II, DMF* 2001.994, n. Ph. Delebecque, *BTL* 2001. 605.

(104) Obs. P. Bonassies, *DMF* 2002, Hors-série n° 6, p. 76, n° 101.

dans sa décision *The Federal Bulker* (105). Elle a vocation à intervenir postérieurement à son exécution, et elle déroge aux principes généraux de compétence. Mais surtout, la décision *Bonastar* posait un problème de compatibilité avec la jurisprudence qui était alors celle de la Chambre commerciale (106).

Cette dernière, se référant à la loi française, loi du for, impliquait une recherche, au cas par cas, du consentement à la clause de juridiction du destinataire, tiers porteur du connaissement. L'analyse de la Première chambre civile, se réfère à la loi du contrat pour régir le problème, tout en proclamant l'opposabilité de droit au destinataire de la clause de compétence, incorporée à l'économie du contrat, opposabilité précisément niée par la Chambre commerciale. Un conflit au moins virtuel paraissait donc opposer les deux chambres de la Cour de cassation (107).

On peut s'interroger sur les raisons de ce conflit. Ces raisons sont diverses. Outre que la Chambre civile paraît avoir une conception abstraite du connaissement, alors que cette conception a été condamnée par la Chambre commerciale dans l'arrêt *Nagasaki* (108), il semble que, très favorable aux clauses de juridiction dans les contrats internationaux, elle n'ait pas pris conscience du caractère spécifique du contrat de transport maritime, où ces clauses de juridiction ne sont pas négociées entre les parties, mais imposées au chargeur, alors que la Chambre commerciale, dans son approche plus concrète, a pleinement perçu ce caractère.

Quoi qu'il en soit, la controverse s'est poursuivie près de 7 ans. Postérieurement à l'arrêt *Bonastar*, la Chambre commerciale a réaffirmé la règle posée par elle dans l'arrêt *Nagasaki*, ce dans une décision *Apt Mariner* du 25 juin 2002 (109), puis à nouveau dans un arrêt du 7 décembre 2004 (110). En revanche, dans un arrêt du 23 juin 2005, la Cour de Rouen a appliqué la doctrine *Bonastar* (111). On était en droit de penser qu'il appartiendrait donc à une Chambre mixte, voire à l'Assemblée plénière de la Cour de cassation de trancher. Cela n'a pas été le cas.

1163. Opposabilité au destinataire. Droit communautaire. Les arrêts *Tilly Russ* et *Castelleti*. — La Cour de justice des Communautés s'est prononcée à trois reprises sur la validité à l'égard du destinataire des clauses de juridiction des connaissements. Dans une première décision, l'arrêt *Tilly Russ* du 19 juin 1984,

(105) *Lloyd's Law Reports* 1989.1.103, le juge observant qu'une clause compromissoire (et l'on peut dire la même chose d'une clause de juridiction) n'est pas véritablement inhérente aux opérations du transport maritime (*is non directly germane to the shipment, carriage and delivery of the goods*).

(106) Voir sous l'arrêt, note Ph. DELEBECQUE, précitée.

(107) La portée de l'arrêt *Bonastar* peut toutefois être relativisée, compte tenu des termes du pourvoi : voir P. BONASSIES, cité *supra*, note 104.

(108) En ce sens, G. DE MONTEYNARD, « *Réflexions sur une difficulté d'application en matière maritime : l'opposabilité au destinataire d'un transport maritime des clauses de compétence insérées dans le connaissement* », Rapport annuel 2001 de la Cour de cassation, p. 312.

(109) Cass. com. 25 juin 2002, *Apt Mariner, Revue Scapel* 2002, p. 141 ; *DMF* 2003.41, n. Ph. DELEBECQUE.

(110) Navire *Jerba, DMF* 2005.133, obs. J.-P. RÉMERY.

(111) Navire *M/S Jonnhy, DMF* 2006.1, obs. Ph. DELEBECQUE, la Cour soumettant à la loi néerlandaise, loi du contrat, l'opposabilité de la clause de juridiction au destinataire.

elle énonce que la clause de juridiction, quand elle est opposable au chargeur (*supra*, n° 1159), est opposable au tiers porteur, « *dès lors que, en vertu du droit national applicable, le tiers porteur, en acquérant le connaissement a succédé au chargeur dans ses droits et obligations* » (112). Dans son arrêt *Castelleti* du 16 mars 1999 (113), la Cour ne revient pas expressément sur les conditions d'opposabilité des clauses de compétence au destinataire, se bornant ici à renvoyer à l'arrêt *Tilly Russ.* Elle ajoute toutefois, se référant à la notion d'usage, dans lequel nous savons qu'elle voit le fondement de l'opposabilité de la clause (*supra*, n° 1159), que « *la connaissance de l'usage doit être appréciée dans le chef des parties originaires à la convention attributive de juridiction* » (arrêt, au n° 45).

1164. La réaction des tribunaux français. — Retenant seulement de la jurisprudence *Tilly-Russ-Castelleti* la règle que la clause de juridiction n'est opposable au destinataire que s'il succède aux droits et obligations du chargeur, et constatant qu'en droit français, après les arrêts *Nagasaki* et *Stolt Osprey*, on ne pouvait plus considérer que le destinataire soit un « successeur » aux droits du chargeur, les tribunaux français, statuant dans le cadre communautaire, n'ont pas modifié leur analyse.

La Cour d'appel d'Aix, par un arrêt *Elpa*, en date du 29 juin 2000 (114), statuant sur l'application de l'article 17, a ainsi jugé que « *le transporteur, sauf à prétendre que le destinataire succède au chargeur dans ses droits et obligations, ce qui n'est nullement conforme à la jurisprudence la plus récente qui distingue le droit à agir sur le fondement du contrat de transport et l'adhésion à une clause exorbitante du droit commun, n'établit nullement en l'espèce que ce destinataire a accepté le principe de ladite clause attributive de compétence* » (115). La Cour de Paris, par un arrêt du 29 novembre 2000 (116), va dans le même sens. Elle juge que « *le chargeur stipule pour son compte dans les conditions du droit commun, mais ne peut stipuler pour compte du destinataire-porteur du connaissement, à moins d'avoir recueilli, son accord préalable sur des conditions dérogatoires au droit commun, comme en l'espèce, la prorogation de compétence litigieuse* ».

Le problème était de savoir si l'arrêt *Coreck* ne devait pas amener les tribunaux français à revoir leur position.

(112) CJCE, 19 juin 1984, *Tilly Russ c/ Nova, Recueil des arrêts*. 1984.2417 ; *DMF* 1985.83 n. P. BONASSIES ; *Rev. crit. dr. int. pr.* 1985.385, n. H. GAUDEMET-TALLON.

(113) CJCE, 16 mars 1999, *Rec.* 1999.1597 ; *DMF* 2000.11, n. Ph. DELEBECQUE ; obs. P. BONASSIES, *DMF* 2000, Hors-série n° 4, n° 93, p. 72 ; *Rev. crit. dr. int. pr.* 1999.559, n. H. GAUDEMET-TALLON.

(114) Aix, 29 juin 2000, navire *Elpa, Rev. Scapel*, 2001.47, et le commentaire, par A. KPOHAOUN AMOUSSOU, p. 31.

(115) Cass. com. 13 nov. 2002, navire *Elpa, DMF* 2003.46 n. F. D'HAUSSY. L'arrêt de la Cour d'appel a fait l'objet d'une cassation, mais il est significatif de relever que la cassation est intervenue sur un tout autre point, l'opposabilité d'une lettre de garantie, alors que la Cour de cassation n'a rien trouvé à redire à la motivation, relative à l'absence d'acceptation par le destinataire, déterminant l'inopposabilité, à son égard, de la clause de juridiction.

(116) Paris, 29 nov. 2000, navire *Nuevo Leon, DMF* 2001.684, n. P.-Y. NICOLAS.

1165. L'arrêt *Coreck.* — Par une nouvelle décision, l'arrêt *Coreck* du 9 novembre 2000 (117), la Cour de justice des Communautés, après avoir déterminé le degré de précision que doit revêtir la clause de juridiction (118), revient en effet sur le problème de l'opposabilité de ces clauses au destinataire de la marchandise.

Approfondissant ici l'analyse faite par l'arrêt *Tilly-Russ*, elle envisage la situation du tiers porteur qui n'a pas succédé aux droits et obligations du chargeur. Les conclusions de l'avocat général, S. Albert avaient été fermes et claires sur ce point : « *s'il n'a pas succédé aux droits et obligations du chargeur, la clause attributive de juridiction ne peut pas lui être opposée, à moins qu'il n'ait marqué son accord à son égard. Des connaissances particulières ou les relations commerciales établies de longue date avec le transporteur ne suffisent pas à présumer l'existence d'un accord tacite* » (119). Mais la Cour va se situer en net retrait par rapport à son avocat général. Pour elle, « *si, en vertu du droit national applicable, le tiers au contrat initial n'a pas succédé à l'une des parties originaires dans ses droits et obligations, il appartient à la juridiction saisie de vérifier, au regard des exigences énoncées par l'article 17, premier alinéa de la convention, la réalité de son consentement à la clause attributive de juridiction invoquée à son encontre* ». Et, s'agissant de l'appréciation du consentement du destinataire, la Cour rappelle d'abord (arrêt, alinéa 13) un principe clair, à savoir que « *l'article 17 impose au juge saisi l'obligation d'examiner en premier lieu si la clause a fait effectivement l'objet d'un consentement entre les parties qui se manifeste d'une manière claire et précise* ». Mais elle ajoute ensuite que ce consentement doit être déterminé « *au regard des exigences énoncées par l'article 17, alinéa premier* ». Or, ce dernier texte se réfère aux usages « *dont les parties avaient connaissance* », et les parties qui sont ici visées ce sont, selon l'arrêt *Castelleti* (*supra*, n° 1163) les parties au contrat originaire (120), c'est-à-dire, en matière de transport maritime le chargeur et le transporteur.

Mais alors la tâche du juge national devient impossible. Comment pourra-t-il examiner si la clause de juridiction ou la clause compromissoire a fait l'objet du consentement du tiers porteur en appréciant la connaissance de l'usage, qui fonde ou devrait fonder ce consentement, non dans le chef du tiers porteur, mais *dans le chef des parties originaires*, transporteur et chargeur ? On est dans la confusion et la contradiction la plus totale (121).

Il apparaît donc indispensable que la Cour de justice des Communautés statue à nouveau sur la question. Souhaitons qu'elle reste fidèle au principe général qu'elle rappelle au fil de ses décisions, principe selon lequel une partie ne doit être liée que par les obligations auxquelles elle a consenti de manière claire et précise. Dans une telle perspective, aucune discordance ne devrait se manifester

(117) CJCE, 9 nov. 2000, *Coreck Marine Gmbh c/ Handdsveen Bv et autres, Recueil des arrêts*. 2000.9337 ; *DMF* 2001.187, n. Ph. DELEBECQUE ; P. BONASSIES, *DMF* 2001, Hors-série n° 5, n° 104, p. 80.
(118) Voir *supra* n° 1156.
(119) Conclusion (VII), 75, § 3.
(120) Voir, expressément en ce sens, motifs, au n° 42 et au n° 45.
(121) P. BONASSIES, cité *supra*, *DMF* 2001, Hors-série n° 5, n° 104.

avec les exigences exprimées par les juridictions françaises alors que, cependant, les difficultés se multiplient.

1165 *bis*. Le revirement jurisprudentiel du 16 décembre 2008. — Après des années de conflit entre la Première chambre civile et la Chambre commerciale de la Cour de cassation (v. *supra*, n° 1162), il a été mis fin à ces divergences, non par une décision rendue solennellement par une chambre mixte ou même par l'Assemblée plénière, mais par deux arrêts prononcés simultanément, le 16 décembre 2008 par ces deux chambres en des termes identiques (122). Au visa des textes communautaires (123), les deux arrêts adoptent la même énonciation de principe :

« *Attendu qu'une clause attributive de juridiction convenue entre un transporteur et un chargeur et insérée dans un connaissement produit ses effets à l'égard du tiers porteur du connaissement pour autant que, en l'acquérant, il ait succédé aux droits et obligations du chargeur en vertu du droit national applicable ; que dans le cas contraire, il convient de vérifier son consentement à la clause, au regard des exigences de l'article 17 de la convention susvisée* ».

Sous couvert de référence au droit communautaire, c'est pour l'essentiel l'analyse de la Première chambre civile à laquelle se range la Chambre commerciale, en s'alignant sur la jurisprudence de la CJCE (124). Bien entendu, dans le principe, il faut se réjouir d'une unification de la jurisprudence de la Cour de cassation. La sécurité juridique est à ce prix. Cependant, il est permis d'observer que l'on « *ne saurait s'en satisfaire, car l'unification se fait si l'on ose dire, par le bas et non par le haut* » (125). La « fluidité » des relations juridiques internationales, chère aux internationalistes de la Première chambre, a été préférée à la « sécurité des opérateurs » (126) dont la Chambre commerciale avait manifesté le souci par sa jurisprudence *Nagasaki* (cf. *supra*, n° 116), et particulièrement celui de la protection des destinataires, tiers-porteurs du connaissement à l'égard de qui la clause procède du contrat d'adhésion, alors que les enjeux liés à la compétence juridictionnelle sont lourds (v. *supra*, n° 1153).

On est également en droit de regretter que parmi les décisions rendues par la CJCE, les deux chambres aient fait prévaloir (127) l'arrêt *Coreck* (9 nov. 2000, v. *supra*, n° 1165).

En effet, cette décision se caractérise par une motivation confuse, proche de l'incohérence. Cela n'était sans doute pas la meilleure référence à privilégier. Quoi qu'il en soit, il résulte de cette nouvelle jurisprudence française que, pour les litiges intracommunautaires, le juge doit rechercher quelle est la loi

(122) Cass. (Civ. 1re et Com.) 2 arrêts, 16 déc. 2008, *DMF* 2009.124, Rapport POTOCKI, obs. Ph. DELEBECQUE ; M. TILCHE, Clauses de compétence, consensus, *BTL* 2009.7 ; *D.* 2009.89, obs. X. DELPECH ; *Rev. cr. dr. int. pr.* 2009.524, note F. JAULT-SESEKE.

(123) Article 23 du Règlement 44/2001 pour l'arrêt rendu par la Chambre commerciale, de l'article 17 de la Convention de Lugano du 16 septembre 1988, pour l'arrêt rendu par la Première chambre civile. Les termes en sont identiques, ces deux textes reprennent les termes de l'article 17 de la Convention de Bruxelles du 27 septembre 1968.

(124) Les deux arrêts tranchent des litiges intracommunautaires.

(125) Ph. DELEBECQUE, préc. obs. sous les deux arrêts, *DMF* 2009.134.

(126) Rapport A. POTOCKI, *DMF* 2009.124.

(127) Implicitement dans les deux arrêts mais explicitement dans le rapport.

applicable au contrat de transport afin d'y déterminer si, aux termes de cette loi, le tiers porteur du connaissement « *succède aux droits et obligations du chargeur* ». Si c'est le cas, et si la clause a bien « *été convenue entre (le) transporteur et (le) chargeur et insérée dans (le) connaissement* », elle sera opposable au tiers porteur, elle produira ses effets à son égard. Si ce n'est pas le cas, le juge devra rechercher le consentement du tiers porteur à la clause de compétence, selon les règles de l'article 17 ou de l'article 23 du texte communautaire applicable, alors que celles-ci soulèvent d'immenses difficultés (128).

La tâche du juge, s'il accomplit celle-ci fidèlement, sera rude. Déterminer la loi applicable au contrat de transport n'est jamais facile, en rechercher le contenu sur un point aussi précis et technique relèvera souvent de l'exploit impossible. Outre que les grands pays maritimes varient sur la question, il n'est que de penser à certaines lois « exotiques » pour mesurer la difficulté de la tâche.

La bonne administration du procès s'en trouvera souvent compromise. La position prise par la chambre commerciale avait fait ses preuves de façon brillante à l'épreuve de la pratique, elle recueillait un certain consensus international, on peut regretter qu'elle ait été abandonnée.

Déjà, d'ailleurs, le trouble des tribunaux se manifeste. L'arrêt *Humbolt Express*, rendu le 6 mai 2009 par la Cour de Paris (129), en témoigne. Fondant manifestement sa décision sur la jurisprudence nouvelle de la Cour de cassation, cette cour rend une décision surprenante. Elle présume le consentement du chargeur à la clause soumettant tout litige à la compétence de la Haute Cour de justice de Londres, sans s'en expliquer véritablement. Et surtout, elle déclare la clause opposable au destinataire « *en vertu du droit national applicable* », sans désigner celui-ci et sans même faire mine de rechercher si ce droit considère que le destinataire succède aux droits et obligations du chargeur, contrairement aux exigences formulées par les arrêts du 16 décembre 2008. On est en droit de craindre que nombre de juridictions cèdent à ce laxisme, participant à « *l'excessive valorisation des clauses attributives de compétente* », justement dénoncée par d'aucuns (130).

Observons enfin que cette complaisance à l'égard de l'opposabilité des clauses de compétence favorise un détournement accru du contentieux maritime au détriment des juridictions françaises. Or, un contentieux appauvri affaiblit également l'école française de droit maritime.

Concluons en formulant le vœu que, s'agissant du contentieux non communautaire, plus important en matière maritime que le contentieux intracommunautaire, la chambre commerciale maintienne fermement, comme elle en a parfaitement le pouvoir, son excellence jurisprudence *Nagasaki*.

(128) Elles sont précisément évoquées, notamment quant aux « usages internationaux » par Ph. DELEBECQUE, préc., *DMF* 2009.136.
(129) Paris, 6 mai 2009, *DMF* 2009.136.
(130) Ph. DELEBECQUE, observations citées *supra*, note 128.

§ 2. — *Les clauses d'arbitrage*

1166. Principes. Application exclusive du droit français. — Traditionnellement, en matière maritime, comme en tout autre domaine d'ailleurs, le régime applicable aux *clauses compromissoires* est déterminé par les seules règles du droit français, à l'exclusion du droit communautaire. Tant la Convention de Bruxelles du 27 septembre 1988 sur la compétence judiciaire que le Règlement du 22 décembre 2000 excluent en effet l'*arbitrage* de leur application (article 1er de chacun de ces textes). De là suit que les dispositions de l'article 17 de la Convention (article 23 du Règlement) sur la *prorogation de compétence*, dont nous avons vu l'importance ci-dessus en matière de clause de compétence (*supra,* no 1159 et no 1163), ne concernent en rien les clauses compromissoires (131), dans le principe tout au moins, car certains points de contact se sont, récemment, manifestés.

Autant il est fréquent qu'un connaissement contienne une clause de juridiction, autant il est rare qu'il contienne une véritable clause compromissoire, ce que l'on pourrait appeler une clause compromissoire *directe.* La clause compromissoire n'apparaît que dans certains types de connaissement — les connaissements de charte-partie qui sont émis par un transporteur qui est d'abord un fréteur et qui remet à l'affréteur-chargeur un connaissement simplifié (*supra*, no 939). Et la clause compromissoire qui figure sur la plupart de ces connaissements indique rarement l'institution arbitrale qui sera compétente. Le plus souvent c'est une clause compromissoire *par référence* renvoyant à la charte (indiquant, par exemple, *arbitration as per charter party).*

La première question que pose semblable clause est celle du consentement du destinataire à laquelle elle est opposée ; aucun problème — à la différence de ce qui est pour les clauses de juridiction (*supra*, no 1158) — ne pouvant se poser quant au consentement du « chargeur », puisque le chargeur est l'affréteur, directement lié par la clause compromissoire de la charte-partie. Et ce problème est d'autant plus crucial que les clauses d'arbitrage par référence sont vues avec une certaine réserve par la jurisprudence française (132).

Dans un premier temps, c'est bien dans cette voie du contrôle du consentement du destinataire que s'est engagée la Cour de cassation — ou tout au moins la Chambre commerciale. Mais cette voie paraît désormais pour l'essentiel fermée au juge, du fait des arrêts *Lindos* et *Pella.*

1167. Le contrôle du consentement du destinataire : l'arrêt *Stolt Osprey*. — Dans un premier temps, la Cour de cassation a manifesté son souci de contrôler le consentement du destinataire en appliquant aux clauses compromissoires la même solution qu'elle appliquait aux clauses de juridiction. Dans son arrêt *Stolt Osprey* (133), lequel a été, symptomatiquement, rendu le même jour

(131) Sur l'incidence *indirecte* du droit communautaire sur l'arbitrage, voir cependant *infra*, no 1176.
(132) Voir FOUCHARD, GAILLARD et GOLDMAN, *Traité de l'arbitrage,* nos 491 et s.
(133) *DMF* 1995.218, obs. Y. TASSEL.

que l'arrêt *Nagasaki* (*supra*, n° 1161), elle retient « *que, pour être opposable au destinataire, une clause compromissoire insérée dans un contrat doit avoir été portée à sa connaissance et avoir été acceptée par lui, au plus tard au moment où, recevant livraison de la marchandise, il avait adhéré au contrat de transport* ».

La jurisprudence qui s'est développée à partir de l'arrêt *Stolt Osprey* est beaucoup moins abondante que la jurisprudence née de l'arrêt *Nagasaki*, peut-être parce que, devant la règle très ferme affirmée par la Cour de cassation, les chances de voir une clause compromissoire par référence déclarée opposable au destinataire étaient faibles. Cependant, deux décisions peuvent être citées. Dans un arrêt du 27 novembre 2002, la Cour de Paris a déclaré inopposable aux assureurs subrogés aux droits du destinataire la clause compromissoire de la charte-partie. À l'opposé, dans un arrêt du 11 octobre 2002, la Cour d'Aix-en-Provence, sans contester la « doctrine » de l'arrêt *Stolt Osprey*, a considéré que la précision de la clause compromissoire figurant dans la charte, le fait que les destinataires avaient pu avoir connaissance de la clause immédiatement dès le déchargement, le fait aussi que la clause fût habituelle, interdisaient aux assureurs subrogés au destinataire de se prévaloir de l'absence d'un consentement exprès de celui-ci (134). Mais aujourd'hui, les choses ont changé avec les arrêts *Lindos* et *Pella*, lesquels opposent un obstacle important au pouvoir (devoir ?) de contrôle des tribunaux.

1168. La fin du contrôle. Les arrêts *Lindos* et *Pella* (135). — Ce qui fonde les deux décisions auxquelles il est ici fait référence, ce n'est pas une analyse de l'opposabilité de la clause compromissoire en termes contractuels, une réflexion sur les exigences du consensualisme en la matière, c'est une application rigoureuse, presque mécanique, des règles du droit de l'arbitrage, et plus précisément du principe de *compétence-compétence* envisagé sous son aspect négatif.

Le principe dit *de compétence-compétence* veut que le tribunal arbitral ait compétence pour statuer sur sa propre compétence, par exemple si l'une des parties invoque le vice du consentement qui affecte son adhésion à la clause compromissoire, ou prétend que la clause compromissoire ne lui est pas opposable (136). Il a été admis dès 1949 par la jurisprudence et réaffirmé depuis à de très nombreuses reprises (137). Aujourd'hui, il est inscrit dans les dispositions de l'article 1466 du CPC : « *si, devant l'arbitre, l'une des parties conteste dans son principe ou son étendue le pouvoir juridictionnel de l'arbitre, il appartient à celui-ci de statuer sur la validité et les limites de son investiture* ». Mais le principe de compétence-compétence présente un double aspect. Un *aspect positif*, qui affirme la compétence de l'arbitre pour statuer sur la validité

(134) L'arrêt de la Cour de Paris est mentionné au *Lamy Transport 2006*, au n° 922. L'arrêt de la Cour d'Aix est résumé dans les obs. P. BONASSIES sous l'arrêt *Lindos*, citées *infra*, note 135.

(135) Cass. 1re civile 22 novembre 2005, navire *Lindos, DMF* 2006.16, obs. P. BONASSIES ; Cass. ch. comm. 21 févr. 2006, navire *Pella, BTL* 2006.166. *DMF* 2006.383, obs. de Ph. DELEBECQUE).

(136) Voir FOUCHARD, GAILLARD et GOLDMAN, nos 647 et s.

(137) Voir déjà, Cass. 22 févr. 1949, *Caulliez, Sem. jur.* 1949.II.4899, n. H. MOTULSKI.

de la clause d'arbitrage, aspect que développe l'article 1466 du nouveau Code de procédure civile, — mais aussi un *aspect négatif.*

Envisagé sous cet aspect négatif, le principe de compétence-compétence exprime la règle que le juge judiciaire devant lequel est invoquée une clause d'arbitrage n'a pas compétence pour statuer sur la validité ou la portée de ladite clause. Il doit se déclarer incompétent et renvoyer les parties à se pourvoir devant la juridiction arbitrale désignée, laquelle aura, elle, compétence (compétence-compétence) pour statuer sur cette validité ou portée. Déjà évoqué par un arrêt de la Première chambre civile du 1er décembre 1999 (138), l'effet négatif du principe de compétence-compétence a été affirmé avec force par une décision de la même juridiction le 26 juin 2001 (139). C'est lui qui est appliqué par les arrêts *Lindos* et *Pella.*

Dans l'affaire du navire *Lindos*, la Cour d'Aix avait déclaré la clause compromissoire d'une charte-partie opposable au destinataire, ce pour les raisons relevées ci-dessus (*supra,* no 1167). La Première chambre civile de la Cour de cassation rejette le pourvoi formé contre la décision aixoise, au motif que cette décision était justifiée « *au regard de la règle matérielle du droit de l'arbitrage selon laquelle il appartient à l'arbitre de se prononcer par priorité, sous contrôle éventuel du juge de l'annulation, sur sa compétence, sauf nullité ou inapplicabilité manifeste de la clause d'arbitrage* ». Dans l'affaire du navire *Pella,* c'est en se fondant sur le même principe compétence-compétence que la Chambre commerciale rejette le pourvoi formé contre un arrêt de la Cour de Rouen, laquelle s'était déclarée incompétente pour se prononcer sur l'opposabilité de la clause compromissoire de la charte concernée au destinataire (140).

1169. Appréciation. — Les auteurs de cet ouvrage ne peuvent donner leur adhésion à la jurisprudence *Lindos-Pella.* Concrètement, elle va rendre impossible en France (141) le contrôle par les tribunaux du fond de la validité et de l'opposabilité des clauses compromissoires. Quand on sait que la très grande majorité des chartes-parties contiennent une clause d'arbitrage à Londres, elle va aussi entraîner le transfert de nombre de litiges en Grande-Bretagne, avec le surcoût que cela suscitera pour destinataires et assureurs français. Avec la conséquence également de voir appliquer à ces litiges une interprétation des textes concernant le transport maritime différente de celle qui prévaut devant les juridictions françaises — et ce alors qu'il s'agit de textes qui expriment une réglementation d'ordre public.

Par ailleurs, et quelle que soit la faveur que l'on doive accorder à l'arbitrage, on ne peut que constater que, ainsi poussée à l'extrême, la théorie compétence-compétence aboutit à un singulier renversement des choses. Compétence-compétence est accordée aux juridictions arbitrales, tandis qu'elle est refusée aux

(138) Cass. 1er déc. 1999, *Metu System France, Revue de l'arbitrage* 2000.98, n. Ph. FOUCHARD.

(139) *ABS c. Copropriété Jules Verne, Revue de l'arbitrage* 2001.530, n. E. GAILLARD.

(140) Rouen, 4 déc. 2003, *DMF* 2004.209, obs. Ph. DELEBECQUE.

(141) En France, écrivons-nous, car de nombreux droits ne reconnaissent pas le principe compétence-compétence sous son aspect négatif : POUDRET et BESSON, *Droit comparé de l'arbitrage international*, 2002, nos 488 et s.

juridictions de l'ordre judiciaire, et ce dès qu'apparaît « à l'horizon » une clause compromissoire (142). Or, quand aucune juridiction arbitrale n'a été saisie, et donc que l'on ne peut invoquer les dispositions de l'article 1466 CPC, l'ordre des choses voudrait que ce soit d'abord les juridictions de l'ordre judiciaire qui, dans le respect de la volonté des parties, puissent se prononcer sur ce qui ressortit à leur propre compétence (la connaissance d'un litige donné) — même si leur décision doit affecter indirectement la compétence d'une juridiction arbitrale. Investies par les règles constitutionnelles de la mission de dire le droit, c'est elles qui, *par priorité,* devraient se prononcer sur l'opposabilité d'une clause compromissoire à un justiciable qui, leur faisant confiance, en conteste, devant elles, toute application à son égard.

Aussi bien, l'analyse ici proposée nous paraît-elle imposée par le Code de procédure civile — plus précisément par les dispositions de l'article 1466 CPC. Car on peut penser que si le législateur, affirmant le pouvoir de l'arbitre de statuer sur sa compétence, avait voulu aussi retirer au juge judiciaire tout pouvoir de statuer sur sa propre compétence en présence d'une clause compromissoire, il se serait clairement exprimé en ce sens. Il y avait là chose trop importante pour que ce législateur, parfaitement conscient des problèmes posés par la dualité de juridictions — juridictions judiciaires et juridictions arbitrales —, comme en fait preuve l'article 1466, ne se prononçât pas expressément. Appartient-il vraiment ici au juge de se substituer au législateur ? La question de la légalité constitutionnelle de l'article 1458 du CPC se pose. Elle a été posée devant la Cour de Paris qui a rejeté, souverainement, l'exception d'illégalité du décret (143).

Le problème qui se pose désormais est de savoir si, par son arrêt *Pella*, la Chambre commerciale a entendu abroger sa décision *Stolt Osprey.* Si tel était le cas, les auteurs du présent ouvrage le regretteraient, car cette décision, en « couple » avec l'arrêt *Nagasaki*, assurait aux destinataires une protection en parfaite harmonie avec les principes tant de la Convention de 1924 que de la loi de 1966, comme en parfaite harmonie avec les règles du consensualisme, dans lesquelles ils se plaisent à voir des règles ayant valeur quasi constitutionnelle. Si tel n'est pas le cas — ce que l'on espère —, il faut alors garder un sens à l'arrêt *Stolt Osprey.* Cela ne pourra se faire que si l'on interprète d'une manière ouverte la notion de *cause de nullité ou d'inapplicabilité manifeste de la clause compromissoire*, et ce jusqu'à intégrer à cette notion les situations d'*inopposabilité manifeste*. Car, ce qui est manifestement inopposable est sans doute manifestement inapplicable. Par là, on assurerait à la fois le respect de la règle

(142) On ne peut s'empêcher de songer ici au droit de la saisie conservatoire, sous le régime de la Convention de 1952 : la saisie peut être autorisée, sur la simple *allégation* d'une créance maritime (*supra*, n° 595). Aussi bien, dans l'affaire du *Lindos,* le Tribunal de commerce de Marseille avait-il observé que « *dès lors qu'est **alléguée*** (souligné par nous) *l'existence d'une convention d'arbitrage international, il appartient à l'arbitre de statuer...* ». Mais, en matière de saisie, « il y a texte ». Rien n'autorise ici l'extension de la méthode de l'« allégation ».

(143) Paris, 15 oct. 2008, *DMF* 2008.103, obs. crit. P. BONASSIES reprenant l'argumentation favorable à l'illégalité développée sous l'arrêt de la Chambre commerciale du 11 juillet 2006, *DMF* 2007.398, obs. P. BONASSIES. Dans le sens développé au texte (illégalité de la règle compétence compétence dans sa portée négative), voir les observations de C. A. ARRUE MONTENEGRO sur le droit maritime du Panama, la Cour suprême de cet État ayant, dans un arrêt du 13 décembre 2001, déclaré inconstitutionnelle la règle compétence compétence, avant d'être désavouée par le législateur (*Rev. cr. dr. int. pr.* 2009.251).

compétence-compétence, même dans ses excès, et celui des légitimes intérêts des destinataires.

Pourtant ce n'est pas la voie choisie par la jurisprudence de la Cour de cassation. Sous l'impulsion de la Première chambre civile qui assure fermement la promotion de l'arbitrage international, notamment quant à la transmission, quasi-automatique (144) de la clause compromissoire, la Cour suprême a établi une conception minimaliste de « l'inapplicabilité manifeste » : si le moindre examen est nécessaire, la moindre réflexion requise, l'inapplicabilité n'est pas manifeste (145). Une telle rigueur se révèle fâcheuse en matière maritime : la difficulté classique résulte de l'opposabilité au tiers porteur du connaissement d'une clause d'arbitrage (146) figurant non pas dans le connaissement mais dans une charte-partie à laquelle renvoie le connaissement. Il en est ainsi, notamment, pour la plupart des transports de vrac qui représentent près de la moitié du trafic maritime. Le droit maritime français, se fondant sur le principe de relativité des conventions, déclare ces clauses d'arbitrage souscrites par le charteur-affréteur dans la charte-partie, inopposables au tiers-porteur qui n'y est pas partie (sous certaines conditions, ce n'est pas l'analyse du droit anglais). Dans un tel cadre, le principe de compétence-compétence pris en son aspect négatif revêt un caractère pathologique. Alors que le droit français ne reconnaît pas l'opposabilité de cette clause, il suffit au transporteur maritime de revendiquer l'application du principe de compétence-compétence pour faire renvoyer la cause devant les arbitres.

En effet, « l'inapplicabilité » de cette clause, pourtant non contestable en droit français, n'est pas considérée comme suffisamment « manifeste » ! Elle nécessite, en effet, de rapprocher deux concepts ! Dès lors, le tour est joué. Seuls les arbitres sont compétents pour statuer sur leur propre compétence. Si ce sont des arbitres anglais, ils se reconnaîtront compétents, contournant ainsi l'analyse française. Quand même les arbitres seraient français, la situation demeure paradoxale : le tiers porteur devrait donc saisir les arbitres et engager les frais de l'arbitrage, parfois importants, à seule fin de demander aux arbitres de se déclarer incompétents (147). On est en droit de se demander s'il s'agit d'une bonne administration de la justice. La récente jurisprudence *Front Comor* de la CJCE (v. *infra*, n° 1176 *bis*) devrait amener les tribunaux français à modifier leur position sur ce point.

1170. Conclusion générale. — Les clauses de juridiction, et en particulier les clauses d'arbitrage, sont vues avec faveur dans le commerce international, tant par la jurisprudence que par la doctrine. De fait elles présentent d'incontestables

(144) La clause est transmise « *de façon automatique dans les contrats translatifs de propriété* » en tant « *qu'accessoire du droit d'action, lui-même accessoire du droit substantiel transmis* ». Cass. civ. 1re, 9 janv. 2008, *Rev. crit. Dip* 2008.128 ; Cass. com. 25 nov. 2008, *D.* 2008.3091 ; *DMF* 2009, Hors-série n° 12, n° 97, obs. Ph. DELEBECQUE.

(145) V. O. CACHARD, « Le contrôle de la nullité ou de l'inapplicabilité manifeste de la clause compromissoire », *Rev. Arbitrage* 2006.893 et les réf. citées. V. également Cass. civ. 1re, 21 nov. 2006, *BTL* 2006.763 ; Cass. civ. 1re, 25 août 2006, *Rev. Arbitrage* 2008.299, obs. L. KIFFER.

(146) V. J. BEGUIN, « L'extension de la clause compromissoire au destinataire dans le transport maritime », *Mélanges Jean Bigot*.

(147) V. les échanges entre le Doyen CACHARD et M.-F. LE BERRE, *DMF* 2007.714.

avantages, évitant, après l'apparition d'un conflit, la difficile recherche du juge compétent. Mais, en matière de transport maritime, ces avantages sont contre-balancés par trop d'éléments pour les admettre sans réel contrôle.

S'agissant des clauses de juridiction, nous nous référerons d'abord au caractère de contrat d'adhésion du contrat de transport, dont la plupart des éléments sont déterminés unilatéralement par le seul transporteur, alors que les clauses d'un contrat international non maritime — contrat industriel ou contrat commercial — font l'objet de longues discussions entre les parties, le choix du juge n'étant que l'un des éléments du débat contractuel. Par ailleurs, dans les contrats internationaux industriels ou commerciaux, il existe presque toujours, en fait, un « lien substantiel » entre le tribunal choisi et l'objet du contrat, ce tribunal étant souvent celui du lieu de l'exécution du contrat. En matière de transport maritime, il n'en est pas de même. Ce n'est pas le tribunal du lieu de chargement, ou celui du lieu de déchargement — lieux où on retrouverait le même « lien substantiel » — qui est choisi, mais le tribunal du siège du transporteur, tribunal auquel rien ne rattache le chargeur ou le destinataire.

Et il en est de même des clauses d'arbitrage. Dans un contrat international entre grandes entreprises commerciales ou industrielles, ces clauses font partie de la négociation générale. Elles sont longuement discutées entre les contractants, et appréciées par ceux-ci au regard de l'équilibre général du contrat. En matière maritime, le tribunal arbitral choisi sera imposé par le seul transporteur — en fait par le fréteur. Par ailleurs, le schéma classique y est perturbé par la présence du tiers destinataire, personnage normalement absent dans le commerce terrestre.

En définitive, la réflexion ci-dessus développée exprime l'idée que l'utilisation des clauses de juridiction, quelque essentielles qu'elles puissent apparaître dans le commerce international terrestre, est inopportune dans le contentieux du transport maritime. Ainsi que l'observe Philippe Delebecque : « *Les clauses attributives de compétence, dans les contrats de transport maritimes, ne méritent pas d'être défendues. Elles déjouent, le plus souvent, les règles — impératives — de responsabilité du transporteur. En outre, elles privent les justiciables de leurs juges naturels* » (148). Il faut donc approuver la solution apportée au problème par les *Règles de Hambourg*.

1171. Les Règles de Hambourg. Les Règles de Rotterdam. — Les Règles de Hambourg ne condamnent pas les clauses de compétence ; Simplement, elles leur enlèvent toute effectivité. Aux termes de leur article 21, le demandeur peut, « *à son choix* », intenter son action devant le tribunal désigné par la clause de juridiction figurant au connaissement, mais aussi devant le tribunal de l'établissement du défendeur, celui du lieu où le contrat a été conclu, celui du port de chargement ou du port de déchargement. Et des règles analogues existent pour ce qui est des clauses compromissoires. Ces clauses sont valables, mais le demandeur peut, là aussi *à son choix*, intenter l'arbitrage, non seulement dans le

(148) P. DELEBECQUE, note sous l'arrêt *Coreck*, CJCE, 9 nov. 2000, *DMF* 2001.187.

lieu prévu par la clause mais aussi, notamment, dans le port de chargement ou le port de déchargement. Ainsi, chargeur et destinataire sont assurés de conserver le droit de saisir leur juge naturel.

Quant aux Règles de Rotterdam, elles consacrent un entier chapitre (ch.15) à l'arbitrage. Le régime qu'il institue est également laissé au libre choix des États contractants : l'article 75 institue, tout comme pour les règles de compétence, le système de l'*opting-in*. Les dispositions relatives à l'arbitrage ne s'appliquent qu'aux États qui font la déclaration (art. 91) de leur volonté de s'y soumettre. Dans ce cadre, le dispositif encadrant les clauses d'arbitrage est bâti sur le même modèle, relativement complexe, qui s'applique aux règles de compétence (cf. *supra*, n° 1153). La validité des clauses d'arbitrage est posée en principe (art. 75 § 1). Le demandeur à la procédure d'arbitrage dispose du choix du lieu d'arbitrage dans le cadre délimité par l'article 75 § 2. Il peut choisir le lieu désigné dans la convention d'arbitrage, mais il n'en a pas l'obligation, il peut choisir, tout aussi bien, un lieu situé dans un État où se trouve soit le domicile du transporteur, soit le lieu de réception, soit le lieu de livraison, soit le port de chargement ou de déchargement (art. 75 § 2).

S'agissant des *contrats de volume*, le choix du lieu retenu par la clause d'arbitrage s'impose dans les mêmes conditions instituées pour les clauses de compétence (cf. *supra*, n° 1153). Il faut, cependant, signaler le régime applicable aux lignes non régulières (art. 76). On sait que la Convention s'applique normalement aux lignes régulières (art. 6) mais que, dans certains cas (art. 6 § 2 et art. 7) elle peut s'appliquer aux transports « *autres que de ligne régulière* » (v. *supra*, n° 919 *bis*). Dans ce cas, l'article 76 étend aux clauses d'arbitrage, dans le principe, le même régime que celui qui s'applique aux transports de lignes régulières, mais réserve, cependant, une option différente : si le connaissement (« *le document de transport* ») « *identifie les parties à la charte-partie* », « *en indique la date* » et « *incorpore par référence expresse la clause de la charte-partie... qui contient les termes de la convention d'arbitrage* », les dispositions du chapitre 15 ne s'appliqueront pas. Si l'on traduit ces formules et ces figures de style contournées, il semble que l'on doive comprendre que lorsque le connaissement est un connaissement de charte-partie, la clause d'arbitrage de la charte-partie est opposable au destinataire qui n'est pas partie à la charte à condition que soient respectées trois conditions : désignation dans le connaissement des parties à la charte, indication de la date de la charte et « incorporation par référence expresse » de la clause d'arbitrage. C'est donc ici le modèle anglais de l'incorporation qui a été retenu.

Rappelons cependant, que les États, tels que la France, qui n'intègrent pas cette incorporation peuvent parfaitement refuser d'entrer dans ce régime en s'abstenant de faire la déclaration d'*opting-in*, de l'article 78. Il sera particulièrement intéressant d'observer quel sera le choix effectué sur ce point par la France et ses voisins continentaux.

§ 3. — *Clauses de compétence et lettres de garanties*

1172. Présentation. — À côté des clauses de compétence figurant sur les connaissements, une pratique nouvelle s'est récemment développée : celles des clauses portées sur les *lettres de garantie*.

Lorsque les marchandises présentent lors de leur livraison des signes révélateurs de dommages laissant présager un contentieux futur, il est habituel pour l'ayant droit concerné de se faire remettre par le transporteur maritime, sous peine de saisie du navire ou pour obtenir mainlevée de la saisie, une *lettre de garantie* délivrée par un banquier, mais, le plus souvent par le *P § I Club* de l'armateur. Une telle lettre est, notamment, une précaution indispensable face à une « *single ship company* » navigant sous pavillon de complaisance, ne présentant aucune solvabilité et pouvant disparaître d'un trait de plume pour échapper à une réclamation importante, comme c'est souvent le cas dans le transport de vrac.

À l'occasion de l'établissement de cette lettre, l'usage s'est développé de rechercher un accord ayant pour objet de désigner la juridiction compétente pour statuer sur le litige naissant, étant prévu que la garantie deviendra exécutoire sur décision de cette juridiction. L'avantage d'une telle pratique, à laquelle consent le transporteur pour libérer son navire, est évident. Les parties font échec aux aléas pouvant déterminer la compétence d'une juridiction. Elles choisissent, d'accord commun, une juridiction qui dispose de leur confiance mutuelle, gage d'une bonne décision et d'une décision susceptible d'exécution.

Mais, une fois le navire concerné libéré, ces clauses ne sont pas toujours respectées. Elles peuvent faire l'objet de contestation, pour des motifs divers.

1173. Contestation des clauses de compétence. — La mise en place de ces lettres de garantie se faisant par l'intermédiaire d'un garant, établissement bancaire ou *P & I Club*, le transporteur maritime peut chercher à en tirer prétexte pour prétendre à l'inopposabilité de la lettre de garantie à son égard, en faisant état du fait qu'il n'est pas directement partie à la garantie. Concrètement, en effet, le transporteur, habituellement, ne signe pas lui-même la lettre de garantie. Il peut, dès lors, contester l'existence d'un mandat donné à la banque ou au *club*. Saisie d'une semblable contestation, la Cour d'appel d'Aix-en-Provence a néanmoins validé la garantie. Elle a considéré que le mécanisme contesté, « *qui paraît justifié par des questions d'efficacité non négligeables, permet au surplus d'assurer la sécurité des opérations commerciales dans le domaine du transport maritime ; décider en sens contraire reviendrait à favoriser, comme le font observer les demandeurs, une certaine mauvaise foi, et partant, une attitude dilatoire du débiteur* » (149).

(149) Aix, 29 juin 2000, navire *Elpa*, *Revue Scapel*, 2001.47, obs. A. KPOHAOUN AMOUSSOU. La décision de la Cour d'Aix a été censurée par la Cour de cassation, mais sur un autre point (la garantie ayant été émise par le Club de l'armateur, la Cour d'appel n'avait pas constaté qu'elle avait été acceptée par le capitaine ou le transporteur : Cass. com. 13 nov. 2002).

Dans une espèce récente, c'est la *violence morale* qui a été invoquée par le transporteur afin d'échapper à la clause. L'armateur-transporteur a mis en doute, outre le mandat par lui donné à son club, la validité de son consentement, lequel, donné en l'état d'une saisie conservatoire du navire, aurait été donné sous la contrainte. Dans un arrêt du 19 mars 2003, la Cour de Paris a rejeté cette argumentation (150). Pour elle, « *le risque des conséquences financières très lourdes qui seraient résultées pour l'armateur d'une immobilisation prolongée du navire ne saurait à lui seul constituer la violence morale qu'invoquent les demandeurs au contredit* ». Et la Cour ajoute que, « *si cette menace a été effectivement déterminante de son consentement, elle n'apparaît pas en l'espèce, illégitime, les assureurs n'ayant procédé à la saisie conservatoire du navire que sur autorisation de justice, non contestée devant la juridiction compétente, et pour le juste motif de voir indemniser les avaries et manquants constatés à l'arrivée* ». La clause de compétence insérée dans la lettre de garantie a donc été considérée comme valable. Le principe de bonne foi l'a emporté.

C'est parfois la clause d'arbitrage de la charte-partie qui est opposée à la clause de compétence insérée dans la lettre de garantie. Il en est ainsi, notamment, pour les transports de vrac (*bulk*) généralement opérés sous couvert de connaissements de charte-partie (céréales, fruits, sucre, cacao, ciment, minerais...). Saisi d'un tel litige, le Tribunal de commerce de Marseille, par une décision récente, a fait prévaloir la lettre de garantie : « *Attendu que le Tribunal de commerce de céans a plusieurs fois eu l'occasion de se prononcer sur ce sujet et a estimé « que la clause attributive de juridiction insérée dans une lettre de garantie fait novation à la clause compromissoire initiale et se substitue à la clause initiale de la charte-partie, qu'il n'y a donc pas lieu d'appliquer les dispositions de l'article 1458 du Code de procédure civile* » (151). La solution retenue paraît fondée et opportune.

1174. Conclusion : l'*anti-suit injunction*. — L'application des règles de compétence, telles que présentées ci-dessus, a été récemment perturbée par le développement, principalement devant les juridictions britanniques, d'une procédure spécifique, la procédure dite *d'anti-suit injunction*. Imaginée dans les dernières années du XVIe siècle, dans le cadre du conflit entre les juridictions d'*equity* et les juridictions de *common law*, cette procédure, après avoir été longtemps délaissée, connaît un fort renouveau depuis les années 1990 (152). En ayant recours à elle, un justiciable, anglais ou non, demande à un juge — normalement la *High Court* de Londres — d'interdire à un autre justiciable de saisir une juridiction étrangère. C'est ainsi qu'en 1998, la société Airbus Industries a obtenu de la Chambre des Lords le prononcé d'une injonction, interdisant aux ayants droit des victimes de l'accident d'un avion Airbus survenu en Inde, de saisir de leur action un tribunal américain, action fondée par eux sur

(150) Paris, 19 mars 2003, navire *Liberty I*, *DMF* 2003.597, obs. B. COSTE ; *DMF* 1994, Hors-série n° 8, n° 102, obs. Ph. DELEBECQUE ; *BTL* 2003.291(voir le jugement : T. com. Paris, 5 juin 2002, *BTL* 2002.812).

(151) T. com. Marseille, 27 juin 2008, navire *Frio Hellenic*, *Rev. Scapel* 2008.203.

(152) Voir R. CARRIER, « L'anti-suit injunction », *DMF* 2002.499 ; du même auteur, « Anti-suit injunction : réquisitoire pour l'abandon de leur prononcé en matière d'arbitrage », *D.* 2005.2712.

le fait qu'Airbus avait une succursale aux États-Unis, mais motivée en réalité par l'idée, non inexacte, qu'un tel tribunal leur accorderait des dommages-intérêts nettement plus élevés (153).

L'avantage de la procédure *d'anti-suit injunction*, outre sa simplicité (simple requête présentée à un juge de la *High Court*), réside dans les redoutables sanctions, très efficaces, dont elle est assortie. Le juge peut en effet enjoindre à l'autre partie (défendeur) soit de ne pas entamer de procédure autrement que devant une juridiction ou un tribunal arbitral britannique, soit, s'il a entamé une procédure à l'étranger, de mettre immédiatement fin à celle-ci, et ce sous peine de se voir déclaré coupable de *contempt of* court — pouvant alors être prononcés contre lui des dommages-intérêts dissuasifs, voire une peine de prison. Certes, cette dernière sanction ne peut être mise en œuvre qu'en Angleterre. Mais, dans le monde maritime, quel plaideur peut être complètement détaché de l'Angleterre, quelle société de négoce, d'assurance, n'y a pas une représentation ou quel dirigeant n'en touche jamais le sol ? La menace est donc significative et, en pratique, a pu se révéler extrêmement efficace car un dirigeant d'entreprise, de compagnie d'assurance a beaucoup de mal à admettre qu'un litige commercial de son entreprise puisse l'exposer à une peine d'emprisonnement ce dès lors qu'il se rendrait à Londres, chose fréquente pour un assureur maritime en raison de l'importance de la place de Londres en la matière. Or, l'avis qui accompagne l'injonction d'*anti-suit* précise expressément que les dirigeants de société s'exposent à ce risque d'emprisonnement s'ils n'obéissent pas à l'injonction.

Il n'est certes pas anormal qu'un justiciable utilise tous les moyens qui lui sont ouverts par la procédure pour défendre ses intérêts, et, notamment, qu'il demande l'aide d'un juge pour imposer à son cocontractant le respect d'une clause de juridiction ou d'une clause d'arbitrage insérée dans le contrat qui les lie (154). En revanche, ce qui fait problème, c'est le fait pour un juge de l'un des États de l'Union européenne d'interdire à un justiciable de saisir la juridiction d'un autre État européen, alors que l'esprit comme la lettre du droit européen (Convention de Bruxelles du 27 septembre 1968, puis Règlement du 22 décembre 2000) imposent aux juridictions des États membres des obligations de coopération et de respect mutuel. Aussi bien, dans son arrêt *Turner v. Grovit* du

(153) *Lloyd's Law Reports*, 1998.1.631.

(154) Le mécanisme de *l'anti-suit injunction* a d'ailleurs été utilisé, dans un contexte très complexe (faillite internationale), par la Cour de Paris, laquelle, sur le principe, n'a pas été critiquée par la Cour de cassation : Cass. 19 nov. 2002, *D.* 2003.797, n. KHAIRALLAH ; *Sem. jur.* 2002.10210, n. S. CHAILLÉ DE NÉRÉ. Plus généralement, on peut aussi observer qu'en droit français, il ne serait pas impossible à un contractant de demander au juge de prononcer une injonction enjoignant, sous peine d'astreinte, à son co-contractant de respecter la clause de compétence ou la clause compromissoire de leur contrat (voir en ce sens, dans un cas particulier, l'article 1425-1 du Code de procédure civile). Mais la chose ne s'est jamais faite... Voir cependant la tentative d'un justiciable français pour obtenir du Tribunal de commerce de Marseille, sur le fondement de l'article 24 du CPC (respect dû à la justice), une *antisuit antisuit injunction*, tentative rejetée par le juge : Marseille, 13 janvier 2006, *Revue Scapel*, 2006.5, obs. R. CARRIER p. 9 ; *BTL* 2006.193 ; *DMF* 2007 Hors-série n° 11, n° 107, obs. Ph. DELEBECQUE. Une telle tentative pourrait être reconsidérée à la lumière de l'arrêt rendu par la 1re Ch. civile de la Cour de cassation, le 14 octobre 2009, jugeant que « n'est pas contraire à l'ordre public international *l'antisuit injunction* dont, hors champ d'application de conventions ou du droit communautaire, l'objet consiste seulement, comme en l'espèce, à sanctionner la violation d'une obligation contractuelle préexistante. », *D.* 2009.2556, obs. X. DELPECH.

27 avril 2004, la Cour de justice des Communautés a-t-elle condamné la pratique de l'*anti-suit injunction* lorsqu'elle s'exerce dans le cadre communautaire (155).

1175. L'arrêt *Turner c. Grovit.* — Dans l'affaire soumise à la Cour, M. Turner, employé d'un groupe international détaché de Grande-Bretagne en Espagne avait été licencié. Il intenta une action devant les juridictions anglaises, qui se déclarèrent compétentes. Le groupe employeur intenta alors à son tour une action en rupture de contrat devant les juridictions espagnoles. M. Turner répliqua en obtenant de la *High Court*, puis de la *Court of appeal* une injonction interdisant à son employeur de mener à terme la procédure introduite en Espagne. L'affaire ayant été portée devant la Chambre des Lords, celle-ci a saisi la Cour de justice des Communautés de la question de savoir si l'injonction accordée était compatible avec la Convention du 27 septembre 1968. À cette question, la Cour a, fermement, répondu par la négative.

Pour la Cour, qui fonde sa décision sur la *confiance réciproque* que se doivent les juridictions communautaires, la Convention de 1968 doit être interprétée « *en ce sens qu'elle s'oppose au prononcé d'une injonction par laquelle une juridiction d'un État contractant interdit à une partie à la procédure pendante devant elle d'introduire ou de poursuivre une action en justice devant la juridiction d'un autre État contractant, quand bien même cette partie agit de mauvaise foi dans le but d'entraver la procédure pendante* ». La décision est claire. Encore convient-il d'en préciser la portée.

1176. Portée de l'arrêt *Turner*. Clause de juridiction. Clause compromissoire. — L'arrêt *Turner* a été rendu dans des circonstances précises, s'agissant de protéger le droit d'un justiciable de porter son action devant la juridiction d'un État de la Communauté, ce en dehors de toute clause contractuelle imposant le choix d'un tribunal, ou le renvoi à arbitrage. Il est cependant certain que la décision conserve toute sa valeur quand les contractants sont liés par une clause de compétence judiciaire. Si un connaissement comporte une clause attribuant compétence aux juridictions anglaises, un tribunal anglais ne peut enjoindre au destinataire français de mettre fin à la procédure intentée par lui devant une juridiction française. Cela lui est expressément interdit par l'arrêt *Turner*. La situation est différente lorsqu'existe, à l'arrière-plan du débat, une *clause compromissoire*, chose fréquente et à propos de laquelle le problème de l'*anti-suit injunction* s'est précisément posé aux praticiens français (156).

Il est fréquent que le destinataire français, ou les assureurs à lui subrogés, contestant la validité ou l'opposabilité de la clause compromissoire, intentent leur action devant une juridiction française, le transporteur cherchant alors à obtenir de la *High Court* une injonction enjoignant à ce destinataire de mettre fin

(155) *Turner c. Grovit*, affaire C-159/02, *DMF* 2004.413 obs. R. Carrier, et obs. P. Bonassies, *DMF* 2004, Hors-série n° 8, au n° 14 ; voir aussi R. Carrier, « *Antisuit injunction*, la jurisprudence Turner s'applique même à un cas de soumission alléguée des litiges à l'arbitrage », obs. sous Marseille, 13 janv. 2006 (première décision française en la matière), *Revue Scapel* 2006.5.

(156) V. Ph. Delebecque, « Anti-suit injunction and arbitration : What remedies », *Il diritto Marittimo*, Fasc. IV – 2007, p. 979 ; C. Scapel, *Actualité de l'anti-suit injunction*, Annales IMTM 2007, p. 279.

à son action en France, le litige devant être porté, comme le prévoit la clause compromissoire, devant la LMAA (*London Maritime Arbitrators Association*) (157).

Dans une telle situation, l'idée a été défendue que le recours à la « *doctrine Turner* » pour contester la validité de l'injonction accordée n'était pas possible, le Règlement du 22 décembre 2000, comme naguère la Convention de 1968, excluant l'arbitrage de son domaine (158), et la Cour de justice des Communautés ayant interprété d'une manière extensive cette exclusion (159). Dans l'opinion des auteurs de cet ouvrage, cette argumentation ne pouvait être approuvée :

Quand un juge britannique rend une injonction interdisant à un justiciable de saisir un tribunal français — comme cela a été le cas dans l'affaire du navire *Ivan Zagubanski* (160)—, il se place très exactement dans la situation visée par la condamnation prononcée par la Cour dans l'arrêt *Turner :* il prétend interdire à une partie d'introduire ou de poursuivre une action en justice devant la juridiction d'un autre État contractant. C'est là, la chose même qui est prohibée par le droit communautaire (161).

1176 *bis*. L'arrêt *Front Comor*. — Cette question faisait l'objet de vives polémiques. Il convenait qu'elle fut tranchée par la CJCE. La Cour de justice en a eu l'occasion sur saisine de la Chambre des Lords (162). Les faits du litige étaient les suivants : le Front Comor affrété par West Tankers à Erg Petroli avait endommagé un embarcadère appartenant à Erg Petroli. Subrogés dans les droits de Erg Pétroli, ses assureurs, Allianz et Générali, avaient engagé une procédure à Syracuse contre West Tankers. Revendiquant la clause compromissoire figurant dans la charte-partie, West tankers demanda à la High Court de Londres qu'une *anti-suit injunction* fasse interdiction aux assureurs de poursuivre leur procédure devant le Tribunal italien. Elle l'obtint mais, sur appel, la Chambre des Lords, saisit la Cour de justice d'une question préjudicielle afin qu'elle se prononce sur la compatibilité de cette *anti-suit injunction* avec le Règlement 44/2001, en l'état de la clause d'arbitrage invoquée.

La Cour de justice, suivant les conclusions de Madame l'avocat général Kokott, considère que doit être suivi « *le principe général qui se dégage de la jurisprudence de la Cour relative à la Convention de Bruxelles, selon lequel chaque juridiction saisie détermine elle-même, en vertu des règles qui lui sont applicables, si elle est compétente pour trancher le litige qui lui est soumis (voir*

(157) De fait, une grande majorité des chartes prévoient un arbitrage à Londres.

(158) Voir article 1er du Règlement : « *Le présent règlement s'applique... Sont exclus de son application (a) l'état et la capacité des personnes... (d) l'arbitrage* ».

(159) Voir ici les arrêts *Rich* du 25 juill. 1991, *Recueil* 1991.3855 et *Van Uden* du 17 novembre 1998, *Recueil* 1998.7091.

(160) *Lloyd's Law Reports* 2002.1.106, s'agissant de l'interdiction faite à un groupe d'assureurs français de saisir le Tribunal de commerce de Marseille.

(161) Il faut cependant noter que, en l'absence de toute décision de la Cour de justice des Communautés, la tendance des juridictions britanniques va à l'opposé de l'opinion défendue au texte : voir les observations de la *Court of Appeal* dans un arrêt du 2 déc. 2004, *Through Transport Mutual v. New India Assurance, Lloyd's Law Reports* 2005.1.67.

(162) CJCE (Gde. Ch.), 10 févr. 2009, *Navire Front Comor, DMF* 2009.211, obs. R. CARRIER, *DMF* 2009 Hors-série n° 13, n° 98, obs. Ph. DELEBECQUE ; *Rev. Arbitrage* 2009, p. 407, obs. crit. S. BOLLEE, *Rev. crit. dr. int. privé* 2009.373, note H. MUIR-WATT.

en ce sens arrêt Gasser). À cet égard, il convient de rappeler que le règlement n° 44/2001 n'autorise pas, en dehors de quelques exceptions limitées (...) le contrôle de la compétence d'une juridiction d'un État membre par une juridiction d'un autre État membre (...) », ajoute la Cour de justice.

La Cour en déduit : « *une juridiction d'un État membre n'est donc en aucun cas mieux placée pour se prononcer sur la compétence d'une juridiction d'un autre État membre...* ». La Cour relève : « *Une telle anti-suit injunction » va en même temps à l'encontre de la confiance que les États membres accordent mutuellement à leurs systèmes juridiques, ainsi qu'à leurs institutions judiciaires et sur lesquels repose le système de compétences du règlement n° 44/2001 (v. en ce sens l'arrêt Turner)* ». Et la Cour conclut : « *Par conséquent, une anti-suit injunction »... n'est pas compatible avec le règlement 44/2001* ». La question est ainsi tranchée de la façon la plus claire et la plus opportune. Cette décision appelle deux observations :

— D'une part, il convient de la situer dans son contexte, c'est-à-dire un litige soumis au droit communautaire. Dans ce cadre, la question de la licéité de l'*anti-suit injuction* ne se pose plus. Même fondée sur une compétence arbitrale, une anti-suit injonction est contraire au droit communautaire. La question va donc se poser de la position à adopter lorsque le litige ne relève pas du droit communautaire, situation fréquente en matière maritime. Peut-être peut-on penser que le fait que la décision *Front Comor* ne se fonde pas seulement sur le texte communautaire — le Règlement n° 44/2001 — mais aussi sur la Convention de New York du 10 juin 1958 devrait amener à étendre la solution communautaire à tout litige relatif à une clause d'arbitrage. En effet, le champ d'application de la Convention de New York pour la reconnaissance et l'exécution des sentences arbitrales étrangères, n'est évidemment pas limité au champ communautaire, mais s'étend à l'ensemble de la communauté internationale.

— D'autre part, cette décision apparaît porteuse d'enseignement relativement à un autre aspect de l'arbitrage : Le principe de compétence-compétence, pris en son aspect négatif (cf. *supra*, n° 1169). En effet, on peut lire au 31e paragraphe de la décision du 10 février 2009 : « *Si au moyen d'une anti-suit injunction, le tribunal de Siracuse était empêché d'examiner lui-même la question préalable de la validité ou de l'applicabilité de la convention d'arbitrage, une partie pourrait se soustraire à la procédure en se bornant à exciper de ladite convention et le requérant qui considère que cette dernière est caduque, inopérante ou non susceptible d'être appliquée, se verrait ainsi fermer l'accès à la juridiction étatique qu'il a saisie en vertu de l'article 5, point 3 du règlement n° 44/2001 et serait dès lors privé d'une forme de protection juridictionnelle à laquelle il a droit* ». Et la Cour ajoute (§ 33) : « *Cette conclusion se trouve corroborée par l'article 11, § 3, de la Convention de New York selon lequel c'est le tribunal d'un État contractant, saisi d'un litige sur une question au sujet de laquelle les parties ont conclu une convention d'arbitrage, qui renverra les parties à l'arbitrage, à la demande de l'une d'elles, à moins qu'il ne constate que ladite convention est caduque, inopérante ou non susceptible d'être appliquée* ».

Cette considération devrait amener la Cour de cassation française à reconsidérer l'application qu'elle donne au principe de compétence-compétence. En effet, la Cour de justice rappelle que les tribunaux ne doivent pas priver le justiciable « *d'une forme de protection juridictionnelle à laquelle il a droit* », ce qui se produit s'il suffit à l'autre partie « *pour se soustraire à la procédure devant la juridiction étatique d'exciper de la convention d'arbitrage* ».

Et la Cour précise, en fondant sa décision sur la Convention de New York que la convention d'arbitrage doit être écartée lorsqu'elle est « *caduque, inopérante ou non susceptible d'être appliquée* ». On est loin ici des exigences de la Cour de cassation française qui retient exclusivement le critère de l'inapplicabilité manifeste qu'elle interprète avec la rigueur la plus aveugle (v. *supra*, n° 1169). Nulle trace dans la Convention de New York de référence au caractère « manifeste » du défaut imputé à la clause d'arbitrage.

Dès lors, la jurisprudence française, qui n'a pas manqué de s'appuyer sur la jurisprudence *Coreck* de la CJCE, pour les clauses de compétence territoriale, devrait se conformer à la jurisprudence *Front Comor* dans l'application du principe de compétence-compétence. Elle serait, en cela, d'autant mieux inspirée qu'elle ne ferait qu'appliquer le texte central du droit de l'arbitrage international, la Convention de New York que la France a ratifiée et par laquelle elle est donc tenue.

Section 3

Les délais pour agir — La prescription (163)

1177. Principes. Prescription d'un an. — Comme une sorte de contre-partie à la lourde responsabilité qu'il fait peser sur le transporteur, le droit a toujours accordé à celui-ci le bénéfice d'une prescription brève. S'agissant de la prescription de l'action principale — l'action contre le transporteur — la tradition en a fixé le délai à la durée d'une année. C'était le cas, déjà, dans le Consulat de la Mer, au XVe siècle, puis dans l'Ordonnance de la Marine, reprise par le Code de commerce (164). La Convention de Bruxelles s'en tient à ce délai, en son article 3 § 6, ainsi que la loi française dans son article 32. Seules les Règles de Hambourg, tout comme les Règles de Rotterdam, ont dérogé à la tradition (165), portant le délai à deux ans, à l'imitation du transport aérien. La récente réforme française du régime de la prescription civile, par la loi

(163) Voir M. Bruschi, *La prescription extinctive en droit de la responsabilité civile*, préface A. Sériaux, Economica, 1998 ; P. Bonassies, *Nouveaux aspects du droit de la prescription maritime*, *DMF* 2005.677.
(164) Code de commerce, article 108, devenu art. L. 133-6 du nouveau Code de commerce.
(165) Règles de Hambourg, art. 20 ; Règles de Rotterdam, art. 63 ; Convention de Varsovie, art. 29.

n° 2008-561 du 17 juin 2008 (166) n'a pas porté atteinte à la tradition historique de la prescription annale (167).

1178. Caractère et domaine de la prescription d'un an. — Le délai de prescription en matière de transport maritime a toujours été considéré comme un délai dont la modification conventionnelle n'était possible ni dans un sens ni dans l'autre (R. Rodière, *Traité*, n° 704). Il ne pouvait être allongé en raison des dispositions de l'article 2220 ancien du Code civil, telles qu'interprétées par une jurisprudence séculaire. Il ne pouvait être raccourci, eu égard aux textes. La solution paraissait certaine pour les transports soumis à la loi de 1966, l'article 29 interdisant toute clause ayant *directement ou indirectement pour objet ou pour effet de soustraire le transporteur à la responsabilité définie à l'article 27* », — et une clause réduisant la durée de la prescription apparaissant à l'évidence comme ayant, au moins *indirectement* pour effet de soustraire le transporteur à sa responsabilité légale (en ce sens, R. Rodière, cité *supra*). Elle paraît s'imposer même pour les transports soumis à la Convention de 1924, dont l'article 3 § 8 interdit toute clause « *atténuant* (la responsabilité du transporteur) *autrement que ne le prescrit la présente Convention* » — formulation très proche de celle de la loi française (168).

La réforme résultant de la loi du 17 juin 2008 affecte-t-elle cette analyse ? La question peut se poser dans la mesure où l'article 2254 nouveau du Code civil autorise les modifications conventionnelles de la durée de la prescription à condition que celle-ci ne soit pas réduite à moins d'un an, ni étendue à plus de dix ans. On peut penser que cette règle nouvelle ne doit pas modifier le régime de la prescription applicable aux transports maritimes. En effet, au plan des « *dispositions générales* » de la réforme, l'article 2223 dispose que les « *règles nouvelles* » ne font pas obstacle à l'application des règles spéciales prévues par d'autres lois. Or, en l'espèce, ces règles spéciales existent et elles présentent un caractère impératif. Le minimum prescrit par le texte nouveau s'accorde ainsi parfaitement avec la prescription annale. La seule question pourrait donc résulter d'un allongement conventionnel de la durée de la prescription, dans la limite de dix ans. *A priori*, une telle extension ne serait pas contraire à l'esprit de la convention internationale, ni de la loi française dans la mesure où ces textes mettent en place un ordre public unilatéral, c'est-à-dire favorable aux ayants-droit à la marchandise. Si le transporteur envisageait d'étendre la durée de la prescription à son encontre, jusqu'à dix années (!), il apparaît que cela ne serait

(166) V. B. FAUVARQUE-COSSON et J. FRANCOIS, « Commentaire de la loi du 17 juin 2008 portant réforme de la prescription en matière civile », *D.* 2008.2512. Ph. DELEBECQUE, « La loi du 17 juin 2008 concerne-t-elle vraiment le monde des transports ? », *RD Transports*, oct. 2008, p. 1 ; O. STAES, la loi n° 2008-56 et le régime des prescriptions applicables aux transports terrestres de marchandises, RD Transports, mars 2009, p. 13 ; H. LECUYER. « La réforme de la prescription », *JCP* 2009, I. 52 ; Ph. MALAURIE, « La réforme de la prescription civile », *JCP* 2009.I.134.

(167) Selon l'article 2223 nouveau « *les dispositions du présent titre ne font pas obstacle à l'application des règles spéciales prévues par d'autres lois* ».

(168) L'analyse ici proposée ne semble pas devoir être remise en cause par l'arrêt rendu par la Cour de cassation le 12 juillet 2004 (*infra*, note 142) qui valide implicitement une clause abrégeant un délai contractuel en matière de transport terrestre. Car cette décision ne peut aller contre des dispositions interdisant semblables clauses, telles les dispositions citées au texte.

pas contraire au nouveau texte. Gageons que l'on n'observera une telle extension que de façon tout à fait exceptionnelle.

Le domaine d'application de la prescription d'un an est très large. En effet, elle s'applique, pour les transports régis par la Convention de 1924 aux « *pertes ou dommages* » (art. 3, al. 6), et pour les transports soumis à la loi de 1966 à « *toute action en responsabilité contre le transporteur* » (art. 32). Elle concerne donc, non seulement les dommages matériels, mais aussi les dommages d'ordre financier, tel le préjudice subi par le destinataire du fait de la livraison de la marchandise sans connaissement (169).

La question se pose de savoir si la prescription de l'article 32 est applicable même en cas de *faute inexcusable*. Le texte ne distinguant pas, la solution affirmative paraît s'imposer. C'est d'ailleurs là la solution récemment adoptée, à propos de la faute lourde, par la Cour de cassation en matière de transport terrestre. Statuant dans le cas d'une prescription contractuelle d'un an doublant la prescription légale, la Cour de cassation, a, en effet, admis que cette prescription devait s'appliquer même en cas de faute lourde (170). Il semble que la solution doive être étendue au délai de l'article 32, et à la faute inexcusable, doublon de la faute lourde en matière maritime.

1179. Actions récursoires. — Très fréquente en matière de transport, l'action récursoire est l'action intentée contre le transporteur, responsable premier du dommage à la marchandise, par celui qui, intervenant dans le transport en quelque qualité que ce soit (commissionnaire, entrepreneur de manutention, transporteur substitué) a été assigné en responsabilité par l'ayant droit à la marchandise. En droit classique, le droit maritime n'avait prévu aucune règle particulière pour la prescription de l'action récursoire, à l'inverse du droit terrestre édictant une prescription spéciale d'un mois (loi du 18 novembre 1942 modifiant l'article 108 du Code de commerce — devenu article L. 133-6). La chose était source d'injustice, le *garanti* (171) assigné dans les tous derniers jours du délai de prescription n'ayant pas le temps de mettre en place son action récursoire avant la fin de ce délai.

S'inspirant du droit terrestre, la loi du 18 juin 1966 prévoit dans son article 32, alinéa 2, que « *les actions récursoires peuvent être intentées, même après les délais prévus à l'alinéa précédent, pendant trois mois à compter du jour de l'exercice de l'action contre le garanti* ». La réforme est d'un grand intérêt pour les opérateurs impliqués dans un transport maritime. Même assignés la veille de l'expiration du délai d'un an, ils ont ainsi trois mois pour réagir.

Mais la jurisprudence applique l'article 32 d'une manière exégétique. Elle considère que l'action récursoire doit être impérativement intentée par le garanti dans le délai de trois mois prévu par le texte, et ce alors même que ledit garanti

(169) Cass. 29 nov. 1994, *DMF* 1995.364, obs. R. ACHARD ; voir cependant, en sens contraire, Aix-en-Provence, 7 mars 1997, navire *M.V.Tlemcen*, *DMF* 1998.146 et la crit. Ph. DELEBECQUE.

(170) Cass. 12 juill. 2004, *D.* 2004.2296, n. Ph. DELEBECQUE.

(171) Qualificatif appliqué à celui qui bénéficie d'une action récursoire (commissionnaire, transporteur substitué), le qualificatif de *garant* s'appliquant au transporteur.

est encore dans le délai d'un an (172). Rien, cependant, n'imposait une telle interprétation, laquelle fait que, dans certains cas, le garanti est moins protégé qu'il ne l'était sous l'emprise du texte antérieur, chose contraire aux intentions du législateur (173). En revanche, on doit approuver la jurisprudence qui limite l'application de l'article 32 aux seules actions récursoires intentées contre le transporteur ou l'entrepreneur de manutention, refusant d'étendre le texte aux recours formés contre le chargeur ou le vendeur de la marchandise en cause (174).

La Convention de 1924 ne traitait pas des actions récursoires. Le Protocole de Visby a introduit des dispositions s'inspirant de la loi de 1966, énonçant que les actions récursoires pourraient être exercées après le délai d'un an, dans le délai fixé par la loi du tribunal saisi, délai ne pouvant être inférieur à trois mois (art. 3, paragr. 6 *bis*). — L'article 20 des Règles de Hambourg contient des dispositions analogues ; il en est de même de l'article 64 des Règles de Rotterdam.

1180. Point de départ des délais. Computation des délais. — Le point de départ du délai d'action en responsabilité contre le transporteur est le jour de la livraison des marchandises. Le délai de prescription court du jour où les marchandises ont été livrées « *ou de la date à laquelle elles eussent dû être délivrées* » (175).

La date de la livraison doit être déterminée comme le jour où la marchandise a été présentée au destinataire, celui-ci étant mis en mesure d'en vérifier l'état et, le cas échéant, d'assortir son acceptation de réserves, pour reprendre la définition établie par la Cour de cassation (176). Si le destinataire n'a pas été informé de la mise à disposition de la marchandise, par erreur ou par calcul, il se trouve dans l'impossibilité d'agir, et le délai ne court que du jour où il est effectivement avisé de la livraison (177). La livraison peut même intervenir au port de chargement, dans le cas où le transport n'a pu avoir lieu (178).

S'agissant des *actions récursoires*, le délai de trois mois est décompté « *du jour de l'exercice de l'action contre le garanti ou du jour où celui-ci aura à l'amiable, réglé la réclamation* ». Les tribunaux ont un temps hésité sur les règles à appliquer en cas de règlement amiable. Certains ont considéré qu'un tel règlement marquait toujours le point de départ du délai de trois mois, même s'il

(172) Cass. 7 déc. 1999, *DMF* 2001.385, obs. J.-F. TANTIN ; Cass. 16 juin 2004, *Revue Scapel* 2004.174.

(173) Voir P. BONASSIES, cité *supra*, note 163.

(174) Paris, 3 mars 2004, *DMF* 2005.555 pour une action contre le chargeur ; Cass. 15 mai 2005, *DMF* 2005.535, obs. Y. TASSEL et Ph. DELEBECQUE, *DMF* 2005, Hors-série n° 9 au n° 113 pour une action contre le vendeur.

(175) Convention de Bruxelles, art. 3, § 6 ; décret du 31 déc. 1966, art. 55, V. Rouen 22 janv. 2009, navire *Cho Yang Honour*, *DMF* 2009.607, obs. Y. TASSEL, s'agissant du point de départ de la prescription annale contre l'entrepreneur de manutention, en cas de retour à l'expéditeur de la marchandise endommagée ; l'article 2251 nouveau vise expressément la renonciation tacite.

(176) Cass. com. 17 nov. 1992, *Al Hoceima*, *DMF* 1993.563, n. P. BONASSIES. Voir *supra*, n° 1032. Contrairement à ce qu'a jugé la Cour de Rouen, 16 nov. 1995, *Fiona*, *DMF* 1996.915, n. R. ACHARD, il n'y a pas lieu de prendre en compte le jour où le conteneur a été effectivement déposé, voir obs. P. BONASSIES, *DMF* 1997, Hors-série n° 1, n° 85, p. 62.

(177) Cass. com. 28 nov. 2000, *BTL* 2000.858 ; V. obs. P. BONASSIES, *DMF* 2001, Hors-série n° 5, n° 107, p. 83 qui relève la contrariété avec l'arrêt de la même Chambre commerciale, 11 janv. 1994, *Bull. civ.* IV, n° 22 ; *Rev. trim. dr. civ.* 1995.114, obs. J. MESTRE, qui considère préférable, encore qu'avec réserves, la solution la plus récente.

(178) Voir par ex. Versailles, 23 mai 2002, *DMF* 2002.866 ; *BTL* 2002.565 ; *Revue Scapel* 2002.98 ; obs. P. BONASSIES, *DMF* 2003, Hors-série n° 7, n° 76, p. 66.

intervenait après l'expiration du délai d'un an (179). La Cour de cassation a censuré cette interprétation de l'article 32, par trop laxiste. Pour elle, un règlement amiable intervenu entre le *garanti* et l'ayant droit à la marchandise après l'expiration du délai d'un an n'autorise pas ledit garanti à agir contre le transporteur maritime (180). La solution est sage, qui fait que la responsabilité du transporteur ne pourra en aucun cas être mise en cause après l'expiration d'un délai maximum de 15 mois (12 mois du délai principal, trois mois du délai de l'action récursoire). La loi du 17 juin 2008 n'affecte pas ces solutions.

À l'inverse, se pose également le problème tenant à la détermination du terme du délai. Pratiquement, la question se pose lorsque le dernier jour du délai survient un samedi, un dimanche ou un jour férié. Les textes déterminant la prescription n'envisagent pas cette situation : Ils précisent seulement que la prescription se compte par jours et non pas heures (ancien art. 2260 du Code civil, devenu l'art. 2228) et qu'elle est acquise lorsque le dernier jour du terme est accompli (ancien art. 2261 du Code civil, devenu l'article 2229). En revanche, s'agissant des délais de procédure, l'article 640 du Code de procédure civile dispose qu'en pareil cas, le dernier jour du délai est reporté au premier jour ouvrable suivant, au lundi donc, accordant ainsi au demandeur un jour de délai supplémentaire. La jurisprudence applique les textes avec rigueur. Le délai de prescription annale n'est pas un délai de procédure. Il n'y a donc pas lieu d'étendre le délai au premier jour ouvrable suivant (181).

1181. Suspension de la prescription. — Ni le Code de commerce, ni la loi du 2 avril 1936 n'avaient prévu de règle particulière concernant la suspension de la prescription. Ne pouvaient dès lors être invoquées que les causes du droit commun, telle la suspension pour minorité, des plus théoriques, mais aussi la suspension — plus probable — pour impossibilité d'agir (182). L'article 2234 nouveau, dans sa rédaction issue de la loi du 17 juin 2008, a consacré, de façon expresse, cette cause de suspension traditionnelle de la prescription (183).

L'article 32 de la loi de 1966 énonce aujourd'hui que ce délai « *peut être prolongé par un accord conclu entre les parties postérieurement à l'événement qui a donné lieu à l'action* ». La même règle a été adoptée par le Protocole du 23 février 1968, article 3 § 6 *bis* de la Convention. S'agissant des transports soumis à la Convention de Bruxelles dans son texte originaire (*supra*, n° 890 et n° 904), aucun report de prescription n'est en principe possible. Mais la jurisprudence se montre ici ouverte à une application souple des textes (184). La loi nouvelle va dans le même sens en autorisant expressément l'aménagement conventionnel de la prescription (art. 2254 du Code civil).

(179) En ce sens, Rennes, 29 mai 1986, *BTL* 1987.312.

(180) Cass. 7 déc. 2004, navire *Cap Corrientes, DMF* 2005.552 ; Cass. 10 mai 2005, *DMF* 2005.700, obs. M.-N. REYNAUD ; *BTL* 2005.387.

(181) Paris, 5 avril 2007, *BTL* 2007.272 et les obs. de M. BRUNAT, p. 265.

(182) Voir, restrictif, Cass. 11 janv. 1994, *Bull. civil* IV, n° 22 et obs. J. MESTRE, *Rev. tr. dr. civ.* 1995.114 ; plus (trop ?) ouvert, Cass. 28 nov. 2000, *BTL* 2000.858 et *DMF* 2001, Hors-série n° 5, au n° 107, obs. P. BONASSIES.

(183) « *La prescription ne court pas ou est suspendue contre celui qui est dans l'impossibilité d'agir par suite d'un empêchement résultant de la loi, de la convention ou de la force majeure* » (art. 2234 du Code civil) : « *contra non valenteur agere, non currit prescriptio* », prescrivait l'adage.

(184) Cass., 22 avr. 1997, navire *Sioux, DMF* 1997.494, obs. J.-P. RÉMERY.

Sous le nom de *report de prescription*, la pratique d'une telle suspension est extrêmement fréquente. Elle permet d'éviter la mise en place d'une procédure conservatoire destinée à interrompre la prescription, lorsque la mise en état du dossier de réclamation n'est pas terminée, ou que les négociations transactionnelles se poursuivent avec le transporteur. Ces reports sont généralement d'une durée de trois à six mois ; ils peuvent être renouvelés si les parties le souhaitent (185).

Les textes ne visent que la prescription de l'action principale. Il faut les appliquer à la prescription du délai de trois mois de l'action récursoire (186). Toutefois, il convient d'apprécier strictement les conditions dans lesquelles sont mis en place ces reports de prescription. Ceux-ci n'engagent que leur auteur. Ainsi, le transporteur n'est-il pas nécessairement engagé par le report accordé par son assureur (187). De même, seul le bénéficiaire du report est-il appelé à en bénéficier. Les autres parties au litige ne sont pas fondées à en revendiquer le bénéfice.

1182. Interruption de la prescription. Citation en justice. — Conformément au droit commun, l'interruption de l'action en responsabilité contre le transporteur maritime peut résulter d'une citation en justice (ancien article 2244 du Code civil, devenu l'article 2240), ou de la reconnaissance que « *le débiteur... fait du droit de celui contre lequel il prescrivait* » (ancien art. 2248 du Code civil, devenu l'article 2240).

S'agissant de la *citation en justice*, l'ayant droit à la marchandise qui saisit la justice de sa réclamation fait la preuve de sa diligence et de sa volonté d'empêcher le transporteur de prétendre au bénéfice de la prescription (188). Devant les tribunaux de commerce, même une assignation qui n'a pas fait l'objet d'un enrôlement emporte interruption de la prescription (189). Il n'en est pas de même, toutefois, d'une assignation devant le tribunal de grande instance, non placée dans les quatre mois prévus par l'article 757 du nouveau Code de procédure civile (190). Sont assimilées à une citation en justice les conclusions qui comportent une demande à titre reconventionnel (191). Toutefois, l'interruption qui résulte de chacun de ces actes a un caractère personnel. C'est ainsi que l'assignation du commissionnaire de transport n'interrompt pas la prescription à l'égard du transporteur (192).

Longtemps, des doutes ont pu se manifester sur un point particulier : l'*assignation en référé* était-elle de nature à interrompre la prescription, ou

(185) Ou soumis à une *condition :* Paris, 2 févr. 2005, *DMF* 2005.440, obs. Ph. DELEBECQUE.

(186) Cass. 30 mars 2005, navire *Canmar Fortune, DMF* 2005.699, obs. M.-N. REYNAUD.

(187) Tout au plus pourra-t-on considérer que l'engagement de l'assureur constitue, à sa charge, une promesse de porte-fort qui l'engagera, au lieu et place du transporteur, si celui-ci ne ratifie pas cette promesse.

(188) Cass. com., 26 nov. 1998, *BTL* 1999.19, qui juge que le dépôt au greffe est suffisant, la notification à l'autre partie n'étant même pas nécessaire.

(189) Cass. com., 2 juin 1987, *Bull. civ.* IV, n° 134 ; Cass. com., 4 janv. 2000, *BTL* 2000, n° 295.

(190) Cass. ass. pl. 3 avr. 1987, *Sem. jur.* 1987.II.20792.

(191) Cependant, devant les juridictions consulaires, il convient de vérifier qu'elles ont été déposées et visées au greffe avant l'échéance de la prescription, de façon à acquérir date certaine.

(192) Cass. 7 avr. 2004, *DMF* 2004.1022, obs. O. CACHARD ; *DMF* 2005, Hors-série n° 9, n° 111, obs. Ph. DELEBECQUE.

encore, fallait-il distinguer celle qui avait pour objet la reconnaissance d'un droit, susceptible d'interrompre la prescription, de celle qui ne l'était pas, ou pas directement, référé-expertise par exemple (193) ? La loi du 5 juillet 1985 (dite « *loi Badinter* »), modifiant l'article 2244 ancien du Code civil, a réglé la difficulté. Elle dispose expressément que la citation en justice « *même en référé* », interrompt la prescription. Dès lors, l'assignation en référé afin d'obtenir la nomination d'un expert interrompt la prescription. La loi du 17 juin 2008 a repris, à l'article 2241 nouveau, les mêmes termes.

Il convient, cependant, de rappeler que si la nomination de l'expert intervenait dans le cadre de l'article L. 133-4 (ancien art. 106) du Code de commerce, par la voie d'une ordonnance sur requête, celle-ci n'interrompait pas la prescription, car la requête, unilatérale, n'est pas une citation en justice. Il n'en va plus de même sous l'empire de la loi nouvelle : en effet, l'article 2239 dispose que la prescription est suspendue « *lorsque le juge fait droit à une mesure d'instruction présentée avant procès* », sans distinguer si celle-ci a été présentée par voie de requête ou d'assignation en référé. De plus, et de façon très heureuse, le texte nouveau ne limite pas la suspension de la prescription au jour de la désignation de l'expert, mais, au contraire, prolonge celle-ci « *jusqu'au jour où la mesure a été exécutée* », soit, généralement, au jour où l'expert déposera son rapport. À ce jour, la prescription recommencera à courir « *pour une durée qui ne peut être inférieure à six mois* » (art. 2239, al. 2).

Enfin, la jurisprudence a admis que le caractère juridictionnel de la saisine de la Chambre arbitrale maritime de Paris justifiait son caractère interruptif (194). Il en est de même de toute demande d'arbitrage (195). La jurisprudence a également admis que la déclaration d'une créance au passif d'une procédure de redressement judiciaire valait demande en justice et était donc de nature à interrompre la prescription (196). Le même effet interruptif a été reconnu à la compensation légale, quant à l'excédent de la dette la plus élevée — un peu comme si, le « compte » étant fait entre les parties, une nouvelle prescription courait pour le solde (197).

La détermination de la compétence territoriale constituant un exercice délicat et périlleux dans le contentieux du transport maritime, il est particulièrement opportun que, en application du droit commun (ancien art. 2246 du Code Civil, devenu l'article 2241, al. 2), l'assignation devant un tribunal incompétent, interrompe la prescription. Cependant, le délai recommence à courir, dès la décision prononçant l'incompétence (198). Enfin, alors que selon l'article 2246

(193) Voir C. Scapel, J. Bonnaud, « La prescription dans le transport maritime : suspension et interruption », *Revue Scapel* 1991.60.
(194) Cass. com. 7 déc. 1999, *BTL* 2000.140.
(195) Cass. civ. 2e, 11 déc. 1985, *Sem. jur.* 1986.II.20677, n. Taisne.
(196) Cass. com. 28 juin 1994, arrêt no 92-13.477.
(197) Cass. 30 mars 2005, *BTL* 2005.270.
(198) Cass. com. 7 déc. 1999, *DMF* 2001.385, n. J.-F. Tantin, *Revue Scapel*, 2000.12 ; *BTL* 2000.140.

ancien, l'assignation nulle n'emportait pas interruption de la prescription (199), le nouvel article 2241, en son alinéa 2, maintient l'interruption de la prescription lorsque l'acte de saisine de la juridiction est annulé par l'effet d'un « vice de procédure » (200), reprenant ainsi la jurisprudence récente de la Chambre mixte de la Cour de cassation (7 juillet 2006) qui a jugé que la mention d'une date d'audience erronée dans l'assignation ne constituait qu'un simple vice de forme ne faisant pas grief et ne portant donc pas atteinte à l'effet interruptif de la prescription. Cependant, l'interruption est regardée comme non avenue en cas de désistement et de péremption d'instance, ou au cas où la demande est rejetée de façon définitive (ancien art. 2247 du Code civil, devenu l'article 2243).

1183. Possibilité de causes contractuelles d'interruption ? — La question s'est posée de savoir si, en dehors des causes d'interruption évoquées ci-dessus, les parties à un contrat de transport ne pouvaient pas prévoir que la prescription de l'action contre le transporteur serait interrompue par lettre recommandée, voire par message électronique. En droit classique, la réponse à cette question était certainement négative, les règles de prescription étant regardées comme d'ordre public strict. Cependant, la matière fait l'objet d'une profonde évolution. En effet, la loi du 17 juin 2008 dispose expressément que « *les parties peuvent d'un commun accord, ajouter aux causes de suspension ou d'interruption prévues par la loi* » (art. 2254, al. 2). Dans la mesure où, ainsi qu'il a été rappelé ci-dessus (v. *supra*, n° 1178), l'ordre public s'appliquant au transport est unilatéral à l'encontre du transporteur, il ne paraît pas y avoir d'obstacle à favoriser les ayants droit à la marchandise si le transporteur accepte de leur consentir contractuellement des causes de suspension ou d'interruption non prévues par les textes.

Dans un arrêt du 25 juin 2002, la Cour de cassation, a jugé que « *les dispositions de l'article 2244 du Code civil ne sont pas d'ordre public et que les parties peuvent y déroger* » (201). L'arrêt est étranger aux transports (202), mais énonce ce principe nouveau de façon tout à fait générale et il faut craindre son application au contentieux du transport maritime, alors qu'il est permis de douter de son bien-fondé ainsi que de son opportunité (203). Il faut cependant noter que les contrats de transport maritime étant établis par les transporteurs, ceux-ci n'auront évidemment pas la tentation d'assouplir les règles d'interruption de la prescription.

1184. Durée de l'interruption. Nouvelle prescription. — L'interruption de la prescription résultant d'une citation en justice, se prolonge jusqu'à ce que le

(199) Cass. com. 17 juill. 2001, *DMF* 2001.1002 ; *Revue Scapel* 2001.174. L'assignation avait été dirigée contre le consignataire de navire pris en son nom personnel et non en sa qualité de représentant de l'armateur. Obs. P. Bonassies, *DMF* 2002, Hors-série n° 6, n° 56 *bis*, p. 50.

(200) Sur le problème d'interprétation de cette formule, « vice de procédure », qui ne figure pas dans le Code de procédure civile, V. les obs. de O. Staes, « La loi n° 2008-561 et le régime des prescriptions applicables aux transports terrestres de marchandises », *RD Transports*, n° 3, p. 13, spéc. p.16.

(201) Cass. civ. 1re, *D.* 2003.155, n. crit. P. Stoffel-Munck.

(202) L'espèce concerne un très modeste litige de paiement de facture de France Télécom. La Cour se prononce sur pourvoi formé directement à l'encontre d'un jugement rendu le 19 janv. 1999 par le Tribunal d'instance de Saint-Pol-sur-Ternoise rendu en premier et dernier ressort.

(203) Voir P. Stoffel-Munck cité *supra,* note 201.

litige trouve sa solution, article 2242 nouveau (204). Le litige étant désormais « sous main de justice », l'assignation emporte une suspension légale du délai de prescription. Mais, pour déterminer la durée de cette interruption-suspension, il convient de s'en tenir à l'objet de la demande en justice. C'est pourquoi, il était admis que la demande en désignation d'un expert par la voie de la procédure de référé, trouve sa solution dans l'ordonnance désignant cet expert. La prescription se déclenchait donc à nouveau à compter de celle-ci, sans qu'il y ait lieu de prendre en considération la date du dépôt du rapport d'expertise (205). Il n'en va pas plus ainsi, en effet, l'article 2239, alinéa 2, nouveau, prolonge la suspension du délai, jusqu'au jour où la mesure d'instruction est exécutée et pour six mois supplémentaires.

Conformément à la règle appliquée aux courtes prescriptions, la nouvelle prescription qui naît à la fin de l'interruption-suspension est à nouveau d'une durée d'un an. Une règle différente est toutefois parfois appliquée quand la prescription est interrompue par la reconnaissance par le transporteur de sa responsabilité, pouvant alors se produire une *interversion* du délai de prescription (v. *infra* n° 1186).

1185. Reconnaissance de responsabilité. — Lorsque le transporteur reconnaît sa responsabilité dans la survenance des dommages subis par les marchandises, cette reconnaissance interrompt la prescription, conformément aux dispositions de l'article 2240 du Code civil. Cependant, la pratique fournit de nombreux exemples des dangers que présente ici, pour l'ayant droit, l'interprétation de l'attitude du transporteur (206).

De simples pourparlers amiables, engagés sous les plus expresses réserves de responsabilité (*without prejudice*), n'emportent pas interruption de la prescription. Mais, en dehors même de ce cas évident, le risque existe toujours de voir le juge du fond — auquel la Cour de cassation reconnaît ici un pouvoir souverain d'appréciation — décider que les termes employés ne valent pas reconnaissance de responsabilité, et ce même au cas où il offre une indemnisation partielle, ou fait une offre de transaction (207). La prudence, comme le *principe de précaution* (208), engagent donc l'ayant droit à ne se satisfaire d'aucune déclaration du transporteur susceptible d'une quelconque ambiguïté, et donc à « lancer » une assignation conservatoire au fond (209).

(204) Cass. com. 16 oct. 1991, *DMF* 1992.45.

(205) Cass. com. 22 avr. 1997, *Sioux, DMF* 1997.494, rapp. RÉMERY ; dans le même sens, Cass. com. 6 mars 1991, *Revue Scapel*, 1991.70 ; Cass. com. 10 oct. 1995, *BTL* 1995.753.

(206) C. SCAPEL, « Interruption et suspension de la prescription du fait du transporteur maritime », *DMF* 1977.259.

(207) Dès lors que le juge du fond estime que cette offre n'inclut pas une reconnaissance de responsabilité : Cass. 30 mars 2005, navire *Canmar Fortune*, cité *supra*, note 156. V. pour une renonciation tacite à la prescription, Cass. com. 7 juill. 2009, *BTL* 2009-482.

(208) P. BONASSIES, *DMF* 2003, Hors-série n° 7, n° 92, p. 76 ; Cass. com. 29 oct. 2002, *BTL* 2002. 105 ; Aix, 7 juin 2002, *Revue Scapel* 2002.97 ; Cass. com. 25 nov. 1997, navire *Europa Express, DMF* 1998.158, rapp. RÉMERY ; Cass. com. 9 déc. 1997, navire *Mercandia Sun II, DMF* 1998.165, rapp. RÉMERY.

(209) Et ce, d'autant que le coût d'une telle assignation est minime : au plus quelques centaines d'euros.

Par ailleurs, lorsque la reconnaissance de responsabilité n'est pas contestable, la question se pose alors de déterminer si elle doit entraîner *interversion* de la prescription.

1186. Interversion de la prescription. — La question est ici de savoir si la reconnaissance de responsabilité par le transporteur doit avoir pour seul effet de faire courir un nouveau délai d'un an, à compter de sa date, ou, au contraire, de déterminer un délai de prescription d'une nouvelle nature — le délai décennal de droit commun du droit commercial (210) devenu quinquennal.

Jusqu'à la réforme, la Cour de cassation considérait « *que la substitution de la prescription de droit commun à la courte prescription de l'article 108 du Code de commerce, ne peut résulter que d'une reconnaissance de responsabilité et d'un engagement de réparer le dommage émanant du débiteur de l'obligation* » (211). Il convenait donc d'opérer une distinction, selon que le transporteur se bornait à reconnaître sa responsabilité, reconnaissance que l'on qualifiera de « *simple* », et qui n'entraînait qu'une *interruption* de la prescription, ou qu'il prenait l'engagement précis de réparer le dommage, reconnaissance que l'on considérera comme « *qualifiée* » (212). Dans le second cas seulement — et surtout si l'engagement est chiffré —, se produisait l'*interversion* de la prescription. Cette interversion est, en droit, fondée sur une *novation*. Le tribunal saisi scrutait donc les termes de l'engagement pris par le transporteur afin de déterminer s'il avait nové son obligation, ce qui entraînait l'interversion — ou non.

1187. Cependant, il faut désormais prendre en compte la loi du 17 juin 2008. L'article 2231 nouveau dispose expressément qu'après interruption court « *un nouveau délai de même durée que l'ancien* ». La question de l'interversion du délai paraît ainsi tranchée. Pourtant, il est, néanmoins, possible de penser que, dans le cas où une véritable novation est constatée, la solution ancienne peut être maintenue, l'obligation novée étant, alors, soumise au délai de droit commun de cinq ans.

N° 1187 à 1199 : réservés.

(210) C. Scapel, « *Interruption et suspension de la prescription annale du fait du transporteur maritime* », *DMF* 1977.259.

(211) Cass. com. 3 déc. 1996, *BTL* 1996.877, obs. P. Bonassies, *DMF* 1997, Hors-série n° 1, n° 87, p. 63. *Adde* Cass. com. 19 févr. 2002, navire *Regina*, *DMF* 2002.306, n. P. Bonassies ; Cass. com. 4 janv. 2000, *DMF*. 426, n. M. Bruschi.

(212) P. Bonassies, *DMF* 1997, Hors-série n° 1, n° 85, p. 62.

SOUS-TITRE 2

LE TRANSPORT MULTIMODAL TRANSMARITIME

1200. Définition. — D'un point de vue technique, le transport a toujours été multimodal. En effet, les champs de blé ne poussent pas sur les quais et, sauf rares exceptions, les usines ne tournent pas le long du bord des navires. Les transports maritimes, tout comme les transports ferroviaires et aériens, requièrent nécessairement un pré-acheminement et un post-acheminement (1). Seul le transport routier peut échapper à ces contraintes. Pourtant, le transport multimodal est une notion moderne. C'est, en effet, un concept juridique de création récente. Il innove en unifiant l'enchaînement de sections de transports modaux différents.

Le transport multimodal est un transport qui réalise un déplacement de marchandises par au moins deux modes de transports différents sur la base d'un contrat unique, constaté par un document unique, couvrant le transport de bout en bout sous la responsabilité d'un opérateur unique qu'il est généralement convenu d'appeler l'entrepreneur de transport multimodal (ETM). Le *transport multimodal transmaritime* (2) est un transport multimodal qui intègre au moins un « segment » maritime, par exemple le transport d'un lot de pneus de Clermont-Ferrand à Indianapolis (États-Unis). C'est le domaine couvert par la nouvelle convention élaborée par la CNUDCI : les Règles de Rotterdam, lorsqu'elles seront en vigueur, régiront les contrats de transport internationaux de marchandises « *effectués entièrement ou partiellement par mer* », aux termes du titre même de la Convention. L'article 1 § 1 de la Convention définit, en effet, le contrat de transport comme désignant « *le contrat par lequel un transporteur s'engage, moyennant paiement d'un fret, à déplacer une marchandise d'un lieu à un autre. Le contrat prévoit le transport par mer* et peut prévoir, en outre, le transport par d'autres modes » (souligné par nous).

C'est par l'existence d'un document de transport unique et d'un opérateur unique que ce type de transport se distingue des transports successifs.

(1) Sur les problèmes juridiques, économiques et logistiques posés par pré-acheminement et post-acheminement, voir les rapports présentés au Colloque de Barcelone d'octobre 2005, *Annales de l'IMTM* 2005.

(2) Dénomination développée dans les années 1980 par l'Institut méditerranéen des transports maritimes, à l'initiative de P. BONASSSIES.

1201. Historique. — On peut imaginer que, de tout temps, certains transporteurs, particulièrement attentifs aux besoins de leur clientèle, ont accepté de prendre en charge une marchandise pour l'acheminer en un lieu qu'ils ne desservaient pas directement, ce en utilisant successivement plusieurs modes de transport, tel un transporteur terrestre de Lyon acceptant un colis à destination d'Alger, ou un transporteur maritime de Marseille acceptant de prendre en charge une marchandise à destination de telle ville du Tennessee ou du Kansas, ville impossible à atteindre par la voie maritime. Aussi bien, peut-on faire ici référence à un arrêt rendu en 1876 par la *Court of Appeal* britannique et concernant déjà une opération de transport multimodal, puisqu'il s'agissait d'un transport maritime de Grande-Bretagne jusqu'à Montréal, suivi d'un transport ferroviaire de Montréal à Toronto (3). Seulement, à l'époque, on ne parlait pas de transport multimodal, et moins encore de transport multimodal transmaritime. Pour constater la chose, on parlait de *transport mixte*.

Et c'est assurément un hommage qu'il faut rendre à nos maîtres, qu'ils n'aient nullement ignoré le phénomène. Dans son *Traité*, le Doyen Ripert consacre ainsi près de dix pages aux transports mixtes (4). Il y souligne la validité de principe du contrat de transport mixte, et, déjà, relève les nuances de la pratique, de même qu'il signale les premiers efforts du législateur international pour réglementer ce type de transport, ce dans la Convention de Berne de 1890 sur les transports par chemin de fer telle que modifiée en 1924 (CIM). L'analyse est approfondie dans le *Traité* du Doyen Rodière, tant en ce qui concerne les transports mixtes gérés par un transporteur maritime et constatés par un connaissement, que les transports mixtes gérés par un transporteur ferroviaire ou par un transporteur routier, transports constatés par une lettre de voiture internationale et régis selon le cas par la CIM ou par la CMR (5). Il reste que le juriste ne peut nier que le phénomène du transport multimodal n'ait pris aujourd'hui une ampleur considérable. Il est possible de se demander si l'importance du développement actuel de la « *supply chain* », la chaîne d'approvisionnement, ne s'accompagne pas d'un passage progressif du transport multimodal au transport amodal (6).

1202. Connaissement direct. — Par ailleurs, il faut rappeler que le transport maritime a pratiqué de longue date une forme de transport qui, dans certaines de ses formes, peut être qualifié de transport multimodal. En effet, depuis le siècle dernier, les transporteurs maritimes utilisent le connaissement direct (*through bill of lading*). Le transporteur initial s'engage à délivrer la marchandise au port de destination, encore qu'il ne desserve pas ce port. Dans ce cas, le transport se réalisera en deux ou trois étapes, mais il est couvert par un seul connaissement, de bout en bout, qualifié par la pratique de *connaissement direct*. Le transporteur maritime peut également, dans les mêmes conditions, s'engager à accomplir le

(3) *Morr v. Harris*, 1876, 1 *AC* 318.

(4) *Traité*, 4e éd., 1952, tome 2, p. 903 à 910.

(5) Convention de Genève de 1956 sur les transports routiers internationaux : R. RODIÈRE, *Traité, Affrètements et transports*, t. 3, p. 202 à 220.

(6) V. C. SCAPEL, « Du transport successif au transport amodal via le transport multimodal », *Rev. Scapel* 2006-139.

post-acheminement terrestre, sous couvert du connaissement direct, afin de livrer la marchandise au destinataire dans l'hinterland.

Le connaissement direct n'est pas toutefois, un document homogène. Dans l'hypothèse idéale pour le chargeur, il ne contient pas de stipulations particulières, portant seulement mention de sa qualité de connaissement direct, et indiquant que la marchandise pourra faire l'objet d'un transbordement.

Quand un connaissement direct est ainsi établi, le transporteur initial demeure certainement responsable de la marchandise jusqu'au port de destination (7). La jurisprudence, souvent ancienne il faut le préciser, accordait même au destinataire une double action, action contre le transporteur initial, et action contre le second transporteur. Si on considère que le destinataire ne détient pas de connaissement le liant avec le second transporteur, mais seulement un connaissement le liant au transporteur initial, cette jurisprudence pouvait être malaisée à justifier, eu égard à la règle qui voulait que seule la personne dont le nom figurait sur le connaissement puisse agir contre le transporteur. On pouvait cependant la fonder sur l'observation qu'en acceptant les marchandises, le second transporteur, qui a certainement reçu copie du premier connaissement et connaît l'identité du destinataire, s'engage implicitement à délivrer la marchandise à celui-ci. Désormais, ce formalisme, on le sait (*supra*, n° 1135) n'est plus de mise et une telle action directe ne suscite plus de réserves.

Dans la plupart des cas, toutefois, le connaissement direct contient des clauses allégeant la responsabilité du transporteur. Ces clauses précisent, par exemple, que le transporteur initial n'assure la responsabilité que du seul transport jusqu'au port de transbordement, et que la responsabilité du second transporteur sera seule engagée pour la deuxième partie du transport, et ce aux conditions des connaissements qui lui sont habituels. Il en ira de même pour un transport mer-terre, le transporteur maritime stipulant que sa responsabilité cessera au port de déchargement et qu'il ne répondra pas des pertes survenues pendant le transport terrestre.

Ces clauses sont considérées comme valables par la jurisprudence. De fait, pour la deuxième partie du transport, le transporteur initial n'effectue pas l'opération de transport. Il lui est donc loisible de prendre une autre qualité que celle de transporteur, laquelle l'assujettirait aux règles d'ordre public régissant le contrat de transport. Il peut notamment agir comme commissionnaire de transport, et nous savons que le commissionnaire de transport peut inclure dans le contrat de commission des clauses de limitation ou d'exonération de responsabilité (*supra*, n° 666).

Dans cette seconde hypothèse, le destinataire ne pourra agir contre le transporteur initial que si le dommage a été causé à la marchandise pendant la première partie du transport, ce qu'il pourra établir par les réserves émises par le second transporteur lors de la prise en charge de la marchandise par lui. Si la marchandise a été endommagée pendant la seconde partie du transport ou si

(7) Versailles, 4 avr. 2002, *DMF* 2002.944 ; obs. P. BONASSIES, *DMF* 2003, Hors-série n° 7, n° 93, p. 77.

l'origine du dommage demeure inconnue, il ne peut agir que contre le second transporteur. Il reste, là aussi, à expliquer son droit d'action. Si un connaissement a été émis à son nom par le second transporteur, ce qui est rare mais peut se produire (8), son droit peut se fonder sur ce connaissement. S'il en est autrement, on ne peut expliquer son action que par l'observation, ci-dessus présentée, que le second transporteur, en acceptant la marchandise, a contracté l'obligation de la délivrer au destinataire indiqué sur le connaissement initial.

Reste, dans la même hypothèse, un dernier problème, celui de l'opposabilité au destinataire des clauses particulières des connaissements du second transporteur, telle une clause autorisant sans restriction le transport en pontée. Le principe de relativité contractuelle impose d'affirmer l'inopposabilité de telles clauses, même si, dans leur principe, elles sont valables. Tout au plus pourrait-on admettre que le fait pour le premier transporteur d'avoir accepté du second transporteur des conditions de transport excessives constitue une faute lourde, dont il serait alors responsable vis-à-vis du destinataire. Quoi qu'il en soit, l'observation démontre bien les dangers que recèle pour les chargeurs ou destinataires tout transport couvert par un connaissement direct.

1203. Plan. — Si le connaissement direct n'a pas complètement disparu, il est, de nos jours, très largement supplanté par le contrat de transport multimodal qui ne tardera pas à l'évincer complètement. L'étude du transport multimodal transmaritime, portera successivement sur le cadre juridique de ce transport, sur le document de transport multimodal et, enfin, sur la responsabilité de l'entrepreneur de transport multimodal.

(8) Voir Cour d'appel de Paris, 2 mars 1983, navire *Achaia*, *DMF* 1983.554.

CHAPITRE 1

CADRE JURIDIQUE DU TRANSPORT MULTIMODAL TRANSMARITIME

1204. Plan. — S'agissant du cadre juridique du transport multimodal transmaritime, le juriste constate que ce transport reste, au moins aujourd'hui, largement abandonné à la liberté contractuelle, et donc à l'initiative des professionnels, et ce, qu'il soit organisé par un transporteur ou par un « *opérateur* » ou « *entrepreneur* » non transporteur, simple auxiliaire de transport. Toutefois, cette liberté contractuelle n'existe pas dans tous les cas. Certaines opérations de transport multimodal transmaritime, et qui sont d'une grande importance pratique, sont enfermées dans une structure légale rigide. Par ailleurs, c'est l'ensemble des transports multimodaux internationaux qui seraient soumis à une réglementation stricte, si entrait en application la Convention de Genève de 1980. Cadres réglementés et Convention de 1980, cadres abandonnés à la liberté contractuelle, sont les thèmes qu'il convient d'explorer ici.

Section 1

Les cadres juridiques réglementés

1205. Transports fer-mer. — Parmi les opérations multimodales ayant un cadre réglementé, les plus anciennes sont certaines opérations de transport fer-mer.

En cette matière, la CIM impose en effet depuis 1924 à la compagnie ferroviaire qui effectue une opération de transport multimodal fer-mer un cadre précis. Dans la situation la plus fréquente, celle où la ligne de navigation sur laquelle le transport maritime postérieur au transport ferroviaire est effectué est inscrite à l'Office de Berne qui gère les transports ferroviaires internationaux, le transporteur ferroviaire pourra se prévaloir, pour le dommage subi par la marchandise pendant le trajet maritime, des causes d'exonération spécifiques aux transports maritimes (faute nautique du capitaine, innavigabilité du navire non imputable à un défaut de diligence raisonnable). En revanche, les limites de responsabilité du transport ferroviaire international, sensiblement plus élevées que celles du transport maritime (1), s'appliqueront à un tel dommage. Par ailleurs, le transporteur ferroviaire ne pourra se prévaloir de la limitation de responsabilité en matière de créances maritimes (*supra*, n°s 402 et s.), n'étant ni armateur ni affréteur.

1206. Transport route-mer. — Mais c'est surtout en matière de transport multimodal route-mer qu'il existe un régime contraignant, régime prévu par la Convention de Genève sur les transports routiers de 1956, la CMR, et largement susceptible de s'appliquer à des transporteurs français, transporteurs maritimes ou transporteurs routiers.

Il résulte en effet tout d'abord de l'article 1er de la CMR que celle-ci s'applique impérativement à tout transport par route, dès lors que le lieu de la prise en charge de la marchandise et le lieu prévu pour la livraison sont situés dans deux pays différents, dont l'un au moins est un pays contractant. S'agissant des transports multimodaux, l'article 2 de la CMR énonce ensuite que si le véhicule contenant les marchandises est transporté par mer sur une partie du parcours, sans rupture de charge, la CMR s'applique « *pour l'ensemble du transport* ». Comme la France a ratifié la CMR, tout transport multimodal route-mer au départ ou à destination de la France est donc soumis aux dispositions de celle-ci, et par exemple, le transport d'une cargaison de pneus expédiée de Clermont-Ferrand à Fez, comme aussi bien le transport d'un lot de tapis de Fez à Marseille.

Les conditions d'application de la CMR doivent toutefois être précisées. Ce n'est pas toute opération empruntant voie routière et voie maritime qui sera nécessairement soumise à la CMR, mais seulement certaines opérations. En premier lieu, seuls les transports route-mer, à l'exclusion des transports mer-route, sont susceptibles d'être soumis à la CMR. En effet, lorsqu'elles énoncent que la Convention s'applique à tout contrat de transport de marchandises par route lorsque le lieu de la prise en charge de la marchandise et le lieu prévu pour la livraison sont situés dans deux pays différents, les dispositions de la Convention envisagent à l'évidence une prise en charge de la marchandise par voie routière. Mais surtout, la CMR ne s'applique qu'en l'absence de rupture de charge. Mais que faut-il entendre par *rupture de charge* ?

1207. La notion de rupture de charge. — La jurisprudence et la doctrine en la matière sont des plus minces. Il faut donc s'en remettre au sens commun. Nous dirons qu'il y a rupture de charge dans un transport multimodal transmaritime, lorsque le transport maritime intervenant après une phase « *route* » implique une manutention de la marchandise, et non du véhicule. Exception faite du cas, évident, où la marchandise est transportée sur un véhicule rigide, ce qui exclut

(1) 17 droits de tirage spéciaux par kilo, au lieu de 2 dans le régime maritime.

toute rupture de charge, cela conduit à distinguer le cas où la marchandise est transportée sur une remorque ou une semi-remorque, et le cas où elle est transportée en conteneur. Dans le second cas, il y a nécessairement rupture de charge, le conteneur ne pouvant être placé sur le navire, comme ultérieurement sur un nouveau plateau routier, que par une manutention. Dans le premier cas, à l'opposé, il n'y a pas rupture de charge. Certes, il y a lieu de détacher la remorque de son tracteur pour la mettre ou la laisser à bord, puis ultérieurement de l'attacher à un nouveau tracteur. Mais il y a manutention du véhicule, l'article 1er de la Convention voyant dans remorques ou semi-remorques des « *véhicules routiers* », et non manutention de la marchandise. Concluons. Le transport multimodal transmaritime route-mer d'un camion ou d'une semi-remorque est soumis à la CMR. Ne lui est pas soumis, à l'opposé, le transport d'un conteneur acheminé par camion jusqu'au long du bord, puis transporté par mer.

En revanche, la CMR s'applique quelle que soit la personne qui prenne l'initiative de l'opération, qu'il s'agisse d'un transporteur routier qui confie son véhicule à un transporteur maritime, ou d'un transporteur maritime affrétant un véhicule routier pour le pré-acheminement de la marchandise. Car la Convention prend en considération, pour définir son domaine d'application, non la personnalité du transporteur, mais le mode de transport utilisé.

Dans toutes les situations ci-dessus évoquées, le transport multimodal transmaritime sera soumis aux règles de la Convention de 1956. Il sera couvert non par un connaissement, mais par une lettre de voiture. À la livraison de la marchandise, ce sont les règles, plus souples, du droit du transport routier, qui régiront les protestations que pourra faire le destinataire (2). C'est la prescription de la Convention de 1956 qui s'appliquera à l'action dudit destinataire, prescription d'un an comme en matière maritime, mais qui est suspendue beaucoup plus aisément qu'en droit maritime par une simple réclamation écrite. Et surtout, ce sont les règles de responsabilité édictées par la Convention qui s'appliqueront (3).

1208. Transport aérien multimodal. — CIM et CMR ne sont pas les seuls textes qui contiennent des dispositions impératives concernant le transport multimodal. L'article 31 de la Convention de Varsovie est repris à l'article 38 de la Convention de Montréal du 28 mai 1999 sur les transports aériens internationaux (4), le nouveau texte substituant toutefois la formule de « *transport intermodal* » à la formule « *transport combiné* ». Ces textes envisagent le statut des « *transports combinés* » (art. 31, Convention de Varsovie), « *transport intermodal effectué en partie par air et en partie par tout autre moyen de transport* » (art. 38, Convention de Montréal), ce qui inclut les transports multimodaux transmaritimes mer-air ou air-mer.

(2) Protestations immédiates en cas de dommages apparents — règle classique — mais délai de sept jours pour les dommages non apparents (art. 30 de la Convention).
(3) Voir *infra*, no 1221.
(4) P. DELEBECQUE, « La Convention de Montréal du 28 mai 1999 », *Clunet* 2005.263.

Mais le système édicté par ces textes est des plus souples. Ils prévoient en effet que, à condition que les stipulations de la Convention soient respectées en ce qui concerne le transport par air, rien n'interdit aux parties, dans le cas de transport combiné intermodal, d'insérer dans le titre de transport aérien des conditions relatives à d'autres modes de transport. C'est dire que, pour ce qui est des Conventions de Varsovie et de Montréal, la liberté des parties est respectée — sauf en ce qui concerne le transport aérien proprement dit, et ce, semble-t-il alors même que c'est un transporteur maritime qui organise le transport multimodal. C'est là un schéma quelque peu différent du schéma juridique habituel.

1208 *bis*. Règles de Rotterdam. Transport effectué partiellement par mer. — Les Règles de Rotterdam ne régissent pas uniquement le transport maritime mais aussi le transport multimodal « transmaritime » : Le transport effectué « partiellement par mer ». C'est, là encore, une innovation. Elle est assurément opportune.

Le transport multimodal transmaritime est régi par les articles 26 et 82 de la Convention nouvelle. Le régime mis en place est de type classique. Il s'inscrit dans le système réseau (v. *infra*, n° 1221). Ainsi ces deux dispositions renvoient, pour les dommages survenus « *pendant la durée de la responsabilité du transporteur, mais uniquement avant leur chargement sur le navire ou uniquement après le déchargement du navire* » (art. 26), aux autres instruments internationaux qui se seraient appliqués « *pour couvrir l'étape particulière du transport pendant laquelle la perte ou le dommage... s'est produit* » (art. 26). L'article 82 dispose expressément que les règles nouvelles n'affectent en rien l'application des conventions modales régissant le transport par air, par route, par rail, par voie d'eau intérieure.

Il convient d'observer que, curieusement, les Règles ne visent pas les dommages subis par les marchandises dont la localisation n'est pas établie. En effet, le système réseau suppose que l'on parvienne à déterminer durant quelle étape modale du transport le dommage s'est produit, pour renvoyer la compétence à la convention modale correspondante. Cependant, l'on sait bien que trop souvent l'origine du dommage demeure inconnue : le dommage est constaté à la livraison sans que l'on puisse établir au cours de quelle étape du transport multimodal il s'est produit. Dans le silence du texte, il conviendra certainement d'appliquer, en pareil cas, le régime maritime déterminé par les Règles nouvelles pour le transport maritime.

1209. Convention des Nations Unies sur le transport multimodal international de marchandises. — Même si elle n'est pas entrée en application, la Convention des Nations Unies de 1980 sur le transport multimodal est un texte qui institue un régime réglementé qui mérite l'étude. Après l'échec des Règles de Tokyo, rédigées par le CMI en 1969, la CNUCED a élaboré le texte d'une convention sur le transport multimodal international de marchandises, en parallèle avec les Règles de Hambourg, de façon à constituer un corpus de textes coordonnés. La Convention adoptée à Genève le 24 mai 1980 est un texte assez équilibré, propre à conférer au transport multimodal un statut satisfaisant. Il est toutefois à craindre que sa ratification par un nombre suffisant d'États ne se fasse longtemps attendre, en raison des réserves que suscitent les dispositions d'ordre douanier qui ont été insérées dans sa septième partie (*Régime douanier*), à la demande des pays en voie de développement. Ces réserves sont d'ailleurs d'autant plus injustifiées que les règles douanières de la Convention sont des plus mesurées, ne changeant guère l'ordre international en la matière.

Si elle entrait un jour en application, la Convention de 1980 n'entraînerait pas cependant un grand bouleversement relativement aux transports soumis à la CIM ou à la CMR. En revanche, elle s'appliquerait très généralement à toutes les autres opérations de transport multimodal, transport mer-fer, ou mer-route. Elle s'appliquerait aussi aux transports air-mer, ses rédacteurs ayant oublié que la Convention de Varsovie avait institué ici un régime de transport multimodal — cet oubli risquant de créer certains conflits. Par ailleurs, on peut penser que la Convention de 1980 s'appliquerait aussi aux opérations de commission de transport, éliminant ainsi la commission de transport du domaine du transport multimodal transmaritime.

La Convention de 1980 définit en effet le contrat de transport multimodal comme « *un contrat unique par lequel un entrepreneur de transport multimodal s'engage, moyennant paiement d'un fret, à exécuter ou à faire exécuter un transport multimodal* ». Or, c'est là, en partie, la définition même du commissionnaire de transport, celui qui, sans s'engager à assurer lui-même le transport d'une marchandise, s'engage à conclure les actes juridiques nécessaires pour réaliser ledit transport (*supra*, n° 663). Si la Convention de 1980 entrait en application, les intermédiaires qui agissent comme opérateurs de transport multimodal transmaritime, sous le statut parfaitement licite de commissionnaire de transport, seraient pleinement soumis au régime établi par ce texte. Il en serait de même dans la situation, relativement fréquente, où un transporteur maritime qui a pris l'initiative d'une opération de transport multimodal agit en qualité de commissionnaire de transport pour la partie terrestre de l'opération.

À l'inverse du régime de la commission de transport, le régime défini par la Convention de 1980 est un régime d'ordre public strict.

Il évincerait donc les régimes contractuels qui ont été développés par les praticiens du commerce international.

Section 2

Les cadres contractuels du transport multimodal transmaritime

1210. Liberté contractuelle. — En dehors des situations évoquées ci-dessus, ce sont les principes de la liberté d'entreprise et de la liberté contractuelle qui s'appliquent. Tout transporteur, tout intermédiaire de transport, peut organiser une opération de transport multimodal, sauf à respecter les réglementations administratives et fiscales éventuellement applicables (notamment quant à la nécessité de se munir de telle ou telle licence professionnelle). Un transporteur maritime, par exemple, pourra s'engager à transporter une marchandise de Marseille à telle ville située dans l'hinterland d'un port qu'il dessert. Le Doyen Ripert le relevait déjà, en droit français, le caractère licite d'une opération de ce genre ne peut être contesté (5). Envisagée dans sa globalité, l'opération de transport multimodal échappera à toute réglementation spécifique.

Il ne faudrait pas conclure toutefois que l'opération de transport multimodal échappera à toute règle de droit, se situant ainsi dans une sorte de *no man's land* juridique.

1211. Commissionnaire de transport. — Si c'est un simple intermédiaire qui prend l'initiative de l'opération, que nous l'appelions commissionnaire de transport ou opérateur de transport multimodal, il sera soumis au régime juridique général des intermédiaires de transport — c'est-à-dire, pour ce qui est du droit français, au régime de la commission de transport (*supra*, nos 663 et s.). Il ne pourrait être considéré comme transitaire, n'agissant pas comme un simple mandataire, mais, par hypothèse même, assumant la responsabilité et la direction de l'opération (6).

Tenu, en raison de sa qualité de commissionnaire, de garantir la bonne arrivée de la marchandise qu'il a prise en charge, l'intermédiaire concerné pourra toutefois aménager très largement ses obligations. Il pourra exclure de son action la phase de post-acheminement (7). Il pourra, quitte à en supporter les conséquences au plan commercial, prévoir de larges causes d'exonération de responsabilité, allant même jusqu'à exclure sa responsabilité en cas de faute personnelle — à l'exception de la faute lourde. Il pourra plafonner sa responsabilité, dès lors en tout cas que le taux de réparation proposé par lui à ses clients n'est pas dérisoire.

1212. Transporteur maritime. — La situation est différente si c'est un transporteur maritime qui organise le transport multimodal, en confiant la marchandise à un transporteur routier pour la partie pré-maritime ou post-maritime du transport. Dans une telle hypothèse, le transporteur maritime peut certainement prendre la qualité d'opérateur de transport multimodal ou de commissionnaire de transport pour la partie non maritime de l'opération (8). En revanche, pour la partie maritime de ladite opération, il reste transporteur maritime, soumis aux obligations qui, en droit commun, s'imposent aux transporteurs maritimes.

L'idée que l'opérateur de transport, lorsqu'il est en même temps transporteur sur une partie du trajet effectué par la marchandise, ne peut, pour cette partie du

(5) Ripert, *Traité*, n° 2023.
(6) Paris, 9 nov. 1999, *BTL* 1999.847 ; obs. P. Bonassies, *DMF* 2000, Hors-série n° 4, n° 100, p. 77.
(7) Voir Rennes, 7 déc. 2004, *DMF* 2005.867, obs. Ph. Delebecque.
(8) Versailles, 20 févr. 2003, *BTL* 2003.459, obs. Ph. Delebecque, *DMF* 2004, Hors-série n° 8, au n° 104.

trajet, échapper à la qualité de transporteur n'est inscrite expressément dans aucun texte. On ne la retrouve même pas dans les dispositions de la Convention de Varsovie auxquelles nous avons fait référence ci-dessus, dispositions qui se bornent à « *protéger* » la partie aérienne du transport multimodal. Il reste que, affirmée par la jurisprudence dès 1936 pour ce qui est des opérations de transport terrestre, la règle s'impose à l'évidence. Tout régime de transport est un régime d'ordre public. On ne concevrait pas qu'un transporteur s'en évadât en se présentant comme commissionnaire de transport (9).

1213. Pratiques concrètes. Règles CNUCED/CCI. — Le monde des affaires a pallié les défaillances des conventions internationales. Dès 1973, la Chambre de Commerce Internationale établissait des « *Règles uniformes pour un document de transport combiné* » (10). À la même période, la Conférence internationale de la Baltique émettait le *Combicon bill of lading,* devenu en 1977 le *combidoc*. La *Fiata* (Fédération internationale des auxiliaires de transport) créait le connaissement *Fiata* de transport combiné (*Fiata combined transport bill of lading*), basé sur les Règles CCI de 1973. On peut encore évoquer l'Atlantic Container Line, consortium d'armateurs établi sur l'Atlantique Nord et exploitant dix navires porte-conteneurs sous couvert d'un titre de transport de bout en bout, le connaissement *ACL*.

Lorsqu'il fut pratiquement acquis que la Convention des Nations Unies de 1980 n'entrerait probablement pas en vigueur (sept ratifications seulement, au lieu des trente nécessaires), la CNUCED, en 1986, décida de se rapprocher de la CCI et des professionnels pour établir de nouvelles règles. Ces « *Règles uniformes CNUCED/CCI applicables aux documents de transport multimodal* » sont entrées en vigueur le 1er janvier 1992 (11). Elles n'ont cependant qu'une portée supplétive. Dès 1992, la *FIATA* a révisé les stipulations de son connaissement et a mis celui-ci en harmonie avec les *Règles CNUCED/CCI* (12). Celles-ci connaissent ainsi une large diffusion et exercent notablement leur influence sur le transport multimodal.

(9) Voir, en ce sens, R. RODIÈRE et E. DU PONTAVICE, *Droit maritime*, Précis Dalloz, 12e éd., 1997, n°s 394-11 et s.
(10) Publication CCI, n° 273, nov. 1973, révisée en juin 1975, réf. n° 298.
(11) Publication CCI, réf. n° 481.
(12) *Fiata negotiable multimodal transport bill of lading*, réf. 6.92.

CHAPITRE 2

LE DOCUMENT DE TRANSPORT MULTIMODAL

1214. Rôle fondamental. — Le rôle du document de transport est certainement fondamental dans le transport multimodal transmaritime, comme il l'a toujours été dans le transport maritime unimodal. Le souci du chargeur de disposer d'un document unique s'appliquant aux modes successifs de transport utilisés, et couvrant la marchandise depuis sa prise en charge jusqu'à sa livraison finale, est certainement l'une des raisons du développement du transport multimodal, car un document unique ne simplifie pas seulement les procédures. Seul, il est propre à permettre certains modes de financement des opérations de commerce international qui, très souvent, sont le fondement même des opérations de transport.

Parce qu'il est toujours préférable d'aller du connu à l'inconnu, ou au mal connu, le document de transport multimodal transmaritime doit, tout naturellement, être comparé au connaissement maritime. Et l'on sait le triple rôle qu'assume aujourd'hui le connaissement : document contractuel définissant les conditions du contrat de transport, reçu des marchandises, titre négociable incorporant la marchandise chargée à bord du navire (1).

Qu'en est-il du connaissement de transport multimodal transmaritime, tel que régi par les textes ou modelé par la pratique, quant à ces trois fonctions ?

Section 1

Document multimodal et conditions du contrat de transport

1215. Régime légal et régime contractuel. — Le rôle du connaissement de transport multimodal comme définissant les conditions du contrat est curieusement ignoré par le législateur. L'article 6 de la CMR, lequel régit le document de

(1) Sur ce triple rôle, voir *supra*, nos 984 et s.

transport multimodal route-mer, comme l'article 8 de la Convention de 1980, ne font référence, comme devant figurer à la lettre de transport, qu'au lieu de prise en charge de la marchandise et au lieu de livraison, et non aux conditions d'exécution du contrat de transport. Mais la chose ne saurait étonner. Il en est de même en matière de connaissement. L'article 33 du décret du 31 décembre 1966 ne fait, lui aussi, référence, comme devant figurer au connaissement, qu'aux inscriptions propres à identifier « *les éléments du voyage à effectuer* », et aux conditions du transport. Ce sont les praticiens qui, peu à peu, ont enrichi le verso du connaissement des multiples clauses précisant les droits et obligations des parties.

La même chose s'observe aujourd'hui dans la pratique des documents de transport multimodal transmaritime (2). Les « *connaissements de transport multimodal* » émis par un transporteur maritime, ainsi que sont dénommés la plupart des connaissements couvrant un transport multimodal transmaritime, ainsi que le connaissement *Fiata*, les uns comme les autres détaillent au dos du document les conditions du transport. Sur ce premier point, en tout cas, le document de transport multimodal se présente donc comme aussi riche que le connaissement classique.

Section 2

Document de transport et reçu des marchandises

1216. Le document multimodal comme preuve de la réception de la marchandise. — C'est le rôle normal de tout document de transport que de servir de preuve de la réception des marchandises à bord de l'engin de transport. Déjà, l'Ordonnance de la Marine de Colbert définissait le connaissement comme la reconnaissance des marchandises chargées dans le vaisseau, signée par le maître du bâtiment. Le document de transport multimodal n'échappe pas à ce sort.

Les rares textes qui le concernent soulignent sa valeur probatoire. L'article 11 de la Convention de Varsovie, texte éventuellement applicable à une lettre de transport aérien couvrant un transport air-mer, énonce que la lettre de transport aérien fait foi, entre autres, de la réception de la marchandise. L'article 10 de la Convention de 1980 énonce dans le même sens que le document de transport multimodal fait foi de la prise en charge par l'entrepreneur de transport des marchandises telles qu'elles y sont décrites. Les documents de la pratique expriment pareillement la valeur de reçu de la lettre de transport multimodal

(2) À l'initiative du Bureau de promotion du ShortSea (BP 2 S) a été établi, fin juin 2008, un document de transport unique destiné aux transports multimodaux transmaritimes. Selon, Françoise Odier, s'apparentant à une lettre de voiture, ce « contrat type » ne peut en aucun cas être négociable et les données qu'il comporte ont vocation à être transmises par voie électronique ; le document de transport unique, l'Antenne, 21 juillet 2008, p. 1. V. *infra*, n° 1224.

transmaritime. Qu'il s'agisse d'un connaissement de transport multimodal émis par un transporteur maritime, ou du connaissement *Fiata*, chacun contient la mention traditionnelle du reçu des marchandises « *en bon état et bonne condition apparents* ».

Mais le véritable problème du document de transport multimodal envisagé comme reçu des marchandises est celui de la force probante de ses mentions.

1217. Force probante du document multimodal. — On connaît sur ce point le régime applicable au connaissement maritime. Apposées sur le connaissement sur déclaration du chargeur, les mentions concernant les marques, le nombre de colis ou de pièces, la quantité ou le poids des marchandises, n'ont valeur que de présomption simple dans les relations entre transporteur et chargeur, et la preuve contraire peut en être apportée par le transporteur. En revanche, cette preuve n'est pas admise à l'égard du destinataire tiers porteur de bonne foi, les mentions du connaissement ayant alors valeur absolue (*supra*, n° 968). Et l'on sait que la jurisprudence veille à la stricte application de la règle. Qu'en est-il de la force probante des mentions figurant sur un titre de transport multimodal ?

Il semble qu'il faille, ici, faire un sort particulier aux connaissements de transport multimodal émis par un transporteur maritime, ou par quelqu'un qui se présente comme transporteur maritime. Le fait qu'ils couvrent un transport multimodal ne doit pas modifier leur nature. Ils demeurent d'abord des connaissements. En harmonie avec la tendance générale de la jurisprudence, il faut leur reconnaître la force probante d'un connaissement. Aussi bien, nombreux sont les connaissements de transport multimodal qui, allant au-devant de la position que serait appelé à prendre un tribunal, affirment eux-mêmes la valeur absolue des mentions concernant les marchandises à l'égard du tiers de bonne foi auquel le connaissement a été transmis (3).

Il faut ensuite mettre à part les lettres de transport aérien couvrant un transport multimodal air-mer. Les Conventions de Varsovie et de Montréal, qui leur sont applicables, sont beaucoup moins favorables ici aux intérêts de l'ayant droit à la marchandise. Elles ne reconnaissent aucune force particulière aux mentions de la lettre de transport quant au destinataire. À son égard, comme à l'égard de l'expéditeur, la lettre de voiture ne fait foi que jusqu'à preuve du contraire des conditions de la réception de la marchandise par le transporteur. Elle n'établit qu'une présomption simple que le nombre de colis, ainsi que leurs marques et numéros, sont conformes aux énonciations qui y sont portées.

S'agissant des autres titres de transport multimodal, leur valeur probatoire est généralement liée à la négociabilité du titre. C'est ainsi que la Convention de 1980 énonce d'abord dans son article 11 que le document de transport multimodal fait foi sauf preuve contraire, de la prise en charge par l'entrepreneur de transports des marchandises telles qu'elles y sont décrites. Mais elle ajoute immédiatement que la preuve contraire n'est pas admise quand le document de

(3) Voir dans ce sens, par exemple, le connaissement *Fiata*, clause 3.2.

transport est émis sous forme négociable et a été transféré à un tiers, y compris le destinataire, qui agit de bonne foi.

Les documents de la pratique vont dans le même sens. Ils énoncent en général d'abord que le connaissement vaut présomption, sauf preuve contraire, de la réception des marchandises telles qu'elles y sont décrites. Ils ajoutent ensuite que cette preuve n'est pas admise « *lorsque le connaissement a été négocié ou transféré à titre onéreux à un tiers agissant de bonne foi* » (connaissement *Fiata*).

Reste le cas, peu probable d'ailleurs, où un document de transport multimodal ne donnerait aucune indication sur sa valeur propre. Dans notre opinion, un tel document n'aurait que la valeur d'un simple reçu, faisant présumer la réception de la marchandise dans l'état où elle y est décrite, sous réserve de toute preuve contraire. Et la règle s'appliquerait sans doute même à l'égard d'un document négociable. Car négociabilité d'un titre et force probante absolue ne sont pas choses liées. La négociation n'est qu'un mode de cession d'une créance. Elle ne transmet normalement à l'acquéreur que les droits du cédant. Pour que s'y ajoute la valeur absolue du titre, il faut un texte spécial, ou la constatation par la jurisprudence d'une véritable coutume en ce sens, coutume qu'il est sans doute trop tôt, eu égard à la jeunesse des documents de transport multimodal, pour espérer qu'elle pourrait être aujourd'hui dégagée par les tribunaux.

Section 3

Document multimodal, titre représentatif de la marchandise ?

1218. Le document multimodal, titre négociable ? — Le dernier rôle du connaissement, et non le moindre, c'est d'être un titre représentatif de la marchandise, et un titre négociable, sauf mention contraire. Il ne fait guère de doute que le document de transport multimodal transmaritime est le plus souvent susceptible d'être négociable. Les choses sont moins sûres quant à lui reconnaître la valeur d'un titre représentatif de la marchandise.

La possibilité d'émettre un document de transport multimodal comme titre négociable ne fait guère doute. D'une manière générale, il a toujours été admis en droit français qu'un titre de créance — et un document de transport, en tant qu'il donne le droit de réclamer la marchandise, n'est qu'un titre de créance —, pouvait être établi sous la forme à ordre ou sous la forme au porteur, comme le montre l'exemple des grosses hypothécaires à ordre ou au porteur, déclarées valables par les tribunaux longtemps avant qu'elles ne fussent reconnues par le législateur fiscal. Aucune raison n'existe qui permettrait d'écarter la règle quant aux documents de transport multimodal.

Aussi bien, les connaissements de transport multimodal émis par un transporteur maritime le sont-ils le plus souvent sous la forme de connaissements à ordre unimodal, donc normalement négociables. La forme négociable est aussi prévue par la Convention de 1980 à l'option de l'expéditeur. Le connaissement *Fiata*, se présente comme un document négociable, sauf mention contraire.

La possibilité d'émettre une *lettre de transport aérien* sous forme négociable avait toutefois été à l'origine discutée. Elle ne l'était plus depuis le Protocole de La Haye du 28 septembre 1955, ce texte ayant modifié l'article 15 de la Convention de Varsovie, lequel énonce désormais que « *rien dans la présente convention n'empêche l'établissement d'une lettre de transport négociable* ». Cependant, le Protocole de Montréal, n° 4, du 25 septembre 1975 a rétabli l'article 15 de la Convention dans son texte originaire, et la Convention de Montréal du 28 mai 1999 a fait de même afin de favoriser le développement du titre de transport électronique. La lettre de transport aérien n'est donc plus négociable (4).

En définitive, un doute ne subsiste, quant à la possibilité d'émettre un document de transport multimodal sous la forme négociable, que pour les lettres de voiture soumises à la CMR. Celle-ci énonce dans son article 6 que la lettre de voiture devra contenir le nom et l'adresse du destinataire. On peut arguer que, ne prévoyant pas la possibilité d'établir une lettre de voiture sous forme négociable, à l'inverse des textes sur le connaissement et notamment déjà de l'article 281 du Code de commerce, la CMR n'autoriserait pas une telle forme. Mais l'argument de texte est loin d'être probant. Si elle ne prévoit pas expressément l'établissement d'une lettre de voiture à ordre, la CMR ne l'interdit pas. Or, nous l'avons vu, c'est d'une manière générale que tout titre de créance peut être stipulé à ordre. D'ailleurs, la Convention elle-même énonce, dans le paragraphe 3 de son article 6, que « *les parties peuvent porter sur la lettre de voiture toute autre indication qu'elles jugent utile* ». La mention de la négociabilité du titre pourrait être l'une de ces « *indications* » ; la licéité d'une lettre de voiture négociable ne devrait donc pas être contestée. Il reste que les praticiens ne mettent pas en œuvre cette possibilité.

Il apparaît en conclusion que, sous réserve de comporter les mentions nécessaires, un document contractuel de transport multimodal transmaritime peut, tout comme un connaissement classique, prendre la forme négociable. Mais ce qui fait la richesse particulière du connaissement maritime, la raison de son succès dans le commerce international, c'est le fait qu'il est considéré comme un titre représentatif, un titre incorporant la marchandise. En est-il de même, ou peut-il en être de même, pour le document de transport multimodal ?

1219. Le document multimodal, titre représentatif de la marchandise ? La pratique commerciale. — Dans un premier temps, on est tenté d'apporter à la question une réponse négative. Aucun texte n'existe qui pourrait fonder l'affirmation que le document de transport multimodal incorpore la marchandise.

(4) En fait, même après le Protocole de La Haye, la lettre négociable avait été très rarement utilisée.

Même le texte le plus audacieux, la Convention de 1980, se borne à lui conférer la qualité d'un document négociable. Or, comme l'observait le Doyen Rodière, en droit français le principe est que c'est la possession de la chose même qui, à l'égard des tiers, établit les droits du propriétaire mobilier — alors que la théorie du caractère représentatif du document de transport concerne d'abord les intérêts des tiers. Et, « *seule une longue tradition comme celle du connaissement maritime peut faire reconnaître que la détention du document équivaut à la possession de la chose* » (5).

Mais, à la réflexion, semblable réponse négative ne nous paraît pas s'imposer avec une force irrésistible. — Il ne faut pas l'oublier, ce n'est pas le législateur qui a institué la règle que le connaissement incorpore la marchandise chargée à bord du navire. Cette règle est née comme une véritable coutume commerciale. Une coutume qui s'est d'abord développée chez les praticiens du commerce international, les banques acceptant le connaissement comme support d'opérations de crédit, avant qu'elle n'ait été reconnue par les tribunaux dans l'arrêt de la Cour de cassation du 17 août 1859 (6). Or, on peut se demander si une coutume du même ordre n'est pas en train de se développer, au moins pour ce qui est de certains documents de transport multimodal.

La *pratique commerciale* classique ne reconnaissait comme susceptible de fonder une opération de crédit documentaire que le connaissement embarqué, semblant ainsi considérer qu'un connaissement pour embarquement n'incorporait pas la marchandise, proposition discutable en droit pur. Mais, déjà, les *Règles et usances* de 1975 sur le crédit documentaire (7) ont altéré la règle classique. Tout en maintenant le principe que la banque qui a reçu le mandat de payer contre remise d'un connaissement maritime doit refuser un connaissement n'indiquant pas que les marchandises ont été embarquées, elles admettent la possibilité de fonder un crédit documentaire sur un document de transport combiné. Si le crédit prescrit un tel document, le document devra être accepté, même s'il n'indique pas que les marchandises sont à bord d'un navire dénommé. Les *Règles et usances* de 1993 vont plus loin. Renversant la règle traditionnelle, elles énoncent que, sauf si le crédit exige un connaissement maritime, les banques devront accepter tout document de transport qui apparaît comme ayant été émis par un transporteur et indique la prise en charge des marchandises (art. 26).

Certes, l'observation que les Règles et usances admettent désormais l'équivalence entre documents de transport multimodal et connaissement maritime ne permet pas en soi de conclure à l'existence d'une coutume conférant aux documents de transport multimodal transmaritime la qualité de titre représentatif de la marchandise, car une coutume n'existe que sanctionnée par les tribunaux. Mais, si la pratique autorisée par les Règles et usances se répand effectivement, si petit à petit l'assimilation se fait complète entre connaissement et document de

(5) R. Rodière, *Droit des transports*, 2e éd., 1977, no 346.
(6) Cass. 17 août 1859, *D.*, 1, 347.
(7) Il s'agit de règles établies par la Chambre de commerce internationale, et périodiquement révisées, auxquelles se réfèrent toutes les opérations de crédit documentaire.

transport multimodal transmaritime, un jour viendra où les tribunaux, comme ils l'ont fait en 1859 pour le connaissement maritime, en 1986 pour les connaissements fluviaux, reconnaîtront la valeur d'un titre représentatif auxdits documents de transport multimodal. Ce jour est-il proche ? Est-il lointain ? Peut-être les praticiens par leur consensus, les juristes par leurs analyses, pourraient-ils en hâter la venue.

Il reste que l'évolution envisagée par les Règles et usances ne concerne pas tous les documents de transport multimodal. Les Règles se montrent en effet moins favorables à l'égard des documents de transport établis, non par un transporteur, mais par un intermédiaire, transitaire ou *forwarding agent*. Pour elles, un tel document ne peut être admis comme fondant une opération de crédit documentaire que s'il existe une stipulation en ce sens dans les instructions données au banquier, ou s'il s'agit du connaissement de transport combiné *Fiata* (celui-ci étant émis par l'ETM « *as carrier* »).

Cette distinction est importante, car elle pourrait conduire les tribunaux à ne reconnaître la qualité de documents représentatifs qu'aux documents émis par un transporteur. Les raisons qui la fondent sont malaisées à identifier. Sans doute expriment-elles une réserve des banquiers devant l'insuffisante sécurité financière offerte par certains intermédiaires de transport (réserve qui peut apparaître infondée quand on sait avec quelle facilité un intermédiaire peut prendre la qualité de transporteur maritime sans posséder aucun navire). Peut-être aussi marque-t-elle une hésitation devant le statut très flou des intermédiaires de transport. C'est alors à ceux-ci, s'ils veulent avoir accès à un document de transport à part entière, à proposer à leurs clients les meilleures conditions possibles, notamment du point de vue de leur responsabilité.

CHAPITRE 3

RESPONSABILITÉ DE L'ENTREPRENEUR DE TRANSPORT MULTIMODAL

1220. Régime législatif. Régime contractuel. — S'agissant de la *responsabilité* de l'entrepreneur de transport multimodal transmaritime, il faut distinguer, ici aussi, régime législatif, présent ou futur, et régime contractuel.

Les uns et les autres s'inspirent toutefois pour la plupart du même système, le système du *réseau.* Dans ce système, la responsabilité du transporteur est couverte par un régime de base, lequel s'applique chaque fois que l'on ne peut déterminer l'origine du dommage. Si cette origine peut, à l'opposé, être déterminée, le transporteur est alors soumis à la responsabilité qui serait la sienne s'il avait conclu un contrat de transport unimodal pour la partie du trajet où le dommage est survenu.

Section 1

Les régimes légaux

1221. CMR Système réseau. — C'est le système du réseau que l'on retrouve dans la CMR. S'il n'est pas possible de prouver à quel moment sont intervenus l'avarie, la perte ou le retard affectant la marchandise, ce sont les règles du transport routier qui s'appliqueront. C'est dire que le transporteur sera responsable de plein droit, à moins qu'il ne prouve que le dommage provient de la défectuosité de l'emballage, du vice de la marchandise, de la nature propre de celle-ci ou de l'insuffisance des marques. Et il sera alors responsable dans les limites fixées par la CMR, c'est-à-dire dans la limite de 8,33 droits de tirage spéciaux par kilogramme (environ 10 euros, limite sensiblement plus forte que celle du droit maritime, sauf pour les colis de faible poids).

S'il est au contraire prouvé que le dommage est survenu pendant la partie routière du transport, preuve qui doit être apportée par le transporteur ou par l'ayant droit à la marchandise, l'un ou l'autre y ayant alternativement intérêt, le transporteur sera alors responsable dans les mêmes termes, mais il pourra de surcroît invoquer les causes d'exonération plus spécifiques aux transports routiers, par exemple le fait que la marchandise a été transportée dans des véhicules ouverts et non bâchés, ou que le dommage a été subi lors de la manutention et du chargement de la marchandise, manutention et chargement effectués par l'expéditeur.

S'il est, enfin, prouvé que le dommage est survenu pendant la période maritime (du chargement à bord du navire au déchargement de la marchandise), la responsabilité du transporteur organisateur du transport multimodal sera déterminée par les règles du droit maritime. Il pourra invoquer comme cas excepté, outre le vice de la marchandise ou l'insuffisance d'emballage qui se retrouvent aussi en droit maritime, la faute dans la navigation ou l'administration du navire, ou le vice du navire échappant à sa diligence raisonnable. La réparation due par lui sera de 666,67 DTS par colis, ou de deux DTS par kilo de marchandise endommagée, le chiffre le plus élevé étant appliqué.

En revanche, dans le cas où c'est un transporteur routier qui a organisé le transport, ledit transporteur ne pourra pas invoquer la limitation de responsabilité de l'armateur, alors que celle-ci, à la suite du sinistre ayant entraîné le dommage, aura pu lui être opposée par le transporteur maritime auquel il aura confié la marchandise. En effet, il résulte de l'article 2 de la CMR que ce sont les règles, non pas du droit maritime en général, qui régiront la responsabilité du transporteur routier, mais celles « *du transport maritime* ». Or, la limitation de responsabilité de l'armateur ne ressortit pas au régime du transport maritime de marchandises. Le transporteur routier organisant un transport multimodal transmaritime devra donc seul assumer les conséquences résultant de la limitation de responsabilité de l'armateur.

1222. Convention de 1980. Règles de Rotterdam. — Des règles proches, mais exprimées différemment, se retrouvent dans la Convention de 1980, ce texte adoptant le système du réseau, mais seulement pour ce qui est du taux de la limitation de responsabilité.

S'agissant de l'étendue de la responsabilité du transporteur multimodal, la Convention adopte en effet un régime unique. Quelle que soit la localisation du dommage, elle prévoit que l'entrepreneur de transport multimodal, lequel est responsable de plein droit de la marchandise à lui confiée, ne peut se dégager de sa responsabilité que s'il prouve que lui-même, ses préposés ou mandataires, ou toute personne aux services de laquelle il a eu recours pour l'exécution du contrat de transport multimodal, ont pris toutes les mesures pouvant raisonnablement être exigées pour éviter l'événement qui a causé le dommage et ses conséquences.

La responsabilité qui incombe ainsi à l'entrepreneur de transport multimodal est exactement la responsabilité que font peser sur le transporteur maritime les Règles de Hambourg (*supra*, n° 1064). Toutefois, il y a lieu de remarquer que la

Convention de 1980 ne retient, même pour les dommages survenus pendant le trajet maritime, aucun des deux cas exceptés maintenus par les Règles de Hambourg, l'incendie ou la tentative de sauvetage ou d'assistance. Il y a là des événements dont les conséquences devront donc être assumées par l'entrepreneur de transport multimodal, comme il devra aussi assumer les conséquences de la limitation de responsabilité que son propre transporteur maritime pourra lui opposer, en qualité d'armateur.

En revanche, la Convention de 1980 adopte le système du réseau pour ce qui est de la *limitation de responsabilité*. Si l'origine du dommage peut être prouvée, la responsabilité de l'entrepreneur sera limitée à une somme de 920 DTS par colis, ou 2,75 DTS par kilogramme de marchandise endommagée, limites établies à partir de celles qui sont fixées par les Règles de Hambourg, légèrement réévaluées (et qui correspondent à environ 1 100 et 3,30 euros). Si l'origine du dommage est prouvée et si une convention internationale ou un texte international, couvrant le mode de transport pendant lequel le dommage est survenu, fixe une limite de responsabilité plus élevée, c'est cette limite qui sera appliquée.

Ainsi, au cas où le dommage est survenu pendant le transport maritime, on maintiendra la limitation de la Convention de 1980, plus élevée que celle instituée par la Convention de 1924 modifiée par le Protocole de 1968, ou par les Règles de Hambourg. En revanche, si le dommage est survenu pendant le transport routier, on retrouvera, pour l'évaluation du dommage par kilo, le montant de 8,33 DTS par kilogramme de la CMR, au lieu des 2,75 DTS de la Convention de 1980 — si toutefois cette évaluation aboutit à un montant supérieur à 920 DTS.

Les Règles de Rotterdam mettent également en œuvre le système réseau (v. *supra*, n° 1208 *bis*).

Section 2

Les régimes contractuels de responsabilité

1223. Structure générale. Diversité. — Les régimes contractuels s'inspirent, en règle générale, du système du réseau, avec les nuances les plus diverses. Certains adoptent comme régime de base le régime applicable aux transports maritimes. C'est ce régime qui s'applique non seulement lorsqu'il est prouvé que le dommage est survenu pendant le trajet maritime, mais aussi chaque fois qu'il n'est pas possible de déterminer dans quelle phase se place l'événement qui l'a causé. En revanche, s'il est établi que le dommage est survenu pendant une partie non maritime du transport, la responsabilité du transporteur sera régie par la convention nationale ou la loi nationale qui eût été appliquée à un transport unimodal.

D'autres connaissements instituent un régime de responsabilité autonome pour le cas où l'origine du dommage n'est pas localisée. Ils prévoient que le transporteur sera responsable, sauf faute du chargeur, insuffisance d'emballage, vice de la marchandise, etc., sa responsabilité étant alors toutefois limitée à 2,50 dollars par kilo de marchandise perdue ou endommagée. Si l'origine du dommage peut être localisée, c'est la convention internationale ou la loi applicable au transport unimodal concerné qui régira la responsabilité du transporteur.

La structure de la responsabilité de l'organisateur de transport multimodal dans le connaissement *Fiata* est un peu différente, ce document adoptant le système du réseau pour l'étendue de la responsabilité, mais non pour sa limitation. S'agissant de l'étendue de la responsabilité de l'organisateur de transport, il prévoit un régime de base applicable si l'origine du dommage ne peut être localisée. Ce régime est un régime de responsabilité de plein droit, accompagné des cas exceptés classiques (faute de l'expéditeur, absence ou défectuosité de l'emballage, vice propre, grève, etc.). Si la preuve du lieu où la perte ou le dommage s'est produit peut être apportée, chacune des parties peut exiger, selon qu'elle en tire avantage, que la responsabilité de l'organisateur soit déterminée par la convention ou la loi nationale obligatoirement applicable. En revanche, il y a unité pour la limitation de l'indemnité due par l'organisateur de transport. Cette indemnité ne peut dépasser 2 DTS par kilo de marchandise endommagée ou 666,67 DTS par colis (clause 8.3). Il faut noter, cependant, que selon la clause 8.4, si le transport ne comporte aucune partie maritime, la limitation sera celle de la CMR, soit 8,33 DTS par kilo.

1224. Conclusion. — Que retenir, en conclusion ? Sans doute la richesse comme la souplesse de l'approche juridique. Dès que le transport multimodal transmaritime prit l'essor que nous lui connaissons, les juristes ont su répondre aux besoins de la pratique. Ils ont su « monter » les systèmes les plus aptes à répondre à ces besoins. Il reste que cette richesse n'est pas parfois sans donner l'impression du désordre, ou en tout cas de l'incertitude. C'est pourquoi il serait certainement souhaitable d'adopter en la matière un régime juridique unique, suffisamment souple pour permettre une bonne harmonisation entre transport multimodal et transport unimodal. Ce régime, nous savons qu'il existe — c'est celui de la Convention de 1980. Il reste alors à souhaiter que, fût-ce au prix du sacrifice de sa partie « douanière », cette Convention soit adoptée par tous les États intéressés au transport multimodal transmaritime, ou que le transport multimodal transmaritime, ou que les Règles de Rotterdam n'entrent en vigueur, même si ces règles, d'abord conçues pour un transport unimodal, ne sont peut-être pas pleinement adaptées au transport multimodal.

Certes, les systèmes contractuels ont fait la preuve de leur remarquable souplesse et de leur parfaite adaptabilité. Ils n'en demeurent pas moins affectés d'un péché originel. Ils présentent, par nature, un caractère contractuel. Cette « *soft law* », ce droit mou régit des relations qui sont innervées par des textes impératifs. Les diverses conventions modales régissent toutes, en effet, le régime de responsabilité du transporteur de façon impérative, au profit de la marchandise. Mais leurs exigences impératives sont de niveau variable : que l'on songe, par exemple, au montant des diverses limitations de responsabilités.

Ainsi, dès lors que le système contractuel retient par exemple, pour son régime autonome, le montant de la limitation de responsabilité maritime pour s'appliquer à un dommage non localisé, cette stipulation pourrait être considérée par des juges rigoureux comme virtuellement nulle car contraire aux conventions modales non maritimes qui prescrivent toutes des montants de limitation plus élevés (1). Ce droit mou ne peut que céder devant le droit dur. C'est pourquoi il demeure évident que seule une convention internationale spécifique pourra régler véritablement les difficultés soulevées par le transport multimodal.

Nos 1225 à 1229 : réservés.

(1) Voir sur ce point, C. SCAPEL, « Le régime de responsabilité de l'entrepreneur de transport multimodal », Actes du Colloque international IMTM, Le transport multimodal, Les nouvelles Règles CNUCED-CCI, p. 129, Marseille, 11 avril 1994. Voir également, dans le même sens, F. ODIER, à propos du document de transport unique destiné au transport multimodal transmaritime, qui désigne « le talon d'Achille » du document « Le contrat peut être remis en cause par un tribunal qui appliquerait un élément de droit impératif et écarterait le choix des parties en se référant à d'autres conventions », le document de transport unique, L'Antenne, 21 juillet 2008, p. 1.

SOUS-TITRE 3

LE TRANSPORT DE PASSAGERS

1230. Historique. Plan. — Curieusement, si, depuis les premiers âges de l'humanité, de nombreux voyages se sont réalisés par la voie maritime, les conventions internationales régissant le transport de passagers sont assez récentes. Le premier texte, la Convention internationale de Bruxelles, n'a été signé que le 29 avril 1961.

À vrai dire, pendant de longs siècles, seuls ou presque, les marchands, les négociants, les aventuriers, les explorateurs, comme l'on disait jadis, se lançaient dans l'aventure maritime, toujours ressentie comme périlleuse. Le véritable transport de passagers, comme mode d'exploitation d'un navire, peut être daté de la mise en place des lignes régulières, c'est-à-dire de la révolution industrielle et de l'invention de la machine à vapeur. Le transport maritime de passagers a ainsi connu un apogée, relativement bref à l'échelle historique : en effet, datant du milieu du XIXe siècle, avec les transports d'émigrants Europe-États-Unis, sa grande époque a pris fin dans les années 1970-1980, lorsque le transport aérien est devenu un transport de masse, se substituant progressivement au transport maritime.

Seules les dessertes à courte distance, les navettes insulaires, et surtout le transport de passagers accompagnés par leurs véhicules automobiles, prolongement quasi organique de l'homme moderne, ont permis aux « *car ferries* » de maintenir une activité de transport de passagers par mer. Cependant, à l'époque contemporaine, une renaissance remarquable, largement imprévue, se manifeste : la *croisière maritime*, à son tour, devient un produit de masse et connaît une très vigoureuse expansion, même si celle-ci est périodiquement perturbée par les soubresauts de la vie politique internationale.

Nous étudierons en premier lieu le transport de passagers, avant d'exposer le régime juridique de ce qui en est l'avatar le plus récent, et le plus prometteur, la croisière maritime.

CHAPITRE 1

LE CONTRAT DE TRANSPORT DE PASSAGERS

1231. Textes applicables. — Le premier d'entre eux a vu le jour à l'époque moderne, précédant à peine, paradoxalement, le déclin de la flotte des paquebots. La Convention de Bruxelles du 29 avril 1961, a été ratifiée par la France. Elle est entrée en vigueur. Mais, ne régissant pas les bagages, il fallut la compléter par la Convention de Bruxelles du 27 mai 1967. Il fut toutefois constaté que ce complément s'effectuait mal, que les deux conventions n'étaient pas en harmonie. Il fallut donc reprendre la question dans son ensemble. Cela fut fait par la Convention d'Athènes du 13 décembre 1974, entrée en vigueur le 10 avril 1989, mais ratifiée par un nombre très limité d'États (1).

S'agissant de la France, sa politique s'est révélée déconcertante. Après avoir ratifié la Convention de Bruxelles de 1961, anticipant sur celle de 1967, elle a même introduit dans sa loi nouvelle du 18 juin 1966, un chapitre III régissant en droit interne les passagers, leurs bagages, et les croisières maritimes. Cependant, advenant la Convention d'Athènes de 1974, la France a dénoncé la Convention de Bruxelles de 1961 le 3 décembre 1975, mais n'a pas ratifié la Convention nouvelle.

De surcroît, mettant à jour la loi du 18 juin 1966 quant à la limitation de réparation applicable aux passagers, la loi du 23 décembre 1986 s'est mise en harmonie, non pas avec la Convention d'Athènes de 1974, spécifique aux passagers et à leurs bagages, mais avec la Convention de Londres du 19 novembre 1976 (LLCM 1976), convention généraliste régissant les limites de responsabilité de droit commun (*supra*, n°s 404 et s.).

La Convention d'Athènes de 1974 a fait l'objet d'un premier Protocole le 19 novembre 1976, puis d'un second le 29 mars 1990. Un troisième Protocole du 1er novembre 2002 a opéré une très importante refonte et une mise à jour, notamment quant à l'étendue de la responsabilité du transporteur (2). Il a fait l'objet de « *lignes directrices* » adoptées par l'OMI le 19 octobre 2006, lignes directrices dont la valeur juridique est imprécise en tant qu'elles prévoient que

(1) Dont cependant, parmi les États maritimes, la Grèce, le Libéria, l'Espagne et les États-Unis.

(2) Voir, P. GRIGGS, « Le Protocole d'Athènes », *DMF* 2002.291 ; comm. P. BONASSIES, *DMF* 2003, Hors-série n° 7, n° 2.

les États, lors de la ratification du Protocole de 2002 « devraient » (et non pas « doivent ») assortir leur ratification de diverses réserves (3).

Enfin, le Parlement européen et le Conseil ont adopté, le 23 avril 2009, un Règlement relatif à la responsabilité des transporteurs de passagers par mer en cas d'accident (Règlement n° 392/2009, *JOUE* L. 131 du 28 mai 2009). Ce règlement prévoit que le régime de responsabilité pour les transports internationaux ou les transports à l'intérieur d'un État membre sera régi par la Convention d'Athènes telle que modifiée par le Protocole de 2002, ainsi que par les « lignes directrices » de l'OMI. Ce régime s'appliquera à tout transport effectué sur un navire battant le pavillon d'un État membre (ou immatriculé dans celui-ci), comme aux contrats de transport conclus dans un État membre ou aux transports où le lieu de départ ou de destination se trouve dans un État membre (4).

1232. Régime applicable à un transport donné. — La multiplicité des textes, leur succession dans le temps, rendent malaisée la détermination de la loi applicable à un transport de passagers donné, d'autant qu'il faut tenir compte, non de la loi applicable au jour du litige mais de celle applicable au jour où le contrat a été conclu (5).

Pour les contrats en cours, on pourrait d'abord songer à soumettre certains transports à la Convention d'Athènes, en application des critères adoptés par celle-ci. C'est ce qu'a pensé la Cour de Paris dans un arrêt du 19 mai 1999, appliquant cette convention dans une espèce concernant un transport entre Dieppe et New Haven, en observant que la Grande-Bretagne avait ratifié la Convention, laquelle prévoyait son application notamment aux transports à destination d'un État signataire (6). Mais la solution ne s'imposait pas. La France n'ayant pas ratifié la Convention d'Athènes, celle-ci n'aurait pu être appliquée par le juge qu'au titre de loi d'autonomie désignée par les parties (7). La solution du conflit de lois ne pouvait être trouvée que dans les dispositions de la Convention de Rome du 19 juin 1980.

La Convention de Rome, à l'inverse de ce qui est pour les contrats de transport de marchandises (voir *supra*, n° 907), ne contient aucune disposition spécifique au contrat de transport de passagers. Pour connaître la loi applicable à un tel transport il faut se référer à son article de principe, l'article 3 énonçant que le contrat est régi par la loi choisie par les parties — en fait ici la loi indiquée par

(3) Réserves concernant, d'une part le montant des limitations de responsabilité et de l'assurance obligatoire, d'autre part les modalités de l'assurance des risques de guerre.

(4) *JOUE* 28 mai 2009. Ce Règlement fait partie de ce qu'il est convenu d'appeler le Paquet Erika III. Sur le texte, v. obs. P. DELEBECQUE, *DMF* 2009, Hors-série n° 13, n° 102. Le Règlement renvoie largement à la Convention d'Athènes modifiée par le Protocole de 2002. Le préambule du texte indique (considérant 2) que « *la Communauté et ses États membres se préparent à prendre une décision quant à l'adhésion à ce protocole ou à sa ratification* », et précise que « *en tout état de cause, ses dispositions incorporées par le présent règlement devraient s'appliquer, en ce qui concerne la Communauté au plus tard le 31 décembre 2012. "En effet, l'article 12 du règlement dispose qu'il est applicable" à partir de la date d'entrée en vigueur de la convention d'Athènes pour la Communauté, et en tout état de cause, au plus tard le 31 décembre 2012* ».

(5) Sur le principe qu'il faut appliquer aux conflits dans le temps du droit international privé les règles du droit transitoire interne, donc, s'agissant de contrat, la loi applicable au jour où le contrat a été conclu, voir P. MEYER, *Droit international privé*, 8e éd., n° 244.

(6) Paris, 19 mai 1999, *DMF* 2000, 26, n. J.-S. ROHART ; P. BONASSIES, *DMF* 2001, Hors-série n° 5, n° 113, p. 87.

(7) En ce sens, à propos des Règles de Hambourg, autre convention non ratifiée par la France, Cass. 28 mars 2000, navire *Teesta*, *DMF* 2000.920, obs. P. BONASSIES, et *supra*, n° 911.

le billet de passage comme régissant le contrat — ou, à défaut, la loi du pays avec lequel le contrat présente les liens les plus étroits (article 4), la loi du port d'embarquement devant être sans doute privilégiée.

La Convention de Rome consacre toutefois son article 5 aux « *contrats conclus par les consommateurs* », et il ne fait guère de doute que la plupart des contrats de transports de passagers ne ressortissent à cette catégorie. La question se pose donc de savoir si les dispositions de l'article 5, très protectrices du consommateur, ne s'appliquent pas au contrat de transport de passagers. La réponse à cette question est malheureusement *négative*. Pour des raisons qui apparaissent mal (8), l'alinéa 4 de l'article 5 énonce que cet article ne s'applique pas « *au contrat de* transport », et le contexte impose de lire cet alinéa comme visant aussi bien le transport de personnes que le transport de marchandises. En revanche, dans la mesure où l'alinéa 5 de l'article 5 prévoit l'application de l'article 4 « *au contrat offrant pour un prix global des prestations combinées de transport et de logement* », les dispositions protectrices de la Convention de Rome devront régir les *contrats de croisière* (*infra*, n° 1266) (9).

Pour les contrats conclus après le 17 décembre 2009, date d'entrée en application du Règlement Rome I, c'est à ce texte qu'il faudra se référer. Plus riche, mais aussi plus complexe que la Convention de Rome, le Règlement contient, lui, des dispositions spécifiques au contrat de transport de passagers. Son article 5, alinéa 2, autorise d'abord les parties à un tel contrat à choisir la loi applicable, mais en restreignant leur choix. Elles ne pourront ainsi choisir que la loi du lieu de départ, ou celle du lieu d'arrivée, ou encore la loi du pays dans lequel passager ou transporteur ont leur résidence habituelle, ou la loi du pays dans lequel le transporteur a son lieu d'administration centrale. En l'absence de choix, ou en présence d'un choix irrégulier, la loi applicable sera la loi du pays dans lequel le passager a sa résidence habituelle, pourvu que le lieu de départ ou d'arrivée se trouve dans ce pays. Si ces conditions ne sont pas satisfaites, la loi du pays de la résidence du transporteur s'appliquera. Enfin, l'article 5 conclut que s'il résulte de l'ensemble des circonstances de la cause que le contrat présente des liens manifestement plus étroits avec un pays autre que celui visé par les dispositions précédentes, le juge pourra appliquer la loi de cet autre pays, la solution paraissant toutefois devoir être exclue en cas de choix licite effectué par les parties.

Dernier élément de l'analyse, quand le Règlement communautaire sur les transports de passagers du 23 avril 2009 sera entré en application, soit au plus tard le 31 décembre 2012 (article 12 du Règlement), les conflits de lois en matière de transport de passagers seront réduits à l'extrême. Les dispositions de la Convention d'Athènes intégrées à ce règlement s'appliqueront en effet tant aux contrats de transport conclus dans un État membre qu'aux transports où le

(8) Voir, sur ce point, les explications embarrassées du rapport sur la Convention de Rome, *JOCE* 31 oct. 1980, n° C 282, à la page 24.

(9) Il faut, sans doute, résister à la tentation de dire que le contrat qui implique un transport de nuit offre, pour un prix global, des prestations combinées de transport et de logement. Mais, après tout, pourquoi pas ? Seule la Cour de justice des Communautés pourra apporter ici une réponse définitive.

lieu de départ ou de destination se trouve dans un État membre (article 2 du Règlement), ou encore aux transports effectués sur un navire battant pavillon d'un État contractant. Restera seul ouvert le cas d'un transport entre États tiers, transport États-Unis Maroc, par exemple (et encore, sous réserve qu'aucun de ces États n'ait ratifié la Convention d'Athènes, et que le contrat n'ait pas été conclu dans un État contractant ou sur le navire d'un tel État). Le conflit né à l'occasion d'un tel contrat devra être résolu à partir des dispositions du Règlement Rome I, analysées ci-dessus (application de la loi du pays dans lequel le passager a sa résidence habituelle, pourvu que le lieu de départ ou d'arrivée se trouve dans ce pays, ou, à défaut, de la loi du pays de la résidence du transporteur, la loi du pays avec lequel le contrat présente les liens les plus étroits pouvant être, en définitive, préférée par le juge).

1233. Caractère d'ordre public. — Il convient de noter également que la loi du 18 juin 1966, en matière de transport de passagers (Titre III), revêt un caractère d'ordre public en toutes ses dispositions. Son article 33 énonce, en effet, que « *les dispositions du présent titre (Transports de passagers) ne peuvent pas être écartées au préjudice des passagers.* » Quant à la Convention d'Athènes, elle énonce, en son article 18, intégré au Règlement 329/2009 du 23 avril 2009, que toute stipulation contractuelle tendant à exonérer le transporteur ou à établir une limitation de responsabilité est nulle et non avenue. La Convention ne laisse donc guère une plus large place à la liberté contractuelle.

1234. Domaine d'application du régime légal. — Le régime juridique du contrat de passage ne couvre pas le transport bénévole, c'est-à-dire le transport accompli de façon à la fois gratuite et désintéressée. Il n'en est pas ainsi du transport gratuit lorsqu'il est effectué par une entreprise de transport maritime, présumée intéressée, par exemple en cas de transport de personnalités effectué à titre publicitaire ou de voyage gratuit offert à titre de promotion. Le régime de la Convention ne couvre pas non plus les passagers clandestins.

En revanche, comme il en est dans les Règles de Hambourg (*supra*, n° 953), le régime institué par la Convention d'Athènes s'applique non seulement au transporteur contractuel qui a émis le billet de passage, mais aussi au transporteur substitué qui a effectué le transport (art. 4, intégré au Règlement 329/2009).

1235. Passagers clandestins. — Les passagers clandestins ont fait l'objet d'une Convention internationale de Bruxelles du 10 octobre 1957. Cette convention était marquée par une grande générosité : tout État contractant devait accepter d'accueillir tout passager clandestin. Elle constitue, peut-être, le témoin d'une époque où le sujet était moins sensible : le passager était alors clandestin pour échapper au paiement du prix du voyage, plutôt qu'immigrant cherchant à échapper aux filtres de l'immigration. À l'époque déjà, cependant, la Convention a fait l'objet d'un rejet. Elle n'a pas recueilli suffisamment de ratifications pour entrer en vigueur.

La loi française, article 34, alinéa 3, exclut expressément les passagers clandestins des dispositions régissant le transport de passagers. On est en droit de considérer que du fait de la fraude originelle commise par ce passager (10), le transporteur se trouve exonéré de toute responsabilité à son égard. Mais, en réalité, la question n'est pas là. La plupart des États, dont la France, interdisent à l'armateur de débarquer les passagers clandestins qui ont réussi à s'introduire à leur bord, ou lui imputent la totalité des frais de refoulement jusqu'à leur pays d'origine. Cela constitue sur certaines relations particulièrement exposées une lourde charge financière pour les armateurs et leurs clubs de protection.

1236. Plan. — Après avoir brièvement précisé les modalités de conclusion du contrat de transport de passagers, nous étudierons celles de l'exécution du contrat, puis celles de la responsabilité du transporteur, enfin le régime applicable aux croisières maritimes.

Paragraphe préliminaire. — *La conclusion du contrat*

1237. Définition. Billet de passage. — Le contrat de passage est défini par l'article 34 de la loi du 18 juin 1966. C'est le contrat par lequel « *l'armateur s'oblige à transporter par mer, sur un trajet défini, un voyageur qui s'oblige à acquitter le prix du passage* ». Il est constaté par le *billet de passage*.

Le décret du 31 décembre 1966 détermine les mentions de ce billet. Il doit ainsi porter les mentions propres à identifier les parties (transporteur et passager), le nom du navire, la date et lieu d'embarquement ainsi que le port de débarquement et les escales prévues, enfin le prix du transport, la classe et le numéro de la cabine (art. 63 du décret du 31 déc. 1966).

Mais le contrat de passage demeure un contrat consensuel, tout comme le contrat de transport de marchandises. Au billet de passage peut donc être substitué, sur de petits navires ou sur de courtes relations, un simple ticket qui n'indique que le nom du transporteur et le service effectué (art. 35, loi du 18 juin 1966).

Le transporteur délivre également au passager un récépissé des bagages enregistrés.

La Convention d'Athènes de 1974 définit le contrat de transport comme le « *contrat conclu par un transporteur ou pour son compte pour le transport par mer d'un passager ou, le cas échéant, d'un passager et de ses bagages* » (art. 1 § 2), définition reprise dans le Règlement 329/2009 du 23 avril 2009.

Section 1

L'exécution du contrat

1238. Obligations du transporteur. — Comme dans le transport de marchandises, la première obligation du transporteur de passagers est de « *mettre et*

(10) C'est une infraction sanctionnée par l'art. 74 al. 3 du Code disciplinaire et pénal de la marine marchande.

conserver le navire en état de navigabilité, convenablement armé, équipé et approvisionné pour le voyage considéré » (art. 36 de la loi du 18 juin 1966) — l'absence du terme *diligence* ne devant pas, selon nous, conduire à atténuer ici les obligations du transporteur. Mais cette obligation concernant le navire se double d'une obligation concernant les passagers eux-mêmes. L'article 36 énonce en effet que le transporteur doit aussi « *faire toutes diligences pour assurer la sécurité des passagers* ». « *Faire toutes diligences* » ; l'expression est forte, et, cependant, nous verrons que la jurisprudence est moins rigoureuse à l'égard du transporteur de passagers qu'elle ne l'est en matière de transport de marchandises (*infra*, n° 1252). Enfin, le transporteur est tenu d'accomplir le voyage convenu, tel que convenu. S'il en est empêché, il doit établir que la cause ne lui en est pas imputable (11). En ce cas, aux termes de l'article 69 du décret du 31 décembre 1966, le contrat sera résolu sans indemnité, ni de part, ni d'autre. À défaut, le transporteur devra indemniser le passager à hauteur de la moitié du prix du passage.

La modification du voyage convenu, quant à l'itinéraire, aux escales ou aux horaires, si elle est suffisamment importante, ouvre droit à indemnité pour le passager. Il en est de même de l'interruption du voyage. Elle ouvre également droit à indemnité pour le passager à moins que le transporteur ne soit en mesure de démontrer que la cause ne lui en est pas imputable ou qu'il soit en mesure de substituer un navire de même qualité (décret de 1966, art. 70 et 71).

1239. Obligations du passager. — La législation de 1966 est également rigoureuse à l'égard du passager. C'est ainsi qu'il doit se présenter à l'embarquement dans les conditions convenues. S'il renonce à son voyage ou ne se présente que trop tard, il reste tenu du prix du voyage. Il n'en est autrement qu'en cas d'empêchement de force majeure ou de décès du passager. Même en ce cas, d'ailleurs, le passager ou ses ayants droit, qui ont dû aviser le transporteur « *avant l'embarquement* » (*sic*), doivent régler le quart du prix du passage (art. 67 du décret du 31 déc. 1966). Dans un élan remarquable de générosité, le législateur ajoute toutefois que la « faveur » ainsi accordée au passager décédé de ne payer que le quart du prix du passage s'étend aux membres de sa famille qui devaient accomplir le voyage avec lui et se sont désistés (*quid* de la compagne ou du compagnon du passager ?).

Une fois le voyage commencé, le décret précise, en son article 68, que le prix du passage est dû et que « *les événements qui surviennent dans la personne du passager n'ont pas d'influence sur sa dette* ». Ainsi, en principe, le prix reste dû, même en cas de décès du passager en cours de transport.

À défaut de paiement du prix du passage, le transporteur bénéficie d'un privilège et peut demander le dépôt des bagages du passager « *en mains tierces* ». Mais il ne peut les retenir à bord.

(11) Voir, dans un contexte d'affrètement au voyage, Cass. 12 nov. 1969, navire *Césarée*, *DMF* 1970.201, n. P. LUREAU.

Un dernier élément du régime applicable au passager — beaucoup plus fondé celui-ci : comme toute personne présente à bord, et comme le rappelle l'article 72 du décret du 31 décembre 1966, le passager est strictement soumis à la discipline du bord (*supra*, n° 286), pouvant ainsi, tout comme un simple matelot, être mis aux arrêts par le capitaine, en cas d'ivresse, voire seulement « *d'incivilité* ».

Section 2

Responsabilité du transporteur

1240. Historique. Évolution jurisprudentielle. — Dans un premier temps, en l'absence de tout texte, la jurisprudence a déterminé seule la nature et l'étendue de la responsabilité du transporteur maritime de passagers. Elle en a, d'ailleurs, fait l'un des hauts lieux de l'histoire de la responsabilité civile. En effet, après avoir, dans un premier temps, en 1884 considéré que la responsabilité du transporteur à l'égard de son passager était de nature non contractuelle, mais délictuelle (12), la Cour de cassation, en 1911 a abandonné cette analyse et a consacré l'existence d'une obligation contractuelle de sécurité assumée par le transporteur maritime à l'égard de son passager (13). Cette obligation de sécurité, après avoir gagné l'ensemble du droit des transports, est devenue l'un des piliers de la responsabilité civile de droit commun (14). Mais, paradoxalement, elle perdit vite toute effectivité dans le transport de passagers, la jurisprudence reconnaissant la validité des clauses exonératoires de responsabilité, et notamment de la *negligence clause* que les transporteurs ne manquèrent pas d'insérer dans les billets de passage (15).

Puis, survinrent deux dramatiques naufrages, celui du *Lamoricière* d'abord, en 1942 (16), puis celui du *Champollion* en 1954 (17). Lorsque les parents des victimes fondèrent leur action sur le terrain contractuel, au titre d'une stipulation pour autrui tacite du passager décédé à leur profit, ils se virent opposer les clauses de non-responsabilité ou limitatives de responsabilité du contrat de passage. La Cour de cassation, afin de les y soustraire, considéra qu'ils pouvaient valablement renoncer à une telle stipulation. L'action des ayants droit pouvait alors se placer sur le terrain délictuel, et se fonder sur les articles 1382 et suivants du Code civil et, plus particulièrement, sur l'article 1384 al. 1er (voir *supra*, n° 377).

(12) Civ. 10 mars 1884, *D.* 1885.1.433, n. SARRUT ; *S.* 1885.1.129, n. LYON-CAEN.
(13) Civ. 21 nov. 1911, *D.* 1913.1.249 ; *S.* 1912.1.73, n. LYON-CAEN : la Cour juge que « *vu l'article 1134 du Code civil, l'exécution du contrat de transport comporte l'obligation de conduire sain et sauf le voyageur à destination* ».
(14) RODIÈRE, *Traité*, n° 1044, p. 271.
(15) Cass. Req. 18 juin 1918, *Rev. int. dr. mar.* XXI.173 ; RIPERT, *Traité*, n° 2003 *bis*.
(16) Cass. com., 19 juin 1951, *D.* 1951.717, n. G. RIPERT ; *S.* 1952.1.89, n. NERSON.
(17) Cass. civ. 23 janv. 1959, *D.* 1959.281, n. R. RODIÈRE ; *DMF* 1959.277, n. R. RODIÈRE, *Sem. jur.* 1959.II.11002, n. DE JUGLART.

La protection des héritiers du passager décédé était ainsi efficacement assurée, mais la solution était critiquable. Outre le caractère artificiel de la renonciation à une stipulation pour autrui tacite, cette analyse présentait un effet paradoxal : l'héritier était mieux traité que la victime (18). Quoi qu'il en soit, la construction édifiée par la jurisprudence fut balayée par la solution retenue par la Convention de Bruxelles en 1961, solution adoptée en France par la loi du 18 juin 1966.

1241. Les conventions internationales. La loi de 1966. — La solution retenue par la Convention de 1961 — solution qui sera reprise dans la Convention de 1974 —, comme par la loi de 1966, est fondée sur une double observation. La première, c'est celle de la liberté foncière du passager. À bord d'un navire, le passager dispose d'une large autonomie. À la différence du passager aérien, par exemple, ceinturé sur son siège et sous le contrôle permanent de l'équipage, le passager d'un paquebot ou d'un car ferry bénéficie d'une grande liberté de mouvement, depuis la promenade sur le pont, la baignade, les joies de la bonne chère, du jeu et de l'alcool détaxé. Il est malaisé de lui appliquer la responsabilité de plein droit qui prévaut pour le passager terrestre ou aérien. La responsabilité du transporteur ne peut être fondée que sur la faute. La seconde observation c'est celle de l'impossibilité pour le passager ou ses ayants droit de faire la preuve des circonstances précises qui ont entraîné blessure ou mort, dans le cas de sinistre majeur (naufrage, incendie, échouement), étant aussi observé que le passager n'a jamais aucune part dans la survenance d'un sinistre de cet ordre. D'où l'instauration, en ce cas, d'une présomption de responsabilité.

Ce schéma, subtil autant qu'intelligent, ne s'applique toutefois qu'aux dommages causés au passager, les règles concernant les dommages et pertes aux bagages étant beaucoup plus classiques, s'inspirant, au moins en partie, du droit du transport de marchandises, tandis que l'on retrouve pour les uns et les autres une limitation de la réparation due par le transporteur.

§ 1. — *La responsabilité du transporteur pour dommages aux passagers (19)*

1242. Domaine de la responsabilité contractuelle. — La responsabilité du transporteur s'étend à tout accident corporel survenu en cours de voyage, mais aussi pendant les opérations d'embarquement ou de débarquement du passager, dès que le passager a quitté le quai d'embarquement ou prend pied sur ce quai (20). Pour les accidents survenant en dehors de cette période — par exemple, heurt du passager sur le quai par un engin du transporteur — la

(18) Ripert, *Traité*, n° 2003 *bis*.

(19) Voir H. Tassy, « À propos du transport de passagers », *DMF* 1998.883.

(20) La Convention de 1974 précise que le transport comprendra aussi les transferts par embarcation du quai au navire et vice versa, si le prix de ce transfert est compris dans le prix du billet, ou si l'embarcation utilisée a été fournie par le transporteur.

responsabilité du transporteur ne peut être engagée que sur le fondement des articles 1382 et suivants du Code civil (responsabilité extra-contractuelle).

Par ailleurs, la Convention de 1974 exclut de son domaine d'application le dommage causé par un accident nucléaire si le régime juridique applicable à ce dommage est régi par la Convention internationale nucléaire appropriée (Convention de Paris de 1960 et Convention de Bruxelles du 31 janvier 1963). La loi de 1966 ne traite pas de la question, mais eu égard au principe de la *responsabilité exclusive* de l'exploitant de l'installation nucléaire concernée (21), il est sûr qu'un transporteur de passagers soumis à cette loi ne pourrait voir sa responsabilité mise en cause pour un dommage nucléaire.

1243. L'accident individuel. — On rencontre ici la distinction fondamentale faite par le législateur français après la Convention de 1961, la distinction entre l'accident individuel et le sinistre majeur.

La notion d'accident individuel recouvre la situation du passager qui glisse dans une coursive, ou tombe de sa couchette. Le principe est ici celui de la *faute* (art. 37 de la loi de 1966), il revient au passager blessé de démontrer que l'accident est imputable, non à sa négligence ou son imprudence, mais à une faute commise par le transporteur ou ses préposés.

À la vérité, les textes n'imposaient pas ici une référence exclusive à la faute. Ainsi que nous l'avons relevé, l'article 36 de la loi de 1966 fait peser sur le transporteur de passagers l'obligation de faire « *toutes diligences pour assurer la sécurité des passagers* ». Les tribunaux, s'inspirant du droit des transports terrestres, auraient pu voir dans cette obligation une *obligation de résultat*. Ils ne l'ont pas fait, affirmant, au contraire, son caractère *d'obligation de moyens* — incombant dès lors au passager de faire la preuve du manquement du transporteur.

C'est ainsi que, statuant à propos d'une passagère tombée de sa couchette alors qu'elle en descendait, la Cour d'appel d'Aix-en-Provence, dans une décision du 5 décembre 1996, observe que la loi de 1966 « *ne met pas à la charge du transporteur une obligation de résultat lorsqu'il s'agit d'accidents individuels* », et, après avoir cité le texte de l'article 36, en tire, assez curieusement d'ailleurs, la conclusion « *que la victime doit donc rapporter la preuve de la faute précise du transporteur ou de l'un de ses préposés, cause directe et certaine des blessures dont elle se plaint* » (22).

En revanche, c'est toute faute d'un préposé qui engage la responsabilité du transporteur, y compris la *faute nautique*. On ne retrouve pas, en effet, dans le droit du transport de passagers la règle que le transporteur n'est pas responsable de la faute nautique du capitaine. Et, par exemple, a été retenue la responsabilité du transporteur pour le préjudice moral subi par une passagère du fait de l'échouement du navire, échouement résultant de la méconnaissance par le

(21) Convention de Paris ; loi du 30 oct. 1968, modifiée par la loi du 11 mai 1990.

(22) Décision rapportée par H. TASSY, *op. cit. supra*, note 18 ; dans le même sens, TGI Marseille, 14 mars 1995, *ibidem*.

capitaine des précautions qu'imposait la marée — faute manifestement nautique (23).

À la faute du transporteur, l'article 37 de la loi de 1966 assimile tout manquement du transporteur à son obligation de mettre le navire en bon état de navigabilité. La Convention de 1974, quant à elle, ne fait pas référence au dommage résultant d'un manquement du transporteur à son obligation de navigabilité, mais elle affirme la responsabilité du transporteur pour tout « *défaut du navire* » (article 3, alinéa 3). Même si la notion ici utilisée est plus étroite que celle de manquement à la navigabilité, il sera aisé à un juge appliquant la Convention de voir une faute du transporteur dans tout défaut de navigabilité du navire.

Concrètement, la jurisprudence s'est cependant montrée assez nuancée pour apprécier ici les manquements du transporteur de passagers à son obligation d'assurer la navigabilité de son bâtiment. Dans un jugement du 29 avril 1971, le Tribunal de grande instance de Marseille a refusé de voir un défaut de navigabilité dans la défectuosité éventuelle d'une poignée de porte, laquelle était restée dans la main d'une passagère, entraînant la chute de celle-ci, les juges attribuant la cause du dommage à une action trop brutale de sa part — ce alors que, quelle que fût la force appliquée par la victime, il n'était pas tout à fait normal que la poignée cédât (24). En revanche, dans un arrêt du 3 mai 1971, la Cour d'appel de Rennes a retenu la responsabilité du transporteur qui n'avait affecté qu'un marin à la surveillance des passagers et à leur aide, alors que la traversée s'annonçait difficile (25).

On peut s'étonner de voir les tribunaux moins rigoureux pour apprécier l'obligation du transporteur d'assurer la navigabilité de son bâtiment en matière de transport de passagers qu'en matière de transport de marchandises. C'est plutôt à une réaction inverse, que l'on se fût attendu. Sans doute les juges ont-ils été influencés par l'idée que le passager doit personnellement veiller à sa sécurité (26). L'idée est certainement exacte pour ce qui est des accidents nés du seul comportement du passager (cas de la passagère qui tombe en descendant de sa couchette). Elle l'est moins, quand l'accident résulte, en tout cas partiellement, d'un défaut du navire (cas de la passagère blessée du fait de la rupture d'une poignée de porte). Les passagers n'ont pas à coopérer avec le transporteur pour assurer la « navigabilité » du navire.

1244. Sinistre majeur. — Le régime de responsabilité du transporteur est très différent en cas de sinistre majeur. Aux termes de l'article 38 de la loi du 18 juin

(23) Paris, 7 févr. 1997, navire *Ocean Princess*, *DMF* 1998.11, obs. Ph. DELEBECQUE.

(24) « *Res ipsa loquitur* » dirait un juriste de *common law* : navire *Mistral*, *DMF* 1972.279 ; dans le même sens, TGI Toulon, 15 juin 1996, pour un passager blessé par la fermeture brutale d'une porte, rapporté par H. TASSY, cité *supra*, note 18.

(25) Navire *Enez Sun*, *DMF* 1972.31 ; voir aussi une intéressante décision britannique du 17 mars 2005 où le juge retient la responsabilité du transporteur après la chute à la mer d'un passager, en relevant diverses fautes du transporteur, et notamment l'absence de préparation de l'équipage à semblable incident, comme la manœuvre maladroite du capitaine pour rapprocher le navire de la victime encore en vie : *The Koningin Beatrix, Lloyd's Law Reports* 2005.2.13.

(26) En ce sens, H. TASSY, cité *supra*, note 18.

1966, texte qui reprend pour l'essentiel les dispositions de l'article 4 de la Convention de 1961 (al. 3 de l'art. 4 de la Convention de 1974), si la mort ou les blessures du passager résultent d'un « *naufrage, abordage, échouement, explosion, incendie ou tout sinistre majeur* », la responsabilité du transporteur est présumée.

Ce texte pose d'abord la question de savoir ce qu'il faut entendre par *sinistre majeur*. Ne faut-il pas inclure dans cette catégorie, à côté des cas précis visés (naufrage, abordage, etc.), tout incident grave, dépassant le cadre d'un accident strictement individuel ? Ce n'est pas là la tendance de la jurisprudence. Les rares décisions qui se sont prononcées sur la question restreignent le sinistre majeur aux accidents « *qui intéressent tout le navire* », ceux qui « *menacent tous les intérêts engagés, navire, hommes et marchandises* » (27). Ainsi, a été considéré par la Cour d'appel d'Aix-en-Provence, dans un arrêt du 17 juillet 1997, comme ressortissant au cas d'un accident individuel, l'accident survenu à un passager blessé dans un salon du navire par un câble de remorquage brusquement détendu par sa rupture (28).

L'analyse paraît exacte. Le sinistre majeur c'est celui qui affecte la sécurité du navire dans son entier, ou, à tout le moins, est susceptible d'avoir un tel effet (un incendie partiel, qui peut toujours se développer et s'étendre à tout le navire, demeurant un sinistre majeur). Ce n'est pas l'accident qui affecte, même gravement, un, deux, voire trois passagers.

La seconde question est celle de la portée de la présomption de responsabilité (Convention de 1974), ou de la responsabilité de principe (loi de 1966) ici concernée. Cette présomption, ou responsabilité de droit, relève *a priori* de la présomption de faute puisque le texte autorise le transporteur à se libérer en prouvant que le dommage « *n'est imputable ni à sa faute ni à celle de ses préposés* ». Il ne faudrait pas, cependant, en conclure que le transporteur est dégagé de toute responsabilité en faisant la preuve qu'il a fait toute diligence pour assurer la sécurité de ses passagers. Pour nous, il doit identifier la cause du sinistre, et, cette cause identifiée, faire la preuve qu'elle lui est totalement étrangère, comme étrangère à ses préposés. Pratiquement, ce qui est exigé de lui, c'est de faire la preuve d'un cas de force majeure (29).

1245. Convention d'Athènes. Protocole de 2002 — Règlement du 23 avril 2009. — La Convention d'Athènes a repris les principes ainsi mis en place. Elle distingue aussi, en son article 3, alinéa 1er, le cas où « *le transporteur est responsable du préjudice résultant du décès ou de lésions corporelles d'un passager... si le fait générateur du préjudice a eu lieu au cours du transport et est imputable à la faute ou la négligence du transporteur ou de ses préposés ou mandataires agissant dans l'exercice de leurs fonctions* », du cas où le préjudice

(27) TGI Marseille, 26 juin 1995 ; Aix-en-Provence, 17 juill. 1997, cités dans P. BONASSIES, « La responsabilité de l'armateur de croisière », *Revue Scapel* 1998.84, p. 87.

(28) Aix-en-Provence, cité *supra*, note 26, — le transporteur étant alors exonéré de toute responsabilité, en l'absence de faute prouvée.

(29) En ce sens, P. BONASSIES, *op. cit. supra*, note 26.

résulte d'un sinistre majeur. Ce second cas est visé à l'alinéa 3 du même article 3 : « *la faute ou la négligence du transporteur, de ses préposés ou mandataires agissant dans l'exercice de leurs fonctions est présumée, sauf preuve contraire, si la mort ou les lésions corporelles du passager... résultent directement ou indirectement d'un naufrage, d'un abordage, d'un échouement, d'une explosion ou d'un incendie, ou d'un défaut du navire* ».

Le Protocole de 2002 propose un schéma plus complexe, qui impose de distinguer trois situations. La première est celle du dommage résultant d'un incident non maritime (chute occasionnelle d'un passager, par exemple). Le transporteur n'est responsable que si le demandeur prouve la faute ou la négligence dudit transporteur. La deuxième est celle d'un dommage résultant d'un « incident maritime » (*shipping incident*), naufrage, abordage, etc., ou encore d'un « défaut du navire », lorsque le dommage ne dépasse pas le montant de 250 000 droits de tirage spéciaux pour le passager en cause (à ce jour, environ 330 000 euros). La responsabilité du transporteur est alors de droit, sauf à lui à prouver que le dommage résulte d'un acte de guerre, guerre civile, insurrection ou d'un phénomène naturel d'un caractère exceptionnel, inévitable et irrésistible, ou encore de la faute du passager (article 6). Le lecteur retrouve ici le langage de la Convention de 1969 sur la responsabilité civile pour les dommages de pollution par hydrocarbures (*supra*, n° 463). Il s'étonne toutefois, que, le texte de 2002 étant postérieur aux événements du 11 septembre 2001, aucune mention expresse n'ait été faite des actes de terrorisme. Il est vrai qu'on peut les retrouver derrière le terme *insurrection*. Mais, *ce qui va sans dire...*

La dernière situation est celle du dommage résultant pareillement d'un incident maritime, mais dépassant les 250 000 DTS, là encore pour le passager concerné. La responsabilité du transporteur est alors allégée, mais seulement pour la part dépassant ces 250 000 DTS. Le transporteur peut en effet, mais seulement *pour cette part*, s'exonérer s'il fait la preuve que le dommage ne résulte pas de sa faute ou négligence, ou de la faute du passager.

Le Règlement 329/2009 intègre l'ensemble de ces dispositions.

1246. Retard. — Quant au *retard*, le transporteur n'en est responsable que si celui-ci est imputable à son manque de diligence à mettre le navire en bon état de navigabilité. Il en est de même en cas de « *faute commerciale de ses préposés* » (art. 39, loi 18 juin 1966), ce qui suppose donc curieusement, son exonération en cas de faute nautique (30). Peut-être eût-on pu s'en dispenser, s'agissant des relations entre le transporteur et ses passagers. La question du retard n'est pas envisagée dans la Convention de 1974.

(30) Ou encore, plus curieusement, en cas de grève des préposés de la compagnie, Toulouse, 22 mars 2007, *DMF* 2008, Hors-série n° 12, n° 101, obs. Ph. DELEBECQUE ; *Contra* Trib. com. Marseille, 9 avril 2004, navire *Tipasa*, *DMF* 2006.234, obs. F. X. PIERONNET.

§ 2. — *La responsabilité du transporteur pour dommages aux bagages*

1247. Principes. Plan. — Le système mis en place par la loi française de 1966, système qui anticipait sur les dispositions de la Convention de Bruxelles du 27 mai 1967, reprises par la Convention d'Athènes du 13 décembre 1974, est un système complexe, qui impose de distinguer la responsabilité du transporteur pour les bagages de cabine, les bagages enregistrés et véhicules automobiles, enfin les biens précieux.

1248. Bagages de cabine. — Ces bagages demeurent sous la responsabilité du passager. Le transporteur n'en supporte la responsabilité qu'en cas de faute prouvée de sa part ou de ses préposés (article 44 du décret du 31 décembre 1966) (31). La Convention d'Athènes de 1974, article 1er § 6, assimile aux bagages de cabine, les bagages « *que le passager a dans son véhicule ou sur celui-ci* » (art. 1, al. 6), — ce que ne fait pas la loi française, l'article 3 du décret du 23 mars 1967 assimilant expressément à des bagages enregistrés les bagages placés à l'intérieur des véhicules (*quid* des bagages placés sur le toit ?). De plus, la Convention d'Athènes applique aux bagages de cabine la règle relative aux sinistres majeurs, leur étendant la responsabilité présumée du transporteur en cas d'événement de mer (art. 3, al. 3). Curieusement, la loi française ne retient pas la solution, considérant ainsi que, quel que soit l'événement, le passager doit veiller aux biens qu'il a conservés sous sa garde, même en cas d'événement dramatique. Est-ce bien justifiable ? Le Protocole de 2002 reproduit le texte de 1974 et le Règlement du 23 avril 2009 l'intègre.

1249. Bagages enregistrés et véhicules de passager. — En droit français, les bagages enregistrés sont pris en charge par le transporteur, qui en délivre récépissé. Ils sont, dans le principe, assimilés à des marchandises transportées et soumis, selon l'article 75 du décret du 31 décembre 1966, au même régime de responsabilité que celles-ci (sur ce régime, voir *supra*, n°s 1060 et s.). Il en va de même pour les véhicules de tourisme qui voyagent avec le passager. La Convention d'Athènes place les uns et les autres sous le double régime de la faute pour les sinistres individuels (cas du bagage perdu), et de la responsabilité présumée en cas de « sinistre majeur » (art. 3, al. 1er et 3), tandis que le Protocole de 2002 applique à tous les dommages, même en cas de sinistre majeur, une présomption de responsabilité cédant devant la preuve, par le transporteur, d'absence de faute de sa part.

1250. Biens précieux déposés. — En droit français, si ces biens précieux ont été déposés entre les mains du capitaine ou du commissaire de bord, l'article 44 de la loi du 18 juin 1966 énonce que, s'agissant de ces biens précieux, « *toute limitation de responsabilité est supprimée* ». En revanche, le texte ne dit rien du

(31) Voir par exemple, Paris, 7 févr. 1997, navire *Ocean Princess*, *DMF* 1998.11, n. P. DELEBECQUE.

contenu de cette responsabilité, faute, présomption de responsabilité ou obligation stricte. Il faut en conclure que ce sont les règles du droit commun en matière de contrat de dépôt — articles 1921 et suivants du Code civil — qui s'appliquent (32), règles complexes, mais, en général, assez rigoureuses pour le dépositaire, ici le transporteur.

La Convention d'Athènes adopte un régime différent, s'agissant de ce qu'elle qualifie de « *biens de valeur* ». Son article 5 édicte une exonération de responsabilité de principe du transporteur relativement à « *des espèces, des titres négociables, de l'or, de l'argenterie, de la joaillerie, des bijoux, des objets d'art ou d'autres biens de valeur* » s'ils ne sont pas « *déposés auprès du transporteur* ». Le texte précise alors que « *si le transporteur a convenu de les garder en sûreté* », il en est, dans ce cas, responsable, mais qu'il bénéficiera néanmoins en principe, de la limitation de responsabilité applicable aux bagages enregistrés (art. 8, al. 3). Le texte ajoute enfin que cette limitation peut être écartée par une déclaration de valeur, effectuée dans les conditions de l'article 10, al. 1er, soit de façon « *expresse et par écrit* ». Le Protocole de 2002 ne touche pas aux dispositions de l'article 10. Ces dispositions sont également intégrées au Règlement du 23 avril 2009.

§ 3. — *Modalités de réparation. Limitation de responsabilité*

1251. Limitation de responsabilité. Principe. — La limitation de la réparation en cas de dommages à la personne du passager, victime d'accident corporel, soulève une question de principe. Autant les limitations appliquées aux marchandises continuent à bénéficier d'un consensus — sans doute largement explicable par le fait qu'il s'agit de dommages matériels, ainsi que par le caractère généralisé de l'assurance des marchandises transportées — autant elles sont contestables lorsqu'elles s'appliquent à des dommages corporels. Le transport aérien est allé jusqu'au terme de ce rejet en abandonnant, sous des modalités complexes, tout principe de limitation en matière d'accidents corporels (33). Le transport maritime n'a pas encore franchi ce cap (34). Il évolue, mais la progression est mesurée et laisse subsister une limitation qui peut se révéler sévère en cas de grande catastrophe, lourde en perte de vies humaines.

1252. Dommages aux personnes. Droit français. — La loi française avait, initialement, fixé le montant de la limitation au taux dérisoire de 82 000

(32) L'utilisation du terme « déposés » paraît commander cette analyse. Elle est reprise par la doctrine, voir M. RÉMOND-GOUILLOUD, n° 783 ; A. VIALARD, n° 528 ; RODIÈRE et DU PONTAVICE, 12e éd., n° 410. Il est curieux de relever que ce n'était pas l'analyse du Doyen RODIÈRE, *Traité*, n° 1087, qui prône l'extension aux objets déposés du régime des bagages de cabine.

(33) Règlement communauté européenne, 9 oct. 1997, Convention de Montréal du 28 mai 1999.

(34) Ce que regrette Ph. DELEBECQUE, relevant que « le droit des passagers tire désormais son inspiration ou sa philosophie du droit de la consommation » — ce qui n'est pas encore le cas pour le transport maritime : *DMF* 2005, Hors-série n° 9, n° 117, p. 98 ; *DMF* 2009, Hors-série n° 131, n° 102.

francs (35). Puis, le législateur français a adopté une référence internationale (36). La loi française s'est alignée sur le taux de la limitation adopté dans la Convention de Londres du 19 novembre 1976, convention généraliste déterminant la limitation de la responsabilité de l'exploitant du navire tant pour les créances matérielles que pour les créances corporelles (37). Pour ces dernières, le montant de la limitation est fixé à 46 666 DTS (un peu moins de 60 000 euros), sauf « *faute inexcusable ou intentionnelle* ».

Même ainsi augmenté, le montant de la limitation apparaît insuffisant. Il n'est plus en accord avec les standards actuels, notamment du fait de l'évolution du transport aérien. De plus, il pouvait ne présenter qu'un caractère théorique. En effet, la Convention de Londres de 1976 bloquait la limitation de chaque créance individuelle à un second niveau, établissant un montant global maximum. Au total, l'indemnisation des accidents corporels ne pouvait excéder la somme de 25 millions de DTS, quel que soit le nombre de victimes — ce qui correspond, s'il y a 1 000 passagers à bord à 25 000 DTS par passager, soit environ 30 000 euros. Or, le cas envisagé n'a rien de théorique. Il ne faut pas oublier que le naufrage de l'*Estonia* a fait 912 victimes et celui du *Djaloo* plus de 1 500. Les plus grands paquebots de croisière modernes accueillent entre 3 000 et 5 000 passagers. La limitation individuelle, déjà insuffisante, risquait donc d'être substantiellement réduite. Cependant, la Convention de 1976 a été modifiée par le Protocole du 3 mai 1996. Celui-ci adopte un autre mode de calcul de limitation. La limitation est fixée à 175 000 DTS par passager, soit environ 210 000 euros, et surtout sans limitation globale (38). Entré en application le 13 mai 2004, ce texte a été ratifié par la France le 24 avril 2007. Il est donc entré en vigueur, pour la France, le 25 juillet 2007 (39).

1253. Convention d'Athènes. Protocole de 2002 — Règlement du 23 avril 2009 — La Convention d'Athènes avait, en 1974, fixé la limitation à 700 000 francs « Poincaré » (40). Ce montant a été réévalué d'abord par le Protocole du 19 novembre 1976, qui a substitué les DTS aux francs Poincaré, puis par le Protocole du 29 mars 1990 qui a fixé la limitation à 175 000 DTS. Une nouvelle réévaluation résulte du Protocole du 1er novembre 2002.

Ce texte (41) porte la limitation par passager à 400 000 DTS. Mais seules les victimes d'accident individuel seront effectivement indemnisées dans cette limite. En cas de sinistre majeur, il n'en sera pas toujours de même.

En effet, le Protocole ne modifie pas l'article 19 de la Convention de 1974. Or ce texte énonce que la Convention « *ne modifie en rien les droits et obligations du transporteur* » tels qu'ils résultent des conventions internationales sur la

(35) Décret du 23 mars 1967, art. 2.
(36) Loi du 23 décembre 1986, modifiant l'article 40 de la loi du 18 juin 1966.
(37) Sur ce texte, voir *supra*, nos 402 et s.
(38) Sauf, toutefois, celle résultant de la multiplication du montant individuel (175 000 DTS) par le nombre de passagers que le navire est autorisé à transporter (art. 7, paragr. 1 nouveau).
(39) V. P. BONASSIES, *DMF* 2008, Hors-série no 12, no 2 ; G. BRAJEUX et X. MCDONALD, entrée en vigueur du Protocole de 1976 à la Convention de 1976 sur la limitation de responsabilité, *DMF* 2007.965.
(40) Sur la valeur de cette unité, *supra*, no 1105.
(41) Voir P. GRIGGS, « Le Protocole d'Athènes », *DMF* 2002.291 ; P. BONASSIES, *DMF* 2003, Hors-série no 7, no 2.

limitation de responsabilité des propriétaires de navire. Ainsi, les plafonds de la convention internationale applicable en la matière (la Convention de 1976) doivent être respectés. Le Protocole de 1996 à cette Convention étant entré en vigueur (voir *supra*, n° 441) et ratifié par la France, le plafond de la responsabilité d'un transporteur de passagers ne peut aujourd'hui dépasser 175 000 DTS par passager que le navire est autorisé à transporter (article 4 du Protocole). Le plafond sera ainsi de 175 millions de DTS pour un navire « *autorisé à transporter* » mille passagers. Il suit de là que, lorsque le protocole d'Athènes est applicable, la limitation qu'il établit à 400 000 DTS (42) pourra jouer dans nombre de cas. Mais si plus de cinq cents passagers sont mortellement atteints ou gravement blessés, le montant attribué à chacun sera inférieur aux 400 000 DTS prévus par le Protocole, pour tomber à 175 000 DTS en cas de perte totale du navire et de l'ensemble des passagers (cas de l'*Estonia*). Le progrès est certain, mais moins qu'il n'apparaît à première lecture du protocole.

Un élément nouveau s'est ajouté à cet édifice déjà passablement complexe. En effet, le comité juridique de l'OMI a adopté le 19 octobre 2006 une réserve et des lignes directrices afin de traiter certaines questions relevant de la Convention d'Athènes, telles qu'en particulier l'indemnisation des dommages liés au terrorisme et aux risques de guerre. Ainsi, ces lignes directrices prévoient, au paragraphe 2.2, que l'assurance incluant le risque de guerre couvre les risques résultant de la guerre, guerre civile, révolution, la capture, saisie, arrestation, les mines, torpilles ou bombes, les actes de terrorisme, ainsi que la confiscation et l'expropriation. Quant aux risques ainsi énumérés, le comité juridique de l'OMI déclare que « *la ratification de la Convention d'Athènes devrait être accompagnée de la réserve suivante ou d'une déclaration ayant le même effet : Le gouvernement de... se réserve le droit de, et s'engage à, limiter au plus petit des montants suivants (...) 250 000 DTS par passager pour un même événement ou 340 millions DTS au total par navire pour un même événement* ». Le plafond global par navire correspond à un navire moyen, transportant 2 000 passagers (43).

Cette disposition nouvelle, à la structure juridique pour le moins curieuse, répond bien aux soucis du temps, après le 11 septembre 2001 et la vive recrudescence de la piraterie maritime, notamment, dans la corne de l'Afrique et au Nigéria.

C'est pourquoi, le Règlement du 23 avril 2009 a repris les dispositions imaginées par l'OMI et les a intégrées à son texte (44), sous forme d'annexe.

C'est donc affecté de cette limitation spéciale, que s'appliquera, au plan communautaire, le régime de limitation résultant de la combinaison de la Convention d'Athènes, modifiée par le Protocole de 2002, et de la Convention de 1976, modifiée par le Protocole de 1996.

(42) P. Bonassies, préc. note 18.
(43) P. Bonassies, *DMF* 2008, Hors-série n° 12, n° 2.
(44) Le texte du CMI fait aux États une suggestion « *la ratification* devrait *être accompagnée de la réserve...* » (souligné par nous). Le 8e considérant du Règlement précise que « *il convient de comprendre l'usage du conditionnel "devrait" comme traduisant une obligation juridique* ».

1254. Obligation d'assurance. Action directe. — Le véritable progrès résultant du Protocole du 1er novembre 2002 doit être trouvé ailleurs. Malgré de vives résistances, des P & I Clubs notamment, le Protocole, à l'instar de la Convention de 1969-1992 sur la responsabilité pour pollution (*supra*, n° 468), institue une assurance obligatoire du transporteur, au minimum à hauteur de 250 000 DTS par passager transporté (45). Cette assurance devra faire l'objet d'une attestation délivrée par l'autorité appropriée du pavillon. Enfin — gage certain d'effectivité du système —, une action directe contre l'assureur est accordée aux victimes.

Ici encore, toutefois, les rédacteurs du Protocole de 2002 ne sont pas allés jusqu'au bout de leur logique. Prévoyant une limitation de responsabilité à hauteur de 400 000 DTS, ils n'imposent au transporteur qu'une assurance à hauteur de 250 000 DTS. Or, le plus souvent, les victimes et leurs ayants droit ne pourront recouvrer leur créance que de l'assureur. De surcroît la question se posera de savoir si l'assureur ne pourra pas invoquer le bénéfice de la limitation de la Convention de 1976, ce qui réduirait la créance de chaque passager à 46 666 DTS sous l'empire du texte de 1976, à 175 000 DTS sous l'empire du texte de 1996. Le Règlement du 23 avril 2009 intègre, évidemment, cette obligation d'assurance et joint en annexes des modèles de certificat d'assurance.

1255. Bilan et perspectives de la limitation. — Moins fréquemment mis à l'épreuve par les catastrophes lourdes de victimes que le transport aérien — encore que, si les sinistres sont moins nombreux, les victimes soient plus nombreuses —, le système d'indemnisation des passagers du transport maritime a évolué de façon plus lente et progressive que celui du droit aérien. En droit aérien, sous la pression, notamment, des États-Unis, la Convention de Montréal du 28 mai 1999 qui, est entrée en vigueur le 4 novembre 2003 en se substituant à la Convention de Varsovie, abandonne tout principe de limitation, comme le faisait déjà le Règlement communautaire du 9 octobre 1997, lui-même mis en harmonie avec la Convention de Montréal par le Règlement du 13 mai 2002 modifiant le Règlement de 1997.

On l'a vu, la dernière réforme de la Convention d'Athènes demeure loin d'atteindre ce résultat. C'est que, en matière maritime la limitation de responsabilité, qu'elle s'applique à l'armateur ou au transporteur, a des racines anciennes et profondes qu'il sera difficile d'éradiquer. Le Règlement du 23 avril 2009, p. 807, le démontre. Dans une communication du 25 mars 2002 concernant l'amélioration de la sécurité des navires à passagers dans la Communauté (46), commentant l'évolution de la Convention d'Athènes, la Commission observait que « *s'il faut malgré tout fixer une limite pour la responsabilité en cas de décès ou de lésions corporelles, cette limite doit être suffisamment élevée pour couvrir entièrement les préjudices prévisibles* » (47).

(45) Art. 5 du Protocole ajoutant un art. 4 *bis* à la Convention.
(46) COM (2002), 158 final.
(47) Communication préc. p. 14.

De plus, la Commission a fait fermement savoir que si, dans le principe, une solution internationale demeure préférable à une solution purement communautaire, elle « *estime que, dans cette matière, une solution satisfaisante sur le plan régional doit être préférée à une solution internationale non satisfaisante* » (48). C'est là la solution même qui a été choisie par la Commission, lorsque l'évolution du droit du transport aérien s'est révélée trop lente. Elle a adopté le Règlement du 9 octobre 1997 (49). Elle a fait de même pour le transport maritime avec le Règlement du 23 avril 2009. Mais, contrairement au transport aérien, le texte nouveau maintient le principe de la limitation de la réparation. Elle est sensiblement réévaluée, de façon à couvrir le plus grand nombre des futures réclamations, mais elle demeure limitée. Il en est de même dans le Règlement n° 1371/2007 du Parlement européen et du Conseil du 23 octobre 2007 sur les droits et obligations des voyageurs ferroviaires. Il apparaît, ainsi que l'observe Philippe Delebecque, que « *se dessine un droit commun des transports de passagers dans l'UE* », établissant pour « *ces consommateurs de voyage... les droits les plus appropriés* » et s'organisant « *autour de règles communes* » (50).

1256. Limitation de responsabilité et bagages. — Le montant de la réparation des dommages subis par les bagages est également limité. En droit français, sauf dol ou faute inexcusable, pour les bagages de cabine, la limitation est fixée à 3 000 francs (457,35 euros) par passager (51). Comme nous l'avons déjà noté, les objets précieux confiés au capitaine ou au commissaire de bord échappent à la limitation. Selon la Convention d'Athènes, ils demeurent, en principe, soumis à la limitation mais peuvent y échapper moyennant déclaration de valeur écrite.

Bien que les bagages enregistrés soient assimilés à des marchandises ordinaires, ils font l'objet d'une limitation spéciale fixée à 10 000 francs (1 524,49 euros) par passager, sans qu'il y ait lieu de se référer au colis, ni à l'unité (52). De plus, les véhicules voyageant avec le passager bénéficient d'une limitation spéciale fixée à 30 000 francs (4 573,47 euros) par véhicule de tourisme.

Pour la Convention d'Athènes, modifiée par le Protocole du 19 novembre 1976 (53), les montants des limitations sont fixés à 833 DTS par passager pour les bagages de cabine, à 1 200 DTS pour les bagages enregistrés et à 3 333 DTS pour les véhicules, y compris les bagages transportés dans le véhicule (54). L'article 8, alinéa 4 prévoit qu'une franchise peut être contractuellement mise à la charge du passager, sans pouvoir dépasser 117 DTS par véhicule et 13 DTS pour les bagages enregistrés. Le Protocole de 2002 porte le montant des

(48) Communication préc. p. 17.

(49) Voir C. SCAPEL, « La responsabilité du transporteur aérien de passagers réformée par le droit communautaire », *Revue des affaires européennes*, 1997, p. 66.

(50) Ph. DELEBECQUE, *DMF* 2009, Hors-série n° 13, n° 102. V. également Ph. DELEBECQUE et S. CALME, « Le Règlement communautaire n° 137/2007 du 23 octobre 2007 sur les droits et obligations des voyageurs ferroviaires », *RD Transports*, 2009.10.

(51) Art. 4 du décret du 23 mars 1967.

(52) Sur la limitation au colis/unité pour le transport de marchandises, voir *supra*, n°s 1108 et s.

(53) Entré en vigueur le 30 avr. 1989.

(54) Art. 7 § 1, Convention d'Athènes.

limitations à 2 250 DTS pour les bagages de cabine, à 3 375 DTS pour les bagages enregistrés et à 12 700 DTS pour les véhicules et les bagages transportés dans ceux-ci. Ce sont les montants retenus par le Règlement du 23 avril 2009.

1257. Conclusion. — Les deux Conventions internationales de 1967 et de 1974, ainsi que la loi française qui en a repris ou anticipé, pour l'essentiel, les principes, fixent le modèle moderne des conditions de la responsabilité du transporteur maritime à l'égard de ses passagers. À l'origine extra-contractuelle, la responsabilité du transporteur est devenue contractuelle, mais en prenant un caractère impératif, faisant obstacle aux clauses élisives et limitatives de responsabilité que les armateurs avaient multipliées dans les billets de passage. Désormais, les conditions de la responsabilité sont d'ordre public : le transporteur subit une présomption de faute — ou de responsabilité — en cas de sinistre majeur ; il n'est responsable que de sa faute prouvée en cas d'accident individuel. Par rapport à la situation qui existait en 1960, la situation du passager a été nettement améliorée. On peut toutefois se demander si elle ne doit pas encore évoluer, surtout si on la compare avec celle du passager aérien.

Le droit aérien en est venu à établir, jusqu'à un certain seuil, un système *de responsabilité objective*, quasi absolu, à l'encontre du transporteur. Ainsi le Règlement communautaire du 9 octobre 1997, tout comme la Convention de Montréal du 28 mai 1999 disposent que, jusqu'à hauteur de 100 000 DTS (55), le transporteur ne peut s'exonérer de sa responsabilité que par la preuve de la faute de la victime. Il ne peut plus s'exonérer, ni par la preuve de son absence de faute, ni par la preuve de la force majeure ou du fait d'un tiers. Il ne peut ce faire qu'au-delà du seuil de 100 000 DTS. Le système maritime actuel se trouve en retrait par rapport à cette évolution. En effet, le système maritime reste fondé sur la faute, même s'il connaît un mécanisme de présomption de faute pour les sinistres majeurs.

Un pas important a été cependant franchi, pour ce type de sinistre, lorsque le Protocole du 1er novembre 2002 est entré en vigueur et qu'il a été intégré au Règlement du 23 avril 2009. Nous l'avons relevé, pour les dommages s'élevant jusqu'à 250 000 DTS, le transporteur verra sa responsabilité présumée, hors de toute preuve de faute. Son exonération ne sera possible, que pour les dommages résultant d'un acte de guerre, d'un phénomène naturel d'un caractère exceptionnel, inévitable et irrésistible ou encore d'un acte intentionnel commis par un tiers (56). La situation du passager maritime sera alors proche de celle du passager aérien, tout au moins pour les sinistres majeurs, la responsabilité du transporteur demeurant, cependant, limitée à un montant de 400 000 DTS.

(55) Voir P. BONASSIES, *DMF* 2003, Hors-série n° 7, n° 2, p. 7 ; Ph. DELEBECQUE, « La Convention de Montréal du 28 mai 1999 », *Clunet*, 2005.263.

(56) Art. 4 du Protocole du 1er nov. 1992, modifiant l'article 3 § 1er de la Convention.

Section 3

L'action en responsabilité

1258. Unité des règles : action contractuelle ou extra-contractuelle. — La loi de 1966 a ici entendu régler les difficultés résultant des jurisprudences *Lamoricière* et *Champollion* (57). Elle l'a fait de façon efficace. Son article 42, inspiré du droit aérien, dispose que l'action en responsabilité, « *à quelque titre que ce soit, ne peut être exercée que dans les conditions et limites* » fixées par la même loi de 1966. Ainsi, il est indifférent que ce soit la victime qui agisse elle-même ou ses ayants droit, à titre contractuel sur le fondement de la stipulation pour autrui, ou à titre délictuel, après renonciation à la stipulation pour autrui ; dans tous les cas, les conditions et limites de la responsabilité du transporteur sont celles que détermine la loi du 18 juin 1966.

La question se pose alors de savoir s'il faut en déduire que, comme pour le contentieux aérien, l'action telle que régie par la loi du 18 juin 1966 est spécifique et qu'elle fait obstacle à la mise en œuvre de l'action en indemnisation formée par la victime ou ses ayants droit devant les juridictions pénales en qualité de partie civile. Du caractère impératif de l'article 42, la Cour de cassation, s'inspirant de l'exemple du droit aérien, a déduit la conclusion que les juridictions répressives étaient incompétentes pour connaître des actions en dommages-intérêts des parties civiles (58).

1259. Compétence. Loi de 1966. Règlement communautaire. — Pour ce qui est de la compétence, la loi française renvoie aux dispositions concernant le transport de marchandises (59). Elle substitue seulement aux tribunaux des ports de chargement et de déchargement, les tribunaux des ports d'embarquement ou de débarquement, lorsqu'ils sont situés en France.

Les dispositions de la loi française doivent toutefois être aujourd'hui combinées avec celles du Règlement communautaire n° 44/2001 du 22 décembre 2000 (60). Quand le contrat est conclu par un particulier, en dehors de toute activité professionnelle, avec un transporteur domicilié dans un État membre, ou ayant une succursale, agence ou un « *autre établissement* » dans un État membre, il est en effet régi par les dispositions des articles 16 et 17 de ce Règlement. L'article 16 prévoit que l'action intentée par un consommateur pourra toujours être portée devant les tribunaux de l'État contractant sur le territoire duquel le consommateur est domicilié. Quant à l'article 17, il restreint très fortement la possibilité d'utiliser des clauses de compétence dans les contrats concernant un consommateur, alors que ces clauses sont, en règle générale, très largement

(57) Voir *supra*, n° 292 et n° 377.
(58) Cass. crim. 19 juin 1984, navire *Venus des Îles II, DMF* 1985.333.
(59) Art. 74 du décret du 31 déc. 1966 renvoyant, pour partie, à l'article 54 du même texte, relatif au transport de marchandises — sur les règles ici concernées, voir *supra*, n° 1149.
(60) *JOCE* L. 12, 16 janv. 2001.

admises par l'article 23 du même Règlement dans les relations commerciales internationales (61). L'article 17 dispose, en effet, que, dans les contrats concernant un consommateur, il ne peut être dérogé aux règles normales de compétence édictées par le texte que, soit par des conventions postérieures à la naissance du différend, soit par des conventions qui permettent au consommateur, toujours libre d'agir devant les tribunaux de son État, de saisir d'autres tribunaux que ceux-ci, soit enfin, par des conventions passées entre un consommateur et son co-contractant, si tous deux ont leur résidence habituelle dans un même État contractant, et alors au bénéfice des seuls tribunaux de cet État. Ce sont des dispositions assez proches que l'on trouve dans la Convention d'Athènes de 1974.

1260. Convention d'Athènes — Règlement du 23 avril 2009. — Quant à la Convention d'Athènes, elle a mis en place, dans son article 17, un système impératif de choix de la juridiction compétente, inspiré par l'article 8 de la Convention de Varsovie. Ainsi, le passager peut former son action devant le tribunal du principal établissement du transporteur, ou devant le tribunal du lieu de départ ou de destination stipulé au contrat de transport, ou encore devant le tribunal du lieu de conclusion du contrat (si le transporteur y dispose « *d'un siège de son activité et est soumis à la juridiction de cet État* »). Mais surtout, il faut relever que la Convention d'Athènes a, dès 1974, a admis ce que l'on a appelé, dans la terminologie du transport aérien, la « *cinquième juridiction* » (62).

L'action du passager peut être portée devant un tribunal de l'État de son domicile ou de sa résidence habituelle, si le défendeur a un siège de son activité dans cet État, termes qu'il faut entendre très largement, comme incluant, par exemple, la présence d'un simple bureau de vente (art. 17, al. 1er). Et toute clause tendant à restreindre le choix du demandeur est frappée de nullité par l'article 18 de la Convention. La « *cinquième juridiction* » a été, dans le transport aérien, la revendication la plus constante des États-Unis dont les ressortissants veulent être admis à bénéficier des largesses de leurs juridictions nationales. Cette revendication n'a abouti, en matière aérienne, qu'en 1999 (63). Faut-il voir, dans le fait qu'elle ait été accueillie par la Convention d'Athènes dès 1974, le signe du poids déjà considérable des croisiéristes de Miami ? Le Protocole de 2002 n'a pas modifié les règles inscrites dans la Convention d'Athènes, étant seulement ajoutées des dispositions — très classiques dans les conventions internationales contemporaines — concernant la reconnaissance et l'exécution des décisions de justice en la matière. Ajoutons que toute clause tendant à restreindre le choix du demandeur est frappée de nullité par l'article 18 de la Convention d'Athènes.

Quant au Règlement du 23 avril 2009, qui reprend l'essentiel des dispositions de la Convention d'Athènes, modifiée par le Protocole de 2002, il réserve ce

(61) Voir *supra*, n° 1154.
(62) Par référence à l'article 28 de la Convention de Varsovie qui en désigne quatre autres.
(63) Elle n'a été reçue, après une vive résistance des transporteurs aériens, que dans la Convention de Montréal du 28 mai 1999.

point. En effet, ainsi que le relève le 11e considérant du Règlement, « *les matières couvertes par les articles 17 et 17 bis de la convention d'Athènes relèvent de la compétence exclusive de la Communauté dans la mesure où ces articles affectent les règles établies par le règlement (CE) no 44/2001 du Conseil du 22 décembre 2000 concernant la compétence judiciaire, la reconnaissance et l'exécution des décisions en matière civile et commerciale. À cet égard, les dispositions de ces deux articles feront partie intégrante de l'ordre juridique communautaire au moment de l'adhésion de la Communauté à la convention d'Athènes* ».

1261. Prescription. — L'action en responsabilité se prescrit par deux ans pour les actions du passager (dommages personnels ou dommages aux bagages), tant dans la loi de 1966 que dans la Convention de 1974 (64). Le point de départ du délai est fixé au jour où le passager a débarqué (65) ou aurait dû être débarqué. Mais en cas de décès postérieur au débarquement, la prescription court du jour de la date du décès, sans pouvoir excéder une durée de trois ans à compter du débarquement (66).

La loi française, comme aussi bien la Convention, vise expressément un délai de prescription et non un délai de forclusion, délai préfix. Il y a donc lieu de considérer que ces délais sont interrompus et suspendus conformément aux règles du droit commun. Les interrogations qui ont été suscitées par l'article 29 de la Convention de Varsovie, quant à la nature du délai de deux ans prescrit « *à peine de déchéance* » par ce texte (67), n'ont pas lieu d'être en droit maritime.

L'exception de minorité notamment, a pour effet de suspendre les délais de deux ou trois ans. La loi française s'écarte toutefois sur ce point de la Convention d'Athènes. En effet, ce dernier texte, dans son article 16, alinéa 3, renvoie à la loi du tribunal saisi quant aux causes d'interruption et de suspension des délais de deux et trois ans. Mais il précise que « *en aucun cas une instance régie par la présente Convention ne peut être introduite après expiration d'un délai de trois ans à compter de la date de débarquement du passager* ». Il en résulte que ce second délai est indiscutablement un délai préfix, non suspendu par la minorité (68). Une telle solution apparaît inopportune. Il est bon de conserver le bénéfice d'une prescription aux ayants droit mineurs, mal défendus par leur représentant légal. Le Règlement du 23 avril 2009 intègre les dispositions de l'article 16.

1262. Post-scriptum. Droit maritime et droit aérien. — Le régime juridique du transport maritime de marchandises peut sans doute être considéré comme un régime modèle. En matière de transport de passagers, c'est plutôt le régime du droit aérien, surtout depuis les réformes apportées par la Convention

(64) Loi 18 juin 1966, art. 41 ; Convention, art. 16.
(65) Décret 31 déc. 1966, art. 74, al. 1er ; art. 16 de la Convention.
(66) Décret 31 déc. 1966, art. 74, al. 2 ; art. 16 de la Convention.
(67) Sur cette controverse, voir RODIÈRE, *Traité*, no 1071.
(68) En ce sens, Paris, 19 mai 1999, *DMF* 2000.26, n. J.-S. ROHART. La Cour fait prévaloir la Convention d'Athènes sur la loi française pour écarter l'exception de minorité. Mais l'application de cette Convention, non ratifiée par la France, n'apparaît pas justifiée : voir P. BONASSIES, *DMF* 2000, Hors-série, no 5, no 113.

de Montréal, qui peut être vu comme le modèle type. Il n'est pas sans intérêt, synthétisant les observations présentées ci-dessus, de tenter un ultime rapprochement entre droit maritime et droit aérien, un tel rapprochement s'impose de plus fort à la lumière du Règlement du 23 avril 2009.

Il est certain que, surtout depuis l'adoption du Protocole de 2002, des points de convergence existent entre ces deux droits. Les deux régimes qu'ils ont établis sont d'ordre public strict. Les deux droits connaissent aujourd'hui un système de responsabilité à deux niveaux, une responsabilité très forte étant imposée au transporteur pour le premier niveau, le régime de la faute s'appliquant pour le second niveau. Mais, à les approfondir, des différences apparaissent, qui s'équilibrent d'ailleurs quelque peu. En transport aérien, le premier niveau concerne les dommages inférieurs à 100 000 DTS, le transporteur ne pouvant s'exonérer de sa responsabilité que par la preuve de la faute de la victime. En transport maritime, ce premier niveau est porté à 250 000 DTS de dommages, mais le transporteur peut s'exonérer un peu plus aisément, en invoquant la force majeure ou tout événement équivalent — ce que ne peut faire le transporteur aérien. Et ce système de responsabilité objective ne joue pas, en droit maritime, pour les accidents individuels, les plus fréquents sans doute, accidents toujours, eux, soumis au principe de la faute. Malgré tout cependant, la situation du passager maritime s'est rapprochée de celle du passager aérien.

Mais les choses changent si l'on s'interroge sur l'étendue de la réparation que pourra obtenir le passager ou son ayant droit, une fois la responsabilité du transporteur reconnue. Malgré les efforts faits en 2002, la responsabilité du transporteur maritime de passagers demeure limitée à hauteur de 400 000 DTS, sous réserve des événements liés à la guerre, au terrorisme ou à la piraterie. Toute limitation a disparu dans le transport aérien. Ainsi, la tentative de rapprocher le passager maritime du passager aérien ne peut être poussée à son terme.

CHAPITRE 2
LES CROISIÈRES MARITIMES

1263. Historique. — Malgré un passé prestigieux, de 1920 à 1940, les croisières maritimes ont connu une phase de désaffection. Cette période est cependant terminée, les croisières bénéficient à nouveau d'un vif attrait, le marché de la croisière connaissant, à l'époque récente, un rapide développement. Ce développement s'est accompagné d'une démocratisation de la croisière. Plutôt qu'un notable fortuné, le croisiériste apparaît désormais sous les traits d'un consommateur moyen.

C'est pour protéger celui-ci que le législateur a introduit, dans la loi du 18 juin 1966, au titre du transport des passagers, un chapitre quatre consacré aux « *organisateurs de croisières maritimes* ».

1264. Définition. — Le texte n'en comporte pas. Proposons donc une définition : « *La croisière maritime est l'activité qui consiste à offrir et à fournir à des clients, dénommés "croisiéristes", une prestation principale de voyage maritime, dans des conditions particulières de confort et d'agrément, prestation généralement accompagnée de prestations complémentaires* » (1). La jurisprudence est d'ailleurs rare sur ce point. Elle insiste toutefois, de façon qui paraît justifiée, sur le caractère collectif de la croisière pour la distinguer du voyage organisé individuel comportant un transport maritime (2).

1265. Protection du croisiériste. — La loi du 18 juin 1966 consacre le principe de la responsabilité personnelle de l'organisateur de croisières à l'égard des dommages survenus aux passagers ou à leurs bagages (art. 49). Le droit communautaire a renchéri sur ce point par la directive du 13 juin 1990 (3), s'appliquant à tous les organisateurs de voyages. La France a transposé la directive par la loi du 13 juillet 1992, elle-même modifiée par la loi n° 2008-888

(1) P. BONASSIES, « La responsabilité de l'armateur de croisière », *Revue Scapel*, 1998.84. Les développements qui suivent sont repris pour l'essentiel de cet article, lequel avait pour origine le colloque IMTM, organisé en juin 1998 sur « Les croisières maritimes ».

(2) Cass. civ. 15 févr. 1977, *Sem. jur.* 1977.II.18757, n. RODIÈRE.

(3) Directive n° 90/314 du 16 juin 1990.

du 12 juillet 2009. Ce sont donc ces deux textes, loi du 18 juin 1966 et loi du 13 juillet 1992, modifiée, dont il faut combiner l'application (4).

1266. Conflits de lois. — La croisière maritime présente un caractère international particulièrement marqué. C'est pourquoi « *les règles de conflits de lois sont au moins aussi importantes que les règles de fond* » (5).

On peut imaginer les organisateurs de croisières opérant en France tentés de choisir contractuellement une loi plus douce à leur égard que la loi française, particulièrement sévère. Cela n'est pas possible. En effet, aux termes de l'article 5 de la Convention de Rome du 19 janvier 1980 sur la loi applicable aux obligations contractuelles, nonobstant la liberté de choix de la loi applicable résultant de l'article 3 de la Convention, ce choix « *ne peut avoir pour résultat de priver le consommateur de la protection que lui assurent les dispositions impératives de la loi du pays dans lequel il a sa résidence habituelle* ». Certes, l'article 5 de la Convention de Rome exclut de son domaine les contrats de transport, mais il se déclare expressément applicable « *au contrat offrant pour un prix global des prestations combinées de transport et de logement* ». Un tel contrat correspond exactement à la définition du contrat de croisière que donne la directive de 1990 (6). Le Règlement CE n° 593/2008 du 17 juin 2008, dit Rome I, applicable aux contrats conclus après le 17 décembre 2009, procède de même en son article 6 § 4 litt. b qui vise les « *contrats portant sur un voyage à forfait au sens de la directive du 13 juin 1990* ».

1267. Conflits de juridiction. — L'application de ces règles de conflits de lois protectrices du croisiériste, pourrait toutefois être perturbée par l'utilisation de clauses de juridiction. On peut imaginer, en effet, un organisateur de croisières ayant son siège aux Bahamas, prévoyant dans le contrat de croisière une clause donnant compétence aux juridictions de Nassau. Même si le juge de Nassau devait se reconnaître tenu d'appliquer la loi française, hypothèse peu probable, on peut craindre que sa décision ne soit pas aussi favorable au croisiériste qu'une décision du Tribunal de grande instance de Marseille, ou du Tribunal de commerce de cette ville.

Une telle hypothèse peut être écartée. Les règles de compétence, susceptibles d'être appliquées en la matière à l'action d'un ressortissant français ou européen, sont aujourd'hui inscrites dans les articles 15 à 17 du Règlement communautaire 44-2001 du 22 décembre 2000. Et nous avons vu (*supra*, n° 1259) que l'article 16 du Règlement prévoit que l'action intentée par un consommateur pourra toujours être portée devant les tribunaux de l'État contractant sur le territoire duquel le consommateur est domicilié, tandis que l'article 17 restreint très fortement la possibilité d'utiliser des clauses de compétence dans les contrats concernant un consommateur — ce qui est toujours (ou presque) le cas ici.

(4) V. Aix, 7 mars 2006, *DMF* 2006.523 obs. M. Mouren ; Cass. civ. 1re, 13 déc. 2005, *DMF* 2006.520, obs. J. Bonnaud ; *DMF* 2007, Hors-série n° 11, n° 104, obs. P. Delebecque.

(5) P. Bonassies, cité *supra*, note 1, p. 84.

(6) P. Bonassies, cité *supra*, note 1, p. 85.

Ces règles de conflits permettent d'assurer efficacement la protection du croisiériste, tant à l'égard des obligations que prend à son égard l'organisateur de croisières, que des règles de responsabilité que celui-ci supporte.

Section 1

Obligations de l'organisateur de croisières

1268. Billet de croisière. Carnet de croisière. — La loi du 18 juin 1966 (art. 47) impose à l'organisateur de croisières la délivrance d'un titre de croisière à tout passager ou groupe de passagers. Cette obligation est sanctionnée par la nullité du contrat, nullité qui ne peut jouer qu'au bénéfice du passager, précise le texte (7). Les mentions que doit comporter ce « *billet de croisière* » sont longuement énumérées par l'article 78 du décret du 31 décembre 1966. Le billet doit ainsi, à peine de nullité, préciser le nom et le type du navire, les nom et adresse de l'organisateur, la classe et même le numéro de cabine, ainsi que le prix du voyage, en indiquant les frais qui y sont compris. Les modalités du voyage doivent également être précisées : les ports de départ et de destination, les dates et les escales prévues (8) ainsi que « *les services accessoires promis au passager* » doivent être mentionnés.

De façon plus précise encore, l'article 79 du décret du 31 décembre 1966 prévoit que « *chaque passager doit recevoir, outre le billet de croisière qui matérialise le contrat de passage, des coupons correspondant pour chaque escale aux services à fournir à terre réunis en un carnet de croisière* ».

Le même texte précise enfin que « *le billet de croisière et le carnet de croisière constituent le titre de croisière* », étendant donc la sanction de nullité à la délivrance de ce carnet. Et l'article 48 de la loi de 1966 déclare l'organisateur responsable pour tout manquement aux obligations inscrites au titre de croisière.

Section 2

Responsabilité de l'organisateur de croisières

1269. Dualité de la responsabilité. Responsabilité pour inexécution du contrat. — Aux termes de la loi du 18 juin 1966, l'organisateur de croisières supporte une double responsabilité. Il est tenu de la bonne exécution de toutes les

(7) E. Du Pontavice a ainsi pu écrire qu'il s'agit d'un contrat solennel, *Transports maritimes et affrètements*, 2e éd., R. 2.
(8) Pour un cas d'application voir Aix, 25 mai 1979, *BTL* 1979.532.

obligations inscrites au titre de croisière (art. 48). Il est personnellement responsable des dommages survenus aux passagers ou à leurs bagages (art. 49).

L'organisateur est d'abord responsable de toute inexécution, ou exécution imparfaite de ses engagements, tels qu'ils figurent sur le titre de croisière (art. 48 de la loi de 1966). C'est ainsi que si telle excursion, tel spectacle n'a pu avoir lieu, l'organisateur en est responsable. Cela signifie qu'il devra non seulement rembourser au croisiériste le prix de la prestation non exécutée, mais aussi l'indemniser pour le dommage moral subi (9).

Aux termes de l'article 23 de la loi du 13 juillet 1992, devenu l'article L. 211-16 du Code du tourisme, l'organisateur est toutefois exonéré de sa responsabilité s'il apporte la preuve que la mauvaise exécution du contrat est imputable soit au croisiériste, soit au fait, imprévisible et insurmontable d'un tiers étranger à la fourniture des prestations prévues, soit à un cas de force majeure. Sa responsabilité pour les dommages personnels subis par le croisiériste n'est pas moindre.

1270. Responsabilité pour dommages à la personne. — Aux termes de l'article 49 de la loi de 1966, l'organisateur est responsable des dommages survenus aux passagers ou à leurs bagages (art. 49 de la loi de 1966). Il faut cependant ici distinguer deux situations.

Si le dommage survient à terre (accident survenu dans un hôtel, ou lors d'un transport terrestre, aérien, voire fluvial) (10), en dehors du transport maritime, la responsabilité de l'organisateur sera très lourde. En énonçant que l'organisateur de croisière est personnellement responsable des dommages subis par le passager, l'article 49 de la loi de 1966 ne prévoit en effet aucune cause l'exonérant. Tout au plus, en généralisant les dispositions de l'article 23 de la loi de 1992, devenue l'article L. 211-16 du Code du tourisme, aux dommages à la personne et aux bagages, ce sur l'observation que le dommage causé au croisiériste témoigne aussi de la mauvaise exécution du contrat, pourrait-on admettre que celui-ci pourrait s'exonérer en faisant la preuve d'une faute imprévisible d'un tiers, de celle du croisiériste, ou d'un cas de force majeure (11). En tout cas, rien n'autorisait l'organisateur à invoquer les exonérations ou limitations figurant dans le régime local applicable — régime du transport ferroviaire ou routier, ou régime de responsabilité de l'hôtelier, la loi de 1966 faisant de l'organisateur un véritable *garant* de la sécurité, non seulement du croisiériste mais aussi de ses bagages (12). Ce n'est plus le cas en l'état de la réforme opérée par la loi n° 2009-888 du 22 juillet 2009 qui lui étend

(9) Voir aussi, appliquant l'article 48 au désagrément résultant pour le passager d'une panne générale d'électricité, Cass. 18 oct. 2005, *Sem. jur.* 2005.IV.3422 ; Aix, 4 déc. 2008, *DMF* 2009, Hors-série n° 13, n° 103, obs. Ph. Delebecque ; Paris, 19 déc. 2008, *SCP* 2009, II, 10058, obs. F. Boulanger ; Aix, 13 juin 2006, *DMF* 2007, Hors-série n° 11, n° 104, obs. Ph. Delebecque.

(10) Voir, appliquant l'article 49 de la loi de 1966 au cas d'un transport fluvial, cependant effectué par le navire de croisière, Paris 1er juin 2001, *D.* 2002.1319, n. Ph. Delebecque et P. Bonassies, *DMF* 2002, Hors-série n° 6, au n° 106.

(11) En ce sens, réservant seulement le cas de force majeure ou du fait imprévisible d'un tiers étranger, Cass. 1re civ., 18 oct. 2005, *Sem. jur.* 2005.IV.3422 ; 2 novembre 2005, *Sem. jur.* 2006.II.10018, n. M. Poumarède.

(12) Toute clause d'exonération ou de limitation de responsabilité, étant interdite par l'article 33 de la loi de 1966, texte applicable aux organisateurs de croisières maritimes autant qu'aux transporteurs de passagers.

expressément le bénéfice des limitations « *prévues par les conventions internationales* » (cf. *supra*).

Si le dommage résulte, à l'opposé, de l'exécution même du transport maritime (accident survenu à la mer, ou lors des opérations d'embarquement/débarquement), la responsabilité de l'organisateur de croisières sera moins rigoureuse. Aux termes de l'alinéa 2 de l'article 49, il ne sera responsable que selon le régime applicable au transporteur de passagers, avec la distinction sinistre individuel-sinistre majeur, et la limitation de responsabilité que ce régime implique (*supra*, n°s 1242 et s.). Un élément important du régime maritime lui faisait toutefois défaut. N'étant ni armateur ni affréteur, il ne pouvait invoquer, même pour un sinistre maritime, la limitation de responsabilité pour créances maritimes. Cela paraît ne plus être le cas. En effet, l'article L. 211-16 du Code du tourisme (art. 23, de la loi du 13 juillet 1992) a été modifié par la loi n° 2009-888 du 22 juillet 2009 (art. 1er). Le texte, dans sa rédaction nouvelle, prévoit que désormais l'agent de voyage est responsable « *dans la limite des dédommagements prévus par les conventions internationales* » (13).

La distinction ici établie entre accident de croisière terrestre ou fluvial, et accident maritime n'est pas des plus fondées. On pourrait peut-être l'éliminer en voyant dans la loi de 1992 un texte abrogeant implicitement l'article 49 de la loi de 1966. Ce n'est pas là, cependant la position de la jurisprudence (14). On peut penser que la réforme opérée par la loi du 22 juillet 2009 conforte la thèse de l'abrogation tacite.

1271. Responsabilité subsidiaire de l'armateur. — Par hypothèse même, une croisière maritime met en cause un navire. La question se pose donc de savoir si, en cas d'accident maritime, le croisiériste ne pourrait pas agir en responsabilité contre l'armateur du navire de croisière. Sans doute faut-il distinguer ici selon que l'amateur a, ou non, établi le billet de croisière.

Dans le premier cas (émission de billets par l'armateur), l'organisateur de croisières restera certes responsable en première ligne, sauf pour lui à exercer, le cas échéant, une action récursoire contre l'armateur. Mais, une action directe du croisiériste contre l'armateur apparaît indiscutablement recevable.

Si l'armateur n'a pas émis de billet de passage, on ne peut reconnaître au croisiériste le droit d'agir contre lui sur le fondement du contrat de croisière (15). Le Doyen Rodière observait toutefois qu'il pourrait en être autrement, sur le fondement de l'apparence, si l'organisateur de croisières, avec l'accord plus ou moins tacite de l'armateur, avait fait mention du nom de la compagnie de navigation dans ses publicités et sur les documents contractuels (16). Mais aucune jurisprudence ne paraît avoir eu à trancher le problème.

(13) V. C. Lachieze, « Allègement de la responsabilité des agents de voyage », *JCP* 2009, n° 41, Aperçu rapide, p. 9.

(14) Voir Paris, 1er juin 2001, cité *supra*, note 9. En faveur de la thèse de l'abrogation tacite, voir les observations de Ph. Delebecque cité *ibidem* ; P. Bonassies, cité *ibidem*.

(15) En ce sens, Rodière, *Traité*, n° 1119.

(16) Rodière, *op. cit. supra*, note 13, *loc. cit.*

Un élément vient cependant conforter la thèse du Doyen Rodière. Les textes des décrets du 31 décembre 1966 et du 15 juin 1994, s'ils exigent que le nom et le type du navire soient portés sur le titre de croisière, n'exigent pas qu'y figure le nom de l'armateur. Le fait que ce nom soit indiqué pourrait donner à penser aux croisiéristes que l'armateur est personnellement impliqué dans le contrat conclu par eux. Et il n'est pas sûr que les juges admettent aisément que la chose s'est faite, sans l'accord au moins tacite de l'armateur.

Toutefois, il est à noter que, même dépourvu d'une action contractuelle contre l'armateur de croisières, le croisiériste n'en conserverait pas moins le droit d'agir contre lui en responsabilité extra-contractuelle, en fondant son action soit sur la qualité de gardien du navire de l'armateur, soit sur la faute commise par celui-ci ou l'un de ses préposés (17).

Il ne faut pas oublier, enfin, que la créance de tout passager victime d'une lésion corporelle, voire d'un simple dommage à ses bagages, est assortie d'un privilège maritime (loi du 3 janvier 1967, article 31, 5°). Un croisiériste victime d'un accident maritime pourrait certainement se prévaloir d'un tel privilège.

N°s 1272 à 1279 : réservés.

(17) On sait qu'une telle action extra-contractuelle a été admise par la jurisprudence dans le domaine, très proche, de l'affrètement à temps : voir *supra*, n° 858.

SOUS-PARTIE 2
LES ASSURANCES MARITIMES

1280. Nécessité de l'assurance maritime. — Nombreux sont ceux qui l'ont dit, mais on doit le répéter : l'assurance est la condition même du commerce maritime.

L'assurance est indispensable pour le *propriétaire de navire* en raison de l'ampleur des sommes engagées par lui. Même si la valeur d'un pétrolier à double coque n'excède pas 15 millions d'euros, la valeur d'un navire porte-conteneurs de 9 000 EVP atteint plus de cent millions d'euros, tandis que celle d'un navire de croisière peut dépasser cinq cents millions d'euros. L'assurance est pareillement indispensable en raison des risques de dommages causés par pollution, dommages qui peuvent dépasser plusieurs milliards d'euros, tandis que l'armateur d'un cargo peut se voir réclamer des sommes de l'ordre de cinq à dix millions d'euros pour les dommages subis par la marchandise transportée.

Aussi bien, la pratique de l'assurance des navires remonte-t-elle très haut dans le temps. Dès le haut Moyen Âge, et sans doute antérieurement, l'armateur pouvait se protéger contre les risques maritimes par une technique originale, celle du *prêt à la grosse.* L'armateur empruntait à un banquier une certaine somme, correspondant à la valeur du navire et des marchandises transportées. En cas d'heureuse arrivée, ou plutôt d'heureux retour du navire, il devait rembourser cette somme, augmentée de la prime convenue pour prix des risques encourus. En revanche, si le navire se perdait, l'obligation de restitution de l'armateur s'éteignait. Tandis que le prêt à la grosse subsistait jusqu'au Code de commerce (art. 311 à 331), le contrat d'assurance maritime faisait son apparition dès la fin du XVe siècle.

L'assurance maritime n'est pas moins indispensable pour les *chargeurs.* Certes, en cas de dommage subi par les marchandises, ils peuvent agir en responsabilité contre le transporteur. Mais, souvent, leur action sera tenue en échec par tel ou tel cas excepté, en particulier par les cas de péril de la mer ou de faute de navigation, ou encore le dommage subi par eux ne sera que partiellement réparé du fait de la limitation de responsabilité du transporteur (*supra*, n°s 1104 et s.) ou en raison du jeu de la limitation de responsabilité de l'armateur (*supra*, n°s 402 et s.). Tel chargeur qui aura subi un dommage de l'ordre de 1 million d'euros et, bien qu'il eût réussi à faire reconnaître la responsabilité du transporteur ou du fréteur, ne recevra qu'une indemnité de 100 ou 200 000 euros (1). Les chargeurs doivent aussi penser à leur responsabilité propre à l'égard du transporteur comme à l'égard des tiers, notamment lorsqu'ils mettent à bord une marchandise dangereuse, ou non conforme aux exigences du Code IMDG (*supra*, n° 1041), responsabilité qui peut les engager lourdement. Dans un sinistre récent, celui du navire *Hyundai Fortune* (incendie survenu le 20 mars 2006 au large d'Aden), la responsabilité d'un chargeur qui avait chargé un conteneur de feux d'artifice pourrait, si sa faute est démontrée, atteindre un montant de près de 400 millions de dollars (*Lloyd's List* 28 mars 2006). Enfin, les chargeurs doivent prendre en compte les risques de contribution en *avaries communes* qui pèsent sur toute marchandise transportée par la voie maritime (*supra*, n°s 530 et s.). Contre ces risques, contre le danger de voir leur action en responsabilité rejetée, ou la réparation à eux accordée limitée, l'assurance seule peut les protéger. Enfin, même en cas de condamnation intégrale du transporteur, il est beaucoup plus aisé et rapide pour un chargeur ou un destinataire d'obtenir l'indemnisation du préjudice qu'il a subi de son assureur, quitte pour celui-ci à se retourner ensuite contre le transporteur.

1281. Les textes. — Les contrats d'assurance maritime sont aujourd'hui régis par la loi du 3 juillet 1967. Le Code de commerce avait reproduit pour l'essentiel la réglementation de l'Ordonnance de la Marine et son texte n'avait fait l'objet de 1807 à 1967 que de légères modifications, sauf toutefois sur un point important : l'interdiction pour le propriétaire des marchandises d'assurer le fret et le profit espéré figurant à l'article 347 du Code de commerce avait été supprimée par la loi du 12 août 1885. Par ailleurs, la grande loi de 1930 sur les assurances avait exclu de son domaine les assurances maritimes (art. 1er). C'est dire combien la réforme de 1967 était nécessaire et combien elle fut la bienvenue. Le texte de la loi du 3 juillet 1967 et celui du décret du 19 janvier 1968, ont été intégrés sous le titre VII, au Code des assurances aux articles 171 à 174 (2).

Rédigée à l'initiative, et pour la plus grande partie par la plume même du Doyen Rodière, la loi de 1967 est un texte très complet qui, après avoir posé les règles générales communes aux diverses assurances, distingue clairement les trois catégories fondamentales d'assurance maritime : l'assurance des navires, qualifiée d'*assurance sur corps*, qui est, ainsi qu'on le verra, principalement une assurance de dommages, mais aussi pour partie une assurance de responsabilité ; l'assurance des marchandises, ou *assurance sur facultés*, qui n'est qu'une assurance de dommages ; l'*assurance de responsabilité*, qui permet à l'armateur de se garantir des risques de responsabilité non couverts par l'assurance sur corps

(1) Voir l'exemple cité *supra*, n° 1104, note 131 des chargeurs indemnisés à hauteur seulement de 0,33 % du dommage subi par eux.

(2) Le domaine du Titre VII du Code des assurances, initialement exclusivement consacré au « Contrat d'assurance maritime », a été étendu, par la loi du 16 juillet 1992 au « Contrat d'assurance fluviale et lacustre ».

(l'assurance couvrant les risques de responsabilité propre du chargeur n'est pas une assurance maritime, mais terrestre).

Si complète qu'elle soit, la loi de 1967 n'a voulu définir qu'un cadre général. Elle laisse une large place à la liberté contractuelle, fortement restreinte à l'opposé par la loi sur les assurances terrestres, ainsi que le montre immédiatement une comparaison des deux textes. Aux termes de l'article 2 de la loi du 13 juillet 1930, devenu l'article L. 111-2 du Code des assurances, les prescriptions du législateur ne peuvent être modifiées par les conventions des parties, sauf celles qui figurent dans un certain nombre de textes que ledit article 2 énumère. C'est le principe inverse qui est posé par la loi du 3 juillet 1967. Les règles légales peuvent être écartées par les parties, sauf celles qui sont contenues dans les dispositions que ladite loi énumère (art. 1er de la loi, devenu l'art. L. 171-2 du Code des assurances).

1282. Les contrats d'assurance. Les polices types. — De fait, plus encore que par les textes législatifs, les obligations et droits des parties sont définis par chaque contrat d'assurance, tel qu'il résulte de polices types.

Les polices types les plus anciennes sont britanniques, comme la police du *Lloyd*, qui remonte à 1799. En France, la première police type est apparue en 1865 pour l'assurance des navires, un peu plus tard pour l'assurance des marchandises (1885). Les polices françaises étaient établies par le Comité central des assureurs maritimes de France.

Pour en améliorer la rédaction et les adapter tant à l'évolution des techniques qu'à celle du droit, ces polices types font l'objet de mises à jour périodiques. Celles-ci sont effectuées par un collège de représentants des sociétés d'assurances, de juristes et de courtiers réunis au sein des commissions d'études de la Fédération française des sociétés d'assurances (FFSA). Les dernières modifications importantes sont intervenues en 1983, en 1998 puis en 2002. Elles résultent, au moins pour ce qui est de l'assurance des marchandises, de l'incidence en la matière des travaux de la CNUCED.

Dans les années 1970, la CNUCED a mis à son ordre du jour l'étude de l'assurance maritime. Après avoir un temps envisagé la rédaction en la matière d'une convention internationale, convention qui aurait eu un caractère contraignant, elle a renoncé à ce projet. Elle s'est contentée, dans un rapport publié en 1978, de noter que la lecture et la compréhension des contrats d'assurance maritime étaient souvent malaisées, et de souhaiter que les polices d'assurance fussent remaniées. Tandis que la CNUCED elle-même s'attachait à la rédaction de nouvelles polices types, les professionnels britanniques et les professionnels français décidèrent de répondre aux vœux exprimés par elle.

Les polices anglaises, dont certaines clauses remontaient à la fin du XVIIIe siècle, ont fait l'objet en 1982 d'une refonte complète. Une telle refonte n'a pas été nécessaire pour les polices françaises, qui avaient beaucoup mieux évolué avec le temps. Il n'en est pas moins apparu utile de procéder à une mise à jour de la police sur facultés, mise à jour qui a conduit à la rédaction d'un nouvel *imprimé* en date du 30 juin 1983. Parallèlement, la police sur corps faisait l'objet d'un nouvel *imprimé* du 1er décembre 1983, lequel devait être modifié le 13 décembre 1984 pour tenir compte, par anticipation, de la loi du 22 décembre 1984 modifiant la définition de la faute assurable (*infra*, no 1303), puis le 1er janvier 1998 et le 1er juillet 2002. Une nouvelle mise à jour a été effectuée au 1er juillet 2009, à la fois de la police corps et de la police facultés (3).

1283. Principes. — Il est habituel, en matière d'assurance maritime, de présenter d'abord, comme le fait le législateur lui-même, les règles qui sont communes à tous les contrats d'assurance, assurance sur corps, assurance sur facultés, assurance de responsabilité. Mais, ainsi présentées, ces règles ont un caractère théorique, ce qui en rend la compréhension parfois malaisée. Aussi préférons-nous les évoquer à propos de chacun des types d'assurance maritime. Nous signalerons toutefois ce qui est sans doute le caractère commun des divers contrats d'assurance maritime, à savoir leur caractère hautement professionnel.

L'assurance terrestre est conçue comme un contrat d'adhésion, mettant en présence un professionnel, l'assureur, et un non-professionnel, l'assuré. D'où le souci permanent, tant du législateur que des tribunaux, de protéger l'assuré, d'alléger ses obligations. L'assurance maritime est un contrat entre professionnels. Aussi, la réglementation de l'assurance maritime contient-elle peu de dispositions protégeant l'assuré. Ainsi impose-t-elle à l'assuré des obligations strictes, comme par exemple l'obligation de déclarer rigoureusement les risques assurés (*infra*, no 1292), ou celle de soigner la chose assurée après le sinistre. C'est ce caractère professionnel qui explique que la plaisance échappe aux règles de l'assurance maritime, les assurances de plaisance étant régie par les règles de l'assurance terrestre (4). Il demeure que, même « professionnel », le contrat d'assurance reste soumis au principe général de la bonne foi et que les tribunaux tendent souvent à interpréter les dispositions contractuelles contre l'assureur, sur le motif que c'est lui qui a rédigé le contrat.

1284. Évolution. — Il faut toutefois observer — et c'est tout le problème du particularisme maritime —, que le caractère professionnel de l'assurance maritime s'est atténué dans les textes contemporains. L'article 351 du Code de commerce énonçait que tous pertes et dommages provenant du fait de l'assuré n'étaient pas à la charge de l'assureur, règle que l'on a toujours lue comme interdisant la garantie de la faute personnelle de l'assuré. Ainsi, au cas où un abordage résultait d'une faute personnelle de l'armateur, et non de la faute personnelle du capitaine, l'assuré n'était pas garanti. La loi de 1967, déjà, avait assoupli la règle première en interdisant seulement dans son article 17 (art. L. 172-13, Code des assurances) l'assurance des fautes intentionnelles ou lourdes de l'assuré. Prenant en considération l'émergence dans les textes maritimes de la

(3) V. M. Tilche, « Polices étoffées », *BTL* 2009.455 et notamment l'entretien avec X. Conti.

(4) Voir en ce sens, Ph. Delebecque, « Le droit de l'assurance maritime est en effet un droit de professionnels et pour les professionnels, ce que ne sont pas plaisanciers. Pour eux, les règles plus "sociales" de l'assurance terrestre s'imposent et les règles de l'assurance maritime n'ont pas à s'appliquer même si les parties en sont convenues » : obs. au *DMF* 2005, Hors-série no 9, au no 123.

notion de faute inexcusable, la loi du 22 décembre 1984 a modifié la loi de 1967 en appliquant l'interdiction légale aux seules fautes intentionnelles « *ou inexcusables* » de l'assuré. Pareillement, on voit apparaître dans la loi de 1967 certaines dispositions protectrices des droits de l'assuré, tel l'article 24 (art. L. 172-20, Code des assurances), concernant la sanction du défaut de paiement d'une prime (*infra*, n° 1295).

1285. Plan. — Comme indiqué ci-dessus, nous étudierons successivement l'assurance sur corps, certainement le contrat d'assurance le plus original parmi les contrats d'assurance maritime, l'assurance sur facultés puis l'assurance de responsabilité, avant de dire quelques mots de la garantie de la responsabilité des armateurs par les clubs (5).

(5) Sur la loi applicable aux assurances maritimes, voir J.-P. RÉMERY, « Aspects maritimes du droit international privé communautaire », *in Mélanges Hélène Gaudemet-Tallon*, p. 615 et s.

CHAPITRE 1

L'ASSURANCE SUR CORPS

1286. L'assurance sur corps, assurance hybride. — L'assurance sur corps est d'abord une *assurance de dommages*, c'est-à-dire une assurance par laquelle le propriétaire d'un navire se garantit contre la perte éventuelle de ce navire en conséquence d'un risque de mer. Mais l'assureur-corps garantit aussi son assuré contre certains risques financiers (contribution aux avaries communes), ainsi que contre certains risques de responsabilité (responsabilité pour abordage ou accident assimilé).

1287. Les parties au contrat. — Dans l'assurance sur corps, l'assuré est normalement le propriétaire du navire. Mais toute autre personne ayant un *intérêt légitime* à la sécurité du navire peut certainement contracter une assurance sur corps, tel un armateur coque-nue, voire un créancier hypothécaire.

L'assureur était à l'origine une entreprise spécialisée dans l'assurance maritime. Aujourd'hui, l'assurance maritime est pratiquée par la branche maritime de grandes compagnies d'assurances. Les armateurs français peuvent conclure un contrat d'assurance non seulement avec un assureur français, mais aussi avec un assureur étranger agréé pour effectuer des opérations en France. Dans une série de décisions du 4 décembre 1986, la Cour de justice des Communautés européennes a défini les conditions dans lesquelles un État membre peut imposer un agrément à une entreprise d'assurance établie dans un autre État de la Communauté (1).

Dans la pratique, le schéma de la conclusion d'un contrat d'assurance corps est plus complexe que ne le fait apparaître la simple confrontation entre assuré et assureur ci-dessus évoquée. En premier lieu, l'assuré traite rarement directement avec un assureur. Le plus souvent, il passe par l'intermédiaire d'un courtier d'assurances maritimes. En second lieu, l'assurance d'un navire est rarement le fait d'un seul assureur. Elle met en présence un assuré et plusieurs, voire de nombreux co-assureurs.

1288. Rôle des courtiers. — Les courtiers d'assurance maritime, dont certains ont gardé jusqu'en 1978 le statut d'officier ministériel, sont des

(1) *RGAT* 1987.512.

professionnels qui se chargent de *placer* auprès d'assureurs maritimes les risques qui leur sont confiés par leurs clients. Juridiquement, les courtiers maritimes sont des mandataires de l'assuré. Professionnels de l'assurance, ils ont aussi à l'égard de celui-ci un incontestable devoir de conseil (2). Ils peuvent également agir comme mandataire de l'assureur et, par exemple, recevoir le versement des primes d'assurance au nom et pour le compte de celui-ci, établir les certificats d'assurance, verser les indemnités, et même gérer les recours.

L'une des missions en pratique les plus importantes du courtier est de prendre contact avec les divers assureurs qui sont intéressés par le futur contrat d'assurance et de répartir entre eux les risques assurés. En effet, eu égard à l'importance des sommes en jeu, il est très rare qu'un navire soit assuré auprès d'une seule compagnie. Toujours, le risque sera *disséminé* entre de nombreuses compagnies, une dizaine, voire plusieurs dizaines. Tel assureur couvrira 5 % de la valeur assurée, tel autre 3 %, tel autre 1 %. L'un des assureurs sera désigné comme chef de file et prendra le nom d'*apériteur*.

1289. L'apériteur. — La situation juridique de l'apériteur est malaisée à définir. La jurisprudence la plus récente lui refuse la qualité de mandataire des autres assureurs. Dans la pratique toutefois, c'est lui seul qui discute les conditions du contrat, comme les modifications éventuelles de celui-ci et qui dirige le contentieux éventuel contre les responsables des dommages (3).

1290. Durée du contrat. — Le contrat d'assurance sur corps est normalement conclu pour un an. Il est souvent conclu pour une durée plus longue, s'accompagnant alors d'une formule de révision annuelle de la prime d'assurance. Il peut être conclu pour une durée plus brève, et, par exemple, pour un voyage. Aux termes de la police française (imprimé du 1er juillet 2002, art. 6), le contrat est prolongé si, à l'expiration de sa durée, le navire fait l'objet de réparations pour cause d'avaries garanties par l'assurance, ou se trouve au cours d'un voyage en état d'avaries de même ordre. L'assuré est alors tout normalement tenu de payer une surprime, calculée par jour supplémentaire de risque jusqu'à l'achèvement complet des réparations ou du voyage.

Par ailleurs, avant l'établissement de la police définitive, lequel peut prendre un certain temps, un document préliminaire peut être établi, qui engage assureur et assuré. C'est la « *note de couverture* » ou « *arrêté d'assurance* » prévu à l'article 2 du décret du 19 janvier 1968 (art. R. 172-2, Code des assurances) parfois dénommé « *slip* » par les praticiens.

1291. Plan. — L'étude, même rapide, du contrat d'assurance sur corps, implique que l'on s'interroge sur les obligations de l'assuré, sur les risques couverts par l'assurance, et sur les modalités de règlement en cas de sinistre.

(2) Voir Cass. com. 7 avr. 2004, navires *Tabasco et autres*, *DMF* 2004.900, obs. G. DURON ; *Revue Scapel* 2004.174 ; Cass. 1re civ. 21 oct. 2003, navire *Avatupu*, *DMF* 2004.893, n. C. HÜBNER ; obs. P. DELBECQUE, *DMF* 2005, Hors-série n° 9, n° 121, p. 101 ; Orléans, 14 déc. 2001, *DMF* 2003.270, n. P.-Y. NICOLAS, obs. P. BONASSIES, *DMF* 2003, Hors-série n° 7, n° 97, p. 79.

(3) Sur la notion et les pouvoirs de l'apériteur, voir Cass. com. 21 juin 1994, *DMF* 1996.201 ; obs. P. BONASSIES, *DMF* 1997, Hors-série n° 1, n° 101, p. 72 ; Paris, 28 mars 1991, *DMF* 1991.516.

Section 1

Les obligations de l'assuré

1292. Devoir de sincérité. — L'assuré a d'abord l'obligation stricte, au moment de la conclusion du contrat, de déclarer toutes les circonstances connues de lui qui sont de nature à faire apprécier par les assureurs les risques qu'ils prennent en charge. Il serait ainsi certainement en faute s'il omettait de déclarer que son navire a eu un accident l'année précédente.

Cette obligation d'informer très exactement l'assureur, qui est caractéristique du contrat d'assurance, était lourdement sanctionnée par le Code de commerce. Toute fausse déclaration de l'assuré, même faite de bonne foi, entraînait la nullité du contrat d'assurance, alors même qu'elle n'aurait pas influé sur le dommage ou sur la perte du navire (art. 348 du Code de commerce). La règle a été adoucie par la loi de 1967. Aux termes de l'article 6 (art. L. 172-2, Code des assurances) de ce texte, ce n'est plus qu'en cas de « *mauvaise foi* » de l'assuré que la fausse déclaration entraîne la nullité du contrat. Si l'assuré rapporte la preuve de sa bonne foi — mais c'est sur lui que pèse la charge de la preuve, à l'inverse de ce qui est en droit terrestre —, l'assureur sera garant du risque proportionnellement à la prime perçue par rapport à celle qu'il aurait dû percevoir. Toutefois, le texte réserve le cas où l'assureur établirait qu'il n'aurait pas couvert le risque s'il l'avait connu, auquel cas l'assurance est annulée.

1293. Valeur agréée. — L'assuré doit aussi indiquer à l'assureur la valeur pour laquelle il entend garantir son navire. Cette valeur doit être acceptée par l'assureur et est, effectivement, discutée avec lui, d'où le nom de *valeur agréée.* La valeur agréée peut ne pas correspondre exactement à la valeur du navire. Elle peut lui être supérieure et c'est assez souvent le cas pour des navires anciens. Le risque de perte totale est relativement faible, le risque majeur étant celui d'avaries, résultant, par exemple, du heurt d'un quai ou d'un abordage mineur. Or, les réparations d'un navire ancien coûtent aussi cher que celles d'un navire neuf. L'assureur lui-même voit dans la surévaluation, laquelle entraîne une prime plus forte, un moyen de protéger ses intérêts. La police type française permettait toutefois à l'assureur de contester ultérieurement la valeur agréée en cas de « *majoration anormale* ». Cette disposition a disparu de la police de 2002, qui réserve seulement le cas de fraude, cas de l'assuré qui a volontairement surévalué son navire avec l'intention de le faire disparaître (la police reprenant ici les dispositions de l'article 10 de la loi de 1967, art. L. 172-6 du Code des assurances).

La valeur agréée peut aussi être inférieure à la valeur réelle du navire. Mais l'économie ainsi réalisée par l'assuré trouve sa sanction en elle-même. L'assuré reste son propre assureur en cas de perte du navire (il n'est indemnisé qu'à hauteur de la valeur assurée), en cas d'avaries communes, ou d'assistance (la garantie de l'assureur faisant alors l'objet d'une réduction proportionnelle à la différence existant entre valeur réelle et valeur agréée : art. 22 et 25 de la police de 2002 ; art. L. 172-10 du Code des assurances).

1294. Aggravation des risques. — Les obligations de l'assuré ne s'expriment pas seulement au moment de la conclusion du contrat. C'est ainsi que l'assuré doit déclarer aux assureurs, dès qu'il en a lui-même connaissance, toute modification des conditions d'exploitation du navire survenue au cours du contrat et entraînant une aggravation sensible du risque (art. 7 de la loi de 1967, art. L. 172-3 du Code des assurances et art. 8 § 2, de la police type). Si le navire est employé pour une utilisation qui n'était pas prévue, s'il est affecté par un incident mettant en jeu sa sécurité, déclaration doit en être faite à l'assureur (4). La police de 2002 impose également à l'assuré de déclarer tout changement de pavillon du navire, de sa société de classification, toute modification, annulation ou retrait de la cote (art. 8 § 3).

Les sanctions qui frappent la non-déclaration d'une aggravation de risques, sanctions qui d'ailleurs ne sont pas prévues par la police mais seulement par la loi de 1967, dans son article 7 (art. L. 172-3 du Code des assurances), sont différentes de celles qui sanctionnent la fausse déclaration. Tout défaut de déclaration d'une modification des conditions du contrat entraîne la résiliation de l'assurance, à moins que l'assuré n'apporte la preuve de sa bonne foi. La loi fait ensuite une distinction pour le cas où la modification a été déclarée, ou si la bonne foi de l'assuré a été prouvée. Si la modification est le fait de l'assuré, l'assureur peut, à son choix, soit résilier le contrat dans les trois jours à partir du moment où il a eu connaissance de l'aggravation, la prime lui restant acquise, soit exiger une augmentation de prime correspondant à l'aggravation survenue. Si l'aggravation n'est pas le fait de l'assuré, l'assurance continue, moyennant augmentation de la prime. Même au cas où il établirait qu'il n'aurait pas couvert le risque aggravé s'il l'avait connu, l'assureur ne peut obtenir la résiliation du contrat.

1295. Paiement de la prime d'assurance. — L'assuré a ensuite l'obligation de payer la prime d'assurance. Le paiement de la prime est souvent fractionné en quatre quarts, le premier quart étant payable trente jours après le début des risques. La loi de 1967 définit avec soin la sanction du non-paiement de la prime. L'assureur peut soit suspendre l'assurance soit en demander la résiliation. Mais suspension ou résiliation ne prennent effet que huit jours après l'envoi à l'assuré, par lettre recommandée, d'une mise en demeure d'avoir à payer (art. 24, loi du 3 juillet 1967, art. L. 172-20 du Code des assurances).

La prime est due en entier même en cas de perte totale du navire en cours de contrat, le délaissement (*infra*, n° 1309) étant assimilé à la perte totale. Il en est différemment cependant quand la perte n'est pas couverte par l'assurance, la

(4) Aggravation du risque résultant, par exemple, du non-renouvellement du permis de navigation d'un navire de pêche, Cass. com. 16 févr. 1999, navire *Octan II*, *DMF* 1999.428, obs. J.-P. RÉMERY ; obs. P. BONASSIES, *DMF* 2000, Hors-série n° 4, n° 105, p. 78.

prime n'étant alors due qu'en proportion du temps où le navire a été couvert. Par ailleurs, les contrats d'assurance sur corps prévoient qu'une partie de la prime (la « *prime de navigation* ») sera restituée à l'assuré en cas de séjour prolongé du navire au port (imprimé de 2002, article 16).

1296. Soins au navire. — L'assuré est en second lieu tenu d'agir, tout au long de la durée du contrat, comme un bon professionnel. Aux termes de l'article 23 de la loi de 1967 (art. L. 172-19 du Code des assurances), il doit « *apporter les soins raisonnables à tout ce qui est relatif au navire* », formule que la police française complète par l'obligation faite à l'assuré de « *prendre toutes les mesures utiles en vue de préserver le navire d'un événement garanti ou d'en limiter les conséquences* » (art. 11). Si le navire est en difficulté, l'assuré, s'il avait connaissance de la situation, est ainsi en faute de ne pas faire appel en temps utile à un assistant et cette faute pourra justifier un refus total ou partiel de l'indemnité d'assurance. Par ailleurs, l'article 11 de la police française prévoit que, dans une telle situation, les assureurs peuvent se substituer à l'assuré pour prendre les mesures qu'imposent les circonstances — sans que cela entraîne reconnaissance que leur garantie est engagée.

Section 2

Les risques garantis

1297. Étendue de la couverture. — C'est en ce domaine que l'assurance sur corps exprime le mieux son particularisme. Dépassant largement l'assurance de dommages qu'elle fut à l'origine, elle couvre aussi certains risques financiers comme certains risques de responsabilité. Si large qu'elle soit, elle connaît toutefois des exclusions qu'il importera de définir.

§ 1. — *Les risques couverts*

1298. Assurance dommages. — L'assurance sur corps couvre d'abord toutes les avaries susceptibles d'être subies par le navire, dans la limite de la valeur agréée.

Elle couvre aussi, dans les mêmes conditions, la perte totale du navire. Aux termes de la police de 2002, article 1er, sont d'ailleurs ici couverts non seulement les dommages accidentels, mais certains dommages volontaires, les dommages résultant d'une décision de l'autorité publique visant à prévenir ou à réduire un risque de pollution, si ce risque trouve son origine dans un événement garanti. Ainsi, si après un abordage, événement garanti, un navire transporteur de produits chimiques est sabordé pour éviter une pollution sur ordre de l'autorité compétente, la garantie jouera.

1299. Assurance financière. — L'assurance corps couvre d'abord ici l'indemnité d'assistance éventuellement due par l'armateur. Mais, du fait même des règles régissant l'assistance (*supra*, n° 506), la garantie due par l'assureur cesse d'avoir effet (elle « disparaît » en quelque sorte) si le navire est perdu. En effet, tout droit pour l'assistant à indemnité — et donc toute dette d'indemnité pour l'armateur — suppose un « résultat utile ». Par ailleurs, la police corps exclut toute prise en charge de l'indemnité d'assistance en cas d'échouage résultant du jeu normal des marées, à moins que le navire ne se trouve à un poste affecté normalement aux opérations commerciales (article 3, 4°). La même exclusion s'applique aux frais exposés dans semblable situation (5).

L'assurance corps couvre aussi les autres dépenses raisonnablement exposées pour préserver le navire d'un événement garanti ou en limiter les conséquences. Par exemple, sera garantie la dépense engagée par l'armateur auprès d'une entreprise spécialisée de sauvetage pour colmater provisoirement une brèche affectant le navire, ou pour lutter contre l'incendie menaçant le navire (6). Dans une telle situation, la garantie de l'assureur subsiste même si les efforts entrepris n'ont pas eu de succès et que le navire se perde. On n'est pas en effet dans une situation d'assistance où s'appliquerait le principe du résultat utile, tandis que la police corps ne soumet ici à aucune condition la garantie de l'assureur. Celui-ci peut donc être tenu à la fois d'indemniser l'armateur de la perte du navire, et de garantir le coût pour le dit armateur des efforts accomplis « *pour préserver le navire* » (police corps, article 1er, 3°). La seule limite à la garantie par l'assureur des dépenses de préservation du navire est celle qui est stipulée au contrat : l'assureur n'est tenu que « *dans la limite d'un capital égal à la valeur agréée* » (police corps, *ibidem*).

La police corps couvre enfin la contribution du navire aux avaries communes.

1300. Assurance de responsabilité. — L'assurance corps a d'abord couvert la responsabilité de l'armateur pour abordage, la notion étant entendue restrictivement comme le heurt d'un navire contre un autre navire. Puis, la couverture a été étendue aux dommages causés par le heurt du navire contre tout bien ou installation même fixe, par exemple le heurt par le navire d'une installation pétrolière. Pareillement, la garantie a été élargie aux dommages occasionnés par les aussières, ancres et chaînes ou les embarcations annexes du navire, en cours d'utilisation à son service.

Dans toutes ces hypothèses, l'assurance corps ne garantit toutefois que le « *dommage matériel* » causé à des tiers. La police de 2002, comme celles qui l'ont précédée, « *exclut* » dans son article 3 les recours pour dommage corporel. Elle exclut d'autre part les recours relatifs aux cargaisons transportées par le navire assuré. Ces recours peuvent cependant être aujourd'hui couverts dans le cadre d'une assurance sur corps, mais seulement par le jeu de clauses additionnelles entraînant le paiement d'une surprime.

(5) La règle s'explique par le fait que, pour les assureurs, le dommage subi par le navire ne résulte pas d'un risque de mer mais de la faute de l'armateur — tout armateur étant censé connaître le jeu des marées.

(6) Voir ici l'exemple de l'*Ann Bewa*, *supra*, n° 278.

1301. Limitation de la garantie. — Par ailleurs, la garantie de responsabilité accordée par l'assureur corps est une garantie limitée. À l'origine, elle était limitée automatiquement par le jeu de l'abandon l'assureur étant sûr de ne pas être engagé au-delà de la valeur du navire après le sinistre. C'est même cette limitation automatique qui explique d'ailleurs l'intrusion de l'assurance de responsabilité dans une assurance dommages. Depuis la mise en application des textes contemporains (Convention de 1957, loi du 3 janvier 1967 et Convention de 1976), les assureurs se protègent contre des réclamations trop importantes en limitant leur engagement à deux fois la valeur agréée. Ainsi, dans l'hypothèse où un navire assuré pour une valeur agréée de 10 millions d'euros est impliqué dans un abordage qui, tout à la fois, occasionne sa perte et une demande en dommages et intérêts de 25 millions d'euros contre l'armateur, l'assureur limitera sa garantie à 20 millions d'euros, 10 millions étant affectés à la réparation du dommage subi par l'assuré, et 10 millions à la responsabilité de celui-ci à l'égard des tiers (7). Cette limite toutefois, n'a pas un caractère cumulatif. Elle joue *par événement*, c'est-à-dire que si un navire est impliqué dans deux sinistres successifs, l'assurance pourra jouer à hauteur de deux fois la valeur assurée pour chacun des sinistres.

Par ailleurs, s'agissant des risques de responsabilité couverts par l'assurance sur corps, l'article 24 de la police type prévoit que, dans le cas où l'assuré n'invoquerait pas la limitation de responsabilité dont bénéficie tout armateur ou exploitant d'un navire (*supra*, n°s 402 et s.), alors qu'il serait en droit de s'en prévaloir, le montant du remboursement incombant aux assureurs ne dépassera pas celui qui eût été à leur charge si ladite limitation avait été invoquée. Il y a là une disposition d'une extrême importance, surtout pour les navires de petite et de moyenne dimension, pour lesquels la valeur agréée dépasse souvent le montant du fonds de limitation. Et cette clause est sans doute opposable aux tiers exerçant contre l'assureur une action directe, le tiers qui invoque le contrat d'assurance ne pouvant avoir ici plus de droits que l'assuré (8). La révision de la police corps au 1er juillet 2009 porte cette limitation à trois fois la valeur agréée du navire (9).

§ 2. — *Risques exclus*

1302. Domaine géographique de l'assurance corps. — La police de 2002, article 5, délimite d'abord avec soin le domaine géographique ou matériel de l'assurance sur corps. Elle définit ainsi un certain nombre de zones, ou de ports, qui sont exclus de la garantie en raison des risques de glace, soit durant toute l'année, soit durant la période hivernale. Curieusement, la police exclut aussi toute navigation dans la zone des grands lacs, ou sur le Saint-Laurent à l'ouest

(7) Pareillement, dans l'hypothèse envisagée ci-dessus (au n° 1299) où il y a à la fois perte du navire et dette de l'armateur envers une entreprise de sauvetage, les 30 millions qui constituent le plafond de l'engagement de l'assureur se partageront, au prorata de la créance de chacun, entre l'armateur et l'entreprise de sauvetage.

(8) Voir, en ce sens, CA Rennes, 8 nov. 1983, navire *Sans Pitié*, *DMF* 1984.485.

(9) V. M. Tilche, « Polices étoffées », *BTL* 2009, 455.

de Montréal, sans doute en raison du caractère inhabituel d'une telle navigation pour un navire français. Mais toutes ces navigations exclues peuvent être couvertes moyennant déclaration préalable et surprime. La police de 2002 exclut aussi de l'assurance les navires en remorque, sauf en cas d'assistance, lorsque le navire est en remorque dans un port, rade, rivière ou canal. En revanche, elle applique la garantie que le navire soit en exploitation ou en séjour, en chômage ou en réparation, à flot ou à sec, comme elle l'étend aux cas où le navire prête assistance.

1303. Risques exclus. Faute intentionnelle/inexcusable de l'assuré. Faute du capitaine (non). — La garantie d'une faute intentionnelle ou inexcusable de l'assuré est interdite par les dispositions de l'article 17, alinéa 2, de la loi de 1967 (art. L. 172-13 du Code des assurances), texte déclaré par ladite loi d'ordre public.

La police type est plus précise que le texte législatif. Elle exclut les dommages « *résultant de faute intentionnelle ou inexcusable de l'assuré ou de son personnel de direction, à savoir : directeurs, chefs d'agence, capitaines d'armements, chefs des services techniques* ». Par cette énumération, assez extensive, la police évite la discussion que nous avons rencontrée à propos de la limitation de responsabilité de l'armateur sur le problème de savoir ce qu'il faut entendre par « *faute inexcusable personnelle* » de l'armateur (*supra*, n° 432). Et il résulte de son texte que la garantie est maintenue au cas où le dommage provient de la faute inexcusable, voire intentionnelle du capitaine.

Il y a là une solution nouvelle. Le Code de commerce, dans son article 353, décidait que l'assureur n'était pas tenu des « *prévarications et fautes du capitaine et de l'équipage connues sous le nom de baraterie de patron* », et l'on considérait que l'expression incluait non seulement les fautes intentionnelles mais aussi les fautes simples du capitaine. Le Code, toutefois, réservait la possibilité d'une convention contraire. Dans la pratique, les assureurs avaient peu à peu accepté de couvrir la faute du capitaine, à l'exclusion du dol et de la fraude. C'est cet état de choses qui a été recueilli par la loi de 1967, interdisant dans son article 40 la garantie de la seule faute intentionnelle du capitaine. Mais les interdictions de l'article 40 ont été abrogées par la loi du 22 décembre 1984. C'est cette abrogation qui est reflétée par la police de 2002. Extrêmement favorable aux assurés, la police n'exclut de la garantie aucune faute du capitaine, même intentionnelle (10).

1304. Autres risques exclus. Risques divers. Dommages à l'environnement. — La loi du 3 juillet 1967 contient elle-même des dispositions qui interdisent d'assurer certains risques, ou les excluent normalement de l'assurance. Ainsi, l'article 20 de cette loi (art. L. 172-16, Code des assurances) énonce

(10) Pour des cas où a été retenue la faute intentionnelle du capitaine, et donc la garantie refusée, voir Cass. com. 6 juill. 1999, navire *Korhogo*, *DMF* 2000.515, rapp. RÉMERY, obs. P.L. ; obs. P. BONASSIES, *DMF* 2001, Hors-série n° 5, n° 120, p. 91 ; Cass. com. 5 janv. 1999, navire *Irrintzina*, *DMF* 1999.312, obs. P.L. ; obs. P. BONASSIES, *DMF* 2000, Hors-série n° 4, n° 107, p. 79.

que l'assureur ne couvre pas les risques, notamment, de guerre civile ou étrangère, de piraterie ou d'émeute. Il exclut pareillement les sinistres dus aux effets d'une explosion ou irradiation atomiques. La police de 2002, article 3, dans la liste qu'elle établit des risques exclus, reprend pour l'essentiel les risques visés par la loi de 1967. Elle se distingue toutefois de ce texte, en se montrant parfois plus précise que le législateur, parfois plus large, parfois plus restrictive.

C'est ainsi que, comme la loi de 1967, la police de 2002 exclut de la garantie, en son article 3, les dommages résultant de tout fait de guerre civile ou étrangère, accidents et fortune de guerre, capture ou détention du navire par tous gouvernements et autorités, émeute ou piraterie. Mais elle limite l'exclusion de piraterie à la piraterie ayant un caractère politique, la piraterie « *privée* », fréquente aujourd'hui, étant couverte.

La police se montre pareillement plus généreuse que le législateur pour ce qui est du risque nucléaire. Elle n'exclut de la garantie que les dommages d'une explosion nucléaire militaire (dommages causés par armes ou engins de guerre), non les dommages résultant d'un dommage nucléaire civil.

En revanche, la police type est plus restrictive que le texte légal pour ce qui est du vice du navire. L'article 39 de la loi de 1967 énonce que l'assureur ne garantit pas les dommages et pertes résultant d'un vice propre du navire, mais, ajoute-t-il, sauf s'il s'agit d'un « *vice caché* » (art. L. 173-4, Code des assurances). La police de 2002 exclut de la garantie même le vice caché, comme aussi les dommages résultant de la vétusté du navire.

Dans sa rédaction la plus récente (2002), la police-corps exclut de la garantie les recours exercés pour les dommages et préjudices à l'*environnement* ou consécutifs à la pollution (article 3, alinéa 3, 3° – troisième alinéa). Est toutefois maintenue la garantie pour les dommages causés à un navire tiers et à sa cargaison par un abordage avec le navire assuré (le principe de la garantie couvrant la responsabilité pour abordage l'emportant ici sur l'exclusion du risque de pollution). Une exclusion spécifique frappe de surcroît « *l'indemnité spéciale* » payable à l'assistant sous l'empire de l'article 14 de la Convention de 1989 (voir *supra*, n°s 508 et s.). Les dispositions de la police traduisent ici le refus des assureurs corps, et en particulier des assureurs corps français, de prendre en charge les responsabilités nouvelles nées pour les armateurs du droit de l'environnement — responsabilités qui sont assumées par les P & I Clubs (*infra*, n°s 1331 et s.).

Sauf pour ce qui est de la faute intentionnelle ou inexcusable de l'assuré (*supra*, n° 1303), les risques exclus énumérés par l'article 3 de la police sur corps sont toutefois susceptibles d'être couverts, en application d'une clause particulière et du paiement d'une surprime. Par ailleurs, certains des risques exclus par la police type peuvent faire l'objet d'une assurance particulière, notamment le risque de guerre, pour lequel il existe un contrat spécifique, formalisé par un imprimé du 15 juin 1970, modifié le 1er décembre 1983.

L'exclusion par le contrat d'assurance sur corps de certains risques pose deux problèmes. Le premier est de savoir sur qui pèse la charge de prouver qu'un dommage résulte ou non d'un risque couvert. Le second est de savoir si l'assureur doit garantie au cas où un dommage provient à la fois d'un risque couvert et d'un risque exclu.

1305. Charge de la preuve de l'exclusion de risque. — S'agissant de la charge de la preuve, l'assuré, pour mettre en jeu la garantie, doit seulement prouver que le dommage résulte d'une fortune de mer ou d'un accident survenu au navire. En fait, eu égard aux dispositions de la police énonçant que le navire est garanti « *qu'il soit en exploitation ou en séjour, en chômage ou en réparation, à flot ou à sec* », cette preuve s'établit d'elle-même, par la simple constatation que le navire a été endommagé ou détruit, car, comment pourrait-il avoir été endommagé ou détruit en mer ou à sec, par autre chose qu'un « *accident* » ? Cette preuve faite, c'est à l'assureur qu'il appartient alors de démontrer que le dommage provient d'un risque exclu.

1306. Concours risque couvert-risque exclu. — Le problème du dommage causé à la fois par un risque couvert et par un risque exclu s'est posé aux tribunaux à propos des risques de guerre, en particulier dans une affaire célèbre, celle du navire *Iris*. Ce navire, affrété par l'État français durant la guerre de Crimée, fut poussé par une tempête sous un fort de Sébastopol et brûlé par les Russes. La Cour de Rouen décida que le navire avait péri par fait de guerre, couvert par l'État, et que l'assureur sur corps ne devait donc pas garantie. Mais, saisi par l'armateur d'une action contre l'État, le Conseil d'État décida qu'il y avait risque maritime (la tempête), non couvert par l'État, de telle sorte que l'armateur ne put obtenir aucune indemnité (11). La tendance dominante de la jurisprudence civile la plus récente est dans le sens de la position adoptée par la Cour de Rouen dans l'affaire de l'*Iris*. Dès qu'un fait de guerre apparaît parmi les causes du sinistre, il y a risque de guerre.

Reste le cas du navire qui s'est perdu dans des circonstances inconnues, dans une zone affectée par la guerre. Aujourd'hui, la solution de ce cas est imposée par les dispositions de l'article 21 de la loi de 1967 (art. L. 172-17, Code des assurances), dispositions d'ordre public, le sinistre « *est réputé résulter d'un événement de mer* », et non d'un fait de guerre.

Un problème particulier de « risque mixte » peut se présenter aujourd'hui, en cas d'assistance à un navire susceptible de causer un dommage à l'environnement. Le plus souvent, le contrat d'assistance contiendra alors une « *scopic clause* », clause qui prévoit l'indemnisation de l'entreprise d'assistance sur la base, non de l'*indemnité spéciale* prévue par l'article 14 de la Convention internationale de 1989 sur l'assistance (voir *supra*, n° 508), mais sur celle d'un tarif précis (voir *supra*, n° 515). La police d'assurance corps stipulant que sont exclus de la garantie les recours exercés pour les dommages et préjudices à l'environnement ou consécutifs à la pollution (article 3, alinéa 3, 3° – troisième

(11) Voir Cass. 11 août 1858, *D.* 1858.1.366 ; Conseil d'État, 13 juillet 1867, *Lebon* 570. Aujourd'hui, le problème serait réglé dans le cadre de la compétence reconnue au Tribunal des conflits de juger des conflits de décision (loi du 20 avril 1932).

alinéa), l'assureur corps ne doit pas garantie dans la mesure où la rémunération versée à l'entreprise d'assistance par l'armateur correspond aux services fournis par cette entreprise pour éviter la pollution. En revanche, l'assureur doit garantie pour la partie de la rémunération correspondant aux services fournis pour préserver le navire, ces services rentrant précisément dans les risques couverts (article 1er, 3° de la police) (12).

Section 3

Le règlement de l'indemnité d'assurance

1307. Constatation des avaries. — Accomplissement des réparations. — L'assuré qui veut mettre en cause la garantie prévue par le contrat d'assurance est d'abord tenu de faire procéder à la constatation contradictoire des avaries, ce dans un délai de 60 jours, ramené à 15 jours si les avaries se sont produites dans un port. Il est ensuite tenu de faire procéder aux réparations jugées nécessaires par les experts, réparations qui doivent normalement être entreprises dans un délai de 6 mois, sous peine de voir les assureurs fondés à refuser toute augmentation de leur coût (art. 18, imprimé 2002).

Une fois les réparations effectuées, l'assuré aura droit au règlement du coût de celles d'entre elles qui ont été reconnues nécessaires par l'expert, coût justifié par des factures acquittées. En revanche, il ne peut normalement prétendre à aucune indemnité pour la dépréciation du navire, ni pour chômage, de même qu'il n'a pas droit au remboursement des gages de l'équipage pendant la durée des réparations. Il n'en est autrement que dans quelques situations exceptionnelles (notamment lorsque le navire est en attente de pièces de rechange indispensables à la poursuite du voyage, ou si le navire est remorqué dans un autre port où les travaux pourront être effectués à moindre frais, le coût du remorquage étant alors aussi à la charge des assureurs).

1308. Différence du vieux au neuf. — Longtemps, les polices sur corps ont prévu, pour le cas d'avaries, ce que l'on appelait la règle de la « *différence du vieux au neuf* ». Pour éviter ce que l'on estimait être un enrichissement injuste de l'assuré, il était stipulé au contrat d'assurance que des réductions seraient opérées sur le remboursement des réparations, réductions compensant la différence du vieux au neuf. Les réductions étaient de un sixième pour les navires de 8 à 16 ans, de un tiers pour les navires au-delà de seize ans. Cette clause, très souvent écartée par une clause additionnelle, avait vu sa portée limitée par l'imprimé dès 1972 aux seuls cas d'avaries communes. Elle a disparu de la police type de 1983.

(12) Et la garantie est alors due même si le navire a péri (voir *supra*, n° 1299). — Pour des observations plus complètes, voir P. BONASSIES, « Assurance corps, assistance maritime et "indemnité spéciale" de la Convention de 1969 », *Annales 2007 de l'IMTM* 189.

Il en subsistait toutefois une trace dans l'article 20-8e de la police. Aux termes de ce texte, il était opéré une réduction de moitié sur les dépenses spéciales à la carène et au doublage. Ce qui était visé ici, c'est le doublage des navires en bois, ou le carénage (grattage et réfection systématique des peintures de la partie immergée de la coque) des navires métalliques. La réduction maintenue s'expliquait par l'observation qu'en tout état de cause le doublage et le carénage d'un navire doivent être refaits à intervalles réguliers (de deux à quatre ans). Refaire le carénage à l'occasion d'une réparation, c'est donc anticiper sur un carénage qui, en tout état de cause, se serait imposé ultérieurement.

L'imprimé du 1er juillet 2002 abandonne cette règle traditionnelle ; signe des temps, il n'y est plus question de doublage, mais seulement du carénage. Le nouvel article 20-8e stipule désormais que, « *sur les dépenses spéciales à la carène, n'est à la charge des assureurs que le coût justifié par des factures acquittées, de fourniture et d'application du revêtement anticorrosion des sous-couches de préparation et des couches terminales anti-salissure et auto-polissante aux zones des œuvres vives dont la réparation est admise au titre de l'avarie particulière. Au cas où la durée du passage en cale sèche du navire nécessitée par l'avarie particulière est telle qu'il est établi que les revêtements mentionnés au paragraphe précédent perdent leur efficacité, ces dépenses spéciales à la carène sont forfaitairement pour moitié à la charge des assureurs* ».

En cas de perte du navire, aucun délai précis de déclaration n'est imposé à l'assuré, le retard de celui-ci à informer l'assureur trouvant sa sanction en lui-même. Pareillement, aucun problème ne se pose quant à la détermination de l'indemnité qui doit lui être versée : c'est la valeur agréée du navire. C'est aussi cette valeur qui fixe les droits de l'assuré dans la situation, en quelque sorte intermédiaire entre la situation d'avarie et la perte totale, qui est celle du délaissement.

1309. Le délaissement. — Le délaissement du navire est le fait pour l'assuré d'obtenir le versement de la valeur agréée, en abandonnant le navire à l'assureur.

La loi de 1967 prévoit dans son article 48 (art. L. 173-13, Code des assurances) que le délaissement pourra être effectué dans quatre cas : perte totale du navire ; réparation devant atteindre les trois quarts de la valeur agréée ; impossibilité de réparer ; défaut de nouvelles depuis plus de trois mois. La police de 2002, article 21, reprend ces quatre cas de délaissement, mais elle n'admet le délaissement pour coût excessif des réparations que dans la situation où le coût des réparations atteint la valeur agréée. Les dispositions de l'article 48 de la loi de 1967 n'étant pas d'ordre public, la règle est parfaitement licite. Par ailleurs, la police précise que ne pourra être prise en considération l'impossibilité de réparer, si celle-ci résulte seulement du manque de fonds nécessaires au paiement des réparations (art. 21, al. 4).

L'article 31 de la loi de 1967 (art. L. 172-27, Code des assurances) a maintenu la règle classique que le délaissement transfère à l'assureur les droits de l'assuré sur les objets assurés, donc en matière d'assurance corps, les droits sur le navire. Mais elle ajoute que l'assureur, à condition de payer la somme assurée, peut refuser le transfert de propriété. La police de 2002, article 21, ajoute seulement quelques précisions de délais aux dispositions légales, énonçant que le délaissement doit être notifié aux assureurs dans les trois mois de l'événement qui y donne lieu, et que les assureurs auront la faculté d'opter entre l'acceptation du délaissement et le règlement en perte totale sans transfert de propriété dans un délai de trente jours (13).

Ainsi construite, l'institution du délaissement n'était pas sans poser quelques problèmes. Quand le transfert de propriété était refusé par l'assureur, il était certain que le navire demeurait aux risques de l'assuré. Mais le sinistre n'avait pas mis fin à l'assurance. Le navire demeurait donc garanti contre les risques couverts par la police sur corps tant que celle-ci n'était pas venue à expiration. Quand le transfert de propriété était accepté par l'assureur, la question se posait de savoir à partir de quel moment ce transfert devenait opposable aux tiers, ou pouvait être invoqué par les tiers. La loi sur les assurances maritimes n'apportait ici aucune réponse. Il fallait donc se référer aux textes sur le statut des navires (loi du 3 janv. 1967 et décret du 27 oct. 1967). Il résultait de ces textes que le délaissement et le transfert de propriété qu'il entraînait n'étaient opposables aux tiers que par son inscription sur la fiche matricule du navire. L'imprimé du 1er juillet 2002 a apporté des réponses précises à ces questions délicates. L'article 21 énonce désormais, *in fine*, que « *la présente police cessera ses effets à compter de la date à laquelle les assureurs auront notifié par écrit à l'assuré :*

"*— soit leur décision d'accepter le délaissement*

"*— soit leur accord pour effectuer le règlement en perte totale sans transfert de propriété* ».

En conclusion, nous observerons que les actions nées du contrat d'assurance sur corps se prescrivent par deux ans, cette prescription courant même à l'égard des mineurs et autres incapables (art. 35 de la loi du 3 juill. 1967, art. L. 172-31, Code des assurances). La réforme de la prescription civile par la loi du 17 juin 2008 n'a pas d'incidence sur ce délai. L'article 2223 nouveau du Code civil précise que les règles nouvelles n'affectent pas les « *règles spéciales prévues par d'autres lois* ».

(13) V. sur le refus de l'assureur d'accepter le transfert de propriété, Rennes, 4 janv. 1966, *DMF* 1966.540.

CHAPITRE 2

L'ASSURANCE SUR FACULTÉS

1310. Plan. — Comme nous l'avons fait pour l'assurance sur corps, nous étudierons l'assurance sur facultés principalement à travers la police française sur facultés telle que présentée par l'imprimé du 30 juin 1983 modifié le 16 février 1990, le 22 octobre 1998, le 1er juillet 2002 et le 1er juillet 2009 (1). Et, là aussi, comme pour l'assurance sur corps, nous nous interrogerons sur les modalités de conclusion du contrat d'assurance, sur les obligations de l'assuré, sur les risques couverts par l'assureur, enfin sur les modalités de règlement de l'indemnité d'assurance.

Section 1

La conclusion du contrat d'assurance sur facultés

1311. Les parties. — Les modalités de conclusion de l'assurance sur facultés sont sensiblement plus complexes qu'en matière d'assurance sur corps. Certes, le schéma de départ est le même. D'un côté, il y a l'assureur, branche maritime d'une grande compagnie d'assurances. De l'autre, l'assuré, propriétaire des marchandises. Comme en matière d'assurance sur corps, le contrat d'assurance sur facultés est souvent conclu par l'intermédiaire d'un courtier (*supra*, n° 1228). Le plus souvent aussi, ce n'est pas un seul assureur qui s'engage à couvrir la marchandise, mais plusieurs assureurs, groupés autour d'un apériteur.

Mais, à partir de ce schéma fondamental, les situations les plus diverses apparaissent qui concernent la personne du souscripteur, les bénéficiaires de l'assurance, enfin les modalités mêmes de la conclusion du contrat.

1312. Le souscripteur. — S'agissant du souscripteur, c'est certes le plus souvent le chargeur qui contracte l'assurance, soucieux qu'il est de protéger ses

(1) La FFSA a publié deux nouveaux modèles de polices facultés, le 1er juillet 2009 : L'une offrant une garantie « Tous risques », l'autre une garantie « FAP sauf ». Ces nouveaux modèles remplacent les imprimés du 30 juin 1983, modifiés en 1990, 1998 et 2002.

intérêts ou d'exécuter les obligations que fait peser sur lui un contrat de vente CIF. Mais la conclusion d'un contrat d'assurance sur facultés peut être aussi le fait de l'acheteur de la marchandise. La chose est devenue assez fréquente aujourd'hui pour les marchandises en provenance des pays en voie de développement. La législation de ces pays impose souvent à l'exportateur de conclure un contrat d'assurance auprès d'une compagnie d'assurances locale. Le destinataire français préfère doubler ce contrat d'un autre contrat d'assurance, conclu avec un assureur français (assurance de consolidation et, le cas échéant, de différence de conditions).

Le souscripteur du contrat d'assurance facultés peut être aussi un transitaire, agissant pour le compte de son client. Le contrat peut pareillement être conclu par un commissionnaire de transport. Il peut l'être par un transporteur maritime, pour le compte de la marchandise, un tel contrat n'apparaissant pas contraire aux dispositions interdisant toute clause allégeant la responsabilité du transporteur (*supra*, n° 1071). Il peut enfin être conclu, sans que l'énumération ici faite soit limitative, par une société de surveillance, qui garantit moins la bonne arrivée de la marchandise, que la quantité chargée, la qualité, le but du contrat étant alors surtout de couvrir les pertes susceptibles d'affecter les intérêts de ladite société.

1313. Le bénéficiaire. — S'agissant du bénéficiaire, l'assurance sur facultés est rarement conclue au bénéfice d'une personne dénommée. Elle est très généralement conclue « *pour le compte de qui il appartiendra* ». Aux termes de l'article 4 de la loi du 3 juillet 1967, une telle clause vaut « *tant comme assurance au profit du souscripteur de la police que comme stipulation pour autrui au profit du bénéficiaire* ». Ladite clause signifie que la garantie due par l'assureur pourra être mise en jeu non seulement par le souscripteur mais aussi par le propriétaire éventuel de la marchandise au jour du dommage, et en particulier par le destinataire de ladite marchandise. Ainsi, l'assurance bénéficie beaucoup plus à la marchandise elle-même qu'au souscripteur (2).

1314. Modalités. Polices d'abonnement. — S'agissant des modalités de conclusion du contrat, le contrat d'assurance sur facultés peut être conclu pour une marchandise déterminée et pour un voyage, ou pour couvrir les marchandises que le souscripteur expédiera par voie maritime pendant une période donnée, la police étant alors dite « *flottante* ».

Dans le premier cas, la conclusion du contrat donne lieu à l'émission d'un document unique, la police d'assurance. Dans la pratique, comme en matière d'assurance sur corps, la police peut toutefois être précédée d'une note de couverture engageant définitivement l'assureur — comme l'assuré.

Dans le second cas, l'assuré, qui est un exportateur professionnel ou un transitaire, conclut un contrat cadre, qualifié de « *police d'abonnement* », contrat d'une durée habituelle de un an. Par ce contrat, il s'engage à « *déclarer en*

(2) De là suit que l'assignation de l'assureur par le souscripteur interrompt la prescription au bénéfice du destinataire : Cass. 25 nov. 1997, *DMF* 1998.806, obs. P.-Y. NICOLAS ; *Revue Scapel* 1998.19, n. J. BONNAUD.

aliments » toutes les expéditions qu'il fera par la voie maritime. En contrepartie, l'assureur garantit toutes les marchandises ainsi déclarées, non pas à partir de la déclaration d'aliments, mais antérieurement même à cette déclaration, sous la seule condition que celle-ci soit faite dans les huit jours de l'expédition des marchandises, ou plus exactement, « *de la réception des avis nécessaires* » par le souscripteur (réception des avis d'expédition ou des connaissements).

La pratique de la police flottante ou sur abonnement est dangereuse pour un assureur. Elle conduit celui-ci à couvrir éventuellement des expéditions dont il n'est avisé qu'une fois le sinistre réalisé. Par exemple, l'assureur sera amené à couvrir le dommage survenu à une marchandise expédiée le 1er mars et incendiée le 3 mars, alors qu'il ne recevra l'avis d'aliments que le 7 mars, cet avis ayant ainsi été adressé après l'incendie ayant affecté la marchandise. C'est donc un contrat qui suppose une totale confiance entre assureur et assuré (3). C'est aussi un contrat qui postule que des sanctions sévères soient appliquées à l'assuré de mauvaise foi.

Et c'est bien ce que fait la police française du 30 juin 1983, modifiée le 16 février 1990 et le 22 octobre 1998. Aux termes de cette police, les assureurs peuvent toujours exiger la production des livres et de la correspondance de l'assuré pour vérifier s'il a bien déclaré en aliments toutes les marchandises expédiées par lui. Au cas où il ne s'est pas conformé à ses obligations, les assureurs peuvent résilier la police, exiger le paiement des primes afférentes aux expéditions non déclarées. Ils peuvent même exiger le remboursement des sommes réglées par eux pour tout sinistre survenu postérieurement à un manquement par l'assuré à ses obligations, alors même que l'expédition qui a donné lieu au sinistre et à un règlement a été, elle, régulièrement déclarée en aliments.

Section 2

Obligations de l'assuré

1315. Devoir de sincérité. — Les obligations de l'assuré dans l'assurance sur facultés sont proches de celles qui pèsent sur l'assuré sur corps.

Lors de la conclusion du contrat, l'assuré doit ainsi déclarer exactement toutes les circonstances connues de lui qui sont de nature à faire apprécier par l'assureur les risques qu'il prend en charge (4). De même, il doit déclarer à l'assureur les aggravations de risques survenues au cours du contrat (art. 14 de la police et

(3) Voir T. com. Marseille, 3 août 2004, navire *Sinar Bali*, *Revue Scapel* 2003.III, obs. J. BONNAUD, *BTL* 2004.576 ; obs. Ph. DELEBECQUE, *DMF* 2005, Hors-série n° 9, n° 124, p. 104 ; dans le même sens, T. com. Marseille, 4 oct. 1996, *Revue Scapel* 1996.181.

(4) Cass. 1re civ., 23 sept. 2003, *Revue Scapel* 2004.19 ; obs. Ph. DELEBECQUE, *DMF* 2005, Hors-série n° 9, n° 125, p. 105 ; Cass. 1re civ., 22 janv. 2002, *Revue Scapel* 2002.55 ; obs. P. BONASSIES, *DMF* 2003, Hors-série n° 7, n° 99, p. 80.

art. 7 de la loi du 3 juill. 1967, art. L. 172-3, Code des assurances). Et ce sont les mêmes sanctions qui s'appliquent qu'en matière d'assurances sur corps, le contrat étant notamment frappé de nullité si l'assuré ne peut faire la preuve de sa bonne foi (*supra*, n° 1292).

1316. Soins aux marchandises. — Préservation des recours. — L'assuré, et la règle vaut pour tout bénéficiaire de l'assurance, doit apporter les soins raisonnables à tout ce qui est relatif aux marchandises. Si un sinistre se produit, il doit prendre toutes les mesures conservatoires en vue de limiter les dommages et les pertes (5). Enfin, il doit prendre toutes les dispositions pour conserver les droits et les recours de l'assureur contre le transporteur, ou tout autre responsable.

Ces dernières dispositions sont importantes. Elles imposent à l'assuré l'obligation de prendre toutes réserves nécessaires à l'arrivée de la marchandise. Les assureurs ont même tenté d'arguer qu'elles imposaient à l'assuré l'obligation d'intenter contre le transporteur une action en responsabilité avant l'expiration du délai de prescription. Mais les tribunaux ne les ont pas suivis. Cours d'appel et Cour de cassation ont décidé que l'assuré n'était pas tenu d'agir contre le transporteur. C'est à l'assureur qu'il appartient, s'il le juge opportun, d'indemniser l'assuré, puis, ayant ainsi acquis les droits de celui-ci, d'agir lui-même en responsabilité contre le transporteur (sur la question de savoir si l'assureur peut agir même avant tout règlement fait à l'assuré, voir *supra*, n° 1144).

Section 3

Les risques couverts

1317. Le contrat « *tous risques* ». — Ici encore, l'assurance sur facultés se révèle plus complexe que l'assurance sur corps, connaissant deux types de contrat, le contrat *tous risques* et le contrat *franc d'avaries particulières sauf...*

La garantie apportée par le contrat *tous risques* est extrêmement large, qu'il s'agisse des risques couverts ou de l'extension de la couverture dans le temps. Il n'en comporte pas moins un certain nombre d'exclusions.

Plus encore que l'assurance sur corps, l'assurance sur facultés est une assurance de dommages. Mais la garantie qu'elle offre de ce point de vue est très riche. Sont ainsi garantis la perte totale ou partielle de la marchandise, comme tous les dommages subis par celle-ci. Cette garantie joue à hauteur de la « *valeur assurée* », laquelle inclut normalement le prix de revient des marchandises assurées au lieu de destination (prix qui inclut donc le coût du fret), majoré du

(5) L'accord des assureurs sur une vente en sauvetage de la cargaison n'emporte pas reconnaissance de garantie, Cass. com. 7 juill. 1998, navire *Codan, DMF* 1999.106, obs. P.L. ; obs. P. BONASSIES, *DMF* 2000, Hors-série n° 4, n° 109, p. 80.

profit espéré. Si la marchandise a été vendue, l'assuré est couvert à hauteur du prix de vente (6) ; si elle n'est pas destinée à la vente, il est garanti à hauteur de la valeur de remplacement.

Mais l'assurance facultés est aussi, là encore tout comme l'assurance sur corps, une assurance financière. Elle garantit à l'assuré le remboursement des sommes qu'il serait conduit à verser en cas d'assistance au navire, comme d'une manière plus générale toute contribution aux avaries communes. De surcroît, la police de 1983, reprenant une clause classique, précise que l'assureur se substituera à l'assuré pour verser la contribution provisoire comme la contribution définitive d'avaries communes, ou tous frais d'assistance, stipulations précieuses qui évitent bien des soucis aux assurés.

En revanche, l'assurance sur facultés, à la différence ici de l'assurance sur corps, n'est en rien une assurance de responsabilité. La règle est exprimée de la manière la plus nette dans la police de 1983 en son article 3 : « *la présente assurance ne s'applique pas à la responsabilité, quel qu'en soit le fondement, que pourrait encourir l'assuré ou tous les autres bénéficiaires de l'assurance, tant de leur fait que du fait des facultés assurées, à l'égard de tiers ou de cocontractants* » (v. *supra*, n° 1281) relevant des assureurs IARD et non pas des assureurs transport (7), le chargeur ne peut se garantir ici que dans le cadre d'une assurance de responsabilité « terrestre »).

1318. Étendue dans le temps. — L'étendue dans le temps qu'offre l'assurance sur facultés est pareillement très large, dépassant le domaine des risques maritimes. La police type de 1983 modifiée stipule que l'assurance commence au moment où les facultés assurées quittent les magasins, au point extrême de départ du voyage assuré, et finit au moment où elles entrent dans les magasins du destinataire, de ses représentants ou ayants droit au lieu de destination du voyage (8). L'imprimé du 1er juillet 2009 comporte une nouvelle clause « magasin à magasin ». Cette nouvelle clause couvre les phases de chargement et déchargement depuis l'entrepôt ou le lieu de stockage qui n'étaient pas couvertes dans l'imprimé de 1983. Celui-ci prévoyait que l'assurance commençait « *au moment où les facultés (...) quittent les magasins au point extrême du voyage assuré*. Le nouveau texte étend la garantie : « *L'assurance commence au moment où les facultés sont déplacées dans les magasins au point extrême de départ du voyage assuré pour être immédiatement chargées sur le véhicule de transport (clause 8), et, inversement à l'arrivée* ». Ainsi, dans un transport multimodal transmaritime, l'assurance maritime couvre non seulement le transport maritime, mais aussi les opérations de transport terrestre qui précèdent le transport maritime ou qui lui succèdent. La police fixe toutefois une limite à la

(6) Cette garantie inclut la perte totale résultant d'une absence de livraison, Cass. com. 3 févr. 1998, navire *Anyna*, *DMF* 1998.594 ; obs. P. BONASSIES, *DMF* 1999, Hors-série n° 3, n° 134, p. 92 ; elle exclut, au contraire, tous les préjudices d'ordre commercial et financier, Cass. com. 9 déc. 1997, navire *Allamanda*, *DMF* 1998.472, n. P. LATRON et p. 567, obs. J.-P. RÉMERY ; obs. P. BONASSIES, *DMF* 1999, Hors-série n° 3, n° 135, p. 92.

(7) V. C. SCAPEL, « La responsabilité du chargeur, les rendez-vous de l'assurance-transport », Coll. de Cannes, 28-29 avril 2009.

(8) Voir Versailles, 1er févr. 1996, *BTL* 1996.400 ; obs. P. BONASSIES, *DMF* 1997, Hors-série n° 1, n° 104, p. 74.

couverture qu'elle offre : aux termes de son article 11, la durée de l'assurance ne peut excéder un délai de 60 jours calculé depuis la fin du déchargement des facultés assurées du dernier navire de mer.

1319. Risques exclus. — S'agissant des risques exclus, l'article 2 de la police définit tout d'abord un certain nombre de transports qui sont indirectement exclus de sa garantie, en tout ou en partie, en raison des conditions de transport. C'est ainsi qu'aux termes dudit article 2, la garantie tous risques ne s'applique normalement qu'aux marchandises chargées sur des navires de mer de moins de 16 ans d'âge, de plus de 500 unités de jauge et ayant la première cote de l'un des grands registres de classification. Par là, les assureurs ont voulu éviter que la marchandise ne soit chargée sur des petits bâtiments ou des bâtiments âgés, avec les risques que la chose entraîne. La garantie de tels transports est cependant possible, mais sur déclaration de l'assuré et moyennant surprime (l'assuré de bonne foi étant d'ailleurs protégé, à charge pour lui de déclarer à l'assureur dès qu'il en a connaissance les conditions exactes du transport).

L'article 5, alinéa 2, de la police fait ensuite un sort particulier aux marchandises chargées en pontée. Ces marchandises ne sont garanties qu'à l'encontre d'un certain nombre de risques limitativement énumérés, risques qui incluent les risques de chargement et de déchargement, ainsi qu'un certain nombre de risques maritimes majeurs (naufrage, échouement, incendie, abordage, etc.), à l'exclusion du risque d'enlèvement par la mer ou de chute à la mer, le risque évidemment le plus fréquent pour les marchandises en pontée. Toutefois, même ce risque peut être garanti, à condition que l'assuré déclare le chargement en pontée à l'assureur dès qu'il en a connaissance. Par ailleurs, le régime spécifique ici établi ne s'applique pas au chargement en pontée sur des navires « *munis d'installations appropriées pour ce type de transport* ».

Enfin, l'article 7 de la police de 1983 modifiée définit un certain nombre d'exclusions générales, où l'on retrouve, *mutatis mutandis,* les exclusions que nous avons relevées dans l'assurance sur corps. Ainsi, à l'exclusion pour vice propre du navire correspond l'exclusion du dommage résultant de vice propre des marchandises assurées (9), dommage auquel est assimilée la freinte de route, ou le dommage résultant d'une insuffisance ou inadaptation du conditionnement. Comme dans l'assurance corps, sont aussi exclus les dommages résultant de guerre (10) ou événements assimilés (guerre civile, actes de sabotage ou de terrorisme, piraterie ayant un caractère politique, ou se rattachant à la guerre, la piraterie « *privée* » étant, ici aussi, couverte), ainsi que les dommages résultant de la confiscation ou de la saisie des marchandises. En réalité, pour être plus précis, ces risques sont exclus de la couverture des « risques ordinaires », RD. Les risques de guerre, et autres risques assimilés, faisaient l'objet de polices et de clauses additionnelles propres, les risques de guerre, RG, étant souscrits

(9) Aix, 5 oct. 2001, *Revue Scapel*, 2001.181, obs. P. BONASSIES, *DMF* 2002, Hors-série n° 6, n° 109, p. 83.

(10) Pour l'étendue de la garantie risques de guerre, lorsqu'elle est couverte avant la réforme, voir Aix, 27 mai 2003, *Revue Scapel*, 2003.57 ; obs. Ph. DELEBECQUE, *DMF* 2004, Hors-série n° 8, n° 111, p. 98 ; Rouen, 3 mai 2001, navire *Novgorod*, *DMF* 2001.802, obs. P. BONASSIES, *DMF* 2002, Hors-série n° 6, n° 108, p. 82.

directement auprès de la Caisse Centrale de Réassurance, CCR, en qualité d'assureur. Le régime a été modifié au 1er octobre 2008. La CCR n'intervient plus en qualité d'assureur. Les risques de guerre sont souscrits sur le marché de l'assurance transport, la CCR intervenant désormais en qualité de réassureur. De plus, les anciennes polices ont laissé la place à deux polices, dites « Garantie étendue » ou « Garantie *waterborne* », complétées par une clause additionnelle FIRV (frais exposés en cas d'interruption ou de rupture du voyage). Les garanties ainsi offertes sont plus larges et en meilleure cohérence avec la couverture des risques ordinaires (11).

Par ailleurs, l'exclusion pour faute intentionnelle ou inexcusable de l'assuré est plus large dans l'assurance facultés que dans l'assurance sur corps puisqu'elle s'applique non seulement aux fautes personnelles de l'assuré ou du bénéficiaire de l'assurance, mais aussi à la faute de « *leur préposé, représentant ou ayant droit* ». Enfin, la police sur facultés exclut de la garantie le dommage résultant du retard, à moins que ce dommage ne résulte de l'un des risques maritimes qu'elle énumère (naufrage, échouement, abordage, etc.).

Comme il en est en matière d'assurance sur corps, ces risques peuvent être couverts moyennant surprimes, à l'exclusion des risques résultant de la faute intentionnelle ou inexcusable personnelle de l'assuré.

1320. Le contrat d'assurance garantie «*franc d'avaries particulières sauf...* » (FAP sauf). — L'expression «*franc d'avaries particulières sauf...* », laquelle s'exprime habituellement par le sigle « *FAP sauf...* », ne doit pas induire en erreur. Elle signifie dans le principe que l'assureur ne garantit que la perte totale des marchandises, et non les avaries qui peuvent affecter celles-ci (ce sont les termes *franc d'avaries*), l'exclusion ne s'étendant pas (c'est le terme *sauf*) aux avaries particulières résultant de l'un des risques énumérés, lesquelles sont couvertes. Ainsi, c'est, à la vérité, pour l'assureur, non pour l'assuré, que le contrat est «*franc d'avaries particulières* ».

Par rapport au contrat « *tous risques* » le contrat « *FAP sauf* » présente un double désavantage. D'une part, il ne couvre que *certains risques*. Certes, la liste des risques couverts est aujourd'hui assez longue, du fait des améliorations apportées aux polices types avec le temps. La police de 2002 inclut ainsi la plupart des risques proprement maritimes (naufrage, abordage, voie d'eau ayant obligé le navire à entrer dans un port de refuge, incendie, explosion), ainsi que les risques d'une chute du colis pendant les opérations maritimes d'embarquement ou de débarquement ou encore les éruptions volcaniques, tremblements de terre, cyclones et même la chute d'aéronefs ! Il reste que c'est une liste limitée et que, par exemple, n'est pas couvert le risque, fréquent, de mouille de la marchandise, ni celui de vol. D'autre part, du fait que les risques couverts sont

(11) V. « Assurance maritime : Risques de guerre, changements ou bouleversements », Conférence–débat IMTM, Marseille, 3 déc. 2008 avec les exposés de C. PALLANDRE, Helvetia, J.-P. LASSERRE, GAREX, F. LE MOINE, CCR, J. CHARLET, GAMA GIE.

limitativement énumérés, c'est à l'assuré qu'il appartient de faire la preuve que le dommage provient d'un risque garanti (12).

1321. Modalités. — Pour le surplus, le contrat « *FAP sauf* » est soumis aux mêmes modalités que le contrat « *tous risques* ». Il prévoit les mêmes exclusions générales. La durée de l'assurance comme le montant de la valeur assurée y sont définis dans les mêmes termes. Il reste que c'est un contrat très dangereux, qui n'est à recommander que pour les marchandises en vrac peu exposées aux avaries (minerais, bois tropicaux). Le seul avantage qu'il présente pour l'assuré est, évidemment, son moindre coût.

Section 4

Le règlement de l'indemnité d'assurance

1322. Constatation des dommages. — Pour obtenir le règlement de l'indemnité d'assurance, l'assuré doit respecter strictement les obligations qui lui sont imposées par le contrat quant à la constatation du sinistre. Aux termes de l'article 17 de la police de 2002, il doit requérir l'intervention du *commissaire d'avaries du Comité d'Études et de Services des Assureurs Maritimes et transports de France (CESAM).*

Le commissaire d'avaries est un expert mandataire de l'assureur (ou des assureurs) qui procédera, de manière contradictoire avec l'assuré ou son représentant à l'évaluation des dommages subis par les marchandises. Si la marchandise est livrée à l'étranger, la constatation du sinistre doit être faite par l'organisme indiqué à la rubrique « *commissaire d'avaries* » des conditions particulières du contrat.

L'article 17 de la police précise que l'intervention du commissaire d'avaries doit être requise « *dans les trois jours de la cessation de la garantie* », jours fériés non compris. En application des dispositions du contrat, le point de départ de ce délai sera soit le jour de la livraison en magasin, soit, si le destinataire prend possession de la marchandise antérieurement, le jour de cette prise de possession, l'article 10 de la police type énonçant que toute prise de livraison de marchandise met fin au contrat d'assurance, et donc à la garantie qu'il inclut.

L'assuré n'est pas lié par l'expertise du commissaire d'avaries. Il peut demander, dans un délai de quinze jours, une contre-expertise.

(12) V. Angers, 12 septembre 2006, *DMF* 2007, obs. P. LATRON qui observe qu'il n'est pas, cependant, nécessaire, « *qu'il y ait une causalité directe ou immédiate* ». Il suffit, dans la recherche du lien de causalité « *de retenir la cause déterminante ou efficiente, sans laquelle la matérialité du préjudice ne se serait pas manifestée ou développée, en donnant naissance au dommage subi* » ; *DMF* 2008, Hors-série n° 12, n° 109, obs. Ph. DELEBECQUE.

1323. Perte totale. — Perte partielle. — En cas de perte totale, l'intervention du commissaire d'avaries est évidemment inutile. Mais l'assuré doit alors obtenir du transporteur un certificat de non-livraison, ou tout autre document équivalent. En cas de perte partielle, l'intervention du commissaire d'avaries demeure indispensable, ce d'autant plus que, aux termes de l'article 5 de l'imprimé de 1983 modifié, le manquant de tout ou partie du contenu d'un colis n'est à la charge de l'assureur que si des traces d'effraction ont été constatées par le commissaire d'avaries, requis en temps utile.

1324. Montant de l'indemnité. Paiement de l'indemnité. — Une fois les avaries ou la perte constatées, il faut déterminer le montant de l'indemnité que l'assureur doit verser à l'assuré (13).

En cas de perte totale, cette indemnité sera égale à la valeur assurée, sous réserve que celle-ci ne dépasse pas le prix de revient majoré du profit espéré, éventuellement évalué comme on l'a vu ci-dessus (*supra*, n° 1317).

En cas d'avaries, l'expert évaluera le taux de dépréciation des marchandises, par comparaison entre leur valeur à l'état sain et leur valeur après avaries (par exemple dépréciation de 20 %), et c'est ce taux qui, appliqué à la valeur assurée, déterminera le montant de l'indemnité (14). Toutefois, pour les marchandises sujettes à freinte de route, il y aura lieu de défalquer la freinte d'usage, calculée sur la valeur assurée. Il y aura lieu également de défalquer éventuellement la franchise prévue par le contrat.

L'article 22 de la police de 2002 envisage le cas particulier où l'assureur prend la décision de renvoyer la marchandise assurée au lieu de fabrication pour réparation. Dans ce cas, l'ensemble des dépenses résultant de la décision de l'assureur restera à sa charge, alors même que ces dépenses seraient supérieures à la valeur assurée.

Si en cas de co-assurance le montant de l'indemnité est réglé par la compagnie apéritrice, mandatée par les autres assureurs, ce qui n'est pas la règle, mais ne présente aucun caractère exceptionnel, ce paiement confère le droit d'agir à tous les co-assureurs (15). Le paiement peut être fait par les assureurs, sur instructions de l'assuré, entre les mains d'un tiers (16). Un tel paiement par délégation est libératoire pour l'assureur et lui confère le droit d'agir.

(13) Aix, 9 janv. 2001, navire *Red Sea Elbe*, *DMF* 2001.900, n. Y. TASSEL ; obs. P. BONASSIES, *DMF* 2002, Hors-série n° 6, n° 110, p. 84.

(14) Selon le vieil adage des assureurs maritimes : « *L'assureur règle par quotité et non par différence* ».

(15) V. Aix-en-Provence, 10 avril 2008, *DMF* 2008, 530, obs. M. BERNIE ; *DMF* 2009, Hors-série n° 13, n° 110, obs. Ph. DELEBECQUE.

(16) Certaines polices comportent des clauses dites de « *loss payee* » prévoyant par avance que le paiement de l'indemnité sera fait, pour le compte de l'assuré, entre les mains d'un tiers qu'il désignera. V. par ex. Aix-en-Provence, 18 mars 2006, Navire *Fulvia*, *Rev. Scapel* 2006.53.

1325. Prescription. — La prescription des actions nées des contrats d'assurance sur facultés est soumise au même régime qu'en matière d'assurance corps : prescription de deux ans (17) qui n'est suspendue ni par la minorité ni par toute autre incapacité, et qui est interrompue comme en droit commun (18).

(17) Sur le point de départ de la prescription, Cass. civ. 1re, 30 nov. 1976, *Bull. civ.* no 371, 18 janv. 1989, *Bull. civ.*, no 16 ; sur l'émission d'un arrêt de débet par la Marine nationale, Cass. civ. 1re, 14 janv. 2003, *DMF* 2003.297, n. P. Bonassies ; obs. Ph. Delebecque, *DMF* 2004, Hors-série no 8, no 113, p. 100.

(18) C'est ainsi que, comme en droit commun, elle n'est pas interrompue par l'envoi d'une lettre recommandée, Cass. com. 22 avr. 1997, *DMF* 1997.475, n. J.-P. Rémery.

CHAPITRE 3

L'ASSURANCE DE RESPONSABILITÉ

1326. Assurance par clauses additionnelles. — Ainsi que nous l'avons observé ci-dessus, la responsabilité des armateurs est déjà garantie pour partie par l'assurance corps (*supra*, n° 1301). Elle peut aussi être plus largement garantie par le jeu de clauses additionnelles à ladite assurance sur corps. En particulier, aujourd'hui, la clause VI (qui a remplacé la clause XIII des polices antérieures) permet à l'armateur de se garantir contre les recours de tiers pour dommages matériels non couverts par la police sur corps. Pareillement, la clause additionnelle VII lui permet de se garantir contre les recours de tiers pour dommages matériels et corporels, la clause IX pour les conséquences de pollution par hydrocarbures. Mais, il s'agit là de clauses de portée limitée excluant en particulier les recours des cocontractants de l'armateur, chargeurs ou passagers.

1327. Les polices types. — À côté de ces clauses exceptionnelles, les assureurs français ont mis à la disposition des armateurs deux contrats types d'assurance responsabilité, lesquels sont, eux, de portée générale. Il s'agit, d'une part, de la police française d'assurance maritime couvrant la responsabilité du propriétaire de navires de mer, dans une rédaction du 20 décembre 1990, d'autre part de la police française d'assurance maritime couvrant la responsabilité du transporteur maritime du 20 décembre 1972. Ces polices n'ont pas, cependant, eu le succès qui en était espéré. La plupart des armateurs français, à l'exclusion des armateurs à la pêche ou des entreprises de remorquage, garantissent leur responsabilité civile auprès d'un *Protecting and Indemnity Club (P & I Club)* (*infra*, n° 1331).

Obligations des assureurs (1) et garanties dues par les assurés sont, tant en ce qui concerne les polices françaises d'assurance que les règles des clubs, largement soumises aux stipulations contractuelles, les rares dispositions que la loi du 3 juillet 1967 consacre à l'assurance de responsabilité n'étant pas d'ordre public. Il en est différemment, toutefois, de la situation des victimes d'un sinistre maritime par rapport aux assureurs de responsabilité, situation régie par les

(1) Sur l'étendue de la garantie, Cass. com. 20 févr. 2001, navire *Moheli*, *Revue Scapel* 2001.76 ; obs. P. Bonassies, *DMF* 2002, Hors-série n° 6, n° 115, p. 86.

dispositions de l'article 59 de la loi de 1967 (art. L. 173-24, Code des assurances).

1328. Droit des victimes. — Aux termes de cet article 59, « *en cas de constitution d'un fonds de limitation, les créanciers dont le droit est sujet à limitation... n'ont pas d'action contre l'assureur* ». Ce texte permet à l'assureur de responsabilité qui a constitué un fonds de limitation de se protéger contre l'action des créanciers de l'armateur (*supra*, n° 426). Mais, il exprime d'abord la reconnaissance, au bénéfice des victimes d'un incident maritime, d'une action directe contre l'assureur de responsabilité, action directe instituée en matière d'assurance terrestre par l'article 53 de la loi du 13 juillet 1930.

Ainsi, le passager blessé, peut-il s'adresser directement, « *par-dessus la tête* » du transporteur responsable, à l'assureur de celui-ci, sous la seule condition de pouvoir l'identifier.

L'action directe ainsi reconnue par le droit maritime doit être considérée comme recevable, non seulement à l'égard des assureurs français, mais aussi à l'égard des P & I Clubs ou de tout assureur étranger, au moins pour ce qui est des contrats de transport soumis à la loi française, ou des sinistres ayant leur effet en France. L'action directe n'est pas soumise à la loi du contrat d'assurance, mais à la loi régissant la créance de la victime. Cependant, à l'égard des P & I Clubs, la situation se révèle plus complexe. Si, en pareil cas, l'action peut être considérée comme recevable, elle peut cependant être jugée mal fondée. En effet, les « *Rules* » de ces clubs comportent toujours la célèbre clause « *pay to be paid* ».

Selon les termes de cette clause, l'assuré doit d'abord régler l'indemnité de responsabilité exigée de lui, avant de demander au club l'exécution de la garantie prévue (2). La clause est licite au regard du droit anglais, lequel est lui-même applicable au contrat d'assurance. Elle peut être valablement opposée à la victime de dommages, même en cas d'insolvabilité du transporteur. Cependant, la jurisprudence anglaise et la pratique des clubs excluent le bénéfice de cette règle lorsque l'action directe est mise en œuvre par une victime d'accident corporel (3). Par ailleurs, la règle *pay to be paid* est exclue en cas de dommages de pollution, la Convention de 1969-1992 prévoyant expressément le droit des victimes d'agir directement contre l'assureur de responsabilité (*supra*, n° 469), tenu de répondre à leur action, soit que l'on considère la règle comme supérieure aux droits nationaux, soit que l'on considère que l'assureur est engagé vis-à-vis des victimes par le certificat d'assurance qu'il a fourni au propriétaire.

Un problème plus difficile est de savoir si l'action directe peut être ouverte contre l'assureur-corps lorsque celui-ci garantit la responsabilité de l'armateur, soit par le jeu des clauses additionnelles, soit par le jeu de la couverture classique du risque d'abordage. Dans un arrêt du 18 mars 1986 (4), la Cour de cassation a censuré un arrêt de la Cour d'appel de Bordeaux ayant accordé le bénéfice de

(2) Voir, par exemple, la règle 10 du *West of England*, intitulée « *Payment first by the member* ».
(3) Voir sur l'ensemble de la question, C. Scapel, « L'action directe contre les P and I Clubs », *in Mélanges offerts à Pierre Bonassies*, éd. Moreux, 2001, p. 331, n° 17 et n°s 22 et s.
(4) Cass. com. 18 mars 1986, navire *Sacailla*, *DMF* 1986.663.

l'action directe à un assistant, sur le fondement de l'article 59 de la loi de 1967 (art. L. 173-24 du Code des assurances), au motif que ce texte n'était applicable qu'en matière d'assurance de responsabilité. Justifiée dans sa conclusion, parce que le créancier d'une indemnité d'assistance n'est pas un créancier de responsabilité, la décision de la Cour de cassation nous paraît erronée dans sa motivation, en tant qu'exprimée en termes généraux. Dans la mesure où elle protège l'assuré contre certains risques de responsabilité, il n'est aucune raison de ne pas considérer l'assurance sur corps comme une assurance de responsabilité. Contrairement à l'assistant, le tiers victime d'un abordage doit bénéficier d'une action directe contre l'assureur-corps.

Le droit des victimes vis-à-vis de l'assureur de responsabilité ainsi précisé, il importe maintenant de déterminer les droits et obligations de l'assureur et de l'assuré, tant dans les polices françaises que dans le régime des P & I Clubs.

Section 1

Les polices françaises d'assurance de responsabilité

1329. Police responsabilité du propriétaire d'un navire de mer. — La plus importante de ces polices est la police couvrant la responsabilité du propriétaire d'un navire de mer. C'est une police très large, qui tend à couvrir tous les risques qui ne sont pas pris en charge par l'assureur sur corps, même s'ils ne sont pas tous à proprement parler des risques de responsabilité.

C'est ainsi que, dans son imprimé du 20 décembre 1990, la police garantit le propriétaire ou l'armateur assuré contre tout recours exercé contre lui soit par des tiers soit par des cocontractants (passagers ou ayants droit à la marchandise chargée à bord) pour « *faits de mort, de lésion corporelle ou de maladie, ainsi que les recours pour dommages, pertes, ou préjudices* ». Dans son article 2, elle précise que la garantie s'étend aux dommages consécutifs à la pollution par les hydrocarbures, et notamment à la couverture des responsabilités incombant à l'assuré en application des dispositions de la Convention de 1969 (*supra*, n°s 461 et s.)

Mais, la police de responsabilité couvre, au-delà de la responsabilité contractuelle ou délictuelle de l'assuré, les frais de retirement, déplacement, destruction de l'épave du navire assuré, dans la mesure où ils sont mis à la charge de l'assuré ; les frais et dépenses non classés en avaries communes, nécessités par la manutention ou la protection de la cargaison ; la contribution définitive du navire à l'avarie commune pour la part qui ne serait pas à la charge de l'assureur sur corps. Elle couvre même les frais de déroutement du navire lorsque le déroutement est uniquement effectué dans le but de sauver une vie humaine ou de débarquer un membre de l'équipage ou un passager, comme les amendes, contraventions et pénalités infligées à l'assuré, en dehors du territoire français, pour infraction à tout règlement ou loi.

En revanche, la police exclut de la garantie un certain nombre de réclamations, tels les recours, quel qu'en soit le fondement, exercés par les membres de l'équipage du navire assuré, les réclamations fondées sur des faits de guerre civile ou étrangère ou événement assimilé. Elle exclut aussi tout recours fondé sur une faute intentionnelle ou lourde de l'assuré, ou une faute intentionnelle du capitaine (l'imprimé de 1990 n'ayant pas été, semble-t-il, mis à jour des réformes inscrites dans la loi du 22 décembre 1984).

Dans certaines des situations couvertes par elle, la police de responsabilité civile est appelée à jouer cumulativement avec l'assurance sur corps. Par exemple, la couverture de la responsabilité de l'armateur pour abordage ressortira à la fois à la police sur corps et à la police de responsabilité civile. Il est alors prévu par cette dernière que, dans ce cas, elle ne joue que comme assurance de complément.

Comme la police sur corps et la police sur facultés, la police couvrant la responsabilité civile n'offre pas une garantie illimitée. Elle ne joue que dans la limite des sommes assurées. Toutefois, le capital assuré joue par événement et se reconstitue automatiquement après un événement ayant entraîné la mise en jeu de la garantie (par exemple, si au cours d'un même voyage deux incidents distincts se produisent, l'assureur pourrait être amené à indemniser l'assuré à hauteur de deux fois la somme assurée).

Par ailleurs, comme il en est de l'assurance sur corps (*supra*, n° 1301), la police de responsabilité prévoit que, même si l'assuré n'invoque pas la limitation de responsabilité de l'armateur, le montant du remboursement incombant aux assureurs ne peut dépasser celui qui eût été à leur charge si la limitation avait été invoquée. Et, parce qu'elle couvre des recours en responsabilité contractuelle, elle ajoute qu'il en est de même pour le cas où la limitation prévue par le contrat qui sert de fondement à l'action n'aurait pas été invoquée par l'assuré (art. 3).

1330. La responsabilité du transporteur maritime. — La police couvrant la responsabilité du transporteur maritime est une police de responsabilité réduite à la responsabilité contractuelle encourue par un armateur en tant que transporteur maritime de marchandises.

Elle couvre exclusivement la responsabilité de l'assuré pour dommages ou pertes subis par les marchandises à lui confiées. Elle exclut de surcroît les dommages concernant les transports d'animaux vivants ou de marchandises chargées sur le pont à l'insu du chargeur, comme les dommages résultant des fautes intentionnelles ou lourdes de l'assuré, ou des fautes intentionnelles du capitaine (aucune mise à jour n'ayant été, ici non plus, effectuée après la réforme du 22 décembre 1984).

Elle semble d'une application pratique très rare.

Section 2

La couverture de la responsabilité civile des armateurs par les P & I Clubs

1331. Les P & I Clubs. — Les P & I Clubs (5) (*supra*, n° 723) prennent en charge les risques des responsabilités ou les risques financiers non couverts par l'assurance corps (6).

Les risques couverts par les clubs sont énumérés avec précision par les règles de chacun d'eux en une liste où, au-delà de quelques différences de détail, on retrouve les mêmes éléments. À un esprit latin, cette liste apparaît quelque peu complexe, sinon confuse, la chose s'expliquant par le fait que, avec le temps, de nouvelles couvertures ont été ajoutées aux couvertures existantes. Si l'on tente de mettre un peu d'ordre dans les garanties accordées par les clubs, on peut classer ces garanties en trois catégories (7).

1332. Les garanties clubs. — La première, la plus importante en pratique, inclut la garantie des responsabilités des armateurs à l'égard de leurs contractants, chargeurs pour les dommages causés à leurs marchandises, passagers pour les blessures ou accidents mortels. Elle inclut aussi la garantie des responsabilités assumées par les armateurs en cas d'accidents mortels causés à des tiers travaillant sur le navire, risques importants dans certains pays (par exemple, aux États-Unis), en raison des lourdes condamnations éventuellement prononcées par les tribunaux.

Dans une deuxième catégorie, les garanties accordées par les clubs viennent en complément de l'assurance sur corps, le club prenant à sa charge la partie des risques qui n'est pas couverte par l'assurance sur corps, par exemple les responsabilités pour abordage, les indemnités d'assistance, les contributions aux avaries communes, lorsque, pour quelque raison que ce soit, elles ne sont pas assumées par l'assureur sur corps du navire. Sont également à la charge du club les responsabilités pour heurt contre un corps fixe, heurt non considéré comme ressortissant à l'abordage (*supra*, n° 385). Plus récemment, les clubs ont pris en charge la responsabilité des armateurs en cas de pollution.

Enfin, on trouve une longue liste de garanties correspondant à des charges financières diverses, qui, dans un esprit de mutualité, sont assumées par le club. Il s'agit, entre autres, des indemnités versées par l'armateur en cas de décès, accident ou maladie des marins, des frais de sauvetage de vies humaines réclamées à l'armateur, des frais de destruction ou renflouement du navire

(5) V. S.-J. HAZELWOOD, *P. and I Clubs, Law and practice*, LLP, 2e éd., 1994.

(6) La Cour de Paris juge que les tribunaux de commerce ne sont pas compétents à l'égard de P & I Clubs, s'agissant de sociétés d'assurance mutuelle, Paris, 26 janv. 2000, navire *Tribels*, *DMF* 2001.668, n. J.-F. TANTIN ; obs. crit. P. BONASSIES, *DMF* 2002, Hors-série n° 6, n° 116, p. 86.

(7) Voir M. COSTANTINI, *Complémentarité entre les conditions de police d'assurance corps et la couverture du P & I Club de l'armateur,* mémoire CDMT, 2005.

devenu épave, des frais de quarantaine, des amendes prononcées contre l'armateur à l'occasion des infractions aux règlements sur les conditions de travail, aux règlements douaniers ou aux règlements sur l'immigration...

L'un des traits les plus remarquables de la protection accordée par les clubs est son caractère *illimité*. À l'inverse de l'assurance sur corps, où la valeur agréée, même si elle peut être, dans certains cas, doublée ou triplée, marque la limite des engagements de l'assureur, il n'y a pas de limite aux engagements du club. Cela explique que l'adhérent au club ne paie pas une prime fixe, mais une cotisation provisoire, laquelle est en fin d'année réajustée selon les charges qui ont été assumées par le club. Par ailleurs, cela implique aussi pour les clubs l'obligation de contracter une réassurance (*infra*, n° 1334). Mais les conventions de réassurance ne sont pas elles-mêmes illimitées. Aussi, les règlements des clubs prévoient-ils que, en cas de sinistre exceptionnel, en cas de « *catastrophe* », il sera procédé à un appel supplémentaire de cotisation, un « *catastrophe call* ».

1333. Règles des P & I Clubs. — Une autre particularité des clubs est l'existence parmi leurs membres d'une discipline à la fois stricte et souple. Discipline stricte, les règles des clubs comportent des exclusions propres à décourager les armateurs d'adopter des comportements laxistes. C'est ainsi que sont exclus de toute garantie le fait de déclarer sciemment sur le connaissement une quantité de marchandise supérieure à la réalité, d'émettre un connaissement net alors que l'on savait que la cargaison avait été endommagée, ou un connaissement antidaté, le fait de transporter une marchandise en pontée à l'insu du chargeur, celui de livrer la marchandise sans connaissement, ou plus généralement, toute rupture délibérée du contrat de transport par l'armateur ou son représentant. Toutefois, même dans une telle situation d'exclusion, le « *comité* » qui dirige le club peut accorder à un armateur de bonne foi la garantie du club (« *Omnibus rule* »).

Les « *Rules* » des clubs comportent également une autre clause remarquable. Elle est généralement évoquée par la formule « *pay to be paid* ». Il résulte de cette clause que le « membre », c'est-à-dire l'armateur doit, au préalable, payer la victime des dommages pour être ensuite, et seulement, remboursé par son Club (8). Cette règle est parfaitement licite au regard du droit anglais, ainsi qu'en attestent les célèbres décisions rendues par la Chambre des Lords en 1990 *Fanti* et *Padre Island* (9). Cette règle fait obstacle à l'efficacité de l'action directe contre les Clubs (10) hors les cas où celle-ci est expressément consacrée par une convention internationale (v. *supra*, n° 1328), ou encore, dans les cas où les Clubs se sont engagés, directement, dans le cadre d'une lettre de garantie.

1334. Conclusion. Réassurance. — Pour conclure, nous observerons que, eu égard à l'énormité des risques maritimes — que l'on songe au sinistre de

(8) La clause est souvent, moins brutalement dénommée dans les « Rules » : « Payment first by the member ». V. Rules du West of England Ship Owners, 2000, clause 10, qui rappelle le fondement de cette règle : « The insurance afforded to a Member is indemnity only and not liability ».

(9) V. B. Harris, « The "Fanti" and the "Padre Island" décisions », *DMF* 1990.716.

(10) V. C. Scapel, « L'action directe contre les P. and I. Clubs », *in Mélanges offerts à P. Bonassies*, éd. Moreux, 2001, p. 331.

l'*Amoco Cadiz* ou de l'*Exxon Valdez*, où des réclamations dépassant le milliard d'euros ont été présentées — une compagnie d'assurances maritimes, si puissante soit-elle, ne peut assumer le risque d'une expédition maritime qu'en procédant elle-même à la *mutualisation* de ces risques. C'est là ce qui résulte déjà de la pratique de la co-assurance (*supra*, n° 1288). C'est aussi ce qui résulte de la réassurance.

L'assureur qui assume un risque va lui-même assurer le risque qu'il couvre, sinon dans sa totalité tout au moins en partie, soit par un contrat particulier qui concerne un risque spécifique (la garantie de tel navire désigné), soit, plus fréquemment, en application d'un contrat général, d'un « *traité de réassurance* » qui couvre l'ensemble des risques assumés par lui. Selon des formules diverses, une partie des indemnités qu'il devra régler à son assuré, ou le montant des indemnités réglées par lui qui dépassera une certaine somme (le plein) fixée par le traité de réassurance, seront à la charge du réassureur.

La réassurance est pratiquée principalement par des groupes internationaux, tel le groupe du *Lloyd's, Swiss Re ou Munich Re*. En France, les compagnies d'assurances réassurent les risques exceptionnels de guerre, grèves, émeutes et mouvements populaires, auprès de la Caisse Centrale de Réassurance (CCR), ou de groupe privés (Garex, par exemple).

Du fait de la co-assurance et de la réassurance, du fait que les entreprises de réassurance elles-mêmes se réassurent réciproquement entre elles, l'ensemble des risques maritimes, comme d'ailleurs l'ensemble des risques terrestres, font l'objet d'une mutualisation au niveau mondial, condition fondamentale du bon fonctionnement du système.

INDEX ALPHABÉTIQUE DES NOMS DES NAVIRES

(Figurent ci-dessous les noms des navires qui ont donné lieu à des décisions importantes dans l'histoire du droit maritime, les numéros renvoyant aux paragraphes)

INDEX ALPHABÉTIQUE

(*Les chiffres renvoient aux numéros des paragraphes*)

K

L

M

Q

R

U

V

Z

TABLE DES MATIÈRES

DEUXIÈME PARTIE
DROIT MARITIME GÉNÉRAL

TROISIÈME PARTIE

LES CONTRATS MARITIMES

SOUS-PARTIE 1

CONTRATS D'AFFRÈTEMENT ET CONTRATS DE TRANSPORT

SOUS-PARTIE 2

LES ASSURANCES MARITIMES

Defrénois - Lextenso éditions
33, rue du Mail, 75081 PARIS Cedex 02
Dépôt légal : Janvier 2010
N° d'éditeur : 4151